7급 PSAT

자료해석

필수기출 500제

+ 최신기출

SD에듀
(주)시대고시기획

머리말

합격자 출신 연구진의 Talk! Talk!
이미 시행되고 있는 PSAT의 기출문제를 통해 7급 PSAT의 핵심 Key 찾기

2004년 외무고등고시에 처음 도입된 공직적격성평가(이하 PSAT)는 이후 2005년 행정고등고시와 입법고등고시, 그리고 2011년 민간경력자 시험에도 도입되면서 그 중요성이 점차 강조되어 왔습니다. 이제 PSAT는 적용범위를 더 확대하여 7급 공무원 채용시험에도 도입되는 등 그야말로 공무원 시험의 핵심요소로 자리 잡았습니다.

PSAT는 언어논리, 자료해석, 상황판단 등 크게 세 가지 영역으로 분류되는데, 각 영역 내에서도 여러 세부 유형들로 다시 나뉩니다. 수험생마다 언어논리, 자료해석, 상황판단 중 자신이 더 잘하는 영역이 존재하고, 각 영역 내에서도 조금 더 수월하게 해결하는 세부 유형이 존재합니다. PSAT의 기출문제가 축적되고 이를 준비하는 수험생들의 실력이 증가하면서 1~2문제를 더 맞히느냐 못 맞히느냐의 차이로도 당락이 결정되는 상황에서 자신이 약한 유형을 포기하고 강한 부분만 집중적으로 준비할 수 없는 시험이 되었습니다. 이에 따라 수험생들은 스스로 자신이 강한 유형과 약한 유형을 파악하고, 강한 유형보다는 약한 유형을 보완하는 방식으로 준비하셔야 합니다.

이에 본서는 언어논리, 자료해석, 상황판단이라는 큰 분류 내에서 수험생들이 가장 어려워하고 까다롭다고 느끼는 세부 유형을 분석하여 해당 유형을 철저하게 대비할 수 있는 교재를 출간했습니다. 본서가 다루고 있는 세부 유형은 대부분의 수험생들이 어려움을 느끼는 유형이므로 해당 유형을 집중적으로 공부한다면 다른 수험생들이 많이 틀리는 문제를 맞힘으로써 경쟁력을 확보할 수 있을 것입니다.

PSAT의 효율적인 대비를 위해서는 기출문제를 무작정 풀어보는 것이 아니라 과목별 기출유형을 꼼꼼히 파악하고 정리해 두는 습관이 필요합니다. 또한 이를 통해 자신이 약한 세부 유형을 파악하고 이를 집중적으로 대비하여 자신만의 풀이 방법을 찾는 과정이 필요합니다.

본서는 이러한 점에 주안점을 두고 해당 세부 유형에 대한 가장 효과적인 접근법과 남들보다 10점을 더 맞출 수 있는 포인트를 제시하고자 노력했습니다. 자신이 생각하고 있는 접근법과 해설에 기재되어 있는 접근법이 일치하는지를 확인하고, 만약 일치하지 않는다면 어떤 방법이 더 신속하고 본인에게 맞는 방법인지를 정리하는 학습을 하시기를 바랍니다.

SD에듀는 수험생 여러분의 지치지 않는 노력을 응원하며 합격에 도달하는 가장 빠르고 정확한 길을 제시하고자 힘쓰고 있습니다. 수험생 여러분이 합격의 결승선에 도달하는 그날까지 언제나 함께 응원하겠습니다.

SD PSAT연구소

자격증 · 공무원 · 금융/보험 · 면허증 · 언어/외국어 · 검정고시/독학사 · 기업체/취업
이 시대의 모든 합격! SD에듀에서 합격하세요!
www.youtube.com → SD에듀 → 구독

공직적격성평가 PSAT

도입 배경

21세기 지식기반사회가 필요로 하는 공직자는 정치 · 경제 · 사회 · 문화 등 각 분야에서 일어나는 급속한 변화에 신속히 적응하고 새롭게 발생하는 문제들에 대처할 수 있어야 합니다. 이러한 시대적 요구에 부응하기 위해 단순히 암기된 지식이 아닌 잠재적 학습능력과 문제해결능력을 측정하기 위한 PSAT 시험을 도입, 공직자로서 갖추어야 할 소양과 자질을 평가하고 있습니다.

평가 영역

공직적격성평가(Public Service Aptitude Test)는 공직자에게 필요한 소양과 자질을 측정하는 시험으로, 논리적 · 비판적 사고능력, 자료의 분석 및 추론능력, 판단 및 의사 결정능력 등 종합적 사고력을 평가합니다.

❶ PSAT의 평가영역은 언어논리 · 자료해석 · 상황판단 세 영역으로 구성됩니다.

언어논리	글의 이해, 표현, 추론, 비판과 논리적 사고 등의 능력을 평가
자료해석	수치 자료의 정리와 이해, 처리와 응용계산, 분석과 정보 추출 등의 능력을 평가
상황판단	상황의 이해, 추론 및 분석, 문제 해결, 판단과 의사 결정 등의 능력을 평가

❷ PSAT는 특정한 지식의 정도를 측정하는 것이 아니라 능력을 측정하는 시험이기 때문에 대학입시 수학능력시험과 유사한 측면이 있습니다. 그러나 수학능력시험은 학습능력을 측정하고 있는 데 반해, PSAT는 새로운 상황에서 적응하는 능력과 문제해결, 판단능력을 주로 측정하고 있기 때문에 학습능력보다는 공직자로서 당면하게 될 업무와 문제들에 대한 해결능력과 종합적이고 심도 있는 사고력을 요하는 문제가 중점적으로 출제됩니다.

PSAT 실시 시험 개관

구분	시행 형태		
	1차시험	2차시험	3차시험
5급 공개경쟁채용시험	PSAT · 헌법	직렬별 필수/선택과목 (논문형)	면접
입법고시			
외교관후보자 선발시험		전공평가/통합논술 (논문형)	
지역인재 7급 수습직원 선발시험		서류전형	
7급 공개경쟁채용시험	PSAT	전문과목(선택형)	
5 · 7급 민간경력자 선발시험		서류전형	

7급 공무원 공개채용 개편과 PSAT 도입

PSAT 도입

2021년 국가직 7급 공무원 공채시험부터 개편이 실시되었습니다. 기존의 영어 과목은 토익, 지텔프 등의 검정시험으로, 국어 과목은 PSAT로 대체되었습니다. 지방직 7급 공무원의 경우 확실한 발표가 나타나진 않았으나, 국가직과 동일하게 인사혁신처가 출제기관을 담당한다는 점, 국가직과 동떨어진 시험을 치를 가능성이 적다는 점을 고려할 때, 국가직 개편 이후 가까운 시일 내에 도입될 가능성이 높습니다. 7급 PSAT는 누적 시험 횟수가 많지 않은 만큼, 적절한 난도로 선별된 민간경력자, 5급 행시 등을 공부한다면 고득점에 유리할 것으로 예상됩니다.

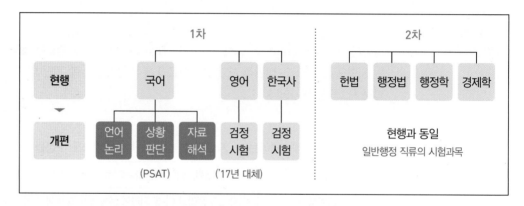

1차 시험 과목은 국어, 영어, 한국사로, 이 중 국어 과목은 PSAT로, 영어 과목은 토익, 지텔프, 텝스 등으로 대체되며, 한국사 과목은 한국사능력검정시험으로 대체됩니다.

시험 단계

구분	1차	2차	3차
현행	필기시험 (1.5배수 선발)		면접 (최종 선발)
개편	PSAT (10배수 선발)	전문과목 (1.5배수 선발)	면접 (최종 선발)

기존 시험은 1·2차 시험을 연계해 필기시험으로 진행했으나, 개편 이후 1·2차 시험이 구분되어 진행됩니다.

1차 시험

영역	문항수	시간
언어논리	영역별 25문항 (총 75문항)	언어논리 · 상황판단 과목별 시간 구분없이 120분, 자료해설 60분
상황판단		
자료해석		

시험경향분석 2022년 7급 PSAT

자료해석 총평

'시간이 조금만 더 있었더라면...'

이번 자료해석 과목에 대해서 수험생들이 대체적으로 보인 반응입니다. 전체적으로 생소한 유형의 문제는 없었으나 복잡한 계산을 필요로 하는 것들이 많았고, 몇몇 문제들은 문제에 대한 접근법을 곧바로 찾지 못했다면 아까운 시간을 허비할 수도 있었기 때문입니다.

단순자료형 문제들은 산수문제나 다름없던 1번 문제를 필두로 모두 쉽게 풀이가 가능했으며, 보고서형 문제들은 보고서 자체의 길이가 짧은 데다가 계산이 거의 필요 없는 선택지가 대부분이었기에 쉽게 접근이 가능했습니다. 다만, 이 유형들에서는 함정이 다소 숨어있었기에 주의가 필요했습니다.

매칭형 문제는 주어진 조건을 통해 항목을 명확하게 제거할 수 있었기에 쉽게 풀이가 가능했으며 2개의 자료를 결합하여 계산해야 하는 복합형도 계산의 난도가 높지 않았습니다. 다만, 증가율과 분수를 비교해야 하는 유형들은 이번에도 제시된 수치들이 복잡하여 시간 소모가 많았을 것이며 최적대안을 찾는 유형의 문제들은 시간 소모가 많을 뿐만 아니라 접근방법을 찾는 것 자체가 어렵기도 했습니다. 특히, 공유킥보드 문제는 이번 시험에서 가장 까다로웠던 문제였으며 이 문제를 잘 해결했는지 여부가 자료해석 전체의 점수를 좌우했을 것입니다.

각주의 산식을 결합해 제3의 결괏값을 판단하는 문제들은 의외로 간단하게 출제되었습니다. 올해는 표와 그래프를 결합하여 해당되는 항목들을 판단하는 형태로 출제되었는데 계산이 거의 필요 없는 수준으로 출제되어 체감난도를 낮췄습니다. 하지만 빈칸을 모두 채워야했던 철인 3종 경기 문제, 방위산업과 관련된 세트 문제들은 계산이 다소 복잡해 시간 소모가 컸을 것으로 생각됩니다. 특히, 이산화탄소 배출량 문제 등과 같은 슬림형 문제는 이번 시험에서도 복잡한 계산을 요구하여 과감한 어림산이 요구되었습니다.

구성과 특징

2022~2021년 시행 기출문제 & 2020년 시행 모의평가

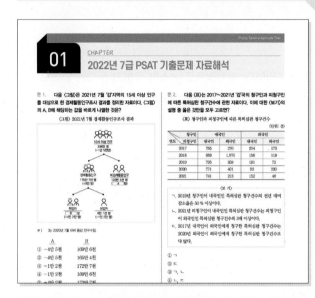

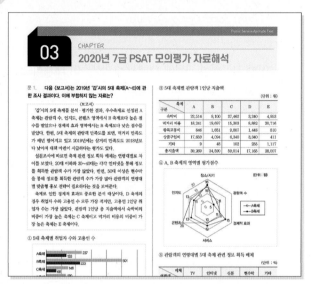

7급 PSAT 기출문제&모의평가 문제와 해설 수록

2022년 7월 23일과 2021년 7월 10일 시행된 7급 PSAT 시험의 기출문제와 해설, 그리고 2020년 11월에 시행된 모의평가의 문제와 해설을 수록했습니다. 누적 시험 횟수가 많지 않은 만큼 앞으로의 시험 향방도 점쳐볼 수 있습니다.

Check! PSAT 기본 이론

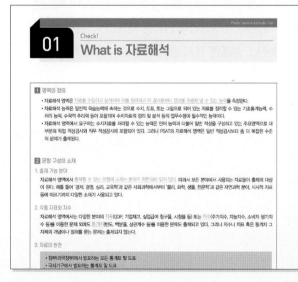

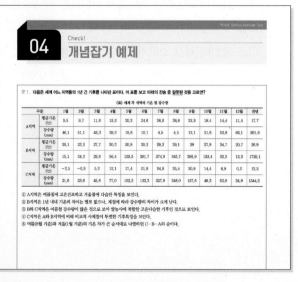

What is 자료해석 & 정부 예시문제 파헤치기   필수 스킬 Top 10 & 개념잡기 예제

자료해석 영역에 대한 설명을 정리하여 소개하였으며, 예시문제와 합격자 출신 연구진이 집필한 해설을 수록하였습니다. 또한, 주로 출제되는 유형과 그에 맞는 예제를 분석하여 실전에서 활용 가능한 접근법과 함께 수록하였으며, 기출에 앞서 확실하게 실력을 다지고 갈 수 있는 개념잡기 예제를 구성하였습니다. 필수 이론으로 문제에 대한 접근법과 출제 유형을 익혀 보세요.

문제편

기출문제 및 기출동형모의고사

7급 PSAT 대비를 위해 최근 13년간의 5급 공채, 민간경력자 PSAT 기출문제를 유형별 · 난도별로 선별하여 수록하였습니다. 합격자 출신 연구진이 정부 예시문제를 분석하여 구성한 기출문제와 기출동형모의고사를 경험해 보세요.

해설편

상세한 해설

정답에 그치지 않고 출제자의 출제의도까지 파악하여 해설을 구성하였습니다. 합격자 출신 연구진의 노하우가 담긴 깔끔한 해설을 통해 PSAT 풀이 실력을 향상시켜 보세요.

책 속의 책

정답 및 해설편

7급 PSAT 기출문제 및 모의평가편

CHAPTER
01
2022년 7급 PSAT 기출문제 자료해석

문 1. 다음 〈그림〉은 2021년 7월 '갑'지역의 15세 이상 인구를 대상으로 한 경제활동인구조사 결과를 정리한 자료이다. 〈그림〉의 A, B에 해당하는 값을 바르게 나열한 것은?

〈그림〉 2021년 7월 경제활동인구조사 결과

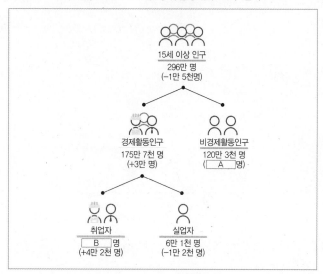

※ ( )는 2020년 7월 대비 증감 인구수임.

	A	B
①	−4만 5천	169만 6천
②	−4만 5천	165만 4천
③	−1만 2천	172만 7천
④	−1만 2천	169만 6천
⑤	+4만 2천	172만 7천

문 2. 다음 〈표〉는 2017~2021년 '갑'국의 청구인과 피청구인에 따른 특허심판 청구건수에 관한 자료이다. 이에 대한 〈보기〉의 설명 중 옳은 것만을 모두 고르면?

〈표〉 청구인과 피청구인에 따른 특허심판 청구건수

(단위: 건)

연도	청구인 / 피청구인	내국인		외국인	
		내국인	외국인	내국인	외국인
2017		765	270	204	172
2018		889	1,970	156	119
2019		795	359	191	72
2020		771	401	93	230
2021		741	213	152	46

〈보 기〉

ㄱ. 2019년 청구인이 내국인인 특허심판 청구건수의 전년 대비 감소율은 50 % 이상이다.

ㄴ. 2021년 피청구인이 내국인인 특허심판 청구건수는 피청구인이 외국인인 특허심판 청구건수의 3배 이상이다.

ㄷ. 2017년 내국인이 외국인에게 청구한 특허심판 청구건수는 2020년 외국인이 외국인에게 청구한 특허심판 청구건수보다 많다.

① ㄱ

② ㄷ

③ ㄱ, ㄴ

④ ㄴ, ㄷ

⑤ ㄱ, ㄴ, ㄷ

문 3.   다음 〈보고서〉는 2018~2021년 '갑'국의 생활밀접업종 현황에 대한 자료이다. 〈보고서〉의 내용과 부합하지 않는 자료는?

〈보고서〉

생활밀접업종은 소매, 음식, 숙박, 서비스 등과 같이 일상생활과 밀접하게 관련된 재화 또는 용역을 공급하는 업종이다. 생활밀접업종 사업자 수는 2021년 현재 2,215천 명으로 2018년 대비 10 % 이상 증가하였다. 2018년 대비 2021년 생활밀접업종 중 73개 업종에서 사업자 수가 증가하였는데, 이 중 스포츠시설운영업이 가장 높은 증가율을 기록하였고 펜션·게스트하우스, 애완용품점이 그 뒤를 이었다.

그러나 혼인건수와 출생아 수가 줄어드는 사회적 현상은 관련 업종에도 직접 영향을 미친 것으로 나타났다. 산부인과 병·의원 사업자 수는 2018년 이후 매년 감소하였다. 또한, 2018년 이후 예식장과 결혼상담소의 사업자 수도 각각 매년 감소하는 것으로 나타났다.

한편 복잡한 현대사회에서 전문직에 대한 수요는 꾸준히 증가하고 있다. 생활밀접업종을 소매, 음식, 숙박, 병·의원, 전문직, 교육, 서비스의 7개 그룹으로 분류했을 때 전문직 그룹의 2018년 대비 2021년 사업자 수 증가율이 17.6 %로 가장 높았다.

① 생활밀접업종 사업자 수

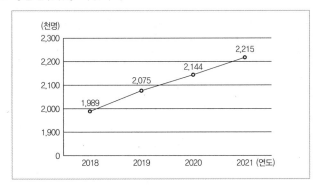

② 2018년 대비 2021년 생활밀접업종 사업자 수 증가율 상위 10개 업종

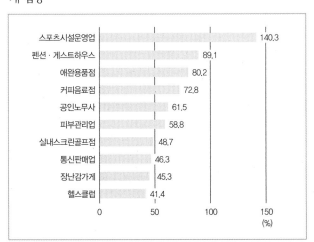

③ 주요 진료과목별 병·의원 사업자 수

(단위: 명)

진료과목＼연도	2018	2019	2020	2021
신경정신과	1,270	1,317	1,392	1,488
가정의학과	2,699	2,812	2,952	3,057
피부과·비뇨의학과	3,267	3,393	3,521	3,639
이비인후과	2,259	2,305	2,380	2,461
안과	1,485	1,519	1,573	1,603
치과	16,424	16,879	17,217	17,621
일반외과	4,282	4,369	4,474	4,566
성형외과	1,332	1,349	1,372	1,414
내과·소아과	10,677	10,861	10,975	11,130
산부인과	1,726	1,713	1,686	1,663

④ 예식장 및 결혼상담소 사업자 수

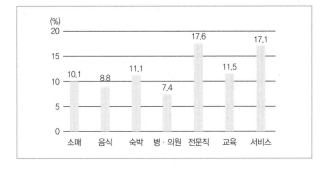

⑤ 2018년 대비 2021년 생활밀접업종의 7개 그룹별 사업자 수 증가율

문 4.   다음 〈표〉는 '갑'국 A 위원회의 24~26차 회의 심의결과에 관한 자료이다. 이에 대한 〈보기〉의 설명 중 옳은 것만을 모두 고르면?

〈표〉 A 위원회의 24~26차 회의 심의결과

회차 위원 \ 동의 여부	24 동의	24 부동의	25 동의	25 부동의	26 동의	26 부동의
기획재정부장관	○		○		○	
교육부장관	○			○	○	
과학기술정보통신부장관	○		○			○
행정안전부장관	○			○	○	
문화체육관광부장관	○			○	○	
농림축산식품부장관		○	○		○	
산업통상자원부장관		○		○		○
보건복지부장관	○		○		○	
환경부장관		○	○			○
고용노동부장관		○	○		○	
여성가족부장관	○		○		○	
국토교통부장관	○		○		○	
해양수산부장관	○		○		○	
중소벤처기업부장관		○	○			○
문화재청장	○		○		○	
산림청장	○				○	

※ 1) A 위원회는 〈표〉에 제시된 16명의 위원으로만 구성됨.
　　2) A 위원회는 매 회차 개최 시 1건의 안건만을 심의함.

〈보 기〉

ㄱ. 24~26차 회의의 심의안건에 모두 동의한 위원은 6명이다.

ㄴ. 심의안건에 부동의한 위원 수는 매 회차 증가하였다.

ㄷ. 전체 위원의 $\frac{2}{3}$ 이상이 동의해야 심의안건이 의결된다면, 24~26차 회의의 심의안건은 모두 의결되었다.

① ㄱ

② ㄴ

③ ㄱ, ㄷ

④ ㄴ, ㄷ

⑤ ㄱ, ㄴ, ㄷ

문 5.   다음 〈표〉는 1990년대 이후 A~E 도시의 시기별 및 자본금액별 창업 건수에 관한 자료이고, 〈보고서〉는 A~E 중 한 도시의 창업 건수에 관한 설명이다. 이를 근거로 판단할 때, 〈보고서〉의 내용에 부합하는 도시는?

〈표〉 A~E 도시의 시기별 및 자본금액별 창업 건수

(단위: 건)

시기 도시 \ 자본금액	1990년대 1천만 원 미만	1990년대 1천만 원 이상	2000년대 1천만 원 미만	2000년대 1천만 원 이상	2010년대 1천만 원 미만	2010년대 1천만 원 이상	2020년 이후 1천만 원 미만	2020년 이후 1천만 원 이상
A	198	11	206	32	461	26	788	101
B	46	0	101	5	233	4	458	16
C	12	2	19	17	16	17	76	14
D	27	3	73	34	101	24	225	27
E	4	0	25	0	53	3	246	7

〈보고서〉

이 도시의 시기별 및 자본금액별 창업 건수는 다음과 같은 특징이 있다. 첫째, 1990년대 이후 모든 시기에서 자본금액 1천만 원 미만 창업 건수가 자본금액 1천만 원 이상 창업 건수보다 많다. 둘째, 자본금액 1천만 원 미만 창업 건수와 1천만 원 이상 창업 건수의 차이는 2010년대가 2000년대의 2배 이상이다. 셋째, 2020년 이후 전체 창업 건수는 1990년대 전체 창업 건수의 10배 이상이다. 넷째, 2020년 이후 전체 창업 건수 중 자본금액 1천만 원 이상 창업 건수의 비중은 3 % 이상이다.

① A

② B

③ C

④ D

⑤ E

문 6. 다음 〈표〉는 '갑'국의 원료곡종별 및 등급별 가공단가와 A~C 지역의 가공량에 관한 자료이다. 이에 대한 〈보기〉의 설명 중 옳은 것만을 모두 고르면?

〈표 1〉 원료곡종별 및 등급별 가공단가

(단위: 천 원/톤)

원료곡종＼등급	1등급	2등급	3등급
쌀	118	109	100
현미	105	97	89
보리	65	60	55

〈표 2〉 A~C 지역의 원료곡종별 및 등급별 가공량

(단위: 톤)

지역	원료곡종	1등급	2등급	3등급	합계
A	쌀	27	35	25	87
	현미	43	20	10	73
	보리	5	3	7	15
B	쌀	23	25	55	103
	현미	33	25	21	79
	보리	9	9	5	23
C	쌀	30	35	20	85
	현미	30	37	25	92
	보리	8	30	2	40
전체	쌀	80	95	100	275
	현미	106	82	56	244
	보리	22	42	14	78

※ 가공비용＝가공단가×가공량

─── 〈보 기〉 ───

ㄱ. A 지역의 3등급 쌀 가공비용은 B 지역의 2등급 현미 가공비용보다 크다.

ㄴ. 1등급 현미 전체의 가공비용은 2등급 현미 전체 가공비용의 2배 이상이다.

ㄷ. 3등급 쌀과 3등급 보리의 가공단가가 각각 90천 원/톤, 50천 원/톤으로 변경될 경우, 지역별 가공비용 총액 감소폭이 가장 작은 지역은 A이다.

① ㄱ

② ㄷ

③ ㄱ, ㄴ

④ ㄱ, ㄷ

⑤ ㄴ, ㄷ

문 7. 다음 〈표〉는 재해위험지구 '갑', '을', '병'지역을 대상으로 정비사업 투자의 우선순위를 결정하기 위한 자료이다. '편익', '피해액', '재해발생위험도' 3개 평가 항목 점수의 합이 큰 지역일수록 우선순위가 높다. 이에 대한 〈보기〉의 설명 중 옳은 것만을 모두 고르면?

〈표 1〉 '갑'~'병'지역의 평가 항목별 등급

지역＼평가 항목	편익	피해액	재해발생위험도
갑	C	A	B
을	B	D	A
병	A	B	C

〈표 2〉 평가 항목의 등급별 배점

(단위: 점)

등급＼평가 항목	편익	피해액	재해발생위험도
A	10	15	25
B	8	12	17
C	6	9	10
D	4	6	0

─── 〈보 기〉 ───

ㄱ. '재해발생위험도' 점수가 높은 지역일수록 우선순위가 높다.

ㄴ. 우선순위가 가장 높은 지역과 가장 낮은 지역의 '피해액' 점수 차이는 '재해발생위험도' 점수 차이보다 크다.

ㄷ. '피해액' 점수와 '재해발생위험도' 점수의 합이 가장 큰 지역은 '갑'이다.

ㄹ. '갑'지역의 '편익' 등급이 B로 변경되면, 우선순위가 가장 높은 지역은 '갑'이다.

① ㄱ, ㄴ

② ㄱ, ㄷ

③ ㄴ, ㄹ

④ ㄱ, ㄷ, ㄹ

⑤ ㄴ, ㄷ, ㄹ

문 8. 다음 〈그림〉은 2017~2021년 '갑'국의 반려동물 사료 유형별 특허 출원건수에 관한 자료이다. 이에 대한 〈보기〉의 설명 중 옳은 것만을 모두 고르면?

〈그림〉 반려동물 사료 유형별 특허 출원건수

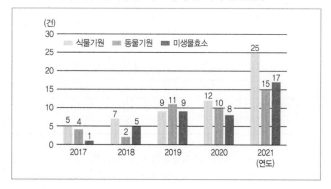

※ 반려동물 사료 유형은 식물기원, 동물기원, 미생물효소로만 구분함.

〈보 기〉

ㄱ. 2017~2021년 동안의 특허 출원건수 합이 가장 작은 사료 유형은 '미생물효소'이다.

ㄴ. 연도별 전체 특허 출원건수 대비 각 사료 유형의 특허 출원건수 비율은 '식물기원'이 매년 가장 높다.

ㄷ. 2021년 특허 출원건수의 전년 대비 증가율이 가장 높은 사료 유형은 '식물기원'이다.

① ㄱ

② ㄷ

③ ㄱ, ㄴ

④ ㄱ, ㄷ

⑤ ㄴ, ㄷ

문 9. 다음 〈표〉는 2019년과 2020년 지역별 전체주택 및 빈집 현황에 관한 자료이다. 이를 바탕으로 작성한 〈보고서〉의 A~C에 해당하는 내용을 바르게 나열한 것은?

〈표〉 2019년과 2020년 지역별 전체주택 및 빈집 현황

(단위: 호, %)

연도	2019			2020		
지역 \ 구분	전체주택	빈집	빈집 비율	전체주택	빈집	빈집 비율
서울특별시	2,953,964	93,402	3.2	3,015,371	96,629	3.2
부산광역시	1,249,757	109,651	8.8	1,275,859	113,410	8.9
대구광역시	800,340	40,721	5.1	809,802	39,069	4.8
인천광역시	1,019,365	66,695	6.5	1,032,774	65,861	6.4
광주광역시	526,161	39,625	7.5	538,275	41,585	7.7
대전광역시	492,797	29,640	6.0	496,875	26,983	5.4
울산광역시	391,596	33,114	8.5	394,634	30,241	7.7
세종특별자치시	132,257	16,437	12.4	136,887	14,385	10.5
경기도	4,354,776	278,815	6.4	4,495,115	272,358	6.1
강원도	627,376	84,382	13.4	644,023	84,106	13.1
충청북도	625,957	77,520	12.4	640,256	76,877	12.0
충청남도	850,525	107,609	12.7	865,008	106,430	12.3
전라북도	724,524	91,138	12.6	741,221	95,412	12.9
전라남도	787,816	121,767	15.5	802,043	122,103	15.2
경상북도	1,081,216	143,560	13.3	1,094,306	139,770	12.8
경상남도	1,266,739	147,173	11.6	1,296,944	150,982	11.6
제주특별자치도	241,788	36,566	15.1	246,451	35,105	14.2
전국	18,126,954	1,517,815	8.4	18,525,844	1,511,306	8.2

※ 빈집비율(%) = 빈집/전체주택 × 100

〈보고서〉

2020년 우리나라 전체주택 수는 전년 대비 39만 호 이상 증가하였으나 빈집 수는 6천 호 이상 감소하여 빈집비율은 전년 대비 감소하였다. 특히 세종특별자치시의 빈집비율이 가장 큰 폭으로 감소하였다.

하지만 2020년에는 ⬚ A ⬚개 지역에서 빈집 수가 전년 대비 증가하였고, 전년 대비 빈집비율이 가장 큰 폭으로 증가한 지역은 ⬚ B ⬚였다. 빈집비율이 가장 높은 지역과 가장 낮은 지역의 빈집비율 차이는 2019년에 비해 2020년이 ⬚ C ⬚하였다.

	A	B	C
①	5	광주광역시	감소
②	5	전라북도	증가
③	6	광주광역시	증가
④	6	전라북도	증가
⑤	6	전라북도	감소

문 10. 다음 〈표〉와 〈보고서〉는 2021년 '갑'국의 초등돌봄교실에 관한 자료이다. 제시된 〈표〉 이외에 〈보고서〉를 작성하기 위해 추가로 필요한 자료만을 〈보기〉에서 모두 고르면?

〈표 1〉 2021년 초등돌봄교실 이용학생 현황

(단위: 명, %)

구분	학년	1	2	3	4	5	6	합
오후돌봄교실	학생 수	124,000	91,166	16,421	7,708	3,399	2,609	245,303
	비율	50.5	37.2	6.7	3.1	1.4	1.1	100.0
저녁돌봄교실	학생 수	5,215	3,355	772	471	223	202	10,238
	비율	50.9	32.8	7.5	4.6	2.2	2.0	100.0

〈표 2〉 2021년 지원대상 유형별 오후돌봄교실 이용학생 현황

(단위: 명, %)

구분	지원대상 유형	우선지원대상					일반지원대상	합
		저소득층	한부모	맞벌이	기타	소계		
오후돌봄교실	학생 수	23,066	6,855	174,297	17,298	221,516	23,787	245,303
	비율	9.4	2.8	71.1	7.1	90.3	9.7	100.0

─────── 〈보고서〉 ───────

2021년 '갑'국의 초등돌봄교실 이용학생은 오후돌봄교실 245,303명, 저녁돌봄교실 10,238명이다. 오후돌봄교실의 경우 2021년 기준 전체 초등학교의 98.9 %가 참여하고 있다.

오후돌봄교실의 우선지원대상은 저소득층 가정, 한부모 가정, 맞벌이 가정, 기타로 구분되며, 맞벌이 가정이 전체 오후돌봄교실 이용학생의 71.1 %로 가장 많고 다음으로 저소득층 가정이 9.4 %로 많다.

저녁돌봄교실의 경우 17시부터 22시까지 운영하고 있으나, 19시를 넘는 늦은 시간까지 이용하는 학생 비중은 11.2 %에 불과하다. 2021년 현재 저녁돌봄교실 이용학생은 1~2학년이 8,570명으로 전체 저녁돌봄교실 이용학생의 83.7 %를 차지한다.

초등돌봄교실 담당인력은 돌봄전담사, 현직교사, 민간위탁업체로 다양하다. 담당인력 구성은 돌봄전담사가 10,237명으로 가장 많고, 다음으로 현직교사 1,480명, 민간위탁업체 565명 순이다. 그중 돌봄전담사는 무기계약직이 6,830명이고 기간제가 3,407명이다.

─────── 〈보 기〉 ───────

ㄱ. 연도별 오후돌봄교실 참여 초등학교 수 및 참여율

(단위: 개, %)

구분	연도	2016	2017	2018	2019	2020	2021
학교 수		5,652	5,784	5,938	5,972	5,998	6,054
참여율		96.0	97.3	97.3	96.9	97.0	98.9

ㄴ. 2021년 저녁돌봄교실 이용학생의 이용시간별 분포

(단위: 명, %)

구분	이용시간	17~18시	17~19시	17~20시	17~21시	17~22시	합
이용학생 수		6,446	2,644	1,005	143	0	10,238
비율		63.0	25.8	9.8	1.4	0.0	100.0

ㄷ. 2021년 저녁돌봄교실 이용학생의 학년별 분포

(단위: 명, %)

구분	학년	1~2	3~4	5~6	합
이용학생 수		8,570	1,243	425	10,238
비율		83.7	12.1	4.2	100.0

ㄹ. 2021년 초등돌봄교실 담당인력 현황

(단위: 명, %)

구분	돌봄전담사			현직교사	민간위탁업체	합
	무기계약직	기간제	소계			
인력	6,830	3,407	10,237	1,480	565	12,282
비율	55.6	27.7	83.3	12.1	4.6	100.0

① ㄱ, ㄴ
② ㄱ, ㄷ
③ ㄷ, ㄹ
④ ㄱ, ㄴ, ㄹ
⑤ ㄴ, ㄷ, ㄹ

문 11. 다음 〈표〉는 2016~2020년 '갑'국의 해양사고 심판현황이다. 이에 대한 〈보기〉의 설명 중 옳은 것만을 모두 고르면?

〈표〉 2016~2020년 해양사고 심판현황

(단위: 건)

구분 \ 연도	2016	2017	2018	2019	2020
전년 이월	96	100	( )	71	89
해당 연도 접수	226	223	168	204	252
심판대상	322	( )	258	275	341
재결	222	233	187	186	210

※ '심판대상' 중 '재결'되지 않은 건은 다음 연도로 이월함.

─── 〈보 기〉 ───

ㄱ. '심판대상' 중 '전년 이월'의 비중은 2018년이 2016년보다 높다.
ㄴ. 다음 연도로 이월되는 건수가 가장 많은 연도는 2016년이다.
ㄷ. 2017년 이후 '해당 연도 접수' 건수의 전년 대비 증가율이 가장 높은 연도는 2020년이다.
ㄹ. '재결' 건수가 가장 적은 연도에는 '해당 연도 접수' 건수도 가장 적다.

① ㄱ, ㄴ
② ㄱ, ㄷ
③ ㄴ, ㄷ
④ ㄴ, ㄹ
⑤ ㄷ, ㄹ

문 12. 다음 〈표〉는 '갑'주무관이 해양포유류 416종을 4가지 부류(A~D)로 나눈 후 2022년 기준 국제자연보전연맹(IUCN) 적색 목록 지표에 따라 분류한 자료이다. 이를 근거로 작성한 〈보고서〉의 A, B에 해당하는 해양포유류 부류를 바르게 연결한 것은?

〈표〉 해양포유류의 IUCN 적색 목록 지표별 분류 현황

(단위: 종)

지표 \ 해양포유류 부류	A	B	C	D	합
절멸종(EX)	3	–	2	8	13
야생절멸종(EW)	–	–	–	2	2
심각한위기종(CR)	–	–	–	15	15
멸종위기종(EN)	11	1	–	48	60
취약종(VU)	7	2	8	57	74
위기근접종(NT)	2	–	–	38	40
관심필요종(LC)	42	2	1	141	186
자료부족종(DD)	2	–	–	24	26
미평가종(NE)	–	–	–	–	0
계	67	5	11	333	416

─── 〈보고서〉 ───

국제자연보전연맹(IUCN)의 적색 목록(Red List)은 지구 동식물종의 보전 상태를 나타내며, 각 동식물종의 보전 상태는 9개의 지표 중 1개로만 분류된다. 이 중 심각한위기종(CR), 멸종위기종(EN), 취약종(VU) 3개 지표 중 하나로 분류되는 동식물종을 멸종우려종(threatened species)이라 한다.

조사대상 416종의 해양포유류를 '고래류', '기각류', '해달류 및 북극곰', '해우류' 4가지 부류로 나눈 후, IUCN의 적색 목록 지표에 따라 분류해 보면 전체 조사대상의 약 36 %가 멸종우려종에 속하고 있다. 특히, 멸종우려종 중 '고래류'가 차지하는 비중은 80 % 이상이다. 또한 '해달류 및 북극곰'은 9개의 지표 중 멸종우려종 또는 관심필요종(LC)으로만 분류된 것으로 나타났다.

한편 해양포유류에 대한 과학적인 이해가 부족하여 26종은 자료부족종(DD)으로 분류되고 있다. 다만 '해달류 및 북극곰'과 '해우류'는 자료부족종(DD)으로 분류된 종이 없다.

	A	B
①	고래류	기각류
②	고래류	해우류
③	기각류	해달류 및 북극곰
④	기각류	해우류
⑤	해우류	해달류 및 북극곰

문 13. 다음 〈표〉와 〈조건〉은 공유킥보드 운영사 A~D의 2022년 1월 기준 대여요금제와 대여방식이고 〈보고서〉는 공유킥보드 대여요금제 변경 이력에 관한 자료이다. 〈보고서〉에서 (다)에 해당하는 값은?

〈표〉 공유킥보드 운영사 A~D의 2022년 1월 기준 대여요금제

(단위: 원)

구분 \ 운영사	A	B	C	D
잠금해제료	0	250	750	1,600
분당대여료	200	150	120	60

── 〈조 건〉 ──

• 대여요금＝잠금해제료＋분당대여료×대여시간
• 공유킥보드 이용자는 공유킥보드 대여시간을 분단위로 미리 결정하고 운영사 A~D의 대여요금을 산정한다.
• 공유킥보드 이용자는 산정된 대여요금이 가장 낮은 운영사의 공유킥보드를 대여한다.

── 〈보고서〉 ──

2022년 1월 기준 대여요금제에 따르면 운영사 (가) 는 이용자의 대여시간이 몇 분이더라도 해당 대여시간에 대해 운영사 A~D 중 가장 낮은 대여요금을 제공하지 못하는 것으로 나타났다. 자사 공유킥보드가 1대도 대여되지 않고 있음을 확인한 운영사 (가) 는 2월부터 잠금해제 이후 처음 5분간 분당대여료를 면제하는 것으로 대여요금제를 변경하였다.

운영사 (나) 가 2월 기준 대여요금제로 운영사 A~D의 대여요금을 재산정한 결과, 이용자의 대여시간이 몇 분이더라도 해당 대여시간에 대해 운영사 A~D 중 가장 낮은 대여요금을 제공하지 못하는 것을 파악하였다. 이에 운영사 (나) 는 3월부터 분당대여료를 50원 인하하는 것으로 대여요금제를 변경하였다.

그 결과 대여시간이 20분일 때, 3월 기준 대여요금제로 산정된 운영사 (가) 와 (나) 의 공유킥보드 대여요금 차이는 (다) 원이다.

① 200

② 250

③ 300

④ 350

⑤ 400

문 14. 다음 〈보고서〉는 2021년 '갑'국 사교육비 조사결과에 대한 자료이다. 〈보고서〉의 내용과 부합하지 않는 자료는?

── 〈보고서〉 ──

2021년 전체 학생 수는 532만 명으로 전년보다 감소하였지만, 사교육비 총액은 23조 4천억 원으로 전년 대비 20 % 이상 증가하였다. 또한, 사교육의 참여율과 주당 참여시간도 전년 대비 증가한 것으로 나타났다.

2021년 전체 학생의 1인당 월평균 사교육비는 전년 대비 20 % 이상 증가하였고, 사교육 참여학생의 1인당 월평균 사교육비 또한 전년 대비 6 % 이상 증가하였다. 2021년 전체 학생 중 월평균 사교육비를 20만 원 미만 지출한 학생의 비중은 전년 대비 감소하였으나, 60만 원 이상 지출한 학생의 비중은 전년 대비 증가한 것으로 나타났다.

한편, 2021년 방과후학교 지출 총액은 4,434억 원으로 2019년 대비 50 % 이상 감소하였으며, 방과후학교 참여율 또한 28.9 %로 2019년 대비 15.0 %p 이상 감소하였다.

① 전체 학생 수와 사교육비 총액

(단위: 만 명, 조 원)

구분 \ 연도	2020	2021
전체 학생 수	535	532
사교육비 총액	19.4	23.4

② 사교육의 참여율과 주당 참여시간

(단위: %, 시간)

구분 \ 연도	2020	2021
참여율	67.1	75.5
주당 참여시간	5.3	6.7

③ 학생 1인당 월평균 사교육비

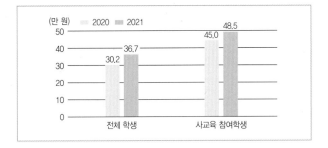

④ 전체 학생의 월평균 사교육비 지출 수준에 따른 분포

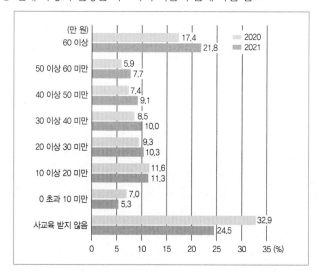

⑤ 방과후학교의 지출 총액과 참여율

(단위: 억 원, %)

구분 \ 연도	2019	2021
지출 총액	8,250	4,434
참여율	48.4	28.9

문 15. 다음 〈표〉는 '갑'국의 학교급별 여성 교장 수와 비율을 1980년부터 5년마다 조사한 자료이다. 이에 대한 설명으로 옳은 것은?

〈표〉 학교급별 여성 교장 수와 비율

(단위: 명, %)

조사연도 \ 학교급 구분	초등학교 여성 교장 수	비율	중학교 여성 교장 수	비율	고등학교 여성 교장 수	비율
1980	117	1.8	66	3.6	47	3.4
1985	122	1.9	98	4.9	60	4.0
1990	159	2.5	136	6.3	64	4.0
1995	222	3.8	181	7.6	66	3.8
2000	490	8.7	255	9.9	132	6.5
2005	832	14.3	330	12.0	139	6.4
2010	1,701	28.7	680	23.2	218	9.5
2015	2,058	34.5	713	24.3	229	9.9
2020	2,418	40.3	747	25.4	242	10.4

※ 1) 학교급별 여성 교장 비율(%)= $\dfrac{\text{학교급별 여성 교장 수}}{\text{학교급별 전체 교장 수}} \times 100$

2) 교장이 없는 학교는 없으며, 각 학교의 교장은 1명임.

① 2000년 이후 중학교 여성 교장 비율은 매년 증가한다.

② 초등학교 수는 2020년이 1980년보다 많다.

③ 고등학교 남성 교장 수는 1985년이 1990년보다 많다.

④ 1995년 초등학교 수는 같은 해 중학교 수와 고등학교 수의 합보다 많다.

⑤ 초등학교 여성 교장 수는 2020년이 2000년의 5배 이상이다.

문 16. 다음 〈표〉는 도지사 선거 후보자 A와 B의 TV 토론회 전후 '가'~'마'지역 유권자의 지지율에 대한 자료이고, 〈보고서〉는 이 중 한 지역의 지지율 변화를 분석한 자료이다. 〈보고서〉의 내용에 해당하는 지역을 '가'~'마' 중에서 고르면?

〈표〉 도지사 선거 후보자 TV 토론회 전후 지지율

(단위: %)

지역 \ 시기 / 후보자	TV 토론회 전		TV 토론회 후	
	A	B	A	B
가	38	52	50	46
나	28	40	39	41
다	31	59	37	36
라	35	49	31	57
마	29	36	43	41

※ 1) 도지사 선거 후보자는 A와 B뿐임.
　2) 응답자는 '후보자 A 지지', '후보자 B 지지', '지지 후보자 없음' 중 하나만 응답하고, 무응답은 없음.

─── 〈보고서〉 ───

도지사 선거 후보자 TV 토론회를 진행하기 전과 후에 실시한 이 지역의 여론조사 결과, 도지사 후보자 지지율 변화는 다음과 같다. TV 토론회 전에는 B 후보자에 대한 지지율이 A 후보자보다 10 %p 이상 높게 집계되어 B 후보자가 선거에 유리한 것으로 보였으나, TV 토론회 후에는 지지율 양상에 변화가 있는 것으로 분석된다.

TV 토론회 후 '지지 후보자 없음'으로 응답한 비율이 줄어 TV 토론회가 그동안 어떤 후보자에 투표할지 고민하던 유권자의 선택에 영향을 미친 것으로 판단된다. 또한, A 후보자에 대한 지지율 증가폭이 B 후보자보다 큰 것으로 나타나 TV 토론회를 통해 A 후보자의 강점이 더 잘 드러났던 것으로 분석된다. 그러나 TV 토론회 후 두 후보자간 지지율 차이가 3 %p 이내에 불과하여 이 지역에서 선거의 결과는 예측하기 어렵다.

① 가
② 나
③ 다
④ 라
⑤ 마

문 17. 다음 〈그림〉은 '갑'공업단지 내 8개 업종 업체 수와 업종별 스마트시스템 도입률 및 고도화율에 관한 자료이다. 이에 대한 〈보기〉의 설명 중 옳은 것만을 모두 고르면?

〈그림 1〉 업종별 업체 수

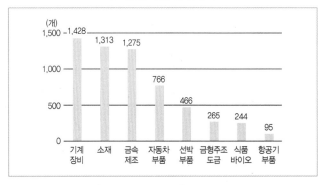

〈그림 2〉 업종별 스마트시스템 도입률 및 고도화율

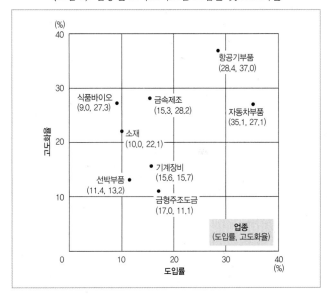

※ 1) 도입률(%) = (업종별 스마트시스템 도입 업체 수 / 업종별 업체 수) × 100
　2) 고도화율(%) = (업종별 스마트시스템 고도화 업체 수 / 업종별 스마트시스템 도입 업체 수) × 100

─── 〈보 기〉 ───

ㄱ. 스마트시스템 도입 업체 수가 가장 많은 업종은 '자동차부품'이다.

ㄴ. 고도화율이 가장 높은 업종은 스마트시스템 고도화 업체 수도 가장 많다.

ㄷ. 업체 수 대비 스마트시스템 고도화 업체 수가 가장 높은 업종은 '항공기부품'이다.

ㄹ. 도입률이 가장 낮은 업종은 고도화율도 가장 낮다.

① ㄱ, ㄴ
② ㄱ, ㄷ
③ ㄱ, ㄹ
④ ㄴ, ㄷ
⑤ ㄴ, ㄹ

문 18. 다음 〈표〉는 운전자 A~E의 정지시거 산정을 위해 '갑' 시험장에서 측정한 자료이다. 〈표〉와 〈정보〉에 근거하여 맑은 날과 비 오는 날의 운전자별 정지시거를 바르게 연결한 것은?

〈표〉 운전자 A~E의 정지시거 산정을 위한 자료

(단위: m/초, 초, m)

구분 운전자	자동차	운행속력	반응시간	반응거리	마찰계수 맑은 날	마찰계수 비 오는 날
A	가	20	2.0	40	0.4	0.1
B	나	20	2.0	( )	0.4	0.2
C	다	20	1.6	( )	0.8	0.4
D	나	20	2.4	( )	0.4	0.2
E	나	20	1.4	( )	0.4	0.2

───────────── 〈정 보〉 ─────────────

• 정지시거＝반응거리＋제동거리

• 반응거리＝운행속력×반응시간

• 제동거리＝$\dfrac{(운행속력)^2}{2×마찰계수×g}$ (단, g는 중력가속도이며 10 m/초^{2}으로 가정함)

	운전자	맑은 날 정지시거[m]	비 오는 날 정지시거[m]
①	A	120	240
②	B	90	160
③	C	72	82
④	D	98	158
⑤	E	78	128

문 19. 다음 〈표〉와 〈그림〉은 '갑'국 8개 어종의 2020년 어획량에 관한 자료이다. 이에 대한 〈보기〉의 설명 중 옳은 것만을 모두 고르면?

〈표〉 8개 어종의 2020년 어획량

(단위: 톤)

어종	갈치	고등어	광어	멸치	오징어	전갱이	조기	참다랑어
어획량	20,666	64,609	5,453	26,473	23,703	19,769	23,696	482

〈그림〉 8개 어종 2020년 어획량의 전년비 및 평년비

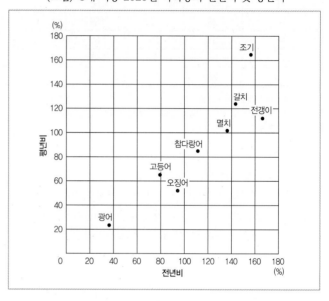

※ 1) 전년비(%)＝$\dfrac{2020년\ 어획량}{2019년\ 어획량}×100$

2) 평년비(%)＝$\dfrac{2020년\ 어획량}{2011{\sim}2020년\ 연도별\ 어획량의\ 평균}×100$

───────────── 〈보 기〉 ─────────────

ㄱ. 8개 어종 중 2019년 어획량이 가장 많은 어종은 고등어이다.

ㄴ. 8개 어종 각각의 2019년 어획량은 해당 어종의 2011~2020년 연도별 어획량의 평균보다 적다.

ㄷ. 2021년 갈치 어획량이 2020년과 동일하다면, 갈치의 2011~2021년 연도별 어획량의 평균은 2011~2020년 연도별 어획량의 평균보다 크다.

① ㄱ

② ㄴ

③ ㄱ, ㄷ

④ ㄴ, ㄷ

⑤ ㄱ, ㄴ, ㄷ

다음 〈표〉는 2021년 A 시에서 개최된 철인3종경기 기록이다. 이에 대한 〈보기〉의 설명 중 옳은 것만을 모두 고르면?

〈표〉 A 시 개최 철인3종경기 기록

(단위: 시간)

종합기록 순위	국적	종합	수영	T1	자전거	T2	달리기
1	러시아	9:22:28	0:48:18	0:02:43	5:04:50	0:02:47	3:23:50
2	브라질	9:34:36	0:57:44	0:02:27	5:02:30	0:01:48	3:30:07
3	대한민국	9:37:41	1:04:14	0:04:08	5:04:21	0:03:05	3:21:53
4	대한민국	9:42:03	1:06:34	0:03:33	5:11:01	0:03:33	3:17:22
5	대한민국	9:43:50	( )	0:03:20	5:00:33	0:02:14	3:17:24
6	일본	9:44:34	0:52:01	0:03:28	5:25:59	0:02:56	3:20:10
7	러시아	9:45:06	1:08:32	0:03:55	5:07:46	0:03:02	3:21:51
8	독일	9:46:48	1:03:49	0:03:53	4:59:20	0:03:00	( )
9	영국	( )	1:07:01	0:03:37	5:07:07	0:03:55	3:26:27
10	중국	9:48:18	1:02:28	0:03:29	5:16:09	0:03:47	3:22:25

※ 1) 기록 '1:01:01'은 1시간 1분 1초를 의미함.
  2) 'T1', 'T2'는 각각 '수영'에서 '자전거', '자전거'에서 '달리기'로 전환하는 데 걸리는 시간임.
  3) 경기 참가 선수는 10명뿐이고, 기록이 짧을수록 순위가 높음.

〈보 기〉

ㄱ. '수영'기록이 한 시간 이하인 선수는 'T2'기록이 모두 3분 미만이다.

ㄴ. 종합기록 순위 2~10위인 선수 중, 종합기록 순위가 한 단계 더 높은 선수와의 '종합'기록 차이가 1분 미만인 선수는 3명 뿐이다.

ㄷ. '달리기'기록 상위 3명의 국적은 모두 대한민국이다.

ㄹ. 종합기록 순위 10위인 선수의 '수영'기록 순위는 '수영'기록과 'T1'기록의 합산 기록 순위와 다르다.

① ㄱ, ㄴ
② ㄱ, ㄷ
③ ㄷ, ㄹ
④ ㄱ, ㄴ, ㄹ
⑤ ㄴ, ㄷ, ㄹ

문 21. 다음 〈표〉는 제품 A~E의 제조원가에 관한 자료이다. 제품 A~E 중 매출액이 가장 작은 제품은?

〈표〉 제품 A~E의 고정원가, 변동원가율, 제조원가율

(단위: 원, %)

구분 / 제품	고정원가	변동원가율	제조원가율
A	60,000	40	25
B	36,000	60	30
C	33,000	40	30
D	50,000	20	10
E	10,000	50	10

※ 1) 제조원가=고정원가+변동원가

2) 고정원가율(%)= $\dfrac{\text{고정원가}}{\text{제조원가}} \times 100$

3) 변동원가율(%)= $\dfrac{\text{변동원가}}{\text{제조원가}} \times 100$

4) 제조원가율(%)= $\dfrac{\text{제조원가}}{\text{매출액}} \times 100$

① A
② B
③ C
④ D
⑤ E

※ 다음 〈표〉는 2018~2020년 '갑'국 방위산업의 매출액 및 종사자 수에 관한 자료이다. 다음 물음에 답하시오. [22~23]

〈표 1〉 2018~2020년 '갑'국 방위산업의 국내외 매출액

(단위: 억 원)

구분 \ 연도	2018	2019	2020
총매출액	136,493	144,521	153,867
국내 매출액	116,502	( )	( )
국외 매출액	19,991	21,048	17,624

〈표 2〉 2020년 '갑'국 방위산업의 기업유형별 매출액 및 종사자 수

(단위: 억 원, 명)

기업유형 \ 구분	총매출액	국내 매출액	국외 매출액	종사자 수
대기업	136,198	119,586	16,612	27,249
중소기업	17,669	16,657	1,012	5,855
전체	153,867	( )	17,624	33,104

〈표 3〉 2018~2020년 '갑'국 방위산업의 분야별 매출액

(단위: 억 원)

분야 \ 연도	2018	2019	2020
항공유도	41,984	45,412	49,024
탄약	24,742	21,243	25,351
화력	20,140	20,191	21,031
함정	18,862	25,679	20,619
기동	14,027	14,877	18,270
통신전자	14,898	15,055	16,892
화생방	726	517	749
기타	1,114	1,547	1,931
전체	136,493	144,521	153,867

〈표 4〉 2018~2020년 '갑'국 방위산업의 분야별 종사자 수

(단위: 명)

분야 \ 연도	2018	2019	2020
A	9,651	10,133	10,108
B	6,969	6,948	6,680
C	3,996	4,537	4,523
D	3,781	3,852	4,053
E	3,988	4,016	3,543
화력	3,312	3,228	3,295
화생방	329	282	228
기타	583	726	674
전체	32,609	33,722	33,104

※ '갑'국 방위산업 분야는 기타를 제외하고 항공유도, 탄약, 화력, 함정, 기동, 통신전자, 화생방으로만 구분함.

문 22. 위 〈표〉에 근거한 〈보기〉의 설명 중 옳은 것만을 모두 고르면?

─── 〈보 기〉 ───

ㄱ. 방위산업의 국내 매출액이 가장 큰 연도에 방위산업 총매출액 중 국외 매출액 비중이 가장 작다.

ㄴ. '기타'를 제외하고, 2018년 대비 2020년 매출액 증가율이 가장 낮은 방위산업 분야는 '탄약'이다.

ㄷ. 2020년 방위산업의 기업유형별 종사자당 국외 매출액은 대기업이 중소기업의 4배 이상이다.

ㄹ. 2020년 '항공유도' 분야 대기업 국내 매출액은 14,500억 원 이상이다.

① ㄱ, ㄴ
② ㄱ, ㄷ
③ ㄴ, ㄹ
④ ㄷ, ㄹ
⑤ ㄱ, ㄴ, ㄹ

문 23. 위 〈표〉와 다음 〈보고서〉를 근거로 '항공유도'에 해당하는 방위산업 분야를 〈표 4〉의 A~E 중에서 고르면?

─── 〈보고서〉 ───

2018년 대비 2020년 '갑'국 방위산업의 총매출액은 약 12.7 % 증가하였으나 방위산업 전체 종사자 수는 약 1.5 % 증가하는 데 그쳤다. '기타'를 제외한 7개 분야에 대해 이를 구체적으로 분석하면 다음과 같다.

2018년 대비 2020년 방위산업 분야별 매출액은 모두 증가하였으나 종사자 수는 '통신전자', '함정', '항공유도' 분야만 증가하고 나머지 분야는 감소한 것으로 나타났다. 2018~2020년 동안 매출액과 종사자 수 모두 매년 증가한 방위산업 분야는 '통신전자'뿐이고, '탄약'과 '화생방' 분야는 종사자 수가 매년 감소하였다. 특히, '기동' 분야는 2018년 대비 2020년 매출액 증가율이 방위산업 분야 중 가장 높았지만 종사자 수는 가장 많이 감소하였다. 2018년 대비 2020년 '함정' 분야 매출액 증가율은 방위산업 전체 매출액 증가율보다 낮았으나 종사자 수는 방위산업 분야 중 가장 많이 증가하였다. 이에 따라 방위산업의 분야별 종사자당 매출액 순위에도 변동이 있었다. 2018년에는 '화력' 분야의 종사자당 매출액이 가장 컸고, 다음으로 '함정', '항공유도' 순으로 컸다. 한편, 2020년에는 '화력' 분야의 종사자당 매출액이 가장 컸고, 다음으로 '기동', '항공유도' 순으로 컸다.

① A
② B
③ C
④ D
⑤ E

문 24. 다음 〈표〉는 2021년 국가 A~D의 국내총생산, 1인당 국내총생산, 1인당 이산화탄소 배출량에 관한 자료이다. 이를 근거로 국가 A~D를 이산화탄소 총배출량이 가장 적은 국가부터 순서대로 바르게 나열한 것은?

〈표〉 국가별 국내총생산, 1인당 국내총생산, 1인당 이산화탄소 배출량

(단위: 달러, 톤CO2eq.)

구분 / 국가	국내총생산	1인당 국내총생산	1인당 이산화탄소 배출량
A	20조 4,941억	62,795	16.6
B	4조 9,709억	39,290	9.1
C	1조 6,194억	31,363	12.4
D	13조 6,082억	9,771	7.0

※ 1) 1인당 국내총생산 = $\dfrac{국내총생산}{총인구}$

2) 1인당 이산화탄소 배출량 = $\dfrac{이산화탄소 총배출량}{총인구}$

① A, C, B, D

② A, D, C, B

③ C, A, D, B

④ C, B, A, D

⑤ D, B, C, A

문 25. 다음 〈표〉는 2019~2021년 '갑'국의 장소별 전기차 급속충전기 수에 관한 자료이다. 이에 대한 〈보기〉의 설명 중 옳은 것만을 모두 고르면?

〈표〉 장소별 전기차 급속충전기 수

(단위: 대)

구분	연도 / 장소	2019	2020	2021
다중이용시설	쇼핑몰	807	1,701	2,701
	주유소	125	496	( )
	휴게소	( )	( )	2,099
	문화시설	757	1,152	1,646
	체육시설	272	498	604
	숙박시설	79	146	227
	여객시설	64	198	378
	병원	27	98	152
	소계	2,606	5,438	8,858
일반시설	공공시설	1,595	( )	( )
	주차전용시설	565	898	1,275
	자동차정비소	119	303	375
	공동주택	( )	102	221
	기타	476	499	522
	소계	2,784	4,550	6,145
전체		5,390	9,988	15,003

─── 〈보 기〉 ───

ㄱ. 전체 급속충전기 수 대비 '다중이용시설' 급속충전기 수의 비율은 매년 증가한다.

ㄴ. '공공시설' 급속충전기 수는 '주차전용시설'과 '쇼핑몰' 급속충전기 수의 합보다 매년 많다.

ㄷ. '기타'를 제외하고, 2019년 대비 2021년 급속충전기 수의 증가율이 가장 큰 장소는 '주유소'이다.

ㄹ. 급속충전기 수는 '휴게소'가 '문화시설'보다 매년 많다.

① ㄱ, ㄴ

② ㄱ, ㄷ

③ ㄱ, ㄹ

④ ㄴ, ㄷ

⑤ ㄴ, ㄹ

CHAPTER
2021년 7급 PSAT 기출문제 자료해석
02

문 1.　다음 〈표〉와 〈보고서〉는 2019년 전국 안전체험관과 생활안전에 관한 자료이다. 제시된 〈표〉 이외에 〈보고서〉를 작성하기 위해 추가로 이용한 자료만을 〈보기〉에서 모두 고르면?

〈표〉 2019년 전국 안전체험관 규모별 현황

(단위 : 개소)

전체	대형		중형		소형
	일반	특성화	일반	특성화	
473	25	7	5	2	434

─────〈보고서〉─────

　2019년 생활안전 통계에 따르면 전국 473개소의 안전체험관이 운영 중인 것으로 확인되었다. 전국 안전체험관을 규모별로 살펴보면, 대형이 32개소, 중형이 7개소, 소형이 434개소였다. 이 중 대형 안전체험관은 서울이 가장 많고 경북, 충남이 그 뒤를 이었다.

　전국 안전사고 사망자 수는 2015년 이후 매년 감소하다가 2018년에는 증가하였다. 교통사고 사망자 수는 2015년 이후 매년 줄어들었고, 특히 2018년에 전년 대비 11.2% 감소하였다.

　2019년 분야별 지역안전지수 1등급 지역을 살펴보면 교통사고 분야는 서울, 경기, 화재 분야는 광주, 생활안전 분야는 경기, 부산으로 나타났다.

─────〈보 기〉─────

ㄱ. 연도별 전국 교통사고 사망자 수

(단위 : 명)

연도	2015	2016	2017	2018
사망자 수	4,380	4,019	3,973	3,529

ㄴ. 분야별 지역안전지수 4년 연속(2015~2018년) 1등급, 5등급 지역(시 · 도)

분야 등급	교통사고	화재	범죄	생활안전	자살
1등급	서울, 경기	–	세종	경기	경기
5등급	전남	세종	제주	제주	부산

ㄷ. 연도별 전국 안전사고 사망자 수

(단위 : 명)

연도	2015	2016	2017	2018
사망자 수	31,582	30,944	29,545	31,111

ㄹ. 2018년 지역별 안전체험관 수

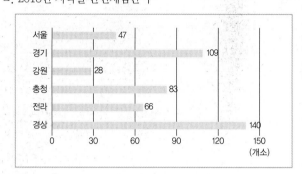

① ㄱ, ㄴ
② ㄱ, ㄷ
③ ㄴ, ㄹ
④ ㄱ, ㄷ, ㄹ
⑤ ㄴ, ㄷ, ㄹ

문 2.　다음 〈표〉는 아프리카연합이 주도한 임무단의 평화유지 활동에 관한 자료이다. 이를 바탕으로 작성한 〈보고서〉의 설명 중 옳지 않은 것은?

〈표〉 임무단의 평화유지활동(2021년 5월 기준)

(단위 : 명)

임무단	파견지	활동기간	주요 임무	파견규모
부룬디 임무단	부룬디	2003. 4.~2004. 6.	평화협정 이행 지원	3,128
수단 임무단	수단	2004. 10.~ 2007. 12.	다르푸르 지역 정전 감시	300
코모로 선거감시 지원 임무단	코모로	2006. 3.~2006. 6.	코모로 대통령 선거 감시	462
소말리아 임무단	소말리아	2007. 1.~현재	구호 활동 지원	6,000
코모로 치안 지원 임무단	코모로	2007. 5.~2008. 10.	앙주앙 섬 치안 지원	350
다르푸르 지역 임무단	수단	2007. 7.~현재	민간인 보호	6,000
우간다 임무단	우간다	2012. 3.~현재	반군 소탕작전	3,350
말리 임무단	말리	2012. 12.~ 2013. 7.	정부 지원	1,450
중앙아프리카 공화국 임무단	중앙 아프리카 공화국	2013. 12.~2014. 9.	안정 유지	5,961

─────── 〈보고서〉 ───────

　아프리카연합은 아프리카 지역 분쟁 해결 및 평화 구축을 위하여 2021년 5월 현재까지 9개의 임무단을 구성하고 평화유지활동을 주도하였다. ㉠ 평화유지활동 중 가장 오랜 기간 동안 활동한 임무단은 '소말리아 임무단'이다. 이 임무는 소말리아 과도 연방정부가 아프리카연합에 평화유지군을 요청한 것을 계기로 시작되어 현재에 이르고 있다. 한편, ㉡ '코모로 선거감시 지원 임무단'은 가장 짧은 기간 동안 활동하였다. 2006년 코모로는 대통령 선거를 앞두고 아프리카연합에 지원을 요청하였고 같은 해 3월 시작된 평화유지활동은 선거가 끝난 6월에 임무가 종료되었다.

　㉢ 아프리카연합이 현재까지 평화유지활동을 위해 파견한 임무단의 총규모는 25,000명 이상이며, 현재 활동 중인 임무단의 규모는 소말리아 6,000명, 수단 6,000명, 우간다 3,350명으로 총 15,000여 명이다.

　아프리카연합은 아프리카 내의 문제를 자체적으로 해결하기 위해 다양한 임무단 활동을 활발히 수행하였다. 특히 ㉣ 수단과 코모로에서는 각각 2개의 임무단이 활동하였다.

　현재 평화유지활동을 수행 중인 임무단은 3개이지만 ㉤ 2007년 10월 기준 평화유지활동을 수행 중이었던 임무단은 5개였다.

① ㉠

② ㉡

③ ㉢

④ ㉣

⑤ ㉤

문 3.　다음 〈그림〉은 2014~2020년 연말 기준 '갑'국의 국가채무 및 GDP에 관한 자료이다. 이에 대한 〈보기〉의 설명 중 옳은 것만을 모두 고르면?

〈그림 1〉 GDP 대비 국가채무 및 적자성채무 비율 추이

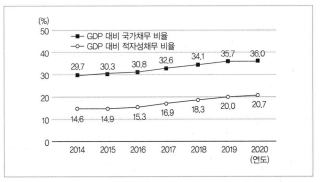

※ 국가채무 = 적자성채무 + 금융성채무

〈그림 2〉 GDP 추이

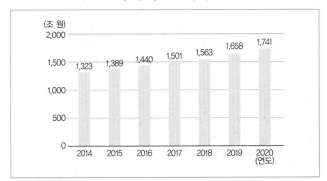

─────── 〈보 기〉 ───────

ㄱ. 2020년 국가채무는 2014년의 1.5배 이상이다.

ㄴ. GDP 대비 금융성채무 비율은 매년 증가한다.

ㄷ. 적자성채무는 2019년부터 300조 원 이상이다.

ㄹ. 금융성채무는 매년 국가채무의 50% 이상이다.

① ㄱ, ㄴ

② ㄱ, ㄷ

③ ㄴ, ㄹ

④ ㄱ, ㄷ, ㄹ

⑤ ㄴ, ㄷ, ㄹ

문 4. 다음 〈표〉는 최근 이사한 100가구의 이사 전후 주택규모에 관한 조사 결과이다. 이에 대한 〈보기〉의 설명 중 옳은 것만을 모두 고르면?

〈표〉 이사 전후 주택규모 조사 결과

(단위 : 가구)

이사 전 \ 이사 후	소형	중형	대형	합
소형	15	10	( )	30
중형	( )	30	10	( )
대형	5	10	15	( )
계	( )	( )	( )	100

※ 주택규모는 '소형', '중형', '대형'으로만 구분하며, 동일한 주택규모는 크기도 같음

〈보 기〉

ㄱ. 주택규모가 이사 전 '소형'에서 이사 후 '중형'으로 달라진 가구는 없다.

ㄴ. 이사 전후 주택규모가 달라진 가구 수는 전체 가구 수의 50% 이하이다.

ㄷ. 주택규모가 '대형'인 가구 수는 이사 전이 이사 후보다 적다.

ㄹ. 이사 후 주택규모가 커진 가구 수는 이사 후 주택규모가 작아진 가구 수보다 많다.

① ㄱ, ㄴ
② ㄱ, ㄷ
③ ㄴ, ㄹ
④ ㄷ, ㄹ
⑤ ㄱ, ㄴ, ㄷ

문 5. 다음 〈그림〉은 A사 플라스틱 제품의 제조공정도이다. 1,000kg의 재료가 '혼합' 공정에 투입되는 경우, '폐기처리' 공정에 전달되어 투입되는 재료의 총량은 몇 kg인가?

〈그림〉 A사 플라스틱 제품의 제조공정도

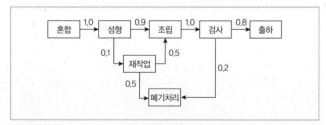

※ 제조공정도 내 수치는 직진율(= 다음 공정에 전달되는 재료의 양 / 해당 공정에 투입되는 재료의 양)을 의미함. 예를 들어,

[가] 0.2 [나] 는 해당 공정 '가'에 100kg의 재료가 투입되면 이 중 20kg(= 100kg×0.2)의 재료가 다음 공정 '나'에 전달되어 투입됨을 의미함

① 50
② 190
③ 230
④ 240
⑤ 280

문 6. 다음 〈그림〉은 12개 국가의 수자원 현황에 관한 자료이며, A~H는 각각 특정 국가를 나타낸다. 〈그림〉과 〈조건〉을 근거로 판단할 때, 국가명을 알 수 없는 것은?

〈그림〉 12개 국가의 수자원 현황

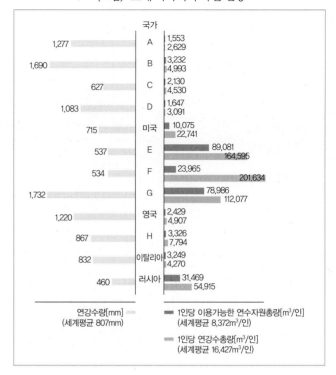

국가	연강수량[mm]	1인당 연강수총량	1인당 이용가능한 연수자원총량
A	1,277	1,553	2,629
B	1,690	3,232	4,993
C	627	2,130	4,530
D	1,083	1,647	3,091
미국	715	10,075	22,741
E	537	89,081	164,595
F	534	23,965	201,634
G	1,732	78,986	112,077
영국	1,220	2,429	4,907
H	867	3,326	7,794
이탈리아	832	3,249	4,270
러시아	460	31,469	54,915

연강수량[mm] (세계평균 807mm)
■ 1인당 이용가능한 연수자원총량[m³/인] (세계평균 8,372m³/인)
▨ 1인당 연강수총량[m³/인] (세계평균 16,427m³/인)

〈조 건〉

• '연강수량'이 세계평균의 2배 이상인 국가는 일본과 뉴질랜드이다.

• '연강수량'이 세계평균보다 많은 국가 중 '1인당 이용가능한 연수자원총량'이 가장 적은 국가는 대한민국이다.

• '1인당 연강수총량'이 세계평균의 5배 이상인 국가를 '연강수량'이 많은 국가부터 나열하면 뉴질랜드, 캐나다, 호주이다.

• '1인당 이용가능한 연수자원총량'이 영국보다 적은 국가 중 '1인당 연강수총량'이 세계평균의 25% 이상인 국가는 중국이다.

• '1인당 이용가능한 연수자원총량'이 6번째로 많은 국가는 프랑스이다.

① B
② C
③ D
④ E
⑤ F

문 7. 다음 〈표〉는 학생 '갑'~'무'의 중간고사 3개 과목 점수에 관한 자료이다. 이에 대한 〈보기〉의 설명 중 옳은 것만을 모두 고르면?

〈표〉 '갑'~'무'의 중간고사 3개 과목 점수

(단위 : 점)

과목 \ 학생 성별	갑 남	을 여	병 ( )	정 여	무 남
국어	90	85	60	95	75
영어	90	85	100	65	100
수학	75	70	85	100	100

〈보 기〉

ㄱ. 국어 평균 점수는 80점 이상이다.

ㄴ. 3개 과목 평균 점수가 가장 높은 학생과 가장 낮은 학생의 평균 점수 차이는 10점 이하이다.

ㄷ. 국어, 영어, 수학 점수에 각각 0.4, 0.2, 0.4의 가중치를 곱한 점수의 합이 가장 큰 학생은 '정'이다.

ㄹ. '갑'~'무'의 성별 수학 평균 점수는 남학생이 여학생보다 높다.

① ㄱ, ㄷ
② ㄱ, ㄹ
③ ㄴ, ㄷ
④ ㄱ, ㄷ, ㄹ
⑤ ㄴ, ㄷ, ㄹ

문 8. 다음 〈표〉는 2021~2027년 시스템반도체 중 인공지능반도체의 세계 시장규모 전망이다. 이에 대한 〈보기〉의 설명 중 옳은 것만을 모두 고르면?

〈표〉 시스템반도체 중 인공지능반도체의 세계 시장규모 전망

(단위 : 억 달러, %)

구분 \ 연도	2021	2022	2023	2024	2025	2026	2027
시스템반도체	2,500	2,310	2,686	2,832	( )	3,525	( )
인공지능반도체	70	185	325	439	657	927	1,179
비중	2.8	8.0	( )	15.5	19.9	26.3	31.3

〈보 기〉

ㄱ. 인공지능반도체 비중은 매년 증가한다.

ㄴ. 2027년 시스템반도체 시장규모는 2021년보다 1,000억 달러 이상 증가한다.

ㄷ. 2022년 대비 2025년의 시장규모 증가율은 인공지능반도체가 시스템반도체의 5배 이상이다.

① ㄷ
② ㄱ, ㄴ
③ ㄱ, ㄷ
④ ㄴ, ㄷ
⑤ ㄱ, ㄴ, ㄷ

문 9. 다음 〈표〉는 A~H 지역의 화물 이동 현황에 관한 자료이다. 이에 대한 〈보기〉의 설명 중 옳은 것만을 모두 고르면?

〈표〉 화물의 지역 내, 지역 간 이동 현황

(단위 : 개)

도착 지역 \ 출발 지역	A	B	C	D	E	F	G	H	합
A	65	121	54	52	172	198	226	89	977
B	56	152	61	55	172	164	214	70	944
C	29	47	30	22	62	61	85	30	366
D	24	61	30	37	82	80	113	45	472
E	61	112	54	47	187	150	202	72	885
F	50	87	38	41	120	188	150	55	729
G	78	151	83	73	227	208	359	115	1,294
H	27	66	31	28	94	81	116	46	489
계	390	797	381	355	1,116	1,130	1,465	522	6,156

※ 출발 지역과 도착 지역이 동일한 경우는 해당 지역 내에서 화물이 이동한 것임

〈보 기〉

ㄱ. 도착 화물보다 출발 화물이 많은 지역은 3개이다.

ㄴ. 지역 내 이동 화물이 가장 적은 지역은 도착 화물도 가장 적다.

ㄷ. 지역 내 이동 화물을 제외할 때, 출발 화물과 도착 화물의 합이 가장 작은 지역은 출발 화물과 도착 화물의 차이도 가장 작다.

ㄹ. 도착 화물이 가장 많은 지역은 출발 화물 중 지역 내 이동 화물의 비중도 가장 크다.

① ㄱ, ㄴ
② ㄱ, ㄷ
③ ㄴ, ㄷ
④ ㄴ, ㄹ
⑤ ㄱ, ㄷ, ㄹ

문 10. 다음 〈표〉와 〈대화〉는 4월 4일 기준 지자체별 자가격리자 및 모니터링 요원에 관한 자료이다. 〈표〉와 〈대화〉를 근거로 C와 D에 해당하는 지자체를 바르게 나열한 것은?

〈표〉 지자체별 자가격리자 및 모니터링 요원 현황(4월 4일 기준)

(단위 : 명)

구분	지자체	A	B	C	D
내국인	자가격리자	9,778	1,287	1,147	9,263
	신규 인원	900	70	20	839
	해제 인원	560	195	7	704
외국인	자가격리자	7,796	508	141	7,626
	신규 인원	646	52	15	741
	해제 인원	600	33	5	666
모니터링 요원		10,142	710	196	8,898

※ 해당일 기준 자가격리자＝전일 기준 자가격리자＋신규 인원－해제 인원

〈대 화〉

갑 : 감염병 확산에 대응하기 위한 회의를 시작합시다. 오늘은 대전, 세종, 충북, 충남의 4월 4일 기준 자가격리자 및 모니터링 요원 현황을 보기로 했는데, 각 지자체의 상황이 어떤가요?

을 : 4개 지자체 중 세종을 제외한 3개 지자체에서 4월 4일 기준 자가격리자가 전일 기준 자가격리자보다 늘어났습니다.

갑 : 모니터링 요원의 업무 부담과 관련된 통계 자료도 있나요?

을 : 4월 4일 기준으로 대전, 세종, 충북은 모니터링 요원 대비 자가격리자의 비율이 1.8 이상입니다.

갑 : 지자체에 모니터링 요원을 추가로 배치해야 할 것 같습니다. 자가격리자 중 외국인이 차지하는 비중이 4개 지자체 가운데 대전이 가장 높으니, 외국어 구사가 가능한 모니터링 요원을 대전에 우선 배치하는 방향으로 검토해 봅시다.

	C	D
①	충북	충남
②	충북	대전
③	충남	충북
④	세종	대전
⑤	대전	충북

문 11. 다음 〈그림〉과 〈조건〉은 직장인 '갑'~'병'이 마일리지 혜택이 있는 알뜰교통카드를 사용하여 출근하는 방법 및 교통비에 관한 자료이다. 이에 근거하여 월간 출근 교통비를 많이 지출하는 직장인부터 순서대로 나열하면?

〈그림〉 직장인 '갑'~'병'의 출근 방법 및 교통비 관련 정보

직장인	이동거리 A [m]	출근 1회당 대중교통요금[원]	이동거리 B [m]	월간 출근 횟수[회]	저소득층 여부
갑	600	3,200	200	15	○
을	500	2,300	500	22	×
병	400	1,800	200	22	○

〈조 건〉

• 월간 출근 교통비＝{출근 1회당 대중교통요금－(기본 마일리지＋추가 마일리지)×$\left(\dfrac{\text{마일리지 적용거리}}{800}\right)$}×월간 출근 횟수

• 기본 마일리지는 출근 1회당 대중교통요금에 따라 다음과 같이 지급함

출근 1회당 대중교통요금	2천 원 이하	2천 원 초과 3천 원 이하	3천 원 초과
기본 마일리지 (원)	250	350	450

• 추가 마일리지는 저소득층에만 다음과 같이 지급함.

출근 1회당 대중교통요금	2천 원 이하	2천 원 초과 3천 원 이하	3천 원 초과
기본 마일리지 (원)	100	150	200

• 마일리지 적용거리(m)는 출근 1회당 도보·자전거로 이동한 거리의 합이며 최대 800m까지만 인정함

① 갑, 을, 병
② 갑, 병, 을
③ 을, 갑, 병
④ 을, 병, 갑
⑤ 병, 을, 갑

문 12. 다음 〈그림〉은 개발원조위원회 29개 회원국 중 공적개발원조액 상위 15개국과 국민총소득 대비 공적개발원조액 비율 상위 15개국 자료이다. 이에 대한 〈보기〉의 설명 중 옳은 것만을 모두 고르면?

〈그림 1〉 공적개발원조액 상위 15개 회원국

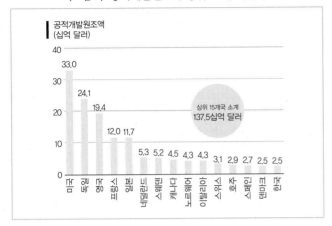

〈그림 2〉 국민총소득 대비 공적개발원조액 비율 상위 15개 회원국

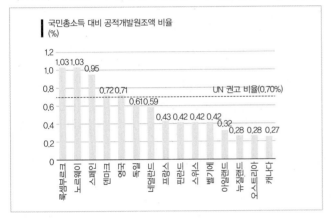

─── 〈보 기〉 ───
ㄱ. 국민총소득 대비 공적개발원조액 비율이 UN 권고 비율보다 큰 국가의 공적개발원조액 합은 250억 달러 이상이다.
ㄴ. 공적개발원조액 상위 5개국의 공적개발원조액 합은 개발원조위원회 29개 회원국 공적개발원조액 합의 50% 이상이다.
ㄷ. 독일이 공적개발원조액만 30억 달러 증액하면 독일의 국민총소득 대비 공적개발원조액 비율은 UN권고 비율 이상이 된다.

① ㄱ
② ㄷ
③ ㄱ, ㄴ
④ ㄴ, ㄷ
⑤ ㄱ, ㄴ, ㄷ

문 13. 다음 〈표〉는 '갑'국의 2020년 농업 생산액 현황 및 2021~2023년의 전년 대비 생산액 변화율 전망치에 관한 자료이다. 이에 대한 〈보기〉의 설명 중 옳은 것만을 모두 고르면?

〈표〉 농업 생산액 현황 및 변화율 전망치

(단위 : 십억 원, %)

구분	2020년 생산액	전년 대비 생산액 변화율 전망치		
		2021년	2022년	2023년
농업	50,052	0.77	0.02	1.38
재배업	30,270	1.50	−0.42	0.60
축산업	19,782	−0.34	0.70	2.57
소	5,668	3.11	0.53	3.51
돼지	7,119	−3.91	0.20	1.79
닭	2,259	1.20	−2.10	2.82
달걀	1,278	5.48	3.78	3.93
우유	2,131	0.52	1.12	0.88
오리	1,327	−5.58	5.27	3.34

※ 축산업은 소, 돼지, 닭, 달걀, 우유, 오리의 6개 세부항목으로만 구성됨

─── 〈보 기〉 ───
ㄱ. 2021년 '오리' 생산액 전망치는 1.2조 원 이상이다.
ㄴ. 2021년 '돼지' 생산액 전망치는 같은 해 '농업' 생산액 전망치의 15% 이상이다.
ㄷ. '축산업' 중 전년 대비 생산액 변화율 전망치가 2022년보다 2023년이 낮은 세부항목은 2개이다.
ㄹ. 2020년 생산액 대비 2022년 생산액 전망치의 증감폭은 '재배업'이 '축산업'보다 크다.

① ㄱ, ㄴ
② ㄱ, ㄷ
③ ㄴ, ㄹ
④ ㄱ, ㄷ, ㄹ
⑤ ㄴ, ㄷ, ㄹ

문 14. 다음 〈그림〉은 2020년 기준 A공제회 현황에 관한 자료이다. 이에 대한 설명으로 옳지 않은 것은?

〈그림〉 2020년 기준 A공제회 현황

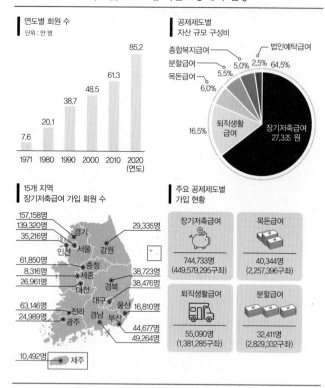

※ 1) 공제제도는 장기저축급여, 퇴직생활급여, 목돈급여, 분할급여, 종합복지급여, 법인예탁급여로만 구성됨
   2) 모든 회원은 1개 또는 2개의 공제제도에 가입함

① 장기저축급여 가입 회원 수는 전체 회원의 85% 이하이다.

② 공제제도의 총자산 규모는 40조 원 이상이다.

③ 자산 규모 상위 4개 공제제도 중 2개의 공제제도에 가입한 회원은 2만 명 이상이다.

④ 충청의 장기저축급여 가입 회원 수는 15개 지역 평균 장기저축급여 가입 회원 수보다 많다.

⑤ 공제제도별 1인당 구좌 수는 장기저축급여가 분할급여의 5배 이상이다.

문 15. 다음은 국내 광고산업에 관한 문화체육관광부의 보도자료이다. 이에 부합하지 않는 자료는?

🏛 문화체육관광부	보도자료	사람이 있는 문화
보도일시	배포 즉시 보도해 주시기 바랍니다.	

배포일시	2020.2.XX.	담당부서	□□□□국
담당과장	○○○ (044-203-○○○○)	담당자	사무관 △△△ (044-203-○○○○)

2018년 국내 광고산업 성장세 지속

• 문화체육관광부는 국내 광고사업체의 현황과 동향을 조사한 '2019년 광고산업조사(2018년 기준)' 결과를 발표했다.

• 이번 조사 결과에 따르면 2018년 기준 광고산업 규모는 17조 2,119억 원(광고사업체 취급액* 기준)으로, 전년 대비 4.5% 이상 증가했고, 광고사업체당 취급액 역시 증가했다.

  * 광고사업체 취급액은 광고주가 매체(방송국, 신문사 등)와 매체 외 서비스에 지불하는 비용 전체(수수료 포함)임

  – 업종별로 살펴보면 광고대행업이 6조 6,239억 원으로 전체 취급액의 38% 이상을 차지했으나, 취급액의 전년 대비 증가율은 온라인광고대행업이 16% 이상으로 가장 높다.

• 2018년 기준 광고사업체의 매체 광고비* 규모는 11조 362억 원(64.1%), 매체 외 서비스 취급액은 6조 1,757억 원(35.9%)으로 조사됐다.

  * 매체 광고비는 방송매체, 인터넷매체, 옥외광고매체, 인쇄매체 취급액의 합임

  – 매체 광고비 중 방송매체 취급액은 4조 266억 원으로 가장 큰 비중을 차지하고 있으며, 그 다음으로 인터넷매체, 옥외광고매체, 인쇄매체 순으로 나타났다.

  – 인터넷매체 취급액은 3조 8,804억 원으로 전년 대비 6% 이상 증가했다. 특히, 모바일 취급액은 전년 대비 20% 이상 증가하여 인터넷 광고시장의 성장세를 이끌었다.

  – 한편, 간접광고(PPL) 취급액은 전년 대비 14% 이상 증가하여 1,270억 원으로 나타났으며, 그 중 지상파TV와 케이블TV 간 비중의 격차는 5%p 이하로 조사됐다.

① 광고사업체 취급액 현황(2018년 기준)

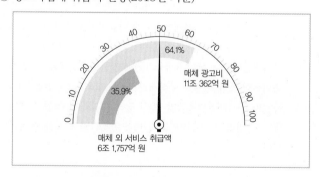

② 인터넷매체(PC, 모바일) 취급액 현황

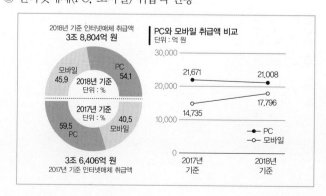

③ 간접광고(PPL) 취급액 현황

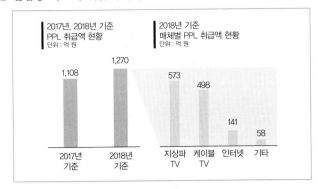

④ 업종별 광고사업체 취급액 현황

(단위 : 개소, 억 원)

구분 업종	2018년 조사(2017년 기준)		2019년 조사(2018년 기준)	
	사업체 수	취급액	사업체 수	취급액
전체	7,234	164,133	7,256	172,119
광고대행업	1,910	64,050	1,887	66,239
광고제작업	1,374	20,102	1,388	20,434
광고전문 서비스업	1,558	31,535	1,553	33,267
인쇄업	921	7,374	921	8,057
온라인광고 대행업	780	27,335	900	31,953
옥외광고업	691	13,737	607	12,169

⑤ 매체별 광고사업체 취급액 현황(2018년 기준)

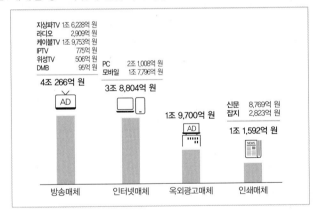

문 16.　다음 〈그림〉은 2020년 '갑'시의 교통사고에 관한 자료이다. 이에 대한 〈보기〉의 설명 중 옳은 것만을 모두 고르면?

〈그림 1〉 2020년 월별 교통사고 사상자

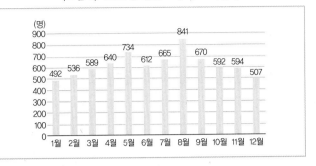

〈그림 2〉 2020년 월별 교통사고 건수

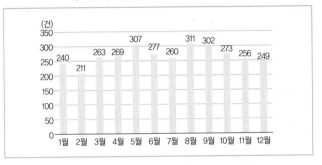

〈그림 3〉 2020년 교통사고 건수의 사고원인별 구성비

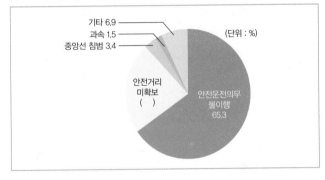

─── 〈보 기〉 ───

ㄱ. 월별 교통사고 사상자는 가장 적은 달이 가장 많은 달의 60% 이하이다.

ㄴ. 2020년 교통사고 건당 사상자는 1.9명 이상이다.

ㄷ. '안전거리 미확보'가 사고원인인 교통사고 건수는 '중앙선 침범'이 사고원인인 교통사고 건수의 7배 이상이다.

ㄹ. 사고원인이 '안전운전의무 불이행'인 교통사고 건수는 2,000건 이하이다.

① ㄱ, ㄴ

② ㄱ, ㄷ

③ ㄴ, ㄷ

④ ㄷ, ㄹ

⑤ ㄱ, ㄴ, ㄹ

문 17. 다음 〈표〉와 〈정보〉는 A~J 지역의 지역발전 지표에 관한 자료이다. 이를 근거로 '가'~'라'에 들어갈 수 있는 값으로만 나열한 것은?

〈표〉 A~J 지역의 지역발전 지표

(단위 : %, 개)

지표 / 지역	재정 자립도	시가화 면적 비율	10만 명 당 문화 시설수	10만 명 당 체육 시설수	주택 노후화율	주택 보급률	도로 포장률
A	83.8	61.2	4.1	111.1	17.6	105.9	92.0
B	58.5	24.8	3.1	(다)	22.8	93.6	98.3
C	65.7	35.7	3.5	103.4	13.5	91.2	97.4
D	48.3	25.3	4.3	128.0	15.8	96.6	100.0
E	(가)	20.7	3.7	133.8	12.2	100.3	99.0
F	69.5	22.6	4.1	114.0	8.5	91.0	98.1
G	37.1	22.9	7.7	110.2	20.5	103.8	91.7
H	38.7	28.8	7.8	102.5	19.9	(라)	92.5
I	26.1	(나)	6.9	119.2	33.7	102.5	89.6
J	32.6	21.3	7.5	113.0	26.9	106.1	87.9

─────── 〈정 보〉 ───────

• 재정자립도가 E보다 높은 지역은 A, C, F임
• 시가화 면적 비율이 가장 낮은 지역은 주택노후화율이 가장 높은 지역임
• 10만 명당 문화시설수가 가장 적은 지역은 10만 명당 체육시설수가 네 번째로 많은 지역임
• 주택보급률이 도로포장률보다 낮은 지역은 B, C, D, F임

	가	나	다	라
①	58.6	20.9	100.9	92.9
②	60.8	19.8	102.4	92.5
③	63.5	20.1	115.7	92.0
④	65.2	20.3	117.1	92.6
⑤	65.8	20.6	118.7	93.7

문 18. 다음 〈표〉는 '갑'국 대학 기숙사 수용 및 기숙사비 납부 방식에 관한 자료이다. 이에 대한 〈보고서〉의 설명 중 옳은 것만을 모두 고르면?

〈표 1〉 2019년과 2020년 대학 기숙사 수용 현황

(단위 : 명, %)

연도 / 구분 / 대학유형	2020			2019		
	수용가능 인원	재학생 수	수용률	수용가능 인원	재학생 수	수용률
전체(196개교)	354,749	1,583,677	22.4	354,167	1,595,436	22.2
설립주체 국공립(40개교)	102,025	381,309	26.8	102,906	385,245	26.7
설립주체 사립(156개교)	( )	1,202,368	21.0	251,261	1,210,191	20.8
소재지 수도권(73개교)	122,099	672,055	18.2	119,940	676,479	( )
소재지 비수도권(123개교)	232,650	911,622	25.5	234,227	918,957	25.5

※ 수용률(%)= $\dfrac{\text{수용가능 인원}}{\text{재학생 수}} \times 100$

〈표 2〉 2020년 대학 기숙사비 납부 방식 현황

(단위 : 개교)

납부 방식 / 기숙사유형 / 대학유형	카드납부 가능				현금분할납부 가능			
	직영	민자	공공	합계	직영	민자	공공	합계
전체(196개교)	27	20	0	47	43	25	9	77
설립주체 국공립(40개교)	20	17	0	37	18	16	0	34
설립주체 사립(156개교)	7	3	0	10	25	9	9	43
소재지 수도권(73개교)	3	2	0	5	16	8	4	28
소재지 비수도권(123개교)	24	18	0	42	27	17	5	49

※ 각 대학은 한 가지 유형의 기숙사만 운영함

2020년 대학 기숙사 수용률은 22.4%로, 2019년의 22.2%에 비해 증가하였지만 여전히 20%대 초반에 그쳤다. 대학유형별 기숙사 수용률은 사립대학보다는 국공립대학이 높고, 수도권 대학보다는 비수도권 대학이 높았다. 한편, ㉠ 2019년 대비 2020년 대학유형별 기숙사 수용률은 국공립대학보다 사립대학이, 비수도권 대학보다 수도권 대학이 더 큰 폭으로 증가하였다.

2020년 대학 기숙사 수용가능 인원의 변화를 설립주체별로 살펴보면, ㉡ 국공립대학은 전년 대비 800명 이상 증가하였으나, 사립대학은 전년 대비 1,400명 이상 감소하였다. 소재지별로 살펴보면 수도권 대학의 기숙사 수용가능 인원은 2019년 119,940명에서 2020년 122,099명으로 2,100명 이상 증가하였으나, 비수도권 대학은 2019년 234,227명에서 2020년 232,650명으로 1,500명 이상 감소하였다.

2020년 대학 기숙사비 납부 방식을 살펴보면, ㉢ 전체 대학 중 기숙사비 카드납부가 가능한 대학은 37.9%에 불과하였다. 이를 기숙사 유형별로 자세히 보면, ㉣ 카드납부가 가능한 공공기숙사는 없었고, 현금분할납부가 가능한 공공기숙사도 사립대학 9개교뿐이었다.

① ㄱ
② ㄱ, ㄴ
③ ㄱ, ㄹ
④ ㄷ, ㄹ
⑤ ㄴ, ㄷ, ㄹ

문 19. 다음 〈조건〉과 〈표〉는 2018~2020년 '가'부서 전체 직원 성과급에 관한 자료이다. 이를 근거로 판단할 때, '가'부서 전체 직원의 2020년 기본 연봉의 합은?

• 매년 각 직원의 기본 연봉은 변동 없음
• 성과급은 전체 직원에게 각 직원의 성과등급에 따라 매년 1회 지급함
• 성과급＝기본 연봉 × 지급비율
• 성과등급별 지급비율 및 인원 수

구분 성과등급	S	A	B
지급비율	20%	10%	5%
인원 수	1명	2명	3명

〈표〉 2018~2020년 '가'부서 전체 직원 성과급

(단위 : 백만 원)

직원 \ 연도	2018	2019	2020
갑	12.0	6.0	3.0
을	5.0	20.0	5.0
병	6.0	3.0	6.0
정	6.0	6.0	12.0
무	4.5	4.5	4.5
기	6.0	6.0	12.0

① 430백만 원
② 460백만 원
③ 490백만 원
④ 520백만 원
⑤ 550백만 원

문 20. 다음 〈표〉는 '갑'국 하수처리장의 1일 하수처리용량 및 지역등급별 방류수 기준이고, 〈그림〉은 지역등급 및 36개 하수처리장 분포이다. 이에 근거한 〈보기〉의 설명 중 옳은 것만을 모두 고르면?

〈표〉 하수처리장 1일 하수처리용량 및 지역등급별 방류수 기준

(단위 : mg/L)

1일 하수처리용량 \ 지역등급	항목	생물학적 산소요구량	화학적 산소요구량	총질소	총인
500m³ 이상	I	5 이하	20 이하	20 이하	0.2 이하
	II	5 이하	20 이하	20 이하	0.3 이하
	III	10 이하	40 이하	20 이하	0.5 이하
	IV	10 이하	40 이하	20 이하	2.0 이하
50m³ 이상 500m³ 미만	I ~ IV	10 이하	40 이하	20 이하	2.0 이하
50m³ 미만	I ~ IV	10 이하	40 이하	40 이하	4.0 이하

〈그림〉 지역등급 및 하수처리장 분포

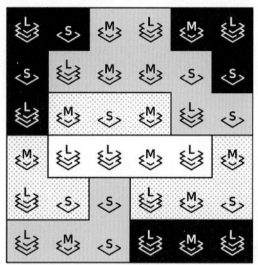

지역 등급
□ I
□ II
□ III
■ IV

하수처리장 1일 하수처리용량
500m³ 이상
50m³ 이상 500m³ 미만
50m³ 미만

─── 〈보 기〉 ───

ㄱ. 방류수의 생물학적 산소요구량 기준이 '5mg/L 이하'인 하수처리장 수는 5개이다.

ㄴ. 1일 하수처리용량 500m³ 이상인 하수처리장 수는 1일 하수처리용량 50m³ 미만인 하수처리장 수의 1.5배 이상이다.

ㄷ. II등급 지역에서 방류수의 총인 기준이 '0.3mg/L 이하'인 하수처리장의 1일 하수처리용량 합은 최소 1,000m³이다.

ㄹ. 방류수의 총질소 기준이 '20mg/L 이하'인 하수처리장 수는 방류수의 화학적 산소요구량 기준이 '20mg/L 이하'인 하수처리장 수의 5배 이상이다.

① ㄱ, ㄴ   ② ㄱ, ㄷ
③ ㄴ, ㄹ   ④ ㄱ, ㄷ, ㄹ
⑤ ㄴ, ㄷ, ㄹ

문 21. 다음 〈표〉는 직원 '갑'~'무'에 대한 평가자 A~E의 직무평가 점수이다. 이에 대한 〈보기〉의 설명 중 옳은 것만을 모두 고르면?

〈표〉 직원 '갑'~'무'에 대한 평가자 A~E의 직무평가 점수

(단위 : 점)

평가자 \ 직원	A	B	C	D	E	종합점수
갑	91	87	( )	89	95	89.0
을	89	86	90	88	( )	89.0
병	68	76	( )	74	78	( )
정	71	72	85	74	( )	77.0
무	71	72	79	85	( )	78.0

※ 1) 직원별 종합점수는 해당 직원이 평가자 A~E로부터 부여받은 점수 중 최댓값과 최솟값을 제외한 점수의 평균임.
2) 각 직원은 평가자 A~E로부터 각각 다른 점수를 부여받았음.
3) 모든 평가자는 1~100점 중 1점 단위로 점수를 부여하였음.

─── 〈보 기〉 ───

ㄱ. '을'에 대한 직무평가 점수는 평가자 E가 가장 높다.

ㄴ. '병'의 종합점수로 가능한 최댓값과 최솟값의 차이는 5점 이상이다.

ㄷ. 평가자 C의 '갑'에 대한 직무평가 점수는 '갑'의 종합점수보다 높다.

ㄹ. '갑'~'무'의 종합점수 산출시, 부여한 직무평가 점수가 한 번도 제외되지 않은 평가자는 없다.

① ㄱ
② ㄱ, ㄹ
③ ㄴ, ㄷ
④ ㄱ, ㄴ, ㄹ
⑤ ㄴ, ㄷ, ㄹ

※ 다음 〈표 1〉과 〈표 2〉는 '갑'국 A~E 5개 도시의 지난 30년 월평균 지상 10m 기온과 월평균 지표면 온도이고, 〈표 3〉과 〈표 4〉는 도시별 설계적설하중과 설계기본풍속이다. 다음 물음에 답하시오. [22~23]

〈표 1〉 도시별 월평균 지상 10m 기온

(단위 : ℃)

월 \ 도시	A	B	C	D	E
1	−2.5	1.6	−2.4	−4.5	−2.3
2	−0.3	3.2	−0.5	−1.8	−0.1
3	5.2	7.4	4.5	4.2	5.1
4	12.1	13.1	10.7	11.4	12.2
5	17.4	17.6	15.9	16.8	17.2
6	21.9	21.1	20.4	21.5	21.3
7	25.9	25.0	24.0	24.5	24.4
8	25.4	25.7	24.9	24.3	25.0
9	20.8	21.2	20.7	18.9	19.7
10	14.4	15.9	14.5	12.1	13.0
11	6.9	9.6	7.2	4.8	6.1
12	−0.2	4.0	0.6	−1.7	−0.1

〈표 2〉 도시별 월평균 지표면 온도

(단위 : ℃)

월 \ 도시	A	B	C	D	E
1	−2.4	2.7	−1.2	−2.7	0.3
2	−0.3	4.8	0.8	−0.7	2.8
3	5.6	9.3	6.3	4.8	8.7
4	13.4	15.7	13.4	12.6	16.3
5	19.7	20.8	19.4	19.1	22.0
6	24.8	24.2	24.5	24.4	25.9
7	26.8	27.7	26.8	26.9	28.4
8	27.4	28.5	27.5	27.0	29.0
9	22.5	19.6	22.8	21.4	23.5
10	14.8	17.9	15.8	13.5	16.9
11	6.2	10.8	7.5	5.3	8.6
12	−0.1	4.7	1.1	−0.7	2.1

〈표 3〉 도시별 설계적설하중

(단위 : kN/m²)

도시	A	B	C	D	E
설계적설하중	0.5	0.5	0.7	0.8	2.0

〈표 4〉 도시별 설계기본풍속

(단위 : m/s)

도시	A	B	C	D	E
설계기본풍속	30	45	35	30	40

문 22. 위 〈표〉를 근거로 〈보기〉의 설명 중 옳은 것만을 모두 고르면?

― 〈보 기〉 ―

ㄱ. '월평균 지상 10m 기온'이 가장 높은 달과 '월평균 지표면 온도'가 가장 높은 달이 다른 도시는 A뿐이다.

ㄴ. 2월의 '월평균 지상 10m 기온'은 영하이지만 '월평균 지표면 온도'가 영상인 도시는 C와 E이다.

ㄷ. 1월의 '월평균 지표면 온도'가 A~E 도시 중 가장 낮은 도시의 설계적설하중은 5개 도시 평균 설계적설하중보다 작다.

ㄹ. 설계기본풍속이 두 번째로 큰 도시는 8월의 '월평균 지상 10m 기온'도 A~E 도시 중 두 번째로 높다.

① ㄱ, ㄴ

② ㄴ, ㄷ

③ ㄴ, ㄹ

④ ㄷ, ㄹ

⑤ ㄱ, ㄷ, ㄹ

문 23. 폭설피해 예방대책으로 위 〈표 3〉에 제시된 도시별 설계적설하중을 수정하고자 한다. 〈규칙〉에 따라 수정하였을 때, A~E 도시 중 설계적설하중 증가폭이 두 번째로 큰 도시와 가장 작은 도시를 바르게 연결한 것은?

― 〈규 칙〉 ―

단계 1 : 각 도시의 설계적설하중을 50% 증가시킨다.

단계 2 : '월평균 지상 10m 기온'이 영하인 달이 3개 이상인 도시만 단계 1에 의해 산출된 값을 40% 증가시킨다.

단계 3 : 설계기본풍속이 40m/s 이상인 도시만 단계 1~2를 거쳐 산출된 값을 20% 감소시킨다.

단계 4 : 단계 1~3을 거쳐 산출된 값을 수정된 설계적설하중으로 한다. 단, 1.0kN/m² 미만인 경우 1.0kN/m²으로 한다.

	두 번째로 큰 도시	가장 작은 도시
①	A	B
②	A	C
③	B	D
④	D	B
⑤	D	C

문 24. 다음 〈표〉는 2017년과 2018년 '갑'국에 운항하는 항공사의 운송실적 및 피해구제 현황에 관한 자료이다. 〈표〉를 이용하여 작성한 그래프로 옳지 않은 것은?

〈표 1〉 2017년과 2018년 국적항공사의 노선별 운송실적

(단위 : 천 명)

국적항공사	노선	국내선		국제선	
	연도	2017	2018	2017	2018
대형 항공사	태양항공	7,989	6,957	18,925	20,052
	무지개항공	5,991	6,129	13,344	13,727
저비용 항공사	알파항공	4,106	4,457	3,004	3,610
	에어세종	0	0	821	1,717
	청렴항공	3,006	3,033	2,515	2,871
	독도항공	4,642	4,676	5,825	7,266
	참에어	3,738	3,475	4,859	5,415
	동해항공	2,935	2,873	3,278	4,128
합계		32,407	31,600	52,571	58,786

〈표 2〉 2017년 피해유형별 항공사의 피해구제 접수 건수 비율

(단위 : %)

항공사 \ 피해유형	취소환불 위약금	지연 결항	정보제공 미흡	수하물 지연 파손	초과 판매	기타	합계
국적항공사	57.14	22.76	5.32	6.81	0.33	7.64	100.00
외국적 항공사	49.06	27.77	6.89	6.68	1.88	7.72	100.00

〈표 3〉 2018년 피해유형별 항공사의 피해구제 접수 건수

(단위 : 건)

항공사 \ 피해유형	취소 환불 위약금	지연 결항	정보 제공 미흡	수하물 지연 파손	초과 판매	기타	합계	전년 대비 증가
대형 항공사 태양항공	31	96	0	7	0	19	153	13
무지개 항공	20	66	0	5	0	15	106	-2
저비용 항공사 알파항공	9	9	0	1	0	4	23	-6
에어세종	19	10	2	1	0	12	44	7
청렴항공	12	33	3	4	0	5	57	16
독도항공	34	25	3	9	0	27	98	-35
참에어	33	38	0	6	0	8	85	34
동해항공	19	32	1	10	0	10	72	9
국적항공사	177	309	9	43	0	100	638	36
외국적항공사	161	201	11	35	0	78	486	7

① 2017년 피해유형별 외국적항공사의 피해구제 접수 건수 대비 국적항공사의 피해구제 접수 건수 비

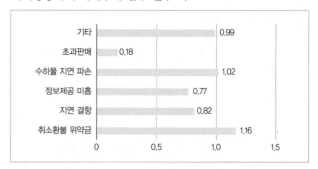

② 2017년 국적항공사별 피해구제 접수 건수 비중

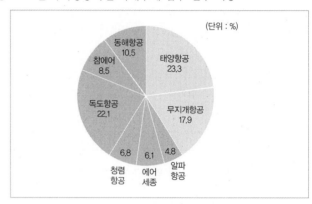

③ 2017년 피해유형별 국적항공사의 피해구제 접수 건수

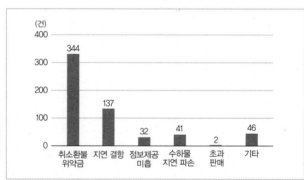

④ 2017년 대비 2018년 저비용 국적항공사의 전체 노선 운송실적 증가율

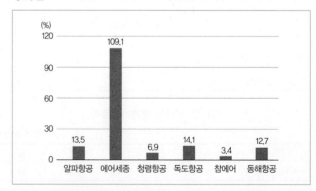

⑤ 대형 국적항공사의 전체 노선 운송실적 대비 피해구제 접수 건수 비

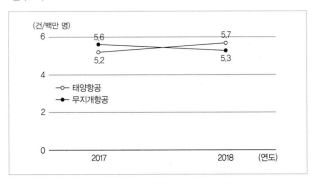

문 25. 다음 〈표〉는 2011~2020년 산불 건수 및 산불 가해자 검거 현황과 2020년 산불 원인별 가해자 검거 현황에 관한 자료이다. 이에 대한 〈보기〉의 설명 중 옳은 것만을 모두 고르면?

〈표 1〉 2011~2020년 산불 건수 및 산불 가해자 검거 현황

(단위 : 건, %)

구분 연도	산불 건수	가해자 검거 건수	검거율
2011	277	131	47.3
2012	197	73	( )
2013	296	137	46.3
2014	492	167	33.9
2015	623	240	38.5
2016	391	( )	( )
2017	692	305	( )
2018	496	231	46.6
2019	653	239	36.6
2020	620	246	39.7
계	( )	1,973	( )

〈표 2〉 2020년 산불 원인별 산불 건수 및 가해자 검거 현황

(단위 : 건, %)

구분 산불 원인	산불 건수	가해자 검거 건수	검거율
입산자 실화	( )	32	( )
논밭두렁 소각	49	45	( )
쓰레기 소각	65	( )	( )
담뱃불 실화	75	17	22.7
성묘객 실화	9	6	( )
어린이 불장난	1	1	100.0
건축물 실화	54	33	61.1
기타	150	52	34.7
전체	( )	246	39.7

※ 1) 산불 1건은 1개의 산불 원인으로만 분류함
2) 가해자 검거 건수는 해당 산불 발생 연도를 기준으로 집계함
3) 검거율(%) = $\dfrac{\text{가해자 검거 건수}}{\text{산불 건수}} \times 100$

〈보 기〉

ㄱ. 2011~2020년 연평균 산불 건수는 500건 이하이다.

ㄴ. 산불 건수가 가장 많은 연도의 검거율은 산불 건수가 가장 적은 연도의 검거율보다 높다.

ㄷ. 2020년에는 기타를 제외하고 산불 건수가 적은 산불 원인일수록 검거율이 높다.

ㄹ. 2020년 전체 산불 건수 중 입산자 실화가 원인인 산불 건수의 비율은 35%이다.

① ㄱ, ㄴ

② ㄴ, ㄹ

③ ㄷ, ㄹ

④ ㄱ, ㄴ, ㄷ

⑤ ㄱ, ㄴ, ㄹ

03

CHAPTER

2020년 7급 PSAT 모의평가 자료해석

문 1. 다음 〈보고서〉는 2019년 '갑'시의 5대 축제(A~E)에 관한 조사 결과이다. 이에 부합하지 않는 자료는?

〈보고서〉

'갑'시의 5대 축제를 분석·평가한 결과, 우수축제로 선정된 A 축제는 관람객 수, 인지도, 콘텐츠 영역에서 B 축제보다 높은 점수를 받았으나 경제적 효과 영역에서는 B 축제보다 낮은 점수를 받았다. 한편, 5대 축제의 관람객 만족도를 보면, 먹거리 만족도가 매년 떨어지고 있고 2019년에는 살거리 만족도도 2018년보다 낮아져 대책 마련이 시급하다는 평가도 있다.

설문조사에 따르면 축제 관련 정보 획득 매체는 연령대별로 차이를 보였다. 20대 이하와 30~40대는 각각 인터넷을 통해 정보를 획득한 관람객 수가 가장 많았다. 반면, 50대 이상은 현수막을 통해 정보를 획득한 관람객 수가 가장 많아 관람객의 연령대별 맞춤형 홍보 전략이 필요하다는 것을 보여준다.

축제로 인한 경제적 효과도 중요한 분석 대상이다. D 축제의 경우 취업자 수와 고용인 수 모두 가장 적지만, 고용인 1인당 취업자 수는 가장 많았다. 관람객 1인당 총 지출액에서 숙박비의 비중이 가장 높은 축제는 C 축제이고 먹거리 비용의 비중이 가장 높은 축제는 E 축제이다.

---

① 5대 축제별 취업자 수와 고용인 수

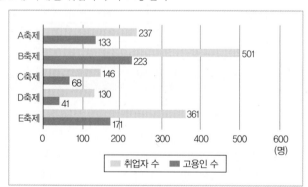

② 5대 축제의 관람객 만족도

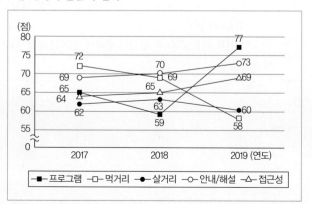

③ 5대 축제별 관람객 1인당 지출액

(단위 : 원)

구분＼축제	A	B	C	D	E
숙박비	22,514	9,100	27,462	3,240	4,953
먹거리 비용	18,241	19,697	15,303	8,882	20,716
왕복교통비	846	1,651	9,807	1,448	810
상품구입비	17,659	4,094	6,340	3,340	411
기타	9	48	102	255	1,117
총지출액	59,269	34,590	59,014	17,165	28,007

④ A, B 축제의 영역별 평가점수

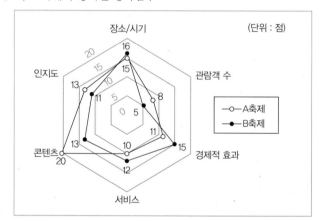

⑤ 관람객의 연령대별 5대 축제 관련 정보 획득 매체

(단위 : %)

연령대＼매체	TV	인터넷	신문	현수막	기타
20대 이하	22.0	58.6	10.8	17.5	11.5
30~40대	25.4	35.0	16.5	18.0	9.0
50대 이상	35.0	20.2	21.0	29.5	8.0
전체	26.0	41.5	15.1	20.1	9.8

※ 중복응답 가능함

문 2.   다음 〈표〉는 2019년 10월 첫 주 '갑' 편의점의 간편식 A~F의 판매량에 관한 자료이다. 〈표〉와 〈조건〉을 이용하여 간편식 B, E의 판매량을 바르게 나열한 것은?

〈표〉 간편식 A~F의 판매량

(단위 : 개)

간편식	A	B	C	D	E	F	평균
판매량	95	( )	( )	( )	( )	43	70

─── 〈조 건〉 ───

• A와 C의 판매량은 같다.
• B와 D의 판매량은 같다.
• E의 판매량은 D보다 23개 적다.

	B	E
①	70	47
②	70	57
③	83	47
④	83	60
⑤	85	62

문 3.   다음 〈표〉는 2015~2019년 '갑'국의 가스사고 현황에 관한 자료이다. 이에 대한 〈보기〉의 설명 중 옳은 것만을 모두 고르면?

〈표 1〉 원인별 사고건수

(단위 : 건)

원인 \ 연도	2015	2016	2017	2018	2019
사용자 취급부주의	41	41	41	38	31
공급자 취급부주의	23	16	22	26	29
제품노후	4	12	19	12	18
고의사고	21	16	16	12	9
타공사	2	6	4	8	7
자연재해	12	9	5	3	3
시설미비	18	20	11	23	24
전체	121	120	118	122	121

〈표 2〉 사용처별 사고건수

(단위 : 건)

사용처 \ 연도	2015	2016	2017	2018	2019
주택	48	50	39	42	47
식품접객업소	21	10	27	14	20
특수허가업소	14	14	16	16	12
공급시설	3	7	5	5	6
차량	4	5	4	5	6
제1종 보호시설	3	8	6	8	5
공장	9	6	7	6	4
다중이용시설	0	0	0	0	1
야외	19	20	14	26	20
전체	121	120	118	122	121

─── 〈보 기〉 ───

ㄱ. 2015년 대비 2019년 사고건수의 증가율은 '공급자 취급부주의'가 '시설미비'보다 작다.
ㄴ. '주택'과 '차량'의 연도별 사고건수 증감방향은 같다.
ㄷ. 2016년에는 사고건수 기준 상위 2가지 원인에 의한 사고건수의 합이 나머지 원인에 의한 사고건수의 합보다 적다.
ㄹ. 전체 사고건수에서 '주택'이 차지하는 비중은 매년 35% 이상이다.

① ㄱ, ㄴ
② ㄱ, ㄹ
③ ㄴ, ㄷ
④ ㄱ, ㄷ, ㄹ
⑤ ㄴ, ㄷ, ㄹ

문 4. 다음 〈표〉는 2015~2019년 A~D 지역의 해양수질, 해조류 군집 및 해양 저서동물 출현종수에 관한 자료이다. 이에 대한 설명으로 옳지 않은 것은?

〈표 1〉 A~D 지역의 해양수질

(단위 : mg/L)

측정항목	지역	2015	2016	2017	2018	2019
용존 산소량 (DO)	A	8.22	8.13	7.95	8.40	7.60
	B	8.18	8.23	8.12	8.60	8.10
	C	10.20	8.06	8.73	8.10	8.50
	D	7.51	6.97	7.39	8.43	8.35
화학적 산소 요구량 (COD)	A	1.73	1.38	1.19	1.54	1.34
	B	1.38	1.40	1.26	1.47	1.54
	C	2.35	2.29	1.71	1.59	1.69
	D	0.96	0.82	0.70	1.30	1.59
총질소 (Total-N)	A	0.16	0.14	0.16	0.15	0.12
	B	0.16	0.13	0.20	0.15	0.12
	C	0.45	0.51	0.68	0.11	0.08
	D	0.20	0.06	0.05	0.57	0.07

※ 해양수질 등급은 아래 기준으로 판정함
 • 1등급은 DO가 7.50mg/L 이상이고 COD는 1.00mg/L 이하이며 Total-N이 0.30mg/L 이하인 경우임
 • 2등급은 1등급에 해당하지 않으면서 DO가 2.00mg/L 이상이고 COD는 2.00mg/L 이하이며 Total-N이 0.60mg/L 이하인 경우임
 • 등급 외는 1, 2등급에 해당하지 않는 경우임

〈표 2〉 A~D 지역의 해조류 군집 및 해양 저서동물 출현종수

(단위 : 개)

항목	지역	2015	2016	2017	2018	2019
해조류 군집 출현 종수	A	108	77	46	48	48
	B	102	77	49	49	52
	C	26	27	28	29	27
	D	102	136	199	86	87
해양 저서동물 출현종수	A	147	79	126	134	153
	B	90	73	128	142	141
	C	112	34	58	85	102
	D	175	351	343	303	304

① 2015~2019년 A와 B 지역의 총질소(Total-N)의 연간 증감 방향은 매년 동일하다.

② 2016년 B 지역은 해조류 군집 출현종수의 전년대비 증감률이 해양 저서동물 출현종수의 전년대비 증감률보다 크다.

③ 2019년에는 해양 저서동물 출현종수가 가장 많은 지역이 총질소(Total-N)가 가장 낮다.

④ 2015년에 해양수질이 1등급인 지역은 D가 유일하다.

⑤ A와 C 지역의 해양수질은 2015년부터 2017년까지 2등급으로 일정하다.

문 5. 다음 〈그림〉과 〈표〉는 2018~2019년 '갑'국의 월별 최대전력수요와 전력수급현황에 관한 자료이다. 이에 대한 설명으로 옳은 것은?

〈그림〉 '갑'국의 월별 최대전력수요

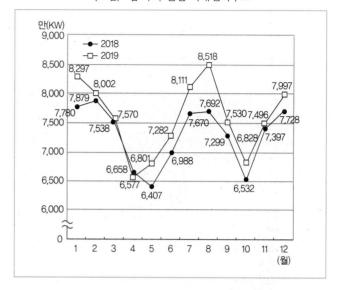

〈표〉 '갑'국의 전력수급현황

(단위 : 만 kW)

구분 \ 시기	2018년 2월	2019년 8월
최대전력수요	7,879	8,518
전력공급능력	8,793	9,240

※ 1) 공급예비력 = 전력공급능력 - 최대전력수요
   2) 공급예비율(%) = $\frac{공급예비력}{최대전력수요} \times 100$

① 공급예비력은 2018년 2월이 2019년 8월보다 작다.

② 공급예비율은 2018년 2월이 2019년 8월보다 낮다.

③ 2019년 1~12월 동안 최대전력수요의 월별 증감방향은 2018년과 동일하다.

④ 해당 연도 1~12월 중 최대전력수요가 가장 큰 달과 가장 작은 달의 최대전력수요 차이는 2018년이 2019년보다 작다.

⑤ 2019년 최대전력수요의 전년동월 대비 증가율이 가장 높은 달은 1월이다.

문 6. 다음 〈표〉는 2018년 '갑'국 A~E 지역의 산사태 위험인자 현황에 관한 자료이다. 〈평가 방법〉에 근거하여 산사태 위험점수가 가장 높은 지역과 가장 낮은 지역을 바르게 나열한 것은?

〈표〉 A~E 지역의 산사태 위험인자 현황

위험인자＼지역	A	B	C	D	E
경사길이(m)	180	220	150	80	40
모암	화성암	퇴적암	변성암(편마암)	변성암(천매암)	변성암(편마암)
경사위치	중하부	중상부	중하부	상부	중상부
사면형	상승사면	복합사면	하강사면	복합사면	평형사면
토심(cm)	160	120	70	110	80
경사도(°)	30	20	25	35	55

─〈평가 방법〉─

• 산사태 위험인자의 평가점수는 다음과 같다.

위험인자＼평가점수	0점	10점	20점	30점
경사길이(m)	50 미만	50 이상 100 미만	100 이상 200 미만	200 이상
모암	퇴적암	화성암	변성암(천매암)	변성암(편마암)
경사위치	하부	중하부	중상부	상부
사면형	상승사면	평형사면	하강사면	복합사면
토심(cm)	20 미만	20 이상 100 미만	100 이상 150 미만	150 이상
경사도(°)	40 이상	30 이상 40 미만	25 이상 30 미만	25 미만

• 개별 지역의 산사태 위험점수는 6개 위험인자에 대한 평가점수의 합임.

	가장 높은 지역	가장 낮은 지역
①	B	A
②	B	E
③	D	A
④	D	C
⑤	D	E

문 7. 다음 〈표〉는 '갑'시에서 주최한 10km 마라톤 대회에 참가한 선수 A~D의 구간별 기록이다. 이에 대한 〈보기〉의 설명 중 옳은 것만을 모두 고르면?

〈표〉 선수 A~D의 10km 마라톤 대회 구간별 기록

구간＼선수	A	B	C	D
0~1km	5분 24초	5분 44초	6분 40초	6분 15초
1~2km	5분 06초	5분 42초	5분 27초	6분 19초
2~3km	5분 03초	5분 50초	5분 18초	6분 00초
3~4km	5분 00초	6분 18초	5분 15초	5분 54초
4~5km	4분 57초	6분 14초	5분 24초	5분 35초
5~6km	5분 10초	6분 03초	5분 03초	5분 27초
6~7km	5분 25초	5분 48초	5분 14초	6분 03초
7~8km	5분 18초	5분 39초	5분 29초	5분 24초
8~9km	5분 10초	5분 33초	5분 26초	5분 11초
9~10km	5분 19초	5분 03초	5분 36초	5분 15초
계	51분 52초	( )	54분 52초	57분 23초

※ 1) A~D는 출발점에서 동시에 출발하여 휴식 없이 완주함
2) A~D는 각 구간 내에서 일정한 속도로 달림

─〈보 기〉─

ㄱ. 출발 후 6km 지점을 먼저 통과한 선수부터 나열하면 A, C, D, B 순이다.

ㄴ. B의 10km 완주기록은 60분 이상이다.

ㄷ. 3~4km 구간에서 B는 C에게 추월당한다.

ㄹ. A가 10km 지점을 통과한 순간, D는 7~8km 구간을 달리고 있다.

① ㄱ, ㄴ

② ㄱ, ㄷ

③ ㄱ, ㄹ

④ ㄴ, ㄷ

⑤ ㄷ, ㄹ

문 8. 다음 〈표〉는 '갑' 회사 구내식당의 월별 이용자 수 및 매출액에 관한 자료이고, 〈보고서〉는 '갑' 회사 구내식당 가격인상에 관한 내부검토 자료이다. '2019년 1월의 이용자 수 예측'에 대한 그래프로 〈표〉와 〈보고서〉의 내용에 부합하는 것은?

〈표〉 2018년 '갑' 회사 구내식당의 월별 이용자 수 및 매출액

(단위 : 명, 천 원)

월	특선식		일반식		총매출액
	이용자 수	매출액	이용자 수	매출액	
7	901	5,406	1,292	5,168	10,574
8	885	5,310	1,324	5,296	10,606
9	914	5,484	1,284	5,136	10,620
10	979	5,874	1,244	4,976	10,850
11	974	5,844	1,196	4,784	10,628
12	952	5,712	1,210	4,840	10,552

※ 총매출액은 특선식 매출액과 일반식 매출액의 합임

〈보고서〉

2018년 12월 현재 회사 구내식당은 특선식(6,000원)과 일반식(4,000원)의 두 가지 메뉴를 판매하고 있다. 2018년 11월부터 구내식당 총매출액이 감소하고 있어 지난 2년 동안 동결되었던 특선식과 일반식 중 한 가지 메뉴의 가격을 2019년 1월부터 1,000원 인상할지를 검토하였다.

메뉴 가격에 변동이 없을 경우, 일반식 이용자와 특선식 이용자의 수가 모두 2018년 12월에 비해 감소하여 2019년 1월의 총매출액은 2018년 12월보다 감소할 것으로 예측된다.

특선식 가격만을 1,000원 인상하여 7,000원으로 할 경우, 특선식 이용자 수는 2018년 7월 이후 최저치 이하로 감소하지만, 가격 인상의 영향 등으로 총매출액은 2018년 10월 이상으로 증가할 것으로 예측된다.

일반식 가격만을 1,000원 인상하여 5,000원으로 할 경우, 일반식 이용자 수는 2018년 12월 대비 10% 이상 감소하며, 특선식 이용자 수는 2018년 10월보다 증가하지는 않으리라 예측된다.

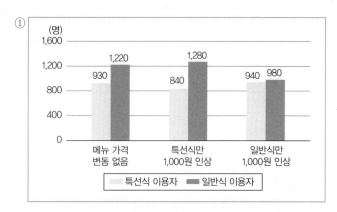

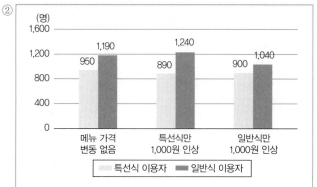

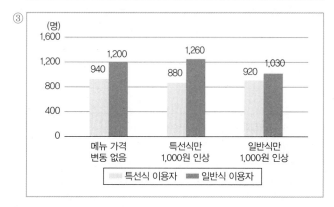

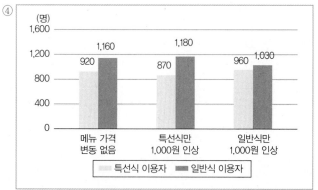

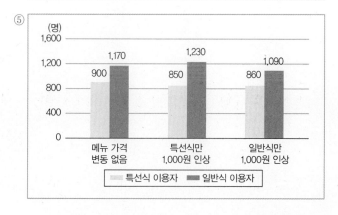

문 9.   다음 〈그림〉은 OECD 회원국 중 5개국의 2018년 가정용, 산업용 전기요금 지수를 나타낸 것이다. 이에 대한 〈보기〉의 설명 중 옳은 것만을 모두 고르면?

〈그림〉 OECD 회원국 중 5개국의 가정용, 산업용 전기요금 지수

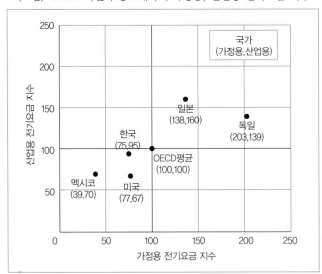

※ 1) OECD 각 국가의 전기요금은 100 kWh당 평균 금액($)임

2) 가정용(산업용) 전기요금 지수 = $\dfrac{\text{해당 국가의 가정용(산업용) 전기요금}}{\text{OECD 평균 가정용(산업용) 전기요금}} \times 100$

3) 2018년 한국의 가정용, 산업용 전기요금은 100 kWh당 각각 $120, $95임

─── 〈보 기〉 ───

ㄱ. 산업용 전기요금은 일본이 가장 비싸고 가정용 전기요금은 독일이 가장 비싸다.

ㄴ. OECD 평균 전기요금은 가정용이 산업용의 1.5배 이상이다.

ㄷ. 가정용 전기요금이 한국보다 비싼 국가는 산업용 전기요금도 한국보다 비싸다.

ㄹ. 일본은 산업용 전기요금이 가정용 전기요금보다 비싸다.

① ㄱ, ㄴ

② ㄱ, ㄷ

③ ㄴ, ㄹ

④ ㄷ, ㄹ

⑤ ㄱ, ㄴ, ㄹ

문 10.   다음 〈표〉는 2019년 기관 A~D 소속 퇴직예정공직자의 재취업을 위한 직무관련성 심사결과에 대한 자료이다. 〈표〉와 〈조건〉을 근거로 A~D에 해당하는 기관을 바르게 나열한 것은?

〈표〉 직무관련성 심사결과

(단위 : 건)

기관＼구분	관련있음	관련없음	각하	전체
A	8	33	4	45
B	17	77	3	97
C	99	350	59	508
D	0	9	0	9

─── 〈조 건〉 ───

• 우주청의 전체 심사결과 중 '관련없음'의 비중은 혁신청의 전체 심사결과 중 '관련없음'의 비중보다 작다.

• 기관별 전체 심사결과 중 '관련없음'의 비중은 문화청이 가장 크다.

• '각하' 건수는 과학청이 혁신청보다 많다.

• '관련없음' 대비 '관련있음' 건수의 비는 과학청이 우주청보다 높다.

	A	B	C	D
①	과학청	문화청	혁신청	우주청
②	과학청	혁신청	우주청	문화청
③	문화청	혁신청	우주청	과학청
④	우주청	혁신청	과학청	문화청
⑤	혁신청	우주청	과학청	문화청

문 11. 다음 〈표〉는 2014~2018년 공공기관 신규채용 합격자 현황에 관한 자료이다. 이를 이용하여 작성한 그래프로 옳지 않은 것은?

〈표 1〉 공공기관 신규채용 합격자 현황

(단위 : 명)

합격자 \ 연도	2014	2015	2016	2017	2018
전체	17,601	19,322	20,982	22,547	33,832
여성	7,502	7,664	8,720	9,918	15,530

〈표 2〉 공공기관 유형별 신규채용 합격자 현황

(단위 : 명)

유형	합격자 \ 연도	2014	2015	2016	2017	2018
공기업	전체	4,937	5,823	5,991	6,805	9,070
	여성	1,068	1,180	1,190	1,646	2,087
준정부기관	전체	5,055	4,892	6,084	6,781	9,847
	여성	2,507	2,206	2,868	3,434	4,947
기타공공기관	전체	7,609	8,607	8,907	8,961	14,915
	여성	3,927	4,278	4,662	4,838	8,496

※ 공공기관은 공기업, 준정부기관, 기타공공기관으로만 구성됨

① 공공기관 유형별 신규채용 합격자 현황

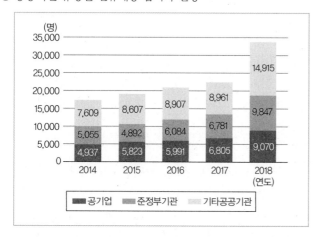

② 2016년 공공기관 유형별 신규채용 남성 합격자 현황

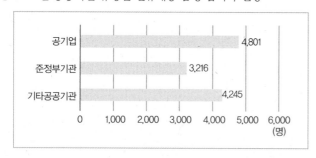

③ 공공기관 유형별 신규채용 합격자 중 여성 비중

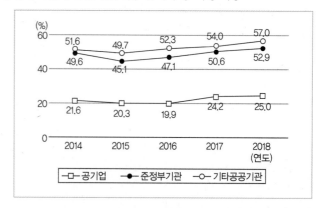

④ 공공기관 신규채용 합격자의 전년대비 증가율

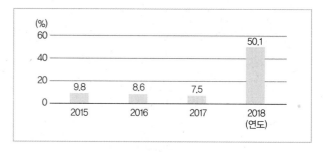

⑤ 2018년 공공기관 신규채용 합격자의 공공기관 유형별 구성비

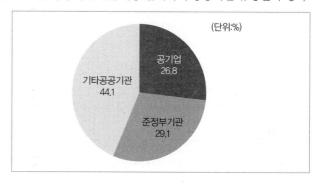

문 12. 다음 〈그림〉은 가구 A~L의 2020년 1월 주거비와 식비, 필수생활비에 관한 자료이다. 이에 대한 설명으로 옳은 것은?

〈그림 1〉 가구 A~L의 주거비와 식비

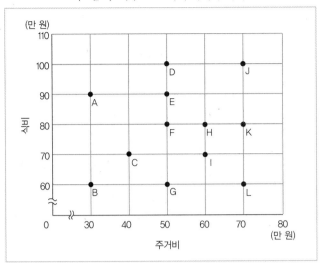

〈그림 2〉 가구 A~L의 식비와 필수생활비

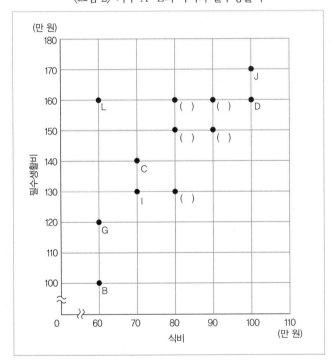

※ 필수생활비＝주거비＋식비＋의복비

① 의복비는 가구 A가 가구 B보다 작다.

② 의복비가 0원인 가구는 1곳이다.

③ 주거비가 40만 원 이하인 가구의 의복비는 각각 10만 원 이상 이다.

④ 식비 하위 3개 가구 의복비의 합은 60만 원 이상이다.

⑤ 식비가 80만 원이면서 필수생활비가 130만 원인 가구는 K이다.

문 13. 다음 〈그림〉은 추락사고가 발생한 항공기 800대의 사고 발생 시점과 사고 원인을 정리한 자료이다. 이에 대한 〈보기〉의 설명 중 옳은 것만을 모두 고르면?

〈그림〉 항공기 추락사고의 사고 발생시점과 사고 원인

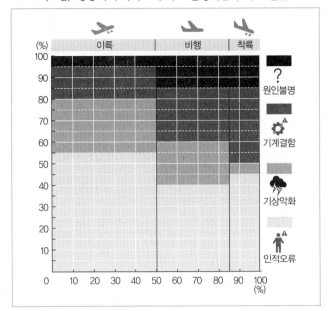

※ 사고 발생시점은 이륙, 비행, 착륙 중 하나이며, 사고 원인은 인적오류, 기상악화, 기계 결함, 원인불명 중 하나임

〈보 기〉

ㄱ. 이륙 중에 인적오류로 추락한 항공기 수는 착륙 중에 원인불 명으로 추락한 항공기 수의 12배 이상이다.

ㄴ. 비행 중에 원인불명으로 추락한 항공기 수는 착륙 중에 기계 결함으로 추락한 항공기 수보다 많다.

ㄷ. 비행 중에 인적오류로 추락한 항공기 수는 이륙 중에 기계결 함으로 추락한 항공기 수보다 56대 더 많다.

ㄹ. 기계결함으로 추락한 항공기 수는 추락사고가 발생한 항공 기 수의 20% 이상이다.

① ㄱ, ㄴ

② ㄱ, ㄷ

③ ㄱ, ㄹ

④ ㄴ, ㄷ

⑤ ㄷ, ㄹ

문 14. 다음 〈표〉는 '갑'국의 2020년 3월 1~15일 기상상황과 드론 비행 및 촬영 허가신청 결과에 관한 자료이다. 〈표〉와 〈조건〉에 근거한 〈보기〉의 설명으로 옳은 것만을 모두 고르면?

〈표〉 기상상황과 드론 비행 및 촬영 허가신청 결과

구분 / 날짜	기상상황			허가신청 결과	
항목	지자기지수	풍속(m/s)	날씨	비행	촬영
3월 1일	1	3	비	불허	불허
3월 2일	2	2	맑음	불허	불허
3월 3일	3	3	흐림	허가	허가
3월 4일	4	1	비	허가	허가
3월 5일	5	7	흐림	허가	허가
3월 6일	5	12	흐림	허가	허가
3월 7일	5	5	맑음	허가	허가
3월 8일	4	3	맑음	허가	허가
3월 9일	6	6	맑음	허가	허가
3월 10일	3	4	흐림	허가	불허
3월 11일	4	3	흐림	허가	불허
3월 12일	2	2	맑음	허가	허가
3월 13일	2	13	맑음	허가	허가
3월 14일	3	5	비	허가	허가
3월 15일	1	3	맑음	허가	허가

───── 〈조 건〉 ─────

• 기상상황 항목별 드론 비행 및 촬영 기준

구분 / 항목	비행	촬영
지자기지수	5 미만	10 미만
풍속(m/s)	10 미만	5 미만
날씨	맑음 또는 흐림	맑음 또는 흐림

• 기상상황 항목별 비행 기준을 모두 충족하고 비행 허가신청 결과가 '허가'일 때, 비행에 적합함.

• 기상상황 항목별 촬영 기준을 모두 충족하고 촬영 허가신청 결과가 '허가'일 때, 촬영에 적합함.

• 기상상황 항목별 비행 및 촬영 기준을 모두 충족하고 비행 및 촬영 허가신청 결과가 모두 '허가'일 때, 항공촬영에 적합함.

───── 〈보 기〉 ─────

ㄱ. 비행에 적합한 날은 총 6일이다.
ㄴ. 촬영에 적합한 날은 총 5일이다.
ㄷ. 항공촬영에 적합한 날은 총 4일이다.

① ㄱ
② ㄷ
③ ㄱ, ㄴ
④ ㄱ, ㄷ
⑤ ㄴ, ㄷ

문 15. 다음 〈표〉는 산림경영단지 A~E의 임도 조성 현황에 관한 자료이다. 이 경우 면적이 가장 넓은 산림경영단지는?

〈표〉 산림경영단지 A~E의 임도 조성 현황

(단위 : %, km, km/ha)

구분 / 산림경영단지	작업임도 비율	간선임도 길이	임도 밀도
A	30	70	15
B	20	40	10
C	30	35	20
D	50	20	10
E	40	60	20

※ 1) 임도 길이(km)=작업임도 길이+간선임도 길이

2) 작업임도 비율(%)=$\dfrac{작업임도 길이}{임도 길이}\times 100$

3) 간선임도 비율(%)=$\dfrac{간선임도 길이}{임도 길이}\times 100$

4) 임도 밀도(km/ha)=$\dfrac{임도 길이}{산림경영단지 면적}$

① A
② B
③ C
④ D
⑤ E

문 16. 다음 〈표〉는 2019년 '갑'국 국회의원선거의 당선자 수에 관한 자료이다. 이에 대한 〈보기〉의 설명 중 옳은 것만을 모두 고르면?

〈표〉 '갑'국 국회의원선거의 당선자 수

(단위 : 명)

권역＼정당	A	B	C	D	E	합
가	48	( )	0	1	7	65
나	2	( )	( )	0	0	( )
기타	55	98	2	1	4	160
전체	105	110	25	2	11	253

※ '갑'국의 정당은 A~E만 존재함

─── 〈보 기〉 ───

ㄱ. E 정당 전체 당선자 중 '가' 권역 당선자가 차지하는 비중은 60% 이상이다.

ㄴ. 당선자 수의 합은 '가' 권역이 '나' 권역의 3배 이상이다.

ㄷ. C 정당 전체 당선자 중 '나' 권역 당선자가 차지하는 비중은 A 정당 전체 당선자 중 '가' 권역 당선자가 차지하는 비중의 2배 이상이다.

ㄹ. B 정당 당선자 수는 '나' 권역이 '가' 권역보다 많다.

① ㄱ, ㄴ

② ㄱ, ㄷ

③ ㄴ, ㄷ

④ ㄴ, ㄹ

⑤ ㄷ, ㄹ

문 17. 다음 〈표〉는 소프트웨어 경쟁력 종합점수 산출을 위한 영역별 가중치와 소프트웨어 경쟁력 종합순위 1~10위 국가의 영역별 순위 및 원점수에 관한 자료이다. 이에 대한 설명으로 옳지 않은 것은?

〈표 1〉 소프트웨어 경쟁력 종합점수 산출을 위한 영역별 가중치

영역	환경	인력	혁신	성과	활용
가중치	0.15	0.20	0.25	0.15	0.25

〈표 2〉 소프트웨어 경쟁력 평가대상 국가 중 종합순위 1~10위 국가의 영역별 순위 및 원점수

(단위 : 점)

종합순위	종합점수	국가	환경 순위	환경 원점수	인력 순위	인력 원점수	혁신 순위	혁신 원점수	성과 순위	성과 원점수	활용 순위	활용 원점수
1	72.41	미국	1	67.1	1	89.6	1	78.5	2	54.8	2	66.3
2	47.04	중국	28	20.9	8	35.4	2	66.9	18	11.3	1	73.6
3	41.48	일본	6	50.7	10	34.0	4	44.8	19	10.5	7	57.2
4	( )	호주	5	51.6	6	37.9	7	33.1	22	9.2	3	62.8
5	( )	캐나다	17	37.7	15	29.5	4	42.9	16	13.3	6	57.6
6	38.35	스웨덴	9	42.6	5	38.9	8	28.1	3	26.5	10	52.7
7	38.12	영국	12	40.9	3	46.3	12	20.3	6	23.3	8	56.6
8	( )	프랑스	11	41.9	2	53.6	11	22.5	15	13.8	11	49.3
9	( )	핀란드	10	42.5	14	30.5	10	22.6	4	24.9	4	59.4
10	( )	한국	2	62.9	19	27.5	5	41.5	25	6.7	21	41.1

※ 1) 점수가 높을수록 순위가 높음
　2) 영역점수＝영역 원점수×영역 가중치
　3) 종합점수는 5개 영역점수의 합임

① 종합순위가 한국보다 낮은 국가 중에 '성과' 영역 원점수가 한국의 8배 이상인 국가가 있다.

② 종합순위 3~10위 국가의 종합점수 합은 320점 이하이다.

③ 소프트웨어 경쟁력 평가대상 국가는 28개국 이상이다.

④ 한국은 5개 영역점수 중 '혁신' 영역점수가 가장 높다.

⑤ 일본의 '활용' 영역 원점수가 중국의 '활용' 영역 원점수로 같아지면 국가별 종합순위는 바뀐다.

문 18. 다음 〈표〉는 2019년 주요 7개 지역(A~G)의 재해 피해 현황이다. 이에 대한 설명으로 옳지 않은 것은?

〈표〉 2019년 주요 7개 지역의 재해 피해 현황

구분 지역	피해액 (천 원)	행정면적 (km²)	인구 (명)	1인당 피해액 (원)
전국	187,282,994	100,387	51,778,544	3,617
A	2,898,417	1,063	2,948,542	983
B	2,883,752	10,183	12,873,895	224
C	3,475,055	10,540	3,380,404	1,028
D	7,121,830	16,875	1,510,142	4,716
E	24,482,562	8,226	2,116,770	11,566
F	86,648,708	19,031	2,691,706	32,191
G	( )	7,407	1,604,432	36,199

※ 피해밀도(원/km²) = $\dfrac{\text{피해액}}{\text{행정면적}}$

① G 지역의 피해액은 전국 피해액의 35% 이하이다.

② 주요 7개 지역을 합친 지역의 1인당 피해액은 나머지 전체 지역의 1인당 피해액보다 크다.

③ D 지역과 F 지역을 합친 지역의 1인당 피해액은 전국 1인당 피해액의 5배 이상이다.

④ 피해밀도는 A 지역이 B 지역의 9배 이상이다.

⑤ 주요 7개 지역 중 피해밀도가 가장 낮은 지역은 D 지역이다.

문 19. 다음 〈표〉는 A 사에서 실시한 철근강도 평가 샘플 수 및 합격률에 관한 자료이다. 이에 대한 설명으로 옳은 것은?

〈표〉 철근강도 평가 샘플 수 및 합격률

(단위 : 개, %)

구분	종류	SD400	SD500	SD600	전체
샘플 수		35	( )	25	( )
평가항목별 합격률	항복강도	100.0	95.0	92.0	96.0
	인장강도	100.0	100.0	88.0	( )
최종 합격률		100.0	( )	84.0	( )

※ 1) 평가한 철근 종류는 SD400, SD500, SD600뿐임
  2) 항복강도와 인장강도 평가에서 모두 합격한 샘플만 최종 합격임
  3) 합격률(%) = $\dfrac{\text{합격한 샘플 수}}{\text{샘플 수}} \times 100$
  4) 평가 결과는 합격 또는 불합격임

① SD500 샘플 수는 50개 이상이다.

② 인장강도 평가에서 합격한 SD600 샘플은 항복강도 평가에서도 모두 합격하였다.

③ 항복강도 평가에서 불합격한 SD500 샘플 수는 4개이다.

④ 최종 불합격한 전체 샘플 수는 5개 이하이다.

⑤ 항복강도 평가에서 불합격한 SD600 샘플 수는 최종 불합격한 SD500 샘플 수와 같다.

문 20. 다음 〈표〉는 2015년 와인 생산량 및 소비량 상위 8개국 현황에 관한 자료이다. 이에 대한 〈보기〉의 설명 중 옳은 것만을 모두 고르면?

〈표 1〉 2015년 와인 생산량 상위 8개국 현황

(단위 : 천 L, %)

구분 국가	2015년 생산량	구성비	2013년 생산량 대비 증가율
이탈리아	4,950	17.4	-8.3
프랑스	4,750	16.7	12.8
스페인	3,720	13.1	-18.0
미국	2,975	10.4	-4.5
아르헨티나	1,340	4.7	-10.7
칠레	1,290	4.5	0.8
호주	1,190	4.2	-3.3
남아프리카공화국	1,120	3.9	22.4
계	21,335	74.9	-3.8

〈표 2〉 2015년 와인 소비량 상위 8개국 현황

(단위 : 천 L, %)

구분 국가	2015년 소비량	구성비	2013년 소비량 대비 증가율
미국	3,320	13.3	6.5
프랑스	2,720	10.9	-3.5
이탈리아	2,050	8.2	-5.9
독일	2,050	8.2	1.0
중국	1,600	6.4	-8.4
영국	1,290	5.2	1.6
아르헨티나	1,030	4.1	-0.4
스페인	1,000	4.0	2.0
계	15,060	60.2	-0.8

※ 1) 구성비는 세계 와인 생산(소비)량에서 각 국가 생산(소비)량이 차지하는 비율임
  2) 구성비와 증가율은 소수 둘째 자리에서 반올림한 값임

─── 〈보 기〉 ───

ㄱ. 2015년 와인 생산량 상위 8개국 중 와인 소비량이 생산량보다 많은 국가는 1개이다.

ㄴ. 2015년 와인 생산량 상위 8개국만 와인 생산량이 각각 10%씩 증가했다면, 2015년 세계 와인 생산량은 30,000천 L 이상이었을 것이다.

ㄷ. 2015년 중국 와인 소비량은 같은 해 세계 와인 생산량의 6% 미만이다.

ㄹ. 2013년 스페인 와인 생산량은 같은 해 영국 와인 소비량의 3배 미만이다.

① ㄱ, ㄷ

② ㄴ, ㄹ

③ ㄷ, ㄹ

④ ㄱ, ㄴ, ㄷ

⑤ ㄱ, ㄴ, ㄹ

문 21. 다음 〈표〉는 제품 A~E의 회수 시점의 평가 항목별 품질 상태를 나타낸 자료이다. 〈정보〉에 근거하여 재사용 또는 폐기까지의 측정 및 가공 작업에 소요되는 비용이 가장 적은 제품과 가장 많은 제품을 바르게 나열한 것은?

〈표〉 제품 A~E의 회수 시점의 평가 항목별 품질 상태

평가 항목 제품	오염도	강도	치수
A	12	11	12
B	6	8	8
C	5	11	7
D	5	3	8
E	10	9	12

─────〈정 보〉─────

• 제품 품질 측정 및 가공 작업 공정

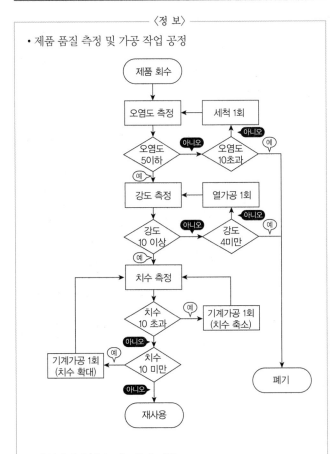

• 단위작업별 내용 및 1회당 비용

(단위 : 천 원)

단위작업	내용		비용
측정 작업	오염도 측정		5
	강도 측정		10
	치수 측정		2
가공 작업	세척		5
	열가공		50
	기계가공	치수 확대	20
		치수 축소	10

※ 세척 1회시 오염도 1 감소, 열가공 1회시 강도 1 증가, 기계가공 1회시 치수 1만큼 확대 또는 축소됨

	비용이 가장 적은 제품	비용이 가장 많은 제품
①	A	B
②	A	C
③	C	E
④	D	B
⑤	D	C

문 22. 다음 〈표〉는 2017년 부산항 해운항만산업 사업실적에 관한 자료이다. 이에 대한 〈보고서〉의 내용 중 업종 A~D에 해당하는 사업체 수의 합은?

〈표〉 2017년 부산항 해운항만산업 사업실적

(단위 : 억 원, 개)

구분 업종	매출액	영업비용	영업이익	사업체 수
여객운송업	957	901	56	18
화물운송업	58,279	56,839	1,440	359
대리중개업	62,276	59,618	2,658	1,689
창고업	14,480	13,574	906	166
하역업	15,298	12,856	2,442	65
항만부대업	14,225	13,251	974	323
선용품공급업	58,329	54,858	3,471	1,413
수리업	8,275	7,493	782	478
전체	232,119	219,390	12,729	4,511

※ 영업이익률(%) = $\frac{영업이익}{매출액} \times 100$

─────〈보고서〉─────

　2017년 부산항 해운항만산업 전체 매출액은 232,119억 원이다. 업종별로 보면, 매출액은 대리중개업이 가장 많고, 영업이익은 ☐ A ☐이 가장 많다.

　2017년 부산항 해운항만산업 전체의 영업이익률은 약 5.5%이다. ☐ B ☐을 제외한 모든 업종이 10% 이하의 영업이익률을 기록하여 해운항만산업 고도화를 통한 부가가치 증대의 필요성을 보여준다.

　2017년 부산항 해운항만산업 전체의 사업체당 매출액은 51억 원 이상이다. ☐ C ☐은 사업체당 매출액이 부산항 해운항만산업 전체의 사업체당 매출액보다 적지만, 사업체당 영업이익이 3억 원을 초과한다. 반면, ☐ D ☐은 부산항 해운항만산업 업종 중 사업체당 영업비용과 사업체당 매출액이 모두 적다.

① 1,032

② 1,967

③ 2,232

④ 2,279

⑤ 3,333

문 23. 다음 〈그림〉은 '갑'국의 2003~2019년 교통사고 현황에 관한 자료이다. 이를 근거로 2003년 인구와 2019년 인구 1만 명당 교통사고 건수를 바르게 나열한 것은?

〈그림 1〉 교통사고 건수 및 교통사고 사망자 수

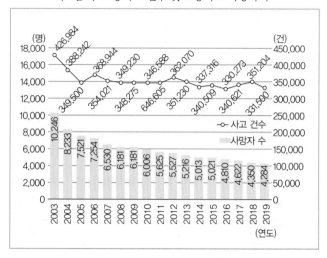

〈그림 2〉 인구 10만 명당 교통사고 사망자 수

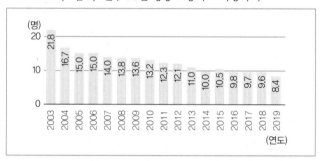

	2003년 인구(백만 명)	2019년 인구 1만 명당 교통사고 건수(건)
①	44	65
②	44	650
③	47	65
④	47	650
⑤	49	65

※ 다음 〈그림〉과 〈표〉는 세계 및 국내 조선업 현황에 대한 자료이다. 다음 물음에 답하시오. [24~25]

〈그림〉 세계 조선업 수주량 추이

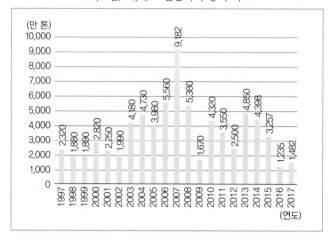

〈표 1〉 2014~2017년 국내 조선업 수주량 및 수주잔량

(단위 : 만 톤, %)

구분 연도	수주량	전년대비 증가율	수주잔량	전년대비 증가율
2014	1,286	−30.1	3,302	−1.6
2015	1,066	( )	3,164	−4.2
2016	221	( )	2,043	( )
2017	619	( )	1,761	−13.8

※ 해당 연도 수주잔량=전년도 수주잔량+해당 연도 수주량−해당 연도 건조량

〈표 2〉 2014~2016년 국내 조선기자재업체 기업규모별 업체 수 및 이자보상배율이 1 미만인 업체 비율

(단위 : 개, %)

기업규모	업체 수	2014	2015	2016
대형	20	15.0	20.0	25.0
중형	35	25.7	17.1	34.3
소형	96	19.8	28.1	38.5
전체	151	20.5	24.5	35.8

※ 1) 2014년 이후 기업규모별 업체 수는 변화 없음
  2) 비율은 소수 둘째 자리에서 반올림한 값임

문 24. 제시된 〈그림〉과 〈표〉 이외에 〈보고서〉를 작성하기 위해 추가로 필요한 자료만을 〈보기〉에서 모두 고르면?

───〈보고서〉───

  세계 조선업 경기는 최악의 부진에서 벗어나는 모습이다. 2016년 세계 조선업의 수주량은 1997년 이후 최저치였다. 2017년 한국은 중국을 밀어내고 수주량 1위를 차지했는데, 이는 2012년 중국에 1위 자리를 내어준 이후 6년 만이다. 3대 조선강국으로 분류되는 일본은 자국 발주 확대에도 불구하고 세계 수주량의 5.8%까지 비중이 하락하였다.

  2016년 국내 조선업은 전년대비 79.3% 감소한 수주량을 기록하면서 유례없는 수주절벽을 경험하였다. 그리고 수주량 급감의 영향으로 2016년 수주잔량은 2,043만 톤까지 줄어든 것으로 조사되었다. 2014~2016년 3년간 국내 조선업 평균 건조량이 약 1,295만 톤이었음을 고려하면 수주잔량은 2년 치 미만 일감에 불과한 것으로 나타나 우려는 더욱 커졌다.

  2017년 국내 대형 조선사는 해양플랜트 수주량 증가에 힘입어 실적이 개선되고 있다. 그러나 국내 중소형 조선사는 여전히 부진에서 벗어나지 못하고 있으며 국내 조선기자재업체의 실적 회복도 어려울 것으로 전망된다.

───〈보 기〉───

ㄱ. 2010~2017년 세계 조선업 수주량의 국가별 점유율

ㄴ. 2014~2016년 국내 조선업 건조량

ㄷ. 2014~2016년 중국 조선기자재업체 실적

ㄹ. 2010~2017년 국내 조선사 규모별 해양플랜트 수주량

① ㄱ, ㄴ
② ㄱ, ㄷ
③ ㄱ, ㄹ
④ ㄴ, ㄷ
⑤ ㄴ, ㄹ

문 25. 위 〈표〉에 근거한 〈보기〉의 설명 중 옳은 것만을 모두 고르면?

───〈보 기〉───

ㄱ. 2014~2016년 중 국내 조선업 건조량이 가장 적은 해는 2016년이다.

ㄴ. 2014년 이후 국내 조선업 수주량의 전년대비 증감률이 가장 큰 해는 2017년이다.

ㄷ. 2014년 이자보상배율이 1 미만인 국내 조선기자재업체 수는 중형이 대형의 3배이다.

ㄹ. 이자보상배율이 1 미만인 국내 조선기자재업체 수의 2015년 대비 2016년 증감폭이 가장 큰 기업규모는 중형이다.

① ㄱ, ㄴ
② ㄴ, ㄷ
③ ㄴ, ㄹ
④ ㄷ, ㄹ
⑤ ㄱ, ㄷ, ㄹ

CHAPTER

04

2022년 7급 PSAT 기출문제 자료해석_정답 및 해설

01	02	03	04	05	06	07	08	09	10
①	⑤	④	①	②	①	④	①	⑤	④
11	12	13	14	15	16	17	18	19	20
②	③	③	⑤	④	②	②	⑤	③	①
21	22	23	24	25					
③	⑤	①	④	②					

01

정답 ①

난도 하

정답해설

① 2020년 7월 대비 15세 이상 인구가 1만 5천 명 감소하였는데, 경제활동인구는 3만 명 증가하였으므로 또 다른 구성요소인 비경제활동인구는 4만 5천명 감소하였을 것이다. 그리고 2021년 7월의 경제활동인구가 175만 7천 명인데, 실업자 수가 6만 1천 명이므로 또 다른 구성요소인 취업자는 169만 6천 명일 것이다.

02

정답 ⑤

난도 하

정답해설

ㄱ. 2019년 청구인이 내국인인 특허심판 청구건수는 어림해 보더라도 1,200건에 미치지 못하는데, 2018년은 이의 2배인 2,400을 훌쩍 넘는다.

ㄴ. 직접 계산해보지 않더라도 청구인이 내국인이면서 피청구인이 내국인인 건수가 외국인인 건수의 3배를 넘으며, 청구인이 외국인인 경우도 같으므로 전체 합은 3배 이상이 될 것이다.

ㄷ. 전자는 270건이고 후자는 230건이므로 전자가 더 크다.

03

정답 ④

난도 하

정답해설

④ 예식장의 경우 2019년의 사업자 수가 2018년에 비해 증가하였으므로 부합하지 않는다.

04

정답 ①

난도 하

정답해설

ㄱ. 기획재정부장관, 보건복지부장관, 여성가족부장관, 국토교통부장관, 해양수산부장관, 문화재청장 총 6명이 모두 동의하였다.

합격자의 SKILL

선택지를 판단할 때 전체 위원 수를 직접 헤아려본 수험생이 있을 것이다. 이는 각주를 꼼꼼하게 읽지 않았기 때문에 생기는 일이다. 각주 1)번에서 전체 위원의 수가 16명으로 명시되어 있다.

05

정답 ②

난도 하

정답해설

• 첫 번째 조건 : C는 2010년대에 1천만 원 이상의 창업 건수가 더 많으므로 제외
• 두 번째 조건 : D는 2010년대에 77건, 2000년대에 39건이므로 2배에 미치지 못하므로 제외
• 세 번째 조건 : A는 1990년대에 200건을 넘는데 2020년 이후에는 2,000건에 훨씬 미치지 못하므로 제외
• 네 번째 조건 : E는 전체 창업건수가 253건인데 이의 3%는 7을 넘으므로 제외

따라서 모든 조건을 충족하는 B가 보고서의 내용에 부합하는 도시이다.

06

정답 ①

난도 하

정답해설

ㄱ. A지역의 3등급 쌀 가공비용은 25×100천 원인데 B지역의 2등급 현미 가공비용은 25×97천 원이므로 계산해 볼 필요 없이 전자가 더 크다.

오답해설

ㄴ. 1등급 현미 전체의 가공비용은 106×105천 원인데 2등급 현미 전체 가공비용은 82×97천 원이므로 곱해지는 값들의 차이가 그리 크지 않은 상황이다. 따라서 직접 계산해볼 필요 없이 2배에는 미치지 못할 것이다.

ㄷ. 감소폭을 구하면 되는 것이므로 전체 총액을 구하지 말고 곧바로 감소액을 계산해보자.
A지역 : (25×10)+(7×5)
B지역 : (55×10)+(5×5)
C지역 : (20×10)+(2×5)
B지역은 쌀의 가공비용이 다른 지역에 비해 압도적으로 많으므로 제외되며, A지역은 곱해지는 가공량이 모두 C지역에 비해 크다. 따라서 C지역의 감소폭이 가장 작다.

07

정답 ④

난도 하

정답해설

주어진 자료를 정리하면 다음과 같다

	편익	피해액	재해발생위험도	합계(우선순위)
갑	6	15	17	38(2)
을	8	6	25	39(1)
병	10	12	10	32(3)

ㄱ. 재해발생위험도는 을, 갑, 병의 순으로 높은데, 우선순위도 이와 순서가 같다.

ㄷ. 피해액 점수와 재해발생위험도 점수의 합은 갑이 32, 을이 31, 병이 22이므로 갑이 가장 크다.

ㄹ. 갑지역의 합계점수가 40으로 변경되므로 갑지역의 우선순위가 가장 높아진다.

오답해설

ㄴ. 우선순위가 가장 높은 지역(을)과 가장 낮은 지역(병)의 피해액 점수 차이는 6점인데, 재해발생위험도 점수 차이는 15점이므로 후자가 전자보다 크다.

08

정답 ①

난도 하

정답해설

ㄱ. 해당 기간동안의 특허 출원건수 합은 식물기원이 58, 동물기원이 42, 미생물효소가 40이므로 미생물효소가 가장 작다.

오답해설

ㄴ. 각 연도별로는 분모가 되는 전체 특허 출원건수가 동일하므로 유형별 특허 출원건수의 대소만 비교해보면 된다. 이에 따르면 2019년은 동물기원이 가장 높다.

ㄷ. 식물기원과 미생물효소가 전년대비 2배 이상 증가하였으므로 이 둘만 비교해보면 된다. 그런데 두 유형 모두 2021년의 출원건수가 2020년의 2배보다 1만큼 더 많은 상황이다. 그렇다면 2020년의 출원건수가 더 작은 미생물효소의 증가율이 더 높을 것임을 계산을 하지 않고도 알 수 있다.

09

정답 ⑤

난도 하

정답해설

• A : 서울특별시, 부산광역시, 광주광역시, 전라북도, 전라남도, 경상남도 총 6개 지역이 이에 해당한다.

• B : 전라북도의 경우 전년 대비 증가폭이 0.3%p로 가장 크다.

• C : 2019년 빈집비율이 가장 높은 지역은 전라남도(15.5%)이고, 가장 낮은 지역은 서울특별시(3.2%)인데, 2020년 역시 전자가 전라남도(15.2%), 후자가 서울특별시(3.2%)이다. 그런데 서울특별시의 빈집비율이 두 해 모두 동일하므로 전라남도의 빈집비율이 더 큰 2019년의 차이가 더 크다는 것을 알 수 있다. 따라서 빈집비율의 차이는 2019년에 비해 2020년이 감소하였다.

10

정답 ④

난도 중

정답해설

ㄱ. 첫 번째 단락의 두 번째 문장을 작성하기 위해 필요한 자료이다.

ㄴ. 세 번째 단락의 첫 번째 문장을 작성하기 위해 필요한 자료이다.

ㄹ. 마지막 단락을 작성하기 위해 필요한 자료이다.

오답해설

ㄷ. 표 1을 통해 알 수 있으므로 추가로 필요한 자료가 아니다.

합격자의 SKILL

추가로 필요한 자료를 묻는 문제의 경우 선택지의 자료들이 올바르게 작성되었는지를 따져볼 필요는 없다. 자료의 항목이 제대로 반영되어 있다면 수치들을 꼼꼼하게 살펴볼 필요없이 곧바로 다음 문제로 넘어가도록 하자. 자료의 정오를 따져야 하는 경우는 문제에서 '올바르게 작성된 것은'과 같이 명확하게 표현해준다.

11

정답 ②

난도 상

정답해설

ㄱ. 2016년의 비중은 $\frac{96}{322}$, 2018년은 $\frac{90}{258}$인데 분자의 경우 2016년이 2018년에 비해 10%에 미치지 못하게 크지만, 분모는 10%를 훨씬 넘게 크다. 따라서 2018년의 비중이 더 높다.

ㄷ. 2017년과 2018년은 전년에 비해 접수 건수가 감소하였으니 제외하고 2019년과 2020년을 비교해보자. 2019년의 전년 대비 증가율은 $\frac{36}{168}$이고, 2020년은 $\frac{48}{204}$인데, 2020년의 분자는 $\frac{1}{3}$만큼 2019년에 비해 크지만 2020년의 분모는 $\frac{1}{3}$보다 작게 크다. 따라서 증가율은 2020년이 더 크다.

오답해설

ㄴ. 2018년의 전년 이월 건수가 90건이고 2019년이 71건이므로 2018년이 답이 될 것으로 착각하기 쉬우나 마지막 2020년의 차년도 이월 건수가 131건임을 놓쳐서는 안된다.

ㄹ. 재결 건수가 가장 적은 연도는 2019년인데 해당 연도 접수 건수가 가장 적은 것은 2018년이다.

12

정답 ③

난도 하

정답해설

③ 멸종우려종 중 고래류가 80% 이상이라고 하였는데 이는 표에서 D에 해당함을 쉽게 알 수 있다. 다음으로 9개의 지표 중 멸종우려종 또는 관심필요종으로만 분류된 것은 B이므로 해달류 및 북극곰이 이에 해당한다. 마지막으로 A와 C중 자료부족종으로 분류된 종이 없는 것은 C이므로 해우류가 이에 해당하게 되며 남은 A는 기각류임을 알 수 있다.

13   정답 ③

난도 상

정답해설

먼저, 이 자료에서 잠금해제료는 일종의 기본요금 성격을 가진다고 볼 수 있다. 따라서 잠금해제료가 없는 A의 대여요금이 대여 직후부터 일정 시점까지는 4곳 중 가장 낮지만 어느 시점부터는 분당대여료가 A보다 낮은 나머지 3곳의 요금이 작아질 것이다. 그럼 어느 시점에서 이런 일이 일어날까? 이를 알기 위해서 4곳의 요금식을 구해보자.

A : 200x

B : 250+150x

C : 750+120x

D : 1,600+60x

(x : 대여시간)

먼저 A와 B가 교차하는 시점을 알기 위해 둘을 같다고 놓고 풀어보면 5가 나오게 되는데, 이것은 5시간 이전까지는 A가 B보다 요금이 작지만 5시간을 기점으로 순서가 뒤바뀌게 된다는 것을 의미한다(이는 그래프를 그려보면 더 직관적으로 이해가능한데, A는 원점을 지나는 직선인 반면 나머지는 모두 Y절편이 양수이면서 기울기가 A보다 작은 직선이기 때문이다).

같은 방식으로 계산해보면 C는 10, D는 12가 되므로 B가 가장 먼저 A보다 낮은 요금이 된다는 것을 확인할 수 있다(이때, 실제 C의 값은 9.x가 되는데 요금은 분단위로 부과되므로 10분부터 실제 요금이 달라지게 될 것이다. D도 같다.) 이제 세 번째로 낮은 요금이 되는 것을 찾기 위해 B와 C, B와 D의 요금식을 풀어보면 C는 17, D는 15가 된다. 따라서 15분부터는 D의 요금이 가장 작게 된다. 그럼 남은 C가 마지막으로 낮은 요금이 되는 것일까? 만약 C가 마지막으로 낮은 요금이 된다면 이는 어느 시점부터는 계속 C가 가장 낮은 요금이 되어야 하는데, 이는 기하학적으로 불가능하다. 왜냐하면 D는 C보다 기울기가 작기 때문에 이 둘이 교차한 이후부터는 D가 C의 아래쪽에 위치하기 때문이다. 따라서 C는 마지막으로 낮은 요금이 될 수 없다. 그렇다면 C는 어떤 경우에도 가장 낮은 요금이 되지 못하므로 (가)에는 C가 들어가게 된다.

다음으로 (나)를 판단해보자. (나)는 C가 요금을 바꾼 이후에 가장 낮은 요금이 되지 못한다고 하였는데 잠금해제료 자체가 없는 A는 대여직후부터 일정 시점까지는 가장 낮은 요금이 될 수밖에 없으므로 (나)는 A가 될 수 없다. 또한 C도 될 수 없다. 왜냐하면 C가 요금을 바꾼 이유가 자신들의 요금이 최저요금이 되지 못하기 때문이었는데, 바꾼 다음에도 여전히 최저요금이 되지 못한다는 것은 말이 되지 않기 때문이다(만약 그렇다면 처음부터 분당대여료를 50원 인하했으면 될 것이다). 그렇다면 남은 것은 B와 D인데 D도 (나)가 될 수 없다. D는 4곳 중에서 기울기가 가장 작기 때문에 그래프 상에서 어느 순간부터는 가장 아래에 위치할 수밖에 없기 때문이다. 그렇다면 남은 B가 (나)에 해당한다.

마지막으로 (다)를 구하기 위해 C와 B의 요금을 계산해보면 C는 2,550원(= 750+(120×15)), B는 2,250원(=250+(100×20))이 된다. 따라서 둘의 차이인 300이 (다)에 들어가게 된다.

> **합격자의 SKILL**
>
> (나)를 판단할 때 C가 최저 요금이 될 수 없는 과정을 따로 계산하지 않았다. 물론 (가)를 구할 때와 마찬가지로 각각의 요금식을 구해서 판단할 수도 있지만 그러기에는 불필요하게 아까운 시간이 소모된다. 때로는 이와 같이 풀이 이외의 센스가 필요한 경우가 있다는 것을 알아두자.

14   정답 ⑤

난도 하

정답해설

⑤ 2019년의 지출 총액은 8,250억 원인데 이의 50%는 4,125억 원으로 2021년보다 작다. 따라서 감소율은 50%에 미치지 못한다.

15   정답 ④

난도 상

정답해설

④ 각급 학교의 수는 교장의 수와 같으므로 $\frac{여성\ 교장\ 수}{비율}$ 을 구하면 전체 학교의 수를 구할 수 있다. 그런데 중학교의 비율을 2로 나누면 나머지 학교들과 같은 3.8이 되므로 모두 분모가 같게 만들 수 있다. 분모가 같다면 굳이 분수식을 계산할 필요없이 분자의 수치만으로 판단하면 되는데, 이에 따르면 초등학교는 222, 중학교는 90.5, 고등학교는 66이 되어 중학교와 고등학교의 합보다 초등학교가 더 크게 된다.

오답해설

① 제시된 표는 5년마다 조사한 자료이므로 매년 증가했는지 여부는 알 수 없다.

② 각 학교의 교장은 1명이므로 교장 수를 구하면 곧바로 학교의 수를 알 수 있다. 2020년의 여성 교장 수 비율이 40.3%이므로 전체 교장 수는 대략 6,000으로 판단할 수 있는데, 6,000의 1.8%는 108에 불과하므로 1980년의 여성 교장수에 미치지 못한다. 따라서 1980년의 전체 교장 수는 6,000보다는 클 것이라는 것을 알 수 있다.

③ 두 해 모두 여성 교장의 비율이 같은 반면 여성 교장 수는 1990년이 더 많으므로 전체 교장 수도 1990년이 더 많다. 그런데 여성 교장의 비율이 같다면 남성 교장의 비율도 같을 것이므로 이 비율에 더 많은 전체 교장의 수가 곱해진 1990년의 남성 교장 수가 더 많을 것이다.

⑤ 2000년의 초등학교 여성 교장 수는 490명이고 이의 5배는 2,450이므로 이는 2020년에 비해 크다. 따라서 5배에 미치지 못한다.

16   정답 ②

난도 하

정답해설

보고서의 순서대로 지역을 판단해보면 다음과 같다.

i) TV 토론회 전에 B후보자에 대한 지지율이 A후보자보다 10%p 이상 높음 : 마 제외

ii) TV 토론회 후에 지지율 양상에 변화 : 라 제외

iii) TV 토론회 후 '지지 후보자 없음' 비율 감소 : 다 제외

iv) TV 토론회 후 두 후보자간 지지율 차이가 3%p 이내 : 가 제외

17   정답 ②

난도 하

정답해설

ㄱ. 각주 1)의 식에 의하면 업종별 업체 수는 도입률에 업종별 스마트시스템 도입 업체 수를 곱해서 구할 수 있다. 그런데 표 1에서 자동차부품보다 업체 수가 많은 업종들의 업체 수는 자동차부품에 비해 2배를 넘지 않는 반면, 이들의 도입률은 모두 절반에 미치지 못한다. 또한 자동차부품보다 업체 수가 적은 업종들은 모두 업체 수도 작고 도입률도 작다. 따라서 이 둘을 곱한 수치가 가장 큰 것은 자동차부품이다.

ㄷ. 도입률과 고도화율을 곱한 값을 비교하면 되는데, 외견상 확연히 1, 2위가 될 것으로 보이는 항공기부품과 자동차부품을 비교해보면 항공기부품은 28.4×37.0, 자동차부품은 27.1×35.1이므로 곱해지는 모든 값이 더 큰 항공기부품이 더 크다.

ㄴ. 고도화율이 가장 높은 업종이 항공기부품인 것은 그래프에서 바로 확인 가능하다. 다음으로 스마트시스템 고도화 업체 수는 각주의 산식을 통해 '도입률×고도화율×업종별 업체 수'임을 알 수 있는데, 자동차부품의 경우 '도입률×고도화율'은 항공기부품과 비슷한 데 반해 업종별 업체 수는 7배 이상 크다. 따라서 항공기부품의 스마트시스템 고도화 업체 수가 가장 많은 것은 아니다.

ㄹ. 도입률이 가장 낮은 업종은 식품바이오인데, 고도화율이 가장 낮은 업종은 금형주조도금이므로 서로 다르다.

18

정답 ⑤

난도 중

직접 계산해보는 것 이외에는 마땅한 방법이 없는 문제이므로 주어진 산식에 맞추어 각 운전자별 정지시거를 계산해보자.

	반응 거리	맑은 날		비 오는 날	
		제동거리	정지시거	제동거리	정지시거
A	40	$\frac{20^2}{2 \times 0.4 \times 10} = 50$	90	$\frac{20^2}{2 \times 0.1 \times 10} = 200$	240
B	40	$\frac{20^2}{2 \times 0.4 \times 10} = 50$	90	$\frac{20^2}{2 \times 0.2 \times 10} = 100$	140
C	32	$\frac{20^2}{2 \times 0.8 \times 10} = 25$	57	$\frac{20^2}{2 \times 0.4 \times 10} = 50$	82
D	48	$\frac{20^2}{2 \times 0.4 \times 10} = 50$	98	$\frac{20^2}{2 \times 0.2 \times 10} = 100$	148
E	28	$\frac{20^2}{2 \times 0.4 \times 10} = 50$	78	$\frac{20^2}{2 \times 0.4 \times 10} = 100$	128

19

정답 ③

난도 중

ㄱ. 2020년 어획량이 가장 많은 어종은 고등어인데, 이것은 전년에 비해 감소한 수치이므로 2019년에는 더 많았을 것이다. 반면, 그림에서 오징어를 제외한 고등어의 오른쪽에 위치한 어종들은 전년에 비해 어획량이 증가하였음에도 여전히 고등어에 비해 작은 상태이므로 2019년에도 고등어의 어획량에 미치지 못했을 것이다. 마지막으로 광어는 전년에 비해 어획량이 감소하기는 했으나 2020년의 어획량 자체가 고등어에 비해 턱없이 작다. 따라서 광어의 2019년 어획량도 고등어에 미치지 못한다.

ㄷ. 갈치의 평년비가 100%를 넘는다는 것은 갈치의 2011~2020 연도별 어획량의 평균(A)보다 2020년의 어획량(B)이 더 많다는 것을 의미한다. 그런데 여전히 A보다 큰 2021년의 어획량이 더해진다면 이것이 포함된 2011~2021 연도별 어획량의 평균은 당연히 A보다 커질 것이다.

ㄴ. 선택지의 문장이 옳다면 $\frac{전년비(\%)}{평년비(\%)}$의 값이 1보다 커야 한다. 이는 그림에서 원점에서 해당 어종에 해당하는 점을 연결한 직선의 기울기가 1보다 작아야 함을 의미하는데 조기가 이에 해당하지 않는다.

20

정답 ①

난도 상

해설의 편의를 위해 선수명은 종합기록 순위로 나타낸다.

ㄱ. 5위의 수영기록을 계산해보면 약 1시간 20분 정도로 계산되므로 수영기록이 한 시간 이하인 선수는 1위, 2위, 6위이며, 이들의 T2기록은 모두 3분 미만이다.

ㄴ. 먼저 9위의 종합기록을 계산해보면 9:48:07이며, 이 선수까지 포함해서 판단해보면 6위, 7위, 10위 선수가 이에 해당한다.

ㄷ. 6위 선수의 달리기기록이 3위 선수보다 빠르므로 대한민국 선수 3명이 1~3위를 모두 차지할 수는 없다. 8위 선수의 달리기 기록은 문제의 정오를 판단하는데 영향을 주지 않으므로 계산하지 않는다.

ㄹ. 5위 선수를 제외하고 순위를 매겨보면 수영, T1 모두 4위를 기록하고 있다. 그런데 ㄱ에서 5위의 수영기록은 1시간 20분 정도라는 것을 이미 구해놓았으며 이 선수의 수영과 T1의 합산 기록은 10위 선수에 한참 뒤쳐진다. 따라서 10위 선수의 수영과 합산기록 모두 4위로 동일하다.

21

정답 ③

난도 중

고정원가와 변동원가율(=1−고정원가율)을 통해 각 제품별 제조원가를 구하고, 구해진 제조원가와 제조원가율을 통해 매출액을 구하면 다음과 같다(대소비교만 하면 되므로 천단위 이하는 소수점으로 처리하였다).

	고정원가율	제조원가	매출액
A	60	100	400
B	40	90	300
C	60	55	약 180
D	80	62.5	625
E	50	20	200

따라서 C의 매출액이 가장 작다.

22

정답 ⑤

난도 중

ㄱ. 2019년의 국내 매출액은 약 123억 원이고, 2020년은 약 136억 원이므로 국내 매출액이 가장 큰 연도는 2020년이다. 그런데 분모가 되는 2020년의 총매출액은 3개 연도 중 가장 크고, 분자가 되는 국외 매출액은 가장 작으므로 총매출액 중 국외 매출액 비중은 2020년이 가장 작다.

ㄴ. 탄약의 매출액 증가액은 약 600억 원이므로 매출액 증가율은 2~3%인데 나머지 분야는 모두 이에 미치지 못한다.

ㄹ. '적어도' 유형의 문제이다. 2020년 대기업의 국내 매출액은 119,586억 원이고 항공유도 분야의 매출액은 49,024억 원이다. 이 둘을 더하면 168,610억 원이 되는데 전체 총매출액은 153,867억 원이므로 이 둘의 차이인 14,743억 원은 항공유도분야이면서 대기업 모두에 해당함을 알 수 있다.

ㄷ. 선택지의 문장이 옳게 되기 위해서는 $\frac{16,612}{27,249}$ 가 1,012에 4를 곱해 구한

$\frac{4,048}{5,855}$ 보다 더 커야 한다. 이를 간단하게 비교하기 위해 앞 두자리 유효숫자

로 변환하면 $\frac{16}{27}$ 과 $\frac{40}{58}$ 이 되는데 분자의 경우 후자가 전자의 2배보다 훨씬

큰 반면, 분모는 2배를 겨우 넘는 수준이다. 따라서 후자가 더 크다.

합격자의 SKILL

증가율, 대소비교 등 일반적인 경우에는 유효숫자를 활용해 계산을 간단하게 하는 것이 필요하지만 '적어도' 유형의 경우는 이 문제와 같이 엄밀한 계산이 필요한 경우가 자주 있다. 어차피 덧셈 한번과 뺄셈 한번만 하면 되는 것이니 '적어도' 유형을 만나게 되면 정확하게 계산하도록 하자.

23   정답 ①

난도 중

정답해설

보고서의 내용을 토대로 해당하는 분야를 판단하면 다음과 같다.
ⅰ) 종사자 수는 통신전자, 함정, 항공유도 분야만 증가 : A, C, D가 이에 해당
ⅱ) 2018~2020년 동안 매출액과 종사자 수가 매년 증가한 분야는 통신전자 : D
ⅲ) 함정과 항공유도가 A, C에 해당하므로 이후에는 이 둘만 판단
ⅳ) 함정분야 종사자 수는 전체에서 가장 많이 증가 : A, C 둘만 비교하면 되며 C가 이에 해당
따라서 남은 A가 항공유도에 해당한다.

합격자의 SKILL

보고서의 내용을 보면 위에 언급한 내용 이외에도 기동에 대한 내용과 함정 분야의 매출액 증가율에 관한 내용도 포함되어 있다. 하지만 이미 A와 C로 범위가 좁혀져 있고 보고서에서 함정에 대한 것이 직접적으로 제시되어 있는 만큼 이와 연관이 없는 것, 복잡한 것은 거들떠 볼 필요도 없다.

24   정답 ④

난도 중

정답해설

④ 각주의 산식을 조합하여 풀이할 수도 있으나 그럴 경우 1인당 국내총생산이 분모에 위치하는 등 숫자의 구성이 매우 복잡하다. 따라서 정석대로 첫 번째 각주를 통해 총인구를 구하고, 이를 이용해 이산화탄소 총배출량을 구해보자 (계산의 편의를 위해 국내총생산의 억단위는 무시한다).
첫 번째 각주를 통해 총인구를 어림하여 구해보면 A는 3.x, B는 약 1.2, C는 약 0.5, D는 14로 계산된다. 그리고 두 번째 각주를 통해 역시 이산화탄소 총배출량을 계산해보면 A는 약 50, B는 약 10, C는 약 6, D는 약 100으로 계산된다.

합격자의 SKILL

'1인당' 유형의 문제는 가급적이면 첫 번째 턴에서는 넘기고 시간이 남는 경우에 푸는 것이 현실적으로 안전하다. 물론 위의 해설은 매우 간단해보이지만 필자 역시 실제 이러한 과정을 통해 풀이하면서도 상당한 시간이 소요되었다.

25   정답 ②

난도 중

정답해설

ㄱ. 2020년의 다중이용시설 급속충전기 수는 2019년에 비해 2배 이상 증가하였으나 일반시설은 2배에 미치지 못하므로 2020년의 비율이 2019년에 비해 크다. 또한 2021년의 다중이용시설 급속충전기 수는 2020년에 비해 50%보다 훨씬 많이 증가한 반면, 일반시설은 50%에 한참 미치지 못한다. 따라서 2021년의 비율도 2020년에 비해 크다.

ㄷ. 2019년과 2021년의 빈칸들을 어느정도 어림해서 구해야 판단이 가능하다. 먼저 2019년의 휴게소의 급속충전기 수는 약 500대 정도 되며, 공동주택은 약 30대로 계산할 수 있다. 그리고 2021년의 주유소는 약 1,000대로 계산되므로 2019년에 비해 8배 증가하였다. 하지만 나머지 장소들의 증가율은 이에 미치지 못한다.

오답해설

ㄴ. 2021년의 공공시설 급속충전기 수는 약 3,700대 인데, 쇼핑몰과 주차전용 시설의 급속충전기 수의 합은 이보다 더 크다.

ㄹ. ㄷ의 해설에서 2019년의 휴게소 급속충전기 수가 약 500대라는 것을 계산 했는데 이는 문화시설에 비해 적다.

05 CHAPTER
2021년 7급 PSAT 기출문제 자료해석_정답 및 해설

01	02	03	04	05	06	07	08	09	10
②	⑤	②	①	④	③	④	⑤	⑤	②
11	12	13	14	15	16	17	18	19	20
③	③	④	①	③	①	④	③	③	④
21	22	23	24	25					
②	②	⑤	①	⑤					

01　　　　　정답 ②

난도 하

정답해설

표에는 전국 안전체험관 규모별 현황에 관한 자료만 존재한다.

ㄱ. 옳다. 보고서 두 번째 문단의 두 번째 문장은 전국 교통사고 사망자 수 (2015~2018년)에 대한 내용이 있다. 따라서 이를 작성하기 위해서는 'ㄱ. 전국 교통사고 사망자 수'가 필요하다.

ㄷ. 옳다. 보고서 두 번째 문단의 첫 번째 문장은 전국 안전사고 사망자 수 (2015~2018년)에 대한 내용이 있다. 따라서 이를 작성하기 위해서는 'ㄷ. 연도별 전국 안전사고 사망자 수'가 필요하다.

오답해설

ㄴ. 옳지 않다. 보고서 세 번째 문단은 2019년 분야별 지역안전지수 1등급에 대한 내용이다. 하지만, ㄴ은 2015~2018년 분야별 지역안전지수에 관한 자료이므로 이를 이용해서는 보고서를 작성할 수 없다.

ㄹ. 옳지 않다. 보고서 첫 번째 문단 첫 번째 문장은 표의 내용이다. 하지만, 첫 번째 문단 두 번째 문장은 2019년 지역 및 규모별 안전체험관에 관한 자료이므로 ㄹ은 이에 부합하지 않는다.

합격자의 SKILL

기존 5급 PSAT에서 나오는 보고서 문제이다. 표와 보고서에는 안전체험관의 규모별 현황이 제시되어 있으나, 보기 ㄹ의 경우 '2018년 지역별 안전체험관 수'인데 보기의 내용은 단순 지역별 현황만 제시되어 있으며, 규모별 현황이 없음을 유의하면서 풀어야 한다. 특히 이번 문제와 같은 보고서를 작성하기 위해서 추가로 이용한 자료를 고르는 유형은 무조건 맞춰야 한다.

02　　　　　정답 ⑤

난도 하

정답해설

ⓤ 옳지 않다. 2007년 10월 기준 평화유지활동을 수행 중이었던 임무단은 수단 임무단, 소말리아 임무단, 코모로 치안지원 임무단, 다르푸르 지역 임무단으로 총 4개이므로 옳지 않다.

오답해설

ㄱ 옳다. 소말리아 임무단은 2007년 1월부터 2021년 5월까지 14년을 초과하여 활동하고 있으므로 가장 오랜기간 동안 활동하고 있다.

ㄴ 옳다. 코모로 선거감시 지원 임무단은 4개월만을 활동했으므로 가장 짧게 활동했다.

ⓒ 옳다. 임무단의 평화유지활동에 파견된 규모는 3,128+300+462+6,000+350+6,000+3,350+1,450+5,961=27,001명으로 25,000명보다 많으므로 옳다.

ⓔ 옳다. 수단에서는 수단 임무단과 다르푸르 지역 임무단이 활동했고 코모로에서는 코모로 선거감시 지원 임무단과 코모로 치안지원 임무단이 활동했으므로 옳다.

합격자의 SKILL

매우 단순한 보고서 유형이며, 2번 문제이므로 빠른 시간내에 풀어야 한다. 이 문제에서 주의할 점은 임무단의 이름과 파견지의 이름이 유사하다는 점이다. 이를 주의 깊게 보면서 푼다면 손쉽게 풀 수 있을 것이다.

03　　　　　정답 ②

난도 중

정답해설

ㄱ. 옳다. 2020년 국가채무는 1,741×36.0%≒626.76(조 원)이고 2014년 국가채무는 1,323×29.7%≒392.93(조 원)이다. 2014년 국가채무의 1.5배는 약 589.40(조 원)이므로 옳다.

ㄷ. 옳다. 2018년의 적자성채무는 1,563×18.3%≒286.03(조 원)이며, 2019년 적자성 채무는 1,658×20.0%=331.6(조 원), 2020년 적자성채무는 1,741×20.7%≒360.39(조 원)이다. 따라서 적자성채무는 2019년부터 300조 원 이상이다.

오답해설

ㄴ. 옳지 않다. GDP 대비 금융성채무는 GDP 대비 국가채무에서 GDP 대비 적자성채무를 빼줌으로써 구할 수 있다. 이를 표로 정리하면 다음과 같다.

2014년	2015년	2016년	2017년	2018년	2019년	2020년
15.1	15.4	15.5	15.7	15.8	15.7	15.3

2019년 및 2020년은 전년 대비 GDP 대비 금융성채무가 감소하므로 옳지 않은 보기이다.

ㄹ. 옳지 않다. ㄴ에서 구한 GDP 대비 금융성채무를 활용할 수 있다. 2017년 금융성채무가 국가채무에서 차지하는 비율은 $\frac{15.7}{32.6}×100%≒48.2%$이므로 매년 국가채무의 50% 이상을 차지하지 않는다.

합격자의 SKILL

보기 ㄱ이 가장 어려운 문제이다. 이런 경우 보기를 ㄱ을 패스하고 ㄴ을 먼저 보아도 된다. ㄴ을 먼저 풀게 되면 자연스럽게 선지는 ②와 ④만 남게 되므로, ㄹ만 확인하면 정답이 도출된다.

04

난도 하

정답해설

우선 표를 완성시킨다.

이사 후 \ 이사 전	소형	중형	대형	합
소형	15	10	5	30
중형	0	30	10	40
대형	5	10	15	30
계	20	50	30	100

ㄱ. 옳다. 주택규모가 이사 전 소형에서 이사 후 중형으로 달라진 가구는 0개이 므로 옳다.

ㄴ. 옳다. 이러한 보기는 반대해석을 이용하는 것이 빠른 해결에 유리하다. 즉 이사 전후 주택규모가 달라진 가구 수를 모두 더하는 것보다는 이사 전후 주 택규모가 동일한 가구 수를 파악하는 것이다. 제시된 보기에서 이사 전후 주 택규모가 달라진 가구 수는 전체 가구 수의 50% 이하라고 했으므로, 이사 전후 주택규모가 동일한 가구 수가 50% 이상인지만 파악하면 된다. 이사 전 후 주택규모가 동일한 가구 수는 제시된 표에서 우하향 대각선에 있는 값만 보면 되므로, 15+30+15=60개가 도출된다. 이 값이 50% 이상에 해당하 므로, 반대 값인 이사 전후 주택규모가 달라진 가구 수는 50% 이하이다.

오답해설

ㄷ. 옳지 않다. 주택규모가 대형인 가구 수는 이사 전 30가구이며, 이사 후에도 30가구이다.

ㄹ. 옳지 않다. 이사 후 주택규모가 커진 가구 수는 소형 → 중형, 소형 → 대형, 중형 → 대형이므로 총 10+5=15가구이다. 반면, 이사 후 주택규모가 작아 진 가구 수는 대형 → 중형, 대형 → 소형, 중형 → 소형으로 총 10+5+15 =25가구이다.

> **합격자의 SKILL**
>
> 단순 빈칸 문제이다. 숫자가 깔끔한 유형의 빈칸 문제는 빠르게 빈칸을 채워 놓는 것이 중요하다. 빈칸을 우선 채운다면 50% 이상은 완료했다고 볼 수 있다. 그 후 마지막으로 표의 좌상단을 꼼꼼하게 확인해서 이사 전과 이사 후가 어떻게 변화하는지만 확인한다면 쉽게 풀 수 있다.

05

난도 하

정답해설

혼합공정에 투입된 후 폐기처리공정에 전달되어 투입되어야 한다. 폐기처리에 도달하는 경우를 나누면 다음과 같다.

〈경우 1〉 : 혼합 → 성형 → 재작업 → 폐기처리
〈경우 2〉 : 혼합 → 성형 → 재작업 → 조립 → 검사 → 폐기처리
〈경우 3〉 : 혼합 → 성형 → 조립 → 검사 → 폐기처리

각각의 경우에 대해서 계산해 보면 다음과 같다.

〈경우 1〉 : 1,000×0.1×0.5=50(kg)
〈경우 2〉 : 1,000×1.0×0.1×0.5×1.0×0.2=10(kg)
〈경우 3〉 : 1,000×1.0×0.9×1.0×0.2=180(kg)

따라서 이 3가지 경우를 모두 합친 재료 총량은 240kg이다.

> **합격자의 SKILL**
>
> 문제를 풀기 위해서 각주의 내용을 정확하게 이해하는 것이 우선이고 그다 음으로 빼먹는 것이 있어서는 안 된다. 따라서 계산되는 모든 숫자를 차분하 게 〈그림〉에서 따라 적으면서 풀면 틀리지 않을 것이다.

06

난도 중

정답해설

조건에 따라서 문제를 해결한다.

- 첫 번째 조건에서 연강수량이 세계평균의 2배 이상인 국가는 B와 G이다. (일 본 or 뉴질랜드)=(B or G)이다.
- 두 번째 조건에서 연강수량이 세계평균보다 많은 국가 중 1인당 이용가능한 연수자원총량이 가장 적은 국가는 대한민국으로 A이다.
- 세 번째 조건에서 1인당 연강수총량이 세계평균의 5배 이상인 국가를 연강수 량이 많은 국가부터 나열하면 G, E, F이다. 따라서 뉴질랜드가 G, 캐나다가 E, 호주가 F이며, 첫 번째 조건에 따라 일본이 B가 된다.
- 네 번째 조건에서 1인당 이용가능한 연수자원총량이 영국보다 적은 국가 중 1인당 연강수총량이 세계평균의 25% 이상인 국가는 중국으로 C이다.
- 다섯 번째 조건에서 1인당 이용가능한 연수자원총량이 6번째로 많은 국가는 프랑스로 H이다.

따라서 국가명을 알 수 없는 것은 D이다.

> **합격자의 SKILL**
>
> 매칭형의 기본적인 문제이다. 매칭형 문제의 경우 조건 한 개당 한 개를 각 각 매칭할 수 있다고 생각하면 용이하게 풀 수 있다. 또한 그림의 단어들이 1인당 이용가능한 연수자원총량과 1인당 연강수총량으로 헷갈릴 수 있으므 로 이를 염두에 두고 풀어야 한다.

07

난도 상

정답해설

ㄱ. 옳다. 국어 평균점수는 $\frac{(90+85+60+95+75)}{5}$=81이므로 80점 이상이다.

ㄷ. 옳다. 국어, 영어, 수학점수에 각각 0.4, 0.2, 0.4의 가중치를 곱한 점수의 합 은 갑 : 84, 을 : 79, 병 : 78, 정 : 91, 무 : 90이다. 따라서 정의 점수가 가 장 크다.

ㄹ. 옳다. 병의 성별이 남학생일 때와 여학생일 때로 나눠서 확인한다.

　1) 병이 남학생일 때 성별 평균점수

　여자 : 을, 정 → $\frac{70+100}{2}$=85, 남자 : 갑, 병, 무 → $\frac{75+85+100}{3}$=86.67

　이므로 남학생의 수학 평균점수가 여학생의 수학 평균점수보다 높다.

　2) 병이 여학생일 때 성별 평균점수

　여자 : 을, 병, 정 → $\frac{70+85+100}{3}$=85, 남자 : 갑, 정 → $\frac{75+100}{2}$=87.5

　이므로 남학생의 수학 평균점수가 여학생의 수학 평균점수보다 높다.

　따라서 갑~무의 성별 수학 평균 점수는 남학생이 여학생보다 높다.

오답해설

ㄴ. 옳지 않다. 3개 과목 평균 점수가 가장 높은 학생은 무로 $\frac{75+100+100}{3}$= 91.67이다.

3개 과목 평균 점수가 가장 낮은 학생은 을로 $\frac{85+85+70}{3}=80$이다. 따라서, 평균 점수 차이는 10점 이상이다.

08

정답 ⑤

난도 상

정답해설

ㄱ. 옳다. 2023년 인공지능반도체 비중은 $\frac{325}{2,686}\times100≒12.1\%$이다.

따라서 2021년부터 인공지능반도체 비중은 매년 증가함을 확인할 수 있다.

ㄴ. 옳다. 2027년 시스템반도체 시장규모는 인공지능반도체 시장규모와 비중을 통해 구할 수 있다. 시스템반도체 시장규모 = $\frac{인공지능반도체\ 시장규모}{비중}$ =

$\frac{1,179}{31.3\%}≒3,766.78$억 달러이다. 이는 2021년 시장규모인 2,500억 달러보다 1,000억 달러 이상 크다.

ㄷ. 옳다. 2025년 시스템반도체의 시장규모는 $\frac{657}{19.9\%}=3,301.5$(억 달러)

시스템반도체의 2022년 대비 2025년의 시장규모 증가율은 $\frac{3,301.5-2,310}{2,310}$ ×100=42.92%, 인공지능반도체의 2022년 대비 2025년의 시장규모 증가율은 $\frac{657-185}{185}$×100=255.1%이다. 42.92%×5=214.6%이므로 인공지능반도체가 시스템반도체의 5배 이상이다.

09

정답 ⑤

난도 중

정답해설

ㄱ. 옳다. 도착 화물보다 출발 화물이 많은 지역은 A, B, D 총 3개이다.

ㄷ. 옳다. 지역 내 이동화물을 제외할 때, 출발 화물과 도착 화물의 합이 가장 작은 지역은 C지역으로 717건이다. 또한, 출발 화물과 도착 화물의 차이가 가장 작은 지역 역시 C로 15건이다. 따라서 옳다.

ㄹ. 옳다. 도착 화물이 가장 많은 지역은 G이다. G의 출발 화물 중 지역 내 이동의 비중은 $\frac{359}{1,294}$×100≒27.74%이다. F의 출발 화물 중 지역 내 이동의 비중은 $\frac{188}{729}$×100≒25.79%이고 나머지 지역의 출발 화물 중 지역 내 이동의 비중은 20%가 안 되므로 G의 출발 화물 중 지역 내 이동 화물의 비중도 가장 크다.

오답해설

ㄴ. 옳지 않다. 지역 내 이동 화물이 가장 적은 지역은 C이다. 도착 화물이 가장 적은 지역은 D이므로 옳지 않다.

10

정답 ②

난도 상

정답해설

자가격리자가 전일 기준 자가격리자보다 늘어나기 위해서는 해제 인원이 신규 인원보다 적어야 한다. (전체 신규 인원－전체 해제 인원)은 A : +386명, B : －106명, C : +23명, D : +210명이다. 따라서 첫 번째 을의 대답에서 세종이 B임을 알 수 있다.

두 번째 을의 대답에서 모니터링 요원 대비 자가격리자의 비율이 1.8 이상인 지역이 대전, 세종, 충북이라고 했으므로

A : $\frac{9,778+7,796}{10,142}$≒1.73,

C : $\frac{1,147+141}{196}$≒6.57,

D : $\frac{9,263+7,626}{8,898}$≒1.900다. 따라서 충남이 A임을 알 수 있다.

갑의 세 번째 말에서 자가격리자 중 외국인이 차지하는 비중을 구하면, C : $\frac{141}{1,147+141}$×100≒10.95%, D : $\frac{7,626}{9,263+7,626}$×100≒45.15%이다.

따라서 D의 비중이 더 높으므로 D가 대전, C가 충북임을 알 수 있다. 정답은 ②이다.

11

정답 ③

난도 중

정답해설

각 개인의 월간 출근 교통비를 차례대로 계산하여 비교한다. 갑과 병은 저소득층 추가 마일리지를 받으며, 을의 마일리지 적용거리는 1,000m로 최대 800m까지 인정된다.

갑 : $\left\{3,200-(450+200)\times\left(\frac{800}{800}\right)\right\}\times15=38,250$원

을 : $\left\{2,300-(350)\times\left(\frac{800}{800}\right)\right\}\times22=42,900$원

병 : $\left\{1,800-(250+100)\times\left(\frac{600}{800}\right)\right\}\times22=33,825$원

따라서 월간 교통비를 많이 지출하는 직장인 순은 을, 갑, 병이므로 답은 ③이다.

12
정답 ③

난도 중

정답해설

ㄱ. 옳다. 국민총소득 대비 공적개발원조액 비율이 UN 권고 비율보다 큰 국가는 룩셈부르크, 노르웨이, 스페인, 덴마크, 영국이다. 이들의 공적개발원조액 합은 수치가 제시되지 않은 룩셈부르크를 제외하고도 43억 달러+27억 달러+25억 달러+194억 달러=289억 달러이므로 250억 달러 이상이다.

ㄴ. 옳다. 공적개발원조액 상위 5개국의 공적개발원조액 합은 1,002억 달러이다. 개발원조위원회 29개 회원국의 공적개발원조액 합은 최대 1,375억 달러+25×14(=350)억 달러=1,725억 달러이다. 따라서 공적개발원조액 상위 5개국의 공적개발원조액 합은 개발원조위원회 29개 회원국 공적개발원조액 합의 50% 이상이다.

오답해설

ㄷ. 옳지 않다. 독일의 공적개발원조액은 현재 241억 달러이다. 따라서 현재 국민총소득이 일정하다고 할 때 30억 달러를 증액 한다면 국민총소득 대비 공적개발원조액 비율이 $\frac{30}{241}$배 더 커질 것이다. $\frac{30}{241}$은 약 $\frac{1}{8}$이므로 0.61× $(1+\frac{1}{8})$≒0.686이므로 UN 권고비율 0.70%보다 여전히 더 낮다.

13
정답 ④

난도 상

정답해설

ㄱ. 옳다. 2021년 오리 생산액 전망치는 2020년 오리 생산액×(1+전년 대비 생산액 변화율 전망치)이다. 13.27×(1−0.0558)=12.52.9534십억 원이다. 따라서 1.2조 이상이다.

ㄷ. 옳다. 축산업 중 전년 대비 생산액 변화율 전망치가 2022년보다 2023년이 낮은 세부항목은 우유, 오리로 2개이다.

ㄹ. 옳다. 재배업의 2020년 생산액 대비 2022년 생산액 전망치의 증감폭은 30,270×(1+0.015)×(1−0.0042)−1≒30,270×(0.015−0.0042)=326,916십억 원이다.

축산업의 2020년 생산액 대비 2022년 생산액 전망치의 증감폭은 19,782×(1−0.0034)×(1+0.007)−1≒19,782×(−0.0034+0.007)≒71,215십억 원이다. 따라서 재배업의 2020년 생산액 대비 2022년 생산액 전망치의 증감폭은 축산업의 2020년 생산액 대비 2022년 생산액 전망치의 증감폭보다 크다.

14
정답 ①

난도 중

정답해설

① 옳지 않다. 장기저축급여 가입 회원 수는 744,733명이다. 전체 가입 회원 수는 85.2만 명이다. 따라서 $\frac{744,733}{852,000}×100≒87\%$이므로, 85% 이상이다.

오답해설

② 옳다. 공제제도의 총자산 규모는 공제제도별 자산 규모 구성비를 통해 계산할 수 있다. $\frac{27.3조 원}{64.5\%}≒42.3조$ 원이므로 40조 원 이상이다.

③ 옳다. 자산 규모 상위 4개 공제제도 중 2개의 공제제도에 가입한 회원은 주요 공제제도별 가입 현황에서 중복 가입을 통해 계산할 수 있다. 744,733+40,344+55,090+32,411−852,000=20,578명이다. 따라서 2만 명 이상이다.

④ 옳다. 충청의 장기저축급여 가입 회원 수는 61,850명으로 15개 지역 평균 장기저축급여 가입 회원 수인 $\frac{744,733}{15}≒49,648$명보다 많다.

⑤ 옳다. 장기저축급여의 1인당 구좌 수는 $\frac{449,579,295}{744,733}≒603$개이고, 분할급여의 1인당 구좌 수는 $\frac{2,829,332}{32,411}≒87$개이다. 따라서 분할급여의 1인당 구좌 수의 5배를 하더라도 435개이므로 공제제도별 1인당 구좌 수는 장기저축급여가 분할급여의 5배 이상이다.

15
정답 ③

난도 상

정답해설

③ 옳지 않다. 보도자료의 세 번째 동그라미 세 번째 −의 내용과 부합한지 확인한다. 간접광고 취급액은 1,270억 원으로 전년 대비 약 14.6% 증가했다. 하지만 지상파TV와 케이블TV 간 비중의 격차는 75억 원으로 $\frac{75}{1,270}×100≒$ 5.9%p로 5%p 이상이므로 옳지 않다.

오답해설

① 옳다. 보도자료의 세 번째 동그라미에서 광고사업체 취급액 현황이 나와 있으며 선지와 일치한다.

② 옳다. 보도자료의 세 번째 동그라미 두 번째 -에서 나와 있다. 특히 2018년의 3조 8,804억 원은 2017년의 3조 6,406억 원에 비해 약 2,400억 원이 증가했고 이는 약 6.5% 증가했음을 알 수 있다. 또한 모바일 취급액은 14,735억 원에서 17,796억 원으로 약 3,000억 원 증가했고 이는 20% 이상 증가했음을 알 수 있다.

④ 옳다. 보도자료의 두 번째 동그라미의 내용과 부합한지 확인한다. 광고산업 규모는 17조 2,119억 원으로 전년 16조 4,133억 원보다 4.5% 이상 증가했다. 또한 광고사업체당 취급액을 표로 정리하면 다음과 같다.

광고대행업	33.53	35.10
광고제작업	14.63	14.72
광고전문서비스업	20.24	21.42
인쇄업	8.01	8.75
온라인광고대행업	35.04	35.50
옥외광고업	19.88	20.05

따라서 광고사업체당 취급액이 모두 증가했음을 알 수 있다. 또한 광고대행업은 6조 6,239억 원으로 약 38.5%를 차지하고 있으며, 취급액의 전년 대비 증가율은 다음 표와 같다.

광고 대행업	광고 제작업	광고전문 서비스업	인쇄업	온라인광고 대행업	옥외 광고업
3.41%	1.65%	5.49%	9.26%	16.89%	−11.41%

⑤ 옳다. 매체별 광고사업체 취급액은 세 번째 동그라미 첫 번째 -에서 설명하고 있다. 매체 광고비 중 방송매체 취급액은 4조 266억 원으로 가장 큰 비중을 보이고 있으며 그다음으로 인터넷매체, 옥외광고매체, 인쇄매체 순이므로 〈보도자료〉와 부합한다.

> **합격자의 SKILL**
>
> 2021년 7급 PSAT에서 가장 어려운 문제라고 볼 수 있다. 보도자료의 내용에서 확인할 것이 상당히 많으며 앞 문장이 맞더라도 뒷 문장이 틀릴 경우 그 선지는 틀리기 때문이다. 따라서 실전에서는 넘어간 후 나중에 시간이 남았을 때 문제를 푸는 것을 추천한다.

16
정답 ①

난도 중

정답해설

ㄱ. 옳다. 월별 교통사고 사상자가 가장 적은 달은 1월로 492명이다. 월별 교통사고 사상자가 가장 많은 달은 8월로 841명이다. 841×60%=504.6명이므로 월별 교통사고 사상자는 가장 적은 달이 가장 많은 달의 60% 이하이다.

ㄴ. 옳다. 2020년 교통사고 건당 사상자 수는 전체 사상자 수를 전체 교통사고 건수로 나누는 방법과 각 달의 사상자 수를 건수로 나눈 후 매달 교통사고 건당 사상자 수가 1.9보다 큰지를 알아보는 방법이 있다. 그림1과 그림2에서 교통사고 건당 사상자 수는 매달 2보다 크므로 2020년 전체 교통사고 건당 사상자 수는 2보다 큰 것을 알 수 있다.

오답해설

ㄷ. 옳지 않다. 안전거리 미확보가 사고원인인 교통사고 건수는 22.9%를 차지하며, 중앙선 침범이 사고원인인 교통사고 건수는 3.4%를 차지한다. 따라서, $\frac{22.9}{3.4}$≒6.7이므로 7배 이하이다.

ㄹ. 옳지 않다. 사고원인이 안전운전의무 불이행인 교통사고 건수는 "2020년 전체 교통사고 건수×65.3%"이다. 2020년 전체 교통사고 건수는 3,218건이므로 약 2,101건이 안전운전의무 불이행이 사고원인이다. 따라서 옳지 않다.

> **합격자의 SKILL**
>
> ㄴ의 경우 전체 교통사고 건수 및 전체 사상자를 구하는 것이 아니라 각 월별로 1.9가 넘는지를 확인한다면 시간을 단축할 수 있다. 물론 ㄹ을 풀기 위해서 전체 교통사고 건수를 구해야 하나 마지막에 필요할 때 계산하는 습관을 들이는 것이 중요하기 때문이다.

17
정답 ④

난도 중

정답해설

첫 번째 정보에서 (가)의 범위는 58.5~65.7임을 알 수 있다. 따라서 ⑤가 답에서 제외된다. 두 번째 정보에서 (나)의 범위는 0~20.7임을 알 수 있다. 따라서 ①이 답에서 제외된다. 세 번째 정보에서 (다)의 범위는 114.0~119.2임을 알 수 있다. 따라서 ②가 답에서 제외된다. 네 번째 정보에서 (라)의 범위는 92.5보다 큰 것을 알 수 있다. 따라서 ③이 답에서 제외되므로 가능한 정답은 ④이다.

> **합격자의 SKILL**
>
> 〈정보〉의 내용을 충실하게 따르면서 정보 1개당 선지를 1개씩 제외한다면 답을 찾는 데는 큰 어려움을 갖지 않을 것이다.

18
정답 ③

난도 중

정답해설

ㄱ. 옳다. 2019년 대비 2020년 대학유형별 기숙사 수용률은 국공립대학이 0.1%p 증가했으며, 사립대학이 0.2%p 증가했고 비수도권 대학은 동일한 반면, 수도권 대학은 증가하였음을 알 수 있다.

ㄹ. 옳다. 카드납부가 가능한 공공기숙사는 0개이고 현금분할납부가 가능한 공공기숙사도 사립대학 9개밖에 없음을 알 수 있다.

오답해설

ㄴ. 옳지 않다. 국공립대학은 전년대비 800명 이상 감소했으므로 틀린 보기이다.

ㄷ. 옳지 않다. 전체 대학 중 기숙사비 카드납부가 가능한 대학은 $\frac{47}{196}$≒24%이다. 따라서 37.9%가 아니다.

> **합격자의 SKILL**
>
> 표가 갖고 있는 내용을 정확하게 살펴보아야 한다. 특히 ㄱ과 같은 경우 이를 직접 계산을 해야 하는지 아닌지를 확인해야 한다. 또한 보고서의 내용이 뭐를 묻는지를 정확하게 파악한다면 쉽게 풀 수 있다.

19

난도 상

정답해설

S등급은 A등급의 2배를 성과급으로 받고, B등급의 4배를 성과급으로 받는다.

	2018년	2019년	2020년
갑	S	A	B
을	B	S	B
병	A	B	A
정	(A/B)	(A/B)	(S/A)
무	B	B	B
기	(B/A)	(B/A)	(A/S)

위의 표는 2018년에 정이 A일 때 기는 B를 받았거나 정이 B를 받았을 때 기가 A를 받았음을 의미한다.

따라서 2020년 전체 직원의 기본 연봉은 다음과 같다.

- 갑 : $3.0 \times 20 (= \dfrac{100}{5}) = 60$

- 을 : $5.0 \times 20 (= \dfrac{100}{5}) = 100$

- 병 : $6.0 \times 10 (= \dfrac{100}{10}) = 60$

- 무 : $4.5 \times 20 (= \dfrac{100}{5}) = 90$

- 정 + 기 = $12.0 \times (10+5)(= \dfrac{100}{10} + \dfrac{100}{20}) = 180$

전체 직원의 기본 연봉은 $60 + 100 + 60 + 90 + 180 = 490$백만 원이다.

합격자의 SKILL

성과등급별 지급비율 및 인원 수가 어떻게 분포되어 있는지 그 구조를 정확하게 파악하는 것이 최우선적인 작업이 될 것이다. 그다음으로 정과 기의 등급을 나누는 것이 아닌 합을 통해서 계산한다면 계산이 용이할 것이다.

20

난도 하

정답해설

ㄱ. 옳다. 방류수의 생물학적 산소요구량 기준이 5mg/L 이하인 곳은 1일 하수처리용량이 500m³ 이상(L)이면서 지역등급이 Ⅰ, Ⅱ인 곳이다. 이는 5곳으로 옳다.

ㄷ. 옳다. Ⅱ등급 지역에서 방류수의 총인 기준이 0.3mg/L 이하인 하수처리장은 L이면서 Ⅱ인 곳이므로 총 2군데 있다. 따라서 하수처리장의 1일 하수처리용량 합은 최소 1,000m³이다.

ㄹ. 옳다. 방류수의 총질소 기준이 20mg/L 이하인 하수처리장 수는 S등급을 제외한 M등급과 L등급을 의미한다. 따라서 26개가 있다. 또한, 방류수의 화학적 산소요구량 기준이 20mg/L 이하인 하수처리장 수는 ㄱ에서 구한 것과 같은 지역을 의미하므로 5개이다. 따라서 5배 이상이 된다.

오답해설

ㄴ. 옳지 않다. 1일 하수처리용량 500m³ 이상(L)인 하수처리장 수는 14개이다. 1일 하수처리용량 50m³ 미만(S)인 하수처리장 수는 10개이므로 1.5배 이하이다.

합격자의 SKILL

그림이 복잡하게 생겨서 집중력을 갖고 풀어야 한다. 또한 항목이 여러 가지이나 그 계산되는 구조를 파악한다면 개수를 세는 데 있어서 좀 더 용이할 것이다. 이 문제의 경우 천천히 개수를 정확하게 세는 것이 정답률에 영향을 미칠 것이다.

21

난도 상

정답해설

ㄱ. 옳다. 을에 대한 종합점수가 구해져 있다. 이를 계산하기 위해서는 가장 높은 점수와 가장 낮은 점수를 제외한다. 이때 E의 점수가 빈칸이므로 E의 점수의 범위에 따라서 3가지 경우가 가능하다. E의 점수가 최고점으로 제외되는 경우, 중간점수로서 제외되지 않는 경우, 최저점으로 제외되는 경우이다.

1) E의 점수가 최고점으로 제외되는 경우에는 B의 점수가 최저점이므로 제외된다. 이때의 을의 종합점수는 $\dfrac{89+90+88}{3} = 89$이다.

2) E의 점수가 중간점수로서 제외되지 않는 경우에는 B의 점수가 최저점, C의 점수가 최고점으로 제외된다. 이때 을의 종합점수는 $\dfrac{89+88+?}{3} = 89$이어야 한다. 이를 만족하기 위해서는 ?가 90점이어야 하나 각주 2)에 따라서 C와 같은 점수를 받을 수 없으므로 불가능한 경우이다.

3) E의 점수가 최저점으로 제외되는 경우에는 C의 점수가 최고점이므로 제외된다. 이때 을의 종합점수는 $\dfrac{89+86+88}{3} ≒ 87.60$이므로 주어진 표의 종합점수를 만족하지 못한다.

1), 2), 3)을 모두 종합한 결과 E의 점수는 최고점이다.

ㄹ. 옳다. 갑의 경우 평가자 E와 C가 제외된다. 을의 경우 평가자 B와 E가 제외된다. 정의 경우 E의 점수가 85점 이상이어야지만 종합점수가 77점이 나온다. 따라서 정의 경우 평가자 E와 A의 점수가 제외된다. 무의 경우 E의 점수가 83점이어야지 종합점수가 78점이 나온다. 그러므로 무의 경우 평가자 A와 D의 점수가 제외된다. 따라서 갑~무의 종합점수 산출시, 부여한 직무평가 점수가 한 번도 제외되지 않은 평가자는 없다.

오답해설

ㄴ. 옳지 않다. 병의 종합점수는 C의 점수에 따라 달라진다. 종합점수로 가능한 최댓값은 C가 100점을 줬을 때이며 $\dfrac{76+74+78}{3} = 76$점이다. 종합점수로 가능한 최솟값은 C가 1점을 줬을 때이며 $\dfrac{68+74+76}{3} ≒ 72.67$이다. 따라서 최댓값과 최솟값의 차이는 5점 이하이다.

ㄷ. 옳지 않다. 평가자 C의 갑에 대한 직무평가 점수가 갑의 종합점수보다 낮다고 가정한다. 즉, 89점 미만이라고 가정한다. 이때 제외되는 평가자는 최고점인 E이며, 88점인 경우 B가 최저점으로 제외되며 86점 이하인 경우 C의 점수가 제외된다.

1) 88점인 경우 갑의 종합점수는 $\dfrac{91+88+89}{3} ≒ 89.33$이므로 틀리다.

2) 86점 이하인 경우 갑의 종합점수는 $\dfrac{91+87+89}{3} = 89$이다.

따라서 평가자 C의 갑에 대한 직무평가 점수는 86점 이하로 갑의 종합점수보다 낮다.

[합격자의 SKILL]

종합점수를 산출하는 방법을 정확하게 이해해야 한다. 그 후 빈칸의 숫자 범위를 어떻게 설정해야 할지 등을 생각해야 한다. 특히 병의 경우에는 종합점수가 나와 있지 않기 때문에 C가 부여한 직무평가 점수가 다양하게 나올 수 있음을 살펴야 하는 것이 중요하다.

22 정답 ②

[난도] 하

[정답해설]

ㄴ. 옳다. 2월의 월평균 지상 10m 기온이 영하인 지역은 A, C, D, E이며 월평균 지표면 온도가 영상인 도시는 C와 E이다. A와 D는 2월의 월평균 지표면 온도가 영하이기 때문이다.

ㄷ. 옳다. 1월의 월평균 지표면 온도가 A~E 도시 중 가장 낮은 도시는 D이며, D의 설계적설하중은 0.80이다. 5개 도시 평균 설계적설하중은 $\frac{0.5+0.5+0.7+0.8+2.0}{5}$ =0.9이므로 D의 설계적설하중이 더 작다.

[오답해설]

ㄱ. 옳지 않다. 각 도시별 월평균 지상 10m 기온이 가장 높은 달은 7월, 8월, 8월, 7월, 8월이다. 각 도시별 월평균 지표면 온도가 가장 높은 달은 8월, 8월, 8월, 8월, 8월이다. 따라서 양자가 다른 도시는 A와 D이다.

ㄹ. 옳지 않다. 설계기본풍속이 두 번째로 큰 도시는 E이다. E의 8월의 월평균 지상 10m 기온은 25.0℃로, B와 A에 이어 세 번째로 높다.

[합격자의 SKILL]

단순 확인 문제로 무조건 맞춰야 한다. 하지만 22번 문항에 존재하므로 시간적 압박이 있을 수 있으므로 천천히 확인해야 한다.

23 정답 ⑤

[난도] 중

[정답해설]

단계 1은 모든 도시에 적용된다.
단계 2는 A, D, E에 적용된다.
단계 3은 B와 E에 적용된다.
이를 종합한 후 단계 4를 적용한다.
우선 단계 1~3까지 계산한다.

- A : 0.5×150%×140%=1.05
- B : 0.5×150%×80%=0.6
- C : 0.7×150%=1.05
- D : 0.8×150%140%=1.68
- E : 2.0×150%×140%×80%=3.36

따라서 단계 4가 적용되는 도시는 B이며, B의 수정된 설계적설하중은 1.00이다. 이때 증가폭은 다음과 같다. A : 0.55, B : 0.5, C : 0.35, D : 0.88, E : 1.36이므로 증가폭이 두 번째로 큰 도시는 D이고 가장 작은 도시는 C이다.

[합격자의 SKILL]

이런 문제의 경우 단계 1~3을 한 번에 적용한 후 계산을 해야 한다. 즉, 단계 1을 적용하여 계산을 끝내고 단계 2를 다시 적용하는 방식으로 계산을 해서는 시간이 오래 걸리기 때문이다. 따라서 이런 문제의 경우 모든 단계를 최대한 한 번에 적용하려 한 다음 계산하는 방안을 생각해야 한다.

24 정답 ①

[난도] 상

[정답해설]

① 옳지 않다. 2017년 피해유형별 항공사의 피해구제 접수 건수는 표 3의 2018년 피해구제 접수 건수 합계에서 전년 대비 증가건수를 빼준 후 표 2의 피해구제 접수 건수 비율을 곱해서 계산한다. 따라서 피해유형별 외국적 항공사의 피해구제 접수 건수 대비 국적항공사의 피해구제 접수 건수 비는 표 2의 비율을 그대로 나누는 것이 아니다. 이를 바탕으로 취소환불 위약금의 비를 구한다면 $\frac{602×57.14\%}{479×49.06\%}$≒1.46이다. 따라서 선지의 1.16과 다르므로 옳지 않다.

[오답해설]

② 옳다. 2017년 국적항공사별 피해구제 전체 접수 건수는 602건이다. 또한 국적항공사의 2017년 운행건수는 태양항공 : 140건, 무지개항공 : 108건, 알파항공 : 29건, 에어세종 : 37건, 청렴항공 : 41건, 독도항공 : 133건, 참에어 : 51건 및 동해항공 : 63건이다. 따라서 각 비중은 태양항공 : $\frac{140}{602}$×100≒23.3%, 무지개항공 : $\frac{108}{602}$×100≒17.9%, 알파항공 : $\frac{29}{602}$×100≒4.8%, 에어세종 : $\frac{37}{602}$×100≒6.1%, 청렴항공 : $\frac{41}{602}$×100≒6.8%, 독도항공 : $\frac{133}{602}$×100≒22.1%, 참에어 : $\frac{51}{602}$×100≒8.5%, 동해항공 : $\frac{63}{602}$×100≒10.5%이다.

③ 옳다. 1번 선지를 푸는 방법과 동일하다. 즉, 602건에 표 2의 비중을 곱해서 계산해 줘야 한다.

- 취소환불 위약금 : 602×57.14%≒344건,
- 지연결항 : 602×22.76%≒137건,
- 정보제공 미흡 : 602×5.32%≒32건,
- 수화물 지연 파손 : 602×6.81%≒41건,
- 초과 판매 : 602×0.33%≒2건,
- 기타 : 602×7.64%≒46건으로 옳다.

④ 옳다. 운송실적은 국내선과 국제선의 합을 통해서 구한다.

	알파항공	에어세종	청렴항공	독도항공	참에어	동해항공
2017년	7,110	821	5,521	10,467	8,597	6,213
2018년	8,067	1,717	5,904	11,942	8,890	7,001

따라서 2017년 대비 2018년 저비용 국적항공사의 전체 노선 운송실적 증가율은 선지와 같이 나타난다.

⑤ 옳다. 태양항공의 2017년 운송실적은 26,914(천 명)이며, 2018년 운송실적은 27,009(천 명)이다. 무지개항공의 2017년 운송실적은 19,335(천 명)이며, 2018년 운송실적은 19,856(천 명)이다. 2017년 피해구제 접수 건수는 태양항공이 140건, 무지개항공이 108건이고 2018년 피해구제 접수 건수는 태양항공이 153건, 무지개항공이 106건이다.

따라서 대형 국적항공사의 전체 노선 운송실적 대비 피해구제 접수 건수 비는 2017년 태양항공 : $\frac{140}{26,914}$×1,000=5.2, 무지개항공 : $\frac{108}{19,335}$×1,000= 5.6, 2018년 태양항공 : $\frac{153}{27,009}$×1,000=5.7, 무지개항공 : $\frac{106}{19,856}$×1,000= 5.30이다.

[합격자의 SKILL]

가장 어려운 문제 중 하나였다. 이 문제의 경우 피해구제 접수 건수를 어떻게 계산할 것인지 생각을 해야 한다. 또한 1번 문제의 경우 그대로 나눈다면 틀리게 문제가 설정되어 있는 만큼 집중하면서 풀어야 한다. 24번 문제의 경우 마지막 부분에 있는 문제이므로 시간이 넉넉한 경우에만 푸는 것을 추천한다.

난도 중

정답해설

ㄱ. 옳다. 2011~2020년 연평균 산불 건수는 $\frac{4,737}{10}=473.7$건이다. 따라서 500건 이하이다.

ㄴ. 옳다. 산불 건수가 가장 많은 연도는 2017년이며, 이때의 검거율은 $\frac{305}{692}\times100=44.08\%$이다. 산불 건수가 가장 적은 연도는 2012년이며, 이때의 검거율은 $\frac{73}{197}\times100\fallingdotseq37.06\%$이다. 따라서 산불 건수가 가장 많은 연도의 검거율은 산불 건수가 가장 적은 연도의 검거율보다 높다.

ㄹ. 옳다. 2020년 전체 산불 건수는 620건이며, 입산자 실화 건수는 217건이다. 따라서 620×0.35=217이므로 옳다.

오답해설

ㄷ. 옳지 않다. 2020년 성묘객 실화의 검거율은 약 66.7%이다. 반면, 논밭두렁 소각의 검거율은 $\frac{45}{49}\times100\fallingdotseq91.8\%$이다. 따라서 기타를 제외하고 산불 건수가 적은 산불 원인일수록 검거율이 높지 않다.

합격자의 SKILL

전체에 빈칸이 있는 경우 이는 계산을 하는 것이 필요하다. 따라서 이런 빈칸은 빠르게 채워놓고 문제를 시작하는 것이 시간 단축에 좋다. 그 후 문제의 연도 등에서 실수하지만 않는다면 맞출 수 있는 문제이다.

CHAPTER

06

2020년 7급 PSAT 모의평가 자료해석 정답 및 해설

01	02	03	04	05	06	07	08	09	10
⑤	①	①	⑤	④	②	②	③	①	④
11	12	13	14	15	16	17	18	19	20
③	③	③	④	①	②	⑤	⑤	⑤	④
21	22	23	24	25					
①	④	③	③	②					

01

정답 ⑤

[난도] 하

[정답해설]

⑤ '축제 관련 정보 획득 매체는 연령대별로 차이를 보였다. 20대 이하와 30~40대는 각각 인터넷을 통해 정보를 획득한 관람객 수가 가장 많았다. 반면, 50대 이상은 현수막을 통해 정보를 획득한 관람객 수가 가장 많아 관람객의 연령대별 맞춤형 홍보 전략이 필요하다는 것을 보여준다.'에서 50대 이상은 현수막을 통해 정보를 획득한 관람객 수가 가장 많았음을 알 수 있다. 따라서 50대 이상의 경우 TV를 통해 가장 많은 정보를 취득한다고 되어있으므로 설문조사에 부합하지 않는다.

■ 관람객의 연령대별 5대 축제 관련 정보 획득 매체

(단위 : %)

매체 연령대	TV	인터넷	신문	현수막	기타
20대 이하	22.0	58.6	10.8	17.5	11.5
30~40대	25.4	35.0	16.5	18.0	9.0
50대 이상	35.0	20.2	21.0	29.5	8.0
전체	26.0	41.5	15.1	20.1	9.8

02

정답 ①

[난도] 하

[정답해설]

조건을 반영하여 B의 판매량을 기준으로 표를 정리해보면

간편식	A	B	C	D	E	F	평균
판매량	95	b	95	b	$b-23$	43	70

평균을 통해 b 값을 간단히 구할 수 있다.

$$\frac{95+b+95+b+b-23+43}{6}=70$$

$$210+3b=420$$

$$3b=210$$

$$b=70$$

따라서 B는 70개, E는 47개이다.

03

정답 ①

[난도] 하

[정답해설]

ㄱ. (ㅇ) 사고건수 증가율은 $\frac{(2019년\ 사고건수-2015년\ 사고건수)}{2015년\ 사고건수}\times100$으로 구한다.

공급자 취급 부주의의 경우 2019년과 2015년의 발생건수 차이는 6건이며, 시설미비의 경우도 2019년과 2015년의 발생건수 차이는 6건으로 동일하다. 이 경우 분자값이 같으므로 증가율은 분모값이 작을수록 더 크므로 개별 계산 없이도 분모값이 작은 시설미비의 경우가 증가율이 더 큼을 알 수 있다.

ㄴ. (ㅇ) 주택의 연도별 사고건수 증감방향은 '증가 → 감소 → 증가 → 증가'이고 차량의 연도별 사고건수 증감방향도 '증가 → 감소 → 증가 → 증가'이다.

[오답해설]

ㄷ. (×) 2016년 사고건수 상위 2가지는 사용자 취급부주의(41건)와 시설미비(20)건이며 전체발생건수는 120건이므로 상위 두가지 사고건수의 합(61건)은 나머지 발생건수의 합보다 크다.

ㄹ. (×) 전체 사고건수에서 주택이 차지하는 비중이 35% 이상인지를 판단하려면 전체사고건수×0.35<주택 사고건수인지를 판별하면 된다. 계산해보면

구분	2015	2016	2017	2018	2019
전체사고건수	121	120	118	122	121
전체×0.35	42.35	42	41.3	42.7	42.35
주택	48	50	39	42	47

따라서 2017, 2018년은 35% 미만이므로 틀린 지문이다.

합격자의 SKILL

■ 빠른계산 Tip

전체의 10%를 먼저 구하고 그 절반인 5%를 구한다.

예를 들어 2017년의 전체 사고건수는 118건이고 10%는 11.8, 5%는 5.90이다. 118의 35%는 10%×3+5%이고 이는 11.8의 3배는 12×3-0.2×3 식으로 계산하면 암산이 쉽다. 따라서 11.8×3=12×3-0.2×3=36-0.6=35.4, 35.4+5.9=41.3 식으로 보다 쉽게 구해진다.

04

정답 ⑤

[난도] 중

[정답해설]

⑤ A, C 지역의 수질이 2015년부터 2017년까지 2등급 이상인지를 판단하려면 어느 한 해도 2등급 미만의 기준에 해당하는지를 살펴보면 된다. 2등급의 기준은 1등급에 해당하지 않으면서 DO가 2.00mg/L 이상이고 COD는 2.00mg/L 이하이며 Total-N이 0.60mg/L 이하인 경우이므로 C의 경우 2017년 Total-N이 0.68로 등급외에 해당한다. 따라서 틀린 지문이다.

[오답해설]

① '감소 → 증가 → 감소 → 증가'로 동일하다.

② 2016년 B지역의 전년대비 해조류 군집 출현종수의 증감율은

$$\frac{102-77}{102}\times100=\frac{25}{102}\times100≒25\%\text{이고}$$

2016년 B지역의 전년대비 해양 저서동물 출현종수의 증감율은

$$\frac{90-73}{90}\times100=\frac{17}{90}\times100≒18.8\%$$

따라서 해조류 군집 출현종수의 전년대비 증감률이 해양 저서동물 출현종수의 전년대비 증감률보다 크다.

③ 2019년에는 해양 저서동물 출현종수가 가장 많은 지역은 D지역이며 D지역의 2019년 총질소(Total−N)는 0.07로 가장 낮다.

④ 해양수질이 1등급이기 위해서는 1등급은 DO가 7.50mg/L 이상이고 COD는 1.00 mg/L 이하이며 Total−N이 0.30mg/L 이하여야 한다. 2015년 COD 부분에서 1등급 기준인 1.00mg/L 이하인 것은 D 밖에 없다. 따라서 2015년 해양수질이 1등급인 지역은 D가 유일하다.

합격자의 SKILL

⟨분수의 크기 비교⟩ 빠르게 하는 법

① 비교하는 두 분수의 분모와 분자의 증감을 비교한다.

예 $\frac{17}{90}$에서 $\frac{25}{102}$로 분수가 변화했다고 보자.

② 분모의 증감율(이전 분수 기준)과 분자의 증감율(이전 분수 기준)을 비교하여 분모의 증감율이 크면 숫자(변화한 분수)는 작게 변화한 것이다(반대도 동일).

예 위에서 분모는 12 증가할 때 분자는 8 증가했고 이는 90 대비 12는 약 10.x% 증가한 것이고 17 대비 8은 약 40% 넘게 증가한 것이다. 분모의 증감율이 더 작으므로 숫자(변화한 분수)는 크게 변화한 것이고 따라서 $\frac{25}{102}$가 더 크다.

05

정답 ④

난도 중

정답해설

④ 2018년 최대전력수요는 2월로 7,879이고 최소전력수요는 5월로 6,407이다. 2019년 최대전력수요는 8월 8,518이고 최소전력수요는 4월로 6,577이다. 최대수요와 최소수요의 차이는 2018년이 1,472이고 2019년이 1,941이다. 따라서 2018년이 2019년 보다 작다(구체적으로 계산하지 않아도 그래프의 상한과 하한의 거리차이를 보면 쉽게 알 수 있다).

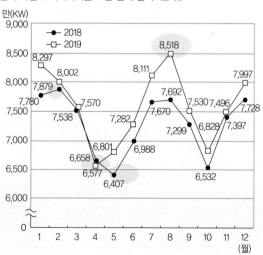

오답해설

① 공급예비력은 '전력공급능력−최대전력수요'이다. 따라서 2018년은 8,793−7,879=914이고, 2019년은 9,240−8,518=722이다. 따라서 2018년이 더 크다. 따라서 틀린 지문이다.

② 공급예비율은 $\frac{\text{공급예비력}}{\text{최대전력수요}}\times100$이므로 2018년은 $\frac{914}{7,879}\times100$이고, 2019년은 $\frac{722}{8,518}\times100$이다. 대략적인 크기비교를 하면 2018년은 분자(91,400)가 분모(7879) 보다 10배 초과이고 2019년 분자(72,200)가 분모(8518) 보다 10배 미만이다. 따라서 2018년이 더 큼을 쉽게 알 수 있다. 따라서 틀린 지문이다.

③ 2019년과 2018년 1월에서 2월 사이만 비교해봐도 2019년은 감소방향이나 2018년은 증가방향이므로 틀린 지문이다.

⑤ 전년동월대비 증가율이 가장 높은 달은 해당월의 두 연도별 그래프 사이의 폭이 가장 큰 달이다. 따라서 8월이 가장 증가율이 크다고 볼 수 있다.

06

정답 ②

난도 하

정답해설

A~E지역의 산사태 위험인자 현황(괄호 안은 점수)

위험인자 \ 지역	A	B	C	D	E
경사길이(m)	180 (20)	220 (30)	150 (20)	80 (10)	40 (0)
모암	화성암 (10)	퇴적암 (0)	변성암 (편마암) (30)	변성암 (천매암) (20)	변성암 (편마암) (30)
경사위치	중하부 (10)	중상부 (20)	중하부 (10)	상부 (30)	중상부 (20)
사면형	상승사면 (0)	복합사면 (30)	하강사면 (20)	복합사면 (30)	평형사면 (10)
토심(cm)	160 (30)	120 (20)	70 (10)	110 (20)	80 (10)
경사도(°)	30 (10)	20 (30)	25 (20)	35 (10)	55 (0)
합계 점수	80	130	110	120	70

따라서 합계 점수가 가장 높은 지역은 B이고 가장 낮은 지역은 E이다.

07

난도 중

정답해설

ㄱ. (○) 0~6km의 소요 시간을 더해보면 출발 후 6km 지점을 먼저 통과한 선수는 A, C, D, B 순임을 쉽게 알 수 있다(계산하는 구간에서 5분 단위대와 6분 단위대가 구간에서 몇 개씩 있는지를 비교한 후 초단위를 합산하면 계산하기 편하다).

ㄷ. (○) 0~3km 구간까지 오는데 B는 17분 16초가 소요되었고 C는 17분 25초가 소요되어 B가 3km 지점에 먼저 도착했다. 하지만 3~4km 구간을 지나 4km에 도달한 누적 시간은 B가 23분 34초이고 C가 22분 40초이다. 따라서 4km 지점에는 C가 먼저 도착했다. 따라서 C는 3km 지점에서는 B보다 늦게 도착했지만 4km 지점에는 B보다 먼저 도착했으므로 3~4km 구간에서 C가 B를 추월했음을 알 수 있다.

오답해설

ㄴ. (×) B의 10km 완주기록은 57분 54초이다(1km 구간마다 6분에 주파하면 총 10km를 60분 걸린다. B는 6분 이상인 구간이 3~4~5km 3개 구간이었고 나머지 7개 구간은 5분대였으므로 전체가 60분이 넘지 않음을 쉽게 파악할 수 있다).

ㄹ. (×) A가 10km 지점을 통과한 순간은 51분 52초이며 D가 7km 지점을 지나는 시간은 D가 10km를 완주한 시간에서 7~10km 통과시간(5분 24초+5분 11초+5분 15초=15분 50초)를 빼면 57분 23초-15분 50초이며 대략 16분을 뺀 값에 10초를 더해서 계산하면 빠르다. 값은 41분 23초이다. 이 시간에 D는 7km를 통과하므로 따라서 'A가 10km 지점을 통과한 순간, D는 7~8km 구간을 달리고 있다.'는 틀린 지문이다.

08

난도 중

정답해설

보고서상의 3가지 조건을 모두 만족하는 그래프를 찾는 문제이다. 우선 첫 번째 조건에서,

① '메뉴 가격에 변동이 없는 경우 일반식 이용자와 특선식 이용자의 수가 모두 2018년 12월에 비해 감소'한다고 했는데 ①은 일반식이 1,220으로 1,210보다 증가하였으므로 틀린 그래프이다.

② '특선식 가격만을 1,000원 인상하여 7,000원으로 할 경우, 특선식 이용자 수는 2018년 7월 이후 최저치 이하로 감소하지만, 가격 인상의 영향 등으로 총매출액은 2018년 10월 이상으로 증가할 것으로 예측'된다고 했으므로 2018년 7월 이후 최저치는 8월이며 885명 이하여야 한다. 따라서 ②는 특선식만 1,000원 인상한 경우 890명이므로 제외된다.

⑤ 마지막 조건에서 '일반식 가격만을 1,000원 인상하여 5,000원으로 할 경우, 일반식 이용자 수는 2018년 12월 대비 10% 이상 감소하며, 특선식 이용자 수는 2018년 10월보다 증가하지는 않으리라 예측'된다고 했으므로 2018년 12월 대비 10% 감소한 인원은 1,210-121=1,089명 이하여야 한다. 따라서 ⑤는 제외된다. 또 특선식 이용자가 2018년 10월인 979명보다 증가하지 않아야 하므로 따라서 남은 것은 ③, ④이다.

두 번째 조건에서 '특선식 가격만을 1,000원 인상하여 7,000원으로 할 경우, 특선식 이용자 수는 2018년 7월 이후 최저치 이하로 감소하지만, 가격 인상의 영향 등으로 총매출액은 2018년 10월 이상으로 증가할 것으로 예측된다. 총매출액이 2018년 10월 매출액인 '10,850' 보다 증가한다고 했으므로 ③, ④중 하나가 답이다.

굳이 계산하지 않아도 ③은 특식인원과 일반식 이용인원이 ④에 비해 각각 많으므로 당연히 매출이 증가가 ③이 ④보다 크다. ③, ④ 중 매출이 큰 것이 답이므로(객관식 답은 1개이므로) 굳이 세부적 계산을 하지 않아도 ③이 조건을 만족하는 답임을 쉽게 알 수 있다.

합격자의 SKILL

이하 세부 계산으로 검증해본다. 계산해보면,

③의 경우
특별식 이용자: 880×7,000=6,160,000
일반식 이용자: 1,260×4,000=5,040,000
합계=11,200,000 따라서 2018년 10월 총매출액인 10,850 보다 크므로 조건에 부합하고

④의 경우
특별식 이용자: 870명 870×7,000=6,090,000
일반식 이용자: 1,180×4,000=4,720,000
합계=10,810 따라서 2018년 10월 총매출액인 10,850 보다 작으므로 ④는 제외된다.

09

난도 중

정답해설

ㄱ. (○) 산업용 전기요금은 일본이 160으로 가장 높고 가정용 전기요금은 독일이 203으로 가장 높다.

ㄴ. (○) 한국의 경우 가정용, 산업용 전기요금지수는 (75, 95)이다. 2018년 한국의 가정용, 산업용 전기요금은 100kw 당 각각 $120, $95이므로 공식에 대입하여 가정용, 산업용 OECD 평균 전기요금을 구할 수 있다. OECD 평균 가정용 전기요금을 x, OECD 산업용 전기요금을 y라고 하면

$$\frac{120}{x} \times 100 = 75$$

$$75x = 12000$$

$$x = \frac{12,000}{75} = 160 \text{ 이고},$$

$$\frac{95}{y} \times 100 = 95$$

$$y = 100$$

따라서 x는 y보다 1.5배 이상이다. 그러므로 'OECD 평균 전기요금은 가정용이 산업용의 1.5배 이상이다.'는 옳은 진술이다.

오답해설

ㄷ. (×) 가정용 전기요금이 한국보다 비싼 미국의 경우 산업용 전기요금지수는 한국보다 싸다. 따라서 틀린 진술이다.

ㄹ. (×) 일본은 산업용 전기요금이 가정용 전기요금보다 비싸다.
일본의 가정용, 산업용 전기요금지수는 138과 160이다. 이를 공식에 대입하여 일본의 가정용 전기요금과 산업용 전기요금을 구해보자.
가정용 전기요금을 x라 하고 산업용 전기요금을 y라고 하면,

$$\frac{x}{160} \times 100 = 138$$

$$\therefore x = \frac{138 \times 160}{100} = 220.8$$

$$\frac{y}{100} \times 100 = 160$$

$$\therefore y = 160$$

따라서 가정용 전기요금이 산업용 전기요금보다 비싸다.

10

난도 중

정답해설

구분 / 기관	관련 있음	관련 없음	'관련없음' 대비 '관련 있음' 건수비	관련없음 비중	각하	전체
A	8	33	24%	73%	4	45
B	17	77	22%	79%	3	97
C	99	350	28%	68%	59	508
D	0	9		100%	0	9

[조건1] 우주청의 전체 심사결과 중 관련없음의 비중은 혁신청의 전체 심사
결과 중 관련없음의 비중보다 작다. [우주청<혁신청] [A<B] [C<B] [C<A]

[조건2] 기관별 전체 심사결과 중 '관련없음'의 비중은 문화청이 가장 크다. [D]

[조건3] 각하 건수는 과학청이 혁신청보다 많다. [과학청>혁신청] [A>B]
[C>A] [C>B]

[조건4] 관련없음 대비 관련있음 건수의 비는 과학청이 우주청 보다 높다.
[과학청>우주청] [A>B] [C>B] [C>A]

[조건2]에서 D는 문화청이다.

[조건1]에서 전체에서 관련 없음이 차지하는 비중이 우주청>혁신청인 경우는
A>B, C>B, C>A의 3가지 경우이다. 만일 A가 우주청이고 B가 혁신청이라고
가정하면 남은 C는 과학청이다. 이 전제가 조건3, 4를 만족하는지를 검토해보면,

[조건3] 각하건수는 과학청 (C, 59건)이 혁신청(B, 3건)보다 많다

[조건4] 관련없음 대비 관련있음 건수의 비는 과학청(C, 28%)이 우주청(A, 24%)
보다 높다. 따라서 A는 우주청, B는 혁신청, C는 과학청일 때 [조건 1, 3, 4]를 충
족함을 알 수 있다.

11

난도 중

정답해설

해석할 자료의 범위를 확정하고 먼저 제거될 수 있는 선지가 있는지를 분별하
는 것이 시간을 줄이는 방법이다. 우선 ①번 그래프는 공공기관 유형별 신규채
용 합격자 현황이므로 주어진 표2의 데이터를 그대로 활용하면 진위를 알 수 있
고 별도의 계산이 필요 없다. 검토결과 이상 없고 옳은 그래프이다. ②번 그래프
의 경우 2016년 공공기관 유형별 신규채용 남성 합격자 현황이므로 표2에서
2016년 공공기관 신규채용 합격자 인원에서 여성인원을 뺀 인원수를 구하면 되
고 총 3번만 계산하면 된다. 검토결과 공기업은 5,991-1,190=4,801, 준정부
기관은 6,084-2,868=3,216, 기타 공공기관은 8,907-4,662=4,245로 옳다.
③의 경우 공공기관 유형별 신규채용 합격자 중 여성 비중을 구하려면 각 연도
별 공공기관별 여성합격자수를 전체합격자 수로 나눈 %값을 찾아야 하며 가장
계산을 많이 해야 하므로 일단 넘겨두자.

④의 경우 공공기관 신규채용 합격자의 전년대비 증가율은 표1을 활용해서 구
할 수 있고 총 4번의 계산으로 정확하게 찾을 수 있다. 우선 2014년 전체 합격
자는 17,601명이었고 2015년은 19,322명이었다. 어림산해보면 17,601명의
10%는 1,760명인데 17,601+1,760=19,361명이므로 증가율은 10%가 조금
안됨을 알 수 있다. 같은 방식으로 계산해보면 ④도 옳음을 알 수 있다.

⑤의 경우는 2018년 공공기관 신규채용 합격자의 공공기관 유형별 구성비이므
로 2018년 전체 합격자 중 공공기관별 합격자 비중을 보면 할 수 있고 검토할
데이터는 3개이다. 비교적 간단하므로 살펴보면 일단 2018년 공기업 신규합격
자는 9,070명이고 준정부기관 신규합격자는 9,847명이므로 양자의 비율은 준
정부기관이 살짝 많다. 기타공공기관은 14,915명이므로 나머지 두 개 기관에
비해 두 배는 아니지만 두 배 가까이 많다. 이를 볼 때 ⑤번 그래프에서 기타공

공기관은 44.1%, 공기업은 26.8%, 준정부기관은 29.1%이므로 비율 배분이 어
림산한 추세와 같다.

이 문제는 어느 그래프를 계산해야 할지를 판별하는 것이 관건이다. 비교적 간
단하게 계산되는 것들을 우선 추리고 나머지를 가지고 판단하는 것이 그나마
시간을 줄이는 길이다. 남아있는 ③번 그래프를 해석해보면 2018년도 여성합격
자의 비중이 잘못 계산되어 있음을 알 수 있다(검산할 때는 소수점 부분이 없는
값을 우선적으로 찾아 역산하는 것이 가장 빠르다).

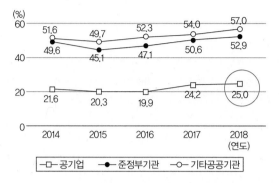

2018년 공기업 여성합격자 수는 2,087명인데 해당자료는 전체의 25%라고 되
어있으므로 2018년 전체 공기업 합격자 수인 9,070명의 25%를 계산해보면
2267.5명이므로 해당 내용이 틀림을 알 수 있다.

이 문제는 ①, ②, ④, ⑤를 제거하고 남아있는 선지를 답으로 고르는 것이 시간
을 줄이는 판단이다. 자료해석은 주어진 자료의 의미를 해석하는 영역이지 정확
한 계산을 요구하는 영역이 아니다. 이러한 측면에서 자료의 편차를 너무 조금
주어 결국 정확한 계산을 요구하는 유형의 문제가 된 것 같아 별로 좋은 유형의
문제가 아닌 것 같다.

12

난도 하

정답해설

③ 필수생활비= 주거비+식비+의복비이다. 주거비가 40만 원 이하인 가구는
A, B, C이며

A : 주거비=30, 식비=90, 필수생활비=?

B : 주거비=30, 식비=60, 필수생활비=100, 따라서 의복비=10

C : 주거비=40, 식비=70, 필수생활비=140, 따라서 의복비=30

A는 그림 2의 5개 ( )구간 중 하나이며 그중 가장 필수생활비가 작은 것은
130만 원이다.

따라서 A의 필수생활비를 130만 원이라 하더라도 그 때 의복비는 10만 원이다.
필수생활비가 올라가면 주거비와 식비는 고정되어 있으므로 의복비가 올라간
다. 따라서 주거비가 40만 원 이하인 가구의 의복비는 각각 10만원 이상이다.

오답해설

① A가구의 의복비가 10만 원일 때(최소치) 같고 나머지 경우는 A가구의 의복
비가 더 많다.

② J는 주거비 70, 식비 100, 필수생활 170, 따라서 의복비 0이며, I는 주거비
60, 식비 70, 필수생활 130이므로 의복비 0이다. 따라서 의복비가 0원인
가구는 1곳이다는 틀린 지문이다.

④ 식비 하위 3개인 가구는 B, G, L이며 의복비는 각각 10, 10, 30이다. 따라서
의복비의 합은 50이다.

⑤ 식비가 80인 가구는 F, H, K이며 이때 K는 식비 80, 주거비 70이므로 의복비
를 제외한 합이 150만 원이므로 K의 필수생활비가 130만 원이라는 것은 틀
린 지문이다.

13

난도 중

정답해설

ㄱ. (ㅇ) 이륙 중에 인적오류로 추락한 항공기 수는 55대이고(1블록을 비행기 1대로 계산한다) 착륙 중에 원인불명으로 추락한 항공기 수는 4.5대이므로 12배(54대) 이상이다.

ㄹ. (ㅇ) 기계결함으로 추락한 항공기 수는 이륙중, 비행 중, 착륙 중 기계결함으로 추락한 경우로 각각 3×5+5×5+3=43대이며 이는 전체 추락사고 발생건수 200대 중 20% 이상이다.

오답해설

ㄴ. (×) 비행 중에 원인불명으로 추락한 항공기 수는 10.5대이고 착륙 중에 기계결함으로 추락한 항공기 수 10.5대와 같다.

ㄷ. (×) 비행 중에 인적오류로 추락한 항공기 수는 8×3+4=28대이므로 이륙 중에 기계결함으로 추락한 항공기 수는 5×5=25대 보다 3대 많다.

14

난도 중

정답해설

ㄱ. (ㅇ) 비행에 적합한 날은 총 6일이다(하단 그림의 날짜 참조).

〈표〉 기상상황과 드론 비행 및 촬영 허가신청 결과

구분 날짜	기상상황			허가신청 결과	
항목	지자기지수	풍속(m/s)	날씨	비행	촬영
3월 1일	1	3	🌧	불허	불허
3월 2일	2	2	☀	불허	불허
3월 3일	3	3	☁	허가	허가
3월 4일	4	1	🌧	허가	허가
3월 5일	5	7	☁	허가	허가
3월 6일	5	12	☁	허가	허가
3월 7일	5	5	☀	허가	허가
3월 8일	4	3	☀	허가	허가
3월 9일	6	6	☀	허가	허가
3월 10일	3	4	☁	허가	불허
3월 11일	4	3	☁	허가	불허
3월 12일	2	2	☀	허가	허가
3월 13일	2	13	☀	허가	허가
3월 14일	3	5	🌧	허가	허가
3월 15일	1	3	☀	허가	허가

ㄷ. (ㅇ) 항공촬영에 적합한 기준은 비행 및 촬영 허가 기준을 모두 충족하고 허가신청결과가 모두 허가인 때이다. 기상상황 항목별 드론 비행 및 촬영 기준을 동시에 만족하려면 지자기지수는 5 미만이어야 하고 풍속은 5 미만이어야 한다. 해당 기준을 만족시키는 경우를 살펴보면 다음과 같다(하단 그림의 날짜 참조).

〈표〉 기상상황과 드론 비행 및 촬영 허가신청 결과

구분 날짜	기상상황			허가신청 결과	
항목	지자기지수	풍속(m/s)	날씨	비행	촬영
3월 1일	1	3	🌧	불허	불허
3월 2일	2	2	☀	불허	불허
3월 3일	3	3	☁	허가	허가
3월 4일	4	1	🌧	허가	허가
3월 5일	5	7	☁	허가	허가
3월 6일	5	12	☁	허가	허가
3월 7일	5	5	☀	허가	허가
3월 8일	4	3	☀	허가	허가
3월 9일	6	6	☀	허가	허가
3월 10일	3	4	☁	허가	불허
3월 11일	4	3	☁	허가	불허
3월 12일	2	2	☀	허가	허가
3월 13일	2	13	☀	허가	허가
3월 14일	3	5	🌧	허가	허가
3월 15일	1	3	☀	허가	허가

오답해설

ㄴ. (×) 촬영에 적합한 날은 총 4일이다(하단 그림의 날짜 참조).

〈표〉 기상상황과 드론 비행 및 촬영 허가신청 결과

구분 날짜	기상상황			허가신청 결과	
항목	지자기지수	풍속(m/s)	날씨	비행	촬영
3월 1일	1	3	🌧	불허	불허
3월 2일	2	2	☀	불허	불허
3월 3일	3	3	☁	허가	허가
3월 4일	4	1	🌧	허가	허가
3월 5일	5	7	☁	허가	허가
3월 6일	5	12	☁	허가	허가
3월 7일	5	5	☀	허가	허가
3월 8일	4	3	☀	허가	허가

3월 9일	6	6	☀	허가	허가
3월 10일	3	4	☁	허가	불허
3월 11일	4	3	☁	허가	불허
3월 12일	2	2	☀	허가	허가
3월 13일	2	13	☀	허가	허가
3월 14일	3	5	🌧	허가	허가
3월 15일	1	3	☀	허가	허가

$$50 = \frac{(x-20)}{x} \times 100$$

$$50x = 100x - 2000$$

$$50x = 2000$$

$$\therefore x = 40$$

E의 임도길이는

$$40 = \frac{(x-60)}{x} \times 100$$

$$40x = 100x - 6000$$

$$60x = 6000$$

$$\therefore x = 100$$

따라서 가장 넓은 산림경영단지는 A다.

15

정답 ①

[난도] 중

[정답해설]

④ 임도 밀도 = $\dfrac{\text{임도 길이}}{\text{산림경영단지 면적}}$ 이므로 산림경영단지 면적 = $\dfrac{\text{임도 길이}}{\text{임도 밀도}}$ 이다.

구분\\산림경영단지	작업임도비율	간선임도길이	임도 밀도 (a)	임도 길이 (b)	산림 경영단지 면적 ($\frac{b}{a}$)
A	30	70	15	100	약 6.6
B	20	40	10	50	5
C	30	35	20	50	2.5
D	50	20	10	40	4
E	40	60	20	100	5

조건식을 정리하면,
- 임도 길이 = 작업임도 길이 + 간선임도 길이
- 작업임도 길이 = 임도 길이 – 간선임도 길이
- 산림경영단지 면적 = $\dfrac{\text{임도 길이}}{\text{임도 밀도}}$ 이다.

임도 길이를 x라고 할 때 A의 작업임도 비율은 $30 = \dfrac{(x-70)}{x} \times 1000$이므로

$$30x = (x-70) \times 100$$

$$30x = 100x - 7000$$

$$70x = 7000$$

$$\therefore x = 100$$

따라서 A의 임도길이는 100이다. 같은 방식으로 B, C, D의 임도길이를 구하면 B의 임도길이는

$$20 = \frac{(x-40)}{x} \times 100$$

$$20x = 100x - 4000$$

$$80x = 4000$$

$$\therefore x = 50$$

C의 임도길이는

$$30 = \frac{(x-35)}{x} \times 100$$

$$30x = 100x - 3500$$

$$70x = 3500$$

$$\therefore x = 50$$

D의 임도길이는

16

정답 ②

[난도] 하

[정답해설]

괄호 안을 채워보면 다음과 같다.

〈표〉 '갑'국 국회의원선거의 당선자 수

(단위 : 명)

정당\\권역	A	B	C	D	E	합
가	48	(9)	0	1	7	65
나	2	(3)	(23)	0	0	(28)
기타	55	98	2	1	4	160
전체	105	110	25	2	11	253

※ '갑'국의 정당은 A~E만 존재함

ㄱ. (ㅇ) E 정당 전체 당선자 중 가권역 당선자가 차지하는 비중은 60% 이상이다. E 정당은 전체 11명이 당선되었고 그 중 가권역에서는 7명이 당선되었으므로 $\dfrac{7}{11} \times 100 = 63.6\%$, 따라서 60% 이상이다.

ㄷ. (ㅇ) C 정당 전체 당선자 중 나권역 당선자가 차지하는 비중은 $\dfrac{23}{25} \times 100 = 920$이고 A 정당 전체 당선자 중 가권역 당선자가 차지하는 비중은 $\dfrac{48}{105} \times 100 = 45.7$이므로 2배 이상이다(예 45.7보다 큰 46의 2배가 920이므로 46보다 작은 45.7의 두 배는 92보다 작다).

[오답해설]

ㄴ. (×) 가권역의 당선자 수의 합은 65이고 나권역의 당선자 수의 합은 28이므로 당선자 수의 합은 가권역이 나권역의 3배 미만이다.

ㄹ. (×) B 정당의 당선자 수 중 나권역은 3명이고 가권역은 9명이므로 가권역이 더 많다.

17 정답 ⑤

난도 중

정답해설

이런 유형의 문제는 전부 순서대로 풀다 보면 시간만 소요된다. 따라서 가장 간단하게 확인할 수 있는 지문부터 파악하는 연습을 해야 한다. ①, ②, ④는 여러 변수를 계산해야 하므로 좀 더 쉽게 풀릴 수 있는 ③, ⑤번부터 검토한다. ③은 한눈에 확인이 가능(영역별 국가 순위가 28이 가장 큰 수이다)하며 옳은 지문이다. ⑤는 두 번만 계산하면 되고 틀린 지문임을 알 수 있다. 나머지 보기는 시간만 소모되므로 풀지 않는 것이 원칙이다. 이하에서는 풀이상 전부 계산을 해놓았지만 실제 시험에서 이런 식으로 일일이 계산하다가는 모든 문제를 풀 수 없다.

⑤ 일본의 활용 영역 원점수는 57.2(가중치 반영점수는 14.3)이고 중국의 '활용' 영역 원점수인 73.6(가중치 반영 점수는 18.4)로 변경되는 경우 가중치 반영 총점은 4.1점 높아져 45.58점이 되며 종전 1위, 2위의 점수보다는 낮고 종전 3위인 점수보다는 높으므로 일본의 국가별 종합수위는 종전과 같다.

오답해설

① 한국의 종합순위는 10위이며 성과영역 원점수는 6.70이고 이것의 8배는 53.6이다. 성과영역 2위인 미국의 성과영역 원점수는 54.80이므로 성과영역 1위는 종합순위 10위안에 없다. 따라서 "종합순위가 한국보다 낮은 국가 중에 성과 영역 원점수가 한국의 8배 이상인 국가가 있다."는 옳은 진술이다.

② 계산해보면 다음과 같다.

순위	4	5	8	9	10
국가	호주	캐나다	프랑스	핀란드	한국
종합점수	40.68	38.68	37.03	36.71	36.59

③ 각 영역별 순위가 가장 낮은 국가의 순위는 28위이므로 소프트웨어 경쟁력 평가대상 국가는 28개국 이상이다.

④ 한국의 혁신 영역점수는 41.5×0.25=10.375, 환경 영역점수는 62.9×0.15 =9.435, 인력 영역점수는 27.5×0.20=5.5, 성과 영역점수는 6.7×0.15= 1.005, 활용 영역점수는 41.1×0.25=10.2750이다. 따라서 혁신 영역 점수가 가장 높다.

18 정답 ⑤

난도 중

정답해설

⑤ 피해밀도 = $\dfrac{피해액}{행정면적}$ 이다.

G의 피해액은 1인당 피해액×인구 수=36,199×1,604,432=58,078,833,968(정확히 계산하지 말고 어림산하면 36,000×1,600,000=58,600,000,0000이다)

구분\지역	피해액(천 원) A	행정면적(km²) B	피해밀도 ($\dfrac{A}{B}$)	인구(명)	1인당 피해액(원)
전국	187,282,994	100,387	1,870	51,778,544	3,617
A	2,898,417	1,063	2,898	2,948,542	983
B	2,883,752	10,183	288	12,873,895	224
C	3,475,055	10,540	347	3,380,404	1,028
D	7,121,830	16,875	7,121	1,510,142	4,716
E	24,482,562	8,226	3,000	2,116,770	11,566
F	86,648,708	19,031	4,520	2,691,706	32,191
G	(58,078,833,968)	7,407	7,800	1,604,432	36,199

피해밀도가 가장 낮은 것은 B이다. 정확하게 계산하려면 시간이 많이 걸리므로 어림산한다.

예 A지역 피해액은 원래 2,898,417인데 이를 2,898,000으로 보고 행정면적은 1,063인데 이를 1,000으로 보면 피해밀도 = $\dfrac{A}{B}$ =2.898이다. 이런 식으로 어림산 해야 한다(이하 동일).

오답해설

① '피해액=인구×1인당 피해액'다. 따라서 G지역의 피해액은 1,604,432×36,199 =58,078,833,968원이며 전국피해액이 187,282,994천 원이므로, G지역의 피해액은 전국 피해액의 $\dfrac{58,079}{187,283}$×100≒31.01%이므로 35% 이하이다.

② 주요 7개 지역을 합친 지역의 인구는 27,125,891명. 피해액은 185,589,158(천 원)이므로 1인당 피해액은 약 6,842원이며 나머지 전체 지역의 인구는 51,778,544−27,125,891=24,652,653명이고 피해액은 187,282,994−185,589,158=1,693,836(천 원)이므로, 1인당 피해액은 68원이다. 따라서 '주요 7개 지역을 합친 지역의 1인당 피해액은 나머지 전체 지역의 1인당 피해액보다 크다.'는 옳다.

③ D지역과 F지역을 합친 지역의 인구 수는 1,510,142+2,691,706=4,201,848명이고, 피해액은 7,121,830+86,648,708=93,770,538(천 원)이므로 1인당 피해액은 22,316원이다. 따라서 전국 1인당 피해액의 5배는 3,617×5= 18,085원이므로 옳다.

④ 피해밀도는 A지역이 $\dfrac{2,898,417}{1,603}$≒2,727이고, B지역이 $\dfrac{2,883,752}{10,183}$≒283이다. B지역의 9배는 2,547이므로 옳은 지문이다.

합격자의 SKILL

이런 유형의 문제는 시간을 줄이기 위해 가장 계산량이 적은 것을 먼저 판별해보고 우선 찾아 풀이하는게 관건이다. ②의 경우가 계산이 많으므로 가장 나중에 검토하자. ④, ⑤는 결국 피해밀도를 구해야 진위판별이 가능하므로 동시에 해결할 수 있다. G의 피해밀도를 구하려면 결국 G의 피해액을 구해야 함을 알 수 있다. 전반적으로 어찌되었던 세부적인 계산(어림산 포함)해야 답을 맞힐 수 있는 문제로 제한된 시간에 정답을 찾는 것이 곤란한 유형이다.

난도 하

정답해설

〈표〉 철근강도 평가 샘플 수 및 합격률 (단위 : 개, %)

구분 \ 종류	SD400	SD500	SD600	전체
샘플 수	35	(x) 40개	25	( )
평가항목별 합격률 — 항복강도	100.0 (35)개	95.0(y) 38개	92.0 (23)개	96.0
평가항목별 합격률 — 인장강도	100.0 (35)개	100.0 (x)	88.0 (22)개	( )
최종 합격률	100.0	(95) 38개	84.0 (21)개	( )

SD500의 샘플수를 x라고 하고 SD500 중 항복강도에 합격한 샘플 수를 y라고 하면

SD500의 항복강도는 $95 = \dfrac{y}{x} \times 100$이며 따라서 $y = 0.95x$이다.

전체 항복강도는 $\dfrac{(35 + y + 23)}{(35 + x + 25)}$이다.

$(58 + y) = 0.96(60 + x)$

$y = 0.96 \times 60 + 0.96x - 58$

$0.95x = 0.96x + 0.96 \times 60 - 58$

$0.01x = 58 - 57.6 = 0.4$

$\therefore x = 40$

따라서 y는 38이다.

⑤ x, y값이 결정되면 SD500의 최종합격률을 구할 수 있다. 최종합격률은 둘 다 합격한 경우여야 하므로 95%(23개)이다. 따라서 최종불합격한 샘플 수는 2개이며 '항복강도 평가에서 불합격한 SD600 샘플 수는 2개이고 이는 최종 불합격한 SD500 샘플 수와 같다.'는 옳은 지문이다.

오답해설

① SD500 샘플 수는 40개이다(상기설명참고).

② 인장강도에서 합격한 샘플은 22개이고 항복강도에서 합격한 샘플은 23개이다. 인장강도에서 합격한 샘플 모두가 항복강도에서 합격했다고 볼 수 없다.

③ 항복강도 평가에서 합격한 SD500 샘플 수는 38개이므로 불합격한 샘플 수는 2개이다(상기설명참고).

④ 최종 불합격한 샘플 수는 SD500은 2개, SD600은 4개로 총 6개이다.

난도 하

정답해설

ㄱ. (○) 2015년 와인 생산량 상위 8개국 중 와인 소비량이 생산량보다 많은 국가는 미국 1개이다.

ㄴ. (○) 2015년 전체생산량이 21,335이므로(단위 생략) 그 10%인 2133를 더하면 23,468이다. 30,000의 75%는 22,500이다. 따라서 74.9%는 22,500보다는 작다. 2015년 8개국의 생산량이 10% 증가했다면 증가된 생산량은 23,468이며 이는 22,500보다는 크므로 '2015년 와인 생산량 상위 8개국만 와인 생산량이 각각 10%씩 증가했다면, 전체생산량은 30,000 이상이다.'가 옳은 지문임을 알 수 있다.

ㄷ. (○) 2015년 중국 와인 소비량은 1,600이다. 2015년 미국의 와인생산량은 2975였고 이는 전체 생산량의 10.4%이다. 따라서 약 297이 전체 생산량의 1% 정도이다. 1600을 297로 나눈 값은 5.x이므로 1600은 전체 생산량의 약 5.x%이므로 6% 미만이다.

오답해설

ㄹ. (×) 2013년 스페인 와인 생산량 x라고 하면,

2015년 스페인 와인 생산량은

$3,720 = x - 0.18x$

$0.82x = 3,720$

$x = 4,536$ 이고,

2013년 영국 와인소비량을 y라고 하면,

2015년 영국 와인소비량은

$1,290 = y + 0.016y$

$1.016y = 1,290$

$y = 1,269$ 이다.

1,269의 3배는 3,807이며, 따라서 2013년 스페인 와인 생산량은 같은 해 영국 와인 소비량의 3배 보다 많다.

난도 중

정답해설

이 문제는 각 단계별 소요비용을 일일이 계산하다가는 시간만 소모하게 된다. 따라서 소거법으로 푸는 것이 원칙이다. 일단 가장 짧은 루틴을 가지는 경우가 처리비용이 가장 작다. 사안에서 A와 E의 경우는 모두 오염도가 10 이상이므로 처리단계가 1번씩이며 최소비용 5원이 든다. 따라서 비용이 가장 적은 제품은 A 또는 E인데 이를 만족하는 보기는 ①, ②이다. 따라서 B와 C의 비용만 비교하면 해결된다. B, C의 처리비용 역시 많은 단계를 거치는 쪽만 판단하면 되고 일일이 계산하지 않아도 어느 쪽이 큰지 알 수 있다.

B는 오염(2), 강도(3), 치수(3), 세척(1), 열가공(2), 치수확대기계가공(2) 이고,

C는 오염(1), 강도(1), 치수(4), 치수확대기계가공(3) 이다.

양자 중 중복요소를 제거해보면,

B는 오염(1), 강도(2), 세척(1), 열가공(2)=5+20+5+100이다.

C는 치수(1), 치수확대기계가공(1)=2+20=220이다.

따라서 B가 압도적으로 크다.

> **합격자의** SKILL
>
> A의 측정 및 가공공정을 보면
> A는 오염도 120이므로 오염도 한 번 체크 후 폐기된다. 따라서 비용은 50이다.
> B는 오염도 60이므로 [오염도 체크]5 → [세척1회, 오염도5]5 → [오염도측정]5 → [강도측정]10 → [열가공1회, 강도 9]50 → [강도측정]10 → [열가공1회, 강도10]50 → [강도측정]10 → [치수측정]2 → [기계가공1, 9]20 → [치수측정]2 → [기계가공 1회, 10]20 → [치수측정]2=1910이다.
> C는 오염도 50이므로 [오염도측정]5 → [강도측정]10 → [치수측정]2 → [기계가공확대, 8]20 → [치수측정]2 → [기계가공확대, 9]20 → [치수측정]2 → [기계가공확대, 10]20 → [치수측정]2 → 재사용
> 따라서 830이다.
> D는 오염도가 50이므로 [오염도측정]5 → [강도측정, 강도3]5 → 폐기, 따라서 100이다.
> E는 오염도가 100이므로 [오염도측정] → 폐기, 따라서 50이다.

난도 중

정답해설

A : 영업이익은 표에서 선용품공급업이 3,471억으로 가장 많음을 알 수 있다.

B : 영업이익율을 공식에 따라 구하면 하역업의 영업이익률은 $\frac{2,442}{15,298} \times 100$ 이므로 10% 이상임을 쉽게 알 수 있다.

〈표〉 2017년 부산항 해운항만산업 사업실적

(단위 : 억 원, 개)

구분 업종	매출액	영업비용	영업이익	사업체 수
여객운송업	957	901	56	18
화물운송업	58,279	56,839	1,440	359
대리중개업	62,276	59,618	2,658	1,689
창고업	14,480	13,574	906	166
하역업	15,298	12,856	2,442	65
항만부대업	14,225	13,251	974	323
선용품공급업	58,329	54,858	3,471	1,413
수리업	8,275	7,493	782	478
전체	232,119	219,390	12,729	4,511

※ 영업이익률(%)= $\dfrac{영업이익}{매출액} \times 100$

C : 사업체당 매출액이 부산항 해운항만산업 전체의 사업체당 매출액보다 적다고 했으므로 51억보다 매출액이 적어야 한다. 또 사업체당 영업이익은 3억 원을 초과해야 한다.

구분 업종	매출액 (A)	영업이익 (B)	사업체당 영업이익 $\left(\frac{B}{C}\right)$ 3초과	사업체당 매출액 $\left(\frac{A}{C}\right)$ 51보다 작은것	사업체 수 (C)
여객운송업	957	56	3.x	53.x	18
화물운송업	58,279	1,440	3.x	162.x	359
대리중개업	62,276	2,658	1.x		1,689
창고업	14,480	906	5.x		166
하역업	15,298	2,442	30배 이상		65
항만부대업	14,225	974	3.x	44.x	323
선용품공급업	58,329	3,471	2.x		1,413
수리업	8,275	782	1.x		478
전체	232,119	12,729			4,511

따라서 C에 들어갈 것은 항만부대업이다.

D : 사업체당 영업비용과 매출액이 가장 작은 것으로 '수리업'에 해당한다.

따라서 A는 선용품공급업(1,413), B는 하역업(65), C는 항만부대업(323), D는 수리업(478)이며 총합은 2,279이다.

23

정답 ③

난도 하

정답해설

③ 2003년 교통사고 건수는 426,984건이고 교통사고 사망자 수는 10,246명이다. 인구 10만 명당 교통사고 사망자 수는 21.8이다. 이 자료를 바탕으로 2003년 인구 수를 구해보면,

$$\frac{교통사고사망자 \ 수}{전체인구 \ 수(x)} \times 100,000 = 21.8$$

$$x = \frac{10,246 \times 1,000,000}{218} = 47 \times 1,000,000 = 47,000,000$$

2003년 전체인구수는 4천700만 명이다.

2019년 교통사고건수는 331,500건이다. 인구 10만명 당 사망자 수는 8.4명이고 교통사고 사망자 수는 4,284명이다. 위의 방법으로 2019년 전체인구수를 구하면,

$$x = \frac{4,284 \times 100,000}{8.4} = \frac{4,284 \times 10,000.00}{84} = 51 \times 1,000,000 = 5천 100만$$

2019년 전체인구는 5천 100만 명이다.

인구 만명 당 교통사고건 수는

$$\frac{331,500건}{5,100만 \ 명} = 65건수/만 \ 명$$

따라서 인구 만명 당 65건이다.

24

정답 ③

난도 하

정답해설

ㄱ. (ㅇ) '2017년 한국은 중국을 밀어내고 수주량 1위를 차지했는데, 이는 2012년 중국에 1위 자리를 내어준 후 6년 만이다.'에서 2010~2017년 세계 조선업 수주량의 국가별 점유율이 추가로 필요함을 알 수 있다.

ㄹ. (ㅇ) '2017년 국내 대형 조선사는 해양플랜트 수주량 증가에 힘입어 실적이 개선되고 있다. 그러나 국내 중소형 주선사는 여전히 부진에서 벗어나지 못하고 있으며 국내 조선기자재업체의 실적 회복도 어려울 것으로 전망된다.'에서 2010~2017년 국내 조선사 규모별 해양플랜트 수주량에 대한 정보가 추가로 필요함을 알 수 있다.

오답해설

ㄴ. (×) 2014~2016년 국내 조선업 건조량은 표1을 통해 계산할 수 있다.

ㄷ. (×) 2014~2016년 중국 조선기자재업체 실적 보고서에 언급되지 않고 있다.

25

정답 ②

난도 중

정답해설

ㄴ. (ㅇ) 2014년 대비 2015년은 220만톤 감소했으므로 −20% 정도 되고 2015년 대비 2016년은 840만톤 감소하여 약 80% 감소했고 2016년 대비 2017년은 약 400만톤 증가했고 이는 약 200% 증가한 것이므로 2014년 이후 국내 조선업 수주량의 전년대비 증감률이 가장 큰 해는 2017년이다.

ㄷ. (ㅇ) 2014년 이자보상배율이 1 미만인 중형업체 수는 전체 35개 중 25.7%이고 9개 업체이다.(소수점 둘째 자리 반올림) 이 시기 대형 업체는 3개이므로 2014년 이자보상배율이 1 미만인 국내 조선기자재업체 수는 중형이 대형의 3배이다.

오답해설

ㄱ. (×) '해당연도 국내 조선업 건조량＝전년도 수주잔량＋해당연도 수주량−해당연도 수주잔량'이므로

연도 \ 구분	수주량	수주잔량	건조량
2014	1,286	3,302	①
2015	1,066	3,164	②
2016	221	2,043	③
2017	619	1,761	④

① 2013 수주잔량＋1,286−3,302＝?

② 3,302＋1,066−3,164＝1,204

③ 3,164＋221−2,043＝1,342

④ 2,043＋619−1,761＝901

2016년 건조량은 1,342이나 2015년 건조량 1,204나 2017년 건조량 901보다 크므로 2014년 건조량을 구하지 않더라도 '2014~2016년 중 국내 조선업 건조량이 가장 적은 해는 2016년이다.'는 틀린 진술임을 알 수 있다.

ㄹ. (×) 이자보상배율이 1 미만인 국내 조선기자재업체 개수의 크기를 비교하는 것임에 주의해야 한다. 비율의 증감폭을 비교하는 것은 표2를 통해 바로 알 수 있지만 증감 업체의 수를 비교해야 하므로 계산해보면(계산을 정확하게 할 필요는 없으므로 소수 이하 단수를 정리하고 대략적인 계산을 한다)

대형업체의 경우 2015년 전체 20개 업체 중 20%에서 2016년 25%로 증가했고 20개의 20%는 4개이며 25%는 5개이므로 1개 업체가 증가했다.

중형업체의 경우 35개의 17.1%는 35×0.17＝5.95, 35개의 34.3%는 35×0.34＝11.9 약 6개 증가했다.

소형업체의 경우 96개의 19.8%는 96×0.2＝19.2, 96개의 38.5%는 96×0.38＝36.4로 약 16개 증가했다.

따라서 이자보상배율이 1 미만인 국내 조선기자재업체 수의 2015년 대비 2016년 증감폭이 가장 큰 기업규모는 소형이다.

7급 PSAT 기본이론 및 문제편

자료해석 기본이론

PSAT

Public Service Aptitude Test

자료해석

자료해석
기본이론

01

What is 자료해석

1 영역의 정의

- 자료해석 영역은 자료를 수집하고 분석하며 이를 정리하고 이 결과로부터 정보를 추론해 낼 수 있는 능력을 측정한다.
- 자료해석 능력은 일반적 학습능력에 속하는 것으로 수치, 도표, 또는 그림으로 되어 있는 자료를 정리할 수 있는 기초통계능력, 수 처리 능력, 수학적 추리력 등이 포함되며 수치자료의 정리 및 분석 등의 업무수행에 필수적인 능력이다.
- 자료해석 영역에서 요구하는 수치자료를 처리할 수 있는 능력은 언어 능력과 더불어 일반 적성을 구성하고 있는 주요영역으로 대부분의 학업 적성검사와 직무 적성검사에 포함되어 있다. 그러나 PSAT의 자료해석 영역은 일반 적성검사보다 좀 더 복잡한 수준의 문제가 출제된다.

2 문항 구성의 소재

1. 출제 가능 분야

자료해석 영역에서 출제할 수 있는 문항의 소재는 분야가 제한되어 있지 않다. 따라서 모든 분야에서 사용되는 자료들이 출제의 대상이 된다. 예를 들어 '경제, 경영, 심리, 교육학'과 같은 사회과학에서부터 '물리, 화학, 생물, 천문학'과 같은 자연과학 분야, 시사적 자료 등에 이르기까지 다양한 소재가 사용되고 있다.

2. 각종 지표와 지수

자료해석 영역에서는 다양한 분야의 지표(GDP, 기업재고, 실업급여 청구율, 시청률 등) 또는 지수(주가지수, 지능지수, 소비자 평가지수 등)를 이용한 문제 외에도 통계치(빈도, 백분율, 상관계수 등)를 이용한 문제도 출제되고 있다. 그러나 지수나 지표 혹은 통계치 그 자체의 개념이나 정의를 묻는 문제는 출제되지 않는다.

3. 자료의 원천

- 정부(외국정부)에서 발표하는 모든 통계표 및 도표
- 국제기구에서 발표하는 통계표 및 도표
- 비정부기구(NGO)에서 발표되는 통계표 및 도표
- 신문이나 방송에 보도되는 조사 결과 및 도표
- 다양한 분야의 논문에서 발표되는 자료 및 도표
- 출제자가 문제를 위하여 구성한 가상적 자료

이상의 자료 이외에 다른 분야의 자료들도 문항 출제의 소재로 사용된다. 이처럼 다양한 영역의 자료에서 출제되는 것은 특정분야의 자료를 익히는 방식으로 수험준비가 이루어지는 것을 방지하는 한편 자료를 비판적으로 읽는 능력을 함양하기 위함이다.

3 평가항목의 주요내용

다음은 자료해석 영역에서 수험생이 알아야 할 평가항목의 일반적인 특성을 진술한 것이다. 그러나 주의해야 할 점은 여기서 제시한 평가항목은 편의상 분류해 놓은 것이며 실제로 출제되는 문제는 여러 항목에서 요구되는 능력을 조합해야 해결할 수 있다.

평가항목	측정내용
이해	• 이해는 의사전달의 내용이나 자료, 기호의 의미를 다른 소재와 관련짓지 않고도 파악할 수 있는 능력을 말한다. • 예를 들어 도표를 보고 이것을 언어적인 형태로 표현하거나 도표 속의 내용을 말로 옮길 수 있는 능력 그리고 주어진 자료의 흐름을 알 수 있는 능력들이 여기에 속한다.
적용	• 주어진 개념이나 방법, 절차, 원리, 법칙 그리고 일반화된 방법 등을 특수한 장면이나 구체적 장면에 사용할 수 있는 능력을 말한다. • 예를 들어 법칙과 원리를 적용하여 문제를 해결하거나, 도표나 그래프를 작성하는 문제 그리고 자료수집의 방법과 절차를 바르게 사용하는 것이 이에 속한다.
분석	• 주어진 자료를 구성요소로 분해하고 그 구성요소 간의 관계와 그것이 조직되어 있는 원리를 발견하는 능력을 말한다. 또한 자료에 나타난 외적인 현상 밑에 잠재되어 있는 아이디어 혹은 조직을 찾아내는 능력이다. • 자료에서 가설과 증거 사이의 관계, 부분과 부분 사이의 관계, 결론을 지지하는 증거를 찾아내는 능력, 관계있는 자료와 관계없는 자료를 식별하는 능력 등이 분석력에 해당한다.
종합평가	• 여러 개의 요소나 부분을 결합하여 하나의 새로운 전체를 구성하는 능력 및 주어진 결론을 도출하기 위한 절차를 판단하고, 자료를 통합하여 주장하는 바를 검증하는 능력이 여기에 포함된다. • 주어진 기준에 비추어 자료에서 얻어진 주장이나 결론 자체를 평가할 뿐만 아니라 그러한 주장이나 결론이 도출되는 과정 역시 평가하게 된다.

4 학습방법

1. 불특정 과목과 학문분야

자료해석 영역은 종래의 과목별 평가와 달리 특정한 과목이나 학문분야가 없다. 따라서 다른 시험과 달리 효과적인 수험방법을 과목별로 일목요연하게 제시하기 힘들다. 그러나 아래의 항목별 기본 학습방법을 참작하여 준비한다면 시험을 치르는 데 상당히 도움이 될 것이다.

2. 통계적 개념에 대한 이해

자료해석 영역의 문제해결에는 수치, 표, 그래프 그리고 통계치에 대한 이해와 분석능력이 요구되기 때문에 이러한 것들에 익숙한 사람은 문제해결이 용이할 수 있다. 그렇다고 통계학 자체에 대한 심도 깊은 공부를 할 필요는 없지만, 통계적 개념을 갖추고, 수치, 도표, 통계자료 등에 관심을 기울이고 익숙해지려는 노력은 필요하다.

• 평소 정부에서 발표되는 자료나 언론매체에서 보도되는 자료들을 주의 깊게 살펴보고, 이러한 자료를 비판적으로 이해하여 분석하고 평가하는 습관을 기를 필요가 있다. 이를 통하여 정보를 추출하는 능력과 언론매체에서 내린 결론이나 해석의 타당성을 판단하는 능력을 키워나가야 한다.

• 제대로 작성된 논문이나 보고서에서 다양한 수치자료 및 표 그리고 그래프를 어떤 방식으로 해석하고 있는지 잘 살펴보는 것도 도움이 된다.

3. 문제해결에 필요한 계산

자료에서 주어진 조건대로 자료를 직접 계산하고 조작하여 비율이나 백분율의 산출 등 문제를 해결하는 데 필요한 값을 얻어낼 수 있는 훈련을 하여야 한다. 이때 제시된 자료를 모두 계산하기보다는 자료 내에서 각 부분 간의 관계를 파악하고 이에 맞는 규칙을 도출하는 능력을 길러야 한다.

4. 자료의 의도파악

복잡한 표나 그래프에서 원래 나타내고자 하는 의도 또는 핵심을 명확하게 파악하는 능력을 기르는 것이 좋다.

- 주어진 자료를 요약하여 표현할 수 있는 훈련이 필요하며, 자신의 주장을 뒷받침하기 위하여 자료를 어떻게 이용할지 훈련하는 것이 필요하다.
- 나아가 자료가 의미하는 바를 정확하게 기술하거나 또는 다른 형태로 기술할 수 있는 훈련, 자료가 가진 전체적인 경향을 읽어내는 훈련, 그리고 주어진 자료와 조건을 바탕으로 추정할 수 있는 상황을 예측해보고 이 예측의 타당성을 평가하는 훈련을 하는 것이 좋다.

5. 폭넓은 독서

대학 교양 수준의 폭넓은 독서와 다양한 분야에 대한 관심이 문제해결에 도움이 될 수 있다. 따라서 수험생들은 대학에서 이루어지는 교육과정을 충실히 따르고 이에 상응하는 다양한 분야의 상식을 가지려는 노력이 필요하다.

5 참고사항

- 대개 대학 교양 수준을 넘는 전문용어 및 개념이 사용된 문제의 경우 각주 등을 이용한 적절한 풀이와 함께 출제된다.
- PSAT 문제풀이 시 계산기를 사용할 수 없다.

02

Check!

정부 예시문제 파헤치기

정부 예시문제 01

다음 〈표〉는 '갑' 박물관 이용자를 대상으로 12개 평가항목에 대해 항목별 중요도와 만족도를 조사한 결과이다. 이를 바탕으로 평가항목을 〈그림〉과 같이 4가지 영역으로 분류할 때, 이에 대한 설명으로 옳은 것은?

〈표〉 평가항목별 중요도와 만족도 조사결과

(단위 : 점)

구분 평가항목	중요도	만족도
홈페이지	4.45	4.51
안내 직원	( )	4.23
안내 자료	4.39	4.13
안내 시설물	4.32	4.42
전시공간 규모	4.33	4.19
전시공간 환경	4.46	4.38
전시물 수	4.68	4.74
전시물 다양성	4.59	4.43
전시물 설명문	4.34	4.44
기획 프로그램	4.12	4.41
휴게 시설	4.18	4.39
교통 및 주차	4.29	4.17
평균	4.35	4.37

〈그림〉 중요도와 만족도에 따른 평가항목 영역 분류

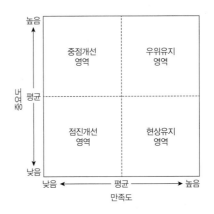

① '안내 직원'의 중요도는 중요도 평균보다 높다.
② '교통 및 주차'는 '현상유지 영역'으로 분류된다.
③ '점진개선 영역'으로 분류되는 항목은 2개이다.
④ '우위유지 영역'으로 분류되는 항목의 수는 '현상유지 영역'으로 분류되는 항목의 수와 같다.
⑤ '중점개선 영역'으로 분류된 항목은 없다.

정답해설

④ '우위유지 영역'으로 분류되는 항목은 4개(홈페이지, 전시공간 환경, 전시물 수, 전시물 다양성)이며, '현상유지 영역'으로 분류되는 항목 역시 4개(안내 시설물, 전시물 설명문, 기획 프로그램, 휴게 시설)이므로 옳은 내용이다.

오답해설

① '안내 직원'의 중요도를 직접 구하기보다는 평균과의 편차를 이용해 구해보자. 중요도의 평균(4.35점)과 '안내 직원'을 제외한 나머지 항목들의 편차를 모두 더하면 +0.30으로 계산되므로 '안내 직원'의 중요도와 평균과의 편차는 −0.30이 되어야 한다. 그러나 '안내 직원'의 중요도는 4.05점으로 평균보다 낮으므로 옳지 않은 내용이다.
② '교통 및 주차'의 중요도는 4.29점, 만족도는 4.17점으로 모두 각각의 평균보다 낮으므로 '점진개선 영역'으로 분류된다. 따라서 옳지 않은 내용이다.
③ '점진개선 영역'으로 분류되는 것은 중요도와 만족도 모두가 각각의 평균보다 낮은 것들인데 〈표〉에 의하면 '안내 직원', '전시공간 규모', '교통 및 주차'의 3개가 이에 해당하므로 옳지 않은 내용이다.
⑤ '중점개선 영역'으로 분류되는 것은 중요도는 평균 이상, 만족도는 평균 이하에 해당하는 것들인데 〈표〉에 의하면 '안내 자료'가 이에 해당하므로 옳지 않은 내용이다.

답 ④

다음 식품의약품안전처 〈보도자료〉 내용에 대한 〈보기〉의 설명 중 옳은 것만을 모두 고르면?

식품의약품안전처	보도자료	국민의 내일을 위한 정부혁신 보다 나은 정부

보도일시	브리핑(14시) 이후		
배포일시	2019. □□.□□.	담당부서	식품의약품안전처 ○○○○과
담당과장	김◇◇(044-000-0001)	담당자	박△△(044-000-0009)

신선한 달걀, 산란일자 표시로 확인하세요!

- 식품의약품안전처는 8월 23일 '달걀 산란일자 표시제' 전면 시행으로 산란일자가 표시된 달걀만 유통·판매되는 만큼 소비자는 시장, 마트 등에서 산란일자를 확인하고 신선한 달걀을 구입할 수 있게 되었다고 밝혔습니다.
  - '달걀 산란일자 표시제'는 달걀의 안전성을 확보하고 소비자에게 달걀에 대한 정보제공을 강화하고자 마련한 제도로, 안정적인 정착을 위해 180일 간의 계도기간이 끝난 시점인 2019년 8월 23일 전면 시행되었습니다.
  - 전면 시행 1개월을 앞두고 지난 7월 대형마트 100곳, 중소형마트 100곳에 유통 중인 달걀 전체를 대상으로 산란일자 표시여부를 조사하였고, 그 결과는 다음과 같습니다.

구분	대형마트	중소형마트	전체
표시율(%)	90	70	85

- '달걀 산란일자 표시제' 시행 후 생산된 달걀 껍데기에는 산란일자 4자리 숫자를 포함하여 생산자고유번호(5자리), 사육환경번호(1자리) 순서로 총 10자리가 표시됩니다.

예시

0823 M3FDS 2
산란일자   생산자고유번호   사육환경번호

사육 환경번호	사육환경	내용
1	방사	방목장에서 닭이 자유롭게 다니도록 키우는 사육방식
2	평사	케이지와 축사를 자유롭게 다니도록 키우는 사육방식
3	개선 케이지	닭을 키우는 케이지 면적이 $0.075m^2$/마리 이상
4	기존 케이지	닭을 키우는 케이지 면적이 $0.05m^2$/마리 이상

보기

ㄱ. '달걀 산란일자 표시제'의 계도기간은 2019년 2월에 시작되었다.

ㄴ. '1023M3FDS3'으로 표시된 달걀이 150m² 면적의 케이지에서 산란되었다면, 10월 23일 기준 해당 케이지의 닭은 2,000마리 이하이다.

ㄷ. 2019년 7월 산란일자 표시여부 조사 대상 달걀 수는 대형마트가 중소형마트의 4배 미만이다.

---

① ㄱ
② ㄴ
③ ㄷ
④ ㄱ, ㄴ
⑤ ㄱ, ㄴ, ㄷ

정답해설

ㄱ. 180일 간(약 6개월)의 계도기간이 끝난 시점이 2019년 8월 23일이라고 하였으므로 역산하면 '달걀 산란일자 표시제'의 계도기간은 2019년 2월임을 알 수 있다.

ㄴ. 사육환경번호가 '3'으로 표기되어 있으므로 해당 달걀을 낳은 닭은 개선 케이지에서 사육되었음을 알 수 있다. 개선 케이지는 닭 1마리당 케이지 면적이 0.075m² 이상인데 닭의 마릿수를 X로 놓고 부등식으로 표시하면 $\frac{150}{X} \geq 0.075$로 나타낼 수 있다. 따라서 X는 2,000 이하임을 알 수 있다.

ㄷ. 가중평균값과 해당 수치와의 편차의 비는 가중치(이 문제의 경우 달걀 수)의 비율의 역수임을 이용한 선택지이다. 대형마트의 표시율과 중소형마트의 표시율을 가중평균한 값이 85%라고 하였으므로 대형마트와 중소형마트와 가중평균과의 편차의 비는 5 : 15(=1 : 3)임을 알 수 있다. 따라서 대형마트와 중소형마트의 조사 대상 달걀 수의 비는 3 : 1이 되므로 대형마트의 조사 대상 달걀 수는 중소형마트의 3배가 되어 4배 미만임을 알 수 있다.

답 ⑤

다음 〈그림〉은 2012~2018년 동안 A제품과 B제품의 판매수량 및 평균 판매단가를 지수화하여 표시한 것이다. 〈그림〉으로부터 알 수 없는 것은?

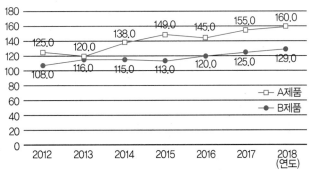

〈그림 1〉 A제품과 B제품의 판매수량 지수

※ 판매수량 지수는 2011년의 판매수량을 100으로 하였을 때 해당연도 판매수량의 상대적 비율임

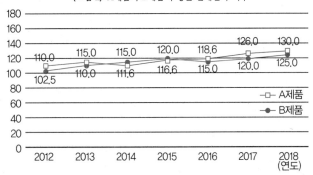

〈그림 2〉 A제품과 B제품의 평균 판매단가 지수

※ 1) 평균 판매단가 지수는 2011년의 평균 판매단가를 100으로 하였을 때 해당연도 평균 판매단가의 상대적 비율임
   2) 2011년 A제품의 평균 판매단가는 B제품과 동일함
   3) 매출액＝평균 판매단가×판매수량

① A제품 매출액의 연평균 증가율
② 2012년 A제품 매출액 대비 B제품 매출액 비율
③ B제품 평균 판매단가의 연평균 증가율
④ 2018년 B제품 평균 판매단가 대비 A제품 평균 판매단가 비율
⑤ B제품 판매수량의 연평균 증가율

【정답해설】

② 2011년의 A제품과 B제품의 평균 판매단가가 동일하다고 하였으므로 지수를 평균 판매단가로 대체하여 사용해도 무방하지만, 판매수량에 대해서는 언급이 없으므로 두 수치의 곱인 매출액의 상대비율은 구할 수 없다. 〈그림 1〉의 판매수량 지수를 통해서는 기준연도 대비 증가율만을 알 수 있을 뿐이기 때문이다. 2011년 A제품의 가격이 100, B제품의 가격이 1인 경우와 A제품의 가격이 1, B제품의 가격이 100인 경우를 생각해본다면 이해가 쉬울 것이다.

【오답해설】

① 각주에 의해 A제품 매출액은 (A제품 평균 판매단가×A제품 판매수량)으로 구할 수 있는데 2012년 대비 2018년의 판매수량은 약 30%, 평균 판매단가는 약 20% 증가하였으므로 매출액의 증가율은 약 55%임을 알 수 있다. (A＝B×C의 관계일 때 A의 증가율을 a%, B의 증가율을 b%, C의 증가율을 c%라고 하면, $a = b + c + \dfrac{bc}{100}$의 관계가 성립한다) 따라서, 연평균 증가율은 약 9%$\left(= \dfrac{55\%}{6} \right)$임을 알 수 있다.

③ 단일 제품의 증가율만을 묻는 것이므로 지수 자체를 평균 판매단가로 놓고 판단해도 무방하다. 이렇게 본다면 B제품의 평균 판매단가는 2012년 102.5에서 2018년 125.0으로 증가하여 6년 동안 약 22% 증가하였으므로 연평균 약 3.6%만큼 증가하였음을 알 수 있다.

④ 2011년 A제품과 B제품의 평균 판매단가가 동일하므로 둘을 100으로 놓으면 2018년 A제품의 평균 판매단가는 130.0, B제품은 125.0으로 나타낼 수 있다. 따라서 2018년 B제품 평균 판매단가 대비 A제품 평균 판매단가 비율은 $\dfrac{130.0}{125.0}$(＝1.04)으로 나타낼 수 있다.

⑤ ③과 같이 단일 제품의 증가율만을 묻는 것이므로 지수 자체를 판매수량으로 놓고 판단해도 무방하다. 이에 따르면 2012년 판매수량이 108.0에서 2018년 129.0으로 증가하여 6년 동안 약 21% 증가하였으므로 연평균 약 3.5%만큼 증가하였음을 알 수 있다.

【합격자의 SKILL】

이 해설에서는 구체적인 수치를 계산했으나 문제에서 요구하는 것은 도출 가능여부만을 묻는 것이므로 실전에서 직접 계산할 필요는 없다.

답 ②

다음 〈표〉는 국민 삶의 질을 평가하는 다양한 개별지표와 종합 지수이다. 〈표〉의 종합 지수를 아래의 〈대화〉에 근거하여 재작성할 경우, '환산된 2014년 주관적 웰빙 영역 지수'(A)와 '2015년 기존의 종합 지수 대비 재작성된 종합 지수의 변화'(B)를 바르게 나열한 것은?

〈표〉 영역별 지수 및 종합 지수

연도 영역	2006	2007	2008	2009	2010	2011	2012	2013	2014	2015
소득 · 소비	100.0	99.4	103.9	109.0	109.6	108.7	111.9	113.4	114.4	116.5
고용 · 임금	100.0	102.1	103.0	100.3	99.8	101.8	103.6	105.2	103.6	103.2
사회복지	100.0	101.3	103.2	108.4	107.8	107.8	110.0	112.8	115.4	116.3
주거	100.0	100.3	100.5	101.3	102.0	101.9	102.1	103.6	105.2	105.2
건강	100.0	112.7	114.2	110.6	107.1	108.5	105.6	105.7	108.9	107.2
교육	100.0	104.5	107.7	114.3	116.7	119.7	124.4	119.7	122.5	123.9
문화 · 여가	100.0	99.9	98.9	98.9	99.5	95.4	104.4	111.0	111.4	112.7
가족 · 공동체	100.0	98.3	98.2	94.9	95.6	96.6	98.5	98.5	98.2	98.6
시민참여	100.0	103.1	111.5	116.1	114.8	114.1	116.9	116.3	113.4	111.1
안전	100.0	96.9	97.5	101.3	108.9	113.2	114.5	116.3	121.4	122.2
환경	100.0	102.7	109.5	103.9	103.8	105.3	109.4	107.1	108.5	111.9
종합	100.0	101.9	104.4	105.4	106.0	106.6	109.2	110.0	111.2	111.7

대화

사무관 : 2013년부터 '주관적 웰빙' 영역의 개별지표값이 처음으로 측정되어 이 영역이 추가됩니다. '주관적 웰빙' 영역의 개별지표값은 정리되었나요?

주무관 : 네, '주관적 웰빙' 영역의 개별지표값은 다음과 같습니다.

영역	개별지표	연도	2013	2014	2015
주관적 웰빙	삶에 대한 만족도		5.0	5.0	5.7
	긍정정서		6.0	5.7	6.6

사무관 : '주관적 웰빙' 영역까지 포함한 종합 지수를 재작성해야 합니다. 작성방법은 다음과 같습니다.

- 영역 지수는 기준년도(2006년) 대비 당해연도 영역별 '개별지표 비율'의 산술평균임(단, '주관적 웰빙' 영역의 기준년도는 2013년임)
- 개별지표비율 $=\dfrac{당해연도지표값}{기준년도지표값}\times100$
- 종합 지수는 모든 영역 지수의 산술평균임

주무관 : 영역 지수에 '주관적 웰빙' 영역을 추가하고, 종합 지수를 재작성 하겠습니다.
사무관 : 아! 그런데, 2013년 '주관적 웰빙' 영역 지수는 2013년 기존 종합 지수 값인 110.0을 사용하고, 이 값을 기준으로 2014년과 2015년의 '주관적 웰빙' 영역 지수를 환산해주세요.

※ 지수는 소수점 둘째자리에서 반올림함

	A	B
①	97.5	감소
②	97.5	증가
③	107.3	감소
④	107.3	증가
⑤	107.3	없음

정답해설

A : 먼저 2014년 '삶에 대한 만족도'에 대한 개별지표 비율은 $\dfrac{5.0}{5.0}\times100=100$이며, '긍정정서'에 대한 개별지표 비율은 $\dfrac{5.7}{6.0}\times100=95$로 계산되므로 둘의 산술평균은 97.5임을 알 수 있다. 만약 2013년 '주관적 웰빙' 영역 지수가 100이라면, 2014년의 영역 지수는 97.5가 되겠지만, 주어진 〈대화〉에서 2013년의 종합 지수값 110을 사용한다고 하였으므로, 2014년의 '주관적 웰빙' 영역 지수를 환산하면 107.3(= 110×0.975)으로 계산되어짐을 알 수 있다.

B : 2015년 '삶에 대한 만족도'에 대한 개별지표 비율은 $\dfrac{5.7}{5.0}\times100=114$이며, '긍정정서'에 대한 개별지표 비율은 $\dfrac{6.6}{6.0}\times100=110$으로 계산되므로 둘의 산술평균은 112임을 알 수 있다. 그런데 위의 A와 마찬가지로 이를 환산하여 '주관적 웰빙' 영역 지수를 계산하면 112를 넘을 수밖에 없는데 '주관적 웰빙' 영역 지수를 반영하지 않은 상태에서의 2015년 종합 지수가 111.7이므로 112보다 작다. 따라서 '주관적 웰빙' 영역 지수를 반영한 종합 지수는 기존의 종합 지수보다 증가한다는 것을 알 수 있다.

정답 ④

03 Check! 필수 스킬 TOP 10

유형 1 선택지 판단의 강약조절

1 유형의 이해

흔히들 자료해석에서 가장 중요한 것이 선택지의 경중을 판별하는 능력이라고 한다. 즉, 어떤 선택지를 '스킵'할 것인지를 통해 제한된 시간을 효율적으로 활용할 수 있는 능력이 중요하다는 것이다. 그런데 어떻게 그것을 판별할 것인가? 기본적인 몇 가지의 경우는 실제로 선택지를 풀어보지 않더라도 경중을 따질 수 있다. 여기서는 가장 대표적인 몇 가지를 소개한다.

2 접근법

1. 선택지 스캐닝과 순서 바꾸기

모든 과목에서 선택지 스캐닝의 중요성을 강조하지만 자료해석은 거의 절대적이라고 해도 과언이 아니다. 일단 선택지를 눈으로 읽으면서 그들 사이의 서열을 어느 정도 가늠할 수 있어야 한다. 이 과정은 단순히 읽는 과정이 아니라, 해당 선택지를 판단하기 위해서는 어떤 계산이 필요한지를 판단하는 과정임에 주의하자. 아래의 내용은 이를 위한 가장 대표적인 기준들이며 이 기준들을 통해서 판별된 선택지들은 선택지 ①부터 ⑤까지를 순서대로 판단할 것이 아니라 그 경중에 따라 판단해야 한다.

시험지의 선택지 순서	스캐닝	실제 풀이 순서
①		③ ....
②		⑤ ....
③	⇨	① ....
④		② ....
⑤		④ ....

2. 계산이 필요 없는 선택지

선택지 5개 중에서 계산 없이 단순히 자료에서 해당 항목을 찾기만 해도 정오판별이 가능한 것이 반드시 1~2개는 존재한다. 이러한 선택지는 찾아야 할 항목이 너무 많지 않다면(개인차는 있을 수 있으나 대략 5개 정도를 한계선으로 본다) 0순위로 판단해야 한다. 주로 대소관계를 따지거나 증감방향의 일치 여부가 이에 해당한다.

연도 \ 지역	수도권	비수도권
2012	0.37	1.47
2013	1.20	1.30
2014	2.68	2.06
2015	1.90	2.77
2016	2.99	2.97
2017	4.31	3.97
2018	6.11	3.64

ㄱ. 비수도권의 지가변동률은 매년 상승하였다. (계산 필요 없음)
ㄴ. 비수도권의 지가변동률이 수도권의 지가변동률보다 높은 연도는 3개이다. (계산 필요 없음)
ㄷ. 전년대비 지가변동률 차이가 가장 큰 연도는 수도권과 비수도권이 동일하다. (계산 필요)

3. 순위 찾기

흔히 두 개 항목의 특정 연도 순위 혹은 하나의 항목의 두 개 연도가 동일한지의 여부를 묻는 형태로 출제된다. 지금까지의 기출을 살펴보면 이 순위는 거의 5위권 이내에서 결정되었다. 따라서 아무리 전체 항목의 수가 많다고 하더라도 스킵하지 말고 판단하는 것을 추천한다.

> • 2017년 대비 2018년 '전체 제조업계 내 순위'와 '자동차 업계 내 순위'가 모두 상승한 브랜드는 2개뿐이다.
> • PC 보유율이 네 번째로 높은 지역은 인터넷 이용률도 네 번째로 높다.

4. ㄱ, ㄴ, ㄷ, ㄹ형 선택지

ㄱ, ㄴ, ㄷ, ㄹ형 문제는 ㄱ부터 순차적으로 판단하는 것이 아니라 철저하게 전략적으로 판단해야 한다. 일단 본격적인 풀이에 들어가기에 앞서 각 선택지들을 훑으며 계산 없이 곧바로 판단이 가능한 것들이 있는지 살피고, 그러한 항목이 있다면 정오를 판별한 후 바로 선택지로 넘어가 소거법을 적용해야 한다. 경우에 따라서 2개만 확인하고도 정답을 찾을 수 있으니 반드시 선택지를 활용하길 바란다.

> ㄱ. 학년별 전체 상담 건수 중 '상담직원'의 상담 건수가 차지하는 비중이 큰 학년부터 순서대로 나열하면 1학년, 2학년, 3학년, 4학년 순이다. (나눗셈이 필요한 선택지)
> ㄴ. '진로컨설턴트'가 상담한 유형이 모두 진로상담이고, '상담직원'이 상담한 유형이 모두 생활상담 또는 학업상담이라면, '교수'가 상담한 유형 중 진로상담이 차지하는 비중은 30% 이상이다. (나눗셈이 필요한 선택지)
> ㄷ. 상담 건수가 많은 학년부터 순서대로 나열하면 4학년, 1학년, 2학년, 3학년 순이다. (단순 확인)
> ㄹ. 최소 한 번이라도 상담을 받은 학생 수는 4,600명 이하이다. (덧셈과 뺄셈을 이용한 단순 계산)

5. 곱셈비교, 분수비교가 필요한 선택지

자료해석에서 가장 많이 접하게 되는 선택지이며 대부분은 정오판별을 해야 한다. 하지만 이 선택지들은 첫 번째 풀이에서는 건너뛰어야 한다. 개인차가 있을 수 있으나 대개 덧셈과 뺄셈으로 판단 가능한 선택지에 비해 2배 이상의 시간이 소요되기 때문이다.

6. 구체적인 수치가 제시된 선택지

예를 들어 'A국의 수출액은 100만 달러 이상이다'와 같은 선택지가 제시되었다면 거의 예외 없이 곱셈 내지는 나눗셈을 통해 구해내야 하는 것들이며 대부분 주어진 자료를 한 번 가공한 후 그 수치를 이용해 다시 계산해야 하는 것이다. 따라서 이러한 선택지는 첫 번째 풀이 단계에서는 넘기는 것이 좋다.

> • 2011년 러시아의 도시폐기물량은 8,000만 톤 이상이다. (도시폐기물량 지수를 통해 역산해야 하는 선택지)
> • 2008년 '갑'국 GDP는 1,000조 원 이상이다. (산업별 GDP 비중을 통해 역산해야 하는 선택지)

3 생각해 볼 부분

위에서 나열한 기준들은 절대적인 것은 아니지만 수험가에서 대체로 통용되는 것들이다. 물론, 개인의 특성에 따라 이와 같이 지그재그로 풀이하는 것이 오히려 혼란을 가져오는 경우도 있을 것이고 위의 기준 중에서도 자신과는 맞지 않는 것이 있을 수 있을 것이다. 하지만 주위에서 고득점을 올리는 수험생들에게 물어보면 거의 대부분 자신만의 기준을 가지고 선택지 풀이의 강약을 조절한다는 대답을 들을 수 있을 것이다. 따라서 평소 문제를 풀이할 때는 막연히 풀어본 다음 정답을 확인하기보다는 푸는 과정에서 이런 부분은 좀 힘들었다든지, 이 유형의 선택지는 유독 시간이 오래 걸린다든지 하는 부분이 있다면 그때마다 옆에 메모해두기 바란다. 이것은 풀이하는 순간에만 느낄 수 있는 것이어서 나중에 복습을 할 때에는 그 느낌을 되살리기 어렵다.

여기서 제시하는 내용들은 자료해석의 문제를 풀이할 때 유용하게 사용될 수 있는 것들 내지는 혼동하기 쉬운 것들을 모아 놓은 것이다. 물론 내용을 완전히 암기하고 있지 않더라도 대부분은 실전에서 끌어낼 수 있는 것들이다. 하지만, 자료해석은 시간 싸움이라는 점을 명심하자.

1 큰 수 읽기

- 1,000($=10^3$) 천
- 1,000,000($=10^6$) 백만
- 1,000,000,000($=10^9$) 십억
- 1,000,000,000,000($=10^{12}$) 조

2 증가율, 감소율, 변화율

- 증가율 : 증가한 것, 감소한 것을 모두 포함하여 수치 그대로 해석한다. 즉, 부호가 유의미하다.
- 감소율 : 감소한 것만 고려하여 절댓값을 비교하여 판단한다.
- 변화율 : 증가한 것, 감소한 것을 모두 포함하되 절댓값을 비교하여 판단한다. 즉, 부호가 무의미하다.

3 지속적 증가, 대체로 증가

- 지속적 증가 : 예외 없이 매 기간 해당되어야 한다.
- 대체로 증가 : 예외가 허용되며 추세만 판단한다.

4 ~년 이후

- ×1년 이후 매년 증가하고 있다 : ×1년과 ×2년의 증가 여부부터 판단한다.
- ×1년 이후 전년 대비 매년 증가하고 있다 : ×0년과 ×1년의 증가 여부부터 판단한다.

5 비율

A당 B=A 대비 B=A에 대한 B의 비$=\dfrac{B}{A}$

6 분수값

$\dfrac{1}{2}$	$\dfrac{1}{3}$	$\dfrac{1}{4}$	$\dfrac{1}{5}$	$\dfrac{1}{6}$	$\dfrac{1}{7}$	$\dfrac{1}{8}$	$\dfrac{1}{9}$
50%	33.3%	25%	20%	16.7%	14.3%	12.5%	11.1%

7 비중판단

$\dfrac{A}{A+B}$와 $\dfrac{A}{B}$는 대소비교 시 순서가 동일하다. 총계가 주어져 있지 않고 세부항목의 값만 주어져 있을 때 활용된다. 예를 들면, 아래의 표를 보자.

구분	남자(A)	여자(B)
A회사	80	60
B회사	90	70

만약 선택지에서 두 회사의 직원 중 남자가 차지하는 비중이 큰 회사를 찾는 경우 굳이 각 회사의 전체 사원 수인 140명, 160명을 구할 필요 없이 A회사는 $\dfrac{80}{60}$, B회사는 $\dfrac{90}{70}$을 비교하면 되는 것이다. 여기서는 간단한 수치를 제시했지만 복잡한 수치들이 제시되었을 때 매우 유용하게 사용되는 공식이다.

8 변화율의 계산

- A=B×C
  정확한 계산 : A의 배율＝B의 배율×C의 배율
  간단한 계산 : A의 변화율＝B의 변화율＋C의 변화율
- A=B÷C
  정확한 계산 : A의 배율＝B의 배율÷C의 배율
  간단한 계산 : A의 변화율＝B의 변화율－C의 변화율
- 1기의 변화율이 b%이고, 2기의 변화율이 c%일 때 전체 1～2기의 변화율

  정확한 계산 : $b+c+\dfrac{bc}{100}$

  간단한 계산 : $b+c$
- 단, 위의 '간단한 계산'은 B와 C의 변화율이 5% 이하일 때에는 적용 가능하나 그보다 클 때에는 오차가 발생하므로 '정확한 계산'의 산식을 이용해 풀이해야 한다. 다만, 실전에서는 5%가 넘는 변화율을 가공해 새로운 변화율을 도출하는 경우는 거의 출제되지 않았다.

9 제곱수

$11^2=121$

$12^2=144$

$13^2=169$

$14^2=196$

$15^2=225$

$16^2=256$

$17^2=289$

$18^2=324$

$19^2=361$

1 유형의 이해

자료해석의 문제를 풀다보면 가장 많이 접하게 되는 것이 두 숫자의 곱을 비교하여 어느 것이 더 큰지를 판단하는 것이다. 만약 시험 장에서 계산기를 사용할 수 있다면 이는 너무나 쉬운 선택지가 되겠지만 현실은 그렇지 못하다. 그렇다고 단순히 그 숫자들을 직접 곱하기에는 시험지의 여백과 시간이 너무나 아깝다. 따라서 보다 간단하게 이를 비교할 수 있는 방법을 찾아보도록 하자.

2 접근법

곱해지는 모든 숫자가 크다면 당연히 그 결괏값도 클 것이다. 문제는 대소관계가 서로 엇갈리는 경우이며 자료해석에서 필요한 능력은 이들을 판단할 수 있는 능력이다.

아래의 곱셈을 살펴보자.

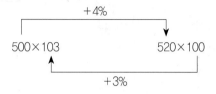

곱셈기호의 앞쪽 숫자는 오른쪽이 더 큰 반면, 뒤쪽 숫자는 왼쪽이 더 큰 형태이다. 만약 수치들의 변화율이 위와 같이 크지 않은 경우라면 변화율을 이용해 판단하는 것이 바람직하며, 변화율이 크다면 변화율보다는 배수(2배, 3배 등)를 이용해 판단하는 것이 좋다. 위의 사례에서는 오른쪽으로 커지는 값이 왼쪽으로 커지는 값보다 크므로 전체값 역시 오른쪽 수치가 더 크다고 판단할 수 있다.

3 생각해 볼 부분

곱셈비교와 다음 장에서 다룰 분수비교는 어디까지나 편의를 위한 어림산의 일종에 불과하다. 따라서 이를 금과옥조로 여겨 시중에 나와 있는 여러 비교법을 학습하는 것은 그다지 추천하고 싶지 않다. 사람에 따라서는 이런 어림산보다 직접 계산하는 것이 더 빠른 경우가 있을 수 있고 실제로 그렇게 해서 고득점을 한 경우를 종종 보았다.

다음 〈표〉는 조선시대 A지역 인구 및 사노비 비율에 대한 자료이다. 이에 대한 〈보기〉의 설명 중 옳은 것만을 모두 고르면?

〈표〉 A지역 인구 및 사노비 비율

구분 조사 연도	인구(명)	인구 중 사노비 비율(%)			
		솔거노비	외거노비	도망노비	전체
1720	2,228	18.5	10.0	11.5	40.0
1735	3,143	13.8	6.8	12.8	33.4
1762	3,380	11.5	8.5	11.7	31.7
1774	3,189	14.0	8.8	12.0	34.8
1783	3,056	14.9	6.7	9.3	30.9
1795	2,359	18.2	4.3	6.5	29.0

※ 1) 사노비는 솔거노비, 외거노비, 도망노비로만 구분됨
    2) 비율은 소수점 둘째 자리에서 반올림한 값임

〈보 기〉
ㄱ. A지역 인구 중 도망노비를 제외한 사노비가 차지하는 비율은 조사연도 중 1720년이 가장 높다.
ㄴ. A지역 사노비 수는 1774년이 1720년보다 많다.
ㄷ. A지역 사노비 중 외거노비가 차지하는 비율은 1720년이 1762년보다 높다.
ㄹ. A지역 인구 중 솔거노비가 차지하는 비율은 매 조사연도마다 낮아진다.

① ㄱ, ㄴ
② ㄱ, ㄷ
③ ㄷ, ㄹ
④ ㄱ, ㄴ, ㄹ
⑤ ㄴ, ㄷ, ㄹ

ㄱ. A지역 인구 중 도망노비를 제외한 사노비(솔거노비, 외거노비)가 차지하는 비율은 1720년 28.5%인데 나머지 연도는 모두 20% 부근에 위치하고 있다. 따라서 옳은 내용이다.
ㄴ. 1720년 A지역의 사노비 수는 2,228×40%이며, 1774년은 3,189×34.8%이므로 곱셈비교를 이용하면 1774년의 사노비 수가 더 많다는 것을 알 수 있으므로 옳은 내용이다.

답 ①

1 유형의 이해

앞장에서 설명한 곱셈비교와 분수비교를 다른 방식으로 접근하는 경우를 볼 수 있다. 물론 그러한 방식이 잘못된 것은 아니지만 기본 구조가 동일한 상황에서 굳이 다른 방법으로 풀이하는 것은 오히려 혼란만 가져올 뿐이다. 이 둘은 단지 비교해야 할 대상이 곱셈의 형식으로 되어 있는지 아니면 분수의 형식으로 되어 있는지의 차이가 있을 뿐이다.

2 접근법

곱셈비교는 곱해지는 두 숫자의 대소관계가 서로 엇갈릴 때 사용하는 방법인 반면, 분수비교는 분자와 분모가 모두 어느 한쪽이 클 때 사용하는 방법이다.
즉, 아래의 분수관계가 이에 해당한다.

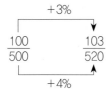

이해의 편의를 위해 앞서 살펴본 곱셈비교에서 사용한 것과 동일한 수치를 사용하였다. 이를 살펴보면 오른쪽 분자와 분모가 숫자 모두 큰 상황이다. 이럴 때에는 분모와 분자 각각의 증가율을 확인하여 비교하면 되는데, 이 사례에서는 분모의 증가율이 더 크므로 전체 분수값은 오른쪽의 수치가 더 작게 된다. 분모가 클수록 분수의 값은 작아지기 때문이다. 만약 증가율이 클 경우에는 곱셈비교와 같이 배수값을 활용하는 것이 더 좋다.

3 생각해 볼 부분

사실 실제 시험에 출제되는 분수들은 위의 예와 같이 분모와 분자의 자릿수가 비슷한 것보다는 어느 하나가 큰 경우가 대부분이다. 이럴 때에는 굳이 주어진 숫자들을 그대로 활용하기보다는 위의 예와 같이 비슷한 자릿수로 변환하는 것이 편리하다. 예를 들어 $\frac{100}{500,000}$ 과 $\frac{103}{520,000}$ 을 비교해야 하는 것이라면 이를 위의 예처럼 $\frac{100}{500}$ 과 $\frac{103}{520}$ 으로 변환하여 판단하는 것이다. 흔히 이를 유효숫자를 줄인다고 표현하며 대소관계를 판단할 때에는 결과에 큰 영향을 주지 않는다.

다음 〈표〉는 2018년 '갑'국의 대학유형별 현황에 관한 자료이다. 이에 대한 〈보기〉의 설명 중 옳은 것만을 모두 고르면?

〈표〉 대학유형별 현황

(단위 : 개, 명)

구분 \ 유형	국립대학	공립대학	사립대학	전체
학교	34	1	154	189
학과	2,776	40	8,353	11,169
교원	15,299	354	49,770	65,423
여성	2,131	43	12,266	14,440
직원	8,987	205	17,459	26,651
여성	3,254	115	5,259	8,628
입학생	78,888	1,923	274,961	355,772
재적생	471,465	13,331	1,628,497	2,113,293
졸업생	66,890	1,941	253,582	322,413

보 기

ㄱ. 학과당 교원 수는 공립대학이 사립대학보다 많다.
ㄴ. 전체 대학 입학생 수에서 국립대학 입학생 수가 차지하는 비율은 20% 이상이다.
ㄷ. 입학생 수 대비 졸업생 수의 비율은 공립대학이 국립대학보다 높다.
ㄹ. 각 대학유형에서 남성 직원 수가 여성 직원 수보다 많다.

① ㄱ, ㄷ
② ㄱ, ㄹ
③ ㄴ, ㄹ
④ ㄱ, ㄴ, ㄷ
⑤ ㄴ, ㄷ, ㄹ

ㄱ. 선택지에서는 '학과당 교원 수'로 제시되었으나 주어진 자료를 그대로 활용하기 위해 '교원당 학과 수'로 바꿔 판단해 보자. 물론 그럴 경우 대소관계는 반대로 판단해야 할 것이다. 이 같은 논리로 판단하면 공립대학은 10%를 조금 넘는 수준인데 반해, 사립대학은 20%에는 미치지 못하지만 공립대학보다는 크다는 것을 어림으로도 확인할 수 있다. 따라서 옳은 내용이다.

ㄴ. 전체 대학 입학생 수가 355,772명이어서 이의 20%는 7만 명을 조금 넘는다는 것을 알 수 있다. 하지만 국립대학의 입학생 수는 7만 8천 명을 넘고 있기 때문에 국립대학 입학생 수가 차지하는 비율은 20% 이상임을 알 수 있다.

ㄷ. ㄱ과 같은 논리로 졸업생 수 대비 입학생 수의 비율로 판단해보면, 국립대학은 100%를 넘는 반면 공립대학은 100%에 미치지 못한다. 따라서 졸업생 수 대비 입학생 수는 국립대학이 공립대학보다 더 크므로 옳은 내용임을 알 수 있다.

답 ④

발문 스캐닝

자료가 유형별로 구분되어 있을 것을 예측할 수 있으며 '옳은'이라는 단어에 동그라미를 쳐둔다.

자료 스캐닝

대학 유형을 국립, 공립, 사립으로 나누고 있고 맨 오른쪽에 이들의 합계가 제시되어 있으므로 '국립', '공립', '사립'이라는 단어에 동그라미를 쳐둔다. 문제에 특별한 전제가 없으므로 대학 유형은 이 3가지만 존재하는 것으로 판단한다. 또한 단위에는 특별한 사항이 없으므로 넘어가도록 한다. 그리고 세로 항목은 다양한 기준으로 나뉘어 있음을 알 수 있고 특히 교원과 직원항목은 여성을 별도로 분리해놓고 있다. 아마도 이를 이용하여 남성에 대한 수치를 구하게 하는 선택지가 있을 것으로 예상할 수 있다.

선택지 스캐닝

ㄱ은 '~당' 유형에 해당하여 분수비교가 필요함을 알 수 있다. 그런데 위의 표를 살짝 보면 분모와 분자가 선택지와 반대로 되어 있으므로 이를 뒤집어서 판단하기로 한다. ㄴ은 단순 계산 유형이므로 전체 입학생 수에 20%를 곱하여 계산하기로 하고, ㄷ은 ㄱ과 마찬가지로 분수비교이며 역시 분모와 분자가 반대로 되어있다는 것을 확인한다. 마지막으로 ㄹ은 뺄셈을 요구하는 것이지만 굳이 그럴 필요 없이 여성 직원이 전체 직원 수의 절반을 넘고 있는지로만 파악하기로 한다. 결론적으로 ㄹ-ㄴ-ㄱ-ㄷ의 순으로 판단하기로 한다.

실전풀이

먼저 ㄹ을 살펴보면, 공립대학의 경우 여성 직원의 수가 전체 직원의 절반을 넘고 있으므로 옳지 않다. 따라서 ㄹ이 포함된 선택지 ②, ③, ⑤를 소거하면 ①과 ④만 남게 되는데 공교롭게도 두 선택지에 ㄱ, ㄷ이 포함되어 있어 결과적으로 ㄴ만 판단하면 된다. 따라서 ㄴ을 살펴보면, 전체 대학 입학생 수가 35만 명이라면 이의 20%는 7만 명이 되는데, 문제의 355,772명은 35만 명의 1% 정도만 증가한 상황이므로 이의 20% 역시 7만 명을 조금 넘길 뿐이지 국립대학의 입학생 수처럼 7만 8천 명을 넘지는 않을 것이라는 것을 알 수 있다. 따라서 옳은 지문이므로 ④를 정답으로 선택한다.

1 유형의 이해

사전적인 의미에서 여사건이란 어떤 사건이 아닌 사건을 의미하는데, 자료해석에서는 주로 90%나 80%처럼 높은 비율의 수치를 이용할 때 사용되는 개념이다. 예를 들어 '합법체류외국인 범죄 건수가 전체 체류외국인 범죄 건수의 90% 이상'이라면 이를 직접 계산할 것이 아니라 '불법체류외국인 범죄 건수가 전체 체류외국인 범죄 건수의 10% 이하'인지의 여부를 판단하는 것이다.

2 접근법

모든 것을 다 뒤집는다고 생각하면 혼동하지 않을 수 있다. 일단 비율부터 전환하자. 즉, 90%는 10%로, '이상'은 '이하'로 바꾸는 것이다. 여기서 중요한 것은 대상을 어떻게 바꾸느냐이다. 여기서 제시하는 여사건 개념을 적용하기 위해서는 대상이 2개뿐이어야 한다. 따라서 제시문에서 A라는 대상이 주어졌다면 여사건을 적용한 후의 대상은 not A로 바꿔야 한다. 대상이 3개 이상이라고 하더라도 A와 not A의 관계로 구분되기만 하면 무관하다.

3 생각해 볼 부분

여사건 개념에서 가장 많이 활용되는 수치는 1%, 5%, 10% 등 낮은 비율 값이다. 그런데 이 수치들을 막연히 계산하는 것보다 약간의 테크닉을 접목시키면 몇 초라도 시간을 단축시킬 수 있다. 즉 10%는 원래 수치에서 단위가 한 자리 줄어든 것이고, 1%는 두 자리 줄어든 것, 5%는 절반에서 단위가 한 자리 줄어든 것이라고 이해하고 있으면 좋다. 이를 이용하면 2%, 20% 등으로도 응용할 수 있으니 참고하기 바란다.

다음 〈표〉는 2014~2018년 '갑'국 체류외국인 수 및 체류외국인 범죄 건수에 대한 자료이다. 이에 대한 〈보기〉의 설명 중 옳은 것만을 모두 고르면?

〈표〉 체류외국인 수 및 체류외국인 범죄 건수

(단위 : 명, 건)

연도 구분	2014	2015	2016	2017	2018
체류외국인 수	1,168,477	1,261,415	1,395,077	1,445,103	1,576,034
합법체류외국인 수	990,522	1,092,900	1,227,297	1,267,249	1,392,928
불법체류외국인 수	177,955	168,515	167,780	177,854	183,106
체류외국인 범죄 건수	21,235	19,445	25,507	22,914	24,984
합법체류외국인 범죄건수	18,645	17,538	23,970	21,323	22,951
불법체류외국인 범죄건수	2,590	1,907	1,537	1,591	2,033

보 기

ㄱ. 매년 불법체류외국인 수는 체류외국인 수의 10% 이상이다.

ㄴ. 불법체류외국인 범죄 건수의 전년 대비 증가율이 가장 높은 해에 합법체류외국인 범죄 건수의 전년 대비 증가율도 가장 높다.

ㄷ. 체류외국인 범죄 건수가 전년에 비해 감소한 해에는 합법체류외국인 범죄 건수와 불법체류외국인 범죄 건수도 각각 전년에 비해 감소하였다.

ㄹ. 매년 합법체류외국인 범죄 건수는 체류외국인 범죄 건수의 80% 이상이다.

① ㄱ, ㄹ

② ㄴ, ㄷ

③ ㄴ, ㄹ

④ ㄱ, ㄴ, ㄷ

⑤ ㄱ, ㄷ, ㄹ

발문 스캐닝

체류외국인 수와 체류외국인범죄 건수를 다룬 문제라는 것을 확인하고 '외국인 수'와 '범죄 건수'라는 단어에 동그라미를 쳐둔다. 그리고 '옳은'이라는 단어에 동그라미를 쳐둔다.

자료 스캐닝

제목을 통해 발문에서 체크한 자료가 주어져 있음을 알 수 있으며, 단위에는 특별한 사항이 없으므로 별도의 표시는 하지 않는다. 그리고 표를 분석해보면 제목처럼 좌측의 구분항목이 체류외국인 수와 체류외국인 범죄 건수로 구분되어 있으며 각각에 대해 합법과 불법으로 나누어져 있음을 확인할 수 있다. 표의 세부내용에서도 특별한 사항이 없으므로 별도의 표시는 하지 않는다.

선택지 스캐닝

ㄱ, ㄴ, ㄷ, ㄹ형의 선택지이므로 전략적으로 접근해야 한다는 것에 유의하여 스캐닝 해보자. 먼저 ㄱ은 10%값을 구해 비교하는 것이므로 자릿수만 한 자리 줄이는 방향으로 접근하고, ㄴ은 증가율을 구해서 비교하는 것이므로 가장 나중에 판단하기로 한다. 다음으로 ㄷ은 방향성을 찾는 것이며 ㄹ은 매해 수치의 80%를 계산해야 하는 것이므로 여사건 개념으로 접근하기로 한다. 결과적으로 ㄱ-ㄷ-ㄹ-ㄴ의 순으로 판단하기로 결정한다.

실전풀이

먼저 ㄱ부터 판단해보면, 눈어림으로 계산하더라도 옳다는 것을 확인할 수 있으므로 선택지 ②와 ③을 소거한다. 다음으로 ㄷ은 2017년에는 성립하지 않으므로 옳지 않다는 것을 알 수 있다. 따라서 선택지 ④와 ⑤가 소거되면서 더 이상 선택지를 판단하지 않고 ①을 선택한다. 위에서 언급한 것처럼 선택지의 판단순서를 재배열하여 풀이하면 이 문제와 같이 전혀 계산을 하지 않고도 답을 찾을 수 있다.

ㄱ. 〈표〉에서 살펴보면 매년 불법체류외국인 수보다 체류외국인 수가 10% 정도 적다는 것을 알 수 있다. 따라서 옳은 내용이다.

ㄹ. 80%를 구하기보다는 20%를 이용해서 판단하는 것이 효율적이다. 즉, 선택지의 내용이 옳게 되기 위해서는 체류외국인 범죄 건수에서 불법체류외국인 범죄 건수가 차지하는 비중이 20% 이하가 되어야 하는데 제시된 자료를 어림해보면 모두 성립하고 있음을 알 수 있다. 따라서 옳은 내용이다.

답 ①

1 유형의 이해

자료해석의 선택지에서 가장 많이 등장하는 것이 나눗셈을 통한 수치를 계산하는 것이다. 이는 '1인당 GDP'와 같이 그 자체만으로 의미를 가지는 수치도 있을 것이고, 때로는 문제를 위해 구성된 분수일 수도 있다. 하지만 어떤 형태로 제시되든 그 본질은 무언가를 다른 수치로 나눈 값이다. 여기서 문제는 제시되는 자료의 형태가 선택지에서 요구하는 것과 반대로 되어 있는 경우가 많다는 것이다. 즉, 분모가 되어야 할 것이 실제 자료에서는 위쪽에 배치되어 있고 분자가 되어야 할 것이 아래에 배치되어 있는 경우가 그것이다. 그 어색함은 덜하겠지만 오른쪽과 왼쪽이 부자연스럽게 바뀌어 있는 경우도 마찬가지이다.

2 접근법

1. 분모와 분자의 위치 교환

이를 해결할 수 있는 방법은 아주 간단하다. 즉 선택지의 분자와 분모를 바꾸어버리는 것이다. 물론 이렇게 변형할 경우 구해야 하는 값이 부자연스러워질 수는 있다. 예를 들어 '1인당 GDP'의 분모와 분자를 바꾸게 되면 'GDP당 인구'라는 다소 어색한 용어로 바뀌게 된다. 하지만 선택지의 정오를 판단하는 데에 이러한 어색함은 전혀 장애가 되지 않는다.

2. 순위를 따지는 경우

여기서 가장 중요한 것은 그 다음의 문구들이다. 즉, 애초의 선택지가 '1인당 GDP가 더 크다'였다면 이제 판단해야 하는 선택지는 'GDP당 인구가 더 작다'로 바뀌어야 한다. 모든 것을 다 뒤집어야 한다는 것이다. 만약 순위를 따지는 것이라면 어떻게 해야 할까? 이때는 주의해야 한다. 즉, '전체 5개국 중에서 두 번째로 크다'가 원래의 선택지였다면 이제는 '전체 5개국 중에서 두 번째로 작다'가 되어야 한다. 순위는 변하지 않는다는 것이다.

3 생각해 볼 부분

일부 문제에서는 애초에 출제 자체를 이 같은 풀이법을 염두에 두고 한 것들도 있었다. 즉, 주어진 자료를 그대로 계산하면 매우 복잡한 수치가 산출되지만, 분모와 분자를 바꿀 경우 매우 간단한 정수로 계산되는 경우가 종종 있는 편이다.

따라서 가능하면 위에서 제시한 방법과 같이 최대한 제시된 자료를 그대로 이용할 수 있게끔 선택지를 변형하는 것에 익숙해지는 것을 추천한다. 물론, 이렇게 접근할 경우 선택지를 반대로 해석해야 하기에 실수할 가능성이 있는 것은 사실이다. 그러나 분수식을 거꾸로 해석하는 과정에서 생길 수 있는 계산 실수 및 시간소모를 생각한다면 이 방법이 더 효율적이다. 본서에서는 특별한 언급이 없는 한 이와 같은 풀이법으로 해설하였음을 밝혀둔다.

다음 〈표〉는 1930~1934년 동안 A지역의 곡물 재배면적 및 생산량을 정리한 자료이다. 이에 대한 설명으로 옳은 것은?

〈표〉 A지역의 곡물 재배면적 및 생산량

(단위 : 천 정보, 천 석)

곡물	구분	연도 1930	1931	1932	1933	1934
미곡	재배면적	1,148	1,100	998	1,118	1,164
	생산량	15,276	14,145	13,057	15,553	18,585
맥류	재배면적	1,146	773	829	963	1,034
	생산량	7,347	4,407	4,407	6,339	7,795
두류	재배면적	450	283	301	317	339
	생산량	1,940	1,140	1,143	1,215	1,362
잡곡	재배면적	334	224	264	215	208
	생산량	1,136	600	750	633	772
서류	재배면적	59	88	87	101	138
	생산량	821	1,093	1,228	1,436	2,612
전체	재배면적	3,137	2,468	2,479	2,714	2,883
	생산량	26,520	21,385	20,585	25,176	31,126

① 1931~1934년 동안 재배면적의 전년 대비 증감방향은 미곡과 두류가 동일하다.
② 생산량은 매년 두류가 서류보다 많다.
③ 재배면적은 매년 잡곡이 서류의 2배 이상이다.
④ 1934년 재배면적당 생산량이 가장 큰 곡물은 미곡이다.
⑤ 1933년 미곡과 맥류 재배면적의 합은 1933년 곡물 재배면적 전체의 70% 이상이다.

⑤ 1993년 미곡과 맥류 재배면적의 합은 2,000천 정보가 넘는 반면, 곡물 재배면적 전체의 70%는 약 1,900천 정보이므로 옳은 내용이다.

답 ⑤

발문 스캐닝

면적과 생산량을 묻는 문제이므로 해당 단어들에 각각 동그라미 표시를 해두고, '옳은'이라는 단어에 동그라미를 쳐둔다.

자료 스캐닝

발문에서 체크한 주제로 표가 구성되어 있음을 알 수 있으므로 별도의 표시는 하지 않는다. 다음으로 단위가 모두 천 단위이므로 '천'이라는 단어에 동그라미 표시를 해둔다. 단위가 중요시되는 선택지가 등장할 수 있기 때문이다. 마지막에 전체항목이 있다는 점을 확인하고 전체 항목과 서류항목의 경계선을 마킹용 사인펜으로 두껍게 그어둔다.

선택지 스캐닝

①은 방향을 묻는 것이고 ②는 단순히 자료를 찾아 비교하는 것이며 ③은 2배인지의 여부를 비교하는 것이니 서류에 2배를 곱해서 비교하기로 한다. 다음으로 ④는 '~당'에 해당하는데 주어진 자료는 이와 반대로 되어 있다. 따라서 이를 뒤집어서 '생산량당 재배면적'이 가장 작은 곡물이 미곡인지의 여부를 확인하기로 한다. ⑤는 다소 복잡해 보이는 수치를 계산하는 것이니 가장 마지막에 판단하기로 결정한다. 결과적으로 ①-②-③-④-⑤의 순서대로 판단하기로 한다.

실전풀이

먼저 ①을 판단하기 위해 1930년부터 오른쪽으로 이동하며 증감방향을 비교해보면 1932년의 방향이 다르다는 것을 확인할 수 있다. 그리고 ②는 1932년 서류의 생산량이 두류보다 더 많으므로 옳지 않고 ③은 직접 계산할 필요 없이 눈어림으로 판단하는데, 1934년의 경우는 2배에 미치지 못하므로 역시 옳지 않다. 다음으로 ④는 위에서 설명한 것처럼 분자와 분모를 바꾸어 판단하는데 대략적으로 보아도 미곡이 아닌 서류가 약 20배 정도이므로 옳지 않다는 것을 확인할 수 있다. 실전에서는 여기까지의 선택지들이 모두 틀렸다는 것을 확인하였으므로 마지막 ⑤는 판단하지 않는다.

1 유형의 이해

매칭형 문제를 해결하기 위해서 가장 먼저 할 일은 주어진 조건을 적절히 조합하여 최대한 빨리 확정되는 변수를 찾아야 한다는 것이다. 일반적인 난도 수준이라면 조건 한 개 혹은 두 개를 결합하면 확정되는 변수가 나오기 마련이지만, 난도가 올라가면 조건들로는 변수가 확정되지 않고 경우의 수를 나누어야 하는 식으로 출제된다. 후자의 경우라면 시간 내에 풀이하기에 버거운 수준이 될 것이므로 일단 패스하는 것이 옳다.

2 접근법

1. 조건 적용의 순서

매칭형 문제는 제시된 순서에 구애받지 않고 접근하는 순서를 자유자재로 변경할 수 있어야 한다. 특히 하나의 조건만을 언급하고 있다거나 다음 페이지의 예제와 같이 특정 수치가 주어지는 조건은 대개 후반부에 주어지는 편인데, 이 조건들을 최우선으로 판단해야한다. 하나의 변수를 확정지을 수 있는 것이라면 계산이 번거로워지더라도 먼저 해결하고, 항목 간의 합을 비교하는 조건은 최대한 뒤에 검토하는 것이 효율적이다. 다른 유형의 문제에서는 계산이 복잡한 선택지는 뒤에 판단하는 것이 효율적이겠지만 매칭형의 경우 하나의 변수를 확정할 수 있다면 그 조건을 먼저 판단하자.

2. 선택지의 활용

매칭형 문제는 선택지를 이용한 소거법으로 푸는 것이 적절하다. 매칭형 문제가 난해한 이유는 주어진 조건에 따라 경우의 수가 다양해지기 때문인데, 소거법을 이용할 경우 단순히 백지상태에서 풀이하는 것에 비해 경우의 수가 줄어들 수밖에 없다. 굳이 이를 외면하는 우는 범하지 말자.

3 생각해 볼 부분

가장 많이 듣는 질문이 바로 위에서 설명한 '조건 적용의 순서'를 어떻게 잡아야 하는지에 대한 것이다. 물론 위에서 몇 가지의 기준을 제시하기는 했지만 실전에서 문제를 풀다보면 이 기준만으로는 턱없이 부족하다는 것을 겪었을 것이다. 아쉽게도 이 부분은 개인차가 매우 심한 부분이다. A라는 수험생은 크기를 비교하는 형태의 조건이 더 수월한 반면, B라는 수험생은 계산이 개입되는 조건이 더 수월할 수도 있다. 결론적으로 본인만의 기준을 잡는 것이 중요한데 이는 많은 기출문제를 접해보면서 체화시켜야 하는 부분이다.

다음 〈표〉는 2015년 9개 국가의 실질세부담률에 관한 자료이다. 〈표〉와 〈조건〉에 근거하여 A~D에 해당하는 국가를 바르게 나열한 것은?

〈표〉 2015년 국가별 실질세부담률

| 구분\국가 | 독신 가구 실질세부담률(%) | | | 다자녀 가구 실질세부담률(%) | 독신 가구와 다자녀 가구의 실질세부담률 차이(%p) |
		2005년 대비 증감 (%p)	전년 대비 증감 (%p)		
A	55.3	−0.20	−0.28	40.5	14.8
일본	32.2	4.49	0.26	26.8	5.4
B	39.0	−2.00	−1.27	38.1	0.9
C	42.1	5.26	0.86	30.7	11.4
한국	21.9	4.59	0.19	19.6	2.3
D	31.6	−0.23	0.05	18.8	12.8
멕시코	19.7	4.98	0.20	19.7	0.0
E	39.6	0.59	−1.16	33.8	5.8
덴마크	36.4	−2.36	0.21	26.0	10.4

조 건

• 2015년 독신 가구와 다자녀 가구의 실질세부담률 차이가 덴마크보다 큰 국가는 캐나다, 벨기에, 포르투갈이다.
• 2015년 독신 가구 실질세부담률이 전년 대비 감소한 국가는 벨기에, 그리스, 스페인이다.
• 스페인의 2015년 독신 가구 실질세부담률은 그리스의 2015년 독신 가구 실질세부담률보다 높다.
• 2005년 대비 2015년 독신 가구 실질세부담률이 가장 큰 폭으로 증가한 국가는 포르투갈이다.

	A	B	C	D
①	벨기에	그리스	포르투갈	캐나다
②	벨기에	스페인	캐나다	포르투갈
③	벨기에	스페인	포르투갈	캐나다
④	캐나다	그리스	스페인	포르투갈
⑤	캐나다	스페인	포르투갈	벨기에

발문 스캐닝

A~D에 해당하는 것을 찾는 문제이므로 매칭형 문제라는 것을 알 수 있다. 이러한 형식의 문제는 발문 자체에 특별히 표시해야 할 것은 없으므로 바로 다음으로 넘어간다.

자료 스캐닝

크게 '독신 가구 실질세부담률'과 '다자녀 가구 실질세부담률' 그리고 이 둘의 차이를 계산한 것으로 구성되어 있음을 알 수 있으므로 '독신'이라는 단어와 '다자녀', '차이'에 동그라미 표시를 해둔다. 추가로 독신 가구는 05년과 전년 대비 증감이 주어져 있다는 것도 체크해둔다. 마지막으로 일본, 한국, 멕시코, 덴마크는 이미 항목이 결정되어 있는 상태이다. 아래의 조건에 이 항목들이 들어있다면 제거할 수도 있다.

조건, 선택지 스캐닝

첫 번째와 두 번째는 세 가지 항목에 대한 것들이고 세 번째는 두 항목 간의 비교, 마지막은 한 개의 항목에 대한 것이다. 따라서 마지막 조건을 먼저 판단하고 첫 번째, 두 번째의 조건을 확인하기로 한다. 특히 이와 같이 세 가지 이상의 항목들을 다룬 조건이 둘 이상인 경우 대개 이를 통해 한 개의 조건이 확정되므로 유의하도록 한다. 마지막으로 선택지를 통해서는 A는 벨기에와 캐나다, B는 그리스와 스페인으로만 구성되어 있는 것에 주목한다.

실전풀이

가장 먼저 네 번째 조건을 통해 C가 포르투갈임을 알 수 있다. 그리고 이와 첫 번째 조건을 결합하여 A, D가 캐나다, 벨기에라는 것을 알 수 있으며, 두 번째 조건을 통해서는 A, B, E가 벨기에, 그리스, 스페인임을 확인할 수 있다. 두 조건 모두 A와 벨기에가 들어있으므로 A를 벨기에와 연결시키도록 한다. 결론적으로 선택지 ①과 ③ 둘 중 하나가 답이 된다.

우측의 실전풀이에 이어서 설명하면, 두 번째 조건에서 B와 E가 그리스와 스페인이라는 것을 추가로 알 수 있으며 이를 세 번째 조건과 결합하면 B가 그리스이고, E가 스페인이라는 것을 확정할 수 있다.

답 ①

1 유형의 이해

괄호가 주어지는 자료는 모든 수험생들을 시험에 들게 한다. 괄호를 모두 채울 것인지 아니면 일단 선택지를 통해 판단할 것인지를 미리 결정하기가 어렵기 때문이다. 한 가지 확실한 것은 단순한 덧셈이나 뺄셈으로 빠르게 채울 수 있는 것이라면 일단 채워놓고 시작하는 것이 편하다는 것이다. 그런 것들은 결국 선택지를 판단하는 과정에서 채워야 하기 때문이기도 하다.

2 접근법

1. 빈칸 미리 채우기

빈칸이 4개 이하이면서 덧셈, 뺄셈과 같이 간단한 사칙연산으로만 이루어진 경우에는 미리 채워놓고 시작하는 것이 현명하다. 표의 크기가 작고, 빈칸의 개수가 적을수록 그것이 선택지에 활용될 가능성은 높아지며 빈칸이 4개 이하라면 확실하다고 봐도 무방하다. 하지만 반대로 빈칸의 수가 적더라도 항목의 수가 많은 경우(예 주요 20개국의 특정항목에 대한 자료)라면 기계적으로 먼저 채워놓기보다 일단 선택지를 보고 판단하는 것이 좋다. 자료의 크기가 커지면 꼭 그 빈칸이 아니더라도 선택지로 활용될 수 있는 것들이 많아지기 때문이다.

2. 순위를 묻는 경우

선택지에서 순위를 묻는 경우라면 빈칸을 먼저 채우는 것이 적절하다. 왜냐하면 이런 종류의 선택지라면 결국은 그 빈칸이 어떤 수치인지가 정오를 판별하는 데에 결정적인 역할을 할 수밖에 없기 때문이다. 만약 간단한 계산만으로도 정확한 수치를 구할 수 있다면 좋겠지만 설사 그렇지 않더라도 대략적인 수치 정도는 미리 채워놓는 것이 좋다.

3 생각해 볼 부분

괄호의 개수가 5개 이상인 경우에는 선택지를 통해 채워야 할 때가 많은 만큼 미리 채우지 않는 것이 효율적이다. 대개 이런 자료들의 경우 제시된 자료만으로는 빈칸을 채우기 어렵고 선택지에서 별도의 조건을 주는 경우가 많다. 또한 일반적으로 전체 합계는 숫자가 큰 경우가 대부분이므로 처음에는 계산하지 말고 선택지를 보면서 필요한 경우에만 채우자.

다음 〈표〉는 조선 전기(1392∼1550년) 홍수재해 및 가뭄재해 발생 건수에 대한 자료이다. 이에 대한 〈보기〉의 설명 중 옳은 것만을 모두 고르면?

〈표 1〉 조선 전기 홍수재해 발생 건수

(단위 : 건)

월 분류기간	1	2	3	4	5	6	7	8	9	10	11	12	합
1392∼1450년	0	0	0	0	4	12	8	3	0	0	0	0	27
1451∼1500년	0	0	0	0	1	3	4	0	0	0	0	0	( )
1501∼1550년	0	0	0	0	5	7	9	15	1	0	0	0	37
계	0	0	0	0	( )	22	21	( )	1	0	0	0	( )

〈표 2〉 조선 전기 가뭄재해 발생 건수

(단위 : 건)

월 분류기간	1	2	3	4	5	6	7	8	9	10	11	12	합
1392∼1450년	0	1	1	5	9	8	9	2	1	0	0	1	37
1451∼1500년	0	0	0	5	2	5	4	1	0	0	0	0	17
1501∼1550년	0	0	0	4	7	7	6	1	0	0	0	0	( )
계	0	1	1	( )	18	( )	19	4	1	0	0	1	( )

보 기

ㄱ. 홍수재해 발생 건수는 총 72건이며, 분류기간별로는 1501∼1550년에 37건으로 가장 많이 발생했다.

ㄴ. 홍수재해는 모두 5∼8월에만 발생했다.

ㄷ. 2∼7월의 가뭄재해 발생 건수는 전체 가뭄재해 발생 건수의 90% 이상을 차지한다.

ㄹ. 매 분류기간마다 가뭄재해 발생 건수는 홍수재해 발생 건수보다 많다.

① ㄱ, ㄴ
② ㄱ, ㄷ
③ ㄴ, ㄹ
④ ㄱ, ㄷ, ㄹ
⑤ ㄴ, ㄷ, ㄹ

발문 스캐닝

제시된 자료가 '홍수재해', '가뭄재해'에 대한 것임을 알 수 있으며, '옳은'이라는 단어에 동그라미를 쳐둔다.

자료 스캐닝

〈표 1〉과 〈표 2〉의 차이점을 확인한다. 〈표 1〉은 '홍수'에 대한 것이고 〈표 2〉는 '가뭄'에 대한 자료임을 알 수 있도록 두 단어에 동그라미를 쳐둔다. 다음으로 단위를 확인하는데 단순히 '건'으로 되어 있으므로 별도의 표시는 하지 않는다. 한편 자료의 중간중간이 빈칸이고 각 표별로 4개씩 배치되어 있음을 알 수 있다. 게다가 전체적인 구성에 비추어 볼 때 이 빈칸은 단순히 덧셈만으로 채울 수 있는 것으로 보이므로 일단 모두 채우고 시작하기로 결정한다.

선택지 스캐닝

ㄱ은 전체 합계를 계산해야 하는 것이니 일단 스킵, ㄴ은 단순히 자료만 확인하면 되는 것이므로 곧바로 선지를 판단하여 옳지 않은 내용임을 확인한다. 이를 통해 선택지 ①, ③, ⑤를 모두 제거하여 정답은 선택지 ②와 ④ 중 하나임을 알 수 있다. 그런데 ②와 ④는 모두 공통적으로 ㄱ, ㄷ을 포함하고 있으므로 결과적으로 보기 ㄹ의 정오만 확인하면 된다.

실전풀이

선택지 ㄹ을 판단해보자. 이를 위해서 〈표 1〉의 1451∼1500년의 합과 〈표 2〉의 1501∼1550년의 합을 구한 후 각 분류기간의 수치를 비교하여 옳지 않은 내용임을 확인한 후 ②를 선택한다. 다행히 처음에 예상한 것과 달리 모든 빈칸을 채울 필요는 없었다.

ㄱ. 〈표 1〉의 빈칸을 채우면 홍수재해 발생 건수는 총 72건이며, 분류기간별로는 1501∼1550년에 37건으로 가장 많이 발생했음을 알 수 있으므로 옳은 내용이다.

ㄷ. 여사건 개념을 활용하여 8∼1월의 가뭄재해 발생 건수가 전체의 10% 미만임을 살펴보는 것이 더 빠르다. 자료에 의하면 8∼1월의 건수는 6건으로 전체 79건의 10%에 미치지 못한다. 따라서 옳은 지문이다.

 답 ②

1 유형의 이해

가장 대표적인 유형은 자료가 주어지고 이를 그래프로 정확히 변환했는지를 묻는 것이다. 통상 5개의 선택지 중에서 단순히 자료를 찾기만 해도 정오판별이 가능한 것이 2개, 덧셈 혹은 뺄셈과 같이 간단한 사칙연산으로 판별이 가능한 것이 2개, 복잡한 계산이 필요한 것이 1개 정도 제시되는 편이다. 표-그래프 변환 문제의 경우 복잡한 계산이 필요한 것에서 정답이 결정되는 경우가 상당히 많지만 일관된 경향이라고 볼 수는 없다.

2 접근법

1. 선택지 분석의 순서

그래프 변환 문제의 경우 모든 선택지를 순서대로 체크하는 것보다 계산 없이 단순히 자료 확인만으로 정오판별이 가능한 것, 덧셈뺄셈으로 가능한 것, 그리고 비율 등 나눗셈을 통해 계산해야 하는 것의 순서로 체크하여야 한다. 다만, 최근 5급 공채에서 선택지 ①에 복잡한 비율계산을 요구하는 그래프가 제시되었고 정답 또한 ①이었던 적이 있었다.

2. 복잡한 계산이 필요한 선택지

가장 기본적인 원칙은 이러한 유형은 해당 선택지를 제외한 나머지를 모두 판단하여 정오가 판별이 되면 굳이 계산을 하지 않는 것이며, 나머지가 모두 옳으면 이 선택지를 곧바로 답으로 체크하는 것이다. 하지만 어느 경우에도 해당하지 않는다면 직접 계산하기보다는 특정 수치를 넘는지 여부를 확인하는 정도면 충분하다.

3. 직접적인 근거로 활용되지 않은 자료

여기서 자료란 그래프와 표 어느 형태로든지 제시될 수 있다. 이 유형은 반드시 선택지를 보고 그 선택지가 필요한 자료가 있는지를 역으로 찾아봐야 한다. 간혹 〈보고서〉에는 존재하지만 선택지에는 없는 자료들이 등장하기 때문이다. 이런 경우는 문제를 보고 선택지를 찾아갈 경우 불필요한 시간소모가 있을 수밖에 없다.

3 생각해 볼 부분

종종 등장하는 '자료-보고서'형 문제는 외형적으로는 보고서형 문제이지만 실상은 일반적인 선택지형 문제와 동일한 유형이다. 단지 차이가 있다면 선택지의 정오판단에 거의 영향을 주지 못하는 잉여문장들이 많다는 것이다. 따라서 보고서의 내용 중 밑줄이 그어져 있지 않은 부분은 처음부터 아예 읽지도 말고 그냥 넘기기 바란다. 아주 간혹 그 부분이 있어야 의미파악이 가능한 경우도 있기는 하지만 극소수에 불과하다.

또한, 조심성이 지나친 수험생들의 경우 '보고서 작성에 사용되지 않은 자료' 유형의 선택지를 판단할 때 그 자료가 실제와 일치하는지까지 따져보기도 한다. 하지만 이는 불필요한 과정이다. 그런 경우에는 문제에서 '그래프로 올바르게 표현한 것은?'과 같이 명시적으로 풀이방향을 제시한다.

다음 〈표〉는 2012~2017년 '갑'국의 화재발생 현황에 대한 자료이다. 이를 이용하여 작성한 그래프로 옳지 않은 것은?

〈표〉 '갑'국의 화재발생 현황

(단위 : 건, 명)

구분 연도	화재발생 건수	인명피해자 수	구조활동 건수
2012	43,249	2,222	427,735
2013	40,932	2,184	400,089
2014	42,135	2,180	451,050
2015	44,435	2,093	479,786
2016	43,413	2,024	609,211
2017	44,178	2,197	655,485
평균	43,057	2,150	503,893

① 화재발생 건수(생략)
② 인명피해자 수 편차의 절대값

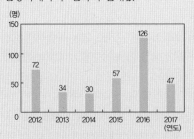

(명)

※ 인명피해자 수 편차는 해당연도 인명피해자 수에서 평균 인명피해자 수를 뺀 값임

③ 구조활동 건수의 전년 대비 증가량(생략)
④ 화재발생 건수 대비 인명피해자 수 비율

(명/천 건)

⑤ 화재발생 건수의 전년 대비 증가율

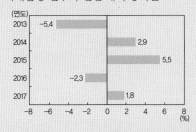

(연도)

(%)

---

④ 그래프의 세로축은 화재발생 건수 천 건당 인명피해자 수를 나타내고 있다. 2012년도만 계산해 보면 그 비율은 51.3으로 십단위 수로 나타난다. 주어진 그래프는 화재발생 건수 대비 인명피해자 수 비율이 아니라 구조활동 건수 대비 인명피해자 수 비율이다.

답 ④

발문 스캐닝

그래프 변환 문제임을 확인하고 '않은'이라는 단어에 × 표시를 해둔다.

자료 스캐닝

연도별로 단순히 수치만 제시되어 있음을 확인한다. 여기서 수치만 제시되어 있다는 것의 의미는 '1인당 GDP'와 같이 제3의 수치를 이용해 가공된 수치가 아니라는 의미이다.

선택지 스캐닝

①은 단순 건수찾기, ②와 ③은 뺄셈으로 계산하는 것, ④는 나눗셈, ⑤는 증가율을 구하는 것임을 확인한다. 그리고 선택지는 단순찾기-뺄셈-나눗셈-증가율의 순서인 ①-②-③-④-⑤의 순서대로 판단하기로 한다. 이 문제의 경우에는 우연히 제시된 순서와 일치했지만 실전에서는 얼마든지 다른 순서가 될 수 있다.

실전풀이

편의상 ②, ④, ⑤만 판단하면 ②는 편차를 직접 구하지 말고 제시된 평균(2,150명)에 선택지의 수치를 더해서 비교한다. 대체로 뺄셈보다는 덧셈이 더 편하기 때문이다. 다음으로 ④는 주어진 수치들이 비슷한 상황이므로 구체적인 수치를 직접 구하지 않고 인접한 수치들 간의 분수비교를 통해 증감방향만 우선적으로 검토한다. 그중에서 변화폭이 큰 2013~2014년과 2015~2016년을 비교하되, 만약 이들이 옳은 것으로 판단되면 나머지 연도는 일단 보류하고 ⑤로 넘어간다. ⑤에서는 첫 번째 항목이 잘못되는 경우는 거의 없으므로 눈에 띄는 2015년과 2016년만 대략적으로 판단해본다.

1 유형의 이해

예를 들어 전체 직원이 100명인 회사에 다니는 직원이 경기도 거주자일 확률은 70%이고 남자일 확률은 60%라고 해보자. 그렇다면 어떠한 직원이 경기도 거주자이면서 남자일 확률은 얼마일까? 최소 교집합, 수험가의 용어로는 '적어도' 유형이 이에 해당한다. 즉, 서로 독립적인 관계를 가지는 복수의 속성을 모두 가지는 대상이 얼마나 되는지를 추산해보는 것이다. 이는 두 개 이상의 속성이 독립적이지 않고 서로 상하 관계를 가지는 경우와 비교하면 확연히 구분할 수 있다. 즉, 경기도 거주자일 확률이 70%이고, 경기도 거주자 중 분당 거주자일 확률이 10%일 때 어떠한 직원이 분당 거주자일 확률은 얼마일까?

2 접근법

1. 두 개의 속성이 서로 독립적이지 않은 경우

먼저, 후자의 경우를 생각해보자. 어떤 직원이 경기도 거주자일 확률과 그 중 분당 거주자일 확률은 서로 상하관계에 있다. 따라서 전체 직원 중에서 어떤 직원이 분당 거주자일 확률은 경기도 거주자일 확률과 그중 분당 거주자일 확률을 곱한 값인 7%임을 알 수 있다.

2. 두 개의 속성이 서로 독립적인 경우

하지만, 전자의 경우는 다르다. 어떤 직원이 경기도 거주자일 확률과 남자일 확률은 둘 사이에 어떠한 관계도 없는 독립적인 속성이다. 따라서 두 개의 속성을 모두 가지는, 즉 경기도 거주자이면서 남자일 확률은 위의 1과 같이 둘을 곱해서 구할 수 없다. 이해를 편하게 하기 위해 질문을 '전체 직원이 100명인 회사에 경기도 거주자는 70명이고, 남자는 60명이다. 그렇다면 경기도 거주자인 남자 직원은 몇 명일까?'로 바꿔보자. 만약 이 둘을 동시에 충족하는 직원이 없다면 이 회사의 직원은 최소 130명이 되어야 한다. 그런데 이 회사의 직원 수는 100명이라고 하였으므로 최소 30명은 둘을 모두 충족시킬 수밖에 없다. 물론 이 30명은 어디까지나 최소치일 뿐이며 남자 60명이 모두 경기도 거주자일 수도 있다. 따라서 경기도 거주자인 남자직원은 최소 30명, 최대 60명이 됨을 알 수 있다.

3 생각해 볼 부분

위에서 서술한 내용은 'A+B−N'이라는 공식으로 표현할 수 있다. 따라서 위의 내용을 정확히 이해했다면 앞으로는 A(경기도 거주자)+B(남자)−N(전체 직원 수)=30으로 간단하게 계산하기 바란다. 그래도 여전히 자신이 없는 수험생이라면 벤다이어그램을 직접 그려본 후 일식이 일어나는 것처럼 두 원을 서서히 겹쳐보자.

다음 〈표〉는 2019년 5월 10일 A 프랜차이즈의 지역별 가맹점 수와 결제 실적에 관한 자료이다. 이에 대한 설명으로 옳지 않은 것은?

〈표 1〉 A 프랜차이즈의 지역별 가맹점 수, 결제 건수 및 결제금액

(단위 : 개, 건, 만 원)

지역	구분	가맹점 수	결제 건수	결제금액
서울		1,269	142,248	241,442
6대광역시	부산	34	3,082	7,639
	대구	8	291	2,431
	인천	20	1,317	2,548
	광주	8	306	793
	대전	13	874	1,811
	울산	11	205	635
전체		1,363	148,323	257,299

〈표 2〉 A 프랜차이즈의 가맹점 규모별 결제 건수 및 결제금액

(단위 : 건, 만 원)

가맹점 규모	구분	결제 건수	결제금액
소규모		143,565	250,390
중규모		3,476	4,426
대규모		1,282	2,483
전체		148,323	257,299

① '서울' 지역 소규모 가맹점의 결제 건수는 137,000건 이하이다.
② 6대 광역시 가맹점의 결제 건수 합은 6,000건 이상이다.
③ 결제 건수 대비 결제금액을 가맹점 규모별로 비교할 때 가장 작은 가맹점 규모는 중규모이다.
④ 가맹점 수 대비 결제금액이 가장 큰 지역은 '대구'이다.
⑤ 전체 가맹점 수에서 '서울' 지역 가맹점 수 비중은 90% 이상이다.

발문 스캐닝

'지역별 가맹점 수'와 '결제 실적'에 대한 자료가 주어졌음을 확인하고 '않은'이라는 단어에 ×표시를 해둔다.

자료 스캐닝

가장 먼저 두 개의 표가 무엇이 다른지를 파악하기 위해 제목을 꼼꼼하게 검토한다. 〈표 1〉은 '지역별' 자료이며, 〈표 2〉는 '가맹점 규모별' 자료이므로 이 단어들에 동그라미 표시를 해둔다. 또한 각 표의 하단에 합계가 주어져 있는 것도 슬쩍 봐둔다.

선택지 스캐닝

①과 ②는 뭔가를 계산해야 하는 것이며 ③과 ④는 '~대비'라는 표현이 들어가 있어 나눗셈이 필요한 것들이고 거기에 더해 가장 큰(작은) 것을 구해야 하는 것이므로 시간이 다소 소요될 것이라는 점을 체크해둔다. 그리고 ⑤는 90%라는 수치가 주어졌으므로 10%의 여사건 개념을 활용해야겠다는 전략을 세워둔다. 따라서 최종적으로 선택지의 풀이순서는 ⑤-①-②-③-④로 정해진다.

실전풀이

먼저 선택지 ⑤는 여사건의 개념으로 풀이하기로 하였다. 즉 전체 가맹점 수인 1,363개에서 10%를 차감한 값이 90%값이므로, 이를 계산하면 1,363-136=1,227이되어 서울의 가맹점 수인 1,269개보다 적음을 알 수 있다. 다음으로 ①은 단순히 계산을 하는 것이 아니라 〈표 1〉과 〈표 2〉에 나누어져 있는 '서울'과 '소규모'라는 독자적인 특성을 결합하는 것이므로 최소 교집합 유형이다. 따라서 이는 옆의 해설과 같이 풀이하여 잘못된 내용임을 알 수 있다.

① 만약 중규모 가맹점과 대규모 가맹점이 모두 '서울' 지역에 위치하고 있다면 이 둘의 결제 건수인 4,758건이 모두 '서울' 지역에서 발생한 것이 된다. 그렇다면 '서울' 지역의 결제 건수인 142,248건에서 4,758건을 차감한 137,490건이 최소로 가능한 건수이다. 따라서 옳지 않은 내용이다.

답 ①

04 Check!
개념잡기 예제

문 1. 다음은 세계 어느 지역들의 1년 간 기후를 나타낸 표이다. 이 표를 보고 아래의 진술 중 <u>잘못된</u> 것을 고르면?

〈표〉 세계 각 지역의 기온 및 강수량

구분		1월	2월	3월	4월	5월	6월	7월	8월	9월	10월	11월	12월	전년
A지역	평균기온(℃)	9.5	9.7	11.8	15.3	20.2	24.6	26.9	26.6	23.3	18.4	14.4	11.4	17.7
	강수량(mm)	46.1	51.1	43.3	29.2	18.6	10.7	4.5	4.5	12.1	51.6	53.8	66.1	391.6
B지역	평균기온(℃)	20.1	23.2	27.7	30.3	30.8	30.2	29.2	29.1	29	27.9	24.7	20.7	26.9
	강수량(mm)	15.1	24.2	32.8	56.4	123.5	291.7	374.9	345.7	295.9	133.4	23.2	12.3	1729.1
C지역	평균기온(℃)	−2.5	−0.3	5.2	12.1	17.4	21.9	24.9	25.4	20.8	14.4	6.9	0.2	12.2
	강수량(mm)	21.6	23.6	45.8	77.0	102.2	133.3	327.9	348.0	137.6	49.3	53.0	24.9	1344.2

① A지역은 여름철에 고온건조하고 겨울철에 다습한 특징을 보인다.
② B지역은 1년 내내 기온의 차이는 별로 없으나, 계절에 따라 강수량의 차이가 크게 난다.
③ B와 C지역은 여름철 강수량이 많은 것으로 보아 쌀농사에 적합한 고온다습한 기후인 것으로 보인다.
④ C지역은 A와 B지역에 비해 비교적 사계절이 뚜렷한 기후특징을 보인다.
⑤ 여름(8월 기준)과 겨울(1월 기준)의 기온 차가 큰 순서대로 나열하면 C−B−A의 순이다.

정답해설

⑤ 여름(8월 기준)과 겨울(1월 기준)의 기온차를 가장 큰 지역에서부터 나열하면 C(−27.9℃)−A(−17.1℃)−B(−9℃)이다.

오답해설

① A지역은 겨울에 강수량이 많은 반면 여름에는 강수량이 적고 온도는 높다.
② B지역은 표에서 알 수 있듯이 기온의 변화는 그다지 크지 않지만 강수량의 변화는 매우 크다는 것을 알 수 있다.
③ 두 지역 모두 여름철 기온이 높고 강수량이 많아 고온다습하다는 것을 알 수 있다.
④ 다른 지역에 비하여 C지역의 기온변화의 폭이 가장 크므로 사계절이 뚜렷한 특징을 가진다는 것을 알 수 있다.

답 ⑤

문 2. 다음은 A국의 대외교역현황표이다. 표에 대한 설명으로 맞는 것을 〈보기〉에서 모두 고른 것은?

〈표 1〉대외교역 추이

(단위 : 백만 불)

연도 \ 구분	수입	수출	무역수지
2017	9,432	7,779	−1,653
2018	10,184	8,459	−1,725
2019	10,729	9,202	−1,527
2020	10,340	9,250	−1,090

〈표 2〉대 한국 교역 추이

(단위 : 백만 불)

연도 \ 구분	수입	수출	무역수지
2017	75	172	97
2018	105	169	64
2019	131	202	71
2020	160	177	17

• 무역수지 : 수출액−수입액
• 교역규모 : 수출액+수입액

┌─ **보기** ───
│ ㄱ. 한국은 A국과의 교역을 통한 무역흑자가 확대되고 있다.
│ ㄴ. 대외교역에 있어 A국은 매년 무역적자를 기록하고 있다.
│ ㄷ. 수출이 꾸준히 증가하고 있는 점이 A국의 대외교역 전망을 그나마 긍정적으로 평가할 수 있는 요소 중 하나다.
│ ㄹ. A국의 교역규모는 매년 증가하고 있으며, 아울러 무역적자 문제도 해결기미가 보이고 있다.
└──

① ㄱ, ㄴ
② ㄱ, ㄷ
③ ㄴ, ㄷ
④ ㄴ, ㄹ
⑤ ㄷ, ㄹ

정답해설

ㄴ. 〈표 1〉에서 매년 1,000백만 불 이상의 무역수지 적자를 기록하고 있음을 알 수 있다.
ㄷ. A국의 수출액은 2017년 7,779백만 불에서 2020년 9,250백만 불로 지속적으로 증가하고 있다.

오답해설

ㄱ. 무역흑자가 확대되는 것이 아니라, 한국의 A국과의 교역을 통한 무역수지는 2017년 97백만 불 적자에서 2020년 17백만 불 적자로 적자폭이 축소하고 있다.
ㄹ. 2019년 A국의 교역규모는 19,931백만 불(= 10,729+9,202)이었으나 2020년은 19,590백만 불(= 10,340+9,250)로 감소하였다.

답 ③

문 3. 다음 표는 2018년 1/4분기에서 2020년 3/4분기까지의 소비자 동향지수 추이를 나타낸 것이다. 이에 근거한 진술 중 맞지 <u>않는</u> 것은?

〈표〉 소비자동향지수 추이

연도 구분	2018				2019				2020		
분기	1/4 분기	2/4 분기	3/4 분기	4/4 분기	1/4 분기	2/4 분기	3/4 분기	4/4 분기	1/4 분기	2/4 분기	3/4 분기
경기 전망지수	99	100	70	59	66	87	71	94	123	119	115
생활형편 전망지수	95	97	83	68	82	90	85	94	105	103	101

소비자동향지수란 현재의 경기나 생활형편이 6개월 후 어떻게 변할 것인가에 대한 소비자들의 평가를 나타내는 지수인데 표의 각 지수는 다음과 같은 공식에 따라 계산한다.

- 경기전망지수 $= \dfrac{\eta_1 \times 1.0 + \eta_2 \times 0.5 - \eta_3 \times 0.5 - \eta_4 \times 1.0}{\text{전체응답가구 수}} \times 100 + 100$

- 생활형편전망지수 $= \dfrac{\eta_1 \times 1.0 + \eta_2 \times 0.5 - \eta_3 \times 0.5 - \eta_4 \times 1.0}{\text{전체응답가구 수}} \times 100 + 100$

※ η_1 : 매우 좋아질 것이라고 응답한 응답자 수
　η_2 : 다소 좋아질 것이라고 응답한 응답자 수
　η_3 : 다소 나빠질 것이라고 응답한 응답자 수
　η_4 : 매우 나빠질 것이라고 응답한 응답자 수

① 경기와 생활형편에 대한 소비자들의 평가는 2018년 4/4분기에 가장 부정적이다.

② 경기를 긍정적으로 보는 소비자가 경기를 부정적으로 보는 소비자보다 많아지는 시기는 2019년 1/4분기부터이다.

③ 생활형편전망지수는 경기전망지수보다 변화폭이 크지 않다.

④ 조사기간 동안 경기전망지수와 생활형편전망지수는 같은 방향으로 변화한다.

⑤ 모든 응답자들이 경기나 생활형편이 매우 나빠질 것이라고 응답한다면 그때의 소비자동향지수는 0이다.

문 4. 다음 자료는 연도별 자동차 사고 발생상황을 정리한 것이다. 다음의 자료로부터 추론하기 어려운 내용은?

⟨표⟩ 연도별 자동차 사고 발생상황

(단위 : 건, 명)

연도＼구분	발생 건수(건)	사망자 수	10만 명당 사망자 수	차 1만 대당 사망자 수	부상자 수
2016	246,452	11,603	24.7	11	343,159
2017	239,721	9,057	19.3	9	340,564
2018	275,938	9,353	19.8	8	402,967
2019	290,481	10,236	21.3	7	426,984
2020	260,579	8,097	16.9	6	386,539

① 연도별 자동차 수의 변화
② 운전자 1만 명당 사고 발생 건수
③ 자동차 1만 대당 사고율
④ 자동차 1만 대당 부상자 수
⑤ 자동차 사고의 사망률

[정답해설]

② 운전자 1만 명당 사고 발생 건수를 알기 위해서는 운전자의 수를 알아야 하는데 자료를 통해서는 알 수 없다.

[오답해설]

① '연도별 자동차 수＝$\dfrac{\text{사망자 수}}{\text{차 1만 대당 사망자 수}} \times 10,000$'을 통해 알 수 있다.

③ '자동차 1만 대당 사고율＝$\dfrac{\text{발생 건수}}{\text{자동차 수}} \times 10,000$'을 통해 알 수 있다.

④ '자동차 1만 대당 부상자 수＝$\dfrac{\text{부상자 수}}{\text{자동차 수}} \times 10,000$'을 통해 알 수 있다.

⑤ '자동차 사고의 사망률＝$\dfrac{\text{사망자 수}}{\text{발생 건수}}$'를 통해 알 수 있다.

탭 ②

문 5. 아래 〈보기〉의 설명을 참고로 하여 다음 표의 A~F에 들어갈 계열의 순서를 올바르게 나열한 것은?

〈표〉 4년제 대학 전공별 졸업자의 동일계열 취업률

(단위 : %)

연도 \ 계열·구분	A		B		C		D		E		F	
	전체	여자	전체	여자	전체	여자	전체	여자	전체	여자	전체	여자
1990	73.74	70.26	88.88	92.70	87.98	82.90	77.81	85.40	75.05	69.11	64.48	50.96
1995	70.58	72.86	91.90	95.04	91.22	90.38	84.92	84.14	75.92	66.09	74.09	71.34
2000	68.68	70.87	93.97	95.43	88.11	91.23	79.18	80.17	77.67	70.32	72.52	74.40
2005	56.77	53.66	98.15	98.15	81.92	83.87	75.30	75.99	78.38	64.81	72.29	60.61
2010	53.25	49.68	96.83	95.62	75.23	77.74	80.00	84.56	75.46	60.80	71.05	57.26
2015	48.92	45.65	96.93	96.71	62.14	64.41	78.28	80.74	73.98	59.73	65.60	58.56
2020	43.36	43.90	96.91	96.56	75.53	78.30	80.52	84.15	69.94	60.66	59.19	56.33

┌─ 보 기 ─
• 예체능계는 1990년과 비교할 때 2020년의 동일계 취업률이 상승하였다.
• 사회계열 학생들은 2000년을 제외하고는 전체 학생의 동일계 취업률 보다 여학생의 동일계 취업률이 낮았다.
• 2015년 이후 인문계 졸업자들은 전공과 다른 계열로 취업하는 비율이 절반이 넘는다.
• 자연계는 1990년 이후 항상 남자의 동일계 취업률이 높았다.
• 사회, 의약, 사범계열 3계열의 1990년과 2020년의 동일계 취업률 변화량의 절댓값을 비교하여 보면 사회＜의약＜사범계열 순이다.
└────

	A	B	C	D	E	F
①	인문계	의약계	사회계	예체능계	자연계	사범계
②	사범계	예체능계	자연계	의약계	인문계	사회계
③	인문계	의약계	사범계	예체능계	자연계	사회계
④	사회계	예체능계	자연계	의약계	인문계	사범계
⑤	인문계	예체능계	사범계	의약계	자연계	사회계

[정답해설]

이 문제는 제시된 모든 조건을 다 확인해 보아야 풀 수 있는 상당히 어려운 문제에 속한다.
• 먼저 첫 번째 조건을 보면 1990년과 비교하여 2020년에 동일계 취업률이 상승한 계열은 B와 D이다. 따라서 예체능계는 이 둘 중 하나이다.
• 다음으로 두 번째 조건에서 2000년을 제외하고는 전체 학생의 동일계 취업률보다 여학생의 동일계 취업률이 낮은 계열은 F밖에 없으므로 F는 사회계열이다.
• 그리고 세 번째 조건에서 2010년 이후 전공과 다른 계열로 취업하는 비율이 절반이 넘는 계열은 A이다. 따라서 A는 인문계이다.
• 이제 네 번째 조건을 적용해 보면 1990년 이후 항상 남자의 동일계 취업률이 높으려면 전체의 동일계 취업률이 항상 여자의 동일계 취업률보다 높아야 하므로 자연계는 E이다.
이상의 조건을 통해서 밝혀지지 않은 것은 B, C, D이다. 이때 마지막 조건을 이용하면 C의 절댓값의 변화량이 가장 크므로 C가 사범계가 되며 B와 D는 각각 의약계 또는 예체능계가 된다. 그런데 사회, 의학, 사범계열의 1990년과 2020년의 동일계 취업률 변화량의 절댓값을 비교해보면 사회(F, 5.29)＜의학＜사범계(C, 12.45)이므로 의학계열의 절댓값은 5.29에서 12.45 사이에 있어야 한다. 그런데 B의 변화량은 8.030이며 D의 변화량은 2.710이므로 B가 의학계열이며 남은 D는 예체능계임을 알 수 있다.

답 ③

문 6. 다음은 도시근로자 가구와 농가의 가계수지 추이를 표로 정리한 것이다. 이에 대한 설명으로 <u>잘못된</u> 것은?

〈표 1〉 도시근로자 가구의 월평균소득 및 가계지출 추이

(단위 : 천 원, %)

연도 \ 구분	월평균소득	가처분소득	소비지출	흑자율
2000	234.1	224.5	174.0	22.5
2010	943.3	870.2	650.0	25.3
2015	1,911.1	1,732.5	1,230.6	29.0
2019	2,224.7	1,967.7	1,473.5	25.1
2020	2,386.9	2,113.5	1,614.8	23.6

〈표 2〉 농가 월평균소득 및 가계지출 추이

(단위 : 천 원, %)

연도 \ 구분	월평균소득	가처분소득	소비지출	흑자율
2000	224.4	214.9	178.2	17.1
2010	918.8	913.8	685.69	25.0
2015	1,816.9	1,802.4	1,231.8	31.7
2019	1,860.2	1,842.0	1,426.9	22.5
2020	1,922.7	1,903.2	1,500.3	21.2

※ 평균소비성향＝소비지출/가처분소득×100
흑자액＝가처분 소득－소비지출
흑자율＝흑자액/가처분소득×100

① 2000년 이후 도시근로자 가구가 농가보다 월평균소득은 지속적으로 많았지만, 월평균 가처분소득은 그렇지 않다.

② 평균소비성향이 가장 낮은 연도는 도시근로자 가구와 농가가 동일하지만, 가장 높은 연도는 다르다.

③ 2020년 도시근로자 가구의 평균소비성향은 76.4%로 2019년에 비해 1.5%p 증가하였으며, 농가의 2020년도 평균소비성향은 2019년에 비해 1.3%p 증가하였다.

④ 도시근로자 가구와 농가의 평균소비성향, 흑자율 변화 추세(전년 대비 증감 방향)가 동일하다.

⑤ 전년도 대비 2020년 도시근로자 가구의 월평균소득 증가율은 소비지출 증가율보다 작다.

정답해설

② 평균소비성향이 가장 낮은 연도는 도시와 농가 모두 2015년, 가장 높은 연도는 도시와 농가 모두 2000년으로 동일하다.

오답해설

① 2010년과 2015년의 가처분소득은 도시근로자 가구보다 농가가 많다.

③ 도시근로자의 경우 흑자율이 1.5%p 감소하였고, 농촌근로자의 경우 1.3%p 감소하였다. 문제에서 주어진 식을 변형하면[하단 합격자의 SKILL 참조] 흑자율과 평균소비성향을 합한 값이 100이므로, 흑자율과 평균소비성향은 서로 반대 방향으로 움직이게 되므로 평균소비성향은 증가한 것이 된다.

④ 흑자율과 평균소비성향은 서로 반대의 방향으로 움직이므로 둘 중 하나를 선택하여 도시근로자 가구와 농가의 변화 추세를 살펴보면 되는데, 두 그룹은 서로 같은 방향으로 변화하고 있다.

⑤ 월평균소득 증가율은 약 0.0730이며, 월평균 소비지출의 증가율은 0.0960이다.

합격자의 SKILL

이 문제는 두 가지 방식으로 접근할 수 있다. 한 가지 방법은 주어진 공식에 값을 대입하여 반복적으로 문제를 푸는 것으로 이 방법으로 문제를 풀게 되면 상당한 시간이 걸리게 마련이다. 또 다른 방법은 자료의 구조를 파악하여 문제를 푸는 방법이다. 이 문제의 경우는 '평균소비성향과 흑자율을 더하면 100이 된다'는 것을 이용하는 것이다. 이를 정리하면 다음과 같다.

$$흑자율＝\frac{가처분소득－소비지출}{가처분소득}×100$$

$$＝\left(1-\frac{소비지출}{가처분소득}\right)×100$$

$$＝100-\left(\frac{소비지출}{가처분소득}\right)×100$$

즉, 흑자율은 '100－평균소비성향'이므로 둘을 더하면 100이 된다. 따라서 계산을 일일이 하지 않아도 평균 소비성향을 구할 수 있다.

답 ②

문 7. 수능시험을 자격시험으로 전환하자는 의견에 대한 여론 조사 결과, 다음 표와 같은 자료를 얻었다. 이 표를 보고 내릴 수 있는 결론으로 맞지 않은 것은?

〈표〉 수능시험을 자격시험으로 전환하는 의견에 대한 지지율

(단위 : %)

교육수준	중졸 이하		고중퇴 및 고졸		전문대 중퇴 이상		전체	
조사 대상지역	A시	B도	A시	B도	A시	B도	A시	B도
지지율	68.9	64.5	61.1	54.0	45.0	33.5	57.9	57.7

① 지지율은 학력이 높아질수록 낮아진다.

② 학력 수준이 동일한 경우 지역별로 지지율에 차이가 있다.

③ 학력이 낮을수록 제시된 의견에 대한 지역별 지지율 차이가 적어진다.

④ 조사대상자 중 B도 도민이 A시 시민보다 저학력자의 비율이 높을 것이다.

⑤ 조사대상자 중 A시 시민의 수가 B도 도민의 수보다 많을 것이다.

정답해설

⑤ 조사대상자의 실제 수치는 이 표를 통해서는 구할 수 없다.

오답해설

①, ②, ③ 간단한 계산과 눈어림으로 판단이 가능하므로 구체적인 해설은 생략한다.

④ 만약 전체 모든 지역에서 학력별 조사대상자의 수가 동일하다면 전체 응답의 백분율은 학력별 백분율의 평균값과 동일해야 할 것이다. 즉 A시의 학력별 평균을 모두 더해서 전체 평균을 구하면 58.33이 되어야 하며, B시는 50.66이 되어야 한다. 그러나 위의 표에서 나타난 바와 같이 실제 평균은 달랐기 때문에 학력별 조사대상자의 수가 다르다는 것을 알 수 있다. 만약 조사대상자의 수가 다르다면 가중평균은 다음과 같이 계산할 수 있다.

$$\overline{X} = \frac{\overline{X_1}N_1 + \overline{X_2}N_2 + \overline{X_3}N_3}{N_1 + N_2 + N_3}$$

여기서 $\overline{X_n}$은 집단별 평균을 의미하며, N_n은 집단별 사례 수를 의미한다. 위의 공식을 살펴보면 사례 수가 많은 집단이 전체 평균에 더 큰 영향을 미친다는 것을 알 수 있다. 그런데 학력을 고려하지 않고 계산한 전체 결과는 A시의 경우 58.33보다 낮았고(57.9), B도는 50.66보다 높았다(57.7). 따라서 A시의 경우 학력별로 지지율이 낮은 '전문대 중퇴 이상'의 응답자가 많았기 때문에 가중평균치가 낮게 나타난 것으로 볼 수 있으며, B도는 학력별로 지지율이 높은 '중졸 이하'의 응답자가 많았기 때문에 가중평균치가 높게 나타난 것으로 볼 수 있다.

답 ⑤

문 8. 아래의 표를 보고 답지의 진술 중 <u>틀린</u> 것으로만 묶인 것을 고르면?

〈표〉 연도별 남북한의 주요 곡물 생산량

(단위 : 천 M/T, %)

구분	1985	1990	1995	2000	2005	2010	2011	2012	2013	2014	2015	2016	2017	2018	2019
남한															
쌀	3501	3939	4669	3550	5626	5606	5384	5331	4750	5060	4695	5323	5450	5097	5263
구성비	53.7	56.8	61.0	66.7	80.5	84.5	86.3	85.9	85.2	88.1	85.7	86.6	88.7	88.5	87.7
옥수수	40	68	54	154	132	120	75	92	92	89	74	72	87	80	79
구성비	0.6	1	0.7	2.9	1.9	1.8	1.2	1.5	1.5	1.5	1.4	1.2	1.4	1.4	1.3
북한															
쌀	1258	1480	1738	1245	1519	1457	1641	1531	1317	1502	1211	1340	1503	1461	1629
구성비	35.5	37.2	39.9	33.5	36.2	36.2	37.1	35.9	33.9	36.4	35.1	36.3	43.1	37.6	38.6
옥수수	1527	1855	2183	2035	2072	1949	2120	2112	1963	2138	1851	1976	1599	1947	1924
구성비	43.0	46.6	50.1	54.8	49.4	48.5	47.9	49.5	50.5	51.8	53.6	53.6	45.8	50.1	45.6
남/북	(단위 : 배)														
쌀	2.8	2.7	2.7	2.9	3.7	3.8	3.3	3.5	3.6	3.4	3.9	4	3.6	3.5	3.2
옥수수	0.03	0.04	0.02	0.08	0.06	0.06	0.04	0.04	0.04	0.04	0.04	0.04	0.05	0.04	0.04

ㄱ. 남한의 곡물생산량에서 쌀이 차지하는 비중은 1990년대, 2000년대에 비해 2010년대 들어 높아졌다고 할 수 있다.

ㄴ. 2010년대 들어 쌀과 옥수수의 생산량이 남북한 전체에서 차지하는 비중은 2010년대 남한보다 북한에서 더 높았다.

ㄷ. 2010년대 들어 남한의 쌀 생산량은 북한에 비해 최고 4배가량 오른 적이 있다.

ㄹ. 2011년부터 2016년까지 북한의 옥수수 생산량은 남한의 옥수수 생산량과 비교하여 4배였다.

① ㄱ, ㄴ

② ㄴ, ㄹ

③ ㄱ, ㄴ, ㄹ

④ ㄷ, ㄹ

⑤ ㄴ, ㄷ, ㄹ

[정답해설]

ㄴ. 2010년대 들어 쌀과 옥수수의 생산량이 전체에서 차지하는 비중은 북한보다 남한이 높았음을 쉽게 확인할 수 있다.

ㄹ. 남한이 북한의 0.04배이므로 이를 역으로 판단하면 북한은 남한의 25배이다.

[오답해설]

ㄱ. 남한에서 쌀이 차지하는 비중은 1990년대~2000년대에 최대 80.5%였지만 2010년대에는 대체로 80%대 후반을 기록 중이다.

ㄷ. 2016년에 거의 4배$\left(=\dfrac{5,323}{1,340}\right)$에 가깝게 올랐다.

답 ②

문 9. 다음은 전국의 만 20세 이상 성인남녀 1천 2백 명(지역별 인구 수 비례 무작위 추출)을 대상으로 실시한 설문 조사의 결과이다. 결과를 옳게 진술하고 있는 것으로만 모두 묶은 것은?

> 국민들은 자신들의 일상생활에 대해 '만족' 39.4%, '불만족' 20.7%로 평가해 지난해의 '만족' 33.3%, '불만족' 26.2%보다 만족이 늘었다. 삶의 질이 '선진국 진입수준'이란 응답(30.3%)도 지난해(16.4%)보다 13.9%p 높아졌다. '중진국 수준'이라는 응답은 62.1%로 여전히 가장 많았다. '후진국 수준'이라고 답한 사람은 7.1%, '선진국 수준'이라고 답한 사람은 0.5%에 불과했다.
>
> 생활형편이 1년 전보다 '나아졌다'는 답은 22.7%로 '어려워졌다' 응답인 19.2% 보다 높게 나타났다. 지난해 조사의 경우 '어려워졌다'(35.8%)는 응답이 '나아졌다'(16.3%)는 응답보다 높았다.
>
> 주관적 계층의식은 상층 2.3%, 중류층 78.9%, 하층 18.8%로 나뉘었다. 1년 전보다 상층과 하층(1년 전 각각 1.9%와 16.2%)의 소속감이 늘고, 중류층(1년 전 81.8%)의 소속감이 줄었다.

> ㄱ. 올해는 작년에 비해 경제 상황이 개선되었을 것이다.
> ㄴ. 우리나라 국민은 스스로를 중류층이라고 생각하는 경향이 강하다.
> ㄷ. 경제 상황이 개선되면서 작년에 비해 빈부격차도 줄어들었을 것이다.

① ㄱ
② ㄱ, ㄴ
③ ㄱ, ㄷ
④ ㄴ, ㄷ
⑤ ㄱ, ㄴ, ㄷ

정답해설

ㄱ. 일상생활에 대한 응답에서 '만족'(33.3% → 39.4%), 삶의 질에 대한 응답에서 '선진국 진입 수준'(16.4% → 30.3%), 생활형편에 대한 응답에서 '나아졌다'(16.3% → 22.7%), '어려워졌다'(35.8% → 19.2%)로 응답률이 바뀐 것으로부터 경제상황이 개선되었음을 유추할 수 있다.

ㄴ. 중류층이 78.9%로 나타났다는 점에서 유추할 수 있다.

오답해설

ㄷ. 주어진 자료만으로는 빈부격차가 줄어들었는지 알 수 없다.

답 ②

문 10. 다음의 자료는 도시근로자의 가계수지에 대한 자료이다. 다음 표를 통해 볼 때 〈보기〉에 제시된 업소 중 전년도에 비해 불황을 겪었을 가능성이 높은 업소들로만 묶인 것은?

〈표〉 ○○년도 도시근로자 가구주 연령별 가계수지의 항목별 증감율(전년 대비)

(단위 : %)

구분 \ 연령	24세 이하	25~29	30~34	35~39	40~44	45~49	50~54	55세 이상
소비지출전체	9.9	12.6	7.9	4.9	0.7	3.1	4.0	−0.3
식료품	6.7	6.7	4.5	4.4	4.7	3.6	3.7	2.1
주거	−32.6	10.2	10.4	−7.5	−0.1	12.5	22.5	9.7
광열/수도	8.3	−4.0	4.4	3.4	1.3	−0.8	0.1	4.7
가구 가사용품	99.3	−2.0	21.0	3.1	11.1	−4.7	36.0	−13.2
피복/신발	12.8	13.5	3.9	4.6	1.6	5.3	8.6	−3.0
보건/의료	−6.4	13.7	5.8	3.7	4.5	1.2	−8.0	−6.0
교육	29.6	11.5	22.9	9.6	7.9	5.2	−9.4	−11.5
교양/오락	28.7	9.9	7.9	4.6	−1.9	−6.3	−11.2	21.7
교통/통신	9.8	41.0	4.6	−4.3	0.4	−3.7	7.7	−1.3
기타 소비	16.5	7.2	10.6	12.8	−3.3	3.9	5.8	−1.0
잡비	22.3	4.9	13.1	14.7	−5.6	4.7	5.7	−0.1

┌─보 기───┐
ㄱ. 초등학생 대상 학원
ㄴ. 중년층이 주 고객인 음악카페
ㄷ. 젊은 층 대상의 옷가게
ㄹ. 노인용 의료기기 판매점
└───┘

① ㄱ, ㄴ

② ㄱ, ㄹ

③ ㄴ, ㄷ

④ ㄴ, ㄹ

⑤ ㄷ, ㄹ

┌─정답해설─┐
ㄴ. 40~50대의 교양/오락 부분의 가계수지가 전년 대비 악화된 것으로 나타나고 있으므로 중년층이 주 고객인 음악카페는 불황을 겪었을 가능성이 높다.
ㄹ. 55세 이상의 보건/의료 부분의 가계수지가 전년 대비 악화된 것으로 나타나고 있으므로 노인용 의료기기 판매점은 불황을 겪었을 가능성이 높다.

┌─오답해설─┐
ㄱ. 30대 이하의 교육 부분의 가계수지는 전년 대비 개선된 것으로 나타나고 있으므로 초등학생 대상 학원은 불황을 겪지는 않았을 것이다.
ㄷ. 20~30대의 피복/신발 부분의 가계수지는 전년 대비 개선된 것으로 나타나고 있으므로 젊은 층 대상의 옷가게는 불황을 겪지는 않았을 것이다.

답 ④

문 11. 다음은 운수업을 구성하고 있는 4가지 중심 사업에 관한 표로서 구체적인 수치는 삭제되어 있다. 다음 표를 가지고 알 수 <u>없는</u> 것은?

〈표〉 운수업 관련 4가지 중심사업

(단위 : 개, 명, 억 원)

업종 \ 연도 \ 구분		사업체 수	종사자 수	급여액	운수수입 (매출액)
육상운송업	2019년				
	2020년				
수상운송업	2019년				
	2020년				
항공운송업	2019년				
	2020년				
운송관련 서비스	2019년				
	2020년				

※ 운수업 = 육상운송업 + 수상운송업 + 항공운송업 + 운송관련서비스

① 2020년 전년 대비 육상운송업 종사자 1인당 평균 급여 증감 비율

② 2020년 운수업 총매출액

③ 육상운송업 매출액이 운수업 매출액에서 차지하는 구성비

④ 2020년 수상운송업의 한 업체당 평균종사자 수

⑤ 2019년 항공운송업 부가가치

[정답해설]

⑤ 2019년 항공운송업 부가가치는 제시된 정보만으로는 구하기 어렵다.

[오답해설]

① 2020년 전년 대비 육상운송업 종사자 1인당 평균 급여 증감 비율은 2019년과 2020년 각각 $\frac{급여액}{종사자 수}$ 을 통해 평균 급여를 구한 후 이들 간의 차이를 계산하여 구할 수 있다.

② 2020년 운수업 총매출액은 2020년 육상·수상·항공운송업과 운송관련 서비스의 매출액을 모두 합하여 구할 수 있다.

③ $\frac{육상운송업체 매출액}{전체 운수업 매출액}$ 으로 구할 수 있다.

④ $\frac{2020년 수상운송업 종사자 수}{2020년 수상운송업체 수}$ 로 구할 수 있다.

답 ⑤

문 12. 아래의 자료에 대한 해석 중 가장 적절하지 <u>않은</u> 것은?

〈표〉 최근 4년 간 노동 비용 추이

(단위 : 천 원, %)

연도 구분		2017	2018	2019	2020
노동비용 총액		2,324 (100.0)	2,371 (100.0)	2,778 (100.0)	2,661 (100.0)
	직접 노동비용	1,409 (60.6)	1,550 (65.4)	1,741 (62.7)	1,840 (69.2)
	간접 노동비용	915 (39.4)	821 (34.6)	1,037 (37.3)	821 (30.8)

※ ( )는 구성비

① 2020년의 노동비용 총액 중 직접 노동비용의 비중은 69.2%로 전년 대비 6.5%p 증가하였다.

② 2020년 노동비용 총액 중 간접 노동비용의 비중은 30.8%로 전년에 비해 6.5%p 감소하여 최근 4년 간 가장 낮은 수준이었다.

③ 2020년 직접 노동비용은 1,840,000원으로 전년 대비 5.7% 상승하였다.

④ 2020년 간접 노동비용은 821,000원으로 전년에 비해 20.8% 하락하였다.

⑤ 2017년 이래로 직접 노동비용은 지속적으로 상승하고 있으나, 간접 노동비용은 하락하고 있다.

정답해설

⑤ 2017년 이래로 직접 노동비용은 지속적으로 상승하고 있으나, 2019년의 경우 간접 노동비용은 전년 대비 증가하였으므로 적절하지 않다.

오답해설

① 2020년의 노동비용 총액 중 직접 노동비용의 비중은 69.2%로 전년의 62.7% 대비 6.5%p 증가하였다.
② 2020년의 노동비용 총액 중 간접 노동비용의 비중은 30.8%로 전년의 37.3% 대비 6.5%p 감소하였다.
③ 2020년의 직접 노동비용은 1,840,000원으로 전년 대비 약 5.7% 상승하였다.
④ 2020년의 간접 노동비용은 821,000원으로 전년에 비해 약 20.8% 하락하였다.

답 ⑤

문 13. **실업자와 실업률에 관한 다음 자료로부터 얻을 수 있는 정보 중 잘못된 것은?**

〈그림〉 실업자와 실업률의 변화

〈표〉 실업자와 실업률의 증감

(단위 : 천 명, %p, 전년 동월 대비)

구분 \ 시기	2019.8	2020.3	2020.4	2020.5	2020.6	2020.7	2020.8
실업자 증감	-66	-266	-141	-119	-134	-134	-94
실업률 증감	-0.3	-1.4	-0.7	-0.6	-0.6	-0.7	-0.5

① 2020년 8월 실업자, 실업률은 전년 동월 대비 각각 94천 명, 0.5%p 감소하였다.

② 2020년 7월 실업률은 전년 동월 대비 0.7%p 감소한 2.7%로 나타났다.

③ 2020년 8월 중 실업자는 658천 명으로 전월 대비 약 5.1% 상승하였으며, 실업률은 2.9%로 전월 대비 0.2%p 증가하였다.

④ 2019년 5월의 실업자는 동년 6월의 실업자보다 5만 명이 적은 780천 명이다.

⑤ 2019년 3월 실업자 및 실업률은 각각 1,035천 명, 약 4.8%이다.

정답해설

선택지 ①, ②, ③은 자료를 통해 쉽게 알 수 있는 반면 선택지 ④, ⑤의 경우 풀기 위한 자료가 직접 제시되어 있지 않다. 따라서 주어진 자료에서 문제해결에 필요한 자료를 계산한 후 선택지의 진위를 판별하는 방식으로 문제를 해결할 수 있다. 2019년 실업자 및 실업률은 전년 동월 대비를 통해 만들어진 〈표〉와 〈그림〉의 실업자와 실업률의 수치를 결합하여 구할 수 있다. 이를 통해 계산된 표는 다음과 같다.

(단위 : 천 명, %p)

구분	2019.3	2019.4	2019.5	2019.6	2019.7	2019.8
실업자 증감	1035	848	780	745	760	752
실업률 증감	4.8	3.8	3.5	3.3	3.4	3.4

여기서 2019년 3월, 5월, 6월의 값을 이용하여 판단해보면 ④가 틀린 것임을 알 수 있다.

답 ④

문 14. 다음 〈표〉는 흡연 실태에 관하여 2016년과 2020년에 조사한 결과를 비교한 것이다. 2016년과 2020년 사이에 인구 수 및 지역별·성별 구성비의 변동이 없다고 가정할 때, 다음 〈표〉에 대한 〈보기〉의 설명 중 옳지 <u>않은</u> 것으로만 묶은 것은?

〈표〉 지역별·성별 흡연 현황

(단위 : %)

구분			비흡연			흡연				
				끊었음	피운적 없음		10개비 이하	11~20	21~30	31~40	41개비 이상
2016	전국		64.9	15.2	84.8	35.1	34.9	55.2	7.2	0.3	2.4
	지역	도시	65.1	15.1	84.9	34.9	35.9	54.7	6.8	0.3	2.3
		농촌	64.0	15.3	84.7	36.0	30.9	57.3	8.5	0.4	2.9
	성별	남	32.2	55.2	44.8	67.8	32.4	57.2	7.6	0.3	2.6
		여	95.4	2.6	97.4	4.6	68.6	28.5	1.9	0.2	0.8
2020	전국		70.8	20.7	79.3	29.2	40.5	50.7	6.0	2.6	0.2
	지역	도시	70.7	20.6	79.4	29.3	40.8	50.6	5.9	2.5	0.2
		농촌	71.3	20.8	79.2	28.7	39.2	50.9	6.4	3.1	0.4
	성별	남	43.7	60.9	39.1	56.3	38.1	52.5	6.4	2.7	0.3
		여	96.2	3.5	96.5	3.8	73.4	24.9	0.6	1.0	0.1

[보 기]

ㄱ. 2016년과 2020년 모두, 남자 중 절반 이상이 담배를 피우다 끊은 상태로 나타났다.

ㄴ. 담배를 피우지 않는 인구비율이 2016년에 비해 2020년 5%p 이상 증가하였다.

ㄷ. 2016년에 비해 2020년 전국에서 흡연하는 사람의 비율은 감소하였고, 하루에 41개비 이상을 피는 인구는 증가하였다.

ㄹ. 2016년에 비해 2020년 남자 흡연인구는 감소하였으나 여자 흡연인구는 증가하였다.

ㅁ. 2016년에 비해 2020년 흡연인구 비율은 농촌지역보다 도시지역에서 더 큰 폭으로 감소하였다.

① ㄱ, ㄷ

② ㄱ, ㄷ, ㄹ

③ ㄴ, ㄹ, ㅁ

④ ㄱ, ㄴ, ㄹ, ㅁ

⑤ ㄱ, ㄷ, ㄹ, ㅁ

[정답해설]

ㄱ. 2016년에 남자 중 담배를 피우다 끊은 상태인 경우는 0.322×0.552로서 20%에 못 미치며, 2020년에도 0.437×0.609로서 약 25% 수준이다.

ㄷ. 2016년과 2020년 사이에 인구 수 및 지역별·성별 구성비의 변동은 없으므로 하루 41개 이상 흡연하는 사람도 감소했다는 점에 유의하자.

구분	2016년	2020년	증감
전국의 흡연하는 사람의 비율	35.1%	29.2%	5.9%p 감소
하루 41개 이상 흡연하는 사람의 비율	2.4%	0.2%	2.2%p 감소

ㄹ. 2016년과 2020년 사이에 인구 수 및 지역별·성별 구성비의 변동은 없으므로 남자(67.8 → 56.3), 여자(4.6 → 3.8) 모두 흡연인구가 감소한 것으로 볼 수 있다.

ㅁ. 흡연인구 비율은 도시에서 5.6%p, 농촌에서 7.3%p 감소하였다.

[오답해설]

ㄴ. 담배를 피우지 않는 인구비율이 2016년 64.9%에서 2020년에 70.8%로 5.9%p 증가하였다.

답 ⑤

문 15. 다음 〈그림〉과 〈표〉는 우리나라의 노인인구에 대한 자료들이다. 이들에 대한 〈보기〉의 설명으로 옳은 것을 모두 고른 것은?

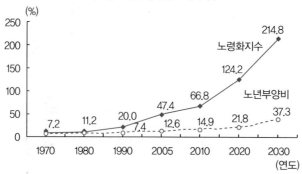

〈그림〉 노년부양비 및 노령화지수

※ 유년인구 : 0세~14세 인구
　 노인인구 : 65세 이상 인구
　 생산가능인구 : 15세~64세 인구
　 노년부양비 : (노인인구/생산가능인구)×100
　 노령화지수 : (노인인구/유년인구)×100

〈표〉 노인의 삶의 만족도

구분		전체	지역별		성별	
			도시	농촌	남자	여자
삶 전반	만족	43.0	43.8	41.3	49.4	39.0
	보통	32.7	31.6	34.9	32.2	33.0
	불만	24.3	24.6	23.8	18.4	28.0
건강상태	만족	38.4	40.0	35.1	52.1	29.8
	보통	19.8	20.0	19.5	18.3	20.8
	불만	41.8	40.0	45.4	29.6	49.4
경제상태	만족	19.6	21.2	16.4	23.7	17.1
	보통	31.8	29.1	37.5	33.0	31.1
	불만	48.6	49.7	46.1	43.3	51.8
배우자와의 관계	만족	64.2	64.0	64.4	70.1	54.7
	보통	27.7	29.1	24.7	25.5	31.2
	불만	8.1	6.9	10.9	4.4	14.1
자녀와의 관계	만족	68.9	67.4	72.1	71.3	67.5
	보통	22.1	23.0	20.0	21.2	22.5
	불만	9.0	9.6	7.9	7.5	10.0

┌─ 보 기 ─┐
ㄱ. 유년인구 100명당 노인인구는 2005년도 47.4명에서 2010년 66.8명으로 증가하고, 2020년에는 124.2명으로 증가할 것으로 예상된다.
ㄴ. 생산가능인구당 노인인구는 1990년도 대비 2020년에 300% 정도 증가할 것으로 예상된다.
ㄷ. 노인의 삶의 만족도에서 불만의 정도는 경제상태 영역에서 가장 높고 배우자·자녀와의 관계 영역의 불만 정도는 다른 영역보다 낮다.
ㄹ. 노령화지수는 노년부양비와 비례 관계에 있고 생산가능 인구와 반비례 관계에 있다.
ㅁ. 삶 전반에 대한 만족의 정도는 도시지역의 노인이 농촌지역의 노인보다 높고, 남자노인이 여자노인보다 높다.

① ㄱ, ㄴ, ㄷ
② ㄴ, ㄷ, ㄹ
③ ㄷ, ㄹ, ㅁ
④ ㄱ, ㄷ, ㅁ
⑤ ㄴ, ㄹ, ㅁ

문 16. 다음 〈그림〉과 〈표〉는 전체 TV 시장과 디지털 TV 시장의 매출액과 성장추이 및 TV 크기와 종류별 시장점유율에 관한 자료이다. 이에 대한 〈보기〉의 설명 중 옳은 것을 모두 고르면?

〈그림〉 전체 TV 시장과 디지털 TV 시장의 매출액과 성장추이

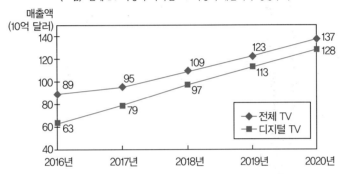

〈표〉 TV 크기와 종류별 시장점유율

크기	연도	프로젝션 TV	PDP TV	LCD TV	브라운관 TV
대형	2019	76	24	–	–
	2020	47	51	2	–
중형	2019	23	68	9	–
	2020	13	74	13	–
소형	2019	–	17	60	23
	2020	–	5	81	14

※ 해당사항이 없는 경우 '–'로 표시함

보 기

ㄱ. 전체 TV 시장 및 디지털 TV 시장의 매출액 규모는 연간 10% 이상 지속적으로 증가하였다.

ㄴ. 전체 TV 시장 매출액에서 디지털 TV 시장 매출액이 차지하는 비율이 지속적으로 증가하여, 2019년부터 90%를 상회하였다.

ㄷ. 2019년과 2020년의 TV 크기별 시장점유율을 보면 소형에서는 LCD TV의 시장점유율이 가장 높고, 중형 이상에서는 PDP TV의 시장점유율이 가장 높았다.

ㄹ. 2019년에 비해 2020년에 소형 PDP TV의 시장점유율은 감소하였으나, 중형 이상 PDP TV의 시장점유율은 증가하였다.

ㅁ. 2019년에 비해 2020년에 시장점유율 감소폭이 가장 큰 제품은 소형에서는 브라운관 TV이고, 중형 이상에서는 프로젝션 TV이다.

① ㄱ, ㄷ   ② ㄱ, ㄹ

③ ㄴ, ㄹ   ④ ㄴ, ㅁ

⑤ ㄷ, ㅁ

문 17. 다음 〈제시문〉과 〈표〉는 시립대학을 설립, 운영하는 문제에 대한 설문조사 결과이다. 이에 대한 설명으로 옳은 것은?

제시문

A시는 학비가 저렴한 시립대학을 설립, 운영하는 문제를 결정하기 위하여 시민 1,000명을 대상으로 인터넷을 통한 온라인 설문조사를 실시하였다. 설문응답자 중 남성은 78%, 여성은 22%였고, 연령대로는 10대가 240명, 20대가 260명, 30대가 235명, 40대가 160명, 50대 이상이 105명이었다. 조사결과는 다음 〈표〉와 같았고 대학이 생길 경우 해당 대학에 진학할 의사를 밝힌 사람이 남성 110명, 여성 64명으로 나타났다.

〈표〉 시립대학 설립에 대한 의견

(단위 : 명, %)

구분	남성	여성	전체
적극 찬성	48(6.2)	29(13.2)	77(7.7)
대체로 찬성	155(19.9)	35(15.9)	190(19.0)
그저 그렇다	417(53.4)	103(46.8)	527(52.7)
대체로 반대	68(8.7)	32(14.5)	96(9.6)
적극 반대	92(11.8)	21(9.5)	110(11.0)
전체	780(100.0)	220(100.0)	1000(100)

① 시립대학 설립에 대해 적극 찬성한다는 비율과 적극 반대한다는 비율은 남성보다 여성이 모두 높다.

② 새로운 시립대학이 설립될 경우 진학할 의사를 밝힌 사람의 비율은 여성이 남성의 2배가량이다.

③ 남성이 여성보다 대학설립을 반대하는 비율이 더 높다.

④ 새로운 시립대학이 설립될 경우 진학할 의사를 밝히지 않은 사람은 826명이고, 이 중 85% 이상이 남성이다.

⑤ 시립대학 설립에 대한 의견은 10대와 30대의 연령층에서 비슷하다.

정답해설

② 남자 응답자의 약 14%$\left(=\dfrac{110}{780}\right)$, 여자 응답자의 약 29%$\left(=\dfrac{64}{220}\right)$가 대학 진학의사를 밝혔다.

오답해설

① '적극 찬성한다'는 의견은 여성의 응답비율이 더 높으나(6.2% vs 13.2%) '적극 반대한다'는 응답은 남성이 더 높다(11.8% vs 9.5%).

③ 남성이 반대하는 비율은 20.5%(=8.7%+11.8%), 여성이 반대하는 비율은 24%(=9.5%+14.5%)이다.

④ 새로운 시립대학이 설립될 경우 진학할 의사를 밝히지 않은 사람은 826명(=1,000명−174명)이고, 이 중 남성이 반대하는 비율은 약 81.1%$\left(=\dfrac{670}{826}\right)$이다.

⑤ 설문에 응답한 10대와 30대의 인원 수가 비슷한 것일 뿐 그들이 어떠한 의견을 가지고 있는지 제시된 자료만으로는 알 수 없다.

답 ②

문 18. 다음은 우리나라의 초고속 인터넷시장에 관한 〈표〉이다. 다음 〈보기〉의 설명 중 옳은 것을 모두 고르면?

〈표 1〉 시장점유율 추이

(단위 : %)

년도 사업자	2015	2016	2017	2018	2019	2020
A	43.9	49.7	49.9	53.8	56.0	58.9
B	28.0	26.4	29.1	26.3	25.4	25.1
C	19.3	16.8	13.2	12.5	11.9	8.8
D	1.8	2.7	4.5	4.1	3.6	3.5
E	3.9	2.3	1.7	1.4	1.2	1.2
F	3.1	2.1	1.5	1.9	1.9	2.4

〈표 2〉 서비스 세부항목별 이용자 만족도

(비고 : 5점 만점, 높을수록 만족)

구분		A	B	C
요금제도의 다양성	2018년	3.50	3.41	3.33
	2019년	2.91	3.01	2.83
부가서비스 기능 다양성	2018년	3.39	3.29	3.26
	2019년	3.41	2.99	2.86

보 기

ㄱ. 2015년부터 2020년까지 A의 시장 점유율은 매년 증가했으며, B의 시장 점유율은 매년 감소했다.

ㄴ. 2018년 대비 2019년 B, C의 요금제도 다양성 이용자 만족도와 부가서비스 기능 다양성 이용자 만족도가 모두 하락했으며, B, C의 시장 점유율도 감소했다.

ㄷ. 2015년 대비 2020년 C의 시장점유율은 50% 이하로 감소했다.

ㄹ. D는 2017년을 정점으로 시장점유율이 감소하고 있으며, F는 2017년을 저점으로 시장점유율이 매년 증가하였다.

① ㄱ, ㄴ

② ㄴ, ㄷ

③ ㄷ, ㄹ

④ ㄱ, ㄷ

⑤ ㄴ, ㄹ

정답해설

ㄴ. 〈표 2〉에 따르면 B의 요금제도 다양성 이용자 만족도는 2018년 대비 2019년에 3.41에서 3.01로 감소하고 C의 요금제도 다양성 만족도는 3.33에서 2.83으로 감소하였다. 그리고 B의 부가서비스 다양성 이용자 만족도는 3.29에서 2.99로 감소하고 C의 부가서비스 다양성 이용자 만족도는 3.26에서 2.86으로 감소하였다. 또한 〈표 1〉에 따르면 B와 C의 시장점유율 역시 각각 26.3%에서 25.4%로, 12.5%에서 11.9%로 감소하였다.

ㄷ. 〈표 1〉에 의하면 C의 시장점유율은 2015년에 19.3%이고 2020년에 8.8%임을 확인할 수 있다. 따라서 절반 이하로 감소하였다.

오답해설

ㄱ. 〈표 1〉을 참조해서 보면, A의 시장점유율은 2015년에서 2020년까지 매년 증가하나 B의 시장점유율은 2017년에 증가하였으므로, 매년 감소했다는 것은 옳지 않다.

ㄹ. 〈표 1〉을 참조하면, D의 시장점유율은 2017년에 4.5%로 최고치였으며 이후 매년 감소하였지만 F의 시장점유율은 2018년과 2019년에 1.9%로 동일하다.

답 ②

문 19. 정보통신부의 IT인력 담당 사무관은 다음과 같은 연구 보고서를 작성하였다. 아래에 제시된 자료 중 연구보고서의 참고 자료로 활용되지 <u>않은</u> 자료를 고르면?

> 2009년 말 IT산업 종사자 수는 113만 명으로 2008년 대비 5.4%가 증가되었고, 2011년도는 133만 명에 이르는 등 IT분야 인력수요는 지속적으로 증가될 것으로 보인다. 한편, 정보통신 관련직종이 2008년에서 2020년까지의 전체 고용창출의 약 22~23% 정도를 차지할 것으로 추산되고 있는데, 이 중에서 가장 큰 비중을 차지하는 것은 정보통신 산업에서의 컴퓨터 전문직군이 될 것이라고 조사되었다. 정보통신 산업 중에서도 소프트웨어 관련 산업에서의 고용창출이 급속히 증대될 것으로 보인다. 그런데, 정보통신 관련직종은 일반적으로 일정수준 이상의 지식과 기술을 필요로 하는 것들이며, 특히 고학력 전문직종의 비중이 높아서 단기간의 교육 및 훈련으로는 충분한 인력공급이 이루어지기 어려운 특성이 있다. 따라서 정보통신 직종의 인력, 특히 전문인력의 경우 수요초과 현상이 일어날 가능성이 높다.

① 정보통신 산업의 고용 추이와 전망

(단위 : 명)

구분	KSIC	종별	2003	2008	2013	2023
정보통신 기기	300	사무계산 회계용 기계 제조	89,757	35,837	38,473	29,872
	321	전자판 및 전자부품 제조	193,308	167,605	185,913	153,141
	322	통신방송장비	34,397	29,823	33,259	27,250
	323	방송수신기	102,084	88,510	98,706	80,872
통신 및 방송서비스	642	전기통신	142,311	159,447	177,726	162,249
	921	영화 및 방송	123,911	146,634	179,475	241,306
소프트웨어	721,722	컴퓨터 및 소프트웨어자문	46,047	95,655	244,041	689,980
	723,724	자료처리 및 데이터베이스	3,680	7,644	19,502	55,130
합계			735,495	731,155	977,095	1,439,800

※ 산업별 취업자 수와 본 연구의 산업별 · 직종별 행렬을 기초로 추정한 자료임. KSIC(Korean Standard Industrial Classification) 721과 722, 723과 724는 원자료에 따르면 구분할 수 없었음

② 정보통신 종사자의 고용창출 기여도 전망

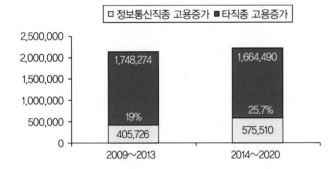

③ 정보통신 관련 직종의 증가율

(연 평균%)

구분	2003~2007	2008~2020
컴퓨터 전문직	0.37	2.49
중저급 컴퓨터 전문직	0.20	1.13
전자 및 통신 기술직	−0.12	0.33
생산, 조작 및 정비직	0.13	0.56
정보통신관련 관리직	0.49	0.84

④ IT 분야 고용 현황

(단위 : 만 명, %)

구분	2008	2009	2010	2011
IT 직종 종사자 수	101	113	125	133
전년 대비 증감율	5.1	5.4	5.7	6.0

⑤ 정보통신 관련 직종의 산업별 취업 구성

구분	2003	2008	2013	2020
정보통신 산업(명)	177,500	182,230	311,648	642,409
		(0.03)*		(2.53)**
비정보통신 산업(명)	696,846	837,083	1,122,720	1,346,843
		(0.20)*		(0.61)**
비정보통신 산업 취업 비율(%)	79.7	82.1	78.3	67.7

* 2003~2007년 사이의 연평균 증가율
** 2008~2020년 사이의 연평균 증가율

정답해설

⑤ 보고서의 참고 자료로 활용되지 않은 자료이다.

오답해설

① '정보통신 산업 중에서도 소프트웨어 관련 산업에서의 고용창출이 급속히 증대'라는 부분을 위해 활용된 자료이다.
② '정보통신 관련직종이 2008년에서 2020년까지의 전체 고용창출의 약 22~23%를 차지할 것으로 추산'이라는 부분을 위해 활용된 자료이다.
③ '가장 큰 비중을 차지하는 것은 정보통신 산업에서의 컴퓨터 전문직군이 될 것'이라는 부분을 위해 활용된 자료이다.
④ '2009년 말 IT산업 종사자 수는 113만 명으로 2008년 대비 5.4%가 증가되었고, 2011년도는 133만 명에 이르는 등 IT분야 인력수요는 지속적으로 증가'라는 부분을 위해 활용된 자료이다.

답 ⑤

문 20. 다음과 같은 〈보고서〉의 내용을 작성하는 데 있어서 직접적인 근거로 활용되지 <u>않은</u> 자료는?

┌─보고서─┐

　　청소년은 보호와 육성의 대상으로, 존엄성을 보장받기 위한 사회적 안전장치 및 예방장치의 역할이 필요한 존재이다. 우리나라는 20세 미만의 낮은 연령층인 10대의 범죄를 가리켜 청소년범죄라고 하며, 청소년범죄의 개념을 확대하여 때로는 청소년비행이란 용어로 표현하고 있다. 우리나라의 2013년부터 2019년까지 청소년범죄는 전체범죄율과 함께 지속적으로 증가 추세를 보이고 있다. 또한 2019년의 여자 소년범에 대한 남자 소년범의 비율은 2015년에 비해 낮아졌다. 2015년부터 2019년까지 청소년 범죄자의 교육정도를 보면 고등학교 재학이 가장 많다. 그리고 15세 이하의 범죄청소년 수는 2015년에 비해 2019년은 낮아진 반면, 18세~19세의 범죄청소년 수는 2015년에 비해 2019년은 높아졌다. 이러한 청소년범죄에 대한 통계 자료를 살펴 볼 때 청소년들을 건전하게 육성하기 위한 사회와 국가의 관심과 대책 마련이 시급한 시점이다.

① 청소년범죄 남녀별 현황

(단위 : 명, %)

구분	계		남자		여자	
	인원	비율	인원	비율	인원	비율
2015	124,244	100.0	115,271	92.8	8,793	7.2
2016	146,986	100.0	134,104	91.2	12,882	8.8
2017	150,821	100.0	137,035	90.9	13,786	9.1
2018	161,277	100.0	144,907	89.9	16,370	10.1
2019	164,182	100.0	144,636	88.1	19,546	11.9

② 범죄 대비 청소년범죄 구성 현황

(단위 : 명, %)

구분	2015	2016	2017	2018	2019
총 범죄	1,804,405 (100)	2,018,296 (111.8)	2,117,759 (117.4)	2,341,431 (129.8)	2,400,485 (133.0)
청소년범죄	124,244 (100)	146,986 (118.3)	150,182 (121.4)	161,277 (129.8)	164,182 (132.1)

③ 청소년범죄의 교육정도별 현황

(단위 : 명)

연도	계	초등학교 재학	중학교 재학	고등학교 재학	기타
2015	124,244	2,896	39,480	70,119	11,669
2016	146,986	2,718	45,733	82,880	15,655
2017	150,821	2,472	42,907	85,731	19,711
2018	161,277	2,725	48,318	90,558	19,670
2019	164,821	2,624	47,287	84,987	29,284

④ 청소년범죄의 전과별 현황

(단위 : 명)

년도	계	초범	전과			
			소계	1범	2범	3범 이하
2015	12,244	95,245	28,999	16,678	6,774	5,547
2016	146,986	110,639	36,347	19,643	8,508	8,196
2017	150,821	97,475	53,346	24,312	12,291	16,743
2018	161,277	108,330	52,947	25,304	12,531	15,112
2019	164,182	121,516	42,666	22,067	10,148	10,451

⑤ 청소년범죄 연령별 현황

(단위 : 명, %)

구분	계	14세 미만		14세~15세		16세~17세		18세~19세	
	인원	인원	구성비	인원	구성비	인원	구성비	인원	구성비
2015	124,064	2,551	2.1	32,352	26.0	45,707	36.8	43,634	35.1
2016	146,986	4,660	3.2	38,084	25.9	53,130	36.1	51,112	34.8
2017	150,821	1,674	1.1	42,786	28.4	53,857	35.7	52,504	34.8
2018	161,277	1,886	1.2	35,964	23.3	59,833	37.1	63,594	39.4
2019	164,182	4,093	2.5	30,088	18.3	61,622	37.5	68,379	41.7

[정답해설]

④ 〈보고서〉를 작성하는 데 직접적으로 사용되지 않았다.

[오답해설]

① '2019년의 여자 소년범에 대한 남자 소년범의 비율은 2015년에 비해 낮아졌다.'의 근거로 사용되었다.
② '우리나라의 2013년부터 2019년까지 청소년범죄는 전체범죄율과 함께 지속적으로 증가 추세를 보이고 있다.'의 근거로 사용되었다.
③ '청소년 범죄자의 교육정도를 보면 고등학교 재학이 가장 많다.'의 근거로 사용되었다.
⑤ '15세 이하의 범죄청소년 수는 2015년에 비해 2019년은 낮아진 반면, 18세~19세의 범죄청소년 수는 2015년에 비해 2019년은 높아졌다.'의 근거로 사용되었다.

답 ④

PART 1

LEVEL UP!

01
CHAPTER
LEVEL 1, 파악

01 자료의 읽기

문 1.   다음 〈그림〉은 국민의료비 중 총 진료비와 1인당 진료비에 대한 자료이다. 이를 해석한 것으로 옳지 <u>않은</u> 것은?

06 견습(역) 10번

〈그림 1〉 성별 · 연령대별 총 진료비

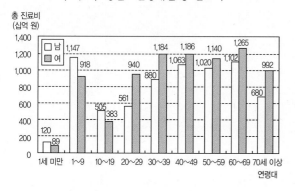

〈그림 2〉 성별 · 연령대별 1인당 진료비

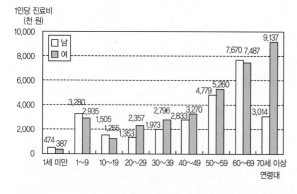

① 19세 이하 남성의 총 진료비는 19세 이하 여성의 총 진료비보다 많다.

② 20세 이상 여성의 총 진료비는 20세 이상 남성의 총 진료비보다 많다.

③ 20세 이상 남녀의 1인당 진료비는 연령대가 높아짐에 따라 증가한다.

④ 남녀 간 총 진료비의 차이는 20~29세에서 가장 크고, 1세 미만에서 가장 작다.

⑤ 70세 이상의 경우, 총 진료비는 여성이 남성의 1.5배를 넘지 않고, 1인당 진료비는 여성이 남성의 3배를 넘는다.

문 2.   다음 〈표〉는 성별에 따른 경제활동동향을 비교한 자료이다. 이에 대한 〈보기〉의 설명 중 옳은 것을 모두 고르면?

06 견습(역) 16번

〈표 1〉 성별 경제활동참가율 및 실업률

(단위 : %)

구분 연도	전체		여성		남성	
	참가율	실업률	참가율	실업률	참가율	실업률
1996	59.0	5.2	42.8	3.5	76.4	6.2
1997	56.6	4.0	41.9	2.4	72.3	5.0
1998	60.0	2.4	47.0	1.8	74.0	2.9
1999	61.9	2.1	48.4	1.7	76.4	2.3
2000	61.0	4.1	48.6	3.3	74.2	4.7
2001	61.3	3.8	49.2	3.1	74.2	4.3
2002	61.9	3.1	49.7	2.5	74.8	3.5

〈표 2〉 가구주의 성별 경제활동참가율 및 실업률

(단위 : %)

구분 연도	전체		여성		남성	
	참가율	실업률	참가율	실업률	참가율	실업률
1996	84.5	4.0	56.2	3.1	90.4	4.2
1997	84.9	3.0	62.5	2.0	89.9	3.1
1998	88.9	1.6	72.1	1.3	92.8	1.6
1999	88.3	1.2	70.0	1.5	92.6	1.2
2000	84.3	2.9	66.6	2.7	89.1	2.9
2001	83.6	2.7	65.5	2.7	88.7	2.6
2002	83.4	2.1	64.6	2.5	88.9	2.1

〈표 3〉 종사상 지위별 취업자 구성비

(단위 : %)

성별	연도	비임금 근로자	자영 업주	무급 가족 종사자	임금 근로자	상용	임시	일용
여성	2000	38.5	19.2	19.3	61.5	19.1	28.5	13.9
	2001	37.6	19.5	18.1	62.4	20.7	28.8	12.9
	2002	36.5	19.4	17.1	63.5	21.3	29.1	13.1
남성	2000	35.7	33.7	2.0	64.3	38.1	17.1	9.1
	2001	36.0	34.1	1.9	64.0	38.6	17.0	8.4
	2002	35.7	34.0	1.7	64.3	37.8	17.0	9.5

ㄱ. 1996~2002년 사이에 경제활동참가율과 실업률 모두 남성이 여성보다 높다.

ㄴ. 1997~2002년 사이에 가구주의 경제활동참가율이 전년에 비해 증가한 해에는 실업률이 감소하였다.

ㄷ. 1999년 이후 가구주의 경제활동참가율은 남녀 모두 지속적으로 감소하였다.

ㄹ. 2000~2002년 사이에 남녀 모두 임시직 근로자와 일용직 근로자 비율의 합이 상용직 근로자의 비율보다 크다.

ㅁ. 2000~2002년 사이에 취업자 중 자영업주의 비율은 남성이 여성보다 높은 반면, 무급가족종사자의 비율은 여성이 남성보다 높다.

① ㄱ, ㄴ, ㅁ
② ㄱ, ㄷ, ㄹ
③ ㄱ, ㄹ, ㅁ
④ ㄴ, ㄷ, ㄹ
⑤ ㄷ, ㄹ, ㅁ

문 3. 다음 〈표〉는 자동차 변속기의 부문별 경쟁력점수를 국가별로 비교한 자료이다. 이에 대한 〈보기〉의 설명 중 옳지 않은 것을 모두 고르면?

06 견습(역) 21번

〈표〉 자동차 변속기 경쟁력점수의 국가별 비교

부문 \ 국가	A	B	C	D	E
변속감	98	93	102	80	79
내구성	103	109	98	95	93
소음	107	96	106	97	93
경량화	106	94	105	85	95
연비	105	96	103	102	100

※ 각국의 전체 경쟁력점수는 각 부문 경쟁력점수의 총합으로 구함

ㄱ. 전체 경쟁력점수는 E국보다 D국이 더 높다.

ㄴ. 경쟁력점수가 가장 높은 부문과 가장 낮은 부문의 차이가 가장 큰 국가는 D이고, 가장 작은 국가는 C이다.

ㄷ. C국을 제외한다면 각 부문에서 경쟁력점수가 가장 높은 국가와 가장 낮은 국가의 차이가 가장 큰 부문은 내구성이고, 가장 작은 부문은 변속감이다.

ㄹ. 내구성 부문에서 경쟁력점수가 가장 높은 국가와 경량화 부문에서 경쟁력점수가 가장 낮은 국가는 동일하다.

ㅁ. 전체 경쟁력점수는 모든 국가 중에서 A국이 가장 높다.

① ㄱ, ㄴ, ㄷ
② ㄱ, ㄷ, ㄹ
③ ㄱ, ㄷ, ㅁ
④ ㄴ, ㄹ, ㅁ
⑤ ㄷ, ㄹ, ㅁ

문 4. 다음 〈표〉는 온실가스 감축시작년도에 따른 국가(지역)별 감축비용과 온실가스로 인한 예상손실액을 조사한 자료이다. 이에 대한 설명 중 적절하지 않은 것을 고르면?

06 견습(역) 23번

〈표〉 온실가스 감축 시작년도에 따른 국가(지역)별 감축비용과 예상손실액

(단위 : 백만 달러)

구분	온실가스 감축비용				온실가스로 인한 예상손실액			
감축시작연도	2005		2025		2005		2025	
연도 \ 국가(지역)	2050	2100	2050	2100	2050	2100	2050	2100
일본	59.5	415.7	66.1	463.0	182.8	467.8	522.9	2,124.3
중국	22.6	81.2	12.9	90.4	35.7	91.3	102.1	414.9
기타 아시아 국가	12.3	8.9	13.7	95.7	37.8	96.7	108.1	439.3
미국	137.6	961.1	152.8	1,070.5	422.6	1,081.7	1,209.2	4,911.9
캐나다	5.5	38.5	6.1	42.9	16.9	43.4	48.5	197.1
유럽	16.0	111.8	17.8	124.6	49.2	125.9	140.7	571.7
라틴 아메리카	108.0	754.0	119.9	839.8	331.6	848.6	948.6	3,853.4
아프리카	30.7	214.6	34.1	239.0	94.3	241.5	270.0	1,096.8
기타	49.2	344.0	54.7	383.1	151.2	387.2	432.7	1,758.2
전체	441.4	2,929.8	478.1	3,349.0	1,322.1	3,384.1	3,782.8	15,367.6

※ '기타 아시아 국가'는 일본과 중국을 제외한 아시아 지역 국가들을 의미함

① 2050년 온실가스로 인한 지구 전체의 예상손실액은 온실가스 감축을 2005년에 시작할 경우 약 13억 2천만 달러가 될 것이고, 2025년에 시작할 경우 37억 8천만 달러 이상이 될 것이다.

② 2050년 지구 전체의 온실가스 감축비용은 온실가스 감축을 2005년에 시작할 경우 약 4억 4천만 달러가 될 것이고, 2025년에 시작할 경우에는 이보다 3천 6백만 달러 이상 더 소요될 것이다.

③ 감축시작년도와 관계없이 온실가스 감축비용과 온실가스로 인한 예상손실액이 가장 큰 국가(지역)는 미국이다.

④ 2100년을 기준으로 볼 때, 감축시작년도에 관계없이 모든 국가(지역)에서 온실가스 감축비용은 온실가스로 인한 예상손실액보다 항상 적다.

⑤ 일본, 중국 및 기타 아시아 국가의 온실가스 감축비용은 감축시작년도가 2025년일 때보다 2005년일 때 더 적게 소요될 것이다.

문 5.　다음 〈그림〉은 지역개발사업에 대한 신문과 방송의 보도 내용을 사업 착공 전후로 나누어 분석하고, 이 중 주요 분야 6개를 선택하여 작성한 자료이다. 이에 대한 〈보기〉의 설명 중 옳은 것을 모두 고른 것은?

06 견습(역) 27번

〈그림 1〉 착공 전후 주요 분야의 신문보도 비율

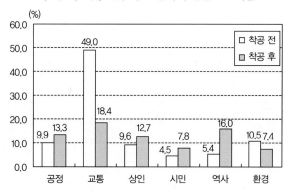

〈그림 2〉 착공 전후 주요 분야의 방송보도 비율

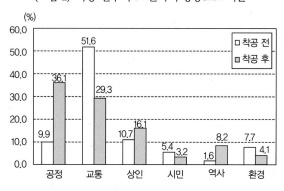

─────〈보 기〉─────
ㄱ. 신문보도에서 착공 전에 가장 높은 보도비율을 보인 두 분야 모두 착공 후 보도비율이 감소했다.
ㄴ. 교통은 착공 후에도 신문과 방송 모두에서 가장 많이 보도된 분야이다.
ㄷ. 착공 전에 비해 착공 후 교통에 대한 보도비율의 감소폭은 방송보다 신문에서 더 큰 것으로 나타났다.
ㄹ. 착공 전 대비 착공 후 보도비율의 증가율이 신문과 방송 모두에서 가장 큰 분야는 역사이다.
ㅁ. 착공 전 교통에 대한 보도비율은 신문보다는 방송에서 더 높은 것으로 나타났다.

① ㄱ, ㄴ, ㅁ
② ㄱ, ㄷ, ㄹ
③ ㄴ, ㄷ, ㄹ
④ ㄱ, ㄷ, ㄹ, ㅁ
⑤ ㄴ, ㄷ, ㄹ, ㅁ

문 6.　다음 〈표〉는 A~G 지역의 재활용품 수거에 관한 자료이다. 이에 대한 〈보기〉의 설명 중 옳지 않은 것을 모두 고르면?

06 견습(역) 34번

〈표 1〉 수거된 재활용품의 유형별 비율

유형＼지역	A	B	C	D	E	F	G
종이류	70.6	58.2	25.0	40.4	19.0	26.1	25.5
병류	9.9	6.8	6.5	21.6	44.7	11.6	17.4
고철류	8.3	25.7	58.1	13.8	24.8	11.9	25.9
캔류	2.7	2.6	1.7	6.8	4.4	4.5	7.9
플라스틱류	6.2	5.0	3.2	11.4	5.5	6.9	8.3
기타	2.3	1.7	5.5	6.0	1.6	39.0	15.0
전체	100.0	100.0	100.0	100.0	100.0	100.0	100.0

〈표 2〉 재활용품 수거량과 인구특성

항목＼지역	A	B	C	D	E	F	G
재활용품 수거량(톤/일)	88.8	81.8	70.8	62.9	45.3	21.5	21.0
1인당 재활용품 수거량(g/일)	328.1	375.8	362.5	252.8	323.7	244.4	232.9
인구(천 명)	270.6	217.7	195.4	248.7	140.0	87.8	90.0
인구밀도 (명/km²)	970.0	664.6	584.0	681.4	415.6	161.0	118.6
1차산업 인구 구성비(%)	6.5	5.7	13.3	8.4	14.3	37.9	42.0
2차산업 인구 구성비(%)	21.6	14.3	23.9	23.6	15.4	11.4	13.8
3차산업 인구 구성비(%)	71.9	80.0	62.8	68.0	70.3	50.7	44.2

─────〈보 기〉─────
ㄱ. 2차 산업 인구구성비가 높은 지역일수록 수거된 재활용품 중 고철류 비율이 높다.
ㄴ. 3차 산업 인구구성비가 높은 지역일수록 재활용품 수거량이 많다.
ㄷ. 인구밀도가 높은 상위 3개 지역과 수거된 재활용품 중 종이류 비율이 높은 상위 3개 지역은 동일하다.
ㄹ. 1인당 재활용품 수거량이 가장 적은 지역은 수거된 재활용품 중 종이류 비율이 가장 높다.

① ㄱ, ㄴ
② ㄷ, ㄹ
③ ㄱ, ㄴ, ㄷ
④ ㄱ, ㄴ, ㄹ
⑤ ㄴ, ㄷ, ㄹ

문 7. 다음 〈표〉는 가구주의 거주 지역별 혼인상태와 연령대 분포에 대한 자료이다. 이에 대한 〈보기〉의 설명 중 적절하지 않은 것을 모두 고르면? 06 견습(역) 38번

〈표 1〉 가구주의 거주 지역별 혼인상태

(단위 : %)

연도	구분 혼인상태	남성가구주			여성가구주		
		도시	농촌	전체	도시	농촌	전체
1980	미혼	4.5	2.6	3.7	17.5	4.9	13.1
	결혼	93.9	95.0	94.4	30.5	23.7	28.1
	사별	1.2	2.1	1.6	47.4	69.2	55.0
	이혼	0.4	0.3	0.3	4.6	2.2	3.8
	합계	100.0	100.0	100.0	100.0	100.0	100.0
1990	미혼	6.9	3.5	6.0	26.0	6.0	20.5
	결혼	90.9	92.9	91.4	20.0	10.6	17.4
	사별	1.4	2.8	1.8	46.7	81.1	56.2
	이혼	0.8	0.8	0.8	7.3	2.3	5.9
	합계	100.0	100.0	100.0	100.0	100.0	100.0
2000	미혼	8.5	5.0	7.8	26.0	7.1	21.4
	결혼	87.8	90.3	88.3	20.0	10.2	17.5
	사별	1.4	2.9	1.7	40.1	78.0	49.4
	이혼	2.3	1.8	2.2	13.9	4.7	11.7
	합계	100.0	100.0	100.0	100.0	100.0	100.0

〈표 2〉 가구주의 거주 지역별 연령대 분포

(단위 : %)

연도	구분 혼인상태	남성가구주			여성가구주		
		도시	농촌	전체	도시	농촌	전체
1980	15~24세	3.9	2.4	3.3	15.5	4.8	11.8
	25~34세	32.8	19.4	27.0	14.3	7.8	12.0
	35~44세	32.3	27.6	30.3	22.4	20.2	21.6
	45~54세	18.5	24.3	21.2	25.5	32.1	27.8
	55~64세	9.0	17.1	12.4	15.7	23.1	18.4
	65세 이상	3.5	9.2	5.8	6.6	12.0	8.4
	합계	100.0	100.0	100.0	100.0	100.0	100.0
1990	15~24세	2.8	1.2	2.4	14.7	3.6	11.7
	25~34세	32.0	18.0	24.8	16.0	4.9	12.9
	35~44세	30.4	22.0	31.3	18.4	8.8	15.8
	45~54세	21.0	24.5	20.0	20.5	19.7	20.3
	55~64세	9.6	20.3	14.1	18.2	31.1	21.7
	65세 이상	4.2	14.0	7.4	12.2	31.9	17.6
	합계	100.0	100.0	100.0	100.0	100.0	100.0
2000	15~24세	1.9	1.3	1.8	10.2	3.0	8.4
	25~34세	29.8	14.1	20.2	16.5	4.6	13.6
	35~44세	32.3	25.2	32.2	21.2	8.5	18.1
	45~54세	20.4	19.9	21.8	19.7	12.3	17.9
	55~64세	10.1	20.3	14.7	15.3	23.6	17.3
	65세 이상	5.5	19.2	9.3	17.1	48.0	24.7
	합계	100.0	100.0	100.0	100.0	100.0	100.0

〈보 기〉

ㄱ. 55세 이상 인구에서는 연도와 지역에 관계없이 여성가구주의 비율이 남성가구주의 비율보다 항상 높다.

ㄴ. 1980년에 비해 2000년에는 도시 여성가구주 중에서 가장 높은 비율을 차지하는 연령대가 낮아졌으나 농촌, 여성가구주 중에서 가장 높은 비율을 차지하는 연령대는 높아졌다.

ㄷ. 1980년부터 2000년 사이에 결혼 상태인 남성가구주 수는 지속적으로 감소한 반면, 이혼 상태인 남성가구주 수는 지속적으로 증가하였다.

ㄹ. 2000년의 경우, 사별 상태인 농촌 여성가구주 수는 사별 상태인 도시 여성가구주 수보다 많다.

ㅁ. 1980년부터 2000년 사이에 남성가구주의 혼인상태 중 결혼의 비율은 계속 감소한 반면, 미혼, 사별 및 이혼의 비율은 모두 계속 증가하였다.

① ㄱ, ㄴ, ㄷ
② ㄱ, ㄷ, ㄹ
③ ㄱ, ㄹ, ㅁ
④ ㄴ, ㄹ, ㅁ
⑤ ㄷ, ㄹ, ㅁ

문 8.   다음 〈표〉는 제2차 세계대전 주요 참전국의 인구, 산업 잠재력, 군사비지출에 관한 자료이다. 이에 대한 〈보기〉의 설명 중 옳지 <u>않은</u> 것을 모두 고르면?   07 행시(인) 07번

〈표 1〉 주요 참전국의 인구

(단위 : 백만 명)

연도 국가	1890	1900	1910	1913	1920	1928	1938
A	116.8	135.6	159.3	175.1	126.6	150.4	180.6
B	62.6	75.9	91.9	97.3	105.7	119.1	138.3
C	49.2	56.0	64.5	66.9	42.8	55.4	68.5
D	39.9	43.8	49.1	51.3	55.9	62.1	72.2
E	38.3	38.9	39.5	39.7	39.0	41.0	41.9
F	37.4	41.1	44.9	45.6	44.4	45.7	47.6
G	30.0	32.2	34.4	35.1	37.7	40.3	43.8

〈표 2〉 주요 참전국의 산업잠재력

연도 국가	1880	1900	1913	1928	1938
A	24.5	47.5	76.6	72.0	152.0
B	46.9	127.8	298.1	533.0	528.0
C	27.4	71.2	137.7	158.0	214.0
D	7.6	13.0	25.1	45.0	88.0
E	25.1	36.8	57.3	82.0	74.0
F	73.3	100.0	127.2	135.0	181.0
G	8.1	13.6	22.5	37.0	46.0

※ 산업잠재력은 1900년 F국의 산업잠재력을 100으로 하여 계산한 수치임

〈표 3〉 주요 참전국의 군사비 지출

(단위 : 백만 달러)

연도 국가	1930	1934	1938
A	722	3,479	5,429
B	699	803	1,131
C	162	709	7,415
D	218	292	1,740
E	498	707	919
F	512	540	1,863
G	266	455	746

─── 〈보 기〉 ───

ㄱ. 1913년에 비해 1920년에 A, C, E, F, G국의 인구는 모두 감소한 반면, B, D국의 인구는 모두 증가하였다.

ㄴ. 1920년에 비해 1938년에 주요 참전국의 인구는 모두 증가하였다.

ㄷ. 1880~1938년 동안 A국을 제외한 주요 참전국의 산업잠재력은 모두 지속적으로 증가하였다.

ㄹ. 1930년 대비 1938년의 군사비 지출 증가율이 가장 높은 국가는 C국이고, 가장 낮은 국가는 B국이다.

ㅁ. 1938년을 기준으로 볼 때, 제2차 세계대전 승전동맹(A, B, E, F국)의 산업잠재력의 합과 군사비 지출의 합은 패전동맹(C, D, G국)에 비해 모두 더 컸다.

① ㄱ, ㄴ, ㄷ
② ㄱ, ㄷ, ㄹ
③ ㄱ, ㄷ, ㅁ
④ ㄴ, ㄹ, ㅁ
⑤ ㄷ, ㄹ, ㅁ

문 9.   다음 〈표〉는 증권선물거래소에 상장된 기업의 전년 대비 신용등급변동 건수 366건에 대한 자료이다. 이에 대한 설명 중 옳은 것은?   07 행시(인) 09번

〈표 1〉 연도별 신용등급변동 현황

(단위 : 건, %)

구분	등급변동 건수			등급변동 비율		
	상향	하향	합	상향	하향	합
1992	3	5	8	0.82	1.37	2.19
1993	7	1	8	1.91	0.27	2.19
1994	4	9	13	1.09	2.46	3.55
1995	7	17	24	1.91	4.64	6.56
1996	5	13	18	1.37	3.55	4.92
1997	0	66	66	0.00	18.03	18.03
1998	4	22	26	1.09	6.01	7.10
1999	22	20	42	6.01	5.46	11.48
2000	32	17	49	8.74	4.64	13.39
2001	28	17	45	7.65	4.64	12.30
2002	23	6	29	6.28	1.64	7.92
2003	28	10	38	7.65	2.73	10.38
계	163	203	366	44.54	55.46	100.00

※ 1) 등급상향(하향) 비율(%)= $\frac{\text{등급상향(하향) 건수}}{366건} \times 100$

  2) 등급변동 비율은 소수 셋째 자리에서 반올림한 값임

〈표 2〉 신용등급변동 전후의 등급 비교표

(단위 : 건)

구분	변동 후 등급														
	AAA	AA+	AA	A+	A	BBB+	BBB	BB+	BB	B+	B	CCC	CC	C	D
AAA		5	4	2	7			1							
AA+	7		23	5	3	3	4	1							
AA		21		11	6		6								1
A+	1	13			5	5	4	3							
A		4	28			5	7			1	1				
BBB+			1	15		23	1	8							
BBB				1	43		9	2	1						
BB+				1	6		9	1	6				1	1	
BB					3	15		2	2	1	1	1	1	3	
B+								2						1	
B							4		2			3	1		
CCC													2	2	
CC													1		
C															3
D															

※ BBB 이상은 투자적격등급이고, BB+ 이하는 투자부적격등급임

① 1998년 이전에는 매년 등급하향 비율이 등급상향 비율보다 높고, 1999년 이후에는 매년 등급상향 비율이 등급하향 비율보다 높다.

② 등급하향 건수 대비 등급상향 건수 비율이 가장 높은 해는 2002년이고, 가장 낮은 해는 1997년이다.

③ 투자부적격등급에서 투자적격등급으로 상향된 건수는 10건이고, 투자적격등급에서 투자부적격등급으로 하향된 건수는 이보다 많다.

④ 신용등급이 두 등급 이상 하향된 건수 중에서 12건은 D등급으로 하향되었다.

⑤ 〈표 2〉의 중심대각선보다 두 칸 아래에 위치한 건수의 합인 15건은 신용등급이 두 등급 하향되었고, 세 등급 이상 하향된 건수는 0이다.

문 10. 다음 〈표〉는 1919~1937년 동안 일제강점기 조선총독부의 보통문관시험에 관한 자료이다. 이에 대한 〈보기〉의 설명 중 옳지 않은 것을 모두 고르면?   07 행시(인) 10번

〈표〉 연도별 보통문관시험 응시자, 합격자, 임용자 현황

(단위 : 명, %)

구분\연도	응시자 수	합격자 수			임용자 수					
		조선인 (A)	일본인 (B)	합 (C)	조선인		일본인		합	
					임용 (D)	임용률 (D/A)	임용 (E)	임용률 (E/B)	임용 (F)	임용률 (F/C)
1919	385	9	59	68	8	88.9	49	83.1	57	83.8
1920	404	9	59	68	6	66.7	50	84.7	56	82.4
1921	522	17	73	90	15	88.2	55	75.3	70	77.8
1922	551	16	89	105	13	81.3	73	82.0	86	81.9
1923	535	7	41	48	7	100.0	35	85.4	42	87.5
1924	544	8	37	45	7	87.5	26	70.3	33	73.3
1925	485	7	21	28	6	85.7	18	85.7	24	85.7
1926	457	7	34	41	7	100.0	27	79.4	34	82.9
1927	476	5	21	26	4	80.0	18	85.7	22	84.6
1928	511	3	24	27	2	66.7	23	95.8	25	92.6
1929	415	5	15	20	2	40.0	14	93.3	16	80.0
1930	405	17	27	44	12	70.6	23	85.2	35	79.5
1931	426	21	29	50	14	66.7	24	82.8	38	76.0
1932	544	23	30	53	18	78.3	26	86.7	44	83.0
1933	726	40	67	107	25	62.5	47	70.1	72	67.3
1934	938	55	51	106	30	54.5	39	76.5	69	65.1
1935	1,005	34	22	56	16	47.1	16	72.7	32	57.1
1936	1,098	33	26	59	15	45.5	20	76.9	35	59.3
1937	1,144	69	42	111	17	24.6	25	59.5	42	37.8
계	11,571	385	767	1,152	224	58.2	608	79.3	832	72.2

※ 응시자는 조선인과 일본인으로 구성됨

─────〈보 기〉─────

ㄱ. 1920~1932년 동안 보통문관시험 응시자 수는 매년 400명에서 600명 사이였으나, 1934년에 1,000명을 넘어선 후 1937년까지 지속적으로 증가했다.

ㄴ. 1919~1929년 동안 합격자 수 대비 조선인 합격자 수의 비율은 매년 20%에 미치지 못했으나, 1934년부터는 매년 50% 이상을 차지하였다.

ㄷ. 조사기간 동안 보통문관시험에 합격했지만 임용되지 못한 전체 인원은 조선인이 일본인보다 많았다.

ㄹ. 조사기간 동안의 전체 임용자 수는 일본인이 조선인의 2.5배 이상이었고 전체 합격자 수는 일본인이 조선인의 약 2배였다.

ㅁ. 조사기간 동안 조선인과 일본인의 전체 임용률은 각각 58.2%, 79.3%이었고, 매년 일본인의 임용률이 조선인의 임용률보다 높았다.

① ㄱ, ㄴ

② ㄱ, ㄴ, ㅁ

③ ㄱ, ㄹ, ㅁ

④ ㄴ, ㄷ, ㄹ

⑤ ㄷ, ㄹ, ㅁ

문 11. 다음 〈표〉는 주요 도시의 대기 오염도에 대한 자료이다. 이에 대한 〈보기〉의 설명 중 옳은 것을 모두 고르면?

07 행시(인) 11번

〈표〉 주요 도시의 대기 오염도

구분 \ 연도 / 도시	연평균 아황산가스 오염도(ppm)				연평균 오존 오염도 (ppm)				빗물의 연중최저 pH			
	2002	2003	2004	2005	2002	2003	2004	2005	2002	2003	2004	2005
A	0.019	0.006	0.005	0.005	0.014	0.017	0.014	0.013	5.4	4.8	4.9	4.5
B	0.023	0.010	0.006	0.007	0.014	0.022	0.023	0.024	5.2	4.9	4.9	5.0
C	0.038	0.009	0.006	0.006	0.015	0.019	0.020	0.022	5.7	5.8	4.8	5.3
D	0.022	0.008	0.007	0.007	0.014	0.019	0.018	0.020	6.0	5.0	4.7	4.6
E	0.013	0.006	0.004	0.004	0.015	0.017	0.018	0.022	5.8	5.2	5.0	5.2
F	0.021	0.007	0.004	0.005	0.014	0.020	0.018	0.019	5.7	4.7	4.7	4.8
G	0.030	0.013	0.011	0.010	0.014	0.021	0.020	0.022	5.4	5.0	5.0	5.1

※ 1) 연평균 아황산가스 오염도의 적정 환경기준치는 0.02ppm 이하임
　 2) 연평균 오존 오염도의 적정 환경기준치는 0.06ppm 이하임
　 3) 빗물의 연중최저 pH 적정 환경기준치는 pH 5.6 이상임
　 4) 산도는 pH에 의해서만 결정되며, pH가 낮을수록 산도는 높아짐

─── 〈보 기〉 ───

ㄱ. 2003~2005년 동안 매년 연평균 아황산가스 오염도가 가장 높은 도시는 G이고, 동일 기간 동안 매년 연평균 오존 오염도가 가장 높은 도시는 B이다.

ㄴ. 2005년의 경우, 연평균 오존 오염도가 가장 낮고 빗물의 연중최고 산도가 가장 높은 도시는 연평균 아황산가스 오염도가 가장 낮은 도시와 동일하다.

ㄷ. 연평균 오존 오염도가 매년 지속적으로 높아진 도시는 B, C, E이고, 빗물의 연중최고 산도가 매년 지속적으로 높아진 도시는 D이다.

ㄹ. 2002년과 2005년을 비교하였을 때, 연평균 아황산가스 오염도의 감소폭이 가장 큰 도시는 D이고 가장 작은 도시는 E이다.

ㅁ. 2002~2005년 동안 연평균 오존 오염도는 모든 도시에서 적정 환경기준치를 벗어나지 않았으나, 2004년과 2005년에 빗물의 연중최저 pH는 모든 도시에서 적정 환경기준치를 벗어났다.

① ㄱ, ㄴ, ㄹ
② ㄱ, ㄷ, ㄹ
③ ㄱ, ㄷ, ㅁ
④ ㄴ, ㄷ, ㅁ
⑤ ㄷ, ㄹ, ㅁ

문 12. 다음 〈그림〉은 A대학교의 1, 2, 3, 4학년생을 대상으로 장학금을 받는 학생과 장학금을 받지 못하는 학생으로 나누어 이들이 해당 학년 동안 참가한 1인당 평균 교내특별활동 수를 조사한 자료이다. 이에 대한 〈보기〉의 설명 중 옳지 않은 것을 모두 고르면?

07 행시(인) 15번

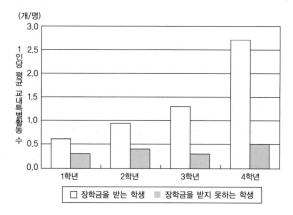

─── 〈보 기〉 ───

ㄱ. 학년이 높아질수록 장학금을 받는 학생 수는 늘어났다.

ㄴ. 장학금을 받는 4학년생이 참가한 1인당 평균 교내 특별활동 수는 장학금을 받지 못하는 4학년생이 참가한 1인당 평균 교내특별활동 수의 5배 이하이다.

ㄷ. 학년이 높아질수록 장학금을 받는 학생과 받지 못하는 학생 간의 1인당 평균 교내특별활동 수의 차이가 커졌다.

ㄹ. 전체 2학년생이 참가한 1인당 평균 교내특별활동 수에 비해 전체 3학년생이 참가한 1인당 평균 교내특별활동 수가 많다.

① ㄱ, ㄴ
② ㄴ, ㄷ
③ ㄱ, ㄴ, ㄹ
④ ㄱ, ㄷ, ㄹ
⑤ ㄴ, ㄷ, ㄹ

문 13. 다음 〈그림〉은 음주운전 관련 자료이다. 이에 대한 〈보기〉의 설명 중 옳지 않은 것을 모두 고르면? 08 행시(열) 09번

〈그림 1〉 연령대별 음주운전 교통사고 현황

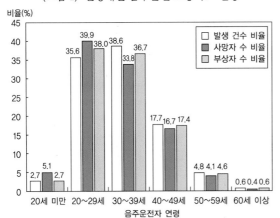

〈그림 2〉 혈중 알코올 농도별 음주운전 교통사고 현황

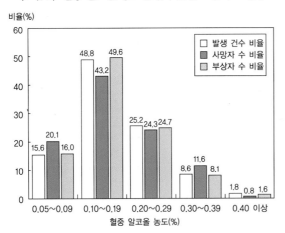

─────〈 보 기 〉─────

ㄱ. 전체 음주운전 교통사고의 $\frac{2}{3}$ 이상은 20대와 30대 운전자에 의해 발생한다.

ㄴ. 60세 이상의 운전자들은 음주운전을 하여도 사고를 유발할 확률이 1% 미만이다.

ㄷ. 전체 음주운전 교통사고 발생 건수 중에서 운전자의 혈중 알코올 농도가 0.30% 이상인 경우는 11% 미만이다.

ㄹ. 20대나 30대의 운전자가 혈중 알코올 농도 0.10~0.19%에서 운전할 경우에 음주운전 교통사고의 발생가능성이 가장 높다.

ㅁ. 각 연령대의 음주운전 교통사고 발생 건수 대비 사망자 수 비율이 가장 높은 연령대는 20세 미만이다.

ㅂ. 음주운전자 중에는 혈중 알코올 농도 0.10~0.19%에서 운전을 한 경우가 가장 많다.

① ㄱ, ㄴ, ㄷ

② ㄴ, ㄷ, ㄹ

③ ㄴ, ㄹ, ㅂ

④ ㄷ, ㄹ, ㅁ

⑤ ㄹ, ㅁ, ㅂ

문 14. 다음 〈그림〉은 A항공사의 2006년 품질관련 문제에 대한 자료이다. 이에 대한 〈보기〉의 설명 중 옳은 것을 모두 고르면? 08 행시(열) 17번

〈그림 1〉 항목별 문제발생 건수

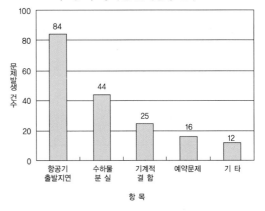

〈그림 2〉 월별 항공기 출발지연 건수

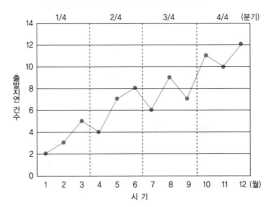

※ 월별 편성 횟수는 250회이고, 편성된 항공기는 모두 출발하였음

〈그림 3〉 월 수하물 분실 건수의 도수분포도

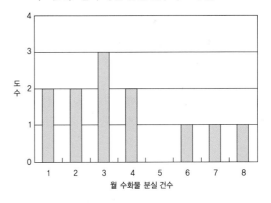

─────〈 보 기 〉─────

ㄱ. 분기별 항공기 출발지연 건수는 지속적으로 증가하였다.

ㄴ. 2006년 중 '수하물 분실'이 한 건도 발생하지 않은 달이 있다.

ㄷ. 2006년의 월별 편성 횟수 대비 정시출발 비율은 항상 95% 이상을 유지하였다.

ㄹ. '항공기 출발지연', '수하물 분실', '기계적 결함' 항목이 전체 문제에서 차지하는 비율은 85% 이상이었다.

① ㄱ, ㄴ   ② ㄱ, ㄷ

③ ㄴ, ㄷ   ④ ㄴ, ㄹ

⑤ ㄷ, ㄹ

문 15. 다음 〈표〉는 조선 전기 사절 파견 횟수에 관한 자료이다. 이에 대한 〈보기〉의 설명 중 옳지 <u>않은</u> 것을 모두 고르면?

08 행시(열) 23번

〈표 1〉 조선 전기 사절 파견 횟수

(단위 : 회)

구분	태조	정종	태종	세종	문종	단종	세조	예종	성종
조선 → 명	61	9	136	201	13	20	102	8	69
명 → 조선	9	0	50	36	2	3	9	1	8
조선 → 일본	7	2	24	15	0	2	4	0	6

〈표 2〉 조선 전기 일본에서 조선으로의 사절 파견 횟수

기간 \ 지역	1392~ 1409년	1410~ 1419년	1420~ 1443년	1444~ 1471년	1472~ 1494년
실정막부 (室町幕府)	11	5	7	12	7
본주(本州)· 사국(四國)	2	30	43	91	126
구주(九州)	39	55	178	184	320
비전(肥前)· 일기(壹岐)	59	53	91	355	529
대마도 (對馬島)	31	124	492	607	947
기타	11	2	7	5	0
계	153	269	818	1,254	1,929

─── 〈보 기〉 ───

ㄱ. 조선 전기에 조선에서 명으로 사절을 파견한 횟수가 명에서 조선으로 사절을 파견한 횟수보다 많다.

ㄴ. 일본에서 조선으로 사절을 파견한 횟수는 실정막부와 기타를 제외한 지역에서는 지속적으로 증가하였다.

ㄷ. 조선에서 일본 또는 명으로 사절을 파견한 횟수가 많은 왕부터 나열하면 세종, 태종, 세조, 성종, 태조, 단종, 문종, 정종, 예종 순이다.

ㄹ. 1392~1494년 사이에 일본에서 조선으로 사절을 파견한 횟수가 많은 지역부터 나열하면 대마도, 비전·일기, 구주, 본주·사국, 실정막부, 기타 순이다.

① ㄱ

② ㄴ

③ ㄴ, ㄷ

④ ㄴ, ㄹ

⑤ ㄱ, ㄷ, ㄹ

문 16. 다음 〈표〉는 저작물 구입 경험이 있는 초·중·고등학생 각각 1,000명을 대상으로 저작물 구입 실태에 관한 설문조사를 실시한 결과이다. 이를 바탕으로 작성한 다음 〈보고서〉 내용 중 옳은 것을 모두 고르면?(단, 설문 참여자는 모든 문항에 응답하였음)

08 행시(열) 29번

〈표 1〉 저작물 구입 경험 현황

(단위 : %)

종류 \ 학교급	초등학교	중학교	고등학교
음악	29.3	41.5	58.6
영화, 드라마, 애니메이션 등 영상물	31.2	34.3	39.6
컴퓨터 프로그램	45.6	45.2	46.7
게임	58.9	57.7	56.8
사진	16.2	20.5	27.3
만화/캐릭터	73.2	53.3	62.6
책	68.8	66.3	82.8
지도, 도표	11.8	14.6	15.0

※ 설문조사에서는 구입 경험이 있는 모든 저작물 종류를 선택하도록 하였음

〈표 2〉 정품 저작물 구입 현황

(단위 : %)

정품 구입 횟수 비율 \ 학교급	초등학교	중학교	고등학교
10회 중 10회	35.3	55.9	51.8
10회 중 8~9회	34.0	27.2	25.5
10회 중 6~7회	15.8	8.2	7.3
10회 중 4~5회	7.9	4.9	6.8
10회 중 2~3회	3.3	1.9	5.0
10회 중 0~1회	3.7	1.9	3.6
전체	100.0	100.0	100.0

─── 〈보고서〉 ───

본 조사결과에 따르면, ㉠ 전반적으로 '만화/캐릭터'는 초등학생이 중학생이나 고등학생보다 구입 경험의 비율이 높은 것으로 나타났으며, '컴퓨터 프로그램'이나 '게임'은 학교급 간의 차이가 모두 2%p 미만이다. ㉡ 위 세 종류를 제외한 나머지 항목에서는 모두 고등학생이 중학생이나 초등학생에 비하여 구입 경험의 비율이 높았다. ㉢ 초·중·고 각각 응답자의 절반 이상이 모두 정품만을 구입했다고 응답하였다. 특히, ㉣ 모두 정품으로 구입했다고 응답한 학생의 비율은 중학교에서 가장 높으며, ㉤ 10회 중 3회 이하 정품을 구입하였다고 응답한 학생의 비율이 가장 높은 학교급과 가장 낮은 학교급 간의 해당 응답 학생 수 차이는 40명 이상이다.

① ㉠, ㉡

② ㉢, ㉣

③ ㉠, ㉢, ㉣

④ ㉡, ㉢, ㉤

⑤ ㉡, ㉣, ㉤

문 17. 다음 〈표〉는 A회사의 1990년과 2000년의 출신 지역 및 직급별 임직원 수에 대한 자료이다. 이에 대한 설명으로 옳지 않은 것은?

09 행시(기) 01번

〈표 1〉 1990년의 출신 지역 및 직급별 임직원 수

(단위 : 명)

지역\직급	서울·경기도	강원도	충청북도	충청남도	경상북도	경상남도	전라북도	전라남도	합
이사	0	0	1	1	0	0	1	1	4
부장	0	0	1	0	0	1	1	1	4
차장	4	4	3	3	2	1	0	3	20
과장	7	0	7	4	4	5	11	6	44
대리	7	12	14	12	7	7	5	18	82
사원	19	38	41	37	11	12	4	13	175
계	37	54	67	57	24	26	22	42	329

〈표 2〉 2000년의 출신 지역 및 직급별 임직원 수

(단위 : 명)

지역\직급	서울·경기도	강원도	충청북도	충청남도	경상북도	경상남도	전라북도	전라남도	합
이사	3	0	1	1	0	0	1	2	8
부장	0	0	2	0	0	1	1	0	4
차장	3	4	3	4	2	1	1	2	20
과장	8	1	14	7	6	7	18	14	75
대리	10	14	13	13	7	6	2	12	77
사원	12	35	38	31	8	11	2	11	148
계	36	54	71	56	23	26	25	41	332

① 출신 지역을 고려하지 않을 때, 1990년 대비 2000년에 직급별 인원의 증가율은 이사 직급에서 가장 크다.

② 출신 지역별로 비교할 때, 2000년의 경우 해당 지역 출신 임직원 중 과장의 비율은 전라북도가 가장 높다.

③ 1990년에 비해 2000년에 과장의 수는 증가하였다.

④ 1990년과 2000년 모두 충청북도 출신의 임직원이 가장 많다.

⑤ 1990년에 비해 2000년에 대리의 수가 늘어난 출신 지역은 대리의 수가 줄어든 출신 지역에 비해 많다.

문 18. 다음 〈표〉는 A지역의 유형별 토지면적 현황을 나타낸 것이다. 이를 바탕으로 작성한 〈보고서〉의 내용으로 옳은 것을 고르면?

09 행시(기) 07번

〈표〉 A지역의 토지면적 현황

(단위 : m²)

토지유형\연도	삼림	초지	습지	나지	경작지	훼손지	전체면적
2001	539,691	820,680	22,516	898,566	480,645	1	2,762,099
2002	997,114	553,499	204	677,654	555,334	1	2,783,806
2003	1,119,360	187,479	94,199	797,075	487,767	1	2,685,881
2004	1,595,409	680,760	20,678	182,424	378,634	4,825	2,862,730
2005	1,668,011	692,018	50,316	50,086	311,086	129,581	2,901,098

〈보고서〉

㉠ A지역의 전체 면적은 2001년에 약 2.76km²였으나 이후 지속적으로 증가하여 2005년에는 약 2.90km²로 되었다. 토지유형별로 살펴보면, ㉡ 삼림 면적은 2001년에 A지역 전체 면적의 25% 미만에서 2005년에는 55% 이상으로 증가하여 토지유형 중 증가율이 가장 높았다. ㉢ 또한 삼림 면적은 2003년에서 2004년 사이에 가장 큰 폭으로 증가하였다. ㉣ 2001년의 나지 면적은 전체 면적의 30% 이상을 차지하였으나 지속적으로 감소하여 2005년에는 5% 이하에 불과하였다. ㉤ 나지의 연도별 면적 변화폭은 다른 토지유형의 연도별 면적 변화폭에 비해 가장 작은 것으로 나타났다.

① ㉠
② ㉡
③ ㉢
④ ㉣
⑤ ㉤

문 19. 다음 〈표〉는 2006년 부담 주체별 대학 등록금 현황 및 2005년과 2006년의 정부부담 장학금 현황을 나타낸 것이다. 이 〈표〉에 대한 설명으로 옳지 <u>않은</u> 것은?　09 행시(기) 33번

〈표 1〉 2006년 부담 주체별 대학 등록금 현황

(단위 : 조 원)

총 등록금	정부		대학, 기업체	본인, 학부모
	학자금 대출	장학금		
12.5	3.0	0.4	2.3	6.8

〈표 2〉 정부부담 장학금 현황

(단위 : 억 원, 명, %)

지급부처	장학사업명	장학금		수혜인원(2006년)	
		2005년	2006년	인원	전년 대비 증가율
A	기초생활수급자	600	700	18,000	10
	이공계	900	820	15,000	−20
	지역대학 우수학생	20	40	2,000	100
	지방대 인문계열	400	500	2,300	200
	전문대 근로장학	60	80	5,000	50
B	영농희망	150	230	1,000	250
	성적우수	250	400	2,000	50
C	보훈장학	80	180	500	−10
	군자녀 장학	200	260	11,000	−50
D	군장학생	300	360	2,200	30
E	직업능력개발	200	300	2,500	50
F	새터민 장학	60	130	500	60
	계	3,220	4,000	62,000	

① 2006년 총 등록금 중 정부부담 비율은 30% 미만이다.

② 2006년 A부처의 기초생활수급자 장학금과 이공계 장학금을 합친 금액은 총 등록금의 1% 이상이다.

③ 2006년 A부처의 장학금은 전체 정부부담 장학금의 50% 이상이다.

④ 2005년 정부부담 장학금 중 장학금 수혜인원이 가장 많은 장학금은 C부처의 군자녀 장학금이다.

⑤ 2006년 정부부담 장학금 중 전년 대비 증가율이 가장 큰 장학금은 F부처의 새터민 장학금이다.

문 20. 다음 〈그림〉은 중앙정부 신뢰도를 조사하여 응답자의 최종 학력 및 지방정부 신뢰 수준에 따라 정리한 것이다. 〈보기〉의 해석 중 옳은 것을 모두 고르면?　09 행시(기) 39번

〈그림〉 응답자의 최종 학력 및 지방정부 신뢰 수준별 중앙정부 신뢰도

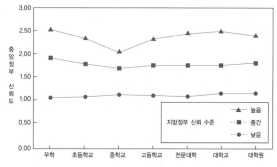

※ 1) 최종 학력은 '무학', '초등학교', '중학교', '고등학교', '전문대학', '대학교', '대학원'으로 구분함

2) 지방정부 신뢰 수준은 '높음', '중간', '낮음' 집단으로 구분함

3) 중앙정부에 대한 신뢰도는 '신뢰 안함'을 1점, '다소 신뢰'를 2점, '매우 신뢰'를 3점으로 하여 측정함

〈보 기〉

ㄱ. 지방정부 신뢰 수준이 높은 집단일수록 중앙정부에 대해서도 신뢰도가 높다.

ㄴ. 최종 학력이 중학교인 응답자 집단은 다른 최종 학력을 가진 응답자 집단에 비해 지방정부 신뢰 수준과 중앙정부 신뢰도의 차이가 작다.

ㄷ. 최종 학력이 중학교인 집단과 고등학교인 집단은 중앙정부에 대해 동일한 신뢰도를 보인다.

ㄹ. 최종 학력이 중학교 이상인 집단의 경우, 모든 지방정부 신뢰 수준에서 학력이 높을수록 중앙정부에 대한 신뢰도가 높다.

① ㄱ

② ㄱ, ㄴ

③ ㄱ, ㄹ

④ ㄱ, ㄷ, ㄹ

⑤ ㄴ, ㄷ, ㄹ

문 21. 다음 〈표〉와 〈그림〉은 A시의 20세 이상 성인 남녀를 대
상으로 자원봉사참여, 기부경험 및 행복지수에 관한 설문조사를
실시한 결과이다. 이에 대한 〈보고서〉의 설명 중 옳은 것을 모두
고르면?

10 행시(인) 03번

〈표〉 A시 자원봉사참여율과 기부경험률

(단위 : %)

구분	연령대	자원봉사 참여율	기부 경험률
남성	20대	13.4	29.8
	30대	10.0	39.0
	40대	13.1	41.5
	50대	15.0	40.8
	60대 이상	12.3	29.8
여성	20대	13.6	34.7
	30대	23.1	46.4
	40대	25.3	45.6
	50대	20.0	42.1
	60대 이상	10.1	21.4
응답자 전체		16.0	37.8

〈그림〉 A시 자원봉사참여 여부에 따른 행복지수

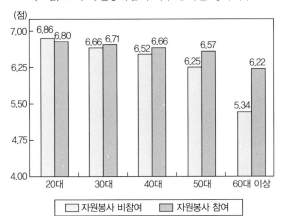

〈보고서〉

A시에서는 20세 이상 성인을 대상으로 성별 및 연령대별로 기
부와 자원봉사참여 정도를 조사하였다. 조사에 따르면 기부경험
률은 30대 여성과 40대 여성이 특히 높고, 자원봉사참여율 역시
30대 여성과 40대 여성이 다른 집단에 비해 높은 것으로 나타났
다. ㉠ 30, 40, 50대의 각 연령대별 남성의 경우, 기부경험률은
응답자 전체 기부경험률보다 높으나 자원봉사참여율은 응답자
전체 자원봉사참여율보다 낮다. ㉡ 20대의 기부경험률은 응답자
전체 기부경험률을 넘지 못한 반면, 30대 및 그 이상 연령대 각각
의 기부경험률은 응답자 전체 기부경험률을 넘는다. 특히 50대는
20대에 비해서 자원봉사참여율과 기부경험률에서 모두 앞섰다.
또한 ㉢ 60대 이상을 제외한 각 연령대에서 여성의 기부경험률과
자원봉사참여율이 각각 남성보다 높다는 것을 알 수 있다.

자원봉사와 행복지수의 관계를 나타내는 조사결과도 발표되었
는데, ㉣ 20대를 제외한 각 연령대에서 자원봉사에 참여하는 사
람들의 행복지수가 참여하지 않는 사람들에 비해서 높은 것으로
나타났다. 특히 60대 이상 연령층에서 자원봉사참여자의 행복지
수는 10점 만점에 6.22점으로 비참여자의 5.34점보다 0.88점이
나 높았다. ㉤ 자원봉사 참여자의 경우 연령대가 높아짐에 따라
행복지수 하락폭이 비참여자보다 크게 나타났다.

① ㉠, ㉡

② ㉡, ㉣

③ ㉠, ㉢, ㉣

④ ㉠, ㉢, ㉤

⑤ ㉡, ㉣, ㉤

문 22. 다음 〈표〉는 1999~2007년 서울시 거주 외국인의 국적별 인구 분포 자료이다. 이에 대한 〈보기〉의 설명 중 옳은 것을 모두 고르면?   10 행시(인) 01번

국적＼연도	1999	2000	2001	2002	2003	2004	2005	2006	2007
대만	3,011	2,318	1,371	2,975	8,908	8,899	8,923	8,974	8,953
독일	1,003	984	937	997	696	681	753	805	790
러시아	825	1,019	1,302	1,449	1,073	927	948	979	939
미국	18,763	16,658	15,814	16,342	11,484	10,959	11,487	11,890	11,810
베트남	841	1,083	1,109	1,072	2,052	2,216	2,385	3,011	3,213
영국	836	854	977	1,057	828	848	1,001	1,133	1,160
인도	491	574	574	630	836	828	975	1,136	1,173
일본	6,332	6,703	7,793	7,559	6,139	6,271	6,710	6,864	6,732
중국	12,283	17,432	21,259	22,535	52,572	64,762	77,881	119,300	124,597
캐나다	1,809	1,795	1,909	2,262	1,723	1,893	2,084	2,300	2,374
프랑스	1,180	1,223	1,257	1,360	1,076	1,015	1,001	1,002	984
필리핀	2,005	2,432	2,665	2,741	3,894	3,740	3,646	4,038	4,055
호주	838	837	868	997	716	656	674	709	737
서울시 전체	57,189	61,920	67,908	73,228	102,882	114,685	129,660	175,036	180,857

※ 2개 이상 국적을 보유한 자는 없는 것으로 가정함

─────〈보 기〉─────

ㄱ. 서울시 거주 인도국적 외국인 수는 2001~2007년 사이에 매년 증가하였다.

ㄴ. 2006년 서울시 거주 전체 외국인 중 중국국적 외국인이 차지하는 비중은 60% 이상이다.

ㄷ. 〈표〉에 제시된 국적 중 2000~2007년 사이에 서울시 거주 외국인 수가 매년 증가한 국적은 3개이다.

ㄹ. 1999년 서울시 거주 전체 외국인 중 일본국적 외국인과 캐나다국적 외국인의 합이 차지하는 비중은 2006년 서울시 거주 전체 외국인 중 대만국적 외국인과 미국국적 외국인의 합이 차지하는 비중보다 크다.

① ㄱ, ㄴ
② ㄱ, ㄷ
③ ㄴ, ㄷ
④ ㄴ, ㄹ
⑤ ㄷ, ㄹ

문 23. 다음 〈그림〉은 '갑' 제품의 제조사별 매출액에 대한 자료이다. '갑' 제품의 제조사는 A, B, C만 존재한다고 할 때, 〈보기〉 중 옳은 것을 모두 고르면?   10 행시(인) 04번

〈그림〉 제조사별 매출액

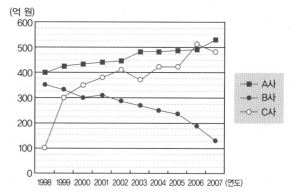

※ 시장규모와 시장점유율은 매출액 기준으로 산정함

─────〈보 기〉─────

ㄱ. 1999~2007년 사이 '갑' 제품의 시장규모는 매년 증가하였다.

ㄴ. 2004~2007년 사이 B사의 시장점유율은 매년 하락하였다.

ㄷ. 2003년 A사의 시장점유율은 2002년에 비해 상승하였다.

ㄹ. C사의 시장점유율은 1999~2002년 사이 매년 상승하였으나 2003년에는 하락하였다.

① ㄱ, ㄴ
② ㄴ, ㄷ
③ ㄷ, ㄹ
④ ㄱ, ㄴ, ㄹ
⑤ ㄴ, ㄷ, ㄹ

문 24. 다음 〈표〉는 2008년과 2009년의 대학수학능력시험 자료를 정리한 것이다. 이에 대한 〈보기〉의 설명 중 옳은 것을 모두 고르면?

10 행시(인) 14번

〈표 1〉 지역별 대학수학능력시험 4개 영역 1~4등급 비율

(단위 : %)

지역	2008년				2009년			
	언어	수리(가)	수리(나)	외국어	언어	수리(가)	수리(나)	외국어
A	47.1	64.9	52.8	49.0	47.7	54.2	54.0	48.8
B	35.3	40.3	41.6	36.5	36.3	42.6	42.3	36.4
C	40.8	29.4	37.6	41.1	42.7	28.4	39.6	43.0
D	36.3	31.6	33.2	35.2	37.4	36.6	35.9	36.4
E	48.5	47.2	52.0	48.3	49.1	47.2	53.8	47.0

〈표 2〉 지역별 대학수학능력시험 4개 영역 5~6등급 비율

(단위 : %)

지역	2008년				2009년			
	언어	수리(가)	수리(나)	외국어	언어	수리(가)	수리(나)	외국어
A	39.7	29.6	36.0	39.2	38.5	37.4	34.4	39.5
B	44.7	44.5	43.6	46.4	43.9	43.8	44.3	47.7
C	42.1	42.3	45.0	42.0	40.9	44.5	43.5	41.4
D	38.7	34.5	42.7	38.4	37.5	33.1	41.9	38.4
E	35.9	39.0	34.5	37.8	36.7	40.9	34.7	40.6

〈표 3〉 지역별 대학수학능력시험 4개 영역 7~9등급 비율

(단위 : %)

지역	2008년				2009년			
	언어	수리(가)	수리(나)	외국어	언어	수리(가)	수리(나)	외국어
A	13.2	5.5	11.2	11.8	13.8	8.4	11.6	11.7
B	20.0	15.2	14.8	17.1	19.8	13.6	13.4	15.9
C	17.1	28.3	17.4	16.9	16.4	27.1	16.9	15.6
D	25.0	33.9	24.1	26.4	25.1	30.3	22.2	25.2
E	15.6	13.8	13.5	13.9	14.2	11.9	11.5	12.4

─── 〈보 기〉 ───
ㄱ. 2008년 수리(가)영역에서 A지역은 C지역보다 1~4등급을 받은 학생 수가 2배 이상이다.
ㄴ. 2009년 대학수학능력시험 4개 영역 중 1~4등급 비율이 가장 높은 지역과 가장 낮은 지역 간 비율 차이가 가장 작은 영역은 언어영역이다.
ㄷ. A지역의 2009년 수리(가)영역에서 1~4등급을 받은 학생 수는 7~9등급을 받은 학생 수의 5배 이상이다.
ㄹ. 2009년 언어영역에서 1~4등급, 5~6등급, 7~9등급 비율 중 가장 큰 값과 가장 작은 값의 차이가 가장 적은 지역은 D지역이다.

① ㄱ, ㄴ   ② ㄱ, ㄷ
③ ㄱ, ㄹ   ④ ㄴ, ㄷ
⑤ ㄷ, ㄹ

문 25. 다음 〈표〉는 서울 및 수도권 지역의 가구를 대상으로 난방방식 현황 및 난방연료 사용현황에 대해 조사한 자료이다. 이에 대한 〈보기〉의 설명 중 옳은 것을 모두 고르면?

10 행시(인) 26번

〈표 1〉 난방방식 현황

(단위 : %)

종류	서울	인천	경기남부	경기북부	전국평균
중앙난방	22.3	13.5	6.3	11.8	14.4
개별난방	64.3	78.7	26.2	60.8	58.2
지역난방	13.4	7.8	67.5	27.4	27.4

〈표 2〉 난방연료 사용현황

(단위 : %)

종류	서울	인천	경기남부	경기북부	전국평균
도시가스	84.5	91.8	33.5	66.1	69.5
LPG	0.1	0.1	0.4	3.2	1.4
등유	2.4	0.4	0.8	3.0	2.2
열병합	12.6	7.4	64.3	27.1	26.6
기타	0.4	0.3	1.0	0.6	0.3

─── 〈보 기〉 ───
ㄱ. 경기북부지역의 경우, 도시가스를 사용하는 가구 수가 등유를 사용하는 가구 수의 20배 이상이다.
ㄴ. 서울과 인천지역에서는 다른 난방연료보다 도시가스를 사용하는 비율이 높다.
ㄷ. 지역난방을 사용하는 가구 수는 서울이 인천의 2배 이하이다.
ㄹ. 경기지역은 남부가 북부보다 지역난방을 사용하는 비율이 낮다.

① ㄱ, ㄴ
② ㄱ, ㄷ
③ ㄱ, ㄹ
④ ㄴ, ㄹ
⑤ ㄷ, ㄹ

문 26. 다음 〈표〉는 A자치구가 관리하는 전체 13개 문화재 보수공사 추진현황을 정리한 자료이다. 이에 대한 설명 중 옳은 것은?

10 행시(인) 34번

〈표〉 A자치구 문화재 보수공사 추진현황

(단위 : 백만 원)

문화재 번호	공사내용	사업비				공사기간	공정
		국비	시비	구비	합		
1	정전 동문보수	700	300	0	1,000	2008.1.3~ 2008.2.15	공사 완료
2	본당 구조보강	0	1,106	445	1,551	2006.12.16~ 2008.10.31	공사 완료
3	별당 해체보수	0	256	110	366	2007.12.28~ 2008.11.26	공사 중
4	마감공사	0	281	49	330	2008.3.4~ 2008.11.28	공사 중
5	담장보수	0	100	0	100	2008.8.11~ 2008.12.18	공사 중
6	관리실 신축	0	82	0	82	계획 중	
7	대문 및 내부 담장 공사	17	8	0	25	2008.11.17~ 2008.12.27	공사 중
8	행랑채 해체보수	45	45	0	90	2008.11.21~ 2009.6.19	공사 중
9	벽면보수	0	230	0	230	2008.11.10~ 2009.9.6	공사 중
10	방염공사	9	9	0	18	2008.11.23~ 2008.12.24	공사 중
11	소방·전기공사	0	170	30	200	계획 중	
12	경관조명설치	44	44	0	88	계획 중	
13	단청보수	67	29	0	96	계획 중	

※ 공사는 제시된 공사기간에 맞춰 완료하는 것으로 가정함

① 이 표가 작성된 시점은 2008년 11월 10일 이전이다.

② 전체 사업비 중 시비와 구비의 합은 전체 사업비의 절반 이하이다.

③ 사업비의 80% 이상을 시비로 충당하는 문화재 수는 전체의 50% 이상이다.

④ 공사 중인 문화재 사업비 합은 공사 완료된 문화재 사업비 합의 50% 이상이다.

⑤ 국비를 지원 받지 못하는 문화재 수는 구비를 지원 받지 못하는 문화재 수보다 적다.

문 27. 다음 〈표〉는 2003~2008년 사이 각국에서 발생한 조류 인플루엔자 감염자 수와 사망자 수를 나타낸 것이다. 이에 대한 〈보기〉의 설명 중 옳은 것을 모두 고르면?

10 행시(인) 35번

〈표〉 국가별 조류 인플루엔자 감염자 수 및 사망자 수

(단위 : 명)

구분	2003년		2004년		2005년		2006년		2007년		2008년		합	
	감염	사망	감염	사망	감염	사망	감염	사망	감염	사망	감염	사망	감염	사망
아제르바이잔	0	0	0	0	0	0	8	5	0	0	0	0	8	5
캄보디아	0	0	0	0	4	4	2	2	1	1	0	0	7	7
중국	1	1	0	0	8	5	13	8	5	3	3	3	30	20
지부티	0	0	0	0	0	0	1	0	0	0	0	0	1	0
이집트	0	0	0	0	0	0	18	10	25	9	7	3	50	22
인도네시아	0	0	0	0	20	13	55	45	42	37	16	13	133	108
이라크	0	0	0	0	0	0	3	2	0	0	0	0	3	2
라오스	0	0	0	0	0	0	0	0	2	2	0	0	2	2
미얀마	0	0	0	0	0	0	0	0	1	0	0	0	1	0
나이지리아	0	0	0	0	0	0	1	1	0	0	1	1	1	1
파키스탄	0	0	0	0	0	0	3	1	0	0	0	0	3	1
태국	0	0	17	12	5	2	3	3	0	0	0	0	25	17
터키	0	0	0	0	0	0	12	4	0	0	0	0	12	4
베트남	3	3	29	20	61	19	0	0	8	5	5	5	106	52
전체	4	4	46	32	98	43	115	79	88	59	31	24	382	241

※ 감염자 수에는 사망자 수가 포함되어 있음

〈보 기〉

ㄱ. 2003~2008년 사이 오직 한 해에만 사망자가 발생한 나라는 6개국이다.

ㄴ. 2003~2008년 사이 중국과 인도네시아의 감염자 수 합은 매년 전체 감염자 수의 50% 이상을 차지한다.

ㄷ. 2003년~2008년 사이 총 감염자 수 대비 총 사망자 수 비율이 50% 이상인 나라는 7개국이다.

ㄹ. 2005년 태국과 베트남의 감염자 수 합은 2005년 전체 감염자 수의 65% 이상이다.

ㅁ. 2006~2008년 사이 이집트와 인도네시아의 총 감염자 수 합은 같은 기간 전체 감염자 수의 50% 이상이다.

① ㄱ, ㄴ, ㄷ

② ㄱ, ㄷ, ㅁ

③ ㄱ, ㄹ, ㅁ

④ ㄴ, ㄷ, ㄹ

⑤ ㄴ, ㄹ, ㅁ

문 28. 다음 〈그림〉은 A사와 B사가 조사한 주요 TV 프로그램의 2011년 7월 넷째주 주간 시청률을 나타낸 자료이다. 이에 대한 〈보기〉의 설명 중 옳은 것을 모두 고르면? 11 민간(경) 01번

〈그림〉 주요 TV 프로그램의 주간 시청률(2011년 7월 넷째 주)

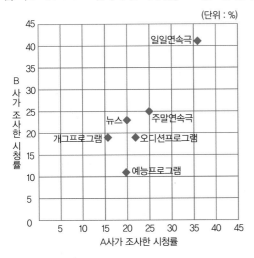

〈보 기〉
ㄱ. B사가 조사한 일일연속극 시청률은 40% 미만이다.
ㄴ. A사가 조사한 시청률과 B사가 조사한 시청률 간의 차이가 가장 큰 것은 예능프로그램이다.
ㄷ. 오디션프로그램의 시청률은 B사의 조사결과가 A사의 조사결과보다 높다.
ㄹ. 주말연속극의 시청률은 A사의 조사결과가 B사의 조사결과보다 높다.
ㅁ. A사의 조사에서는 오디션프로그램이 뉴스보다 시청률이 높으나 B사의 조사에서는 뉴스가 오디션프로그램보다 시청률이 높다.

① ㄱ, ㄷ
② ㄱ, ㅁ
③ ㄴ, ㄹ
④ ㄴ, ㅁ
⑤ ㄷ, ㄹ

문 29. 다음 〈표〉는 중소기업의 정보화 수준에 대한 자료이다. 이에 대한 〈보기〉의 설명 중 옳은 것을 모두 고르면? 11 민간실험(재) 02번

〈표〉 연도별·업종별 중소기업의 정보화 수준

(단위 : 점)

업종 연도	기계금속	전기전자	섬유화학	정보통신	건설	전체
2008	48.8	47.0	56.5	56.9	47.7	50.3 (71.7)
2009	50.1	51.9	52.8	57.4	52.1	51.4 (73.0)
2010	52.9	55.4	50.3	58.0	50.9	52.0 (70.7)

※ 1) ( )은 '대기업의 정보화 수준'임
2) 정보화 수준 점수가 높을수록 정보화 수준이 높음을 의미함

〈보 기〉
ㄱ. 2008년 대비 2010년 중소기업 정보통신 업종의 정보화 수준 상승률은 2008년 대비 2010년 중소기업 전체의 정보화 수준 상승률보다 높다.
ㄴ. 중소기업 정보화 수준을 업종별로 순위를 매겼을 때 전기전자 업종은 그 순위가 매년 상승하였다.
ㄷ. 2009년과 2010년의 경우 '대기업의 정보화 수준'이 전년과 비교하여 증감한 방향은 건설 업종과 일치한다.
ㄹ. 중소기업의 정보화 수준은 섬유화학 업종을 제외한 모든 업종에서 매년 향상되었다.

① ㄱ, ㄴ
② ㄱ, ㄷ
③ ㄴ, ㄷ
④ ㄴ, ㄹ
⑤ ㄷ, ㄹ

문 30. 다음 〈표〉는 지역별 및 연령대별 흡연율에 관한 자료이다. 이에 대한 〈보기〉의 설명 중 옳은 것을 모두 고르면?

11 민간실험(재) 03번

〈표〉 지역별·연령대별 흡연율

(단위 : %)

지역	평균	연령대				
		20대	30대	40대	50대	60대 이상
A	24.4	28.4	24.8	27.4	20.0	16.2
B	24.2	21.5	31.4	29.9	18.7	18.4
C	23.1	18.9	27.0	27.2	25.4	17.6
D	23.0	28.0	30.1	27.9	15.6	2.7
E	21.8	30.0	27.5	22.4	10.8	9.1
F	19.9	24.2	25.2	19.3	18.9	18.4
G	17.8	13.1	25.4	22.5	19.9	16.5
H	17.5	22.2	16.1	18.2	18.2	15.8
I	16.4	11.6	25.4	13.4	16.2	13.9
J	15.6	14.0	22.2	18.8	11.6	9.4
전국 평균	22.9	25.5	29.6	24.9	19.8	12.3

─── 〈보 기〉 ───

ㄱ. 지역 평균 흡연율이 전국 평균 흡연율보다 높은 지역은 4개이다.

ㄴ. 40대를 기준으로 흡연율이 가장 높은 지역과 20대를 기준으로 흡연율이 가장 높은 지역은 다르다.

ㄷ. I지역은 J지역보다 20대와 30대 흡연자 수의 차이가 더 크다.

ㄹ. 각 지역의 연령대 흡연율 순위가 전국 평균의 연령대 흡연율 순위와 동일한 지역은 3개이다.

① ㄱ, ㄴ

② ㄱ, ㄷ

③ ㄷ, ㄹ

④ ㄱ, ㄴ, ㄹ

⑤ ㄴ, ㄷ, ㄹ

문 31. 다음 〈표〉와 〈그림〉은 선거제도에 관한 자료이다. 이에 대한 〈보기〉의 설명 중 옳은 것을 모두 고르면?

11 민간실험(재) 13번

〈표〉 선거제도의 특성 비교

구분	제1당의 평균 의석률(%)	평균 의회정당 수	평균 비례지수
A선거제도	44.4	9.3	90.4
B선거제도	53.7	8.7	83.2
C선거제도	68.1	5.0	83.1

〈그림〉 선거제도와 사회유형에 따른 민주주의 발전지수

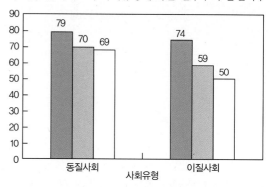

■A선거제도 ■B선거제도 □C선거제도

※ 민주주의 발전지수는 점수가 높을수록 민주주의 발전 정도가 높은 것을 의미함

─── 〈보 기〉 ───

ㄱ. A선거제도의 경우, 동질사회에서보다 이질사회에서 민주주의 발전지수가 더 크다.

ㄴ. 평균 의회정당 수가 많은 선거제도일수록 민주주의 발전 정도가 높다.

ㄷ. 평균 비례지수가 높은 선거제도일수록 제1당의 평균 의석률은 작다.

ㄹ. 평균 비례지수가 높은 선거제도일수록 민주주의의 발전 정도가 높다.

① ㄱ, ㄷ

② ㄴ, ㄹ

③ ㄱ, ㄴ, ㄷ

④ ㄱ, ㄷ, ㄹ

⑤ ㄴ, ㄷ, ㄹ

문 32. 다음 〈표〉는 개방형직위 충원 현황에 대한 자료이다. 이에 대한 설명으로 옳은 것은? 11 민간실험(재) 17번

〈표 1〉 2006년도 개방형직위 충원 현황

(단위 : 명, %)

개방형 총 직위 수	미충원 직위 수	충원 직위 수	내부 임용	외부 임용		
				민간인	타부처	소계
165	22	143 (100.0)	81 (56.6)	54 (37.8)	8 (5.6)	62 (43.4)

〈표 2〉 연도별 개방형직위 충원 현황

(단위 : 명, %)

연도	개방형 총 직위 수	충원 직위 수					합계
		내부 임용	외부 임용				
			민간인	타부처	소계		
2000	130	54 (83.1)	11 (16.9)	0 (0.0)	11 (16.9)		65
2001	131	96 (83.5)	14 (12.2)	5 (4.3)	19 (16.5)		115
2002	139	95 (80.5)	18 (15.3)	5 (4.2)	23 (19.5)		118
2003	142	87 (70.2)	33 (26.6)	4 (3.2)	37 (29.8)		124
2004	154	75 (55.1)	53 (39.0)	8 (5.9)	61 (44.9)		136
2005	156	79 (54.1)	60 (41.1)	7 (4.8)	67 (45.9)		146

〈표 3〉 A부처와 B부처의 개방형직위 충원 현황

(단위 : 명, %)

구분	충원 직위 수	내부 임용	외부 임용		
			민간인	타부처	소계
A부처	201 (100.0)	117 (58.2)	72 (35.8)	12 (6.0)	84 (41.8)
B부처	182 (100.0)	153 (84.1)	22 (12.1)	7 (3.8)	29 (15.9)

① 미충원 직위 수는 매년 감소했다.

② 2001년도 이후 타 부처로부터의 충원 수는 매년 증가했다.

③ 2006년도 내부 임용은 개방형 총 직위 수의 50% 이상이었다.

④ A부처가 B부처에 비해 충원 직위 수는 많은 반면, 충원 직위 수 대비 내부 임용 비율은 낮았다.

⑤ 전년도에 비해 개방형 총 직위 수가 증가한 해에는 민간인 외부 임용 및 충원 직위 수 대비 민간인 외부 임용 비율도 증가했다.

문 33. 다음 〈표〉는 2004년부터 2010년까지 친환경 농산물 생산량에 대한 자료이다. 이에 대한 설명 중 옳은 것은? 11 민간(경) 06번

〈표〉 친환경 농산물 생산량 추이

(단위 : 백 톤)

구분	2004년	2005년	2006년	2007년	2008년	2009년	2010년
유기 농산물	1,721	2,536	2,969	4,090	7,037	11,134	15,989
무농약 농산물	6,312	9,193	10,756	14,345	25,368	38,082	54,687
저농약 농산물	13,766	20,198	23,632	22,505	18,550	–	–
계	21,799	31,927	37,357	40,940	50,955	49,216	70,676

※ 1) 모든 친환경 농산물은 유기, 무농약, 저농약 중 한 가지 인증을 받아야 함

2) 단, 2007년 1월 1일부터 저농약 신규 인증은 중단되며, 2009년 1월 1일부터 저농약 인증 자체가 폐지됨

① 저농약 신규 인증 중단 이후 친환경 농산물 총 생산량은 매년 감소하였다.

② 저농약 인증 폐지 전 저농약 농산물 생산량은 매년 친환경 농산물 총 생산량의 절반 이상을 차지하였다.

③ 저농약 신규 인증 중단 이후 매년 무농약 농산물 생산량은 친환경 농산물 총 생산량의 50% 이상을 차지하였다.

④ 2005년 이후 전년에 비해 친환경 농산물 총 생산량이 처음으로 감소한 시기는 저농약 인증이 폐지된 해이다.

⑤ 2005년 이후 전년에 비해 무농약 농산물 생산량의 증가폭이 가장 큰 시기는 2008년이다.

문 34. 다음 〈표〉는 조업방법별 어업생산량과 어종별 양식어획량에 대한 자료이다. 이에 대한 설명 중 옳지 <u>않은</u> 것은?

11 민간(경) 14번

〈표 1〉 조업방법별 어업생산량

(단위 : 만 톤)

연도 조업방법	2005	2006	2007	2008	2009
해면어업	109.7	110.9	115.2	128.5	122.7
양식어업	104.1	125.9	138.6	138.1	131.3
원양어업	55.2	63.9	71.0	66.6	60.5
내수면어업	2.4	2.5	2.7	2.9	3.0
계	271.4	303.2	327.5	336.1	317.5

※ 조업방법은 해면어업, 양식어업, 원양어업, 내수면어업으로 이루어심

〈표 2〉 어종별 양식어획량

(단위 : 백만 마리)

연도 어종	2005	2006	2007	2008	2009
조피볼락	367	377	316	280	254
넙치류	97	94	97	98	106
감성돔	44	50	48	46	35
참돔	53	32	26	45	37
숭어	33	35	30	26	29
농어	20	17	13	15	14
기타 어류	28	51	39	36	45
계	642	656	569	546	520

① 총 어업생산량의 전년 대비 증가율은 2007년이 2008년보다 크다.

② 2005년부터 2009년까지 어업생산량이 매년 증가한 조업방법은 내수면어업이다.

③ 2005년부터 2009년까지 연도별 총 양식어획량에서 조피볼락이 차지하는 비율은 매년 50% 이상이다.

④ 기타 어류를 제외하고, 2009년 양식어획량이 전년 대비 감소한 어종 중 감소율이 가장 작은 어종은 농어이다.

⑤ 기타 어류를 제외하고, 양식어획량이 많은 어종을 순서대로 나열하면, 2005년의 순서와 2009년의 순서는 동일하다.

문 35. 다음 〈그림〉은 외식업체 구매담당자들의 공급업체 유형별 신선 편이 농산물 속성에 대한 선호도 평가 결과이다. 이를 바탕으로 작성된 〈보고서〉의 내용 중 옳은 것을 모두 고르면?

11 민간(경) 18번

〈그림 1〉 공급업체 유형별 신선 편이 농산물의
가격적정성 · 품질 선호도 평가

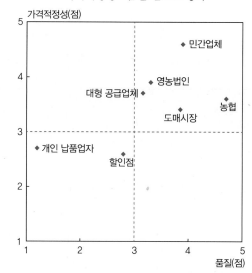

※ 1) 점선은 각 척도(1~5점)의 중간값을 표시함
　　2) 각 속성별로 축의 숫자가 클수록 선호도가 높음을 의미함

〈그림 2〉 공급업체 유형별 신선 편이 농산물의
위생안전성 · 공급력 선호도 평가

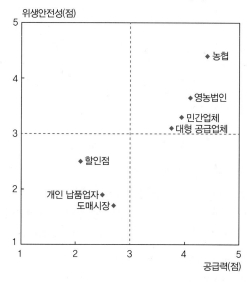

<보고서>

　소비자의 제품 구입 의도는 제품에 대한 선호도에 의해 결정되므로 개별 속성에 대한 소비자의 인식을 파악하는 것이 중요하다. 신선 편이 농산물의 주된 소비자인 외식업체 구매담당자들을 대상으로 신선 편이 농산물의 네 가지 속성(가격적정성, 품질, 위생안전성, 공급력)에 의거하여 공급업체 유형별 선호도를 측정하였다. 그 결과를 바탕으로 두 가지 속성씩(가격적정성·품질, 위생안전성·공급력) 짝지어 공급업체들에 대한 선호도 분포를 2차원 좌표평면에 표시하였다.

　이를 보면, ㉠ 외식업체 구매담당자들은 가격적정성과 품질 속성에서 각각 민간업체를 농협보다 선호하였다. ㉡ 네 가지 모든 속성에서 척도 중간값(3점) 이상의 평가를 받은 공급업체 유형은 총 네 개였고, ㉢ 특히 농협은 가격적정성, 품질, 공급력 속성에서 가장 선호도가 높았다. ㉣ 할인점은 공급력 속성에서 가장 낮은 선호도를 보인 공급업체 유형으로 나타났다. ㉤ 개인 납품업자는 네 가지 속성 각각에서 가장 낮은 선호도를 보였다.

① ㉠, ㉢

② ㉡, ㉣

③ ㉠, ㉢, ㉤

④ ㉡, ㉢, ㉣

⑤ ㉡, ㉣, ㉤

문 36.　다음 〈그림〉은 A강의 지점별 폭-수심비의 변화를 나타낸 것이다. 이에 대한 〈보기〉의 설명 중 옳은 것을 모두 고르면?

12 민간(인) 01번

〈그림〉 A강의 지점별 폭-수심비의 변화

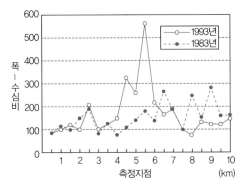

※ 폭-수심비는 전체 10km 측정구간 중 하류지점부터 매 500m마다의 측정지점에서 폭과 수심을 측정하여 계산한 결과임

─── 〈보 기〉 ───

ㄱ. 1993년 폭-수심비 최댓값은 500보다 크다.

ㄴ. 1983년과 1993년의 폭-수심비 차이가 가장 큰 측정지점은 6.5km 지점이다.

ㄷ. 1983년 폭-수심비 최댓값과 최솟값의 차이는 300보다 크다.

① ㄱ

② ㄴ

③ ㄱ, ㄷ

④ ㄴ, ㄷ

⑤ ㄱ, ㄴ, ㄷ

문 37. 다음 〈그림〉과 〈표〉는 2011~2014년 소셜네트워크 서비스 이용자 및 소셜광고 시장에 관한 자료이다. 이를 바탕으로 작성한 〈보고서〉의 내용 중 옳지 <u>않은</u> 것은?　12 민간(인) 04번

〈그림 1〉 세계 소셜네트워크 서비스 이용자 현황 및 전망

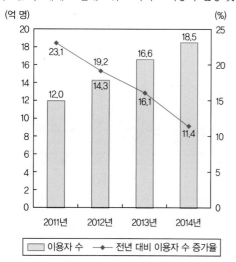

〈그림 2〉 세계 소셜광고 시장 현황 및 전망

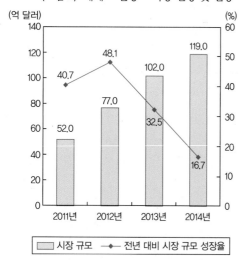

〈표〉 미국 소셜광고 사업자별 시장 현황 및 전망

(단위 : 억 달러, %)

구분	연도	2011	2012	2013	2014
시장 규모		25.4	36.3	47.3	55.9
시장점유율	페이스북	67	71	70	67
	소셜게임	8	7	6	6
	트위터	5	6	7	8
	링크드인	4	4	4	4
	기타	16	12	13	15
	합계	100	100	100	100

※ 기타는 시장점유율 3% 미만 업체의 시장점유율을 모두 합한 수치임

─〈보고서〉─

㉠ 세계 소셜네트워크 서비스 이용자는 2011년의 12.0억 명에서 2014년에는 18.5억 명으로 50% 이상 증가할 것으로 전망된다. 소셜네트워크 서비스가 새로운 미디어 매체로 대두되면서 소셜광고 시장 또한 급성장하고 있다. ㉡ 세계 소셜광고 시장 규모는 2012년에 전년 대비 48.1%의 성장률을 보이면서 77.0억 달러에 이를 것으로 예측되며, 이후에도 계속 성장하여 2014년에는 119.0억 달러를 기록할 것으로 전망된다. ㉢ 미국 소셜광고 시장 규모는 2011년 25.4억 달러에서 2014년에는 55.9억 달러로 성장하여 세계 소셜광고 시장의 50% 이상을 차지할 것으로 전망된다. 미국 소셜광고 사업자별 시장 현황 및 전망을 살펴보면 ㉣ 2011년 기준으로 페이스북이 67%로 가장 높은 시장 점유율을 나타내고 있으며, 소셜게임, 트위터, 링크드인이 그 뒤를 잇고 있다. ㉤ 2014년에는 페이스북의 시장 점유율이 2012년 대비 4%p 감소할 전망이나 여전히 높은 시장 점유율을 유지할 것으로 예측된다.

① ㉠　　　　　　　　② ㉡

③ ㉢　　　　　　　　④ ㉣

⑤ ㉤

문 38. 다음 〈그림〉과 〈표〉는 OECD국가와 한국인의 성별 기대수명에 관한 자료이다. 이에 대한 설명 중 옳은 것은?

12 민간(인) 06번

〈그림〉 2009년 OECD국가의 성별 기대수명(상위 10개국)

(단위 : 세)

여성		남성	
일본(1)	86.4	스위스(1)	79.9
스페인(2)	84.9	이스라엘(2)	79.7
스위스(3)	84.6	아이슬란드(2)	79.7
프랑스(4)	84.4	일본(4)	79.6
호주(5)	83.9	스웨덴(5)	79.4
한국(6)	83.8	호주(6)	79.3
핀란드(7)	83.5	뉴질랜드(7)	78.8
스웨덴(8)	83.4	노르웨이(8)	78.7
아이슬란드(9)	83.3	스페인(9)	78.6
룩셈부르크(9)	83.3	네덜란드(10)	78.5

※ (   )안의 숫자는 OECD국가 중 해당 국가의 순위임

〈표〉 한국인의 성별 기대수명(2003~2009년)

연도 \ 성별 구분	여성 순위	여성 기대수명(세)	남성 순위	남성 기대수명(세)
2003	19	80.8	26	73.9
2006	13	82.4	23	75.7
2009	6	83.8	20	76.8

※ 순위는 OECD국가 중 한국의 순위임

① 2003년 대비 2009년 한국 남성의 기대수명은 5% 이상 증가하였다.

② 2009년의 경우, 일본 남성의 기대수명은 일본 여성의 기대수명의 90% 이하이다.

③ 2009년 여성과 남성의 기대수명이 모두 상위 5위 이내인 OECD국가의 수는 2개이다.

④ 2006년과 2009년 한국 남성의 기대수명 차이는 2006년과 2009년 한국 여성의 기대수명 차이보다 크다.

⑤ 2009년 스위스 여성과 스웨덴 여성의 기대수명 차이는 두 나라 남성의 기대수명 차이보다 작다.

문 39. 다음 〈표〉는 세계 38개 국가의 공적연금 체계를 비교한 자료이다. 이에 대한 설명 중 옳지 않은 것은?

12 민간(인) 07번

〈표〉 세계 38개 국가의 공적연금 체계 비교

체계	부담 방식 사회보험식 정액급여	부담 방식 사회보험식 소득비례급여	부담 방식 퇴직준비금식 기여비례급여	부담 방식 강제가입식 기여비례급여	비부담 방식 사회수당식 정액급여	비부담 방식 사회부조식 보충급여	해당국가
일원체계	○						네덜란드, 아이슬란드
		○					독일, 오스트리아, 미국, 스페인, 포르투갈, 중국, 한국
				○			뉴질랜드, 브루나이
						○	호주, 남아프리카공화국
			○				싱가포르, 말레이시아, 인도, 인도네시아
이원체계	○	○					일본, 영국, 노르웨이, 핀란드
	○					○	아일랜드
		○				○	이탈리아, 스웨덴, 프랑스, 벨기에, 불가리아, 루마니아, 스위스
		○		○			칠레, 멕시코, 아르헨티나, 페루, 콜롬비아
삼원체계	○	○				○	이스라엘, 라트비아
	○				○	○	덴마크
		○			○	○	캐나다

※ '○'은 해당 국가에서 해당 방식을 도입한 것을 의미함

① 기여비례급여를 도입한 국가는 모두 9개이다.

② 삼원체계로 분류된 국가 중 비부담 방식을 도입한 국가는 4개이다.

③ 일원체계로 분류된 국가의 수와 이원체계로 분류된 국가의 수는 같다.

④ 보충급여를 도입한 국가의 수는 소득비례급여를 도입한 국가의 수보다 많다.

⑤ 정액급여를 도입한 국가의 경우, 일원체계로 분류된 국가의 수는 이원체계로 분류된 국가의 수보다 적다.

문 40. 다음 〈표〉는 2004~2011년 참여공동체 및 참여어업인 현황에 대한 자료이다. 이에 대한 설명 중 옳지 <u>않은</u> 것은?

12 민간(인) 08번

〈표 1〉 어업유형별 참여공동체 현황

(단위 : 개소)

어업유형＼연도	2004	2005	2006	2007	2008	2009	2010	2011
마을어업	32	61	159	294	341	391	438	465
양식어업	11	15	46	72	78	80	85	89
어선어업	8	29	52	102	115	135	156	175
복합어업	12	17	43	94	102	124	143	153
내수면어업	0	0	8	17	23	28	41	50
전체	63	122	308	579	659	758	863	932

〈표 2〉 지역별 참여공동체 현황

(단위 : 개소)

지역＼연도	2004	2005	2006	2007	2008	2009	2010	2011
부산	1	4	5	15	15	18	21	25
인천	6	7	13	25	29	36	40	43
울산	1	3	10	15	15	16	18	20
경기	2	5	12	23	24	24	29	32
강원	7	15	21	39	47	58	71	82
충북	0	0	5	7	8	12	16	17
충남	4	10	27	49	50	63	74	82
전북	5	9	25	38	41	41	41	44
전남	20	32	99	184	215	236	258	271
경북	7	15	37	69	73	78	87	91
경남	8	16	33	76	100	134	163	177
제주	2	6	21	39	42	42	45	48
전체	63	122	308	579	659	758	863	932

〈표 3〉 참여어업인 현황

(단위 : 명)

구분＼연도	2004	2005	2006	2007	2008	2009	2010	2011
참여어업인	5,107	10,765	24,805	44,061	50,728	56,100	60,902	63,860

① 참여어업인은 매년 증가하였다.
② 2005년 전체 참여공동체 중 전남지역 참여공동체가 차지하는 비율은 30% 이상이다.
③ 충북지역을 제외하고, 2004년 대비 2011년 참여공동체 증가율이 가장 낮은 지역은 인천이다.
④ 2006년 이후 각 어업유형에서 참여공동체는 매년 증가하였다.
⑤ 참여공동체가 많은 지역부터 나열하면, 충남지역의 순위는 2009년과 2010년이 동일하다.

문 41. 다음 〈그림〉은 20개 국가(A~T)의 1인당 GDP와 자살률의 관계를 나타낸 것이다. 이에 대한 설명 중 옳은 것은?

12 민간(인) 16번

〈그림〉 20개 국가의 1인당 GDP와 자살률

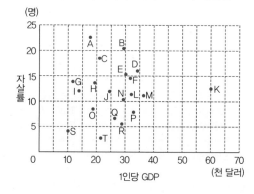

① 1인당 GDP가 가장 낮은 국가는 자살률도 가장 낮다.
② 1인당 GDP가 4만 달러 이상인 국가의 자살률은 10명 미만이다.
③ 자살률이 가장 높은 국가와 가장 낮은 국가의 자살률 차이는 15명 이하이다.
④ 자살률이 가장 높은 국가의 1인당 GDP는 자살률이 두 번째로 높은 국가의 1인당 GDP의 50% 이상이다.
⑤ C국보다 자살률과 1인당 GDP가 모두 낮은 국가의 수는 C국보다 자살률과 1인당 GDP가 모두 높은 국가의 수와 같다.

문 42. 다음 〈그림〉은 A~D음료의 8개 항목에 대한 소비자평가 결과를 나타낸 것이다. 이에 대한 설명 중 옳은 것은?

12 민간(인) 17번

〈그림〉 A~D음료의 항목별 소비자평가 결과

(단위 : 점)

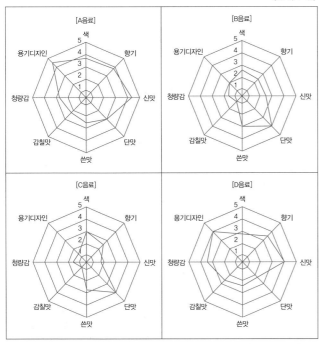

※ 1점이 가장 낮은 점수이고 5점이 가장 높은 점수임

① C음료는 8개 항목 중 '쓴맛'의 점수가 가장 높다.

② '용기디자인'의 점수는 A음료가 가장 높고, C음료가 가장 낮다.

③ A음료는 B음료보다 7개 항목에서 각각 높은 점수를 받았다.

④ 소비자평가 결과의 항목별 점수의 합은 B음료가 D음료보다 크다.

⑤ A~D음료 간 '색'의 점수를 비교할 때 점수가 가장 높은 음료는 '단맛'의 점수를 비교할 때에도 점수가 가장 높다.

문 43. 다음 〈표〉는 2000~2007년 7개 도시 실질 성장률에 대한 자료이다. 이에 대한 설명으로 옳은 것은?

13 민간(인) 06번

〈표〉 7개 도시 실질 성장률

(단위 : %)

연도 도시	2000	2001	2002	2003	2004	2005	2006	2007
서울	9.0	3.4	8.0	1.3	1.0	2.2	4.3	4.4
부산	5.3	7.9	6.7	4.8	0.6	3.0	3.4	4.6
대구	7.4	1.0	4.4	2.6	3.2	0.6	3.9	4.5
인천	6.8	4.9	10.7	2.4	3.8	3.7	6.8	7.4
광주	10.1	3.4	9.5	1.6	1.5	6.5	6.5	3.7
대전	9.1	4.6	8.1	7.4	1.6	2.6	3.4	3.2
울산	8.5	0.5	15.8	2.6	4.3	4.6	1.9	4.6

① 2005년 서울, 부산, 광주의 실질 성장률은 각각 2004년의 2배 이상이다.

② 2004년과 2005년 실질 성장률이 가장 높은 도시는 동일하다.

③ 2001년 각 도시의 실질 성장률은 2000년에 비해 감소하였다.

④ 2002년 대비 2003년 실질 성장률이 5%p 이상 감소한 도시는 모두 3개이다.

⑤ 2000년 실질 성장률이 가장 높은 도시가 2007년에는 실질 성장률이 가장 낮았다.

문 44. 다음 〈그림〉은 어느 도시의 미혼남과 미혼녀의 인원 수 추이 및 미혼남녀의 직업별 분포를 나타낸 자료이다. 이에 대한 설명으로 옳지 <u>않은</u> 것은?   13 민간(인) 11번

〈그림 1〉 2001~2007년 미혼남과 미혼녀의 인원수 추이

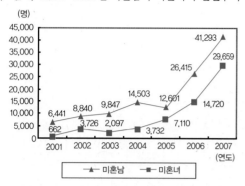

〈그림 2〉 2007년 미혼남녀의 직업별 분포

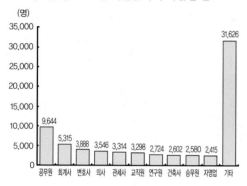

① 2004년 이후 미혼녀 인원 수는 매년 증가하였다.

② 2007년 미혼녀 인원 수는 2006년의 2배 이상이다.

③ 2007년 미혼녀와 미혼남의 인원 수 차이는 2006년의 2배 이상이다.

④ 2007년 미혼남녀의 직업별 분포에서 공무원 수는 변호사 수의 2배 이상이다.

⑤ 2007년 미혼남녀의 직업별 분포에서 회계사 수는 승무원 수의 2배 이상이다.

문 45. 다음 〈그림〉은 6가지 운동종목별 남자 및 여자 국가대표선수의 평균 연령과 평균 신장에 대한 자료이다. 이에 대한 〈보기〉의 설명 중 옳지 <u>않은</u> 것만을 모두 고르면?   13 민간(인) 14번

〈그림 1〉 남자 국가대표선수의 평균 연령과 평균 신장

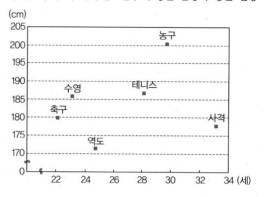

〈그림 2〉 여자 국가대표선수의 평균 연령과 평균 신장

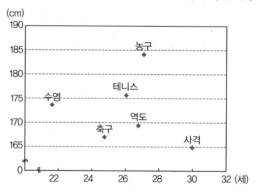

─── 〈보 기〉 ───

ㄱ. 평균 연령이 높은 순서대로 나열하면, 남자 국가대표선수의 종목 순서와 여자 국가대표선수의 종목 순서는 동일하다.

ㄴ. 평균 신장이 큰 순서대로 나열하면, 남자 국가대표선수의 종목 순서와 여자 국가대표선수의 종목 순서는 동일하다.

ㄷ. 종목별로 볼 때, 남자 국가대표선수의 평균 연령은 해당 종목 여자 국가대표선수의 평균 연령보다 높다.

ㄹ. 종목별로 볼 때, 남자 국가대표선수의 평균 신장은 해당 종목 여자 국가대표선수의 평균 신장보다 크다.

① ㄱ, ㄴ

② ㄴ, ㄹ

③ ㄷ, ㄹ

④ ㄱ, ㄴ, ㄷ

⑤ ㄱ, ㄷ, ㄹ

문 46. 다음 〈표〉는 2013년 어느 금요일과 토요일 A씨 부부의 전체 양육활동유형 9가지에 대한 참여시간을 조사한 자료이다. 이에 대한 설명으로 옳지 않은 것은?

13 민간(인) 16번

〈표〉 금요일과 토요일의 양육활동유형별 참여시간

(단위 : 분)

유형	금요일		토요일	
	아내	남편	아내	남편
위생	48	4	48	8
식사	199	4	234	14
가사	110	2	108	9
정서	128	25	161	73
취침	55	3	60	6
배설	18	1	21	2
외출	70	5	101	24
의료간호	11	1	10	1
교육	24	1	20	3

① 토요일에 남편의 참여시간이 가장 많았던 양육활동유형은 정서활동이다.
② 아내의 총 양육활동 참여시간은 금요일에 비해 토요일에 감소하였다.
③ 남편의 양육활동 참여시간은 금요일에는 총 46분이었고, 토요일에는 총 140분이었다.
④ 금요일에 아내는 식사, 정서, 가사, 외출활동의 순으로 양육활동 참여시간이 많았다.
⑤ 아내의 양육활동유형 중 금요일에 비해 토요일에 참여시간이 가장 많이 감소한 것은 교육활동이다.

문 47. 다음 〈표〉는 성별·연령대별 대중매체 선호비율을 나타낸 자료이다. 이에 대한 〈보기〉의 설명 중 옳은 것을 모두 고르면?

13 외교원(인) 01번

〈표〉 성별·연령대별 대중매체 선호비율

(단위 : %)

성별	대중매체	연령대		
		30대 이하	40~50대	60대 이상
여성	신문	10	25	50
	TV	30	35	40
	온라인	60	40	10
남성	신문	10	20	35
	TV	20	30	35
	온라인	70	50	30

─── 〈보 기〉 ───

ㄱ. 남녀 모두 TV 선호비율은 연령대가 높은 집단일수록 높다.
ㄴ. 40~50대에서 대중매체 선호비율 순위는 여성과 남성이 같다.
ㄷ. 연령대가 높은 집단일수록 신문 선호비율은 남성보다 여성에서 더 큰 폭으로 증가한다.
ㄹ. 30대 이하에서는 온라인을 선호하는 남성의 수가 여성의 수보다 많다.

① ㄱ, ㄷ
② ㄴ, ㄹ
③ ㄱ, ㄴ, ㄷ
④ ㄱ, ㄴ, ㄹ
⑤ ㄴ, ㄷ, ㄹ

문 48. 다음 〈표〉는 2007~2011년 국내 건강기능식품 생산에 관한 자료이다. 이에 대한 〈보기〉의 설명 중 옳은 것을 모두 고르면?

13 외교원(인) 05번

〈표 1〉 국내 건강기능식품 생산 현황

(단위 : 억 원, 톤)

구분 \ 연도	내수용		수출용		총 생산액	총 생산량
	생산액	생산량	생산액	생산량		
2007	6,888	10,239	346	339	7,234	10,578
2008	7,516	12,990	514	697	8,030	13,687
2009	9,184	19,293	415	592	9,599	19,885
2010	10,211	24,994	460	367	10,671	25,361
2011	13,126	39,611	556	647	13,682	40,258

〈표 2〉 국내 상위 10개 건강기능식품의 생산액

순위 \ 품목 \ 연도	2007	2008	2009	2010	2011
1 홍삼	3,284	4,184	4,995	5,817	7,191
2 비타민 및 무기질	604	531	761	991	1,561
3 밀크씨슬	249	416	800	1,129	1,435
4 알로에	797	639	648	584	691
5 오메가-3	142	266	334	348	509
6 프로바이오틱스	174	190	254	317	405
7 수삼	348	413	364	341	381
8 감마리놀렌산	187	145	108	93	223
9 가르시니아 추출물	0	0	0	208	207
10 식이섬유	3	1	99	117	116

※ 순위는 2011년 생산액 기준임

─── 〈보 기〉 ───

ㄱ. 국내 건강기능식품의 총 생산액과 총 생산량은 각각 매년 증가하였다.

ㄴ. 국내 건강기능식품의 내수용 생산액은 매년 증가하였다.

ㄷ. 2011년 생산액 기준 국내 건강기능식품 상위 5개 품목은 각각 2011년의 생산액이 2007년의 두 배 이상이다.

ㄹ. 2011년 생산액 기준 국내 건강기능식품 상위 10개 품목 중 홍삼은 매년 생산액이 가장 많았다.

① ㄱ, ㄴ

② ㄱ, ㄹ

③ ㄴ, ㄷ

④ ㄱ, ㄴ, ㄹ

⑤ ㄴ, ㄷ, ㄹ

문 49. 다음 〈표〉는 공공기관 공사 발주현황에 대한 자료이다. 이에 대한 〈보고서〉의 설명 중 옳은 것을 모두 고르면?

13 외교원(인) 13번

〈표〉 공공기관 공사 발주현황

(단위 : 건, 십억 원)

구분		2000년		2001년		2002년	
		건수	금액	건수	금액	건수	금액
정부 기관	소계	10,320	7,669	10,530	8,175	8,475	7,384
	대형공사	92	1,886	92	2,065	91	1,773
	소형공사	10,228	5,783	10,438	6,110	8,384	5,611
지방 자치 단체	소계	22,043	10,114	22,033	9,674	29,000	11,426
	대형공사	73	1,476	53	1,107	61	1,137
	소형공사	21,970	8,638	21,980	8,567	28,939	10,289

※ 공공기관은 정부기관과 지방자치단체로만 구분됨

─── 〈보고서〉 ───

정부기관과 지방자치단체의 공사 발주현황을 100억 원 이상의 대형공사와 100억 원 미만의 소형공사로 구분하여 조사하였다. ㉠ 공공기관 전체의 대형공사와 소형공사 발주 금액은 각각 매년 증가하였다. ㉡ 2000년 대비 2002년 공공기관 전체 대형공사 발주 건수는 감소하였고, 소형공사의 발주 건수는 증가한 것으로 나타났다. ㉢ 매년 공공기관 전체에서 대형공사가 소형공사보다 발주 건수는 적지만, 대형공사 발주 금액이 소형공사 발주 금액보다 크다는 것을 알 수 있다.

2002년의 경우 정부기관 발주 건수 8,475건, 발주 금액 7조 3,840억 원 가운데 대형공사 91건이 1조 7,730억 원을 차지하는 것으로 나타났다. ㉣ 같은 해 정부기관 발주공사 중에서 대형공사가 차지하는 발주 건수의 비율은 2% 미만이지만 공사금액의 비율은 20% 이상을 차지하고 있으며, ㉤ 지방자치단체의 공사 발주규모는 소형공사가 대형공사보다 건수와 금액 모두 큰 것으로 나타났다.

① ㉠, ㉡

② ㉡, ㉣

③ ㉠, ㉢, ㉣

④ ㉡, ㉢, ㉤

⑤ ㉡, ㉣, ㉤

문 50. 다음 〈표〉는 1936년 A지역의 기상관측 자료이다. 이에 대한 〈보기〉의 설명 중 옳은 것을 모두 고르면?

13 외교원(인) 20번

〈표 1〉 월별 기상관측 결과

구분 월	평균습도(%)	평균기온(℃)	강수일수(일)	강수량(mm)
1	67	( )	8	4.5
2	64	−3	7	19.0
3	62	3	6	27.0
4	64	11	14	141.2
5	68	16	9	27.4
6	71	21	10	65.1
7	79	24	14	210.2
8	( )	25	22	668.8
9	73	20	15	252.4
10	71	13	5	10.7
11	70	( )	12	44.5
12	68	−2	9	67.8

〈표 2〉 평균습도와 평균기온의 월수 분포

평균기온(℃) \ 평균습도(%)	65 미만	65 이상 70 미만	70 이상 75 미만	75 이상 80 미만	80 이상	합
−5 미만	0	1	0	0	0	1
−5 이상 0 미만	1	1	0	0	0	2
0 이상 5 미만	1	0	0	0	0	1
5 이상 10 미만	0	0	1	0	0	1
10 이상 15 미만	1	0	1	0	0	2
15 이상 20 미만	0	1	0	0	0	1
20 이상	0	0	2	1	1	4
계	3	3	4	1	1	12

※ 월수는 해당 조건에 부합하는 월 빈도를 의미함

─〈보 기〉─
ㄱ. 평균습도가 가장 높은 월에 강수일수와 강수량도 가장 많다.
ㄴ. 평균기온이 가장 낮은 월에 강수량도 가장 적다.
ㄷ. 11월의 평균기온은 3월보다 높다.
ㄹ. 평균기온이 높은 월일수록 강수일수 당 강수량이 많다.
ㅁ. 평균기온이 0℃ 미만인 월의 강수일수의 합은 8월의 강수일수보다 적다.

① ㄱ, ㄴ, ㄷ
② ㄱ, ㄴ, ㄹ
③ ㄱ, ㄷ, ㄹ
④ ㄴ, ㄹ, ㅁ
⑤ ㄷ, ㄹ, ㅁ

문 51. 다음 〈표〉는 '갑' 지역 A 교정시설 소년 수감자의 성격유형과 범죄의 관계에 대한 자료이다. 이에 대한 〈보기〉의 설명 중 옳은 것을 모두 고르면?

13 외교원(인) 21번

〈표 1〉 소년 수감자, 갑 지역 인구, 전국 인구의 성격유형 분포

(단위 : 명, %)

구분 성격유형	소년 수감자 수	소년 수감자의 성격유형 구성비	갑 지역 인구의 성격유형 구성비	전국 인구의 성격유형 구성비
가	170	34.0	29.8	30.7
나	177	35.4	37.2	37.8
다	103	20.6	22.7	21.9
라	50	10.0	10.3	9.6

〈표 2〉 소년 수감자의 범죄유형별 성격유형 구성비

(단위 : %, 명)

범죄유형 성격유형	강력범죄	도박	장물취득	기타범죄
가	44.4	53.6	31.4	29.9
나	27.8	25.0	39.0	35.6
다	19.4	17.9	19.7	22.6
라	8.4	3.5	9.9	11.9
소년 수감자 수	72	28	223	177

※ 1) 성격유형은 가, 나, 다, 라로만 구분함
   2) 각 소년 수감자는 한 가지 범죄유형으로만 분류됨

─〈보 기〉─
ㄱ. 소년 수감자의 성격유형 구성비 순위는 전국 인구의 성격유형 구성비 순위와 동일하다.
ㄴ. 성격유형별로 각 범죄유형의 소년 수감자 수를 비교해보면, '가'형에서는 도박이 가장 많고 '다'형에서는 기타범죄가 가장 많다.
ㄷ. 전국 인구와 갑 지역 인구의 성격유형 구성비 차이가 가장 큰 성격유형이 기타범죄의 성격유형 구성비도 가장 크다.
ㄹ. '라'형 소년 수감자 중 강력범죄로 수감된 수감자 수는 기타범죄로 수감된 수감자 수보다 많다.

① ㄱ
② ㄱ, ㄷ
③ ㄴ, ㄷ
④ ㄱ, ㄴ, ㄹ
⑤ ㄴ, ㄷ, ㄹ

문 52. 다음 〈표〉는 2006~2011년 언어별 관광통역안내사 자격증 신규취득자 및 교육 현황을 나타낸 것이다. 이에 대한 〈보기〉의 설명 중 옳은 것을 모두 고르면? 13 외교원(인) 22번

〈표 1〉 언어별 관광통역안내사 자격증 신규취득자 현황

(단위 : 명)

언어 연도	영어	일어	중국어	러시아어
2006	107	134	61	1
2007	108	136	51	2
2008	113	146	49	1
2009	116	165	51	1
2010	211	407	184	2
2011	156	357	370	5

〈표 2〉 관광통역안내사 교육 현황

(단위 : 건, 명)

연도	교육 건수	교육인원
2006	41	1,725
2007	18	754
2008	10	559
2009	6	750
2010	22	1,045
2011	25	1,315

─────〈보 기〉─────

ㄱ. 중국어 관광통역안내사 자격증 신규취득자 수는 매년 증가하였다.

ㄴ. 2007년 이후 영어와 일어 관광통역안내사 자격증 신규취득자 수의 전년 대비 증감 방향은 매년 같다.

ㄷ. 언어 중 일어 관광통역안내사 자격증 신규취득자 수가 매년 가장 많다.

ㄹ. 교육 건수당 교육인원이 가장 많은 해는 2009년이다.

① ㄱ

② ㄴ

③ ㄴ, ㄷ

④ ㄴ, ㄹ

⑤ ㄷ, ㄹ

문 53. 다음 〈표〉는 2006~2010년 '갑'국 연구개발비에 관한 자료이다. 이에 대한 설명으로 옳은 것은? 14 민간(A) 08번

〈표〉 연도별 연구개발비

연도 구분	2006	2007	2008	2009	2010
연구개발비(십억 원)	27,346	31,301	34,498	37,929	43,855
전년 대비 증가율(%)	13.2	14.5	10.2	9.9	15.6
공공부담 비중(%)	24.3	26.1	26.8	28.7	28.0
인구 만 명당 연구개발비(백만 원)	5,662	6,460	7,097	7,781	8,452

※ 연구개발비＝공공부담 연구개발비＋민간부담 연구개발비

① 연구개발비의 공공부담 비중은 매년 증가하였다.

② 전년에 비해 인구 만 명당 연구개발비가 가장 많이 증가한 해는 2010년이다.

③ 2009년에 비해 2010년 '갑'국 인구는 증가하였다.

④ 전년 대비 연구개발비 증가액이 가장 작은 해는 2009년이다.

⑤ 연구개발비의 전년 대비 증가율이 가장 작은 해와 연구개발비의 민간부담 비중이 가장 큰 해는 같다.

문 54. 다음 〈그림〉은 2011년과 2012년 A대학 학생들의 10개 소셜미디어 이용률에 관한 설문조사 자료이다. 이에 대한 〈보기〉의 설명 중 옳은 것만을 모두 고르면? 14 민간(A) 17번

〈그림〉 소셜미디어 이용률

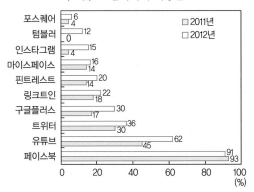

※ 1) 제시된 소셜미디어 외 다른 소셜미디어는 없는 것으로 가정함
　2) 각 소셜미디어 이용률은 전체 응답자 중 해당 소셜미디어를 이용한다고 응답한 학생의 비율임

―――――――――〈보 기〉―――――――――
ㄱ. 2011년과 2012년 모두 이용률이 가장 높은 소셜미디어는 페이스북이다.
ㄴ. 2012년 소셜미디어 이용률 상위 5개 순위는 2011년과 다르다.
ㄷ. 2011년에 비해 2012년 이용률이 가장 큰 폭으로 증가한 소셜미디어는 구글플러스이다.
ㄹ. 2011년에 비해 2012년 이용률이 감소한 소셜미디어는 1개이다.
ㅁ. 2011년 이용률이 50% 이상인 소셜미디어는 유튜브와 페이스북이다.

① ㄱ, ㄴ, ㄹ　　　　　　② ㄱ, ㄴ, ㅁ
③ ㄱ, ㄷ, ㄹ　　　　　　④ ㄴ, ㄷ, ㅁ
⑤ ㄷ, ㄹ, ㅁ

문 55. 다음 〈표〉는 대학 졸업생과 산업체 고용주를 대상으로 12개 학습성과 항목별 보유도와 중요도를 설문조사한 자료이다. 이에 대한 설명으로 옳지 않은 것은? 14 민간(A) 20번

〈표〉 학습성과 항목별 보유도 및 중요도 설문결과

학습성과 항목	대학 졸업생		산업체 고용주	
	보유도	중요도	보유도	중요도
기본지식	3.7	3.7	4.1	4.2
실험능력	3.7	4.1	3.7	4.0
설계능력	3.2	3.9	3.5	4.0
문제해결능력	3.3	3.0	3.3	3.8
실무능력	3.6	3.9	4.1	4.0
협업능력	3.3	3.9	3.7	4.0
의사전달능력	3.3	3.9	3.8	3.8
평생교육능력	3.5	3.4	3.3	3.3
사회적 영향	3.1	3.6	3.2	3.3
시사지식	2.6	3.1	3.0	2.5
직업윤리	3.1	3.3	4.0	4.1
국제적 감각	2.8	3.7	2.8	4.0

※ 1) 보유도는 대학 졸업생과 산업체 고용주가 각 학습성과 항목에 대해 대학 졸업생이 보유하고 있다고 생각하는 정도를 조사하여 평균한 값임
　2) 중요도는 대학 졸업생과 산업체 고용주가 각 학습성과 항목에 대해 중요하다고 생각하는 정도를 조사하여 평균한 값임
　3) 값이 클수록 보유도와 중요도가 높음

① 대학 졸업생의 보유도와 중요도 간의 차이가 가장 큰 학습성과 항목과 산업체 고용주의 보유도와 중요도 간의 차이가 가장 큰 학습성과 항목은 모두 '국제적 감각'이다.
② 대학 졸업생 설문결과에서 중요도가 가장 높은 학습성과 항목은 '실험능력'이다.
③ 산업체 고용주 설문결과에서 중요도가 가장 높은 학습성과 항목은 '기본지식'이다.
④ 대학 졸업생 설문결과에서 보유도가 가장 낮은 학습성과 항목은 '시사지식'이다.
⑤ 학습성과 항목 각각에 대해 대학 졸업생 보유도와 산업체 고용주 보유도 차이를 구하면, 그 값이 가장 큰 학습성과 항목은 '실무능력'이다.

문 56. 다음 〈그림〉은 보육 관련 6대 과제별 성과 점수 및 추진 필요성 점수를 나타낸 것이다. 이에 대한 〈보기〉의 설명 중 옳은 것만을 모두 고르면? 15 민간(인) 01번

〈그림 1〉 보육 관련 6대 과제별 성과 점수

(단위 : 점)

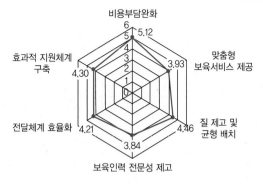

〈그림 2〉 보육 관련 6대 과제별 추진 필요성 점수

(단위 : 점)

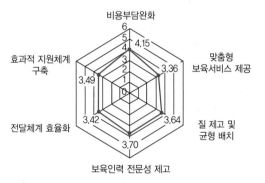

〈보 기〉

ㄱ. 성과 점수가 가장 높은 과제와 가장 낮은 과제의 점수 차이는 1.00점보다 크다.

ㄴ. 성과 점수와 추진 필요성 점수의 차이가 가장 작은 과제는 '보육인력 전문성 제고' 과제이다.

ㄷ. 6대 과제의 추진 필요성 점수 평균은 3.70점 이상이다.

① ㄴ

② ㄱ, ㄴ

③ ㄱ, ㄷ

④ ㄴ, ㄷ

⑤ ㄱ, ㄴ, ㄷ

문 57. 다음 〈표〉와 〈그림〉은 2000~2010년 3개국(한국, 일본, 미국)의 3D 입체영상 및 CG 분야 특허출원에 관한 자료이다. 이를 바탕으로 작성된 〈보고서〉의 내용 중 옳은 것만을 모두 고르면? 15 민간(인) 03번

〈표〉 2000~2010년 3개국
3D 입체영상 및 CG 분야 특허출원 현황

(단위 : 건)

국가＼분야	3D 입체영상	CG
한국	1,155	785
일본	3,620	2,380
미국	880	820
3개국 전체	5,655	3,985

〈그림 1〉 연도별 3D 입체영상 분야 3개국 특허출원 추이

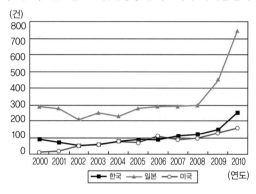

〈그림 2〉 연도별 CG 분야 3개국 특허출원 추이

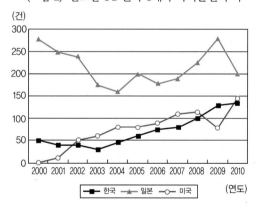

　3D 입체영상 및 CG 분야에 대한 특허출원 경쟁은 한국, 일본, 미국을 중심으로 전개되고 있다. 일본이 기술개발을 선도하고 있는 ㉠ 3D 입체영상 분야의 경우 2000~2010년 일본 특허출원 건수는 3개국 전체 특허출원 건수의 60% 이상을 차지하였다. 하지만 2006년 이후부터 한국에서 관련 기술에 대한 연구가 활발히 진행되어 특허출원 건수가 증가하고 있다. 그 결과 ㉡ 3D 입체영상 분야에서 2007~2010년 동안 한국 특허출원 건수는 매년 미국 특허출원 건수를 초과하였다.

　CG 분야에서도, 2000~2010년 3개국 전체 특허출원 건수 대비 일본 특허출원 건수가 차지하는 비중이 가장 높았으며, 그 다음으로 미국, 한국 순으로 나타났다. 이를 연도별로 살펴보면 ㉢ 2003년 이후 CG 분야에서 한국 특허출원 건수는 매년 미국 특허출원 건수보다 적지만, 관련 기술의 특허출원이 매년 증가하는 추세를 보이고 있다. 한편, ㉣ 2000~2010년 동안 한국과 일본의 CG 분야 특허출원 건수의 차이는 2010년에 가장 작았다.

① ㉠, ㉡　　　　　　② ㉠, ㉢

③ ㉢, ㉣　　　　　　④ ㉠, ㉡, ㉣

⑤ ㉡, ㉢, ㉣

문 58. 다음 〈표〉는 2012년 지역별 PC 보유율과 인터넷 이용률에 관한 자료이다. 이에 대한 〈보기〉의 설명 중 옳은 것만을 모두 고르면? 　15 민간(인) 11번

〈표〉 2012년 지역별 PC 보유율과 인터넷 이용률

(단위 : %)

지역 ＼ 구분	PC 보유율	인터넷 이용률
서울	88.4	80.9
부산	84.6	75.8
대구	81.8	75.9
인천	87.0	81.7
광주	84.8	81.0
대전	85.3	80.4
울산	88.1	85.0
세종	86.0	80.7
경기	86.3	82.9
강원	77.3	71.2
충북	76.5	72.1
충남	69.9	69.7
전북	71.8	72.2
전남	66.7	67.8
경북	68.8	68.4
경남	72.0	72.5
제주	77.3	73.6

〈보 기〉

ㄱ. PC 보유율이 네 번째로 높은 지역은 인터넷 이용률도 네 번째로 높다.

ㄴ. 경남보다 PC 보유율이 낮은 지역의 인터넷 이용률은 모두 경남의 인터넷 이용률보다 낮다.

ㄷ. 울산의 인터넷 이용률은 인터넷 이용률이 가장 낮은 지역의 1.3배 이상이다.

ㄹ. PC 보유율보다 인터넷 이용률이 높은 지역은 전북, 전남, 경남이다.

① ㄱ, ㄴ

② ㄱ, ㄷ

③ ㄱ, ㄹ

④ ㄴ, ㄷ

⑤ ㄴ, ㄹ

문 59. 다음 〈표〉는 2004~2013년 5개 자연재해 유형별 피해금액에 관한 자료이다. 이에 대한 〈보기〉의 설명 중 옳은 것만을 모두 고르면? 15 민간(인) 16번

〈표〉 5개 자연재해 유형별 피해금액

(단위 : 억 원)

연도 유형	2004	2005	2006	2007	2008	2009	2010	2011	2012	2013
태풍	3,416	1,385	118	1,609	9	0	1,725	2,183	8,765	17
호우	2,150	3,520	19,063	435	581	2,549	1,808	5,276	384	1,581
대설	6,739	5,500	52	74	36	128	663	480	204	113
강풍	0	93	140	69	11	70	2	0	267	9
풍랑	0	0	57	331	0	241	70	3	0	0
전체	12,305	10,498	19,430	2,518	637	2,988	4,268	7,942	9,620	1,720

―〈보 기〉―

ㄱ. 2004~2013년 강풍 피해금액 합계는 풍랑 피해금액 합계보다 작다.

ㄴ. 2012년 태풍 피해금액은 2012년 5개 자연재해 유형 전체 피해금액의 90% 이상이다.

ㄷ. 피해금액이 매년 10억 원보다 큰 자연재해 유형은 호우뿐이다.

ㄹ. 피해금액이 큰 자연재해 유형부터 순서대로 나열하면 2010년과 2011년의 순서는 동일하다.

① ㄱ, ㄴ

② ㄱ, ㄷ

③ ㄷ, ㄹ

④ ㄱ, ㄴ, ㄹ

⑤ ㄴ, ㄷ, ㄹ

문 60. 다음 〈표〉는 '가'국의 PC와 스마트폰 기반 웹 브라우저 이용에 대한 설문조사를 바탕으로, 2013년 10월~2014년 1월 동안 매월 이용률 상위 5종 웹 브라우저의 이용률 현황을 정리한 자료이다. 이에 대한 설명으로 옳은 것은? 15 민간(인) 24번

〈표 1〉 PC 기반 웹 브라우저

(단위 : %)

조사시기 웹 브라우저 종류	2013년			2014년
	10월	11월	12월	1월
인터넷 익스플로러	58.22	58.36	57.91	58.21
파이어폭스	17.70	17.54	17.22	17.35
크롬	16.42	16.44	17.35	17.02
사파리	5.84	5.90	5.82	5.78
오페라	1.42	1.39	1.33	1.28
상위 5종 전체	99.60	99.63	99.63	99.64

※ 무응답자는 없으며, 응답자는 1종의 웹 브라우저만을 이용한 것으로 응답함

〈표 2〉 스마트폰 기반 웹 브라우저

(단위 : %)

조사시기 웹 브라우저 종류	2013년			2014년
	10월	11월	12월	1월
사파리	55.88	55.61	54.82	54.97
안드로이드 기본 브라우저	23.45	25.22	25.43	23.49
크롬	6.85	8.33	9.70	10.87
오페라	6.91	4.81	4.15	4.51
인터넷 익스플로러	1.30	1.56	1.58	1.63
상위 5종 전체	94.39	95.53	95.68	95.47

※ 무응답자는 없으며, 응답자는 1종의 웹 브라우저만을 이용한 것으로 응답함

① 2013년 10월 전체 설문조사 대상 스마트폰 기반 웹 브라우저는 10종 이상이다.

② 2014년 1월 이용률 상위 5종 웹 브라우저 중 PC 기반 이용률 순위와 스마트폰 기반 이용률 순위가 일치하는 웹브라우저는 없다.

③ PC 기반 이용률 상위 5종 웹 브라우저의 이용률 순위는 매월 동일하다.

④ 스마트폰 기반 이용률 상위 5종 웹 브라우저 중 2013년 10월과 2014년 1월 이용률의 차이가 2%p 이상인 것은 크롬뿐이다.

⑤ 스마트폰 기반 이용률 상위 3종 웹 브라우저 이용률의 합은 매월 90% 이상이다.

문 61. 다음 〈표〉는 2013년과 2014년 '갑'국 국제협력단이 공여한 공적개발 원조액에 관한 자료이다. 이에 대한 〈보고서〉의 내용 중 옳은 것만을 모두 고르면? 16 민간(5) 03번

〈표 1〉 지원형태별 공적개발 원조액

(단위 : 백만 원)

지원형태 \ 연도	2013년	2014년
양자	500,139	542,725
다자	22,644	37,827
전체	522,783	580,552

〈표 2〉 지원분야별 공적개발 원조액

(단위 : 백만 원, %)

지원분야 \ 구분	2013년		2014년	
	금액	비중	금액	비중
교육	153,539	29.4	138,007	23.8
보건	81,876	15.7	97,082	16.7
공공행정	75,200	14.4	95,501	16.5
농림수산	72,309	13.8	85,284	14.7
산업에너지	79,945	15.3	82,622	14.2
긴급구호	1,245	0.2	13,879	2.4
기타	58,669	11.2	68,177	11.7
전체	522,783	100.0	580,552	100.0

〈표 3〉 사업유형별 공적개발 원조액

(단위 : 백만 원, %)

사업유형 \ 구분	2013년		2014년	
	금액	비중	금액	비중
프로젝트	217,624	41.6	226,884	39.1
개발조사	33,839	6.5	42,612	7.3
연수생초청	52,646	10.1	55,214	9.5
봉사단파견	97,259	18.6	109,658	18.9
민관협력	35,957	6.9	34,595	6.0
물자지원	5,001	1.0	6,155	1.1
행정성경비	42,428	8.1	49,830	8.6
개발인식증진	15,386	2.9	17,677	3.0
국제기구사업	22,643	4.3	37,927	6.5
전체	522,783	100.0	580,552	100.0

〈표 4〉 지역별 공적개발 원조액

(단위 : 백만 원, %)

지역 \ 구분	2013년		2014년	
	금액	비중	금액	비중
동남아시아	230,758	44.1	236,096	40.7
아프리카	104,940	20.1	125,780	21.7
중남미	60,582	11.6	63,388	10.9
중동	23,847	4.6	16,115	2.8
유럽	22,493	4.3	33,839	5.8
서남아시아	22,644	4.3	37,827	6.5
기타	57,519	11.0	67,507	11.6
전체	522,783	100.0	580,552	100.0

〈보고서〉

㉠ 2014년 '갑'국 국제협력단이 공여한 전체 공적개발 원조액(이하 원조액)은 전년 대비 10% 이상 증가하여 5,800억 원을 상회하였다. ㉡ 2013년과 2014년 '양자' 지원형태로 공여한 원조액은 매년 전체 원조액의 90% 이상이다. ㉢ 지원분야별 원조액을 살펴보면, '기타'를 제외하고 2013년과 2014년 지원분야의 원조액 순위는 동일하였다. ㉣ 2013년에 비해 2014년에 공적개발 원조액 전체에서 차지하는 비중이 낮아진 사업유형은 모두 3개였다. 지역별 원조액을 살펴보면, 2013년 대비 2014년 동남아시아에 대한 원조액은 증가한 반면에, 전체 원조액에서 동남아시아가 차지하는 비중은 감소하였다. ㉤ 2014년 지역별 원조액은 '기타'를 제외하고 살펴보면, 모든 지역에서 각각 전년 대비 증가하였다.

① ㉠, ㉡, ㉣
② ㉠, ㉡, ㉤
③ ㉠, ㉢, ㉤
④ ㉡, ㉢, ㉣
⑤ ㉢, ㉣, ㉤

문 62. 다음 〈표〉는 2012~2014년 A국 농축수산물 생산액 상위 10개 품목에 대한 자료이다. 이에 대한 〈보기〉의 설명 중 옳은 것만을 모두 고르면? 16 민간(5) 05번

〈표〉 A국 농축수산물 생산액 상위 10개 품목

(단위 : 억 원)

연도	2012		2013		2014	
순위 구분	품목	생산액	품목	생산액	품목	생산액
1	쌀	105,046	쌀	85,368	쌀	86,800
2	돼지	23,720	돼지	37,586	돼지	54,734
3	소	18,788	소	31,479	소	38,054
4	우유	13,517	우유	15,513	닭	20,229
5	고추	10,439	닭	11,132	우유	17,384
6	닭	8,208	달걀	10,853	달걀	13,590
7	달걀	6,512	수박	8,920	오리	12,323
8	감귤	6,336	고추	8,606	고추	9,913
9	수박	5,598	감귤	8,108	인삼	9,412
10	마늘	5,324	오리	6,490	감귤	9,065
농축수산물 전체		319,678		350,889		413,643

〈보 기〉

ㄱ. 2013년에 비해 2014년에 감귤 생산액 순위는 떨어졌으나 감귤 생산액이 농축수산물 전체 생산액에서 차지하는 비중은 증가하였다.

ㄴ. 쌀 생산액이 농축수산물 전체 생산액에서 차지하는 비중은 매년 감소하였다.

ㄷ. 상위 10위 이내에 매년 포함된 품목은 7개이다.

ㄹ. 오리 생산액은 매년 증가하였다.

① ㄱ, ㄴ

② ㄱ, ㄹ

③ ㄴ, ㄷ

④ ㄴ, ㄹ

⑤ ㄷ, ㄹ

문 63. 다음 〈표〉와 〈그림〉은 2002년과 2012년 '갑'국의 국적별 외국인 방문객에 관한 자료이다. 이에 대한 설명으로 옳은 것은? 16 민간(5) 07번

〈표〉 외국인 방문객 현황

(단위 : 명)

연도	2002	2012
외국인 방문객 수	5,347,468	9,794,796

〈그림 1〉 2002년 국적별 외국인 방문객 수(상위 10개국)

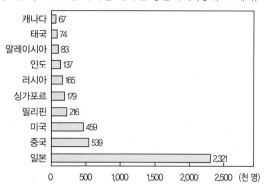

〈그림 2〉 2012년 국적별 외국인 방문객 수(상위 10개국)

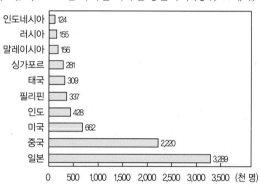

① 미국인, 중국인, 일본인 방문객 수의 합은 2012년이 2002년의 2배 이상이다.

② 2002년 대비 2012년 미국인 방문객 수의 증가율은 말레이시아인 방문객 수의 증가율보다 높다.

③ 전체 외국인 방문객 중 중국인 방문객 비중은 2012년이 2002년의 3배 이상이다.

④ 2002년 외국인 방문객 수 상위 10개국 중 2012년 외국인 방문객 수 상위 10개국에 포함되지 않은 국가는 2개이다.

⑤ 인도네시아인 방문객 수는 2002년에 비해 2012년에 55,000명 이상 증가하였다.

사무관 A는 다음 〈표〉와 〈전문가 자문회의〉를 바탕으로 〈업무보고 자료〉를 작성하였다. 〈업무보고 자료〉의 ㉠~㉣ 중 〈표〉와 〈전문가 자문회의〉 내용에 부합하는 것만을 모두 고르면?

16 민간(5) 16번

〈표〉 산업단지별 유해물질 배출 현황

(단위 : kg/톤, 톤/일)

구분 산업단지	배출농도	배출유량
가	1.5	10
나	2.4	5
다	3.0	8
라	1.0	11

─〈전문가 자문회의〉─

사무관 A : 지금까지 산업단지별 유해물질 배출 현황을 말씀드렸습니다. 향후 환경오염 방지를 위하여 유해물질 배출농도 허용기준을 강화하고자 합니다. 배출농도 허용기준을 현행보다 20% 낮추어 '2.0kg/톤 이하'로 하면 어떨까 합니다.

전문가 1 : 현재보다 20% 낮추어 배출농도 허용기준을 강화하면 허용기준을 만족하지 못하는 산업단지가 추가로 생기게 됩니다.

전문가 2 : 배출농도 허용기준 강화로 자칫 산업 활동에 위축을 가져오지 않을까 우려됩니다.

전문가 3 : 배출 규제 방식을 바꾸면 어떨까 합니다. 허용 기준을 정할 때 배출농도 대신, 배출농도와 배출유량을 곱한 총 배출량을 사용하면 어떨까요?

전문가 1 : 배출농도가 높더라도 배출유량이 극히 적다면 유해물질 하루 총 배출량은 적을 수도 있고, 반대로 배출농도는 낮지만 배출유량이 매우 많다면 총 배출량도 많아지겠군요.

전문가 3 : 그렇습니다. 배출되는 유해물질의 농도와 양을 종합적으로 고려하자는 것이죠. 유해물질 배출 규제를 개선하려면 총 배출량 허용기준을 '12kg/일 이하'로 정하면 될 것 같습니다.

사무관 A : 제안하신 방식에 대한 문제점은 없을까요?

전문가 2 : 배출유량의 정확한 측정이 어렵고 작은 오차라도 결괏값에는 매우 큰 차이를 가져올 수 있습니다.

사무관 A : 전문가 분들의 소중한 의견 감사드립니다.

─〈업무보고 자료〉─

Ⅰ 현황 및 추진배경
　□ ㉠ 현행 유해물질 배출농도 허용기준 적용 시 총 4개 산업단지 중 2곳만 허용기준을 만족함
　□ 유해물질 배출 규제 개선을 통해 환경오염을 미연에 방지하고 생태계 건강성을 유지하고자 함

Ⅱ 유해물질 배출 규제 개선(안)
　□ 배출농도 허용기준 강화
　　• 현행 허용기준보다 20% 낮추는 방안
　　　– ㉡ 현행 대비 20%를 낮출 경우 배출농도 허용기준은 '2.0kg/톤 이하'로 강화됨
　　　– ㉢ 강화된 기준 적용 시 총 4개 산업단지 중 1곳만 배출농도 허용기준을 만족함
　　• 문제점
　　　– 배출농도 허용기준 강화로 산업 활동 위축이 우려됨
　□ 배출 규제 방식 변경
　　• 총 배출량을 기준으로 유해물질 배출 규제
　　　– 총 배출량 = 배출농도 × 배출유량
　　　– 총 배출량 허용기준 : 12kg/일 이하
　　　– ㉣ 새로운 배출 규제 방식 적용 시 총 4개 산업단지 중 2곳만 허용기준을 만족함
　　• 문제점
　　　– 배출유량의 정확한 측정이 어렵고 작은 오차라도 결괏값에 큰 영향을 줄 수 있음

① ㉠, ㉡
② ㉠, ㉢
③ ㉡, ㉣
④ ㉠, ㉢, ㉣
⑤ ㉡, ㉢, ㉣

문 65. 다음 〈그림〉은 약품 A~C 투입량에 따른 오염물질 제거량을 측정한 자료이다. 이에 대한 〈보기〉의 설명 중 옳은 것만을 모두 고르면?

16 민간(5) 19번

〈그림〉 약품 A~C 투입량에 따른 오염물질 제거량

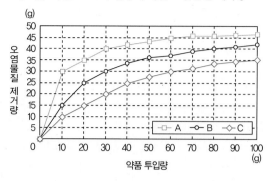

※ 약품은 혼합하여 투입하지 않으며, 측정은 모든 조건이 동일한 가운데 이루어짐

〈보 기〉
ㄱ. 각 약품의 투입량이 20g일 때와 60g일 때를 비교하면, A의 오염물질 제거량 차이가 가장 적다.
ㄴ. 각 약품의 투입량이 20g일 때, 오염물질 제거량은 A가 C의 2배 이상이다.
ㄷ. 오염물질 30g을 제거하기 위해 필요한 투입량이 가장 적은 약품은 B이다.
ㄹ. 약품 투입량이 같으면 B와 C의 오염물질 제거량 차이는 7g 미만이다.

① ㄱ, ㄴ
② ㄴ, ㄹ
③ ㄷ, ㄹ
④ ㄱ, ㄴ, ㄷ
⑤ ㄴ, ㄷ, ㄹ

문 66. 다음 〈표〉는 OECD 주요 국가별 삶의 만족도 및 관련 지표를 나타낸 것이다. 이에 대한 설명으로 옳지 않은 것은?

17 민간(나) 01번

〈표〉 OECD 주요 국가별 삶의 만족도 및 관련 지표

(단위 : 점, %, 시간)

구분 국가	삶의 만족도	장시간근로자 비율	여가 · 개인 돌봄시간
덴마크	7.6	2.1	16.1
아이슬란드	7.5	13.7	14.6
호주	7.4	14.2	14.4
멕시코	7.4	28.8	13.9
미국	7.0	11.4	14.3
영국	6.9	12.3	14.8
프랑스	6.7	8.7	15.3
이탈리아	6.0	5.4	15.0
일본	6.0	22.6	14.9
한국	6.0	28.1	14.6
에스토니아	5.4	3.6	15.1
포르투갈	5.2	9.3	15.0
헝가리	4.9	2.7	15.0

※ 장시간근로자비율은 전체 근로자 중 주 50시간 이상 근무한 근로자의 비율임

① 삶의 만족도가 가장 높은 국가는 장시간근로자비율이 가장 낮다.
② 한국의 장시간근로자비율은 삶의 만족도가 가장 낮은 국가의 장시간근로자비율의 10배 이상이다.
③ 삶의 만족도가 한국보다 낮은 국가들의 장시간근로자비율의 산술평균은 이탈리아의 장시간근로자비율보다 높다.
④ 여가 · 개인돌봄시간이 가장 긴 국가와 가장 짧은 국가의 삶의 만족도 차이는 0.3점 이하이다.
⑤ 장시간근로자비율이 미국보다 낮은 국가의 여가 · 개인돌봄시간은 모두 미국의 여가 · 개인돌봄시간보다 길다.

문 67. 다음 〈표〉는 지역별 마약류 단속에 관한 자료이다. 이에 대한 설명으로 옳은 것은?

17 민간(나) 13번

〈표〉 지역별 마약류 단속 건수

(단위 : 건, %)

지역 \ 마약류	대마	마약	향정신성의약품	합	비중
서울	49	18	323	390	22.1
인천 · 경기	55	24	552	631	35.8
부산	6	6	166	178	10.1
울산 · 경남	13	4	129	146	8.3
대구 · 경북	8	1	138	147	8.3
대전 · 충남	20	4	101	125	7.1
강원	13	0	35	48	2.7
전북	1	4	25	30	1.7
광주 · 전남	2	4	38	44	2.5
충북	0	0	21	21	1.2
제주	0	0	4	4	0.2
전체	167	65	1,532	1,764	100.0

※ 1) 수도권은 서울과 인천 · 경기를 합한 지역임
   2) 마약류는 대마, 마약, 향정신성의약품으로만 구성됨

① 대마 단속 전체 건수는 마약 단속 전체 건수의 3배 이상이다.
② 수도권의 마약류 단속 건수는 마약류 단속 전체 건수의 50% 이상이다.
③ 마약 단속 건수가 없는 지역은 5곳이다.
④ 향정신성의약품 단속 건수는 대구 · 경북 지역이 광주 · 전남 지역의 4배 이상이다.
⑤ 강원 지역은 향정신성의약품 단속 건수가 대마 단속 건수의 3배 이상이다.

문 68. 다음 〈표〉는 동일한 상품군을 판매하는 백화점과 TV홈쇼핑의 상품군별 2015년 판매수수료율에 대한 자료이다. 이에 대한 〈보고서〉의 설명 중 옳은 것만을 모두 고르면?

17 민간(나) 17번

〈표 1〉 백화점 판매수수료율 순위

(단위 : %)

판매수수료율 상위 5개			판매수수료율 하위 5개		
순위	상품군	판매수수료율	순위	상품군	판매수수료율
1	셔츠	33.9	1	디지털기기	11.0
2	레저용품	32.0	2	대형가전	14.4
3	잡화	31.8	3	소형가전	18.6
4	여성정장	31.7	4	문구	18.7
5	모피	31.1	5	신선식품	20.8

〈표 2〉 TV홈쇼핑 판매수수료율 순위

(단위 : %)

판매수수료율 상위 5개			판매수수료율 하위 5개		
순위	상품군	판매수수료율	순위	상품군	판매수수료율
1	셔츠	42.0	1	여행패키지	8.4
2	여성캐주얼	39.7	2	디지털기기	21.9
3	진	37.8	3	유아용품	28.1
4	남성정장	37.4	4	건강용품	28.2
5	화장품	36.8	5	보석	28.7

〈보고서〉

백화점과 TV홈쇼핑의 전체 상품군별 판매수수료율을 조사한 결과, ㉠ 백화점, TV홈쇼핑 모두 셔츠 상품군의 판매수수료율이 전체 상품군 중 가장 높았다. 그리고 백화점, TV홈쇼핑 모두 상위 5개 상품군의 판매수수료율이 30%를 넘어섰다. ㉡ 여성정장 상품군과 모피 상품군의 판매수수료율은 TV홈쇼핑이 백화점보다 더 낮았으며, ㉢ 디지털기기 상품군의 판매수수료율은 TV홈쇼핑이 백화점보다 더 높았다. ㉣ 여행패키지 상품군의 판매수수료율은 백화점이 TV홈쇼핑의 2배 이상이었다.

① ㉠, ㉡
② ㉠, ㉢
③ ㉡, ㉣
④ ㉠, ㉢, ㉣
⑤ ㉡, ㉢, ㉣

문 69. 다음 〈표〉는 '갑' 연구소에서 제습기 A~E의 습도별 연간소비전력량을 측정한 자료이다. 이에 대한 〈보기〉의 설명 중 옳은 것만을 모두 고르면? 18 민간(가) 01번

〈표〉 제습기 A~E의 습도별 연간소비전력량

(단위 : kWh)

습도 제습기	40%	50%	60%	70%	80%
A	550	620	680	790	840
B	560	640	740	810	890
C	580	650	730	800	880
D	600	700	810	880	950
E	660	730	800	920	970

〈보 기〉

ㄱ. 습도가 70%일 때 연간소비전력량이 가장 적은 제습기는 A이다.

ㄴ. 각 습도에서 연간소비전력량이 많은 제습기부터 순서대로 나열하면, 습도 60%일 때와 습도 70%일 때의 순서는 동일하다.

ㄷ. 습도가 40%일 때 제습기 E의 연간소비전력량은 습도가 50%일 때 제습기 B의 연간소비전력량보다 많다.

ㄹ. 제습기 각각에서 연간소비전력량은 습도가 80%일 때가 40%일 때의 1.5배 이상이다.

① ㄱ, ㄴ

② ㄱ, ㄷ

③ ㄴ, ㄹ

④ ㄱ, ㄷ, ㄹ

⑤ ㄴ, ㄷ, ㄹ

문 70. 다음 〈표〉는 15개 종목이 개최된 2018 평창 동계올림픽 참가국 A~D의 메달 획득 결과를 나타낸 자료이다. 이에 대한 설명으로 옳은 것은? 18 민간(가) 05번

〈표〉 2018 평창 동계올림픽 참가국 A~D의 메달 획득 결과

(단위 : 개)

국가 메달 종목	A국 금	은	동	B국 금	은	동	C국 금	은	동	D국 금	은	동
노르딕복합	3	1	1				1					
루지	3	1	2	1							1	1
바이애슬론	3	1	3				1	3	2			
봅슬레이	3	1		1						1		1
쇼트트랙				1						1	1	3
스노보드		1	1	4	2	1				1	2	1
스켈레톤		1										
스키점프	1	3					2	1	2			
스피드스케이팅					1	2	1	1		1	1	
아이스하키		1		1						1	1	
알파인스키				1	1	1	1	4	2			
컬링				1				1	1			
크로스컨트리				1			7	4	3			
프리스타일스키				1	2	1	1			4	2	1
피겨스케이팅	1					2				2		2

※ 빈칸은 0을 의미함

① 동일 종목에서, A국이 획득한 모든 메달 수와 B국이 획득한 모든 메달 수를 합하여 종목별로 비교하면, 15개 종목 중 스노보드가 가장 많다.

② A국이 획득한 금메달 수와 C국이 획득한 동메달 수는 같다.

③ A국이 루지, 봅슬레이, 스켈레톤 종목에서 획득한 모든 메달 수의 합은 C국이 크로스컨트리 종목에서 획득한 모든 메달 수보다 많다.

④ A~D국 중 메달을 획득한 종목의 수가 가장 많은 국가는 D국이다.

⑤ 획득한 은메달 수가 많은 국가부터 순서대로 나열하면 C, B, A, D국 순이다.

문 71. 다음 〈표〉는 A국의 흥행순위별 2017년 영화개봉작 정보와 월별 개봉 편수 및 관객 수에 대한 자료이다. 이에 대한 설명으로 옳지 않은 것은?   18 민간(가) 06번

〈표 1〉 A국의 흥행순위별 2017년 영화개봉작 정보

(단위 : 천 명)

흥행순위	영화명	개봉시기	제작	관객 수
1	버스운전사	8월	국내	12,100
2	님과 함께	12월	국내	8,540
3	동조	1월	국내	7,817
4	거미인간	7월	국외	7,258
5	착한도시	10월	국내	6,851
6	군함만	7월	국내	6,592
7	소년경찰	8월	국내	5,636
8	더 퀸	1월	국내	5,316
9	투수와 야수	3월	국외	5,138
10	퀸스맨	9월	국외	4,945
11	썬더맨	10월	국외	4,854
12	꾸러기	11월	국내	4,018
13	가랑비	12월	국내	4,013
14	동래산성	10월	국내	3,823
15	좀비	6월	국외	3,689
16	행복의 질주	4월	국외	3,653
17	나의 이름은	4월	국외	3,637
18	슈퍼카인드	7월	국외	3,325
19	아이 캔 토크	9월	국내	3,279
20	캐리비안	5월	국외	3,050

※ 관객 수는 개봉일로부터 2017년 12월 31일까지 누적한 값임

〈표 2〉 A국의 2017년 월별 개봉 편수 및 관객 수

(단위 : 편, 천 명)

월 \ 제작 구분	국내		국외	
	개봉 편수	관객 수	개봉 편수	관객 수
1	35	12,682	105	10,570
2	39	8,900	96	6,282
3	31	4,369	116	9,486
4	29	4,285	80	6,929
5	31	6,470	131	12,210
6	49	4,910	124	10,194
7	50	6,863	96	14,495
8	49	21,382	110	8,504
9	48	5,987	123	6,733
10	35	12,964	91	8,622
11	56	6,427	104	6,729
12	43	18,666	95	5,215
전체	495	113,905	1,271	105,969

※ 관객 수는 당월 상영영화에 대해 월말 집계한 값임

① 흥행순위 1~20위 내의 영화 중 한 편의 영화도 개봉되지 않았던 달에는 국외제작영화 관객 수가 국내제작영화 관객 수보다 적다.

② 10월에 개봉된 영화 중 흥행순위 1~20위 내에 든 영화는 국내제작영화뿐이다.

③ 국외제작영화 개봉 편수는 국내제작영화 개봉 편수보다 매달 많다.

④ 국외제작영화 관객 수가 가장 많았던 달에 개봉된 영화 중 흥행순위 1~20위 내에 든 국외제작영화 개봉작은 2편이다.

⑤ 흥행순위가 1위인 영화의 관객 수는 국내제작영화 전체 관객 수의 10% 이상이다.

문 72. 다음 〈표〉는 조선 시대 A지역 인구 및 사노비 비율에 대한 자료이다. 이에 대한 〈보기〉의 설명 중 옳은 것만을 모두 고르면?   18 민간(가) 07번

〈표〉 A지역 인구 및 사노비 비율

구분 조사 연도	인구(명)	인구 중 사노비 비율(%)			
		솔거노비	외거노비	도망노비	전체
1720	2,228	18.5	10.0	11.5	40.0
1735	3,143	13.8	6.8	12.8	33.4
1762	3,380	11.5	8.5	11.7	31.7
1774	3,189	14.0	8.8	12.0	34.8
1783	3,056	14.9	6.7	9.3	30.9
1795	2,359	18.2	4.3	6.5	29.0

※ 1) 사노비는 솔거노비, 외거노비, 도망노비로만 구분됨
2) 비율은 소수점 둘째 자리에서 반올림한 값임

〈보 기〉

ㄱ. A지역 인구 중 도망노비를 제외한 사노비가 차지하는 비율은 조사연도 중 1720년이 가장 높다.

ㄴ. A지역 사노비 수는 1774년이 1720년보다 많다.

ㄷ. A지역 사노비 중 외거노비가 차지하는 비율은 1720년이 1762년보다 높다.

ㄹ. A지역 인구 중 솔거노비가 차지하는 비율은 매 조사연도마다 낮아진다.

① ㄱ, ㄴ

② ㄱ, ㄷ

③ ㄷ, ㄹ

④ ㄱ, ㄴ, ㄹ

⑤ ㄴ, ㄷ, ㄹ

문 73. 다음 〈표〉와 〈그림〉은 A국 초·중·고등학생 평균 키 및 평균 체중과 비만에 대한 자료이다. 이에 대한 〈보기〉의 설명 중 옳은 것만을 모두 고르면? 　　18 민간(가) 10번

〈표 1〉 학교급별 평균 키 및 평균 체중 현황

(단위 : cm, kg)

학교급	성별	2017년		2016년		2015년		2014년		2013년	
		키	체중	키	체중	키	체중	키	체중	키	체중
초	남	152.1	48.2	151.4	46.8	151.4	46.8	150.4	46.0	150.0	44.7
	여	152.3	45.5	151.9	45.2	151.8	45.1	151.1	44.4	151.0	43.7
중	남	170.0	63.7	169.7	62.3	169.2	61.9	168.9	61.6	168.7	60.5
	여	159.8	54.4	159.8	54.3	159.8	54.1	159.5	53.6	160.0	52.9
고	남	173.5	70.0	173.5	69.4	173.5	68.5	173.7	68.3	174.0	68.2
	여	160.9	57.2	160.9	57.1	160.9	56.8	161.1	56.2	161.1	55.4

〈표 2〉 2017년 학교급별 비만학생 구성비

(단위 : %)

학교급	성별	비만 아닌 학생	비만학생			학생 비만율
			경도 비만	중등도 비만	고도 비만	
초	남	82.6	8.5	7.3	1.6	17.4
	여	88.3	6.5	4.4	0.8	11.7
중	남	81.5	9.0	7.5	2.0	18.5
	여	86.2	7.5	4.9	1.4	13.8
고	남	79.5	8.7	8.4	3.4	20.5
	여	81.2	8.6	7.5	2.7	18.8
전체		83.5	8.1	6.5	1.9	16.5

※ '학생비만율'은 학생 중 비만학생(경도 비만+중등도 비만+고도 비만)의 구성비임

〈그림〉 연도별 초·중·고 전체의 비만학생 구성비

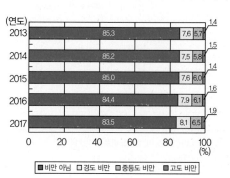

〈보 기〉

ㄱ. 중학교 여학생의 평균 키는 매년 증가하였다.

ㄴ. 초·중·고 전체의 '학생비만율'은 매년 증가하였다.

ㄷ. 고등학교 남학생의 '학생비만율'은 2013년이 2017년보다 작다.

ㄹ. 2017년 '학생비만율'의 남녀 학생 간 차이는 중학생이 초등학생보다 적다.

① ㄱ, ㄴ　　　　② ㄴ, ㄷ

③ ㄴ, ㄹ　　　　④ ㄷ, ㄹ

⑤ ㄱ, ㄷ, ㄹ

문 74. 다음 〈표〉는 7월 1~10일 동안 도시 A~E에 대한 인공지능 시스템의 예측 날씨와 실제 날씨이다. 이에 대한 〈보기〉의 설명 중 옳은 것만을 모두 고르면? 　　18 민간(가) 13번

〈표〉 도시 A~E에 대한 예측 날씨와 실제 날씨

도시	구분	7.1.	7.2.	7.3.	7.4.	7.5.	7.6.	7.7.	7.8.	7.9.	7.10.
A	예측	☂	☁	☼	☂	☼	☼	☂	☂	☼	☁
	실제	☂	☼	☂	☂	☼	☂	☂	☂	☼	☼
B	예측	☼	☂	☼	☂	☁	☂	☂	☂	☼	☼
	실제	☂	☼	☼	☂	☁	☼	☂	☂	☼	☼
C	예측	☂	☼	☂	☂	☼	☂	☂	☂	☂	☂
	실제	☂	☼	☁	☂	☂	☂	☂	☂	☂	☂
D	예측	☂	☂	☼	☼	☼	☂	☂	☼	☼	☂
	실제	☂	☁	☂	☂	☂	☂	☂	☂	☼	☼
E	예측	☂	☼	☂	☂	☂	☂	☂	☼	☂	☂
	실제	☂	☁	☂	☂	☼	☂	☼	☂	☂	☼

※ ☼ : 맑음. ☁ : 흐림. ☂ : 비

〈보 기〉

ㄱ. 도시 A에서는 예측 날씨가 '비'인 날 실제 날씨도 모두 '비'였다.

ㄴ. 도시 A~E 중 예측 날씨와 실제 날씨가 일치한 일수가 가장 많은 도시는 B이다.

ㄷ. 7월 1~10일 중 예측 날씨와 실제 날씨가 일치한 도시 수가 가장 적은 날짜는 7월 2일이다.

① ㄱ

② ㄴ

③ ㄷ

④ ㄴ, ㄷ

⑤ ㄱ, ㄴ, ㄷ

문 75. 다음 〈그림〉은 주요국(한국, 미국, 일본, 프랑스)이 화장품산업 경쟁력 4대 분야에서 획득한 점수에 대한 자료이다. 이에 대한 설명으로 옳은 것은? 18 민간(가) 15번

〈그림〉 주요국의 화장품산업 경쟁력 4대 분야별 점수

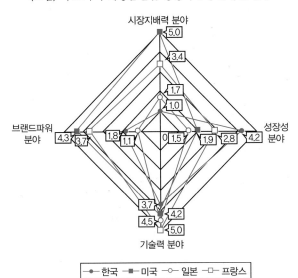

① 기술력 분야에서는 한국의 점수가 가장 높다.

② 성장성 분야에서 점수가 가장 높은 국가는 시장지배력 분야에서도 점수가 가장 높다.

③ 브랜드파워 분야에서 각국이 획득한 점수의 최댓값과 최솟값의 차이는 3 이하이다.

④ 미국이 4대 분야에서 획득한 점수의 합은 프랑스가 4대 분야에서 획득한 점수의 합보다 크다.

⑤ 시장지배력 분야의 점수는 일본이 프랑스보다 높지만 미국보다는 낮다.

문 76. 다음 〈그림〉과 〈표〉는 주요 10개국의 인간개발지수와 시민지식 평균점수 및 주요 지표에 관한 자료이다. 이에 대한 〈보기〉의 설명 중 옳은 것만을 모두 고르면? 19 민간(나) 02번

〈그림〉 국가별 인간개발지수와 시민지식 평균점수의 산포도

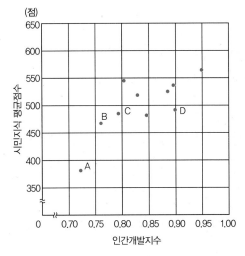

〈표〉 국가별 주요 지표

구분 국가	인간개발 지수	최근 국회의원 선거 투표율 (%)	GDP 대비 공교육비 비율 (%)	인터넷 사용률 (%)	1인당 GDP (달러)
벨기에	0.896	92.5	6.4	85	41,138
불가리아	0.794	54.1	3.5	57	16,956
칠레	0.847	49.3	4.6	64	22,145
도미니카 공화국	0.722	69.6	2.1	52	13,375
이탈리아	0.887	75.2	4.1	66	33,587
대한민국	0.901	58.0	4.6	90	34,387
라트비아	0.830	58.9	4.9	79	22,628
멕시코	0.762	47.7	5.2	57	16,502
노르웨이	0.949	78.2	7.4	97	64,451
러시아	0.804	60.1	4.2	73	23,895

─── 〈보 기〉 ───

ㄱ. A국의 인터넷 사용률은 60% 미만이다.

ㄴ. B국은 C국보다 GDP 대비 공교육비 비율이 낮다.

ㄷ. D국은 최근 국회의원 선거 투표율 하위 3개국 중 하나이다.

ㄹ. 1인당 GDP가 가장 높은 국가는 시민지식 평균점수도 가장 높다.

① ㄱ, ㄴ   ② ㄱ, ㄷ

③ ㄱ, ㄹ   ④ ㄴ, ㄷ

⑤ ㄴ, ㄹ

문 77. 다음 〈표〉는 2017년과 2018년 주요 10개 자동차 브랜드 가치평가에 관한 자료이다. 이에 대한 〈보기〉의 설명 중 옳은 것만을 모두 고르면? 19 민간(나) 06번

〈표 1〉 브랜드 가치평가액

(단위 : 억 달러)

연도 브랜드	2017	2018
TO	248	279
BE	200	218
BM	171	196
HO	158	170
FO	132	110
WO	56	60
AU	37	42
HY	35	41
XO	38	39
NI	32	31

〈표 2〉 브랜드 가치평가액 순위

구분 연도 브랜드	전체 제조업계 내 순위		자동차업계 내 순위	
	2017	2018	2017	2018
TO	9	7	1	1
BE	11	10	2	2
BM	16	15	3	3
HO	19	19	4	4
FO	22	29	5	5
WO	56	56	6	6
AU	78	74	8	7
HY	84	75	9	8
XO	76	80	7	9
NI	85	90	10	10

〈보 기〉

ㄱ. 2017년 대비 2018년 '전체 제조업계 내 순위'가 하락한 브랜드는 2017년 대비 2018년 브랜드 가치평가액도 감소하였다.

ㄴ. 2017년과 2018년의 브랜드 가치평가액 차이가 세 번째로 큰 브랜드는 BE이다.

ㄷ. 2017년 대비 2018년 '전체 제조업계 내 순위'와 '자동차업계 내 순위'가 모두 상승한 브랜드는 2개뿐이다.

ㄹ. 연도별 '자동차업계 내 순위' 기준 상위 7개 브랜드 가치평가액 평균은 2018년이 2017년보다 크다.

① ㄱ, ㄴ

② ㄱ, ㄹ

③ ㄴ, ㄷ

④ ㄴ, ㄹ

⑤ ㄷ, ㄹ

문 78. 다음 〈표〉는 2018년 행정구역별 공동주택의 실내 라돈 농도에 대한 자료이다. 이에 대한 〈보고서〉의 설명 중 옳은 것만을 모두 고르면? 19 민간(나) 19번

〈표〉 행정구역별 공동주택 실내 라돈 농도

항목 행정구역	조사대상 공동주택 수 (호)	평균값 (Bq/m³)	중앙값 (Bq/m³)	200Bq/m³ 초과 공동주택 수 (호)
서울특별시	532	66.5	45.4	25
부산광역시	434	51.4	35.3	12
대구광역시	437	61.5	41.6	16
인천광역시	378	48.5	33.8	9
광주광역시	308	58.3	48.2	6
대전광역시	201	110.1	84.2	27
울산광역시	247	55.0	35.3	7
세종특별자치시	30	83.8	69.8	1
경기도	697	74.3	52.5	37
강원도	508	93.4	63.6	47
충청북도	472	86.3	57.8	32
충청남도	448	93.3	59.9	46
전라북도	576	85.7	56.7	40
전라남도	569	75.5	51.5	32
경상북도	610	72.4	48.3	34
경상남도	640	57.5	36.7	21
제주특별자치도	154	68.2	40.9	11
전국	7,241	–	–	403

〈보고서〉

우리나라에서는 2018년 처음으로 공동주택에 대한 '실내 라돈 권고 기준치'를 200Bq/m³ 이하로 정하고 공동주택의 실내 라돈 농도를 조사하였다.

이번 공동주택 실내 라돈 농도 조사에서 ㉠ 조사대상 공동주택의 실내 라돈 농도 평균값은 경기도가 서울특별시의 1.1배 이상이다. 한편, ㉡ 행정구역별로 비교했을 때 실내 라돈 농도의 평균값이 클수록 중앙값도 컸으며 두 항목 모두 대전광역시가 가장 높았다. ㉢ 조사대상 공동주택 중 실내 라돈 농도가 실내 라돈 권고 기준치를 초과하는 공동주택의 비율이 5% 이상인 행정구역은 9곳이며, 10% 이상인 행정구역은 2곳으로 조사되었다.

① ㉠

② ㉡

③ ㉠, ㉢

④ ㉡, ㉢

⑤ ㉠, ㉡, ㉢

문 1. 다음 〈보고서〉는 2002년 통계활동현황조사에 대한 것이다. 〈보고서〉를 작성하는 데 직접적인 근거로 활용되지 <u>않은</u> 것은?

06 견습(역) 25번

〈보고서〉

통계청이 작성한 「통계활동현황조사」의 결과에 따르면 2002년에 통계활동을 하고 있는 114개 통계작성기관에서 작성, 공표하는 통계 수는 424종으로 10년 전에 비하여는 80종, 6년 전에 비하여도 52종이 늘어났다. 그러나 통계인력은 5,038명으로 10년 전에 비하여 275명이 줄고, 6년 전에 비하여 569명이나 줄어든 것으로 나타났다. 한편 통계인력 중에서 통계업무만을 전담하는 인력은 전체의 58.1%에 그치고 있고, 통계기획·분석담당인력이 21.4%로 통계 1종당 2.5명에 불과하다. 통계 개선·개발에 대한 요구는 1997년 116건, 2000년 298건, 2002년 479건 등으로 급속히 늘어나고 있으나, 2000년 요구 건수의 35.6%가 적극적으로 반영되지 못하는 등의 문제점이 있는 것으로 나타났다.

① 정규직·임시직 구성비

(단위 : 명, %)

구분	2000년					2002년				
	통계인력	정규직	구성비	임시직	구성비	통계인력	정규직	구성비	임시직	구성비
계	4,809	4,706	97.9	103	2.1	5,038	4,615	91.6	423	8.4
중앙행정기관	3,339	3,294	98.7	45	1.3	3,416	3,104	90.9	312	9.1
지방자치단체	995	974	97.9	21	2.1	995	973	97.8	22	2.2
민간지정기관	475	438	92.2	37	7.8	627	538	85.8	89	14.2

② 통계전담 인력(2002년)

(단위 : 명, %)

구분	통계인력	통계전담	구성비	타업무겸임	구성비
계	5,038	2,928	58.1	2,110	41.9
중앙행정기관	3,416	2,259	66.1	1,157	33.9
지방자치단체	995	422	42.4	573	57.6
민간지정기관	627	247	39.4	380	60.6

③ 요구통계 건수 및 반영 건수

(단위 : 건)

구분	1997년			2000년			2002년
	요구건수	반영	미반영	요구건수	반영	미반영	요구건수
계	116	59	57	298	192	106	479
중앙행정기관	94	52	42	231	143	88	411
지방자치단체	2	1	1	9	8	1	7
민간지정기관	20	6	14	58	41	17	61

④ 통계인력 구성비

(단위 : 명, %)

구분	2000년					2002년				
	통계인력	기획분석	구성비	현장조사자료처리지원행정	구성비	통계인력	기획분석	구성비	현장조사자료처리지원행정	구성비
계	4,809	1,000	20.8	3,809	79.2	5,038	1,080	21.4	3,958	78.6
중앙행정기관	3,339	627	18.8	2,712	81.2	3,416	648	19.0	2,768	81.0
지방자치단체	995	112	11.3	883	88.7	995	109	11.0	886	89.0
민간지정기관	475	261	54.9	214	45.1	627	323	51.5	304	48.5

⑤ 통계 수와 통계인력의 증감(2002년)

(단위 : 종, 명)

구분	통계 수 증감			통계인력 증감		
	1992년 대비	1996년 대비	2000년 대비	1992년 대비	1996년 대비	2000년 대비
계	80	52	25	-275	-569	229
중앙행정기관	16	9	15	-355	-668	77
지방자치단체	70	41	7	264	278	-
민간지정기관	-6	2	3	-184	-179	152

문 2.　　다음은 일제강점기의 기아, 변사자, 자살자에 대한 〈보고서〉의 일부이다. 〈보고서〉를 작성하는 데 있어서 올바르게 인용된 자료는?

07 행시(인) 31번

〈보고서〉

기아(棄兒 : 버려진 아이), 변사자(뜻밖의 재난으로 죽은 자), 자살자 등은 한 사회에서 살아가는 사람들의 사회경제적인 불평·불만을 보여 주는 지표가 될 수 있다. 일제강점기에는 일반 민중들의 경제적 처지가 곤란해졌을 뿐만 아니라 가뭄·홍수 등의 자연재해까지 잦았기 때문에 생계대책이 막막한 가운데 기아가 속출했다. 또한 변사자와 자살자의 수도 증가하게 되었다.

기아는 1910년 이후 매년 증가하여 1932년에는 여아가 200명이 넘었으며 남아도 150명을 넘어 심각한 사회문제로 대두되었다. 1925년 이후에는 매년 기아 중 여아가 남아보다 많았다.

변사자는 1910년 2천여 명 정도에 지나지 않았으나 1915년 6천여 명으로 증가했고 1930년 이후에는 1만 명을 넘어섰다. 이를 민족별로 분석하면 1910년부터 변사자 중 조선인이 90% 이상을 차지했다. 또한 외국인 변사자는 지속적으로 늘어난 반면 일본인 변사자는 1930년을 제외하고는 1910년보다 항상 적었다. 변사자의 성별 비율은 매년 남자가 여자보다 높았으며 남녀의 격차도 매년 증가했다.

자살자는 1910년 500명을 넘지 않았으나 1915년에는 1,000명을 넘었으며 1935년 3,000명을 초과했다. 연령별 자살자 수를 5년마다 조사한 결과, 1910년을 제외하고는 30세 이상 60세 미만의 자살자가 가장 많았다. 성별에 따른 자살자의 비율은 매년 남자가 여자보다 높았다.

③ 변사자의 민족별 추이

연도＼민족	조선인	일본인	외국인	합
1910	1,760	293	22	2,075
1915	5,873	230	40	6,143
1920	5,381	229	43	5,653
1925	7,879	266	32	8,177
1930	11,056	390	62	11,508
1935	11,469	285	75	11,829
1940	11,343	221	87	11,651

④ 변사자의 성별 추이

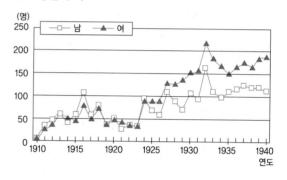

⑤ 기아의 성별 추이

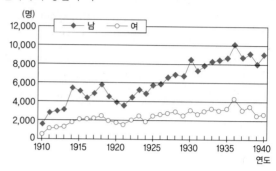

① 자살자의 연령별 추이

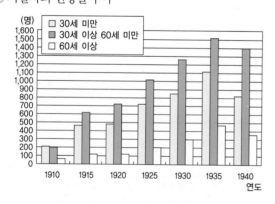

② 자살자의 성별 추이

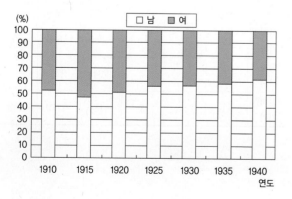

문 3. 다음은 우리나라 여성의 경제활동에 대한 2003년의 분석 〈보고서〉의 일부이다. 다음 〈보고서〉를 작성하는데 사용되지 않은 자료는?

08 행시(열) 19번

─────〈보고서〉─────

1970년대 이후 상승해 온 여성의 경제활동 참가율은 1997년 말 IMF 외환위기로 인하여 1998년에 주춤하였으나 이후 계속 상승하고 있다. 최근에 여성의 경제활동이 증가한 것은 특히 20대 후반 여성의 경제활동 참가율이 상승하였기 때문인 것으로 추정된다.

한편 2003년 여성의 경제활동 참가율을 연령별로 살펴보면, 20대 후반부터 30대 초반까지 줄어들고 30대 후반에 증가하다가 40대 후반에 다시 감소하는 M자 곡선의 형태를 보인다. 30대 초반 여성의 경제활동 참가율 감소는 30세를 전후한 여성의 출산 및 자녀양육에 대한 부담과 관련된 것으로 보인다. 특히, 이러한 경향은 여성의 경제활동 참가에 대해 긍정적이면서도 자녀양육이 주요 고려사항이 되는 사회적 분위기를 반영하는 것으로 판단된다.

① 혼인형태별 평균연령

(단위 : 세)

연도	평균 초혼연령			평균 이혼연령			평균 재혼연령		
	여성	남성	남녀차	여성	남성	남녀차	여성	남성	남녀차
1985	23.4	26.4	3.0	31.3	35.6	4.3	–	–	–
1990	24.8	27.8	3.0	32.7	36.8	4.1	34.0	38.9	4.9
1995	25.4	28.4	3.0	34.6	38.4	3.8	35.6	40.4	4.8
2000	26.5	29.3	2.8	36.6	40.1	3.5	37.5	42.1	4.6
2002	27.0	29.8	2.8	37.1	40.6	3.5	37.9	42.2	4.3
2003	27.3	30.1	2.8	37.9	41.3	3.4	38.3	42.8	4.5

② 여성의 연령별 경제활동 참가율

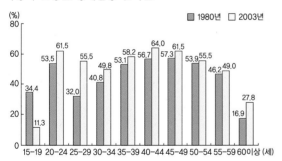

③ 경제활동 참가율 및 실업률

(단위 : %)

연도	전체		여성		남성	
	경제활동 참가율	실업률	경제활동 참가율	실업률	경제활동 참가율	실업률
1970	57.6	4.4	39.3	2.8	77.9	5.3
1995	61.9	2.1	48.4	1.7	76.4	2.3
1996	62.1	2.0	48.9	1.6	76.2	2.4
1997	62.5	2.6	49.8	2.3	76.1	2.8
1998	60.6	7.0	47.1	5.7	75.1	7.8
1999	60.6	6.3	47.6	5.1	74.4	7.2
2000	61.0	4.1	48.6	3.3	74.2	4.7
2001	61.3	3.8	49.2	3.1	74.2	4.3
2002	61.9	3.1	49.7	2.5	74.8	3.5
2003	61.4	3.4	49.9	3.1	74.6	3.6

④ 연령별 출산율 및 합계출산율

(단위 : 명)

연도	연령별 출산율(여성 천 명당)							합계 출산율 (가임여성 1명당)
	15~19	20~24	25~29	30~34	35~39	40~44	45~49	
1970	19.3	192.8	320.1	205.4	105.8	46.0	13.1	4.53
1980	12.9	141.4	244.1	106.6	30.6	8.5	2.0	2.83
1990	4.2	83.2	169.4	50.5	9.6	1.5	0.2	1.59
1992	4.7	82.8	188.9	65.1	12.6	1.8	0.2	1.78
1995	3.6	62.9	177.1	69.6	15.2	2.3	0.2	1.65
2000	2.5	39.0	150.6	84.2	17.4	2.6	0.2	1.47
2001	2.2	31.6	130.1	78.3	17.2	2.5	0.2	1.30
2002	2.6	26.6	111.3	75.0	16.7	2.4	0.2	1.17
2003	2.7	24.3	100.5	73.0	16.4	2.5	0.2	1.13

⑤ 여성취업에 관한 성별 태도

(단위 : %)

구분	계	가정에만 전념	직업을 가지는 것이 좋다	결혼 전까지만	첫 자녀 출산 전까지	자녀 성장 후	결혼 전과 자녀 성장 후	가정 일에 관계 없이	잘 모르 겠다
전체	100.0	8.1	86.6	5.2	6.8	13.8	25.4	35.4	5.3
〈여성〉	100.0	6.0	89.8	4.4	5.5	13.4	26.2	40.3	4.2
15~19세	100.0	2.0	93.6	4.0	5.3	4.2	16.5	63.6	4.4
20~29세	100.0	1.8	95.1	3.3	6.5	7.3	26.9	51.1	3.1
30~39세	100.0	3.4	94.1	2.4	3.9	20.5	32.7	34.6	2.5
40~49세	100.0	4.9	92.5	3.5	4.1	16.8	30.5	37.6	2.6
50~59세	100.0	7.5	89.4	6.4	8.2	13.5	24.1	37.2	3.1
60세 이상	100.0	16.5	73.4	8.0	6.4	12.1	18.2	28.7	10.1
〈남성〉	100.0	10.3	83.3	6.1	8.1	14.3	24.6	30.2	6.4
15~19세	100.0	5.6	79.6	7.0	9.9	6.8	17.5	38.4	14.8
20~29세	100.0	5.7	87.2	5.7	13.0	7.8	23.4	37.3	7.1
30~39세	100.0	10.9	84.4	4.6	7.2	17.2	27.3	28.1	4.7
40~49세	100.0	10.8	84.9	5.6	4.5	20.2	28.1	26.5	4.3
50~59세	100.0	12.0	83.5	7.4	7.1	15.5	25.6	27.9	4.5
60세 이상	100.0	17.0	75.8	8.4	8.3	13.1	19.5	26.5	7.2

문 4. 다음은 인천항 화물 처리실적에 대한 〈보고서〉이다. 다음 중 〈보고서〉의 근거로 사용된 자료가 **아닌** 것은? 10 행시(인) 02번

─────〈보고서〉─────

• 인천항은 화물의 물동량이나 수출입 통관실적에서 국내 다른 주요 항보다 빠른 증가세를 보이고 있으며, 컨테이너 적발실적도 꾸준히 증가하였다.

• 인천항의 2008년 화물 반출입 물동량은 174,567천 M/T로 부산항 60,607천 M/T의 2.9배 정도이다. 또한 2008년 인천항에서는 71,837건을 수입검사하여 이 중 61.9%인 44,467건을 적발하였고, 총 822,510건의 수입통관이 이루어졌다.

• 2008년 인천항에서는 모두 854,422TEU의 컨테이너를 처리하였으며, 이는 2006년보다 48.1% 증가한 수치이다. 이 중 컨테이너 검색기에 의해 10,329건의 검색이 이루어졌고, 539건에 대한 정밀검사가 이루어졌으며, 297건이 조사의뢰 되었거나 부서통보 되었다.

① 수입통관실적

(단위 : 건, %)

구분	2006년		2007년		2008년	
	건수	전년대비 증감률	건수	전년대비 증감률	건수	전년대비 증감률
인천항	535,281	25.8	685,241	28.0	822,510	20.0
부산항	504,944	7.4	551,695	9.3	613,760	11.2
서울	185,569	8.1	200,351	8.0	189,396	-5.5
공항	770,601	7.1	822,394	6.7	875,244	6.4
전국	5,328,806	9.9	5,787,974	8.6	6,276,789	8.4

② 화물 반출입 물동량

(단위 : 천 M/T)

구분	2006년	2007년	2008년
인천항	138,579	158,892	174,567
부산항	56,966	59,980	60,607
광양항	119,198	118,555	119,423

③ 인천항 관리대상화물 선별 및 적발실적

(단위 : 건, %)

구분		2006년	2007년	2008년
선별	심사대상	515,790	654,611	792,306
	선별 건수	15,063	16,671	22,320
	선별률	2.9	2.5	2.8
적발	검사 건수	8,982	10,367	13,891
	적발 건수	4,987	7,107	9,638
	적발률	55.5	68.6	69.4

④ 컨테이너 처리실적

(단위 : TEU)

구분	2006년	2007년	2008년
인천항	576,771	716,477	854,422
부산항	6,012,915	6,069,510	6,709,991
광양항	725,327	871,629	857,473

⑤ 인천항 수입검사 및 적발실적

(단위 : 건, %)

구분	2006년	2007년	2008년
검사 건수	62,496	68,139	71,837
적발 건수	23,165	28,073	44,467
적발률	37.1	41.2	61.9

다음 일자리에 대한 〈보고서〉에서 제시된 설명에 이용되지 않은 자료를 고르면?

11 민간실험(재) 09번

─── 〈보고서〉 ───

2000년에 비해 2007년의 경우, 전체 산업의 취업계수는 8.2로 감소하였다. 구체적으로 서비스업과 제조업의 취업계수가 감소한 반면 건설업의 취업계수는 증가하였다. 2009년 상반기 중 제조업의 일자리는 전년 동기 대비 15.7만 명 감소해 전체 산업 일자리 감소폭을 상회하였다. 이에 비해 서비스업의 일자리는 2009년 상반기 중 전년 동기 대비 9.6만 명 늘어나 전체 산업 일자리 감소의 완충 역할을 수행하였다. 서비스 산업의 경상 GDP 내 비중은 1995년 46.7%에서 2008년 54.2%로 증가하였다.

이와 같이, 제조업의 고용창출력 약화, 경제 내 서비스업 비중 증가, 고령화 추이, 삶의 질에 대한 욕구 등을 고려할 때, 향후 일자리 창출의 돌파구는 서비스업에서 모색할 필요가 있다. 2007년에 한국의 서비스업 고용비중은 OECD 20위이나 1997~2007년 한국 서비스업의 고용증가율은 OECD 10위를 기록할 정도로 높은 점을 감안할 때, 고용 측면에서 한국 서비스업이 규모는 작지만 아직 성장단계로 향후 발전 가능성이 크다는 것을 보여준다.

그러나 한국 서비스업의 1인당 실질부가가치는 35,000달러로 OECD 30개국 중 28위에 불과한 바, 향후 서비스업 고용 관련 정책은 부가가치 창출력 강화에 초점을 맞추면서 소득 수준 향상에 맞게 양적 확대를 모색하는 데 초점을 맞출 필요가 있다

※ 서비스업은 도소매업, 운수업, 숙박 및 음식점업, 출판·영상·방송통신 및 정보 서비스업, 금융 및 보험업, 부동산 및 임대업, 보건업 및 사회복지 서비스업, 기타 서비스업 등을 지칭함

① 서비스 산업의 경상 GDP 내 비중

(단위 : %)

연도	1995	2000	2008
비중	46.7	51.2	54.2

② OECD 국가의 서비스업 고용비중 및 고용증가율

고용 비중순위	국가	고용비중 (2007년)	고용 증가율 (1997~ 2007년 연평균 증가율)	고용증가율 순위
1	미국	78.8%	1.9%	16
2	네덜란드	77.9%	2.1%	14
3	영국	76.3%	1.7%	21
16	일본	67.9%	0.8%	29
⋮				
20	한국	66.7%	2.5%	10

③ 산업별 전년 동기 대비 일자리 증감(2009년 1~6월 기준)

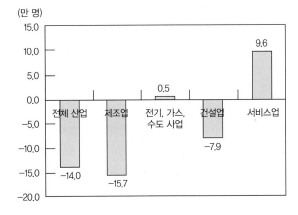

④ 총 부가가치 대비 제조업과 서비스업의 실질 부가가치(원화 기준) 비중 추이

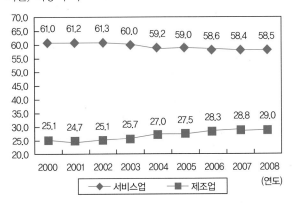

⑤ 산업별 취업계수 추이

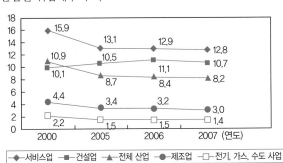

※ 취업계수 : 산출액 10억 원 생산에 직접 필요한 취업자 수

문 6. 식량 문제에 있어서 해양의 생물자원에 대한 다음 〈보고서〉를 작성하는데 인용되지 <u>않은</u> 자료를 고르면?

11 민간실험(재) 10번

〈보고서〉

지구 전체적으로 해양 어획물은 동물성 단백질 소비의 16%를 차지하고 있으며, 특히 개발도상국에서는 중요한 단백질 공급원이다. 아프리카의 해안 국가와 아시아에서는 10억 명 이상의 사람들이 단백질의 주요 원천을 물고기에 의존하고 있다.

그러나 국가 간 교역 및 산업의 발달로 해양의 자원이 점점 고갈되어 가고 있으며, 오염이 증가하고 있다. 해양오염의 4분의 3 이상이 육지에서 일어나는 활동으로 인한 것이다. 이러한 해양오염에 이은 서식지의 파괴와 인간의 남획에 따라서 해양 포유동물들도 크게 위협을 받고 있다. 한 예로 스텔라 해우의 경우는 이 동물이 발견된 지 겨우 27년이 지난 1768년경에 선원들의 남획으로 인해서 멸종되었다.

1990년에 양식을 포함한 모든 방법으로 얻은 어획량은 9,700만 톤으로, 인간이 소비하는 단백질의 약 5%를 제공했다. 최근 수십 년 동안 세계 어획량은 급속히 증가해 1950년 기준으로 거의 5배가 되었다. 그러나 최대 어획량은 1989년의 1억 톤 남짓에 그쳤다. 내륙 어장과 양식장의 생산량이 꾸준히 증가했지만 해양 어장의 어획량 감소를 보충하지 못했다. 해양의 어획량은 1989년 최대치인 8,200만 톤을 기록했으나, 1991년에는 7,700만 톤으로 줄어 6%의 감소를 보였다. FAO의 과학자들은 효율적인 어장 관리를 통해서 전체 어획량을 2010년에는 1억 200만 톤으로 증가시킬 수 있다고 믿는다. 그러나 결과적으로 1인당 어획량은 10% 감소할 것이다.

(단위 : 만 톤)

① 지역	동물성 단백질 소비 중 해양 어획물의 비율(%)
북아메리카	6.6
서유럽	9.7
아프리카	21.2
아시아	27.8
세계 전체	16.0

(단위 : 만 톤)

② 구분	미국	일본	한국	노르웨이	캐나다
참치	402	803	124	65	320
대구	85	72	23	31	42
연어	322	131	75	91	90
고등어	65	126	348	29	54
연체류	36	98	72	26	11
패류	102	212	113	31	58

(단위 : 만 톤)

③ 원천	해양오염 비율(%)
육지로부터의 배출수	44
육지로부터 대기를 통해 유입되는 배출물	33
해상 운송 및 사고로 인한 유출	12
해양 투기	10
연안 지역에서의 채광, 석유·가스 채굴	1
합계	100

(단위 : 만 톤)

④ 구분	1990년	2010년 (추정)	전체변화 (%)	1인당 변화(%)
인구(백만 명)	5,290	7,030	+33	−
어획량(백만 톤)	97	102	+5	−10
관개지(헥타르)	237	277	+17	−12
경작지(헥타르)	1,444	1,516	+5	−21
목초지(헥타르)	3,402	3,540	+4	−22
삼림(헥타르)	3,413	3,165	−7	−30

(단위 : 만 톤)

⑤ 구분	종	과거 개체 수 (19C 중반~ 20C 중반)	최근 개체 수(1980년대 말~ 현재)
감소	지느러미 고래	470,000	110,000
	주앙페르난데스 물개	4,000,000	600
회복	해마	50,000	280,000
	갈라파고스 물개	거의 멸종	30,000
멸종	대서양 회색 고래	멸종, 1730년경	−
	스텔라 해우	멸종, 1768년경	−

문 7. 다음 〈표〉는 성별에 따른 2008년도 국가별 암 발생률에 대한 자료이다. 이에 근거하여 정리한 것 중 옳지 <u>않은</u> 것은?

11 민간(경) 03번

〈표 1〉 국가별 암 발생률(남자)

(단위 : 명)

한국		일본		미국		영국	
위	63.8	위	46.8	전립선	83.8	전립선	62.1
폐	46.9	대장	41.7	폐	49.5	폐	41.6
대장	45.9	폐	38.7	대장	34.1	대장	36.2
간	38.9	전립선	22.7	방광	21.1	방광	13.0
전립선	23.0	간	17.6	림프종	16.3	림프종	12.0
기타	95.7	기타	79.8	기타	130.2	기타	115.9
계	314.2	계	247.3	계	335.0	계	280.8

※ 암 발생률 : 특정기간 동안 해당 집단의 인구 10만 명당 새롭게 발생한 암 환자 수

〈표 2〉 국가별 암 발생률(여자)

(단위 : 명)

한국		일본		미국		영국	
갑상선	68.6	유방	42.7	유방	76.0	유방	87.9
유방	36.8	대장	22.8	폐	36.2	대장	23.7
위	24.9	위	18.2	대장	25.0	폐	23.5
대장	24.7	폐	13.3	자궁체부	16.5	난소	12.8
폐	13.9	자궁경부	9.8	갑상선	15.1	자궁체부	11.1
기타	72.7	기타	60.8	기타	105.6	기타	90.5
계	241.6	계	167.6	계	274.4	계	249.5

① 성별에 따른 국가별 암 발생률의 계

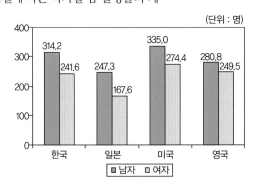

(단위 : 명)

② 국가별 여성 유방암 발생자 수

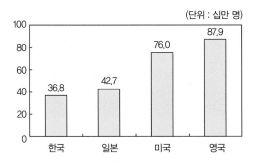

(단위 : 십만 명)

③ 한국의 성별 암 발생률

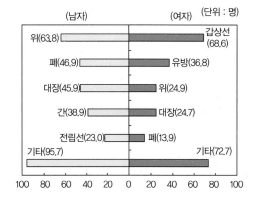

④ 한국과 일본의 암 발생률(남자)

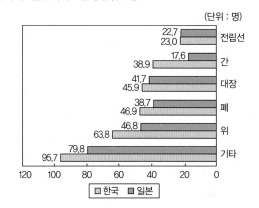

⑤ 한국 여성의 암 발생률의 구성비

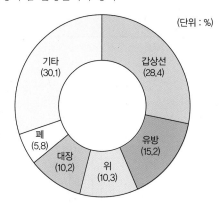

문 8. 다음은 우리나라의 2011년 2월 출입국 현황에 대한 〈보고서〉이다. 다음 중 〈보고서〉의 작성에 사용되지 <u>않은</u> 자료는?

11 민간(경) 15번

─〈보고서〉─

연평도 포격 사건 이후 안전에 대한 불안감, 구제역 등 악재의 영향이 계속되어 2011년 2월 외국인 입국자 수는 전년 동월 대비 약 4.4%의 낮은 증가에 그쳐 667,089명을 기록하였다. 한편 2011년 2월 국내 거주 외국인의 해외 출국자 수는 전년 동월에 비해 큰 변화가 없었다.

외국인의 입국 현황을 국가별로 살펴보면 태국, 말레이시아, 베트남 등으로부터의 입국자 수는 전년 동월 대비 증가하였으나, 대만으로부터의 입국자 수는 감소했다. 목적별로 살펴보면 승무원, 유학·연수, 기타 목적이 전년 동월 대비 각각 13.5%, 19.6%, 38.3% 증가하였으나, 업무와 관광 목적은 각각 2.3%, 3.5% 감소하였다. 또한 성별로는 남성이 335,215명, 여성은 331,874명이 입국하여 남녀 입국자 수는 비슷한 수준이었다.

① 연도별 2월 외국인 입국자 수

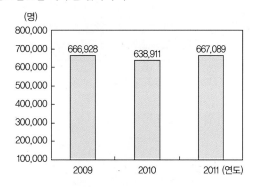

② 2011년 2월의 전년 동월 대비 국가별 외국인 입국자 수 증감률

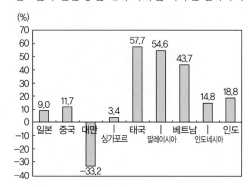

③ 2011년 2월 목적별 외국인 입국현황

입국목적	입국자(명)	전년 동월 대비 증감률(%)
관광	430,922	-3.5
업무	18,921	-2.3
유학·연수	42,644	19.6
승무원	70,118	13.5
기타	104,484	38.3

④ 2011년 2월 성별 외국인 입국자 수

(단위 : 명)

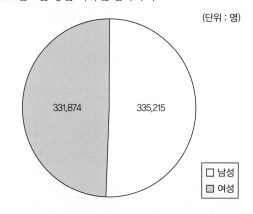

331,874 335,215

☐ 남성
■ 여성

⑤ 2011년 2월 내국인의 해외 출국현황

방문국가	출국자(명)	전년 동월 대비 증감률(%)
일본	2,415,362	52.2
중국	4,076,400	27.5
대만	216,901	29.4
태국	815,970	32.0
말레이시아	264,052	16.2
싱가포르	360,652	32.6
필리핀	740,622	48.7
인도네시아	299,336	17.1
베트남	495,902	36.9

문 9.　다음은 2007~2010년 우리나라 국민건강영양조사 결과에 관한 〈보고서〉이다. 〈보고서〉에 제시된 내용과 부합하지 않는 것은?

12 민간(인) 02번

─〈보고서〉─
- 2010년 19세 이상 성인의 비만율은 남성 36.3%, 여성 24.8% 였고, 30세 이상 성인 중 남성의 경우 30대의 비만율이 가장 높았으며, 여성의 경우 60대의 비만율이 가장 높았다.
- 2007~2010년 동안 19세 이상 성인 남성의 현재흡연율과 월평균음주율은 각각 매년 증가하였다. 같은 기간 동안 19세 이상 성인 남성과 여성의 간접흡연노출률도 각각 매년 증가하였다.

① 19세 이상 성인의 현재흡연율

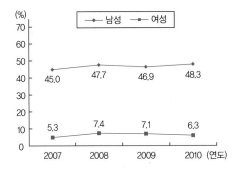

② 30세 이상 성인의 연령대별 비만율(2010년)

(단위 : %)

30대		40대		50대		60대		70대 이상	
남성	여성	남성	여성	남성	여성	남성	여성	남성	여성
42.3	19.0	41.2	26.7	36.8	33.8	37.8	43.3	24.5	34.4

③ 19세 이상 성인의 월평균음주율

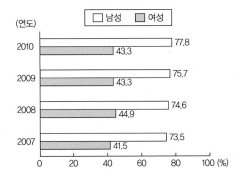

④ 19세 이상 성인의 비만율

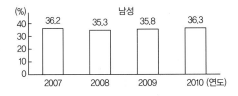

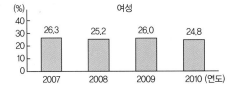

⑤ 19세 이상 성인의 간접흡연노출률

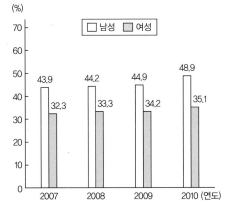

문 10. 다음 〈표〉는 2007~2009년 방송사 A~D의 방송심의규정 위반에 따른 제재 현황을 나타낸 것이다. 이 〈표〉를 이용하여 작성한 그래프로 옳지 <u>않은</u> 것은?

12 민간(인) 11번

〈표〉 방송사별 제재 건수

(단위 : 건)

연도 방송사\제재	2007		2008		2009	
	법정제재	권고	법정제재	권고	법정제재	권고
A	21	1	12	36	5	15
B	25	3	13	29	20	20
C	12	1	8	25	14	20
D	32	1	14	30	24	34
전체	90	6	47	120	63	89

※ 제재는 법정제재와 권고로 구분됨

① 방송사별 법정제재 건수 변화

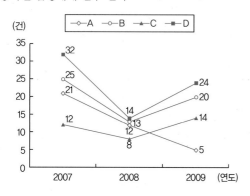

② 연도별 방송사 전체의 법정제재 및 권고 건수

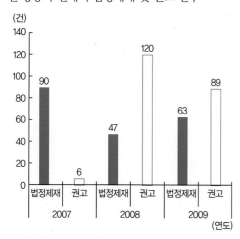

③ 2007년 법정제재 건수의 방송사별 구성비

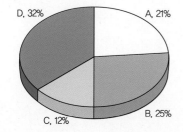

④ 2008년 방송사별 법정제재 및 권고 건수

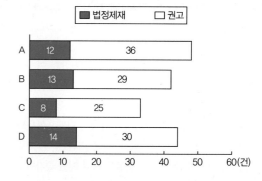

⑤ 2008년과 2009년 방송사별 권고 건수

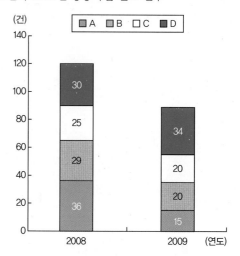

문 11. 다음 〈보고서〉는 방송통신정책환경에 관한 내용이다. 〈보고서〉를 작성하는 데 직접적인 근거로 활용되지 않은 것은?

12 민간(인) 13번

―〈보고서〉―

2009년 세계 지역별 통신서비스 시장 매출액의 합계는 1조 3,720억 달러에 달하였으며, 2012년에는 1조 4,920억 달러일 것으로 추정된다. 2010년 세계 통신서비스 형태별 가입자 수를 살펴보면, 이동전화 서비스 가입자 수는 세계 인구의 79%에 해당하는 51억 6,700만 명으로 가장 많았고, 그 다음으로는 유선전화, 인터넷, 브로드밴드 순서로 가입자가 많았다.

한편 우리나라의 경우 2008~2010년 GDP에서 정보통신기술(ICT) 산업이 차지하는 비중은 매년 증가하여 2010년에는 11.2%였다. 2010년 4사분기 국내 IPTV 서비스 가입자 수는 308만 6천 명이고, Pre-IPTV와 IPTV 서비스 가입자 수의 합계는 365만 9천 명이다.

① 국내 Pre-IPTV와 IPTV 서비스 가입자 수 추이

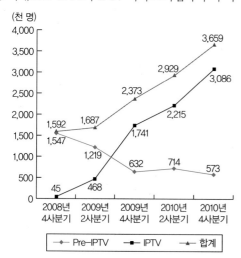

② 국내 IPTV 서비스 매출액

(단위 : 억 원)

구분	2009년	2010년	2011년
매출액	807	4,168	5,320

③ 2010년 세계 통신서비스 형태별 가입자 수

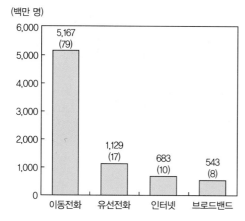

※ ( )안의 숫자는 세계 인구수 대비 비율(%)임

④ 세계 지역별 통신서비스 시장 매출액

(단위 : 십억 달러)

지역 \ 연도	2009	2010	2011	2012
북미	347	349	352	355
유럽	416	413	415	421
아시아/태평양	386	399	419	439
남미	131	141	152	163
중동/아프리카	92	99	107	114
합계	1,372	1,401	1,445	1,492

※ 2012년 자료는 추정치임

⑤ 우리나라 GDP 대비 ICT산업 비중

(단위 : %)

구분 \ 연도	2008	2009	2010
GDP 성장률	2.3	0.2	6.1
ICT산업 성장률	6.8	5.3	14.0
GDP 대비 ICT산업 비중	9.9	10.4	11.2

※ 백분율(%)은 소수점 아래 둘째 자리에서 반올림한 값임

문 12.   다음 〈표〉와 〈그림〉은 2010년 대전광역시 행정구역별 교통 관련 현황 및 행정구역도이다. 이를 이용하여 작성한 그래프로 옳지 <u>않은</u> 것은?

13 민간(인) 03번

〈표〉 2010년 대전광역시 행정구역별 교통 관련 현황

구분 \ 행정구역	전체	동구	중구	서구	유성구	대덕구
인구(천 명)	1,506	249	265	500	285	207
가구 수(천 가구)	557	99	101	180	102	75
주차장 확보율(%)	81.5	78.6	68.0	87.2	90.5	75.3
승용차 보유 대수(천 대)	569	84	97	187	116	85
가구당 승용차 보유 대수(대)	1.02	0.85	0.96	1.04	1.14	1.13
승용차 통행 발생량 (만 통행)	179	28	32	61	33	25
화물차 수송 도착량에 대한 화물차 수송 발생량 비율(%)	51.5	46.8	36.0	30.1	45.7	91.8

※ 승용차 1대당 통행 발생량(통행)= $\dfrac{\text{승용차 통행 발생량}}{\text{승용차 보유 대수}}$

〈그림〉 대전광역시 행정구역도

① 행정구역별 인구

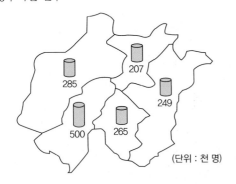

(단위 : 천 명)

② 행정구역별 주차장 확보율

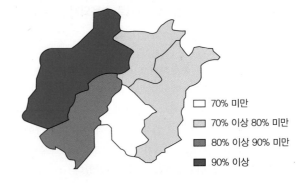

70% 미만
70% 이상 80% 미만
80% 이상 90% 미만
90% 이상

③ 행정구역별 가구당 승용차 보유 대수

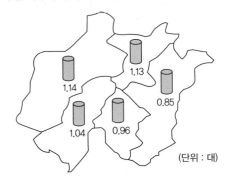

(단위 : 대)

④ 행정구역별 화물차 수송 도착량에 대한 화물차 수송 발생량 비율

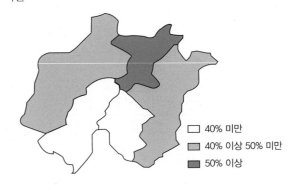

40% 미만
40% 이상 50% 미만
50% 이상

⑤ 행정구역별 승용차 1대당 통행 발생량

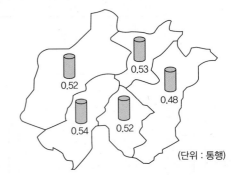

(단위 : 통행)

문 13.　다음은 1995년과 2007년 도시근로자가구당 월평균 소비지출액 및 교통비지출액 현황에 대한 〈보고서〉이다. 〈보고서〉의 내용과 부합하지 <u>않는</u> 자료는?　13 민간(인) 21번

─〈보고서〉─

- 도시근로자가구당 월평균 소비지출액은 1995년 1,231천 원에서 2007년 2,349천 원으로 증가하였다.
- 도시근로자가구당 월평균 교통비지출액은 1995년 120.3천 원에서 2007년 282.4천 원으로 증가하였다.
- 도시근로자가구당 월평균 교통비지출액 비중이 큰 세부 항목부터 순서대로 나열하면, 1995년에는 자동차구입(29.9%), 연료비(21.9%), 버스(18.3%), 보험료(7.9%), 택시(7.1%)의 순이었으나, 2007년에는 연료비(39.0%), 자동차구입(23.3%), 버스(12.0%), 보험료(6.2%), 정비 및 수리비(3.7%)의 순으로 변동되었다.
- 사무직 도시근로자가구당 월평균 교통비지출액은 1995년 151.8천 원에서 2007년 341.4천 원으로 증가하였으며, 생산직 도시근로자가구당 월평균 교통비지출액은 1995년 96.3천 원에서 2007년 233.1천 원으로 증가하였다.
- 1995년과 2007년 도시근로자가구당 월평균 교통비지출액 비중의 차이는 소득 10분위가 소득 1분위보다 작았다.

① 소득분위별 도시근로자가구당 월평균 교통비지출액 현황

(단위 : 천 원, %)

소득분위	소비지출액 (A)		교통비지출액 (B)		교통비지출액 비중($\frac{B}{A}\times100$)	
	1995년	2007년	1995년	2007년	1995년	2007년
1분위	655.5	1,124.8	46.1	97.6	7.0	8.7
2분위	827.3	1,450.6	64.8	149.2	7.8	10.3
3분위	931.1	1,703.2	81.4	195.8	8.7	11.5
4분위	1,028.0	1,878.7	91.8	210.0	8.9	11.2
5분위	1,107.7	2,203.2	108.4	285.0	9.8	12.9
6분위	1,191.8	2,357.9	114.3	279.3	9.6	11.8
7분위	1,275.0	2,567.6	121.6	289.1	9.5	11.3
8분위	1,441.4	2,768.8	166.1	328.8	11.5	11.9
9분위	1,640.0	3,167.2	181.4	366.4	11.1	11.6
10분위	2,207.0	4,263.7	226.7	622.5	10.3	14.6

② 도시근로자가구당 월평균 교통비지출액 현황

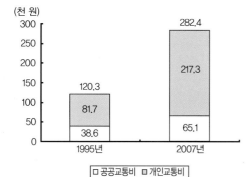

③ 세부항목별 도시근로자가구당 월평균 교통비지출액 현황

(단위 : 원, %)

세부항목	1995년		2007년	
	지출액	비중	지출액	비중
버스	22,031	18.3	33,945	12.0
지하철 및 전철	3,101	2.6	9,859	3.5
택시	8,562	7.1	9,419	3.3
기차	2,195	1.8	2,989	1.1
자동차임차료	212	0.2	346	0.1
화물운송료	1,013	0.8	3,951	1.4
항공	1,410	1.2	4,212	1.5
기타공공교통	97	0.1	419	0.1
자동차구입	35,923	29.9	65,895	23.3
오토바이구입	581	0.5	569	0.2
자전거구입	431	0.4	697	0.3
부품 및 관련용품구입	1,033	0.9	4,417	1.6
연료비	26,338	21.9	110,150	39.0
정비 및 수리비	5,745	4.8	10,478	3.7
보험료	9,560	7.9	17,357	6.2
주차료	863	0.7	1,764	0.6
통행료	868	0.7	4,025	1.4
기타개인교통	310	0.2	1,902	0.7

④ 직업형태별 도시근로자가구당 월평균 교통비지출액 현황

(단위 : 천 원)

직업형태	교통비	1995년	2000년	2005년	2006년	2007년
사무직	공공	39.8	54.1	62.5	64.4	67.0
	개인	112.0	190.5	240.9	254.1	274.4
	소계	151.8	244.6	303.4	318.5	341.4
생산직	공공	37.7	52.3	61.5	61.7	63.6
	개인	58.6	98.6	124.1	147.2	169.5
	소계	96.3	150.9	185.6	208.9	233.1

⑤ 연도별 도시근로자가구당 월평균 소비지출액 현황

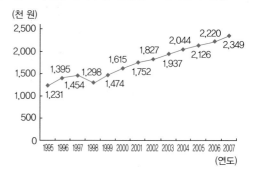

문 14. 다음 〈표〉는 4개 국가의 여성과 남성의 흡연율과 기대수명에 대한 자료이다. 이를 이용하여 작성한 그래프로 옳지 <u>않은</u> 것은?

13 민간(인) 22번

〈표 1〉 여성과 남성의 흡연율

(단위 : %)

국가＼성별＼연도	1980		1990		2000		2010	
	여성	남성	여성	남성	여성	남성	여성	남성
덴마크	44.0	57.0	42.0	47.0	29.0	33.5	20.0	20.0
일본	14.4	54.3	9.7	53.1	11.5	47.4	8.4	32.2
영국	37.0	42.0	30.0	31.0	26.0	28.0	20.7	22.3
미국	29.3	37.4	22.8	28.4	17.3	21.2	13.6	16.7

〈표 2〉 여성과 남성의 기대수명

(단위 : 세)

국가＼성별＼연도	1980		1990		2000		2010	
	여성	남성	여성	남성	여성	남성	여성	남성
덴마크	77.3	71.2	77.8	72.0	79.2	74.5	81.4	77.2
일본	78.8	73.3	81.9	75.9	84.6	77.7	86.4	79.6
영국	76.2	70.2	78.5	72.9	80.3	75.5	82.6	78.6
미국	77.4	70.0	78.8	71.8	79.3	74.1	81.1	76.2

① 국가별 여성의 흡연율

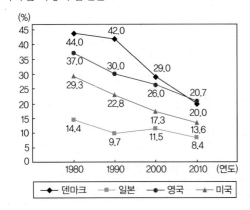

② 국가별 여성과 남성의 흡연율 차이

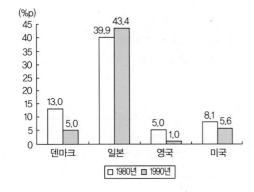

③ 국가별 흡연율

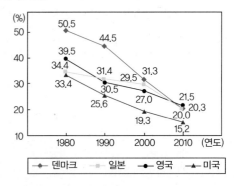

④ 국가별 여성과 남성의 기대수명 차이

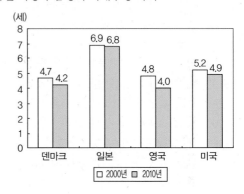

⑤ 일본 남성과 미국 남성의 흡연율과 기대수명

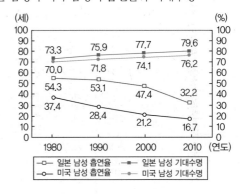

문 15. 다음은 우리나라 기업결합에 관한 〈보고서〉이다. 〈보고서〉에 제시된 내용과 부합하지 <u>않는</u> 것은? 13 외교원(인) 04번

─〈보고서〉─
- 2011년 '전체 기업결합' 심사 건수는 전년 대비 8% 이상 증가하였으나, '전체 기업결합' 금액은 전년 대비 34% 이상 감소하였다.
- 2009~2011년 '전체 기업결합' 및 '국내기업관련 기업결합' 심사 건수는 2009년 1사분기 이후 매분기 증가하였으나, 2011년 2사분기 이후 매분기 감소하였다.
- 2011년 '국내기업에 의한 기업결합' 건수의 경우, 제조업 분야는 전년 대비 28% 이상 증가한 반면, 서비스업 분야는 전년 대비 12% 이상 감소하였다.
- 2011년 '국내기업에 의한 기업결합' 총 431건의 유형별 건수는 혼합결합 244건, 수평결합 129건, 수직결합 58건이다.
- 2011년 '국내기업에 의한 기업결합'의 수단별 건수는 주식취득(142건)이 가장 많았고, 영업양수(41건)가 가장 적었다.

① '전체 기업결합' 금액 및 심사 건수 추이

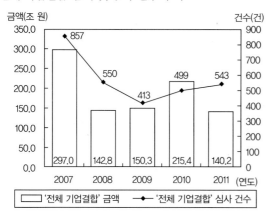

② 분기별 기업결합 심사 건수 추이

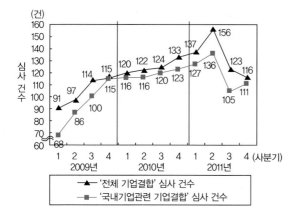

③ '국내기업에 의한 기업결합' 업종별 분포

(단위 : 건)

| 연도 | 제조업 | | | | | | | 서비스업 | | | | | | | 계 |
	기계금속	전기전자	석유화학의약	비금속광물	식음료	기타	소계	금융	건설	도소매·유통	정보통신방송	음식숙박	운수	기타	소계	
2010	49	46	33	10	8	11	157	71	53	37	41	3	11	48	264	421
2011	48	67	42	6	21	18	202	77	29	20	36	4	17	46	229	431

④ 2011년 '국내기업에 의한 기업결합' 유형별 구성비

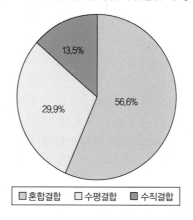

⑤ '국내기업에 의한 기업결합' 수단별 건수 및 비율

(단위 : 건, %)

수단 연도	주식취득	합병	영업양수	임원겸임	회사설립	합계
2010	140 (33.3)	107 (25.4)	41 (9.7)	59 (14.0)	74 (17.6)	421 (100.0)
2011	142 (32.9)	97 (22.5)	41 (9.5)	65 (15.1)	86 (20.0)	431 (100.0)

〈보고서〉

　해킹사고 접수처리 건수는 2013년 1월 총 1,258건으로 전월 대비 12% 이상 감소하였고, 2012년 10월 이후 매월 감소하였다.

　2013년 1월 한 달간 국내 기관을 사칭한 피싱사이트 차단 건수는 총 1,024건으로, 전월 대비 260% 이상 증가하면서 지난해 6월 이후 가장 많은 건수를 기록했다.

　2013년 1월 웹페이지 방문자 PC에 악성코드를 유포하는 유포지 사이트 353건, 방문자를 유포지로 자동 연결시켜주는 경유지 사이트 1,197건을 탐지하여 악성코드를 삭제 조치하였다. 2013년 1월 악성코드 유포지 사이트 탐지 건수는 전월 대비 15% 이상 감소하였다.

　2013년 1월 KISA 허니넷으로 유입된 유해 트래픽은 전월 대비 18% 이상 증가했고, 국외 IP로부터 유발된 트래픽이 94%를 차지한 것으로 분석되었다. 공격대상 포트별 비율은 기타를 제외하고 TCP/1433, TCP/445, TCP/3305 등의 순으로 나타났다.

　2013년 1월 한 달간 DNS 싱크홀로 유입된 좀비IP는 총 144,429개로, 전월 대비 4% 이상 증가하였다. 2012년 1~11월 동안 좀비IP 개수는 매월 감소하였으나 이후 증가하였다.

---

① 월별 해킹사고 접수처리 건수

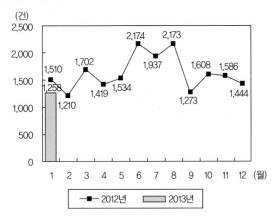

② 월별 악성코드 유포지 사이트 탐지 건수

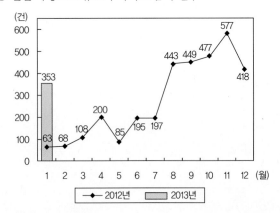

③ KISA 허니넷으로 유입된 유해 트래픽의 공격대상 포트별 비율

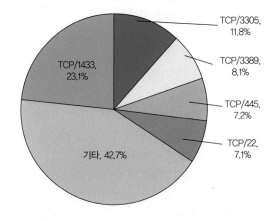

④ 월별 국내 기관을 사칭한 피싱사이트 차단 현황

(단위 : 건)

구분	2012년												2013년
	1월	2월	3월	4월	5월	6월	7월	8월	9월	10월	11월	12월	1월
정부 공공	245	473	337	389	545	266	39	46	61	63	99	83	169
금융 기관	1	16	142	921	1,128	636	240	232	314	182	238	192	848
기타	0	0	4	0	9	15	4	5	7	3	7	2	7
합계	246	489	483	1,310	1,682	917	283	283	382	248	344	277	1,024

⑤ 월별 DNS 싱크홀로 유입된 좀비IP 개수

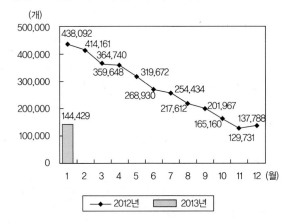

문 17. 다음 〈표〉는 농산물 도매시장의 품목별 조사단위당 가격에 대한 자료이다. 이를 이용하여 작성한 그래프로 옳지 <u>않은</u> 것은?

14 민간(A) 04번

〈표〉 품목별 조사단위당 가격

(단위 : kg, 원)

구분	품목	조사 단위	조사단위당 가격		
			금일	전일	전년 평균
곡물	쌀	20	52,500	52,500	47,500
	찹쌀	60	180,000	180,000	250,000
	검정쌀	30	120,000	120,000	106,500
	콩	60	624,000	624,000	660,000
	참깨	30	129,000	129,000	127,500
채소	오이	10	23,600	24,400	20,800
	부추	10	68,100	65,500	41,900
	토마토	10	34,100	33,100	20,800
	배추	10	9,500	9,200	6,200
	무	15	8,500	8,500	6,500
	고추	10	43,300	44,800	31,300

① 쌀, 찹쌀, 검정쌀의 조사단위당 가격

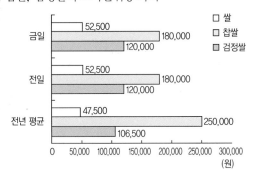

② 채소의 조사단위당 전일가격 대비 금일가격 등락액

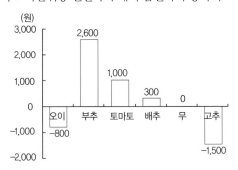

③ 채소 1kg당 금일가격

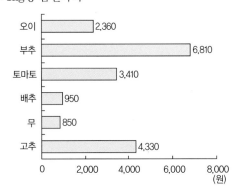

④ 곡물 1kg당 금일가격

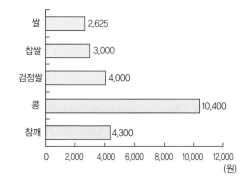

⑤ 채소의 조사단위당 전년 평균가격 대비 금일가격 비율

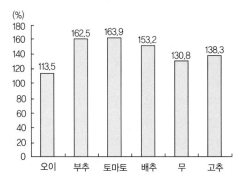

문 18. 다음 〈보고서〉는 자동차 오염물질 및 배출가스 관리여건에 관한 것이다. 〈보고서〉를 작성하는 데 활용되지 <u>않은</u> 자료는?

14 민간(A) 16번

〈보고서〉

우리나라는 국토면적에 비해 자동차 수가 많아 자동차 배기오염물질 관리에 많은 어려움이 있다. 국내 자동차 등록 대수는 매년 꾸준히 증가하여 2008년 1,732만 대를 넘어섰다. 운송수단별 수송분담률에서도 자동차가 차지하는 비중은 2008년 75% 이상이다. 한편 2008년 자동차 1대당 인구는 2.9명으로 미국에 비해 2배 이상이다.

국내 자동차 등록현황을 사용 연료별로 살펴보면 휘발유 차량이 가장 많고 다음으로 경유, LPG 차량 순이다. 최근 국내 휘발유 가격 대비 경유 가격이 상승하였다. 그 여파로 국내에서 경유 차량의 신규 등록이 휘발유 차량에 비해 줄어드는 추세를 보이고 있다. 이런 추세는 OECD 선진국에서 경유 차량이 일반화되는 현상과 대비된다.

자동차 등록 대수의 빠른 증가는 대기오염은 물론이고 지구온난화를 야기하는 자동차 배기가스 배출량에 큰 영향을 미치고 있다. 2007년 기준으로 국내 대기오염물질 배출량 중 자동차 배기가스가 차지하는 비중은 일산화탄소(CO) 67.5%, 질소산화물(NOX) 41.7%, 미세먼지(PM10) 23.5%이다. 특히 질소산화물은 태양광선에 의해 광화학반응을 일으켜 오존을 발생시키고 호흡기질환 등을 유발하므로 이에 대한 저감 대책이 필요하다.

① 연도별 국내 자동차 등록현황

(단위 : 천 대)

연도	2002	2003	2004	2005	2006	2007	2008
등록 대수	14,586	14,934	15,397	15,895	16,428	16,794	17,325

② 2007년 국내 주요 대기오염물질 배출량

(단위 : 천 톤/년)

구분	배출량	자동차 배기가스 (비중)
일산화탄소(CO)	809	546(67.5%)
질소산화물(NOX)	1,188	495(41.7%)
이산화황(SO2)	403	1(0.2%)
미세먼지(PM10)	98	23(23.5%)
휘발성유기화합물(VOCs)	875	95(10.9%)
암모니아(NH3)	309	10(3.2%)
계	3,682	1,170(31.8%)

③ 2008년 국내 운송수단별 수송분담률

(단위 : 백만 명, %)

구분	자동차	지하철	철도	항공	해운	합
수송인구	9,798	2,142	1,020	16	14	12,990
수송분담률	75.4	16.5	7.9	0.1	0.1	100.0

④ 2008년 OECD 국가의 자동차 연료별 상대가격

(휘발유 기준)

구분	휘발유	경유	LPG
OECD 회원국 전체	100	86	45
OECD 선진국	100	85	42
OECD 비선진국	100	87	54
OECD 산유국	100	86	50
OECD 비산유국	100	85	31

⑤ 2008년 국가별 자동차 1대당 인구

(단위 : 명)

국가	한국	일본	미국	독일	프랑스
자동차 1대당 인구	2.9	1.7	1.2	1.9	1.7

문 19.　다음 〈표〉는 2009~2014년 건설공사 공종별 수주액 현황을 나타낸 것이다. 이를 이용하여 작성한 그래프로 옳지 <u>않은</u> 것은?

15 민간(인) 17번

〈표〉 건설공사 공종별 수주액 현황

(단위 : 조 원, %)

구분 연도	전체	전년 대비 증감률	토목	전년 대비 증감률	건축	전년 대비 증감률	주거용	비주거용
2009	118.7	−1.1	54.1	31.2	64.6	−18.1	39.1	25.5
2010	103.2	−13.1	41.4	−23.5	61.8	−4.3	31.6	30.2
2011	110.7	7.3	38.8	−6.3	71.9	16.3	38.7	33.2
2012	99.8	−9.8	34.0	−12.4	65.8	−8.5	34.3	31.5
2013	90.4	−9.4	29.9	−12.1	60.5	−8.1	29.3	31.2
2014	107.4	18.8	32.7	9.4	74.7	23.5	41.1	33.6

① 건축 공종의 수주액

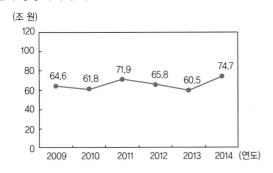

② 토목 공종의 수주액 및 전년 대비 증감률

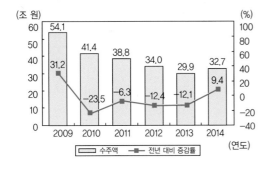

③ 건설공사 전체 수주액의 공종별 구성비

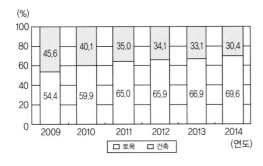

④ 건축 공종 중 주거용 및 비주거용 수주액

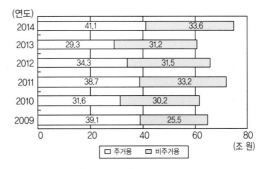

⑤ 건설공사 전체 및 건축 공종 수주액의 전년 대비 증감률

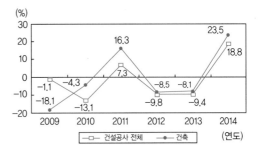

문 20. 다음은 2011~2014년 주택건설 인허가 실적에 대한 〈보고서〉이다. 〈보고서〉의 내용을 작성하는 데 직접적인 근거로 활용되지 <u>않은</u> 자료는?

15 민간(인) 21번

─〈보고서〉─

• 2014년 주택건설 인허가 실적은 전국 51.5만 호(수도권 24.2만 호, 지방 27.3만 호)로 2013년(44.1만 호) 대비 16.8% 증가하였다. 이는 당초 계획(37.4만 호)에 비하여 증가한 것이지만, 2014년의 인허가 실적은 2011년 55.0만 호, 2012년 58.6만 호, 2013년 44.1만 호 등 3년 평균(2011~2013년, 52.6만 호)에 미치지 못하였다.

• 2014년 아파트의 인허가 실적(34.8만 호)은 2013년 대비 24.7% 증가하였다. 아파트 외 주택의 인허가 실적(16.7만 호)은 2013년 대비 3.1% 증가하였으나, 2013년부터 도시형생활주택 인허가 실적이 감소하면서 3년 평균(2011~2013년, 18.9만 호) 대비 11.6% 감소하였다.

• 2014년 공공부문의 인허가 실적(6.3만 호)은 일부 분양물량의 수급 조절에 따라 2013년 대비 21.3% 감소하였으며, 3년 평균(2011~2013년, 10.2만 호) 대비로는 38.2% 감소하였다. 민간부문(45.2만 호)은 2013년 대비 25.2% 증가하였으며, 3년 평균(2011~2013년, 42.4만 호) 대비 6.6% 증가하였다.

• 2014년의 소형(60m² 이하), 중형(60m²초과 85m² 이하), 대형(85m² 초과) 주택건설 인허가 실적은 2013년 대비 각각 1.2%, 36.4%, 4.9% 증가하였고, 2014년 85m² 이하 주택건설 인허가 실적의 비중은 2014년 전체 주택건설 인허가 실적의 약 83.5%이었다.

① 지역별 주택건설 인허가 실적 및 증감률

(단위 : 만 호, %)

| 구분 | 2013년 | 3년 평균 (2011~2013) | | 2014년 | |
				전년 대비 증감률	3년 평균 대비 증감률
전국	44.1	52.6	51.5	16.8	-2.1
수도권	19.3	24.5	24.2	25.4	-1.2
지방	24.8	28.1	27.3	10.1	-2.8

② 2011~2013년 지역별 주택건설 인허가 실적

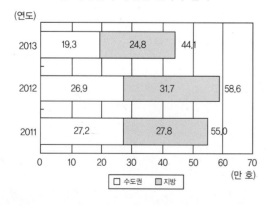

③ 공공임대주택 공급 실적 및 증감률

(단위 : 만 호, %)

| 구분 | 2013년 | 3년 평균 (2011~2013) | | 2014년 | |
				전년 대비 증감률	3년 평균 대비 증감률
영구·국민	2.7	2.3	2.6	-3.7	13.0
공공	3.1	2.9	3.6	16.1	24.1
매입·전세	3.8	3.4	3.4	-10.5	0.0

④ 유형별 주택건설 인허가 실적 및 증감률

(단위 : 만 호, %)

| 구분 | 2013년 | 3년 평균 (2011~2013) | | 2014년 | |
				전년 대비 증감률	3년 평균 대비 증감률
아파트	27.9	33.7	34.8	24.7	3.3
아파트 외	16.2	18.9	16.7	3.1	-11.6

⑤ 건설 주체별·규모별 주택건설 인허가 실적 및 증감률

(단위 : 만 호, %)

| 구분 | | 2013년 | 3년 평균 (2011~2013) | | 2014년 | |
					전년 대비 증감률	3년 평균 대비 증감률
건설 주체	공공 부문	8.0	10.2	6.3	-21.3	-38.2
	민간 부문	36.1	42.4	45.2	25.2	6.6
규모	60m²이하	17.3	21.3	17.5	1.2	-17.8
	60m²초과 85m²이하	18.7	21.7	25.5	36.4	17.5
	85m²초과	8.1	9.6	8.5	4.9	-11.5

문 21. 다음 〈보고서〉는 2016년 A시의 생활체육 참여실태에 관한 것이다. 〈보고서〉의 내용을 작성하는 데 직접적인 근거로 활용되지 <u>않은</u> 자료는?

17 민간(나) 03번

— 〈보고서〉—

2016년에 A시 시민을 대상으로 생활체육 참여실태에 대해 조사한 결과 생활체육을 '전혀 하지 않음'이라고 응답한 비율은 51.8%로 나타났다. 반면, 주 4회 이상 생활체육에 참여한다고 응답한 비율은 28.6%이었다.

생활체육에 참여하지 않는 이유에 대해서는 '시설부족'이라고 응답한 비율이 30.3%로 가장 높아 공공체육시설을 확충하는 정책이 필요할 것으로 보인다. 2016년 A시의 공공체육시설은 총 388개소로 B시, C시의 공공체육시설 수의 50%에도 미치지 못하는 수준이다. 그러나 A시는 초등학교 운동장을 개방하여 간이운동장으로 활용할 계획이므로 향후 체육시설에 대한 접근성이 더 높아질 것으로 기대된다.

한편, 2016년 A시 생활체육지도자를 자치구별로 살펴보면, 동구 16명, 서구 17명, 남구 16명, 북구 18명, 중구 18명으로 고르게 분포된 것처럼 보인다. 그러나 2016년 북구의 인구가 445,489명, 동구의 인구가 103,016명임을 고려할 때 생활체육지도자 일인당 인구수는 북구가 24,749명으로 동구 6,439명에 비해 현저히 많아 지역 편중 현상이 존재한다. 따라서 자치구 인구 분포를 고려한 생활체육지도자 양성 전략이 필요해 보인다.

① 연도별 A시 시민의 생활체육 미참여 이유 조사결과

(단위 : %)

이유 연도	시설 부족	정보 부재	지도자 부재	동반자 부재	흥미 부족	기타
2012	25.1	20.8	14.3	8.2	9.5	22.1
2013	30.7	18.6	16.4	12.8	9.2	12.3
2014	28.1	17.2	15.1	11.6	11.0	17.0
2015	31.5	18.0	17.2	10.9	12.1	10.3
2016	30.3	15.2	16.0	10.0	10.4	18.1

② 2016년 A시 시민의 생활체육 참여 빈도 조사결과

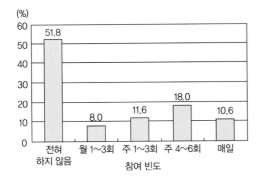

③ 2016년 A시의 자치구 · 성별 인구

(단위 : 명)

자치구 성별	동구	서구	남구	북구	중구	합
남자	51,584	155,104	104,891	221,433	197,204	730,216
여자	51,432	160,172	111,363	224,056	195,671	742,694
계	103,016	315,276	216,254	445,489	392,875	1,472,910

④ 2016년 도시별 공공체육시설 현황

(단위 : 개소)

도시 구분	A시	B시	C시	D시	E시
육상 경기장	2	3	3	19	2
간이 운동장	313	2,354	751	382	685
체육관	16	112	24	15	16
수영장	9	86	15	4	11
빙상장	1	3	1	1	0
기타	47	193	95	50	59
계	388	2,751	889	471	773

⑤ 2016년 생활체육지도자의 도시별 분포

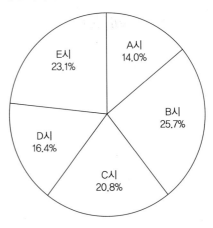

문 22. 다음 〈표〉는 2013~2016년 기관별 R&D 과제 건수와 비율에 관한 자료이다. 〈표〉를 이용하여 작성한 그래프로 옳지 <u>않은</u> 것은?

17 민간(나) 15번

〈표〉 2013~2016년 기관별 R&D 과제 건수와 비율

(단위 : 건, %)

연도	2013		2014		2015		2016	
구분 기관	과제 건수	비율	과제 건수	비율	과제 건수	비율	과제 건수	비율
기업	31	13.5	80	9.4	93	7.6	91	8.5
대학	47	20.4	423	49.7	626	51.4	526	49.3
정부	141	61.3	330	38.8	486	39.9	419	39.2
기타	11	4.8	18	2.1	13	1.1	32	3.0
전체	230	100.0	851	100.0	1,218	100.0	1,068	100.0

① 연도별 기업 및 대학 R&D 과제 건수

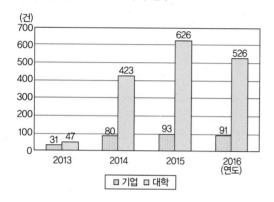

② 연도별 정부 및 전체 R&D 과제 건수

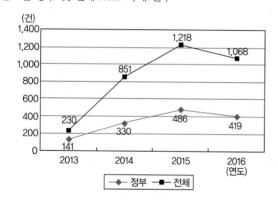

③ 2016년 기관별 R&D 과제 건수 구성비

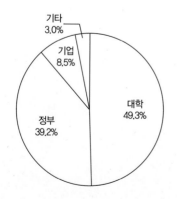

④ 전체 R&D 과제 건수의 전년 대비 증가율(2014~2016년)

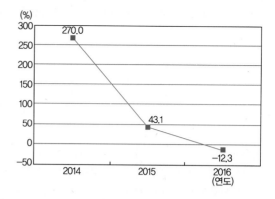

⑤ 연도별 기업 및 정부 R&D 과제 건수의 전년 대비 증가율(2014~2016년)

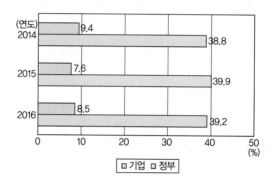

문 23. 다음 〈표〉는 2016년과 2017년 A~F 항공사의 공급석 및 탑승객 수를 나타낸 자료이다. 〈표〉를 이용하여 작성한 그래프로 옳지 <u>않은</u> 것은?

18 민간(가) 03번

〈표〉 항공사별 공급석 및 탑승객 수

(단위 : 만 개, 만 명)

구분 항공사	공급석 수		탑승객 수	
연도	2016	2017	2016	2017
A	260	360	220	300
B	20	110	10	70
C	240	300	210	250
D	490	660	410	580
E	450	570	380	480
F	250	390	200	320
전체	1,710	2,390	1,430	2,000

① 연도별 A~F 항공사 전체의 공급석 및 탑승객 수

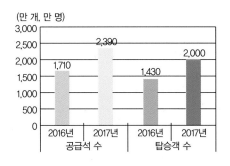

② 항공사별 탑승객 수

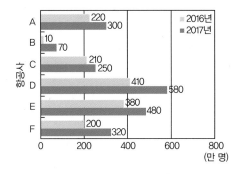

③ 2017년 탑승객 수의 항공사별 구성비

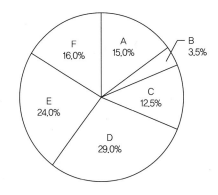

④ 2016년 대비 2017년 항공사별 공급석 수 증가량

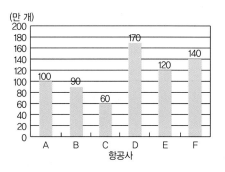

⑤ 2017년 항공사별 잔여석 수

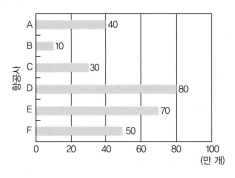

※ 잔여석 수＝공급석 수－탑승객 수

문 24. 다음 〈표〉는 2012~2017년 '갑'국의 화재발생 현황에 대한 자료이다. 이를 이용하여 작성한 그래프로 옳지 않은 것은?

19 민간(나) 03번

〈표〉 '갑'국의 화재발생 현황

(단위 : 건, 명)

구분 연도	화재발생 건수	인명피해자 수	구조활동 건수
2012	43,249	2,222	427,735
2013	40,932	2,184	400,089
2014	42,135	2,180	451,050
2015	44,435	2,093	479,786
2016	43,413	2,024	609,211
2017	44,178	2,197	655,485
평균	43,057	2,150	503,893

① 화재발생 건수

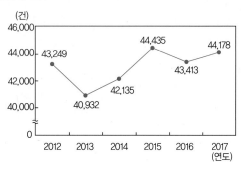

② 인명피해자 수 편차의 절대값

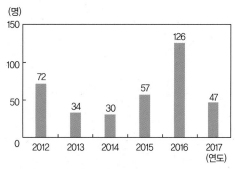

※ 인명피해자수 편차는 해당연도 인명피해자수에서 평균 인명피해자수를 뺀 값임

③ 구조활동 건수의 전년 대비 증가량

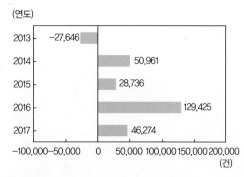

④ 화재발생 건수 대비 인명피해자수 비율

⑤ 화재발생 건수의 전년 대비 증가율

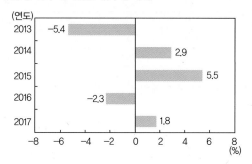

문 1. 다음 〈표〉는 2002년 처리주체별 감염성 폐기물의 처리 현황에 대한 자료이다. 이 자료로부터 알 수 있는 것을 〈보기〉에서 모두 고르면?

08 행시(열) 10번

〈표〉 2002년 감염성 폐기물 처리현황

(단위 : 톤)

폐기물 종류	2001년 이월량	발생지 자체 처리	위탁 처리					미처리
			소계	소각	멸균분쇄	재활용	화장장	
합계	70	2,929	31,088	16,108	14,659	226	95	33
조직 물류	4	45	877	575	0	226	76	1
폐합성 수지류 등	66	2,884	30,211	15,533	14,659	0	19	32

※ 1) 감염성 폐기물은 위탁 처리되거나 발생지에서 자체 처리되며, 미처리량은 그 다음해로 이월됨
　2) 감염성 폐기물 처리방식에는 소각, 멸균분쇄, 재활용, 화장장이 있음
　3) 전년도로부터 이월된 폐기물은 당해연도에 모두 처리됨

〈보 기〉

ㄱ. 2002년에 발생한 감염성 폐기물의 양
ㄴ. 2002년 감염성 폐기물의 처리율
ㄷ. 2002년 감염성 폐기물의 소각 처리율
ㄹ. 2002년 조직물류 폐기물의 위탁 처리율
ㅁ. 2001~2002년 감염성 폐기물 처리율 증감

① ㄱ, ㄴ, ㄷ
② ㄱ, ㄴ, ㄹ
③ ㄱ, ㄷ, ㅁ
④ ㄴ, ㄹ, ㅁ
⑤ ㄷ, ㄹ, ㅁ

문 2. 다음 〈표〉를 이용하여 국가별 초등학교 교직원 수 현황에 관한 〈보고서〉를 작성하였다. 〈보고서〉를 작성하기 위해 추가로 이용한 자료를 〈보기〉에서 모두 고르면?

09 행시(기) 27번

〈표〉 2005년 국가별 초등학생 1,000명당 교직원 수

(단위 : 명)

구분	교사		전문 학생 지원직	행정관리직		기능직	전체 교직원
	학급 교사	보조교사 및 조교		행정직	관리직		
미국	64.5	13.6	8.9	3.8	10.4	22.8	124.0
일본	60.2	0.0	5.3	5.4	4.9	6.3	82.1
핀란드	70.1	5.5	2.0	2.4	8.2	14.1	102.3
프랑스	70.2	0.0	24.6	7.2	4.1	14.0	120.1
한국	43.8	0.6	1.2	2.6	3.8	11.4	63.4
OECD 평균	72.8	4.3	6.4	5.3	7.3	17.9	114.0

〈보고서〉

　2005년 국가별 초등학교 교직원 수 현황을 비교한 결과 한국은 조사대상 5개국 중 초등학생 1,000명당 학급교사, 전문 학생지원직, 관리직의 교직원 수가 가장 적은 것으로 나타났다. 초등학생 1,000명당 보조교사 및 조교 수가 한국보다 적은 국가는 일본과 프랑스였다. 프랑스는 OECD 회원국가 중 초등학생 1,000명당 전문 학생지원직을 가장 많이 고용하고 있는 것으로 나타났다. 조사대상 5개국 중 미국은 초등학생 1,000명당 기능직 직원이 가장 많았다. 2005년 한국의 초등학생 1,000명당 전체 교직원 수는 2004년에 비해 20.3% 증가했지만, OECD회원 국가 중 가장 적었다.

〈보 기〉

ㄱ. 2004년 한국의 초등학생 1,000명당 전체 교직원 수
ㄴ. 2005년 전체 OECD 회원국의 국가별 초등학생 1,000명당 전체 교직원 수
ㄷ. 2005년 전체 OECD 회원국의 국가별 초등학생 1,000명당 학급 교사 수
ㄹ. 2005년 전체 OECD 회원국의 국가별 초등학생 1,000명당 전문 학생지원직 교직원 수

① ㄱ, ㄴ
② ㄱ, ㄹ
③ ㄱ, ㄴ, ㄷ
④ ㄱ, ㄴ, ㄹ
⑤ ㄴ, ㄷ, ㄹ

문 3. 다음 〈표〉를 이용하여 〈보고서〉를 작성하였다. 제시된 〈표〉 이외에 〈보고서〉를 작성하기 위해 추가로 필요한 자료만을 〈보기〉에서 모두 고르면?　　　13 민간(인) 20번

〈표 1〉 연도별 세수 상위 세무서

(단위 : 억 원)

구분	1위		2위		3위	
	세무서	세수	세무서	세수	세무서	세수
2005년	남대문	70,314	울산	70,017	영등포	62,982
2006년	남대문	83,158	영등포	74,291	울산	62,414
2007년	남대문	105,637	영등포	104,562	울산	70,281
2008년	남대문	107,933	영등포	88,417	울산	70,332
2009년	남대문	104,169	영등포	86,193	울산	64,911

〈표 2〉 연도별 세수 하위 세무서

(단위 : 억 원)

구분	1위		2위		3위	
	세무서	세수	세무서	세수	세무서	세수
2005년	영주	346	영덕	354	홍성	369
2006년	영주	343	영덕	385	홍성	477
2007년	영주	194	영덕	416	거창	549
2008년	영주	13	해남	136	영덕	429
2009년	해남	166	영덕	508	홍성	540

〈보고서〉

2009년 세수 1위 세무서는 10조 4,169억 원(국세청 세입의 약 7%)을 거두어들인 남대문세무서이다. 한편, 2위와 3위는 각각 영등포세무서(8조 6,193억 원), 울산세무서(6조 4,911억 원)로 2006년 이후 순위변동이 없었다.

2009년 세수 최하위 세무서는 해남세무서(166억 원)로 남대문세무서 세수 규모의 0.2%에도 못 미치는 수준인 것으로 나타났다. 서울지역에서는 도봉세무서의 세수 규모가 2,862억 원으로 가장 적은 것으로 나타났다.

국세청 세입은 1966년 국세청 개청 당시 700억 원에서 2009년 154조 3,305억 원으로 약 2,200배 증가하였으며, 전국 세무서 수는 1966년 77개에서 1997년 136개로 증가하였다가 2009년 107개로 감소하였다.

〈보 기〉

ㄱ. 1966~2009년 연도별 국세청 세입액
ㄴ. 2009년 국세청 세입총액의 세원별 구성비
ㄷ. 2009년 서울 소재 세무서별 세수 규모
ㄹ. 1966~2009년 연도별 전국 세무서 수

① ㄱ, ㄴ

② ㄱ, ㄹ

③ ㄴ, ㄷ

④ ㄱ, ㄷ, ㄹ

⑤ ㄴ, ㄷ, ㄹ

문 4. 사무관 A는 다음 〈표〉와 추가적인 자료를 이용하여 과학기술 논문 발표현황에 관한 〈보고서〉를 작성하였다. 추가로 필요한 자료만을 〈보기〉에서 모두 고르면?　　　15 민간(인) 12번

〈표〉 우리나라 SCI 과학기술 논문 발표현황

(단위 : 편, %)

연도	2007	2008	2009	2010	2011	2012	2013
발표 수	29,565	34,353	37,742	41,481	45,588	49,374	51,051
세계 점유율	2.23	2.40	2.50	2.62	2.68	2.75	2.77

〈보고서〉

최근 우리나라는 과학기술 분야의 연구에 많은 투자를 하고 있다. 2013년도 우리나라 SCI 과학기술 논문 발표 수는 51,051편으로 전년 대비 약 3.40% 증가했다. 우리나라 SCI 과학기술 논문 발표 수의 세계 점유율은 2007년 2.23%에서 매년 증가하여 2013년 2.77%가 되었다. 이는 2007년 이후 기초·원천기술연구에 대한 투자규모의 지속적인 확대로 SCI 과학기술 논문 발표 수가 꾸준히 증가하고 있는 것으로 분석된다. 2013년의 논문 1편당 평균 피인용 횟수는 4.55회로 SCI 과학기술 논문 발표 수 상위 50개 국가 중 32위를 기록했다.

〈보 기〉

ㄱ. 2007년 이후 우리나라 기초·원천기술연구 투자규모 현황
ㄴ. 2009~2013년 연도별 SCI 과학기술 논문 발표 수 상위 50개 국가의 논문 1편당 평균 피인용 횟수
ㄷ. 2007년 이후 세계 총 SCI 과학기술 학술지 수
ㄹ. 2009~2013년 우리나라 SCI 과학기술 논문 발표 수의 전년 대비 증가율

① ㄱ, ㄴ

② ㄱ, ㄷ

③ ㄴ, ㄷ

④ ㄴ, ㄹ

⑤ ㄷ, ㄹ

문 5.　다음 〈표〉와 〈그림〉을 이용하여 환경 R&D 예산 현황에 관한 〈보고서〉를 작성하였다. 제시된 〈표〉와 〈그림〉 이외에 〈보고서〉 작성을 위하여 추가로 필요한 자료만을 〈보기〉에서 모두 고르면?

17 민간(나) 21번

〈표〉 대한민국 정부 부처 전체 및 주요 부처별 환경 R&D 예산 현황

(단위 : 억 원)

구분 연도	정부 부처 전체	A부처	B부처	C부처	D부처	E부처
2002	61,417	14,338	18,431	1,734	1,189	1,049
2003	65,154	16,170	17,510	1,963	1,318	1,074
2004	70,827	19,851	25,730	1,949	1,544	1,301
2005	77,996	24,484	28,550	2,856	1,663	1,365
2006	89,096	27,245	31,584	3,934	1,877	1,469
2007	97,629	30,838	32,350	4,277	1,805	1,663
2008	108,423	34,970	35,927	4,730	2,265	1,840
2009	123,437	39,117	41,053	5,603	2,773	1,969
2010	137,014	43,871	44,385	5,750	3,085	2,142
2011	148,902	47,497	45,269	6,161	3,371	2,355

〈그림〉 2009년 OECD 주요 국가별 전체 예산 중
환경 R&D 예산의 비중

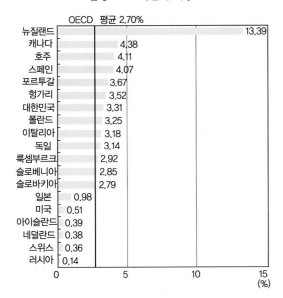

OECD 평균 2.70%

국가	값
뉴질랜드	13.39
캐나다	4.38
호주	4.11
스페인	4.07
포르투갈	3.67
헝가리	3.52
대한민국	3.31
폴란드	3.25
이탈리아	3.18
독일	3.14
룩셈부르크	2.92
슬로베니아	2.85
슬로바키아	2.79
일본	0.98
미국	0.51
아이슬란드	0.39
네덜란드	0.38
스위스	0.36
러시아	0.14

〈보고서〉

• 환경에 대한 중요성이 강조됨에 따라 미국의 환경 R&D 예산은 2002년부터 2011년까지 증가 추세에 있음.

• 대한민국의 2009년 전체 예산 중 환경 R&D 예산의 비중은 3.31%로 OECD 평균 2.70%에 비해 0.61%p 큼.

• 미국의 2009년 전체 예산 중 환경 R&D 예산의 비중은 OECD 평균보다 작았지만, 2010년에는 환경 R&D 예산이 2009년 대비 30% 이상 증가하여 전체 예산 중 환경 R&D 예산의 비중이 커짐.

• 2011년 대한민국 정부 부처 전체의 환경 R&D 예산은 약 14.9조 원 규모로 2002년 이후 연평균 10% 이상의 증가율을 보이고 있음.

• 2011년 대한민국 E부처의 환경 R&D 예산은 정부 부처 전체 환경 R&D 예산의 1.6% 수준으로 정부 부처 중 8위에 해당함.

〈보 기〉

ㄱ. 2002년부터 2011년까지 미국의 전체 예산 및 환경 R&D 예산

ㄴ. 2002년부터 2011년까지 뉴질랜드의 부처별, 분야별 R&D 예산

ㄷ. 2011년 대한민국 모든 정부 부처의 부처별 환경 R&D 예산

ㄹ. 2010년 대한민국 모든 정부 부처 산하기관의 전체 R&D 예산

① ㄱ, ㄴ
② ㄱ, ㄷ
③ ㄴ, ㄹ
④ ㄱ, ㄷ, ㄹ
⑤ ㄴ, ㄷ, ㄹ

19 민간(나) 01번

〈표〉 국회 의원입법안 발의 및 처리 법안수 현황

(단위 : 건)

국회 구분	13대	14대	15대	16대	17대	18대	19대
발의 법안 수	570	321	1,144	1,912	6,387	12,220	16,728
처리 법안 수	352	167	687	1,028	2,893	4,890	6,626

※ 1) 법안 반영률(%)= $\frac{처리\ 법안\ 수}{발의\ 법안\ 수}$ ×100

2) 각 국회별로 국회의원 임기는 4년이고, 해당 국회에서 처리되지 않은 법안은 폐기됨

─〈보고서〉─

　19대 국회의 의원입법안을 분석한 결과 16,728건이 발의되었고 이는 19대 국회 동안 월평균 340건 이상, 국회의원 1인당 50건 이상의 법안이 제출된 셈이다.

　국회 상임위원회 활동으로 보면 상임위원회당 처리 법안 수가 13대 20.7건에서 19대 414.1건으로 20배 이상이 되었다. 하지만 국회 상임위원회 법안소위에도 오르지 않은 법안의 증가로 인해 13대 국회에서 61.8%에 달했던 법안 반영률은 19대에 39.6%까지 낮아졌다.

　이처럼 국회 본연의 임무인 입법 기능이 저하되는 가운데 국회 국민청원 건수는 16대 이후로 감소하고 있다. 구체적으로는 13대 503건에서 지속적으로 증가해 16대에 765건으로 정점을 찍은 후 급감하였고, 19대 들어 227건에 그쳐 13대 이후 최저 수준을 기록하였다.

─〈보 기〉─

ㄱ. 국회 국민청원 건수

국회	13대	14대	15대	16대	17대	18대	19대
건수(건)	503	534	595	765	432	272	227

ㄴ. 국회 국민청원 중 본회의 처리 건수

국회	13대	14대	15대	16대	17대	18대	19대
건수(건)	13	11	3	4	4	3	2

ㄷ. 국회 상임위원회 수

국회	13대	14대	15대	16대	17대	18대	19대
상임 위원회 수(개)	17	16	16	17	17	16	16

ㄹ. 국회의원 수

국회	13대	14대	15대	16대	17대	18대	19대
의원 수 (명)	299	299	299	273	299	299	300

① ㄱ, ㄴ
② ㄱ, ㄹ
③ ㄱ, ㄴ, ㄷ
④ ㄱ, ㄷ, ㄹ
⑤ ㄴ, ㄷ, ㄹ

19 민간(나) 11번

─〈보고서〉─

• 자원봉사자 등록 현황
　- 세종특별자치시 인구 수 대비 자원봉사자 등록률 : 16.20%

• 자원봉사단체 등록 현황

단체 수
520개

단체의 총 회원 수
18,234명

• 연령대별 자원봉사자 등록 현황

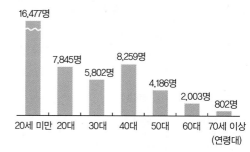

• 자원봉사자 활동 현황

• 자원봉사 누적시간대별 자원봉사 참여자 수 현황

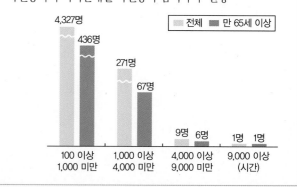

① 2017년 세종특별자치시에 등록된 자원봉사단체별 회원 수 현황

② 2017년 세종특별자치시 인구 현황

③ 2017년 세종특별자치시에 등록된 성별, 연령별 자원봉사자 수 현황

④ 2017년 세종특별자치시 연간 1회 이상 활동한 자원봉사자 수 현황

⑤ 2017년 세종특별자치시 연령별, 1일 시간대별 자원봉사 참여자 수 현황

문 1. 다음 〈표〉는 어느 회사의 3년간 제조원가와 구성비를 나타낸 것이다. 〈보기〉의 설명을 참고하여 A, B, C, D에 해당하는 것을 순서대로 바르게 나열한 것은? 06 견습(역) 17번

〈표〉 제조원가와 구성비

(단위 : 천 원, %)

연도 비용항목	1998		1999		2000	
구분	제조원가	구성비	제조원가	구성비	제조원가	구성비
총 제조원가	1,150,674	100.00	1,379,775	100.00	1,709,758	100.00
A	150,741	13.10	179,893	13.04	222,674	13.02
B	709,753	61.68	835,152	60.53	1,035,481	60.56
C	87,057	7.57	119,232	8.64	154,935	9.06
D	3,876	0.34	8,992	0.65	12,615	0.74
수도광열비	23,954	2.08	31,078	2.25	41,845	2.45
감가상각비	47,322	4.11	54,884	3.98	67,614	3.96
기타 경비	127,971	11.12	150,544	10.91	174,594	10.21

─── 〈보 기〉 ───

• 보험료는 1998년부터 지속적으로 증가하여 2000년에는 총 제조원가 대비 보험료 구성비가 1998년의 2배 이상이 되었다.
• 2000년 재료비는 1999년보다 약 24%가 증가하였지만 총 제조원가 대비 재료비 구성비의 증가폭은 1%p 미만이었다.
• 2000년 노무비는 1999년보다 증가했으나, 총 제조원가에서 차지하는 구성비는 1999년에 비해 하락하였다.
• 2000년 외주가공비는 1998년의 약 1.8배가 되었고, 총 제조원가에서 차지하는 구성비도 1998년에 비해 증가하였다.

	A	B	C	D
①	외주가공비	재료비	노무비	보험료
②	재료비	노무비	보험료	외주가공비
③	노무비	재료비	외주가공비	보험료
④	재료비	노무비	외주가공비	보험료
⑤	노무비	재료비	보험료	외주가공비

문 2. 다음 〈표〉는 윗사람과의 커뮤니케이션 상황에 따른 커뮤니케이션 매체 선택에 관한 설문조사 결과이다. 〈보기〉의 설명을 참고하여 A, C, D, F, x에 해당하는 것을 순서대로 바르게 나열한 것은? 06 견습(역) 19번

〈표〉 커뮤니케이션 상황에 따른 커뮤니케이션 매체 선택

(단위 : %, 명)

구분			커뮤니케이션 매체				응답자 수
			A	B	C	기타	
커뮤니케 이션 상 황	D	1차선택	4.1	42.1	47.2	6.6	1,011
		2차선택	14.6	52.0	24.0	9.4	821
	E	1차선택	3.0	41.2	49.4	6.4	1,011
		2차선택	17.5	49.0	23.2	10.3	811
	F	1차선택	4.4	79.6	11.9	4.1	1,011
		2차선택	42.8	20.7	21.8	14.7	647
	명절 인사	1차선택	4.5	x	y	3.2	1,011
		2차선택	14.7	39.8	24.3	21.2	815

※ 1) 커뮤니케이션 매체(A, B, C)의 종류 : 전화, 문자메시지, 면 대 면
  2) 커뮤니케이션 상황(D, E, F)의 종류 : 부탁, 사과, 약속변경

─── 〈보 기〉 ───

• 부탁할 때에는 1차선택에 따르면, 전화나 문자메시지보다 면 대 면을 더 많이 이용한다.
• 약속변경을 할 때 1차선택에서는 전화를, 2차선택에서는 문자메시지를 가장 많이 이용한다.
• 명절인사를 할 때 B를 1차선택한 사람은 461명이다.
• 1차선택에 따르면, 사과할 때 문자메시지의 사용비율은 모든 매체와 상황의 조합 중에서 가장 낮다.

	A	C	D	F	x
①	면 대 면	문자메시지	약속변경	사과	44.2
②	문자메시지	면 대 면	부탁	약속변경	45.6
③	전화	문자메시지	사과	약속변경	45.6
④	전화	면 대 면	부탁	사과	45.6
⑤	문자메시지	면 대 면	약속변경	부탁	44.2

다음 〈표〉는 6개국의 국방비와 연구개발투자 현황을 나타낸 것이다. 〈보기〉의 설명을 참고하여 다음 〈표〉의 A, B, C, D, E에 해당하는 국가를 바르게 나열한 것은?   06 견습(역) 26번

〈표〉 6개국 국방비와 연구개발투자 현황

구분 연도 국가	국민1인당 국방비($)		국방비 (백만 $)		연구개발비 (백만 $)		연구개발비율 (%)	
	2000	2001	2000	2001	2000	2001	2000	2001
미국	1,078	1,128	287,300	296,200	38,700	40,800	13.5	13.8
A	357	310	4,560	4,040	108	90	2.4	2.2
B	358	440	140,850	218,940	15,600	21,894	11.1	10.0
C	601	583	33,890	32,608	4,026	3,986	11.9	12.2
D	575	553	26,538	24,257	3,053	3,145	11.5	13.0
E	341	328	22,871	20,154	1,299	1,286	5.7	6.4

〈보 기〉

- 영국과 프랑스는 2000년에 비해 2001년에 국민 1인당 국방비가 감소하였으나, 연구개발비율은 증가하였다.
- 러시아와 미국은 2000년에 비해 2001년에 국방비와 연구개발비 모두 증가하였다.
- 스위스와 독일은 연구개발비율이 다른 네 개 국가들보다 낮다.
- 영국과 독일은 2000년에 비해 2001년에 연구개발비는 감소했으나, 연구개발비율은 증가하였다.

	A	B	C	D	E
①	독일	러시아	프랑스	영국	스위스
②	스위스	러시아	프랑스	영국	독일
③	러시아	독일	프랑스	영국	스위스
④	스위스	러시아	영국	프랑스	독일
⑤	러시아	스위스	영국	프랑스	독일

문 4.　다음 〈표〉는 루마니아, 불가리아, 세르비아, 체코, 헝가리 등 5개국의 GDP 대비 산업 생산액 비중에 관한 자료이다. 〈보기〉의 설명을 참고하여 B, E에 해당하는 국가를 바르게 나열한 것은?   07 행시(인) 05번

〈표〉 국가별 GDP 대비 산업 생산액 비중

(단위 : %)

산업 국가	농업	제조업	서비스업	합
A	14	54	32	100
B	5	35	60	100
C	4	36	60	100
D	3	29	68	100
E	1	25	74	100

〈보 기〉

- 세르비아와 루마니아 각국의 GDP 대비 제조업 생산액 비중을 합하면 헝가리의 GDP 대비 제조업 생산액 비중과 같다.
- 세르비아와 불가리아 각국의 GDP 대비 농업 생산액 비중을 합하면 체코의 GDP 대비 농업 생산액 비중과 같다.

	B	E
①	체코	세르비아
②	세르비아	불가리아
③	불가리아	세르비아
④	불가리아	루마니아
⑤	체코	루마니아

문 5. 다음 〈표〉는 냉장고, 세탁기, 에어컨, 오디오, TV 등 5개 제품의 생산 및 내수 현황을 나타낸 것이다. 〈보기〉의 설명을 참고하여 A, B, C, D, E에 해당하는 제품을 순서대로 바르게 나열한 것은?

07 행시(인) 24번

〈표〉 5개 제품의 생산 및 내수 현황

(단위 : 만 대)

제품 \ 구분	생산		내수	
	2004년 5월	2005년 5월	2004년 5월	2005년 5월
A	347	397	163	215
B	263	293	133	163
C	385	359	103	158
D	150	157	72	77
E	161	59	151	126

─〈보 기〉─

• 2005년 5월에 냉장고, 세탁기, TV는 전년 동월에 비해 생산과 내수 모두 증가하였다.

• 2005년 5월에 에어컨은 전년 동월에 비해 생산은 감소하였으나 내수는 증가하였다.

• 2005년 5월에 전년 동월에 비해 생산이 증가한 제품 가운데 생산증가대수 대비 내수증가대수의 비율이 가장 낮은 제품은 세탁기이다.

• 2005년 5월에 전년 동월 대비 생산 증가율이 가장 높은 제품은 TV이다.

	A	B	C	D	E
①	냉장고	TV	에어컨	세탁기	오디오
②	냉장고	TV	오디오	에어컨	세탁기
③	세탁기	TV	오디오	냉장고	에어컨
④	TV	세탁기	에어컨	냉장고	오디오
⑤	TV	냉장고	에어컨	세탁기	오디오

문 6. 다음 〈표〉는 그리스, 독일, 룩셈부르크, 미국, 일본 등 5개국의 휴대전화 이용률과 건강비용 지출에 관한 자료이다. 〈보기〉의 설명을 참고하여 B와 C에 해당하는 국가를 바르게 나열한 것은?

07 행시(인) 28번

〈표 1〉 5개국의 휴대전화 이용률 현황

국가	A	B	C	D	E
이용률	56	79	70	97	99

※ 이용률＝국민 100명당 가입자 수

〈표 2〉 5개국의 1인당 건강비용 지출 현황

(단위 : 달러, %)

1인당 건강비용 \ 국가	A	B	C	D	E
지출액	5,635	3,050	2,110	2,000	3,230
지출비용	15.0	11.1	7.9	9.9	6.1

※ 1인당 건강비용 지출비율(%)=$\left(\dfrac{\text{1인당 건강비용 지출액(달러)}}{\text{1인당 GDP(달러)}}\right)\times 100$

─〈보 기〉─

• 일본의 휴대전화 이용률은 미국보다 높고 그리스보다 낮다.

• 미국의 1인당 건강비용 지출액은 그리스의 2배 이상이다.

• 독일과 룩셈부르크의 1인당 건강비용 지출액의 합은 1인당 건강비용 지출액이 가장 많은 국가보다 작다.

• 독일의 1인당 건강비용 지출비율은 5개국 중에서 가장 낮다.

	B	C
①	그리스	일본
②	일본	룩셈부르크
③	룩셈부르크	일본
④	일본	그리스
⑤	그리스	룩셈부르크

문 7. 다음 〈표〉는 1916~1932년 우리나라 농가 호 수의 지주, 자작농, 자·소작 겸작농, 소작농 구성비에 관한 자료이다. 〈보고서〉의 내용을 참고하여 A, B, C, D에 알맞은 농가유형을 고르면?

08 행시(열) 12번

〈표〉 농가유형별 농가 호 수 구성비

(단위 : %)

연도 \ 농가유형	A	B	C	D
1916	20.1	2.5	40.6	36.8
1918	19.6	3.4	39.3	37.7
1920	19.5	3.3	37.4	39.8
1922	19.7	3.7	35.8	40.8
1924	19.5	3.8	34.5	42.2
1926	19.1	3.8	32.5	44.6
1928	18.3	3.7	32.0	46.0
1930	17.6	3.6	31.0	47.8
1932	16.3	3.5	25.4	54.8

※ 조사기간 동안 전체 농가 호 수는 변화가 없었음

〈보고서〉

일제는 1918년에 완료된 토지조사 과정에서 신고주의 원칙에 따라 개인명의의 신고만 인정하고 공유지는 신고를 받아주지 않았다. 그리고 많은 농가는 복잡한 신고절차와 유언비어 등으로 신고를 하지 못하여 토지소유권을 상실하게 되었다.

토지분배의 불균형은 계속되어 대부분의 토지를 소수집단인 지주가 차지하였으며, 과다한 소작료와 관습적인 규제로 인하여 농민계층은 해가 갈수록 어려운 처지에 처하게 되었다.

농민 소유의 토지는 갈수록 줄어들었으며, 농민들은 자작 농업만으로는 생계유지가 곤란하여 자·소작을 겸하는 경우가 더 많았다. 심지어, 지주의 토지에 대한 배타적 권리로 인하여 소작권을 임의로 교체당하기도 하였다. 농민들은 토지소유권뿐만 아니라 관습상의 영구경작권마저 박탈당하여 기한부계약의 소작농으로 전락하는 사례가 증가하였다.

	A	B	C	D
①	소작농	지주	자작농	자·소작 겸작농
②	자작농	지주	소작농	자·소작 겸작농
③	자·소작 겸작농	지주	자작농	소작농
④	자작농	지주	자·소작 겸작농	소작농
⑤	지주	자·소작 겸작농	자작농	소작농

문 8. 다음 〈표〉와 〈보기〉는 경기도, 충청도, 전라도, 경상도, 강원도의 종교인 구성비를 나타낸 자료이다. C와 E에 해당하는 지역을 바르게 나열한 것은?

09 행시(기) 10번

〈표〉 지역별 종교인 구성비

(단위 : %)

지역 \ 종교	(가)	(나)	(다)
A	32	34	34
B	51	32	17
C	19	32	49
D	32	36	32
E	17	30	53

〈보 기〉

• 강원도의 (가)종교인 비율과 충청도의 (다)종교인 비율을 합하면, 경기도의 (나)종교인 비율과 같다.
• 강원도의 (가)종교인 비율과 경기도의 (가)종교인 비율을 합하면, 전라도의 (다)종교인 비율과 같다.

	C	E
①	강원도	경기도
②	충청도	전라도
③	전라도	강원도
④	경상도	충청도
⑤	전라도	경기도

문 9.   다음 〈보고서〉에 언급된 A, B, C국과 〈표〉의 '가', '나', '다'국을 가장 바르게 짝지은 것은?

10 행시(인) 31번

─〈보고서〉─

• A국의 2006년 4분기 소매판매 증가율과 수출 증가율은 3분기보다 감소하여 경제성장이 둔화되는 모습을 보이고 있다. A국 중앙은행은 정책기준금리를 두 차례 연속 동결하였다. 이는 에너지가격 상승세 둔화, 인플레이션 기대 심리 진정, 금리인상 효과에 따라 인플레이션 압력이 점차 완화될 것으로 예상되기 때문이다.

• B국의 2006년 4분기 산업생산 증가율은 3분기보다 감소하였다. B국의 수출 증가율은 2005년에는 2분기 이후 매분기 감소하였으나 2006년에는 매분기 증가하였다.

• C국의 2006년 4분기 산업생산 증가율과 소매판매 증가율은 수출 확대와 2006년 3분기 지표 부진에 대한 반등효과로 인해 증가하였다. 하지만 시장에서는 성장을 중시하는 새 총리의 취임으로 추가 금리 인상이 순조롭지는 않을 것으로 전망하고 있다.

〈표〉 2005~2006년 '가', '나', '다'국 경제동향

구분	연도 분기	2005년				2006년			
		1/4	2/4	3/4	4/4	1/4	2/4	3/4	4/4
'가'국	실질 GDP	2.6	1.1	0.5	1.0	0.8	0.2	–	–
	산업생산	1.1	0.0	-0.5	2.7	0.6	0.9	-0.9	1.9
	소매판매	1.1	0.5	1.5	0.1	1.8	0.4	-1.6	2.0
	수출	7.3	4.3	7.4	13.4	17.6	14.7	14.2	17.7
'나'국	실질 GDP	3.2	3.3	4.1	1.7	5.6	2.6	–	–
	산업생산	3.3	1.6	1.4	5.3	5.1	6.6	0.4	-0.1
	소매판매	7.2	2.4	1.9	0.5	3.2	0.8	1.4	0.2
	수출	3.1	2.9	3.3	3.1	2.8	3.0	2.5	1.6
'다'국	실질 GDP	10.2	10.1	9.8	9.9	10.3	11.3	–	–
	산업생산	7.2	3.1	4.2	2.1	2.8	3.4	0.6	0.5
	소매판매	16.4	16.5	16.2	16.4	15.9	18.0	16.7	15.7
	수출	15.0	14.2	13.1	12.9	13.8	14.3	15.2	17.1

※ 표 안의 수치는 전 분기 대비 증가율임

	'가'국	'나'국	'다'국
①	B	A	C
②	C	A	B
③	A	B	C
④	C	B	A
⑤	A	C	B

문 10.   다음 〈표〉는 학교 유형별 교원이직률에 대한 자료이다. 이에 대한 〈보기〉의 진술문의 참과 거짓을 옳게 표기한 것은?

11 민간실험(재) 07번

〈학교 유형별 교원이직률〉

(단위 : %)

조사연도 \ 학교유형	A	B	C	D	E	F
1985	6.7	9.5	9.1	9.2	4.8	5.7
1990	2.3	6.8	6.8	5.9	5.6	5.1
1995	3.7	9.0	7.7	8.4	4.1	2.4
2000	1.4	3.7	4.2	4.5	5.6	8.1
2005	1.7	2.4	3.3	2.6	6.1	10.1
2010	2.5	2.0	2.3	2.2	8.8	10.8

─〈보 기〉─

ㄱ. 1995년과 비교할 때, 2005년에 교원이직률이 가장 많이 증가한 것은 F이다.

ㄴ. 모든 조사연도에 걸쳐 교원이직률의 증감추이가 B와 동일한 것은 C와 D이다.

ㄷ. 1985년과 비교할 때, 1990년에는 모든 학교 유형에서 교원이직률이 감소하였다.

ㄹ. 2010년에 교원이직률은 B에서 가장 낮았고, F에서 가장 높았다.

	ㄱ	ㄴ	ㄷ	ㄹ
①	참	거짓	참	참
②	거짓	거짓	참	거짓
③	참	참	거짓	거짓
④	참	거짓	참	거짓
⑤	참	참	거짓	참

문 11. 다음 〈표〉는 직업군(서비스직, 사무직, 기능직, 농림어업직)별 취업자 수의 변화 추이를 나타낸 자료이다. 〈보기〉를 보고 A와 C에 해당하는 직업군을 바르게 짝지은 것은?

11 민간실험(재) 21번

〈표〉 직업군별 취업자 수 변화 추이

(단위 : 천 명)

연도 직업군	2006	2007	2008	2009	2010
A	2,510	2,418	2,732	2,988	3,254
B	4,464	4,722	5,315	5,911	6,603
C	2,390	2,307	2,303	2,019	1,917
D	3,219	2,545	2,577	2,985	3,203
계	12,583	11,992	12,927	13,903	14,977

─〈보 기〉─

• 연도별 서비스직 취업자 수는 2006년부터 2010년까지 매년 증가하였다.
• 2009년의 경우, 조사 직업군 중 농림어업직 취업자 수가 가장 적다.
• 2010년 사무직 취업자 수는 조사 직업군 전체의 20% 이상이다.
• 2009년 기능직 취업자 수는 2006년에 비해 230천 명 이상 감소하였다.

	A	C
①	사무직	서비스직
②	서비스직	기능직
③	사무직	농림어업직
④	기능직	농림어업직
⑤	농림어업직	기능직

문 12. 다음 〈표〉는 6개 기관(가~바)에서 제시한 2011년 경제 전망을 나타낸 자료이다. 〈보고서〉의 설명을 바탕으로 〈표〉의 A~F에 해당하는 기관을 바르게 짝지은 것은?

11 민간(경) 10번

〈표〉 기관별 2011년 경제 전망

(단위 : %)

기관	경제 성장률	민간소비 증가율	설비투자 증가율	소비자물가 상승률	실업률
A	4.5	4.1	6.5	3.5	3.5
B	4.2	4.1	8.5	3.2	3.6
C	4.1	3.8	7.6	3.2	3.7
D	4.1	3.9	5.2	3.1	3.7
E	3.8	3.6	5.1	2.8	3.5
F	5.0	4.0	7.0	3.0	3.4

─〈보고서〉─

'가' 기관과 '나' 기관은 2011년 실업률을 동일하게 전망하였으나, '가' 기관이 '나' 기관보다 소비자물가 상승률을 높게 전망하였다. 한편, '마' 기관은 '나' 기관보다 민간소비 증가율이 0.5%p 더 높을 것으로 전망하였으며, '다' 기관은 경제 성장률을 6개 기관 중 가장 높게 전망하였다. 설비투자 증가율을 7% 이상으로 전망한 기관은 '다', '라', '마' 3개 기관이었다.

	A	B	C	D	E	F
①	가	라	마	나	바	다
②	가	마	다	라	나	바
③	가	마	라	바	나	다
④	다	라	나	가	바	마
⑤	마	라	가	나	바	다

문 13. 다음 〈그림〉은 남미, 인도, 중국, 중동 지역의 2010년 대비 2030년 부문별 석유수요의 증감규모를 예측한 자료이다. 〈보기〉의 설명을 참고하여 A~D에 해당하는 지역을 바르게 나열한 것은?

11 민간(경) 20번

〈그림〉 2010년 대비 2030년 지역별, 부문별 석유수요의 증감규모

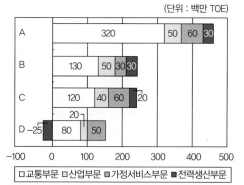

(단위 : 백만 TOE)

※ 주어진 네 부문 이외 석유수요의 증감은 없음

─〈보 기〉─

• 인도와 중동의 2010년 대비 2030년 전체 석유수요 증가규모는 동일하다.

• 2010년 대비 2030년에 전체 석유수요 증가규모가 가장 큰 지역은 중국이다.

• 2010년 대비 2030년에 전력생산부문의 석유수요 규모가 감소하는 지역은 남미이다.

• 2010년 대비 2030년에 교통부문의 석유수요 증가규모가 해당 지역 전체 석유수요 증가규모의 50%인 지역은 중동이다.

	A	B	C	D
①	중국	인도	중동	남미
②	중국	중동	인도	남미
③	중국	인도	남미	중동
④	인도	중국	중동	남미
⑤	인도	중국	남미	중동

문 14. 다음 〈표〉는 2010년과 2011년 주요 화재장소별 화재 건수를 나타낸 것이다. 〈보기〉를 이용하여 A~F를 구할 때 A, C, F에 해당하는 화재장소를 바르게 짝지은 것은? 12 민간(인) 21번

〈표〉 주요 화재장소별 화재 건수

(단위 : 건)

구분	계	A	B	C	D	E	F
2011년 8월	2,200	679	1,111	394	4	4	8
2010년 8월	2,535	785	1,265	471	1	7	6
2011년 1~8월	24,879	7,140	11,355	3,699	24	49	2,612
2010년 1~8월	23,447	6,664	10,864	4,206	21	75	1,617

─〈보 기〉─

• 2011년 8월에 전년 동월 대비 화재 건수가 증가한 화재장소는 위험물보관소와 임야이다.

• 2011년 1~8월 동안 화재 건수가 많은 상위 두 곳은 사무실과 주택이다.

• 2011년 1~8월 동안 화재 건수가 100건이 넘지 않는 화재장소는 위험물보관소와 선박이다.

• 2011년 1~8월 동안 주택과 차량에서 발생한 화재 건수의 합은 사무실에서 발생한 화재 건수보다 적다.

	A	C	F
①	사무실	선박	위험물보관소
②	사무실	차량	임야
③	주택	선박	임야
④	주택	선박	위험물보관소
⑤	주택	차량	임야

문 15. 다음 〈그림〉은 2006~2010년 A~D국의 특허 및 상표 출원 건수에 대한 자료이다. 이에 대한 〈보기〉의 설명을 이용하여 A~D에 해당하는 국가를 바르게 나열한 것은?

13 민간(인) 02번

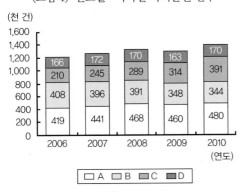

〈그림 1〉 연도별·국가별 특허출원 건수

(천 건)

〈그림 2〉 연도별·국가별 상표출원 건수

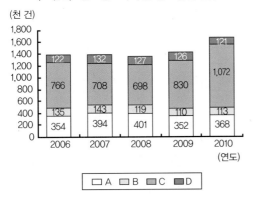

(천 건)

─── 〈보 기〉 ───

• 2006년 대비 2010년 특허출원 건수 증가율이 가장 높은 국가는 중국이다.
• 2007년 대비 2010년 특허출원 건수가 가장 큰 폭으로 감소한 국가는 일본이다.
• 2007년 이후 한국의 상표출원 건수는 매년 감소하였다.
• 2010년 상표출원 건수는 미국이 일본보다 10만 건 이상 많다.

	A	B	C	D
①	한국	일본	중국	미국
②	미국	일본	중국	한국
③	중국	한국	미국	일본
④	중국	미국	한국	일본
⑤	미국	중국	일본	한국

문 16. 다음 〈표〉는 1991~2000년 5개국의 국가별 인구변동에 대한 자료이다. 이를 근거로 〈보기〉의 A~C에 해당하는 국가를 바르게 나열한 것은?

13 민간(인) 15번

〈표 1〉 국가별 출생률

(단위 : 명)

연도 / 국가	1991	1992	1993	1994	1995	1996	1997	1998	1999	2000
아프가니스탄	48.3	50.7	52.6	53.2	51.6	50.8	48.9	47.1	49.7	41.8
아랍에미리트	49.8	47.5	43.6	38.6	33.0	30.5	29.5	27.9	21.0	18.7
보스니아 헤르체고비나	37.1	34.7	31.1	25.1	21.3	19.6	18.2	17.1	12.6	6.5
르완다	47.3	49.6	51.2	52.4	52.9	52.8	50.4	45.2	43.9	35.8
라이베리아	48.0	49.5	50.3	49.6	48.1	47.4	47.2	47.3	49.1	47.5

〈표 2〉 국가별 인구자연증가율

(단위 : 명)

연도 / 국가	1991	1992	1993	1994	1995	1996	1997	1998	1999	2000
아프가니스탄	16.6	20.3	22.7	25.2	25.6	26.8	25.9	24.4	28.0	23.8
아랍에미리트	27.0	26.8	26.3	26.3	23.1	23.1	25.5	25.1	18.3	16.1
보스니아 헤르체고비나	24.2	24.1	22.2	17.6	14.4	13.1	11.4	10.0	5.6	−9.0
르완다	24.0	27.3	29.8	31.6	32.4	32.6	31.7	27.8	−0.7	14.8
라이베리아	20.8	24.0	26.5	27.8	28.5	29.3	30.5	31.5	21.2	32.2

─── 〈보 기〉 ───

1991년 이후 인구자연증가율이 매년 감소한 나라는 (A)이고, 1999년 출생률이 가장 높은 나라는 (B)이다. 1991년 이후 출생률이 매년 감소한 나라는 (C)와 보스니아 헤르체고비나이다.

	A	B	C
①	보스니아 헤르체고비나	라이베리아	아랍에미리트
②	보스니아 헤르체고비나	아프가니스탄	아랍에미리트
③	보스니아 헤르체고비나	아프가니스탄	르완다
④	아랍에미리트	라이베리아	아프가니스탄
⑤	아랍에미리트	라이베리아	르완다

문 17. 다음 〈표〉는 2005~2011년 동안 국내 화장품 유통채널별 판매액에 대한 자료이다. 〈표〉와 〈보기〉를 근거로 하여 A~E에 해당하는 유통채널을 바르게 나열한 것은?

13 외교원(인) 09번

〈표〉 국내 화장품 유통채널별 판매액

(단위 : 억 원)

연도 유통채널	2005	2006	2007	2008	2009	2010	2011
(A)	1,014	1,101	1,150	1,280	1,550	1,900	2,200
(B)	1,188	1,248	1,433	1,570	1,690	1,790	1,920
(C)	390	318	300	280	290	287	300
(D)	400	380	320	300	290	273	283
일반점	1,118	840	610	560	480	410	400
브랜드샵	259	500	770	940	1,170	1,450	1,700
인터넷	85	115	130	145	160	165	180
(E)	195	215	250	280	300	340	370
계	4,649	4,717	4,963	5,355	5,930	6,615	7,353

─────〈보 기〉─────

• 매년 판매액이 증가하는 유통채널은 방문판매, 백화점, 홈쇼핑, 브랜드샵, 인터넷이다.

• 매년 판매액이 1,000억 원 이상인 유통채널은 백화점, 방문판매이다.

• 2005~2009년 동안 매년 일반점과 브랜드샵의 판매액 합은 백화점의 판매액보다 많다.

• 판매액이 최고인 해와 최저인 해의 판매액 차이가 120억 원 이하인 유통채널은 직판과 인터넷이다.

• 다단계 판매액을 연도별로 비교하면, 2010년이 가장 적다.

	A	B	C	D	E
①	방문판매	다단계	홈쇼핑	직판	백화점
②	백화점	방문판매	직판	홈쇼핑	다단계
③	백화점	방문판매	직판	다단계	홈쇼핑
④	백화점	방문판매	다단계	직판	홈쇼핑
⑤	방문판매	백화점	직판	다단계	홈쇼핑

문 18. 다음 〈표〉는 '갑'국의 8개국 대상 해외직구 반입동향을 나타낸 자료이다. 다음 〈조건〉의 설명에 근거하여 〈표〉의 A~D에 해당하는 국가를 바르게 나열한 것은?

15 민간(인) 08번

〈표〉 '갑'국의 8개국 대상 해외직구 반입동향

(단위 : 건, 천 달러)

연도	반입 방법 국가	목록통관		EDI 수입		전체	
		건수	금액	건수	금액	건수	금액
2013	미국	3,254,813	305,070	5,149,901	474,807	8,404,714	779,877
	중국	119,930	6,162	1,179,373	102,315	1,299,303	108,477
	독일	71,687	3,104	418,403	37,780	490,090	40,884
	영국	82,584	4,893	123,001	24,806	205,585	29,699
	프랑스	172,448	6,385	118,721	20,646	291,169	27,031
	일본	53,055	2,755	138,034	21,028	191,089	23,783
	뉴질랜드	161	4	90,330	4,082	90,491	4,086
	호주	215	14	28,176	2,521	28,391	2,535
2014	미국	5,659,107	526,546	5,753,634	595,206	11,412,741	1,121,752
	(A)	170,683	7,798	1,526,315	156,352	1,696,998	164,150
	독일	170,475	7,662	668,993	72,509	839,468	80,171
	프랑스	231,857	8,483	336,371	47,456	568,228	55,939
	(B)	149,473	7,874	215,602	35,326	365,075	43,200
	(C)	87,396	5,429	131,993	36,963	219,389	42,392
	뉴질랜드	504	16	108,282	5,283	108,786	5,299
	(D)	2,089	92	46,330	3,772	48,419	3,864

─────〈조 건〉─────

• 2014년 중국 대상 해외직구 반입 전체 금액은 같은 해 독일 대상 해외직구 반입 전체 금액의 2배 이상이다.

• 2014년 영국과 호주 대상 EDI 수입 건수 합은 같은 해 뉴질랜드 대상 EDI 수입 건수의 2배보다 작다.

• 2014년 호주 대상 해외직구 반입 전체 금액은 2013년 호주 대상 해외직구 반입 전체 금액의 10배 미만이다.

• 2014년 일본 대상 목록통관 금액은 2013년 일본 대상 목록통관 금액의 2배 이상이다.

	A	B	C	D
①	중국	일본	영국	호주
②	중국	일본	호주	영국
③	중국	영국	일본	호주
④	일본	영국	중국	호주
⑤	일본	중국	호주	영국

문 19. 다음 〈그림〉은 국가 A~D의 정부신뢰에 관한 자료이다. 〈그림〉과 〈조건〉에 근거하여 A~D에 해당하는 국가를 바르게 나열한 것은? 16 민간(5) 09번

〈그림 1〉 국가별 전체국민 정부신뢰율

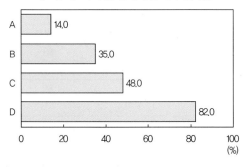

〈그림 2〉 국가별 청년층의 상대적 정부신뢰지수

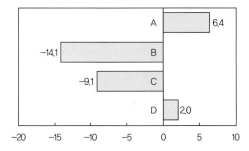

※ 1) 전체국민 정부신뢰율(%) = $\dfrac{\text{정부를 신뢰한다고 응답한 응답자 수}}{\text{전체응답자 수}} \times 100$

2) 청년층 정부신뢰율(%) = $\dfrac{\text{정부를 신뢰한다고 응답한 청년층 응답자 수}}{\text{청년층 응답자 수}} \times 100$

3) 청년층의 상대적 정부신뢰지수
= 전체국민 정부신뢰율(%) − 청년층 정부신뢰율(%)

─── 〈조 건〉 ───
• 청년층 정부신뢰율은 스위스가 그리스의 10배 이상이다.
• 영국과 미국에서는 청년층 정부신뢰율이 전체국민정부 신뢰율보다 높다.
• 청년층 정부신뢰율은 미국이 스위스보다 30%p 이상 낮다.

	A	B	C	D
①	그리스	영국	미국	스위스
②	스위스	영국	미국	그리스
③	스위스	미국	영국	그리스
④	그리스	미국	영국	스위스
⑤	영국	그리스	미국	스위스

문 20. 다음 〈표〉는 '갑'국의 10대 미래산업 현황에 대한 자료이다. 〈표〉와 〈조건〉을 이용하여 B, C, E에 해당하는 산업을 바르게 나열한 것은? 16 민간(5) 14번

〈표〉 '갑'국의 10대 미래산업 현황

(단위 : 개, 명, 억 원, %)

산업	업체 수	종사자 수	부가가치액	부가가치율
A	403	7,500	788	33.4
기계	345	3,600	2,487	48.3
B	302	22,500	8,949	41.4
조선	103	1,100	282	37.0
에너지	51	2,300	887	27.7
C	48	2,900	4,002	42.4
안전	15	2,100	1,801	35.2
D	4	2,800	4,268	40.5
E	2	300	113	36.3
F	2	100	61	39.1
전체	1,275	45,200	23,638	40.3

※ 부가가치율(%) = $\dfrac{\text{부가가치액}}{\text{매출액}} \times 100$

─── 〈조 건〉 ───
• 의료 종사자 수는 IT 종사자 수의 3배이다.
• 의료와 석유화학의 부가가치액 합은 10대 미래산업 전체 부가가치액의 50% 이상이다.
• 매출액이 가장 낮은 산업은 항공우주이다
• 철강업체 수는 지식서비스업체 수의 2배이다.

	B	C	E
①	의료	철강	지식서비스
②	의료	석유화학	지식서비스
③	의료	철강	항공우주
④	지식서비스	석유화학	의료
⑤	지식서비스	철강	의료

문 21. 다음 〈표〉는 2015년 9개 국가의 실질세부담률에 관한 자료이다. 〈표〉와 〈조건〉에 근거하여 A~D에 해당하는 국가를 바르게 나열한 것은?

17 민간(나) 05번

〈표〉 2015년 국가별 실질세부담률

구분 국가	독신 가구 실질세부담률(%)			다자녀 가구 실질세부담률(%)	독신 가구와 다자녀 가구의 실질세부담률 차이(%p)
		2005년 대비 증감(%p)	전년 대비 증감(%p)		
A	55.3	-0.20	-0.28	40.5	14.8
일본	32.2	4.49	0.26	26.8	5.4
B	39.0	-2.00	-1.27	38.1	0.9
C	42.1	5.26	0.86	30.7	11.4
한국	21.9	4.59	0.19	19.6	2.3
D	31.6	-0.23	0.05	18.8	12.8
멕시코	19.7	4.98	0.20	19.7	0.0
E	39.6	0.59	-1.16	33.8	5.8
덴마크	36.4	-2.36	0.21	26.0	10.4

─── 〈조 건〉 ───

• 2015년 독신 가구와 다자녀 가구의 실질세부담률 차이가 덴마크보다 큰 국가는 캐나다, 벨기에, 포르투갈이다.
• 2015년 독신 가구 실질세부담률이 전년 대비 감소한 국가는 벨기에, 그리스, 스페인이다.
• 스페인의 2015년 독신 가구 실질세부담률은 그리스의 2015년 독신 가구 실질세부담률보다 높다.
• 2005년 대비 2015년 독신 가구 실질세부담률이 가장 큰 폭으로 증가한 국가는 포르투갈이다.

	A	B	C	D
①	벨기에	그리스	포르투갈	캐나다
②	벨기에	스페인	캐나다	포르투갈
③	벨기에	스페인	포르투갈	캐나다
④	캐나다	그리스	스페인	포르투갈
⑤	캐나다	스페인	포르투갈	벨기에

문 22. 다음 〈표〉는 '갑'국 6개 수종의 기건비중 및 강도에 대한 자료이다. 〈조건〉을 이용하여 A와 C에 해당하는 수종을 바르게 나열한 것은?

17 민간(나) 19번

〈표〉 6개 수종의 기건비중 및 강도

수종	기건비중 (ton/m³)	강도(N/mm²)			
		압축강도	인장강도	휨강도	전단강도
A	0.53	48	52	88	10
B	0.89	64	125	118	12
C	0.61	63	69	82	9
삼나무	0.37	41	45	72	7
D	0.31	24	21	39	6
E	0.43	51	59	80	7

─── 〈조 건〉 ───

• 전단강도 대비 압축강도 비가 큰 상위 2개 수종은 낙엽송과 전나무이다.
• 휨강도와 압축강도 차가 큰 상위 2개 수종은 소나무와 참나무이다.
• 참나무의 기건비중은 오동나무 기건비중의 2.5배 이상이다.
• 인장강도와 압축강도의 차가 두 번째로 큰 수종은 전나무이다.

	A	C
①	소나무	낙엽송
②	소나무	전나무
③	오동나무	낙엽송
④	참나무	소나무
⑤	참나무	전나무

문 23.　다음 〈표〉는 2018년 A~E 기업의 영업이익, 직원 1인당 영업이익, 평균연봉을 나타낸 자료이다. 〈보기〉의 설명을 근거로 '나', '라'에 해당하는 기업을 바르게 나열한 것은?

19 민간(나) 10번

〈표〉 A~E 기업의 영업이익, 직원 1인당 영업이익, 평균연봉

(단위 : 백만 원)

항목　기업	영업이익	직원 1인당 영업이익	평균연봉
가	83,600	34	66
나	33,900	34	34
다	21,600	18	58
라	24,600	7	66
마	50,100	30	75

─── 〈보 기〉 ───
• A는 B, C, E에 비해 직원 수가 많다.
• C는 B, D, E에 비해 평균연봉 대비 직원 1인당 영업이익이 적다.
• A, B, C의 영업이익을 합쳐도 D의 영업이익보다 적다.
• E는 B에 비해 직원 1인당 영업이익이 적다.

	나	라
①	B	A
②	B	D
③	C	B
④	C	E
⑤	D	A

문 24.　다음 〈그림〉은 한국, 일본, 미국, 벨기에의 2010년, 2015년, 2020년 자동차 온실가스 배출량 기준에 관한 자료이다. 〈그림〉과 〈조건〉에 근거하여 A~D에 해당하는 국가를 바르게 나열한 것은?

19 민간(나) 14번

〈그림〉 자동차 온실가스 배출량 기준

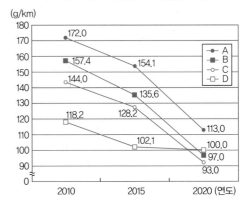

─── 〈조 건〉 ───
• 2010년 대비 2020년 자동차 온실가스 배출량 기준 감소율은 한국이 일본, 미국, 벨기에보다 높다.
• 2015년 한국과 일본의 자동차 온실가스 배출량 기준 차이는 30g/km 이상이다.
• 2020년 자동차 온실가스 배출량 기준은 미국이 한국과 벨기에보다 높다.

	A	B	C	D
①	미국	벨기에	한국	일본
②	미국	한국	벨기에	일본
③	벨기에	한국	미국	일본
④	일본	벨기에	한국	미국
⑤	한국	일본	벨기에	미국

문 1. 다음 〈표〉는 2004년도 대학유형별 시설현황을 조사한 자료이다. 이에 대한 〈보기〉의 설명 중 옳은 것을 모두 고르면?

06 견습(역) 09번

〈표〉 2004년도 대학유형별 시설현황

대학 유형	학교 수 (개)	등록 학생 수 (명)	교사시설 전체면적(m²)		학생 1인당 교사시설 면적(m²)		연구·부속 시설 및 기타시설면적 (m²)	전체 건물 면적 (m²)
			기준	보유	기준	보유		
총계	228	1,406,742	22,877,526	20,564,272	16.3	14.6	6,682,452	27,246,724
국립 대학교	24	303,239	5,336,080	4,319,568	17.6	14.2	1,748,874	6,068,442
공립 대학교	2	15,030	194,750	191,710	13.0	12.8	23,911	215,621
사립 대학교	144	983,090	15,619,153	14,131,462	15.9	14.4	4,683,624	18,815,086
사립 대학원 대학교	28	2,991	38,754	84,351	13.0	28.2	26,487	110,838
국립산업 대학교	8	35,518	647,298	537,750	18.2	15.1	59,486	597,236
사립산업 대학교	11	43,424	694,569	915,848	16.0	21.1	35,964	951,812
교육 대학교	11	23,450	346,922	383,583	14.8	16.4	104,106	487,689

─〈보 기〉─
ㄱ. 교사시설 전체면적에서, 기준면적과 보유면적 간의 차이가 가장 큰 대학유형은 국립대학교이다.
ㄴ. 학생 1인당 교사시설 면적에서, 기준면적은 국립산업대학교가 가장 크고 보유면적은 사립대학원대학교가 가장 크다.
ㄷ. 학교당 등록학생 수는 공립대학교가 가장 많다.
ㄹ. 사립대학교의 전체 건물면적은 다른 유형 대학들의 전체 건물면적을 모두 합한 것보다 크다.

① ㄱ, ㄴ
② ㄱ, ㄷ
③ ㄴ, ㄷ
④ ㄴ, ㄹ
⑤ ㄷ, ㄹ

문 2. 다음 〈표〉는 세 지역에서 평상시의 미생물 밀도와 황사 발생 시의 미생물 밀도를 미생물 종류별로 조사한 결과이다. 이에 대한 〈보기〉의 설명 중 옳은 것을 모두 고르면?

06 견습(역) 11번

〈표〉 평상시와 황사 발생 시의 미생물 밀도

구분		미생물 밀도(개체/mm³)	
		평상시	황사 발생 시
A지역	미생물 X	270	1,800
	미생물 Y	187	2,720
	미생물 Z	153	2,120
B지역	미생물 X	40	863
	미생물 Y	45	1,188
	미생물 Z	38	1,060
C지역	미생물 X	98	1,340
	미생물 Y	86	1,620
	미생물 Z	77	1,510

─〈보 기〉─
ㄱ. 미생물 종류에 관계없이 평상시 미생물 밀도가 가장 낮은 지역이 황사 발생 시에도 미생물 밀도가 가장 낮다.
ㄴ. 지역에 관계없이 미생물X는 다른 미생물에 비해 평상시와 황사 발생 시 밀도 차이가 가장 크다.
ㄷ. 황사 발생 시 미생물Y의 밀도를 평상시와 비교해 볼 때, 증가율이 가장 큰 곳은 B지역이다.
ㄹ. 황사 발생 시에는 지역과 미생물의 종류에 관계없이 평상시보다 미생물 밀도가 높다.

① ㄱ, ㄴ
② ㄱ, ㄷ
③ ㄷ, ㄹ
④ ㄱ, ㄴ, ㄹ
⑤ ㄱ, ㄷ, ㄹ

문 3. 다음 〈그림〉은 외국인 직접투자의 투자 건수 비율과 투자 금액 비율을 투자규모별로 나타낸 자료이다. 이에 대한 설명으로 적절하지 <u>않은</u> 것을 고르면?　06 견습(역) 12번

〈그림〉 투자규모별 투자 건수 비율과 투자 금액 비율

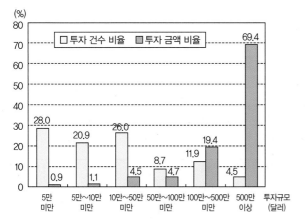

※ 1) 투자규모는 외국인 직접투자의 건당 투자 금액을 기준으로 구분함

2) 투자 건수 비율(%) = $\dfrac{\text{투자규모별 외국인 직접투자 건수}}{\text{전체 외국인 직접투자 건수}} \times 100$

3) 투자 금액 비율(%) = $\dfrac{\text{투자규모별 외국인 직접투자 금액 합계}}{\text{전체 외국인 직접투자 금액 합계}} \times 100$

① 투자규모가 100만 달러 이상인 투자 금액 비율은 85% 이상이다.

② 투자규모가 100만 달러 이상인 투자 건수는 5만 달러 미만의 투자 건수보다 적다.

③ 투자규모가 50만 달러 미만인 투자 건수 비율은 70% 이상이다.

④ 투자규모가 100만 달러 이상인 투자 건수는 전체 외국인 직접 투자 건수의 25% 이상이다.

⑤ 투자규모가 100만 달러 이상 500만 달러 미만인 투자 금액 비율은 50만 달러 미만의 투자 금액 비율보다 크다.

문 4. 다음 〈표〉는 각국의 선거제도유형, 정부형태 및 분권화 지표를 조사한 자료이다. 이에 대한 〈보기〉의 설명 중 적절하지 <u>않은</u> 것을 모두 고르면?　06 견습(역) 13번

〈표〉 각국의 선거제도유형, 정부형태 및 분권화지표

국가	선거제도유형	정부형태	분권화지표
A	소선거구제	단일정부	0.09
B	소선거구제	연방정부	0.19
C	중선거구제	단일정부	0.13
D	중선거구제	단일정부	0.15
E	중선거구제	연방정부	0.20
F	중선거구제	연방정부	0.21
G	대선거구제	단일정부	0.18
H	대선거구제	단일정부	0.23
I	대선거구제	연방정부	0.26
J	비례대표제	단일정부	0.28
K	비례대표제	연방정부	0.45
L	비례대표제	연방정부	0.31
M	비례대표제	연방정부	0.35

※ 1) 분권화 지표 = $\dfrac{\text{지방정부의 지출액}}{\text{지방정부의 지출액} + \text{중앙정부의 지출액}}$

2) 분권화지표 값이 클수록 분권화가 더 잘 되어 있음

3) 선거구의 크기는 소선거구제<중선거구제<대선거구제<비례대표제 순임

〈보 기〉

ㄱ. 단일정부 국가 중에서 선거구의 크기가 큰 선거제도를 채택한 국가일수록 분권화가 더 잘 되어 있다.

ㄴ. 비례대표제를 채택한 단일정부 국가가 대선거구제를 채택한 연방정부 국가보다 분권화가 더 잘 되어 있다.

ㄷ. 소선거구제를 채택한 모든 국가가 대선거구제를 채택한 모든 국가보다 분권화지표 값이 작다.

ㄹ. 선거제도유형에 관계없이 모든 연방정부 국가가 모든 단일 정부 국가보다 분권화지표 값이 크다.

ㅁ. 비례대표제를 채택한 국가가 대선거구제를 채택한 국가보다 지방정부 지출액이 많다.

① ㄱ, ㄴ, ㄷ

② ㄱ, ㄷ, ㄹ

③ ㄴ, ㄷ, ㅁ

④ ㄴ, ㄹ, ㅁ

⑤ ㄷ, ㄹ, ㅁ

문 5. 다음 〈표〉는 정책대상자 294명과 전문가 33명을 대상으로 정책과제에 대한 정책만족도를 조사한 자료이다. 이들 자료에 근거한 설명으로 옳은 것은? 06 견습(역) 22번

〈표 1〉 정책대상자의 항목별 정책만족도

(단위 : %)

만족도 / 항목	매우 만족	약간 만족	보통	약간 불만족	매우 불만족
의견수렴도	4.8	28.2	34.0	26.9	6.1
적절성	7.8	44.9	26.9	17.3	3.1
효과성	6.5	31.6	32.7	24.1	5.1
체감만족도	3.1	27.9	37.4	26.5	5.1

〈표 2〉 전문가의 항목별 정책만족도

(단위 : %)

만족도 / 항목	매우 만족	약간 만족	보통	약간 불만족	매우 불만족
의견수렴도	3.0	24.2	30.3	36.4	6.1
적절성	3.0	60.6	21.2	15.2	–
효과성	3.0	30.3	30.3	36.4	–
체감만족도	–	30.3	33.3	33.3	3.0

※ 1) 만족비율 = '매우만족' 비율 + '약간만족' 비율
   2) 불만족비율 = '매우불만족' 비율 + '약간불만족' 비율

① 정책대상자의 정책만족도를 조사한 결과, 만족비율은 불만족 비율보다 약간 낮은 수준이다.
② 효과성 항목에서 '약간불만족'으로 응답한 전문가 수는 '매우불만족'으로 응답한 정책대상자 수보다 많다.
③ 체감만족도 항목에서 만족비율은 정책대상자가 전문가보다 낮다.
④ 의견수렴도 항목에서 만족비율은 전문가가 정책대상자보다 높다.
⑤ 적절성 항목이 타 항목에 비해 만족비율이 높다.

문 6. 다음 〈표〉는 향기관련 특허출원에 대한 국적별 동향을 보여주는 자료이다. 이에 대한 〈보기〉의 설명 중 옳은 것을 모두 고른 것은? 06 견습(역) 28번

〈표 1〉 전체 향기관련 특허출원 동향

(단위 : 건)

연도 / 국적	1979 ~ 1990	1991 ~ 1995	1996	1997	1998	1999	2000	2001	2002	합계
내국인	11	23	8	12	35	46	59	60	49	303
외국인	22	34	7	14	24	36	32	34	47	250

〈표 2〉 기술별 향기관련 특허출원 동향

(단위 : 건)

기술	연도 / 국적	1979 ~ 1990	1991 ~ 1995	1996	1997	1998	1999	2000	2001	2002	합계
향기물질	내국인	2	6	3	2	4	4	2	3	2	28
	외국인	13	17	3	2	3	3	7	2	2	52
	소계	15	23	6	4	7	7	9	5	4	80
향기지속기술	내국인	2	8	4	6	8	13	15	23	18	97
	외국인	3	9	2	2	4	14	9	10	13	66
	소계	5	17	6	8	12	27	24	33	31	163
응용제품	내국인	2	8	1	3	21	29	39	32	27	162
	외국인	5	5	2	9	17	18	13	21	30	120
	소계	7	13	3	12	38	47	52	53	57	282
기타	내국인	5	1	0	1	2	0	3	2	2	16
	외국인	1	3	0	1	0	1	3	1	2	12
	소계	6	4	0	2	2	1	6	3	4	28

〈표 3〉 향기지속기술 특허출원 동향

구분	방향제 코팅기술	분산기술	제조공정	기타	합계
내국인	37	15	10	35	97
외국인	22	14	14	16	66

〈보 기〉
ㄱ. 1998년 이후 전체 향기관련 내국인의 특허출원 건수는 외국인의 특허출원 건수보다 많다.
ㄴ. 향기지속기술 특허출원에서 방향제코팅기술의 특허출원 건수가 전체 향기지속기술 특허출원 건수의 35% 이상을 차지하고 있다.
ㄷ. 1997년 이후 전체 향기관련 특허출원 건수가 전년 대비 100% 이상 증가한 적이 있다.
ㄹ. 1997년 이후 향기관련 응용제품의 전년 대비 특허출원 건수의 증가율은 1998년에 가장 높다.

① ㄱ, ㄷ
② ㄴ, ㄹ
③ ㄱ, ㄴ, ㄷ
④ ㄱ, ㄷ, ㄹ
⑤ ㄴ, ㄷ, ㄹ

문 7.　다음 〈표〉는 국가별 생산직 노동자의 시간당 임금과 단위노동 비용지수를 조사한 것이다. 이에 대한 〈보기〉의 설명 중 적절한 것을 모두 고르면?　06 견습(역) 29번

〈표〉 국가별 생산직 노동자의 시간당 임금과 단위노동비용지수

구분	시간당 임금($)				단위노동비용지수			
연도 국가	1998	1999	2000	2001	1998	1999	2000	2001
독일	26.28	23.66	22.99	22.86	90.3	86.6	76.9	76.2
일본	18.29	20.89	22.00	19.59	93.1	105.7	100.4	93.6
미국	18.64	19.11	19.72	20.32	92.4	91.1	91.7	91.4
영국	16.75	17.04	20.24	18.35	105.2	102.8	98.4	95.5
프랑스	17.49	17.17	15.66	15.88	83.2	79.6	63.2	62.5
스웨덴	22.02	21.61	16.45	16.14	66.6	64.3	53.0	48.2
한국	5.67	7.35	8.48	8.09	63.7	71.7	70.2	64.7

※ 단위노동비용지수는 국가별로 해당 국가의 1992년 단위노동비용을 100으로 하여 각 연도의 비교치를 제시한 것임

〈보 기〉

ㄱ. 1998년과 비교하여 2001년에 시간당 임금이 감소한 국가는 모두 유럽에 위치하고 있다.

ㄴ. 2000년에 생산직 노동자의 시간당 임금이 가장 높은 국가는 독일이고, 가장 낮은 국가는 한국이다.

ㄷ. 각각의 국가에서 연도별 시간당 임금과 단위노동비용의 증감은 같은 추세를 보이고 있다.

ㄹ. 1998년에 비해 2001년에 단위노동비용이 가장 큰 비율로 증가한 국가는 한국이며, 가장 큰 비율로 감소한 국가는 스웨덴이다.

① ㄱ, ㄴ

② ㄱ, ㄹ

③ ㄴ, ㄷ

④ ㄱ, ㄴ, ㄹ

⑤ ㄴ, ㄷ, ㄹ

문 8.　다음 〈표〉는 범죄 발생 및 검거 현황에 대한 자료이다. 이에 대한 〈보기〉의 설명 중 적절한 것을 모두 고르면?　06 견습(역) 30번

〈표 1〉 전체 범죄의 발생 및 검거 현황

구분	발생		검거		검거율 (%)	검거인원 (명)
연도	건수	지수	건수	지수		
1999	1,732,522	100	1,651,896	100	95.3	2,081,797
2000	1,867,882	108	1,664,441	101	89.1	2,126,258
2001	1,985,980	115	1,763,346	107	88.8	2,234,283
2002	1,977,665	114	1,826,852	111	92.4	2,267,557
2003	2,004,329	116	1,776,049	108	88.6	2,184,975

〈표 2〉 재산범죄의 발생 및 검거 현황

구분	발생		검거		검거율 (%)	검거인원 (명)
연도	건수	지수	건수	지수		
1999	319,627	100	272,662	100	85.3	350,727
2000	368,404	115	235,117	86	63.8	307,401
2001	392,473	123	247,079	91	63.0	324,201
2002	415,572	130	323,789	119	77.9	432,989
2003	470,826	147	325,928	120	69.2	428,107

〈표 3〉 강력범죄의 발생 및 검거 현황

구분	발생		검거		검거율 (%)	검거인원 (명)
연도	건수	지수	건수	지수		
1999	289,801	100	285,721	100	98.6	480,944
2000	338,243	117	314,229	110	92.9	531,245
2001	342,249	118	315,912	111	92.3	533,287
2002	292,528	101	276,222	97	94.4	456,996
2003	305,502	105	284,950	100	93.3	462,430

※ 〈표〉의 '지수'는 1999년의 '건수'를 100으로 하여 계산한 수치임

〈보 기〉

ㄱ. 1999년에 비해 2003년에는 전체 범죄의 발생 건수와 검거 건수가 모두 증가하였는데, 증가폭은 발생 건수가 검거 건수보다 더 크다.

ㄴ. 1999년 이후 전체 범죄의 발생 건수는 매년 증가하였고, 2003년에는 1999년 대비 15% 이상 증가한 것으로 집계된다.

ㄷ. 1999년부터 2003년까지 재산범죄의 발생 건수와 강력범죄의 발생 건수는 매년 증가하였다.

ㄹ. 재산범죄에서 검거인원의 연도별 증감은 검거 건수의 연도별 증감과 같은 방향으로 변화하는 양상을 보인다.

ㅁ. 1999년에 비해 2003년에는 전체 범죄의 발생 건수에서 재산범죄의 발생 건수가 차지하는 구성비의 증가폭이 강력범죄의 발생 건수가 차지하는 구성비의 증가폭보다 더 크다.

① ㄱ, ㄷ

② ㄱ, ㅁ

③ ㄹ, ㅁ

④ ㄱ, ㄴ, ㄹ

⑤ ㄴ, ㄷ, ㅁ

문 9. 다음 〈표〉는 우리나라의 경제활동 동향에 대한 자료이다. 이에 대한 〈보기〉의 설명 중 옳은 것을 모두 고르면?

06 견습(역) 33번

〈표 1〉 전국 경제활동 동향

(단위 : 천 명)

구분 연도	만 15세 이상 인구	경제활동인구			비경제활동인구
		인구	취업자	실업자	
1995	33,659	20,845	20,414	431	12,814
2004	37,717	23,370	22,557	813	14,347

〈표 2〉 농가 경제활동 동향

(단위 : 천 명)

구분 연도	만 15세 이상 인구	경제활동인구			비경제활동인구
		인구	취업률(%)	실업률(%)	
1995	3,758	2,702	99.4	0.6	1,056
2004	2,872	2,150	99.0	1.0	722

※ 1) 만 15세 이상 인구는 경제활동인구와 비경제활동인구로 구성되고, 경제활동인구는 취업자와 실업자로 구성됨

2) 취업률(%)= $\dfrac{\text{취업자 수}}{\text{경제활동인구}}$ ×100

실업률(%)= $\dfrac{\text{실업자 수}}{\text{경제활동인구}}$ ×100

경제활동참가율(%)= $\dfrac{\text{경제활동인구}}{\text{만15세 이상 인구}}$ ×100

─────〈보 기〉─────

ㄱ. 전국 실업률은 1995년보다 2004년이 높다.

ㄴ. 농가 취업자 수는 1995년보다 2004년이 적다.

ㄷ. 2004년에는 농가 경제활동참가율이 전국 경제활동참가율보다 낮다.

ㄹ. 1995년과 2004년 사이에 전국 취업자 수의 증가율이 만 15세 이상 인구의 증가율보다 높다.

① ㄱ, ㄴ

② ㄱ, ㄹ

③ ㄷ, ㄹ

④ ㄱ, ㄴ, ㄷ

⑤ ㄴ, ㄷ, ㄹ

문 10. 다음 〈그림〉은 A도시 남성의 성인병과 비만에 대한 것이다. A도시 남성 가운데 20%가 성인병이 있다고 하면, 이 도시에서 비만인 남성 가운데 성인병이 있는 남성의 비율은?

06 견습(역) 39번

〈그림 1〉 성인병이 있는 남성의 비만 여부

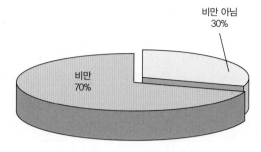

〈그림 2〉 성인병이 없는 남성의 비만 여부

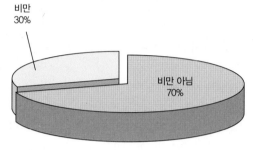

① 약 21%

② 약 30%

③ 약 37%

④ 약 53%

⑤ 약 70%

문 11. 다음 〈표〉와 〈그림〉은 18세기 후반 도(道)와 군(郡)의 리(里) 평균 호(戶) 수에 대한 자료이다. 이에 대한 설명으로 옳은 것은?

07 행시(인) 02번

〈표〉 18세기 후반 4개 도의 리 수와 리 평균 호 수 현황

(단위 : 개, 호)

연도	구분 \ 도	A	B	C	D
1759	리 수	910	4,764	1,458	1,205
	리 평균 호 수	61	44	55	99
1789	리 수	955	7,477	1,549	1,411
	리 평균 호 수	59	29	53	89

〈그림 1〉 1759년 도별 군의 리 평균 호 수 분포

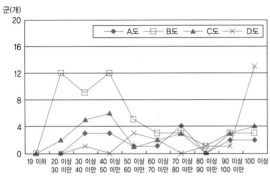

〈그림 2〉 1789년 도별 군의 리 평균 호 수 분포

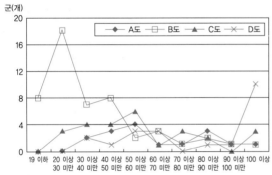

※ 도(군)의 리 평균 호 수 = $\dfrac{\text{도(군)의 호 수}}{\text{도(군)의 리 수}}$

① 1759년 대비 1789년에 도의 리 평균 호 수 감소율이 가장 작은 도는 D도이다.

② 1759년에 비해 1789년 A도의 호 수는 증가하였다.

③ 군의 리 평균 호 수가 90호 이상인 군이 가장 많은 도는 1759년과 1789년 모두 B도이다.

④ 1759년 D도의 호당 인구를 4명으로 가정하면, 당시 D도의 총인구는 40만 명 미만이다.

⑤ 1789년 C도에서 군의 리 평균 호 수가 50호 미만인 군은 17개이다.

문 12. 다음 〈표〉는 1930년 각 도의 경작유형별 춘궁농가 호 수와 춘궁농가 비율을 나타낸 것이다. 이에 대한 〈보기〉의 설명 중 옳은 것을 모두 고르면?

07 행시(인) 06번

〈표〉 1930년 각 도의 경작유형별 춘궁농가 호 수와 춘궁농가 비율

(단위 : 호, %)

구분	춘궁농가				춘궁농가 비율			
	경작유형			전체	경작유형			전체
	자작농	자소작농	소작농		자작농	자소작농	소작농	
경기도	2,407	22,233	97,001	121,641	13.1	33.3	69.8	54.3
충청북도	3,564	17,891	54,435	75,890	19.9	40.3	76.3	56.8
충청남도	4,438	24,104	83,764	112,306	30.9	45.2	89.6	69.7
경상북도	13,477	47,129	84,289	144,895	20.0	36.1	57.8	42.1
경상남도	8,354	33,892	87,626	129,872	21.2	37.2	63.1	48.2
전라북도	3,098	23,191	110,469	136,758	28.7	42.6	71.5	62.2
전라남도	14,721	52,028	103,588	170,337	23.2	46.9	81.2	56.4
황해도	4,159	22,017	75,511	101,687	12.2	34.0	63.0	46.5
평안남도	4,733	17,209	33,557	55,499	14.3	28.0	58.4	36.5
평안북도	3,279	9,001	36,015	48,295	8.8	19.4	42.1	28.5
강원도	10,363	26,885	45,895	83,143	20.5	37.9	76.9	45.9
함경남도	15,003	22,383	21,950	59,336	20.7	42.2	72.3	38.1
함경북도	4,708	5,507	3,411	13,626	10.5	35.6	55.2	20.5
전국	92,304	323,470	837,511	1,253,285	18.4	37.5	68.1	48.3

※ 1) 춘궁농가비율(%) = $\dfrac{\text{과목석차}}{\text{과목이수인원}} \times 100$

2) 경작유형별 춘궁농가 비율(%) = $\dfrac{\text{해당유형 춘궁농가 호 수}}{\text{해당유형 농가 호 수}} \times 100$

3) 1930년 당시 제주도는 행정구역상 전라남도에 소속되었음

〈보 기〉

ㄱ. 춘궁농가 비율이 가장 높은 도는 충청남도였으며 가장 낮은 도는 함경북도였다.

ㄴ. 모든 도에서 경작유형별 춘궁농가 비율은 소작농이 가장 높았다.

ㄷ. 경상북도는 전라남도에 비해 농가 호 수가 더 많았다.

ㄹ. 경상남북도 춘궁농가 호 수의 합은 전라남북도 춘궁농가 호 수의 합보다 컸다.

ㅁ. 전국 농가의 절반 이상이 춘궁농가였다.

① ㄱ, ㄴ, ㄷ

② ㄱ, ㄴ, ㄹ

③ ㄱ, ㄷ, ㄹ

④ ㄴ, ㄹ, ㅁ

⑤ ㄷ, ㄹ, ㅁ

문 13. 다음 〈표〉는 2005년 말 총자산, 부동산 자산, 예금 자산, 가구당 총자산의 각 항목별 상위 7개 동(洞) 자산규모를 나타낸 것이다. 이에 대한 〈보기〉의 설명 중 옳지 않은 것을 모두 고르면?

07 행시(인) 18번

〈표〉 항목별 상위 7개 동의 자산규모

구분 순위	총자산 (조 원)		부동산 자산 (조 원)		예금 자산 (조 원)		가구당 총자산 (억 원)	
	동명	규모	동명	규모	동명	규모	동명	규모
1	여의도동	24.9	대치동	17.7	여의도동	9.6	을지로동	51.2
2	대치동	23.0	서초동	16.8	태평로동	7.0	여의도동	26.7
3	서초동	22.6	압구정동	14.3	을지로동	4.5	압구정동	12.8
4	반포동	15.6	목동	13.7	서초동	4.3	도곡동	9.2
5	목동	15.5	신정동	13.6	역삼동	3.9	잠원동	8.7
6	도곡동	15.0	반포동	12.5	대치동	3.1	이촌동	7.4
7	압구정동	14.4	도곡동	12.3	반포동	2.5	서초동	6.4

※ 총자산은 부동산 자산, 예금 자산, 증권 자산의 합임

〈보 기〉

ㄱ. 압구정동의 가구 수는 여의도동의 가구 수보다 많다.

ㄴ. 이촌동의 가구 수는 2만 이상이다.

ㄷ. 대치동의 증권 자산은 서초동의 증권 자산보다 많다.

ㄹ. 여의도동의 증권 자산은 최소 4조 원 이상이다.

ㅁ. 총 자산 대비 부동산 자산의 비율은 도곡동이 목동보다 높다.

① ㄱ, ㄴ
② ㄱ, ㄷ
③ ㄴ, ㅁ
④ ㄴ, ㄷ, ㄹ
⑤ ㄴ, ㄹ, ㅁ

문 14. 다음 〈표〉는 줄기세포 치료제 시장 현황에 관한 자료이다. 이에 대한 〈보기〉의 설명 중 옳은 것을 모두 고르면?

07 행시(인) 20번

〈표〉 줄기세포 치료제 시장 현황

구분 치료분야	환자 수(명)	투여율(%)	시장규모 (백만 달러)
자가면역	5,000	1	125
암	8,000	1	200
심장혈관	15,000	1	375
당뇨	15,000	5	1,875
유전자	500	20	250
간	400	90	900
신경	5,000	10	1,250
전체	48,900	-	4,975

※ 1) 투여율(%) = $\frac{\text{줄기세포 치료제를 투여한 환자 수}}{\text{환자 수}} \times 100$

2) 모든 치료분야에서 줄기세포 치료제를 투여한 환자 1명당 투여비용은 동일함

3) 시장규모 = 줄기세포 치료제를 투여한 환자 수 × 환자 1명당 투여비용

〈보 기〉

ㄱ. 투여율에 변화가 없다고 할 때, 각 치료분야의 환자 수가 10% 증가하면 줄기세포 치료제를 투여한 전체 환자 수도 10% 증가한다.

ㄴ. 줄기세포 치료제를 투여한 환자 1명당 투여비용은 250만 달러이다.

ㄷ. 투여율에 변화가 없다고 할 때, 각 치료분야의 환자 수가 10% 증가하면 전체 줄기세포 치료제 시장규모는 55억 달러 이상이 된다.

ㄹ. 다른 치료분야에서는 환자 수와 투여율의 변화가 없다고 할 때, 유전자 분야와 신경 분야의 환자 수가 각각 2,000명씩 증가하고 이 두 분야의 투여율이 각각 절반으로 감소하면, 전체 줄기세포 치료제 시장규모는 변화가 없다.

① ㄱ, ㄷ
② ㄴ, ㄹ
③ ㄱ, ㄴ, ㄷ
④ ㄱ, ㄴ, ㄹ
⑤ ㄱ, ㄴ, ㄷ, ㄹ

문 15. 다음 〈그림〉은 성인의 문해율 및 문맹 청소년에 관한 자료이다. 이에 대한 〈보기〉의 설명 중 옳은 것을 모두 고르면?

07 행시(인) 23번

〈그림 1〉 지역별 성인 문해율

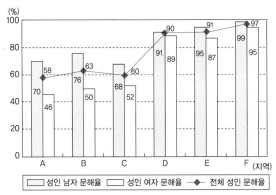

□ 성인 남자 문해율   □ 성인 여자 문해율   ◆ 전체 성인 문해율

※ 문해율(%)=100−문맹률(%)

〈그림 2〉 문맹 청소년 지역별 분포

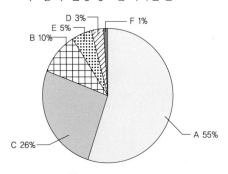

───── 〈보 기〉 ─────

ㄱ. 성인 남자 문맹률이 높은 지역일수록 문맹 청소년 수가 많다.

ㄴ. A지역의 경우, 성인 남자 문맹자 수는 성인 여자 문맹자 수보다 많다.

ㄷ. 남녀 간 성인 문해율의 차이가 가장 큰 지역은 B지역이다.

ㄹ. A지역의 문맹 청소년 수는 C지역의 문맹 청소년 수의 2배 이상이다.

ㅁ. 성인 여자 문맹률이 두 번째로 높은 지역은 문맹 청소년 수가 전체 지역 중에서 두 번째로 많다.

① ㄱ, ㄴ

② ㄷ, ㄹ

③ ㄱ, ㄴ, ㅁ

④ ㄴ, ㄷ, ㄹ

⑤ ㄷ, ㄹ, ㅁ

문 16. 다음 〈표〉는 IT 관련 국가별 자료이다. 이에 대한 〈보기〉의 설명 중 옳은 것을 모두 고르면?

08 행시(열) 04번

〈표 1〉 2005년 IT 이용현황

(단위 : %, 천 명, 천 대)

이용현황 국가명	인터넷 이용률	인터넷 이용자 수	PC 보급 대수
호주	70.40	14,190	13,720
대한민국	68.35	33,010	26,201
미국	63.00	191,000	223,810
아이슬란드	87.76	258	142
일본	50.20	64,160	69,200
영국	62.88	37,600	35,890
네덜란드	61.63	10,000	11,110
프랑스	43.23	26,154	35,000

※ 인터넷 이용률(%)= $\dfrac{\text{인터넷 이용자 수}}{\text{총 인구 수}}$ ×100

〈표 2〉 연도별 백 명당 초고속인터넷 가입자 수 추이

(단위 : 명)

연도 국가명	2001	2002	2003	2004	2005
호주	0.9	1.8	3.5	7.7	13.8
대한민국	17.2	21.8	24.2	24.8	25.4
미국	4.5	6.9	9.7	12.9	16.8
아이슬란드	3.7	8.4	14.3	18.2	26.7
일본	2.2	6.1	10.7	15.0	17.6
영국	0.6	2.3	5.4	10.5	15.9
네덜란드	3.8	7.0	11.8	19.0	25.4
프랑스	1.0	2.8	5.9	10.5	15.2

───── 〈보 기〉 ─────

ㄱ. '인터넷 이용자 수'와 'PC 보급 대수'의 국가별 순위는 서로 일치한다.

ㄴ. 미국의 2005년 총 인구 수는 3억 명이 넘는다.

ㄷ. 2001년 대비 2002년 '백 명당 초고속인터넷 가입자 수' 증가율은 아이슬란드가 호주보다 높다.

ㄹ. 대한민국과 네덜란드의 2005년 전체 초고속인터넷 가입자 수는 같다.

ㅁ. '인터넷 이용률'이 높은 나라일수록 'PC 보급 대수'도 많다.

① ㄱ, ㄷ

② ㄴ, ㄷ

③ ㄴ, ㄹ

④ ㄴ, ㄷ, ㄹ

⑤ ㄷ, ㄹ, ㅁ

문 17. 다음 〈표〉는 2005년 말 납김치 파동 전후 가정의 김치 조달 경로에 대한 설문 조사 자료이다. 이에 대한 〈보기〉의 설명 중 옳은 것을 모두 고르면?　　　　08 행시(열) 11번

〈표〉 납김치 파동 전후 가정의 김치 조달경로

(단위 : %)

파동 후 \ 파동 전	담가먹음	얻어먹음	사먹음
담가먹음	56.5	1.4	0.7
얻어먹음	7.4	27.2	0.7
사먹음	2.8	0.9	2.4

※ 김치 조달경로는 담가먹음, 얻어먹음, 사먹음으로 분류되며, 각 가정은 3가지 조달경로 중 1가지만을 선택함

〈보 기〉

ㄱ. 조사대상 가정 중 86.1%는 납김치 파동 전후의 김치 조달경로에 변화가 없다.

ㄴ. 납김치 파동 후 담가 먹는 가정의 비율과 얻어먹는 가정의 비율은 파동 전에 비해 증가하였으나 사먹는 가정의 비율은 파동 전에 비해 감소하였다.

ㄷ. 납김치 파동 전 담가 먹던 가정 중 90.0% 이상은 김치파동 후에도 담가 먹는다.

ㄹ. 납김치 파동 전 사먹던 가정 중 파동 후 담가먹는 가정으로 변화한 비율은 납김치 파동 전 사먹던 가정 중 파동 후 얻어 먹는 가정으로 변화한 비율보다 3배 이상 크다.

ㅁ. 납김치 파동 전 얻어먹던 가정 중 파동 후 담가먹는 가정으로 변화한 비율은 납김치 파동 전 사먹던 가정 중 파동 후 담가먹는 가정으로 변화한 비율보다 크다.

① ㄱ, ㄹ
② ㄴ, ㄷ
③ ㄱ, ㄷ, ㄹ
④ ㄱ, ㄷ, ㅁ
⑤ ㄴ, ㄹ, ㅁ

문 18. 표준 업무시간이 80시간인 업무를 각 부서에 할당해 본 결과, 다음과 같은 〈표〉를 얻었다. 어느 부서의 업무효율이 가장 높은가?　　　　08 행시(열) 18번

〈표〉 부서별 업무시간 분석결과

부서명	투입인원 (명)	개인별 업무 시간(시간)	회의	
			횟수(회)	소요시간(시간/회)
A	2	41	3	1
B	3	30	2	2
C	4	22	1	4
D	3	27	2	1
E	5	17	3	2

※ 1) 업무효율= $\dfrac{\text{표준 업무시간}}{\text{총 투입시간}}$

2) 총 투입시간은 개인별 투입시간의 합임
　개인별 투입시간=개인별 업무시간+회의 소요시간

3) 부서원은 업무를 분담하여 동시에 수행할 수 있음

4) 투입된 인원의 개인별 업무능력과 인원당 소요시간이 동일하다고 가정함

① A
② B
③ C
④ D
⑤ E

다음 〈표〉는 프로야구 선수 Y의 타격기록이다. 이에 대한 〈보기〉의 설명 중 옳은 것을 모두 고르면? 08 행시(열) 25번

〈표〉 프로야구 선수 Y의 타격기록

연도	소속구단	타율	출전경기수	타수	안타수	홈런수	타점	4사구수	장타율
1993	A	0.341	106	381	130	23	90	69	0.598
1994	A	0.300	123	427	128	19	87	63	0.487
1995	A	0.313	125	438	137	20	84	83	0.532
1996	A	0.346	126	436	151	28	87	88	0.624
1997	A	0.328	126	442	145	30	98	110	0.627
1998	A	0.342	126	456	156	27	89	92	0.590
1999	B	0.323	131	496	160	21	105	87	0.567
2000	C	0.313	117	432	135	15	92	78	0.495
2001	C	0.355	124	439	156	14	92	81	0.510
2002	A	0.276	132	391	108	14	50	44	0.453
2003	A	0.329	133	490	161	33	92	55	0.614
2004	A	0.315	133	479	151	28	103	102	0.553
2005	A	0.261	124	394	103	13	50	67	0.404
2006	A	0.303	126	413	125	13	81	112	0.477
2007	A	0.337	123	442	149	22	72	98	0.563

─── 〈보 기〉 ───

ㄱ. 1997~2002년 중 Y선수의 장타율이 높을수록 4사구 수도 많았다.

ㄴ. 1997~2007년 중 Y선수의 타율이 0.310 이하인 해는 4번 있었다.

ㄷ. Y선수가 C구단에 소속된 기간 동안 기록한 평균 타점은 나머지 기간 동안 기록한 평균 타점보다 많았다.

ㄹ. 1993~1999년 중 Y선수는 출전경기 수가 가장 많은 해에 가장 많은 홈런 수와 가장 많은 타점을 기록했다.

① ㄱ, ㄴ
② ㄱ, ㄷ
③ ㄴ, ㄷ
④ ㄴ, ㄹ
⑤ ㄷ, ㄹ

문 20. 다음 〈표〉는 정부지원 과제의 연구책임자 현황에 대한 자료이다. 이에 대한 설명으로 옳지 않은 것은? 08 행시(열) 27번

〈표 1〉 연령대 및 성별 연구책임자 분포

(단위 : 명, %)

연령대	2003년			2004년			2005년		
	연구책임자수	남자	여자	연구책임자수	남자	여자	연구책임자수	남자	여자
21~30세	88 (0.4)	64 (0.4)	24 (1.3)	187 (0.9)	97 (0.5)	90 (4.1)	415 (1.9)	164 (0.9)	251 (10.7)
31~40세	3,708 (18.9)	3,107 (17.5)	601 (32.0)	4,016 (18.9)	3,372 (17.7)	644 (29.1)	4,541 (21.1)	3,762 (19.7)	779 (33.3)
41~50세	10,679 (54.4)	9,770 (55.0)	909 (48.4)	11,074 (52.2)	10,012 (52.7)	1,062 (48.0)	10,791 (50.3)	9,813 (51.3)	978 (41.8)
51~60세	4,334 (22.1)	4,046 (22.8)	288 (15.4)	5,075 (23.9)	4,711 (24.8)	364 (16.4)	4,958 (23.1)	4,659 (24.3)	299 (12.8)
61세 이상	824 (4.2)	770 (4.3)	54 (2.9)	875 (4.1)	821 (4.3)	54 (2.4)	768 (3.6)	736 (3.8)	32 (1.4)
계	19,633 (100.0)	17,757 (100.0)	1,876 (100.0)	21,227 (100.0)	19,013 (100.0)	2,214 (100.0)	21,473 (100.0)	19,134 (100.0)	2,339 (100.0)

〈표 2〉 2005년 전공별 연구책임자 현황

(단위 : 명, %)

연구책임자전공	합		남자		여자	
	연구책임자수	비율	연구책임자수	비율	연구책임자수	비율
이학	3,534	16.5	2,833	14.8	701	30.0
공학	12,143	56.5	11,680	61.0	463	19.8
농학	1,453	6.8	1,300	6.8	153	6.5
의학	1,548	7.2	1,148	6.0	400	17.1
인문사회	2,413	11.2	1,869	9.8	544	23.3
기타	382	1.8	304	1.6	78	3.3
계	21,473	100.0	19,134	100.0	2,339	100.0

① 31~40세의 연구책임자 수와 51~60세의 연구책임자 수의 차이는 2003년이 2005년보다 크다.

② 2005년 41~60세의 여자 연구책임자 중 적어도 193명 이상이 이학 또는 인문사회 전공이다.

③ 2003년~2005년 사이 전체 연구책임자 수는 지속적으로 증가하였다.

④ 2004~2005년 사이 21~30세의 연구책임자 수는 여자가 남자보다 더 많이 증가하였다.

⑤ 2005년 공학 전공인 남자 연구책임자의 경우, 41~50세의 남자가 적어도 2,359명 이상이다.

문 21. 다음 〈표〉는 1807년 전국의 전답(田畓) 결수와 전세(田稅)를 나타낸다. 이에 대한 설명으로 옳은 것은?

09 행시(기) 13번

〈표〉 1807년 전국의 전답 결수 및 전세

구분	전답 결수				전세	
	논(결)	밭(결)	합(결)	비율(%)	세액(냥)	비율(%)
경기도	14,907	22,637	37,544	4.6	21,592	3.2
충청도	58,719	62,114	120,833	14.9	108,455	16.0
전라도	133,574	71,186	204,760	25.2	221,129	32.6
경상도	99,692	101,861	201,553	24.9	195,506	28.9
강원도	3,911	7,658	11,569	1.4	12,166	1.8
함경도	4,986	61,553	66,539	8.2	17,101	2.5
황해도	11,106	57,442	68,548	8.5	65,121	9.6
평안도	12,070	72,840	84,910	10.5	27,569	4.1
유수부	6,863	7,700	14,563	1.8	8,859	1.3
계	345,828	464,991	810,819	100.0	677,498	100.0

※ 1) 전세 : 전답에 대한 조세

2) 평균 전세 = $\dfrac{전세}{전답 결수}$

① 논의 결수가 큰 지역일수록 전세액이 크다.

② 논의 결수보다 밭의 결수가 큰 지역은 7개이다.

③ 전답 결수가 큰 지역일수록 전세의 비율도 높다.

④ 평균 전세가 1냥이 넘는 지역은 밭 결수보다 논 결수가 크다.

⑤ 논과 밭의 결수 차이가 가장 큰 지역은 전답 결수의 비율과 전세의 비율 차이도 가장 크다.

문 22. 다음 〈표〉는 2006년 인구 상위 10개국과 2056년 예상 인구 상위 10개국에 대한 자료이다. 이에 대한 〈보기〉의 설명 중 옳지 않은 것을 모두 고르면?

09 행시(기) 23번

〈표〉 2006년과 2056년 순위별 인구

(단위 : 백만 명)

구분\순위	2006년		2056년(예상)	
	국가	인구	국가	인구
1	중국	1,311	인도	1,628
2	인도	1,122	중국	1,437
3	미국	299	미국	420
4	인도네시아	225	나이지리아	299
5	브라질	187	파키스탄	295
6	파키스탄	166	인도네시아	285
7	방글라데시	147	브라질	260
8	러시아	146	방글라데시	231
9	나이지리아	135	콩고	196
10	일본	128	이디오피아	145

〈보 기〉

ㄱ. 2006년 대비 2056년 콩고의 인구는 50% 이상 증가할 것으로 예상된다.

ㄴ. 2006년 대비 2056년 러시아의 인구는 감소할 것으로 예상된다.

ㄷ. 2006년 대비 2056년 인도의 인구는 중국의 인구보다 증가율이 낮을 것으로 예상된다.

ㄹ. 2006년 대비 2056년 미국의 인구는 중국의 인구보다 증가율이 낮을 것으로 예상된다.

ㅁ. 2006년 대비 2056년 나이지리아의 인구는 두 배 이상이 될 것으로 예상된다.

① ㄱ, ㄴ

② ㄱ, ㄷ

③ ㄴ, ㅁ

④ ㄷ, ㄹ

⑤ ㄹ, ㅁ

문 23. 다음 〈표〉는 조선 시대 과거시험의 종류와 합격자 수를 나타낸 것이다. 이에 대한 〈보기〉의 설명 중 옳은 것을 모두 고르면?

09 행시(기) 24번

〈표〉 조선 시대 과거시험의 종류와 합격자 수

(단위 : 명)

종류			초시(1차)	복시(2차)	전시(3차)
문과			240	33	갑과 : 3 을과 : 7 병과 : 23
소과	생원시		700	100	—
	진사시		700	100	—
무과			190	28	갑과 : 3 을과 : 5 병과 : 20
잡과	역과	한학	45	13	—
		몽학	4	2	—
		왜학	4	2	—
		여진학	4	2	—
	의과		18	9	—
	음양과	천문학	10	5	—
		지리학	4	2	—
		명과학	4	2	—
	율과		18	9	—

※ '—'은 전시가 없음을 의미함

―― 〈보 기〉 ――

ㄱ. 무과의 초시 합격자 수 대비 복시 합격자 수 비율은 문과의 초시 합격자 수 대비 복시 합격자 수 비율보다 높다.

ㄴ. 문과의 복시 합격자와 전시 합격자의 수는 동일하다.

ㄷ. 생원시의 초시 합격자 수 대비 복시 합격자 수 비율은 문과의 초시 합격자 수 대비 병과 배치 인원 수 비율보다 낮다.

ㄹ. 잡과의 초시 합격자 수 대비 복시 합격자 수 비율은 50%이다.

① ㄱ, ㄴ

② ㄱ, ㄹ

③ ㄴ, ㄷ

④ ㄴ, ㄹ

⑤ ㄷ, ㄹ

문 24. 다음 〈표〉는 선박종류별 기름 유출사고 발생 현황이다. 이에 대한 해석 중 옳은 것은?

09 행시(기) 25번

〈표〉 선박종류별 기름 유출사고 발생 현황

(단위 : 건, kℓ)

연도	항목	유조선	화물선	어선	기타	전체
2001	사고 건수	37	53	151	96	337
	유출량	956	584	53	127	1,720
2002	사고 건수	28	68	247	120	463
	유출량	21	49	166	151	387
2003	사고 건수	27	61	272	123	483
	유출량	3	187	181	212	583
2004	사고 건수	32	33	218	102	385
	유출량	38	23	105	244	410
2005	사고 건수	39	39	149	116	343
	유출량	1,223	66	30	143	1,462

① 2001년부터 2005년 사이의 전체 기름 유출사고 건수와 전체 유출량은 비례한다.

② 연도별 전체 사고 건수에 대한 유조선 사고 건수 비율은 매년 감소하고 있다.

③ 각 연도에서 사고 건수에 대한 유출량 비율이 가장 낮은 선박 종류는 어선이다.

④ 유출량을 가장 많이 줄이는 방법은 화물선 사고 건수를 줄이는 것이다.

⑤ 전체 유출량이 가장 적은 연도에서 기타를 제외하고 사고 건수에 대한 유출량 비율이 가장 낮은 선박종류는 어선이다.

문 25. 다음 〈표〉는 조선시대 함평 현감의 재임기간 및 출신에 대한 자료이다. 이에 대한 설명으로 옳지 <u>않은</u> 것은?

09 행시(기) 32번

〈표 1〉 함평 현감의 재임기간별 인원

(단위 : 명)

재임기간	인원
1개월 미만	2
1개월 이상~3개월 미만	8
3개월 이상~6개월 미만	19
6개월 이상~1년 미만	50
1년 이상~1년 6개월 미만	30
1년 6개월 이상~2년 미만	21
2년 이상~3년 미만	22
3년 이상~4년 미만	14
4년 이상	5
계	171

〈표 2〉 함평 현감의 출신별 인원

구분	문과	무과	음사(陰仕)	합
인원	84	50	37	171

① 함평 현감 중 재임기간이 1년 미만인 현감의 비율은 전체의 50% 이하이다.

② 재임기간이 6개월 이상인 함평 현감 중에는 문과 출신자가 가장 많다.

③ 함평 현감의 출신별 통계를 보면 음사 출신자는 전체의 20%를 초과한다.

④ 재임기간이 3년 미만인 함평 현감 중에는 음사 출신자가 반드시 있다.

⑤ 재임기간이 1년 6개월 미만인 함평 현감 중 적어도 24명 이상이 문과 출신이다.

문 26. 다음 〈표〉는 어떤 지역의 연령층·지지 정당별 사형제 찬반에 대한 설문조사 결과이다. 이에 대한 〈보기〉의 설명 중 옳은 것을 모두 고르면?

10 행시(인) 25번

〈표〉 연령층·지지 정당별 사형제에 대한 태도

(단위 : 명)

연령층	지지 정당	사형제에 대한 태도	빈도
청년층	A	찬성	90
		반대	10
	B	찬성	60
		반대	40
장년층	A	찬성	60
		반대	10
	B	찬성	15
		반대	15

〈보 기〉

ㄱ. 청년층은 장년층보다 사형제에 반대하는 사람의 수가 적다.

ㄴ. B당 지지자의 경우, 청년층은 장년층보다 사형제 반대 비율이 높다.

ㄷ. A당 지지자의 사형제 찬성 비율은 B당 지지자의 사형제 찬성 비율보다 높다.

ㄹ. 사형제 찬성 비율의 지지 정당별 차이는 청년층보다 장년층에서 더 크다.

① ㄱ, ㄴ
② ㄱ, ㄹ
③ ㄴ, ㄷ
④ ㄴ, ㄹ
⑤ ㄷ, ㄹ

문 27. 다음 〈그림〉은 '갑'회사의 대리점별 매출액 자료이다. 이에 대한 〈보기〉의 설명 중 옳은 것을 모두 고르면?

11 민간실험(재) 01번

〈그림〉 분기별 대리점 매출액

(단위 : 억 원)

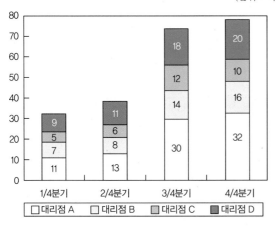

※ '갑'회사의 모든 매출은 4개의 대리점으로부터만 발생함

─── 〈보 기〉 ───
ㄱ. '갑'회사의 3/4분기 매출액은 연간 매출액의 30% 이상이다.
ㄴ. 각 대리점의 분기별 매출액은 계속 증가하였다.
ㄷ. 모든 분기에서 대리점 A의 매출액이 가장 크다.
ㄹ. 대리점 A의 4/4분기 매출액은 대리점 A의 연간 매출액의 30% 이상이다.

① ㄱ, ㄴ
② ㄴ, ㄷ
③ ㄷ, ㄹ
④ ㄱ, ㄴ, ㄹ
⑤ ㄱ, ㄷ, ㄹ

문 28. 다음 〈표〉와 〈그림〉은 연도별 대형화재의 원인 및 피해현황이다. 이에 대한 〈보기〉의 설명 중 옳은 것을 모두 고르면?

11 민간실험(재) 04번

〈표〉 2007~2010년 대형화재 피해 현황

(단위 : 건, 억 원, 명)

구분 연도	화재 건수	재산 피해액	사상자	
			부상자	사망자
2007	302	254	728	556
2008	290	246	635	332
2009	307	1,145	642	598
2010	316	417	737	374

〈그림〉 2007~2010년 대형화재 원인

(단위 : 건)

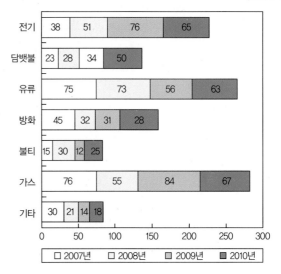

─── 〈보 기〉 ───
ㄱ. 2008년 이후 대형화재 한 건당 부상자 수는 매년 감소하였다.
ㄴ. 대형화재로 인한 사망자 수가 가장 적었던 해의 경우 유류로 인한 대형화재가 가장 많았다.
ㄷ. 2007년부터 2010년까지 매년 불티로 인한 대형화재가 가장 적었다.
ㄹ. 대형화재로 인한 사상자가 가장 많았던 해는 2007년이다.

① ㄱ
② ㄱ, ㄹ
③ ㄴ, ㄹ
④ ㄷ, ㄹ
⑤ ㄴ, ㄷ, ㄹ

문 29. 다음 〈표〉는 A회사에서 징계를 받은 사원들의 자료이다. 이에 대한 〈보기〉의 설명 중 옳은 것을 모두 고르면?

〈표〉 성별 징계유형 현황

(단위 : 명)

성별 \ 징계유형	주의	경징계	중징계	합
남	18	15	22	55
여	25	15	5	45
전체	43	30	27	100

※ 복수 징계는 없는 것으로 간주함

─〈보 기〉─
ㄱ. 징계유형 중 남자사원의 비중이 가장 큰 것은 중징계이다.
ㄴ. 징계를 받은 사원 중 57%가 경징계 또는 중징계를 받았다.
ㄷ. 징계를 받은 남자사원 중 경징계를 받은 사원의 비율이 징계를 받은 여자사원 중 경징계를 받은 사원의 비율보다 높다.
ㄹ. 남자사원과 여자사원 각각 징계유형 중 주의를 받은 사원의 비율이 가장 높다.

① ㄱ, ㄴ
② ㄱ, ㄴ, ㄷ
③ ㄱ, ㄴ, ㄹ
④ ㄱ, ㄷ, ㄹ
⑤ ㄴ, ㄷ, ㄹ

문 30. 다음 〈표〉는 2003년부터 2010년까지의 국내외 입양아동 수를 나타낸 것이다. 이에 대한 설명 중 옳은 것은?

〈표〉 국내외 입양아동 수

(단위 : 명)

연도 \ 구분	국내	국외	전체
2003	1,686	2,360	4,046
2004	1,770	2,436	4,206
2005	1,694	2,365	4,059
2006	1,564	2,287	3,851
2007	1,641	2,258	3,899
2008	1,461	2,101	3,562
2009	1,332	1,899	3,231
2010	1,388	1,264	2,652

① 2003년부터 2010년까지 국외 입양아동 수가 국내 입양아동 수보다 매년 더 많다.
② 2003년부터 2010년까지 전체 입양아동 수는 매년 감소한다.
③ 2004년 이후 국외 입양아동 수의 전년 대비 감소율이 가장 큰 해는 2009년이다.
④ 2003년과 비교할 때, 2010년 국외 입양아동 수는 국내 입양아동 수에 비하여 더 많이 감소한다.
⑤ 2004년 전체 입양아동 수에 대한 국내 입양아동 수의 비율은 40%가 넘지 않는다.

문 31. 다음 〈그림〉과 〈표〉는 세계 애니메이션 시장에 대한 자료이다. 이에 대한 설명 중 옳지 <u>않은</u> 것은?

11 민간실험(재) 12번

〈그림〉 지역별 세계 애니메이션 시장규모

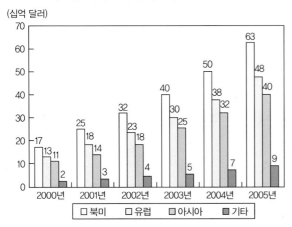

〈표〉 산업별 세계 애니메이션 시장규모

(단위 : 십억 달러)

산업 \ 연도	2000	2001	2002	2003	2004	2005
2D 애니메이션	38	45	57	72	87	104
3D 애니메이션	2	6	9	13	19	27
웹 애니메이션	1	5	6	9	13	19
기타	2	4	5	6	8	10
계	43	60	77	100	127	160

① 2001년의 경우, 아시아 애니메이션 시장규모는 세계 애니메이션 시장규모의 40% 이상이다.

② 2001년 대비 2005년 3D 애니메이션 산업의 시장규모 증가율은 세계 애니메이션 산업 전체 시장규모 증가율을 상회한다.

③ 2003년의 경우, 북미와 유럽의 애니메이션 시장규모의 합은 세계 애니메이션 시장규모의 70% 이상이다.

④ 2002년 이후, 세계 애니메이션 시장규모는 전년 대비 25% 이상 성장하였다.

⑤ 2001년부터 2005년까지 세계 애니메이션 시장에서 산업별 시장규모의 순위에는 변동이 없다.

문 32. 다음 〈표〉는 부가가치유발계수와 고용유발계수의 추이를 나타낸 자료이다. 이에 대한 〈보기〉의 설명 중 옳지 <u>않은</u> 것을 모두 고르면?

11 민간실험(재) 14번

〈표 1〉 부가가치유발계수 추이

항목 \ 연도	2004	2005	2006	2007	2008	2009	2010
최종수요	0.71	0.73	0.76	0.78	0.75	0.74	0.71
소비	0.82	0.81	0.82	0.84	0.81	0.81	0.80
투자	0.49	0.65	0.71	0.74	0.69	0.74	0.67
수출	0.64	0.62	0.67	0.69	0.67	0.62	0.61

※ 부가가치유발계수 : 2010년 화폐가치 기준, 1월 지출에 따른 부가가치유발액

〈표 2〉 고용유발계수 추이

항목 \ 연도	2006	2007	2008	2009	2010
최종수요	8.2	6.0	4.2	2.8	2.0
소비	9.6	6.7	4.8	3.3	2.4
투자	4.7	3.9	2.7	2.1	1.7
수출	9.5	6.5	4.7	2.6	1.5

※ 고용유발계수 : 2010년 화폐가치 기준, 10억 원 지출에 따른 고용유발 인원 수

〈보 기〉

ㄱ. 각 항목별 부가가치유발계수는 2004년 이후 2007년까지 증가한다.

ㄴ. 각 항목별 고용유발계수는 2006년 이후 2010년까지 감소한다.

ㄷ. 2008년과 비교해서 2010년 수출 고용유발계수의 감소폭은 소비나 투자의 고용유발계수의 감소폭보다 크다.

ㄹ. 2006년 대비 2007년 소비 부가가치유발계수의 증가율은 수출 부가가치유발계수의 증가율과 동일하다.

① ㄱ, ㄴ
② ㄱ, ㄷ
③ ㄱ, ㄹ
④ ㄴ, ㄷ
⑤ ㄴ, ㄹ

문 33. 다음 〈표〉는 10월 한 달간 자동차 회사 A~D의 광고 집행 현황을 나타낸 자료이다. 이에 대한 〈보기〉의 설명 중 옳은 것을 모두 고르면?　　　　　　　　　　　11 민간실험(재) 15번

〈표 1〉 매체별 광고비

(단위 : 백만 원)

매체＼회사	A	B	C	D
TV	315	470	230	180
라디오	15	21	10	23
신문	190	170	142	139
잡지	26	35	12	25
인터넷	22	11	7	3
계	568	707	401	370

〈표 2〉 성별, 연령대별 TV 광고 평균 시청률

(단위 : %)

특성＼회사		A	B	C	D
성별	남	9.1	11.1	4.1	3.7
	여	5.2	6.9	5.9	2.4
연령대별	10대	7.0	5.9	3.1	1.9
	20대	9.4	7.9	7.2	2.2
	30대	10.1	8.1	6.3	3.5
	40대	8.5	11.7	4.7	3.2
	50대 이상	7.4	10.5	3.9	1.7
전체		7.0	9.0	5.0	3.0

〈표 3〉 TV 광고 집행 횟수 및 도달률

구분＼회사	A	B	C	D
광고 집행 횟수(회)	60	60	20	35
도달률(%)	50	80	30	20

※ 1) 광고 집행 횟수 : 한 달간 TV에 집행된 광고 횟수
　2) 도달률 : 전체 조사 대상 중 특정 회사 광고를 적어도 1회 이상 시청한 사람의 비율

─────── 〈보 기〉 ───────
ㄱ. 각 회사가 10월 한 달간 집행한 매체별 광고비는 TV>신문>잡지>인터넷>라디오이다.
ㄴ. 20대와 30대 각각에서 TV 광고 평균 시청률은 A>B>C>D이다.
ㄷ. 각 회사별 전체 광고비에서 신문과 잡지를 합한 광고비의 비율이 가장 큰 회사는 D이다.
ㄹ. TV 광고 1회 집행에 든 광고비가 가장 적은 회사는 B이다.

① ㄱ, ㄴ
② ㄴ, ㄷ
③ ㄴ, ㄹ
④ ㄱ, ㄹ
⑤ ㄷ, ㄹ

문 34. 다음 〈그림〉은 1970년과 1980년의 한국과 주요국 간 공업제품의 수출입에 관한 것이다. 이 〈그림〉에 대한 설명으로 적절한 것을 〈보기〉에서 모두 고르면?　　　　11 민간실험(재) 16번

〈그림〉 한국과 주요국 사이의 수출입액

(단위 : 백만 달러)

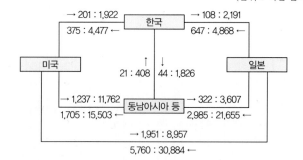

※ 1) 'A → B'는 A국의 B국에 대한 수출을 의미하고 수치는 수출액임. ':' 앞의 수치는 1970년, ':' 뒤의 수치는 1980년의 수출액임
　2) 그림에 나타나지 않은 국가와의 무역은 없는 것으로 봄
　3) '무역수지=수출액−수입액'이며, '수출액>수입액'이면 무역수지 흑자, '수출액<수입액'이면 무역수지 적자라고 함
　4) 수입의존도(%)=($\frac{\text{특정 국가로부터의 수입액}}{\text{총 수입액}}$)×100

─────── 〈보 기〉 ───────
ㄱ. 1970년의 한국의 대일 수입의존도는 50%를 넘는다.
ㄴ. 1980년의 한국의 대일 수출액은 1970년에 비해 10배 이상이 되었다.
ㄷ. 한국의 대미 무역수지는 1970년과 1980년 모두 적자이다.
ㄹ. 1980년의 한국의 대일 무역수지 적자는 30억 달러를 넘는다.

① ㄱ, ㄴ
② ㄱ, ㄷ
③ ㄴ, ㄷ
④ ㄴ, ㄹ
⑤ ㄷ, ㄹ

문 35. 다음 〈표〉는 일기예보 정확도에 대한 여론조사 결과이다. 이에 대한 〈보기〉의 설명 중 옳은 것을 모두 고르면?

11 민간실험(재) 18번

〈표〉 일기예보 정확도에 대한 여론조사 결과

(단위 : 명, %)

구분		응답자 수	매우 정확하다	정확한 편이다	보통이다	부정확한 편이다	매우 부정확하다
성별	남자	750	3.3	57.3	24.8	13.2	1.3
	여자	757	5.5	50.7	31.8	11.4	0.7
연령대	29세 이하	349	2.5	35.5	38.9	20.8	2.2
	30~39세	360	4.4	56.0	25.8	12.9	0.8
	40~49세	344	4.4	60.8	25.1	8.8	0.8
	50세 이상	454	5.8	61.6	24.4	8.0	0.2
교육 수준	중졸 이하	308	5.2	54.2	30.0	10.3	0.3
	고졸	630	4.0	54.4	27.6	13.7	0.3
	대재 이상	560	4.3	53.2	28.2	12.2	2.1
	무응답	9	12.6	67.0	20.4	0.0	0.0
소득 수준	200만 원 미만	462	4.7	55.6	28.5	10.5	0.6
	200~400만 원 미만	816	3.3	53.6	29.2	12.9	1.0
	400만 원 이상	199	9.0	53.1	23.9	13.1	1.0
	무응답	30	0.0	47.5	28.3	20.3	4.0

※ 1) 신뢰한다＝매우 정확하다＋정확한 편이다
　2) 불신하다＝부정확한 편이다＋매우 부정확하다
　3) 소수점 둘째 자리에서 반올림함

〈보 기〉
ㄱ. 전체 응답자 중 일기예보에 대해 '신뢰한다'에 해당하는 사람이 '불신하다'에 해당하는 사람보다 많다.
ㄴ. 교육수준이 높을수록 일기예보에 대해 '신뢰한다'에 해당하는 비율이 높다.
ㄷ. 소득수준이 높을수록 일기예보에 대해 '신뢰한다'에 해당하는 비율이 높다.
ㄹ. 일기예보에 대하여 '매우 부정확하다'라고 응답한 수는 전체 응답자 수의 1.0% 이하이다.
ㅁ. 소득 수준별로 살펴보면, 일기예보에 대하여 '정확한 편이다'라고 응답한 수가 가장 많은 집단은 200만 원 미만이다.

① ㄱ, ㄴ
② ㄱ, ㄹ
③ ㄱ, ㄷ, ㅁ
④ ㄴ, ㄷ, ㄹ
⑤ ㄴ, ㄷ, ㅁ

문 36. 다음 〈표〉는 2010년 연말 기준 우리나라 현재 흡연율 및 과거 흡연율에 관한 자료이다. 이에 대한 설명 중 옳지 않은 것은?

11 민간실험(재) 22번

〈표〉 2010년 연말 기준 우리나라 현재 흡연율 및 과거 흡연율

(단위 : %)

구분		전체		남자		여자	
		현재 흡연율	과거 흡연율	현재 흡연율	과거 흡연율	현재 흡연율	과거 흡연율
연령대	20대	33.9	8.2	53.6	10.3	12.7	5.8
	30대	32.4	15.0	56.4	23.5	7.1	6.0
	40대	27.7	17.8	49.1	33.7	5.7	1.4
	50대	22.5	21.7	41.5	41.8	3.4	1.4
	60대	18.8	24.5	34.5	48.1	4.7	3.3
	70대 이상	16.0	26.3	27.9	55.7	8.7	8.5
교육 수준	초졸 이하	18.8	17.0	42.6	41.0	7.5	5.6
	중졸	28.3	20.4	48.4	37.9	6.8	1.6
	고졸	30.9	15.7	50.8	25.9	9.2	4.6
	대졸 이상	27.7	18.3	45.6	29.8	4.2	3.2
소득 수준	하	32.0	15.1	55.6	25.4	8.7	4.9
	중하	28.7	17.4	49.0	30.8	9.3	4.5
	중상	26.0	17.8	46.8	31.8	5.0	3.7
	상	22.9	18.3	40.0	33.6	6.0	3.3

※ 1) 현재(과거) 흡연자 : 평생 흡연량이 100개비 이상이고, 최근 30일 동안 흡연한 적이 있는(없는) 사람
　2) 현재(과거) 흡연율 : 전체 인구 대비 현재(과거) 흡연자의 비율

① 평생 흡연량이 100개비 이상인 사람의 비율은 교육수준별로는 '중졸'에서 가장 높다.
② 30대 이상의 남자는 연령대가 높을수록 현재 흡연율은 낮아진다.
③ 50대 남자의 경우 평생 흡연량이 100개비 이상인 사람 중 과거 흡연자가 절반 이상이다.
④ 여자의 과거 흡연율은 소득수준이 낮을수록 낮다.
⑤ 여자의 소득수준별 현재 흡연율은 '중하'에서 가장 높다.

문 37. 다음 〈표〉는 A지역의 주화 공급에 관한 자료이다. 이에 대한 〈보기〉의 설명 중 옳은 것을 모두 고르면?

11 민간실험(재) 24번

〈표〉 주화종류별 공급량과 공급기관 수

구분 \ 주화종류	액면가				
	10원	50원	100원	500원	합
공급량(만 개)	3,469	2,140	2,589	1,825	10,023
공급기관 수(개)	1,519	929	801	953	4,202

※ 1) 평균주화공급량 = $\dfrac{\text{주화종류별 공급량의 합}}{\text{주화종류 수}}$

2) 주화 공급액 = 주화 공급량 × 액면가

─── 〈보 기〉 ───

ㄱ. 주화 공급량이 주화 종류별로 각각 200만 개씩 증가한다면 A지역의 평균 주화 공급량은 2,700만 개 이상이다.

ㄴ. 주화 종류별 공급기관당 공급량은 10원 주화가 500원 주화보다 적다.

ㄷ. 10원과 500원 주화는 각각 10%씩, 50원과 100원 주화는 각각 20%씩 공급량이 증가한다면, A지역의 평균 주화 공급량의 증가율은 15% 이하이다.

ㄹ. 총 주화 공급액 규모가 12% 증가해도 주화 종류별 주화 공급량의 비율은 변하지 않는다.

① ㄱ, ㄴ
② ㄱ, ㄷ
③ ㄴ, ㄹ
④ ㄱ, ㄷ, ㄹ
⑤ ㄴ, ㄷ, ㄹ

문 38. 다음 〈표〉는 국내 비사업용 승용차의 운행 특성을 나타낸 자료이다. 이에 대한 〈보기〉의 설명 중 옳은 것을 모두 고르면?

11 민간실험(재) 25번

〈표〉 국내 비사업용 승용차 운행 특성

구분	차량 등록 대수 (천 대)	연비 (km/ℓ)	대당 일일 통행거리 (km)	연료가격 (원/ℓ)	이산화탄소 발생량 (g/ℓ)
휘발유	8,000	12	40	2,000	2
경유	2,400	12	55	1,900	2.5
LPG	1,200	8	50	1,000	3.5
기타	3	12	60	1,900	2

─── 〈보 기〉 ───

ㄱ. 차량 대당 일일 연료소모량은 휘발유 차량이 가장 적다.

ㄴ. 차량 대당 일일 연료비가 가장 적은 연료는 LPG이다.

ㄷ. 등록된 전체 경유 차량의 일일 총 연료비는 2백억 원 이상이다.

ㄹ. 차량 대당 일일 이산화탄소 발생량이 가장 작은 것은 휘발유 차량이다.

① ㄱ, ㄴ
② ㄷ, ㄹ
③ ㄱ, ㄴ, ㄷ
④ ㄴ, ㄷ, ㄹ
⑤ ㄱ, ㄴ, ㄷ, ㄹ

문 39. 다음 〈표〉는 2006년부터 2010년까지 정부지원 직업훈련 현황에 대한 자료이다. 이에 대한 〈보기〉의 설명 중 옳은 것을 모두 고르면? 11 민간(경) 04번

〈표〉 연도별 정부지원 직업훈련 현황

(단위 : 천 명, 억 원)

구분	연도	2006	2007	2008	2009	2010
훈련 인원	실업자	102	117	113	153	304
	재직자	2,914	3,576	4,007	4,949	4,243
	계	3,016	3,693	4,120	5,102	4,547
훈련 지원금	실업자	3,236	3,638	3,402	4,659	4,362
	재직자	3,361	4,075	4,741	5,597	4,669
	계	6,597	7,713	8,143	10,256	9,031

─── 〈보 기〉 ───
ㄱ. 실업자 훈련인원과 실업자 훈련지원금의 연도별 증감방향은 서로 일치한다.
ㄴ. 훈련지원금 총액은 2009년에 1조 원을 넘어 최고치를 기록하였다.
ㄷ. 2006년 대비 2010년 실업자 훈련인원의 증가율은 실업자 훈련지원금 증가율의 7배 이상이다.
ㄹ. 훈련인원은 매년 실업자가 재직자보다 적었다.
ㅁ. 1인당 훈련지원금은 매년 실업자가 재직자보다 많았다.

① ㄱ, ㄴ, ㄷ
② ㄱ, ㄷ, ㄹ
③ ㄱ, ㄹ, ㅁ
④ ㄴ, ㄷ, ㅁ
⑤ ㄴ, ㄹ, ㅁ

문 40. 다음 〈표〉는 '갑' 공제회의 회원기금원금, 회원 수 및 1인당 평균 계좌 수, 자산 현황에 관한 자료이다. 이에 대한 〈보기〉의 설명 중 옳지 않은 것을 모두 고르면? 11 민간(경) 05번

〈표 1〉 공제회 회원기금원금(연말 기준)

(단위 : 억 원)

원금구분	연도	2005	2006	2007	2008	2009	2010
회원급여 저축원금		19,361	21,622	21,932	22,030	23,933	26,081
목돈수탁원금		7,761	7,844	6,270	6,157	10,068	12,639
계		27,122	29,466	28,202	28,187	34,001	38,720

〈표 2〉 공제회 회원 수 및 1인당 평균 계좌 수(연말 기준)

(단위 : 명, 개)

구분	연도	2005	2006	2007	2008	2009	2010
회원 수		166,346	169,745	162,425	159,398	162,727	164,751
1인당 평균 계좌 수		65.19	64.27	58.02	61.15	67.12	70.93

〈표 3〉 2010년 공제회 자산 현황(연말 기준)

(단위 : 억 원, %)

구분	금액(비중)
회원급여저축총액	37,952(46.8)
차입금	17,976(22.1)
보조금 등	7,295(9.0)
안정기금	5,281(6.5)
목돈수탁원금	12,639(15.6)
계	81,143(100.0)

※ 회원급여저축총액＝회원급여저축원금＋누적이자총액

─── 〈보 기〉 ───
ㄱ. 회원기금원금은 매년 증가하였다.
ㄴ. 공제회의 회원 수가 가장 적은 해에 목돈수탁원금도 가장 적다.
ㄷ. 2010년에 회원급여저축총액에서 누적이자총액이 차지하는 비중은 50% 이상이다.
ㄹ. 1인당 평균 계좌 수가 가장 많은 해에 회원기금원금도 가장 많다.

① ㄱ, ㄴ
② ㄱ, ㄷ
③ ㄴ, ㄷ
④ ㄴ, ㄹ
⑤ ㄱ, ㄷ, ㄹ

문 41. 다음 〈표〉와 〈그림〉은 어느 지역의 교통사고 발생 건수에 대한 자료이다. 이에 대한 〈보기〉의 설명 중 옳은 것을 모두 고르면? 11 민간(경) 08번

〈표〉 연도별 교통사고 발생 건수 현황

(단위 : 천 건)

연도 구분	2006	2007	2008	2009	2010
전체교통사고	231	240	220	214	213
음주교통사고	25	31	25	26	30

〈그림〉 2010년 교통사고 발생 건수의 월별 구성비

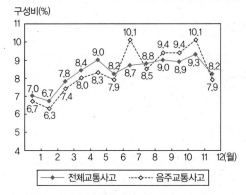

※ 전체(음주)교통사고 발생 건수의 월별 구성비(%)

$$= \frac{\text{해당월 전체(음주)교통사고 발생 건수}}{\text{해당연도 전체(음주)교통사고 발생 건수}} \times 100$$

〈보 기〉

ㄱ. 2008년 이후 전체교통사고 발생 건수는 매년 감소하였다.

ㄴ. 2010년 음주교통사고 발생 건수는 2006년 대비 30% 이상 증가하였다.

ㄷ. 전체교통사고 발생 건수 중 음주교통사고 발생 건수의 비중은 2010년에 가장 높았다.

ㄹ. 2010년 음주교통사고의 분기별 발생 건수는 3사분기(7, 8, 9월)에 가장 많았다.

① ㄱ, ㄹ

② ㄴ, ㄷ

③ ㄴ, ㄹ

④ ㄱ, ㄴ, ㄷ

⑤ ㄱ, ㄷ, ㄹ

문 42. 다음 〈그림〉은 국내 7개 시중은행의 경영통계(총자산, 당기순이익, 직원 수)를 나타낸 그림이다. 이에 대한 〈보기〉의 설명으로 옳은 것을 모두 고르면? 11 민간(경) 09번

〈그림〉 국내 7개 시중은행의 경영통계

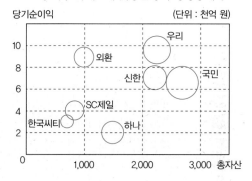

※ 1) 원의 면적은 직원 수와 정비례함

2) 직원 수는 한국씨티은행(3,000명)이 가장 적고, 국민은행(18,000명)이 가장 많음

3) 각 원의 중심 좌표는 총자산(X축)과 당기순이익(Y축)을 각각 나타냄

〈보 기〉

ㄱ. 직원 1인당 총자산은 한국씨티은행이 국민은행보다 많다.

ㄴ. 총자산순이익률$\left(= \frac{\text{당기순이익}}{\text{총자산}}\right)$이 가장 낮은 은행은 하나은행이고, 가장 높은 은행은 외환은행이다.

ㄷ. 직원 1인당 당기순이익은 신한은행이 외환은행보다 많다.

ㄹ. 당기순이익이 가장 많은 은행은 우리은행이고, 가장 적은 은행은 한국씨티은행이다.

① ㄱ, ㄴ

② ㄱ, ㄹ

③ ㄴ, ㄷ

④ ㄷ, ㄹ

⑤ ㄱ, ㄴ, ㄹ

문 43. 다음 〈표〉는 약물 투여 후 특정기간이 지나 완치된 환자 수에 관한 자료이다. 이에 대한 〈보기〉의 설명 중 옳은 것을 모두 고르면?　　　　　　　　11 민간(경) 12번

〈표〉 약물종류별, 성별, 질병별 완치 환자의 수

(단위 : 명)

약물종류	약물 A		약물 B		약물 C		약물 D	
성별	남	여	남	여	남	여	남	여
질병 가	2	3	2	4	1	2	4	2
나	3	4	6	4	2	1	2	5
다	6	3	4	6	5	3	4	6
계	11	10	12	14	8	6	10	13

※ 1) 세 가지 질병(가~다) 중 한 가지 질병에만 걸린 환자를 각 질병별로 40명씩, 총 120명을 선정하여 실험함

2) 각 질병별 환자 40명을 무작위로 10명씩 4개 집단으로 나눠, 각 집단에 네 가지 약물(A~D) 중 하나씩 투여함

〈보 기〉

ㄱ. 완치된 전체 남성 환자 수가 완치된 전체 여성 환자 수보다 많다.

ㄴ. 네 가지 약물 중 완치된 환자 수가 많은 약물부터 나열하면 B, D, A, C 이다.

ㄷ. '다' 질병의 경우 완치된 환자 수가 가장 많다.

ㄹ. 전체 환자 수 대비 약물 D를 투여 받고 완치된 환자 수의 비율은 25% 이상이다.

① ㄱ

② ㄱ, ㄷ

③ ㄴ, ㄷ

④ ㄴ, ㄹ

⑤ ㄷ, ㄹ

문 44. 다음 〈그림〉과 〈표〉는 A은행의 영업수익 추이와 2008년 주요은행의 영업수익 현황에 대한 자료이다. 이에 대한 〈보기〉의 설명 중 옳은 것을 모두 고르면?　　　　11 민간(경) 16번

〈그림〉 A은행의 영업수익 추이

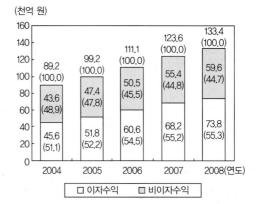

※ 1) 영업수익＝이자수익＋비이자수익

2) 괄호 안은 연도별 영업수익에서 차지하는 구성비(%)임

〈표〉 2008년 주요 은행의 영업수익 현황

(단위 : %)

구분 \ 은행	A	B	C	D	E	시중은행 평균
총자산 대비 영업수익 비율	5.2	12.8	8.6	4.7	5.6	7.2
총자산 대비 이자수익 비율	2.9	6.1	5.0	2.2	4.1	5.2

〈보 기〉

ㄱ. 2008년 총자산 대비 이자수익 비율은 A은행이 B은행의 절반에 미치지 못한다.

ㄴ. 2008년 총자산 대비 비이자수익 비율은 A은행이 시중은행 평균에 미치지 못한다.

ㄷ. 2005년부터 2008년까지 A은행 영업수익의 전년 대비 증가율은 매년 10%를 상회하였다.

ㄹ. A은행은 영업수익에서 이자수익이 차지하는 비중이 2004년에 비해 2008년에 3.0%p 이상 증가하였다.

① ㄱ, ㄷ

② ㄱ, ㄹ

③ ㄴ, ㄷ

④ ㄴ, ㄹ

⑤ ㄷ, ㄹ

문 45. 다음 〈표〉와 〈그림〉은 복무기관별 공익근무요원 현황에 대한 자료이다. 이에 대한 〈보기〉의 설명 중 옳은 것을 모두 고르면?

11 민간(경) 17번

〈표〉 복무기관별 공익근무요원 수 추이

(단위 : 명)

연도 복무기관	2004	2005	2006	2007	2008	2009
중앙정부기관	6,536	5,283	4,275	4,679	2,962	5,872
지방자치단체	19,514	14,861	10,935	12,335	11,404	12,837
정부산하단체	6,135	4,875	4,074	4,969	4,829	4,194
기타 기관	808	827	1,290	1,513	4,134	4,719
계	32,993	25,846	20,574	23,496	23,329	27,622

〈그림〉 공익근무요원의 복무기관별 비중

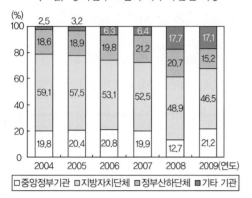

── 〈보 기〉 ──

ㄱ. 전체 공익근무요원 수 중 기타 기관에 복무하는 공익근무요원 수가 차지하는 비중은 매년 증가하였다.

ㄴ. 2005년부터 2009년까지 중앙정부기관에 복무하는 공익근무요원 수의 증감방향은 전체 공익근무요원 수의 증감방향과 일치한다.

ㄷ. 정부산하단체에 복무하는 공익근무요원 수는 2004년 대비 2009년에 30% 이상 감소하였다.

ㄹ. 기타 기관을 제외하고, 2005년 공익근무요원 수의 전년 대비 감소율이 가장 큰 복무기관은 지방자치단체이다.

① ㄱ, ㄴ

② ㄱ, ㄹ

③ ㄴ, ㄷ

④ ㄷ, ㄹ

⑤ ㄴ, ㄷ, ㄹ

문 46. 다음 〈표〉는 어느 국가의 지역별 영유아 인구 수, 보육시설 정원 및 현원에 관한 자료이다. 이에 대한 〈보기〉의 설명 중 옳은 것을 모두 고르면?

11 민간(경) 22번

〈표〉 지역별 영유아 인구 수, 보육시설 정원 및 현원

(단위 : 천 명)

구분 지역	영유아 인구 수	보육시설 정원	보육시설 현원
A	512	231	196
B	152	71	59
C	86	( )	35
D	66	28	24
E	726	375	283
F	77	49	38
G	118	67	52
H	96	66	51
I	188	109	84
J	35	28	25

※ 1) 보육시설 공급률(%)=$\frac{보육시설 정원}{영유아 인구 수}×100$

2) 보육시설 이용률(%)=$\frac{보육시설 현원}{영유아 인구 수}×100$

3) 보육시설 정원충족률(%)=$\frac{보육시설 현원}{보육시설 정원}×100$

── 〈보 기〉 ──

ㄱ. A지역의 보육시설 공급률과 보육시설 이용률의 차이는 10%p 미만이다.

ㄴ. 영유아 인구 수가 10만 명 이상인 지역 중 보육시설 공급률이 50% 미만인 지역은 2곳이다.

ㄷ. 영유아 인구 수가 가장 많은 지역과 가장 적은 지역 간 보육시설 이용률의 차이는 40%p 이상이다.

ㄹ. C지역의 보육시설 공급률이 50%라고 가정하면 이 지역의 보육시설 정원충족률은 80% 이상이다.

① ㄱ, ㄴ

② ㄱ, ㄷ

③ ㄷ, ㄹ

④ ㄱ, ㄴ, ㄹ

⑤ ㄴ, ㄷ, ㄹ

문 47. 다음 〈표〉는 2010년 1월 1일자 '갑'기업의 팀(A~F)간 전출·입으로 인한 직원 이동에 관한 자료이다. 이에 대한 〈보기〉의 설명 중 옳은 것을 모두 고르면? 11 민간(경) 23번

〈표〉 '갑'기업의 팀별 전출·입 직원 수

(단위 : 명)

전출부서＼전입부서		식품 사업부				외식 사업부				전출 합계
		A팀	B팀	C팀	소계	D팀	E팀	F팀	소계	
식품 사업부	A팀	–	4	2	6	0	4	3	7	13
	B팀	8	–	0	8	2	1	1	4	12
	C팀	0	3	–	3	3	0	4	7	10
	소계	8	7	2	17	5	5	8	18	35
외식 사업부	D팀	0	2	4	6	–	0	3	3	9
	E팀	6	1	7	14	2	–	4	6	20
	F팀	2	3	0	5	1	5	–	6	11
	소계	8	6	11	25	3	5	7	15	40
전입합계		16	13	13	42	8	10	15	33	75

※ 1) '갑'기업은 식품 사업부와 외식 사업부로만 구성됨
   2) 표읽기 예시 : A팀에서 전출하여 B팀으로 전입한 직원 수는 4명임

〈 보 기 〉

ㄱ. 전출한 직원보다 전입한 직원이 많은 팀들의 전입 직원 수의 합은 기업 내 전체 전출·입 직원 수의 70%를 초과한다.

ㄴ. 직원이 가장 많이 전출한 팀에서 전출한 직원의 40%는 직원이 가장 많이 전입한 팀에 배치되었다.

ㄷ. 식품 사업부에서 외식 사업부로 전출한 직원 수는 외식 사업부에서 식품 사업부로 전출한 직원 수보다 많다.

ㄹ. 동일한 사업부 내에서 전출·입한 직원 수는 기업 내 전체 전출·입 직원 수의 50% 미만이다.

① ㄱ, ㄴ
② ㄱ, ㄷ
③ ㄱ, ㄹ
④ ㄴ, ㄷ
⑤ ㄷ, ㄹ

문 48. 다음 〈표〉는 A국에 출원된 의약품 특허출원에 관한 자료이다. 이를 바탕으로 작성된 〈보고서〉의 내용 중 옳은 것을 모두 고르면? 11 민간(경) 24번

〈표 1〉 의약품별 특허출원 현황

(단위 : 건)

구분＼연도	2008	2009	2010
완제의약품	7,137	4,394	2,999
원료의약품	1,757	797	500
기타 의약품	2,236	1,517	1,220
계	11,130	6,708	4,719

〈표 2〉 의약품별 특허출원 중 다국적기업 출원 현황

(단위 : 건)

구분＼연도	2008	2009	2010
완제의약품	404	284	200
원료의약품	274	149	103
기타 의약품	215	170	141
계	893	603	444

〈표 3〉 완제의약품 특허출원 중 다이어트제 출원 현황

(단위 : 건)

구분＼연도	2008	2009	2010
출원 건수	53	32	22

〈보고서〉

㉠ 2008년부터 2010년까지 의약품의 특허출원은 매년 감소하였다. 그러나 기타 의약품이 전체 의약품 특허출원에서 차지하는 비중은 매년 증가하여 ㉡ 2010년 전체 의약품 특허출원의 30% 이상이 기타 의약품 특허출원이었다. 다국적 기업의 의약품 특허출원 현황을 보면, 원료의약품에서 다국적기업 특허출원이 차지하는 비중이 다른 의약품에 비해 매년 높아 ㉢ 2010년 원료의약품 특허출원의 20% 이상이 다국적기업 특허출원이었다. 한편, ㉣ 2010년 다국적기업에서 출원한 완제의약품 특허출원 중 다이어트제 특허출원은 11%였다.

① ㉠, ㉡
② ㉠, ㉢
③ ㉡, ㉣
④ ㉠, ㉢, ㉣
⑤ ㉡, ㉢, ㉣

문 49.　다음 〈표〉는 2004~2011년 우리나라 연령대별 여성취업자에 관한 자료 중 일부이다. 이에 대한 설명 중 옳지 않은 것은?

12 민간(인) 05번

〈표〉 연령대별 여성취업자

(단위 : 천 명)

연도	전체 여성취업자	연령대		
		20대	50대	60대 이상
2004	9,364	2,233	1,283	993
2005	9,526	2,208	1,407	1,034
2006	9,706	2,128	1,510	1,073
2007	9,826	2,096	1,612	1,118
2008	9,874	2,051	1,714	1,123
2009	9,772	1,978	1,794	1,132
2010	9,914	1,946	1,921	1,135
2011	10,091	1,918	2,051	1,191

① 20대 여성취업자는 매년 감소하였다.

② 2011년 20대 여성취업자는 전년 대비 3% 이상 감소하였다.

③ 50대 여성취업자가 20대 여성취업자보다 많은 연도는 2011년 한 해이다.

④ 2007~2010년 동안 전체 여성취업자의 전년 대비 증감폭은 2010년이 가장 크다.

⑤ 전체 여성취업자 중 50대 여성취업자가 차지하는 비율은 2011년이 2005년보다 높다.

문 50.　다음 〈표〉는 어느 축구대회 1조에 속한 4개국(A~D)의 최종 성적을 정리한 자료이다. 이에 대한 설명 중 옳지 않은 것은?

12 민간(인) 09번

〈표〉 1조의 최종 성적

구분	승	무	패	득점	실점	승점
A국	0	( )	2	1	4	1
B국	( )	1	( )	3	5	( )
C국	1	( )	1	3	( )	( )
D국	( )	1	0	4	0	( )

※ 1) 각 국가는 나머지 세 국가와 한 경기씩 총 세 경기를 하였음
　 2) 국가별 승점＝3×승리한 경기 수+1×무승부 경기 수+0×패배한 경기 수

① B국의 성적은 1승 1무 1패이다.

② 모든 국가는 각각 1무씩 거두었다.

③ D국은 2승을 거두었다.

④ C국의 실점은 2이다.

⑤ B국이 C보다 승점이 더 높다.

문 51.　다음 〈표〉는 어느 학급 전체 학생 55명의 체육점수 분포이다. 이에 대한 〈보기〉의 설명 중 옳은 것을 모두 고르면?

12 민간(인) 12번

〈표〉 체육점수 분포

점수(점)	1	2	3	4	5	6	7	8	9	10
학생 수(명)	1	0	5	10	23	10	5	0	1	0

※ 점수는 1점 단위로 1~10점까지 주어짐

〈보 기〉

ㄱ. 전체 학생을 체육점수가 낮은 학생부터 나열하면 중앙에 위치한 학생의 점수는 5점이다.

ㄴ. 4~6점을 받은 학생 수는 전체 학생 수의 86% 이상이다.

ㄷ. 학급의 체육점수 산술평균은 전체 학생이 받은 체육점수 중 최고점과 최저점을 제외하고 구한 산술평균과 다르다.

ㄹ. 학급에서 가장 많은 학생이 받은 체육점수는 5점이다.

① ㄱ　　　　　　　　　　② ㄴ

③ ㄱ, ㄹ　　　　　　　　④ ㄴ, ㄷ

⑤ ㄱ, ㄷ, ㄹ

문 52.　다음 〈그림〉은 2011년 어느 회사에서 판매한 전체 10가지 제품유형(A~J)의 수요예측치와 실제수요의 관계를 나타낸 자료이다. 이에 대한 설명 중 옳은 것은?　12 민간(인) 14번

〈그림〉 제품유형별 수요예측치와 실제수요

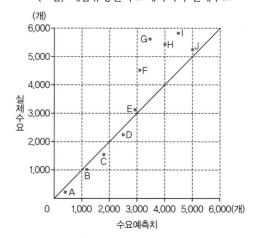

※ 수요예측 오차＝|수요예측치－실제수요|

① 수요예측 오차가 가장 작은 제품유형은 G이다.

② 실제수요가 큰 제품유형일수록 수요예측 오차가 작다.

③ 수요예측치가 가장 큰 제품유형은 실제수요도 가장 크다.

④ 실제수요가 3,000개를 초과한 제품유형 수는 전체 제품유형 수의 50% 이하이다.

⑤ 실제수요가 3,000개 이하인 제품유형은 각각 수요예측치가 실제수요보다 크다.

문 53. 다음 〈표〉는 피트니스 클럽의 입장료 및 사우나 유무에 대한 선호도 조사 결과이다. 〈표〉와 〈산식〉을 이용하여 이용객 선호도를 구할 때, 입장료와 사우나 유무의 조합 중 이용객 선호도가 세 번째로 큰 조합은?

12 민간(인) 15번

〈표 1〉 입장료 선호도 조사 결과

입장료	선호도
5,000원	4.0점
10,000원	3.0점
20,000원	0.5점

〈표 2〉 사우나 유무 선호도 조사 결과

사우나	선호도
유	3.3점
무	1.7점

─── 〈산 식〉 ───

이용객 선호도＝입장료 선호도＋사우나 유무 선호도

	입장료	사우나 유무
①	5,000원	유
②	5,000원	무
③	10,000원	유
④	10,000원	무
⑤	20,000원	유

문 54. 다음 〈표〉는 2006~2011년 어느 나라 5개 프로 스포츠 종목의 연간 경기장 수용규모 및 관중수용률을 나타낸 것이다. 이에 대한 설명 중 옳은 것은?

12 민간(인) 18번

〈표〉 프로 스포츠 종목의 연간 경기장 수용규모 및 관중수용률

(단위 : 천 명, %)

종목	구분＼연도	2006	2007	2008	2009	2010	2011
야구	수용규모	20,429	20,429	20,429	20,429	19,675	19,450
	관중수용률	30.6	41.7	53.3	56.6	58.0	65.7
축구	수용규모	40,255	40,574	40,574	37,865	36,952	33,314
	관중수용률	21.9	26.7	28.7	29.0	29.4	34.9
농구	수용규모	5,899	6,347	6,354	6,354	6,354	6,653
	관중수용률	65.0	62.8	66.2	65.2	60.9	59.5
핸드볼	수용규모	3,230	2,756	2,756	2,756	2,066	2,732
	관중수용률	26.9	23.5	48.2	43.8	34.1	52.9
배구	수용규모	5,129	5,129	5,089	4,843	4,409	4,598
	관중수용률	16.3	27.3	24.6	30.4	33.4	38.6

※ 관중수용률(%)＝ $\dfrac{연간\ 관중\ 수}{연간\ 경기장\ 수용규모}$ ×100

① 축구의 연간 관중 수는 매년 증가한다.

② 관중수용률은 농구가 야구보다 매년 높다.

③ 관중수용률이 매년 증가한 종목은 3개이다.

④ 2009년 연간 관중 수는 배구가 핸드볼보다 많다.

⑤ 2007~2011년 동안 연간 경기장 수용규모의 전년 대비 증감 방향은 농구와 핸드볼이 동일하다.

문 55.　다음 〈그림〉은 2010~2011년 동안 변리사 A와 B의 특허출원 건수에 대한 자료이다. 2011년 변리사 B의 특허출원 건수는 2010년 변리사 B의 특허출원 건수의 몇 배인가?(단, 특허출원은 변리사 A 또는 B 단독으로만 이루어짐)　12 민간(인) 19번

〈그림 1〉 2010~2011년 동안 변리사별 전체 특허출원 건수

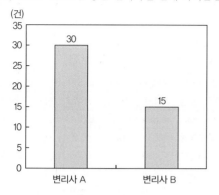

〈그림 2〉 변리사 A와 B의 전체 특허출원 건수 연도별 구성비

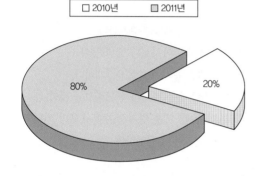

〈그림 3〉 변리사 A의 전체 특허출원 건수 연도별 구성비

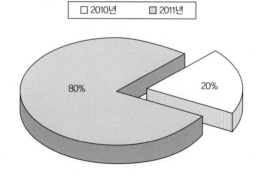

① 2배
② 3배
③ 4배
④ 5배
⑤ 6배

문 56.　다음 〈표〉는 2008~2010년 동안 도로화물운송업의 분야별 에너지 효율성에 관한 자료이다. 이에 대한 〈보기〉의 설명 중 옳은 것을 모두 고르면?　12 민간(인) 23번

〈표〉 도로화물운송업의 분야별 에너지 효율성

(단위 : 리터, 톤·km, 톤·km/리터)

| 분야 | 일반화물 | | | 개별화물 | | | 용달화물 | | |
연도 구분	A	B	C	A	B	C	A	B	C
2008	4,541	125,153	27.6	1,722	37,642	21.9	761	3,714	4.9
2009	4,285	110,269	25.7	1,863	30,232	16.2	875	4,576	5.2
2010	3,970	107,943	27.2	1,667	18,523	11.1	683	2,790	4.1

※ 1) 도로화물운송업의 분야는 일반화물, 개별화물, 용달화물로 구분됨
　　2) A : 화물차 1대당 월평균 에너지 사용량(리터)
　　　B : 화물차 1대당 월평균 화물운송실적(톤·km)
　　　C : 화물차 1대당 월평균 에너지 효율성(톤·km/리터)=$\frac{B}{A}$

〈보 기〉

ㄱ. 2008년 화물차 1대당 월평균 에너지 사용량이 가장 적은 분야는 용달화물이다.
ㄴ. 2009년 화물운송실적이 가장 큰 분야는 일반화물이다.
ㄷ. 2010년 화물차 1대당 월평균 에너지 효율성이 큰 분야부터 나열하면 일반화물, 개별화물, 용달화물이다.
ㄹ. 각 분야의 화물차 1대당 월평균 에너지 효율성은 매년 증가하였다.

① ㄱ, ㄴ
② ㄱ, ㄷ
③ ㄱ, ㄹ
④ ㄴ, ㄷ
⑤ ㄴ, ㄹ

문 57. 다음 〈표〉는 어느 해 주식 거래일 8일 동안 A사의 일별 주가와 〈산식〉을 활용한 5일이동평균을 나타낸 것이다. 이에 대한 〈보기〉의 설명 중 옳은 것을 모두 고르면? 　12 민간(인) 24번

〈표〉 주식 거래일 8일 동안 A사의 일별 주가 추이

(단위 : 원)

거래일	일별 주가	5일이동평균
1	7,550	–
2	7,590	–
3	7,620	–
4	7,720	–
5	7,780	7,652
6	7,820	7,706
7	7,830	( )
8	( )	7,790

─── 〈산 식〉 ───

5일이동평균 =

$$\frac{\text{해당거래일 포함 최근 거래일 5일 동안의 일별 주가의 합}}{5}$$

예 6거래일의 5일이동평균 =

$$\frac{7,590+7,620+7,720+7,780+7,820}{5}=7,706$$

─── 〈보 기〉 ───

ㄱ. 일별 주가는 거래일마다 상승하였다.
ㄴ. 5거래일 이후 5일이동평균은 거래일마다 상승하였다.
ㄷ. 2거래일 이후 일별 주가가 직전거래일 대비 가장 많이 상승한 날은 4거래일이다.
ㄹ. 5거래일 이후 해당거래일의 일별 주가와 5일이동평균 간의 차이는 거래일마다 감소하였다.

① ㄱ, ㄴ
② ㄴ, ㄷ
③ ㄷ, ㄹ
④ ㄱ, ㄴ, ㄷ
⑤ ㄴ, ㄷ, ㄹ

문 58. 다음 〈그림〉은 2008~2011년 외국기업의 국내 투자 현황에 대한 자료이다. 이에 대한 설명 중 옳은 것은? 　12 민간(인) 25번

〈그림 1〉 외국기업 국내 투자 건수의 산업별 비율

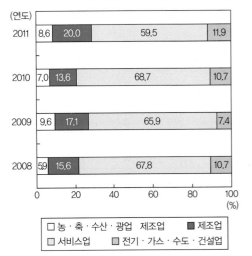

※ 비율은 소수점 아래 둘째자리에서 반올림한 값임

〈그림 2〉 외국기업의 국내 서비스업 투자 건수 및 총 투자금액

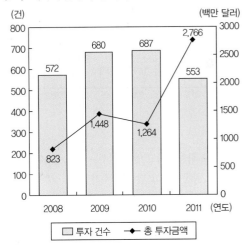

① 외국기업 국내 투자 건수는 2010년이 2009년보다 적다.
② 2008년 외국기업의 국내 농·축·수산·광업에 대한 투자 건수는 60건 이상이다.
③ 외국기업 국내 투자 건수 중 제조업이 차지하는 비율은 매년 증가하였다.
④ 외국기업 국내 투자 건수 중 각 산업이 차지하는 비율의 순위는 매년 동일하다.
⑤ 외국기업의 국내 서비스업 투자 건당 투자금액은 매년 증가하였다.

문 59. 다음 〈표〉와 〈그림〉은 2001~2008년 동안 A국의 비행 단계별, 연도별 항공기사고 발생 건수에 대한 자료이다. 이에 대한 〈보기〉의 설명 중 옳은 것만을 모두 고르면? 13 민간(인) 01번

〈표〉 비행단계별 항공기사고 발생 건수(2001~2008년)

(단위 : 건, %)

단계	발생 건수	비율
지상이동	4	6.9
이륙	2	3.4
상승	7	12.1
순항	22	37.9
접근	6	10.3
착륙	17	29.4
계	58	100.0

〈그림〉 연도별 항공기사고 발생 건수

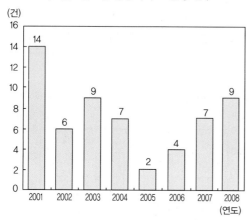

─── 〈보 기〉 ───

ㄱ. 2005년 이후 항공기사고 발생 건수는 매년 증가하였다.

ㄴ. 비행단계별 항공기사고 발생 건수가 많은 것부터 순서대로 나열하면 순항, 착륙, 접근, 상승 순이다.

ㄷ. 순항단계와 착륙단계의 항공기사고 발생 건수의 합은 총 항공기사고 발생 건수의 60% 이상이다.

ㄹ. 2006~2008년 동안 항공기사고 발생 건수의 전년 대비 증가율은 매년 100% 이상이다.

① ㄱ, ㄴ

② ㄱ, ㄷ

③ ㄴ, ㄹ

④ ㄱ, ㄷ, ㄹ

⑤ ㄴ, ㄷ, ㄹ

문 60. 다음 〈표〉는 어느 노래의 3월 24~27일 음원차트별 순위에 대한 자료 중 일부가 지워진 것이다. 이에 대한 설명으로 옳은 것은? 13 민간(인) 05번

〈표〉 음원차트별 순위

날짜	음원차트					평균 순위
	A	B	C	D	E	
3월 24일	□(↑)	6(↑)	□(↑)	4(↑)	2(↑)	4.2
3월 25일	6(↑)	2(↑)	2(−)	2(↑)	1(↑)	2.6
3월 26일	7(↓)	6(↓)	5(↓)	6(↓)	5(↓)	5.8
3월 27일	□(−)	□(↑)	□(□)	7(↓)	□(−)	6.0

※ 1) □는 지워진 자료를 의미하며, ( )안의 ↑는 전일 대비 순위 상승. ↓는 전일 대비 순위 하락. −는 전일과 순위가 동일함을 의미함

2) 순위의 숫자가 작을수록 순위가 높음을 의미함

3) 평균 순위= $\dfrac{5개\ 음원차트별\ 순위의\ 합}{5}$

① 평균 순위가 가장 높았던 날은 5개 음원차트별 순위가 전일 대비 모두 상승하였다.

② 3월 24일 A 음원차트에서의 순위는 8위였다.

③ 5개 음원차트별 순위가 전일 대비 모두 하락한 날은 평균 순위가 가장 낮았다.

④ 3월 27일 C 음원차트에서는 순위가 전일 대비 하락하였다.

⑤ 평균 순위는 매일 하락하였다.

문 61. 다음 〈표〉는 시설유형별 에너지 효율화 시장규모의 현황 및 전망에 대한 자료이다. 이에 대한 설명으로 옳은 것은?

13 민간(인) 10번

〈표〉 시설유형별 에너지 효율화 시장규모의 현황 및 전망

(단위 : 억 달러)

연도 시설유형	2010	2011	2012	2015(예상)	2020(예상)
사무시설	11.3	12.8	14.6	21.7	41.0
산업시설	20.8	23.9	27.4	41.7	82.4
주거시설	5.7	6.4	7.2	10.1	18.0
공공시설	2.5	2.9	3.4	5.0	10.0
전체	40.3	46.0	52.6	78.5	151.4

① 2010~2012년 동안 '주거시설' 유형의 에너지 효율화 시장규모는 매년 15% 이상 증가하였다.

② 2015년 전체 에너지 효율화 시장규모에서 '사무시설' 유형이 차지하는 비중은 30% 이하일 것으로 전망된다.

③ 2015~2020년 동안 '공공시설' 유형의 에너지 효율화 시장규모는 매년 30% 이상 증가할 것으로 전망된다.

④ 2011년 '산업시설' 유형의 에너지 효율화 시장규모는 전체 에너지 효율화 시장규모의 50% 이하이다.

⑤ 2010년 대비 2020년 에너지 효율화 시장규모의 증가율이 가장 높을 것으로 전망되는 시설유형은 '산업시설'이다.

문 62. 다음 〈그림〉은 2011년 영업팀 A~D의 분기별 매출액과 분기별 매출액에서 영업팀 A~D의 매출액이 차지하는 비중에 대한 자료이다. 이를 근거로 A~D 중 2011년 연매출액이 가장 많은 영업팀과 가장 적은 영업팀을 순서에 상관없이 바르게 짝지은 것은? 13 민간(인) 12번

〈그림 1〉 영업팀 A~D의 분기별 매출액

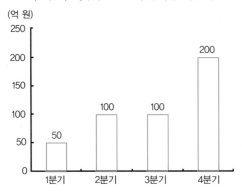

〈그림 2〉 분기별 매출액의 영업팀별 비중

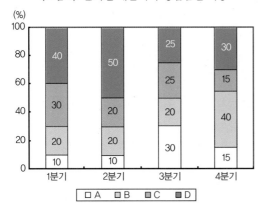

① A, B

② A, C

③ A, D

④ B, C

⑤ C, D

문 63. 다음 〈그림〉은 2012년 1~4월 동안 월별 학교폭력 신고에 대한 자료이다. 이에 대한 설명으로 옳은 것은? 13 민간(인) 13번

〈그림 1〉 월별 학교폭력 신고 건수

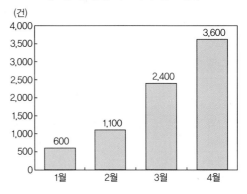

〈그림 2〉 월별 학교폭력 주요 신고자 유형별 비율

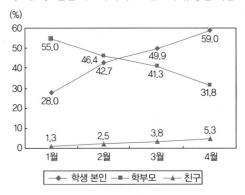

① 1월에 학부모의 학교폭력 신고 건수는 학생 본인의 학교폭력 신고 건수의 2배 이상이다.

② 학부모의 학교폭력 신고 건수는 매월 감소하였다.

③ 2~4월 중에서 전월 대비 학교폭력 신고 건수 증가율이 가장 높은 달은 3월이다.

④ 학생 본인의 학교폭력 신고 건수는 1월이 4월의 10% 이상이다.

⑤ 학교폭력 발생 건수는 매월 증가하였다.

다음 〈표〉는 A시 주철 수도관의 파손원인별 파손 건수에 대한 자료이다. 이에 대한 설명으로 옳지 <u>않은</u> 것은?

13 민간(인) 17번

〈표〉 A시 주철 수도관의 파손원인별 파손 건수

(단위 : 건)

파손원인	주철 수도관 유형		합
	회주철	덕타일주철	
시설노후	105	71	176
부분 부식	1	10	11
수격압	51	98	149
외부충격	83	17	100
자연재해	1	1	2
재질불량	6	3	9
타공사	43	22	65
부실시공	1	4	5
보수과정 실수	43	6	49
계	334	232	566

※ 파손원인의 중복은 없음

① 덕타일주철 수도관의 파손 건수가 50건 이상인 파손원인은 2 가지이다.

② 회주철 수도관의 총 파손 건수가 덕타일주철 수도관의 총 파손 건수보다 많다.

③ 주철 수도관의 파손원인별 파손 건수에서 '자연재해' 파손 건수가 가장 적다.

④ 주철 수도관의 '시설노후' 파손 건수가 주철 수도관의 총 파손 건수에서 차지하는 비율은 30% 이상이다.

⑤ 회주철 수도관의 '보수과정 실수' 파손 건수가 회주철 수도관의 총 파손 건수에서 차지하는 비율은 10% 미만이다.

문 65. 다음 〈그림〉은 2011년 국내 원목 벌채와 이용의 흐름에 대한 자료이다. 이에 대한 설명으로 옳은 것은?

13 민간(인) 18번

〈그림〉 2011년 국내 원목 벌채와 이용의 흐름

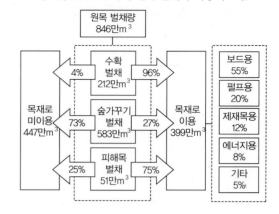

① 원목 벌채량 중 목재로 이용된 양이 목재로 미이용된 양보다 많았다.

② '숲가꾸기 벌채'로 얻은 원목이 목재로 이용된 원목에서 차지하는 비율이 가장 높았다.

③ 보드용으로 이용된 원목의 양은 200만m³보다 적었다.

④ '수확 벌채'로 얻은 원목 중 적어도 일부는 보드용으로 이용되었다.

⑤ '피해목 벌채'로 얻은 원목 중 목재로 미이용된 양은 10만m³보다 적었다.

문 66.   다음 〈그림〉은 1~7월 동안 A사 주식의 이론가격과 시장가격의 관계에 대한 자료이다. 이에 대한 〈보기〉의 설명 중 옳은 것만을 모두 고르면?   13 민간(인) 24번

〈그림〉 A사 주식의 이론가격과 시장가격의 관계

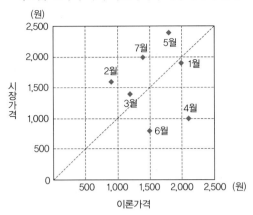

※ 해당 월 가격 괴리율(%)=$\left(\dfrac{\text{해당 월 시장가격}-\text{해당 월 이론가격}}{\text{해당 월 이론가격}}\right)\times100$

─〈보 기〉─
ㄱ. 가격 괴리율이 0% 이상인 달은 4개이다.
ㄴ. 전월대비 이론가격이 증가한 달은 3월, 4월, 7월이다.
ㄷ. 전월대비 가격 괴리율이 증가한 달은 3개 이상이다.
ㄹ. 전월대비 시장가격이 가장 큰 폭으로 증가한 달은 6월이다.

① ㄱ, ㄴ
② ㄱ, ㄷ
③ ㄷ, ㄹ
④ ㄱ, ㄴ, ㄹ
⑤ ㄴ, ㄷ, ㄹ

문 67.   다음 〈표〉는 2011년 주요 국가별 의사 수 및 인구 만 명당 의사 수에 대한 자료이다. 이에 대한 〈보기〉의 설명 중 옳은 것을 모두 고르면?   13 외교원(인) 03번

〈표〉 2011년 주요 국가별 의사 수 및 인구 만 명당 의사 수

(단위 : 명, %)

국가	의사 수	전년 대비 증감률	인구 만 명당 의사 수	전년 대비 증감률
A	12,813	0.5	29	2.1
B	171,242	1.5	18	3.3
C	27,500	1.0	31	1.5
D	25,216	2.0	35	0.5
E	130,300	1.5	33	0.5
F	110,124	3.0	18	0.4
G	25,332	1.5	31	−0.5
H	345,718	3.3	60	5.5

※ 인구 만 명당 의사 수는 소수점 아래 첫째 자리에서 반올림함

─〈보 기〉─
ㄱ. 2010년 의사 수가 가장 많은 국가는 2011년 인구 만 명당 의사 수도 가장 많다.
ㄴ. 2011년 기준 C, D, E 3개국 중 인구가 가장 적은 국가는 D이다.
ㄷ. 2011년 인구가 2010년보다 많은 국가의 수는 4개이다.
ㄹ. 2010년 기준 의사 수가 많은 국가일수록 같은 해 인구 만 명당 의사 수도 많다.

① ㄱ, ㄴ, ㄷ
② ㄱ, ㄴ, ㄹ
③ ㄱ, ㄷ, ㄹ
④ ㄴ, ㄷ, ㄹ
⑤ ㄱ, ㄴ, ㄷ, ㄹ

문 68. 다음 〈표〉는 2012년 국내개봉 영화의 등급별 시장점유율 및 개봉 편수, 연도별 극장 및 스크린 현황에 관한 자료이다. 이에 대한 〈보기〉의 설명 중 옳은 것을 모두 고르면?

13 외교원(인) 06번

〈표 1〉 2012년 국내개봉 영화의 등급별 시장점유율 및 개봉 편수

(단위 : %, 편)

등급	한국영화		외국영화	
	시장점유율	개봉 편수	시장점유율	개봉 편수
A	7.6	8	27.0	35
B	25.1	24	27.7	47
C	47.8	33	38.3	95
D	18.5	15	4.1	40
E	1.0	2	2.9	8
계	100.0	82	100.0	225

〈표 2〉 연도별 극장 및 스크린 현황

(단위 : 개)

연도	극장 수	스크린 수
2003	280	1,132
2004	302	1,451
2005	301	1,648
2006	321	1,880
2007	314	1,975
2008	309	2,004
2009	305	2,055
2010	301	2,003
2011	292	1,974
2012	314	2,081

─〈보 기〉─

ㄱ. 2004~2006년 동안 극장 1개당 스크린 수는 매년 증가하였다.

ㄴ. 2012년 전년 대비 극장 수 증가율은 스크린 수 증가율보다 크다.

ㄷ. 2012년 한국영화의 시장점유율 등급별 순위와 외국영화의 시장점유율 등급별 순위는 동일하다.

ㄹ. 2012년 외국영화 개봉 편수가 한국영화 개봉 편수의 3배 이상인 등급은 3개이다.

① ㄱ, ㄴ

② ㄴ, ㄷ

③ ㄴ, ㄹ

④ ㄱ, ㄴ, ㄷ

⑤ ㄱ, ㄷ, ㄹ

문 69. 다음 〈표〉와 〈그림〉은 국가별 65세 이상 빈곤율에 관한 자료이다. 이에 대한 〈보기〉의 설명 중 옳은 것을 모두 고르면?

13 외교원(인) 14번

〈표〉 국가별 65세 이상 빈곤율

(단위 : %)

국가	65세 이상 빈곤율					국가 빈곤율
		성별		가구 구성별		
		남성	여성	독거	비독거	
A	12.8	12.6	12.9	16.7	10.0	8.8
B	5.9	3.1	8.1	16.2	3.9	12.0
C	8.8	6.6	10.4	16.2	4.1	7.1
D	8.4	5.1	10.8	15.0	4.7	11.0
E	12.8	8.1	16.1	25.0	9.4	11.4
F	22.0	18.4	24.8	47.7	16.6	14.9
G	45.1	41.8	47.2	76.6	40.8	14.6
H	28.0	27.6	28.5	44.9	20.9	18.4
I	22.8	20.1	24.7	36.0	20.2	14.1
J	6.2	4.2	7.7	13.0	1.1	5.3
K	10.3	7.4	12.6	16.0	6.7	8.3
L	22.4	18.5	26.8	41.3	17.3	17.1

※ 빈곤율(%) = $\frac{\text{해당집단 빈곤인구}}{\text{해당집단 전체인구}} \times 100$

〈그림〉 65세 이상 독거가구 빈곤율과 국가 빈곤율의 분포

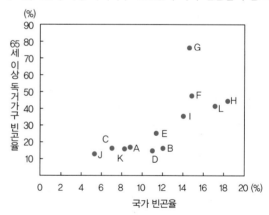

─〈보 기〉─

ㄱ. 국가 빈곤율 대비 65세 이상 독거가구의 빈곤율이 가장 높은 국가는 G이다.

ㄴ. 65세 이상 빈곤율이 국가 빈곤율보다 낮은 국가는 3개이다.

ㄷ. L국가는 65세 이상 인구 중 여성인구가 남성인구보다 적다.

① ㄱ

② ㄴ

③ ㄷ

④ ㄱ, ㄴ

⑤ ㄱ, ㄷ

〈표〉 2005년 세계 10대 물 기업 현황

순위	기업명(국가)	서비스인구 (만 명)	국외 비중(%)	2004년 대비 서비스인구 증감(만 명)	물 부문 매출액 (백만 달러)
1	수에즈(프랑스)	12,002	86.0	265	6,986
2	베올리아(프랑스)	11,753	79.0	937	9,805
3	알베에(독일)	7,537	61.0	592	4,065
4	아그바(스페인)	3,490	54.0	−32	968
5	사베숩(브라질)	2,560	0.0	50	1,656
6	유틸리티즈(영국)	2,383	57.0	170	1,126
7	FCC(스페인)	1,740	45.0	200	514
8	아체아(이탈리아)	1,545	44.0	193	366
9	서버트렌트(영국)	1,448	43.0	96	1,126
10	소어(프랑스)	1,371	56.0	−1,981	1,531
	합계	45,829	−	−	28,143

─── 〈보 기〉 ───

ㄱ. 2005년 세계 물 부문 매출액이 350억 달러라면, 세계 10대 물 기업이 세계 물 부문 매출액의 80% 이상을 점유하고 있다.

ㄴ. 2005년 세계 10대 물 기업 중, 국외 서비스인구가 1,000만 명 이상인 회사는 4개이다.

ㄷ. 2004년 대비 2005년 서비스인구 증가율이 10% 이상인 회사는 베올리아, FCC, 아체아 3개이다.

ㄹ. 2005년 아그바의 국내 서비스인구는 1,500만 명 이상이다.

① ㄱ, ㄴ

② ㄱ, ㄷ

③ ㄱ, ㄹ

④ ㄴ, ㄷ

⑤ ㄴ, ㄹ

〈표〉 세계 지역별 1인당 가용 수자원량

(단위 : 천m³/인)

대륙	지역 \ 연도	2010	2011	2012
유럽	북부	39.2	32.7	30.9
	중부	3.0	2.4	2.3
	남부	3.8	2.8	2.5
	동부	33.8	24.1	20.9
	영국	4.4	3.2	2.4
북미	캐나다	384.0	219.0	189.0
	미국	10.6	6.8	5.6
	중부 아메리카	22.7	9.4	7.1
남미	북부	179.0	72.9	37.4
	브라질	115.0	50.3	32.2
	서부	97.9	45.8	25.7
	중부	34.0	20.5	10.4
아프리카	북부	2.3	0.7	0.2
	남부	12.2	5.7	3.0
	동부	15.0	6.9	3.7
	서부	20.5	9.2	4.9
	중부	92.7	46.0	25.4
아시아	중국북부 및 몽골	3.8	1.9	1.2
	남부	4.1	2.1	1.1
	서부	6.3	2.3	1.3
	동북부	13.2	7.1	4.9
	중앙아시아	7.5	2.0	0.7
	시베리아	124.0	96.2	95.3

※ 지역(대륙) 1인당 가용 수자원량= $\dfrac{\text{해당지역(대륙) 가용 수자원량}}{\text{해당지역(대륙) 인구}}$

─── 〈보 기〉 ───

ㄱ. 모든 지역에서 1인당 가용 수자원량은 2010년보다 2012년이 적다.

ㄴ. 2012년 1인당 가용 수자원량이 두 번째로 많은 대륙은 '남미'이다.

ㄷ. 유럽 대륙에서 2012년의 전년 대비 1인당 가용 수자원량의 감소율이 가장 큰 지역은 '북부'이다.

① ㄱ

② ㄷ

③ ㄱ, ㄴ

④ ㄴ, ㄷ

⑤ ㄱ, ㄴ, ㄷ

다음 〈표〉는 '갑'과 '을'의 가위바위보 게임 결과를 정리한 자료이다. 이에 대한 〈보기〉의 설명 중 옳은 것을 모두 고르면?

13 외교원(인) 35번

〈표〉 '갑'과 '을'의 가위바위보 게임 결과 빈도표

(단위 : 회)

	갑		
	〈가위〉	〈바위〉	〈보〉
을 〈가위〉	10	15	5
을 〈바위〉	5	15	12
을 〈보〉	20	10	8

〈보 기〉

ㄱ. '갑'이 이긴 횟수는 '을'이 이긴 횟수의 2배 이상이다.

ㄴ. '갑'이 바위로 이긴 횟수는 '을'이 가위로 이긴 횟수보다 많다.

ㄷ. '갑'과 '을'이 비긴 횟수는 전체 게임 횟수의 30% 이상이다.

ㄹ. '을'이 바위로 진 횟수와 '갑'이 가위로 진 횟수의 합은 20회 이상이다.

① ㄱ, ㄴ

② ㄱ, ㄹ

③ ㄴ, ㄷ

④ ㄱ, ㄴ, ㄷ

⑤ ㄴ, ㄷ, ㄹ

문 73. 다음 〈그림〉과 〈표〉는 '갑'국의 주요 농작물 재배면적에 관한 자료이다. 이에 대한 설명 중 옳지 않은 것은?

13 외교원(인) 37번

〈그림〉 '갑'국의 주요 농작물 재배면적 변화추이

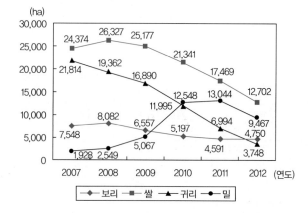

〈표〉 2011년과 2012년 '갑'국의 지역별 보리와 밀의 재배면적

(단위 : ha)

구분 지역	보리		밀	
연도	2011	2012	2011	2012
A	76	123	1	1
B	104	83	17	21
C	35	61	41	20
D	64	50	15	4
E	1,038	2,009	3,837	2,286
F	96	187	6,066	5,669
G	753	675	185	114
H	2,425	1,562	2,807	1,352
I	0	0	75	0
전체	4,591	4,750	13,044	9,467

① 2012년 재배면적의 전년 대비 감소율이 가장 큰 농작물은 귀리이다.

② 2008년 재배면적의 전년 대비 증가율이 가장 큰 농작물은 쌀이다.

③ 재배면적이 큰 농작물부터 나열할 때, 쌀, 밀, 귀리, 보리 순서인 해는 2010년과 2011년이다.

④ 보리와 밀의 재배면적 차이가 가장 큰 해는 2011년이고, 가장 작은 해는 2009년이다.

⑤ 2011년과 2012년을 비교할 때, 보리의 재배면적은 증가하고 밀의 재배면적이 감소한 지역은 모두 3개이다.

문 74. 다음 〈표〉는 A지역 유치원 유형별 교지면적과 교사면적에 대한 자료이다. 이에 대한 설명으로 옳지 <u>않은</u> 것은?

14 민간(A) 03번

〈표〉 A지역 유치원 유형별 교지면적과 교사면적

(단위 : m²)

구분	유치원 유형	국립	공립	사립
교지 면적	유치원당	255.0	170.8	1,478.4
	원아 1인당	3.4	6.1	13.2
교사 면적	유치원당	562.5	81.2	806.4
	원아 1인당	7.5	2.9	7.2

① 원아 1인당 교지면적은 사립이 공립의 2배 이상이다.

② 유치원당 교사면적이 가장 큰 유형부터 순서대로 나열하면 사립, 국립, 공립 순이다.

③ 유치원당 교지면적이 유치원당 교사면적보다 작은 유치원 유형은 국립뿐이다.

④ 유치원당 교지면적은 사립이 국립의 5.5배 이상이고 유치원당 교사면적은 사립이 국립의 1.4배 이상이다.

⑤ 유치원당 교지면적과 원아 1인당 교사면적은 국립이 사립보다 모두 작다.

문 75. 다음 〈표〉는 어느 해 전국 농경지(논과 밭)의 가뭄 피해 현황에 대한 자료이다. 이에 대한 〈보기〉의 설명 중 옳은 것만을 모두 고르면?

14 민간(A) 05번

〈표 1〉 지역별 논 가뭄 피해 현황

(단위 : ha)

지역	재배면적	피해면적	피해 발생기간
충북	65,812	1,794	7.26.~7.31.
충남	171,409	106	7.15.~7.31.
전북	163,914	52,399	7.15.~8.9.
전남	221,202	59,953	7.11.~8.9.
경북	157,213	5,071	7.13.~7.31.
경남	130,007	25,235	7.12.~8.9.
대구	1,901	106	7.25.~7.26.
광주	10,016	3,226	7.18.~7.31.
기타	223,621	0	－
전체	1,145,095	147,890	7.11.~8.9.

〈표 2〉 지역별 밭 가뭄 피해 현황

(단위 : ha)

지역	재배면적	피해면적	피해 발생기간
전북	65,065	6,212	7.19.~7.31.
전남	162,924	33,787	7.19.~7.31.
경북	152,137	16,702	7.19.~7.31.
경남	72,686	6,756	7.12.~7.31.
제주	65,294	8,723	7.20.~7.31.
대구	4,198	42	7.25.~7.26.
광주	5,315	5	7.24.~7.31.
기타	347,316	0	－
전체	874,935	72,227	7.12.~7.31.

〈보 기〉

ㄱ. 논 가뭄 피해면적이 가장 큰 지역은 밭 가뭄 피해면적도 가장 크다.

ㄴ. 논 가뭄 피해 발생기간이 가장 긴 지역과 밭 가뭄 피해 발생기간이 가장 긴 지역은 같다.

ㄷ. 전체 논 재배면적 대비 전체 논 가뭄 피해면적 비율은 15% 이하이다.

ㄹ. 밭 재배면적 대비 밭 가뭄 피해면적 비율은 경북이 경남보다 크다.

① ㄱ, ㄴ

② ㄱ, ㄷ

③ ㄴ, ㄹ

④ ㄱ, ㄷ, ㄹ

⑤ ㄴ, ㄷ, ㄹ

문 76. 다음 〈표〉는 2001~2012년 '갑'국 식품산업 매출액 및 생산액 추이에 대한 자료이다. 이에 대한 〈보기〉의 설명 중 옳은 것만을 모두 고르면?　14 민간(A) 09번

〈표〉 '갑'국 식품산업 매출액 및 생산액 추이

(단위 : 십억 원, %)

구분 / 연도	식품산업 매출액	식품산업 생산액	제조업 생산액 대비 식품산업 생산액 비중	GDP 대비 식품산업 생산액 비중
2001	30,781	27,685	17.98	4.25
2002	36,388	35,388	21.17	4.91
2003	23,909	21,046	11.96	2.74
2004	33,181	30,045	14.60	3.63
2005	33,335	29,579	13.84	3.42
2006	35,699	32,695	14.80	3.60
2007	37,366	33,148	13.89	3.40
2008	39,299	36,650	14.30	3.57
2009	44,441	40,408	15.16	3.79
2010	38,791	34,548	10.82	2.94
2011	44,448	40,318	11.58	3.26
2012	47,328	43,478	12.22	3.42

─── 〈보 기〉 ───

ㄱ. 2012년 제조업 생산액은 2001년 제조업 생산액의 4배 이상이다.

ㄴ. 2005년 이후 식품산업 매출액의 전년 대비 증가율이 가장 큰 해는 2009년이다.

ㄷ. GDP 대비 제조업 생산액 비중은 2012년이 2007년보다 크다.

ㄹ. 2008년 '갑'국 GDP는 1,000조 원 이상이다.

① ㄱ, ㄴ
② ㄱ, ㄷ
③ ㄱ, ㄹ
④ ㄴ, ㄹ
⑤ ㄷ, ㄹ

문 77. 다음 〈표〉는 2013년 11월 7개 도시의 아파트 전세가격 지수 및 전세수급 동향 지수에 대한 자료이다. 이에 관한 〈보기〉의 설명 중 옳은 것만을 모두 고르면?　14 민간(A) 10번

〈표〉 아파트 전세가격 지수 및 전세수급 동향 지수

지수 / 도시	면적별 전세가격 지수			전세수급 동향 지수
	소형	중형	대형	
서울	115.9	112.5	113.5	114.6
부산	103.9	105.6	102.2	115.4
대구	123.0	126.7	118.2	124.0
인천	117.1	119.8	117.4	127.4
광주	104.0	104.2	101.5	101.3
대전	111.5	107.8	108.1	112.3
울산	104.3	102.7	104.1	101.0

※ 1) 2013년 11월 전세가격 지수 = $\dfrac{2013년\ 11월\ 평균\ 전세가격}{2012년\ 11월\ 평균\ 전세가격} \times 100$

2) 전세수급 동향 지수는 각 지역 공인중개사에게 해당 도시의 아파트 전세공급 상황에 대해 부족·적당·충분 중 하나를 선택하여 응답하게 한 후, '부족'이라고 응답한 비율에서 '충분'이라고 응답한 비율을 빼고 100을 더한 값임

예 '부족' 응답비율 30%, '충분' 응답비율 50%인 경우 전세수급 동향 지수는 (30 − 50) + 100 = 80

3) 아파트는 소형, 중형, 대형으로만 구분됨

─── 〈보 기〉 ───

ㄱ. 2012년 11월에 비해 2013년 11월 7개 도시 모두에서 아파트 평균 전세가격이 상승하였다.

ㄴ. 중형 아파트의 2012년 11월 대비 2013년 11월 평균 전세가격 상승액이 가장 큰 도시는 대구이다.

ㄷ. 각 도시에서 아파트 전세공급 상황에 대해 '부족'이라고 응답한 공인중개사는 '충분'이라고 응답한 공인중개사보다 많다.

ㄹ. 광주의 공인중개사 중 60% 이상이 광주의 아파트 전세공급 상황에 대해 '부족'이라고 응답하였다.

① ㄱ, ㄴ
② ㄱ, ㄷ
③ ㄴ, ㄷ
④ ㄴ, ㄹ
⑤ ㄷ, ㄹ

문 78. 다음 〈표〉와 〈정보〉는 어느 상담센터에서 2013년에 실시한 상담가 유형별 가족상담 건수에 관한 자료이다. 이에 근거할 때, 2013년 하반기 전문상담가에 의한 가족상담 건수는?

14 민간(A) 11번

〈표〉 2013년 상담가 유형별 가족상담 건수

(단위 : 건)

상담가 유형	가족상담 건수
일반상담가	120
전문상담가	60

※ 가족상담은 일반상담가에 의한 가족상담과 전문상담가에 의한 가족상담으로만 구분됨

─ 〈정 보〉 ─
- 2013년 가족상담의 30%는 상반기에, 70%는 하반기에 실시되었다.
- 2013년 일반상담가에 의한 가족상담의 40%는 상반기에, 60%는 하반기에 실시되었다.

① 38
② 40
③ 48
④ 54
⑤ 56

문 79. 다음 〈표〉는 지난 1개월간 패밀리레스토랑 방문경험이 있는 20~35세 여성 113명을 대상으로 연령대별 방문 횟수와 직업을 조사한 자료이다. 이에 대한 설명으로 옳은 것은?

14 민간(A) 13번

〈표 1〉 응답자의 연령대별 방문 횟수 조사결과

(단위 : 명)

방문 횟수 \ 연령대	20~25세	26~30세	31~35세	합
1회	19	12	3	34
2~3회	27	32	4	63
4~5회	6	5	2	13
6회 이상	1	2	0	3
계	53	51	9	113

〈표 2〉 응답자의 직업 조사결과

(단위 : 명)

직업	응답자
학생	49
회사원	43
공무원	2
전문직	7
자영업	9
가정주부	3
계	113

※ 복수응답과 무응답은 없음

① 전체 응답자 중 20~25세 응답자가 차지하는 비율은 50% 이상이다.
② 26~30세 응답자 중 4회 이상 방문한 응답자 비율은 15% 미만이다.
③ 31~35세 응답자의 1인당 평균 방문 횟수는 2회 미만이다.
④ 전체 응답자 중 직업이 학생 또는 공무원인 응답자 비율은 50% 이상이다.
⑤ 전체 응답자 중 20~25세인 전문직 응답자 비율은 5% 미만이다.

문 80. 다음 〈그림〉은 2013년 전국 지역별, 월별 영상회의 개최 실적에 관한 자료이다. 이에 대한 설명으로 옳지 <u>않은</u> 것은?

14 민간(A) 14번

〈그림 1〉 전국 지역별 영상회의 개최 건수

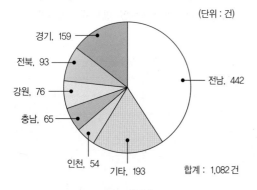

〈그림 2〉 전국 월별 영상회의 개최 건수

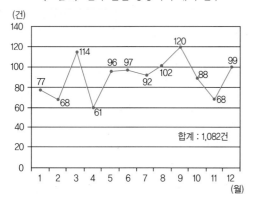

① 전국 월별 영상회의 개최 건수의 전월 대비 증가율은 5월이 가장 높다.

② 전국 월별 영상회의 개최 건수를 분기별로 비교하면 3/4분기에 가장 많다.

③ 영상회의 개최 건수가 가장 많은 지역은 전남이다.

④ 인천과 충남이 모든 영상회의를 9월에 개최했다면 9월에 영상회의를 개최한 지역은 모두 3개이다.

⑤ 강원, 전북, 전남의 영상회의 개최 건수의 합은 전국 영상회의 개최 건수의 50% 이상이다.

문 81. 다음 〈표〉와 〈그림〉은 묘목(A~E)의 건강성을 평가하기 위한 자료이다. 아래의 〈평가방법〉에 따라 묘목의 건강성 평가점수를 계산할 때, 평가점수가 두 번째로 높은 묘목과 가장 낮은 묘목을 바르게 나열한 것은?

14 민간(A) 21번

〈표〉 묘목의 활착률과 병해충 감염여부

구분 \ 묘목	A	B	C	D	E
활착률	0.7	0.7	0.7	0.9	0.8
병해충 감염여부	감염	비감염	비감염	감염	비감염

〈그림〉 묘목의 줄기길이와 뿌리길이

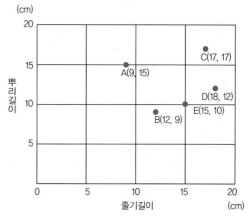

※ (,) 안의 수치는 각각 해당 묘목의 줄기길이, 뿌리길이를 의미함

〈평가방법〉

• 묘목의 건강성 평가점수

$$= 활착률 \times 30 + \frac{뿌리길이}{줄기길이} \times 30 + 병해충\ 감염여부 \times 40$$

• '병해충 감염여부'는 '감염'이면 0, '비감염'이면 1을 부여함

	두 번째로 높은 묘목	가장 낮은 묘목
①	B	A
②	C	A
③	C	D
④	E	A
⑤	E	D

문 82. 다음 〈표〉는 '갑'국의 2013년 11월 군인 소속별 1인당 월지급액에 대한 자료이다. 이에 대한 설명으로 옳지 <u>않은</u> 것은?

14 민간(A) 23번

〈표〉 2013년 11월 군인 소속별 1인당 월지급액

(단위 : 원, %)

구분 \ 소속	육군	해군	공군	해병대
1인당 월지급액	105,000	120,000	125,000	100,000
군인 수 비중	30	20	30	20

※ 1) '갑'국 군인의 소속은 육군, 해군, 공군, 해병대로만 구분됨
　 2) 2013년 11월, 12월 '갑'국의 소속별 군인 수는 변동 없음

① 2013년 12월에 1인당 월지급액이 모두 동일한 액수만큼 증가한다면, 전월 대비 1인당 월지급액 증가율은 해병대가 가장 높다.

② 2013년 12월에 1인당 월지급액이 해군 10%, 해병대 12% 증가한다면, 해군의 전월 대비 월지급액 증가분은 해병대의 전월 대비 월지급액 증가분과 같다.

③ 2013년 11월 '갑'국 전체 군인의 1인당 월지급액은 115,000원이다.

④ 2013년 11월 육군, 해군, 공군의 월지급액을 모두 합하면 해병대 월지급액의 4배 이상이다.

⑤ 2013년 11월 공군과 해병대의 월지급액 차이는 육군과 해군의 월지급액 차이의 2배 이상이다.

문 83. 다음 〈표〉는 농산물을 유전자 변형한 GMO 품목 가운데 전세계에서 승인받은 200개 품목의 현황에 관한 자료이다. 이에 대한 설명으로 옳은 것은?

14 민간(A) 24번

〈표〉 승인받은 GMO 품목 현황

(단위 : 개)

구분	승인 국가 수	전세계 승인 품목			국내 승인 품목		
		합	A유형	B유형	합	A유형	B유형
콩	21	20	18	2	11	9	2
옥수수	22	72	32	40	51	19	32
면화	14	35	25	10	18	9	9
유채	11	22	19	3	6	6	0
사탕무	13	3	3	0	1	1	0
감자	8	21	21	0	4	4	0
알팔파	8	3	3	0	1	1	0
쌀	10	4	4	0	0	0	0
아마	2	1	1	0	0	0	0
자두	1	1	1	0	0	0	0
치커리	1	3	3	0	0	0	0
토마토	4	11	11	0	0	0	0
파파야	3	2	2	0	0	0	0
호박	2	2	2	0	0	0	0

※ 전세계 승인 품목은 국내 승인 품목을 포함함

① 승인 품목이 하나 이상인 국가는 모두 120개이다.

② 국내에서 92개, 국외에서 108개 품목이 각각 승인되었다.

③ 전세계 승인 품목 중 국내에서 승인되지 않은 품목의 비율은 50% 이상이다.

④ 옥수수, 면화의 국내 승인 품목은 각각 B유형이 A유형보다 많다.

⑤ 옥수수, 면화, 감자의 전세계 승인 품목은 각각 B유형이 20개 이상이다.

문 84. 다음 〈그림〉은 2012~2013년 16개 기업(A~P)의 평균 연봉 순위와 평균연봉비에 관한 자료이다. 이에 대한 〈보기〉의 설명 중 옳은 것만을 모두 고르면? 14 민간(A) 25번

〈그림〉 16개 기업 평균연봉 순위와 평균연봉비

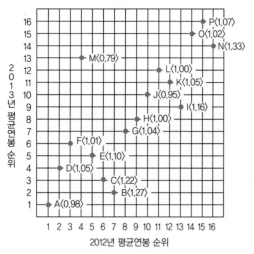

※ 1) 〈 〉 안의 수치는 해당기업의 평균연봉비를 나타냄

$$평균연봉비 = \frac{2013년 \ 평균연봉}{2012년 \ 평균연봉}$$

2) 점의 좌표는 해당기업의 2012년과 2013년 평균연봉 순위를 의미함

─── 〈보 기〉 ───
ㄱ. 2012년에 비해 2013년 평균연봉 순위가 상승한 기업은 7개 이다.
ㄴ. 2012년 대비 2013년 평균연봉 순위 하락폭이 가장 큰 기업 은 평균연봉 감소율도 가장 크다.
ㄷ. 2012년 대비 2013년 평균연봉 순위 상승폭이 가장 큰 기업 은 평균연봉 증가율도 가장 크다.
ㄹ. 2012년에 비해 2013년 평균연봉이 감소한 기업은 모두 평균 연봉 순위도 하락하였다.
ㅁ. 2012년 평균연봉 순위 10위 이내 기업은 모두 2013년에도 10위 이내에 있다.

① ㄱ, ㄴ
② ㄱ, ㄷ
③ ㄱ, ㄴ, ㅁ
④ ㄴ, ㄷ, ㄹ
⑤ ㄷ, ㄹ, ㅁ

문 85. 다음 〈표〉는 행정심판위원회 연도별 사건처리현황에 관한 자료이다. 이에 대한 〈보기〉의 설명 중 옳은 것만을 모두 고르면? 15 민간(인) 02번

〈표〉 행정심판위원회 연도별 사건처리현황
(단위 : 건)

| 구분 연도 | 접수 | 심리·의결 | | | | 취하·이송 |
		인용	기각	각하	소계	
2010	31,473	4,990	24,320	1,162	30,472	1,001
2011	29,986	4,640	23,284	( )	28,923	1,063
2012	26,002	3,983	19,974	1,030	24,987	1,015
2013	26,255	4,713	18,334	1,358	24,405	1,850
2014	26,014	4,131	19,164	( )	25,270	744

※ 1) 당해연도에 접수된 사건은 당해연도에 심리·의결 또는 취하·이송됨

2) $인용률(\%) = \dfrac{인용 \ 건수}{심리·의결 \ 건수} \times 100$

─── 〈보 기〉 ───
ㄱ. 인용률이 가장 높은 해는 2013년이다.
ㄴ. 취하·이송 건수는 매년 감소하였다.
ㄷ. 각하 건수가 가장 적은 해는 2011년이다.
ㄹ. 접수 건수와 심리·의결 건수의 연도별 증감방향은 동일하다.

① ㄱ, ㄴ
② ㄱ, ㄷ
③ ㄷ, ㄹ
④ ㄱ, ㄷ, ㄹ
⑤ ㄴ, ㄷ, ㄹ

문 86. 다음 〈표〉는 A, B, C 세 구역으로 구성된 '갑'시 거주구 역별, 성별 인구분포에 관한 자료이다. '갑'시의 남성 인구는 200 명, 여성 인구는 300명일 때 이에 대한 〈보기〉의 설명 중 옳은 것 만을 모두 고르면? 15 민간(인) 06번

〈표〉 '갑'시 거주구역별, 성별 인구분포
(단위 : %)

성별 \ 거주구역	A	B	C	합
남성	15	55	30	100
여성	42	30	28	100

─── 〈보 기〉 ───
ㄱ. A구역 남성 인구는 B구역 여성 인구의 절반이다.
ㄴ. C구역 인구보다 A구역 인구가 더 많다.
ㄷ. C구역은 여성 인구보다 남성 인구가 더 많다.
ㄹ. B구역 남성 인구의 절반이 C구역으로 이주하더라도, C구역 인구는 '갑'시 전체 인구의 40% 이하이다.

① ㄱ, ㄴ
② ㄱ, ㄷ
③ ㄴ, ㄷ
④ ㄴ, ㄹ
⑤ ㄷ, ㄹ

문 87. 다음 〈표〉는 '갑'국의 2013년 복지종합지원센터, 노인복지관, 자원봉사자, 등록노인 현황에 관한 자료이다. 이에 대한 〈보기〉의 설명 중 옳은 것만을 모두 고르면? 15 민간(인) 07번

〈표〉 복지종합지원센터, 노인복지관, 자원봉사자, 등록노인 현황

(단위 : 개소, 명)

구분 지역	복지종합 지원센터	노인복지관	자원봉사자	등록노인
A	20	1,336	8,252	397,656
B	2	126	878	45,113
C	1	121	970	51,476
D	2	208	1,388	69,395
E	1	164	1,188	59,050
F	1	122	1,032	56,334
G	2	227	1,501	73,825
H	3	362	2,185	106,745
I	1	60	529	27,256
전국	69	4,377	30,171	1,486,980

〈보 기〉

ㄱ. 전국의 노인복지관, 자원봉사자 중 A지역의 노인복지관, 자원봉사자의 비중은 각각 25% 이상이다.

ㄴ. A~I지역 중 복지종합지원센터 1개소당 노인복지관 수가 100개소 이하인 지역은 A, B, D, I이다.

ㄷ. A~I지역 중 복지종합지원센터 1개소당 자원봉사자 수가 가장 많은 지역과 복지종합지원센터 1개소당 등록노인 수가 가장 많은 지역은 동일하다.

ㄹ. 노인복지관 1개소당 자원봉사자 수는 H지역이 C지역보다 많다.

① ㄱ, ㄴ
② ㄱ, ㄷ
③ ㄱ, ㄹ
④ ㄴ, ㄷ
⑤ ㄴ, ㄹ

문 88. 다음 〈표〉는 로봇 시장현황과 R&D 예산의 분야별 구성비에 대한 자료이다. 이에 대한 〈보기〉의 설명 중 옳은 것만을 모두 고르면? 15 민간(인) 09번

〈표 1〉 용도별 로봇 시장현황(2013년)

구분 용도	시장규모 (백만 달러)	수량 (천 개)	평균단가 (천 달러/개)
제조용	9,719	178	54.6
전문 서비스용	3,340	21	159.0
개인 서비스용	1,941	4,000	0.5
전체	15,000	4,199	3.6

〈표 2〉 분야별 로봇 시장규모(2011~2013년)

(단위 : 백만 달러)

용도	분야	2011	2012	2013
제조용	제조	8,926	9,453	9,719
전문 서비스용	건설	879	847	883
	물류	166	196	216
	의료	1,356	1,499	1,449
	국방	748	818	792
개인 서비스용	가사	454	697	799
	여가	166	524	911
	교육	436	279	231

※ 로봇의 용도 및 분야는 중복되지 않음

〈표 3〉 로봇 R&D 예산의 분야별 구성비(2013년)

(단위 : %)

분야	제조	건설	물류	의료	국방	가사	여가	교육	합계
구성비	21	13	3	22	12	12	14	3	100

〈보 기〉

ㄱ. 2013년 전체 로봇 시장규모 대비 제조용 로봇 시장규모의 비중은 70% 이상이다.

ㄴ. 2013년 전문 서비스용 로봇 평균단가는 제조용 로봇 평균단가의 3배 이하이다.

ㄷ. 2013년 전체 로봇 R&D 예산 대비 전문 서비스용 로봇 R&D 예산의 비중은 50%이다.

ㄹ. 개인 서비스용 로봇 시장규모는 각 분야에서 매년 증가했다.

① ㄱ, ㄴ
② ㄱ, ㄹ
③ ㄴ, ㄷ
④ ㄴ, ㄹ
⑤ ㄷ, ㄹ

문 89. 다음 〈표〉는 A발전회사의 연도별 발전량 및 신재생에너지 공급 현황에 관한 자료이다. 이에 대한 〈보기〉의 설명 중 옳은 것만을 모두 고르면? 15 민간(인) 10번

〈표〉 A발전회사의 연도별 발전량 및 신재생에너지 공급 현황

구분	연도	2012	2013	2014
발전량(GWh)		55,000	51,000	52,000
신재생에너지	공급의무율(%)	1.4	2.0	3.0
	자체공급량(GWh)	75	380	690
	인증서구입량(GWh)	15	70	160

※ 1) 공급의무율(%)= $\frac{공급의무량}{발전량} \times 100$

2) 이행량(GWh)=자체공급량+인증서구입량

─── 〈보 기〉 ───

ㄱ. 공급의무량은 매년 증가한다.

ㄴ. 2012년 대비 2014년 자체공급량의 증가율은 2012년 대비 2014년 인증서구입량의 증가율보다 작다.

ㄷ. 공급의무량과 이행량의 차이는 매년 증가한다.

ㄹ. 이행량에서 자체공급량이 차지하는 비중은 매년 감소한다.

① ㄱ, ㄴ

② ㄱ, ㄷ

③ ㄷ, ㄹ

④ ㄱ, ㄴ, ㄹ

⑤ ㄴ, ㄷ, ㄹ

문 90. 다음 〈표〉와 〈그림〉은 A~E국의 국민부담률, 재정적자 비율 및 잠재적부담률과 공채의존도를 나타낸 자료이다. 이에 대한 〈보기〉의 설명 중 옳은 것만을 모두 고르면? 15 민간(인) 13번

〈표〉 국민부담률, 재정적자 비율 및 잠재적부담률

(단위 : %)

구분	국가	A	B	C	D	E
국민부담률		38.9	34.7	49.3	( )	62.4
사회보장부담률		( )	8.6	10.8	22.9	24.6
조세부담률		23.0	26.1	( )	29.1	37.8
재정적자 비율		8.8	9.9	6.7	1.1	5.1
잠재적부담률		47.7	( )	56.0	53.1	( )

※ 1) 국민부담률(%)=사회보장부담률+조세부담률

2) 잠재적부담률(%)=국민부담률+재정적자 비율

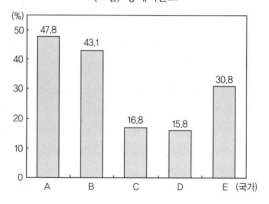

〈그림〉 공채의존도

─── 〈보 기〉 ───

ㄱ. 잠재적부담률이 가장 높은 국가의 조세부담률이 가장 높다.

ㄴ. 공채의존도가 가장 낮은 국가의 국민부담률이 두 번째로 높다.

ㄷ. 사회보장부담률이 가장 높은 국가의 공채의존도가 가장 높다.

ㄹ. 잠재적부담률이 가장 낮은 국가는 B이다.

① ㄱ, ㄴ

② ㄱ, ㄷ

③ ㄴ, ㄷ

④ ㄴ, ㄹ

⑤ ㄷ, ㄹ

문 91. 다음 〈표〉는 쥐 A~E의 에탄올 주입량별 렘(REM)수면시간을 측정한 결과이다. 이에 대한 〈보기〉의 설명 중 옳은 것만을 모두 고르면? 15 민간(인) 15번

〈표〉에탄올 주입량별 쥐의 렘수면시간

(단위 : 분)

에탄올 주입량(g) \ 쥐	A	B	C	D	E
0.0	88	73	91	68	75
1.0	64	54	70	50	72
2.0	45	60	40	56	39
4.0	31	40	46	24	24

〈보 기〉

ㄱ. 에탄올 주입량이 0.0g일 때 쥐 A~E 렘수면시간 평균은 에탄올 주입량이 4.0g일 때 쥐 A~E 렘수면시간 평균의 2배 이상이다.

ㄴ. 에탄올 주입량이 2.0g일 때 쥐 B와 쥐 E의 렘수면시간 차이는 20분 이하이다.

ㄷ. 에탄올 주입량이 0.0g일 때와 에탄올 주입량이 1.0g일 때의 렘수면시간 차이가 가장 큰 쥐는 A이다.

ㄹ. 쥐 A~E는 각각 에탄올 주입량이 많을수록 렘수면시간이 감소한다.

① ㄱ, ㄴ

② ㄱ, ㄷ

③ ㄴ, ㄷ

④ ㄴ, ㄹ

⑤ ㄷ, ㄹ

문 92. 다음 〈표〉는 섬유수출액 상위 10개국과 한국의 섬유수출액 현황에 대한 자료이다. 이에 대한 〈보기〉의 설명 중 옳은 것만을 모두 고르면? 15 민간(인) 19번

〈표 1〉 상위 10개국의 섬유수출액 현황(2010년)

(단위 : 억 달러, %)

순위 \ 구분	국가	섬유	원단	의류	전년 대비 증가율
1	중국	2,424	882	1,542	21.1
2	이탈리아	1,660	671	989	3.1
3	인도	241	129	112	14.2
4	터키	218	90	128	12.7
5	방글라데시	170	13	157	26.2
6	미국	169	122	47	19.4
7	베트남	135	27	108	28.0
8	한국	126	110	16	21.2
9	파키스탄	117	78	39	19.4
10	인도네시아	110	42	68	20.2
세계 전체		6,085	2,570	3,515	14.6

〈표 2〉 한국의 섬유수출액 현황(2006~2010년)

(단위 : 억 달러, %)

연도 \ 구분	2006	2007	2008	2009	2010
섬유	177(5.0)	123(2.1)	121(2.0)	104(2.0)	126(2.1)
원단	127(8.2)	104(4.4)	104(4.2)	90(4.4)	110(4.3)
의류	50(2.5)	19(0.6)	17(0.5)	14(0.4)	16(0.5)

※ 괄호 안의 숫자는 세계 전체의 해당분야 수출액에서 한국의 해당분야 수출액이 차지하는 비중으로, 소수점 아래 둘째자리에서 반올림한 값임

〈보 기〉

ㄱ. 2010년 한국과 인도의 섬유수출액 차이는 100억 달러 이상이다.

ㄴ. 2010년 세계 전체의 섬유수출액은 2006년의 2배 이하이다.

ㄷ. 2010년 한국 원단수출액의 전년대비 증가율과 의류 수출액의 전년 대비 증가율의 차이는 10%p 이상이다.

ㄹ. 2010년 중국의 의류수출액은 세계 전체 의류수출액의 50% 이하이다.

① ㄱ, ㄴ

② ㄱ, ㄷ

③ ㄷ, ㄹ

④ ㄱ, ㄴ, ㄹ

⑤ ㄴ, ㄷ, ㄹ

다음 〈표〉는 2014년 '갑'국 지방법원(A~E)의 배심원 출석 현황에 관한 자료이다. 이에 대한 〈보기〉의 설명 중 옳은 것만을 모두 고르면?   15 민간(인) 20번

〈표〉 2014년 '갑'국 지방법원(A~E)의 배심원 출석 현황

(단위 : 명)

구분 지방 법원	소환인원	송달 불능자	출석취소 통지자	출석의무자	출석자
A	1,880	533	573	( )	411
B	1,740	495	508	( )	453
C	716	160	213	343	189
D	191	38	65	88	57
E	420	126	120	174	115

※ 1) 출석의무자 수＝소환인원－송달불능자 수－출석취소통지자 수

2) 출석률(%)＝$\frac{출석자 수}{소환인원}$×100

3) 실질출석률(%)＝$\frac{출석자 수}{출석의무자 수}$×100

─── 〈보 기〉 ───

ㄱ. 출석의무자 수는 B지방법원이 A지방법원보다 많다.

ㄴ. 실질출석률은 E지방법원이 C지방법원보다 낮다.

ㄷ. D지방법원의 출석률은 25% 이상이다.

ㄹ. A~E지방법원 전체 소환인원에서 A지방법원의 소환인원이 차지하는 비율은 35% 이상이다.

① ㄱ, ㄴ

② ㄱ, ㄷ

③ ㄴ, ㄷ

④ ㄴ, ㄹ

⑤ ㄷ, ㄹ

문 94. 다음 〈표〉는 '갑'국의 주택보급률 및 주거공간 현황에 대한 자료이다. 이에 대한 〈보기〉의 설명 중 옳은 것만을 모두 고르면?   15 민간(인) 22번

〈표〉 '갑'국의 주택보급률 및 주거공간 현황

연도	가구 수 (천 가구)	주택보급률(%)	주거공간	
			가구당 (m²/가구)	1인당 (m²/인)
2000	10,167	72.4	58.5	13.8
2001	11,133	86.0	69.4	17.2
2002	11,928	96.2	78.6	20.2
2003	12,491	105.9	88.2	22.9
2004	12,995	112.9	94.2	24.9

※ 1) 주택보급률(%)＝$\frac{주택 수}{가구 수}$×100

2) 가구당 주거공간(m²/가구)＝$\frac{주거공간 총 면적}{가구 수}$

3) 1인당 주거공간(m²/인)＝$\frac{주거공간 총 면적}{인구 수}$

─── 〈보 기〉 ───

ㄱ. 주택 수는 매년 증가하였다.

ㄴ. 2003년 주택을 두 채 이상 소유한 가구 수는 2002년보다 증가하였다.

ㄷ. 2001~2004년 동안 1인당 주거공간의 전년 대비 증가율이 가장 큰 해는 2001년이다.

ㄹ. 2004년 주거공간 총 면적은 2000년 주거공간 총 면적의 2배 이상이다.

① ㄱ, ㄴ

② ㄱ, ㄷ

③ ㄴ, ㄹ

④ ㄱ, ㄷ, ㄹ

⑤ ㄴ, ㄷ, ㄹ

문 95. 다음 〈표〉는 조선 후기 이후 인구 현황에 대한 자료이다. 이에 대한 〈보기〉의 설명 중 옳은 것만을 모두 고르면?

15 민간(인) 25번

〈표 1〉 지역별 인구분포(1648년)

(단위 : 천 명, %)

구분	전체	한성	경기	충청	전라	경상	강원	황해	평안	함경
인구	1,532	96	81	174	432	425	54	55	146	69
비중	100.0	6.3	5.3	11.4	28.2	27.7	3.5	3.6	9.5	4.5

〈표 2〉 지역별 인구지수

지역 연도	한성	경기	충청	전라	경상	강원	황해	평안	함경
1648	100	100	100	100	100	100	100	100	100
1753	181	793	535	276	391	724	982	868	722
1789	197	793	499	283	374	615	1,033	888	1,009
1837	213	812	486	253	353	589	995	584	1,000
1864	211	832	505	251	358	615	1,033	598	1,009
1904	200	831	445	216	261	559	695	557	1,087

※ 1) 인구지수 = $\dfrac{\text{해당연도 해당지역 인구}}{\text{1648년 해당지역 인구}} \times 100$

　2) 조선 후기 이후 전체 인구는 9개 지역 인구의 합임

〈보 기〉

ㄱ. 1753년 강원 지역 인구는 1648년 전라 지역 인구보다 많다.

ㄴ. 1789년 대비 1837년 인구 감소율이 가장 큰 지역은 평안이다.

ㄷ. 1864년 인구가 가장 많은 지역은 경상이다.

ㄹ. 1904년 전체 인구 대비 경기 지역 인구의 비중은 함경 지역 인구의 비중보다 크다.

① ㄱ, ㄴ

② ㄱ, ㄹ

③ ㄴ, ㄷ

④ ㄱ, ㄷ, ㄹ

⑤ ㄴ, ㄷ, ㄹ

문 96. 다음 〈그림〉은 국가 A~H의 GDP와 에너지사용량에 관한 자료이다. 이에 대한 설명으로 옳지 <u>않은</u> 것은?

16 민간(5) 04번

〈그림〉 국가 A~H의 GDP와 에너지사용량

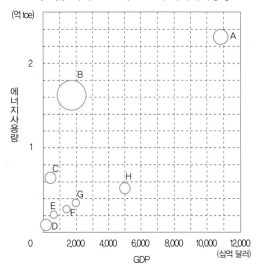

※ 1) 원의 면적은 각 국가 인구수에 정비례함

　2) 각 원의 중심좌표는 각 국가의 GDP와 에너지사용량을 나타냄

① 에너지사용량이 가장 많은 국가는 A국이고 가장 적은 국가는 D국이다.

② 1인당 에너지사용량은 C국이 D국보다 많다.

③ GDP가 가장 낮은 국가는 D국이고 가장 높은 국가는 A국이다.

④ 1인당 GDP는 H국이 B국보다 높다.

⑤ 에너지사용량 대비 GDP는 A국이 B국보다 낮다.

문 97.　다음 〈표〉와 〈그림〉은 수종별 원목생산량과 원목생산량 구성비에 관한 자료이다. 이에 대한 〈보기〉의 설명 중 옳은 것만을 모두 고르면?　16 민간(5) 08번

〈표〉 2006~2011년 수종별 원목생산량

(단위 : 만m³)

연도 수종	2006	2007	2008	2009	2010	2011
소나무	30.9	25.8	28.1	38.6	77.1	92.2
잣나무	7.2	6.8	5.6	8.3	12.8	( )
전나무	50.4	54.3	50.4	54.0	58.2	56.2
낙엽송	22.7	23.8	37.3	38.7	50.5	63.3
참나무	41.4	47.7	52.5	69.4	76.0	87.7
기타	9.0	11.8	21.7	42.7	97.9	85.7
전체	161.6	170.2	195.6	( )	372.5	( )

〈그림〉 2011년 수종별 원목생산량 구성비

(단위 : %)

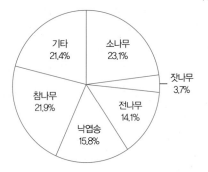

━━━━━ 〈보 기〉 ━━━━━

ㄱ. '기타'를 제외하고 2006년 대비 2011년 원목생산량 증가율이 가장 큰 수종은 소나무이다.

ㄴ. '기타'를 제외하고 2006~2011년 동안 원목생산량이 매년 증가한 수종은 3개이다.

ㄷ. 2010년 참나무 원목생산량은 2010년 잣나무 원목생산량의 6배 이상이다.

ㄹ. 전체 원목생산량 중 소나무 원목생산량의 비중은 2011년이 2009년보다 크다.

① ㄱ, ㄴ

② ㄱ, ㄷ

③ ㄱ, ㄹ

④ ㄴ, ㄷ

⑤ ㄷ, ㄹ

문 98.　다음 〈표〉는 조사연도별 우리나라의 도시 수, 도시인구 및 도시화율에 대한 자료이다. 이에 대한 〈보기〉의 설명 중 옳은 것만을 모두 고르면?　16 민간(5) 10번

〈표〉 조사연도별 우리나라의 도시 수, 도시인구 및 도시화율

(단위 : 개, 명, %)

조사연도	도시 수	도시인구	도시화율
1910	12	1,122,412	8.4
1915	7	456,430	2.8
1920	7	508,396	2.9
1925	19	1,058,706	5.7
1930	30	1,605,669	7.9
1935	38	2,163,453	10.1
1940	58	3,998,079	16.9
1944	74	5,067,123	19.6
1949	60	4,595,061	23.9
1955	65	6,320,823	29.4
1960	89	12,303,103	35.4
1966	111	15,385,382	42.4
1970	114	20,857,782	49.8
1975	141	24,792,199	58.3
1980	136	29,634,297	66.2
1985	150	34,527,278	73.3
1990	149	39,710,959	79.5
1995	135	39,882,316	82.6
2000	138	38,784,556	84.0
2005	151	41,017,759	86.7
2010	156	42,564,502	87.6

※ 1) 도시화율(%) = $\frac{도시인구}{전체인구} \times 100$

2) 평균도시인구 = $\frac{도시인구}{도시 수}$

━━━━━ 〈보 기〉 ━━━━━

ㄱ. 1949~2010년 동안 직전 조사연도에 비해 도시 수가 증가한 조사연도에는 직전 조사연도에 비해 도시화율도 모두 증가한다.

ㄴ. 1949~2010년 동안 직전 조사연도 대비 도시인구 증가폭이 가장 큰 조사연도에는 직전 조사연도 대비 도시화율 증가폭도 가장 크다.

ㄷ. 전체인구가 처음으로 4천만 명을 초과한 조사연도는 1970년이다.

ㄹ. 조사연도 1955년의 평균도시인구는 10만 명 이상이다.

① ㄱ, ㄴ

② ㄱ, ㄷ

③ ㄴ, ㄷ

④ ㄴ, ㄹ

⑤ ㄱ, ㄷ, ㄹ

문 99. 다음 〈표〉는 지역별, 등급별, 병원유형별 요양기관 수를 나타낸 자료이다. 이에 대한 〈보기〉의 설명 중 옳은 것만을 모두 고르면?

16 민간(5) 11번

〈표 1〉 지역별, 등급별 요양기관 수

(단위 : 개소)

지역 \ 등급	1등급	2등급	3등급	4등급	5등급
서울	22	2	1	0	4
경기	17	2	0	0	1
경상	16	0	0	1	0
충청	5	2	0	0	2
전라	4	2	0	0	1
강원	1	2	0	1	0
제주	2	0	0	0	0
계	67	10	1	2	8

〈표 2〉 병원유형별, 등급별 요양기관 수

(단위 : 개소)

병원유형 \ 등급	1등급	2등급	3등급	4등급	5등급	합
상급종합병원	37	5	0	0	0	42
종합병원	30	5	1	2	8	46

〈보 기〉

ㄱ. 경상지역 요양기관 중 1등급 요양기관의 비중은 서울지역 요양기관 중 1등급 요양기관의 비중보다 작다.

ㄴ. 5등급 요양기관 중 서울지역 요양기관의 비중은 2등급 요양기관 중 강원지역 요양기관의 비중보다 크다.

ㄷ. 1등급 '상급종합병원' 요양기관 수는 5등급을 제외한 '종합병원' 요양기관 수의 합보다 적다.

ㄹ. '상급종합병원' 요양기관 중 1등급 요양기관의 비중은 1등급 요양기관 중 '종합병원' 요양기관의 비중보다 크다.

① ㄱ, ㄴ

② ㄱ, ㄷ

③ ㄴ, ㄷ

④ ㄴ, ㄹ

⑤ ㄴ, ㄷ, ㄹ

문 100. 다음 〈표〉는 2000년 극한기후 유형별 발생일수와 발생지수에 관한 자료이다. 〈표〉와 〈산정식〉에 따라 2000년 극한기후 유형별 발생지수를 산출할 때, 이에 대한 설명으로 옳은 것은?

16 민간(5) 12번

〈표〉 2000년 극한기후 유형별 발생일수와 발생지수

유형	폭염	한파	호우	대설	강풍
발생일수(일)	16	5	3	0	1
발생지수	5.00	( )	( )	1.00	( )

※ 극한기후 유형은 폭염, 한파, 호우, 대설, 강풍만 존재함

〈산정식〉

$$극한기후\ 발생지수 = 4 \times \left(\frac{A-B}{C-B} \right) + 1$$

※ A=당해연도 해당 극한기후 유형 발생일수

B=당해연도 폭염, 한파, 호우, 대설, 강풍의 발생일수 중 최솟값

C=당해연도 폭염, 한파, 호우, 대설, 강풍의 발생일수 중 최댓값

① 발생지수가 가장 높은 유형은 한파이다.

② 호우의 발생지수는 2.00 이상이다.

③ 대설과 강풍의 발생지수의 합은 호우의 발생지수보다 크다.

④ 극한기후 유형별 발생지수의 평균은 3.00 이상이다.

⑤ 폭염의 발생지수는 강풍의 발생지수의 5배이다.

문 101. 다음 〈표〉는 2000~2013년 동안 세대문제 키워드별 검색 건수에 대한 자료이다. 이에 대한 〈보기〉의 설명 중 옳은 것만을 모두 고르면? 16 민간(5) 18번

〈표〉 세대문제 키워드별 검색 건수

(단위 : 건)

연도	부정적 키워드		긍정적 키워드		전체
	세대갈등	세대격차	세대소통	세대통합	
2000	575	260	164	638	1,637
2001	520	209	109	648	1,486
2002	912	469	218	1,448	3,047
2003	1,419	431	264	1,363	3,477
2004	1,539	505	262	1,105	3,411
2005	1,196	549	413	1,247	3,405
2006	940	494	423	990	2,847
2007	1,094	631	628	1,964	4,317
2008	1,726	803	1,637	2,542	6,708
2009	2,036	866	1,854	2,843	7,599
2010	2,668	1,150	3,573	4,140	11,531
2011	2,816	1,279	3,772	4,008	11,875
2012	3,603	1,903	4,263	8,468	18,237
2013	3,542	1,173	3,809	4,424	12,948

〈보 기〉

ㄱ. 부정적 키워드 검색 건수에 비해 긍정적 키워드 검색 건수가 많았던 연도의 횟수는 8번 이상이다.

ㄴ. '세대소통' 키워드의 검색 건수는 2005년 이후 매년 증가하였다.

ㄷ. 2001~2013년 동안 전년 대비 전체 검색 건수 증가율이 가장 높은 해는 2002년이다.

ㄹ. 2002년에 전년 대비 검색 건수 증가율이 가장 낮은 키워드는 '세대소통'이다.

① ㄱ, ㄴ
② ㄱ, ㄷ
③ ㄴ, ㄹ
④ ㄱ, ㄷ, ㄹ
⑤ ㄴ, ㄷ, ㄹ

문 102. 다음 〈표〉는 2009~2012년 A 추모공원의 신규 안치건수 및 매출액 현황을 나타낸 자료이다. 이에 대한 〈보기〉의 설명 중 옳은 것만을 모두 고르면? 16 민간(5) 20번

〈표〉 A 추모공원의 신규 안치 건수 및 매출액 현황

(단위 : 건, 만 원)

구분 안치유형		신규 안치 건수		매출액	
		2009~2011년	2012년	2009~2011년	2012년
개인단	관내	719	606	291,500	289,000
	관외	176	132	160,000	128,500
부부단	관내	632	557	323,900	330,000
	관외	221	134	291,800	171,000
계		1,748	1,429	1,067,200	918,500

〈보 기〉

ㄱ. 2012년 개인단의 신규 안치 건수는 2009~2012년 개인단 신규 안치 건수 합의 50% 이하이다.

ㄴ. 2009~2012년 신규 안치 건수의 합은 관내가 관외보다 크다.

ㄷ. 2012년 부부단 관내와 부부단 관외의 매출액이 2011년에 비해 각각 50%가 증가한 것이라면, 2009~2010년 매출액의 합은 부부단 관내가 부부단 관외보다 작다.

ㄹ. 2009~2012년 4개 안치유형 중 신규 안치 건수의 합이 가장 큰 안치유형은 부부단 관내이다.

① ㄱ, ㄴ
② ㄴ, ㄷ
③ ㄷ, ㄹ
④ ㄱ, ㄴ, ㄷ
⑤ ㄱ, ㄷ, ㄹ

문 103. 다음 〈그림〉은 A 자선단체의 수입액과 지출액에 관한 자료이다. 이에 대한 설명 중 옳은 것은? 16 민간(5) 21번

〈그림 1〉 수입액 구성비

(단위 : %)

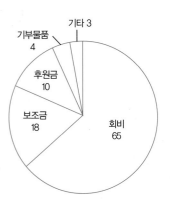

〈그림 2〉 지출액 구성비

(단위 : %)

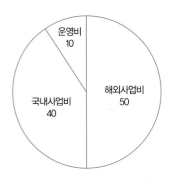

※ A 자선단체의 수입액과 지출액은 항상 같음

〈그림 3〉 국내사업비 지출액 세부 구성비

(단위 : %)

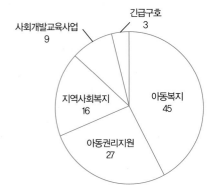

〈그림 4〉 해외사업비 지출액 세부 구성비

(단위 : %)

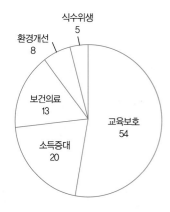

① 전체 수입액 중 후원금 수입액은 국내사업비 지출액 중 아동복지 지출액보다 많다.

② 국내사업비 지출액 중 아동권리지원 지출액은 해외사업비 지출액 중 소득증대 지출액보다 적다.

③ 국내사업비 지출액 중 아동복지 지출액과 해외사업비 지출액 중 교육보호 지출액의 합은 A 자선단체 전체 지출액의 45%이다.

④ 해외사업비 지출액 중 식수위생 지출액은 A 자선단체 전체 지출액의 2% 미만이다.

⑤ A 자선단체 전체 수입액이 6% 증가하고 지역사회복지 지출액을 제외한 다른 모든 지출액이 동일하게 유지된다면, 지역사회복지 지출액은 2배 이상이 된다.

문 104. 다음 〈표〉는 A지역의 저수지 현황에 대한 자료이다. 이에 대한 〈보기〉의 설명 중 옳은 것만을 모두 고르면?

16 민간(5) 23번

〈표 1〉 관리기관별 저수지 현황

(단위 : 개소, 천m³, ha)

관리기관＼구분	저수지 수	총 저수용량	총 수혜면적
농어촌공사	996	598,954	69,912
자치단체	2,230	108,658	29,371
전체	3,226	707,612	99,283

〈표 2〉 저수용량별 저수지 수

(단위 : 개소)

저수용량 (m³)	10만 미만	10만 이상 50만 미만	50만 이상 100만 미만	100만 이상 500만 미만	500만 이상 1,000만 미만	1,000만 이상	합
저수지 수	2,668	360	100	88	3	7	3,226

〈표 3〉 제방높이별 저수지 수

(단위 : 개소)

제방높이 (m)	10 미만	10 이상 20 미만	20 이상 30 미만	30 이상 40 미만	40 이상	합
저수지 수	2,566	533	99	20	8	3,226

─────〈보 기〉─────

ㄱ. 관리기관이 자치단체이고 제방높이가 '10 미만'인 저수지 수는 1,600개소 이상이다.

ㄴ. 저수용량이 '10만 미만'인 저수지 수는 전체 저수지 수의 80% 이상이다.

ㄷ. 관리기관이 농어촌공사인 저수지의 개소당 수혜면적은 관리기관이 자치단체인 저수지의 개소당 수혜면적의 5배 이상이다.

ㄹ. 저수용량이 '50만 이상 100만 미만'인 저수지의 저수용량 합은 전체 저수지 총 저수용량의 5% 이상이다.

① ㄴ, ㄷ

② ㄷ, ㄹ

③ ㄱ, ㄴ, ㄷ

④ ㄱ, ㄴ, ㄹ

⑤ ㄴ, ㄷ, ㄹ

문 105. 다음 〈표〉는 2015년 '갑'국 공항의 운항 현황을 나타낸 자료이다. 이에 대한 설명 중 옳은 것은?

16 민간(5) 24번

〈표 1〉 운항 횟수 상위 5개 공항

(단위 : 회)

국내선			국제선		
순위	공항	운항 횟수	순위	공항	운항 횟수
1	AJ	65,838	1	IC	273,866
2	KP	56,309	2	KH	39,235
3	KH	20,062	3	KP	18,643
4	KJ	5,638	4	AJ	13,311
5	TG	5,321	5	CJ	3,567
'갑'국 전체		167,040	'갑'국 전체		353,272

※ 일부 공항은 국내선만 운항함

〈표 2〉 전년 대비 운항 횟수 증가율 상위 5개 공항

(단위 : %)

국내선			국제선		
순위	공항	증가율	순위	공항	증가율
1	MA	229.0	1	TG	55.8
2	CJ	23.0	2	AJ	25.3
3	KP	17.3	3	KH	15.1
4	TG	16.1	4	KP	5.6
5	AJ	11.2	5	IC	5.5

① 2015년 국제선 운항 공항 수는 7개 이상이다.

② 2015년 KP공항의 운항 횟수는 국제선이 국내선의 $\frac{1}{3}$ 이상이다.

③ 전년 대비 국내선 운항 횟수가 가장 많이 증가한 공항은 MA공항이다.

④ 국내선 운항 횟수 상위 5개 공항의 국내선 운항 횟수 합은 전체 국내선 운항 횟수의 90% 미만이다.

⑤ 국내선 운항 횟수와 전년 대비 국내선 운항 횟수 증가율 모두 상위 5개 안에 포함된 공항은 AJ공항이 유일하다.

문 106. 다음 〈표〉와 〈그림〉은 2008~2016년 A국의 국세 및 지방세에 관한 자료이다. 이에 대한 설명으로 옳지 <u>않은</u> 것은?

17 민간(나) 07번

〈표〉 국세 및 지방세 징수액과 감면액

(단위 : 조 원)

구분 \ 연도		2008	2009	2010	2011	2012	2013	2014	2015	2016
국세	징수액	138	161	167	165	178	192	203	202	216
	감면액	21	23	29	31	30	30	33	34	33
지방세	징수액	41	44	45	45	49	52	54	54	62
	감면액	8	10	11	15	15	17	15	14	11

〈그림〉 국세 및 지방세 감면율 추이

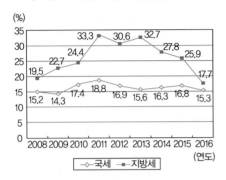

① 감면액은 국세가 지방세보다 매년 많다.

② 감면율은 지방세가 국세보다 매년 높다.

③ 2008년 대비 2016년 징수액 증가율은 국세가 지방세보다 높다.

④ 국세 징수액과 지방세 징수액의 차이가 가장 큰 해에는 국세 감면율과 지방세 감면율의 차이도 가장 크다.

⑤ 2014~2016년 동안 국세 감면액과 지방세 감면액의 차이는 매년 증가한다.

문 107. 다음 〈그림〉과 〈표〉는 F 국제기구가 발표한 2014년 3월 ~2015년 3월 동안의 식량 가격지수와 품목별 가격지수에 대한 자료이다. 이에 대한 설명으로 옳지 <u>않은</u> 것은?

17 민간(나) 09번

〈그림〉 식량 가격지수

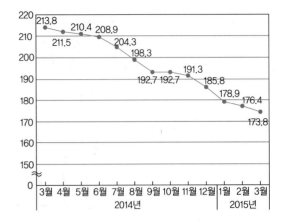

〈표〉 품목별 가격지수

시기 \ 품목		육류	낙농품	곡물	유지류	설탕
2014년	3월	185.5	268.5	208.9	204.8	254.0
	4월	190.4	251.5	209.2	199.0	249.9
	5월	194.6	238.9	207.0	195.3	259.3
	6월	202.8	236.5	196.1	188.8	258.0
	7월	205.9	226.1	185.2	181.1	259.1
	8월	212.0	200.8	182.5	166.6	244.3
	9월	211.0	187.8	178.2	162.0	228.1
	10월	210.2	184.3	178.3	163.7	237.6
	11월	206.4	178.1	183.2	164.9	229.7
	12월	196.4	174.0	183.9	160.7	217.5
2015년	1월	183.5	173.8	177.4	156.0	217.7
	2월	178.8	181.8	171.7	156.6	207.1
	3월	177.0	184.9	169.8	151.7	187.9

※ 기준연도인 2002년의 가격지수는 100임

① 2015년 3월의 식량 가격지수는 2014년 3월에 비해 15% 이상 하락했다.

② 2014년 4월부터 2014년 9월까지 식량 가격지수는 매월 하락했다.

③ 2014년 3월에 비해 2015년 3월 가격지수가 가장 큰 폭으로 하락한 품목은 낙농품이다.

④ 육류 가격지수는 2014년 8월까지 매월 상승하다가 그 이후에는 매월 하락했다.

⑤ 2002년 가격지수 대비 2015년 3월 가격지수의 상승률이 가장 낮은 품목은 육류이다.

문 108. 다음 〈표〉는 AIIB(Asian Infrastructure Investment Bank)의 지분율 상위 10개 회원국의 지분율과 투표권 비율에 대한 자료이다. 이에 대한 〈보기〉의 설명 중 옳은 것만을 모두 고르면? 17 민간(나) 11번

〈표〉 지분율 상위 10개 회원국의 지분율과 투표권 비율

(단위 : %)

회원국	지역	지분율	투표권비율
중국	A	30.34	26.06
인도	A	8.52	7.51
러시아	B	6.66	5.93
독일	B	4.57	4.15
한국	A	3.81	3.50
호주	A	3.76	3.46
프랑스	B	3.44	3.19
인도네시아	A	3.42	3.17
브라질	B	3.24	3.02
영국	B	3.11	2.91

※ 1) 회원국의 지분율(%)= $\dfrac{\text{해당 회원국이 AIIB에 출자한 자본금}}{\text{AIIB의 자본금 총액}} \times 100$

2) 지분율이 높을수록 투표권 비율이 높아짐

〈보기〉
ㄱ. 지분율 상위 4개 회원국의 투표권 비율을 합하면 40% 이상이다.
ㄴ. 중국을 제외한 지분율 상위 9개 회원국 중 지분율과 투표권 비율의 차이가 가장 큰 회원국은 인도이다.
ㄷ. 지분율 상위 10개 회원국 중에서, A지역 회원국의 지분율 합은 B지역 회원국의 지분율 합의 3배 이상이다.
ㄹ. AIIB의 자본금 총액이 2,000억 달러라면, 독일과 프랑스가 AIIB에 출자한 자본금의 합은 160억 달러 이상이다.

① ㄱ, ㄴ
② ㄴ, ㄷ
③ ㄷ, ㄹ
④ ㄱ, ㄴ, ㄹ
⑤ ㄱ, ㄷ, ㄹ

문 109. 다음 〈표〉는 '갑'기관의 10개 정책(가~차)에 대한 평가결과이다. '갑'기관은 정책별로 심사위원 A~D의 점수를 합산하여 총점이 낮은 정책부터 순서대로 4개 정책을 폐기할 계획이다. 폐기할 정책만을 모두 고르면? 17 민간(나) 14번

〈표〉 정책에 대한 평가결과

심사위원 \ 정책	A	B	C	D
가	●	●	◐	○
나	●	●	◐	●
다	◐	○	●	◐
라	( )	●	◐	( )
마	●	( )	◐	◐
바	◐	◐	◐	●
사	◐	◐	◐	◐
아	◐	◐	●	( )
자	◐	◐	( )	●
차	( )	●	◐	○
평균(점)	0.55	0.70	0.70	0.50

※ 정책은 ○(0점), ◐(0.5점), ●(1.0점)으로만 평가됨

① 가, 다, 바, 사
② 나, 마, 아, 자
③ 다, 라, 바, 사
④ 다, 라, 아, 차
⑤ 라, 아, 자, 차

문 110. 다음 〈표〉는 5개 팀으로 구성된 '갑'국 프로야구 리그의 2016 시즌 팀별 상대전적을 시즌 종료 후 종합한 것이다. 이에 대한 설명으로 옳지 않은 것은? 17 민간(나) 16번

〈표〉 2016 시즌 팀별 상대전적

상대팀 \ 팀	A	B	C	D	E
A	-	(가)	( )	( )	( )
B	6-10-0	-	( )	( )	( )
C	7-9-0	8-8-0	-	8-8-0	( )
D	6-9-1	8-8-0	8-8-0	-	( )
E	4-12-0	8-8-0	6-10-0	10-6-0	-

※ 1) 표 안의 수는 승리－패배－무승부의 순으로 표시됨
예를 들어, B팀의 A팀에 대한 전적(6-10-0)은 6승 10패 0무임

2) 팀의 시즌 승률(%)= $\dfrac{\text{해당 팀의 시즌 승리 경기 수}}{\text{해당 팀의 시즌 경기}} \times 100$

① (가)에 들어갈 내용은 10-6-0이다.
② B팀의 시즌 승률은 50% 이하이다.
③ 시즌 승률이 50% 이상인 팀은 1팀이다.
④ C팀은 E팀을 상대로 승리한 경기가 패배한 경기보다 많다.
⑤ 시즌 전체 경기 결과 중 무승부는 1경기이다.

문 111. 다음 〈표〉와 〈그림〉은 2009~2012년 도시폐기물량 상위 10개국의 도시폐기물량지수와 한국의 도시폐기물량을 나타낸 것이다. 이에 대한 〈보기〉의 설명 중 옳은 것만을 모두 고르면?

17 민간(나) 20번

〈표〉 도시폐기물량 상위 10개국의 도시폐기물량지수

순위	2009년		2010년		2011년		2012년	
	국가	지수	국가	지수	국가	지수	국가	지수
1	미국	12.05	미국	11.94	미국	12.72	미국	12.73
2	러시아	3.40	러시아	3.60	러시아	3.87	러시아	4.51
3	독일	2.54	브라질	2.85	브라질	2.97	브라질	3.24
4	일본	2.53	독일	2.61	독일	2.81	독일	2.78
5	멕시코	1.98	일본	2.49	일본	2.54	일본	2.53
6	프랑스	1.83	멕시코	2.06	멕시코	2.30	멕시코	2.35
7	영국	1.76	프랑스	1.86	프랑스	1.96	프랑스	1.91
8	이탈리아	1.71	영국	1.75	이탈리아	1.76	터키	1.72
9	터키	1.50	이탈리아	1.73	영국	1.74	영국	1.70
10	스페인	1.33	터키	1.63	터키	1.73	이탈리아	1.40

※ 도시폐기물량지수 = 해당연도 해당 국가의 도시폐기물량 / 해당연도 한국의 도시폐기물량

〈그림〉 한국의 도시폐기물량

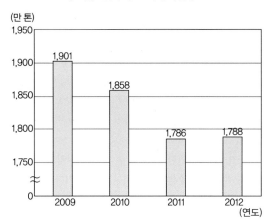

(만 톤)

- 〈보 기〉
ㄱ. 2012년 도시폐기물량은 미국이 일본의 4배 이상이다.
ㄴ. 2011년 러시아의 도시폐기물량은 8,000만 톤 이상이다.
ㄷ. 2012년 스페인의 도시폐기물량은 2009년에 비해 감소하였다.
ㄹ. 영국의 도시폐기물량은 터키의 도시폐기물량보다 매년 많다.

① ㄱ, ㄷ
② ㄱ, ㄹ
③ ㄴ, ㄷ
④ ㄱ, ㄴ, ㄹ
⑤ ㄴ, ㄷ, ㄹ

문 112. 다음 〈표〉는 2012~2016년 조세심판원의 연도별 사건 처리 건수에 관한 자료이다. 이에 대한 〈보기〉의 설명 중 옳은 것만을 모두 고르면?

17 민간(나) 22번

〈표〉 조세심판원의 연도별 사건처리 건수

(단위 : 건)

구분	연도	2012	2013	2014	2015	2016
처리대상 건수	전년 이월 건수	1,854	( )	2,403	2,127	2,223
	당년접수 건수	6,424	7,883	8,474	8,273	6,003
	소계	8,278	( )	10,877	10,400	8,226
처리 건수	취하 건수	90	136	163	222	163
	각하 건수	346	301	482	459	506
	기각 건수	4,214	5,074	6,200	5,579	4,322
	재조사 건수	27	0	465	611	299
	인용 건수	1,767	1,803	1,440	1,306	1,338
	소계	6,444	7,314	8,750	8,177	6,628

※ 1) 당해 연도 전년 이월 건수 = 전년도 처리대상 건수 − 전년도 처리 건수

2) 처리율(%) = $\frac{처리\ 건수}{처리대상\ 건수} \times 100$

3) 인용률(%) = $\frac{인용\ 건수}{각하\ 건수 + 기각\ 건수 + 인용\ 건수} \times 100$

- 〈보 기〉
ㄱ. 처리대상 건수가 가장 적은 연도의 처리율은 75% 이상이다.
ㄴ. 2013~2016년 동안 취하 건수와 기각 건수의 전년 대비 증감방향은 동일하다.
ㄷ. 2013년 처리율은 80% 이상이다.
ㄹ. 인용률은 2012년이 2014년보다 높다.

① ㄱ, ㄴ
② ㄱ, ㄹ
③ ㄴ, ㄷ
④ ㄱ, ㄷ, ㄹ
⑤ ㄴ, ㄷ, ㄹ

문 113. 다음 〈표〉와 〈그림〉은 '갑'국 정당 A~D의 지방의회 의석 수에 관한 자료이다. 이에 대한 〈보기〉의 설명 중 옳은 것만을 모두 고르면?   17 민간(나) 23번

〈표〉 정당별 전국 지방의회 의석 수

(단위 : 석)

연도＼정당	A	B	C	D	합
2010	224	271	82	39	616
2014	252	318	38	61	669

〈그림〉 정당별 수도권 지방의회 의석 수

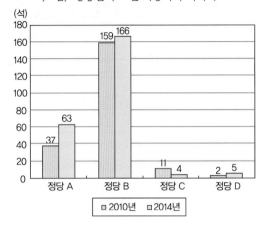

※ 1) '갑'국 지방의회 의원은 정당 A, B, C, D 소속만 있고, 무소속은 없음
2) 전국 지방의회 의석 수＝수도권 지방의회 의석 수＋비수도권 지방의회 의석 수
3) 정당별 지방의회 의석점유율(%)＝ $\frac{정당별\ 지방의회\ 의석\ 수}{지방의회\ 의석\ 수}$ ×100

─── 〈보 기〉 ───

ㄱ. 정당 D의 전국 지방의회 의석점유율은 2014년이 2010년보다 높다.
ㄴ. 2010년에 비해 2014년 모든 정당의 전국 지방의회 의석 수는 증가하였다.
ㄷ. 2014년 비수도권 지방의회 의석 수는 정당 B가 정당 A보다 많다.
ㄹ. 정당 B의 수도권 지방의회 의석점유율은 2014년이 2010년보다 낮다.

① ㄱ, ㄴ
② ㄱ, ㄹ
③ ㄴ, ㄷ
④ ㄱ, ㄷ, ㄹ
⑤ ㄴ, ㄷ, ㄹ

문 114. 다음 〈표〉는 2016년 '갑'국 10개 항공사의 항공기 지연 현황에 대한 자료이다. 이에 대한 〈보기〉의 설명 중 옳은 것만을 모두 고르면?   17 민간(나) 24번

〈표〉 10개 항공사의 지연사유별 항공기 지연 대수

(단위 : 대)

항공사	총 운항 대수	총 지연 대수	지연사유별 지연 대수			
			연결편 접속	항공기 정비	기상 악화	기타
EK	86,592	21,374	20,646	118	214	396
JL	71,264	12,487	11,531	121	147	688
EZ	26,644	4,037	3,628	41	156	212
WT	7,308	1,137	1,021	17	23	76
HO	6,563	761	695	7	21	38
8L	6,272	1,162	1,109	4	36	13
ZH	3,129	417	135	7	2	273
BK	2,818	110	101	3	1	5
9C	2,675	229	223	3	0	3
PR	1,062	126	112	3	5	6
계	214,327	41,840	39,201	324	605	1,710

※ 지연율(%)＝ $\frac{총\ 지연\ 대수}{총\ 운항\ 대수}$ ×100

─── 〈보 기〉 ───

ㄱ. 지연율이 가장 낮은 항공사는 BK항공이다.
ㄴ. 항공사별 총 지연 대수 중 항공기 정비, 기상 악화, 기타로 인한 지연 대수의 합이 차지하는 비중은 ZH항공이 가장 높다.
ㄷ. 기상 악화로 인한 전체 지연 대수 중 EK항공과 JL항공의 기상 악화로 인한 지연 대수 합이 차지하는 비중은 50% 이하이다.
ㄹ. 항공기 정비로 인한 지연 대수 대비 기상악화로 인한 지연 대수 비율이 가장 높은 항공사는 EZ항공이다.

① ㄱ, ㄴ
② ㄱ, ㄷ
③ ㄴ, ㄹ
④ ㄱ, ㄷ, ㄹ
⑤ ㄴ, ㄷ, ㄹ

문 115. 다음 〈그림〉은 A국의 2012~2017년 태양광 산업 분야 투자액 및 투자 건수에 관한 자료이다. 이에 대한 설명으로 옳지 않은 것은?

18 민간(가) 04번

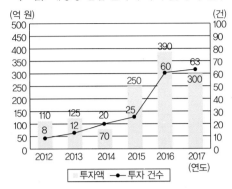

〈그림〉 태양광 산업 분야 투자액 및 투자 건수

① 2013~2017년 동안 투자액의 전년 대비 증가율은 2016년이 가장 높다.

② 2013~2017년 동안 투자 건수의 전년 대비 증가율은 2017년 이 가장 낮다.

③ 2012년과 2015년 투자 건수의 합은 2017년 투자 건수보다 작다.

④ 투자액이 가장 큰 연도는 2016년이다.

⑤ 투자 건수는 매년 증가하였다.

문 116. 다음 〈그림〉은 A~F국의 2016년 GDP와 'GDP 대비 국가자산총액'을 나타낸 자료이다. 이에 대한 〈보기〉의 설명 중 옳은 것만을 모두 고르면?

18 민간(가) 11번

〈그림〉 A~F국의 2016년 GDP와 'GDP 대비 국가자산총액'

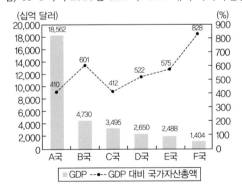

※ GDP 대비 국가자산총액(%) = $\frac{국가자산총액}{GDP} \times 100$

〈보 기〉

ㄱ. GDP가 높은 국가일수록 'GDP 대비 국가자산총액'이 작다.

ㄴ. A국의 GDP는 나머지 5개국 GDP의 합보다 크다.

ㄷ. 국가자산총액은 F국이 D국보다 크다.

① ㄱ   ② ㄴ

③ ㄷ   ④ ㄱ, ㄴ

⑤ ㄴ, ㄷ

문 117. 다음 〈표〉는 1930~1934년 동안 A지역의 곡물 재배면적 및 생산량을 정리한 자료이다. 이에 대한 설명으로 옳은 것은?

18 민간(가) 14번

〈표〉 A지역의 곡물 재배면적 및 생산량

(단위 : 천 정보, 천 석)

곡물	구분	1930	1931	1932	1933	1934
미곡	재배면적	1,148	1,100	998	1,118	1,164
	생산량	15,276	14,145	13,057	15,553	18,585
맥류	재배면적	1,146	773	829	963	1,034
	생산량	7,347	4,407	4,407	6,339	7,795
두류	재배면적	450	283	301	317	339
	생산량	1,940	1,140	1,143	1,215	1,362
잡곡	재배면적	334	224	264	215	208
	생산량	1,136	600	750	633	772
서류	재배면적	59	88	87	101	138
	생산량	821	1,093	1,228	1,436	2,612
전체	재배면적	3,137	2,468	2,479	2,714	2,883
	생산량	26,520	21,385	20,585	25,176	31,126

① 1931~1934년 동안 재배면적의 전년 대비 증감방향은 미곡과 두류가 동일하다.

② 생산량은 매년 두류가 서류보다 많다.

③ 재배면적은 매년 잡곡이 서류의 2배 이상이다.

④ 1934년 재배면적당 생산량이 가장 큰 곡물은 미곡이다.

⑤ 1933년 미곡과 맥류 재배면적의 합은 1933년 곡물 재배면적 전체의 70% 이상이다.

문 118. 다음 〈그림〉은 기업 A, B의 2014~2017년 에너지원단위 및 매출액 자료이다. 이에 대한 〈보기〉의 설명 중 옳은 것만을 모두 고르면? 18 민간(가) 16번

〈그림〉 기업 A, B의 2014~2017년 에너지원단위 및 매출액

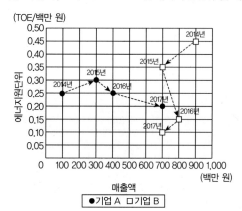

※ 에너지원단위(TOE/백만 원)= $\frac{\text{에너지소비량(TOE)}}{\text{매출액(백만 원)}}$

〈보 기〉

ㄱ. 기업 A, B는 각각 에너지원단위가 매년 감소하였다.

ㄴ. 기업 A의 에너지소비량은 매년 증가하였다.

ㄷ. 2016년 에너지소비량은 기업 B가 기업 A보다 많다.

① ㄱ

② ㄴ

③ ㄷ

④ ㄱ, ㄴ

⑤ ㄴ, ㄷ

문 119. 다음 〈표〉와 〈그림〉은 A지역 2016년 주요 버섯의 도·소매가와 주요 버섯 소매가의 전년 동분기 대비 등락액을 나타낸 자료이다. 이에 대한 〈보기〉의 설명 중 옳은 것만을 모두 고르면? 18 민간(가) 17번

〈표〉 2016년 주요 버섯의 도·소매가

(단위 : 원/kg)

버섯종류	구분	1분기	2분기	3분기	4분기
느타리	도매	5,779	6,752	7,505	7,088
	소매	9,393	9,237	10,007	10,027
새송이	도매	4,235	4,201	4,231	4,423
	소매	5,233	5,267	5,357	5,363
팽이	도매	1,886	1,727	1,798	2,116
	소매	3,136	3,080	3,080	3,516

〈그림〉 2016년 주요 버섯 소매가의 전년 동분기 대비 등락액

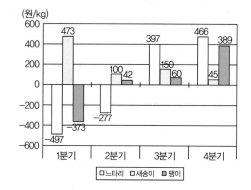

〈보 기〉

ㄱ. 2016년 매분기 '느타리' 1kg의 도매가는 '팽이' 3kg의 도매가보다 높다.

ㄴ. 2015년 매분기 '팽이'의 소매가는 3,000원/kg 이상이다.

ㄷ. 2016년 1분기 '새송이'의 소매가는 2015년 4분기에 비해 상승했다.

ㄹ. 2016년 매분기 '느타리'의 소매가는 도매가의 1.5배 미만이다.

① ㄱ, ㄴ

② ㄱ, ㄷ

③ ㄴ, ㄷ

④ ㄴ, ㄹ

⑤ ㄷ, ㄹ

문 120. 다음 〈표〉는 2000년과 2013년 한국, 중국, 일본의 재화 수출액 및 수입액 자료이고, 〈용어 정의〉는 무역수지와 무역특화지수에 대한 설명이다. 이에 대한 〈보기〉의 설명 중 옳은 것만을 모두 고르면? 18 민간(가) 19번

〈표〉 한국, 중국, 일본의 재화 수출액 및 수입액

(단위 : 억 달러)

연도	국가 재화	한국		중국		일본	
	수출입액	수출액	수입액	수출액	수입액	수출액	수입액
2000	원자재	578	832	741	1,122	905	1,707
	소비재	117	104	796	138	305	847
	자본재	1,028	668	955	991	3,583	1,243
2013	원자재	2,015	3,232	5,954	9,172	2,089	4,760
	소비재	138	375	4,083	2,119	521	1,362
	자본재	3,444	1,549	12,054	8,209	4,541	2,209

─────〈용어 정의〉─────
• 무역수지＝수출액－수입액
 － 무역수지 값이 양(＋)이면 흑자, 음(－)이면 적자이다.
• 무역특화지수＝$\dfrac{수출액－수입액}{수출액＋수입액}$
 － 무역특화지수의 값이 클수록 수출경쟁력이 높다.

─────〈보 기〉─────
ㄱ. 2013년 한국, 중국, 일본 각각에서 원자재 무역수지는 적자이다.
ㄴ. 2013년 한국의 원자재, 소비재, 자본재 수출액은 2000년에 비해 각각 50% 이상 증가하였다.
ㄷ. 2013년 자본재 수출경쟁력은 일본이 한국보다 높다.

① ㄱ
② ㄴ
③ ㄱ, ㄴ
④ ㄱ, ㄷ
⑤ ㄴ, ㄷ

문 121. 다음 〈표〉와 〈그림〉은 2018년 테니스 팀 A~E의 선수 인원 수 및 총 연봉과 각각의 전년 대비 증가율에 대한 자료이다. 이에 대한 설명으로 옳지 않은 것은? 18 민간(가) 21번

〈표〉 2018년 테니스 팀 A~E의 선수 인원 수 및 총 연봉

(단위 : 명, 억 원)

테니스 팀	선수 인원 수	총 연봉
A	5	15
B	10	25
C	8	24
D	6	30
E	6	24

※ 팀 선수 평균 연봉＝$\dfrac{총 연봉}{선수 인원 수}$

〈그림〉 2018년 테니스 팀 A~E의 선수 인원 수 및 총 연봉의 전년 대비 증가율

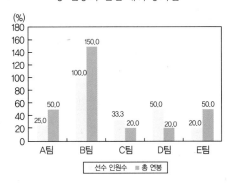

※ 전년 대비 증가율은 소수점 둘째자리에서 반올림한 값임

① 2018년 '팀 선수 평균 연봉'은 D팀이 가장 많다.
② 2018년 전년 대비 증가한 선수 인원 수는 C팀과 D팀이 동일하다.
③ 2018년 A팀의 '팀 선수 평균 연봉'은 전년 대비 증가하였다.
④ 2018년 선수 인원 수가 전년 대비 가장 많이 증가한 팀은 총 연봉도 가장 많이 증가하였다.
⑤ 2017년 총 연봉은 A팀이 E팀보다 많다.

문 122. 다음 〈표〉는 2012~2018년 '갑'국의 지가변동률에 대한 자료이다. 이에 대한 〈보기〉의 설명 중 옳은 것만을 모두 고르면?

19 민간(나) 04번

〈표〉 연도별 지가변동률

(단위 : %)

연도 \ 지역	수도권	비수도권
2012	0.37	1.47
2013	1.20	1.30
2014	2.68	2.06
2015	1.90	2.77
2016	2.99	2.97
2017	4.31	3.97
2018	6.11	3.64

─── 〈보 기〉 ───

ㄱ. 비수도권의 지가변동률은 매년 상승하였다.

ㄴ. 비수도권의 지가변동률이 수도권의 지가변동률보다 높은 연도는 3개이다.

ㄷ. 전년 대비 지가변동률 차이가 가장 큰 연도는 수도권과 비수도권이 동일하다.

① ㄱ
② ㄴ
③ ㄱ, ㄷ
④ ㄴ, ㄷ
⑤ ㄱ, ㄴ, ㄷ

문 123. 다음 〈그림〉과 〈표〉는 '갑'국을 포함한 주요 10개국의 학업성취도 평가 자료이다. 이에 대한 설명으로 옳은 것은?

19 민간(나) 05번

〈그림〉 1998~2018년 '갑'국의 성별 학업성취도 평균점수

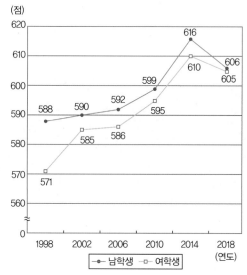

※ 학업성취도 평균점수는 소수점 아래 첫째 자리에서 반올림한 값임

〈표〉 2018년 주요 10개국의 학업성취도 평균점수 및 점수대별 누적 학생비율

(단위 : 점, %)

구분 국가	평균 점수	학업성취도 점수대별 누적 학생비율			
		625점 이상	550점 이상	475점 이상	400점 이상
A	621	54	81	94	99
갑	606	43	75	93	99
B	599	42	72	88	97
C	594	37	75	92	98
D	586	34	67	89	98
E	538	14	46	78	95
F	528	12	41	71	91
G	527	7	39	78	96
H	523	7	38	76	94
I	518	10	36	69	93

※ 학업성취수준은 수월수준(625점 이상), 우수수준(550점 이상 625점 미만), 보통수준(475점 이상 550점 미만), 기초수준(400점 이상 475점 미만), 기초수준 미달(400점 미만)로 구분됨

① '갑'국 남학생과 여학생의 평균점수 차이는 2018년이 1998년보다 크다.

② '갑'국의 평균점수는 2018년이 2014년보다 크다.

③ 2018년 주요 10개 국가는 '수월수준'의 학생비율이 높을수록 평균점수가 높다.

④ 2018년 주요 10개 국가 중 '기초수준 미달'의 학생비율이 가장 높은 국가는 I국이다.

⑤ 2018년 '우수수준'의 학생비율은 D국이 B국보다 높다.

문 124. 다음 〈표〉는 2019년 5월 10일 A 프랜차이즈의 지역별 가맹점 수와 결제 실적에 관한 자료이다. 이에 대한 설명으로 옳지 <u>않은</u> 것은?

19 민간(나) 07번

〈표 1〉 A 프랜차이즈의 지역별 가맹점 수, 결제 건수 및 결제금액

(단위 : 개, 건, 만 원)

지역	구분	가맹점 수	결제 건수	결제금액
서울		1,269	142,248	241,442
6대광역시	부산	34	3,082	7,639
	대구	8	291	2,431
	인천	20	1,317	2,548
	광주	8	306	793
	대전	13	874	1,811
	울산	11	205	635
전체		1,363	148,323	257,299

〈표 2〉 A 프랜차이즈의 가맹점 규모별 결제 건수 및 결제금액

(단위: 건, 만 원)

가맹점 규모	구분	결제 건수	결제금액
소규모		143,565	250,390
중규모		3,476	4,426
대규모		1,282	2,483
전체		148,323	257,299

① '서울' 지역 소규모 가맹점의 결제 건수는 137,000건 이하이다.

② 6대 광역시 가맹점의 결제 건수 합은 6,000건 이상이다.

③ 결제 건수 대비 결제금액을 가맹점 규모별로 비교할 때 가장 작은 가맹점 규모는 중규모이다.

④ 가맹점 수 대비 결제금액이 가장 큰 지역은 '대구'이다.

⑤ 전체 가맹점 수에서 '서울' 지역 가맹점 수 비중은 90% 이상이다.

문 125. 다음 〈표〉와 〈그림〉은 2018년 A 대학의 학생상담 현황에 대한 자료이다. 이에 대한 〈보기〉의 설명 중 옳은 것만을 모두 고르면?

19 민간(나) 09번

〈표〉 상담자별, 학년별 상담 건수

(단위 : 건)

상담자	학년	1학년	2학년	3학년	4학년	합
교수		1,085	1,020	911	1,269	4,285
상담직원		154	97	107	56	414
진로컨설턴트		67	112	64	398	641
전체		1,306	1,229	1,082	1,723	5,340

〈그림 1〉 상담 횟수별 학생 수

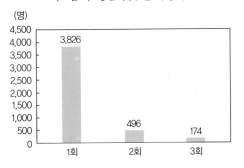

〈그림 2〉 전체 상담 건수의 유형별 구성비

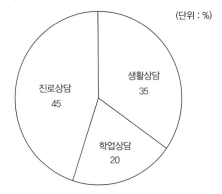

〈보 기〉

ㄱ. 학년별 전체 상담 건수 중 '상담직원'의 상담 건수가 차지하는 비중이 큰 학년부터 순서대로 나열하면 1학년, 2학년, 3학년, 4학년 순이다.

ㄴ. '진로컨설턴트'가 상담한 유형이 모두 진로상담이고, '상담직원'이 상담한 유형이 모두 생활상담 또는 학업상담이라면, '교수'가 상담한 유형 중 진로상담이 차지하는 비중은 30% 이상이다.

ㄷ. 상담 건수가 많은 학년부터 순서대로 나열하면 4학년, 1학년, 2학년, 3학년 순이다.

ㄹ. 최소 한 번이라도 상담을 받은 학생 수는 4,600명 이하이다.

① ㄱ, ㄷ   ② ㄴ, ㄹ

③ ㄱ, ㄴ, ㄷ   ④ ㄱ, ㄷ, ㄹ

⑤ ㄴ, ㄷ, ㄹ

문 126. 다음 〈표〉는 2014~2018년 '갑'국 체류외국인 수 및 체류외국인 범죄 건수에 대한 자료이다. 이에 대한 〈보기〉의 설명 중 옳은 것만을 모두 고르면?

19 민간(나) 13번

〈표〉 체류외국인 수 및 체류외국인 범죄 건수

(단위 : 명, 건)

구분＼연도	2014	2015	2016	2017	2018
체류외국인 수	1,168,477	1,261,415	1,395,077	1,445,103	1,576,034
합법체류외국인 수	990,522	1,092,900	1,227,297	1,267,249	1,392,928
불법체류외국인 수	177,955	168,515	167,780	177,854	183,106
체류외국인 범죄 건수	21,235	19,445	25,507	22,914	24,984
합법체류외국인 범죄 건수	18,645	17,538	23,970	21,323	22,951
불법체류외국인 범죄 건수	2,590	1,907	1,537	1,591	2,033

─── 〈보 기〉 ───

ㄱ. 매년 불법체류외국인 수는 체류외국인 수의 10% 이상이다.

ㄴ. 불법체류외국인 범죄 건수의 전년 대비 증가율이 가장 높은 해에 합법체류외국인 범죄 건수의 전년 대비 증가율도 가장 높다.

ㄷ. 체류외국인 범죄 건수가 전년에 비해 감소한 해에는 합법체류외국인 범죄 건수와 불법체류외국인 범죄 건수도 각각 전년에 비해 감소하였다.

ㄹ. 매년 합법체류외국인 범죄 건수는 체류외국인 범죄 건수의 80% 이상이다.

① ㄱ, ㄹ
② ㄴ, ㄷ
③ ㄴ, ㄹ
④ ㄱ, ㄴ, ㄷ
⑤ ㄱ, ㄷ, ㄹ

문 127. 다음 〈그림〉은 '갑' 자치구의 예산내역에 관한 자료이다. 이에 대한 〈보기〉의 설명 중 옳은 것만을 모두 고르면?

19 민간(나) 15번

〈그림〉 '갑' 자치구 예산내역

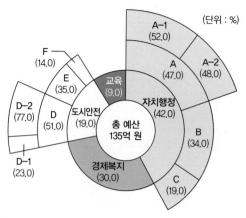

※ 1) 괄호 안의 값은 예산 비중을 의미함
　　2) 예를 들어, A(47.0)은 A 사업의 예산이 '자치행정' 분야 예산의 47.0%임을 나타내고, D-1 사업의 예산은 3.0억 원임

─── 〈보 기〉 ───

ㄱ. '교육' 분야 예산은 13억 원 이상이다.

ㄴ. C 사업 예산은 D 사업 예산보다 적다.

ㄷ. '경제복지' 분야 예산은 B 사업과 C 사업 예산의 합보다 많다.

ㄹ. '도시안전' 분야 예산은 A-2 사업 예산의 3배 이상이다.

① ㄱ, ㄴ
② ㄱ, ㄷ
③ ㄴ, ㄷ
④ ㄴ, ㄹ
⑤ ㄷ, ㄹ

문 128. 다음 〈그림〉과 〈표〉는 2017~2018년 A, B 기업이 '갑' 자동차회사에 납품한 엔진과 변속기에 관한 자료이다. 이에 대한 설명으로 옳은 것은?

19 민간(나) 22번

〈그림 1〉 연도별 '갑' 자동차회사가 납품받은 엔진과 변속기 개수의 합

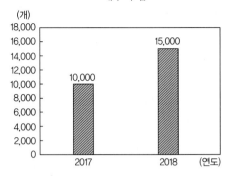

〈그림 2〉 2018년 기업별 엔진과 변속기 납품 개수의 합

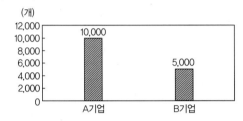

〈그림 3〉 A 기업의 연도별 엔진과 변속기 납품 개수 비율

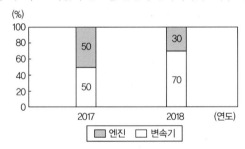

※ 1) '갑' 자동차회사는 엔진과 변속기를 2017년에는 A 기업으로부터만 납품받았으며, 2018년에는 A, B 두 기업에서만 납품받았음
   2) A, B 기업은 '갑' 자동차회사에만 납품함
   3) 매년 '갑' 자동차회사가 납품받는 엔진 개수는 변속기 개수와 같음

〈표〉 A, B 기업의 연도별 엔진과 변속기의 납품 단가

(단위 : 만 원/개)

연도 \ 구분	엔진	변속기
2017	100	80
2018	90	75

① A 기업의 엔진 납품 개수는 2018년이 2017년의 80%이다.

② 2018년 B 기업은 변속기 납품 개수가 엔진 납품 개수의 12.5%이다.

③ '갑' 자동차회사가 납품받은 엔진과 변속기 납품액 합은 2018년이 2017년에 비해 30% 이상 증가하였다.

④ '갑' 자동차회사가 납품받은 변속기 납품 개수는 2018년이 2017년의 2배 이상이다.

⑤ 2018년 A, B 기업의 엔진 납품액 합은 변속기 납품액 합보다 작다.

문 1. 다음 〈표〉는 ○○시의 시장선거에서 응답자의 종교별 후보지지 설문조사 결과이다. 〈표〉에 대한 〈보기〉의 설명 중 옳은 것을 모두 고르면? 09 행시(기) 17번

〈표〉 응답자의 종교별 후보 지지 현황

(단위 : 명)

응답자의 종교 / 후보	불교	개신교	가톨릭	기타	합
A	130	(가)	60	300	( )
B	260	( )	30	350	740
C	( )	(나)	45	300	( )
D	65	40	15	( )	( )
계	650	400	150	1,000	2,200

※ 1) (가)와 (나)의 응답자 수는 같음
2) 후보는 4명이며, 복수응답 및 무응답은 없음

─── 〈보 기〉 ───
ㄱ. A후보 지지율이 C후보 지지율보다 높다.
ㄴ. C후보 지지율과 D후보 지지율의 합은 B후보 지지율보다 높다.
ㄷ. A후보 지지자 중에는 개신교 신자가 불교 신자보다 많다.
ㄹ. 개신교 신자의 A후보 지지율은 가톨릭 신자의 C후보 지지율보다 높다.

① ㄱ, ㄴ
② ㄱ, ㄷ
③ ㄴ, ㄷ
④ ㄴ, ㄹ
⑤ ㄷ, ㄹ

문 2. 다음 〈표〉는 조선 후기 출발지에서 목적지로 항해하는 선박이 일본으로 표류한 횟수를 나타낸 자료이다. 이에 대한 〈보기〉의 설명 중 옳은 것을 모두 고르면? 10 행시(인) 09번

〈표〉 항해 중 일본으로 표류한 횟수

목적지 / 출발지	A	B	C	D	E	F	G	합
A	5	( )	5	58	2	1	0	136
B	( )	65	22	16	2	0	1	( )
C	22	30	( )	1	13	9	1	( )
D	6	24	0	7	2	0	0	39
E	11	6	11	2	7	2	3	42
F	0	0	4	0	2	0	7	13
G	0	2	1	1	9	4	1	18
계	71	192	136	( )	37	16	13	( )

※ 일본과의 지리적 거리 : A<B<C<D<E<F<G

─── 〈보 기〉 ───
ㄱ. 출발지를 기준으로 할 때, 출발지가 F인 선박이 일본으로 표류한 횟수의 합이 가장 적다.
ㄴ. 선박의 출발지가 일본과 지리적으로 가까울수록 일본으로 표류한 횟수의 합이 많다.
ㄷ. 목적지를 기준으로 할 때, 일본으로 표류한 횟수의 합이 5번째로 많은 곳은 D이다.
ㄹ. 출발지를 기준으로 할 때, 일본으로 표류한 횟수의 합이 가장 많은 곳은 C이다.
ㅁ. 출발지와 목적지가 같은 선박이 일본으로 표류한 횟수를 모두 합하면, 출발지가 B인 선박이 일본으로 표류한 횟수의 합보다 많다.

① ㄱ, ㅁ
② ㄱ, ㄷ, ㄹ
③ ㄱ, ㄹ, ㅁ
④ ㄴ, ㄷ, ㄹ
⑤ ㄴ, ㄷ, ㅁ

문 3. 다음 〈표〉는 '갑'기업의 사채발행차금 상각 과정을 나타낸 것이다. 이에 대한 설명으로 옳지 <u>않은</u> 것은?

11 민간(경) 02번

〈표〉 사채발행차금 상각 과정

(단위 : 백만 원)

구분	연도	1차년도	2차년도	3차년도	4차년도
	이자비용(A) [=(전년도 E)×0.1]	–	900	( )	( )
	액면이자(B)	–	600	600	600
사채발행차금	상각액(C) [=(당해년도 A)-(당해년도 B)]	–	300	( )	( )
	미상각잔액(D) [=(전년도 D)-(당해년도 C)]	3,000	2,700	( )	( )
	사채장부가액(E) [=(전년도 E)+(당해년도 C)]	9,000	9,300	( )	9,993

※ 1차년도의 미상각잔액(3,000백만 원)과 사채장부가액(9,000백만 원)은 주어진 값임

① 3차년도의 사채장부가액은 96억 원 이하이다.

② 3차년도, 4차년도의 상각액은 전년도 대비 매년 증가한다.

③ 3차년도, 4차년도의 이자비용은 전년도 대비 매년 증가한다.

④ 3차년도, 4차년도의 미상각잔액은 전년도 대비 매년 감소한다.

⑤ 3차년도 대비 4차년도의 사채장부가액 증가액은 4차년도의 상각액과 일치한다.

문 4. 다음 〈그림〉은 2006~2010년 동남권의 양파와 마늘 재배면적 및 생산량 추이를 나타낸 것이고, 〈표〉는 2010년, 2011년 동남권의 양파와 마늘 재배면적의 지역별 분포를 나타낸 것이다. 이에 대한 설명으로 옳은 것은?

13 민간(인) 07번

〈그림〉 동남권의 양파와 마늘 재배면적 및 생산량 추이

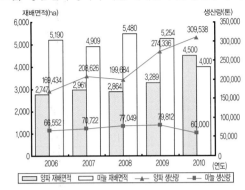

〈표〉 동남권의 양파와 마늘 재배면적의 지역별 분포

(단위 : ha)

재배작물	지역	연도 2010	연도 2011
양파	부산	56	40
	울산	( )	( )
	경남	4,100	4,900
	소계	( )	5,100
마늘	부산	24	29
	울산	42	66
	경남	3,934	4,905
	소계	4,000	5,000

※ 동남권은 부산, 울산, 경남으로만 구성됨

① 2006~2010년 동안 동남권의 마늘 생산량은 매년 증가하였다.

② 2006~2010년 동안 동남권의 단위 재배면적당 양파 생산량은 매년 증가하였다.

③ 2011년 울산의 양파 재배면적은 전년에 비해 증가하였다.

④ 2006~2011년 동안 동남권의 마늘 재배면적은 양파 재배면적보다 매년 크다.

⑤ 2011년 동남권의 단위 재배면적당 마늘 생산량이 2010년과 동일하다면 2011년 동남권의 마늘 생산량은 75,000톤이다.

문 5. 다음 〈표〉는 '갑'국의 2008~2013년 연도별 산업 신기술 검증 현황에 대한 자료이다. 이에 대한 설명으로 옳은 것은?

14 민간(A) 12번

〈표〉 산업 신기술검증 연간 건수 및 연간비용

(단위 : 건, 천만 원)

구분	연도	2008	2009	2010	2011	2012	2013
서류 검증	건수	755	691	( )	767	725	812
	비용	54	( )	57	41	102	68
현장 검증	건수	576	650	630	691	( )	760
	비용	824	1,074	1,091	( )	2,546	1,609
전체	건수	1,331	1,341	1,395	1,458	1,577	1,572
	비용	878	1,134	1,148	1,745	2,648	( )

※ 신기술검증은 서류검증과 현장검증으로만 구분됨

① 산업 신기술검증 전체비용은 매년 증가하였다.

② 서류검증 건수는 매년 현장검증 건수보다 많다.

③ 서류검증 건당 비용은 2008년에 가장 크다.

④ 전년에 비해 현장검증 비용이 감소한 연도는 2개이다.

⑤ 전년에 비해 현장검증 건수가 감소한 해에는 전년에 비해 서류검증 건수가 증가하였다.

문 6. 다음 〈표〉는 2010~2014년 A시의회의 발의 주체별 조례발의 현황에 관한 자료이다. 이에 대한 설명으로 옳지 않은 것은?

15 민간(인) 18번

〈표〉 A시의회 발의 주체별 조례발의 현황

(단위 : 건)

연도	발의 주체 단체장	의원	주민	합
2010	527	( )	23	924
2011	( )	486	35	1,149
2012	751	626	39	( )
2013	828	804	51	1,683
2014	905	865	( )	1,824
전체	3,639	3,155	202	( )

※ 조례발의 주체는 단체장, 의원, 주민으로만 구성됨

① 2012년 조례발의 건수 중 단체장발의 건수가 50% 이상이다.

② 2011년 단체장발의 건수는 2013년 의원발의 건수보다 적다.

③ 주민발의 건수는 매년 증가하였다.

④ 2014년 의원발의 건수는 2010년과 2011년 의원발의 건수의 합보다 많다.

⑤ 2014년 조례발의 건수는 2012년 조례발의 건수의 1.5배 이상이다.

문 7. 다음 〈표〉는 성인 500명이 응답한 온라인 도박과 오프라인 도박 관련 조사결과이다. 이에 대한 〈보기〉의 설명 중 옳은 것만을 모두 고르면?

16 민간(5) 15번

〈표〉 온라인 도박과 오프라인 도박 관련 조사결과

(단위 : 명)

온라인	오프라인 ×	△	○	합
×	250	21	2	( )
△	113	25	6	144
○	59	16	8	( )
계	422	( )	( )	500

※ 1) × : 경험이 없고 충동을 느낀 적도 없음
 2) △ : 경험은 없으나 충동을 느낀 적이 있음
 3) ○ : 경험이 있음

〈보 기〉

ㄱ. 온라인 도박 경험이 있다고 응답한 사람은 83명이다.

ㄴ. 오프라인 도박에 대해, '경험은 없으나 충동을 느낀 적이 있음'으로 응답한 사람은 전체 응답자의 10% 미만이다.

ㄷ. 온라인 도박 경험이 있다고 응답한 사람 중 오프라인 도박 경험이 있다고 응답한 사람의 비중은 전체 응답자 중 오프라인 도박 경험이 있다고 응답한 사람의 비중보다 크다.

ㄹ. 온라인 도박에 대해, '경험이 없고 충동을 느낀 적도 없음'으로 응답한 사람은 전체 응답자의 50% 이하이다.

① ㄱ, ㄴ

② ㄱ, ㄷ

③ ㄷ, ㄹ

④ ㄱ, ㄴ, ㄷ

⑤ ㄱ, ㄷ, ㄹ

문 8. 다음 〈표〉는 A 성씨의 가구 및 인구 분포에 대한 자료이다. 이에 대한 설명으로 옳은 것은? <inline segment - 17 민간(나) 02번>

〈표 1〉 A 성씨의 광역자치단체별 가구 및 인구 분포

(단위 : 가구, 명)

광역자치단체	연도 구분	1980		2010	
		가구	인구	가구	인구
특별시	서울	28	122	73	183
광역시	부산	5	12	11	34
	대구	1	2	2	7
	인천	11	40	18	51
	광주	0	0	9	23
	대전	0	0	8	23
	울산	0	0	2	7
	소계	17	54	50	145
도	경기	( )	124	( )	216
	강원	0	0	7	16
	충북	0	0	2	10
	충남	1	5	6	8
	전북	0	( )	4	13
	전남	0	0	4	10
	경북	1	( )	6	17
	경남	1	( )	8	25
	제주	1	( )	4	12
	소계	35	140	105	327
전체		80	316	228	655

※ 광역자치단체 구분과 명칭은 2010년을 기준으로 함

〈표 2〉 A 성씨의 읍·면·동 지역별 가구 및 인구 분포

(단위 : 가구, 명)

지역	연도 구분	1980		2010	
		가구	인구	가구	인구
읍		10	30	19	46
면		10	56	19	53
동		60	230	190	556
전체		80	316	228	655

※ 읍·면·동 지역 구분은 2010년을 기준으로 함

① 2010년 A 성씨의 전체 가구는 1980년의 3배 이상이다.
② 2010년 경기의 A 성씨 가구는 1980년의 3배 이상이다.
③ 2010년 A 성씨의 동 지역 인구는 2010년 A 성씨의 면 지역 인구의 10배 이상이다.
④ 1980년 A 성씨의 인구가 부산보다 많은 광역자치단체는 4곳 이상이다.
⑤ 1980년 대비 2010년의 A 성씨 인구 증가폭이 서울보다 큰 광역자치단체는 없다.

문 9. 다음 〈표〉는 통신사 '갑', '을', '병'의 스마트폰 소매가격 및 평가점수 자료이다. 이에 대한 〈보기〉의 설명 중 옳은 것만을 모두 고르면? <inline 18 민간(가) 02번>

〈표〉 통신사별 스마트폰의 소매가격 및 평가점수

(단위 : 달러, 점)

통신사	스마트폰	소매가격	평가항목					종합품질점수
			화질	내비게이션	멀티미디어	배터리수명	통화성능	
갑	A	150	3	3	3	3	1	13
	B	200	2	2	3	1	2	( )
	C	200	3	3	3	1	1	( )
을	D	180	3	3	3	2	1	( )
	E	100	2	3	3	2	1	11
	F	70	2	1	3	2	1	( )
병	G	200	3	3	3	2	2	( )
	H	50	3	2	3	2	1	( )
	I	150	3	2	2	3	2	12

※ 스마트폰의 '종합품질점수'는 해당 스마트폰의 평가항목별 평가점수의 합임

〈보 기〉

ㄱ. 소매가격이 200달러인 스마트폰 중 '종합품질점수'가 가장 높은 스마트폰은 C이다.
ㄴ. 소매가격이 가장 낮은 스마트폰은 '종합품질점수'도 가장 낮다.
ㄷ. 통신사 각각에 대해서 해당 통신사 스마트폰의 '통화성능' 평가점수의 평균을 계산하여 통신사별로 비교하면 '병'이 가장 높다.
ㄹ. 평가항목 각각에 대해서 스마트폰 A~I 평가점수의 합을 계산하여 평가항목별로 비교하면 '멀티미디어'가 가장 높다.

① ㄱ
② ㄷ
③ ㄱ, ㄴ
④ ㄴ, ㄹ
⑤ ㄷ, ㄹ

문 10. 다음 〈표〉는 A~E 면접관이 '갑'~'정' 응시자에게 부여한 면접 점수이다. 이에 대한 〈보기〉의 설명 중 옳은 것만을 모두 고르면? 18 민간(가) 18번

〈표〉 '갑'~'정' 응시자의 면접 점수

(단위 : 점)

응시자 면접관	갑	을	병	정	범위
A	7	8	8	6	2
B	4	6	8	10	( )
C	5	9	8	8	( )
D	6	10	9	7	4
E	9	7	6	5	4
중앙값	( )	( )	8	( )	–
교정 점수	( )	8	( )	7	–

※ 1) 범위 : 해당 면접관이 각 응시자에게 부여한 면접 점수 중 최댓값에서 최솟값을 뺀 값
2) 중앙값 : 해당 응시자가 A~E 면접관에게 받은 모든 면접 점수를 크기순으로 나열할 때 한가운데 값
3) 교정 점수 : 해당 응시자가 A~E 면접관에게 받은 모든 면접 점수 중 최댓값과 최솟값을 제외한 면접 점수의 산술 평균값

〈보 기〉

ㄱ. 면접관 중 범위가 가장 큰 면접관은 B이다.
ㄴ. 응시자 중 중앙값이 가장 작은 응시자는 '정'이다.
ㄷ. 교정 점수는 '병'이 '갑'보다 크다.

① ㄱ
② ㄴ
③ ㄱ, ㄷ
④ ㄴ, ㄷ
⑤ ㄱ, ㄴ, ㄷ

문 11. 다음 〈표〉와 〈그림〉은 '갑'국의 방송사별 만족도지수, 질평가지수, 시청자평가지수를 나타낸 자료이다. 이에 대한 〈보기〉의 설명 중 옳은 것만을 모두 고르면? 19 민간(나) 08번

〈표〉 방송사별 전체 및 주시청 시간대의 만족도지수와 질평가지수

유형	구분 방송사	전체 시간대		주시청 시간대	
		만족도지수	질평가지수	만족도지수	질평가지수
지상파	A	7.37	7.33	( )	7.20
	B	7.22	7.05	7.23	( )
	C	7.14	6.97	7.11	6.93
	D	7.32	7.16	( )	7.23
종합 편성	E	6.94	6.90	7.10	7.02
	F	7.75	7.67	( )	7.88
	G	7.14	7.04	7.20	( )
	H	7.03	6.95	7.08	7.00

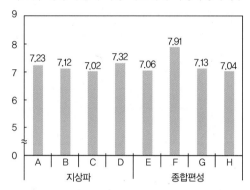

〈그림〉 방송사별 주시청 시간대의 시청자평가지수

※ 전체(주시청)시간대 시청자평가지수
$$= \left(\frac{\text{전체(주시청)시간대 만족도지수} + \text{전체(주시청)시간대 질평가지수}}{2} \right)$$

〈보 기〉

ㄱ. 각 지상파 방송사는 전체 시간대와 주시청 시간대 모두 만족도지수가 질평가지수보다 높다.
ㄴ. 각 종합편성 방송사의 질평가지수는 주시청 시간대가 전체 시간대보다 높다.
ㄷ. 각 지상파 방송사의 시청자평가지수는 전체 시간대가 주시청 시간대보다 높다.
ㄹ. 만족도지수는 주시청 시간대가 전체 시간대보다 높으면서 시청자평가지수는 주시청 시간대가 전체 시간대보다 낮은 방송사는 2개이다.

① ㄱ, ㄴ
② ㄱ, ㄷ
③ ㄴ, ㄹ
④ ㄱ, ㄷ, ㄹ
⑤ ㄴ, ㄷ, ㄹ

문 12. 다음 〈표〉는 고려시대 왕의 혼인종류별 후비(后妃) 수를 조사한 것이다. 이에 대한 설명으로 옳지 <u>않은</u> 것은?

19 민간(나) 16번

〈표〉 고려시대 왕의 혼인종류별 후비 수

(단위 : 명)

혼인종류 왕		족외혼	족내혼	몽골출신	혼인종류 왕		족외혼	족내혼	몽골출신
1대	태조	29	0	–	19대	명종	0	1	–
2대	혜종	4	0	–	20대	신종	0	1	–
3대	정종	3	0	–	21대	희종	0	1	–
4대	광종	0	2	–	22대	강종	1	1	–
5대	경종	1	( )	–	23대	고종	0	1	–
6대	성종	2	1	–	24대	원종	1	1	–
7대	목종	1	1	–	25대	충렬왕	1	1	1
8대	현종	10	3	–	26대	충선왕	3	1	2
9대	덕종	3	2	–	27대	충숙왕	2	0	( )
10대	정종	5	0	–	28대	충혜왕	3	1	1
11대	문종	4	1	–	29대	충목왕	0	0	0
12대	순종	2	1	–	30대	충정왕	0	0	0
13대	선종	3	0	–	31대	공민왕	3	1	1
14대	헌종	0	0	–	32대	우왕	2	0	0
15대	숙종	1	0	–	33대	창왕	0	0	0
16대	예종	2	2	–	34대	공양왕	1	0	0
17대	인종	4	0	–	전체		( )	28	8
18대	의종	1	1	–					

※ 혼인종류는 족외혼, 족내혼, 몽골출신만으로 구성되며, 몽골출신과의 혼인은 충렬왕부터임

① 전체 족외혼 후비 수는 전체 족내혼 후비 수의 3배 이상이다.

② 몽골출신 후비 수가 가장 많은 왕은 충숙왕이다.

③ 태조부터 경종까지의 족내혼 후비 수의 합은 문종부터 희종까지의 족내혼 후비 수의 합과 같다.

④ 태조의 후비 수는 광종과 경종의 모든 후비 수의 합의 4배 이상이다.

⑤ 경종의 족내혼 후비 수가 충숙왕의 몽골출신 후비 수보다 많다.

문 1. 특허출원 수수료는 다음과 같은 〈계산식〉에 의하여 결정된다. 다음 〈표〉는 〈계산식〉에 의하여 산출된 세 가지 사례를 나타낸 것이다. 면당 추가료와 청구항당 심사청구료를 각각 구하면?

06 견습(역) 08번

〈계산식〉

- 특허출원 수수료＝출원료＋심사청구료
- 출원료＝기본료＋(면당 추가료×전체 면 수)
- 심사청구료＝청구항당 심사청구료×청구항 수

※ 특허출원 수수료는 개인은 70%가 감면되고, 중소기업은 50%가 감면되지만, 대기업은 감면되지 않음

구분	사례 A	사례 B	사례 C
	대기업	중소기업	개인
전체 면 수(장)	20	20	40
청구항 수(개)	2	3	2
감면 후 수수료(원)	70,000	45,000	27,000

	면당 추가료	청구항당 심사청구료
①	1,000원	15,000원
②	1,000원	20,000원
③	1,500원	15,000원
④	1,500원	20,000원
⑤	1,500원	30,000원

문 2. 개별토지 가격은 표준지 가격에 도로접면상태 가중치와 토지용도 가중치를 곱하여 결정된다. 〈표 1〉에서 제시된 토지 A~E의 표준지는 모두 중로한면이고 주거용이며 단위면적(1m²)당 가격이 10만 원이다. A~E 중 토지가격이 가장 높은 토지와 가장 낮은 토지의 가격 차이는?

07 행시(인) 14번

〈표 1〉 개별토지 특성

특성 개별토지	면적(m²)	도로접면상태	토지용도
A	10	광대한면	주거용
B	10	광대한면	상업용
C	10	소로한면	상업용
D	20	소로한면	주거용
E	20	맹지	공업용

※ 1) 광대한면 : 폭 25m 이상의 도로에 한 면이 접하고 있는 토지
 2) 중로한면 : 폭 12m 이상 25m 미만의 도로에 한 면이 접하고 있는 토지
 3) 소로한면 : 폭 8m 이상 12m 미만의 도로에 한 면이 접하고 있는 토지
 4) 맹지 : 손수레나 경운기의 통행이 불가능한 토지

〈표 2〉 도로접면상태 가중치

개별토지 표준지	광대한면	중로한면	소로한면	맹지
광대한면	1.0	1.0	0.8	0.6
중로한면	1.0	1.0	0.9	0.7
소로한면	1.2	1.1	1.0	0.8
맹지	1.4	1.3	1.2	1.0

※ 예를 들어 표준지의 도로접면상태가 소로한면일 때, 맹지인 개별토지의 가격은 표준지 가격의 0.8배임

〈표 3〉 토지용도 가중치

개별토지 표준지	주거용	상업용	공업용	전 · 답	임야
주거용	1.0	1.3	1.0	0.8	0.5
상업용	0.8	1.0	0.8	0.6	0.4
공업용	1.0	1.3	1.0	0.8	0.6
전 · 답	1.3	1.7	1.3	1.0	0.7
임야	1.9	2.4	1.8	1.4	1.0

※ 예를 들어 표준지의 토지용도가 주거용일 때, 임야인 개별토지의 가격은 표준지 가격의 0.5배임

① 50만 원

② 60만 원

③ 70만 원

④ 80만 원

⑤ 90만 원

문 3. 다음 〈그림〉은 어느 초등학교의 한 학급 내 친구 관계를 도식화한 것이다. 이 학급 내 친구 관계만을 고려할 때, 이에 대한 설명 중 옳은 것은?

08 행시(열) 26번

〈그림〉 학급 내 친구 관계도

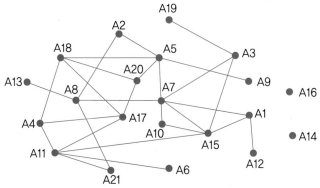

※ 1) 두 점 사이의 선은 두 학생이 친구 관계임을 나타냄
　 2) A1부터 A21은 각 학생을 의미함

① 이 반의 학생들 중 친구가 한 명도 없는 학생은 없다.

② 이 반에서 가장 많은 친구를 가진 학생은 5명의 친구를 가지고 있다.

③ A14와 A16이 A8과 친구가 되면 A8은 가장 많은 친구를 가진 학생 중의 한 명이 된다.

④ A10이 전학을 가게 되면 A7과 A15 모두를 친구로 둔 학생이 한 명도 없게 된다.

⑤ A8과 A11이 전학을 가게 되면 친구가 한 명도 없는 학생 수가 현재의 두 배가 된다.

문 4. 다음 〈표〉는 청소년의 가공식품 섭취와 가공식품 첨가물 사용 현황에 관한 자료이다. 평균 체중을 가진 청소년의 1일 평균 섭취량이 1일 섭취 허용량을 초과하는 첨가물을 모두 나열하면?

11 민간실험(재) 20번

〈표 1〉 청소년 가공식품 섭취 현황

(단위 : g)

가공식품	1일 평균 섭취량
음료	60
사탕	3
스낵과자	40
햄버거	5

〈표 2〉 가공식품 첨가물 사용 현황 및 1일 섭취 허용량

첨가물	사용 가공식품	가공식품 1g당 사용량(mg/g)	체중 1kg당 1일 섭취 허용량 (mg/kg)
바닐린	사탕	100	10
푸마르산	사탕	5	4
	햄버거	40	
글리세린	음료	10	30
	스낵과자	20	
식용색소 적색3호	사탕	4	0.1
	스낵과자	0.2	
식용색소 황색4호	음료	5	10
	스낵과자	4	

※ 1) 청소년 평균 체중 : 50kg
　 2) 체중 1kg당 가공식품 첨가물 1일 평균 섭취량(mg/kg)
　　 $= \dfrac{(\text{가공식품 1g당 사용량} \times \text{가공식품 1일 평균 섭취량})}{\text{청소년 평균 체중}}$

① 바닐린, 글리세린

② 바닐린, 식용색소 적색3호

③ 글리세린, 식용색소 황색4호

④ 푸마르산, 식용색소 황색4호

⑤ 푸마르산, 식용색소 적색3호

문 5.　다음 〈표〉는 소비자 '갑'의 연도별 소득 및 X재화의 구매량에 대한 자료이다. 아래의 〈정보〉를 활용한 〈보기〉의 설명 중 옳은 것을 모두 고르면?　　　11 민간(경) 13번

〈표〉 '갑'의 연도별 소득 및 X재화의 구매량

연도	소득 (천원)	X재화 구매량 (개)	전년 대비 소득변화율 (%)	X재화의 전년 대비 구매량 변화율 (%)
2000	8,000	5	–	–
2001	12,000	10	50.0	100.0
2002	16,000	15	33.3	50.0
2003	20,000	18	25.0	20.0
2004	24,000	20	20.0	11.1
2005	28,000	19	16.7	−5.0
2006	32,000	18	14.3	−5.3

─── 〈정 보〉 ───

- X재화의 소득탄력성 = $\dfrac{\text{X재화의 전년 대비 구매량 변화율}}{\text{전년 대비 소득변화율}}$

- 정상재 : 소득이 증가할 때 구매량이 증가하는 재화로 소득탄력성이 0보다 크다. 특히 소득탄력성이 1보다 큰 정상재는 사치재라 한다.

- 열등재 : 소득이 증가할 때 구매량이 감소하는 재화로 소득탄력성이 0보다 작다.

─── 〈보 기〉 ───

ㄱ. 2000~2004년 동안 '갑'의 소득과 X재화 구매량은 각각 매년 증가하였다.

ㄴ. 2001년 '갑'의 X재화의 전년대비 구매량 증가율은 전년 대비 소득증가율보다 크다.

ㄷ. 2004년에 X재화는 '갑'에게 사치재이다.

ㄹ. 2006년에 X재화는 '갑'에게 열등재이다.

① ㄱ, ㄴ

② ㄱ, ㄷ

③ ㄷ, ㄹ

④ ㄱ, ㄴ, ㄹ

⑤ ㄴ, ㄷ, ㄹ

문 6.　다음 〈표〉는 '갑'사 공채 지원자에 대한 평가 자료이다. 이 〈표〉와 〈평가점수와 평가등급의 결정방식〉에 근거한 설명으로 옳지 않은 것은?　　　13 민간(인) 08번

〈표〉 '갑'사 공채 지원자 평가 자료

(단위 : 점)

구분 지원자	창의성 점수	성실성 점수	체력 점수	최종 학위	평가 점수
가	80	90	95	박사	( )
나	90	60	80	학사	310
다	70	60	75	석사	300
라	85	( )	50	학사	255
마	95	80	60	학사	295
바	55	95	65	학사	280
사	60	95	90	석사	355
아	80	( )	85	박사	375
자	75	90	95	석사	( )
차	60	70	( )	학사	290

─── 〈평가점수와 평가등급의 결정방식〉 ───

- 최종학위점수는 학사 0점, 석사 1점, 박사 2점임.

- 지원자 평가점수
 = 창의성점수 + 성실성점수 + 체력점수 × 2 + 최종학위점수 × 20

- 평가등급 및 평가점수

평가등급	평가점수
S	350점 이상
A	300점 이상 350점 미만
B	300점 미만

① '가'의 평가점수는 400점으로 지원자 중 가장 높다.

② '라'의 성실성점수는 '다'보다 높지만 '마'보다는 낮다.

③ '아'의 성실성점수는 '라'와 같다.

④ S등급인 지원자는 4명이다.

⑤ '차'는 체력점수를 원래 점수보다 5점 더 받으면 A등급이 된다.

문 7. 다음 〈표〉는 '갑'국의 2012년 지급유형별·아동월령별 양육수당 월 지급금액과 신청가구별 아동 현황에 대한 자료이다. 이 〈표〉와 〈2012년 양육수당 지급조건〉에 근거하여 2012년 5월분의 양육수당이 많은 가구부터 순서대로 바르게 나열한 것은?

13 민간(인) 23번

─ 〈2012년 양육수당 지급조건〉 ─
- 만 5세 이하 아동을 양육하고 있는 가구를 대상으로 함.
- 양육수당 신청시점의 지급유형 및 아동월령에 따라 양육수당 지급함.
- 양육수당 신청일 현재 90일 이상 해외에 체류하고 있는 아동은 지급대상에서 제외함.
- 가구별 양육수당은 수급가능한 모든 자녀의 양육수당을 합한 금액임.
- 양육수당은 매월 15일에 신청받아 해당 월 말일에 지급함.

〈표 1〉 지급유형별·아동월령별 양육수당 월 지급금액

(단위 : 만 원)

아동월령 지급유형	12개월 이하	12개월 초과 24개월 이하	24개월 초과 36개월 이하	36개월 초과 48개월 이하	48개월 초과 60개월 이하
일반	20.0	15.0	10.0	10.0	10.0
농어촌	20.0	17.7	15.6	12.9	10.0
장애아동	22.0	20.5	18.0	16.5	15.0

〈표 2〉 신청가구별 아동 현황(2012년 5월 15일 현재)

신청가구	자녀 구분	자녀 아동월령 (개월)	지급유형	비고
가	A	22	일반	
나	B	16	농어촌	
	C	2	농어촌	
다	D	23	장애아동	
라	E	40	일반	
	F	26	일반	
마	G	58	일반	2011년 1월부터 해외 체류 중
	H	35	일반	
	I	5	일반	

① 나 – 마 – 다 – 라 – 가
② 나 – 마 – 라 – 다 – 가
③ 다 – 라 – 나 – 마 – 가
④ 마 – 나 – 라 – 가 – 다
⑤ 마 – 나 – 다 – 라 – 가

문 8. 다음 〈표〉는 '갑'국 개인 A~D의 연소득에 대한 자료이고, 개인별 소득세산출액은 〈소득세 결정기준〉에 따라 계산한다. 이를 근거로 A~D 중 소득세산출액이 가장 많은 사람과 가장 적은 사람을 바르게 나열한 것은?

13 민간(인) 25번

〈표〉 개인별 연소득 현황

(단위 : 만 원)

개인	근로소득	금융소득
A	15,000	5,000
B	25,000	0
C	20,000	0
D	0	30,000

※ 1) 근로소득과 금융소득 이외의 소득은 존재하지 않음
2) 모든 소득은 과세대상이고, 어떤 종류의 공제·감면도 존재하지 않음

─ 〈소득세 결정기준〉 ─
- 5천만 원 이하의 금융소득에 대해서는 15%의 '금융소득세'를 부과함.
- 과세표준은 금융소득 중 5천만 원을 초과하는 부분과 근로소득의 합이고, 〈과세표준에 따른 근로소득세율〉에 따라 '근로소득세'를 부과함.
- 소득세산출액은 '금융소득세'와 '근로소득세'의 합임.

〈과세표준에 따른 근로소득세율〉

(단위 : %)

과세표준	세율
1,000만 원 이하분	5
1,000만 원 초과 5,000만 원 이하분	10
5,000만 원 초과 1억 원 이하분	15
1억 원 초과 2억 원 이하분	20
2억 원 초과분	25

- 예를 들어, 과세표준이 2,500만 원인 사람의 '근로소득세'는 다음과 같음.
1,000만 원×5%+(2,500만 원−1,000만 원)×10%=200만 원

	가장 많은 사람	가장 적은 사람
①	A	B
②	A	D
③	B	A
④	D	A
⑤	D	C

문 9. 다음 〈표〉는 A사 피자 1판 주문 시 구매방식별 할인혜택과 비용을 나타낸 것이다. 이를 근거로 정가가 12,500원인 A사 피자 1판을 가장 싸게 살 수 있는 구매방식은?

13 외교원(인) 02번

〈표〉 구매방식별 할인혜택과 비용

구매방식	할인혜택과 비용
스마트폰앱	정가의 25% 할인
전화	정가에서 1,000원 할인 후, 할인된 가격의 10% 추가 할인
회원카드와 쿠폰	회원카드로 정가의 10% 할인 후, 할인된 가격의 15%를 쿠폰으로 추가 할인
직접방문	정가의 30% 할인. 교통비용 1,000원 발생
교환권	A사 피자 1판 교환권 구매비용 10,000원 발생

※ 구매방식은 한 가지만 선택함

① 스마트폰앱

② 전화

③ 회원카드와 쿠폰

④ 직접방문

⑤ 교환권

문 10. 다음 〈표〉는 투자결정기준으로 안정성과 수익성 중 한 가지를 선택한 투자자 수에 대한 자료이다. 2011년과 2012년 투자결정기준이 동일한 투자자 수의 합이 750명이라면, B에 해당하는 값은?

13 외교원(인) 18번

〈표〉 투자결정기준 선택 결과

(단위 : 명)

2011년 \ 2012년	안정성	수익성	합
안정성	(A)	(B)	500
수익성	(C)	(D)	500
계	450	550	1,000

① 100

② 150

③ 200

④ 350

⑤ 400

문 11. 다음 〈표〉와 〈정보〉는 2014년 1월 전국 4개 도시에 각각 위치한 '갑' 회사의 공장(A~D)별 실제 가동시간과 가능 가동시간에 관한 자료이다. 이에 근거하여 공장 A와 D가 위치한 도시를 바르게 나열한 것은?

14 민간(A) 01번

〈표〉 공장별 실제 가동시간 및 가능 가동시간

(단위 : 시간)

구분 \ 공장	A	B	C	D
실제 가동시간	300	150	250	300
가능 가동시간	400	200	300	500

※ 실가동률(%) = $\dfrac{\text{실제 가동시간}}{\text{가능 가동시간}} \times 100$

──〈정 보〉──

• 광주와 인천 공장의 가능 가동시간 합은 서울과 부산 공장의 가능 가동시간 합보다 크다.

• 부산과 광주 공장의 실제 가동시간 합은 서울과 인천 공장의 실제 가동시간 합보다 작다.

• 서울과 부산 공장의 실가동률은 같다.

• 인천 공장의 가능 가동시간이 가장 길다.

	A가 위치한 도시	D가 위치한 도시
①	서울	부산
②	서울	인천
③	부산	인천
④	부산	광주
⑤	광주	인천

문 12. 다음 〈표〉는 4개 안건(A~D)에 대한 심사위원(갑, 을, 병)의 선호를 나타낸 자료이다. 이 안건들 중 서로 다른 두 안건을 임의로 상정하고 위 3명의 심사위원이 한 표씩 투표하여 다수결 원칙에 따라 하나의 안건을 채택한다고 할 때, 〈보기〉의 설명 중 옳은 것만을 모두 고르면?   14 민간(A) 02번

〈표〉 4개 안건에 대한 심사위원의 선호

선호순위 \ 심사위원	갑	을	병
1 순위	C	A	B
2 순위	B	B	C
3 순위	D	C	A
4 순위	A	D	D

※ 각 심사위원은 상정된 두 안건 중 자신의 선호순위가 더 높은 안건에 반드시 투표함

─── 〈보 기〉 ───
ㄱ. A 안건과 C 안건이 상정되면 C 안건이 채택된다.
ㄴ. B 안건은 어떠한 다른 안건과 함께 상정되어도 항상 채택된다.
ㄷ. C 안건이 상정되어 채택되는 경우는 모두 3가지이다.
ㄹ. D 안건은 어떠한 다른 안건과 함께 상정되어도 항상 채택되지 못한다.

① ㄱ, ㄴ   ② ㄱ, ㄷ
③ ㄴ, ㄹ   ④ ㄱ, ㄴ, ㄹ
⑤ ㄴ, ㄷ, ㄹ

문 13. 다음 〈그림〉과 같이 3개의 항아리가 있다. 이를 이용하여 아래 〈조건〉을 만족시키면서 〈수행순서〉의 모든 단계를 완료한 후, '10L 항아리'에 남아 있는 물의 양을 구하면?   14 민간(A) 06번

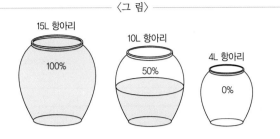

〈그 림〉

15L 항아리 100%
10L 항아리 50%
4L 항아리 0%

• '15L 항아리'에는 물이 100% 차 있다.
• '10L 항아리'에는 물이 50% 차 있다.
• '4L 항아리'는 비어 있다.

─── 〈조 건〉 ───
• 한 항아리에서 다른 항아리로 물을 부을 때, 주는 항아리가 완전히 비거나 받는 항아리가 가득 찰 때까지 물을 붓는다.
• 〈수행순서〉 각 단계에서 물의 손실은 없다.

─── 〈수행순서〉 ───
1단계 : '15L 항아리'의 물을 '4L 항아리'에 붓는다.
2단계 : '15L 항아리'의 물을 '10L 항아리'에 붓는다.
3단계 : '4L 항아리'의 물을 '15L 항아리'에 붓는다.
4단계 : '10L 항아리'의 물을 '4L 항아리'에 붓는다.
5단계 : '4L 항아리'의 물을 '15L 항아리'에 붓는다.
6단계 : '10L 항아리'의 물을 '15L 항아리'에 붓는다.

① 4L
② 5L
③ 6L
④ 7L
⑤ 8L

다음 〈표〉는 3개 기업(A~C)의 반기별 수익률에 관한 자료이다. 다음 〈조건〉을 근거로 하여 △와 □에 해당하는 숫자를 바르게 나열한 것은?　　　14 민간(A) 22번

〈표〉 기업의 반기별 수익률

(단위 : %)

기업＼기간	상반기	하반기
A	☆△□	☆○△
B	□☆○	□△☆
C	○□☆	○△☆

───〈조 건〉───
- 각 기호는 서로 다른 한 자리 자연수를 나타낸다.
- 수익률 중 가장 높은 값은 532이다.
- A의 수익률은 상반기보다 하반기에 높다.
- B의 수익률은 하반기보다 상반기에 높다.
- C의 수익률은 상반기보다 하반기에 높다.

	△	□
①	1	2
②	2	1
③	2	3
④	3	1
⑤	3	2

문 15. 다음 〈표〉는 탄소포인트제 가입자 A~D의 에너지 사용량 감축률 현황을 나타낸 자료이다. 아래의 〈지급 방식〉에 따라 가입자 A~D가 탄소포인트를 지급받을 때, 탄소포인트를 가장 많이 지급받는 가입자와 가장 적게 지급받는 가입자를 바르게 나열한 것은?　　　15 민간(인) 05번

〈표〉 가입자 A~D의 에너지 사용량 감축률 현황

(단위 : %)

에너지 사용유형＼가입자	A	B	C	D
전기	2.9	15.0	14.3	6.3
수도	16.0	15.0	5.7	21.1
가스	28.6	26.1	11.1	5.9

───〈지급 방식〉───
- 탄소포인트 지급 기준

(단위 : 포인트)

에너지 사용유형＼에너지 사용량 감축률	5% 미만	5% 이상 10% 미만	10% 이상
전기	0	5,000	10,000
수도	0	1,250	2,500
가스	0	2,500	5,000

- 가입자가 지급받는 탄소포인트
  ＝전기 탄소포인트＋수도 탄소포인트＋가스 탄소포인트
  예 가입자 D가 지급받는 탄소포인트
  ＝5,000＋2,500＋2,500＝10,000

	가장 많이 지급받는 가입자	가장 적게 지급받는 가입자
①	B	A
②	B	C
③	B	D
④	C	A
⑤	C	D

문 16. 다음 〈정보〉와 〈표〉는 2014년 A~E기업의 기본생산능력과 초과생산량 및 1~3월 생산이력에 관한 자료이다. 이에 근거하여 기본생산능력이 가장 큰 기업과 세 번째로 큰 기업을 바르게 나열한 것은? 15 민간(인) 23번

〈정 보〉

- 각 기업의 기본생산능력(개/월)은 변하지 않는다.
- A기업의 기본생산능력은 15,000개/월이고 C기업과 E기업의 기본생산능력은 동일하다.
- B, C, D기업의 경우 2014년 1~3월 동안 초과생산량이 발생하지 않았다.
- E기업의 경우 2014년 3월에 기본생산능력에 해당하는 생산량 이외에 기본생산능력의 20%에 해당하는 초과생산량이 발생하였다.
- 생산 참여기업의 월 생산량
  =기본생산능력에 해당하는 월 생산량+월 초과생산량

〈표〉 2014년 1~3월 생산이력

구분	1월	2월	3월
생산 참여기업	B, C	B, D	C, E
손실비	0.0	0.5	0.0
총생산량(개)	23,000	17,000	22,000

※ 해당월 총 생산량=해당월 '생산 참여기업의 월 생산량'의 합×(1−손실비)

	가장 큰 기업	세 번째로 큰 기업
①	A	B
②	A	D
③	B	D
④	D	A
⑤	D	B

문 17. 다음 〈표〉는 2013~2016년 '갑' 기업 사원 A~D의 연봉 및 성과평가등급별 연봉인상률에 대한 자료이다. 이에 대한 〈보기〉의 설명으로 옳은 것만을 모두 고르면? 16 민간(5) 06번

〈표 1〉 '갑' 기업 사원 A~D의 연봉

(단위 : 천 원)

연도 사원	2013	2014	2015	2016
A	24,000	28,800	34,560	38,016
B	25,000	25,000	26,250	28,875
C	24,000	25,200	27,720	33,264
D	25,000	27,500	27,500	30,250

〈표 2〉 '갑' 기업의 성과평가등급별 연봉인상률

(단위 : %)

성과평가등급	Ⅰ	Ⅱ	Ⅲ	Ⅳ
연봉인상률	20	10	5	0

※ 1) 성과평가는 해당연도 연말에 1회만 실시하며, 각 사원은 Ⅰ, Ⅱ, Ⅲ, Ⅳ 중 하나의 성과평가등급을 받음
2) 성과평가등급을 높은 것부터 순서대로 나열하면 Ⅰ, Ⅱ, Ⅲ, Ⅳ의 순임
3) 당해연도 연봉=전년도 연봉×(1+전년도 성과평가등급에 따른 연봉인상률)

〈보 기〉

ㄱ. 2013년 성과평가등급이 높은 사원부터 순서대로 나열하면 D, A, C, B이다.

ㄴ. 2015년에 A와 B는 동일한 성과평가등급을 받았다.

ㄷ. 2013~2015년 동안 C는 성과평가에서 Ⅰ등급을 받은 적이 있다.

ㄹ. 2013~2015년 동안 D는 성과평가에서 Ⅲ등급을 받은 적이 있다.

① ㄱ, ㄴ

② ㄱ, ㄷ

③ ㄱ, ㄹ

④ ㄴ, ㄷ

⑤ ㄴ, ㄹ

문 18. 다음 〈표〉는 지점 A~E의 지점 간 주행 가능한 도로 현황 및 자동차 '갑'과 '을'의 지점 간 이동정보이다. 〈표〉와 〈조건〉에 근거한 설명으로 옳은 것은? 16 민간(5) 22번

〈표 1〉 지점 간 주행 가능한 도로 현황

(단위 : km)

도착지점 출발지점	B	C	D	E
A	200	*	*	*
B	–	400	200	*
C	*	–	*	200
D	*	*	–	400

※ 1) *는 출발지점에서 도착지점까지 주행 가능한 도로가 없음을 의미함
 2) 지점 간 주행 가능한 도로는 1개씩만 존재함

〈표 2〉 자동차 '갑'과 '을'의 지점 간 이동정보

자동차	출발		도착	
	지점	시각	지점	시각
갑	A	10:00	B	( )
	B	( )	C	16:00
을	B	12:00	C	16:00
	C	16:00	E	18:00

※ 최초 출발지점에서 최종 도착지점까지 24시간 이내에 이동함을 가정함

─── 〈조 건〉 ───
• '갑'은 A → B → C, '을'은 B → C → E로 이동하였다.
• A → B는 A지점에서 출발하여 다른 지점을 경유하지 않고 B 지점에 도착하는 이동을 의미한다.
• 이동시 왔던 길은 되돌아갈 수 없다.
• 평균속력은 출발지점부터 도착지점까지의 이동거리를 소요시간으로 나눈 값이다.
• 자동차의 최고속력은 200km/h이다.

① '갑'은 B지점에서 13:00 이전에 출발하였다.
② '갑'이 B지점에서 1시간 이상 머물렀다면 A → B 또는 B → C 구간에서 속력이 120km/h 이상인 적이 있다.
③ '을'의 경우, B → C 구간의 평균속력보다 C → E 구간의 평균속력이 빠르다.
④ B → C 구간의 평균속력은 '갑'이 '을'보다 빠르다.
⑤ B → C → E 구간보다 B → D → E 구간의 거리가 더 짧다.

문 19. 다음 〈표〉는 A~D국 화폐 대비 원화 환율 및 음식가격에 대한 자료이다. 이에 대한 〈보기〉의 설명 중 옳은 것만을 모두 고르면? 16 민간(5) 25번

〈표 1〉 A~D국 화폐 대비 원화 환율

국가	화폐단위	환율(원/각 국의 화폐 1단위)
A	a	1,200
B	b	2,000
C	c	200
D	d	1,000

〈표 2〉 A~D국 판매단위별 음식가격

음식 판매 단위 국가	햄버거 1개	피자 1조각	치킨 1마리	삼겹살 1인분
A	5a	2a	15a	8a
B	6b	1b	9b	3b
C	40c	30c	120c	30c
D	10d	3d	20d	9d

─── 〈보 기〉 ───
ㄱ. 원화 120,000원으로 가장 많은 개수의 햄버거를 구매할 수 있는 국가는 A국이다.
ㄴ. B국에서 치킨 1마리 가격은 삼겹살 3인분 가격과 동일하다.
ㄷ. C국의 삼겹살 4인분과 A국의 햄버거 5개는 동일한 액수의 원화로 구매할 수 있다.
ㄹ. D국 화폐 대비 원화 환율이 1,000원/d에서 1,200원/d로 상승하면, D국에서 원화 600,000원으로 구매할 수 있는 치킨의 마리 수는 20% 이상 감소한다.

① ㄱ, ㄴ
② ㄱ, ㄷ
③ ㄴ, ㄷ
④ ㄱ, ㄴ, ㄹ
⑤ ㄴ, ㄷ, ㄹ

문 20. 다음 〈표〉는 학생 A~F의 시험점수에 관한 자료이다. 〈표〉와 〈조건〉을 이용하여 학생 A, B, C의 시험점수를 바르게 나열한 것은?

17 민간(나) 08번

〈표〉 학생 A~F의 시험점수

(단위 : 점)

학생	A	B	C	D	E	F
점수	( )	( )	( )	( )	9	9

─── 〈조 건〉 ───

• 시험점수는 자연수이다.
• 시험점수가 같은 학생은 A, E, F뿐이다.
• 산술평균은 8.5점이다.
• 최댓값은 10점이다.
• 학생 D의 시험점수는 학생 C보다 4점 높다.

	A	B	C
①	8	9	5
②	8	10	4
③	9	8	6
④	9	10	5
⑤	9	10	6

문 21. 다음 〈표〉는 2016년 '갑'시 5개 구 주민의 돼지고기 소비량에 관한 자료이다. 〈조건〉을 이용하여 변동계수가 3번째로 큰 구와 4번째로 큰 구를 바르게 나열한 것은?

17 민간(나) 12번

〈표〉 5개 구 주민의 돼지고기 소비량 통계

(단위 : kg)

구	평균(1인당 소비량)	표준편차
A	( )	5.0
B	( )	4.0
C	30.0	6.0
D	12.0	4.0
E	( )	8.0

※ 변동계수(%) = $\frac{표준편차}{평균} \times 100$

─── 〈조 건〉 ───

• A구의 1인당 소비량과 B구의 1인당 소비량을 합하면 C구의 1인당 소비량과 같다.
• A구의 1인당 소비량과 D구의 1인당 소비량을 합하면 E구 1인당 소비량의 2배와 같다.
• E구의 1인당 소비량은 B구의 1인당 소비량보다 6.0kg 더 많다.

	3번째	4번째
①	B	A
②	B	C
③	B	E
④	D	A
⑤	D	C

문 22. 다음 〈표〉는 2015년과 2016년 '갑' 회사의 강사 A~E의 시급과 수강생 만족도에 관한 자료이다. 〈표〉와 〈조건〉에 근거한 설명으로 옳은 것은? 17 민간(나) 25번

〈표〉 강사의 시급 및 수강생 만족도

(단위 : 원, 점)

연도 구분 강사	2015 시급	2015 수강생 만족도	2016 시급	2016 수강생 만족도
A	50,000	4.6	55,000	4.1
B	45,000	3.5	45,000	4.2
C	52,000	( )	54,600	4.8
D	54,000	4.9	59,400	4.4
E	48,000	3.2	( )	3.5

〈조 건〉

당해 연도 시급 대비 다음 연도 시급의 인상률은 당해 연도 수강생 만족도에 따라 아래와 같이 결정됨. 단, 강사가 받을 수 있는 시급은 최대 60,000원임

수강생 만족도	인상률
4.5점 이상	10% 인상
4.0점 이상 4.5점 미만	5% 인상
3.0점 이상 4.0점 미만	동결
3.0점 미만	5% 인하

① 강사 E의 2016년 시급은 45,600원이다.
② 2017년 시급은 강사 D가 강사 C보다 높다.
③ 2016년과 2017년 시급 차이가 가장 큰 강사는 C이다.
④ 강사 C의 2015년 수강생 만족도 점수는 4.5점 이상이다.
⑤ 2017년 강사 A와 강사 B의 시급 차이는 10,000원이다.

문 23. 다음 〈표〉는 물품 A~E의 가격에 대한 자료이다. 〈조건〉에 부합하는 (가), (나), (다)로 가능한 것은? 18 민간(가) 09번

〈표〉 물품 A~E의 가격

(단위 : 원/개)

물품	가격
A	24,000
B	(가)
C	(나)
D	(다)
E	16,000

〈조 건〉

• '갑', '을', '병'의 배낭에 담긴 물품은 각각 다음과 같다.
  - 갑 : B, C, D
  - 을 : A, C
  - 병 : B, D, E
• 배낭에는 해당 물품이 한 개씩만 담겨있다.
• 배낭에 담긴 물품 가격의 합이 높은 사람부터 순서대로 나열하면 '갑', '을', '병' 순이다.
• '병'의 배낭에 담긴 물품 가격의 합은 44,000원이다.

	(가)	(나)	(다)
①	11,000	23,000	14,000
②	12,000	14,000	16,000
③	12,000	19,000	16,000
④	13,000	19,000	15,000
⑤	13,000	23,000	15,000

문 24. 다음 〈그림〉은 아래 〈규칙〉에 따라 2에서 10까지의 서로 다른 자연수의 관계를 나타낸 것이다. 이때 '가', '나', '다'에 해당하는 수의 합은? 18 민간(가) 12번

〈그 림〉

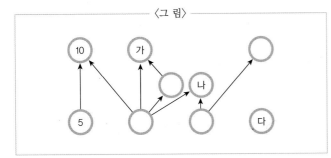

〈규 칙〉

• 〈그림〉에서 2에서 10까지의 자연수는 ○안에 한 개씩만 사용되고, 사용되지 않는 자연수는 없다.
• 2에서 10까지의 서로 다른 임의의 자연수 3개를 x, y, z라고 할 때,
 – $x \longrightarrow y$ 는 y가 x의 배수임을 나타낸다.
 – 화살표로 연결되지 않은 z는 z가 x, y와 약수나 배수 관계가 없음을 나타낸다.

① 20
② 21
③ 22
④ 23
⑤ 24

문 25. 다음 〈표〉는 근무지 이동 전 '갑' 회사의 근무 현황에 대한 자료이다. 〈표〉와 〈근무지 이동 지침〉에 따라 이동한 후 근무지별 인원 수로 가능한 것은? 18 민간(가) 23번

〈표〉 근무지 이동 전 '갑' 회사의 근무 현황

(단위 : 명)

근무지	팀명	인원수
본관 1층	인사팀	10
	지원팀	16
	기획1팀	16
본관 2층	기획2팀	21
	영업1팀	27
본관 3층	영업2팀	30
	영업3팀	23
별관	–	0
전체		143

※ 1) '갑' 회사의 근무지는 본관 1, 2, 3층과 별관만 있음
  2) 팀별 인원 수의 변동은 없음

〈근무지 이동 지침〉

• 본관 내 이동은 없고, 인사팀은 이동하지 않음.
• 팀별로 전원 이동하며, 본관에서 별관으로 2개 팀만 이동함.
• 1개 층에서는 최대 1개 팀만 별관으로 이동할 수 있음.
• 이동한 후 별관 인원 수는 40명을 넘지 않도록 함.

①
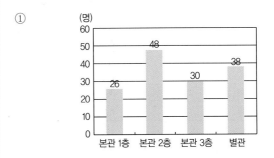

②
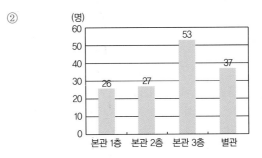

③
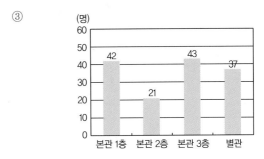

④
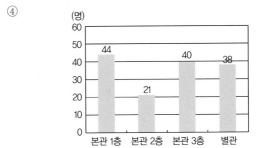

⑤
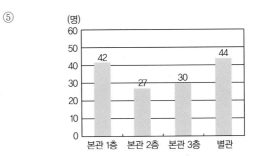

문 26. 다음 〈표〉는 참가자 A~D의 회차별 가위·바위·보 게임 기록 및 판정이고, 〈그림〉은 아래 〈규칙〉에 따른 5회차 게임 종료 후 A~D의 위치를 나타낸 것이다. 이 때 (가), (나), (다)에 해당하는 것을 바르게 나열한 것은?

18 민간(가) 25번

〈표〉 가위·바위·보 게임 기록 및 판정

회차 구분 참가자	1		2		3		4		5	
	기록	판정	기록	판정	기록	판정	기록	판정	기록	판정
A	가위	승	바위	승	보	승	바위	( )	보	( )
B	가위	승	(가)	( )	바위	패	가위	( )	보	( )
C	보	패	가위	패	바위	패	(나)	( )	보	( )
D	보	패	가위	패	바위	패	가위	( )	(다)	( )

〈그림〉 5회차 게임 종료 후 A~D의 위치

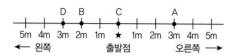

D B   C   A
5m 4m 3m 2m 1m ★ 1m 2m 3m 4m 5m
← 왼쪽   출발점   오른쪽 →

〈규 칙〉

• A~D는 모두 출발점(★)에서 1회차 가위·바위·보 게임을 하고, 2회차부터는 직전 회차 게임 종료 후 각자의 위치에서 게임을 한다.
• 각 회차의 판정에 따라 지거나 비기면 이동하지 않고, 가위로 이긴 사람은 왼쪽으로 3m, 바위로 이긴 사람은 오른쪽으로 1m, 보로 이긴 사람은 오른쪽으로 5m를 각각 이동하여 해당 회차 게임을 종료한다.

	(가)	(나)	(다)
①	가위	바위	보
②	가위	보	바위
③	바위	가위	보
④	바위	보	가위
⑤	보	바위	가위

문 27. 다음 〈그림〉은 '갑'국 국회의원 선거의 지역별 정당지지율에 관한 자료이다. 〈그림〉과 〈조건〉에 근거하여 선거구를 획정할 때, 〈보기〉 중 B 정당의 국회의원이 가장 많이 선출되는 선거구 획정 방법을 고르면?

19 민간(나) 17번

〈그림〉 국회의원 선거의 지역별 정당지지율

(단위 : %)

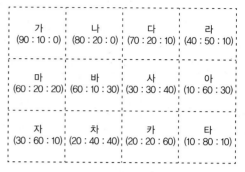

가 (90:10:0)	나 (80:20:0)	다 (70:20:10)	라 (40:50:10)
마 (60:20:20)	바 (60:10:30)	사 (30:30:40)	아 (10:60:30)
자 (30:60:10)	차 (20:40:40)	카 (20:20:60)	타 (10:80:10)

※ 괄호 안의 수치는 해당 지역의 각 정당지지율(A정당 : B정당 : C정당)을 의미함

〈조 건〉

• 3개 지역을 묶어서 1개의 선거구로 획정한다.
  - 지역 경계는 점선(┈)으로 표시되며, 선거구 경계는 실선(─)으로 표시된다.
  - 아래 그림은 '가', '나', '바' 지역이 1개의 선거구로 획정됨을 의미한다.

가	나
	다

• 선거구당 1명의 국회의원을 선출한다.
• 선거구 내 지역별 각 정당지지율의 합이 가장 큰 정당의 후보가 국회의원으로 선출된다.

〈보 기〉

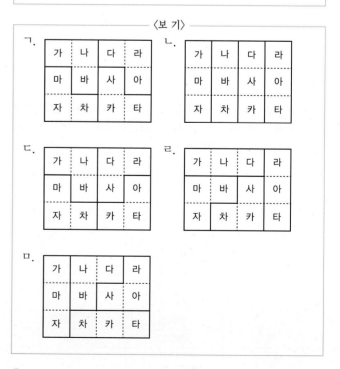

ㄱ.
가	나	다	라
마	바	사	아
자	차	카	타

ㄴ.
가	나	다	라
마	바	사	아
자	차	카	타

ㄷ.
가	나	다	라
마	바	사	아
자	차	카	타

ㄹ.
가	나	다	라
마	바	사	아
자	차	카	타

ㅁ.
가	나	다	라
마	바	사	아
자	차	카	타

① ㄱ
② ㄴ
③ ㄷ
④ ㄹ
⑤ ㅁ

문 28. 다음 〈표〉는 '갑'국 A~E 대학의 재학생 수 및 재직 교원 수와 법정 필요 교원 수 산정기준에 관한 자료이다. 이에 근거하여 법정 필요 교원 수를 충족시키기 위해 충원해야 할 교원 수가 많은 대학부터 순서대로 나열하면? 19 민간(나) 18번

〈표 1〉 재학생 수 및 재직 교원 수

(단위 : 명)

구분＼대학	A	B	C	D	E
재학생 수	900	30,000	13,300	4,200	18,000
재직 교원 수	44	1,260	450	130	860

〈표 2〉 법정 필요 교원 수 산정기준

재학생 수	법정 필요 교원 수
1,000명 미만	재학생 22명당 교원 1명
1,000명 이상 10,000명 미만	재학생 21명당 교원 1명
10,000명 이상 20,000명 미만	재학생 20명당 교원 1명
20,000명 이상	재학생 19명당 교원 1명

※ 법정 필요 교원 수 계산 시 소수점 아래 첫째 자리에서 올림

① B, C, D, A, E
② B, C, D, E, A
③ B, D, C, E, A
④ C, B, D, A, E
⑤ C, B, D, E, A

문 29. 다음 〈표〉는 콘크리트 유형별 기준강도 및 시험체 강도판정결과에 관한 자료이다. 〈표〉와 〈판정기준〉에 근거하여 (가), (나), (다)에 해당하는 강도판정결과를 바르게 나열한 것은? 19 민간(나) 20번

〈표〉 콘크리트 유형별 기준강도 및 시험체 강도판정결과

(단위 : MPa)

구분＼콘크리트 유형	기준강도	시험체 강도				강도판정결과
		시험체 1	시험체 2	시험체 3	평균	
A	24	22.8	29.0	20.8	( )	(가)
B	27	26.1	25.0	28.1	( )	불합격
C	35	36.9	36.8	31.6	( )	(나)
D	40	36.4	36.3	47.6	40.1	합격
E	45	40.3	49.4	46.8	( )	(다)

※ 강도판정결과는 '합격'과 '불합격'으로 구분됨

─〈판정기준〉─
• 아래 조건을 모두 만족하는 경우에만 강도판정결과가 '합격'이다.
  - 시험체 강도의 평균은 기준강도 이상이어야 한다.
  - 기준강도가 35MPa 초과인 경우에는 각 시험체 강도가 모두 기준강도의 90% 이상이어야 한다.
  - 기준강도가 35MPa 이하인 경우에는 각 시험체 강도가 모두 기준강도에서 3.5MPa을 뺀 값 이상이어야 한다.

	(가)	(나)	(다)
①	합격	합격	합격
②	합격	합격	불합격
③	합격	불합격	불합격
④	불합격	합격	합격
⑤	불합격	합격	불합격

문 30. 다음 〈표〉는 2017~2018년 '갑' 학교 학생식당의 메뉴별 제공 횟수 및 만족도에 대한 자료이다. 〈표〉와 〈조건〉에 근거한 설명으로 옳지 <u>않은</u> 것은?

19 민간(나) 21번

〈표〉메뉴별 제공 횟수 및 만족도

(단위 : 회, 점)

구분 연도 메뉴	제공 횟수 2017	만족도 2017	만족도 2018
A	40	87	75
B	34	71	72
C	45	53	35
D	31	79	79
E	40	62	77
F	60	74	68
G	–	–	73
전체	250	–	–

─────〈조 건〉─────

• 전체 메뉴 제공 횟수는 매년 250회로 일정하며, 2018년에는 메뉴 G만 추가되었고, 2019년에는 메뉴 H만 추가되었다.
• 각 메뉴의 다음 연도 제공 횟수는 당해 연도 만족도에 따라 아래와 같이 결정된다.

만족도	다음 연도 제공 횟수
0점 이상 50점 미만	당해 연도 제공 횟수 대비 100% 감소
50점 이상 60점 미만	당해 연도 제공 횟수 대비 20% 감소
60점 이상 70점 미만	당해 연도 제공 횟수 대비 10% 감소
70점 이상 80점 미만	당해 연도 제공 횟수와 동일
80점 이상 90점 미만	당해 연도 제공 횟수 대비 10% 증가
90점 이상 100점 이하	당해 연도 제공 횟수 대비 20% 증가

① 메뉴 A~F 중 2017년 대비 2019년 제공 횟수가 증가한 메뉴는 1개이다.
② 2018년 메뉴 G의 제공 횟수는 9회이다.
③ 2019년 메뉴 H의 제공 횟수는 42회이다.
④ 2019년 메뉴 E의 제공 횟수는 메뉴 A의 제공 횟수보다 많다.
⑤ 메뉴 A~G 중 2018년과 2019년 제공 횟수의 차이가 두 번째로 큰 메뉴는 F이다.

문 31. 다음 〈표〉는 A~F 행정동으로 구성된 '갑'시의 자치구 개편 및 행정동 간 인접 현황에 관한 자료이다. 〈표〉와 〈조건〉에 근거한 설명으로 옳지 <u>않은</u> 것은?

19 민간(나) 23번

〈표 1〉 행정동별 인구와 개편 전·후 자치구 현황

구분 행정동	인구(명)	개편 전 자치구	개편 후 자치구
A	1,500	가	( )
B	2,000	( )	( )
C	1,500	나	( )
D	1,500	( )	라
E	1,000	( )	마
F	1,500	다	( )

※ 자치구 개편 전·후 각 행정동의 인구수는 변화없음

〈표 2〉 행정동 간 인접 현황

행정동	A	B	C	D	E	F
A		1	0	1	0	0
B	1		1	1	1	0
C	0	1		0	1	1
D	1	1	0		1	0
E	0	1	1	1		1
F	0	0	1	0	1	

※ 두 행정동이 인접하면 1, 인접하지 않으면 0임

─────〈조 건〉─────

• 개편 전 자치구는 '가', '나', '다' 3개이며, 개편 후 자치구는 '라', '마' 2개이다.
• 개편 전에는 한 자치구에 2개의 행정동이 속하고, 개편 후에는 3개의 행정동이 속한다.
• 동일 자치구에 속하는 행정동은 서로 인접하고 있으며, 행정동 간 인접 여부는 〈표 2〉에 따라 판단한다.

① 자치구 개편 전, 행정동 E는 자치구 '다'에 속한다.
② 자치구 개편 후, 행정동 C와 행정동 E는 같은 자치구에 속한다.
③ 자치구 개편 전, 자치구 '가'의 인구가 자치구 '나'의 인구보다 많다.
④ 자치구 개편 후, 자치구 '라'의 인구가 자치구 '마'의 인구보다 많다.
⑤ 행정동 B는 개편 전 자치구 '나'에 속하고, 개편 후 자치구 '라'에 속한다.

문 32. 다음 〈그림〉은 A 기업 4개팀 체육대회의 종목별 대진표 및 중간경기결과이며, 〈표〉는 종목별 승점 배점표이다. 이에 근거하여 남은 경기결과에 따른 최종 대회성적에 대한 설명으로 옳지 <u>않은</u> 것은?　19 민간(나) 24번

〈그림〉 A 기업 체육대회의 종목별 대진표 및 중간경기결과

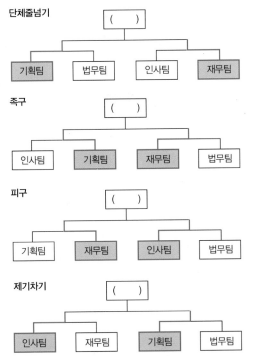

※ 굵은 선과 음영(　　)으로 표시된 팀은 이긴 팀을 의미하며, 결승전만을 남긴 상황임

〈표〉 종목별 승점 배점표

순위＼종목	단체줄넘기	족구	피구	제기차기
1위	120	90	90	60
2위	80	60	60	40
3·4위	40	30	30	20

※ 1) 최종 대회성적은 종목별 승점합계가 가장 높은 팀이 종합 우승, 두 번째로 높은 팀이 종합 준우승임
　 2) 승점합계가 동일한 팀이 나올 경우, 단체줄넘기 종목의 순위가 높은 팀이 최종 순위가 높음
　 3) 모든 경기에 무승부는 없음

① 남은 경기결과와 상관없이 법무팀은 종합 우승을 할 수 없다.

② 재무팀이 남은 경기 중 2종목에서 이기더라도 기획팀이 종합 우승을 할 수 있다.

③ 기획팀이 남은 경기에서 모두 지면, 재무팀이 종합 우승을 한다.

④ 재무팀이 남은 경기에서 모두 지더라도 재무팀은 종합 준우승을 한다.

⑤ 인사팀이 남은 경기에서 모두 이기더라도 인사팀은 종합 우승을 할 수 없다.

문 33. 다음 〈표〉, 〈정보〉, 〈그림〉은 A사의 공장에서 물류센터까지의 수송량과 수송비용에 관한 자료이다. 이에 대한 설명으로 옳지 <u>않은</u> 것은?　19 민간(나) 25번

〈표〉 공장에서 물류센터까지의 수송량

(단위 : 개)

공장＼물류센터	서울	부산	대구	광주
구미	0	200	( )	( )
청주	300	( )	0	0
덕평	300	0	0	0

〈정 보〉

• 해당 공장에서 각 물류센터까지의 수송량의 합은 해당 공장의 '최대공급량'보다 작거나 같다.

• 각 공장에서 해당 물류센터까지의 수송량의 합은 해당 물류센터의 '최소요구량'보다 크거나 같다.

• 공장별 '최대공급량'은 구미 600개, 청주 500개, 덕평 300개이다.

• 물류센터별 '최소요구량'은 서울 600개, 부산 400개, 대구 200개, 광주 150개이다.

• 수송비용＝(수송량)×(개당 수송비용)

• 총 수송비용은 각 공장에서 각 물류센터까지의 수송비용의 합이다.

〈그림〉 공장에서 물류센터까지의 개당 수송비용

(단위 : 천 원/개)

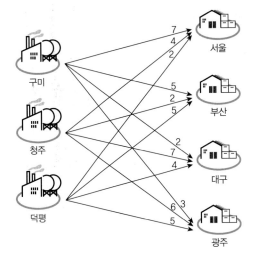

※ 예시 : '청주 _2_ 부산'은 청주 공장에서 부산 물류센터까지의 개당 수송비용이 2천 원임을 의미함

① 청주 공장에서 부산 물류센터까지의 수송량은 200개이다.

② 총 수송비용을 최소화할 때, 구미 공장에서 광주 물류센터까지의 수송량은 150개이다.

③ 총 수송비용의 최소 금액은 405만 원이다.

④ 구미 공장에서 서울 물류센터까지의 개당 수송비용이 7천 원에서 8천 원으로 증가해도 총 수송비용의 최소 금액은 증가하지 않는다.

⑤ 구미 공장의 '최대공급량'이 600개에서 550개로 줄어들면, 총 수송비용의 최소 금액은 감소한다.

MEMO

02

CHAPTER

LEVEL 2, 집중

문 1. 다음 〈표〉는 8개 회원사로 이루어진 어떤 단체에서 각 회원사가 내야 할 납입자금에 관한 자료이다. 이에 대한 〈보기〉의 설명 중 옳은 것을 모두 고르면? 11 5급(인) 01번

〈표 1〉 회원사 납입자금 산정 기준

(단위 : 억 원)

전년도 매출액	당해연도 납입자금
2천억 원 미만	1.0
2천억 원 이상 5천억 원 미만	2.0
5천억 원 이상 1조 원 미만	3.0
1조 원 이상 2조 원 미만	4.0
2조 원 이상	5.0

※ 1) 납입자금 산정 기준은 연도에 따라 변하지 않음
　 2) 납입자금은 전년도 매출액을 기준으로 당해연도 초에 납입함

〈표 2〉 2009년 회원사별 매출액

(단위 : 천억 원)

회원사	매출액
A	3.5
B	19.0
C	30.0
D	6.0
E	15.5
F	8.0
G	9.5
H	4.6

─── 〈보 기〉 ───

ㄱ. 2010년에 3억 원의 납입자금을 내는 회원사는 3개이다.

ㄴ. 2010년 총 납입자금은 26억 원이다.

ㄷ. 모든 회원사의 2010년 매출액이 전년 대비 10% 증가한다면 2011년에 납입자금이 늘어나는 회원사는 3개이다.

ㄹ. 2010년에 3억 원의 납입자금을 내는 회원사들의 전년도 매출액 합은 4억 원 납입자금을 내는 회원사들의 전년도 매출액 합보다 크다.

① ㄱ, ㄴ

② ㄷ, ㄹ

③ ㄱ, ㄴ, ㄷ

④ ㄱ, ㄷ, ㄹ

⑤ ㄴ, ㄷ, ㄹ

문 2. 다음 〈표〉는 2008년 인터넷 부문 국제 정보화 통계에 관한 자료이다. 이에 대한 〈보기〉의 설명 중 옳은 것을 모두 고르면? 11 5급(인) 08번

〈표〉 2008년 인터넷 부문 국제 정보화 통계

(단위 : 명, 달러)

구분　　순위	인터넷		초고속 인터넷		초고속 인터넷 요금	
	국가명	인구 100명당 이용자 수	국가명	인구 100명당 가입자 수	국가명	속도 1Mbps당 월평균 요금
1	아일랜드	90.7	덴마크	37.2	한국	0.85
2	노르웨이	85.1	네덜란드	35.8	프랑스	3.30
3	네덜란드	84.2	노르웨이	34.5	영국	4.08
4	덴마크	81.3	스위스	33.5	일본	4.79
5	스웨덴	80.9	아이슬란드	32.8	포르투갈	4.94
6	안도라	79.3	한국	32.3	이탈리아	5.28
7	핀란드	79.0	스웨덴	32.0	독일	5.64
8	룩셈부르크	78.2	핀란드	30.7	체코	6.53
9	스페인	76.7	룩셈부르크	30.2	룩셈부르크	6.81
10	한국	76.3	캐나다	29.5	덴마크	7.11
11	대만	74.4	영국	28.5	오스트리아	7.35
12	캐나다	73.1	벨기에	28.1	노르웨이	7.97
13	스위스	72.6	프랑스	28.0	네덜란드	8.83
14	미국	72.5	독일	27.4	핀란드	9.63
15	모나코	72.2	미국	25.8	미국	10.02

─── 〈보 기〉 ───

ㄱ. 초고속 인터넷의 속도 1Mbps당 월평균 요금이 10달러 이하인 국가는 조사대상국 전체에서 15개국 미만이다.

ㄴ. 인구 100명당 초고속 인터넷 가입자 수 상위 5개국 중 인구 100명당 인터넷 이용자 수가 가장 적은 국가는 스위스이다.

ㄷ. 네덜란드는 세 가지 지표 각각에서 캐나다보다 순위가 높다.

ㄹ. 세 가지 지표 각각에서 모두 15위 이내에 속한 국가는 8개국이다.

① ㄱ, ㄴ

② ㄱ, ㄷ

③ ㄴ, ㄹ

④ ㄱ, ㄷ, ㄹ

⑤ ㄴ, ㄷ, ㄹ

문 3. 다음 〈표〉는 UN 전자정부 발전지수에 대한 자료이다. 이에 대한 〈보고서〉의 설명 중 옳은 것을 모두 고르면?

11 5급(인) 02번

〈표 1〉 UN 전자정부 발전지수의 주요국 순위

국가	2010년	2008년	2005년	2004년	2003년	2001년
한국	1	6	5	5	13	15
미국	2	4	1	1	1	1
캐나다	3	7	8	7	6	6
영국	4	10	4	3	5	7
네덜란드	5	5	12	11	11	8
노르웨이	6	3	10	10	7	5
덴마크	7	2	2	2	4	9
호주	8	8	6	6	3	2
스페인	9	20	39	34	29	16
프랑스	10	9	23	24	19	14
싱가포르	11	23	7	8	12	4
스웨덴	12	1	3	4	2	11
독일	15	22	11	12	9	10
핀란드	19	15	9	9	10	13

〈표 2〉 우리나라 UN 전자정부 발전지수의 세부지수 및 순위

구분	웹 측정지수 (순위)	정보통신 인프라지수 (순위)	인적자본지수
2008년	0.76(6위)	0.69(10위)	0.98(8위)
2010년	0.79(1위)	0.64(13위)	0.99(7위)

〈표 3〉 우리나라의 단계별 웹 측정지수

단계	1단계 (착수)	2단계 (발전)	3단계 (전자거래)	4단계 (통합처리)	전체
2008년	1.00	0.93	0.50	0.59	0.76
2010년	0.97	0.91	0.66	0.62	0.79

〈보고서〉

전자정부 발전지수는 UN이 각 국가의 전자정부 추진 및 이용여건, 역량 등을 평가하기 위해 측정하는 지수이다. 지난 10년간 실시된 6차례의 평가결과를 살펴보면, ㉠ 우리나라는 2010년 1위로 2001년에 비하여 14순위 상승하였고, 해당 기간에 스페인의 경우도 7순위 상승하였다. 우리나라가 추진 초기부터 벤치마킹해 왔던 ㉡ 미국, 캐나다, 영국, 호주, 싱가포르는 6차례의 평가에서 모두 10위 이내로 평가되었다. 한편 ㉢ 2010년 상위권 10개 국가 중에서 2008년에 비하여 순위가 상승한 국가는 5개 국가로 나타났다. 세부적으로 살펴보면, 전자정부 발전지수는 웹 측정지수, 정보통신 인프라지수, 인적자본지수로 구성된다. ㉣ 우리나라는 2008년에 비해 2010년에 정보통신 인프라지수 순위가 3순위 하락하였으며 웹 측정지수 순위 또한 5순위 하락하였다. ㉤ 2010년 우리나라의 웹 측정지수를 2008년과 비교해보면 1단계와 2단계의 지수는 작아졌지만, 3단계와 4단계의 지수는 커졌다. 특히 3단계의 지수가 가장 큰 폭으로 커졌다.

① ㉠, ㉡, ㉤
② ㉠, ㉢, ㉣
③ ㉠, ㉢, ㉤
④ ㉡, ㉢, ㉣
⑤ ㉡, ㉣, ㉤

문 4. 다음 〈표〉는 정보통신 기술분야 예산 신청금액 및 확정금액에 대한 조사 자료이다. 이에 대한 〈보기〉의 설명 중 옳지 않은 것을 모두 고르면? 11 5급(인) 14번

〈표〉 정보통신 기술분야 예산 신청금액 및 확정금액

(단위 : 억 원)

연도 / 기술분야 구분	2008 신청	2008 확정	2009 신청	2009 확정	2010 신청	2010 확정
네트워크	1,179	1,112	1,098	1,082	1,524	950
이동통신	1,769	1,679	1,627	1,227	1,493	805
메모리 반도체	652	478	723	409	746	371
방송장비	892	720	1,052	740	967	983
디스 플레이	443	294	548	324	691	282
LED	602	217	602	356	584	256
차세대 컴퓨팅	207	199	206	195	295	188
시스템 반도체	233	146	319	185	463	183
RFID	226	125	276	145	348	133
3D 장비	115	54	113	62	136	149
전체	6,318	5,024	6,564	4,725	7,247	4,300

─────────〈보 기〉─────────

ㄱ. 2009년과 2010년에 신청금액이 전년 대비 매년 증가한 기술분야는 메모리반도체, 디스플레이, 시스템반도체, RFID이다.

ㄴ. 2010년에 신청금액이 전년 대비 30% 이상 증가한 기술분야는 총 4개이다.

ㄷ. 2009년 확정금액 상위 3개 기술분야의 확정금액 합은 2009년 전체 확정금액의 70% 이상을 차지한다.

ㄹ. 2009년에 신청금액이 전년 대비 감소한 기술분야는 확정금액도 전년 대비 감소하였다.

① ㄱ, ㄴ

② ㄱ, ㄷ

③ ㄴ, ㄹ

④ ㄷ, ㄹ

⑤ ㄴ, ㄷ, ㄹ

문 5. 다음 〈표〉는 대학생 700명을 대상으로 실시한 설문조사 결과이다. 이에 대한 〈보고서〉의 설명 중 옳지 않은 것을 모두 고르면? 11 5급(인) 19번

〈표 1〉 학년별 여름방학 계획

(단위 : 명, %)

구분 학년	자격증 취득	배낭 여행	아르 바이트	봉사 활동	기타	합
4학년	85(56.7)	23(15.3)	29(19.3)	6(4.0)	7(4.7)	150(100.0)
3학년	67(51.5)	17(13.1)	25(19.2)	6(4.6)	15(11.5)	130(100.0)
2학년	72(42.4)	54(31.8)	36(21.2)	5(2.9)	3(1.8)	170(100.0)
1학년	79(31.6)	82(33.2)	54(21.6)	22(8.8)	12(4.8)	250(100.0)
계	303(43.3)	177(25.3)	144(20.6)	39(5.6)	37(5.3)	700(100.0)

〈표 2〉 학년별 관심 있는 동아리

(단위 : 명, %)

구분 학년	주식 투자	외국어 학습	봉사	음악·미술	기타	합
4학년	18(12.0)	100(66.7)	12(8.0)	16(10.7)	4(2.7)	150(100.0)
3학년	12(9.2)	71(54.6)	22(16.9)	16(12.3)	9(6.9)	130(100.0)
2학년	8(4.7)	58(34.1)	60(35.3)	34(20.0)	10(5.9)	170(100.0)
1학년	12(4.8)	72(28.8)	86(34.4)	55(22.0)	25(10.0)	250(100.0)
계	50(7.1)	301(43.0)	180(25.7)	121(17.3)	48(6.9)	700(100.0)

※ 괄호 안의 값은 소수점 아래 둘째 자리에서 반올림한 값임

─────────〈보고서〉─────────

대학생들을 대상으로 실시한 설문조사 결과이다. ㉠ 여름방학에 자격증 취득을 계획하고 있는 학생 수가 각 학년의 학생 수에서 차지하는 비율은 학년이 높을수록 증가하였다. 기타를 제외할 경우, 여름방학에 봉사활동을 계획하고 있는 학생 수가 각 학년의 학생 수에서 차지하는 비율은 모든 학년에서 가장 낮았다. ㉡ 또한 여름방학 때 아르바이트를 하고자 하는 학생의 40% 이상, 봉사활동을 하고자 하는 학생의 50% 이상이 1학년이었다. 최근의 청년 실업난을 반영하듯 3학년과 4학년에서는 자격증 취득에 여름방학을 투자하겠다고 응답한 학생이 절반 이상으로 나타났다. ㉢ 학년별로 관심 있는 동아리를 조사한 결과, 1학년과 2학년은 각각 봉사─외국어 학습─음악·미술─기타─주식투자의 순서로 관심을 보였고, 3학년과 4학년은 각각 외국어 학습─주식투자─음악·미술─기타─봉사의 순서로 관심을 보였다. ㉣ 그리고 주식투자 동아리에 관심 있는 학생 중 3학년이 차지하는 비중과 외국어 학습 동아리에 관심 있는 학생 중 1학년이 차지하는 비중의 차이는 1%p 내로 나타났다.

① ㉠, ㉡

② ㉠, ㉣

③ ㉡, ㉢

④ ㉡, ㉣

⑤ ㉢, ㉣

문 6.   다음 〈그림〉은 OECD 주요 국가의 어린이 사고 사망률을 나타낸 것이다. 이에 대한 〈보기〉의 설명 중 옳은 것을 모두 고르면?

11 5급(인) 24번

〈그림〉OECD 주요 국가 어린이 사고 사망률

(단위 : 명)

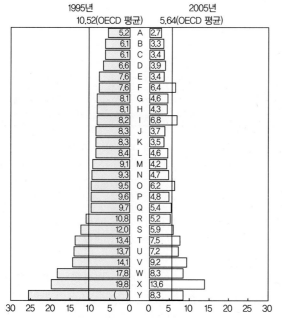

※ 1) 어린이 사고 사망률 : 인구 10만 명당 1~14세 어린이의 사고 사망자 수
　2) 사고 사망 : 질병 이외의 모든 외부 요인에 의한 사망
　3) A~Y는 국가명을 의미함

─── 〈보 기〉 ───
ㄱ. 국가별로 2005년 어린이 사고 사망률은 1995년에 비해 각각 감소하였다.
ㄴ. Y국의 2005년 어린이 사고 사망률은 1995년 어린이 사고 사망률의 3분의 1 이하이다.
ㄷ. 1995년 대비 2005년 어린이 사고 사망률의 감소율이 P국보다 더 큰 국가는 9개국이다.
ㄹ. 어린이 사고 사망률이 당해연도 OECD 평균보다 높은 국가의 수는 1995년보다 2005년에 더 많다.

① ㄱ, ㄷ
② ㄴ, ㄹ
③ ㄷ, ㄹ
④ ㄱ, ㄴ, ㄷ
⑤ ㄱ, ㄴ, ㄹ

문 7.   다음 〈그림〉과 〈표〉는 2007년 국내 암 발생률에 대한 자료이다. 이에 대한 〈보기〉의 설명 중 옳은 것을 모두 고르면?

11 5급(인) 35번

〈그림〉2007년 성별 10대 암 발생률

(단위 : 명)

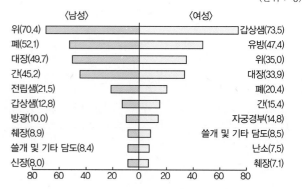

〈표〉2007년 성별 암 발생률

(단위 : 명)

구분	남성	여성
암 발생률	346.2	312.8

※ 1) 암 발생률 : 특정 기간 동안 해당 집단의 인구 10만 명당 새롭게 발생한 암 환자 수
　2) 10대 암은 암 발생률이 높은 상위 10개를 의미함

─── 〈보 기〉 ───
ㄱ. 2007년 남성에게서 발생률이 가장 높은 암은 위암이고, 그 다음으로 폐암, 대장암, 간암의 순이며, 이들 네 개 암 발생률의 합은 그 해 남성 암 발생률의 50% 이상이다.
ㄴ. 2007년 남성의 위암, 폐암, 대장암, 간암의 발생률은 각각 여성의 해당 암 발생률의 두 배 이상이다.
ㄷ. 2007년 여성의 갑상샘암 발생률은 남성의 5배 이상이다.
ㄹ. 2007년 여성 암 환자 중 갑상샘암 환자의 비율은 20% 이상이다.

① ㄱ, ㄷ
② ㄴ, ㄷ
③ ㄴ, ㄹ
④ ㄱ, ㄴ, ㄹ
⑤ ㄱ, ㄷ, ㄹ

다음 〈표〉는 1885~1892년 동안 조선의 대청·대일 무역 규모를 나타낸 자료이다. 이에 대한 설명 중 옳지 <u>않은</u> 것은?

12 5급(인) 06번

〈표〉 조선의 대청·대일 무역규모

(단위 : 달러)

연도	조선의 수출액			조선의 수입액		
	대청	대일	비 (청 : 일본)	대청	대일	비 (청 : 일본)
1885	9,479	377,775	2 : 98	313,342	1,377,392	19 : 81
1886	15,977	488,041	3 : 97	455,015	2,064,353	18 : 82
1887	18,873	783,752	2 : 98	742,661	2,080,787	26 : 74
1888	71,946	758,238	9 : 91	860,328	2,196,115	28 : 72
1889	109,789	1,122,276	9 : 91	1,101,585	2,299,118	32 : 68
1890	70,922	3,475,098	2 : 98	1,660,075	3,086,897	35 : 65
1891	136,464	3,219,887	4 : 96	2,148,294	3,226,468	40 : 60
1892	149,861	2,271,628	6 : 94	2,055,555	2,555,675	45 : 55

※ 무역수지＝수출액－수입액

① 1891년에 대일 무역수지는 적자이다.

② 1885~1892년 동안 매년 조선의 대일 수출액은 같은 해 조선 의 대청 수출액의 10배 이상이다.

③ 1885~1892년 동안 매년 조선의 대일 수입액은 같은 해 조선 의 대청 수입액보다 크다.

④ 1886~1892년 동안 조선의 대청·대일 수입액 전체에서 대일 수입액이 차지하는 비중은 매년 감소한다.

⑤ 1885~1892년 동안 조선의 대일 수입액과 조선의 대청 수입 액의 차이가 가장 큰 해는 1890년이다.

다음 〈표〉는 '갑'팀 구성원(가~라)의 보유 역량 및 수행 할 작업(A~G)과 작업별 필요 역량에 대한 자료이다. 이에 대한 설명으로 옳지 <u>않은</u> 것은?

12 5급(인) 10번

〈표 1〉 '갑'팀 구성원의 보유 역량

(○ : 보유)

역량 \ 구성원	가	나	다	라
자기개발	○	○		
의사소통	○		○	
수리활용		○		○
정보활용	○		○	
문제해결		○	○	
자원관리	○			
기술활용	○	○		
대인관계			○	
문화이해	○		○	
변화관리	○	○	○	○

〈표 2〉 수행할 작업과 작업별 필요 역량

(○ : 필요)

작업 \ 역량	자기 개발	의사 소통	수리 활용	정보 활용	문제 해결	자원 관리	기술 활용	대인 관계	문화 이해	변화 관리
A		○						○		○
B				○				○	○	
C					○	○				
D		○		○						○
E	○									
F		○	○					○		
G		○					○			○

※ 각 작업별 필요 역량을 모두 보유하고 있는 구성원만이 해당 작업을 수행할 수 있음

① '갑'팀 구성원 중 D작업을 수행할 수 있는 사람은 G작업도 수 행할 수 있다.

② '갑'팀 구성원 중 A작업을 수행할 수 있는 사람이 F작업을 수 행하기 위해서는 기존 보유 역량 외에 '의사소통' 역량이 추가 로 필요하다.

③ '갑'팀 구성원 중 E작업을 수행할 수 있는 사람은 다른 작업을 수행할 수 없다.

④ '갑'팀 구성원 중 B작업을 수행할 수 있는 사람이 '기술활용' 역 량을 추가로 보유하면 G작업을 수행할 수 있다.

⑤ '갑'팀 구성원 중 C작업을 수행할 수 있는 사람은 없다.

문 10. 다음 〈표〉는 저탄소 녹색성장 10대 기술 분야의 특허 출원 및 등록 현황에 대한 자료이다. 이에 대한 〈보기〉의 설명 중 옳지 <u>않은</u> 것을 모두 고르면? 12 5급(인) 12번

〈표〉 저탄소 녹색성장 10대 기술 분야의 특허 출원 및 등록 현황

(단위 : 건)

연도 구분 기술분야	2009		2010		2011	
	출원	등록	출원	등록	출원	등록
태양광/열/전지	1,079	1,534	898	1,482	1,424	950
수소바이오/ 연료전지	1,669	900	1,527	1,227	1,393	805
CO_2포집저장처리	552	478	623	409	646	371
그린홈/빌딩/시티	792	720	952	740	867	283
원전플랜트	343	294	448	324	591	282
전력IT	502	217	502	356	484	256
석탄가스화	107	99	106	95	195	88
풍력	133	46	219	85	363	87
수력 및 해양에너지	126	25	176	45	248	33
지열	15	7	23	15	36	11
전체	5,318	4,320	5,474	4,778	6,247	3,166

──── 〈보 기〉 ────

ㄱ. 2009~2011년 동안 출원 건수와 등록 건수가 모두 매년 증가한 기술분야는 없다.

ㄴ. 2010년에 전년 대비 출원 건수가 감소한 기술분야에서는 2011년 전년 대비 등록 건수도 감소하였다.

ㄷ. 2011년 등록 건수가 많은 상위 3개 기술분야의 등록 건수 합은 2011년 전체 등록 건수의 70% 이상을 차지한다.

ㄹ. 2011년 출원 건수가 전년 대비 50% 이상 증가한 기술분야의 수는 3개이다.

① ㄱ, ㄴ

② ㄱ, ㄷ

③ ㄴ, ㄹ

④ ㄱ, ㄷ, ㄹ

⑤ ㄴ, ㄷ, ㄹ

문 11. 다음 〈표〉는 2006~2008년 동안 국립공원 내 사찰의 문화재 관람료에 관한 자료이다. 이에 대한 설명 중 옳은 것은? 13 5급(인) 01번

〈표〉 국립공원 내 사찰의 문화재 관람료

(단위 : 원)

국립공원	사찰	2006년	2007년	2008년
지리산	쌍계사	1,800	1,800	1,800
	화엄사	2,200	3,000	3,000
	천은사	1,600	1,600	1,600
	연곡사	1,600	2,000	2,000
경주	불국사	0	0	4,000
	석굴암	0	0	4,000
	기림사	0	0	3,000
계룡산	동학사	1,600	2,000	2,000
	갑사	1,600	2,000	2,000
	신원사	1,600	2,000	2,000
한려해상	보리암	1,000	1,000	1,000
설악산	신흥사	1,800	2,500	2,500
	백담사	1,600	0	0
속리산	법주사	2,200	3,000	3,000
내장산	내장사	1,600	2,000	2,000
	백양사	1,800	2,500	2,500
가야산	해인사	1,900	2,000	2,000
덕유산	백련사	1,600	0	0
	안국사	1,600	0	0
오대산	월정사	1,800	2,500	2,500
주왕산	대전사	1,600	2,000	2,000
치악산	구룡사	1,600	2,000	2,000
소백산	희방사	1,600	2,000	2,000
월출산	도갑사	1,400	2,000	2,000
변산반도	내소사	1,600	2,000	2,000

※ 해당 연도 내에서는 관람료를 유지한다고 가정함

① 문화재 관람료가 한 번도 변경되지 않은 사찰은 4곳이다.

② 2006년과 2008년에 문화재 관람료가 가장 높은 사찰은 동일하다.

③ 지리산국립공원 내 사찰에서 전년 대비 2007년의 문화재 관람료 증가율이 가장 높은 사찰은 화엄사이다.

④ 설악산국립공원 내 사찰에서는 2007년부터 문화재 관람료를 받지 않고 있다.

⑤ 문화재 관람료가 매년 상승한 사찰은 1곳이다.

13 5급(인) 07번

〈표 1〉 2006년 원자로 안전도 평가 결과

부문 분야 원자로	안전운영		안전설비 신뢰도			안전방벽			
	원자로정지	출력변동	안전주입	비상발전기	보조급수	핵연료건전성	냉각제	격납건전성	비상대책
1호기	●	●	●	●	■	●	◐	◑	●
2호기	◐	●	●	◑	●	●	◐	●	◑
3호기	●	◐	●	●	●	●	◐	●	●
4호기	◑	●	●	◑	●	■	●	●	●
5호기	●	◐	◐	●	●	●	■	■	◐
6호기	●	◐	◐	●	◑	●	◐	●	●
7호기	●	●	◐	●	●	■	●	◑	■
8호기	●	●	◐	●	◑	■	●	●	●
9호기	■	●	◑	■	●	●	◑	●	●
10호기	●	■	●	●	◑	■	●	●	●

〈표 2〉 2011년 원자로 안전도 평가 결과

부문 분야 원자로	안전운영		안전설비 신뢰도			안전방벽			
	원자로정지	출력변동	안전주입	비상발전기	보조급수	핵연료건전성	냉각제	격납건전성	비상대책
1호기	◐	●	◑	●	■	●	◐	◑	◑
2호기	●	■	●	◑	●	●	◐	●	◑
3호기	●	◐	●	◐	●	◑	●	◑	●
4호기	◐	◐	◐	◐	●	◐	●	●	●
5호기	●	◐	◐	●	●	●	■	◐	◐
6호기	◐	●	◐	●	◑	●	◐	●	■
7호기	◐	●	◐	●	■	◑	●	◑	■
8호기	●	◐	■	●	◑	◑	●	◐	●
9호기	■	●	◑	●	◐	●	◑	●	●
10호기	●	◐	●	●	◐	■	●	●	●

※ 1) ●(우수, 3점), ◐(양호, 2점), ◑(보통, 1점), ■(주의, 0점)의 순으로 점수를 부여하여 안전도를 평가함
2) 분야별 안전도 점수는 해당분야의 각 원자로 안전도 점수의 합임

─── 〈보 기〉 ───
ㄱ. 2006년과 2011년 모두 원자로 안전도 평가의 모든 분야에서 '보통' 이상의 평가점수를 받은 원자로는 3호기뿐이다.
ㄴ. 2006년과 2011년 각각 7호기는 원자로 안전도 평가 분야 중 2개 분야에서 '주의' 평가를 받았는데, 이는 2006년과 2011년 각각 전체 '주의' 평가 건수의 15% 이상이다.
ㄷ. 2006년과 2011년 각각 '안전설비 신뢰도' 부문에서는 '비상발전기' 분야의 안전도 점수가 가장 높았다.
ㄹ. 2006년 대비 2011년 '양호' 평가 건수의 증가율은 '보통' 평가 건수의 증가율보다 낮다.

① ㄱ, ㄴ
② ㄴ, ㄹ
③ ㄷ, ㄹ
④ ㄱ, ㄴ, ㄷ
⑤ ㄱ, ㄷ, ㄹ

13 5급(인) 08번

〈표 1〉 2008～2010년 유형별 최종에너지 소비량 비중

(단위 : %)

유형 연도	석탄		석유제품	도시가스	전력	기타
	무연탄	유연탄				
2008	2.7	11.6	53.3	10.8	18.2	3.4
2009	2.8	10.3	54.0	10.7	18.6	3.6
2010	2.9	11.5	51.9	10.9	19.1	3.7

〈표 2〉 2010년 부문별 유형별 최종에너지 소비량

(단위 : 천 TOE)

유형 연도	석탄		석유제품	도시가스	전력	기타	합
	무연탄	유연탄					
산업	4,750	15,317	57,451	9,129	23,093	5,415	115,155
가정·상업	901	4,636	6,450	11,105	12,489	1,675	37,256
수송	0	0	35,438	188	1,312	0	36,938
기타	0	2,321	1,299	669	152	42	4,483
계	5,651	22,274	100,638	21,091	37,046	7,132	193,832

※ TOE는 석유 환산 톤 수를 의미함

─── 〈보 기〉 ───
ㄱ. 2008～2010년 동안 전력 소비량은 매년 증가한다.
ㄴ. 2010년에는 산업부문의 최종에너지 소비량이 전체 최종에너지 소비량의 50% 이상을 차지한다.
ㄷ. 2008～2010년 동안 석유제품 소비량 대비 전력 소비량의 비율이 매년 증가한다.
ㄹ. 2010년에는 산업부문과 가정·상업부문에서 유연탄 소비량 대비 무연탄 소비량의 비율이 각각 25% 이하이다.

① ㄱ, ㄴ
② ㄱ, ㄹ
③ ㄴ, ㄷ
④ ㄴ, ㄹ
⑤ ㄷ, ㄹ

문 14. 다음 〈표〉는 A무역회사 해외지사의 수출 상담실적에 관한 자료이다. 이에 대한 설명으로 옳지 <u>않은</u> 것은?

13 5급(인) 10번

〈표〉 A무역회사 해외지사의 수출 상담실적

(단위 : 건, %)

연도 해외지사	2008	2009	2010	2011년 1~11월	전년 동기 대비 증감률
칠레	352	284	472	644	60.4
싱가포르	136	196	319	742	154.1
독일	650	458	724	810	22.4
태국	3,630	1,995	1,526	2,520	80.0
미국	307	120	273	1,567	526.8
인도	0	2,333	3,530	1,636	−49.4
영국	8	237	786	12,308	1,794.1
합계	5,083	5,623	7,630	20,227	197.3

① 2010년 12월 태국지사 수출 상담실적은 100건 이상이다.

② 전년 대비 2010년 수출 상담실적 건수가 가장 많이 늘어난 해외지사는 인도지사이다.

③ 2009~2011년 동안 A무역회사 해외지사의 수출 상담실적 건수 합계는 매년 증가하였다.

④ 2008~2010년 동안 매년 싱가포르지사와 미국지사의 수출 상담실적 건수의 합은 독일지사의 수출 상담실적 건수보다 적다.

⑤ 2011년 12월 칠레지사 수출 상담실적이 256건이라면, 2011년 연간 칠레지사 수출 상담실적 건수는 전년 대비 100% 이상 증가한다.

문 15. 다음 〈그림〉은 각각 유권자 5명으로 구성된 집단(A~C)의 소득 및 '가' 정당 지지도를 나타낸 것이다. 이에 대한 〈보기〉의 설명 중 옳은 것을 모두 고르면?

13 5급(인) 12번

〈그림〉 소득 및 '가' 정당 지지도

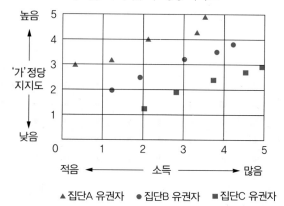

▲집단A 유권자　●집단B 유권자　■집단C 유권자

─〈보 기〉─

ㄱ. 평균소득은 집단A가 집단B보다 적다.

ㄴ. '가' 정당 지지도의 평균은 집단B가 집단C보다 높다.

ㄷ. 소득이 많은 유권자일수록 '가' 정당 지지도가 낮다.

ㄹ. 평균소득이 많은 집단이 평균소득이 적은 집단보다 '가' 정당 지지도의 평균이 높다.

① ㄱ, ㄴ

② ㄱ, ㄹ

③ ㄴ, ㄷ

④ ㄱ, ㄴ, ㄹ

⑤ ㄴ, ㄷ, ㄹ

문 16. 다음 〈표〉는 2012년 ○○방송 A개그프로그램의 코너별 시청률과 시청률 순위에 관한 자료이다. 이에 대한 설명으로 옳은 것은? 13 5급(인) 13번

〈표 1〉 코너별 시청률 및 시청률 순위(7월 마지막 주)

코너명	시청률(%)		시청률 순위	
	금주	전주	금주	전주
체포왕자	27.6	–	1	–
세가지	27.5	22.2	2	13
멘붕학교	27.2	23.2	3	10
생활의 문제	26.9	30.7	4	1
비겁한 녀석들	26.5	26.3	5	4
아이들	26.4	30.4	6	2
편한 진실	25.8	25.5	7	6
비극배우들	25.7	24.5	8	7
엄마와 딸	25.6	23.9	9	8
김여사	24.7	23.6	10	9
예술성	19.2	27.8	11	3
어색한 친구	17.7	–	12	–
좋지 아니한가	16.7	22.7	13	11
합기도	14.6	18.8	14	14

〈표 2〉 코너별 시청률 및 시청률 순위(10월 첫째 주)

코너명	시청률(%)		시청률 순위	
	금주	전주	금주	전주
험담자	27.4	–	1	–
생활의 문제	27.0	19.6	2	7
김여사	24.9	21.9	3	3
엄마와 딸	24.5	20.4	4	5
돼지의 품격	23.4	23.2	5	1
비극배우들	22.7	22.5	6	2
편한 진실	21.6	21.1	7	4
체포왕자	21.4	16.5	8	12
멘붕학교	21.4	19.6	8	7
비겁한 녀석들	21.1	19.1	10	9
어색한 친구	20.7	19.0	11	10
세가지	19.8	19.9	12	6
아이들	18.2	17.8	13	11
합기도	15.1	12.6	14	14

※ 1) A개그프로그램은 매주 14개의 코너로 구성됨
   2) '–'가 있는 코너는 금주에 신설된 코너를 의미함

① 7월 마지막 주~10월 첫째 주 동안 신설된 코너는 3개이다.

② 신설 코너를 제외하고, 10월 첫째 주에는 전 주보다 시청률이 낮은 코너가 없다.

③ 7월 마지막 주와 10월 첫째 주 시청률이 모두 20% 미만인 코너는 '합기도' 뿐이다.

④ 신설된 코너와 폐지된 코너를 제외하고, 7월 마지막 주와 10월 첫째 주의 전 주 대비 시청률 상승폭이 가장 큰 코너는 동일하다.

⑤ 시청률 순위 상위 5개 코너의 시청률 산술평균은 10월 첫째 주가 7월 마지막 주보다 높다.

문 17. 다음 〈표〉는 2003~2009년 주요 국가의 연도별 이산화탄소 배출량을 나타낸 자료이다. 이에 대한 〈보기〉의 설명 중 옳은 것을 모두 고르면? 13 5급(인) 22번

〈표〉 주요 국가의 연도별 이산화탄소 배출량

(단위 : 백만 TC)

연도\국가	2003	2004	2005	2006	2007	2008	2009
중국	2,244.1	3,022.1	3,077.2	5,103.1	6,071.8	6,549.0	6,877.2
미국	4,868.7	5,138.7	5,698.1	5,771.7	5,762.7	5,586.8	5,195.0
인도	582.3	776.6	972.5	1,160.4	1,357.2	1,431.3	1,585.8
러시아	2,178.8	1,574.5	1,505.5	1,516.2	1,578.5	1,593.4	1,532.6
일본	1,064.4	1,147.9	1,184.0	1,220.7	1,242.3	1,152.6	1,092.9
독일	950.4	869.4	827.1	811.8	800.1	804.1	750.2
이란	179.6	252.3	316.7	426.8	500.8	522.7	533.2
캐나다	432.3	465.2	532.8	558.8	568.0	551.1	520.7
한국	229.3	358.6	437.7	467.9	490.3	501.7	515.5
영국	549.3	516.6	523.8	533.1	521.5	512.1	465.8
전 세계	20,966.3	21,791.6	23,492.9	27,188.3	29,047.9	29,454.0	28,999.4

※ 1) 주요 국가는 2009년 이산화탄소 배출량 상위 10개국을 의미함
   2) TC(탄소톤)는 이산화탄소 배출량 측정단위임

〈보 기〉

ㄱ. 전 세계 이산화탄소 배출량은 매년 증가하였다.

ㄴ. 2009년 이산화탄소 배출량이 가장 많은 국가는 중국이며, 2009년 중국의 이산화탄소 배출량은 전 세계 이산화탄소 배출량의 20% 이상이다.

ㄷ. 러시아의 2003년과 2009년 이산화탄소 배출량 차이는 이란의 2003년과 2009년 이산화탄소 배출량 차이보다 크다.

ㄹ. 2003년 대비 2009년 한국 이산화탄소 배출량의 증가율은 100% 이상이다.

① ㄱ, ㄴ

② ㄴ, ㄷ

③ ㄷ, ㄹ

④ ㄱ, ㄴ, ㄹ

⑤ ㄴ, ㄷ, ㄹ

문 18. 다음 〈표〉는 2010년 지역별 등산사고 발생현황에 대한 자료이다. 이에 대한 〈보기〉의 설명 중 옳지 <u>않은</u> 것을 모두 고르면?

13 5급(인) 21번

〈표 1〉 2010년 월별 등산사고 발생현황

(단위 : 건)

월 \ 지역	1	2	3	4	5	6	7	8	9	10	11	12	합
서울	133	135	72	103	134	104	112	112	124	125	126	74	1,354
부산	3	0	0	4	0	2	0	3	3	0	6	5	26
대구	6	5	3	4	3	4	5	2	5	5	6	5	53
인천	19	11	6	11	22	5	8	16	12	20	11	6	147
광주	2	4	3	4	2	2	3	3	10	9	8	7	57
대전	13	9	4	8	13	9	9	11	6	13	9	4	108
울산	9	6	5	6	10	10	17	16	17	15	23	6	140
경기	7	14	9	20	20	15	14	26	23	30	13	7	198
강원	36	19	12	16	38	38	42	27	51	43	24	12	358
충북	3	7	7	13	11	2	2	5	15	24	13	4	106
충남	1	1	2	1	2	2	0	0	0	3	0	2	14
전북	18	13	10	12	32	12	17	15	9	22	22	6	188
전남	13	12	11	14	15	8	18	16	18	31	24	3	183
경북	0	2	1	0	0	1	0	1	1	1	0	0	7
경남	11	7	2	9	11	10	11	15	32	18	20	20	166
제주	2	1	0	0	2	0	2	1	0	0	0	1	9
전체	276	246	147	225	315	224	260	269	326	359	305	162	3,114

〈표 2〉 2010년 발생원인별 등산사고 발생현황

(단위 : 건)

발생원인 \ 지역	조난	개인질환	실족·추락	안전수칙 불이행	기타	합
서울	232	124	497	0	501	1,354
부산	4	4	10	2	6	26
대구	18	7	6	15	7	53
인천	30	6	31	0	80	147
광주	0	7	50	0	0	57
대전	13	22	36	1	36	108
울산	0	18	43	0	79	140
경기	12	13	120	21	32	198
강원	91	36	109	18	104	358
충북	22	14	40	7	23	106
충남	0	4	4	0	6	14
전북	8	5	116	10	49	188
전남	28	11	33	65	46	183
경북	2	2	2	0	1	7
경남	25	19	15	21	86	166
제주	0	0	9	0	0	9
전체	485	292	1,121	160	1,056	3,114

※ 등산사고 1건당 발생원인은 1개로 한정함

─〈보 기〉─

ㄱ. 2010년 3월, 9월, 10월에 발생한 등산사고 건수의 합은 전체 등산사고 건수의 30% 이상이다.

ㄴ. 2010년 서울에서 발생한 등산사고 건수는 2월에 가장 많으며, 12월에 가장 적다.

ㄷ. 2010년 등산사고 발생원인 중 조난이 해당지역 전체 등산사고 건수의 25% 이상인 지역의 수는 3개이다.

ㄹ. 기타를 제외하고, 2010년 발생원인별 전체 등산사고 건수는 실족·추락이 가장 많고 안전수칙 불이행이 가장 적다.

ㅁ. 2010년 매월 등산사고가 발생한 지역의 수는 13개이다.

① ㄱ, ㄴ, ㄷ

② ㄱ, ㄴ, ㅁ

③ ㄱ, ㄹ, ㅁ

④ ㄴ, ㄷ, ㄹ

⑤ ㄷ, ㄹ, ㅁ

문 19. A유전자와 아동기 가정폭력 경험 수준이 청소년의 반사회적 인격장애와 품행장애 발생에 미치는 영향을 평가하기 위해 청소년을 A유전자 보유 여부에 따라 2개 집단('미보유', '보유')으로 구성한 다음, 각 집단을 아동기 가정폭력 경험 수준에 따라 다시 3개 집단('낮음', '중간', '높음')으로 구분하였다. 다음 〈그림〉은 이 6개 집단의 반사회적 인격장애 발생 비율과 품행장애 발생 비율에 대한 자료이다. 이에 대한 〈보기〉의 설명 중 옳은 것을 모두 고르면?

13 5급(인) 25번

〈그림 1〉 청소년의 반사회적 인격장애 발생 비율

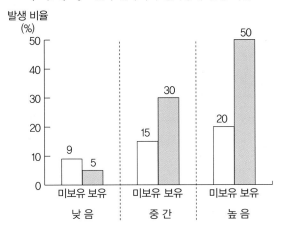

〈그림 2〉 청소년의 품행장애 발생 비율

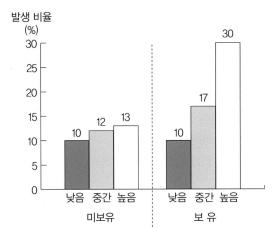

〈보 기〉

ㄱ. 청소년의 반사회적 인격장애 발생 비율은 A유전자 '보유' 집단과 '미보유' 집단 각각, 아동기 가정폭력 경험 수준이 높아질수록 높다.

ㄴ. 청소년의 반사회적 인격장애 발생 비율은 아동기 가정폭력 경험 수준 집단 각각, A유전자 '미보유' 집단이 A유전자 '보유' 집단에 비해 낮다.

ㄷ. 청소년의 품행장애 발생 비율은 아동기 가정폭력 경험 수준 집단 각각, A유전자 '미보유' 집단이 A유전자 '보유' 집단보다 낮다.

ㄹ. 청소년의 품행장애 발생 비율은 A유전자 '보유' 집단 중 아동기 가정폭력 경험 수준이 '높음'인 집단이 가장 높다.

ㅁ. A유전자 '보유' 집단과 '미보유' 집단 간 청소년의 반사회적 인격장애 발생 비율의 차이는 아동기 가정폭력 경험 수준이 높아질수록 크다.

① ㄱ, ㄴ   ② ㄱ, ㄹ
③ ㄱ, ㄹ, ㅁ   ④ ㄴ, ㄷ, ㄹ
⑤ ㄴ, ㄷ, ㅁ

문 20. 다음 〈표〉는 일제강점기 1934〜1937년의 지역별 산업용재 생산량 추이를 나타낸 것이다. 이에 대한 〈보기〉의 설명 중 옳지 않은 것을 모두 고르면?

13 5급(인) 29번

〈표〉 일제강점기의 지역별 산업용재 생산량 추이

(단위 : 톤, %)

지방		년도			
		1934	1935	1936	1937
남부	충북	13,995	22,203	18,212	33,902
	충남	86,652	72,710	36,751	38,334
	전북	76,293	91,780	79,143	67,732
	전남	86,571	113,406	147,874	206,631
	경북	87,708	115,219	107,791	97,714
	경남	93,412	130,518	123,008	94,154
	소계 (비중)	444,631 (14.6)	545,836 (16.0)	512,779 (12.0)	538,467 (12.9)
중부	경기	54,151	45,418	43,352	49,657
	강원	183,119	239,854	255,173	281,244
	황해	91,312	79,774	81,851	120,973
	소계 (비중)	328,582 (10.8)	365,046 (10.7)	380,376 (8.9)	451,874 (10.8)
북부	평남	126,249	140,336	127,819	153,281
	평북	914,750	927,381	1,039,252	1,024,969
	함남	807,425	752,338	1,206,096	975,422
	함북	428,403	687,582	1,013,869	1,030,237
	소계 (비중)	2,276,827 (74.6)	2,507,673 (73.4)	3,387,036 (79.1)	3,183,909 (76.3)
합계(비중)		3,050,040 (100.0)	3,418,519 (100.0)	4,280,191 (100.0)	4,174,250 (100.0)

〈보 기〉

ㄱ. 1937년 도별 산업용재 생산량은 충남을 제외하고 모두 1934년보다 크다.

ㄴ. 전체 산업용재 생산량 대비 북부지방 생산량 비중은 1934년 74.6%에서 1937년 76.3%로 증가하였다.

ㄷ. 전체 산업용재 생산량 대비 남부지방 생산량 비중은 1934년 14.6%에서 1937년 12.9%로 감소하였고 남부지방의 생산량도 감소하였다.

ㄹ. 산업용재 생산량 비중이 높은 지방부터 나열하면 매년 북부, 남부, 중부 순이다.

ㅁ. 산업용재의 도별 생산량에서, 1934년에 비해 1937년 생산량이 가장 크게 증가한 도는 함북이다.

① ㄱ, ㄷ   ② ㄱ, ㄹ
③ ㄴ, ㄹ   ④ ㄱ, ㄷ, ㅁ
⑤ ㄴ, ㄷ, ㅁ

문 21.

다음 〈표〉는 A회사 보안요원 5명의 개인암호 및 암호 입력 횟수이다. 5개 알파벳 문자(a, c, e, f, s) 중, 보안요원이 암호를 입력할 때 두 번째로 많이 입력한 알파벳 문자는?

13 5급(인) 32번

〈표〉 A회사 보안요원 5명의 개인암호 및 암호 입력 횟수

보안요원	개인암호	암호 입력 횟수
김○태	character_1	83
전○훈	design#2	363
박○영	form%3	503
윤○희	function@4	430
성○진	history#5	165

※ 각 보안요원은 자신의 개인암호만을 입력하고, 입력 시 오류는 없음

① a

② c

③ e

④ f

⑤ s

문 22.

다음 〈표〉는 2010년 국가기록원의 '비공개기록물 공개 재분류 사업' 결과 및 현황이다. 이에 대한 설명으로 옳지 않은 것은?

14 5급(A) 22번

〈표 1〉 비공개기록물 공개 재분류 사업 결과

(단위 : 건)

구분	합	재분류 결과			
		공개			비공개
		소계	전부 공개	부분 공개	
계	2,702,653	1,298,570	169,646	1,128,924	1,404,083
30년 경과 비공개 기록물	1,199,421	1,079,690	33,012	1,046,678	119,731
30년 미경과 비공개 기록물	1,503,232	218,880	136,634	82,246	1,284,352

〈표 2〉 30년 경과 비공개기록물 중 비공개로 재분류된 기록물의 비공개 사유별 현황

(단위 : 건)

합	비공개 사유						
	법령상 비밀	국방 등 국익 침해	국민의 생명 등 공익 침해	재판 관련 정보	공정한 업무 수행 지장	개인 사생활 침해	특정인의 이익 침해
119,731	619	313	54,329	18,091	24	46,298	57

① 2010년 '비공개기록물 공개 재분류 사업' 대상 전체 기록물 중 절반 이상이 다시 비공개로 재분류되었다.

② 30년 경과 비공개기록물 중 전부공개로 재분류된 기록물 건수가 30년 경과 비공개기록물 중 '개인 사생활 침해' 사유에 해당하여 비공개로 재분류된 기록물 건수보다 적다.

③ 30년 경과 비공개기록물 중 공개로 재분류된 기록물의 비율이 30년 미경과 비공개기록물 중 비공개로 재분류된 기록물의 비율보다 낮다.

④ 재분류 건수가 많은 것부터 순서대로 나열하면, 30년 경과 비공개기록물은 부분공개, 비공개, 전부공개 순이고 30년 미경과 비공개기록물은 비공개, 전부공개, 부분공개 순이다.

⑤ 30년 경과 비공개기록물 중 '국민의 생명 등 공익침해'와 '개인 사생활 침해' 사유에 해당하여 비공개로 재분류된 기록물 건수의 합은 2010년 '비공개기록물 공개 재분류 사업' 대상 전체 기록물의 5% 이하이다.

다음 〈표〉는 2009년과 2010년 정부창업지원금 신청자를 대상으로 직업과 창업단계를 조사한 자료이다. 이에 대한 〈보기〉의 설명 중 옳은 것만을 모두 고르면? 15 5급(인) 01번

〈표 1〉 정부창업지원금 신청자의 직업 구성

(단위 : 명, %)

직업	2009년		2010년		합계	
	인원	비율	인원	비율	인원	비율
교수	34	4.2	183	12.5	217	9.6
연구원	73	9.1	118	8.1	191	8.4
대학생	17	2.1	74	5.1	91	4.0
대학원생	31	3.9	93	6.4	124	5.5
회사원	297	37.0	567	38.8	864	38.2
기타	350	43.6	425	29.1	775	34.3
계	802	100.0	1,460	100.0	2,262	100.0

〈표 2〉 정부창업지원금 신청자의 창업단계

(단위 : 명, %)

창업단계	2009년		2010년		합계	
	인원	비중	인원	비중	인원	비중
예비창업단계	79	9.9	158	10.8	237	10.5
기술개발단계	291	36.3	668	45.8	959	42.4
시제품제작단계	140	17.5	209	14.3	349	15.4
시장진입단계	292	36.4	425	29.1	717	31.7
계	802	100.0	1,460	100.0	2,262	100.0

※ 복수응답 및 무응답은 없음

─〈보 기〉─

ㄱ. '기타'를 제외한 직업별 2010년 정부창업지원금 신청자 순의 전년 대비 증가율이 두 번째로 높은 직업은 대학생이다.

ㄴ. 기술개발단계에 있는 신청자 수 비중의 연도별 차이는 시장진입단계에 있는 신청자 수 비중의 연도별 차이보다 크다.

ㄷ. 2010년 조사에서 전년보다 신청자 수는 증가하고 신청자 수 비중은 감소한 창업단계는 시장진입단계뿐이다.

① ㄱ
② ㄴ
③ ㄱ, ㄴ
④ ㄴ, ㄷ
⑤ ㄱ, ㄴ, ㄷ

다음 〈표〉는 '가' 대학 2013학년도 2학기 경영정보학과의 강좌별 성적분포를 나타낸 것이다. 이에 대한 〈보기〉의 설명 중 옳은 것만을 모두 고르면? 15 5급(인) 06번

〈표〉 2013학년도 2학기 경영정보학과의 강좌별 성적분포

(단위 : 명)

분야	강좌	담당교수	교과목명	A+	A0	B+	B0	C+	C0	D+	D0	F	수강인원
전공기초	DBA-01	이성재	경영정보론	3	6	7	6	3	2	0	0	0	27
	DBA-02	이민부	경영정보론	16	2	29	0	15	0	0	0	0	62
	DBA-03	정상훈	경영정보론	9	9	17	13	8	10	0	0	0	66
	DEA-01	황욱태	회계학원론	8	6	16	4	9	6	0	0	0	49
전공심화	MIC-01	이향옥	JAVA프로그래밍	4	2	6	5	2	0	2	0	4	25
	MIG-01	김신재	e-비즈니스경영	13	0	21	1	7	3	0	0	1	46
	MIH-01	황욱태	IT거버넌스	4	4	7	7	6	0	1	0	0	29
	MIO-01	김호재	CRM	14	0	23	0	2	0	2	0	0	49
	MIP-01	이민부	유비쿼터스컴퓨팅	14	5	15	2	6	0	0	0	0	42
	MIZ-01	정상훈	정보보안관리	8	8	15	9	2	0	0	0	0	42
	MSB-01	이성재	의사결정시스템	2	1	4	1	3	2	0	0	1	14
	MSD-01	김신재	프로젝트관리	3	3	6	4	1	1	0	1	0	19
	MSX-01	우희준	소셜네트워크서비스	9	7	32	7	0	0	0	0	0	55

─〈보 기〉─

ㄱ. A(A+, A0)를 받은 학생 수가 가장 많은 강좌는 전공심화 분야에 속한다.

ㄴ. 전공기초 분야의 강좌당 수강인원은 전공심화 분야의 강좌당 수강인원보다 많다.

ㄷ. 각 강좌별 수강인원 중 A+를 받은 학생의 비율이 가장 낮은 강좌는 황욱태 교수의 강좌이다.

ㄹ. 전공기초 분야에 속하는 각 강좌에서는 A(A+, A0)를 받은 학생 수가 C(C+, C0)를 받은 학생 수보다 많다.

① ㄱ, ㄴ
② ㄱ, ㄷ
③ ㄱ, ㄹ
④ ㄴ, ㄹ
⑤ ㄷ, ㄹ

다음 〈표〉는 2011년과 2012년 친환경인증 농산물의 생산 현황에 관한 자료이다. 이에 대한 설명으로 옳지 <u>않은</u> 것은?

15 5급(인) 18번

〈표〉 종류별, 지역별 친환경인증 농산물 생산 현황

(단위 : 톤)

구분		2012년				2011
		합	인증형태			
			유기농산물	무농약농산물	저농약농산물	
종류	곡류	343,380	54,025	269,280	20,075	371,055
	과실류	341,054	9,116	26,850	305,088	457,794
	채소류	585,004	74,750	351,340	158,914	753,524
	서류	41,782	9,023	30,157	2,602	59,407
	특용작물	163,762	6,782	155,434	1,546	190,069
	기타	23,253	14,560	8,452	241	20,392
	계	1,498,235	168,256	841,513	488,466	1,852,241
지역	서울	1,746	106	1,544	96	1,938
	부산	4,040	48	1,501	2,491	6,913
	대구	13,835	749	3,285	9,801	13,852
	인천	7,663	1,093	6,488	82	7,282
	광주	5,946	144	3,947	1,855	7,474
	대전	1,521	195	855	471	1,550
	울산	10,859	408	5,142	5,309	13,792
	세종	1,377	198	826	353	0
	경기도	109,294	13,891	71,521	23,882	126,209
	강원도	83,584	17,097	52,810	13,677	68,300
	충청도	159,495	29,506	64,327	65,662	207,753
	전라도	611,468	43,330	443,921	124,217	922,641
	경상도	467,259	52,567	176,491	238,201	457,598
	제주도	20,148	8,924	8,855	2,369	16,939
	계	1,498,235	168,256	841,513	488,466	1,852,241

① 2012년 친환경인증 농산물 종류 중 전년 대비 생산 감소량이 세 번째로 큰 농산물은 곡류이다.

② 2012년 친환경인증 농산물의 종류별 생산량에서 무농약 농산물 생산량이 차지하는 비중은 서류가 곡류보다 크다.

③ 2012년 전라도와 경상도에서 생산된 친환경인증 채소류 생산량의 합은 적어도 16만 톤 이상이다.

④ 2012년 각 지역 내에서 인증형태별 생산량 순위가 서울과 같은 지역은 인천과 강원도 뿐이다.

⑤ 2012년 친환경인증 농산물의 생산량이 전년 대비 30% 이상 감소한 지역은 총 2곳이다.

문 26. 다음 〈표〉는 일제강점기 어느 해의 부별, 국적별 인구분포를 나타낸 자료이다. 이에 대한 설명으로 옳은 것은?

15 5급(인) 32번

〈표〉 일제강점기 부별, 국적별 인구분포

(단위 : 명, %)

지역	부	전체	조선인	외국인								조선인 비중	일본인 비중
				일본	중국	영국	미국	소련	프랑스	독일	기타		
북부지역	평양부	140,703	116,899	20,073	3,534	14	176	6	0	0	1	83.1	14.3
	원산부	42,760	32,241	9,260	1,218	2	16	1	1	16	5	75.4	21.7
	함흥부	43,851	34,191	8,984	667	7	0	0	0	1	1	78.0	20.5
	청진부	35,925	25,639	8,873	1,402	0	0	8	1	2	0	71.4	24.7
	신의주부	48,047	31,445	7,526	9,071	0	5	0	0	0	0	65.4	15.7
	진남포부	38,296	32,073	5,333	887	0	3	0	0	0	0	83.8	13.9
중부지역	경성부	394,234	279,865	105,639	8,275	98	175	113	27	9	33	71.0	26.8
	인천부	68,126	52,971	11,758	3,372	1	7	2	6	9	0	77.8	17.3
	개성부	49,520	47,722	1,531	242	0	25	0	0	0	0	96.4	3.1
남부지역	부산부	146,092	97,558	47,761	737	9	4	15	0	3	5	66.8	32.7
	대구부	93,314	73,060	19,426	792	5	17	1	10	0	3	78.3	20.8
	군산부	26,320	16,894	8,707	718	0	0	1	0	0	0	64.2	33.1
	목포부	34,688	26,335	7,922	416	0	13	0	0	0	0	75.9	22.8
	마산부	27,885	22,189	5,587	102	6	0	0	1	0	0	79.6	20.0
합계		1,189,761	889,082	268,380	31,433	142	441	149	46	40	48	-	-

※ 복수국적자 및 무국적자는 없음

① 각 부에서 조선인과 일본인을 합한 인구는 해당 부 전체 인구의 90%를 넘는다.

② 외국인 수가 세 번째로 많은 부는 대구부이다.

③ 함흥부와 청진부는 외국인 국적 종류 수가 같다.

④ 각 부의 전체 인구에서 일본인을 제외한 외국인이 차지하는 비중이 가장 큰 부는 일본인 수가 가장 적은 부이다.

⑤ 지역별로 보면, 가장 많은 수의 중국인이 거주하는 지역은 북부지역이고, 가장 많은 수의 일본인이 거주하는 지역은 남부지역이다.

문 27. 다음 〈표〉는 중학생의 주당 운동시간 현황을 조사한 자료이다. 이에 대한 〈보기〉의 설명 중 옳은 것만을 모두 고르면?

17 5급(가) 04번

〈표〉 중학생의 주당 운동시간 현황

(단위 : %, 명)

구분		남학생			여학생		
		1학년	2학년	3학년	1학년	2학년	3학년
1시간 미만	비율	10.0	5.7	7.6	18.8	19.2	25.1
	인원 수	118	66	87	221	217	281
1시간 이상 2시간 미만	비율	22.2	20.4	19.7	26.6	31.3	29.3
	인원 수	261	235	224	312	353	328
2시간 이상 3시간 미만	비율	21.8	20.9	24.1	20.7	18.0	21.6
	인원 수	256	241	274	243	203	242
3시간 이상 4시간 미만	비율	34.8	34.0	23.4	30.0	27.3	14.0
	인원 수	409	392	266	353	308	157
4시간 이상	비율	11.2	19.0	25.2	3.9	4.2	10.0
	인원 수	132	219	287	46	47	112
합계	비율	100.0	100.0	100.0	100.0	100.0	100.0
	인원 수	1,176	1,153	1,138	1,175	1,128	1,120

─────〈보 기〉─────

ㄱ. '1시간 미만' 운동하는 3학년 남학생 수는 '4시간 이상' 운동하는 1학년 여학생 수보다 많다.

ㄴ. 동일 학년의 남학생과 여학생을 비교하면, 남학생 중 '1시간 미만' 운동하는 남학생의 비율이 여학생 중 '1시간 미만' 운동하는 여학생의 비율보다 각 학년에서 모두 낮다.

ㄷ. 남학생과 여학생 각각, 학년이 높아질수록 3시간 이상 운동하는 학생의 비율이 낮아진다.

ㄹ. 모든 학년별 남학생과 여학생 각각에서, '3시간 이상 4시간 미만' 운동하는 학생의 비율이 '4시간 이상' 운동하는 학생의 비율보다 높다.

① ㄱ, ㄴ
② ㄱ, ㄹ
③ ㄴ, ㄷ
④ ㄷ, ㄹ
⑤ ㄱ, ㄴ, ㄷ

문 28. 다음 〈표〉는 2006～2012년 '갑'국의 문화재 국외반출 허가 및 전시 현황에 관한 자료이다. 이에 대한 설명으로 옳은 것은?

17 5급(가) 14번

〈표〉 문화재 국외반출 허가 및 전시 현황

(단위 : 건, 개)

연도	전시 건수		국외반출 허가 문화재 수량		
	국가별 전시 건수 (국가 : 건수)	계	지정문화재 (문화재 종류 : 개수)	비지정 문화재	계
2006	일본 : 6, 중국 : 1, 영국 : 1, 프랑스 : 1, 호주 : 1	10	국보 : 3, 보물 : 4, 시도지정 문화재 : 1	796	804
2007	일본 : 10, 미국 : 5, 그리스 : 1, 체코 : 1, 중국 : 1	18	국보 : 18, 보물 : 3, 시도지정 문화재 : 1	902	924
2008	일본 : 5, 미국 : 3, 벨기에 :1, 영국 : 1	10	국보 : 5 보물 : 10	315	330
2009	일본 : 9, 미국 : 8, 중국 : 3, 이탈리아 : 3, 프랑스 : 2, 영국 : 2, 독일 : 2, 포르투갈 : 1, 네덜란드 : 1, 체코 : 1, 러시아 : 1	33	국보 : 2, 보물 : 13	1,399	1,414
2010	일본 : 9, 미국 : 5, 영국 : 2, 러시아 : 2, 중국 : 1, 벨기에 : 1, 이탈리아 : 1, 프랑스 : 1, 스페인 : 1, 브라질 : 1	24	국보 : 3, 보물 : 11	1,311	1,325
2011	미국 : 3, 일본 : 2, 호주 : 2, 중국 : 1, 타이완 : 1	9	국보 : 4, 보물 : 12	733	749
2012	미국 : 6, 중국 : 5, 일본 : 5, 영국 : 2, 브라질 : 1, 독일 : 1, 러시아 : 1	21	국보 : 4, 보물 : 9	1,430	1,443

※ 1) 지정문화재는 국보, 보물, 시도지정 문화재만으로 구성됨
　 2) 동일년도에 두 번 이상 전시된 국외반출 허가 문화재는 없음

① 연도별 국외반출 허가 문화재 수량 중 지정문화재 수량의 비중이 가장 큰 해는 2011년이다.

② 2007년 이후, 연도별 전시 건수 중 미국 전시 건수 비중이 가장 작은 해에는 프랑스에서도 전시가 있었다.

③ 국가별 전시 건수의 합이 10건 이상인 국가는 일본, 미국, 영국이다.

④ 보물인 국외반출 허가 지정문화재의 수량이 가장 많은 해는 전시 건당 국외반출 허가 문화재 수량이 가장 많은 해와 동일하다.

⑤ 2009년 이후, 연도별 전시 건수가 많을수록 국외반출 허가 문화재 수량도 많다.

문 29. 다음 〈그림〉은 2012~2015년 '갑'국 기업의 남성육아
휴직제 시행 현황에 관한 자료이다. 이에 대한 설명으로 옳은 것은?

17 5급(가) 22번

〈그림〉 남성육아휴직제 시행기업 수 및 참여직원 수

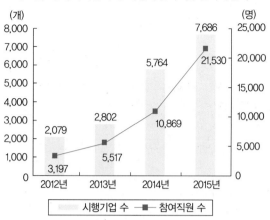

① 2013년 이후 전년보다 참여직원 수가 가장 많이 증가한 해와
시행기업 수가 가장 많이 증가한 해는 동일하다.

② 2015년 남성육아휴직제 참여직원 수는 2012년의 7배 이상이다.

③ 시행기업당 참여직원 수가 가장 많은 해는 2015년이다.

④ 2013년 대비 2015년 시행기업 수의 증가율은 참여직원 수의
증가율보다 높다.

⑤ 2012~2015년 참여직원 수 연간 증가인원의 평균은 6,000명
이하이다.

문 30. 다음 〈그림〉은 '갑'국 4대 유통업태의 성별, 연령대별 구
매액 비중에 대한 자료이다. 이에 대한 〈보기〉의 설명 중 옳은 것
만을 모두 고르면?

17 5급(가) 26번

〈그림〉 '갑'국 4대 유통업태의 성별, 연령대별 구매액 비중

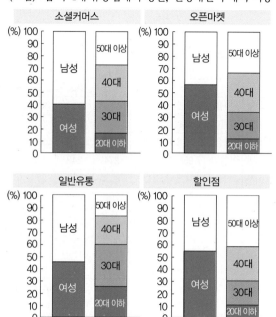

※ 유통업태는 소셜커머스, 오픈마켓, 일반유통, 할인점으로만 구성됨

〈보 기〉

ㄱ. 유통업태별 전체 구매액 중 50대 이상 연령대의 구매액 비중
이 가장 큰 유통업태는 할인점이다.

ㄴ. 유통업태별 전체 구매액 중 여성의 구매액 비중이 남성보다
큰 유통업태 각각에서는 40세 이상의 구매액 비중이 60% 이
상이다.

ㄷ. 4대 유통업태 각각에서 50대 이상 연령대의 구매액 비중은
20대 이하보다 크다.

ㄹ. 유통업태별 전체 구매액 중 40세 미만의 구매액 비중이 50%
미만인 유통업태에서는 여성의 구매액 비중이 남성보다 크다.

① ㄱ, ㄴ

② ㄱ, ㄷ

③ ㄴ, ㄷ

④ ㄱ, ㄴ, ㄹ

⑤ ㄴ, ㄷ, ㄹ

문 31. 다음 〈표〉는 2016년 경기도 10개 시의 문화유산 보유 건수 현황에 대한 자료이다. 이에 대한 설명으로 옳은 것은?

19 5급(가) 01번

〈표〉 경기도 10개 시의 유형별 문화유산 보유 건수 현황

(단위 : 건)

유형\시	국가 지정 문화재	지방 지정 문화재	문화재 자료	등록 문화재	합
용인시	64	36	16	4	120
여주시	24	32	11	3	70
고양시	16	35	11	7	69
안성시	13	42	13	0	68
남양주시	18	34	11	4	67
파주시	14	28	9	12	63
성남시	36	17	3	3	59
화성시	14	26	9	0	49
수원시	14	24	8	2	48
양주시	11	19	9	0	39
전체	224	293	100	35	( )

※ 문화유산은 국가 지정 문화재, 지방 지정 문화재, 문화재 자료, 등록 문화재로만 구성됨

① '등록 문화재'를 보유한 시는 6개이다.

② 유형별 전체 보유 건수가 가장 많은 문화유산은 '국가 지정 문화재'이다.

③ 파주시 문화유산 보유 건수 합은 전체 문화유산 보유 건수 합의 10% 이하이다.

④ '문화재 자료' 보유 건수가 가장 많은 시는 안성시이다.

⑤ '국가 지정 문화재'의 시별 보유 건수 순위는 '문화재 자료'와 동일하다.

문 32. 다음 〈표〉는 2018년 '갑'국 도시 A~F의 폭염주의보 발령일수, 온열질환자 수, 무더위 쉼터 수 및 인구 수에 관한 자료이다. 이에 대한 〈보기〉의 설명 중 옳은 것만을 모두 고르면?

19 5급(가) 02번

〈표〉 도시별 폭염주의보 발령일수, 온열질환자 수, 무더위 쉼터 수 및 인구 수

구분\도시	폭염주의보 발령일수(일)	온열질 환자 수(명)	무더위 쉼터 수(개)	인구 수(만 명)
A	90	55	92	100
B	30	18	90	53
C	50	34	120	89
D	49	25	100	70
E	75	52	110	80
F	24	10	85	25
전체	( )	194	597	417

〈보 기〉

ㄱ. 무더위 쉼터가 100개 이상인 도시 중 인구 수가 가장 많은 도시는 C이다.

ㄴ. 인구수가 많은 도시일수록 온열질환자 수가 많다.

ㄷ. 온열질환자 수가 가장 적은 도시와 인구 수 대비 무더위 쉼터 수가 가장 많은 도시는 동일하다.

ㄹ. 폭염주의보 발령일수가 전체 도시의 폭염주의보 발령일수 평균보다 많은 도시는 2개이다.

① ㄱ, ㄴ
② ㄱ, ㄷ
③ ㄴ, ㄹ
④ ㄱ, ㄷ, ㄹ
⑤ ㄴ, ㄷ, ㄹ

문 33. 다음 〈그림〉과 〈표〉는 '갑'국의 재생에너지 생산 현황에 관한 자료이다. 이에 대한 〈보기〉의 설명 중 옳은 것만을 모두 고르면? 19 5급(가) 03번

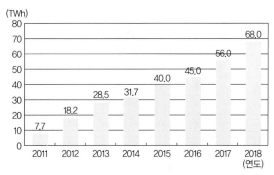

〈그림〉 2011~2018년 재생에너지 생산량

〈표〉 2016~2018년 에너지원별 재생에너지 생산량 비율

(단위 : %)

연도 에너지원	2016	2017	2018
폐기물	61.1	60.4	55.0
바이오	16.6	17.3	17.5
수력	10.3	11.3	15.1
태양광	10.9	9.8	8.8
풍력	1.1	1.2	3.6
계	100.0	100.0	100.0

―――――〈보 기〉―――――

ㄱ. 2012~2018년 재생에너지 생산량은 매년 전년 대비 10% 이상 증가하였다.

ㄴ. 2016~2018년 에너지원별 재생에너지 생산량 비율의 순위는 매년 동일하다.

ㄷ. 2016~2018년 태양광을 에너지원으로 하는 재생에너지 생산량은 매년 증가하였다.

ㄹ. 수력을 에너지원으로 하는 재생에너지 생산량은 2018년이 2016년의 3배 이상이다.

① ㄱ, ㄴ

② ㄱ, ㄷ

③ ㄱ, ㄹ

④ ㄴ, ㄷ

⑤ ㄴ, ㄹ

문 34. 다음 〈표〉는 2018년 5~6월 A군의 휴대폰 모바일 앱별 데이터 사용량에 관한 자료이다. 이에 대한 설명으로 옳은 것은? 19 5급(가) 31번

〈표〉 2018년 5~6월 모바일 앱별 데이터 사용량

앱 이름 \ 월	5월	6월
G인터넷	5.3GB	6.7GB
HS쇼핑	1.8GB	2.1GB
톡톡	2.4GB	1.5GB
앱가게	2.0GB	1.3GB
뮤직플레이	94.6MB	570.0MB
위튜브	836.0MB	427.0MB
쉬운지도	321.0MB	337.0MB
JJ멤버십	45.2MB	240.0MB
영화예매	77.9MB	53.1MB
날씨정보	42.8MB	45.3MB
가계부	–	27.7MB
17분운동	–	14.8MB
NEC뱅크	254.0MB	9.7MB
알람	10.6MB	9.1MB
지상철	5.0MB	7.8MB
어제뉴스	2.7MB	1.8MB
S메일	29.7MB	0.8MB
JC카드	–	0.7MB
카메라	0.5MB	0.3MB
일정관리	0.3MB	0.2MB

※ 1) '–'는 해당 월에 데이터 사용량이 없음을 의미함
2) 제시된 20개의 앱 외 다른 앱의 데이터 사용량은 없음
3) 1GB(기가바이트)는 1,024MB(메가바이트)에 해당함

① 5월과 6월에 모두 데이터 사용량이 있는 앱 중 5월 대비 6월 데이터 사용량의 증가량이 가장 큰 앱은 '뮤직플레이'이다.

② 5월과 6월에 모두 데이터 사용량이 있는 앱 중 5월 대비 6월 데이터 사용량이 감소한 앱은 9개이고 증가한 앱은 8개이다.

③ 6월에만 데이터 사용량이 있는 모든 앱의 총 데이터 사용량은 '날씨정보'의 6월 데이터 사용량보다 많다.

④ 'G인터넷'과 'HS쇼핑'의 5월 데이터 사용량의 합은 나머지 앱의 5월 데이터 사용량의 합보다 많다.

⑤ 5월과 6월에 모두 데이터 사용량이 있는 앱 중 5월 대비 6월 데이터 사용량 변화율이 가장 큰 앱은 'S메일'이다.

문 35. 다음은 외국인 노동자와 국제결혼에 관한 〈보고서〉이다. 아래 〈보고서〉에 제시된 내용과 부합하지 <u>않는</u> 것은?

11 5급(인) 06번

〈보고서〉

유럽의 국가들이 이삼백 년에 걸쳐 산업화가 진행되었던 반면, 우리나라는 반세기라는 비교적 짧은 시간동안 산업화를 이룩하면서 빠른 성장을 거듭해 왔다. 이러한 빠른 경제성장 가운데 생활수준 역시 빠른 속도로 향상되었으며, 더불어 내국인 노동자의 인건비 역시 상승하였다. 결국 부가가치가 낮은 산업에서의 내국인 노동자의 인건비는 그 경쟁력을 잃어버리는 추세에 있으며, 기업들은 상대적으로 인건비가 낮은 외국인 노동자들을 선호하게 되었다.

이러한 까닭으로 우리나라에도 외국인 노동자의 유입이 증가하고 있는 실정이다. 2005년부터 2008년까지의 지역별 외국인 등록 인구를 보면, 경기도를 제외하고는 매년 전년 대비 증가하고 있으며, 경기도 역시 2006년부터 2008년까지 전년 대비 증가하는 추세를 보이고 있다. 한국국적을 신규로 취득한 전체 외국인 수 역시 2007년에 비하여 2008년에 증가하였으며, 그 중에서 동북아시아 출신 외국인 수는 900명 이상 증가하였다.

2008년 국제결혼 이주자 수의 경우에는 아시아 지역이 90% 이상을 차지하고 있으며, 그 중에서도 특히 동북아시아 지역이 아시아 지역의 80% 이상을 차지하고 있다. 국제결혼이 증가함에 따라 국제결혼가정의 자녀 수 역시 2007년에 비해 2008년에 두 배 이상이 되었다. 2008년 국제결혼가정 자녀의 연령층별 구성을 보면, 연령층이 높아질수록 그 수가 감소하였다.

① 2008년 국제결혼가정 부모의 출신지역별 자녀의 연령분포

(단위 : 명)

출신지역 연령층	동북 아시아	동남 아시아	남부 아시아	중앙 아시아	미국	유럽	기타	합
6세 이하	18,210	8,301	281	532	880	171	714	29,089
7~12세	10,922	4,011	130	121	829	87	491	16,591
13~15세	4,207	2,506	30	28	391	24	132	7,318
16세 이상	3,070	1,494	13	26	306	21	79	5,009

② 출신지역별 한국국적 신규취득 외국인 수

(단위 : 명)

출신지역 연도	동북 아시아	동남 아시아	남부 아시아	중앙 아시아	미국	유럽	기타	합
2007	18,412	14,411	9,307	4,097	23,137	3,919	31,059	104,342
2008	19,374	12,737	8,906	5,283	24,428	4,468	29,448	104,644

③ 출신지역별 국제결혼가정 자녀 수

(단위 : 명)

출신지역 연도	동북 아시아	동남 아시아	남부 아시아	중앙 아시아	미국	유럽	기타	합
2007	17,477	8,224	288	550	852	263	652	28,306
2008	36,409	16,312	454	707	2,406	303	1,416	58,007

④ 2008년 출신지역별 국제결혼 이주자 수

(단위 : 명)

출신지역	동북 아시아	동남 아시아	남부 아시아	중앙 아시아	미국	유럽	기타	합
이주자 수	65,139	17,805	1,179	1,173	1,794	835	2,564	90,489

⑤ 연도별 지역별 외국인 등록 인구

(단위 : 명)

연도 지역	2004	2005	2006	2007	2008
경기도	165,922	155,942	200,798	234,030	256,827
강원도	7,265	7,989	10,252	11,994	12,892
충청북도	11,665	12,871	17,326	20,731	22,700
충청남도	19,147	19,849	26,411	30,553	35,254
전라북도	8,932	10,165	13,475	16,151	18,749
전라남도	7,819	9,260	11,903	15,126	19,690
경상북도	22,696	23,409	29,721	33,721	35,731
경상남도	24,920	26,679	35,953	42,389	51,707
제주도	1,873	2,178	3,199	4,130	4,902

문 36. 다음 〈보고서〉는 일제강점기 경기도 인구 변화에 관한 것이다. 〈보기〉에서 아래 〈보고서〉를 작성하는 데 있어서 잘못 인용된 자료를 모두 고르면? 12 5급(인) 11번

─────〈보고서〉─────

• 일제강점기 경기도 인구는 1910년 142만 3,051명, 1931년 206만 160명, 1942년 322만 3,856명으로 조사 연도마다 매번 증가하였다. 경기도 인구가 전국 인구에서 차지하는 비중은 1910년 13% 미만에서 1942년에는 15% 이상으로 증가하였다.

• 1910~1942년 동안 5차례 실시된 인구조사 결과에 따르면 각 조사 연도마다 전국 인구는 증가추세였으나, 남녀인구는 각각 1,500만 명에는 이르지 못하였다. 조사 연도 대부분 남성인구가 여성인구에 비해 많았으나 1942년 조사에서 여성인구가 남성인구를 초과하였다.

• 경기도 내 일본인 수는 1910년 5만 4,760명, 1931년 10만 323명, 1942년 20만 6,627명으로, 1910년 대비 1942년의 경기도 전체 인구의 증가율보다 경기도 내 일본인의 증가율이 더 큰 것으로 나타났다. 1942년 경기도 내 일본인의 인구는 경기도 내 중국인의 인구와 비교할 때 2배 이상으로 조사되었다.

• 1912년, 1931년, 1942년 경기도 내 조선인들이 가장 많이 종사하였던 업종은 농축산업이었으며, 1912년 대비 1942년의 공업종사자 수는 9배 이상이었다.

─────〈보기〉─────

ㄱ. 일제강점기 경기도 인구 변화

(단위 : 명)

구분	1910년	1931년	1942년
경기도 인구	1,423,051	2,060,160	3,223,856
전국 인구	13,313,017	20,262,958	26,361,401

ㄴ. 일제강점기 전국 인구 및 성별인구 변화

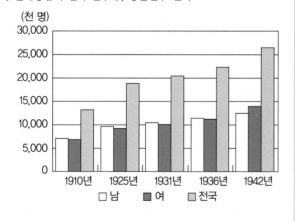

ㄷ. 일제강점기 경기도 내 일본인과 중국인 인구 변화

(단위 : 명)

구분	1910년	1931년	1942년
경기도 내 일본인	54,760	100,323	206,627
경기도 내 중국인	70,342	94,206	100,756
경기도 인구	1,423,051	2,060,160	3,223,856

ㄹ. 일제강점기 경기도 내 업종별 조선인 종사자 수

(단위 : 명)

구분	1912년	1931년	1942년
농축산업	1,096,971	1,282,133	1,483,718
공업	31,933	81,646	310,895
상업	150,328	226,319	492,545
광업	0	0	28,972
기타	126,286	148,783	333,236
계	1,405,518	1,738,881	2,649,366

① ㄱ
② ㄱ, ㄴ
③ ㄱ, ㄹ
④ ㄴ, ㄷ
⑤ ㄴ, ㄷ, ㄹ

문 37. 다음 〈표〉는 블로그 이용자와 트위터 이용자를 대상으로 설문조사한 결과이다. 이를 정리한 〈보기〉의 그림 중 옳은 것을 모두 고르면?

13 5급(인) 31번

〈표〉 블로그 이용자와 트위터 이용자 대상 설문조사 결과

(단위 : %)

구분		블로그 이용자	트위터 이용자
성	남자	53.4	53.2
	여자	46.6	46.8
연령	15~19세	11.6	13.1
	20~29세	23.3	47.9
	30~39세	27.4	29.5
	40~49세	25.0	8.4
	50~59세	12.7	1.1
교육수준	중졸 이하	2.0	1.6
	고졸	23.4	14.7
	대졸	66.1	74.4
	대학원 이상	8.5	9.3
소득수준	상	5.5	3.6
	중	74.2	75.0
	하	20.3	21.4

※ 15세 이상 60세 미만의 1,000명의 블로그 이용자와 2,000명의 트위터 이용자를 대상으로 하여 동일시점에 각각 독립적으로 조사하였으며 무응답과 응답자의 중복은 없음

─── 〈보 기〉 ───

ㄱ. 트위터와 블로그의 성별 이용자 수

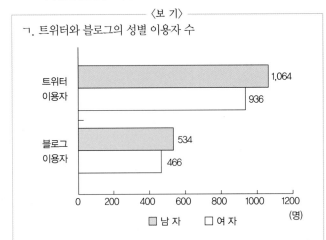

ㄴ. 교육수준별 트위터 이용자 수 대비 블로그 이용자 수

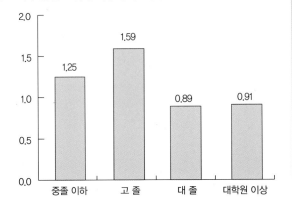

ㄷ. 블로그 이용자와 트위터 이용자의 소득수준별 구성비

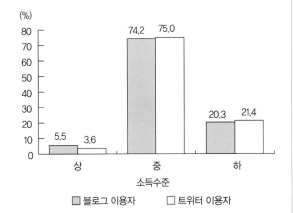

ㄹ. 연령별 블로그 이용자와 트위터 이용자의 구성비

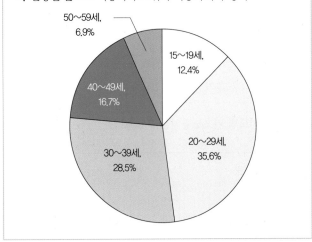

① ㄱ, ㄴ

② ㄱ, ㄷ

③ ㄴ, ㄷ

④ ㄴ, ㄹ

⑤ ㄷ, ㄹ

문 38. 다음 〈보고서〉는 2010년 기초노령연금 수급 현황에 관한 조사결과이다. 〈보고서〉의 내용과 부합하지 <u>않는</u> 자료는?

13 5급(인) 35번

─〈보고서〉─

보건복지부의 자료에 의하면 2010년 12월 말 현재 65세 이상 노인 중 약 373만 명에게 기초노령연금이 지급된 것으로 나타났다.

시도별 기초노령연금 수급률은 전남이 85.5%로 가장 높았고 그 다음이 경북(80.4%), 전북(79.3%), 경남(77.8%) 순이며, 서울(51.3%)이 가장 낮았다. 시군구별 기초노령연금 수급률은 전남 완도군이 94.1%로 가장 높았고 서울 서초구는 26.5%로 가장 낮았다. 특히 농어촌의 57개 지역과 대도시의 14개 지역은 기초노령연금 수급률이 80%를 넘었다.

여성(65.1%)이 남성(34.9%)보다 기초노령연금 혜택을 더 많이 받는 것으로 나타났는데, 이는 여성의 평균수명이 남성보다 더 길기 때문인 것으로 보인다. 기초노령연금을 받는 노인 중 70대가 수급자의 49.7%를 차지해 가장 비중이 높았다. 연령대별 수급자 비율을 큰 것부터 나열하면 80대, 90대, 70대 순이고, 80대의 경우 82.3%가 기초노령연금을 수령하였다.

① 2010년 시도별 기초노령연금 수급률

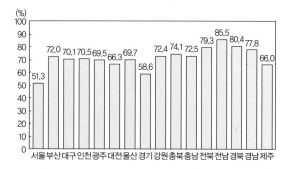

② 2010년 기초노령연금 수급자의 연령대별 구성비율(%)

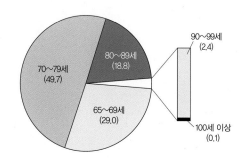

③ 2010년 시군구별 기초노령연금 수급률

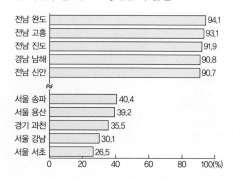

④ 2010년 연령대별 기초노령연금 수급자 비율

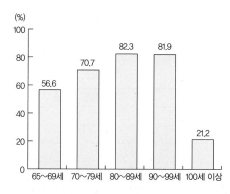

⑤ 2010년 기초노령연금 수급률별 · 도시규모별 지역 수

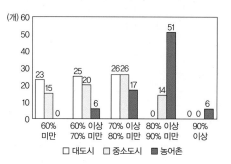

문 39. 다음 〈표〉는 '갑'국 국회의원의 SNS(소셜네트워크서비스) 이용자 수 현황에 대한 자료이다. 이를 이용하여 작성한 그래프로 옳지 <u>않은</u> 것은?

14 5급(A) 27번

〈표〉 '갑'국 국회의원의 SNS 이용자 수 현황

(단위 : 명)

구분	정당	당선 횟수별				당선 유형별		성별	
		초선	2선	3선	4선 이상	지역구	비례대표	남자	여자
여당	A	82	29	22	12	126	19	123	22
야당	B	29	25	13	6	59	14	59	14
	C	7	3	1	1	7	5	10	2
합계		118	57	36	19	192	38	192	38

① 국회의원의 여야별 SNS 이용자 수

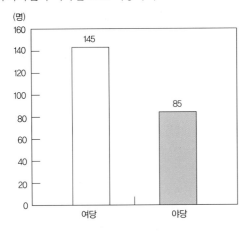

② 남녀 국회의원의 여야별 SNS 이용자 구성비

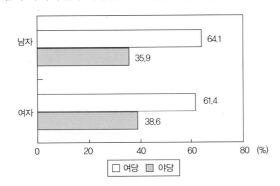

※ 소수점 아래 둘째 자리에서 반올림함

③ 여당 국회의원의 당선 유형별 SNS 이용자 구성비

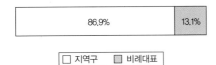

※ 소수점 아래 둘째 자리에서 반올림함

④ 야당 국회의원의 당선 횟수별 SNS 이용자 구성비

※ 소수점 아래 둘째 자리에서 반올림함

⑤ 2선 이상 국회의원의 정당별 SNS 이용자 수

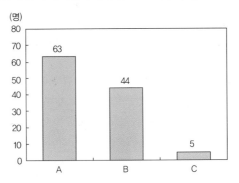

문 40. 다음 〈보고서〉는 2009~2012년 A국의 근로장려금에 관한 조사 결과이다. 〈보고서〉의 내용과 부합하지 <u>않는</u> 자료는?

14 5급(A) 31번

─────〈보고서〉─────

정부는 2009년부터 근로자 가구를 대상으로 부양자녀 수와 총 급여액에 따라 산정된 근로장려금을 지급함으로써 근로유인을 제고하고 실질소득을 지원하고 있다.

2009년 이후 근로장려금 신청가구 중에서 수급가구가 차지하는 비율은 매년 80% 이상을 기록하여 신청한 가구의 대부분이 혜택을 받고 있는 것으로 조사되었다.

수급가구를 가구구성별로 부부가구와 단독가구로 구분할 때, 수급가구 중 부부가구가 차지하는 비중은 2009년 이후 계속 70%대를 유지하다가 2012년 80%를 돌파하였다.

2012년부터 지급대상이 확대되어 60대 이상 1인 가구도 근로장려금 신청이 가능해졌다. 이에 따라 2012년 60대 이상 수급가구는 전년의 25배 이상이 되었다.

근로형태별 근로장려금 수급가구는 상용근로자 수급가구보다 일용근로자 수급가구가 더 많았으며, 일용근로자 수급가구가 전체 수급가구에서 차지하는 비율은 2009년부터 매년 65% 이상을 차지했다.

2009년에는 수급가구 중 자녀 2인 가구의 비율이 가장 높았으나 2010년과 2011년에는 자녀 1인 가구의 비율이 가장 높았던 것으로 조사되었다.

① 연도별 근로장려금 신청 및 수급가구 현황

(단위 : 천 가구)

구분	2009년	2010년	2011년	2012년
신청가구	724	677	667	913
수급가구	591	566	542	735
미수급가구	133	111	125	178

② 가구구성별 근로장려금 수급가구 분포

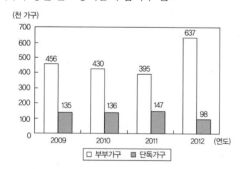

③ 연령대별 근로장려금 수급가구 분포

(단위 : 천 가구)

구분	합	30대 미만	30대	40대	50대	60대 이상
2009년	591	44	243	260	41	3
2010년	566	39	223	254	46	4
2011년	542	34	207	249	48	4
2012년	735	23	178	270	160	104

④ 근로형태별 근로장려금 수급가구 분포

(단위 : 천 가구)

구분	합	상용근로자	일용근로자
2009년	591	235	356
2010년	566	228	338
2011년	542	222	320
2012년	735	259	476

⑤ 부양자녀수별 근로장려금 수급가구 비중

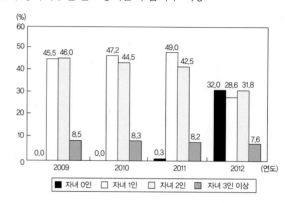

문 41. 다음 〈표〉는 2013~2018년 커피전문점 A~F 브랜드의 매출액과 점포 수에 관한 자료이다. 이를 이용하여 작성한 그래프로 옳지 <u>않은</u> 것은? 19 5급(가) 04번

〈표〉 2013~2018년 커피전문점 브랜드별 매출액과 점포 수

(단위 : 억 원, 개)

구분	연도 브랜드	2013	2014	2015	2016	2017	2018
매출액	A	1,094	1,344	1,710	2,040	2,400	2,982
	B	–	–	24	223	1,010	1,675
	C	492	679	918	1,112	1,267	1,338
	D	–	129	197	335	540	625
	E	–	155	225	873	1,082	577
	F	–	–	–	–	184	231
	전체	1,586	2,307	3,074	4,583	6,483	7,428
점포 수	A	188	233	282	316	322	395
	B	–	–	17	105	450	735
	C	81	110	150	190	208	252
	D	–	71	111	154	208	314
	E	–	130	183	218	248	366
	F	–	–	–	–	71	106
	전체	269	544	743	983	1,507	2,168

① 전체 커피전문점의 전년 대비 매출액과 점포 수 증가폭 추이

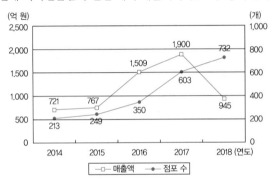

② 2018년 커피전문점 브랜드별 점포당 매출액

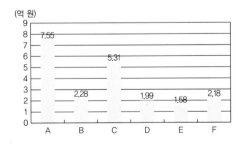

③ 2017년 매출액 기준 커피전문점 브랜드별 점유율

(단위 : %)

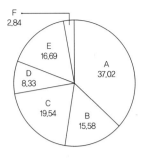

④ 2017년 대비 2018년 커피전문점 브랜드별 매출액의 증가량

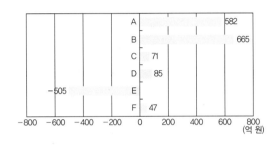

⑤ 전체 커피전문점의 연도별 점포당 매출액

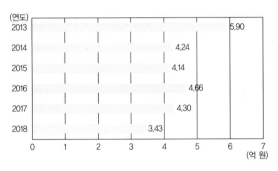

문 42.   다음 〈보고서〉는 2017년과 2018년 청소년활동 참여 실태에 관한 자료이다. 〈보고서〉의 내용과 부합하는 자료만을 〈보기〉에서 모두 고르면?   19 5급(가) 23번

〈보고서〉

2018년 청소년활동 9개 영역 중 '건강·보건활동'의 참여경험(93.6%)이 가장 높게 나타났고, 다음으로 '문화예술활동'(85.2%), '모험개척활동'(57.8%) 순으로 높게 나타났다. 반면, 2017년과 2018년 모두 '교류활동'의 참여경험 비율이 가장 낮게 나타났다. 이와 더불어 2018년 향후 가장 참여를 희망하는 청소년활동으로는 '문화예술활동'(22.5%), '진로탐색·직업체험활동'(21.5%)의 순으로 높게 조사되었다.

2018년 청소년활동 참여형태에 대한 9개 항목 중 '학교에서 단체로 참여'라는 응답(46.0%)이 가장 높게 나타났으며, 다음으로 '교내 동아리활동으로 참여', '개인적으로 참여'의 순으로 높게 나타났다. 2018년 청소년활동을 가장 희망하는 시간대는 '학교 수업시간 중'(43.7%)으로 조사되었고, '기타'를 제외하고는 '방과 후'가 가장 낮은 비율로 조사되었다.

2018년 청소년활동에 대한 '전반적 만족도'는 3.37점으로 2017년보다 상승한 것으로 확인되었고, '지도자 만족도'가 '활동 내용 만족도'보다 더 높은 것으로 나타났다. 또한, 2018년 청소년활동 정책 인지도 점수는 최소 1.15점에서 최대 1.42점으로 나타났다.

〈보 기〉

ㄱ. 청소년활동 영역별 참여경험 및 향후 참여희망 비율
(2017~2018년)

(단위 : %)

영역 구분	연도	건강·보건활동	과학정보활동	교류활동	모험개척활동	문화예술활동	봉사활동	진로탐색·직업체험활동	환경보존활동	자기계발활동
참여경험	2017	93.7	53.6	26.5	55.7	79.7	55.4	63.8	42.4	41.3
	2018	93.6	61.2	33.9	57.8	85.2	62.9	72.5	48.8	50.8
향후참여희망	2017	9.7	11.6	3.6	16.4	21.1	5.0	21.0	1.7	4.7
	2018	8.2	11.1	3.0	17.0	22.5	5.4	21.5	1.8	3.5

ㄴ. 청소년활동 희망시간대(2018년)

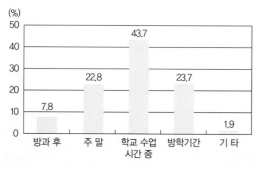

ㄷ. 청소년활동 참여형태(2017~2018년)

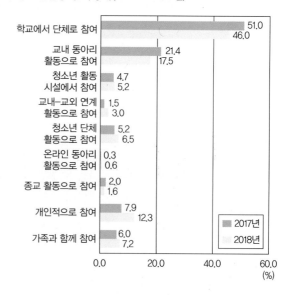

ㄹ. 청소년활동 정책 인지도 점수(2017~2018년)

(단위 : 점)

연도 항목	2017	2018
청소년수련활동인증제	1.24	1.27
국제청소년성취포상제	1.14	1.15
청소년어울림마당	1.40	1.42
청소년특별회의	1.28	1.30
청소년참여위원회	1.35	1.37
청소년운영위원회	1.41	1.44
청소년활동정보서비스	1.31	1.32
대한민국청소년박람회	1.29	1.28
청소년수련활동신고제	1.18	1.20

※ 점수가 높을수록 인지도가 높음

① ㄴ, ㄷ
② ㄴ, ㄹ
③ ㄷ, ㄹ
④ ㄱ, ㄴ, ㄷ
⑤ ㄱ, ㄷ, ㄹ

문 43. 다음 〈그림〉은 2012년 주요 곡물(쌀, 밀, 옥수수, 콩)의 국가별 생산량 비율에 대한 자료이다. 〈그림〉을 이용하여 보고서를 작성할 때, 추가로 필요한 자료를 〈보기〉에서 모두 고르면?

13 5급(인) 27번

〈그림〉 주요 곡물의 국가별 생산량 비율

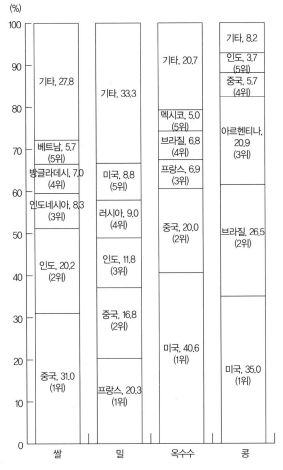

※ 기타는 상위 5개국 이외의 국가 집합임

─────〈보고서〉─────
• 쌀 생산량 상위 5개국은 모두 아시아 국가이며, 쌀 수출량 상위 3개국도 모두 아시아 국가이다.
• 밀 생산량 상위 5개국의 밀 평균 가격은 해당 국가들의 쌀 평균 가격보다 낮다.
• 미국의 옥수수 생산량은 세계 생산량의 40.6%이며, 바이오 연료용 옥수수 수요량은 지속적으로 증가하고 있다.
• 주요 곡물 중 생산량 상위 5개국 비중의 합이 가장 큰 것은 콩이다.

─────〈보 기〉─────
ㄱ. 아시아 국가별 주요 곡물 수요량
ㄴ. 주요 곡물의 국가별 수출량
ㄷ. 국가별 주요 곡물의 가격
ㄹ. 국가별 바이오연료용 곡물의 수요량 추이

① ㄱ, ㄴ   ② ㄴ, ㄷ
③ ㄷ, ㄹ   ④ ㄴ, ㄷ, ㄹ
⑤ ㄱ, ㄴ, ㄷ, ㄹ

문 44. 다음 〈표〉는 '갑'국 맥주 수출 현황에 관한 자료이다. 〈보고서〉를 작성하기 위해 〈표〉 이외에 추가로 필요한 자료만을 〈보기〉에서 모두 고르면?

17 5급(가) 11번

〈표〉 주요 국가에 대한 '갑'국 맥주 수출액 및 증가율

(단위 : 천 달러, %)

구분	2013년	전년 대비 증가율	2014년	전년 대비 증가율	2015년	전년 대비 증가율	2016년 상반기	전년 대비 증가율
맥주 수출 총액	72,251	6.5	73,191	1.3	84,462	15.4	48,011	3.7
일본	33,007	12.4	32,480	-1.6	35,134	8.2	19,017	0.8
중국	8,482	35.9	14,121	66.5	19,364	37.1	11,516	21.8
이라크	2,881	35.3	4,485	55.7	7,257	61.8	4,264	-15.9
싱가포르	8,641	21.0	3,966	-54.1	6,790	71.2	2,626	-31.3
미국	3,070	3.6	3,721	21.2	3,758	1.0	2,247	26.8
호주	3,044	4.2	3,290	8.1	2,676	-18.7	1,240	-25.1
타이	2,119	9.9	2,496	17.8	2,548	2.1	1,139	-12.5
몽골	5,465	-16.4	2,604	-52.4	1,682	-35.4	1,005	-27.5
필리핀	3,350	-49.9	2,606	-22.2	1,558	-40.2	2,257	124.5
러시아	740	2.4	886	19.7	771	-13.0	417	-10.6
말레이시아	174	144.0	710	308.0	663	-6.6	1,438	442.2
베트남	11	-	60	445.5	427	611.7	101	-57.5

─────〈보고서〉─────
　중국으로의 수출 증가에 힘입어 2015년 '갑'국의 맥주 수출액이 맥주 수출을 시작한 1992년 이래 역대 최고치를 기록하였다. 또한 2016년 상반기도 역대 동기간 대비 최고치를 기록하고 있다. 2015년 맥주 수출 총액은 약 8천 4백만 달러로 전년 대비 15.4% 증가하였다. 2013년 대비 2015년 맥주 수출 총액은 16.9% 증가하여, 같은 기간 '갑'국 전체 수출액이 5.9% 감소한 것에 비하면 주목할 만한 성과이다. 2016년 상반기 맥주 수출 총액은 약 4천 8백만 달러로 전년 동기간 대비 3.7% 증가하였다.
　2015년 '갑'국의 주요 맥주 수출국은 일본(41.6%), 중국(22.9%), 이라크(8.6%), 싱가포르(8.0%), 미국(4.4%) 순으로, 2012년부터 '갑'국의 맥주 수출액이 가장 큰 상대 국가는 일본이다. 2015년 일본으로 맥주 수출액은 약 3천 5백만 달러로 전년 대비 8.2% 증가하였다. 특히 중국으로의 맥주 수출액은 2013년부터 2015년까지 매년 두 자릿수 증가율을 기록하여, 2014년부터 중국이 싱가포르를 제치고 '갑'국 맥주 수출 대상국 중 2위로 자리매김하였다. 또한, 베트남으로의 맥주 수출액은 2013년 대비 2015년에 약 39배로 증가하여 베트남이 새로운 맥주 수출 시장으로 부상하고 있다.

─────〈보 기〉─────
ㄱ. 1992~2012년 연도별 '갑'국의 연간 맥주 수출 총액
ㄴ. 1992~2015년 연도별 '갑'국의 상반기 맥주 수출액
ㄷ. 2015년 상반기 '갑'국의 국가별 맥주 수출액
ㄹ. 2013~2015년 연도별 '갑'국의 전체 수출액

① ㄱ, ㄴ   ② ㄱ, ㄷ
③ ㄴ, ㄹ   ④ ㄱ, ㄴ, ㄹ
⑤ ㄴ, ㄷ, ㄹ

문 45.

다음 〈표〉는 방한 중국인 관광객에 관한 자료이다. 〈보고서〉를 작성하기 위해 〈표〉 이외에 추가로 필요한 자료만을 〈보기〉에서 모두 고르면?

18 5급(나) 05번

〈표 1〉 2016~2017년 월별 방한 중국인 관광객 수

(단위 : 만 명)

월 년	1	2	3	4	5	6	7	8	9	10	11	12	계
2016	60	47	80	80	78	95	87	102	107	106	55	54	951
2017	15	15	18	17	17	20	15	21	13	19	12	13	195

※ 2017년 자료는 추정값임

〈표 2〉 2016년 방한 중국인 관광객 1인당 관광 지출액

(단위 : 달러)

구분	쇼핑	숙박·교통	식음료	기타	총지출
개별	1,430	422	322	61	2,235
단체	1,296	168	196	17	1,677
전체	1,363	295	259	39	1,956

※ 전체는 방한 중국인 관광객 1인당 관광 지출액임

─────〈보고서〉─────

2017년 3월부터 7월까지 5개월 간 전년 동기간 대비 방한 중국인 관광객 수는 300만 명 이상 감소한 것으로 추정된다. 해당 규모에 2016년 기준 전체 방한 중국인 관광객 1인당 관광 지출액인 1,956달러를 적용하면 중국인의 한국 관광 포기로 인한 지출 감소액은 약 65.1억 달러로 추정된다.

2017년 전년 대비 연간 추정 방한 중국인 관광객 감소 규모는 약 756만 명이며, 추정 지출 감소액은 약 147.9억 달러로 나타난다. 이는 각각 2016년 중국인 관광객을 제외한 연간 전체 방한 외국인 관광객 수의 46.3%, 중국인 관광객 지출액을 제외한 전체 방한 외국인 관광객 총 지출액의 55.8% 수준이다.

2017년 산업부문별 추정 매출 감소액을 살펴보면, 도소매업의 매출액 감소가 전년 대비 108.9억 달러로 가장 크고, 다음으로 식음료업, 숙박업 순으로 나타났다.

─────〈보 기〉─────

ㄱ. 2016년 방한 외국인 관광객의 국적별 1인당 관광 지출액

ㄴ. 2016년 전체 방한 외국인 관광객 수 및 지출액 현황

ㄷ. 2016년 산업부문별 매출액 규모 및 구성비

ㄹ. 2017년 산업부문별 추정 매출액 규모 및 구성비

① ㄱ, ㄷ

② ㄴ, ㄷ

③ ㄴ, ㄹ

④ ㄱ, ㄴ, ㄹ

⑤ ㄴ, ㄷ, ㄹ

문 46.

다음 〈표〉와 〈보고서〉는 A시 대기오염과 그 영향에 관한 자료이다. 제시된 〈표〉 이외에 〈보고서〉를 작성하기 위해 추가로 필요한 자료만을 〈보기〉에서 모두 고르면?

19 5급(가) 21번

〈표 1〉 A시 연평균 미세먼지 농도

(단위 : $\mu g/m^3$)

연도	2012	2013	2014	2015	2016	2017	2018	평균
농도	61.30	55.37	54.04	49.03	46.90	41.08	44.57	50.32

〈표 2〉 A시 연평균 기온 및 상대습도

(단위 : ℃, %)

연도 구분	2012	2013	2014	2015	2016	2017	2018	평균
기온	13.28	12.95	12.95	12.14	12.07	12.27	12.56	12.60
상대습도	62.25	59.45	61.10	62.90	59.54	56.63	60.02	60.27

─────〈보고서〉─────

A시 부설연구원은 2012~2018 A시 사망자를 대상으로 대기오염으로 인한 사망영향을 연구하였다. 2012~2018년 연평균 미세먼지 농도는 평균 50.32$\mu g/m^3$이었다. 연도별로는 2012년에 가장 높은 61.30$\mu g/m^3$이었고, 2013년부터 지속적으로 감소하여 2017년 가장 낮은 41.08$\mu g/m^3$을 나타내었다. 2018년에는 2017년에 비해 다소 증가하여 44.57$\mu g/m^3$이었다.

연구대상 기간 동안 전체 연령집단, 65세 미만 연령집단, 65세 이상 연령집단의 연간 일일 사망자 수는 각각 평균 96.65명, 27.35명, 69.30명이었다. 전체 연령집단의 연간 일일 사망자 수는 2012년 93.61명에서 2018년 102.97명으로 증가하였다. 65세 미만 연령 집단의 연간 일일 사망자 수는 2012년 29.13명에서 2018년 26.09명으로 감소하였다. 65세 이상 연령집단의 연간 일일 사망자 수는 2012년 64.48명에서 2018년 76.88명으로 증가하였다.

2012~2018년 A시의 연평균 기온은 평균 12.60℃이었고, 2012년은 13.28℃로 다소 높았으며, 2016년은 12.07℃로 다소 낮은 기온을 나타내었다. 연구대상 기간 동안 연평균 상대습도는 평균 60.27%이었으며, 전체적으로 56.63~62.90% 수준이었다.

─────〈보 기〉─────

ㄱ. A시 연간 일일 사망자 수

(단위 : 명)

연도	2012	2013	2014	2015	2016	2017	2018	평균
사망자 수	93.61	92.24	92.75	96.59	97.21	101.19	102.97	96.65

ㄴ. A시 연간 미세먼지 경보발령일 수

(단위 : 일)

연도	2012	2013	2014	2015	2016	2017	2018
일 수	37	32	33	25	26	30	29

ㄷ. A시 연간 심혈관계 응급환자 수

(단위 : 명)

연도	2012	2013	2014	2015	2016	2017	2018
환자 수	36,775	34,972	34,680	35,112	35,263	36,417	37,584

ㄹ. A시 65세 이상 연령집단의 연간 일일 사망자 수

(단위 : 명)

연도	2012	2013	2014	2015	2016	2017	2018	평균
사망자 수	64.48	64.40	65.19	68.72	70.35	75.07	76.88	69.30

① ㄱ, ㄴ

② ㄱ, ㄷ

③ ㄱ, ㄹ

④ ㄴ, ㄷ

⑤ ㄷ, ㄹ

문 47. 다음 〈표〉는 우리나라 콘텐츠 산업의 수출 현황을 나타낸 것이다. 〈조건〉을 이용하여 A, B, E에 해당하는 산업을 바르게 나열한 것은?

11 5급(인) 07번

〈표〉 우리나라 콘텐츠 산업의 수출 현황

(단위 : 천 달러)

국가 산업	중국	일본	인도	미국	합
A	21,489	24,858	24,533	90,870	161,750
B	1,665	9,431	2,061	306	13,463
C	281,330	248,580	103,093	138,238	771,241
D	824	5,189	2,759	8,767	17,539
E	7,328	68,494	26,594	1,324	103,740

─── 〈조 건〉 ───

• 출판산업의 수출액이 큰 순서는 미국, 일본, 인도, 중국이다.

• 영화산업의 수출액이 큰 순서는 미국, 일본, 인도, 중국이다.

• 음악산업과 방송산업 수출액의 합은 중국, 인도, 미국을 모두 합친 것보다 일본이 크다.

• 음악산업과 출판산업 수출액의 합이 가장 큰 국가는 미국이다.

	A	B	E
①	출판	방송	음악
②	영화	음악	방송
③	출판	음악	방송
④	영화	방송	음악
⑤	음악	영화	출판

문 48. 다음 〈그림〉은 2003년부터 2006년까지 실용신안, 상표, 특허 및 디자인의 출원 및 등록 건수에 대한 자료이다. 이에 대한 〈조건〉을 이용하여 A, B, C, D를 순서대로 바르게 나열한 것은?

11 5급(인) 09번

〈그림 1〉 출원 건수

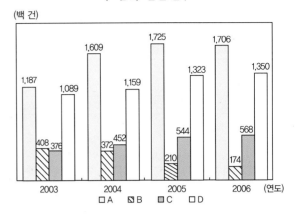

〈그림 2〉 등록 건수

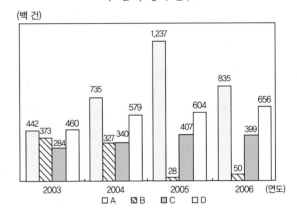

─── 〈조 건〉 ───

• 특허는 다른 해와 비교하여 2005년에 등록 건수가 가장 많다.

• 2004년부터 2006년까지 디자인 출원 건수는 전년 대비 매년 증가한다.

• 2004년에 비해 2005년의 등록 건수가 감소한 항목은 실용신안이다.

• 2004년부터 2006년까지 상표는 출원 및 등록 건수가 각각 전년 대비 매년 증가한다.

	A	B	C	D
①	특허	실용신안	디자인	상표
②	실용신안	특허	상표	디자인
③	특허	실용신안	상표	디자인
④	실용신안	상표	디자인	특허
⑤	디자인	실용신안	특허	상표

문 49. 다음 〈표〉는 세계 주요 지진의 인명피해 현황을 나타낸 자료이다. 〈표〉와 〈보고서〉의 내용을 근거로 하여 A~F에 해당하는 지진을 바르게 나열한 것은?   12 5급(인) 29번

〈표〉 세계 주요 지진의 인명피해 현황

지진	발생년도	지진의 규모(M)	사망자 수(명)	부상자 수(명)
A	1976	7.5	240,000	799,000
B	1995	6.9	5,500	37,000
C	1999	7.6	2,400	8,700
D	2001	7.6	20,000	166,000
E	2003	6.9	27,000	30,000
F	2008	7.9	69,000	374,000

※ M은 리히터 지진규모의 단위임

― 〈보고서〉 ―

세계 주요 지진에 의한 인명피해 현황을 통해 지진에 대한 철저한 대비가 얼마나 중요한지 알 수 있다. 예를 들어, '가' 지진과 '나' 지진의 규모는 동일하나 '가' 지진에 의한 사망자 수가 '나' 지진에 의한 사망자 수의 4배 이상이었다. 이는 '나' 지진이 건물 내진 설계와 주민 대피 훈련이 잘 이루어지는 국가에서 발생한 데 반해, '가' 지진은 건물 내진 설계와 주민 대피 훈련이 미흡한 국가에서 발생하였기 때문이다.

또한 '다' 지진은 '가' 지진보다 지진의 규모가 크지만 사망자 수와 부상자 수는 각각 적게 발생하였는데, 이는 '다' 지진 또한 건물 내지 설계와 주민 대피 훈련이 잘 이루어지는 국가에서 발생하였기 때문이다. 따라서, '바' 지진에 의한 사망자 수가 같은 규모 지진인 '다' 지진에 의한 사망자 수보다 8배 이상 발생하였음을 볼 때, '다' 지진이 발생한 국가보다 '바' 지진이 발생한 국가의 건물 내진 설계와 주민 대피 훈련이 부족하였음을 추측할 수 있다.

한편 동일한 국가에서 발생한 '라' 지진과 '마' 지진의 경우, 비록 지진의 규모는 '마' 지진이 크지만 '마' 지진에 의한 사망자 수는 '라' 지진에 의한 사망자 수의 30% 이하이다. 이는 '라' 지진 발생 이후 해당 국가에서 건물의 내진 설계를 강화하고 주민들에게 지진에 대한 경각심을 꾸준히 높여 왔기 때문이다.

	A	B	C	D	E	F
①	가	나	다	바	라	마
②	다	가	마	바	나	라
③	다	나	바	마	가	라
④	라	나	다	바	가	마
⑤	마	나	다	바	가	라

문 50. 다음 〈표〉는 2009~2011년 동안 ○○편의점의 판매량 상위 10개 상품에 대한 자료이다. 〈조건〉을 이용하여 〈표〉의 B, C, D에 해당하는 상품을 바르게 나열한 것은?   13 5급(인) 03번

〈표〉 2009~2011년 ○○편의점의 판매량 상위 10개 상품

순위 \ 연도	2009	2010	2011
1	바나나우유	바나나우유	바나나우유
2	(A)	(A)	딸기맛사탕
3	딸기맛사탕	딸기맛사탕	(A)
4	(B)	(B)	(D)
5	맥주	맥주	(B)
6	에너지음료	(D)	(E)
7	(C)	(E)	(C)
8	(D)	에너지음료	맥주
9	카라멜	(C)	에너지음료
10	(E)	초콜릿	딸기우유

※ 순위의 숫자가 클수록 순위가 낮음을 의미함

― 〈조 건〉 ―

• 캔커피와 주먹밥은 각각 2009년과 2010년 사이에 순위 변동이 없다가 모두 2011년에 순위가 하락하였다.
• 오렌지주스와 참치맛밥은 매년 순위가 상승하였다.
• 2010년에는 주먹밥이 오렌지주스보다 판매량이 더 많았지만 2011년에는 오렌지주스가 주먹밥보다 판매량이 더 많았다.
• 생수는 캔커피보다 매년 순위가 낮았다.

	B	C	D
①	주먹밥	생수	오렌지주스
②	주먹밥	오렌지주스	생수
③	캔커피	생수	참치맛밥
④	생수	주먹밥	참치맛밥
⑤	캔커피	오렌지주스	생수

문 51. 다음 〈표〉는 어느 해 12월말 기준 '가' 지역의 개설 및 등록 의료기관 수에 대한 자료이다. 〈표〉와 〈조건〉을 근거로 하여 A~D에 해당하는 의료기관을 바르게 나열한 것은?

14 5급(A) 32번

〈표〉 '가' 지역의 개설 및 등록 의료기관 수

(단위 : 개소)

의료기관	개설 의료기관 수	등록 의료기관 수
A	2,784	872
B	( )	141
C	1,028	305
D	( )	360

※ 등록률(%)= $\dfrac{\text{등록 의료기관 수}}{\text{개설 의료기관 수}}$ ×100

─── 〈조 건〉 ───
• 등록률이 30% 이상인 의료기관은 '종합병원'과 '치과'이다.
• '종합병원' 등록 의료기관 수는 '안과' 등록 의료기관 수의 2.5배 이상이다.
• '치과' 등록 의료기관 수는 '한방병원' 등록 의료기관 수보다 작다.

	A	B	C	D
①	한방병원	종합병원	안과	치과
②	한방병원	종합병원	치과	안과
③	종합병원	치과	안과	한방병원
④	종합병원	치과	한방병원	안과
⑤	종합병원	안과	한방병원	치과

문 52. 다음 〈표〉는 2010~2012년 남아공, 멕시코, 브라질, 사우디, 캐나다, 한국의 이산화탄소 배출량에 대한 자료이다. 다음 〈조건〉을 근거로 하여 A~D에 해당하는 국가를 바르게 나열한 것은?

16 5급(4) 2번

〈표〉 2010~2012년 국가별 이산화탄소 배출량

(단위 : 천만 톤, 톤/인)

국가 \ 구분	연도	2010	2011	2012
한국	총 배출량	56.45	58.99	59.29
	1인당 배출량	11.42	11.85	11.86
멕시코	총 배출량	41.79	43.25	43.58
	1인당 배출량	3.66	3.74	3.75
A	총 배출량	37.63	36.15	37.61
	1인당 배출량	7.39	7.01	7.20
B	총 배출량	41.49	42.98	45.88
	1인당 배출량	15.22	15.48	16.22
C	총 배출량	53.14	53.67	53.37
	1인당 배출량	15.57	15.56	15.30
D	총 배출량	38.85	40.80	44.02
	1인당 배출량	1.99	2.07	2.22

※ 1인당 배출량(톤/인)= $\dfrac{\text{총 배출량}}{\text{인구}}$

─── 〈조 건〉 ───
• 1인당 이산화탄소 배출량이 2011년과 2012년 모두 전년 대비 증가한 국가는 멕시코, 브라질, 사우디, 한국이다.
• 2010~2012년 동안 매년 인구가 1억 명 이상인 국가는 멕시코와 브라질이다.
• 2012년 인구는 남아공이 한국보다 많다.

	A	B	C	D
①	남아공	사우디	캐나다	브라질
②	남아공	브라질	캐나다	사우디
③	캐나다	사우디	남아공	브라질
④	캐나다	브라질	남아공	사우디
⑤	캐나다	남아공	사우디	브라질

문 53. 다음 〈표〉는 둘씩 짝지은 A~F 대학 현황 자료이다. 〈조건〉을 근거로 A-B, C-D, E-F 대학을 순서대로 바르게 짝지어 나열한 것은?　17 5급(가) 05번

〈표〉 둘씩 짝지은 대학 현황

(단위 : %, 명, 달러)

짝지은 대학	A-B		C-D		E-F	
	A	B	C	D	E	F
입학 허가율	7	12	7	7	9	7
졸업률	96	96	96	97	95	94
학생 수	7,000	24,600	12,300	28,800	9,270	27,600
교수 1인당 학생 수	7	6	6	8	9	6
연간 학비	43,500	49,500	47,600	45,300	49,300	53,000

── 〈조 건〉 ──
• 짝지어진 두 대학끼리만 비교한다.
• 졸업률은 야누스가 플로라보다 높다.
• 로키와 토르의 학생 수 차이는 18,000명 이상이다.
• 교수 수는 이시스가 오시리스보다 많다.
• 입학허가율은 토르가 로키보다 높다.

	A-B	C-D	E-F
①	오시리스-이시스	플로라-야누스	토르-로키
②	이시스-오시리스	플로라-야누스	로키-토르
③	로키-토르	이시스-오시리스	야누스-플로라
④	로키-토르	플로라-야누스	오시리스-이시스
⑤	야누스-플로라	이시스-오시리스	토르-로키

문 54. 다음 〈표〉와 〈그림〉은 볼거리 발병 환자 수에 관한 자료이다. 이에 대한 〈보기〉의 설명 중 옳은 것을 모두 고르면?　11 5급(인) 04번

〈표〉 지역별 볼거리 발병 환자 수 추이

(단위 : 명)

지역	2001년	2002년	2003년	2004년	2005년	2006년	2007년	2008년 (1~2월)
서울	345	175	348	384	224	239	299	33
부산	72	22	25	23	42	221	191	5
대구	34	31	79	73	43	205	2,128	119
인천	222	41	137	262	194	182	225	23
광주	103	20	18	6	10	35	128	3
대전	54	9	6	45	66	9	65	1
울산	33	49	57	121	114	114	137	9
경기	344	175	272	389	701	569	702	36
강원	53	44	53	107	94	126	130	3
충북	36	27	118	110	217	94	152	12
충남	27	24	38	33	16	33	92	12
전북	127	22	23	34	18	47	36	0
전남	85	42	11	6	7	23	66	2
경북	33	38	227	63	33	45	111	4
경남	34	7	29	61	31	35	57	7
제주	20	40	80	26	38	29	23	1
계	1,622	766	1,521	1,743	1,848	2,006	4,542	261

※ 2008년의 자료는 2월 말까지 집계된 환자 수임

〈그림〉 2007년 전국 볼거리 발병 환자 수의 월별 분포

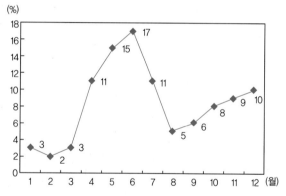

※ 소수점 아래 첫째자리에서 반올림한 값임

── 〈보 기〉 ──
ㄱ. 2007년 대구지역의 볼거리 발병 환자 수는 전년의 10배 이상이다.
ㄴ. 2007년 볼거리 발병 환자 수가 전년 대비 3배 이상인 지역은 대구, 광주, 대전이다.
ㄷ. 2008년 대구지역 볼거리 발병 환자 수의 월별 분포가 2007년 전국 볼거리 발병 환자 수의 월별 분포와 같다면, 대구지역에서는 2007년보다 2008년에 볼거리 발병 환자 수가 더 많다.
ㄹ. 2001년에 지역 인구당 볼거리 발병 환자 비율이 가장 낮은 지역은 제주이다.

① ㄱ, ㄴ　　② ㄱ, ㄹ
③ ㄷ, ㄹ　　④ ㄱ, ㄴ, ㄷ
⑤ ㄴ, ㄷ, ㄹ

문 55. 다음 〈표〉는 S군의 군수선거결과에 대한 자료이다. 이에
대한 〈보기〉의 설명 중 옳은 것을 모두 고르면?   11 5급(인) 13번

〈표 1〉 2006년 후보자별 득표 수 분포

(단위 : 표)

후보자 이름	출신지	지역					부재자	합
		A읍	B읍	C면	D면	E면		
갑	B읍	106	307	101	68	110	69	761
을	A읍	833	347	107	294	199	85	1,865
병	B읍	632	1,826	789	477	704	168	4,596
정	A읍	481	366	136	490	1,198	144	2,815
무	A읍	1,153	1,075	567	818	843	141	4,597
계		3,205	3,921	1,700	2,147	3,054	607	14,634

〈표 2〉 2010년 후보자별 득표수 분포

(단위 : 표)

후보자 이름	출신지	지역					부재자	합
		A읍	B읍	C면	D면	E면		
병	B읍	1,446	2,323	930	1,043	1,670	601	8,013
무	A읍	1,846	1,651	835	1,118	2,152	619	8,221
기	B읍	578	621	175	375	437	175	2,361
계		3,870	4,595	1,940	2,536	4,259	1,395	18,595

※ 1) 2006년과 2010년의 후보자 수는 각각 5명, 3명이며, 동명이인은 없음
   2) 두 번의 선거 모두 무효표는 없었음
   3) S군에는 A읍, B읍, C면, D면, E면만 있음

─────── 〈보 기〉 ───────

ㄱ. 2006년과 2010년 모두, 부재자 투표에서 다른 어떤 후보자
   보다도 더 많이 득표한 후보자가 득표수의 합도 가장 컸다.

ㄴ. 부재자 득표 수를 제외할 때, 2006년과 2010년 모두 출마한
   후보자의 경우, A~E 5개 읍면에서의 득표 수는 각각 2006
   년에 비해 2010년에 증가하였다.

ㄷ. 부재자 득표 수를 제외할 때, 2006년과 2010년 두 번의 선거
   에서 모든 후보자는 다른 지역보다 본인의 출신지에서 가장
   많은 표를 얻었다.

ㄹ. 2006년과 2010년의 S군 총 유권자 수가 25,000명으로 동일
   하다면, 2010년 투표율은 2006년에 비해 20%p 이상 증가하
   였다.

① ㄴ

② ㄱ, ㄷ

③ ㄴ, ㄷ

④ ㄴ, ㄹ

⑤ ㄱ, ㄷ, ㄹ

문 56. 다음 〈표〉는 A국 제조업체의 이익수준과 적자보고율에
대한 자료이다. 이에 대한 〈보기〉의 설명 중 옳은 것을 모두 고르면?
   11 5급(인) 22번

〈표〉 연도별 이익수준과 적자보고율

연도	조사 대상 기업 수 (개)	이익수준					적자 보고율
		전체		구간			
		평균	표준 편차	하위 평균	중위 평균	상위 평균	
2002	520	0.0373	0.0907	0.0101	0.0411	0.0769	0.17
2003	540	0.0374	0.0923	0.0107	0.0364	0.0754	0.15
2004	580	0.0395	0.0986	0.0107	0.0445	0.0818	0.17
2005	620	0.0420	0.0975	0.0140	0.0473	0.0788	0.15
2006	530	0.0329	0.1056	0.0119	0.0407	0.0792	0.18
2007	570	0.0387	0.0929	0.0123	0.0414	0.0787	0.17

※ 1) 적자보고율 = $\dfrac{\text{적자로 보고한 기업 수}}{\text{조사대상 기업 수}}$

   2) 이익수준 = $\dfrac{\text{이익}}{\text{총자산}}$

─────── 〈보 기〉 ───────

ㄱ. 조사대상 기업 중에서 적자로 보고한 기업 수는 2005년에 최
   대, 2003년에 최소이다.

ㄴ. 이익수준의 전체 평균 대비 하위 평균의 비율이 가장 큰 해
   와 이익수준의 전체 표준편차가 가장 큰 해는 동일하다.

ㄷ. 이익수준의 상위 평균이 가장 높은 해는 전체 평균이 가장
   높은 2004년이다.

ㄹ. 2003년부터 2007년까지 적자보고율과 이익수준 상위 평균
   의 전년 대비 증감 방향은 매년 일치한다.

① ㄱ, ㄷ

② ㄴ, ㄹ

③ ㄱ, ㄴ, ㄷ

④ ㄱ, ㄷ, ㄹ

⑤ ㄴ, ㄷ, ㄹ

문 57. 다음 〈표〉는 특정 기업 47개를 대상으로 제품전략, 기술개발 종류 및 기업형태별 기업 수에 관해 조사한 결과이다. 조사 대상 기업에 대한 다음 설명 중 옳은 것은? 11 5급(인) 29번

〈표〉 제품전략, 기술개발 종류 및 기업형태별 기업 수

제품전략	기술개발 종류	기업형태	
		벤처기업	대기업
시장견인	존속성 기술	3	9
	와해성 기술	7	8
기술추동	존속성 기술	5	7
	와해성 기술	5	3

※ 각 기업은 한 가지 제품전략을 취하고 한 가지 종류의 기술을 개발함

① 와해성 기술을 개발하는 기업 중에는 벤처기업의 비율이 대기업의 비율보다 낮다.
② 기술추동전략을 취하는 기업 중에는 존속성 기술을 개발하는 비율이 와해성 기술을 개발하는 비율보다 낮다.
③ 존속성 기술을 개발하는 기업의 비율이 와해성 기술을 개발하는 기업의 비율보다 높다.
④ 벤처기업 중에는 기술추동전략을 취하는 비율이 시장견인전략을 취하는 비율보다 높다.
⑤ 대기업 중에는 시장견인전략을 취하는 비율이 기술추동전략을 취하는 비율보다 낮다.

문 58. 다음 〈표〉는 농구대회의 중간 성적에 대한 자료이다. 이에 대한 설명중 옳지 않은 것은? 12 5급(인) 14번

〈표〉 농구대회 중간 성적(2012년 2월 25일 현재)

순위	팀	남은 경기 수	전체		남은 홈 경기 수	홈 경기		최근 10경기		최근 연승 연패
			승수	패수		승수	패수	승수	패수	
1	A	6	55	23	2	33	7	9	1	1패
2	B	6	51	27	4	32	6	6	4	3승
3	C	6	51	27	3	30	9	9	1	1승
4	D	6	51	27	3	16	23	5	5	1승
5	E	5	51	28	2	32	8	7	3	1패
6	F	6	47	31	3	28	11	7	3	1패
7	G	6	47	31	4	20	18	8	2	2승
8	H	6	46	32	3	23	16	6	4	2패
9	I	6	40	38	3	22	17	8	2	2승
10	J	6	39	39	2	17	23	3	7	3패
11	K	5	35	44	3	16	23	2	8	4패
12	L	6	27	51	3	9	30	2	8	6패
13	M	6	24	54	3	7	32	1	9	8패
14	N	6	17	61	3	7	32	5	5	1승
15	O	6	5	73	3	1	38	1	9	3패

※ 1) '최근 연승 연패'는 최근 경기까지 몇 연승(연속으로 이김), 몇 연패(연속으로 짐)를 했는지를 뜻함. 단, 연승 또는 연패하지 않은 경우 최근 1경기의 결과만을 기록함
2) 각 팀은 홈과 원정 경기를 각각 42경기씩 총 84경기를 하며, 무승부는 없음
3) 순위는 전체 경기 승률이 높은 팀부터 1위에서 15위까지 차례로 결정되며, 전체 경기 승률이 같은 경우 홈 경기 승률이 낮은 팀이 해당 순위보다 하나 더 낮은 순위로 결정됨
4) 전체(홈 경기) 승률 = $\dfrac{전체(홈 경기) 승 수}{전체(홈 경기) 승 수 + 전체(홈 경기) 패 수}$

① A팀은 최근에 치른 1경기만 지고 그 이전에 치른 9경기를 모두 이겼다.
② I팀의 최종 순위는 남은 경기 결과에 따라 8위가 될 수 있다.
③ L팀과 M팀은 각 팀이 치른 최근 5경기에서 서로 경기를 치르지 않았다.
④ 남은 경기 결과에 따라 1위 팀은 변경될 수 있다.
⑤ 2012년 2월 25일 현재 순위 1~3위인 팀의 홈 경기 승률은 각각 0.8 이상이다.

문 59. 다음 〈그림〉과 〈표〉는 어느 연구소의 직원채용절차에 대한 자료이다. 이를 근거로 1일 총 접수 건수를 처리하기 위한 각 업무단계별 총 처리비용이 두 번째로 큰 업무단계는?

12 5급(인) 16번

〈그림〉 직원채용절차

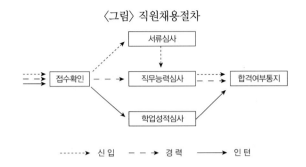

------▶ 신입   - - ▶ 경력   ───▶ 인턴

〈표 1〉 지원유형별 1일 접수 건수

지원유형	접수(건)
신입	20
경력	18
인턴	16

〈표 2〉 업무단계별 1건당 처리비용

업무단계	처리비용(원)
접수확인	500
서류심사	2,000
직무능력심사	1,000
학업성적심사	1,500
합격여부통지	400

※ 1) 직원채용절차에서 중도탈락자는 없음
   2) 업무단계별 1건당 처리비용은 지원유형에 관계없이 동일함

① 접수확인
② 서류심사
③ 직무능력심사
④ 학업성적심사
⑤ 합격여부통지

문 60. 다음 〈표〉는 A지역 전체 가구를 대상으로 원자력발전소 사고 전·후 식수 조달원 변경에 대해 사고 후 설문조사한 결과이다. 이에 대한 설명 중 옳은 것은?

12 5급(인) 22번

〈표〉 원자력발전소 사고 전·후 A지역 조달원별 가구 수

(단위 : 가구)

사고 후 조달원 사고 전 조달원	수돗물	정수	약수	생수
수돗물	40	30	20	30
정수	10	50	10	30
약수	20	10	10	40
생수	10	10	10	40

※ A지역 가구의 식수 조달원은 수돗물, 정수, 약수, 생수로 구성되며, 각 가구는 한 종류의 식수 조달원만 이용함

① 사고 전에 식수 조달원으로 정수를 이용하는 가구 수가 가장 많다.
② 사고 전에 비해 사고 후에 이용 가구 수가 감소한 식수 조달원의 수는 3개이다.
③ 사고 전·후 식수 조달원을 변경한 가구 수는 전체 가구 수의 60% 이하이다.
④ 사고 전에 식수 조달원으로 정수를 이용하던 가구는 사고 후에도 정수를 이용한다.
⑤ 각 식수 조달원 중에서 사고 전·후에 이용 가구 수의 차이가 가장 큰 것은 생수이다.

문 61. 다음 〈표〉는 6명 학생들의 지난 달 독서 현황을 나타낸 자료이다. 이에 대한 〈보기〉의 설명 중 옳은 것을 모두 고르면?

12 5급(인) 23번

〈표〉 학생별 독서 현황

구분＼학생	지호	영길	다솜	대현	정은	관호
성별	남	남	여	남	여	남
독서량(권)	0	2	6	4	8	10

〈보 기〉

ㄱ. 학생들의 평균 독서량은 5권이다.
ㄴ. 남학생이면서 독서량이 5권 이상인 학생 수는 전체 남학생 수의 50% 이상이다.
ㄷ. 독서량이 2권 이상인 학생 중 남학생 비율은 전체 학생 중 여학생 비율의 2배 이상이다.
ㄹ. 여학생이거나 독서량이 7권 이상인 학생 수는 전체 학생 수의 50% 이상이다.

① ㄱ, ㄴ
② ㄱ, ㄷ
③ ㄱ, ㄹ
④ ㄴ, ㄷ
⑤ ㄴ, ㄹ

문 62. 다음 〈표〉와 〈그림〉은 2010년 성별·장애등급별 등록 장애인 현황을 나타낸 것이다. 이에 대한 〈보기〉의 설명 중 옳은 것을 모두 고르면?

13 5급(인) 06번

〈표〉 2010년 성별 등록 장애인 수

(단위 : 명, %)

구분＼성별	여성	남성	전체
등록 장애인 수	1,048,979	1,468,333	2,517,312
전년 대비 증가율	0.50	5.50	( )

〈그림〉 2010년 성별·장애등급별 등록 장애인 수

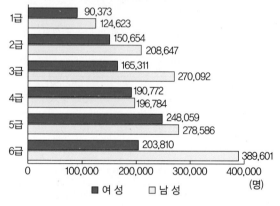

※ 장애등급은 1~6급으로만 구분되며, 미등록 장애인은 없음

〈보 기〉

ㄱ. 2010년 전체 등록 장애인 수의 전년 대비 증가율은 4% 미만이다.
ㄴ. 전년 대비 2010년 등록 장애인 수가 가장 많이 증가한 장애등급은 6급이다.
ㄷ. 장애등급 5급과 6급의 등록 장애인 수의 합은 전체 등록 장애인 수의 50% 이상이다.
ㄹ. 등록 장애인 수가 가장 많은 장애등급의 남성 장애인 수는 등록 장애인 수가 가장 적은 장애등급의 남성 장애인 수의 3배 이상이다.
ㅁ. 성별 등록 장애인 수 차이가 가장 작은 장애등급과 가장 큰 장애등급의 여성 장애인 수의 합은 여성 전체 등록 장애인 수의 40% 미만이다.

① ㄱ, ㄴ
② ㄱ, ㄹ
③ ㄱ, ㄹ, ㅁ
④ ㄴ, ㄷ, ㅁ
⑤ ㄷ, ㄹ, ㅁ

문 63. 다음 〈그림〉은 서로 다른 4개 물질 A~D에 대하여 4개의 실험기관이 각각 농도를 측정한 결과이다. 이에 대한 설명으로 옳지 <u>않은</u> 것은?

13 5급(인) 09번

〈그림〉 4개 물질의 농도 실험 결과

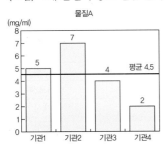

물질A

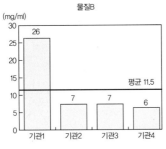

물질B

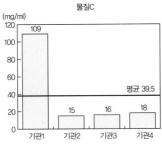

물질C

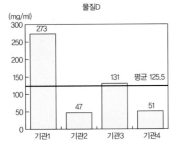

물질D

※ 1) 유효농도 : 각 실험기관에서 측정한 농도의 평균
  2) 실험오차= | 실험결과−유효농도 |
  3) 실험오차율(%)= $\dfrac{실험오차}{유효농도}$ ×100

① 물질 A에 대한 기관2와 기관4의 실험오차율은 동일하다.

② 물질 C에 대한 실험오차율은 기관1이 가장 크다.

③ 물질 A에 대한 기관2의 실험오차율은 물질 B에 대한 기관1의 실험오차율보다 작다.

④ 물질 B에 대한 기관1의 실험오차율은 물질 B에 대한 기관2, 3, 4의 실험오차율 합보다 크다.

⑤ 기관1의 실험 결과를 제외하면, 4개 물질의 유효농도 값은 제외하기 이전보다 모두 작아진다.

문 64. 다음 〈표〉 2006년~2007년 제조업의 1992년 각 동일 분기 대비 노동시간, 산출, 인건비의 비율에 대한 자료이다. 이에 대한 〈보기〉의 설명 중 옳은 것만을 모두 고르면?

14 5급(A) 18번

〈표〉 1992년 각 동일 분기 대비 제조업의
노동시간, 산출, 인건비의 비율

(단위 : %)

연도	분기	노동시간 비율	노동시간당 산출 비율	노동시간당 인건비 비율	1인당 인건비 비율
2006	1	85.3	172.4	170.7	99.0
	2	85.4	172.6	169.5	98.2
	3	84.8	174.5	170.3	97.6
	4	84.0	175.4	174.6	98.3
2007	1	83.5	177.0	176.9	100.0
	2	83.7	178.7	176.4	98.7
	3	83.7	180.6	176.4	97.6
	4	82.8	182.5	179.7	98.5

〈보 기〉

ㄱ. 1992년 노동시간당 산출은 매 분기 증가하였다.

ㄴ. 2007년 2분기의 1인당 인건비는 2007년 1분기에 비해 감소하였다.

ㄷ. 2007년 각 분기별 노동시간당 산출은 2006년 동기에 비해 모두 증가하였다.

ㄹ. 2007년 3분기의 노동시간당 인건비는 2006년 동기에 비해 6.1% 증가하였다.

① ㄱ

② ㄷ

③ ㄱ, ㄴ

④ ㄴ, ㄹ

⑤ ㄷ, ㄹ

문 65. 다음 〈표〉는 조선 시대 화포인 총통의 종류별 제원에 관한 자료이다. 이에 대한 설명으로 옳지 <u>않은</u> 것은?

15 5급(인) 17번

〈표〉 조선 시대 총통의 종류별 제원

제원 \ 종류		천자총통	지자총통	현자총통	황자총통
전체길이(cm)		129.0	89.5	79.0	50.4
약통길이(cm)		35.0	25.1	20.3	13.5
구경	내경(cm)	17.6	10.5	7.5	4.0
	외경(cm)	22.5	15.5	13.2	9.4
사정거리		900보 ( )	800보 (1.01km)	800보 (1.01km)	1,100보 (1.39km)
사용되는 화약무게		30냥 (1,125g)	22냥 (825g)	16냥 (600g)	12냥 (450g)
총통무게		452근8냥 (271.5kg)	155근 (93.0kg)	89근 (53.4kg)	36근 ( )
제조년도		1555	1557	1596	1587

① 전체길이가 짧은 총통일수록 사용되는 화약무게가 가볍다.

② 황자총통의 총통무게는 21.0kg 이하이다.

③ 제조년도가 가장 늦은 총통이 내경과 외경의 차이가 가장 크다.

④ 전체길이 대비 약통길이의 비율이 가장 큰 총통은 지자총통이다.

⑤ 천자총통의 사정거리는 1.10km 이상이다.

문 66. 다음 〈표〉는 우리나라의 시·군 중 2013년 경지 면적, 논 면적, 밭 면적 상위 5개 시·군에 대한 자료이다. 이에 대한 〈보기〉의 설명 중 옳은 것만을 모두 고르면?

16 5급(4) 8번

〈표〉 경지 면적, 논 면적, 밭 면적 상위 5개 시·군

(단위 : ha)

구분	순위	시·군	면적
경지 면적	1	해남군	35,369
	2	제주시	31,585
	3	서귀포시	31,271
	4	김제시	28,501
	5	서산시	27,285
논 면적	1	김제시	23,415
	2	해남군	23,042
	3	서산시	21,730
	4	당진시	21,726
	5	익산시	19,067
밭 면적	1	제주시	31,577
	2	서귀포시	31,246
	3	안동시	13,231
	4	해남군	12,327
	5	상주시	11,047

※ 1) 경지 면적=논 면적+밭 면적 2) 순위는 면적이 큰 시·군부터 순서대로 부여함

― 〈보 기〉 ―

ㄱ. 해남군의 논 면적은 해남군 밭 면적의 2배 이상이다.

ㄴ. 서귀포시의 논 면적은 제주시 논 면적보다 크다.

ㄷ. 서산시의 밭 면적은 김제시 밭 면적보다 크다.

ㄹ. 상주시의 논 면적은 익산시 논 면적의 90% 이하이다.

① ㄱ, ㄴ

② ㄴ, ㄷ

③ ㄴ, ㄹ

④ ㄱ, ㄷ, ㄹ

⑤ ㄴ, ㄷ, ㄹ

문 67. 다음 〈표〉는 2007~2013년 동안 '갑'국의 흡연율 및 금연계획률에 관한 자료이다. 이에 대한 설명으로 옳은 것은?

16 5급(4) 21번

〈표 1〉 성별 흡연율

(단위 : %)

성별\연도	2007	2008	2009	2010	2011	2012	2013
남성	45.0	47.7	46.9	48.3	47.3	43.7	42.1
여성	5.3	7.4	7.1	6.3	6.8	7.9	6.1
전체	20.6	23.5	23.7	24.6	25.2	24.9	24.1

〈표 2〉 소득수준별 남성 흡연율

(단위 : %)

소득수준\연도	2007	2008	2009	2010	2011	2012	2013
최상	38.9	39.9	38.7	43.5	44.1	40.8	36.6
상	44.9	46.4	46.4	45.8	44.9	38.6	41.3
중	45.2	49.6	50.9	48.3	46.6	45.4	43.1
하	50.9	55.3	51.2	54.2	53.9	48.2	47.5

〈표 3〉 금연계획률

(단위 : %)

구분\연도	2007	2008	2009	2010	2011	2012	2013
금연계획률	59.8	56.9	( )	( )	56.3	55.2	56.5
단기 금연계획률	19.4	( )	18.2	20.8	20.2	19.6	19.3
장기 금연계획률	40.4	39.2	39.2	32.7	( )	35.6	37.2

※ 1) 흡연율(%)=$\frac{흡연자 수}{인구 수}$×100

2) 금연계획률(%)=$\frac{금연계획자 수}{흡연자 수}$×100=단기 금연계획률＋장기 금연계획률

① 매년 남성 흡연율은 여성 흡연율의 6배 이상이다.

② 매년 소득수준이 높을수록 남성 흡연율은 낮다.

③ 2007~2010년 동안 매년 소득수준이 높을수록 여성 흡연자 수는 적다.

④ 2008~2010년 동안 매년 금연계획률은 전년 대비 감소한다.

⑤ 2011년의 장기 금연계획률은 2008년의 단기 금연계획률의 두 배 이상이다.

문 68. 다음 〈표〉는 2016년 1~6월 월말종가기준 A, B사의 주가와 주가지수에 대한 자료이다. 이에 대한 〈보기〉의 설명 중 옳은 것만을 모두 고르면?

17 5급(가) 06번

〈표〉 A, B사의 주가와 주가지수(2016년 1~6월)

구분		1월	2월	3월	4월	5월	6월
주가 (원)	A사	5,000	( )	5,700	4,500	3,900	( )
	B사	6,000	( )	6,300	5,900	6,200	5,400
주가지수		100.00	( )	109.09	( )	91.82	100.00

※ 1) 주가지수=$\frac{해당 월 A사의 주가＋해당 월 B사의 주가}{1월 A사의 주가＋1월 B사의 주가}$×100

2) 해당 월의 주가수익률(%)=$\frac{해당 월의 주가－전월의 주가}{전월의 주가}$×100

〈보 기〉

ㄱ. 3~6월 중 주가지수가 가장 낮은 달에 A사와 B사의 주가는 모두 전월 대비 하락하였다.

ㄴ. A사의 주가는 6월이 1월보다 높다.

ㄷ. 2월 A사의 주가가 전월 대비 20% 하락하고 B사의 주가는 전월과 동일하면, 2월의 주가지수는 전월 대비 10% 이상 하락한다.

ㄹ. 4~6월 중 A사의 주가 수익률이 가장 낮은 달에 B사의 주가는 전월 대비 하락하였다.

① ㄱ, ㄴ

② ㄱ, ㄷ

③ ㄴ, ㄷ

④ ㄴ, ㄹ

⑤ ㄷ, ㄹ

문 69. 다음 〈그림〉은 A기업의 2011년과 2012년 자산총액의 항목별 구성비를 나타낸 자료이다. 이에 대한 〈보기〉의 설명 중 옳은 것만을 모두 고르면? 17 5급(가) 38번

〈그림〉 자산총액의 항목별 구성비

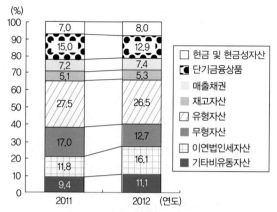

※ 1) 자산총액은 2011년 3,400억 원, 2012년 2,850억 원임
   2) 유동자산＝현금 및 현금성자산＋단기금융상품＋매출채권＋재고자산

───── 〈보기〉 ─────

ㄱ. 2011년 항목별 금액의 순위가 2012년과 동일한 항목은 4개
   이다.

ㄴ. 2011년 유동자산 중 '단기금융상품'의 구성비는 45% 미만이다.

ㄷ. '현금 및 현금성자산' 금액은 2012년이 2011년보다 크다.

ㄹ. 2011년 대비 2012년에 '무형자산' 금액은 4.3% 감소하였다.

① ㄱ, ㄴ
② ㄱ, ㄷ
③ ㄴ, ㄷ
④ ㄱ, ㄴ, ㄹ
⑤ ㄴ, ㄷ, ㄹ

문 70. 다음 〈표〉는 '갑'∼'무' 도시에 위치한 두 브랜드(해피카페, 드림카페)의 커피전문점 분포에 대한 자료이다. 이에 대한 〈보기〉의 설명으로 옳은 것만을 모두 고르면? 18 5급(나) 01번

〈표〉 '갑'∼'무' 도시별 커피전문점 분포

브랜드	구분	갑	을	병	정	무	평균
해피 카페	점포 수	7	4	2	( )	4	4
	｜편차｜	3	0	2	1	0	( )
드림 카페	점포 수	( )	5	( )	5	2	4
	｜편차｜	2	1	2	1	2	1.6

※ ｜편차｜는 해당 브랜드 점포 수 평균에서 각 도시의 해당 브랜드 점포 수를 뺀 값의 절댓값임

───── 〈보기〉 ─────

ㄱ. '해피카페' ｜편차｜의 평균은 '드림카페' ｜편차｜의 평균보
   다 크다.

ㄴ. '갑' 도시의 '드림카페' 점포 수와 '병' 도시의 '드림카페' 점포
   수는 다르다.

ㄷ. '정' 도시는 '해피카페' 점포 수가 '드림카페' 점포 수보다 적다.

ㄹ. '무' 도시에 있는 '해피카페' 중 1개 점포가 '병' 도시로 브랜드
   의 변경 없이 이전할 경우, '해피카페' ｜편차｜의 평균은 변
   하지 않는다.

① ㄱ, ㄷ
② ㄴ, ㄷ
③ ㄷ, ㄹ
④ ㄱ, ㄴ, ㄹ
⑤ ㄴ, ㄷ, ㄹ

문 71. 다음 〈표〉는 조선 시대 태조~선조 대 동안 과거 급제자 및 '출신 신분이 낮은 급제자' 중 '본관이 없는 자', '3품 이상 오른 자'에 대한 자료이다. 이에 대한 〈보기〉의 설명 중 옳은 것만을 모두 고르면?

18 5급(나) 06번

〈표〉 조선 시대 과거 급제자

(단위 : 명)

왕 대	전체 급제자	출신 신분이 낮은 급제자		
			본관이 없는 자	3품 이상 오른 자
태조 · 정종	101	40	28	13
태종	266	133	75	33
세종	463	155	99	40
문종 · 단종	179	62	35	16
세조	309	94	53	23
예종 · 성종	478	106	71	33
연산군	251	43	21	13
중종	900	188	39	69
인종 · 명종	470	93	10	26
선조	1,112	186	11	40

※ 급제자는 1회만 급제한 것으로 가정함

〈보 기〉

ㄱ. 태조 · 정종 대에 '출신 신분이 낮은 급제자' 중 '본관이 없는 자'의 비율은 70%이지만, 선조 대에는 그 비율이 10% 미만이다.

ㄴ. 태조 · 정종 대의 '출신 신분이 낮은 급제자' 가운데 '본관이 없는 자'이면서 '3품 이상 오른 자'는 한 명 이상이다.

ㄷ. '전체 급제자'가 가장 많은 왕 대에 '출신 신분이 낮은 급제자'도 가장 많다.

ㄹ. 중종 대의 '전체 급제자' 중에서 '출신 신분이 낮은 급제자'가 차지하는 비율은 20% 미만이다.

① ㄱ, ㄴ

② ㄱ, ㄷ

③ ㄴ, ㄷ

④ ㄱ, ㄴ, ㄹ

⑤ ㄴ, ㄷ, ㄹ

문 72. 다음 〈표〉는 소프트웨어 A~E의 제공 기능 및 가격과 사용자별 필요 기능 및 보유 소프트웨어에 관한 자료이다. 이에 대한 〈보기〉의 설명 중 옳은 것만을 모두 고르면?

18 5급(나) 19번

〈표 1〉 소프트웨어별 제공 기능 및 가격

(단위 : 원)

구분\소프트웨어	기능										가격
	1	2	3	4	5	6	7	8	9	10	
A	○		○		○		○	○		○	79,000
B		○	○	○		○			○	○	62,000
C		○		○			○		○		58,000
D		○				○	○				54,000
E	○		○		○		○	○			68,000

※ 1) ○ : 소프트웨어가 해당 번호의 기능을 제공함을 뜻함
 2) 각 기능의 가격은 해당 기능을 제공하는 모든 소프트웨어에서 동일하며, 소프트웨어의 가격은 제공 기능 가격의 합임

〈표 2〉 사용자별 필요 기능 및 보유 소프트웨어

구분\사용자	기능										보유 소프트웨어
	1	2	3	4	5	6	7	8	9	10	
갑			○		○		○	○			A
을		○	○	○		○			○	○	B
병	○		○					○			( )

※ 1) ○ : 사용자가 해당 번호의 기능이 필요함을 뜻함
 2) 각 사용자는 소프트웨어 A~E 중 필요 기능을 모두 제공하는 1개의 소프트웨어를 보유함
 3) 각 소프트웨어는 여러 명의 사용자가 동시에 보유할 수 있음

〈보 기〉

ㄱ. '갑'의 필요 기능을 모두 제공하는 소프트웨어 중 가격이 가장 낮은 것은 E이다.

ㄴ. 기능 1, 5, 8의 가격 합과 기능 10의 가격 차이는 3,000원 이상이다.

ㄷ. '을'의 보유 소프트웨어와 '병'의 보유 소프트웨어로 기능 1~10을 모두 제공하려면, '병'이 보유할 수 있는 소프트웨어는 E뿐이다.

① ㄱ

② ㄱ, ㄴ

③ ㄱ, ㄷ

④ ㄴ, ㄷ

⑤ ㄱ, ㄴ, ㄷ

문 73. 다음 〈표〉는 2016년 10월, 2017년 10월 순위 기준 상위 11개국의 축구 국가대표팀 순위 변동에 관한 자료이다. 이에 대한 설명으로 옳은 것은? 18 5급(나) 20번

〈표〉 축구 국가대표팀 순위 변동

구분 순위	2016년 10월			2017년 10월		
	국가	점수	등락	국가	점수	등락
1	아르헨티나	1,621	–	독일	1,606	↑1
2	독일	1,465	↑1	브라질	1,590	↓1
3	브라질	1,410	↑1	포르투갈	1,386	↑3
4	벨기에	1,382	↓2	아르헨티나	1,325	↓1
5	콜롬비아	1,361	–	벨기에	1,265	↑4
6	칠레	1,273	–	폴란드	1,250	↓1
7	프랑스	1,271	↑1	스위스	1,210	↓3
8	포르투갈	1,231	↓1	프랑스	1,208	↑2
9	우루과이	1,175	–	칠레	1,195	↓2
10	스페인	1,168	↑1	콜롬비아	1,191	↓2
11	웨일스	1,113	↑1	스페인	1,184	–

※ 1) 축구 국가대표팀 순위는 매월 발표됨
　 2) 등락에서 '↑, ↓, –'는 전월 순위보다 각각 상승, 하락, 변동없음을 의미하고 옆의 숫자는 전월 대비 순위의 상승폭 혹은 하락폭을 의미함

① 2016년 10월과 2017년 10월에 순위가 모두 상위 10위 이내인 국가 수는 9개이다.

② 2017년 10월 상위 10개 국가 중, 2017년 9월 순위가 2016년 10월 순위보다 낮은 국가는 높은 국가보다 많다.

③ 2017년 10월 상위 5개 국가의 점수 평균이 2016년 10월 상위 5개 국가의 점수 평균보다 높다.

④ 2017년 10월 상위 11개 국가 중 전년 동월 대비 점수가 상승한 국가는 전년 동월 대비 순위도 상승하였다.

⑤ 2017년 10월 상위 11개 국가 중 2017년 10월 순위가 전월 대비 상승한 국가는 전년 동월 대비 상승한 국가보다 많다.

문 74. 다음 〈표〉는 임진왜란 전기·후기 전투 횟수에 관한 자료이다. 이에 대한 설명으로 옳지 <u>않은</u> 것은? 18 5급(나) 23번

〈표〉 임진왜란 전기·후기 전투 횟수

(단위 : 회)

구분	시기	전기		후기		합계
		1592년	1593년	1597년	1598년	
전체 전투		70	17	10	8	105
공격 주체	조선측 공격	43	15	2	8	68
	일본측 공격	27	2	8	0	37
전투 결과	조선측 승리	40	14	5	6	65
	일본측 승리	30	3	5	2	40
조선의 전투 인력 구성	관군 단독전	19	8	5	6	38
	의병 단독전	9	1	0	0	10
	관군·의병 연합전	42	8	5	2	57

① 전체 전투 대비 일본측 공격 비율은 임진왜란 전기에 비해 임진왜란 후기가 낮다.

② 조선측 공격이 일본측 공격보다 많았던 해에는 항상 조선측 승리가 일본측 승리보다 많았다.

③ 전체 전투 대비 관군 단독전 비율은 1598년이 1592년의 2배 이상이다.

④ 1592년 조선이 관군·의병 연합전으로 거둔 승리는 그 해 조선측 승리의 30% 이상이다.

⑤ 1598년에는 관군 단독전 중 조선측 승리인 경우가 있다.

문 75. 다음 〈표〉는 '갑' 패스트푸드점의 메인·스낵·음료 메뉴의 영양성분에 관한 자료이다. 이에 대한 설명으로 옳은 것은?

18 5급(나) 35번

〈표 1〉 메인 메뉴 단위당 영양성분표

구분 / 메뉴	중량 (g)	열량 (kcal)	성분함량			
			당(g)	단백질 (g)	포화지방 (g)	나트륨 (mg)
치즈버거	114	297	7	15	7	758
햄버거	100	248	6	13	5	548
새우버거	197	395	9	15	5	882
치킨버거	163	374	6	15	5	719
불고기 버거	155	399	13	16	2	760
칠리버거	228	443	7	22	5	972
베이컨 버거	242	513	15	26	13	1,197
스페셜 버거	213	505	8	26	12	1,059

〈표 2〉 스낵 메뉴 단위당 영양성분표

구분 / 메뉴	중량 (g)	열량 (kcal)	성분함량			
			당(g)	단백질 (g)	포화지방 (g)	나트륨 (mg)
감자튀김	114	352	0	4	4	181
조각치킨	68	165	0	10	3	313
치즈스틱	47	172	0	6	6	267

〈표 3〉 음료 메뉴 단위당 영양성분표

구분 / 메뉴	중량 (g)	열량 (kcal)	성분함량			
			당(g)	단백질 (g)	포화지방 (g)	나트륨 (mg)
콜라	425	143	34	0	0	19
커피	400	10	0	0	0	0
우유	200	130	9	6	5	100
오렌지주스	175	84	18	0	0	5

① 중량 대비 열량의 비율이 가장 낮은 메인 메뉴는 새우버거이다.

② 모든 메인 메뉴는 나트륨 함량이 당 함량의 50배 이상이다.

③ 서로 다른 두 메인 메뉴를 한 단위씩 주문한다면, 총 단백질 함량은 항상 총 포화지방 함량의 두 배 이상이다.

④ 메인 메뉴 각각의 단위당 중량은 모든 스낵 메뉴의 단위당 중량 합보다 작다.

⑤ 메인 메뉴, 스낵 메뉴 및 음료 메뉴 각각 한 단위씩 주문하여 총열량이 500kcal 이하가 되도록 할 때 주문할 수 있는 음료 메뉴는 커피뿐이다.

문 76. 다음 〈표〉는 A, B기업의 경력사원채용 지원자 특성에 관한 자료이다. 이에 대한 〈보기〉의 설명 중 옳은 것만을 모두 고르면?

19 5급(가) 05번

〈표〉 경력사원채용 지원자 특성

(단위 : 명)

지원자 특성	기업	A기업	B기업
성별	남성	53	57
	여성	21	24
최종학력	학사	16	18
	석사	19	21
	박사	39	42
연령대	30대	26	27
	40대	25	26
	50대 이상	23	28
관련 업무 경력	5년 미만	12	18
	5년 이상~10년 미만	9	12
	10년 이상~15년 미만	18	17
	15년 이상~20년 미만	16	9
	20년 이상	19	25

※ A기업과 B기업에 모두 지원한 인원은 없음

─ 〈보 기〉 ─

ㄱ. A기업 지원자 중, 남성 지원자의 비율은 관련 업무 경력이 10년 이상인 지원자의 비율보다 높다.

ㄴ. 최종학력이 석사 또는 박사인 B기업 지원자 중 관련 업무 경력이 20년 이상인 지원자는 7명 이상이다.

ㄷ. 기업별 여성 지원자의 비율은 A기업이 B기업보다 높다.

ㄹ. A, B기업 전체 지원자 중 40대 지원자의 비율은 35% 미만이다.

① ㄱ, ㄴ

② ㄱ, ㄷ

③ ㄴ, ㄷ

④ ㄴ, ㄹ

⑤ ㄷ, ㄹ

문 77. 다음 〈표〉는 가정용 정화조에서 수집한 샘플의 수중 질소 성분 농도를 측정한 자료이다. 이에 대한 〈보기〉의 설명 중 옳은 것만을 모두 고르면?　　19 5급(가) 06번

〈표〉 수집한 샘플의 수중 질소 성분 농도

(단위 : mg/ℓ)

항목\샘플	총질소	암모니아성 질소	질산성 질소	유기성 질소	TKN
A	46.24	14.25	2.88	29.11	43.36
B	37.38	6.46	( )	25.01	( )
C	40.63	15.29	5.01	20.33	35.62
D	54.38	( )	( )	36.91	49.39
E	41.42	13.92	4.04	23.46	37.38
F	( )	( )	5.82	( )	34.51
G	30.73	5.27	3.29	22.17	27.44
H	25.29	12.84	( )	7.88	20.72
I	( )	5.27	1.12	35.19	40.46
J	38.82	7.01	5.76	26.05	33.06
평균	39.68	( )	4.34	( )	35.34

※ 1) 총질소 농도＝암모니아성 질소 농도＋질산성 질소 농도＋유기성 질소 농도
　　2) TKN 농도＝암모니아성 질소 농도＋유기성 질소 농도

─〈보 기〉─

ㄱ. 샘플 A의 총질소 농도는 샘플 I의 총질소 농도보다 높다.

ㄴ. 샘플 B의 TKN 농도는 30mg/ℓ 이상이다.

ㄷ. 샘플 B의 질산성 질소 농도는 샘플 D의 질산성 질소 농도보다 낮다.

ㄹ. 샘플 F는 암모니아성 질소 농도가 유기성 질소 농도보다 높다.

① ㄱ, ㄴ

② ㄱ, ㄷ

③ ㄴ, ㄷ

④ ㄱ, ㄷ, ㄹ

⑤ ㄴ, ㄷ, ㄹ

문 78. 다음 〈표〉는 수면제 A ~ D를 사용한 불면증 환자 '갑'~'무'의 숙면시간을 측정한 결과이다. 이에 대한 〈보기〉의 설명 중 옳은 것만을 모두 고르면?　　19 5급(가) 25번

〈표〉 수면제별 숙면시간

(단위 : 시간)

환자\수면제	갑	을	병	정	무	평균
A	5.0	4.0	6.0	5.0	5.0	5.0
B	4.0	4.0	5.0	5.0	6.0	4.8
C	6.0	5.0	4.0	7.0	( )	5.6
D	6.0	4.0	5.0	5.0	6.0	( )

─〈보 기〉─

ㄱ. 평균 숙면시간이 긴 수면제부터 순서대로 나열하면 C, D, A, B 순이다.

ㄴ. 환자 '을'과 환자 '무'의 숙면시간 차이는 수면제 C가 수면제 B보다 크다.

ㄷ. 수면제 B와 수면제 D의 숙면시간 차이가 가장 큰 환자는 '갑'이다.

ㄹ. 수면제 C의 평균 숙면시간보다 수면제 C의 숙면시간이 긴 환자는 2명이다.

① ㄱ, ㄴ

② ㄱ, ㄷ

③ ㄴ, ㄹ

④ ㄱ, ㄴ, ㄷ

⑤ ㄴ, ㄷ, ㄹ

문 79. 다음 〈표〉는 2018년 A~C지역의 0~11세 인구 자료이다. 이에 대한 〈보기〉의 설명 중 옳은 것만을 모두 고르면?

19 5급(가) 26번

〈표 1〉 A~C지역의 0~5세 인구(2018년)

(단위 : 명)

나이 지역	0	1	2	3	4	5	합
A	104,099	119,264	119,772	120,371	134,576	131,257	729,339
B	70,798	76,955	74,874	73,373	80,575	76,864	453,439
C	3,219	3,448	3,258	3,397	3,722	3,627	20,671
계	178,116	199,667	197,904	197,141	218,873	211,748	1,203,449

〈표 2〉 A~C지역의 6~11세 인구(2018년)

(단위 : 명)

나이 지역	6	7	8	9	10	11	합
A	130,885	124,285	130,186	136,415	124,326	118,363	764,460
B	77,045	72,626	76,968	81,236	75,032	72,584	455,491
C	3,682	3,530	3,551	3,477	3,155	2,905	20,300
계	211,612	200,441	210,705	221,128	202,513	193,852	1,240,251

※ 1) 인구 이동 및 사망자는 없음
　2) 나이=당해연도-출생연도

─── 〈보 기〉 ───

ㄱ. 2016년에 출생한 A, B지역 인구의 합은 2015년에 출생한 A, B지역 인구의 합보다 크다.

ㄴ. C지역의 0~11세 인구 대비 6~11세 인구 비율은 2018년이 2017년보다 높다.

ㄷ. 2018년 A~C지역 중, 5세 인구가 가장 많은 지역과 5세 인구 대비 0세 인구의 비율이 가장 높은 지역은 동일하다.

ㄹ. 2019년에 C지역의 6~11세 인구의 합은 전년 대비 증가한다.

① ㄱ, ㄴ

② ㄱ, ㄷ

③ ㄱ, ㄹ

④ ㄴ, ㄷ

⑤ ㄴ, ㄹ

문 80. 다음 〈표〉는 고려 시대 문신귀족정치 전성기와 무신정권 시기에 시행된 문신등용시험인 '대업(大業)'에 관한 자료이다. 이에 대한 〈보고서〉의 설명 중 옳지 않은 것을 모두 고르면?

11 5급(인) 21번

〈표 1〉 문신귀족정치 전성기의 대업 시행 횟수와 급제인원

(단위 : 년, 회, 명)

왕명	재위 연수	시행 횟수	급제인원	
			총원	연평균
예종	17	11	( )	20.71
인종	24	17	476	19.83
의종	24	16	420	17.50
계	65	44	1,248	( )

〈표 2〉 무신정권시기의 대업 시행 횟수와 급제인원

(단위 : 년, 회, 명)

왕명	재위 연수	시행 횟수	급제인원	
			총원	연평균
명종	27	17	573	21.22
신종	7	6	167	23.86
희종	7	5	194	27.71
강종	2	2	( )	35.50
고종	46	27	969	21.07
계	89	( )	1,974	( )

─── 〈보고서〉 ───

「고려사」에는 고려시대에 실시된 과거의 고시관, 수석, 급제인원을 기록한 선거지(選擧志) 편목이 있는데, 이를 보면 ⊙ 문신등용시험인 대업(大業)은 문신귀족정치 전성기인 예종 · 인종 · 의종 3대 65년 동안보다 명종에서 고종에 걸친 무신정권 89년 동안의 시행 횟수와 급제인원이 더 많았음을 알 수 있다. ⓒ 또, 문신귀족정치 전성기에 대업에 급제한 인원은 매년 줄어들었으나 무신정권에서 다시 늘어났으며, ⓒ 무신정권시기의 연평균 급제인원이 문신귀족정치 전성기 때보다 많은 것을 알 수 있다. 이는 많은 문신들을 축출하고 정권을 장악한 무신들의 정무 경험 부족 때문이었다. 특히, 부족한 문신을 보충하기 위해 무신정권이 시작된 ② 명종 재위 기간에는 문신귀족정치 전성기 어떤 왕의 재위 기간보다 대업의 연평균 시행 횟수가 더 많았다. 그 결과 중앙의 이속(이속) 등이 과거를 통해 등용되었고, 이들이 신진문인으로 활발히 활동하였다. 무신정권이 절정에 이른 ⓜ 강종 때는 무신정권시기 전체를 통틀어 대업에 급제한 인원이 가장 많았다.

① ⊙, ⓒ

② ⓒ, ②

③ ⓒ, ⓜ

④ ⊙, ⓒ, ⓜ

⑤ ⓒ, ②, ⓜ

문 81. 다음 〈표〉는 연령집단별 인구구성비 변화에 대한 자료이다. 이에 대한 〈보기〉의 설명 중 옳은 것을 모두 고르면?

12 5급(인) 33번

〈표〉 연령집단별 인구구성비 변화

연령집단	연도							
	1960	1970	1980	1985	1990	1995	2000	2005
15세 미만	42.9	42.1	( )	( )	25.7	23.0	21.0	19.1
15～65세 미만	53.8	54.6	62.3	65.8	( )	( )	( )	( )
65세 이상	( )	( )	3.9	4.3	5.0	5.9	7.3	9.3
계	100.0	100.0	100.0	100.0	100.0	100.0	100.0	100.0

─────〈보 기〉─────

ㄱ. 1990, 1995, 2000, 2005년 해당년도 전체 인구에서 15~65세 미만 인구 비율은 각각 70% 이상이다.

ㄴ. 2000년 15세 미만 인구 100명당 65세 이상 인구는 30명 이상이다.

ㄷ. 2005년 65세 이상 인구는 1985년 65세 이상 인구의 2배 이상이다.

ㄹ. 1980년 이후 조사년도마다 전체 인구에서 15세 미만 인구의 비율은 감소하고 전체 인구에서 65세 이상 인구의 비율은 증가한다.

① ㄱ, ㄴ

② ㄱ, ㄷ

③ ㄴ, ㄷ

④ ㄴ, ㄹ

⑤ ㄷ, ㄹ

문 82. 어느 기업에서 3명의 지원자(종현, 유호, 은진)에게 5명의 면접위원(A, B, C, D, E)이 평가점수와 순위를 부여하였다. 비율점수법과 순위점수법을 적용한 결과가 〈표〉와 같을 때, 이에 대한 설명으로 옳은 것은?

13 5급(인) 05번

〈표 1〉 비율점수법 적용 결과

(단위 : 점)

면접위원 지원자	A	B	C	D	E	전체 합	중앙 3합
종현	7	8	6	6	1	28	19
유호	9	7	6	3	8	( )	( )
은진	5	8	7	2	6	( )	( )

※ 중앙 3합은 5명의 면접위원이 부여한 점수 중 최곳값과 최젓값을 제외한 3명의 점수를 합한 값임

〈표 2〉 순위점수법 적용 결과

(단위 : 순위, 점)

면접위원 지원자	A	B	C	D	E	순위 점수 합
종현	2	1	2	1	3	11
유호	1	3	3	2	1	( )
은진	3	2	1	3	2	( )

※ 순위점수는 1순위에 3점, 2순위에 2점, 3순위에 1점을 부여함

① 순위점수합이 가장 큰 지원자는 '종현'이다.

② 비율점수법 중 중앙 3합이 가장 큰 지원자는 순위점수합도 가장 크다.

③ 비율점수법 적용 결과에서 평가점수의 전체 합과 중앙 3합이 큰 값부터 등수를 정하면 지원자의 등수는 각각 같다.

④ 비율점수법 적용 결과에서 평가점수의 전체 합이 가장 큰 지원자는 '은진'이다.

⑤ 비율점수법 적용 결과에서 중앙 3합이 높은 값부터 등수를 정하면 2등은 '유호'이다.

문 83.

다음 〈표〉는 화학경시대회 응시생 A~J의 성적 관련 자료이다. 이에 대한 〈보기〉의 설명 중 옳은 것만을 모두 고르면?

14 5급(A) 26번

〈표〉 화학경시대회 성적 자료

구분 응시생	정답 문항 수	오답 문항 수	풀지 않은 문항 수	점수(점)
A	19	1	0	93
B	18	2	0	86
C	17	1	2	83
D	( )	2	1	( )
E	( )	3	0	( )
F	16	1	3	78
G	16	( )	( )	76
H	( )	( )	( )	75
I	15	( )	( )	71
J	( )	( )	( )	64

※ 1) 총 20문항으로 100점 만점임
2) 정답인 문항에 대해서는 각 5점의 득점, 오답인 문항에 대해서는 각 2점의 감점이 있고, 풀지 않은 문항에 대해서는 득점과 감점이 없음

─── 〈보 기〉 ───
ㄱ. 응시생 I의 '풀지 않은 문항 수'는 3이다.
ㄴ. '풀지 않은 문항 수'의 합은 20이다.
ㄷ. 80점 이상인 응시생은 5명이다.
ㄹ. 응시생 J의 '오답 문항 수'와 '풀지 않은 문항 수'는 동일하다.

① ㄱ, ㄴ
② ㄱ, ㄷ
③ ㄱ, ㄹ
④ ㄴ, ㄷ
⑤ ㄴ, ㄹ

문 84.

다음 〈표〉는 세조 재위기간 중 지역별 흉년 현황을 나타낸 것이다. 이에 대한 설명으로 옳지 않은 것은?

17 5급(가) 28번

〈표〉 세조 재위기간 중 지역별 흉년 현황

지역 재위년	경기	황해	평안	함경	강원	충청	경상	전라	흉년 지역 수
세조 1	×	×	×	×	×	○	×	×	1
세조 2	○	×	×	×	×	○	○	×	3
세조 3	○	×	×	×	×	○	○	○	4
세조 4	○	( )	( )	( )	×	( )	×	( )	4
세조 5	○	( )	○	○	○	×	×	×	( )
세조 8	×	×	×	×	○	×	×	×	1
세조 9	×	○	×	( )	×	×	×	×	2
세조 10	○	○	×	×	○	×	×	×	4
세조 12	○	○	○	×	○	○	×	×	5
세조 13	○	×	( )	×	○	×	×	( )	3
세조 14	○	○	×	×	○	( )	( )	×	4
흉년 빈도	8	5	( )	2	7	6	( )	1	

※ 1) ○(×) : 해당 재위년 해당 지역이 흉년임(흉년이 아님)을 의미함
2) 〈표〉에 제시되지 않은 재위년에는 흉년인 지역이 없음

① 흉년 빈도가 네 번째로 높은 지역은 평안이다.
② 흉년 지역 수는 세조5년이 세조4년보다 많다.
③ 경기, 황해, 강원 3개 지역의 흉년 빈도 합은 흉년 빈도 총합의 55% 이상이다.
④ 충청의 흉년 빈도는 경상의 2배이다.
⑤ 흉년 지역 수가 5인 재위년의 횟수는 총 2번이다.

문 85. 다음 〈표〉는 2013년과 2016년에 A~D국가 전체 인구를 대상으로 통신 가입자 현황을 조사한 자료이다. 이에 대한 설명으로 옳은 것은?

19 5급(가) 38번

〈표〉 국가별 2013년과 2016년 통신 가입자 현황

(단위 : 만 명)

연도	2013				2016			
구분 국가	유선 통신 가입자	무선 통신 가입자	유· 무선 통신 동시 가입자	미가입 자	유선 통신 가입자	무선 통신 가입자	유· 무선 통신 동시 가입자	미 가입자
A	( )	4,100	700	200	1,600	5,700	400	100
B	1,900	3,000	300	400	1,400	( )	100	200
C	3,200	7,700	( )	700	3,000	5,500	1,100	400
D	1,100	1,300	500	100	1,100	2,500	800	( )

※ 유·무선 통신 동시 가입자는 유선 통신 가입자와 무선 통신 가입자에도 포함됨

① A국의 2013년 인구 100명당 유선 통신 가입자가 40명이라면, 유선 통신 가입자는 2,200만 명이다.

② B국의 2013년 대비 2016년 무선 통신 가입자 수의 비율이 1.5라면, 2016년 무선 통신 가입자는 5,000만 명이다.

③ C국의 2013년 인구 100명당 무선 통신 가입자가 77명이라면, 유·무선 통신 동시 가입자는 1,600만 명이다.

④ D국의 2013년 대비 2016년 인구 비율이 1.5라면, 2016년 미가입자는 100만 명이다.

⑤ 2013년 유선 통신만 가입한 인구는 B국이 D국의 3배 이상이다.

문 86. 다음 〈표〉는 5개 행상에 대한 8개 부서의 참여여부 및 비용에 관한 자료이다. 〈조건〉을 적용할 때, 다음 중 옳지 않은 것은?

11 5급(인) 16번

〈표〉 부서별 행사 참여여부와 비용 현황

(단위 : 만 원)

부서 \ 행사 (진행비용)	가 6,000	나 14,000	다 35,000	라 117,000	마 59,000	사전 지출비용
A	○	○	○	○	○	10,000
B	○	○	○	○	○	26,000
C	○	○	○	○	○	10,000
D	○	○	○	○	○	10,000
E	×	×	○	○	○	175,000
F	×	×	×	○	○	0
G	×	×	×	○	○	0
H	×	×	×	○	○	0

※ 1) 'ㅇ'는 참여를 의미하고 '×'는 불참을 의미함
　2) 위에 제시된 8개 부서 이외에 다른 부서는 없음
　3) 위에 제시된 5개 행사 이외에 다른 행사는 없음

─── 〈조 건〉 ───
• 행사에 참여한 각 부서는 해당 행사의 진행비용을 균등하게 나누어 부담한다.
• 각 부서는 행사별로 부담해야 할 진행비용의 합보다 사전지출비용이 많은 경우에는 차액을 환급받고, 반대의 경우에는 차액을 지급한다.

① G부서는 22,000만 원을 지급한다.

② B부서는 8,000만 원을 환급받는다.

③ E부서는 146,000만 원을 환급받는다.

④ A부서, C부서, D부서는 각각 사전지출비용 외에 24,000만 원씩 추가로 지급한다.

⑤ '다'행사에 참여한 각 부서는 '다'행사에 대하여 7,000만 원씩 진행비용을 부담한다.

다음 〈그림〉은 지난 3년 동안 A~Q기업 간에 발생한 소송 관계를 나타낸 것이다. 이에 대한 설명 중 옳지 <u>않은</u> 것은?

12 5급(인) 03번

〈그림〉 지난 3년 동안 A~Q기업 간의 소송관계도

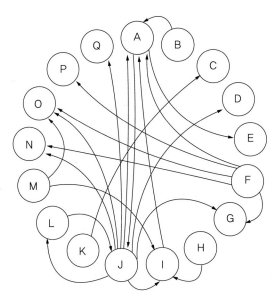

※ '→'는 기업 간의 소송관계를 나타냄. 예를 들어, B → A는 B기업이 원고가 되어 A기업 을 피고로 한 번의 소송을 제기했음을 의미함

① 소송을 제기하지 않은 기업의 수는 8개이다.

② 가장 많은 수의 기업으로부터 소송을 제기 받은 기업은 A기업 이다.

③ J기업은 가장 많은 8개의 소송을 제기했다.

④ 소송을 제기하기만 하고 소송을 제기 받지 않은 기업의 수는 4 개이다.

⑤ 서로가 소송을 제기한 경우는 A기업과 J기업, L기업과 J기업 의 경우뿐이다.

문 88. 다음 〈표〉는 갑 자동차 회사의 TV 광고모델 후보 5명에 대한 자료이다. 〈조건〉을 적용하여 광고모델을 선정할 때, 총 광고 효과가 가장 큰 모델은?

13 5급(인) 36번

〈표〉 광고모델별 1년 계약금 및 광고 1회당 광고효과

(단위 : 만 원)

광고모델	1년 계약금	1회당 광고효과	
		수익 증대 효과	브랜드 가치 증대 효과
지후	1,000	100	100
문희	600	60	100
석이	700	60	110
서현	800	50	140
슬이	1,200	110	110

─〈보 기〉─

• 광고효과는 수익 증대 효과와 브랜드 가치 증대 효과로만 구성 된다.

총 광고효과=1회당 광고효과×1년 광고 횟수

1회당 광고효과=1회당 수익 증대 효과+1회당 브랜드 가 치 증대 효과

• 1회당 광고비는 20만 원으로 고정되어 있다.

$$1년 광고 횟수 = \frac{1년 광고비}{1회당 광고비}$$

• 1년 광고비는 3,000만 원(고정값)에서 1년 계약금을 뺀 금액 이다.

1년 광고비=3,000만 원−1년 계약금

※ 광고는 TV를 통해서만 1년 내에 모두 방송됨

① 지후

② 문희

③ 석이

④ 서현

⑤ 슬이

문 89.　다음 〈표〉는 A기업 직원의 직무역량시험 영역별 점수 상위 5명의 자료이다. 이에 대한 〈보기〉의 설명 중 옳은 것을 모두 고르면?　　12 5급(인) 26번

〈표〉 A기업 직원의 직무역량시험 영역별 점수 상위 5명

(단위 : 점)

순위	논리		추리		윤리	
	이름	점수	이름	점수	이름	점수
1	하선행	94	신경은	91	양선아	97
2	성혜지	93	하선행	90	박기호	95
3	김성일	90	성혜지	88	황성필	90
4	양선아	88	황성필	82	신경은	88
5	황성필	85	양선아	76	하선행	84

※ 1) A기업 직원 중 같은 이름을 가진 직원은 없음
　 2) 전체 순위는 '총점(세 영역 점수의 합)'이 높은 순서대로 정함
　 3) A기업 직무역량시험 영역은 논리, 추리, 윤리로만 구성됨
　 4) A기업 직원 전체는 세 영역에 모두 응시함

〈보 기〉

ㄱ. A기업 직원 중 총점이 가장 높은 직원은 하선행이다.

ㄴ. 양선아는 총점을 기준으로 A기업 전체 순위 2위이다.

ㄷ. 신경은의 총점은 260점을 초과하지 못한다.

ㄹ. A기업 직무역량시험의 시험 합격 최저점이 총점 기준 251점이라면 김성일은 불합격이다.

① ㄱ, ㄴ
② ㄱ, ㄹ
③ ㄴ, ㄷ
④ ㄱ, ㄷ, ㄹ
⑤ ㄴ, ㄷ, ㄹ

문 90.　다음 〈그림〉과 〈표〉는 2010년과 2011년 8개 기업 간의 직접거래관계와 직접거래액을 표시한 것이다. 이에 대한 〈보기〉의 설명 중 옳은 것을 모두 고르면?　　13 5급(인) 33번

〈그림 1〉 2010년 직접거래관계

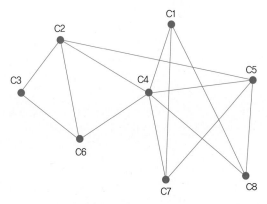

〈그림 2〉 2011년 직접거래관계

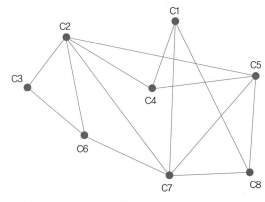

※ 1) 점 C1, C2, …, C8은 8개 기업을 의미함
　 2) 두 점 사이의 직선은 두 기업이 직접거래관계에 있음을 나타냄

〈표 1〉 2010년 직접거래액

(단위 : 억 원)

구분	C1	C2	C3	C4	C5	C6	C7	C8	합
C1		0	0	10	0	6		4	20
C2	0		6	5	6	5	0	0	22
C3	0	6		0	0	4	0	0	10
C4	10	5	0		3	5	7	2	32
C5	0	6	0	3		0	5	6	20
C6	0	5	4	5	0		0	0	14
C7	6	0	0	7	5	0		0	18
C8	4	0	0	2	6	0	0		12

〈표 2〉 2011년 직접거래액

(단위 : 억 원)

구분	C1	C2	C3	C4	C5	C6	C7	C8	합
C1		0	0	10	0	0	7	3	20
C2	0		6	7	7	6	2	0	28
C3	0	6		0	0	4	0	0	10
C4	10	7	0		3	0	0	0	20
C5	0	7	0	3		0	5	10	25
C6	0	6	4	0	0		4	0	14
C7	7	2	0	0	5	4		3	21
C8	3	0	0	0	10	0	3		16

〈보 기〉

ㄱ. 2010년에 비해 2011년 직접거래관계의 수가 가장 많이 증가한 기업은 C7이고, 가장 많이 감소한 기업은 C4이다.

ㄴ. 2010년에 비해 2011년 직접거래액의 합이 가장 많이 증가한 기업은 C2이고, 가장 많이 감소한 기업은 C4이다.

ㄷ. 2010년과 2011년 직접거래관계의 수가 동일한 기업은 총 4개이다.

ㄹ. 2010년에 비해 2011년 총 직접거래관계의 수와 총 직접거래액은 모두 증가하였다.

① ㄱ, ㄴ　　　　　　　　　② ㄱ, ㄷ
③ ㄴ, ㄷ　　　　　　　　　④ ㄱ, ㄴ, ㄹ
⑤ ㄴ, ㄷ, ㄹ

문 91. 다음 〈표〉는 미국이 환율조작국을 지정하기 위해 만든 요건별 판단기준과 '가'~'카'국의 2015년 자료이다. 이에 대한 〈보기〉의 설명 중 옳은 것만을 모두 고르면? 17 5급(가) 02번

〈표 1〉 요건별 판단기준

요건	A	B	C
	현저한 대미 무역수지 흑자	상당한 경상수지 흑자	지속적 환율시장 개입
판단기준	대미무역수지 200억 달러 초과	GDP 대비 경상수지 비중 3% 초과	GDP 대비 외화자산 순매수액 비중 2% 초과

※ 1) 요건 중 세 가지를 모두 충족하면 환율조작국으로 지정됨
　 2) 요건 중 두 가지만을 충족하면 관찰대상국으로 지정됨

〈표 2〉 환율조작국 지정 관련 자료(2015년)

(단위 : 10억 달러, %)

국가 \ 항목	대미무역수지	GDP 대비 경상수지 비중	GDP 대비 외화자산 순매수액 비중
가	365.7	3.1	−3.9
나	74.2	8.5	0.0
다	68.6	3.3	2.1
라	58.4	−2.8	−1.8
마	28.3	7.7	0.2
바	27.8	2.2	1.1
사	23.2	−1.1	1.8
아	17.6	−0.2	0.2
자	14.9	−3.3	0.0
차	14.9	14.6	2.4
카	−4.3	−3.3	0.1

─── 〈보 기〉 ───
ㄱ. 환율조작국으로 지정되는 국가는 없다.
ㄴ. '나'국은 A요건과 B요건을 충족한다.
ㄷ. 관찰대상국으로 지정되는 국가는 모두 4개이다.
ㄹ. A요건의 판단기준을 '대미무역수지 200억 달러 초과'에서 '대미무역수지 150억 달러 초과'로 변경하여도 관찰 대상국 및 환율조작국으로 지정되는 국가들은 동일하다.

① ㄱ, ㄴ
② ㄱ, ㄷ
③ ㄴ, ㄹ
④ ㄷ, ㄹ
⑤ ㄴ, ㄷ, ㄹ

문 92. 다음 〈표〉는 질병진단키트 A~D의 임상실험 결과 자료이다. 〈표〉와 〈정의〉에 근거하여 〈보기〉의 설명 중 옳은 것만을 모두 고르면? 17 5급(가) 23번

〈표〉 질병진단키트 A~D의 임상실험 결과

(단위 : 명)

A

판정 \ 질병	있음	없음
양성	100	20
음성	20	100

B

판정 \ 질병	있음	없음
양성	80	40
음성	40	80

C

판정 \ 질병	있음	없음
양성	80	30
음성	30	100

D

판정 \ 질병	있음	없음
양성	80	20
음성	20	120

※ 질병진단키트당 피실험자 240명을 대상으로 임상실험한 결과임

─── 〈정 의〉 ───
• 민감도 : 질병이 있는 피실험자 중 임상실험 결과에서 양성 판정된 피실험자의 비율
• 특이도 : 질병이 없는 피실험자 중 임상실험 결과에서 음성 판정된 피실험자의 비율
• 양성 예측도 : 임상실험 결과 양성 판정된 피실험자 중 질병이 있는 피실험자의 비율
• 음성 예측도 : 임상실험 결과 음성 판정된 피실험자 중 질병이 없는 피실험자의 비율

─── 〈보 기〉 ───
ㄱ. 민감도가 가장 높은 질병진단키트는 A이다.
ㄴ. 특이도가 가장 높은 질병진단키트는 B이다.
ㄷ. 질병진단키트 C의 민감도와 양성 예측도는 동일하다.
ㄹ. 질병진단키트 D의 양성 예측도와 음성 예측도는 동일하다.

① ㄱ, ㄴ
② ㄱ, ㄷ
③ ㄴ, ㄷ
④ ㄱ, ㄷ, ㄹ
⑤ ㄴ, ㄷ, ㄹ

MEMO

03

CHAPTER

LEVEL 3, 단련

문 1.　다음 〈표〉는 6개 부서로 이루어진 어느 연구소의 부서별 항목별 예산과 인원 현황을 나타낸 자료이다. 이에 대한 설명 중 옳은 것은?　　　　　12 5급(인) 05번

〈표 1〉 부서별 항목별 예산 내역

(단위 : 만 원)

부서	항목	2010년 예산	2011년 예산
A	인건비	49,560	32,760
	기본경비	309,617	301,853
	사업비	23,014,430	41,936,330
	소계	23,373,607	42,270,943
B	인건비	7,720	7,600
	기본경비	34,930	33,692
	사업비	7,667,570	9,835,676
	소계	7,710,220	9,876,968
C	인건비	7,420	7,420
	기본경비	31,804	31,578
	사업비	2,850,390	3,684,267
	소계	2,889,614	3,723,265
D	인건비	7,420	7,600
	기본경비	24,050	25,672
	사업비	8,419,937	17,278,382
	소계	8,451,407	17,311,654
E	인건비	6,220	6,220
	기본경비	22,992	24,284
	사업비	2,042,687	4,214,300
	소계	2,071,899	4,244,804
F	인건비	4,237,532	3,869,526
	기본경비	865,957	866,791
	사업비	9,287,987	15,042,762
	소계	14,391,476	19,779,079
전체		58,888,223	97,206,713

〈표 2〉 2010년 부서별 직종별 인원

(단위 : 명)

부서	정·현원		직종별 현원				
	정원	현원	일반직	별정직	개방형	계약직	기능직
A	49	47	35	3	1	4	4
B	32	34	25	0	1	6	2
C	18	18	14	0	0	2	2
D	31	29	23	0	0	0	6
E	15	16	14	0	0	1	1
F	75	72	38	1	0	8	25
계	220	216	149	4	2	21	40

※ 2010년 이후 부서별 직종별 인원수의 변동은 없음

① 모든 부서 중 정원이 가장 많은 부서와 가장 적은 부서의 2011년 예산을 합하면 2011년 전체 예산의 30% 이상이다.

② 2011년 부서별 인건비 예산 합은 2011년 전체 예산의 3% 미만이다.

③ 2010년 현원 1인당 기본경비 예산이 가장 적은 부서는 B이다.

④ 2011년 각 부서의 현원과 일반직을 비교할 때, 현원 대비 일반직 비중이 가장 큰 부서는 2011년 모든 부서 중 기본경비 예산이 가장 적다.

⑤ 2011년 사업비는 모든 부서에서 전년에 비해 증가하였으며, 그 중 A부서의 전년 대비 사업비 증가율이 가장 높았다.

문 2. 다음 〈표〉는 한국, 중국, 일본 3개국의 배타적경제수역(EEZ) 내 조업현황을 나타낸 것이다. 이에 대한 설명으로 옳은 것은?

14 5급(A) 11번

〈표〉 한국, 중국, 일본의 배타적경제수역(EEZ) 내 조업현황

(단위 : 척, 일, 톤)

해역	어선 국적	구분	2010년 12월	2011년 11월	2011년 12월
한국 EEZ	일본	입어 척수	30	70	57
		조업 일수	166	1,061	277
		어획량	338	2,176	1,177
	중국	입어 척수	1,556	1,468	1,536
		조업 일수	27,070	28,454	27,946
		어획량	18,911	9,445	21,230
중국 EEZ	한국	입어 척수	68	58	62
		조업 일수	1,211	789	1,122
		어획량	463	64	401
일본 EEZ	한국	입어 척수	335	242	368
		조업 일수	3,992	1,340	3,236
		어획량	5,949	500	8,233

① 2011년 12월 중국 EEZ 내 한국어선 조업 일수는 전월 대비 감소하였다.

② 2011년 11월 한국어선의 일본 EEZ 입어 척수는 전년 동월 대비 감소하였다.

③ 2011년 12월 일본 EEZ 내 한국어선의 조업 일수는 같은 기간 중국 EEZ 내 한국어선 조업 일수의 3배 이상이다.

④ 2011년 12월 일본어선의 한국 EEZ 내 입어 척수당 조업 일수는 전년 동월 대비 증가하였다.

⑤ 2011년 11월 일본어선과 중국어선의 한국 EEZ 내 어획량 합은 같은 기간 중국 EEZ와 일본 EEZ 내 한국어선 어획량 합의 20배 이상이다.

문 3. 다음 〈표〉는 2013년 복지부정 신고센터의 분야별 신고현황과 처리결과에 관한 자료이다. 이에 대한 〈보기〉의 설명 중 옳은 것만을 모두 고르면?

15 5급(인) 07번

〈표 1〉 복지부정 신고센터의 분야별 신고상담 및 신고접수 현황

(단위 : 건)

구분 \ 분야	보건복지	고용노동	여성가족	교육	보훈	산업	기타	합
신고상담	605	81	5	6	11	12	1,838	2,558
신고접수	239	61	7	6	5	2	409	729

〈표 2〉 복지부정 신고센터에 신고접수된 건의 분야별 처리결과

(단위 : 건)

처리결과 \ 분야	보건복지	고용노동	여성가족	교육	보훈	산업	기타	합
이첩	58	18	2	3	0	1	123	205
송부	64	16	3	1	4	0	79	167
내부처리	117	27	2	2	1	1	207	357
전체	239	61	7	6	5	2	409	729

〈보 기〉

ㄱ. 전체 신고상담 건수는 전체 신고접수 건수의 3배 이상이다.

ㄴ. 전체 신고접수 건수 대비 분야별 신고접수 건수의 비율이 가장 높은 분야는 기타를 제외하면 보건복지 분야이다.

ㄷ. 분야별 전체 신고접수 건수 중 '이첩' 건수의 비중이 가장 큰 분야는 여성가족 분야이다.

ㄹ. '내부처리' 건수는 전체 신고상담 건수의 15% 이상이다.

① ㄱ, ㄴ

② ㄱ, ㄷ

③ ㄴ, ㄷ

④ ㄱ, ㄴ, ㄹ

⑤ ㄴ, ㄷ, ㄹ

문 4. 다음 〈표〉는 수자원 현황에 대한 자료이다. 이를 바탕으로 작성한 〈보고서〉의 내용 중 옳은 것만을 모두 고르면?

15 5급(인) 23번

〈표 1〉 지구상 존재하는 물의 구성

구분		부피(백만 km³)	비율(%)
총량		1,386.1	100.000
해수(바닷물)		1,351.0	97.468
담수	빙설(빙하, 만년설 등)	24.0	1.731
	지하수	11.0	0.794
	지표수(호수, 하천 등)	0.1	0.007

〈표 2〉 세계 각국의 강수량

구분	한국	일본	미국	영국	중국	캐나다	세계 평균
연평균 강수량 (mm)	1,245	1,718	736	1,220	627	537	880
1인당 강수량 (m³/년)	2,591	5,107	25,022	4,969	4,693	174,016	19,635

〈표 3〉 주요 국가별 1인당 물 사용량

국가	독일	덴마크	프랑스	영국	일본	이탈리아	한국	호주
1인당 물 사용량 (ℓ/일)	132	246	281	323	357	383	395	480

─── 〈보고서〉 ───

급격한 인구증가와 지구온난화로 인하여 인류가 사용할 수 있는 물의 양이 줄어들면서 물 부족 문제가 심화되고 있다. ㉠ 지구상에 존재하는 물의 97% 이상이 해수이고, 나머지는 담수의 형태로 존재한다. ㉡ 담수의 3분의 2 이상은 빙하, 만년설 등의 빙설이고, 나머지도 대부분 땅속에 있어 손쉽게 이용 가능한 지표수는 매우 적다.

최근 들어 강수량 및 확보 가능한 수자원이 감소되고 있는 실정이다. UN 조사에 따르면 이러한 상황이 지속될 경우 20년 후 세계 인구의 3분의 2는 물 스트레스 속에서 살게 될 것으로 전망된다. ㉢ 한국의 경우, 연평균 강수량은 세계평균의 1.4배 이상이지만, 1인당 강수량은 세계평균의 12% 미만이다. 또한 연강수량의 3분의 2가 여름철에 집중되어 수자원의 계절별, 지역별 편중이 심하다.

이와 같이 수자원 확보의 어려움에 직면하고 있으나 ㉣ 한국의 1인당 물 사용량은 독일의 2.5배 이상이며, 프랑스의 1.4배 이상으로 오히려 다른 나라에 비해 높은 편이다.

① ㉠, ㉡

② ㉠, ㉢

③ ㉢, ㉣

④ ㉠, ㉡, ㉣

⑤ ㉡, ㉢, ㉣

문 5. 다음 〈표〉는 2006~2010년 A국의 가구당 월평균 교육비 지출액에 대한 자료이다. 이에 대한 설명으로 옳은 것은?

15 5급(인) 27번

〈표〉 연도별 가구당 월평균 교육비 지출액

(단위 : 원)

유형	연도	2006	2007	2008	2009	2010
정규 교육비	초등교육비	14,730	13,255	16,256	17,483	17,592
	중등교육비	16,399	20,187	22,809	22,880	22,627
	고등교육비	47,841	52,060	52,003	61,430	66,519
	소계	78,970	85,502	91,068	101,793	106,738
학원 교육비	학생 학원교육비	128,371	137,043	160,344	167,517	166,959
	성인 학원교육비	7,798	9,086	9,750	9,669	9,531
	소계	136,169	146,129	170,094	177,186	176,490
기타 교육비		7,203	9,031	9,960	10,839	13,574
전체 교육비		222,342	240,662	271,122	289,818	296,802

① 2007~2010년 '전체 교육비'의 전년 대비 증가율은 매년 상승하였다.

② '전체 교육비'에서 '기타 교육비'가 차지하는 비중이 가장 큰 해는 2009년이다.

③ 2008~2010년 '초등교육비', '중등교육비', '고등교육비'는 각각 매년 증가하였다.

④ '학원교육비'의 전년 대비 증가율은 2009년이 2008년보다 작다.

⑤ '고등교육비'는 매년 '정규교육비'의 60% 이상이다.

문 6.　다음 〈표〉는 일본에서 조사한 1897~1910년 대한제국의
무역에 관한 자료이다. 이에 대한 〈보기〉의 설명 중 옳은 것만을
모두 고르면?　　　　　　　　　　　　　　　　16 5급(4) 27번

〈표 1〉 1897~1910년 무역상대국별 수출액

(단위 : 천 엔)

연도＼국가	일본	청	러시아	기타	전체
1897	8,090	736	148	0	8,974
1898	4,523	1,130	57	0	5,710
1899	4,205	685	107	0	4,997
1900	7,232	1,969	239	0	9,440
1901	7,443	821	261	17	8,542
1902	6,660	1,555	232	21	8,468
1903	7,666	1,630	310	63	9,669
1904	5,800	1,672	3	56	7,531
1905	5,546	2,279	20	72	7,917
1906	7,191	1,001	651	60	8,903
1907	12,919	3,220	787	58	16,984
1908	10,916	2,247	773	177	14,113
1909	12,053	3,203	785	208	16,249
1910	15,360	3,026	1,155	373	19,914

〈표 2〉 1897~1910년 무역상대국별 수입액

(단위 : 천 엔)

연도＼국가	일본	청	러시아	기타	전체
1897	6,432	3,536	100	0	10,068
1898	6,777	4,929	111	0	11,817
1899	6,658	3,471	98	0	10,227
1900	8,241	2,582	117	0	10,940
1901	9,110	5,639	28	0	14,777
1902	8,664	4,851	21	157	13,693
1903	11,685	5,648	128	950	18,411
1904	19,255	5,403	165	2,580	27,403
1905	24,041	6,463	111	2,357	32,972
1906	23,223	4,394	56	2,632	30,305
1907	29,524	5,641	67	6,379	41,611
1908	23,982	4,882	45	12,116	41,025
1909	21,821	4,473	44	10,310	36,648
1910	25,238	3,845	18	10,681	39,782

〈보 기〉

ㄱ. 전체 수입액이 가장 큰 해의 러시아 상대 수출액은 전년 대
비 20% 이상 증가한다.

ㄴ. 전체 수출액에서 기타가 차지하는 비중은 1901년 이후 매년
높아진다.

ㄷ. 1898~1910년 동안 청으로부터의 수입액이 전년보다 큰 모
든 해에 전체 수입액도 전년보다 크다.

ㄹ. 전체 수출액과 전체 수입액 각각에서 일본이 차지하는 비중
은 매년 60% 이상이다.

① ㄱ, ㄴ
② ㄱ, ㄷ
③ ㄴ, ㄷ
④ ㄴ, ㄹ
⑤ ㄱ, ㄷ, ㄹ

문 7.　다음 〈표〉는 2013년 '갑'국의 식품 수입액 및 수입 건수
상위 10개 수입상대국 현황을 나타낸 자료이다. 이에 대한 설명
중 옳은 것은?　　　　　　　　　　　　　　　　16 5급(4) 29번

〈표〉 2013년 '갑'국의 식품 수입액 및 수입 건수
상위 10개 수입상대국 현황

(단위 : 조 원, 건, %)

	수입액			수입건수		
순위	국가	금액	점유율	순위	국가	건수	점유율
1	중국	3.39	21.06	1	중국	104,487	32.06
2	미국	3.14	19.51	2	미국	55,980	17.17
3	호주	1.10	6.83	3	일본	15,884	4.87
4	브라질	0.73	4.54	4	프랑스	15,883	4.87
5	태국	0.55	3.42	5	이탈리아	15,143	4.65
6	베트남	0.50	3.11	6	태국	12,075	3.70
7	필리핀	0.42	2.61	7	독일	11,699	3.59
8	말레이시아	0.36	2.24	8	베트남	10,558	3.24
9	영국	0.34	2.11	9	영국	7,595	2.33
10	일본	0.17	1.06	10	필리핀	7,126	2.19
−	기타국가	5.40	33.53	−	기타국가	69,517	21.33

① 식품의 총 수입액은 17조 원 이상이다.

② 수입액 상위 10개 수입상대국의 식품 수입액 합이 전체 식품
수입액에서 차지하는 비중은 70% 이상이다.

③ 식품 수입액 상위 10개 수입상대국과 식품 수입 건수 상위 10
개 수입상대국에 모두 속하는 국가 수는 6개이다.

④ 식품 수입 건수당 식품 수입액은 중국이 미국보다 크다.

⑤ 중국으로부터의 식품 수입 건수는 수입 건수 상위 10개 수입
상대국으로부터의 식품 수입 건수 합의 45% 이하이다.

문 8. 다음 〈표〉는 2008~2012년 한국을 포함한 OECD 주요국의 공공복지예산에 관한 자료이다. 이에 대한 〈보기〉의 설명 중 옳은 것만을 모두 고르면? 16 5급(4) 32번

〈표 1〉 2008~2012년 한국의 공공복지예산과 분야별 GDP 대비 공공복지예산 비율

(단위 : 십억 원, %)

구분 연도	공공복지 예산	분야별 GDP 대비 공공복지예산 비율					
		노령	보건	가족	실업	기타	합
2008	84,466	1.79	3.28	0.68	0.26	1.64	7.65
2009	99,856	1.91	3.64	0.74	0.36	2.02	8.67
2010	105,248	1.93	3.74	0.73	0.29	1.63	8.32
2011	111,090	1.95	3.73	0.87	0.27	1.52	8.34
2012	124,824	2.21	3.76	1.08	0.27	1.74	9.06

〈표 2〉 2008~2012년 OECD 주요국의 GDP 대비 공공복지예산 비율

(단위 : %)

국가 \ 연도	2008	2009	2010	2011	2012
한국	7.65	8.67	8.32	8.34	9.06
호주	17.80	17.80	17.90	18.20	18.80
미국	17.00	19.20	19.80	19.60	19.70
체코	18.10	20.70	20.80	20.80	21.00
영국	21.80	24.10	23.80	23.60	23.90
독일	25.20	27.80	27.10	25.90	25.90
핀란드	25.30	29.40	29.60	29.20	30.00
스웨덴	27.50	29.80	28.30	27.60	28.10
프랑스	29.80	32.10	32.40	32.00	32.50

〈보 기〉

ㄱ. 2011년 한국의 실업분야 공공복지예산은 4조원 이상이다.

ㄴ. 한국의 공공복지예산 중 보건분야 예산이 차지하는 비중은 2011년과 2012년에 전년 대비 감소한다.

ㄷ. 매년 한국의 노령분야 공공복지예산은 가족분야 공공복지예산의 2배 이상이다.

ㄹ. 2009~2012년 동안 OECD 주요국 중 GDP 대비 공공복지예산 비율이 가장 높은 국가와 가장 낮은 국가 간의 비율 차이는 전년 대비 매년 증가한다.

① ㄱ, ㄹ

② ㄴ, ㄷ

③ ㄴ, ㄹ

④ ㄱ, ㄴ, ㄷ

⑤ ㄱ, ㄷ, ㄹ

문 9. 다음 〈표〉는 A국의 2008년과 2012년 의원 유형별, 정당별 전체 의원 및 여성 의원에 관한 자료이다. 이에 대한 〈보기〉의 설명 중 옳은 것만을 모두 고르면? 16 5급(4) 37번

〈표 1〉 2008년 의원 유형별, 정당별 전체 의원 및 여성 의원

(단위 : 명)

의원 유형	정당 구분	가	나	다	라	기타	전체
비례대표 의원	전체 의원 수	44	38	16	20	70	188
	여성 의원 수	21	18	6	10	25	80
지역구 의원	전체 의원 수	230	209	50	51	362	902
	여성 의원 수	16	21	2	7	17	63

〈표 2〉 2012년 의원 유형별, 정당별 전체 의원 및 여성 의원

(단위 : 명, %)

의원 유형	정당 구분	가	나	다	라	기타	전체
비례대표 의원	전체 의원 수	34	42	18	17	74	185
	여성 의원 비율	41.2	54.8	27.8	35.3	40.5	42.2
지역구 의원	전체 의원 수	222	242	60	58	344	926
	여성 의원 비율	7.2	12.4	10.0	13.8	4.1	8.0

※ 1) 의원 유형은 비례대표의원과 지역구의원으로만 구성됨
2) 비율은 소수점 둘째 자리에서 반올림한 값임

〈보 기〉

ㄱ. 2012년 A국 전체 의원 중 여성 의원의 비율은 15% 이하이다.

ㄴ. 2008년 정당별 지역구의원 중 여성 의원 비율은 '기타'를 제외하고 '라' 정당이 가장 높다.

ㄷ. 2008년 대비 2012년의 '가' 정당 여성 의원 비율은 비례대표 의원 유형과 지역구의원 유형에서 모두 감소하였다.

ㄹ. 2008년 대비 2012년에 여성 지역구의원 수는 '가'~'라' 정당에서 모두 증가하였다.

① ㄱ, ㄴ

② ㄱ, ㄷ

③ ㄴ, ㄷ

④ ㄴ, ㄹ

⑤ ㄱ, ㄴ, ㄹ

문 10. 다음 〈표〉는 2008~2013년 '갑'국 농·임업 생산액과 부가가치 현황에 대한 자료이다. 이에 대한 〈보기〉의 설명 중 옳은 것만을 모두 고르면? 17 5급(가) 09번

〈표 1〉 농·임업 생산액 현황

(단위 : 10억 원, %)

구분＼연도		2008	2009	2010	2011	2012	2013
농·임업 생산액		39,663	42,995	43,523	43,214	46,357	46,648
분야별 비중	곡물	23.6	20.2	15.6	18.5	17.5	18.3
	화훼	28.0	27.7	29.4	30.1	31.7	32.1
	과수	34.3	38.3	40.2	34.7	34.6	34.8

※ 1) 분야별 비중은 농·임업 생산액 대비 해당 분야의 생산액 비중임
   2) 곡물, 화훼, 과수는 농·임업의 일부 분야임

〈표 2〉 농·임업 부가가치 현황

(단위 : 10억 원, %)

구분＼연도		2008	2009	2010	2011	2012	2013
농·임업 부가가치		22,587	23,540	24,872	26,721	27,359	27,376
GDP 대비 비중	농업	2.1	2.1	2.0	2.1	2.0	2.0
	임업	0.1	0.1	0.2	0.1	0.2	0.2

※ 1) GDP 대비 비중은 GDP 대비 해당 분야의 부가가치 비중임
   2) 농·임업은 농업과 임업으로만 구성됨

〈보 기〉

ㄱ. 농·임업 생산액이 전년보다 작은 해에는 농·임업 부가가치도 전년보다 작다.
ㄴ. 화훼 생산액은 매년 증가한다.
ㄷ. 매년 곡물 생산액은 과수 생산액의 50% 이상이다.
ㄹ. 매년 농업 부가가치는 농·임업 부가가치의 85% 이상이다.

① ㄱ, ㄴ
② ㄱ, ㄷ
③ ㄴ, ㄷ
④ ㄴ, ㄹ
⑤ ㄷ, ㄹ

문 11. 다음 〈표〉는 2014~2016년 추석연휴 교통사고에 관한 자료이다. 이에 대한 〈보고서〉의 설명 중 옳은 것만을 모두 고르면? 17 5급(가) 37번

〈표 1〉 추석연휴 및 평소 주말교통사고 현황

(단위 : 건, 명)

구분	추석연휴 하루평균			평소 주말 하루평균		
	사고	부상자	사망자	사고	부상자	사망자
전체교통사고	487.4	885.1	11.0	581.7	957.3	12.9
졸음운전사고	7.8	21.1	0.6	8.2	17.1	0.3
어린이사고	45.4	59.4	0.4	39.4	51.3	0.3

※ 2014~2016년 동안 평균 추석연휴기간은 4.7일이었으며, 추석연휴에 포함된 주말의 경우 평소 주말 통계에 포함시키지 않음

〈표 2〉 추석 전후 일자별 하루평균 전체교통사고 현황

(단위 : 건, 명)

구분	추석연휴전날	추석전날	추석당일	추석다음날
사고	822.0	505.3	448.0	450.0
부상자	1,178.0	865.0	1,013.3	822.0
사망자	17.3	15.3	10.0	8.3

〈보고서〉

2014~2016년 추석 전후 발생한 교통사고를 분석한 결과, 추석연휴전날에 교통사고가 많이 발생한 것으로 나타났다. ㉠ 추석연휴전날에는 평소 주말보다 하루평균 사고 건수는 240.3건, 부상자 수는 220.7명 많았고, 사망자 수는 30% 이상 많은 것으로 나타났다. ㉡ 교통사고 건당 부상자 수와 교통사고 건당 사망자 수는 각각 추석당일이 추석전날보다 많았다.

㉢ 졸음운전사고를 살펴보면, 추석연휴 하루평균 사고 건수는 평소 주말보다 적었으나 추석연휴 하루평균 부상자 수와 사망자 수는 평소 주말보다 각각 많았다. 특히 ㉣ 졸음운전사고의 경우 평소 주말 대비 추석연휴 하루평균 사망자의 증가율은 하루평균 부상자의 증가율의 10배 이상이었다. 시간대별로는 졸음운전사고가 14~16시에 가장 많이 발생했다.

㉤ 어린이사고의 경우 평소 주말보다 추석연휴 하루평균 사고 건수는 6.0건, 부상자 수는 8.1명, 사망자 수는 0.1명 많은 것으로 나타났다.

① ㉠, ㉡, ㉣
② ㉠, ㉢, ㉣
③ ㉠, ㉢, ㉤
④ ㉡, ㉢, ㉤
⑤ ㉡, ㉣, ㉤

문 12. 다음 〈표〉는 2016년과 2017년 추석교통대책기간 중 고속도로 교통현황에 관한 자료이다. 이에 대한 〈보고서〉의 내용 중 옳은 것만을 모두 고르면? 18 5급(나) 02번

〈표 1〉 일자별 고속도로 이동인원 및 교통량

(단위 : 만 명, 만 대)

연도	2016		2017	
일자 구분	이동인원	교통량	이동인원	교통량
D-5	-	-	525	470
D-4	-	-	520	439
D-3	-	-	465	367
D-2	590	459	531	425
D-1	618	422	608	447
추석 당일	775	535	809	588
D+1	629	433	742	548
D+2	483	346	560	433
D+3	445	311	557	440
D+4	-	-	442	388
D+5	-	-	401	369
계	3,540	2,506	6,160	4,914

※ 2016년, 2017년 추석교통대책기간은 각각 6일(D-2~D+3), 11일(D-5~D+5)임

〈표 2〉 고속도로 구간별 최대 소요시간 현황

연도	서울-대전		서울-부산		서울-광주		서서울-목포		서울-강릉	
	귀성	귀경	귀성	귀경	귀성	귀경	귀성	귀경	귀성	귀경
2016	4:15	3:30	7:15	7:20	7:30	5:30	8:50	6:10	5:00	3:40
2017	4:00	4:20	7:50	9:40	7:00	7:50	7:00	9:50	4:50	5:10

※ 'A:B'에서 A는 시간, B는 분을 의미함. 예를 들어, 4:15는 4시간 15분을 의미함

─〈보고서〉─

 ㉠ 2017년 추석교통대책기간 중 총 고속도로 이동인원은 6,160만 명으로 전년 대비 70% 이상 증가하였으나, ㉡ 1일 평균 이동인원은 560만 명으로 전년 대비 10% 이상 감소하였다. 2017년 추석 당일 고속도로 이동인원은 사상 최대인 809만 명으로 전년 대비 약 4.4% 증가하였다. 2017년 추석연휴기간의 증가로 나들이 차량 등이 늘어 추석교통대책기간 중 1일 평균 고속도로 교통량은 약 447만 대로 전년 대비 6% 이상 증가하였다. 특히 ㉢ 추석 당일 고속도로 교통량은 588만 대로 전년 대비 9% 이상 증가하였다. ㉣ 2017년 고속도로 최대 소요시간은 귀성의 경우, 제시된 구간에서 전년보다 모두 감소하였으며, 특히 서서울-목포 7시간, 서울-광주 7시간이 걸려 전년 대비 각각 1시간 50분, 30분 감소하였다. 반면 귀경의 경우, 서서울-목포 9시간 50분, 서울-부산 9시간 40분으로 전년 대비 각각 3시간 40분, 2시간 20분 증가하였다.

① ㉠, ㉡

② ㉠, ㉢

③ ㉡, ㉢

④ ㉡, ㉣

⑤ ㉢, ㉣

문 13. 다음 〈표〉는 '갑'국 A~J 지역의 대형종합소매업 현황에 대한 자료이다. 이에 대한 〈보기〉의 설명 중 옳은 것만을 모두 고르면? 19 5급(가) 07번

〈표〉 지역별 대형종합소매업 현황

지역 구분	사업체 수(개)	종사자 수(명)	매출액(백만 원)	건물 연면적(m²)
A	47	6,731	4,878,427	1,683,092
B	33	4,173	2,808,881	1,070,431
C	35	4,430	3,141,552	1,772,698
D	18	2,247	1,380,511	677,288
E	22	3,152	1,804,262	765,096
F	19	2,414	1,473,698	633,497
G	147	18,287	11,625,278	5,032,741
H	17	1,519	861,094	364,296
I	19	2,086	1,305,468	535,880
J	16	1,565	879,172	326,373
전체	373	46,604	30,158,343	12,861,392

─〈보 기〉─

ㄱ. 사업체당 종사자 수가 100명 미만인 지역은 모두 2개이다.

ㄴ. 사업체당 매출액은 G 지역이 가장 크다.

ㄷ. I 지역의 종사자당 매출액은 E 지역의 종사자당 매출액보다 크다.

ㄹ. 건물 연면적이 가장 작은 지역이 매출액도 가장 작다.

① ㄱ, ㄷ

② ㄱ, ㄹ

③ ㄴ, ㄷ

④ ㄴ, ㄹ

⑤ ㄱ, ㄴ, ㄷ

다음 〈그림〉은 2015~2018년 사용자별 사물인터넷 관련 지출액에 관한 자료이다. 이에 대한 설명으로 옳지 <u>않은</u> 것은?

19 5급(가) 22번

〈그림〉 사물인터넷 관련 지출액

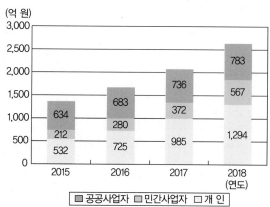

※ 사용자는 공공사업자, 민간사업자, 개인으로만 구성됨

① 2016~2018년 동안 '공공사업자' 지출액의 전년 대비 증가폭이 가장 큰 해는 2017년이다.

② 2018년 사용자별 지출액의 전년 대비 증가율은 '개인'이 가장 높다.

③ 2016~2018년 동안 사용자별 지출액의 전년 대비 증가율은 매년 '공공사업자'가 가장 낮다.

④ '공공사업자'와 '민간사업자'의 지출액 합은 매년 '개인'의 지출액보다 크다.

⑤ 2018년 모든 사용자의 지출액 합은 2015년 대비 80% 이상 증가하였다.

문 15. 다음 〈표〉는 한국전쟁 당시 참전한 유엔군의 참전현황 및 피해인원에 관한 자료이다. 이에 대한 설명으로 옳은 것은?

19 5급(가) 27번

〈표〉 한국전쟁 당시 참전한 유엔군의 참전현황 및 피해인원

(단위 : 명)

구분 국가	참전현황		피해인원				
	참전 인원	참전군	전사 · 사망	부상	실종	포로	전체
미국	1,789,000	육군, 해군, 공군	36,940	92,134	3,737	4,439	137,250
영국	56,000	육군, 해군	1,078	2,674	179	977	4,908
캐나다	25,687	육군, 해군, 공군	312	1,212	1	32	1,557
터키	14,936	육군	741	2,068	163	244	3,216
호주	8,407	육군, 해군, 공군	339	1,216	3	26	1,584
필리핀	7,420	육군	112	229	16	41	398
태국	6,326	육군, 해군, 공군	129	1,139	5	0	1,273
네덜란드	5,322	육군, 해군	120	645	0	3	768
콜롬비아	5,100	육군, 해군	163	448	0	28	639
그리스	4,992	육군, 공군	192	543	0	3	738
뉴질랜드	3,794	육군, 해군	23	79	1	0	103
에티오피아	3,518	육군	121	536	0	0	657
벨기에	3,498	육군	99	336	4	1	440
프랑스	3,421	육군, 해군	262	1,008	7	12	1,289
남아공	826	공군	34	0	0	9	43
룩셈부르크	83	육군	2	13	0	0	15
계	1,938,330	-	40,667	104,280	4,116	5,815	154,878

① 미국의 참전인원은 다른 모든 국가의 참전인원의 합보다 15배 이상 많다.

② 참전인원 대비 전체 피해인원 비율이 가장 큰 국가는 터키이다.

③ 공군이 참전한 국가 중 해당 국가의 전체 피해인원 대비 '부상' 인원의 비율이 가장 큰 국가는 태국이다.

④ '전사·사망' 인원은 육군만 참전한 모든 국가의 합이 공군만 참전한 모든 국가의 합의 30배 이하이다.

⑤ '실종' 인원이 '포로' 인원보다 많은 국가는 4개국이다.

문 16.   다음 〈보고서〉는 우리나라 광물자원 현황에 관한 내용이다. 〈보고서〉의 내용과 부합하지 <u>않는</u> 것을 〈보기〉에서 모두 고르면?

12 5급(인) 30번

〈보고서〉

2006년 말 우리나라 광물자원 매장량을 살펴보면 비금속광이 국내 광물자원 매장량의 85.0% 이상을 차지하고 있다. 비금속광 중에는 5대 광종의 매장량이 비금속광 매장량의 95.0% 이상을 점유하고 있다.

주요 비금속광 중 석회석, 백운석, 대리석은 매장량 가운데 가채매장량이 차지하는 비중이 각각 70.0%를 초과하고 있다. 백운석의 가채매장량은 석회석 가채매장량의 5.0%에 미달하고 있다.

이들 광물 매장량의 지역별 분포를 살펴보면 석회석의 경우 강원도에 매장량의 79.5%가 집중되어 있다. 강원도에 이어 석회석이 많이 매장된 지역은 충북이며, 그 다음은 경북이다. 백운석과 대리석의 지역별 매장량도 각각 강원, 충북, 경북 순으로 많았다.

이와 같이 석회석 자원이 지역적으로 편재되어 있어 광산도 강원도에 집중되어 있다. 석회석 광산 수는 강원도가 전체 석회석 광산 수의 50.0%를 초과하고 품위별로도 강원도가 고품위, 저품위 광산 수의 50.0%를 각각 초과한다.

※ 가채매장량 : 매장량(확정매장량+추정매장량) 중 채굴할 수 있는 매장량

〈보 기〉

ㄱ. 2006년 말 국내 광물자원 매장량 및 가채매장량 현황

(단위 : 백만 톤, %)

구 분		매장량		가채매장량	
			구성비		구성비
금속광		115	0.9	90	1.0
비 금속광	5대 광종	11,548	87.7	8,671	94.4
	기타	132	1.0	96	1.0
	소계	11,680	88.7	8,767	95.4
석탄광		1,367	10.4	331	3.6
계		13,162	100.0	9,188	100.0

ㄴ. 2006년 말 국내 석회석, 백운석, 대리석 매장량 및 가채매장량 현황

(단위 : 천 톤)

구분	매장량			가채매장량
	확정	추정		
석회석	515,815	8,941,163	9,456,978	7,146,062
백운석	2,353	448,574	450,927	340,136
대리석	0	65,709	65,709	47,566
계	518,168	9,455,446	9,973,614	7,533,764

ㄷ. 2006년 말 석회석, 백운석, 대리석의 지역별 매장량 현황

(단위 : 천 톤, %)

구분	석회석			백운석	대리석	합	구성비
	고품위	저품위	소계				
강원	1,346,838	6,343,016	7,689,854	212,315	29,080	7,931,249	79.5
경기	0	410	410	13,062	2,970	16,442	0.2
경북	129,833	34,228	164,061	118,626	420	283,107	2.8
전남	0	2,492	2,492	0	0	2,492	0.0
전북	9,563	7,992	17,555	11,566	0	29,121	0.3
충남	12,740	5,866	18,606	6,952	598	26,156	0.3
충북	163,006	1,400,994	1,564,000	88,406	32,641	1,685,047	16.9
계	1,661,980	7,794,998	9,456,978	450,927	65,709	9,973,614	100.0

ㄹ. 2006년 말 석회석의 품위별 지역별 광산 수 현황

(단위 : 개)

품위	지역	광산 수
고품위	강원	48
	경북	14
	전북	5
	충남	6
	충북	25
	소계	98
저품위	경기	1
	강원	47
	경북	8
	전남	4
	전북	5
	충남	3
	충북	18
	소계	86
전체		184

① ㄱ

② ㄴ

③ ㄷ

④ ㄴ, ㄹ

⑤ ㄷ, ㄹ

다음 〈보고서〉는 2012년 2분기말 외국인 국내토지 소유현황에 관한 것이다. 〈보고서〉의 내용과 부합하지 <u>않는</u> 자료는?

13 5급(인) 19번

〈보고서〉

2012년 2분기말 현재 외국인의 국내토지 소유면적은 224,715천 m², 금액으로는 335,018억 원인 것으로 조사되었다. 면적 기준으로 2012년 1분기말 대비 2,040천 m², 보유필지수로는 1분기말 대비 3% 미만 증가한 것이다.

국적별로는 기타 지역을 제외하고 토지 소유면적이 넓은 것부터 나열하면 미국, 유럽, 일본, 중국 순이며, 미국국적 외국인은 외국인 국내토지 소유면적의 50% 이상을 소유하였다. 용도별로 외국인 국내토지 소유면적을 넓은 것부터 나열하면 임야 · 농지, 공장용지, 주거용지, 상업용지, 레저용지 순이며, 이 중 주거용지, 상업용지, 레저용지 토지 면적의 합이 외국인 국내토지 소유면적의 10% 이상인 것으로 나타나 부동산 투기에 대한 지속적인 감시가 필요할 것으로 판단된다.

토지 소유 주체별로는 개인이 전체 외국인 소유 토지의 60% 이상을 차지하고 있으며, 특히 개인 소유 토지의 57.1%를 차지하고 있는 외국국적 교포의 토지 소유면적이 법인 및 외국정부단체 등이 소유한 토지 면적보다 더 넓은 것으로 나타났다. 외국인이 소유하고 있는 지역별 토지 면적을 넓은 것부터 나열하면 전남, 경기, 경북 순이고 이들 지역에서의 보유 면적의 합은 전체 외국인 국내토지 소유면적의 40%를 상회하고 있어 향후 집중적인 모니터링이 요구된다.

① 2012년 2분기말 주체별 외국인 국내토지 소유현황

구분	합	개인			법인			외국정부단체 등
		소계	외국국적교포	순수외국인	소계	합작법인	순수외국법인	
면적(천 m²)	224,715	137,040	128,252	8,788	87,173	71,810	15,363	502
비율(%)	100.0	61.0	57.1	3.9	38.8	32.0	6.8	0.2

② 외국인 국내토지 소유현황

구분	2011년 4분기말	2012년 1분기말	2012년 2분기말
면적(천 m²)	221,899	222,675	224,715
금액(억 원)	310,989	323,109	335,018
필지수(필)	79,992	81,109	82,729

③ 2012년 2분기말 국적별 외국인 국내토지 소유현황

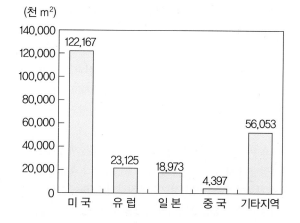

④ 2012년 2분기말 용도별 외국인 국내토지 소유현황

구분	임야 · 농지	공장용지	주거용지	상업용지	레저용지	합
면적(천 m²)	133,088	67,141	14,973	5,871	3,642	224,715

⑤ 2012년 2분기말 시도별 외국인 국내토지 소유현황

시도명	면적(천 m²)	비율(%)
서울	2,729	1.2
부산	5,738	2.6
대구	1,792	0.8
인천	4,842	2.2
광주	3,425	1.5
대전	837	0.4
울산	5,681	2.5
세종	867	0.4
경기	37,615	16.7
강원	18,993	8.5
충북	12,439	5.5
충남	22,313	9.9
전북	7,462	3.3
전남	37,992	16.9
경북	35,081	15.6
경남	17,058	7.6
제주	9,851	4.4
계	224,715	100.0

다음 〈표〉는 부산지역 해수욕장에 관한 자료이다. 이를 근거로 정리한 것 중 옳지 <u>않은</u> 것은?　　13 외교원(인) 23번

〈표 1〉 해수욕객 수 및 시설 현황

(단위 : 천 명, 개)

연도	해수욕객 수	시설				
		탈의장	샤워장	화장실	망루대	공동수도
2000	17,691	21	19	22	39	21
2002	17,544	19	16	18	40	20
2004	28,967	15	16	16	42	19
2006	38,526	20	22	23	45	21
2008	35,092	20	21	25	45	21

〈표 2〉 2008년 해수욕객 수, 시설 및 면적 현황

(단위 : 천 명, 개, m²)

해수욕장	해수욕객 수	시설					면적
		탈의장	샤워장	화장실	망루대	공동수도	
해운대	13,008	3	3	3	13	7	58,400
송정	6,505	4	4	3	12	6	72,000
광안리	9,807	5	5	4	9	4	82,000
송도	4,406	7	4	6	4	0	35,000
다대포	1,045	1	1	3	3	1	201,450
일광	196	0	2	3	2	2	15,750
임랑	125	0	2	3	2	1	10,650

① 샤워장 및 망루대 1개당 해수욕객 수

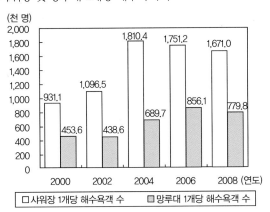

② 2008년 해수욕객 수 구성비

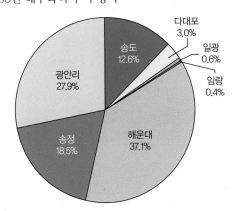

③ 해수욕객 수 추이

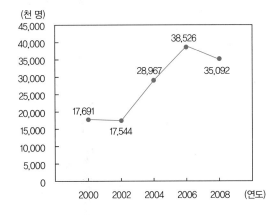

④ 2008년 해수욕객 천 명당 해수욕장 면적

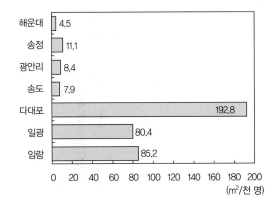

⑤ 2008년 샤워장 1개당 해수욕객 수

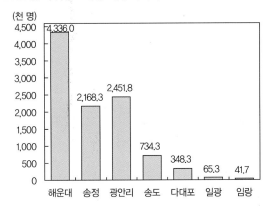

문 19. 다음은 2009~2011년 우리나라의 세금 체납정리에 관한 〈보고서〉이다. 〈보고서〉에 제시된 내용과 부합하지 <u>않는</u> 자료는?

14 5급(A) 07번

〈보고서〉

- 2009년 우리나라 국세결손처분 비율은 4.6%로 EU 주요국 중 영국, 오스트리아, 독일, 프랑스에 비해 4배 이상 높다. 반면, 미정리체납액 비율은 2.7%로 영국, 오스트리아, 프랑스에 비해 낮다.
- 2009~2011년 동안 세수실적 대비 미정리체납액 비율은 부가가치세가 국세보다 매년 높다.
- 2009~2011년 동안 부가가치세는 소득세 및 법인세보다 세수실적 대비 미정리체납액 비율이 매년 더 높다.
- 2011년 부가가치세 체납액정리 현황을 보면, 현금정리가 44.3%로 가장 큰 비중을 차지하고, 그 다음으로 미정리, 결손정리, 기타정리의 순으로 큰 비중을 차지하고 있다.
- 2011년 주요세목 체납정리 현황에서 건당 금액의 경우 각 분야에서 법인세가 소득세 및 부가가치세보다 높다.

① 우리나라 및 EU 주요국의 체납처분 현황(2009년)

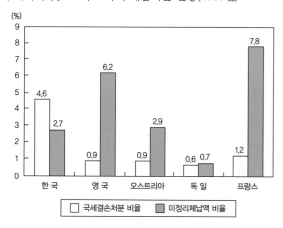

② 국세와 부가가치세의 미정리체납액 추이

(단위 : 억 원, %)

구분		2009년	2010년	2011년
국세	세수실적(a)	1,543,305	1,660,149	1,801,532
	미정리체납(b)	41,659	49,257	54,601
	비율($\frac{b}{a}\times100$)	2.7	3.0	3.0
부가가치세	세수실적(a)	469,915	491,212	519,068
	미정리체납(b)	15,148	15,982	17,815
	비율($\frac{b}{a}\times100$)	3.2	3.3	3.4

③ 주요 세목의 세수실적 대비 미정리체납액 비율

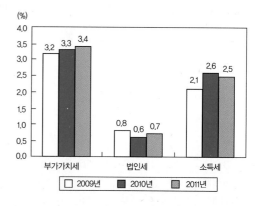

④ 부가가치세 체납액정리 현황(2011년)

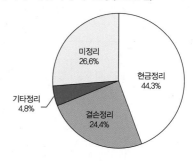

⑤ 주요세목 체납정리 현황(2011년)

(단위 : 건, 억 원, 만 원)

분야	세목 구분	소득세	법인세	부가가치세
현금 정리	건수	398,695	35,947	793,901
	금액	7,619	3,046	29,690
	건당 금액	191	847	374
결손 정리	건수	86,383	9,919	104,913
	금액	21,314	5,466	16,364
	건당 금액	2,467	5,511	1,560
기타 정리	건수	19,218	1,000	70,696
	금액	2,507	318	3,201
	건당 금액	1,305	3,180	453
미정리	건수	322,349	22,265	563,646
	금액	10,362	3,032	17,815
	건당 금액	321	1,362	316

다음은 '갑'국의 2012년 국제협력기금 조성 및 운용에 대한 〈보고서〉이다. 아래 〈보고서〉에 제시된 내용과 부합하지 <u>않는</u> 것은?

15 5급(인) 05번

─────〈보고서〉─────

국제협력기금은 정부출연금, 정부외출연금, 공자기금예수금, 운용수익 등으로 조성되며 2007년부터 2009년까지 운용수익이 전년보다 증가하고 있음에도 불구하고 동 기간 동안 총 조성액은 매년 감소하였다. 그러나 2013년에는 정부출연금을 제외한 모든 항목의 금액이 전년보다 증가하여 총 조성액도 증가하였다. 2012년 1~9월까지 국제협력기금 조성액 중 공자기금예수금은 4,000억 원으로 전체의 75% 이상을 차지하였다.

2012년 국제협력기금 여유자금은 단기자산과 중장기자산으로 나뉘어 운용되고 있는데, 중장기자산의 비중은 단기자산의 비중보다 높다. 또한 국제협력기금 여유자금 운용 실적에서 운용수익률이 높은 것부터 순서대로 나열하면 실적배당형, 확정금리형, 유동성자산, 현금성자산이다. 2012년 분기별 운용수익률은 단기자산의 경우 3분기가 가장 높고, 중장기자산의 경우 1분기가 가장 높으며 전체 자산의 운용수익률은 1분기가 가장 높고 4분기가 가장 낮다.

2013년 국제협력기금 지출계획의 기금지원 중 무상지원이 유상지원보다 높은 비중을 차지하고 있으며 운용비용은 전체 지출계획의 0.3% 이하로 가장 낮은 비중을 차지하고 있다. 또한 2013년 국제협력기금 수입계획은 전기이월금의 비중이 가장 높아 전체 수입계획 합계의 45% 이상을 차지하고 있다.

① 연도별 국제협력기금 조성액 현황

(단위 : 백만 원)

연도	정부출연금	정부외출연금	공자기금예수금	운용수익	총 조성액
2013	105,500	3	530,000	162,300	797,803
2012	112,800	2	400,000	51,236	564,038
2011	0	2	104,400	38,276	142,678
2010	0	0	875,000	51,238	926,238
2009	0	56	81,000	74,354	155,410
2008	650,000	52	147,500	49,274	846,826
2007	500,000	75	584,591	38,859	1,123,525
2006	650,000	15	940,000	36,619	1,626,634
2005	500,000	33	460,000	31,178	991,211

② 2012년 1~9월 국제협력기금 조성액 현황

(단위 : 백만 원)

내역	정부출연금	정부외출연금	공자기금예수금	운용수익	총 조성액
금액	84,800	2	400,000	39,599	524,401

③ 2012년 국제협력기금 여유자금의 자산구성 및 운용 실적

구분		2012년 실적		
		평잔(억 원)	비중(%)	운용수익률(%)
단기자산	현금성자산	91	1.0	3.35
	유동성자산	3,749	39.2	4.28
	소계	3,840	40.1	4.26
중장기자산	확정금리형	1,672	17.5	4.39
	실적배당형	4,053	42.4	5.32
	소계	5,725	59.9	4.98
합계		9,565	100.0	4.71

④ 2012년 국제협력기금 분기별, 자산별 운용수익률 추이

(단위 : %)

단기자산				중장기자산				전체			
1분기	2분기	3분기	4분기	1분기	2분기	3분기	4분기	1분기	2분기	3분기	4분기
4.11	4.23	4.42	4.26	7.68	4.95	5.49	4.98	6.54	4.75	5.08	4.71

⑤ 2013년 국제협력기금 수입 및 지출계획

(단위 : 억 원)

수입		지출	
구분	계획	구분	계획
정부출연금	2,000	기금지원	10,979
정부외출연금	1	무상지원	8,487
공자기금예수금	7,000	유상지원	2,492
운용수익	264	운용비용	53
대출금회수	484	공자기금예수금상환	6,515
기타수입금	1,330	기타지출금	704
전기이월금	7,172	–	–
합계	18,251	합계	18,251

문 21.   다음 〈표〉는 2010~2016년 '갑'국의 신설법인 현황에 대한 자료이다. 〈표〉를 이용하여 작성한 그래프로 옳지 <u>않은</u> 것은?

19 5급(가) 18번

(단위 : 개)

업종\연도	농림수산업	제조업	에너지공급업	건설업	서비스업	전체
2010	1,077	14,818	234	6,790	37,393	60,312
2011	1,768	15,557	299	6,593	40,893	65,110
2012	2,067	17,733	391	6,996	46,975	74,162
2013	1,637	18,721	711	7,069	47,436	75,574
2014	2,593	19,509	1,363	8,145	53,087	84,697
2015	3,161	20,155	967	9,742	59,743	93,768
2016	2,391	19,037	1,488	9,825	63,414	96,155

① 2016년 신설법인의 업종별 구성비

(단위 : %)

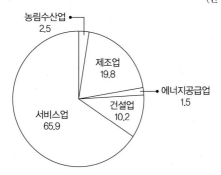

② 2011~2016년 제조업 및 서비스업 신설법인 수 추이

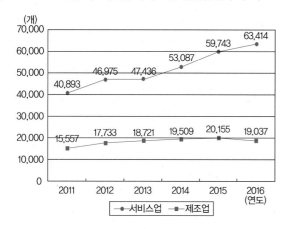

③ 2011~2016년 건설업 신설법인 수의 전년 대비 증가율 추이

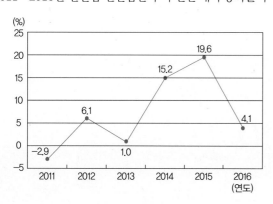

④ 2011~2016년 신설법인 중 서비스업 신설법인 비율

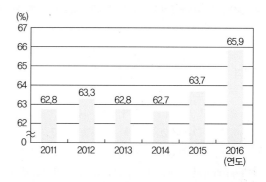

⑤ 2011~2016년 전체 신설법인 수의 전년 대비 증가율 추이

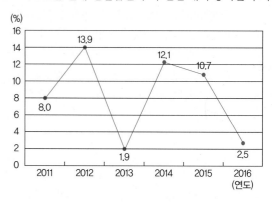

문 22. 다음 〈표〉는 2010학년도 학교폭력 심의 현황 및 피해·가해학생 조치 현황에 관한 자료이다. 〈보고서〉를 작성하기 위해 〈표〉 이외에 추가로 필요한 자료만을 〈보기〉에서 모두 고르면?

14 5급(A) 23번

〈표 1〉 2010학년도 학교폭력 심의 현황

(단위 : 건, 명)

구분\학교급	심의 건수	피해학생 수	가해학생 수
초등학교	231	294	657
중학교	5,376	10,363	14,179
고등학교	2,216	3,091	5,113
계	7,823	13,748	19,949

〈표 2〉 2010학년도 피해학생 조치 현황

(단위 : 명)

구분\학교급	심리상담	일시보호	치료요양	학급교체	전학권고	안정조치	기타조치
초등학교	240	4	14	2	2	5	27
중학교	8,063	521	327	11	28	436	977
고등학교	2,264	110	249	10	43	167	248
계	10,567	635	590	23	73	608	1,252

〈표 3〉 2010학년도 가해학생 조치 현황

(단위 : 명)

구분\학교급	서면사과	접촉금지	교내봉사	사회봉사	특별교육	출석정지	기타조치
초등학교	222	70	150	24	102	13	76
중학교	1,176	547	5,444	2,393	2,366	1,157	1,096
고등학교	451	199	1,617	1,071	969	225	581
계	1,849	816	7,211	3,488	3,437	1,395	1,753

※ 피해(가해)학생에 대한 조치는 중복되지 않는 것으로 함

─〈보고서〉─

2010학년도 학교폭력 현황을 살펴보면 학교폭력 심의 건수는 중학교가 가장 많아 중학교에 대한 집중교육이 요구된다. 중학교의 학교폭력 심의 건수는 5,376건으로 전년 대비 40.5% 증가하였다. 2010학년도 학교폭력 가해학생 수는 피해학생 수보다 많아, 여러 학생이 한 학생에게 폭력을 행사하는 경우가 많음을 알 수 있다.

2010학년도 학교폭력 피해학생에 대한 조치를 보면 심리상담이 가장 많고, 일시보호가 그 다음으로 많은 것으로 나타났다. 가해학생에 대한 조치를 보면 초등학교는 서면사과가 가장 많고, 중학교는 교내봉사가 가장 많았다. 고등학교의 경우 가해학생에 대한 조치는 교내봉사, 사회봉사, 특별교육의 순으로 많았으며, 기타조치 중 퇴학조치보다는 전학조치가 많았다. 가해학생에 대한 전체 조치 중 교내봉사와 사회봉사의 합은 절반 이상을 차지하고 있다.

─〈보 기〉─

ㄱ. 2009학년도 피해학생 수와 가해학생 수

ㄴ. 2009학년도 피해학생 조치 유형의 구성비

ㄷ. 2009학년도 학교급별 학교폭력 심의 건수

ㄹ. 2010학년도 학교폭력 심의건당 평균 피해학생 수

ㅁ. 2010학년도 학교급별 가해학생에 대한 전학 및 퇴학조치 수

① ㄱ, ㄷ

② ㄴ, ㄹ

③ ㄷ, ㅁ

④ ㄱ, ㄴ, ㅁ

⑤ ㄷ, ㄹ, ㅁ

문 23. 다음 〈표〉를 이용하여 〈보고서〉를 작성하였다. 제시된 〈표〉 이외에 추가로 필요한 자료만을 〈보기〉에서 모두 고르면?

15 5급(인) 03번

① ㄱ, ㄴ, ㄷ
② ㄱ, ㄴ, ㄹ
③ ㄱ, ㄷ, ㄹ
④ ㄱ, ㄷ, ㅁ
⑤ ㄴ, ㄷ, ㅁ

〈표 1〉 2011년 우리나라의 지역별 도서 현황

구분\지역	도서 수(개)			도서 인구밀도 (명/km²)	도서 면적 (km²)
	합	유인도서	무인도서		
부산	45	3	42	3,613.8	41.90
인천	150	39	111	215.2	119.95
울산	3	0	3	0.0	0.03
경기	46	5	41	168.5	4.65
강원	32	0	32	0.0	0.24
충남	255	34	221	102.5	164.26
전북	103	25	78	159.1	37.00
전남	2,219	296	1,923	104.2	867.10
경북	49	4	45	146.6	73.00
경남	537	76	461	110.4	125.91
제주	63	8	55	300.5	15.56
전국	3,502	490	3,012	−	1,449.60

※ 도서 인구밀도는 해당 지역 유·무인도서 전체를 기준으로 계산한 값임

〈표 2〉 연도별 도서 지역 여객선 수송 현황

(단위 : 천 명, %)

연도	2005	2006	2007	2008	2009	2010	2011
수송인원	11,100	11,574	12,634	14,162	14,868	14,308	14,264
전년 대비 증가율	4.2	4.3	9.2	12.1	5.0	−3.8	−0.3

─── 〈보고서〉 ───

2011년 기준 전국 도서 수는 총 3,502개로, 이 중 유인도서는 14.0%인 490개, 무인도서는 86.0%인 3,012개이다. 반면 도서 면적을 기준으로 보면 유인도서가 전국 총 도서 면적의 96.9%로 대부분을 차지하고 있다.

지역별 분포를 보면 전남에 속한 도서는 2,219개로 전국 도서의 63.4%를 차지하고 있으며, 전북은 전남, 경남, 충남, 인천에 이어 다섯 번째로 많은 도서를 보유하고 있으나, 도서 면적은 경북, 부산보다 작다.

전국 도서인구는 2011년 기준 약 32만 명으로, 부산의 도서인구가 가장 많고 지역별 인구대비 도서인구 비율은 전남이 10.2%로 가장 많다.

2011년 여객선을 이용한 도서 지역 총 수송인원은 약 1,426만 명으로, 2009년 이후 매년 수송인원이 감소하고 있는 반면, 관광객, 귀성객 등 도서 지역 거주민이 아닌 수송인원은 같은 기간 연평균 15% 증가한 것으로 나타났다.

─── 〈보 기〉 ───

ㄱ. 2011년 전국 무인도서 면적
ㄴ. 2011년 전국 도서인구 수
ㄷ. 2011년 지역별 인구 수
ㄹ. 2009~2011년 도서 지역 여객선 수송인원 중 도서 지역 거주민 비율
ㅁ. 2009~2011년 도서 지역 관광객 수

문 24. 다음 〈표 1〉은 갑 회사의 지점별·업무분야별 사원 수에 관한 자료이다. 〈표 1〉과 〈조건〉을 토대로 지점 A~D를 찾아 〈표 2〉를 설명한 내용으로 옳은 것은? 13 외교원(인) 31번

〈표 1〉 갑 회사의 지점별·업무분야별 사원 수

(단위 : 명)

지점 업무분야	A	B	C	D	합
관리	2	4	2	1	9
정보	4	4	4	3	15
텔레마케팅	0	0	0	5	5
서무	0	0	1	1	2
편집	2	4	4	4	14
영업	15	16	18	19	68
기타	0	1	0	1	2
전체	23	29	29	34	115

─── 〈조 건〉 ───

• 관리분야의 사원 수가 각 지점 전체에서 차지하는 비율을 지점 별로 비교하면 남부지점이 세 번째로 크다.
• 중부지점 전체 사원 중 영업분야 사원이 차지하는 비율은 60% 이상이다.
• 서부지점의 영업분야 사원은 15명보다 많다.
• 북부지점의 업무분야 중 정보, 텔레마케팅, 편집 분야의 사원 수의 합은 북부지점 전체의 30% 미만이다.

〈표 2〉 갑 회사의 지점별 영업사원의 특성

지점 특성	A	B	C	D
평균 이직 횟수(회)	2.53	3.06	3.11	2.95
평균 재직기간(개월)	6.20	7.50	9.78	7.53
평균 연결망 크기(명)	2.93	4.06	3.28	3.63
평균 연결망 지속성(개월)	14.28	28.68	10.74	25.58
평균 영업실적(천 원)	16,247	11,116	10,657	10,237

① 영업사원의 평균 이직횟수는 북부지점이 서부지점보다 적다.
② 영업사원의 평균 재직기간은 남부지점이 중부지점보다 길다.
③ 평균 연결망 크기는 서부지점이 가장 크고 중부지점이 가장 작다.
④ 평균 연결망 지속성은 남부지점이 북부지점보다 길다.
⑤ 평균 영업실적은 서부지점이 중부지점보다 많다.

문 25. 다음 〈표〉는 임신과 출산 관련 항목별 진료 건수 및 진료비에 관한 자료이다. 이에 대한 〈보기〉의 설명 중 옳지 않은 것을 모두 고르면? 08 행시(열) 06번

〈표 1〉 연도별 임신과 출산 관련 진료 건수

(단위 : 천 건)

연도 진료항목	2000	2001	2002	2003	2004	2005
분만	668	601	517	509	483	451
검사	556	2,490	3,308	3,715	3,754	3,991
임신장애	583	814	753	709	675	686
불임	113	254	297	374	422	466
기타	239	372	266	251	241	222
전체	2,159	4,531	5,141	5,558	5,575	5,816

〈표 2〉 연도별 임신과 출산 관련 진료비

(단위 : 억 원)

연도 진료항목	2000	2001	2002	2003	2004	2005
분만	3,295	3,008	2,716	2,862	2,723	2,909
검사	97	395	526	594	650	909
임신장애	607	639	590	597	606	619
불임	43	74	80	105	132	148
기타	45	71	53	52	54	49
전체	4,087	4,187	3,965	4,210	4,165	4,634

─── 〈보 기〉 ───

ㄱ. 2000년 대비 2005년에 진료 건수와 진료비 모두 가장 높은 증가율을 보인 항목은 '검사'이다.
ㄴ. 2005년에 진료 건당 진료비가 가장 큰 두 항목은 '분만'과 '불임'이다.
ㄷ. 2001~2005년에 임신과 출산 관련 항목 전체의 진료 건당 진료비는 지속적으로 감소하였다.
ㄹ. 2000~2005년에 매년 '분만' 항목의 진료비는 다른 모든 항목들의 진료비를 합한 금액의 2배 이상이었다.

① ㄱ, ㄷ
② ㄱ, ㄹ
③ ㄴ, ㄷ
④ ㄴ, ㄹ
⑤ ㄴ, ㄷ, ㄹ

문 26. 다음 〈표〉는 불법조업 검거현황에 관한 자료이다. 이에 대한 설명 중 옳지 <u>않은</u> 것은? 11 5급(인) 05번

〈표 1〉 한국수역 내 중국어선의 불법조업 검거현황

(단위 : 척, 명, 백만 원)

연도 \ 구분	검거어선	검거인원	벌금
2001	174	1,742	1.9
2002	176	176	2.5
2003	240	249	1.9
2004	443	558	4.0
2005	584	687	5.0
2006	522	656	5.4
2007	494	4,795	4.9
2008	432	4,536	6.3

〈표 2〉 외국수역 내 한국어선의 불법조업 검거현황

(단위 : 척, 명, 백만 원)

수역 \ 구분 \ 연도	일본수역			중국수역		러시아수역	
	검거어선	검거인원	벌금	검거어선	벌금	검거어선	벌금
2001	24	183	218.6	0	0.0	1	4.5
2002	32	251	288.8	1	48.0	2	6.9
2003	27	214	256.5	0	0.0	0	0.0
2004	19	137	185.2	2	0.0	1	24.3
2005	15	138	283.5	0	0.0	1	18.0
2006	10	91	104.6	1	5.2	0	0.0
2007	15	117	75.2	1	0.0	0	0.0
2008	18	148	144.6	0	0.0	0	0.0

※ 위 수역 이외에서는 검거된 경우가 없다고 가정함

① 일본수역에서 검거된 한국어선의 1척당 벌금은 2004년에 비해 2006년이 더 적다.

② 한국수역에서 검거된 중국어선의 검거인원 1명당 벌금은 2005년에 비해 2006년이 더 많다.

③ 2001년부터 2008년까지 외국수역에서 검거된 한국어선보다 2008년 한국수역에서 검거된 중국어선이 더 많다.

④ 2007년 한국수역에서 검거된 중국어선 1척당 검거인원은 2007년 일본수역에서 검거된 한국어선 1척당 검거인원보다 많다.

⑤ 2001년부터 2008년까지 일본수역에서 검거된 한국어선의 검거인원보다 2004년부터 2005년까지 한국수역에서 검거된 중국어선의 검거인원이 더 적다.

문 27. 다음 〈표〉는 2010년 말에 조사한 A시의 초고층 건축물 '가'~'차'에 대한 자료이다. 이에 대한 〈보기〉의 설명 중 옳지 <u>않은</u> 것을 모두 고르면? 11 5급(인) 27번

〈표〉 A시 초고층 건축물 현황 (2010.12.31.기준)

구분	건축물	지상 층수 (층)	연면적 (m²)	공사기간
사용 중	가	60	166,429	1980.2.12. ~ 1986.9.2.
	나	54	107,933	1983.1.1. ~ 1989.11.3.
	다	51	101,421	1996.2.16. ~ 2004.11.15.
	라	69	385,944	1997.5.29. ~ 2003.7.21.
	마	66	195,058	1999.5.17. ~ 2002.10.13.
	바	58	419,027	2003.10.30. ~ 2007.1.22.
	사	50	158,655	2004.10.25. ~ 2009.3.31.
공사 중	아	54	507,524	2006.12.5. ~
	자	72	627,674	2007.4.16. ~
	차	69	204,559	2007.11.22. ~

※ 1) 연면적 : 건축물의 모든 지상층 바닥면적의 합
　 2) 용적률(%) : 대지면적 대비 연면적 비율
　 3) A시 모든 건축물의 용적률은 최대 1,000%임
　 4) 공사기간은 착공시점부터 준공시점까지를 의미함

〈보 기〉

ㄱ. '다'의 대지면적은 10,000m² 이하이다.

ㄴ. 1990년대에 착공한 초고층 건축물은 지상 층수가 높을수록 연면적이 넓다.

ㄷ. 1980년대에 착공한 초고층 건축물은 지상 층수가 낮을수록 공사기간이 길다.

ㄹ. 2010년 말 현재 사용 중인 초고층 건축물 중 지상층의 평균 바닥면적이 가장 넓은 것은 '라'이다.

ㅁ. 2000년 이후 착공한 초고층 건축물의 평균 지상 층수는 그 전에 착공한 초고층 건축물의 평균 지상 층수보다 높다.

① ㄱ, ㄹ

② ㄴ, ㄹ

③ ㄷ, ㅁ

④ ㄱ, ㄹ, ㅁ

⑤ ㄴ, ㄷ, ㅁ

문 28. 다음 〈표〉는 A, B 두 회사 전체 신입사원의 성별 교육년수 분포에 대한 자료이다. 이에 대해 〈신입사원 초임결정공식〉을 적용했을 때, 아래 설명 중 옳지 <u>않은</u> 것은? 11 5급(인) 34번

〈표〉 회사별 성별 전체 신입사원의 교육 년수 분포

(단위 : %)

회사	성별	12년 (고졸)	14년 (초대졸)	16년 (대졸)	18년 (대학원졸)	합
A	남	30	20	40	10	100
	여	40	20	30	10	100
B	남	40	10	30	20	100
	여	50	30	10	10	100

─〈신입사원 초임결정공식〉─

• A사
 − 남자 : 초임(만 원)=1,000+180×(교육 년수)
 − 여자 : 초임(만 원)=1,840+120×(교육 년수)
• B사
 − 남자 : 초임(만 원)=750+220×(교육 년수)
 − 여자 : 초임(만 원)=2,200+120×(교육 년수)

① B사 여자신입사원은 교육 년수가 동일한 A사 남자신입사원보다 초임이 높다.

② 교육 년수가 14년 이하인 B사 여자신입사원은 교육 년수가 동일한 B사 남자신입사원보다 초임이 높다.

③ A사 여자신입사원 중, 교육 년수가 동일한 A사 남자신입사원보다 초임이 낮은 A사 여자신입사원의 비율은 40%이다.

④ 교육 년수가 16년 이상인 A사 남자신입사원은 교육 년수가 동일한 B사 남자신입사원보다 초임이 높다.

⑤ B사 남자신입사원 중, 교육 년수가 동일한 B사 여자신입사원보다 초임이 높은 B사 남자신입사원의 비율은 50%이다.

문 29. 다음 〈그림〉은 1998~2007년 동안 어느 시의 폐기물 처리 유형별 처리량 추이에 대한 자료이다. 이에 대한 〈보기〉의 설명 중 옳은 것을 모두 고르면? 12 5급(인) 02번

〈그림 1〉 생활폐기물 처리 유형별 처리량 추이

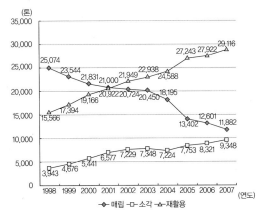

〈그림 2〉 사업장폐기물 처리 유형별 처리량 추이

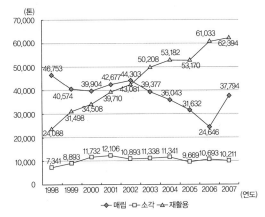

※ 1) 폐기물 처리 유형은 매립, 소각, 재활용으로만 구분됨

2) 매립률(%)= $\frac{매립량}{매립량+소각량+재활용량}$ ×100

3) 재활용률(%)= $\frac{재활용량}{매립량+소각량+재활용량}$ ×100

─〈보 기〉─

ㄱ. 생활폐기물과 사업장폐기물 각각의 재활용량은 매년 증가하고 매립량은 매년 감소하고 있다.

ㄴ. 생활폐기물 전체 처리량은 매년 증가하고 있다.

ㄷ. 2006년 생활폐기물과 사업장폐기물 각각 매립률이 25% 이상이다.

ㄹ. 사업장폐기물의 재활용률은 1998년에 40% 미만이나 2007년에는 60% 이상이다.

ㅁ. 2007년 생활폐기물과 사업장폐기물의 전체 처리량은 각각 전년 대비 증가하였다.

① ㄱ, ㄷ

② ㄴ, ㄹ

③ ㄷ, ㅁ

④ ㄱ, ㄴ, ㄹ

⑤ ㄷ, ㄹ, ㅁ

문 30. 다음 〈표〉는 A시와 B시의 민원접수 및 처리 현황에 대한 자료이다. 이에 대한 설명으로 옳은 것은?　12 5급(인) 04번

〈표〉 A, B시의 민원접수 및 처리 현황

(단위 : 건)

구분	민원접수	처리 상황		완료된 민원의 결과	
		미완료	완료	수용	기각
A시	19,699	( )	18,135	( )	3,773
B시	40,830	( )	32,049	23,637	( )

※ 1) 접수된 민원의 처리 상황은 '미완료'와 '완료'로만 구분되며, 완료된 민원의 결과는 '수용'과 '기각'으로만 구분됨.

2) 수용비율(%) = $\frac{수용\ 건수}{완료\ 건수}$ × 100

① A시는 B시에 비해 '민원접수' 건수가 적고, 시민 1인당 '민원접수' 건수도 B시에 비해 적다.

② '수용' 건수는 B시가 A시에 비해 많고, 수용비율도 B시가 A시에 비해 높다.

③ '미완료' 건수는 B시가 A시의 5배를 넘지 않는다.

④ B시의 '민원접수' 건수 대비 '수용' 건수의 비율은 50% 미만이다.

⑤ A시와 B시 각각의 '민원접수' 건수 대비 '미완료' 건수의 비율은 10%p 이상 차이가 난다.

문 31. 다음 〈표〉는 2001～2005년 국방부의 감사 횟수 및 감사실적을 처분 종류별, 업무 종류별, 결함 원인별로 나타낸 자료이다. 이에 대한 〈보기〉의 설명 중 옳은 것을 모두 고르면?　12 5급(인) 21번

〈표 1〉 처분 종류별 감사실적 건수

(단위 : 건)

연도	감사 횟수	감사 실적	처분 종류						
			징계	경고	시정	주의	개선	통보	권고
2001	43	1,039	25	52	231	137	124	271	199
2002	42	936	15	65	197	203	106	179	171
2003	36	702	19	54	140	152	57	200	80
2004	38	560	10	62	112	99	56	168	53
2005	35	520	9	39	107	92	55	171	47

〈표 2〉 업무 종류별 감사실적 건수

(단위 : 건)

연도	감사 실적	업무 종류							
		행정 일반	인사	정훈 교육	의무	군수 시설	방위 산업	예산 국고금	기타
2001	1,039	419	63	3	27	424	54	0	49
2002	936	217	43	9	29	448	60	64	66
2003	702	192	35	2	3	195	101	132	42
2004	560	164	10	9	6	162	56	122	31
2005	520	167	0	3	2	194	72	60	22

〈표 3〉 결함 원인별 감사실적 건수

(단위 : 건)

연도	감사 실적	결함 원인				
		제도결함	관계 규정 이해 부족	감독소홀	운영 불합리	기타
2001	1,039	36	15	52	739	197
2002	936	17	72	70	686	91
2003	702	12	143	72	407	68
2004	560	21	64	45	385	45
2005	520	18	21	8	452	21

―〈보 기〉―

ㄱ. 감사 횟수당 '감사실적' 건수는 매년 감소했다.

ㄴ. 2005년 '군수시설' 업무 감사에서 결함 원인이 '운영불합리'인 경우는 126건 이상이다.

ㄷ. 2002～2005년 동안 전년 대비 증감방향이 '감사실적' 건수의 전년 대비 증감방향과 동일한 처분 종류는 세 가지이다.

ㄹ. 2005년 결함원인이 '운영불합리'인 건수의 당해년도 '감사실적' 건수 대비 비중은 2001년 처분 종류가 '시정'인 건수의 당해년도 '감사실적' 건수 대비 비중보다 작다.

① ㄱ, ㄴ

② ㄱ, ㄷ

③ ㄴ, ㄷ

④ ㄷ, ㄹ

⑤ ㄴ, ㄷ, ㄹ

문 32. 다음 〈표〉는 국내에 취항하는 12개 항공사의 여객 및 화물 운항 실적을 나타낸 자료이다. 이에 대한 〈보기〉의 설명 중 옳은 것을 모두 고르면? 12 5급(인) 28번

〈표〉 국내 취항 항공사의 여객 및 화물 운항 실적

구분	항공사	취항 노선 수 (개)	운항 횟수 (회)	여객운항 횟수 (회)	화물운항 횟수 (회)
국내 항공사	A	137	780	657	123
	B	88	555	501	54
	국내항공사 전체	225	1,335	1,158	177
외국 항공사	C	5	17	13	4
	D	3	5	0	5
	E	4	7	7	0
	F	4	18	14	4
	G	12	14	0	14
	H	13	31	0	31
	I	12	28	0	28
	J	9	76	75	1
	K	10	88	82	6
	L	17	111	102	9
	외국항공사 전체	89	395	293	102

※ 1) 운항 횟수=여객운항 횟수+화물운항 횟수

2) 여객지수=$\dfrac{\text{여객운항 횟수}}{\text{운항 횟수}}$=1−화물지수

3) 국내에 취항하는 항공사의 수는 총 12개임

4) 각 항공사 간 취항노선의 중복과 공동운항은 없음

─〈보 기〉─

ㄱ. 화물지수가 1인 항공사의 수가 여객지수가 1인 항공사의 수 보다 많다.

ㄴ. 여객지수가 B항공사보다 큰 외국항공사의 수는 4개이다.

ㄷ. 국내항공사가 취항하는 전체 노선 수 중 A항공사가 취항하는 노선 수가 차지하는 비중은 65%를 넘는다.

ㄹ. '국내항공사 전체'의 여객지수가 '외국항공사 전체'의 여객지수보다 크다.

① ㄱ, ㄴ

② ㄱ, ㄷ

③ ㄴ, ㄹ

④ ㄱ, ㄴ, ㄷ

⑤ ㄱ, ㄴ, ㄹ

문 33. 다음 〈그림〉은 2010년 세계 인구의 국가별 구성비와 OECD 국가별 인구를 나타낸 자료이다. 2010년 OECD 국가의 총인구 중 미국 인구가 차지하는 비율이 25%일 때, 이에 대한 〈보기〉의 설명 중 옳은 것을 모두 고르면? 13 5급(인) 02번

〈그림 1〉 2010년 세계 인구의 국가별 구성비

(단위 : %)

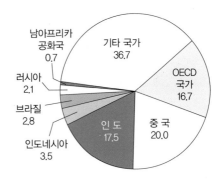

〈그림 2〉 2010년 OECD 국가별 인구

(단위 : 백만 명)

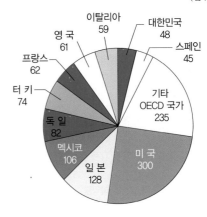

─〈보 기〉─

ㄱ. 2010년 세계 인구는 70억 명 이상이다.

ㄴ. 2010년 기준 독일 인구가 매년 전년 대비 10% 증가한다면, 독일 인구가 최초로 1억 명 이상이 되는 해는 2014년이다.

ㄷ. 2010년 OECD 국가의 총 인구 중 터키 인구가 차지하는 비율은 5% 이상이다.

ㄹ. 2010년 남아프리카공화국 인구는 스페인 인구보다 적다.

① ㄱ, ㄴ

② ㄱ, ㄷ

③ ㄱ, ㄹ

④ ㄴ, ㄷ

⑤ ㄷ, ㄹ

문 34. 다음 〈그림〉은 2010년과 2011년의 갑 회사 5개 품목 (A~E)별 매출액, 시장점유율 및 이익률을 나타내는 그래프이다. 이에 대한 〈보기〉의 설명 중 옳은 것을 모두 고르면?

13 5급(인) 04번

〈그림 1〉 2010년 A~E의 매출, 시장점유율, 이익률

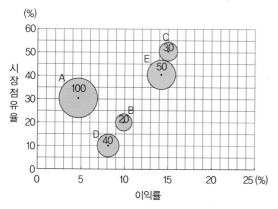

〈그림 2〉 2011년 A~E의 매출액, 시장점유율, 이익률

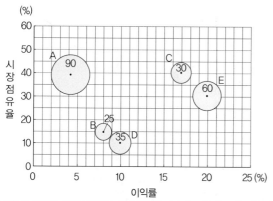

※ 1) 원의 중심좌표는 각각 이익률과 시장점유율을 나타내고, 원 내부값은 매출액(억 원)을 의미하며, 원의 면적은 매출액에 비례함

2) 이익률(%)=$\frac{이익}{매출액}$×100

3) 시장점유율(%)=$\frac{매출액}{시장규모}$×100

〈보 기〉
ㄱ. 2010년보다 2011년 매출액, 이익률, 시장점유율 3개 항목이 모두 큰 품목은 없다.
ㄴ. 2010년보다 2011년 이익이 큰 품목은 3개이다.
ㄷ. 2011년 A품목의 시장규모는 2010년보다 크다.
ㄹ. 2011년 시장규모가 가장 큰 품목은 전년보다 이익이 적다.

① ㄱ, ㄴ
② ㄱ, ㄷ
③ ㄴ, ㄹ
④ ㄷ, ㄹ
⑤ ㄱ, ㄴ, ㄷ

문 35. 정당별 득표 수가 〈표〉와 같을 때, 다음 〈배분방식〉을 이용하여 시의회 의석(6석)을 정당(A~D)에 배분하려고 한다. 이 때, B 정당과 C 정당에 배분되는 의석 수를 바르게 나열한 것은?

13 5급(인) 14번

〈표〉 정당별 득표 수

정당	득표 수
A	10,000
B	6,000
C	2,000
D	1,300

〈배분방식〉
• 단계 1 : 득표수가 가장 많은 정당에 1석을 배분한다.
• 단계 2 : 각 정당별로 '$\frac{정당득표 수}{배분된 누적의석 수+1}$'를 계산하고, 미배분 의석 중 1석을 이 값이 가장 큰 정당에 배분한다.
• 단계 3 : 시의회 의석이 모두 배분될 때까지 단계 2를 반복한다.

〈배분예시〉
두 번째 의석까지 배분 후 정당별 누적의석 수

구분 \ 정당	A	B	C	D
첫 번째 의석 배분 후	1	0	0	0
두 번째 의석 배분 후	1	1	0	0

	B	C
①	1	0
②	1	1
③	2	0
④	2	1
⑤	3	0

문 36. 다음 〈표〉는 지역별 건축 및 대체에너지 설비투자 현황에 관한 자료이다. 이에 대한 〈보기〉의 설명 중 옳은 것을 모두 고르면?

13 5급(인) 15번

〈표〉 지역별 건축 및 대체에너지 설비투자 현황

(단위 : 건, 억 원, %)

지역	건축 건수	건축 공사비 (A)	대체에너지 설비투자액				대체에너지 설비투자 비율 (B/A)
			태양열	태양광	지열	합(B)	
가	12	8,409	27	140	336	503	5.98
나	14	12,851	23	265	390	678	( )
다	15	10,127	15	300	210	525	( )
라	17	11,000	20	300	280	600	5.45
마	21	20,100	30	600	450	1,080	( )

※ 건축공사비 내에 대체에너지 설비투자액은 포함되지 않음

〈보 기〉

ㄱ. 건축 건수 1건당 건축공사비가 가장 많은 곳은 '나' 지역이다.

ㄴ. '가'~'마' 지역의 대체에너지 설비투자 비율은 각각 5% 이상이다.

ㄷ. '라' 지역에서 태양광 설비투자액이 210억 원으로 줄어도 대체에너지 설비투자 비율은 5% 이상이다.

ㄹ. 대체에너지 설비투자액 중 태양광 설비투자액 비율이 가장 높은 지역은 대체에너지 설비투자 비율이 가장 낮다.

① ㄱ, ㄴ

② ㄱ, ㄷ

③ ㄴ, ㄷ

④ ㄴ, ㄹ

⑤ ㄷ, ㄹ

문 37. 다음 〈그림〉과 〈표〉는 창업보육센터의 현황에 대한 자료이다. 이에 대한 〈보기〉의 설명 중 옳지 않은 것을 모두 고르면?

13 5급(인) 16번

〈그림〉 연도별 창업보육센터 수 및 지원금액

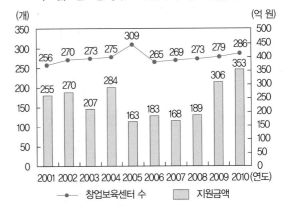

〈표〉 연도별 창업보육센터당 입주업체 수 및 매출액

(단위 : 개, 억 원)

구분 \ 연도	2008	2009	2010
창업보육센터당 입주업체 수	16.6	17.1	16.8
창업보육센터당 입주업체 매출액	85.0	91.0	86.7

※ 한 업체는 1개의 창업보육센터에만 입주함

〈보 기〉

ㄱ. 2010년 전년 대비 창업보육센터 지원금액 증가율은 2010년 전년 대비 창업보육센터 수 증가율의 5배 이상이다.

ㄴ. 2010년 창업보육센터의 전체 입주업체 수는 전년보다 적다.

ㄷ. 창업보육센터당 지원금액이 가장 적은 해는 2005년이며 가장 많은 해는 2010년이다.

ㄹ. 창업보육센터 입주업체의 전체 매출액은 2008년 이후 매년 증가하였다.

① ㄱ, ㄴ

② ㄱ, ㄷ

③ ㄴ, ㄷ

④ ㄴ, ㄹ

⑤ ㄷ, ㄹ

다음 〈표〉는 콩 교역 및 생산에 관한 통계자료이다. 이에 대한 〈보기〉의 설명 중 옳지 <u>않은</u> 것을 모두 고르면?

13 5급(인) 30번

〈표 1〉 콩 수출량 및 수입량 상위 10개국

(단위 : 만 톤)

수출국	수출량	수입국	수입량
미국	3,102	중국	1,819
브라질	1,989	네덜란드	544
아르헨티나	871	일본	517
파라과이	173	독일	452
네덜란드	156	멕시코	418
캐나다	87	스페인	310
중국	27	대만	169
인도	24	벨기에	152
우루과이	18	한국	151
볼리비아	12	이탈리아	144

〈표 2〉 콩 생산량 상위 10개국의 생산현황

순위	국가별	재배면적 (만 ha)	생산량 (만 톤)	단위재배면적당 생산량 (톤/ha)
1	미국	2,994	8,562.8	2.86
2	브라질	( )	4,916.6	2.29
3	아르헨티나	1,395	3,194.6	2.29
4	중국	1,058	( )	1.68
5	인도	755	702.2	0.93
6	파라과이	167	380.8	2.28
7	캐나다	120	290.4	2.42
8	볼리비아	65	154.1	2.37
9	인도네시아	55	71.0	1.29
10	이탈리아	15	50.3	3.35
	기타	390	512.3	1.31
	세계전체	9,161	20,612.3	( )

※ 단위재배면적당 생산량은 소수점 아래 셋째 자리에서 반올림한 값임

─── 〈보 기〉 ───
ㄱ. 중국은 세계에서 콩 수입량이 가장 많은 국가로서, 콩 수입량이 생산량보다 많다.
ㄴ. 브라질의 콩 재배면적은 아르헨티나와 중국의 콩 재배면적을 합친 것보다 넓다.
ㄷ. 미국, 브라질, 아르헨티나 3개국의 콩 생산량 합은 세계 전체 콩 생산량의 80% 이상이다.
ㄹ. 콩 생산량 상위 10개국 중 단위재배면적당 콩 생산량이 세계 전체의 단위재배면적당 콩 생산량보다 적은 국가의 수는 4개이다.

① ㄱ, ㄴ
② ㄱ, ㄷ
③ ㄴ, ㄷ
④ ㄴ, ㄹ
⑤ ㄷ, ㄹ

다음 〈표〉는 2008~2010년 동안 A지역의 용도별 물 사용량 현황을 나타낸 것이다. 이에 대한 〈보기〉의 설명 중 옳지 <u>않은</u> 것을 모두 고르면?

13 5급(인) 34번

〈표〉 A지역의 용도별 물 사용량 현황

(단위 : m³, %, 명)

용도 \ 연도 구분	2008 사용량	2008 비율	2009 사용량	2009 비율	2010 사용량	2010 비율
생활용수	136,762	56.2	162,790	56.2	182,490	56.1
가정용수	65,100	26.8	72,400	25.0	84,400	26.0
영업용수	11,000	4.5	19,930	6.9	23,100	7.1
업무용수	39,662	16.3	45,220	15.6	47,250	14.5
욕탕용수	21,000	8.6	25,240	8.7	27,740	8.5
농업용수	45,000	18.5	49,050	16.9	52,230	16.1
공업용수	61,500	25.3	77,900	26.9	90,300	27.8
총 사용량	243,262	100.0	289,740	100.0	325,020	100.0
사용인구	379,300		430,400		531,250	

※ 1명당 생활용수 사용량(m³/명)= $\dfrac{생활용수\ 총\ 사용량}{사용인구}$

─── 〈보 기〉 ───
ㄱ. 총 사용량은 2009년과 2010년 모두 전년 대비 15% 이상 증가하였다.
ㄴ. 1명당 생활용수 사용량은 매년 증가하였다.
ㄷ. 농업용수 사용량은 매년 증가하였다.
ㄹ. 가정용수와 영업용수 사용량의 합은 업무용수와 욕탕용수 사용량의 합보다 매년 크다.

① ㄱ, ㄴ
② ㄴ, ㄷ
③ ㄴ, ㄹ
④ ㄱ, ㄴ, ㄹ
⑤ ㄱ, ㄷ, ㄹ

문 40. 다음 〈표〉는 2011년 A국의 학교급별 특수학급 현황을 나타낸 것이다. 이에 대한 〈보기〉의 설명 중 옳은 것만을 모두 고르면?

14 5급(A) 36번

〈표〉 2011년 A국의 학교급별 특수학급 현황

(단위 : 개교)

학교급	구분	학교 수	장애학생 배치학교 수	특수학급 설치학교 수
초등학교	국공립	5,868	4,596	3,668
	사립	76	16	4
중학교	국공립	2,581	1,903	1,360
	사립	571	309	52
고등학교	국공립	1,335	1,013	691
	사립	948	494	56
전체	국공립	9,784	7,512	5,719
	사립	1,595	819	112

※ 특수학급 설치율(%)= $\dfrac{\text{특수학급 설치학교 수}}{\text{장애학생 배치학교 수}} \times 100$

───〈보 기〉───

ㄱ. 특수학급 설치율은 국공립초등학교가 사립초등학교보다 4배 이상 높다.

ㄴ. 모든 학교급에서 국공립학교의 특수학급 설치율은 50% 이상이다.

ㄷ. 전체 사립학교와 전체 국공립학교의 특수학급 설치율 차이는 50%p 이상이다.

ㄹ. 학교 수에서 장애학생 배치학교 수가 차지하는 비율은 사립초등학교가 사립고등학교보다 낮다.

① ㄴ, ㄷ

② ㄷ, ㄹ

③ ㄱ, ㄴ, ㄷ

④ ㄱ, ㄴ, ㄹ

⑤ ㄴ, ㄷ, ㄹ

문 41. 다음 〈표〉는 군별, 연도별 A소총의 신규 배치량에 관한 자료이다. 이에 대한 〈보기〉의 설명 중 옳은 것만을 모두 고르면?

15 5급(인) 16번

〈표〉 군별, 연도별 A소총의 신규 배치량

(단위 : 정)

연도 / 군	2011	2012	2013	2014
육군	3,000	2,450	2,000	0
해군	600	520	450	450
공군	0	30	350	150
전체	3,600	3,000	2,800	600

───〈보 기〉───

ㄱ. 2011~2014년 육군의 A소총 신규 배치량이 매년 600정 더 많다면, 해당기간 육·해·공군 전체의 A소총 연평균 신규 배치량은 3,100정이다.

ㄴ. 연도별 육·해·공군 전체의 A소총 신규 배치량 중 해군의 A소총 신규 배치량이 차지하는 비중이 가장 작은 해는 2011년이다.

ㄷ. A소총 1정당 육군은 590만 원, 해군은 560만 원, 공군은 640만 원으로 매입하여 배치했다면, 육·해·공군 전체의 A소총 1정당 매입가격은 2011년이 2014년보다 낮다.

① ㄱ

② ㄴ

③ ㄱ, ㄴ

④ ㄱ, ㄷ

⑤ ㄴ, ㄷ

문 42. 다음 〈표〉는 A~D지역으로만 이루어진 '갑'국의 2015년 인구 전입·전출과 관련한 자료이다. 이에 대한 〈보고서〉의 내용 중 옳은 것만을 모두 고르면?　　　17 5급(가) 35번

〈표 1〉 2015년 인구 전입·전출

(단위 : 명)

전출지＼전입지	A	B	C	D
A		190	145	390
B	123		302	260
C	165	185		110
D	310	220	130	

※ 1) 전입·전출은 A~D지역 간에서만 이루어짐
　 2) 2015년 인구 전입·전출은 2015년 1월 1일부터 12월 31일까지 발생하며, 동일인의 전입·전출은 최대 1회만 가능함
　 3) 예 〈표 1〉에서 '190'은 A지역에서 190명이 전출하여 B지역으로 전입하였음을 의미함

〈표 2〉 2015, 2016년 지역별 인구

(단위 : 명)

지역＼연도	2015	2016
A	3,232	3,105
B	3,120	3,030
C	2,931	( )
D	3,080	( )

※ 1) 인구는 매년 1월 1일 0시를 기준으로 함
　 2) 인구변화는 전입·전출에 의해서만 가능함

─── 〈보고서〉 ───

'갑'국의 지역 간 인구 이동을 파악하기 위해 2015년의 전입·전출을 분석한 결과 총 2,530명이 주소지를 이전한 것으로 파악되었다. '갑'국의 4개 지역 가운데 ㉠ <u>전출자 수가 가장 큰 지역은 A이다.</u> 반면, ㉡ <u>전입자 수가 가장 큰 지역은 A, B, D 지역으로부터 총 577명이 전입한 C이다.</u> 지역 간 인구 이동은 지역경제 활성화에 따른 일자리 수요와 밀접하게 연관된다. 2015년 인구 이동 결과, ㉢ <u>2016년 인구가 가장 많은 지역은 D이며,</u> ㉣ <u>2015년과 2016년의 인구 차이가 가장 큰 지역은 A이다.</u>

① ㉠, ㉡

② ㉠, ㉢

③ ㉡, ㉣

④ ㉢, ㉣

⑤ ㉠, ㉢, ㉣

문 43. 다음 〈그림〉은 2004~2017년 '갑'국의 엥겔계수와 엔젤계수를 나타낸 자료이다. 이에 대한 설명으로 옳은 것은?　　　18 5급(나) 03번

〈그림〉 2004~2017년 엥겔계수와 엔젤계수

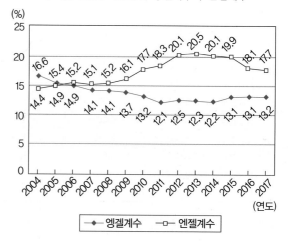

※ 1) 엥겔계수(%) = $\dfrac{식료품비}{가계지출액}$ × 100

　 2) 엔젤계수(%) = $\dfrac{18세\ 미만\ 자녀에\ 대한\ 보육교육비}{가계지출액}$ × 100

　 3) 보육·교육비에는 식료품비가 포함되지 않음

① 2008~2013년 동안 엔젤계수의 연간 상승폭은 매년 증가한다.

② 2004년 대비 2014년, 엥겔계수 하락폭은 엔젤계수 상승폭보다 크다.

③ 2006년 이후 매년 18세 미만 자녀에 대한 보육·교육비는 식료품비를 초과한다.

④ 2008~2012년 동안 매년 18세 미만 자녀에 대한 보육·교육비 대비 식료품비의 비율은 증가한다.

⑤ 엔젤계수는 가장 높은 해가 가장 낮은 해에 비해 7.0%p 이상 크다.

문 44. 다음 〈표〉는 '갑'시 자격시험 접수, 응시 및 합격자 현황이다. 이에 대한 설명으로 옳은 것은? 18 5급(나) 08번

〈표〉 '갑'시 자격시험 접수, 응시 및 합격자 현황

(단위 : 명)

구분	종목	접수	응시	합격
산업기사	치공구설계	28	22	14
	컴퓨터응용가공	48	42	14
	기계설계	86	76	31
	용접	24	11	2
	전체	186	151	61
기능사	기계가공조립	17	17	17
	컴퓨터응용선반	41	34	29
	웹디자인	9	8	6
	귀금속가공	22	22	16
	컴퓨터응용밀링	17	15	12
	전산응용기계제도	188	156	66
	전체	294	252	146

※ 1) 응시율(%) = $\frac{응시자 수}{접수자 수}$ × 100

2) 합격률(%) = $\frac{합격자 수}{응시자 수}$ × 100

① 산업기사 전체 합격률은 기능사 전체 합격률보다 높다.

② 산업기사 종목을 합격률이 높은 것부터 순서대로 나열하면 치공구설계, 컴퓨터응용가공, 기계설계, 용접 순이다.

③ 산업기사 전체 응시율은 기능사 전체 응시율보다 낮다.

④ 산업기사 종목 중 응시율이 가장 낮은 것은 컴퓨터응용가공이다.

⑤ 기능사 종목 중 응시율이 높은 종목일수록 합격률도 높다.

문 45. 다음 〈표〉는 하진이의 10월 모바일 쇼핑 구매내역이다. 이에 대한 설명으로 옳은 것은? 18 5급(나) 33번

〈표〉 10월 모바일 쇼핑 구매내역

(단위 : 원, 포인트)

상품	주문금액	할인금액		결제금액	
요가용품세트	45,400	즉시할인	4,540	신용카드	32,700
		쿠폰할인	4,860	+포인트	3,300
				=	36,000
가을스웨터	57,200	즉시할인	600	신용카드	48,370
		쿠폰할인	7,970	+포인트	260
				=	48,630
샴푸	38,800	즉시할인	0	신용카드	34,300
		쿠폰할인	( )	+포인트	1,500
				=	35,800
보온병	9,200	즉시할인	1,840	신용카드	7,290
		쿠폰할인	0	+포인트	70
				=	7,360
전체	150,600		22,810		127,790

※ 1) 결제금액(원) = 주문금액 - 할인금액

2) 할인율(%) = $\frac{할인금액}{주문금액}$ × 100

3) 1포인트는 결제금액 1원에 해당함

① 전체 할인율은 15% 미만이다.

② 할인율이 가장 높은 상품은 '보온병'이다.

③ 주문금액 대비 신용카드 결제금액 비율이 가장 낮은 상품은 '요가용품세트'이다.

④ 10월 전체 주문금액의 3%가 11월 포인트로 적립된다면, 10월 구매로 적립된 11월 포인트는 10월 동안 사용한 포인트보다 크다.

⑤ 결제금액 중 포인트로 결제한 금액이 차지하는 비율이 두 번째로 낮은 상품은 '가을스웨터'이다.

문 46. 다음 〈표〉와 〈그림〉은 2017년 지역별 정보탐색에 관한 자료이다. 이에 대한 설명으로 옳은 것은? 19 5급(가) 09번

〈표〉 지역별 인구 수 및 정보탐색 시도율과 정보탐색 성공률

(단위 : 명, %)

구분 지역	인구 수		정보탐색 시도율		정보탐색 성공률	
성별	남	여	남	여	남	여
A	5,800	4,200	35.0	39.0	90.1	91.6
B	1,000	800	28.0	30.0	92.9	95.8
C	2,500	3,000	15.0	25.0	88.0	92.0
D	4,000	3,500	37.0	40.0	91.2	92.9
E	4,800	3,200	42.0	45.0	87.3	84.7
F	6,000	6,500	20.0	33.0	81.7	93.2
G	1,200	900	35.0	28.0	95.2	95.2
H	1,400	1,600	16.0	13.0	89.3	91.3

※ 1) 정보탐색 시도율(%)= 정보탐색 시도자 수 / 인구수 ×100

2) 정보탐색 성공률(%)= 정보탐색 성공자 수 / 정보탐색 시도자 수 ×100

〈그림〉 지역별 정보탐색 시도율과 정보탐색 성공률 분포

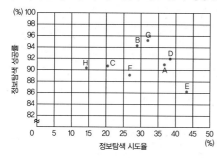

① 인구 수 대비 정보탐색 성공자 수의 비율은 B 지역이 D 지역보다 높다.

② 인구 수 대비 정보탐색 성공자 수의 비율이 가장 낮은 지역은 H 지역이다.

③ 정보탐색 시도율이 높은 지역일수록 정보탐색 성공률도 높다.

④ 인구 수가 가장 적은 지역과 남성 정보탐색 성공자 수가 가장 적은 지역은 동일하다.

⑤ D 지역의 여성 정보탐색 성공자 수는 C 지역의 여성 정보탐색 성공자 수의 2배 이상이다.

문 47. 다음 〈표〉와 〈그림〉은 우리나라의 에너지 유형별 1차에너지 생산과 최종에너지 소비에 관한 자료이다. 이에 대한 〈보기〉의 설명으로 옳지 <u>않은</u> 것은? 19 5급(가) 16번

〈표 1〉 2008~2012년 1차에너지의 유형별 생산량

(단위 : 천 TOE)

유형 연도	석탄	수력	신재생	원자력	천연 가스	합
2008	1,289	1,196	5,198	32,456	236	40,375
2009	1,171	1,213	5,480	31,771	498	40,133
2010	969	1,391	6,064	31,948	539	40,911
2011	969	1,684	6,618	33,265	451	42,987
2012	942	1,615	8,036	31,719	436	42,748

※ 국내에서 생산하는 1차에너지 유형은 제시된 5가지로만 구성됨

〈그림〉 2012년 1차에너지의 지역별 생산량 비중(TOE 기준)

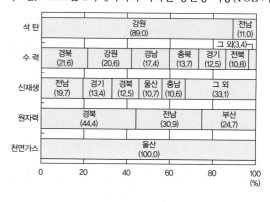

〈표 2〉 유형별 최종에너지 소비 추이(2008~2012년)와 지역별 최종에너지 소비(2012년)

(단위 : 천 TOE)

유형 연도 ·지역	석탄	석유 제품	천연 및 도시가스	전력	열	신재생	합
2008	26,219	97,217	19,765	33,116	1,512	4,747	182,576
2009	23,895	98,370	19,459	33,925	1,551	4,867	182,067
2010	29,164	100,381	21,640	37,338	1,718	5,346	195,587
2011	33,544	101,976	23,672	39,136	1,702	5,833	205,863
2012	31,964	101,710	25,445	40,127	1,751	7,124	208,121
서울	118	5,863	4,793	4,062	514	218	15,568
부산	62	3,141	1,385	1,777	–	104	6,469
대구	301	1,583	970	1,286	80	214	4,434
인천	54	6,798	1,610	1,948	–	288	10,698
광주	34	993	630	699	–	47	2,403
대전	47	945	682	788	–	51	2,513
울산	451	19,357	2,860	2,525	–	336	25,529
경기	335	10,139	5,143	8,625	1,058	847	26,147
강원	1,843	1,875	312	1,368	–	644	6,042

충북	1,275	2,044	752	1,837	59	471	6,438
충남	5,812	17,184	1,454	3,826	5	143	28,424
전북	27	2,177	846	1,846	–	337	5,233
전남	11,675	21,539	975	2,450	–	2,251	38,890
경북	9,646	3,476	1,505	3,853	–	879	19,359
경남	284	3,873	1,515	2,839	35	266	8,812
제주	–	721	13	332	–	28	1,094
기타	–	2	–	66	–	–	68

※ 국내에서 소비하는 최종에너지 유형은 제시된 6가지로만 구성됨

① 2008년 대비 2012년의 생산량 증가율이 가장 큰 1차에너지 유형은 천연가스이다.

② 2012년 1차에너지를 가장 많이 생산한 지역에서는 같은 해 최종에너지 중 석유제품을 가장 많이 소비하였다.

③ 2012년 석탄 1차에너지 생산량은 2012년 경기 지역의 신재생 1차에너지 생산량보다 적다.

④ 2012년에 1차에너지 생산량이 최종에너지 소비량의 합보다 많은 지역이 존재한다.

⑤ 2008년 대비 2012년의 소비량 증가율이 가장 큰 최종에너지 유형은 신재생이다.

문 48. 다음 〈표〉는 성별, 연령대별 전자금융서비스 인증수단 선호도에 관한 자료이다. 이에 대한 설명으로 옳지 **않은** 것은?

19 5급(가) 33번

〈표〉 성별, 연령대별 전자금융서비스 인증수단 선호도 조사결과

(단위 : %)

구분	인증수단	휴대폰 문자 인증	공인 인증서	아이핀	이메일	전화 인증	신용 카드	바이오 인증
성별	남성	72.2	69.3	34.5	23.1	22.3	21.1	9.9
	여성	76.6	71.6	27.0	25.3	23.9	20.4	8.3
연령대	10대	82.2	40.1	38.1	54.6	19.1	12.0	11.9
	20대	73.7	67.4	36.0	24.1	25.6	16.9	9.4
	30대	71.6	76.2	29.8	15.7	28.0	22.3	7.8
	40대	75.0	77.7	26.7	17.8	20.6	23.3	8.6
	50대	71.9	79.4	25.7	21.1	21.2	26.0	9.4
전체		74.3	70.4	30.9	24.2	23.1	20.8	9.2

※ 1) 응답자 1인당 최소 1개에서 최대 3개까지의 선호하는 인증수단을 선택했음
  2) 인증수단 선호도는 전체 응답자 중 해당 인증수단을 선호한다고 선택한 응답자의 비율임
  3) 전자금융서비스 인증수단은 제시된 7개로만 한정됨

① 연령대별 인증수단 선호도를 살펴보면, 30대와 40대 모두 아이핀이 3번째로 높다.

② 전체 응답자 중 선호 인증수단을 3개 선택한 응답자 수는 40% 이상이다.

③ 선호하는 인증수단으로, 신용카드를 선택한 남성 수는 바이오 인증을 선택한 남성 수의 3배 이하이다.

④ 20대와 50대간의 인증수단별 선호도 차이는 공인인증서가 가장 크다.

⑤ 선호하는 인증수단으로, 이메일을 선택한 20대 모두가 아이핀과 공인인증서를 동시에 선택했다면, 신용카드를 선택한 20대 모두가 아이핀을 동시에 선택한 것이 가능하다.

문 49. 다음 〈표〉는 조선 시대 국책 사업의 1인당 노동임금에 대한 자료이다. 이에 대한 설명 중 옳지 <u>않은</u> 것은?

08 행시(열) 30번

〈표〉 조선 시대 국책 사업의 1인당 노동임금

연도	왕릉 축조	궁궐 수리
1600	나무 8단	면포 2필, 쌀 12두
1650	나무 2단, 쌀 8두	면포 4필, 쌀 10두
1700	나무 4단, 엽전 6냥	엽전 12냥, 쌀 6두
1750	나무 1단, 쌀 6두	나무 3단, 쌀 6두
1800	나무 5단, 쌀 5두	엽전 8냥
1850	쌀 20두	엽전 15냥

※ 궁궐 수리의 1인당 노동임금은 왕릉 축조의 1인당 노동임금의 1.5배로, 이 비율은 모든 시기에 걸쳐 동일하다고 가정하며, 1인당 노동임금은 제시된 물품들의 총합임

① 1750년에 나무 1단은 쌀 2두의 가치에 해당한다.

② 1650년에 나무 1단이 면포 1필과 동일한 가치를 갖는다고 가정하면, 면포 1필은 쌀 2두의 가치에 해당한다.

③ 나무, 쌀, 엽전 간의 가치비율이 1700년과 1750년에 동일하다면, 엽전 1냥은 쌀 2두의 가치에 해당한다.

④ 1600년에 나무 1단이 면포 0.5필과 동일한 가치를 갖는다고 가정하면, 면포 1필은 쌀 4두의 가치에 해당한다.

⑤ 1850년에 쌀 1두는 엽전 0.5냥이다.

문 50. 다음 〈표〉는 2014년 정부3.0 우수사례 경진대회에 참가한 총 5개 부처에 대한 심사결과 자료이다. 〈조건〉을 적용하여 최종심사점수를 계산할 때 다음 설명 중 옳은 것은?

15 5급(인) 04번

〈표〉 부처별 정부3.0 우수사례 경진대회 심사결과

구분 \ 부처	A	B	C	D	E
서면심사점수(점)	73	79	83	67	70
현장평가단 득표수(표)	176	182	172	145	137
최종심사점수(점)	( )	( )	90	( )	55

※ 현장평가단 총 인원 수는 200명임

─〈조 건〉─

• 최종심사점수
= (서면심사 최종반영점수) + (현장평가단 최종반영점수)

• 서면심사 최종반영점수

점수순위	1위	2위	3위	4위	5위
최종반영점수(점)	50	45	40	35	30

※ 점수순위는 서면심사점수가 높은 순서임

• 현장평가단 최종반영점수

득표율	90% 이상	80% 이상 90% 미만	70% 이상 80% 미만	60% 이상 70% 미만	60% 미만
최종반영점수(점)	50	40	30	20	10

※ 득표율(%) = $\dfrac{\text{현장평가단 득표 수}}{\text{현장평가단 총 인원 수}} \times 100$

① 현장평가단 최종반영점수에서 30점을 받은 부처는 E이다.

② E만 현장평가단으로부터 3표를 더 받는다면 최종심사점수의 순위가 바뀌게 된다.

③ A만 서면심사점수를 5점 더 받는다면 최종심사점수의 순위가 바뀌게 된다.

④ 서면심사점수가 가장 낮은 부처는 최종심사점수도 가장 낮다.

⑤ 서면심사 최종반영점수와 현장평가단 최종반영점수간의 차이가 가장 큰 부처는 C이다.

문 51. 다음 〈표〉는 K국 '갑'~'무' 공무원의 국외 출장 현황과 출장 국가별 여비 기준을 나타낸 자료이다. 〈표〉와 〈조건〉을 근거로 출장 여비를 지급받을 때, 출장 여비를 가장 많이 지급받는 출장자부터 순서대로 바르게 나열한 것은? 16 5급(4) 16번

〈표 1〉 K국 '갑'~'무' 공무원 국외 출장 현황

출장자	출장 국가	출장 기간	숙박비 지급 유형	1박 실지출 비용 ($/박)	출장 시 개인 마일리지 사용 여부
갑	A	3박 4일	실비지급	145	미사용
을	A	3박 4일	정액지급	130	사용
병	B	3박 5일	실비지급	110	사용
정	C	4박 6일	정액지급	75	미사용
무	D	5박 6일	실비지급	75	사용

※ 각 출장자의 출장 기간 중 매박 실지출 비용은 변동 없음

〈표 2〉 출장 국가별 1인당 여비 지급 기준액

구분 출장국가	1일 숙박비 상한액($/박)	1일 식비($/일)
A	170	72
B	140	60
C	100	45
D	85	35

〈조건〉
- 출장 여비($)=숙박비+식비
- 숙박비는 숙박 실지출 비용을 지급하는 실비지급 유형과 출장국가 숙박비 상한액의 80%를 지급하는 정액지급 유형으로 구분
  - 실비지급 숙박비($)=(1박 실지출 비용)×('박' 수)
  - 정액지급 숙박비($)
    =(출장국가 1일 숙박비 상한액)×('박' 수)×0.8
- 식비는 출장시 개인 마일리지 사용여부에 따라 출장 중 식비의 20% 추가지급
  - 개인 마일리지 미사용시 지급 식비($)
    =(출장국가 1일 식비)×('일' 수)
  - 개인 마일리지 사용시 지급 식비($)
    =(출장국가 1일 식비)×('일' 수)×1.2

① 갑, 을, 병, 정, 무
② 갑, 을, 병, 무, 정
③ 을, 갑, 정, 병, 무
④ 을, 갑, 병, 무, 정
⑤ 을, 갑, 무, 병, 정

문 52. 다음 〈표〉는 6개 광종의 위험도와 경제성 점수에 관한 자료이다. 〈표〉와 〈분류기준〉을 이용하여 광종을 분류할 때, 〈보기〉의 설명 중 옳은 것만을 모두 고르면? 17 5급(가) 03번

〈표〉 6개 광종의 위험도와 경제성 점수

(단위 : 점)

항목 \ 광종	금광	은광	동광	연광	아연광	철광
위험도	2.5	4.0	2.5	2.7	3.0	3.5
경제성	3.0	3.5	2.5	2.7	3.5	4.0

〈분류기준〉
위험도와 경제성 점수가 모두 3.0점을 초과하는 경우에는 '비축필요광종'으로 분류하고, 위험도와 경제성 점수 중 하나는 3.0점 초과, 다른 하나는 2.5점 초과 3.0점 이하인 경우에는 '주시광종'으로 분류하며, 그 외는 '비축제외광종'으로 분류한다.

〈보 기〉
ㄱ. '주시광종'으로 분류되는 광종은 1종류이다.
ㄴ. '비축필요광종'으로 분류되는 광종은 '은광', '아연광', '철광'이다.
ㄷ. 모든 광종의 위험도와 경제성 점수가 현재보다 각각 20% 증가하면, '비축필요광종'으로 분류되는 광종은 4종류가 된다.
ㄹ. '주시광종' 분류기준을 '위험도와 경제성 점수 중 하나는 3.0점 초과, 다른 하나는 2.5점 이상 3.0점 이하'로 변경한다면, '금광'과 '아연광'은 '주시광종'으로 분류된다.

① ㄱ, ㄷ
② ㄱ, ㄹ
③ ㄷ, ㄹ
④ ㄱ, ㄴ, ㄷ
⑤ ㄴ, ㄷ, ㄹ

PSAT

Public Service Aptitude Test

자료해석

PART
2
STEP UP!

01 CHAPTER
기출동형모의고사 1회

문 1. 다음 〈그림〉은 국가 A~J의 1인당 GDP와 1인당 의료비지출액을 나타낸 것이다. 이에 대한 〈보기〉의 설명 중 옳은 것만을 모두 고르면?

16 민간(5) 01번

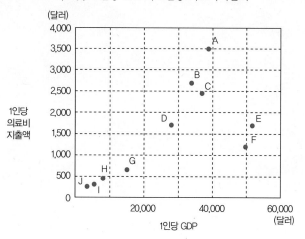

〈그림〉 1인당 GDP와 1인당 의료비지출액

─── 〈보 기〉 ───

ㄱ. 1인당 GDP가 2만 달러 이상인 국가의 1인당 의료비지출액은 1천 달러 이상이다.

ㄴ. 1인당 의료비지출액이 가장 많은 국가와 가장 적은 국가의 1인당 의료비지출액 차이는 3천 달러 이상이다.

ㄷ. 1인당 GDP가 가장 높은 국가와 가장 낮은 국가의 1인당 의료비지출액 차이는 2천 달러 이상이다.

ㄹ. 1인당 GDP 상위 5개 국가의 1인당 의료비지출액 합은 1인당 GDP 하위 5개 국가의 1인당 의료비지출액 합의 5배 이상이다.

① ㄱ, ㄴ
② ㄱ, ㄷ
③ ㄷ, ㄹ
④ ㄱ, ㄴ, ㄹ
⑤ ㄴ, ㄷ, ㄹ

문 2. 다음 〈표〉는 과목 등급 산정기준과 과목별 이수단위 및 민수의 과목별 석차에 대한 자료이다. 〈표〉와 〈평균등급 산출 공식〉에 따라 산정한 민수의 4개 과목 평균등급을 M이라 할 때, M의 범위로 옳은 것은?

16 민간(5) 02번

〈표 1〉 과목 등급 산정기준

등급	과목석차 백분율
1	0% 초과 4% 이하
2	4% 초과 11% 이하
3	11% 초과 23% 이하
4	23% 초과 40% 이하
5	40% 초과 60% 이하
6	60% 초과 77% 이하
7	77% 초과 89% 이하
8	89% 초과 96% 이하
9	96% 초과 100% 이하

※ 과목석차 백분율(%) = $\dfrac{\text{과목석차}}{\text{과목이수인원}} \times 100$

〈표 2〉 과목별 이수단위 및 민수의 과목별 석차

과목 \ 구분	이수단위 (단위)	석차 (등)	이수인원 (명)
국어	3	270	300
영어	3	44	300
수학	2	27	300
과학	3	165	300

─── 〈평균등급 산출 공식〉 ───

$$\text{평균등급} = \frac{(\text{과목별 등급} \times \text{과목별 이수단위})\text{의 합}}{\text{과목별 이수단위의 합}}$$

① 3 ≤ M < 4
② 4 ≤ M < 5
③ 5 ≤ M < 6
④ 6 ≤ M < 7
⑤ 7 ≤ M < 8

문 3.   다음 〈표〉는 국방비 관련 자료이다. 이에 대한 〈보기〉의 설명 중 옳은 것을 모두 고른 것은?   06 견습(역) 03번

〈표 1〉 국가별 국방비 현황

국가	GDP (억 $)	국방비 (억 $)	GDP 대비 국방비(%)	병력 (천 명)	1인당 군사비($)
A	92,000	2,831	3.1	1,372	1,036
B	43,000	404	0.9	243	319
C	19,000	311	1.6	333	379
D	14,000	379	2.7	317	640
E	11,000	568	5.2	1,004	380
F	14,000	369	2.6	212	628
G	2,830	54	1.9	71	148
H	7,320	399	5.5	2,820	32
I	990	88	8.9	174	1,465
J	840	47	5.6	73	1,174
K	150	21	14.0	1,055	98

〈표 2〉 한국의 연도별 국방비

(단위 : 억 원, %)

구분＼연도	1990	1995	1998	1999	2000	2001
국방비	66,378	110,744	138,000	137,490	144,774	153,884
재정 대비 국방비 구성비	24.2	21.3	18.3	16.4	16.3	15.5
GDP 대비 국방비 구성비	3.7	3.1	2.9	2.8	2.7	2.6

〈표 3〉 한국의 연도별 국방비 구성

(단위 : 억 원, %)

연도	국방비		경상운영비			전략투자비		
	금액	증가율	금액	증가율	구성비	금액	증가율	구성비
1995	110,744	9.9	71,032	9.9	64.1	39,712	10.0	35.9
1996	122,434	10.6	79,772	12.3	65.2	42,662	7.4	34.8
1997	137,865	12.6	86,032	7.8	62.4	51,833	21.5	37.6
1998	138,000	0.1	87,098	1.2	63.1	50,902	-1.8	36.9
1999	137,490	-0.4	85,186	-2.2	62.0	52,304	2.8	38.0
2000	144,774	5.3	91,337	7.2	63.1	53,437	2.2	36.9
2001	153,884	6.3	101,743	11.4	66.1	52,141	-2.4	33.9

〈보 기〉

ㄱ. 국방비가 많은 나라일수록 1인당 군사비가 높다.

ㄴ. 한국의 2001년도 국방비와 경상운영비 모두 전년 대비 증가했으나 전략투자비는 전년에 비해 감소했다.

ㄷ. 1998~2001년 사이에 한국의 국방비 증가율이 전년보다 높은 연도에는 경상운영비의 증가율도 전년보다 높다.

ㄹ. 1990년 이후 한국의 GDP 대비 국방비 구성비와 재정 대비 국방비 구성비 모두 지속적으로 감소하였다.

ㅁ. GDP 대비 국방비의 비율이 높은 나라일수록 1인당 군사비가 높다.

① ㄱ, ㄷ
② ㄱ, ㅁ
③ ㄴ, ㄷ, ㄹ
④ ㄴ, ㄹ, ㅁ
⑤ ㄷ, ㄹ, ㅁ

문 4. 다음은 〈그림〉과 〈표〉를 참고하여 작성한 외국인 관광객의 우리나라 지역축제 만족도와 이미지에 관한 〈보고서〉이다. 〈보고서〉의 A~D에 들어갈 내용을 바르게 짝지은 것은?

12 민간(인) 03번

───〈보고서〉───

우리나라 지역축제를 방문한 외국인 관광객을 대상으로 축제 만족도와 이미지를 5점 척도로 설문조사하였다.

외국인 관광객의 우리나라 지역축제에 대한 '전반적 만족도'는 평균 4.61점으로 만족 수준이 높았다. 우리나라 지역축제에 대해 '만족'('매우 만족'+'약간 만족')한다는 응답이 전체의 96.1%로 나타났으며, '보통'은 3.0%, '불만족'('매우 불만족'+'약간 불만족')은 (A)에 불과하였다.

외국인 관광객의 부문별 만족도를 성별로 살펴보면, (B) 부문만이 여성의 만족도가 남성의 만족도보다 높게 나타났으며, 그 외 부문은 남성의 만족도가 더 높은 것으로 나타났다.

연령대별로 살펴보면, '전반적 만족도'는 '50대 이상', '40대', '20대', '10대', '30대' 순으로 높았고, '음식', '쇼핑', '안내정보서비스' 부문에서는 (C) 연령대가 모든 연령대 중 가장 높은 만족도를 보였다.

외국인 관광객의 우리나라 지역축제에 대한 항목별 이미지를 성별로 분석해 본 결과, 남성은 여성에 비해 '다양하다'와 '역동적이다'는 이미지를 더 강하게 인식하는 반면, 여성은 남성에 비해 (D)의 이미지를 더 강하게 인식하고 있는 것으로 나타났다.

※ 5점 척도 값이 클수록 만족도가 높거나 이미지가 강한 것을 나타냄

〈그림 1〉 외국인 관광객의 지역축제에 대한 '전반적 만족도' 응답분포

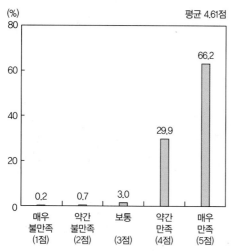

〈그림 2〉 외국인 관광객 성별 부문별 지역축제 만족도

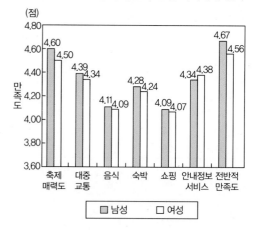

〈그림 3〉 외국인 관광객 성별 지역축제에 대한 이미지

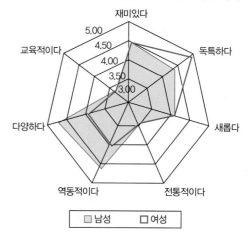

〈표〉 외국인 관광객 연령대별 부문별 지역축제 만족도

(단위 : 점)

부문 \ 연령대	10대	20대	30대	40대	50대 이상	평균
축제 매력도	4.45	4.56	4.45	4.78	4.58	4.55
대중교통	4.37	4.34	4.41	4.65	4.60	4.36
숙박	4.42	4.07	4.09	4.45	4.43	4.10
음식	4.39	4.26	4.16	4.41	4.63	4.26
쇼핑	4.33	4.03	4.15	4.20	4.43	4.08
안내정보서비스	4.56	4.38	4.15	4.32	4.62	4.36
전반적 만족도	4.45	4.64	4.44	4.70	4.83	4.61

	A	B	C	D
①	0.7%	대중교통	40대	재미있다
②	0.7%	숙박	20대	새롭다
③	0.9%	안내정보서비스	20대	독특하다
④	0.9%	안내정보서비스	50대 이상	독특하다
⑤	0.9%	대중교통	50대 이상	재미있다

문 5. 다음 〈표〉는 2005~2012년 A기업의 콘텐츠 유형별 매출액에 관한 자료이다. 이에 대한 설명으로 옳지 않은 것은?

15 민간(인) 04번

〈표〉 2005~2012년 A기업의 콘텐츠 유형별 매출액

(단위 : 백만 원)

콘텐츠 유형 연도	게임	음원	영화	SNS	전체
2005	235	108	371	30	744
2006	144	175	355	45	719
2007	178	186	391	42	797
2008	269	184	508	59	1,020
2009	485	199	758	58	1,500
2010	470	302	1,031	308	2,111
2011	603	411	1,148	104	2,266
2012	689	419	1,510	341	2,959

① 2007년 이후 매출액이 매년 증가한 콘텐츠 유형은 영화뿐이다.

② 2012년에 전년 대비 매출액 증가율이 가장 큰 콘텐츠 유형은 SNS이다.

③ 영화 매출액은 매년 전체 매출액의 40% 이상이다.

④ 2006~2012년 동안 콘텐츠 유형별 매출액이 각각 전년보다 모두 증가한 해는 2012년뿐이다.

⑤ 2009~2012년 동안 매년 게임 매출액은 음원 매출액의 2배 이상이다.

문 6. 다음 〈표〉는 세계 주요 터널화재 사고 A~F에 관한 자료이다. 이에 대한 설명으로 옳은 것은?

17 민간(나) 04번

〈표〉 세계 주요 터널화재 사고 통계

구분 사고	터널길이 (km)	화재규모 (MW)	복구비용 (억 원)	복구기간 (개월)	사망자 (명)
A	50.5	350	4,200	6	1
B	11.6	40	3,276	36	39
C	6.4	120	72	3	12
D	16.9	150	312	2	11
E	0.2	100	570	10	192
F	1.0	20	18	8	0

※ 사고비용(억 원)＝복구비용(억 원)＋사망자(명)×5(억 원/명)

① 터널길이가 길수록 사망자가 많다.

② 화재규모가 클수록 복구기간이 길다.

③ 사고 A를 제외하면 복구기간이 길수록 복구비용이 크다.

④ 사망자가 가장 많은 사고 E는 사고비용도 가장 크다.

⑤ 사망자가 30명 이상인 사고를 제외하면 화재규모가 클수록 복구비용이 크다.

문 7. 다음 〈표〉는 어느 나라의 세목별 징수세액에 대한 자료이다. 이에 대한 〈보기〉의 설명을 이용하여 A~D에 해당하는 세목을 바르게 나열한 것은?

13 민간(인) 04번

〈표〉 세목별 징수세액

(단위 : 억 원)

연도 세목	1989	1999	2009
소득세	35,569	158,546	344,233
법인세	31,079	93,654	352,514
A	395	4,807	12,207
증여세	1,035	4,205	12,096
B	897	10,173	10,163
C	52,602	203,690	469,915
개별소비세	12,570	27,133	26,420
주세	8,930	20,780	20,641
전화세	2,374	11,914	11,910
D	4,155	13,537	35,339

〈 보 기 〉

• 1989년 징수세액이 5,000억 원보다 적은 세목은 상속세, 자산재평가세, 전화세, 증권거래세, 증여세이다.

• 1989년에 비해 1999년에 징수세액이 10배 이상 증가한 세목은 상속세와 자산재평가세이다.

• 1999년에 비해 2009년에 징수세액이 증가한 세목은 법인세, 부가가치세, 상속세, 소득세, 증권거래세, 증여세이다.

	A	B	C	D
①	상속세	자산재평가세	부가가치세	증권거래세
②	상속세	증권거래세	자산재평가세	부가가치세
③	자산재평가세	상속세	부가가치세	증권거래세
④	자산재평가세	부가가치세	상속세	증권거래세
⑤	증권거래세	상속세	부가가치세	자산재평가세

문 8. 다음 〈표〉는 조선 전기(1392~1550년) 홍수재해 및 가뭄재해 발생 건수에 대한 자료이다. 이에 대한 〈보기〉의 설명 중 옳은 것만을 모두 고르면? 17 민간(나) 06번

〈표 1〉 조선 전기 홍수재해 발생 건수

(단위 : 건)

월 분류기간	1	2	3	4	5	6	7	8	9	10	11	12	합
1392~ 1450년	0	0	0	0	4	12	8	3	0	0	0	0	27
1451~ 1500년	0	0	0	0	1	3	4	0	0	0	0	0	( )
1501~ 1550년	0	0	0	0	5	7	9	15	1	0	0	0	37
계	0	0	0	0	( )	22	21	( )	1	0	0	0	( )

〈표 2〉 조선 전기 가뭄재해 발생 건수

(단위 : 건)

월 분류기간	1	2	3	4	5	6	7	8	9	10	11	12	합
1392~ 1450년	0	1	1	5	9	8	9	2	1	0	0	1	37
1451~ 1500년	0	0	0	5	2	5	4	1	0	0	0	0	17
1501~ 1550년	0	0	0	4	7	7	6	1	0	0	0	0	( )
계	0	1	1	( )	18	( )	19	4	1	0	0	1	( )

─── 〈보 기〉 ───

ㄱ. 홍수재해 발생 건수는 총 72건이며, 분류기간별로는 1501 ~1550년에 37건으로 가장 많이 발생했다.

ㄴ. 홍수재해는 모두 5~8월에만 발생했다.

ㄷ. 2~7월의 가뭄재해 발생 건수는 전체 가뭄재해 발생 건수의 90% 이상을 차지한다.

ㄹ. 매 분류기간마다 가뭄재해 발생 건수는 홍수재해 발생 건수 보다 많다.

① ㄱ, ㄴ

② ㄱ, ㄷ

③ ㄴ, ㄹ

④ ㄱ, ㄷ, ㄹ

⑤ ㄴ, ㄷ, ㄹ

문 9. 다음 〈표〉는 2013년 '갑'국의 수도권 집중 현황에 관한 자료이다. 〈보고서〉의 내용 중 〈표〉의 자료에서 도출할 수 있는 것은? 14 민간(A) 07번

〈표〉 수도권 집중 현황

구분		전국(A)	수도권(B)	$\frac{B}{A} \times 100(\%)$
인구 및 주택	인구(천 명)	50,034	24,472	48.9
	주택 수(천 호)	17,672	8,173	46.2
산업	지역 총 생산액 (십억 원)	856,192	408,592	47.7
	제조업체 수(개)	119,181	67,799	56.9
	서비스업체 수(개)	765,817	370,015	48.3
금융	금융예금액(십억 원)	592,721	407,361	68.7
	금융대출액(십억 원)	699,430	469,374	67.1
기능	4년제 대학 수(개)	175	68	38.9
	공공기관 수(개)	409	345	84.4
	의료기관 수(개)	54,728	26,999	49.3

─── 〈보고서〉 ───

• 전국 대비 수도권 인구 비중은 48.9%이다. ㉠ 수도권 인구밀 도는 전국 인구밀도의 2배 이상이고, ㉡ 수도권 1인당 주택면 적은 전국 1인당 주택면적보다 작다.

• 산업측면에서 ㉢ 수도권 제조업과 서비스업 생산액이 전국 제 조업과 서비스업 생산액에서 차지하는 비중은 각각 50% 이상 이다.

• 수도권 금융예금액은 전국 금융예금액의 65% 이상을 차지하 고, ㉣ 수도권 1인당 금융대출액은 전국 1인당 금융대출액보 다 많다.

• 전국 대비 수도권의 의료기관 수 비중은 49.3%이고 공공기관 수 비중은 84.4%이다. ㉤ 4년제 대학 재학생 수는 수도권이 비수도권보다 적다.

① ㉠

② ㉡

③ ㉢

④ ㉣

⑤ ㉤

문 10. 다음 〈그림〉은 2012년 3개 기관 유형의 분야별 연구개발비 비중을 나타낸 것이다. 이에 대한 〈보기〉의 설명 중 옳은 것을 모두 고르면? 13 외교원(인) 11번

〈그림〉 3개 기관 유형의 분야별 연구개발비 비중

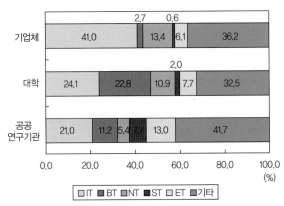

〈보 기〉

ㄱ. 공공연구기관의 연구개발비는 BT분야가 NT분야의 2배 이상이다.

ㄴ. 기업체의 IT, NT분야 연구개발비 합은 기업체 전체 연구개발비의 50% 이상이다.

ㄷ. 3개 기관 유형 중 ET분야 연구개발비는 공공연구기관이 가장 많다.

ㄹ. 공공연구기관의 ST분야 연구개발비는 기업체와 대학의 ST분야 연구개발비 합보다 크다.

ㅁ. 기타를 제외하고 연구개발비 비중이 가장 작은 분야는 3개 기관 유형에서 모두 동일하다.

① ㄱ, ㄴ

② ㄴ, ㄹ

③ ㄱ, ㄴ, ㄷ

④ ㄱ, ㄴ, ㄹ

⑤ ㄷ, ㄹ, ㅁ

문 11. 다음 〈표〉는 2018년 '갑'국의 대학유형별 현황에 관한 자료이다. 이에 대한 〈보기〉의 설명 중 옳은 것만을 모두 고르면? 19 민간(나) 12번

〈표〉 대학유형별 현황

(단위 : 개, 명)

구분 \ 유형	국립대학	공립대학	사립대학	전체
학교	34	1	154	189
학과	2,776	40	8,353	11,169
교원	15,299	354	49,770	65,423
여성	2,131	43	12,266	14,440
직원	8,987	205	17,459	26,651
여성	3,254	115	5,259	8,628
입학생	78,888	1,923	274,961	355,772
재적생	471,465	13,331	1,628,497	2,113,293
졸업생	66,890	1,941	253,582	322,413

〈보 기〉

ㄱ. 학과당 교원 수는 공립대학이 사립대학보다 많다.

ㄴ. 전체 대학 입학생 수에서 국립대학 입학생 수가 차지하는 비율은 20% 이상이다.

ㄷ. 입학생 수 대비 졸업생 수의 비율은 공립대학이 국립대학보다 높다.

ㄹ. 각 대학유형에서 남성 직원 수가 여성 직원 수보다 많다.

① ㄱ, ㄷ

② ㄱ, ㄹ

③ ㄴ, ㄹ

④ ㄱ, ㄴ, ㄷ

⑤ ㄴ, ㄷ, ㄹ

문 12. 다음 〈표〉는 A~J 아파트 단지의 주택성능에 대한 자료이다. 〈규칙〉을 적용하여 〈표〉를 분석한 결과에 대한 설명으로 옳은 것을 고르면?

13 외교원(인) 12번

〈표〉 A~J 아파트 단지의 주택성능

부문 세부항목 단지	소음				외부환경
	경량충격	중량충격	화장실	세대 간	
A	☆	☆	☆☆☆	☆☆☆☆	☆☆☆
B	☆	☆	☆☆	☆☆☆	☆☆
C	☆	☆	☆☆☆	☆☆☆☆	☆
D	☆	☆	☆☆☆	☆☆☆☆	☆
E	☆	☆	☆☆☆	☆☆	☆☆
F	☆	☆	☆☆☆	☆☆☆	☆
G	☆☆	☆	☆☆☆	☆☆☆☆	☆☆
H	☆☆	☆☆	☆☆☆	☆☆☆☆	☆☆
I	☆	☆	☆☆☆	☆☆☆☆	☆☆
J	☆	☆	☆☆☆	☆☆☆☆	☆☆

─── 〈규 칙〉 ───
- 소음부문에서 "세대 간"은 '☆' 하나당 2점을, 나머지 세부항목은 '☆' 하나당 1점을 부여한다.
- 외부환경부문은 '☆' 하나당 3점을 부여한다.
- 소음부문점수는 소음부문 세부항목점수의 합이고, 주택성능점수는 소음부문점수와 외부환경부문점수의 합이다.

① 소음부문에서 가장 높은 점수를 받은 단지는 'G'이다.
② 소음부문에서 가장 낮은 점수를 받은 단지는 'B'이다.
③ 외부환경부문에서 가장 높은 점수를 받은 단지가 주택성능점수도 가장 높다.
④ 주택성능점수가 가장 낮은 단지가 "세대 간" 소음을 제외한 소음부문점수도 가장 낮다.
⑤ 주택성능점수가 19점인 단지가 가장 많다.

문 13. 다음 〈그림〉과 〈표〉는 2005년부터 2009년까지 정당지지도의 연도별 추이이다. 이에 대한 설명으로 옳은 것은?

10 행시(인) 17번

〈그림〉 정당지지도 추이

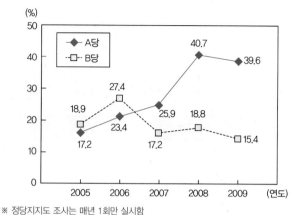

※ 정당지지도 조사는 매년 1회만 실시함

〈표〉 연도별·연령대별 정당지지도

(단위 : %)

연도 정당 연령대	2005		2006		2007		2008		2009	
	A	B	A	B	A	B	A	B	A	B
20대	10.6	21.9	11.2	30.0	19.3	18.1	33.2	14.9	35.3	12.6
30대	12.6	19.8	14.4	32.8	16.0	21.6	36.5	40.6	33.6	18.8
40대	20.6	14.4	27.5	24.2	28.8	18.2	43.4	17.6	38.4	14.4
50대	23.0	16.9	36.0	22.5	36.3	13.7	49.0	17.9	46.4	16.2
60대 이상	25.4	21.5	36.4	23.8	34.2	12.9	45.8	18.7	48.2	15.0

※ 정당은 A당과 B당만 존재하는 것으로 가정하고, 어느 당도 지지하지 않는 응답자들은 모두 '지지정당 없음'으로 처리함

① 2008년은 전년에 비해 '지지정당 없음'의 비율이 낮아졌다.
② 2006년에 비해 2007년에 모든 연령대에서 A당에 대한 지지도는 높아졌다.
③ 20대의 정당지지도 차이는 2006년부터 확대되고 있으나, 2009년에는 축소되었다.
④ A당이 B당의 지지도를 처음으로 추월한 해에 A당 지지도가 가장 높은 연령대는 40대이다.
⑤ 정당지지도의 차이가 가장 큰 해에, 그 차이보다 더 큰 정당지지도 차이를 보이는 연령대의 수는 3개이다.

문 14. 다음 〈표〉는 갑, 을, 병 회사의 부서 간 정보교환을 나타낸 것이다. 〈표〉와 〈조건〉을 이용하여 작성한 각 회사의 부서 간 정보교환 형태가 〈그림〉과 같을 때, 〈그림〉의 (A)~(C)에 해당하는 회사를 바르게 나열한 것은?

16 민간(5) 13번

〈표 1〉 '갑' 회사의 부서 간 정보교환

부서	a	b	c	d	e	f	g
a		1	1	1	1	1	1
b	1		0	0	0	0	0
c	1	0		0	0	0	0
d	1	0	0		0	0	0
e	1	0	0	0		0	0
f	1	0	0	0	0		0
g	1	0	0	0	0	0	

〈표 2〉 '을' 회사의 부서 간 정보교환

부서	a	b	c	d	e	f	g
a		1	1	0	0	0	0
b	1		0	1	1	0	0
c	1	0		0	0	1	1
d	0	1	0		0	0	0
e	0	1	0	0		0	0
f	0	0	1	0	0		0
g	0	0	1	0	0	0	

〈표 3〉 '병' 회사의 부서 간 정보교환

부서	a	b	c	d	e	f	g
a		1	0	0	0	0	1
b	1		1	0	0	0	0
c	0	1		1	0	0	0
d	0	0	1		1	0	0
e	0	0	0	1		1	0
f	0	0	0	0	1		1
g	1	0	0	0	0	1	

※ 갑, 을, 병 회사는 각각 a~g의 7개 부서만으로 이루어지며, 부서 간 정보교환이 있으면 1, 없으면 0으로 표시함

─〈조건〉─
• 점(●)은 부서를 의미한다.
• 두 부서 간 정보교환이 있으면 두 점을 선(−)으로 직접 연결한다.
• 두 부서 간 정보교환이 없으면 두 점을 선(−)으로 직접 연결하지 않는다.

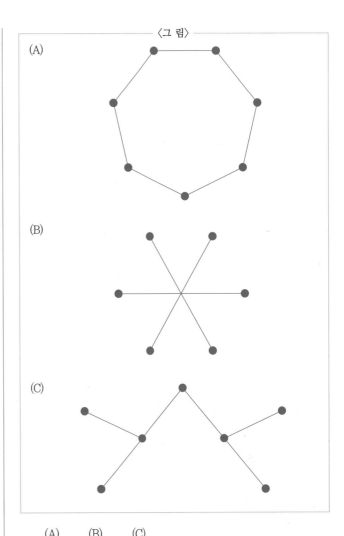

〈그림〉
(A)
(B)
(C)

	(A)	(B)	(C)
①	갑	을	병
②	갑	병	을
③	을	갑	병
④	을	병	갑
⑤	병	갑	을

문 15. 다음 〈표〉는 2013년 수도권 3개 지역의 지역 간 화물 유동량에 대한 자료이다. 이를 이용하여 작성한 그림으로 옳지 <u>않은</u> 것은?

14 민간(A) 18번

〈표〉 2013년 수도권 3개 지역 간 화물 유동량

(단위 : 백만 톤)

출발 지역 \ 도착 지역	서울	인천	경기	합
서울	59.6	8.5	0.6	68.7
인천	30.3	55.3	0.7	86.3
경기	78.4	23.0	3.2	104.6
계	168.3	86.8	4.5	-

※ 수도권 외부와의 화물 이동은 고려하지 않음

① 수도권 출발 지역별 경기 도착 화물 유동량

(단위 : 백만 톤)

② 수도권 3개 지역별 도착 화물 유동량

(단위 : 백만 톤)

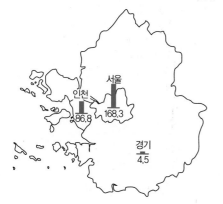

③ 수도권 3개 지역의 상호 간 화물 유동량

(단위 : 백만 톤)

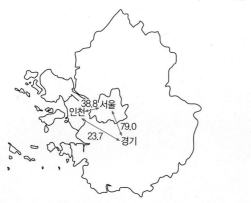

※ '상호 간 화물 유동량'은 두 지역 간 출발 화물 유동량과 도착 화물 유동량의 합임

④ 수도권 3개 지역별 출발 화물 유동량

(단위 : 백만 톤)

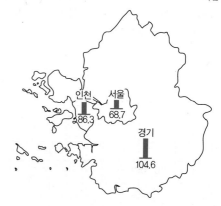

⑤ 인천 도착 화물 유동량의 수도권 출발 지역별 비중

(단위 : %)

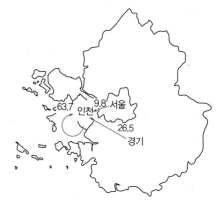

문 16. 다음 〈표〉는 A, B, C, D, E 지역으로만 이루어진 어떤 나라의 어린이 사망률에 대한 자료이다. 이에 대한 〈보기〉의 설명 중 옳은 것을 모두 고르면? 11 민간실험(재) 19번

〈표 1〉 연도별 어린이 사망률

(단위 : 명)

연도 구분	2006	2007	2008	2009	2010
총 사망률	85.8	37.5	18.9	17.9	16.7
사고 사망률	30.3	19.7	8.7	7.5	6.7

※ 어린이 사망률은 전체 인구 10만 명당 어린이 사망자 수를 의미함

〈표 2〉 2010년 지역별 어린이 사고 사망률

(단위 : 명)

지역	사고 사망률	운수사고 사망률
A	4.5	2.0
B	5.0	2.5
C	12.0	6.0
D	15.0	8.0
E	12.0	8.0

─〈보 기〉─

ㄱ. 2010년의 경우, 사고로 인한 어린이 사망자 중 운수사고 이외의 사고로 인한 사망자의 비율은 A 지역이 가장 높고 E 지역이 가장 낮다.

ㄴ. 2010년 A, B 지역의 인구의 합계는 C, D, E 지역 인구의 합계보다 많다.

ㄷ. 2007년 이후, 사고 이외의 이유로 사망한 어린이 수는 점차 증가하였다.

ㄹ. 총 어린이 사망자 수는 2007년 이후 지속적으로 감소하였다.

① ㄱ, ㄴ

② ㄱ, ㄷ

③ ㄷ, ㄹ

④ ㄱ, ㄴ, ㄹ

⑤ ㄴ, ㄷ, ㄹ

문 17. 다음 〈그림〉은 우리나라의 직장어린이집 수에 대한 자료이다. 이에 대한 설명으로 옳은 것은? 13 민간(인) 19번

〈그림 1〉 2000~2010년 전국 직장어린이집 수

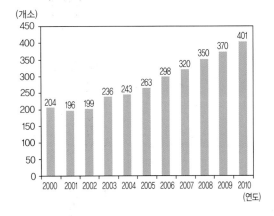

〈그림 2〉 2010년 지역별 직장어린이집 수

(단위 : 개소)

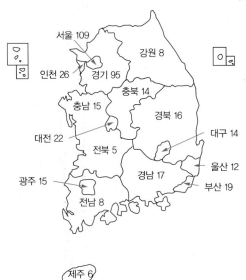

제주 6

① 2000~2010년 동안 전국 직장어린이집 수는 매년 증가하였다.

② 2006년 대비 2008년 전국 직장어린이집 수는 20% 이상 증가하였다.

③ 2010년 인천 지역 직장어린이집 수는 2010년 전국 직장어린이집 수의 5% 이하이다.

④ 2000~2010년 동안 전국 직장어린이집 수의 전년 대비 증가율이 10% 이상인 연도는 2003년뿐이다.

⑤ 2010년 서울과 경기 지역 직장어린이집 수의 합은 2010년 전국 직장어린이집 수의 절반 이상이다.

문 18. 다음 〈그림〉은 2011년 어느 회사 사원 A~C의 매출에 관한 자료이다. 2011년 4사분기의 매출액이 큰 사원부터 나열하면?

12 민간 (인) 20번

〈그림 1〉 2011년 1사분기의 사원별 매출액

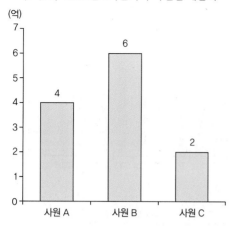

〈그림 2〉 2011년 2~4사분기 사원별 매출액 증감계수

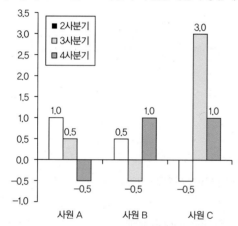

※ 해당 사분기 매출액 증감계수 = $\dfrac{\text{해당 사분기 매출액} - \text{직전 사분기 매출액}}{\text{직전 사분기 매출액}}$

① A, B, C

② A, C, B

③ B, A, C

④ B, C, A

⑤ C, A, B

문 19. 다음 〈그림〉은 1982~2004년 동안 전년 대비 경제성장률과 소득분배 간의 관계를 나타낸 것이다. 이에 대한 〈보기〉의 설명 중 옳은 것을 모두 고르면?

07 행시(인) 21번

〈그림〉 전년 대비 경제성장률과 소득분배 변화 추이

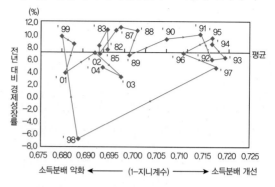

※ 평균 : 조사기간 중 전년 대비 경제성장률의 평균값

〈보 기〉

ㄱ. 1990~1997년의 지니계수 평균값은 0.3 이하이다.

ㄴ. 1988~1992년 동안 전년 대비 경제성장률이 전년에 비해 감소한 연도에는 소득분배도 전년에 비해 악화되었다.

ㄷ. 조사기간 동안 전년 대비 경제성장률이 가장 높은 연도는 1999년이다.

ㄹ. 1999년에는 1998년에 비해 전년 대비 경제성장률이 높아졌지만 소득분배는 악화되었다.

ㅁ. 1997년 외환위기 이전까지는 전년 대비 경제성장률이 평균보다 높게 유지되었고 소득분배도 지속적으로 개선되었다.

① ㄱ, ㄹ

② ㄴ, ㄷ

③ ㄱ, ㄷ, ㄹ

④ ㄱ, ㄷ, ㅁ

⑤ ㄴ, ㄹ, ㅁ

문 20. 다음 〈표〉는 6개 대학교의 2007학년도 신입생 정원에 관한 자료이다. 이에 대한 〈보기〉의 설명 중 옳은 것을 모두 고르면?

10 행시(인) 21번

〈표 1〉 계열별 신입생 정원

(단위 : 명)

구 분	전체	인문·사회	자연·공학
A 대학교	5,691	2,400	3,291
B 대학교	4,123	2,290	1,833
C 대학교	5,112	2,732	2,380
D 대학교	7,860	3,528	4,332
E 대학교	1,331	823	508
F 대학교	3,228	1,534	1,694

※ 각 대학교의 계열은 인문·사회와 자연·공학 두 가지로만 구성됨

〈표 2〉 모집전형별 계열별 신입생 정원

(단위 : 명)

구분	수시전형		정시전형	
	인문·사회	자연·공학	인문·사회	자연·공학
A 대학교	1,200	1,677	1,200	1,614
B 대학교	561	427	1,729	1,406
C 대학교	707	663	2,025	1,717
D 대학교	2,356	2,865	1,172	1,467
E 대학교	344	240	479	268
F 대학교	750	771	784	923

─〈보 기〉─

ㄱ. 전체 신입생 정원에서 인문·사회 계열 정원의 비율이 가장 높은 대학교는 B 대학교이다.

ㄴ. 자연·공학계열 신입생 정원이 전체 신입생 정원의 50%를 초과하는 대학교는 A, D, F 대학교이다.

ㄷ. 수시전형으로 선발하는 신입생 정원이 정시전형으로 선발하는 신입생 정원보다 많은 대학교는 D 대학교뿐이다.

ㄹ. 수시전형으로 선발하는 신입생 정원과 정시전형으로 선발하는 신입생 정원의 차이가 가장 작은 대학교는 A 대학교이다.

① ㄱ, ㄴ

② ㄱ, ㄷ

③ ㄱ, ㄹ

④ ㄴ, ㄷ

⑤ ㄴ, ㄹ

문 21. 다음 〈표〉는 2010년 지역별 외국인 소유 토지면적에 대한 자료이다. 이에 대한 〈보기〉의 설명 중 옳은 것을 모두 고르면?

11 민간(경) 21번

〈표〉 2010년 지역별 외국인 소유 토지면적

(단위 : 천 m²)

지역	면적	전년대비 증감면적
서울	3,918	332
부산	4,894	−23
대구	1,492	−4
인천	5,462	−22
광주	3,315	4
대전	1,509	36
울산	6,832	37
경기	38,999	1,144
강원	21,747	623
충북	10,215	340
충남	20,848	1,142
전북	11,700	289
전남	38,044	128
경북	29,756	603
경남	13,173	530
제주	11,813	103
계	223,717	5,262

─〈보 기〉─

ㄱ. 2009년 외국인 소유 토지면적이 가장 큰 지역은 경기이다.

ㄴ. 2010년 외국인 소유 토지면적의 전년 대비 증가율이 가장 큰 지역은 서울이다.

ㄷ. 2010년에 외국인 소유 토지면적이 가장 작은 지역이 2009년에도 외국인 소유 토지면적이 가장 작다.

ㄹ. 2009년 외국인 소유 토지면적이 세 번째로 큰 지역은 경북이다.

① ㄱ, ㄷ

② ㄴ, ㄷ

③ ㄴ, ㄹ

④ ㄱ, ㄴ, ㄹ

⑤ ㄱ, ㄷ, ㄹ

문 22. 다음 〈표〉는 A~D국의 연구개발비에 대한 자료이다. 다음 〈보고서〉를 작성하기 위해 〈표〉 이외에 추가로 필요한 자료만을 〈보기〉에서 모두 고르면? 18 민간(가) 22번

〈표〉 A~D국의 연구개발비

연도	구분 \ 국가	A	B	C	D
2016	연구개발비(억 달러)	605	4,569	1,709	1,064
	GDP 대비(%)	4.29	2.73	3.47	2.85
2015	민간연구개발비 : 정부연구개발비	24 : 76	35 : 65	25 : 75	30 : 70

※ 연구개발비＝정부연구개발비＋민간연구개발비

― 〈보고서〉 ―

　A~D국 모두 2015년에 비하여 2016년 연구개발비가 증가하였지만, A국은 약 3% 증가에 불과하여 A~D국 평균 증가율인 6% 수준에도 미치지 못했다. 특히, 2016년에 A국은 정부연구개발비 대비 민간연구개발비 비율이 가장 작다. 이는 2014~2016년 동안, A국 민간연구개발에 대한 정부의 지원금액이 매년 감소한 데 따른 것으로 분석된다.

― 〈보 기〉 ―

ㄱ. 2013~2015년 A~D국 전년 대비 GDP 증가율
ㄴ. 2015~2016년 연도별 A~D국 민간연구개발비
ㄷ. 2013~2016년 연도별 A국 민간연구개발에 대한 정부의 지원금액
ㄹ. 2014~2015년 A~D국 전년 대비 연구개발비 증가율

① ㄱ, ㄴ
② ㄱ, ㄹ
③ ㄴ, ㄷ
④ ㄴ, ㄹ
⑤ ㄷ, ㄹ

문 23. 다음 〈그림〉은 2001년부터 2005년까지의 주택건설과 상수도보급 현황에 관한 것이다. 이에 대한 〈보기〉의 설명 중 적절한 것을 모두 고르면? 06 견습(역) 24번

〈그림 1〉 주택건설 현황

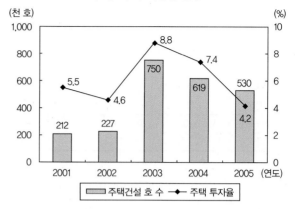

※ 주택투자율(%)＝$\frac{주택투자금액}{총 \ 투자금액} \times 100$

〈그림 2〉 상수도보급 현황

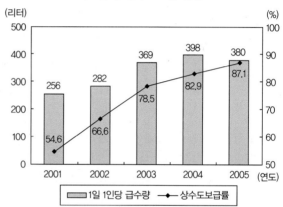

― 〈보 기〉 ―

ㄱ. 주택투자금액은 2003년을 기점으로 매년 감소하였다.
ㄴ. 주택투자율과 상수도보급률이 가장 높은 해는 2003년이다.
ㄷ. 1일 1인당 급수량의 전년 대비 증가분이 가장 큰 해는 2003년이다.
ㄹ. 주택건설 호 수와 주택투자율은 2003년까지는 매년 증가하다가 2004년 이후 감소하였다.
ㅁ. 주택건설 호 수의 전년 대비 증가분이 가장 큰 해는 2003년이다.

① ㄷ, ㄹ
② ㄷ, ㅁ
③ ㄱ, ㄴ, ㄷ
④ ㄱ, ㄷ, ㅁ
⑤ ㄴ, ㄹ, ㅁ

문 24. 다음 〈표 1〉은 창의경진대회에 참가한 팀 A, B, C의 '팀 인원 수' 및 '팀 평균점수'이며, 〈표 2〉는 〈표 1〉에 기초하여 '팀 연합 인원 수' 및 '팀 연합 평균점수'를 각각 산출한 자료이다. (가)와 (나)에 들어갈 값을 바르게 나열한 것은? 18 민간(가) 24번

〈표 1〉 팀 인원 수 및 팀 평균점수

(단위 : 명, 점)

팀	A	B	C
인원 수	( )	( )	( )
평균점수	40.0	60.0	90.0

※ 1) 각 참가자는 A, B, C팀 중 하나의 팀에만 속하고, 개인별로 점수를 획득함

2) 팀 평균점수 = $\dfrac{\text{해당 팀 참가자 개인별 점수의 합}}{\text{해당 팀 참가자 인원 수}}$

〈표 2〉 팀 연합 인원 수 및 팀 연합 평균점수

(단위 : 명, 점)

팀 연합	A+B	B+C	C+A
인원 수	80	120	(가)
평균점수	52.5	77.5	(나)

※ 1) A+B는 A팀과 B팀, B+C는 B팀과 C팀, C+A는 C팀과 A팀의 인원을 합친 팀 연합임

2) 팀 연합 평균점수 = $\dfrac{\text{해당 팀 연합 참가자 개인별 점수의 합}}{\text{해당 팀 연합 참가자 인원 수}}$

	(가)	(나)
①	90	72.5
②	90	75.0
③	100	72.5
④	100	75.0
⑤	110	72.5

문 25. 다음 〈표〉는 A 도서관에서 특정시점에 구입한 도서 10,000권에 대한 5년 간의 대출현황을 조사한 자료이다. 이에 대한 〈보기〉의 설명 중 옳지 않은 것을 모두 고르면? 07 행시(인) 32번

〈표〉 도서 10,000권의 5년 간 대출현황

(단위 : 권)

조사대상기간 \ 대출 횟수	구입~1년	구입~3년	구입~5년
0	5,302	4,021	3,041
1	2,912	3,450	3,921
2	970	1,279	1,401
3	419	672	888
4	288	401	519
5	109	177	230
계	10,000	10,000	10,000

〈보 기〉

ㄱ. 구입 후 1년 동안 도서의 절반 이상이 대출되었다.

ㄴ. 도서의 약 40%가 구입 후 3년 동안 대출되지 않았으며, 도서의 약 30%가 구입 후 5년 동안 대출되지 않았다.

ㄷ. 구입 후 1년 동안 1회 이상 대출된 도서의 70% 이상이 단 1회 대출되었다.

ㄹ. 구입 후 1년 동안 도서의 평균 대출 횟수는 약 0.78이다.

ㅁ. 구입 후 5년 동안 적어도 2회 이상 대출된 도서의 비율은 전체 도서의 약 30%이다.

① ㄱ, ㄷ

② ㄱ, ㄹ

③ ㄴ, ㄹ

④ ㄴ, ㅁ

⑤ ㄷ, ㅁ

MEMO

02 CHAPTER
기출동형모의고사 2회

문 1. 다음 〈그림〉은 음식점 선택의 5개 속성별 중요도 및 이들 속성에 대한 A와 B 음식점의 성과도에 관한 자료이다. 이에 대한 〈보기〉의 설명 중 옳은 것을 모두 고르면? 07 행시(인) 01번

〈그림〉 음식점 선택의 속성별 중요도 및 음식점별 성과도

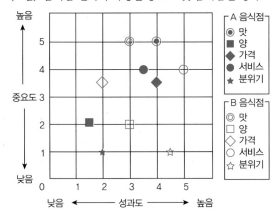

※ 만족도 = 성과도 - 중요도

〈보 기〉

ㄱ. A 음식점은 3개 속성에서 B 음식점보다 성과도가 높다.

ㄴ. 만족도가 가장 높은 속성은 B 음식점의 분위기 속성이다.

ㄷ. A 음식점과 B 음식점 사이의 성과도 차이가 가장 큰 속성은 가격이다.

ㄹ. 중요도가 가장 높은 속성에서 A 음식점이 B 음식점보다 성과도가 높다.

---

① ㄱ, ㄴ

② ㄱ, ㄹ

③ ㄴ, ㄷ

④ ㄴ, ㄹ

⑤ ㄷ, ㄹ

문 2. 다음 〈표〉는 2005~2007년도의 지방자치단체 재정력지수에 대한 자료이다. 이 〈표〉에 대한 설명으로 옳은 것은? 09 행시(기) 03번

〈표〉 지방자치단체 재정력지수

연도 지방 자치단체	2005	2006	2007	평균
서울	1.106	1.088	1.010	1.068
부산	0.942	0.922	0.878	0.914
대구	0.896	0.860	0.810	0.855
인천	1.105	0.984	1.011	1.033
광주	0.772	0.737	0.681	0.730
대전	0.874	0.873	0.867	0.871
울산	0.843	0.837	0.832	0.837
경기	1.004	1.065	1.032	1.034
강원	0.417	0.407	0.458	0.427
충북	0.462	0.446	0.492	0.467
충남	0.581	0.693	0.675	0.650
전북	0.379	0.391	0.408	0.393
전남	0.319	0.330	0.320	0.323
경북	0.424	0.440	0.433	0.432
경남	0.653	0.642	0.664	0.653

※ 1) 매년 지방자치단체의 기준 재정수입액이 기준 재정수요액에 미치지 않는 경우, 중앙정부는 그 부족분만큼의 지방교부세를 당해년도에 지급함

2) 재정력지수 = $\dfrac{\text{기준 재정수입액}}{\text{기준 재정수요액}}$

① 3년간 지방교부세를 지원받은 적이 없는 지방자치단체는 서울, 인천, 경기 3곳이다.

② 3년간 충북은 전남보다 기준 재정수입액이 매년 많았다.

③ 3년간 재정력지수가 지속적으로 상승한 지방자치단체는 전북이 유일하다.

④ 3년간 지방교부세를 가장 많이 지원받은 지방자치단체는 전남이다.

⑤ 3년간 대전과 울산의 기준재정수입액이 매년 서로 동일하다면 기준 재정수요액은 대전이 울산보다 항상 크다.

문 3. 다음 〈표〉는 전체 인구를 유년인구, 생산가능인구 및 노인 인구로 구분하여 인구구성비 추이를 나타낸 것이다. 이에 대한 설명으로 적절하지 <u>않은</u> 것은? 06 견습(역) 04번

〈표〉 인구구성비 추이

구분		1970년	1980년	1990년	2000년	2005년	2010년	2015년	2020년	2030년
유년인구비	전국	42.5	34.0	25.6	21.1	19.1	16.3	13.9	12.6	11.2
	서울	36.3	31.3	24.7	18.6	16.8	14.7	13.4	12.4	10.5
	인천	39.8	31.9	27.1	23.4	20.2	16.5	13.8	12.7	11.4
	울산	40.2	36.2	30.1	25.1	21.9	17.4	13.9	12.4	11.2
	경기	42.9	32.7	26.8	24.1	21.5	18.1	15.4	13.9	12.2
	충남	45.9	35.6	24.3	20.1	18.8	16.3	13.8	12.4	11.5
	전남	46.8	38.9	25.8	20.0	18.4	13.9	11.3	9.2	9.1
생산가능인구비	전국	54.4	62.2	69.3	71.7	71.8	72.8	73.2	71.7	64.7
	서울	62.1	66.2	71.8	76.1	76.1	75.9	74.6	72.5	66.9
	인천	58.0	65.2	68.9	71.2	72.9	75.0	75.5	73.7	64.7
	울산	56.4	61.0	66.7	70.9	72.9	75.7	76.8	74.6	64.9
	경기	54.0	63.6	68.8	70.2	71.5	73.4	74.6	73.7	66.7
	충남	50.3	58.9	67.8	68.0	66.9	68.3	69.7	69.5	64.2
	전남	48.9	55.6	66.4	66.6	64.1	64.8	65.6	64.9	55.7
노인인구비	전국	3.1	3.8	5.1	7.2	9.1	10.9	12.9	15.7	24.1
	서울	1.7	2.5	3.5	5.3	7.1	9.4	12.0	15.1	22.6
	인천	2.2	2.9	4.0	5.5	6.9	8.5	10.6	13.6	23.9
	울산	3.5	2.9	3.1	4.0	5.2	6.9	9.3	13.0	23.9
	경기	3.0	3.7	4.5	5.7	7.1	8.5	10.0	12.4	21.1
	충남	3.8	5.5	7.9	11.9	14.4	15.5	16.5	18.0	24.3
	전남	4.3	5.5	7.9	13.4	17.5	21.3	23.2	25.9	35.2

※ 1) 고령화사회 : 전체 인구 중 노인인구가 7% 이상 13% 미만
고령사회 : 전체 인구 중 노인인구가 14% 이상 21% 미만
초고령사회 : 전체 인구 중 노인인구가 21% 이상

2) 인구부양비 = $\dfrac{유년인구+노인인구}{생산가능인구}$

유년부양비 = $\dfrac{유년인구}{생산가능인구}$

노년부양비 = $\dfrac{노인인구}{생산가능인구}$

① 2010년에는 초고령사회로 분류되는 지역이 처음으로 발생한다.

② 2030년의 전국 노년부양비는 0.35를 넘어선다.

③ 2005년의 전국 유년인구비는 1970년 전국 유년인구비의 절반 이하이다.

④ 전국 인구부양비는 2030년이 가장 높다.

⑤ 2005년에 노년부양비가 가장 낮은 지역은 울산이다.

문 4. 다음 〈표〉는 양성평등정책에 대한 의견을 성별 및 연령별로 정리한 자료이다. 이에 대한 〈보기〉의 설명 중 옳은 것을 모두 고르면? 11 민간(경) 07번

〈표〉 양성평등정책에 대한 성별 및 연령별 의견

(단위 : 명)

구분	30세 미만		30세 이상	
	여성	남성	여성	남성
찬성	90	78	60	48
반대	10	22	40	52
계	100	100	100	100

〈보 기〉

ㄱ. 30세 미만 여성이 30세 이상 여성보다 양성평등정책에 찬성하는 비율이 높다.

ㄴ. 30세 이상 여성이 30세 이상 남성보다 양성평등정책에 찬성하는 비율이 높다.

ㄷ. 양성평등정책에 찬성하는 비율의 성별 차이는 연령별 차이보다 크다.

ㄹ. 남성의 절반 이상이 양성평등정책에 찬성하고 있다.

① ㄱ, ㄷ

② ㄴ, ㄹ

③ ㄱ, ㄴ, ㄷ

④ ㄱ, ㄴ, ㄹ

⑤ ㄴ, ㄷ, ㄹ

문 5.   다음 〈표〉는 2006년 충청남도 포장도로 현황이다. 이에 대한 〈보기〉의 설명 중 옳은 것을 모두 고르면?

11 민간실험(재) 08번

〈2006년 충청남도 포장도로 현황〉

(단위 : km, %)

구분\지역	포장도로					포장률
	고속도로	일반국도	지방도	시·군도	합	
A	50	90	100	700	940	75
B	40	160	240	330	770	73
C	45	110	99	280	534	75
D	0	120	130	530	780	54
E	20	100	100	520	740	50
F	51	70	140	240	501	88
G	0	10	5	110	125	96
H	25	60	110	130	325	85
I	0	48	100	130	278	75
J	0	70	70	170	310	75

※ 포장률 = $\dfrac{\text{포장도로 길이의 합}}{\text{전체 도로 길이}} \times 100$

─── 〈보 기〉 ───

ㄱ. C지역의 전체 도로 길이는 712km이다.

ㄴ. 전체 도로 길이가 가장 짧은 지역은 I이다.

ㄷ. 포장도로에서 고속도로가 차지하는 비율이 가장 큰 지역은 F이다.

ㄹ. 비포장도로의 길이가 가장 짧은 지역은 D이다.

① ㄱ, ㄴ

② ㄱ, ㄷ

③ ㄴ, ㄷ

④ ㄴ, ㄹ

⑤ ㄷ, ㄹ

문 6.   다음 〈표〉는 2013~2017년 '갑'국의 사회간접자본(SOC) 투자규모에 관한 자료이다. 이에 대한 설명으로 옳지 않은 것은?

18 민간(가) 08번

〈표〉 '갑'국의 사회간접자본(SOC) 투자규모

(단위 : 조 원, %)

구분\연도	2013	2014	2015	2016	2017
SOC 투자규모	20.5	25.4	25.1	24.4	23.1
총 지출 대비 SOC 투자규모 비중	7.8	8.4	8.6	7.9	6.9

① 2017년 총 지출은 300조 원 이상이다.

② 2014년 'SOC 투자규모'의 전년 대비 증가율은 30% 이하이다.

③ 2014~2017년 동안 'SOC 투자규모'가 전년에 비해 가장 큰 비율로 감소한 해는 2017년이다.

④ 2014~2017년 동안 'SOC 투자규모'와 '총 지출 대비 SOC 투자규모 비중'의 전년 대비 증감방향은 동일하다.

⑤ 2018년 'SOC 투자규모'의 전년 대비 감소율이 2017년과 동일하다면, 2018년 'SOC 투자규모'는 20조 원 이상이다.

문 7. 다음 〈표〉와 〈그림〉은 1991년과 2010년의 품목별 항만 수출 실적 및 A항만 처리 분담률에 대한 자료이다. 이에 대한 〈보기〉의 설명 중 옳은 것만을 모두 고르면?　13 민간(인) 09번

〈표〉 품목별 항만 수출 실적

(단위 : 백만 달러)

품목	1991년		2010년	
	총 항만 수출액	A항만 수출액	총 항만 수출액	A항만 수출액
전기 · 전자	16,750	10,318	110,789	19,475
기계류	6,065	4,118	52,031	23,206
자동차	2,686	537	53,445	14,873
광학 · 정밀기기	766	335	37,829	11,415
플라스틱제품	1,863	1,747	23,953	11,878
철강	3,287	766	21,751	6,276
계	31,417	17,821	299,798	87,123

〈그림 1〉 1991년 품목별 A항만 처리 분담률

(단위 : %)

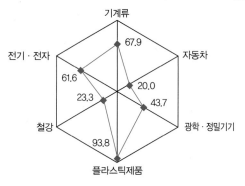

〈그림 2〉 2010년 품목별 A항만 처리 분담률

(단위 : %)

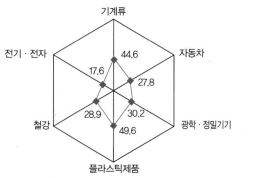

※ 해당 항만 처리 분담률(%)= 해당 항만 수출액 / 총 항만 수출액 ×100

〈보 기〉

ㄱ. 품목별 총 항만 수출액과 A항만 수출액은 1991년 대비 2010년에 각각 증가하였다.

ㄴ. A항만 처리 분담률이 1991년 대비 2010년에 감소한 품목은 모두 4개이다.

ㄷ. 1991년 대비 2010년의 A항만 수출액 증가율이 가장 큰 품목은 자동차이다.

ㄹ. 플라스틱제품의 A항만 처리 분담률은 1991년 대비 2010년에 70% 이상 감소하였다.

① ㄱ, ㄴ
② ㄱ, ㄹ
③ ㄷ, ㄹ
④ ㄱ, ㄴ, ㄷ
⑤ ㄴ, ㄷ, ㄹ

문 8. A시는 2016년에 폐업 신고한 전체 자영업자를 대상으로 창업교육 이수 여부와 창업부터 폐업까지의 기간을 조사하였다. 다음 〈그림〉은 조사결과를 이용하여 창업교육 이수 여부에 따른 기간별 생존비율을 비교한 자료이다. 이에 대한 설명으로 옳은 것은?　17 민간(나) 10번

〈그림〉 창업교육 이수 여부에 따른 기간별 생존비율

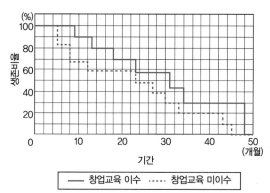

※ 1) 창업교육을 이수(미이수)한 폐업 자영업자의 기간별 생존비율은 창업교육을 이수(미이수)한 폐업 자영업자 중 생존기간이 해당 기간 이상인 자영업자의 비율임
　2) 생존기간은 창업부터 폐업까지의 기간을 의미함

① 창업교육을 이수한 폐업 자영업자 수가 창업교육을 미이수한 폐업 자영업자 수보다 더 많다.

② 창업교육을 미이수한 폐업 자영업자의 평균 생존기간은 창업교육을 이수한 폐업 자영업자의 평균 생존기간보다 더 길다.

③ 창업교육을 이수한 폐업 자영업자의 생존비율과 창업교육을 미이수한 폐업 자영업자의 생존비율의 차이는 창업 후 20개월에 가장 크다.

④ 창업교육을 이수한 폐업 자영업자 중 생존기간이 32개월 이상인 자영업자의 비율은 50% 이상이다.

⑤ 창업교육을 미이수한 폐업 자영업자 중 생존기간이 10개월 미만인 자영업자의 비율은 20% 이상이다.

12 민간(인) 10번

문 9.　다음 〈그림〉과 〈표〉는 어느 도시의 엥겔계수 및 슈바베계수 추이와 소비지출 현황을 나타낸 것이다. 빈칸 A~E에 들어갈 값으로 잘못 짝지어진 것은?

〈그림〉 엥겔계수 및 슈바베계수 추이(2005~2011년)

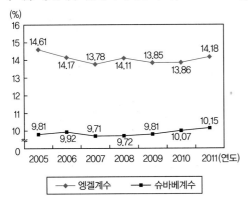

〈표〉 연도별 소비지출 현황(2008~2011년)

(단위 : 억 원, %p)

구분 연도	총소비지출	식료품·비주류 음료 소비지출	주거·수도· 광열 소비지출	계수 차이
2008	100,000	(A)	9,720	4.39
2009	120,000	16,620	(B)	4.04
2010	150,000	20,790	15,105	(C)
2011	(D)	(E)	20,300	4.03

※ 1) 엥겔계수(%)= $\dfrac{\text{식료품·비주류음료 소비지출}}{\text{총소비지출}} \times 100$

2) 슈바베계수(%)= $\dfrac{\text{주거·수도·광열 소비지출}}{\text{총소비지출}} \times 100$

3) 계수 차이 = |엥겔계수 − 슈바베계수|

① A : 14,110
② B : 11,772
③ C : 3.79
④ D : 200,000
⑤ E : 27,720

11 민간실험(재) 11번

문 10. 다음 〈그림〉은 특정분야의 기술에 대한 정보검색 건수를 연도별로 나타낸 자료이다. 다음 〈그림〉에 대한 분석 중 옳은 것을 〈보기〉에서 모두 고르면?

〈그림〉 연도별 정보검색 동향

(단위 : 건)

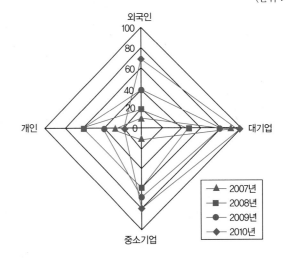

〈보 기〉

ㄱ. 전체 검색 건수는 2008년에 가장 적었다.

ㄴ. 중소기업의 검색 건수는 2007년부터 2010년까지 계속 증가하고 있다.

ㄷ. 2007년부터 2010년까지 검색 건수 총합은 대기업이 가장 많았다.

ㄹ. 2009년에는 외국인과 개인의 검색 건수가 가장 적었고, 중소기업의 검색 건수가 가장 많았다.

① ㄱ, ㄴ
② ㄴ, ㄷ
③ ㄷ, ㄹ
④ ㄱ, ㄴ, ㄷ
⑤ ㄴ, ㄷ, ㄹ

문 11. 다음 〈표〉는 국내 입지별 지식산업센터 수에 대한 자료이다. 이에 대한 설명 중 옳지 <u>않은</u> 것은?　11 민간(경) 11번

〈표〉 국내 입지별 지식산업센터 수

(단위 : 개)

지역 \ 구분		개별입지	계획입지	합
서울		54	73	127
6대 광역시	부산	3	6	9
	대구	2	2	4
	인천	7	11	( )
	광주	0	2	2
	대전	( )	4	6
	울산	1	0	1
경기		100	( )	133
강원		1	0	1
충북		0	0	0
충남		0	1	1
전북		0	1	1
전남		1	1	2
경북		2	0	2
경남		2	15	( )
제주		0	0	0
전국 합계		175	149	324

※ 지식산업센터가 조성된 입지는 개별입지와 계획입지로 구분됨

① 국내 지식산업센터는 60% 이상이 개별입지에 조성되어 있다.
② 수도권(서울, 인천, 경기)의 지식산업센터 수는 전국 합계의 80%가 넘는다.
③ 경기지역의 지식산업센터는 계획입지보다 개별입지에 많이 조성되어 있다.
④ 동남권(부산, 울산, 경남)의 지식산업센터 수는 대경권(대구, 경북)의 4배 이상이다.
⑤ 6대 광역시 중 계획입지에 조성된 지식산업센터 수가 개별입지에 조성된 지식산업센터 수보다 적은 지역은 울산광역시뿐이다.

문 12. 다음 〈표〉는 2013년 A시 '가'~'다' 지역의 아파트 실거래 가격지수를 나타낸 자료이다. 이에 대한 설명으로 옳은 것은?　15 민간(인) 14번

〈표〉 2013년 A시 '가'~'다' 지역의 아파트실거래가격지수

월 \ 지역	가	나	다
1	100.0	100.0	100.0
2	101.1	101.6	99.9
3	101.9	103.2	100.0
4	102.6	104.5	99.8
5	103.0	105.5	99.6
6	103.8	106.1	100.6
7	104.0	106.6	100.4
8	105.1	108.3	101.3
9	106.3	110.7	101.9
10	110.0	116.9	102.4
11	113.7	123.2	103.0
12	114.8	126.3	102.6

※ N월 아파트실거래가격지수 $=\dfrac{\text{해당 지역의 } N\text{월 아파트 실거래 가격}}{\text{해당 지역의 1월 아파트 실거래 가격}} \times 100$

① '가' 지역의 12월 아파트 실거래 가격은 '다' 지역의 12월 아파트 실거래 가격보다 높다.
② '나' 지역의 아파트 실거래 가격은 다른 두 지역의 아파트 실거래 가격보다 매월 높다.
③ '다' 지역의 1월 아파트 실거래 가격과 3월 아파트 실거래 가격은 같다.
④ '가' 지역의 1월 아파트 실거래 가격이 1억 원이면 '가' 지역의 7월 아파트 실거래 가격은 1억 4천만 원이다.
⑤ 2013년 7~12월 동안 아파트 실거래 가격이 각 지역에서 매월 상승하였다.

문 13. 다음 〈그림〉과 〈표〉는 전산장비(A~F) 연간유지비와 전산
장비 가격 대비 연간유지비 비율을 나타낸 자료이다. 이에 대한
설명으로 옳은 것은?　　　　　　　　　　　14 민간(A) 15번

〈그림〉 전산장비 연간유지비

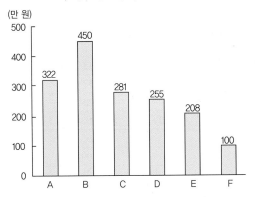

〈표〉 전산장비 가격 대비 연간유지비 비율

(단위 : %)

전산장비	A	B	C	D	E	F
비율	8.0	7.5	7.0	5.0	4.0	3.0

① B의 연간유지비가 D의 연간유지비의 2배 이상이다.

② 가격이 가장 높은 전산장비는 A이다.

③ 가격이 가장 낮은 전산장비는 F이다.

④ C의 가격은 E의 가격보다 높다.

⑤ A를 제외한 전산장비는 가격이 높을수록 연간유지비도 더 높다.

문 14. 다음 〈표〉는 신체질량지수에 의한 비만도와 표준체중법
에 의한 비만도에 관한 것이다. A씨는 신장이 170cm, 체중이
86.7kg이라고 할 때, 이에 대한 설명 중 옳지 않은 것은?

06 견습(역) 15번

〈표1〉 신체질량지수에 의한 비만도 판정과 암 발생률

(단위 : %)

비만도 판정	암 종류	위암	대장암	폐암	식도암
18.5 미만	저체중	15.8	13.5	17.2	9.7
18.5~23 미만	정상	14.4	11.3	16.3	10.8
23~25 미만	과체중	15.3	13.4	17.6	12.7
25 이상	비만	23.9	27.6	19.2	14.1

※ 신체질량지수에 의한 비만도 $= \dfrac{체중(kg)}{[신장(m)]^2}$

〈표 2〉 신장별 표준체중식

신장(cm)	표준체중(kg)
150 미만	[신장(cm)−100]×1.0
150~160 미만	[신장(cm)−150]÷2+50
160 이상	[신장(cm)−100]×0.9

〈표 3〉 표준체중법에 의한 비만도 판정

비만도(%)	판정
90 미만	저체중
90~110 미만	정상
110~120 미만	과체중
120~130 미만	비만
130 이상	병적비만

※ 표준체중법에 의한 비만도 $= \dfrac{현재체중(kg)}{표준체중(kg)} \times 100$

① 신체질량지수에 의한 비만도 판정에 따르면, A씨가 속한 집단
의 대장암 발생률은 위암 발생률보다 높다.

② A씨가 신장의 변화 없이 16.7kg을 감량할 때 신체질량지수에
의한 비만도 판정에 따르면, A씨가 속하는 집단의 식도암 발
생률은 12.7%이다.

③ 신체질량지수에 의한 비만도 판정에 따르면 '비만'으로 판정된
사람이 속한 집단의 대장암 발생률은 '저체중'으로 판정된 사
람이 속한 집단의 대장암 발생률의 2배 이상이다.

④ A씨의 표준체중법에 의한 비만도는 [86.7÷{(170−100)×
0.9}]×100이다.

⑤ 표준체중법에 의한 비만도 판정에 따르면, A씨는 '비만'으로
판정된다.

다음 〈표〉는 임차인 A~E의 전·월세 전환 현황에 대한 자료이다. 이에 대한 〈보기〉의 설명 중 옳은 것만을 모두 고르면?

16 민간(5) 17번

〈표〉 임차인 A~E의 전·월세 전환 현황

(단위 : 만 원)

임차인	전세금	월세보증금	월세
A	( )	25,000	50
B	42,000	30,000	60
C	60,000	( )	70
D	38,000	30,000	80
E	58,000	53,000	( )

※ 전·월세 전환율(%) = $\dfrac{월세 \times 12}{전세금 - 월세보증금} \times 100$

─── 〈보 기〉 ───

ㄱ. A의 전·월세 전환율이 6%라면, 전세금은 3억 5천만 원이다.

ㄴ. B의 전·월세 전환율은 10%이다.

ㄷ. C의 전·월세 전환율이 3%라면, 월세보증금은 3억 6천만 원이다.

ㄹ. E의 전·월세 전환율이 12%라면, 월세는 50만 원이다.

① ㄱ, ㄴ ② ㄱ, ㄷ

③ ㄱ, ㄹ ④ ㄴ, ㄹ

⑤ ㄷ, ㄹ

문 16. 다음 〈표〉는 A국에서 2016년에 채용된 공무원 인원에 관한 자료이다. 이에 대한 〈보기〉의 설명 중 옳은 것만을 모두 고르면?

17 민간(나) 18번

〈표〉 A국의 2016년 공무원 채용 인원

(단위 : 명)

채용방식 / 공무원구분	공개경쟁채용	경력경쟁채용	합
고위공무원	–	73	73
3급	–	17	17
4급	–	99	99
5급	296	205	501
6급	–	193	193
7급	639	509	1,148
8급	–	481	481
9급	3,000	1,466	4,466
연구직	17	357	374
지도직	–	3	3
우정직	–	599	599
전문경력관	–	104	104
전문임기제	–	241	241
한시임기제	–	743	743
전체	3,952	5,090	9,042

※ 1) 채용방식은 공개경쟁채용과 경력경쟁채용으로만 이루어짐
 2) 공무원구분은 〈표〉에 제시된 것으로 한정됨

─── 〈보 기〉 ───

ㄱ. 2016년에 공개경쟁채용을 통해 채용이 이루어진 공무원구분은 총 4개이다.

ㄴ. 2016년 우정직 채용 인원은 7급 채용 인원의 절반보다 많다.

ㄷ. 2016년에 공개경쟁채용을 통해 채용이 이루어진 공무원구분 각각에서는 공개경쟁채용 인원이 경력경쟁채용 인원보다 많다.

ㄹ. 2017년부터 공무원 채용 인원 중 9급 공개경쟁채용 인원만을 해마다 전년 대비 10%씩 늘리고 그 외 나머지 채용 인원을 2016년과 동일하게 유지하여 채용한다면, 2018년 전체 공무원 채용 인원 중 9급 공개경쟁채용 인원의 비중은 40% 이하이다.

① ㄱ, ㄴ

② ㄱ, ㄷ

③ ㄷ, ㄹ

④ ㄱ, ㄴ, ㄹ

⑤ ㄴ, ㄷ, ㄹ

문 17. 다음 〈표〉는 11개 전통 건축물에 대해 조사한 자료이다. 이에 대한 〈보고서〉의 설명 중 옳은 것만을 모두 고르면?

14 민간(A) 19번

〈표〉 11개 전통 건축물의 공포양식과 주요 구조물 치수

(단위 : 척)

명칭	현 소재지	공포양식	기둥 지름	처마서까래 지름	부연 폭	부연 높이
숭례문	서울	다포	1.80	0.60	0.40	0.50
관덕정	제주	익공	1.50	0.50	0.25	0.30
봉정사 화엄강당	경북	주심포	1.50	0.55	0.40	0.50
문묘 대성전	서울	다포	1.75	0.55	0.35	0.45
창덕궁 인정전	서울	다포	2.00	0.70	0.40	0.60
남원 광한루	전북	익공	1.40	0.60	0.55	0.55
화엄사 각황전	전남	다포	1.82	0.70	0.50	0.60
창의문	서울	익공	1.40	0.50	0.30	0.40
장곡사 상대웅전	충남	주심포	1.60	0.60	0.40	0.60
무량사 극락전	충남	다포	2.20	0.80	0.35	0.50
덕수궁 중화전	서울	다포	1.70	0.70	0.40	0.50

〈보고서〉

문화재연구소는 11개 전통 건축물의 공포양식과 기둥 지름, 처마서까래 지름, 그리고 부연의 치수를 조사하였다. 건축물 유형은 궁궐, 사찰, 성문, 누각 등으로 구분된다.

㉠ 11개 전통 건축물을 공포양식별로 구분하면 다포양식 6개, 주심포양식 2개, 익공양식 3개이다. 건축물의 현 소재지는 서울이 5곳으로 가장 많다.

㉡ 11개 전통 건축물의 기둥 지름은 최소 1.40척, 최대 2.00척이고, 처마서까래 지름은 최소 0.50척, 최대 0.80척이다. 각 건축물의 기둥 지름 대비 처마서까래 지름 비율은 0.30보다 크고 0.50보다 작다.

㉢ 11개 전통 건축물의 부연은 폭이 최소 0.25척, 최대 0.55척이고 높이는 최소 0.30척, 최대 0.60척으로, 모든 건축물의 부연은 높이가 폭보다 크다. ㉣ 기둥 지름 대비 부연 폭의 비율은 0.15보다 크고 0.40보다 작다.

① ㉠, ㉡
② ㉠, ㉣
③ ㉡, ㉢
④ ㉠, ㉢, ㉣
⑤ ㉡, ㉢, ㉣

문 18. 윤 사무관은 〈표〉를 비롯한 몇 가지 자료를 이용하여 세계 에너지 수요에 관한 〈보고서〉를 작성하였다. 제시된 〈표〉 이외에 추가로 이용한 자료를 〈보기〉에서 모두 고르면?

11 민간(경) 19번

〈표〉 세계 에너지 수요 현황 및 전망

(단위 : QBtu, %)

구분 지역		현황 1990	현황 2000	현황 2010	전망 2015	전망 2025	전망 2035	연평균 증가율 (2015~2035)
OECD	북미	101	120	121	126	138	149	0.9
	유럽	70	81	81	84	89	92	0.5
	아시아/오세아니아	27	37	38	39	43	45	0.8
		198	238	240	249	270	286	0.7
비OECD	유럽	67	50	51	55	63	69	1.3
	아시아/오세아니아	58	122	133	163	222	277	3.5
	아프리카	10	14	14	17	21	24	2.1
	중남미	15	23	23	28	33	38	1.8
		150	209	221	263	339	408	2.8
전체		348	447	461	512	609	694	1.8

〈보고서〉

전 세계 에너지 수요는 2010년 461QBtu(Quadrillion British thermal units)에서 2035년 694QBtu로 50% 이상 증가할 것으로 전망된다. 이 기간 동안 국제 유가와 천연가스 가격상승이 예측되어 장기적으로 에너지 수요를 다소 둔화시키는 요인으로 작용하겠으나, 비OECD 국가들의 높은 경제성장률과 인구증가율로 인해 세계 에너지 수요 증가율은 높은 수준을 유지할 것이다.

OECD 국가들의 에너지 수요는 2015~2035년 기간 중 연평균 0.7%씩 증가할 것으로 전망되어 2035년에는 2010년 수준에 비해 19.2% 늘어날 것으로 예상된다. 반면, 같은 기간 비OECD 국가들의 에너지 수요는 연평균 2.8%씩 증가하여 2035년에는 2010년 수준에 비해 84.6%나 늘어날 것으로 예상된다.

비OECD 국가들 중에서도 중국과 인도의 경제성장률이 가장 높게 전망되고 있으며, 두 국가의 2035년 에너지 수요는 2010년 수준보다 두 배 이상으로 증가하여 전 세계 에너지 수요의 25%를 점유할 것으로 예측되고 있다. 한편 전 세계에서 미국의 에너지 수요가 차지하는 비중은 2010년 22%에서 2035년 17%로 줄어들 것으로 보인다.

〈보 기〉

ㄱ. 1990~2035년 국제 유가와 천연가스 가격 현황 및 전망
ㄴ. 1990~2035년 국가별 경제성장률 현황 및 전망
ㄷ. 1990~2035년 국가별 인구증가율 현황 및 전망
ㄹ. 1990~2035년 국가별 에너지 생산 현황 및 전망

① ㄱ, ㄴ
② ㄱ, ㄹ
③ ㄷ, ㄹ
④ ㄱ, ㄴ, ㄷ
⑤ ㄴ, ㄷ, ㄹ

문 19. 다음 〈표〉는 A~D국의 성별 평균소득과 대학진학률의 격차지수만으로 계산한 '간이 성평등지수'에 관한 자료이다. 이에 대한 〈보기〉의 설명 중 옳은 것만을 모두 고르면?

18 민간(가) 20번

〈표〉A~D국의 성별 평균소득, 대학진학률 및 '간이 성평등지수'

(단위 : 달러, %)

항목 국가	평균소득			대학진학률			간이 성평등 지수
	여성	남성	격차 지수	여성	남성	격차 지수	
A	8,000	16,000	0.50	68	48	1.00	0.75
B	36,000	60,000	0.60	( )	80	( )	( )
C	20,000	25,000	0.80	70	84	0.83	0.82
D	3,500	5,000	0.70	11	15	0.73	0.72

※ 1) 격차지수는 남성 항목값 대비 여성 항목값의 비율로 계산하며, 그 값이 1을 넘으면 1로 함
  2) '간이 성평등지수'는 평균소득 격차지수와 대학진학률 격차지수의 산술 평균임
  3) 격차지수와 '간이 성평등지수'는 소수점 셋째자리에서 반올림한 값임

─── 〈보 기〉 ───

ㄱ. A국의 여성 평균소득과 남성 평균소득이 각각 1,000달러씩 증가하면 A국의 '간이 성평등지수'는 0.80 이상이 된다.

ㄴ. B국의 여성 대학진학률이 85%이면 '간이 성평등지수'는 B국이 C국보다 높다.

ㄷ. D국의 여성 대학진학률이 4%p 상승하면 D국의 '간이 성평등지수'는 0.80 이상이 된다.

① ㄱ
② ㄴ
③ ㄷ
④ ㄱ, ㄴ
⑤ ㄱ, ㄷ

문 20. 다음 〈표〉는 2007~2011년 A국의 금융서비스 제공방식별 업무처리 건수 비중 현황이다. 이에 대한 〈보기〉의 설명 중 옳은 것을 모두 고르면?

12 민간(인) 22번

〈표〉 금융서비스 제공방식별 업무처리 건수 비중 현황

(단위 : %)

구분 연도	대면거래	비대면거래			합
		CD/ATM	텔레뱅킹	인터넷뱅킹	
2007	13.6	38.0	12.2	36.2	100.0
2008	13.8	39.5	13.1	33.6	100.0
2009	13.7	39.3	12.6	34.4	100.0
2010	13.6	39.8	12.4	34.2	100.0
2011	12.2	39.1	12.4	36.3	100.0

─── 〈보 기〉 ───

ㄱ. 2011년의 비대면거래 건수 비중은 2009년 대비 1.5%p 증가하였다.

ㄴ. 2008~2011년 동안 대면거래 건수는 매년 감소하였다.

ㄷ. 2007~2011년 동안 매년 비대면거래 중 업무처리 건수가 가장 적은 제공방식은 텔레뱅킹이다.

ㄹ. 2007~2011년 중 대면거래 금액이 가장 많았던 연도는 2008년이다.

① ㄱ, ㄷ
② ㄱ, ㄹ
③ ㄴ, ㄷ
④ ㄴ, ㄹ
⑤ ㄷ, ㄹ

문 21. 다음 〈표〉는 A회사의 2010년 월별 상품 판매고에 대한 자료이다. 2010년 7월부터 12월까지의 단순이동평균을 나타낸 그래프로 옳은 것은? 11 민간(경) 25번

〈표〉 A회사의 2010년 월별 상품 판매고

(단위 : 백만 원)

월	판매고	단순이동평균
1월	330	―
2월	410	―
3월	408	―
4월	514	―
5월	402	―
6월	343	―
7월	438	401.2
8월	419	( )
9월	374	( )
10월	415	( )
11월	451	( )
12월	333	( )

※ 단순이동평균은 해당 월 직전 6개월간 판매고의 평균을 말함. 예를 들어, 2010년 7월의 단순이동평균(401.2)은 2010년 1월부터 6월까지 판매고의 평균임

①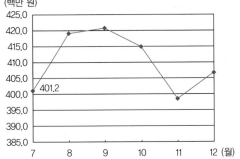

②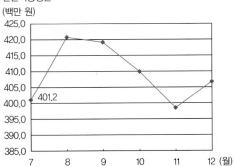

③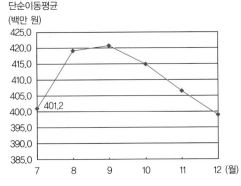

④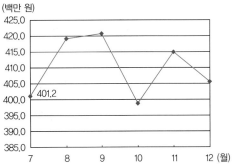

⑤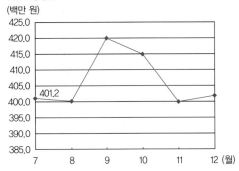

문 22. 다음 〈표〉는 1905~2004년 동안 사우디아라비아와 이라크의 석유 시추에 대한 자료이다. 이에 대한 〈보기〉의 설명 중 옳지 <u>않은</u> 것을 모두 고르면? 13 외교원(인) 26번

〈표〉 사우디아라비아와 이라크의 석유 시추 현황

(단위 : 회)

구분 \ 국가	사우디아라비아	이라크
시추 횟수	110	50
상업화 성공 횟수	44	15

※ 성공률 = $\dfrac{\text{상업화 성공 횟수}}{\text{시추 횟수}}$

―〈보 기〉―

ㄱ. 사우디아라비아의 성공률은 0.4이고 사우디아라비아와 이라크를 합한 전체 성공률은 0.35이다.

ㄴ. 2005년 이라크에서 석유 시추 횟수가 10회이고 상업화 성공 횟수가 6회라면, 해당연도 이라크의 성공률은 1905~2004년 성공률의 2배이다.

ㄷ. 석유 시추 횟수와 상업화 성공 횟수는 사우디아라비아가 이라크에 비해 각각 2배, 3배 이상이다.

① ㄱ

② ㄴ

③ ㄷ

④ ㄱ, ㄴ

⑤ ㄱ, ㄷ

문 23. 다음 〈그림〉은 우리나라 8개 중앙부처의 예산규모와 인적자원을 나타낸 것이다. 〈보기〉에서 설명하는 A~F 부처를 〈그림〉에서 찾을 때 두 번 이상 해당되는 부처는?

07 행시(인) 26번

〈그림〉 부처별 예산규모와 인적자원

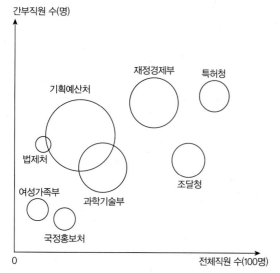

※ 1) 원의 면적이 넓을수록 예산규모가 큼
2) 각 원의 중심 좌표는 전체직원수와 간부직원수를 각각 나타냄

─── 〈보 기〉 ───

• 전체직원이 가장 많은 부처와 가장 적은 부처는 각각 A와 B이다.
• 예산규모가 가장 큰 부처와 가장 작은 부처는 각각 C와 D이다.
• 전체직원 수 대비 간부직원수의 비율이 가장 높은 부처와 가장 낮은 부처는 각각 E와 F이다.

① 특허청
② 기획예산처
③ 법제처
④ 여성가족부
⑤ 조달청

문 24. 다음 〈표〉는 성별, 학력별 이동전화 월평균 지출비용의 분포이다. 다음 〈보고서〉 내용 중 〈표〉의 자료만으로 내릴 수 있는 결론으로 옳은 것을 모두 고르면?

09 행시(기) 28번

〈표〉 성별, 학력별 이동전화 월평균 지출비용 분포

(단위 : %)

구분	지출비용	2만원 미만	2만원 이상 ~3만원 미만	3만원 이상 ~5만원 미만	5만원 이상 ~10만원 미만	10만원 이상	합
성별	남성	7.7	20.6	28.1	28.0	15.6	100.0
	여성	9.8	24.0	29.3	24.9	12.0	100.0
학력	초졸 이하	13.4	25.2	26.6	22.8	12.0	100.0
	중졸	8.6	23.2	27.7	25.3	15.2	100.0
	고졸	6.8	20.9	28.6	28.1	15.6	100.0
	대졸 이상	7.2	18.7	28.9	30.0	15.2	100.0

─── 〈보고서〉 ───

㉠ 대졸 이상을 제외한 모든 학력에서 이동전화 월평균 지출비용이 '3만원 이상~5만원 미만'인 사용자가 가장 많다. ㉡ 중졸 학력자의 경우 이동전화 월평균 지출비용이 '3만원 이상~5만원 미만'인 사용자가 가장 많고, 다음으로 '5만원 이상~10만원 미만', '2만원 이상~3만원 미만', '10만원 이상', '2만원 미만' 순서이다. ㉢ 남성 1인당 이동전화 월평균 지출비용은 여성 1인당 이동전화 월평균 지출비용보다 많다. ㉣ 이동전화 월평균 지출비용이 '5만원 이상~10만원 미만'인 경우는 대졸 이상 학력자의 인원 수가 가장 많다.

① ㉠, ㉡
② ㉠, ㉢
③ ㉡, ㉢
④ ㉠, ㉡, ㉢
⑤ ㉡, ㉢, ㉣

문 25.   다음 〈표〉는 선박종류별 선박 수와 해양사고에 대한 자료이다. 이에 대한 설명 중 옳지 <u>않은</u> 것은?   06 견습(역) 36번

〈표〉 선박종류별 선박 수와 해양사고

(단위 : 척, %)

연도	구분 선박 종류	선박 수	해양 사고 (사고율)	충돌	접촉	좌초	전복	화재	침몰	기관 손상	조난	인명 사상	기타
1998	전체	95,903	936 (1.0)	295	8	77	14	69	87	242	48	8	88
1999	전체	101,307	1,041 (1.0)	356	2	69	29	67	95	269	24	14	116
	여객선	171	15 (8.8)	4	–	–	–	1	–	5	–	2	3
	화물선	696	97 (13.9)	63	1	14	4	2	–	6	1	–	6
	유조선	647	24 (3.7)	17	–	1	–	1	–	2	–	–	3
	어선	94,852	781 (0.8)	203	–	49	19	58	76	250	19	8	99
	예선	1,071	41 (3.8)	13	1	2	3	4	8	5	2	1	2
	기타	3,870	83 (2.1)	56	–	3	3	1	11	1	2	3	3

※ 사고율은 선박종류별 선박 수 대비 해양사고의 비율임

① 1998년에 비해 1999년에 가장 높은 증가율을 보인 해양사고는 기관손상사고이다.

② 사고율이 가장 높은 선박의 종류는 화물선이고, 어선의 경우에는 사고율이 전체 사고율 보다 낮았다.

③ 1999년에 가장 많이 일어난 해양사고는 충돌사고(34.2%)이고, 그 다음이 기관손상사고(25.8%)이다.

④ 1999년 해양사고는 전년 대비 10% 이상 증가한 1,041척이 발생했는데, 이 중 어선의 해양사고가 781척으로 전체사고의 약 75%를 차지하였다.

⑤ 화물선과 유조선은 해당 선박종류의 해양사고 중 충돌사고의 비율이 각각 60%를 넘었다.

MEMO

MEMO

2023
최신개정판

[해설편]

인사혁신처 주관 국가직 7급 전직렬 / NCS 공기업 / 대통령경호처 경호공무원 7급 공채 대비

Public Service Aptitude Test

7급 PSAT

자료해석

SD PSAT연구소 편저

필수기출
500제

+ 최신기출

SD에듀
(주)시대고시기획

CONTENTS

목차

책 속의 책

정답 및 해설편

정답 및 해설편

PART 01   LEVEL UP!

PART 02   STEP UP!

PSAT

Public Service Aptitude Test

PART 1

LEVEL UP!

CHAPTER
01 LEVEL 1, 파악

01 자료의 읽기

01	02	03	04	05	06	07	08	09	10
③	①	②	⑤	④	④	⑤	③	③	②
11	12	13	14	15	16	17	18	19	20
③	③	③	②	②	⑤	⑤	③	⑤	①
21	22	23	24	25	26	27	28	29	30
③	④	⑤	⑤	①	⑤	③	④	③	①
31	32	33	34	35	36	37	38	39	40
⑤	④	④	③	②	①	③	③	④	②
41	42	43	44	45	46	47	48	49	50
④	②	①	③	④	②	③	④	⑤	①
51	52	53	54	55	56	57	58	59	60
①	④	③	①	⑤	②	④	⑤	④	①
61	62	63	64	65	66	67	68	69	70
①	④	⑤	③	①	③	②	④	②	①
71	72	73	74	75	76	77	78		
②	①	③	④	④	③	⑤	③		

01 정답 ③

정답해설

③ 70세 이상 연령대의 남성의 1인당 진료비는 60대에 비해 감소하였으므로 옳지 않은 내용이다.

오답해설

① 19세 이하의 모든 연령대에서 남성의 총 진료비가 많으므로 옳은 내용이다.

② 20세 이상의 모든 연령대에서 여성의 총 진료비가 많으므로 옳은 내용이다.

④ 직접 계산할 필요 없이 〈그림 1〉을 기준으로 판단하더라도 남녀 간 총 진료비의 차이가 20~29세에서 가장 크고, 1세 미만에서 가장 작다는 것을 확인할 수 있다. 따라서 옳은 내용이다.

⑤ 70세 이상의 경우, 총 진료비는 여성(992십억 원)이 남성(680십억 원)의 1.5배를 넘지 않고, 1인당 진료비는 여성(9,137천 원)이 남성(3,014천 원)의 3배를 넘으므로 옳은 내용이다.

02 정답 ①

정답해설

ㄱ. 〈표 1〉에 의하면 1996~2002년 사이에 경제활동참가율과 실업률 모두 남성이 여성보다 높으므로 옳은 내용이다.

ㄴ. 〈표 2〉에 의하면 1997~2002년 사이에 가구주의 경제활동참가율이 전년에 비해 증가한 해는 1997년과 1998년인데 이 두 해의 실업률은 전년에 비해 감소하였으므로 옳은 내용이다.

ㅁ. 〈표 3〉에 의하면 2000~2002년 사이에 취업자 중 자영업주의 비율은 매년 남성이 여성보다 높지만 무급가족종사자의 비율은 매년 여성이 남성보다 높으므로 옳은 내용이다.

오답해설

ㄷ. 〈표 2〉에 의하면 2002년 남성 가구주의 경제활동참가율은 88.9%로 전년에 비해 증가하였으므로 옳지 않은 내용이다.

ㄹ. 〈표 3〉에 의하면 2000~2002년 사이에 여성의 경우 임시직 근로자와 일용직 근로자 비율의 합이 상용직 근로자의 비율보다 크지만 남성의 경우는 그렇지 않으므로 옳지 않은 내용이다.

03 정답 ②

정답해설

ㄱ. 전체 경쟁력점수는 E국(460점)이 D국(459점)보다 높으므로 옳지 않은 내용이다.

ㄷ. C국을 제외하고, 각 부문에서 경쟁력점수가 가장 높은 국가와 가장 낮은 국가의 차이가 가장 큰 부문은 변속감(19점)이고, 가장 작은 부문은 연비(9점)이므로 옳지 않은 내용이다.

ㄹ. 내구성 부문에서 경쟁력점수가 가장 높은 국가는 B(109점)이고 경량화 부문에서 경쟁력점수가 가장 낮은 국가는 D(85점)이므로 옳지 않은 내용이다.

오답해설

ㄴ. 경쟁력점수가 가장 높은 부문과 가장 낮은 부문의 차이가 가장 큰 국가는 D(22점)이고, 가장 작은 국가는 C(8점)이므로 옳은 내용이다.

ㅁ. 전체 경쟁력점수가 가장 높은 국가는 A국(519점)이므로 옳은 내용이다.

04

정답해설

⑤ 2050년 중국의 온실가스 감축비용은 감축시작년도가 2005년일 때 22.6백만 달러이고 2025년일 때 12.9백만 달러이므로 옳지 않은 내용이다.

오답해설

① 2050년 온실가스로 인한 지구 전체의 예상손실액은 온실가스 감축을 2005년에 시작할 경우 1,322.1백만 달러, 2025년에 시작할 경우 3,782.8백만 달러가 될 것으로 예측되므로 옳은 내용이다.

② 2050년 지구 전체의 온실가스 감축비용은 온실가스 감축을 2005년에 시작할 경우 441.4백만 달러, 2025년에 시작할 경우 478.1백만 달러로 36.7백만 달러가 더 소요될 것으로 예측되므로 옳은 내용이다.

③ 미국의 온실가스 감축비용과 온실가스로 인한 예상손실액은 감축시작년도와 관계없이 가장 크므로 옳은 내용이다.

④ 2100년을 기준으로 볼 때, 감축시작년도에 관계없이 모든 국가(지역)에서 온실가스 감축비용은 온실가스로 인한 예상손실액보다 항상 적으므로 옳은 내용이다.

05

정답해설

ㄱ. 신문보도에서 착공 전에 가장 높은 보도비율을 보인 두 분야는 교통과 환경인데, 이 두 분야 모두 착공 후 보도비율이 감소하였으므로 옳은 내용이다.

ㄷ. 착공 전에 비해 착공 후 교통에 대한 보도비율의 감소폭은 신문(30.6%p)이 방송(22.3%p)보다 더 크므로 옳은 내용이다.

ㄹ. 역사분야의 착공 전 대비 착공 후 보도비율의 증가율은 신문(약 3배), 방송(약 5배)로 다른 분야에 비해 가장 크므로 옳은 내용이다.

ㅁ. 착공 전 교통에 대한 보도비율은 신문(49.0%)보다 방송(51.6%)에서 더 높으므로 옳은 내용이다.

오답해설

ㄴ. 착공 후 신문에서 가장 많이 보도된 분야는 교통이지만 방송에서 가장 많이 보도된 분야는 공정이므로 옳지 않은 내용이다.

06

정답해설

ㄱ. 2차 산업 인구구성비가 두 번째로 큰 지역은 D지역인데, 수거된 재활용품 중 고철류 비율이 두 번째로 큰 지역은 G지역이므로 옳지 않은 내용이다.

ㄴ. 3차 산업 인구구성비가 가장 높은 지역은 B지역인데, 재활용품 수거량이 가장 많은 지역은 A지역이므로 옳지 않은 내용이다.

ㄹ. 1인당 재활용품 수거량이 가장 적은 지역은 G지역인데, 수거된 재활용품 중 종이류 비율이 가장 높은 지역은 C지역이므로 옳지 않은 내용이다.

오답해설

ㄷ. 인구밀도가 높은 상위 3개 지역은 A, B, D이고 수거된 재활용품 중 종이류 비율이 높은 상위 3개 지역도 A, B, D이므로 옳은 내용이다. 순위까지 동일해야 하는 것은 아님에 주의하자.

07

정답해설

ㄷ. 비율만 주어진 자료에서는 같은 연도 내에서의 비교는 가능하지만 다른 연도와의 비교는 불가능하므로 옳지 않은 내용이다.

ㄹ. 비율만 주어진 자료에서는 같은 지역(도시 혹은 농촌) 내에서의 비교는 가능하지만 다른 지역 간의 비교는 불가능하므로 옳지 않은 내용이다.

ㅁ. 2000년의 경우 남성가구주의 혼인상태 중 사별의 비율은 1990년 대비 감소하였으므로 옳지 않은 내용이다.

오답해설

ㄱ. 〈표 2〉에 의하면 55세 이상 인구에서는 연도와 지역에 관계없이 여성가구주의 비율이 남성가구주의 비율보다 항상 높으므로 옳은 내용이다.

ㄴ. 1980년에 비해 2000년에는 도시 여성가구 중에서 가장 높은 비율을 차지하는 연령대가 45~54세에서 35~44세로 낮아졌으나, 농촌 여성가구주 중에서 가장 높은 비율을 차지하는 연령대는 45~54세에서 65세 이상으로 높아졌다. 따라서 옳은 내용이다.

08

정답해설

ㄱ. G국의 인구는 1913년(35.1백만 명)에 비해 1920년(37.7백만 명)에 증가하였으므로 옳지 않은 내용이다.

ㄷ. B국의 산업잠재력은 1928년(533.0)에 비해 1938년(528.0)에 감소하였으므로 옳지 않은 내용이다.

ㅁ. 산업잠재력의 합은 직접 계산하지 않아도 승전동맹이 더 크다는 것을 눈어림으로도 확인할 수 있으나 군사비 지출의 합은 승전동맹이 9,342백만 달러, 패전동맹이 9,901백만 달러이므로 옳지 않은 내용이다.

오답해설

ㄴ. 〈표 1〉에 의하면 1920년에 비해 1938년에 주요참전국의 인구는 모두 증가하였으므로 옳은 내용이다.

ㄹ. 1930년 대비 1938년의 각국의 군사비 지출 증가율을 계산해보면 C국이 약 45배로 가장 높고, B국이 약 1.6배로 가장 낮으므로 옳은 내용이다.

09

정답해설

③ 투자부적격등급에서 투자적격등급으로 상향된 건수는 〈표 2〉의 3사분면에 해당하는 것이므로 10건이고, 투자적격등급에서 투자부적격등급으로 하향된 건수는 1사분면에 해당하는 것이므로 10건보다는 많음을 알 수 있다. 따라서 옳은 내용이다.

오답해설

① 1993년의 경우는 등급하향 비율(0.27%)이 상향 비율(1.91%)보다 낮으므로 옳지 않은 내용이다.

② 등급하향 건수 대비 등급상향 건수 비율이 가장 낮은 해는 1997년(0)이지만 가장 높은 해는 1993년(7)이므로 옳지 않은 내용이다.

④ 신용등급이 두 등급 이상 하향된 건수 중에서 D등급으로 하향된 건수는 9건이므로 옳지 않은 내용이다.

⑤ 〈표 2〉의 중심대각선보다 두 칸 아래에 위치한 건수의 합인 15건은 신용등급이 두 등급 상향된 것이므로 옳지 않은 내용이다.

10

정답해설

ㄱ. 1920~1932년 동안 보통문관시험 응시자 수는 매년 400명에서 600명 사이였으나, 1934년의 응시자는 938명으로 1,000명에 미치지 못한다. 따라서 옳지 않은 내용이다.

ㄴ. 1925년의 경우 합격자 수 대비 조선인 합격자 수의 비율은 $25\%\left(=\dfrac{7}{28}\right)$이며, 1929년에도 $25\%\left(=\dfrac{5}{20}\right)$이므로 옳지 않은 내용이다.

ㅁ. 조사기간 동안 조선인과 일본인의 전체 임용률은 각각 58.2%, 79.3%이었으나, 1919년, 1921년 등 조선인의 임용률이 일본인보다 높은 경우가 존재하므로 옳지 않은 내용이다.

오답해설

ㄷ. 임용되지 못한 조선인의 수는 161명=A(385명)−D(224명)이고, 일본인의 수는 159명=B(767명)−E(608명)이므로 옳은 내용이다.

ㄹ. 조사기간 동안의 전체 임용자 수는 일본인(608명)이 조선인(224명)의 약 2.7배이고, 전체 합격자 수는 일본인(767명)이 조선인(385명)의 약 2배이므로 옳은 내용이다.

11

정답해설

ㄱ. 2003년~2005년 동안 매년 연평균 아황산가스 오염도가 가장 높은 도시는 G(0.013, 0.011, 0.010)이고, 연평균 오존 오염도가 가장 높은 도시는 B(0.022, 0.023, 0.024)이므로 옳은 내용이다.

ㄷ. 〈표〉에 의하면 연평균 오존 오염도가 매년 지속적으로 높아진 도시는 B, C, E이고, 빗물의 연중최고 산도가 매년 지속적으로 높아진 도시는 D이므로 옳은 내용이다.

ㅁ. 2002~2005년 동안 연평균 오존 오염도는 모든 도시에서 적정 환경기준치(0.06ppm)을 벗어나지 않았으나, 2004년과 2005년에 빗물의 연중최저 pH는 모든 도시에서 5.6이하로 떨어졌으므로 옳은 내용이다.

오답해설

ㄴ. 2005년의 경우, 연평균 오존 오염도가 가장 낮은 도시와 빗물의 연중최고 산도가 가장 높은 도시는 A로 동일하지만 연평균 아황산가스 오염도가 가장 낮은 도시는 E이므로 옳지 않은 내용이다.

ㄹ. 2002년과 2005년을 비교하였을 때, 연평균 아황산가스 오염도의 감소폭이 가장 큰 작은 도시는 E(0.009)이지만, 가장 큰 도시는 C(0.032)이므로 옳지 않은 내용이다.

12

정답해설

ㄱ. 제시된 자료에서는 학년이 높아질수록 장학금을 받는 학생의 1인당 평균 교내 특별활동 수가 증가하고 있음을 알 수 있을 뿐, 학년이 높아질수록 장학금을 받는 학생 수가 늘어났는지는 알 수 없다. 따라서 옳지 않은 내용이다.

ㄴ. 장학금을 받는 4학년생이 참가한 1인당 평균 교내특별활동 수는 0.5개이고 장학금을 받지 못하는 4학년생이 참가한 1인당 평균 교내특별활동 수는 2.5 이상이므로 후자는 전자의 5배를 넘는다. 따라서 옳지 않은 내용이다.

ㄹ. 각 학년별로 장학금을 받는 학생과 장학금을 받지 못하는 학생의 비율을 알 수 없으므로 2학년과 3학년 전체의 1인당 평균 교내특별활동 수를 알 수 없다. 따라서 옳지 않은 내용이다.

오답해설

ㄷ. 구체적인 수치를 판단하기보다 그림으로 판단해보더라도 학년이 높아질수록 장학금을 받는 학생과 받지 못하는 학생 간의 1인당 평균 교내특별활동 수의 차이가 커지고 있으므로 옳은 내용이다.

13

정답해설

ㄴ. ㄹ 자료를 통해서는 알 수 없으므로 옳지 않은 내용이다.

ㅂ. 제시된 자료는 교통사고가 발생한 음주운전에 대한 내용이므로 사고가 발생하지 않은 경우에 대해서는 알 수 없다. 따라서 옳지 않은 내용이다.

오답해설

ㄱ. 〈그림 1〉에서 20대의 교통사고 발생 건수의 비율은 35.6%이고, 30대의 비율은 38.6%이므로 둘의 합은 74.2%로 $66.7\%\left(=\dfrac{2}{3}\right)$을 넘는다. 따라서 옳은 내용이다.

ㄷ. 전체 음주운전 교통사고 발생 건수 중에서 운전자의 혈중 알코올 농도가 0.30%이상인 경우는 10.4%(=8.6%+1.8%)이므로 옳은 내용이다.

ㅁ. 20세 미만의 음주운전 교통사고 발생 건수 대비 사망자 수 비율은 약 $1.9\left(=\dfrac{5.1}{2.7}\right)$인 반면 다른 연령대의 비율은 이에 한참 미치지 못한다. 따라서 옳은 내용이다.

14

정답해설

ㄱ. 각 분기별 출발지연 건수를 직접 계산하지 않더라도 그래프 상으로도 확인이 가능하다. 3/4분기의 경우가 조금 혼동될 수 있으나 4월과 7월, 5월과 9월, 6월과 8월로 그룹지어 판단해보면 3/4분기에도 증가했음을 알 수 있다. 따라서 옳은 내용이다.

ㄷ. 2006년의 월별 편성 횟수 대비 정시출발 비율이 95% 이상이 되려면 월별 출발지연 건수가 12.5회 이하여야 하는데, 〈그림 2〉에서 볼 수 있듯이 2006년 매월 지연 건수는 12.5회에 미치지 못하므로 옳은 내용이다.

오답해설

ㄴ. 〈그림 3〉의 5건의 도수가 0이라는 의미는 5월에 수하물 분실 건수가 0이라는 것이 아니라 한 달에 5건 분실이 발생한 달이 없다는 의미이다. 또한, 〈그림 3〉의 도수를 모두 더해보면 44건으로 〈그림 1〉에서의 수치와 일치하므로 〈그림 3〉에 표시된 수치 이외의 분실은 없다는 것을 의미한다. 따라서 옳지 않은 내용이다.

ㄹ. '항공기 출발지연'(84건), '수하물 분실'(44건), '기계적 결함'(25)의 건수의 합은 153건이고, 전체 문제 발생 건수는 181건이다. 따라서 이들 3가지 문제의 발생 건수가 전체 문제에서 차지하는 비율은 약 84.5% $\left(=\dfrac{153}{181}\right)$이므로 옳지 않은 내용이다.

15 정답 ②

정답해설

ㄴ. '비전·일기' 지역의 1410~1419년 파견 횟수(53회)는 1392~1409년(59회)보다 감소하였으므로 옳지 않은 내용이다.

오답해설

ㄱ. 〈표 1〉에서 모든 왕에 걸쳐 조선에서 명으로 사절을 파견한 횟수가 명에서 조선으로 사절을 파견한 횟수보다 많으므로 옳은 내용이다.

ㄷ. 조선에서 일본 또는 명으로 사절을 파견한 횟수가 많은 왕부터 나열하면 세종(216회), 태종(160회), 세조(106회), 성종(75회), 태조(68회), 단종(22회), 문종(13회), 정종(11회), 예종(8회)이므로 옳은 내용이다.

ㄹ. 1392~1494년 사이에 일본에서 조선으로 사절을 파견한 횟수가 많은 지역부터 나열하면 대마도(2,201회), 비전·일기(1,087회), 구주(776회), 본주·사국(292회), 실정막부(42회), 기타(25회)이므로 옳은 내용이다.

16 정답 ⑤

정답해설

ⓒ 〈표 1〉에 따르면 '만화/캐릭터'와 '컴퓨터 프로그램'을 제외한 나머지 항목에서는 모두 고등학생이 중학생이나 초등학생에 비하여 구입 경험의 비율이 높으므로 옳은 내용이다.

ⓔ 〈표 2〉에 따르면 모두 정품으로 구입했다고 응답한 학생의 비율은 중학교(55.9%)에서 가장 높으므로 옳은 내용이다.

ⓜ 10회 중 3회 이상 정품을 구입하였다고 응답한 학생의 비율이 가장 높은 학교급은 고등학교(86명)이며, 가장 낮은 학교급은 중학교(38명)이어서 둘의 차이는 48명이다. 따라서 옳은 내용이다.

오답해설

ⓐ 〈표 1〉에 따르면 전반적으로 '만화/캐릭터'의 구입 경험 비율이 초등학생(73.2%)이 중학생(53.3%)이나 고등학생(62.6%)보다 높은 것으로 나타났다. '컴퓨터 프로그램'의 경우 학교급 간의 차이는 2%p 미만인 반면, '게임'은 초등학교와 고등학교 간의 차이는 2.1%p이므로 옳지 않은 내용이다.

ⓒ 〈표 2〉에 따르면 초등학교의 경우 정품만을 구입했다고 응답한 학생의 비율은 35.3%로 절반에 미치지 못하므로 옳지 않은 내용이다.

17 정답 ⑤

정답해설

⑤ 1990년에 비해 2000년에 대리 직급에서 수가 늘어난 출신 지역은 서울·경기도, 강원도, 충청남도의 3곳이고, 줄어든 출신 지역은 충청북도, 경상남도, 전라북도, 전라남도의 4곳이므로 옳지 않은 내용이다.

오답해설

① 이사 직급의 경우 1990년 4명에서 2000년 8명으로 2배(100%) 증가하였으나 나머지 직급의 증가율은 이에 미치지 못하므로 옳은 내용이다.

② 전라북도의 경우 전체 임직원 수(25명)에서 과장 직급(18명)이 차지하는 비중이 절반을 넘고 있으나 나머지 지역은 이에 미치지 못하므로 옳은 내용이다.

③ 1990년의 과장의 수는 44명이고, 2000년은 75명으로 증가하였으므로 옳은 내용이다.

④ 1990년의 경우 충청북도 출신의 임직원이 67명으로 가장 많고, 2000년의 경우도 충청북도 출신의 임직원이 71명으로 가장 많으므로 옳은 내용이다.

18 정답 ③

정답해설

ⓒ 연도별로 삼림 면적의 전년 대비 증가폭을 구해보면, 2002년 약 457,000㎡, 2003년 약 122,000㎡, 2004년 약 476,000㎡, 2005년 약 72,000㎡이므로 옳은 내용이다.

오답해설

ⓐ 2003년 A지역의 전체 면적은 약 2.69km²으로 2002년에 비해 감소하였으므로 옳지 않은 내용이다.

ⓑ 굳이 삼림이 전체 면적에서 차지하는 비중과 증가율을 구할 필요 없이 훼손지의 경우 2001년 1㎡에서 2005년 129,581㎡로 12만 배 이상 증가하였으므로 옳지 않은 내용이다.

ⓓ 2003년의 경우 나지 면적이 전체 면적에서 차지하는 비중이 약 30%로 전년 대비 증가하였으므로 옳지 않은 내용이다.

ⓜ 2005년의 경우 나지 면적의 전년 대비 변화폭은 약 13만㎡인데 반해 초지의 변화폭은 약 1.1만㎡에 불과하므로 옳지 않은 내용이다.

19 정답 ⑤

정답해설

⑤ F부처의 새터민 장학금의 전년 대비 증가율은 약 117%인 반면, C부처의 보훈장학금의 증가율은 125%이므로 옳지 않은 내용이다.

오답해설

① 2006년 총 등록금 중 정부부담 비율은 $27.2\%\left(=\dfrac{3.4}{12.5}\right)$이므로 옳은 내용이다.

② 2006년 A부처의 기초생활 수급자 장학금과 이공계 장학금을 합한 금액은 1,520억 원으로 총 등록금 12조 5천억 원의 1%를 넘는다. 따라서 옳은 내용이다.

③ 2006년 A부처의 장학금 총액은 2,140억 원으로 전체 정부 부담 장학금 4,000억 원의 절반을 넘는다. 따라서 옳은 내용이다.

④ 2005년 C부처의 군자녀 장학금 수혜인원은 22,000명으로 다른 장학금에 비해 가장 많으므로 옳은 내용이다.

20 정답 ①

정답해설

ㄱ. 지방정부 신뢰 수준이 높은 집단일수록 그래프가 상단에 위치하여 중앙정부에 대해서도 신뢰도가 높다는 것을 알 수 있다. 따라서 옳은 내용이다.

오답해설

ㄴ. 최종학력이 중학교인 집단의 경우 지방정부의 신뢰 수준이 높은 경우에도 중앙정부의 신뢰도가 가장 낮은 것으로 나타나고 있으므로 두 신뢰도 사이의 차이가 크다고 볼 수 있다. 따라서 옳지 않은 내용이다.

ㄷ. 지방정부에 대한 신뢰 수준이 낮은 그룹에서만 중앙정부에 대한 신뢰도가 1.15로 동일할 뿐, 나머지 그룹들에서는 모두 중앙정부에 대한 신뢰도가 다르므로 옳지 않은 내용이다.

ㄹ. 지방정부에 대한 신뢰 수준이 낮은 그룹 중 최종학력이 전문대학인 경우와 지방정부에 대한 신뢰 수준이 높은 그룹 중 최종학력이 대학원인 경우는 그보다 학력이 낮은 경우에 비해 중앙정부에 대한 신뢰도가 낮아졌으므로 옳지 않은 내용이다.

21

정답해설

㉠ 30대, 40대, 50대의 각 연령대별 남성의 경우, 기부경험률은 각각 39.0%, 41.5%, 40.8%로 응답자 전체 기부경험률(37.8%)보다 높으나, 자원봉사참여율은 각각 10.0%, 13.1%, 15.0%로 응답자 전체 자원봉사참여율(16.0%)보다 낮다. 따라서 옳은 내용이다.

㉢ 〈표〉에 의하면 60대 이상을 제외한 각 연령대에서 여성의 기부경험률과 자원봉사참여율이 각각 남성의 기부경험률과 자원봉사참여율보다 높으므로 옳은 내용이다.

㉣ 〈그림〉에 의하면 20대를 제외한 각 연령대에서 자원봉사에 참여하는 사람들의 행복지수가 참여하지 않는 사람들에 비해서 높으므로 옳은 내용이다.

오답해설

㉡ 20대의 기부경험률은 남성 29.8%, 여성 34.7%로 가중평균을 감안하더라도 응답자 전체 기부경험률인 37.8%에 미치지 못하나 30대, 40대, 50대는 각 성별, 연령별 기부경험률이 37.8%를 넘으므로 가중평균을 감안했을 때 응답자 전체 기부경험률을 넘는다. 하지만 60대의 경우는 남성 29.8%, 여성 21.4%로 모두 37.8%에 미치지 못하므로 응답자 전체 기부경험률을 넘지 못한다. 따라서 옳지 않은 내용이다.

㉤ 자원봉사 참여자의 경우 20대(6.80점)에서 60대 이상(6.22점)으로 0.58점 하락하였으나, 자원봉사 비참여자의 경우 20대(6.86점)에서 60대 이상(5.34점)으로 1.52점 하락하였다. 따라서 옳지 않은 내용이다.

22

정답해설

ㄴ. 2006년 서울시 거주 전체 외국인(175,036명) 중 중국국적 외국인(119,300명)이 차지하는 비중은 약 68%이므로 옳은 내용이다.

ㄹ. 1999년 서울시 거주 전체 외국인 중 일본국적 외국인과 캐나다국적 외국인의 합이 차지하는 비중은 약 14%$\left(=\dfrac{6,332+1,809}{57,189}\right)$이고, 2006년 서울시 거주 전체 외국인 중 대만국적 외국인과 미국국적 외국인의 합이 차지하는 비중은 약 12%$\left(=\dfrac{8,974+11,890}{175,036}\right)$이므로 옳은 내용이다.

오답해설

ㄱ. 서울시 거주 인도국적 외국인 수는 2003년 836명에서 2004년 828명으로 감소하였으므로 옳지 않은 내용이다.

ㄷ. 2000~2007년 사이에 서울시 거주 외국인 수가 매년 증가한 국적은 중국뿐이므로 옳지 않은 내용이다.

23

정답해설

ㄴ. 2004~2007년 사이에 A사와 C사의 매출액은 증가한 반면, B사는 감소하였으므로 결과적으로 B사의 시장점유율은 하락하였으며, 2007년의 경우 A사의 매출액은 증가하였고, C사의 매출액은 감소하였으나 그 감소폭이 B사보다 적으므로 역시 B사의 시장점유율은 하락하였다. 따라서 옳은 내용이다.

ㄷ. 2002년에 비해 2003년에 A사의 매출액은 증가하였으나 B와 C사의 매출액은 모두 감소하였으므로 A사의 시장점유율은 상승하였다. 따라서 옳은 내용이다.

ㄹ. C사는 1999~2002년 사이에 매출액이 증가하였으나 A사와 B사의 경우는 매출액의 증가폭이 C사에 미치지 못하거나 매출액이 감소하였으므로 C사의 시장점유율은 증가하였다. 그러나 2003년에는 A사와 B사의 매출액은 증가하였으나 C사의 매출액은 감소하였으므로 C사의 시장점유율은 감소하였다. 따라서 옳은 내용이다.

오답해설

ㄱ. 2007년의 경우 A사의 매출액의 증가분보다 B사와 C사의 매출액의 감소분의 합이 더 크므로 전체 매출액은 감소하였다. 따라서 옳지 않은 내용이다.

24

정답해설

ㄷ. 같은 지역 내의 비교이므로 비율만으로도 판단이 가능하다. 따라서 2009년 수리(가)영역에서 1~4등급을 받은 학생의 비율은 54.2%, 7~9등급을 받은 학생의 비율은 8.4%이므로 1~4등급을 받은 학생의 비율은 7~9등급을 받은 학생의 비율의 5배 이상이다. 따라서 옳은 내용이다.

ㄹ. D지역의 경우 5~6등급의 비율이 37.5%이고 7~9등급의 비율이 25.1%이어서 차이가 12.4%p에 불과하다. 따라서 옳은 내용이다.

오답해설

ㄱ. 주어진 자료에서는 각 지역별 비율만을 알 수 있을 뿐 실제 수치는 알 수 없으므로 옳지 않은 내용이다.

ㄴ. 2009년 4개 영역 중 1~4등급 비율이 가장 높은 지역과 가장 낮은 지역 간 비율 차이가 가장 작은 영역은 외국어영역(12.4%p)이므로 옳지 않은 내용이다.

25

정답해설

ㄱ. 〈표 2〉에서 경기북부지역의 도시가스를 사용하는 비율은 66.1%이고 등유를 사용하는 비율은 3.0%이므로 전자는 후자의 20배 이상이다. 따라서 옳은 내용이다.

ㄴ. 서울지역의 도시가스를 사용하는 비율은 84.5%, 인천지역의 도시가스를 사용하는 비율은 91.8%로 다른 난방연료보다 높다. 따라서 옳은 내용이다.

오답해설

ㄷ. 비율만 제시된 자료로는 같은 지역 내에서의 비교만 가능할 뿐 다른 지역과의 비교는 불가능하므로 옳지 않은 내용이다.

ㄹ. 경기남부 지역의 지역난방 사용비율은 67.5%이고 경기북부 지역은 27.4%이므로 옳지 않은 내용이다.

8 PART 1 LEVEL UP!

정답해설

⑤ 국비를 지원받지 못하는 문화재 수는 7개이고, 구비를 지원 받지 못하는 문화재 수는 9개이므로 옳은 내용이다.

오답해설

① 7번 문화재의 경우 2008년 11월 17일에 공사를 시작하였으며 현재 공정이 공사 중으로 되어있으므로 보고서가 작성된 시점은 11월 17일 이후여야 한다. 따라서 옳지 않은 내용이다.

② 전체 사업비 중 시비와 구비의 합이 전체 사업비의 절반 이하라면 국비가 전체 사업비의 절반 이상이 되어야 한다. 그런데 국비가 전체 사업비의 절반인 8번, 10번, 12번을 제외하면 1번, 7번, 13번만이 이에 해당하고 그마저도 국비 사업비의 금액이 2번 등 시비와 구비 사업비가 절반 이상인 문화재에 비해 현저히 적다. 따라서 옳지 않은 내용이다.

③ 각 문화재별로 시비가 전체 사업비에서 차지하는 비중을 살펴보면 4번, 5번, 6번, 9번, 11번 5개만이 시비가 차지하는 비중이 80%를 넘는다. 그런데 전체 문화재 수는 13개여서 5개는 이의 절반에 미치지 못하므로 옳지 않은 내용이다.

④ 공사 중인 문화재 사업비의 합이 1,159백만 원이고, 공사 완료된 문화재 사업비 합은 2,551백만 원이므로 전자는 후자의 절반에 미치지 못한다. 따라서 옳지 않은 내용이다.

정답해설

ㄱ. 2003~2008년 사이 오직 한 해에만 사망자가 발생한 나라는 아제르바이잔, 이라크, 라오스, 나이지리아, 파키스탄, 터키 등 6개국이므로 옳은 내용이다.

ㄹ. 2005년 태국과 베트남의 감염자 수 합(66명)은 2005년 전체 감염자 수(98명)의 65%를 넘으므로 옳은 내용이다. 전체 감염자 수가 100명이라고 해도 66%인데, 실제 전체 감염자 수는 이보다 적으므로 비율은 당연히 66%보다 올라갈 것이기 때문이다.

ㅁ. 2006~2008년 사이 이집트와 인도네시아의 총 감염자 수 합(163명)은 같은 기간 전체 감염자 수(234명)의 50% 이상이므로 옳은 내용이다.

오답해설

ㄴ. 2003~2008년의 기간에는 중국과 인도네시아의 감염자 수 합이 전체 감염자 수의 50%에 미치지 못하므로 옳지 않은 내용이다.

ㄷ. 2003~2008년 사이 총 감염자 수 대비 총 사망자 수 비율이 50% 이상인 나라는 아제르바이잔, 캄보디아, 중국, 인도네시아, 이라크, 라오스, 나이지리아, 태국 등 8개국이므로 옳지 않은 내용이다.

정답해설

ㄴ. A사가 조사한 시청률과 B사가 조사한 시청률이 동일한 점을 선으로 이으면 원점을 통과하는 45°선을 그릴 수 있다. 만약 어떠한 항목이 이 선위에 위치한다면 A사와 B사가 조사한 시청률이 동일하다는 것이며 멀리 떨어져 있다면 두 회사 간의 시청률의 차이가 크다는 것을 의미한다. 이에 따르면 예능프로그램이 가장 멀리 떨어져 있으므로 시청률 차이가 가장 크다는 것을 알 수 있다.

ㅁ. A사의 조사에서는 오디션프로그램(20% 이상)이 뉴스(20%)보다 시청률이 높으나, B사의 조사에서는 뉴스(20% 이상)가 오디션프로그램(20% 미만)보다 시청률이 높다.

오답해설

ㄱ. 〈그림〉에 따르면 B사가 조사한 일일연속극의 시청률은 40%를 약간 넘고 있으므로 옳지 않다.

ㄷ. 오디션프로그램의 시청률은 A사의 조사에서는 20%를 조금 넘고 있으나 B사의 조사에서는 20%에 미치지 못하고 있다. 따라서 A사의 조사결과가 B사의 조사결과보다 더 높다.

ㄹ. ㄱ에서 설명한 것처럼 주말연속극 항목은 45°선에 위치하고 있으므로 두 회사의 조사결과가 동일하다.

> **합격자의 SKILL**
>
> 이와 같이 그래프를 읽고 선택지를 판단하는 문제는 난도의 차이가 있을지 언정 매년 등장하는 유형이다. 특히 이와 같은 격자형 그래프에서는 45°선과 기울기, 더 나아가 기울기의 역수를 이용한 문제들이 단골로 출제되고 있으니 개념을 확실히 익혀두기 바란다.

정답해설

ㄴ. 전기전자 업종의 순위는 2008년 5위, 2009년 4위, 2010년 2위로 그 순위가 매년 상승하였으므로 옳은 내용이다.

ㄷ. 2009년과 2010년의 경우 '대기업의 정보화 수준'이 전년과 비교하여 증감한 방향은 증가-감소인데, 건설 업종의 증감 방향도 증가-감소이므로 옳은 내용이다.

오답해설

ㄱ. 2008년 대비 2010년 중소기업 정보통신 업종의 정보화 수준 상승률(약 1.1배)은 2008년 대비 2010년 중소기업 전체의 정보화 수준 상승률(약 1.7배)보다 낮으므로 옳지 않은 내용이다.

ㄹ. 2010년 건설 업종의 정보화 수준도 전년 대비 하락하였으므로 옳지 않은 내용이다.

30 정답 ①

정답해설

ㄱ. 지역 평균 흡연율이 전국 평균 흡연율(22.9%)보다 높은 지역은 A(24.4%), B(24.2%), C(23.1%), D(23.0%)의 4개이므로 옳은 내용이다.

ㄴ. 40대를 기준으로 흡연율이 가장 높은 지역은 B(29.9%)이고, 20대를 기준으로 흡연율이 가장 높은 지역은 E(30.0%)이므로 옳은 내용이다.

오답해설

ㄷ. 비율로만 제시된 자료에서 다른 지역 간 실수치의 비교는 불가능하므로 옳지 않은 내용이다.

ㄹ. 각 지역의 연령대 흡연율 순위는 30대-20대-40대-50대-60대 이상인데, 이와 순위가 동일한 지역은 D와 F의 2개이므로 옳지 않은 내용이다.

31 정답 ⑤

정답해설

ㄴ. 사회유형에 무관하게 C에서 A로 갈수록 민주주의 발전지수가 증가하므로 옳은 내용이다.

ㄷ. 평균 비례지수가 높은 순서대로 나열하면 A, B, C인데, 제1당의 평균 의석률이 작은 순서대로 나열해도 역시 A, B, C이므로 옳은 내용이다.

ㄹ. 평균 비례지수가 높은 순서대로 나열하면 A, B, C인데, 사회유형에 무관하게 C에서 A로 갈수록 발전지수가 증가하므로 옳은 내용이다.

오답해설

ㄱ. A선거제도의 경우, 동질사회(79)에서보다 이질사회(74)에서 민주주의 발전지수가 더 작으므로 옳지 않은 내용이다.

32 정답 ④

정답해설

④ A부처(201명)가 B부처(182명)에 비해 충원 직위 수가 많고, A부처의 충원 직위 수 대비 내부 임용 비율은 58.2%이고, B부처는 84.1%이므로 옳은 내용이다.

오답해설

① 〈표 2〉의 연도를 모두 계산할 필요 없이 2005년의 미충원 직위 수가 10명(=156-146)이고 〈표 1〉에서 2006년의 미충원 직위 수가 22명이라고 하였으므로 옳지 않은 내용임을 알 수 있다.

② 2001년도 이후 타부처로부터의 충원 수는 5명, 5명, 4명, 8명, 7명의 순으로 2004년에만 증가하였으므로 옳지 않은 내용이다.

③ 2006년도 개방형 총 직위 수는 165명으로 이의 50%는 82.5명인데 내부 임용된 인원은 81명이어서 50%에 미치지 못한다. 따라서 옳지 않은 내용이다.

⑤ 전년도에 비해 개방형 총 직위 수가 증가한 2001년의 경우 민간인 외부 임용 및 충원 직위 수 대비 민간인 외부 임용 비율은 12.2%로 감소하였으므로 옳지 않은 내용이다.

33 정답 ④

정답해설

④ 2005년 이후 전년에 비해 친환경 농산물 총생산량이 처음으로 감소한 시기는 2009년이며, 이때부터 저농약 인증이 폐지되었다. 따라서 옳은 내용이다.

오답해설

① 친환경 농산물 총생산량은 2008년도에 증가하고 2009년에는 감소하였다. 따라서 저농약 신규 인증 중단(2007년) 이후 친환경 농산물의 총 생산량이 매년 감소한 것은 아니다.

② 저농약 인증 폐지(2009년) 이전인 2004년~2008년의 기간 동안 저농약 농산물 생산량은 2008년을 제외하고 매년 전체 친환경 농산물 생산량의 절반 이상을 차지하였으므로 옳지 않은 내용이다.

③ 2007년과 2008년의 경우 무농약 농산물 생산량은 친환경 농산물 총 생산량의 50%에 미치지 못한다. 따라서 옳지 않은 내용이다.

⑤ 2005년 이후 전년에 비해 무농약 농산물 생산량의 증가폭이 가장 큰 시기는 2010년이므로 옳지 않은 내용이다.

34 정답 ③

정답해설

③ 2009년의 경우 총 양식어획량이 520백만 마리이고 이의 50%는 260백만 마리이나 조피볼락의 양식어획량은 254백만 마리로 이에 미치지 못한다. 따라서 옳지 않은 내용이다.

오답해설

① 2006년 대비 2007년 어업생산량은 303.2만 톤에서 약 24만 톤 증가한데 반해, 2007년 대비 2008년은 327.5만 톤에서 10에도 미치지 못하는 증가분을 보이고 있다. 2007년의 경우 더 적은 수치에서 더 많은 증가분을 기록했으므로 증가율도 더 높게 된다. 따라서 옳은 내용이다.

② 〈표 1〉에 의하면 다른 조업방법은 그렇지 않으나, 내수면어업의 경우 2005년 2.4만 톤에서 시작하여 2009년 3.0만 톤에 이르기까지 매년 어업생산량이 증가하였다. 따라서 옳은 내용이다.

④ 2009년 양식어획량이 전년 대비 감소한 어종은 조피볼락, 감성돔, 참돔, 농어인데 이 중 감성돔과 참돔은 직관적으로 보아도 농어보다 감소율이 크다는 것을 알 수 있다. 그리고 조피볼락은 감소분이 26백만 마리로서 감소율이 약 9%인데 반해, 농어는 감소분이 1백만 마리로서 감소율이 약 6%이다. 따라서 옳은 내용이다.

⑤ 기타 어류를 제외하면, 각각의 어종을 양식어획량이 많은 순서대로 나열하면 2005년과 2009년 모두 '조피볼락-넙치류-참돔-감성돔-숭어-농어'의 순으로 동일하므로 옳은 내용이다.

35 정답 ②

정답해설

ㄴ. 〈그림 1〉에서 1사분면에 속한 5개의 유형 중 〈그림 2〉에서는 1사분면에 속하지 않는 것은 도매시장 항목이다. 따라서 민간업체, 영농법인, 대형공급업체, 농협의 4개 유형이 모든 속성에서 3점 이상을 얻고 있다.

ㄹ. 〈그림 2〉에 따르면 할인점의 공급력 속성의 선호도가 가장 낮았으므로 옳은 내용이다.

오답해설

ㄱ. 가격적정성 속성의 경우 민간업체가 농협보다 높은 점수를 받았으나, 품질 속성에서는 농협이 민간업체보다 높은 점수를 받았으므로 옳지 않은 내용이다.

ⓒ 농협은 품질과 공급력 속성에서는 선호도가 가장 높았으나 가격적정성의 경우는 민간업체의 선호도가 가장 높으므로 옳지 않은 내용이다.

ⓔ 개인 납품업자의 경우 품질속성에서는 가장 낮은 선호도를 보이고 있으나 나머지 속성에서는 그렇지 않으므로 옳지 않은 내용이다.

36 정답 ①

정답해설

ㄱ. 1993년 폭-수심비 최댓값은 5.5km 지점에서 측정된 값이며 약 550임을 알 수 있다.

오답해설

ㄴ. 1983년과 1993년의 폭-수심비 차이가 가장 큰 측정지점은 5.5km 지점이며 그 차이는 약 360임을 알 수 있다. 따라서 옳지 않은 내용이다.

ㄷ. 구체적인 수치를 직접 계산할 필요 없이 1983년의 그래프 자체가 300의 범위를 벗어나지 못하고 있으므로 옳지 않은 내용이다.

37 정답 ③

정답해설

ⓒ 〈표〉에서 2011년 미국 소셜광고 시장 규모는 25.4억 달러에서 2014년 55.9억 달러로 성장할 것으로 예상됨을 알 수 있다. 하지만 2014년의 수치는 세계 소셜광고 시장 규모(119억 달러)의 50%에는 미치지 못하므로 옳지 않은 내용이다.

오답해설

① 〈그림 1〉에 따르면 2011년 세계 소셜네트워크 서비스 이용자 수는 12억 명이며 이것이 50% 증가한 수치는 18억 명이다. 그런데 2014년의 이용자 수는 18.5억 명으로 이보다 많으므로 2011년 대비 2014년의 이용자 수 증가율은 50%를 넘는다.

ⓛ 〈그림 2〉에 따르면 2012년 세계 소셜광고 시장 규모는 77억 달러이며 전년 대비 성장률은 48.1%임을 알 수 있다.

ⓔ 〈표〉에 의하면 2011년 미국 소셜광고 시장 점유율 순위는 페이스북이 67%로 선두를 달리고 있으며 그 다음으로 소셜게임, 트위터, 링크드인이 순서대로 그 뒤를 잇고 있다.

ⓜ 〈표〉에 의하면 2014년 페이스북의 시장 점유율은 67%이며 이는 2012년 71%에 비해 4%p 감소한 수치이므로 옳은 내용이다.

합격자의 SKILL

'자료-보고서'형 문제는 외형적으로는 보고서형 문제이지만 실상은 일반적인 선택지형 문제와 동일한 유형이다. 단지 차이가 있다면 선택지의 정오판단에 거의 영향을 주지 못하는 잉여문장들이 많다는 것이다. 따라서 보고서의 내용 중 밑줄이 그어지지 않은 부분은 처음부터 아예 읽지도 말고 그냥 넘기기 바란다. 아주 간혹 그 부분이 있어야 의미 파악이 가능한 경우도 있기는 하지만 극소수에 불과하다.

38 정답 ③

정답해설

③ 스위스의 경우 남성이 1위, 여성이 3위이며, 일본의 경우 남성이 4위, 여성이 1위이다. 반면 나머지 국가들 중에는 남성과 여성 모두 5위 이내에 포함된 국가가 없으므로 옳은 내용이다.

오답해설

① 2003년 한국 남성의 기대수명은 73.9세이고 2009년은 76.8세이므로 증가폭은 2.9세이다. 그런데 73.9의 절반(50%)이 30을 훨씬 넘는 상황이므로 5% 역시 3보다 크게 되어 증가율은 5%에 미치지 못한다는 것을 알 수 있다.

② 2009년 일본 여성의 기대수명이 86.4세이기 때문에 이의 90%는 86.4-(86.4×0.1)=77.76으로 계산할 수 있다. 그런데 일본 남성의 기대수명은 79.6세로서 이보다 크다. 따라서 옳지 않다.

④ 2006년과 2009년 한국 남성의 기대수명 차이는 1.1세인 반면 여성은 1.4세로서 이보다 크다. 따라서 옳지 않다.

⑤ 스위스 여성과 스웨덴 여성의 기대수명 차이는 1.2세인 반면, 남성은 0.5세에 불과하다. 따라서 옳지 않다.

39 정답 ④

정답해설

④ 보충급여를 도입한 국가의 수는 14개이고, 소득비례급여를 도입한 국가의 수는 26개이어서 후자가 전자보다 크다. 따라서 옳지 않다.

오답해설

① 기여비례급여를 도입한 국가는 일원체계에 속한 싱가포르, 말레이시아, 인도, 인도네시아의 4개국과, 이원체계에 속한 칠레, 멕시코, 아르헨티나, 페루, 콜롬비아의 5개국이므로 모두 9개국이다.

② 삼원체계로 분류된 국가들 모두 비부담 방식을 도입하고 있다. 따라서 이스라엘, 라트비아, 덴마크, 캐나다의 총 4개국이 해당된다.

③ 일원체계로 분류된 국가의 수는 17개이고, 이원체계로 분류된 국가의 수도 17개이므로 둘은 같다.

⑤ 정액급여를 도입한 국가의 경우, 일원체계로 분류된 국가는 네덜란드, 아이슬란드, 뉴질랜드, 브루나이의 4개국이고, 이원체계로 분류된 국가는 일본, 영국, 노르웨이, 핀란드, 아일랜드의 5개국이어서 전자가 후자보다 적다. 따라서 옳은 내용이다.

합격자의 SKILL

선택지 ⑤의 경우 정액급여항목이 사회보험식과 사회수당식에 모두 들어있다는 점에 주의해야 한다. 물론, 이 문제의 경우 그것으로 인해 정답이 바뀌지는 않았지만 얼마든지 출제포인트가 될 수 있기에 주의가 필요하다.

40 정답 ②

정답해설

② 〈표 2〉에 의하면 2005년 전체 참여공동체의 수는 122개소이며 이의 30%는 36.6개소이므로 전남지역 참여공동체의 수(32개소)보다 크다. 따라서 옳지 않은 내용이다.

오답해설

① 〈표 3〉에 의하면 참여어업인은 매년 증가하고 있으므로 옳은 내용이다.

③ 〈표 2〉에 의하면 충북지역을 제외하면, 인천의 2004년 대비 2011년 참여공동체는 약 7배 증가하였으며 나머지 지역은 모두 이보다 높은 증가율을 보이고 있다. 따라서 옳은 내용이다.

④ 〈표 1〉에 의하면 모든 어업유형에서 참여공동체의 수는 매년 증가하였으므로 옳은 내용이다.

⑤ 〈표 2〉에 의하면 2009년과 2010년 지역별 참여공동체의 수를 큰 순서대로 나열하면 두 해 모두 '전남-경남-경북-충남'으로 나타낼 수 있다. 따라서 2009년과 2010년 모두 충남은 4위로 동일하므로 옳은 내용이다.

41

정답해설

④ 자살률이 가장 높은 국가는 A인데 A국가의 1인당 GDP는 약 17천 달러이고, 자살률이 두 번째로 높은 국가는 B인데 B국가의 1인당 GDP는 약 30천 달러이다. 따라서 B국가의 1인당 GDP는 A국가의 1인당 GDP의 50% 이상이므로 옳은 내용이다.

오답해설

① 1인당 GDP가 가장 낮은 국가는 S(10천 달러)이며, 자살률이 가장 낮은 국가는 T(약 3명)이므로 둘은 일치하지 않는다.

② 1인당 GDP가 4만 달러 이상인 국가는 K(60천 달러)인데, 이 국가의 자살률은 약 13명이므로 옳지 않은 내용이다.

③ 자살률이 가장 높은 국가는 A(약 23명)이고, 가장 낮은 국가는 T(약 3명)이므로 둘의 차이는 약 20명이어서 15명을 초과한다. 따라서 옳지 않은 내용이다.

⑤ C국보다 자살률과 1인당 GDP가 모두 낮은 국가는 G, H, I, O, S의 5개국이며 C국보다 자살률과 1인당 GDP가 모두 높은 국가는 B이므로 옳지 않은 내용이다.

합격자의 SKILL

이 문제와 같이 그래프에서 ~%, ~배와 같이 대상들을 비교하는 경우에는 굳이 구체적인 수치를 대입할 것이 아니라, ~칸으로 접근하면 매우 빠르게 판단할 수 있다. 예를 들어 선택지 ④의 경우는 B가 거의 30에 육박하고 있으나 굳이 이를 위의 해설처럼 근사값으로 계산할 필요 없이 6칸으로 보면 50%는 3칸 정도이므로 옳지 않음을 시각적으로 확인할 수 있다. 또한 선택지 ③의 경우도 15명을 직접 계산하기보다는 3칸으로 이해하면 보다 손쉽게 판단할 수 있을 것이다. 별것 아닌 것 같지만 이것이 체화된 사람과 그렇지 않은 사람의 차이는 시험장에서 매우 크게 나타난다.

42

정답해설

② '용기디자인'의 점수는 A음료가 약 4.5점이므로 가장 높고, C음료가 약 1.5점에서 가장 낮으므로 옳은 내용이다.

오답해설

① C음료는 8개 항목 중 '단맛'의 점수가 가장 높으므로 옳지 않은 내용이다.

③ A음료가 B음료보다 높은 점수를 얻은 항목은 '단맛'과 '쓴맛'을 제외한 6개 항목이므로 옳지 않은 내용이다.

④ 각각의 항목별 점수의 합이 크다는 것은 이를 연결한 다각형의 면적이 가장 크다는 것을 의미한다. 따라서 D음료가 B음료보다 크다.

⑤ A~D 음료 간 '색'의 점수를 비교할 때 점수가 가장 높은 음료는 A음료이고, '단맛'의 점수가 가장 높은 것은 B, C음료이므로 옳지 않은 내용이다.

43

정답해설

① 2005년 서울(2.2%), 부산(3.0%), 광주(6.5%)의 실질 성장률은 각각 2004년 서울(1.0%), 부산(0.6%), 광주(1.5%)에 비해 2배 이상 증가하였으므로 옳은 내용이다.

오답해설

② 2004년 실질 성장률이 가장 높은 도시는 울산(4.3%)이고 2005년은 광주(6.5%)이므로 둘은 서로 다르다. 따라서 옳지 않다.

③ 부산의 경우 2001년 실질 성장률(7.9%)은 2000년(5.3%)에 비해 증가하였으므로 옳지 않은 내용이다.

④ 2002년 대비 2003년 실질 성장률이 5%p 이상 감소한 도시는 서울(6.7%p), 인천(8.3%p), 광주(7.9%p), 울산(13.2%p)의 총 4개이므로 옳지 않다.

⑤ 2000년 실질 성장률이 가장 높은 도시는 광주(10.1%)이며 2007년 실질 성장률이 가장 낮은 도시는 대전(3.2%)이므로 둘은 다르다. 따라서 옳지 않다.

44

정답해설

③ 그래프만으로 판단해보더라도 2006년과 2007년의 미혼녀와 미혼남의 인원 수 차이는 거의 비슷함을 알 수 있다. 실제로 계산해보아도 2006년이 11,695명, 2007년이 11,634명으로 거의 차이가 나지 않는다.

오답해설

① 〈그림 1〉에서 2004년 이후 미혼녀 인원 수가 매년 증가하였음을 알 수 있으므로 옳은 내용이다.

② 2006년의 미혼녀 인원 수는 14,720명이며 이의 2배는 29,440명이다. 따라서 2007년의 미혼녀 인원 수는 2006년의 2배 이상이다.

④ 〈그림 2〉에서 공무원의 수는 9,644명이며 변호사의 수는 3,888명이다. 따라서 공무원 수는 변호사 수의 2배 이상이다.

⑤ 〈그림 2〉에서 회계사의 수는 5,315명이며 승무원의 수는 2,580명이다. 따라서 회계사 수는 승무원 수의 2배 이상이다.

45

정답해설

ㄱ. 전체 순위를 모두 살펴볼 필요 없이 남자 국가대표선수들의 경우 축구의 평균 연령이 가장 낮으나 여자 국가대표선수들은 수영의 평균 연령이 가장 낮으므로 옳지 않다.

ㄴ. 역시 전체 순위를 모두 살펴볼 필요 없이 남자 국가대표선수들의 경우 역도의 평균 신장이 가장 낮으나 여자 국가대표선수들은 사격의 평균 신장이 가장 낮으므로 옳지 않다.

ㄷ. 역도와 축구의 경우 여자 국가대표선수의 평균 연령이 남자보다 더 높으므로 옳지 않은 내용이다.

오답해설

ㄹ. 세로축의 수치들이 다르다는 것만 유념하면 주어진 6가지 운동종목의 남자 국가대표선수의 평균 신장이 여자보다 크다는 것을 쉽게 확인할 수 있다.

이 문제와 같이 동일한 형식의 그래프이지만 축의 수치가 다르게 표시되는 경우가 종종 있다. 그러한 문제들의 경우 거의 예외 없이 그 함정에 걸려들 게끔 선택지가 구성되는데 이 문제의 경우도 마찬가지였다. 따라서 그래프가 등장하면 세로축, 가로축의 수치들이 어떻게 표현되어 있는지 반드시 확인하도록 하자.

46 정답 ②

정답해설

② 금요일과 토요일을 비교할 때 식사와 정서 그리고 외출의 경우 각각 30분 이상 증가한 반면 나머지 유형은 증감폭이 이를 상쇄하기에는 매우 부족하다. 따라서 전체 참여시간을 모두 계산할 필요 없이 아내의 총 참여시간은 토요일이 더 크다는 것을 알 수 있다.

오답해설

① 토요일에 남편의 참여시간이 가장 많았던 양육활동유형은 정서활동(73분)이므로 옳은 내용이다.
③ 남편의 양육활동 참여시간을 계산하면 금요일은 총 46분이고, 토요일은 140분임을 알 수 있으므로 옳은 내용이다. 그러나 실전에서는 이러한 선택지는 가장 마지막에 판단해야 한다.
④ 금요일 아내의 양육활동을 참여시간이 많은 순서대로 나열하면 식사(199분), 정서(128분), 가사(110분), 외출(70분)이므로 옳은 내용이다.
⑤ 아내의 양육활동유형 중 금요일에 비해 토요일에 참여시간이 가장 많이 감소한 것은 교육활동(-4분)이므로 옳은 내용이다.

47 정답 ③

정답해설

ㄱ. 연령대가 높아질수록 TV 선호비율은 여성이 30%에서 40%로, 남성이 20%에서 35%로 높아지고 있으므로 옳은 내용이다.
ㄴ. 40~50대의 대중매체 선호비율 순위는 여성과 남성이 모두 온라인-TV-신문의 순으로 동일하므로 옳은 내용이다.
ㄷ. 연령대가 높은 집단일수록 신문 선호비율은 남성(25%p)보다 여성(40%p)에서 더 큰 폭으로 증가하므로 옳은 내용이다.

오답해설

ㄹ. 남성그룹과 여성그룹 내에서의 비율 자료만으로는 남성과 여성의 실수치를 비교할 수 없다. 따라서 옳지 않은 내용이다.

48 정답 ④

정답해설

ㄱ. 〈표 1〉에 따르면 국내 건강기능식품의 총 생산액과 총 생산량은 각각 매년 증가하였으므로 옳은 내용이다.
ㄴ. 〈표 1〉에 따르면 국내 건강기능식품의 내수용 생산액은 매년 증가하였으므로 옳은 내용이다.
ㄹ. 〈표 2〉에 따르면 2011년 생산액 기준 국내 건강기능식품 상위 10개 품목 중 홍삼은 매년 생산액이 가장 많으므로 옳은 내용이다.

오답해설

ㄷ. 〈표 2〉에 따르면 알로에의 경우 2007년 생산액이 797억 원이고, 2011년 생산액이 691억 원이므로 옳지 않은 내용이다.

49 정답 ⑤

정답해설

ⓒ 2000년 대비 2002년 공공기관 전체 대형공사 발주 건수는 13건 감소하였으나, 소형공사의 발주 건수는 2000년 32,198건에서 2002년 37,323건으로 증가하였으므로 옳은 내용이다.
ⓔ 2002년 정부기관 발주공사 중에서 대형공사가 차지하는 발주 건수의 비율은 약 1%이고, 공사금액의 비율은 약 24%이므로 옳은 내용이다.
ⓜ 2002년 지방자치단체의 공사 발주규모는 소형공사가 대형공사보다 건수(61건 vs 28,939건), 금액(1,137십억 원 vs 10,289십억 원) 모두 크므로 옳은 내용이다.

오답해설

ⓐ 2001년 대형공사 발주금액은 3,172십억 원으로 2000년 3,362십억 원에서 감소하였으므로 옳지 않은 내용이다.
ⓒ 매년 공공기관 전체에서 대형공사와 소형공사를 비교해보면 발주 건수, 발주금액 모두 소형공사가 크므로 옳지 않은 내용이다.

50 정답 ①

정답해설

먼저, 〈표 2〉를 토대로 〈표 1〉의 빈칸을 채워보면 8월의 평균습도는 80% 이상이며, 1월과 11월의 평균기온은 각각 -5℃ 미만, 5℃ 이상 10℃ 미만임을 알 수 있다.
ㄱ. 평균습도가 가장 높은 월은 8월(80% 이상)이며 8월에 강수일수(22일)와 강수량(668.8mm)이 가장 많으므로 옳은 내용이다.
ㄴ. 평균기온이 가장 낮은 월은 1월(-5℃ 미만)이며 1월에 강수량(4.5mm)도 가장 적으므로 옳은 내용이다.
ㄷ. 11월의 평균기온은 5℃ 이상 10℃ 미만이고 3월의 평균기온은 3℃이므로 옳은 내용이다.

오답해설

ㄹ. 6월의 평균기온은 9월보다 높지만 강수일수당 강수량은 9월(약 17)이 6월(약 6.5)보다 많으므로 옳지 않은 내용이다.
ㅁ. 평균기온이 0℃ 미만인 월은 1월, 2월, 12월인데 이들의 강수일수의 합은 24일이어서 8월의 강수일수(22일)보다 많다. 따라서 옳지 않은 내용이다.

51 정답 ①

정답해설

ㄱ. 소년 수감자의 성격유형 구성비 순위와 전국 인구의 성격유형 구성비 순위는 나-가-다-라로 동일하므로 옳은 내용이다.

ㄴ. 〈표 2〉에서 제시된 비율은 각 성격유형에서 차지하는 비율이 아닌 범죄유형에서 차지하는 비율이다. 구체적으로 수감자 수에 해당 비율을 곱해 구해보면 '가', '다'형 모두에서 장물취득이 가장 많으므로 옳지 않은 내용이다.

ㄷ. 전국 인구와 갑 지역 인구의 성격유형 구성비 차이가 가장 큰 성격유형은 '가'(0.9%p)이고 기타범죄의 성격유형 구성비가 가장 큰 유형은 '나'(35.6%)이므로 옳지 않은 내용이다.

ㄹ. '라'형 소년 수감자 중 강력범죄로 수감된 수감자 수는 약 6명(=72×0.084)이고, 기타범죄로 수감된 수감자 수는 약 21명(=177×0.119)이므로 옳지 않은 내용이다.

흔히 하나의 지문에서 두 가지 이상을 묻고 있는 경우 뒤의 것을 먼저 판단하라는 얘기를 하곤 한다. 만약 자료에서 전년 대비 증가율이 주어져 있지 않았다고 가정해보고 선택지 ⑤를 판단해보자. 만약 앞의 내용부터 확인하려 했다면 실제 차이가 미미한 2008년과 2009년을 모두 확인해야 했을 것이고 상당한 시간 소모가 있었을 것이다. 만약 본인이 그렇게 풀이했다면 이 문제는 반드시 기억하고 그 같은 실수를 하지 않아야 한다. 한 문제를 맞히기 위해 2문제를 풀 수 있는 시간을 소비했다면 결과적으로는 한 문제를 틀린 것과 같다.

52   정답 ④

[정답해설]

ㄴ. 2007년 이후 영어와 일어 관광통역안내사 자격증 신규 취득자 수는 2010년까지는 전년 대비 매년 증가하다가 2011년에 감소하는 모습이 같으므로 옳은 내용이다.

ㄹ. 교육 건수당 교육인원이 가장 많은 해는 2009년(125명)이므로 옳은 내용이다.

[오답해설]

ㄱ. 중국어 관광통역안내사 자격증 신규취득자 수는 2007년과 2008년에 전년 대비 감소하였으므로 옳지 않은 내용이다.

ㄷ. 2011년의 경우 중국어 관광통역안내사 자격증 신규취득자 수가 370명으로 가장 많으므로 옳지 않은 내용이다.

53   정답 ③

[정답해설]

③ 갑국의 인구는 '$\dfrac{연구개발비}{인구\ 만\ 명당\ 연구개발비}$'를 통해 알 수 있는데, 2009년과 2010년을 비교하면 분자는 10% 이상 증가한 것이 명확한 반면, 분모는 그보다 적게 증가하고 있다. 따라서 갑국의 인구는 2009년에 비해 2010년이 더 많다.

[오답해설]

① 연구개발비의 공공부담 비중은 2010년에 전년 대비 0.7%p만큼 감소하였으므로 옳지 않은 내용이다.

② 2007년의 경우 인구 만 명당 연구개발비는 2006년에 비해 약 800백만 원만큼 증가한 것에 반해 나머지 연도들의 증가폭은 그에 미치지 못하고 있으므로 옳지 않은 내용이다.

④ 2008년의 경우 연구개발비는 전년에 비해 약 3,200십억 원만큼 증가한 것에 반해 나머지 연도들의 증가폭은 모두 그보다 크다. 2009년의 경우는 전년에 비해 약 3,400십억 원만큼 증가하였다.

⑤ 먼저 각 연도별로 전년 대비 연구개발비의 증가액을 어림해보면 2007년은 약 4,000십억 원, 2008년은 약 3,100십억 원, 2009년은 약 3,500십억 원, 2010년은 약 6,000십억 원 증가하였다. 따라서 증가율이 가장 작은 해는 2008년과 2009년 둘 중의 하나임을 알 수 있다. 그런데, 민간부담 비중이 가장 큰 해, 즉 공공부담 비중이 가장 작은 해는 2006년으로 두 해는 서로 다르므로 옳지 않은 내용이다.

54   정답 ①

[정답해설]

ㄱ. 2011년과 2012년 모두 이용률이 가장 높은 소셜미디어는 페이스북임을 〈그림〉에서 확인할 수 있다.

ㄴ. 2011년 4위는 링크트인, 5위는 구글플러스였던 것에 반해, 2012년에는 4위와 5위의 순서가 바뀌었으므로 옳은 내용이다.

ㄹ. 2011년에 비해 2012년 이용률이 감소한 소셜미디어는 페이스북(93%에서 91%로 2%p 감소)뿐이다.

[오답해설]

ㄷ. 2011년에 비해 2012년 이용률이 가장 큰 폭으로 증가한 소셜미디어는 45%에서 62%로 17%p 증가한 유튜브이다.

ㅁ. 2011년 이용률이 50% 이상인 소셜미디어는 페이스북(93%)뿐이며, 유튜브의 이용률은 45%에 그치고 있다.

55   정답 ⑤

[정답해설]

⑤ 학습성과 항목 각각에 대해 대학 졸업생 보유도와 산업체 고용주 보유도 차이가 가장 큰 학습성과 항목은 '직업윤리(0.9)'이므로 옳지 않은 내용이다.

[오답해설]

① 대학 졸업생의 보유도와 중요도 간의 차이가 가장 큰 학습성과 항목은 국제적 감각(0.9)이고 산업체 고용주의 보유도와 중요도 간의 차이가 가장 큰 학습성과 항목도 국제적 감각(1.2)이므로 옳은 내용이다.

② 대학 졸업생 설문결과에서 중요도가 가장 높은 학습성과 항목은 '실험능력(4.1)'이므로 옳은 내용이다.

③ 산업체 고용주 설문결과에서 중요도가 가장 높은 학습성과 항목은 '기본지식(4.2)'이므로 옳은 내용이다.

④ 대학 졸업생 설문결과에서 보유도가 가장 낮은 학습성과 항목은 '시사지식(2.6)'이므로 옳은 내용이다.

56 정답 ②

정답해설

ㄱ. 〈그림 1〉에서 성과 점수가 가장 높은 과제는 '비용부담완화'(5.12점)이고 가장 낮은 과제는 '보육인력 전문성 제고'(3.84점)이므로 둘의 차이는 1점보다 크다. 따라서 옳은 내용이다.

ㄴ. '보육인력 전문성 제고'의 성과 점수는 3.84점이고 추진 필요성 점수는 3.70점으로 차이는 0.14점인데 나머지 항목들은 눈으로 어림해보아도 이보다 더 크다는 것을 쉽게 알 수 있다.

오답해설

ㄷ. 6대 과제의 추진 필요성 점수의 총합은 21.76점이므로 이들의 평균은 3.62점이다. 따라서 옳지 않다.

합격자의 SKILL

선택지 ㄷ의 경우 '보육인력 전문성 제고' 항목의 점수가 3.70점이라는 것에 착안하여 보다 간편하게 판단할 수 있다. 주어진 항목 중 3.70점보다 큰 것은 '비용부담완화'로 4.15점이며 3.70과의 차이는 0.45점이다. 여기서 평균의 원리를 응용하면 나머지 4개 항목들의 점수와 3.70점과의 차이의 합이 0.45점이 된다면 전체의 평균은 3.70이 된다. 하지만 눈으로 어림해보아도 나머지 항목들과의 차이는 0.45보다 훨씬 크다. 따라서 평균은 3.70보다 작게 된다.

---

57 정답 ④

정답해설

㉠ 〈표〉에서 3D 입체영상 분야의 경우 2000~2010년 일본 특허출원 건수는 3,620건이고 3개국 전체 특허출원 건수는 5,655건임을 알 수 있다. 3개국 전체 특허출원 건수의 60%는 약 3,400건임을 알 수 있으므로 일본 특허출원 건수는 3개국 전체 특허출원 건수의 60% 이상을 차지하였음을 확인할 수 있다.

㉡ 〈그림 1〉에서 3D 입체영상 분야에서 2007~2010년 동안 한국 특허출원 건수는 매년 미국 특허출원 건수를 초과하였음을 알 수 있다.

㉣ 〈그림 2〉에서 2000~2010년 동안 한국과 일본의 CG분야 특허출원 건수의 차이가 2010년에 가장 작았음을 알 수 있다.

오답해설

㉢ 2009년의 경우 CG분야에서 한국의 특허출원 건수는 미국에 비해 크다. 따라서 매년이라는 표현은 옳지 않다.

---

58 정답 ⑤

정답해설

ㄴ. 경남(72.0%)보다 PC 보유율이 낮은 지역은 충남(69.9%), 전북(71.8%), 전남(66.7%), 경북(68.8%)이며 이 네 곳의 인터넷 이용률은 충남(69.7%), 전북(72.2%), 전남(67.8%), 경북(68.4%)으로 모두 경남(72.5%)보다 낮다. 따라서 옳은 내용이다.

ㄹ. PC 보유율보다 인터넷 이용률이 높은 지역은 전북, 전남, 경남의 세 곳이므로 옳은 내용이다.

오답해설

ㄱ. PC 보유율이 네 번째로 높은 지역은 경기(86.3%)이지만, 인터넷 이용률이 네 번째로 높은 지역은 광주(81.0%)이므로 둘은 일치하지 않는다.

ㄷ. 인터넷 이용률이 가장 낮은 지역은 전남(67.8%)으로 이의 1.3배는 약 88%인데 반해, 울산의 인터넷 이용률은 85%이므로 전자가 후자보다 크다. 따라서 옳지 않다.

---

59 정답 ④

정답해설

ㄱ. 강풍과 풍랑의 피해금액이 눈어림으로는 쉽게 판단되지 않는 상태이므로 직접 계산하면 강풍 피해금액 합계는 661억 원, 풍랑 피해금액 합계는 702억 원이므로 전자가 더 작다. 따라서 옳은 내용이다.

ㄴ. 전체의 90%를 직접 구하기보다는 여사건 개념을 적용하여 전체 피해금액의 10%를 이용하여 계산해보자. 2012년 전체 피해금액은 9,620억 원이므로 이의 10%는 962억 원으로 계산될 수 있다. 그런데, 만약 태풍 피해금액이 전체의 90% 이상이라면, 태풍을 제외한 나머지 유형의 피해금액 총합이 전체의 10%에 미치지 못해야 한다. 그런데 실제 이를 계산해보면 855억 원으로 962억 원보다 작다는 것을 확인할 수 있다. 따라서 옳은 내용이다.

ㄹ. 피해금액이 큰 자연재해 유형부터 순서대로 나열하면 2010년과 2011년 모두 '호우 – 태풍 – 대설 – 풍랑 – 강풍'임을 알 수 있다.

오답해설

ㄷ. 피해금액이 매년 10억 원보다 큰 자연재해 유형은 호우와 대설이므로 옳지 않은 내용이다.

---

60 정답 ①

정답해설

① 〈표 2〉에서 2013년 10월 스마트폰 기반 웹 브라우저 중 상위 5종 전체의 이용률 합이 94.39%이므로 6위 이하의 이용률 합은 5.61%임을 알 수 있다. 그런데 10월 현재 5위인 인터넷 익스플로러의 이용률이 1.30%이므로 6위 이하의 이용률은 1.30%를 넘을 수 없다. 따라서 6위 이하 나머지 웹 브라우저의 이용률이 모두 1.30%이라고 하더라도 최소 5개 이상이 존재해야 함을 알 수 있다. 왜냐하면 4개만 존재한다면 이용률의 합이 최대 5.2%에 그쳐 5.61%에 모자라기 때문이다. 결론적으로 자료에서 주어진 5개 이외에 추가로 최소 5개의 브라우저가 존재하여야 하므로 전체 대상 웹 브라우저는 10종 이상이 됨을 알 수 있다.

오답해설

② 〈표 1〉에서 2014년 1월 이용률 상위 5종 웹 브라우저 중 PC 기반 이용률 3위와 스마트폰 기반 이용률 3위가 모두 크롬으로 동일하여 옳지 않다.

③ 〈표 1〉에서 2013년 12월 PC 기반 웹 브라우저 이용률 3위는 파이어폭스이고 2위는 크롬인 반면, 2014년 1월의 3위는 크롬, 2위는 파이어폭스로 둘의 순위가 바뀌었다. 따라서 옳지 않은 내용이다.

④ 〈표 2〉에서 스마트폰 기반 이용률 상위 5종 웹 브라우저 중 2013년 10월과 2014년 1월 이용률의 차이가 2%p 이상인 것은 크롬(4.02%p), 오페라(2.40%p)이므로 옳지 않다.

⑤ 〈표 2〉에서 상위 3종 웹 브라우저 이용률의 합을 직접 구하기보다는 주어진 상위 5종 전체 이용률 합에서 4위와 5위를 차감하여 판단하는 것이 더 수월하다. 이에 따르면 주어진 모든 월에서 상위 3종 웹 브라우저 이용률의 합이 90%에 미치지 못하므로 옳지 않다.

61

정답 ①

정답해설

㉠ 〈표 1〉을 살펴보면 2013년 원조액의 10%는 약 52,000백만 원임에 반해 2014년과의 차이는 이보다 큰 것을 알 수 있다. 따라서 옳은 지문이다.

㉡ 양자지원형태의 원조액이 90% 이상이라는 것은 다자지원형태의 원조액이 10% 미만임을 의미한다. 그런데 〈표 1〉에서 볼 수 있듯이 두 기간 모두 다자지원형태의 원조액은 전체의 10%에 한참 미치지 못함을 알 수 있다. 따라서 옳은 지문이다.

㉣ 〈표 3〉에서 2013년에 비해 2014년 공적개발 원조액 전체에서 차지하는 비중이 낮아진 사업유형은 프로젝트, 연수생초청, 민관협력의 3개 유형이므로 옳은 내용이다.

오답해설

㉢ 〈표 2〉에서 2013년 지원분야별 원조액의 순위를 살펴보면 3위가 산업에너지이고, 2014년은 공공행정이 3위를 차지하고 있다. 따라서 옳지 않은 내용이다.

㉤ 〈표 4〉의 지역별 원조액을 살펴보면 중동지역은 2014년에 감소하였으므로 옳지 않은 내용이다.

> **합격자의 SKILL**
>
> 10%, 90%를 이용한 문제는 이제 자료해석의 기본중의 기본이라고 할 수 있다. 특히 90%를 물으면서 10%를 통해 정오판단을 해야 하는 경우가 많으니 반드시 숙지해두자.

62

정답 ④

정답해설

ㄴ. 각 연도별 비중을 직접 계산할 필요 없이 2013년의 비중은 분모가 되는 전체 생산액은 증가한 반면, 분자가 되는 쌀 생산액은 감소하였으므로 전체 비중은 2012년에 비해 감소하였음을 알 수 있다. 또한 2014년의 경우 분모가 되는 전체 생산액과 분자가 되는 쌀 생산액 모두 증가하였으나 눈으로 어림해보더라도 분모의 증가율이 더 크다. 따라서 2014년의 비중은 2013년에 비해 감소하였으므로 옳은 내용이다.

ㄹ. 2014년의 오리 생산액(12,323억 원)은 2013년(6,490억 원)에 비해 증가하였다는 것을 자료를 통해 곧바로 알 수 있다. 또 2013년의 경우도 2012년에 10위를 차지한 마늘의 생산액이 5,324억 원이어서 오리의 생산액이 아무리 많아도 이 수치보다는 작다는 것을 알 수 있다. 따라서 2013년의 오리 생산액도 2012년에 비해 증가하였음을 알 수 있다.

오답해설

ㄱ. 2013년에 비해 2014년의 감귤 생산액(분자)은 10%가량 증가하였으나 농축수산물 전체 생산액(분모)은 10%를 훨씬 넘는 증가율을 기록하였다. 따라서 전체 비중은 감소하였다.

ㄷ. 2012년부터 2014년까지 매년 상위 10위 이내에 포함된 품목은 쌀, 돼지, 소, 우유, 고추, 닭, 달걀, 감귤의 총 8개이므로 옳지 않은 내용이다.

63

정답 ⑤

정답해설

⑤ 2002년에 10위를 차지한 캐나다인 방문객 수가 67,000명이므로 인도네시아인 방문객 수는 이를 넘을 수 없다. 그런데 2012년 인도네시아인 방문객 수는 124,000명이므로 2002년에 비해 최소 57,000명은 증가하였다는 것을 알 수 있다. 따라서 옳은 내용이다.

오답해설

① 어림해서 계산하면 2002년의 미국인, 중국인, 일본인 방문객 수의 합은 약 3,300천 명이고, 2012년은 약 6,200천 명이므로 2012년이 2002년의 2배에 미치지 못한다. 따라서 옳지 않다.

② 2002년 대비 2012년 말레이시아인 방문객은 거의 2배에 육박하는 증가율을 보였으나 미국인 방문객은 2배에는 훨씬 미치지 못하는 증가율을 보이고 있다. 따라서 옳지 않다.

③ 전체 외국인 방문객 중 중국인 방문객 비중을 어림하면, 2012년은 약 10%이고, 2002년은 약 22%이므로 후자는 전자의 3배에 미치지 못한다. 따라서 옳지 않다.

④ 2002년 외국인 방문객 수 상위 10개국 중 2012년 외국인 방문객 수 상위 10개국에 포함되지 않은 국가는 캐나다 뿐이므로 옳지 않다.

64

정답 ③

정답해설

㉡ 사무관 A의 발언에서 배출농도 허용기준을 현행보다 20% 낮추어 '2.0kg/톤'이라고 하자는 부분이 있었으므로 옳은 내용이다.

㉣ 주어진 자료에 따라 총 배출량을 계산하면 다음과 같다.

구분	배출농도	배출유량	총배출량
가	1.5	10	15
나	2.4	5	12
다	3.0	8	24
라	1.0	11	11

따라서 총 배출량이 허용기준을 만족하는 곳은 '나'와 '라' 2곳이므로 옳은 내용이다.

오답해설

㉠ 허용기준을 현행보다 20% 낮춘 것이 2.0kg/톤이므로 현재의 기준은 2.5kg/톤임을 알 수 있다. 이 기준을 만족하는 산업단지는 '가', '나', '라' 3곳이므로 옳지 않은 내용이다.

㉢ 강화된 기준 적용 시 배출농도 허용기준을 만족하는 산업단지는 '가'와 '라' 2곳이므로 옳지 않은 내용이다.

65

정답 ①

정답해설

ㄱ. 이와 같이 그래프의 수치가 명확하지 않은 경우에는 수치로 접근하기 보다는 간격이 몇 칸인지로 판단하는 것이 더 효율적이다. 이에 따라 20g일 때와 60g일 때를 비교하면 약품 A는 2칸, B는 2칸 이상, C는 3칸의 차이를 보이고 있다. 따라서 A의 오염물질 제거량 차이(약 10g)가 가장 작다.

ㄴ. 각 약품의 투입량이 20g일 때, 각 약품별 오염물질 제거량은 A가 7칸이며, C가 3칸이다. 따라서 A가 C의 2배 이상이다.

ㄷ. 오염물질 30g을 제거하기 위해 필요한 약품의 투입량을 살펴보면 A약품의 그래프가 가장 왼쪽에 있으므로 구체적인 수치를 찾아볼 필요 없이 A의 투입량이 가장 적다는 것을 알 수 있다. 따라서 옳지 않다.

ㄹ. 약품투입량 20g~40g의 구간은 시각적으로 살펴보아도 오염물질 제거량이 7g을 넘는다는 것을 알 수 있으므로 옳지 않은 내용이다.

66

정답 ③

③ 삶의 만족도가 한국보다 낮은 국가들의 장시간근로자비율은 에스토니아(3.6%), 포르투갈(9.3%), 헝가리(2.7%)이므로 이들의 산술평균은 5.2이다. 따라서 이탈리아의 장시간근로자비율(5.4%)보다 낮으므로 옳지 않은 내용이다.

① 삶의 만족도가 가장 높은 국가는 덴마크(7.6점)이며 장시간근로자비율이 가장 낮은 국가도 덴마크(2.1%)이므로 옳은 내용이다.

② 한국의 장시간근로자비율은 28.1%로 삶의 만족도가 가장 낮은 국가인 헝가리의 장시간근로자비율 2.7%의 10배 이상이므로 옳은 내용이다.

④ 여가·개인돌봄시간이 가장 긴 국가는 덴마크(16.1시간)이고 가장 짧은 국가는 멕시코(13.9시간)이며 이들 국가의 삶의 만족도는 덴마크(7.6점), 멕시코(7.4점)이어서 둘의 차이는 0.2점으로 0.3점 이하이다. 따라서 옳은 내용이다.

⑤ 장시간근로자비율이 미국(11.4%)보다 낮은 국가는 덴마크, 프랑스, 이탈리아, 에스토니아, 포르투갈, 헝가리이며 이들 국가의 여가·개인돌봄시간은 모두 미국(14.3시간)보다 길다. 따라서 옳은 내용이다.

합격자의 SKILL

대부분의 사람들은 뺄셈보다는 덧셈, 나눗셈보다는 곱셈의 연산이 더 빠르다. 따라서 산술평균의 정확한 수치를 구해야 할 필요가 없는 보기 ③과 같은 경우, 단순 합을 비교하는 것이 더 편할 수 있다. 즉 삶의 만족도가 한국보다 낮은 국가들의 장시간근로자비율인 3.6, 9.3, 2.7의 합(=15.6)이 이탈리아의 장시간근로자비율인 5.4의 세 배(=16.2)보다 작음을 확인함으로써 빠르게 정답을 찾을 수 있다.

67

정답 ②

② 표에서 서울의 비중이 22.1%, 인천·경기의 비중이 35.8%로 주어져 있으므로 둘을 합하면 50%를 넘음을 알 수 있다.

① 대마 단속 전체 건수(167건)는 마약 단속 전체 건수(65건)의 3배(195)에 미치지 못하므로 옳지 않은 내용이다.

③ 마약 단속 건수가 없는 지역은 강원, 충북, 제주의 3곳이므로 옳지 않은 내용이다.

④ 향정신성의약품 단속 건수는 대구·경북 지역(138건)이 광주·전남 지역(38건)의 4배(152)에 미치지 못하므로 옳지 않은 내용이다.

⑤ 강원 지역은 향정신성의약품 단속 건수(35건)가 대마 단속 건수(13건)의 3배에 미치지 못하므로 옳지 않은 내용이다.

68

정답 ④

㉠ 셔츠 상품군의 판매수수료율은 백화점(33.9%), TV홈쇼핑(42.0%) 모두에서 가장 높으므로 옳은 내용이다.

㉢ 디지털기기 상품군의 판매수수료율은 TV홈쇼핑(21.9%)이 백화점(11.0%)보다 더 높으므로 옳은 내용이다.

㉣ 여행패키지 상품군의 TV홈쇼핑 판매수수료율은 8.4%인데 백화점 판매수수료율 하위 5개에는 포함되어 있지 않아 20.8%보다는 높을 것이라는 것을 확인할 수 있다. 이 수치는 8.4%의 2배인 16.8%보다 큰 수치이므로 옳은 내용임을 알 수 있다.

㉡ 백화점의 여성정장과 모피의 판매수수료율은 각각 31.7%, 31.1%이며, TV홈쇼핑 판매수수료율 5위인 화장품의 판매수수료율은 36.8%여서 여성정장과 모피는 이보다 낮다는 것을 알 수 있다. 그러나 이들의 판매수수료율이 31%대 아래에 있다는 보장은 어디에도 없으므로 TV홈쇼핑의 판매수수료율이 백화점보다 더 낮다는 것은 옳지 않다.

69

정답 ②

ㄱ. 습도가 70%일 때 연간소비전력량이 가장 적은 제습기는 A(790kwh)임을 알 수 있으므로 옳은 내용이다.

ㄷ. 습도가 40%일 때 제습기 E의 연간소비전력량은 660kwh이고, 습도가 50%일 때 제습기 B의 연간소비전력량은 640kwh이므로 옳은 내용이다.

ㄴ. 제습기 D와 E를 비교하면, 60%일 때 D(810kwh)가 E(800kwh)보다 소비전력량이 더 많은 반면, 70%일 때에는 E(920kwh)가 D(880kwh)보다 더 많아 순서가 다르게 되므로 옳지 않은 내용이다.

ㄹ. 제습기 E의 경우 습도가 40%일 때의 연간전력소비량은 660kwh이어서 이의 1.5배는 990kwh로 계산되는 반면 습도가 80%일 때의 연간전력소비량은 970kwh이므로 전자가 후자보다 크다. 따라서 옳지 않은 내용이다.

70

정답 ①

① 스노보드에서 A국이 획득한 모든 메달 수는 2개이고, B국이 획득한 메달 수는 7개이므로 둘을 합하면 9개로 계산되는데, 이 수치는 다른 어떤 종목의 합보다도 크므로 옳은 내용임을 알 수 있다.

② A국이 획득한 금메달 수는 14개이고, C국이 획득한 동메달 수는 11개이므로 둘은 같지 않다.

③ A국이 루지(6개), 봅슬레이(4개), 스켈레톤(1개) 종목에서 획득한 모든 메달 수의 합은 11개이고, C국이 크로스컨트리 종목에서 획득한 모든 메달 수는 14개이므로 후자가 전자보다 크다. 따라서 옳지 않다.

④ B국이 메달을 획득한 종목의 수는 11개인 반면, D국은 9개에 그치고 있다. 따라서 메달을 획득한 종목의 수가 가장 많은 국가는 B국이다.

⑤ 각국이 획득한 은메달 수를 계산하면 A국 10개, B국 8개, C국 14개, D국 8개이므로 이를 순서대로 나열하면 C>A>B=D이다. 따라서 옳지 않다.

선택지 ④와 같이 해당 항목에 데이터가 있는지의 여부만 판단하면 되는 경우가 종종 출제되는 편이다. 이러한 경우 거의 대부분 데이터가 없는 경우가 더 적으므로 빈칸으로 남아있는 항목의 개수를 파악하는 것이 단 몇 초의 시간이라도 절약할 수 있는 방법이다.

71 　　　　　　　　　　　　　　　　정답 ②

정답해설

② 11위를 차지한 '썬더맨'은 10월에 개봉된 영화 중 흥행순위 1~20위 내에 든 유일한 국외제작영화이다. 따라서 옳지 않은 내용이다.

오답해설

① 흥행순위 1~20위 내의 영화 중 한 편의 영화도 개봉되지 않았던 달은 2월 뿐인데, 2월의 국외제작영화 관객 수는 6,282천 명이며 국내제작영화 관객 수는 8,900천 명이어서 전자가 후자보다 작다. 따라서 옳은 내용이다.

③ 〈표 2〉에 의하면 매달 국외제작영화 개봉 편수가 국내제작영화 개봉 편수보다 많음을 확인할 수 있으므로 옳은 내용이다.

④ 국외제작영화 관객 수가 가장 많았던 달은 7월이며, 7월에 개봉된 영화 중 흥행순위 1~20위 내에 든 국외제작영화 개봉작은 '거미인간(4위)', '슈퍼카인드(18위)'이므로 옳은 내용이다.

⑤ 흥행순위가 1위인 영화는 '버스운전사'인데, '버스운전사'의 관객 수는 12,100천 명이고 국내제작영화 전체 관객 수가 113,905천 명이므로 이의 10%보다 '버스운전사'의 관객 수가 더 많으므로 옳은 내용이다.

72 　　　　　　　　　　　　　　　　정답 ①

정답해설

ㄱ. A지역 인구 중 도망노비를 제외한 사노비(솔거노비, 외거노비)가 차지하는 비율은 1720년 28.5%인데 나머지 연도는 모두 20% 부근에 위치하고 있다. 따라서 옳은 내용이다.

ㄴ. 1720년 A지역의 사노비 수는 2,228×40%이며, 1774년은 3,189×34.8%이므로 곱셈비교를 이용하면 1774년의 사노비 수가 더 많다는 것을 알 수 있으므로 옳은 내용이다.

오답해설

ㄷ. 1720년 A지역 사노비 중 외거노비가 차지하는 비율은 $\frac{10.0}{40.0}$, 1762년은 $\frac{8.5}{31.7}$이므로 분수비교를 통해 1762년이 더 높다는 것을 알 수 있으므로 옳지 않은 내용이다.

ㄹ. A지역 인구 중 솔거노비가 차지하는 비율은 1774년부터 높아지고 있으므로 옳지 않은 내용이다.

ㄴ과 ㄷ의 곱셈비교와 분수비교를 보다 구체적으로 풀이해보면 다음과 같다.
ㄴ은 3,189는 2,228에 비해 대략 1,000이 증가한 것이어서 약 40% 가량의 증가율을 보인다고 할 수 있는데 반해, 40은 34.8에 비해 약 20% 가량의 증가율만을 보이고 있다. 따라서 3,189×34.8%가 더 크다.
ㄷ은 분자는 8.5에서 10으로 증가하여 20%에 미치지 못하는 증가율을 보이고 있으나, 분모는 31.7에서 40으로 증가하여 20%를 넘는 증가율을 보이고 있다. 따라서 8.5/31.7가 더 크다.

73 　　　　　　　　　　　　　　　　정답 ③

정답해설

ㄴ. 이른바 '여사건'의 개념을 활용하는 문제이다. '학생비만율'이 증가한다는 것은 뒤집어 생각하면 '비만 아님'의 비율이 감소하는 것을 의미하는데 〈그림〉에서 이를 확인할 수 있으므로 옳은 내용임을 알 수 있다.

ㄹ. 2017년 '학생비만율'의 남녀 학생 간 차이는 중학생(4.7%p)이 초등학생(5.7%p)보다 작으므로 옳은 내용이다.

오답해설

ㄱ. 〈표 1〉에서 2014년 중학교 여학생의 평균 키는 전년에 비해 감소하였음을 알 수 있으므로 옳지 않은 내용이다.

ㄷ. 2017년의 고등학교 남학생의 '학생비만율'에 대한 자료는 〈표 2〉를 통해 알 수 있으나, 2013년의 자료는 주어져 있지 않으므로 알 수 없다.

74 　　　　　　　　　　　　　　　　정답 ④

정답해설

ㄴ. 예측 날씨와 실제 날씨가 일치한 일수는 도시 A가 6일, 도시 B가 7일, 도시 C가 5일, 도시 D가 4일, 도시 E가 3일이다. 따라서 이 둘이 일치한 일수가 가장 많은 도시는 B이다.

ㄷ. 7월 2일의 경우는 어느 도시도 예측 날씨와 실제 날씨가 일치하지 않았으나 나머지 날은 적어도 도시 한 곳 이상은 일치하고 있다. 따라서 옳은 내용이다.

오답해설

ㄱ. 7월 8일에 도시 A의 예측 날씨는 '비'였으나 실제 날씨는 '맑음'이었으므로 옳지 않다.

75 　　　　　　　　　　　　　　　　정답 ④

정답해설

④ 미국이 4대 분야에서 획득한 점수의 합(15.4점)은 프랑스가 4대 분야에서 획득한 점수의 합(14.9점)보다 크므로 옳은 내용이다.

오답해설

① 기술력 분야에서는 프랑스의 점수가 5.0점으로 가장 높으므로 옳지 않은 내용이다.

② 성장성 분야에서 점수가 가장 높은 국가는 한국(4.2점)이고, 시장지배력 분야에서 점수가 가장 높은 국가는 미국(5.0점)이므로 둘은 서로 같지 않다. 따라서 옳지 않은 내용이다.

③ 브랜드파워 분야의 최댓값은 미국의 4.3점이고 최솟값은 일본의 1.1점이다. 따라서 이 둘의 차이는 3.2점이므로 옳지 않은 내용이다.

⑤ 시장지배력 분야의 점수는 일본(1.7점)이 프랑스(3.4점), 미국(5.0점)보다 낮으므로 옳지 않은 내용이다.

④의 경우 미국과 프랑스가 획득한 점수를 모두 합하는 방법도 있지만 양국 간의 점수 차이를 비교하여 보다 간단하게 해결하는 방법도 있다. 즉 시장지배력과 브랜드파워 분야에서는 미국이 프랑스에 비해 각각 1.6점, 0.6점 크고, 기술력과 성장성 분야에서는 각각 0.8점, 0.9점 작다. 따라서 이 값들을 상계처리하면 미국이 4대 분야에서 획득한 점수의 합이 프랑스보다 더 크다는 것을 알 수 있다.

76

정답해설

먼저 〈표〉의 인간개발지수를 이용하여 〈그림〉의 A~D를 연결하면, A는 도미니카공화국, B는 멕시코, C는 불가리아, D는 대한민국임을 알 수 있다.

ㄱ. A국(도미니카공화국)의 인터넷 사용률은 52%이므로 옳은 내용이다.

ㄹ. 1인당 GDP가 가장 높은 국가는 노르웨이이며, 이는 〈그림〉에서 우측 최상단에 위치한 점과 연결된다. 따라서 노르웨이의 시민지식 평균점수도 가장 높음을 알 수 있다.

오답해설

ㄴ. GDP 대비 공교육비 비율은 B국(멕시코) 5.2%, C국(불가리아) 3.5%이므로 옳지 않은 내용이다.

ㄷ. 최근 국회의원 선거 투표율의 하위 3개국은 B국(멕시코, 47.7%), 칠레(49.3%), C국(불가리아, 54.1%)이며 D국(대한민국, 58%)은 이보다 높다. 따라서 옳지 않다.

77

정답 ⑤

정답해설

ㄷ. 〈표 2〉에서 두 순위가 2017년 대비 2018년에 모두 상승한 브랜드는 AU와 HY 2개뿐이므로 옳은 내용이다.

ㄹ. 일단 〈표 2〉의 자동차업계 내 순위에서 2018년 부분은 1위부터 7위까지 순서대로 나열되어 있고 2017년 부분은 TO~WO까지의 6개 브랜드와 하단에서 두 번째인 XO가 7위를 차지하고 있다. 이를 토대로 〈표 1〉에서 필요한 정보만을 나타내면 다음과 같다.

구분	2017	2018
TO	248	279
BE	200	218
BM	171	196
HO	158	170
FO	132	110
WO	56	60
AU	–	42
HY	–	–
XO	38	–
NI	–	–

선택지에서 묻는 것은 '상위 7개 브랜드 가치평가액의 평균'의 대소를 비교하는 것이었다. 그런데 이는 다르게 생각하면 '상위 7개 브랜드 가치평가액의 총합'의 대소를 비교하는 것과 동일한 결과를 가져오게 됨을 알 수 있다. 따라서 먼저 각각의 브랜드별로 2017년과 2018년을 비교해보자. 공교롭게도 FO를 제외한 나머지 브랜드들은 2018년의 가치평가액이 더 크다는 것을 알 수 있는데, 그 차이가 FO의 감소분을 상쇄하고도 남는다. 따라서 총합은 2018년이 더 크다는 것을 알 수 있으며, 평균 역시 2018년이 더 크게 된다.

오답해설

ㄱ. 2017년 대비 2018년 '전체 제조업계 내 순위'가 하락한 브랜드는 FO, XO, NI의 3개 브랜드인데 XO의 브랜드 가치평가액은 2018년 39억 달러로 2017년에 비해 1억 달러 상승하였다. 따라서 옳지 않다.

ㄴ. 각 브랜드별로 2017년과 2018년의 브랜드 가치평가액 차이를 계산해보면 FO가 22억 달러로 3번째임을 알 수 있다.

합격자의 SKILL

선택지 ㄴ과 같은 것은 첫 번째 풀이단계에서는 스킵해야 한다. 이 문제에서는 간단한 뺄셈으로 판단이 가능했지만 결론적으로 그 선택지를 판단하지 않더라도 답을 선택하는 데 아무런 문제가 없었다. 이는 단지 사후적·결과론적으로 해석한 것이 아니다. 실제 출제를 할 때 불필요하게 시간을 허비하게끔 선택지를 넣는 경우가 매우 많다는 점을 활용한 것이다.

78

정답 ③

정답해설

ㄱ. 서울특별시 실내 라돈 농도의 평균값이 66.5Bq/m³이므로 이의 1.1배는 73.15Bq/m³인데, 경기도의 평균값은 74.3Bq/m³으로 이보다 크다. 따라서 옳은 내용이다.

ㄷ. 기준치를 초과하는 공동주택의 비율이 5% 이상인 행정구역은 대전광역시, 경기도, 강원도, 충청북도, 충청남도, 전라북도, 전라남도, 경상북도, 제주특별자치도의 9곳이므로 옳은 내용이다.

오답해설

ㄴ. 세종특별자치시와 충청북도를 비교하면 실내 라돈 농도의 평균값은 충청북도가 높으나 중앙값은 세종특별자치시가 더 높다. 따라서 옳지 않은 내용이다.

합격자의 SKILL

5%값을 구하는 문제도 자주 등장하는 유형인데, '5%는 절반에서 자릿수를 하나 당긴 것'으로 이해하면 직관적으로 판단할 수 있다. 특히나 이 문제와 같이 여러 개의 항목을 비교해야 하는 경우에도 빠른 판단이 가능할 수 있으므로 무조건 스킵하는 것은 삼가야 한다.

01	02	03	04	05	06	07	08	09	10
①	①	①	③	④	②	②	⑤	①	③
11	12	13	14	15	16	17	18	19	20
②	⑤	①	③	②	③	③	④	③	③
21	22	23	24						
⑤	⑤	⑤	④						

01
정답 ①

정답해설

① '통계인력의 정규직·임시직 구성비'에 대한 자료는 〈보고서〉를 작성하는 데 직접적인 근거로 활용되지 않았다.

오답해설

② '통계인력 중에서 통계업무만을 전담하는 인력은 전체의 58.1%에 그치고 있다'는 부분을 위해 활용된 자료이다.

③ '통계 개선·개발에 대한 요구는 1997년 116건, 2000년 298건, 2002년 479건 등으로 급속히 늘어나고 있으나, 2000년 요구 건수의 35.6%가 적극적으로 반영되지 못하고 있다'는 부분을 위해 활용된 자료이다.

④ '통계기획·분석담당인력이 21.4%로 통계 1종당 25명에 불과하다'는 부분을 위해 활용된 자료이다.

⑤ '통계 수는 424종으로 10년 전에 비하여는 80종, 6년 전에 비하여도 52종이 늘어났다. 그러나 통계인력은 5,038명으로 10년 전에 비하여 275명이 줄고, 6년 전에 비하여 569명이나 줄어든 것으로 나타났다'는 부분을 위해 활용된 자료이다.

02
정답 ①

정답해설

① 마지막 문단의 '자살자는 1910년 500명을 넘지 않았으나 1915년에는 1,000명을 넘었으며 1935년 3,000명을 초과했다. 연령별 자살자 수를 5년마다 조사한 결과, 1910년을 제외하고는 30세 이상 60세 미만의 자살자가 가장 많았다'는 부분을 옳게 인용한 것이다.

오답해설

② '성별에 따른 자살자의 비율은 매년 남자가 여자보다 높았다'고 하였으나 1915년의 경우는 여자가 남자보다 높으므로 옳지 않게 인용한 것이다.

③ '외국인 변사자는 지속적으로 늘어났다'고 하였으나 1925년의 경우 전년에 비해 외국인 변사자의 수가 감소하였으므로 옳지 않게 인용한 것이다.

④ '남녀의 격차가 매년 증가하였다'고 하였으나 1915년의 경우는 격차가 감소하였으므로 옳지 않게 인용한 것이다.

⑤ '기아는 1910년 이후 매년 증가하였다'고 하였으나 1914년의 경우는 1913년에 비해 감소하였으므로 옳지 않게 인용한 것이다.

03
정답 ①

정답해설

① '혼인형태별 평균연령'에 대한 자료는 보고서를 작성하는데 사용되지 않았다.

오답해설

② '한편 2003년 여성의 경제활동 참가율을 연령별로 살펴보면, 20대 후반부터 30대 초반까지 줄어들고 30대 후반에 증가하다가 40대 후반에 다시 감소하는 M자 곡선의 형태를 보인다'는 부분을 위해 사용된 자료이다.

③ '1970년대 이후 상승해 온 여성의 경제활동 참가율은 1997년 말 IMF 외환위기로 인하여 1998년에 주춤하였으나 이후 계속 상승하고 있다'는 부분을 위해 사용된 자료이다.

④ '30대 초반 여성의 경제활동 참가율 감소는 30세를 전후한 여성의 출산 및 자녀양육에 대한 부담과 관련된 것으로 보인다'는 부분을 위해 사용된 자료이다.

⑤ '특히, 이러한 경향은 여성의 경제활동 참가에 대해 긍정적이면서도 자녀양육이 주요 고려사항이 되는 사회적 분위기를 반영하는 것으로 판단된다'는 부분을 위해 사용된 자료이다.

04
정답 ③

정답해설

③ '인천항 관리대상화물 선별 및 적발실적'에 대한 자료는 〈보고서〉의 근거로 사용된 자료가 아니다.

오답해설

① '인천항은 수출입 통관실적에서 국내 다른 주요 항보다 빠른 증가세를 보이고 있으며'라는 부분과 '2008년 인천항에서는 총 822,510건의 수입통관이 이루어졌다'는 부분을 위해 사용된 자료이다.

② '인천항은 화물의 물동량에서 국내 다른 주요 항보다 빠른 증가세를 보이고 있으며'라는 부분과 '인천항의 2008년 화물 반출입 물동량은 174,567천 M/T로 부산항 60,607천 M/T의 2.9배 정도이다'는 부분을 위해 사용된 자료이다.

④ '2008년 인천항에서는 모두 854,422TEU의 컨테이너를 처리하였으며, 이는 2006년보다 48.1% 증가한 수치이다'는 부분을 위해 사용된 자료이다.

⑤ '2008년 인천항에서는 71,837건을 수입검사하여 이 중 61.9%인 44,467건을 적발하였다'는 부분을 위해 사용된 자료이다.

05
정답 ④

정답해설

④ 〈보고서〉를 작성하는데 이용되지 않은 자료이다.

오답해설

① '서비스 산업의 경상 GDP 내 비중은 1995년 46.7%에서 2008년 54.2%로 증가하였다'는 부분을 위해 이용된 자료이다.

② '2007년에 한국의 서비스업 고용비중은 OECD 20위이나 1997~2007년 한국 서비스업의 고용증가율은 OECD 10위를 기록할 정도로 높다'는 부분을 위해 이용된 자료이다.

③ '2009년 상반기 중 제조업의 일자리는 전년 동기 대비 15.7만 명 감소해 전체산업 일자리 감소폭을 상회하였다. 이에 비해 서비스업의 일자리는 2009년 상반기 중 전년 동기 대비 9.6만 명 늘어났다'는 부분을 위해 이용된 자료이다.

⑤ '2000년에 비해 2007년의 경우, 전체 산업의 취업계수는 8.2로 감소하였다. 구체적으로 서비스업과 제조업의 취업계수가 감소한 반면 건설업의 취업계수는 증가하였다'는 부분을 위해 이용된 자료이다.

06
정답 ②

정답해설

② 〈보고서〉를 작성하는데 인용되지 않은 자료이다.

오답해설

① '지구 전체적으로 해양 어획물은 동물성 단백질 소비의 16%를 차지하고 있다'는 부분을 위해 인용된 자료이다.

③ '해양오염의 4분의 3 이상이 육지에서 일어나는 활동으로 인한 것이다'는 부분을 위해 인용된 자료이다.

④ '1990년에 양식을 포함한 모든 방법으로 얻은 어획량은 9,700만 톤으로, 인간이 소비하는 단백질의 약 5%를 제공했다'는 부분과 'FAO의 과학자들은 효율적인 어장 관리를 통해서 전체 어획량을 2010년에는 1억 200만 톤으로 증가시킬 수 있다고 믿는다. 그러나 결과적으로 1인당 어획량은 10% 감소할 것이다'는 부분을 위해 인용된 자료이다.

⑤ '스텔라 해우의 경우는 이 동물이 발견된 지 겨우 27년이 지난 1768년경에 선원들의 남획으로 인해서 멸종되었다'는 부분을 위해 인용된 자료이다.

07
정답 ②

정답해설

② 〈표〉에서 제시된 암 발생률은 10만 명당 새롭게 발생한 암 환자 수를 의미한다. 즉, 실제 발생한 환자의 수가 아니라 전체 인구에서 차지하는 비율을 나타내는 것인데 선택지의 그래프는 이를 단순히 실제수치로 표시한 것이어서 옳지 않다.

오답해설

①, ③, ④ 제시된 〈표〉의 수치를 그대로 그래프로 표시한 것으로 옳게 표시되어 있다.

⑤ 〈표 2〉에서 제시된 수치를 구성비로 가공한 것으로 옳게 표시되어 있다.

합격자의 SKILL

선택지 ⑤와 같이 제시된 수치를 이용해 비율을 계산해야 하는 경우가 자주 출제된다. 이런 유형은 모든 수치들을 직접 계산하기보다는 간단하게 계산할 수 있는 것을 중심으로 풀어나가는 것이 효율적이다. 예를 들어 대장암과 위암의 경우 10%에서 조금 넘는 비율을 가지고 있으므로 계의 241.6의 10%보다 조금 크면 맞다고 처리하는 것이다. 이를 중심으로 기타는 이의 3배, 유방암은 위암의 수치에 위암의 50%를 더한 것 정도로 확인하면 된다. 갑상선암부터 어림산을 이용해 계산하는 것은 정말 비효율적이다.

08
정답 ⑤

정답해설

⑤ 〈보고서〉에서 내국인의 해외 출국에 대한 내용은 언급되어 있지 않으므로 〈보고서〉 작성에 사용되지 않은 자료이다.

오답해설

① '2011년 2월 외국인 입국자 수는 전년 동월 대비 약 4.4% 낮은 증가에 그쳐 667,089명을 기록하였다'의 부분에서 사용된 자료이다.

② '태국, 말레이시아, 베트남 등으로부터의 입국자 수는 전년 동월 대비 증가하였으나, 대만으로부터의 입국자 수는 감소했다'의 부분에서 사용된 자료이다.

③ '목적별로 살펴보면 승무원, 유학·연수, 기타 목적이 전년 동월 대비 각각 13.5%, 19.6%, 38.3% 증가하였으나, ~'의 부분에서 사용된 자료이다.

④ '성별로는 남성이 335,215명, 여성은 331,874명이 입국하여 남녀 입국자 수는 비슷한 수준이었다'의 부분에서 사용된 자료이다.

합격자의 SKILL

간혹, 조심성이 지나친 수험생들의 경우 '보고서 작성에 사용되지 않은 자료' 유형의 선택지를 판단할 때 그 자료가 실제와 일치하는지까지 따져보기도 한다. 하지만 이는 불필요한 과정이다. 그런 경우에는 문제에서 '그래프로 올바르게 표현한 것은?'과 같이 명시적으로 풀이방향을 제시한다.

09
정답 ①

정답해설

① 〈보고서〉에 따르면 19세 이상 성인 남성의 현재흡연율이 2007~2010년 동안 매년 증가하였다고 되어있다. 그러나 ①의 그래프에서는 2008년 47.7%에서 2009년 46.9%로 감소하는 모습을 보여주고 있다. 따라서 옳지 않다.

오답해설

②~⑤ 제시된 〈보고서〉의 내용을 이용하여 올바르게 작성된 그래프이다.

10
정답 ③

정답해설

③ 그래프의 수치는 구성비가 아니라 법정제재 건수이다. 만약 전체 합이 100건이었다면 옳은 그래프가 되겠지만 문제에 나타나는 자료의 전체 합은 90건이므로 옳지 않다.

오답해설

①, ②, ④, ⑤ 제시된 〈표〉의 내용을 이용하여 올바르게 작성된 그래프이다.

11

정답해설

② '국내 IPTV 서비스 매출액'은 주어진 〈보고서〉를 작성하는 데 직접적인 근거로 사용되지 않았다.

오답해설

① '2010년 4사분기 국내 IPTV 서비스 가입자 수는 308만 6천 명이고, Pre-IPTV와 IPTV 서비스 가입자 수의 합계는 365만 9천 명이다'의 부분을 작성하는 데 직접적인 근거로 활용되었다.

③ '2010년 세계 통신서비스 형태별 가입자 수를 살펴보면, 이동전화 서비스 가입자 수는 세계 인구의 79%에 해당하는 51억 6,700만 명으로 가장 많았고, 그 다음으로는 유선전화, 인터넷, 브로드밴드 순서로 가입자가 많았다'는 부분을 작성하는 데 직접적인 근거로 활용되었다.

④ '2009년 세계 지역별 통신서비스 시장 매출액의 합계는 1조 3,720억 달러에 달하였으며, 2012년에는 1조 4,920억 달러일 것으로 추정된다'의 부분을 작성하는 데 직접적인 근거로 활용되었다.

⑤ '우리나라의 경우 2008~2010년 GDP에서 정보통신기술(ICT)산업이 차지하는 비중은 매년 증가하여 2010년에는 11.2%였다'는 부분을 작성하는 데 직접적인 근거로 활용되었다.

12

정답해설

⑤ 전혀 엉뚱한 수치가 표시되었다. 단위수를 무시하고 어림하더라도 5개의 구 모두 절반 정도의 비율을 가지는 경우는 존재하지 않는다. 실전에서는 직접 계산할 필요가 없지만 정확한 수치를 구해보면, 동구(3.33), 중구(3.3), 서구(3.26), 유성구(2.85), 대덕구(2.94)이므로 옳지 않다.

오답해설

①~④ 주어진 〈표〉의 수치를 정확하게 표시한 그림이다.

합격자의 SKILL

표-그래프 변환 문제의 경우 대부분 별도의 계산이 필요한 것에서 정답이 결정되는 경우가 많다. 따라서 이 문제의 경우는 선택지 ⑤를 먼저 확인하는 것도 요령이 될 것이다. 특정 항목 하나만 틀린 경우도 출제되기도 하지만 대부분은 이 문제와 같이 전체 수치가 모두 틀리게 옮겨진 것이 대부분인 만큼 전략과 운이 잘 따라준다면 아주 빠른 시간에 풀이가 가능한 유형이다.

13

정답해설

① 1995년과 2007년 도시근로자가구당 월평균 교통비지출액 비중의 차이는 소득 10분위가 4.3%p, 1분위가 1.7%p이어서 10분위가 더 크므로 〈보고서〉의 내용과 부합하지 않는다.

오답해설

②~⑤ 모두 〈보고서〉의 내용과 부합하는 자료이다.

14

정답해설

③ 선택지의 그래프는 각 국가의 여성과 남성의 흡연율을 단순평균한 값을 이용해 그려진 것이다. 그러나 이는 여성과 남성의 인구가 동일한 경우에만 성립하는 것이며 둘의 인구가 다르다면 각각의 가중치에 따른 가중평균값을 구해야 한다. 그런데 제시된 〈표〉만으로는 이 가중치를 알 수 없으므로 옳지 않은 그래프라는 것을 알 수 있다.

오답해설

①, ②, ④, ⑤ 주어진 자료를 이용하여 올바르게 작성된 그래프이다.

15

정답해설

② 2011년 4분기 '국내기업관련 기업결합' 심사 건수는 전 분기 대비 증가하였으므로 〈보고서〉의 내용과 부합하지 않는다.

오답해설

① 2011년 '전체 기업결합' 심사 건수는 전년 대비 약 8.8% 증가하였으나, '전체 기업결합' 금액은 전년 대비 약 35% 증가하였으므로 〈보고서〉의 내용과 부합한다.

③ 2011년 '국내기업에 의한 기업결합' 건수의 경우, 제조업 분야는 전년 대비 약 28.6% 증가한 반면, 서비스업 분야는 전년 대비 약 13.3% 감소하였으므로 〈보고서〉의 내용과 부합한다.

④ 2011년 '국내기업에 의한 기업결합' 총 431건 중 유형별 구성비는 혼합결합 약 56.6%, 수평결합 약 29.9%, 수직결합 약 13.5%이므로 〈보고서〉의 내용과 부합한다.

⑤ 2011년 '국내기업에 의한 기업결합'의 수단별 건수는 주식취득이 142건으로 가장 많았고, 영업양수가 41건으로 가장 적었으므로 〈보고서〉의 내용과 부합한다.

16

정답해설

③ '공격대상 포트별 비율은 기타를 제외하고 TCP/1433, TCP/3305, TCP/3389의 순'으로 나타났으므로 〈보고서〉의 내용과 부합하지 않는 자료이다.

오답해설

① '해킹사고 접수처리 건수는 2013년 1월 총 1,258건으로 전월 대비 12% 이상 감소하였고, 2012년 10월 이후 매월 감소하였다'고 하였으므로 〈보고서〉의 내용과 부합하는 자료이다.

② '2013년 1월 웹페이지 방문자 PC에 악성코드를 유포하는 유포지 사이트 353건을 탐지하였고, 이는 전월 대비 15% 이상 감소한 수치'라고 하였으므로 〈보고서〉의 내용과 부합하는 자료이다.

④ '2013년 1월 한 달간 국제기관을 사칭한 피싱사이트 차단 건수는 총 1,024건으로, 전월 대비 260% 이상 증가하면서 2012년 6월 이후 가장 많은 건수를 기록했다'고 하였으므로 〈보고서〉의 내용과 부합하는 자료이다.

⑤ '2013년 1월 한 달간 DNS 싱크홀에 유입된 좀비IP는 총 144,429개로, 전월 대비 4% 이상 증가하였다. 2012년 1~11월 동안 좀비IP 개수는 매월 감소하였으나 이후 증가하였다'고 하였으므로 〈보고서〉의 내용과 부합하는 자료이다.

17

정답해설

③ 그래프에 표시된 수치는 조사단위를 10kg로 했을 때의 수치이다. 무를 제외한 다른 항목들의 조사단위가 모두 10kg이기 때문에 혼동하게끔 만들어놓은 선택지이다.

오답해설

①, ②, ④, ⑤ 모두 주어진 〈표〉의 자료를 옳게 표시한 그래프이다.

합격자의 SKILL

그래프 변환 유형의 문제에서 늘 고민되는 것이 선택지 ⑤와 같이 복잡한 계산을 요하는 것이다. 가장 기본적인 원칙은 이러한 유형은 해당 선택지를 제외한 나머지를 모두 판단하여 정오가 판별이 되면 굳이 계산을 하지 않는 것이며, 나머지가 모두 맞다면 이 선택지를 곧바로 답으로 체크하는 것이다. 하지만 어느 경우에도 해당하지 않는다면 직접 계산하기보다는 포인트를 잡아 판단하는 것이 필요하다. 즉, 이 선택지 같은 경우는 <u>150%를 기준으로 이를 넘었는지 아닌지를 먼저 판단</u>해보는 것이다(150%는 원래의 숫자의 절반을 더한 것이기 때문에 눈어림으로도 판별 가능하다).

18

정답 ④

정답해설

④ 2008년 OECD 국가의 자동차 연료별 상대가격에 대한 자료는 〈보고서〉를 작성하는 데 활용되지 않았다.

오답해설

① '국내 자동차 등록 대수는 매년 꾸준히 증가하여 2008년 1,732만 대를 넘어섰다'라는 부분을 작성하는 데 활용된 자료이다.

② '2007년 기준으로 국내 대기오염물질 배출량 중 자동차 배기가스가 차지하는 비중은 일산화탄소(CO) 67.5%, 질소산화물(NO_x) 41.7%, 미세먼지(PM_{10}) 23.5%이다'라는 부분을 작성하는 데 활용된 자료이다.

③ '운송수단별 수송분담률에서도 자동차가 차지하는 비중은 2008년 75%이상이다'라는 부분을 작성하는 데 활용된 자료이다.

⑤ '한편 2008년 자동차 1대당 인구는 2.9명으로 미국에 비해 2배 이상이다'라는 부분을 작성하는 데 활용된 자료이다.

19

정답 ③

정답해설

③ 범례가 거꾸로 작성되었다. 즉, 막대그래프의 상단 색으로 처리된 부분이 토목공사를 나타내는 것이고 하단의 백색 부분이 건축공사를 나타내고 있다.

오답해설

①, ②, ④, ⑤의 경우 주어진 〈표〉를 적절하게 나타낸 것을 확인할 수 있다.

20

정답해설

③ 제시된 '공공임대주택 공급 실적 및 증감률'은 〈보고서〉를 작성하는 데 직접적으로 활용되지 않았다.

오답해설

①, ② 〈보고서〉의 첫 번째 항목인 2014년 주택건설 인허가 실적에 관한 내용을 작성하는 데 직접적인 근거로 활용된 자료들이다.

④ 〈보고서〉의 두 번째 항목인 2014년 아파트와 아파트외 주택의 인허가 실적에 관한 내용을 작성하는 데 직접적인 근거로 활용된 자료들이다.

⑤ 〈보고서〉의 세 번째와 네 번째 항목인 부문별, 규모별 주택건설 인허가 실적에 관한 내용을 작성하는 데 직접적인 근거로 활용된 자료들이다.

21

정답 ⑤

정답해설

⑤ 선택지의 그래프는 〈보고서〉의 내용을 작성하는 데 직접적인 근거로 활용되지 않았다.

오답해설

① 생활체육에 참여하지 않는 이유에 대해서는 '시설부족'이라고 응답한 비율이 30.3%로 가장 높아 공공체육시설을 확충하는 정책이 필요할 것으로 보인다는 부분을 위해 근거로 사용된 자료이다.

② 생활체육을 '전혀 하지 않음'이라고 응답한 비율은 51.8%로 나타났다. 반면, 주 4회 이상 생활체육에 참여한다고 응답한 비율은 28.6%이었다고 한 부분을 위해 근거로 사용된 자료이다.

③ 2016년 북구의 인구가 445,489명, 동구의 인구가 103,016명임을 고려할 때라고 한 부분을 위해 근거로 사용된 자료이다.

④ 2016년 A시의 공공체육시설은 총 388개소로 B시, C시의 공공체육시설 수의 50%에도 미치지 못하는 수준이라고 한 부분을 위해 근거로 사용된 자료이다.

합격자의 SKILL

자료해석은 과목의 특성상 모든 문제를 2분의 시간 내에 해결하기는 쉽지 않다. 따라서 특정 유형의 문제에서 시간을 벌어야 하는데 이 문제와 같이 <u>근거로 쓰인(혹은 쓰이지 않은) 자료를 찾는 문제가 시간을 아낄 수 있는 유형</u>이다. 이 유형의 문제는 실전에서는 위의 해설처럼 내용의 옳고 그름을 일일이 계산하거나 판단할 필요가 없다. 선택지의 자료와 〈보고서〉를 빠르게 연결하면서 최대한 빨리 풀고 넘어가야 한다. 다만, 드문 경우이긴 하지만 어렵게 출제될 경우 〈보고서〉와 자료의 '내용 일치 여부'를 물을 수도 있다. 이 경우는 반대로 시간소모가 많은 유형에 속하므로 상황에 따라 패스해야 할 수도 있다.

22

정답 ⑤

정답해설

⑤ 선택지의 그래프는 연도별 기업 및 정부 R&D 과제 건수가 전체 건수에서 차지하는 비율을 나타낸 것이므로 옳지 않다.

오답해설

①~④ 제시된 〈표〉를 이용하여 올바르게 작성한 그래프이다.

정답해설

④ 그래프의 세로축은 화재발생 건수 천 건당 인명피해자 수를 나타내고 있다. 2012년도만 계산해 보면 그 비율은 51.3으로 십단위 수로 나타난다. 주어진 그래프는 화재발생 건수 대비 인명피해자 수 비율이 아니라 구조활동 건수 대비 인명피해자 수 비율이다.

합격자의 SKILL

선택지 ①은 단순히 자료를 읽으면 되는 것이지만 나머지는 모두 일정한 계산을 요하는 것들이다. 이러한 문제가 나오면 방도가 없다. 다만, 선택지 ④의 경우는 그래프에 나타난 수치의 단위를 파악하여 모두 계산해 보지 않아도 답을 찾을 수 있다. 선택지 ⑤는 그야말로 시간소모형 선택지이다. 이러한 선택지는 증감 방향만 잡고 넘어가던지 아니면 아예 손을 대지 않는 것이 상책이다.

합격자의 SKILL

이러한 유형의 문제를 만나면 곧바로 수치를 확인하지 말고 제목부터 확인하는 습관을 들이도록 하자. 이 문제의 선택지 ⑤와 같이 제목과 그래프 자체가 엉뚱하게 매칭되어 있는 경우가 상당히 많은 비중을 차지하기 때문이다. 또한 선택지 ④와 같이 복잡한 계산을 요구하는 것은 일단 뒤로 넘기고 다른 선택지부터 파악하기 바란다. 설사 그런 선택지가 답이 될지라도 단순한 나머지 선택지들을 소거하는 방식으로 정답을 찾을 수 있기 때문이다.

23 정답 ⑤

정답해설

⑤ 선택지의 그래프는 2017년 항공사별 잔여석 수가 아닌 2016년의 값으로 만들어진 것이므로 옳지 않다.

오답해설

①~④ 주어진 자료를 적절하게 활용하여 작성된 그래프이다.

합격자의 SKILL

그래프 변환 문제의 경우 모든 선택지를 순서대로 체크하는 것보다 계산 없이 단순히 자료 확인만으로 정오판별이 가능한 것, 덧셈 뺄셈으로 가능한 것, 그리고 비율 등 나눗셈을 통해 계산해야 하는 것의 순서로 체크하여야 한다. 이 문제의 경우 ③이 가장 복잡한 계산을 요구하지만 그에 대한 판단을 하지 않더라도 정답을 확인할 수 있었다. 다만, 최근 5급 공채에서 선택지 ①에 복잡한 비율 계산을 요구하는 그래프가 제시되었고 정답 또한 ①이었던 적이 있었음은 주목할 만하다.

01	02	03	04	05	06	07			
②	④	④	①	②	④	⑤			

01

정답 ②

정답해설

ㄱ. 2002년 발생한 감염성 폐기물의 양＝'(발생지 자체처리량＋위탁 처리량＋미처리량)－2001년 이월량'이므로 알 수 있는 것이다.

ㄴ. 처리율에 대한 명확한 산식이 주어져 있지 않아 논란의 여지가 있다. 다만, 처리율을 $\dfrac{\text{실제 폐기물 처리량}}{\text{해당년도의 처리 대상 폐기물량}}$로 본다면,

$\dfrac{\text{발생지 자체처리량＋위탁 처리량}}{\text{2001년 이월량＋발생지 자체처리량＋위탁 처리량＋미처리량}}$으로 볼 수 있어, 알 수 있는 것이다.

ㄹ. 위탁처리율은 $\dfrac{\text{위탁 처리량}}{\text{발생지 자체처리량＋위탁 처리량}}$이므로 알 수 있는 것이다.

오답해설

ㄷ. 발생지 자체 처리량 중 소각 처리된 분량을 알 수 없으므로 소각 처리율은 알 수 없는 것이다.

ㅁ. 2001년의 감염성 폐기물 처리량을 알 수 없으므로 2001~2002년 감염성 폐기물 처리율 증감은 알 수 없는 것이다.

02

정답 ④

정답해설

ㄱ. '2005년 한국의 초등학생 1,000명당 전체 교직원 수는 2004년에 비해 20.3% 증가했다'는 부분을 위해 이용된 자료이다.

ㄴ. '2005년 한국의 초등학생 1,000명당 전체 교직원 수는 OECD회원 국가 중 가장 적었다'는 부분을 위해 이용된 자료이다.

ㄹ. '프랑스는 OECD 회원 국가 중 초등학생 1,000명당 전문 학생지원직을 가장 많이 고용하고 있는 것으로 나타났다'는 부분을 위해 이용된 자료이다.

오답해설

ㄷ. 〈보고서〉를 작성하기 위해 추가로 이용된 자료가 아니다.

03

정답 ④

정답해설

ㄱ. '국세청 세입은 1966년 국세청 개청 당시 700억 원에서 2009년 154조 3,305억 원으로 약 2,200배 증가하였다'는 부분을 작성하기 위해 추가로 필요한 자료이다.

ㄷ. '서울지역에서는 도봉세무서의 세수 규모가 2,862억 원으로 가장 적은 것으로 나타났다'는 부분을 작성하기 위해 추가로 필요한 자료이다.

ㄹ. '전국 세무서 수는 1966년 77개에서 1997년 136개로 증가하였다가 2009년 107개로 감소하였다'는 부분을 작성하기 위해 추가로 필요한 자료이다.

오답해설

ㄴ. 〈보고서〉 작성을 위해 추가로 필요한 자료가 아니다.

합격자의 SKILL

연도별 국세청 세입액의 경우는 세 번째 문단뿐만 아니라 첫 번째 문단 괄호의 (국세청 세입의 약 7%)를 작성하기 위해서도 필요한 자료이다. 여기서 놓치지 말아야 할 것은 난도가 높아질 경우 보기의 자료에서 연도를 달리하여 출제하기도 한다는 것이다. 즉, ㄱ의 경우 1966~2008년의 연도별 국세청 세입액과 2009년의 연도별 국세청 세입액으로 구분하여 제시할 수도 있다. 따라서 추가로 필요한 자료찾기 유형에서는 어느 기간의 자료인지를 꼼꼼하게 체크하기 바란다.

04

정답 ①

정답해설

ㄱ. '이는 2007년 이후 기초·원천기술연구에 대한 투자규모의 지속적인 확대로'라는 부분을 위해 필요한 자료이다.

ㄴ. '이는 2007년 이후~SCI 과학기술 논문 발표 수가 꾸준히 증가하고 있는 것으로 분석된다. 2013년의 논문 1편당 평균 피인용 횟수는 4.55회로 SCI 과학기술 논문 발표 수 상위 50개 국가 중 32위를 기록했다'라는 부분을 위해 필요한 자료이다.

오답해설

ㄷ. 〈표〉의 '발표 수÷세계점유율'을 통해서 직접 구할 수 있는 자료이므로 추가로 필요한 자료가 아니다.

ㄹ. 〈표〉에의 논문 발표 수 수치를 직접 이용해 구할 수 있는 자료이므로 추가로 필요한 자료가 아니다.

05

정답 ②

정답해설

ㄱ. 〈보고서〉의 첫 번째와 세 번째 항목을 작성하기 위해 미국의 2002년부터 2011년까지의 미국의 전체 예산 및 환경 R&D 예산이 추가로 필요하다.

ㄷ. 〈보고서〉의 다섯 번째 항목을 작성하기 위해서는 2011년 대한민국 모든 정부 부처의 부처별 환경 R&D 자료가 추가로 필요하다.

합격자의 SKILL

이 유형의 문제는 〈보고서〉를 읽고 각각의 내용이 〈표〉나 〈그림〉에 있는지 확인하는 것이 일반적으로 문제를 해결하는 순서이다. 그러나 해당 문제의 경우 〈보기〉의 단서를 통해 매우 빨리 찾을 수 있다. 예를 들어 〈보고서〉에서는 ㄴ의 뉴질랜드, ㄹ의 정부 부처 산하기관에 관한 언급이 전혀 없다. 따라서 이것들이 속해 있는 ㄴ과 ㄹ을 소거하여 답을 구할 수 있었다.

ㄱ. 〈보고서〉 세 번째 단락의 국회 국민청원 건수에 대한 내용을 작성하기 위해 필요한 자료이다.

ㄷ. 〈보고서〉 두 번째 단락의 상임위원회당 처리 법안 수에 대한 내용을 작성하기 위해 필요한 자료이다.

ㄹ. 〈보고서〉 첫 번째 단락의 국회의원 1인당 제출법안 건수를 구하기 위해 필요한 자료이다.

오답해설

ㄴ. 〈보고서〉에서는 국회 국민청원 중 본회의 처리 건수에 대한 내용은 언급되어 있지 않다. 단지 ㄱ의 국회 국민청원 건수에 대한 내용만 언급되어 있을 뿐이다.

합격자의 SKILL

해설에서는 편의를 위해 선택지를 먼저 보고 보고서를 찾아가는 방식을 택했지만, 실전에서는 그보다는 먼저 보고서를 순차적으로 읽어내려가면서 없는 자료를 선택지에서 찾는 방식을 택해야 한다. 왜냐하면 보고서에 필요한 자료라고 해서 선택지에 다 들어가 있는 것은 아니기 때문이다. 이렇게 출제된 예가 드물기는 해도 과거에 몇 번 있었다.

⑤ 선택지의 자료는 제시된 〈보고서〉를 작성하는 데 직접적으로 활용되지 않았다.

오답해설

① 두 번째 항목인 '자원봉사단체 등록 현황'을 작성하기 위해 필요한 자료이다.

② 첫 번째 항목에 포함된 '인구 수 대비 자원봉사자 등록률'을 계산하기 위해 필요한 자료이다.

③ 첫 번째 항목인 '자원봉사자 등록 현황' 및 세 번째 항목인 '연령대별 자원봉사자 등록 현황'을 작성하기 위해 필요한 자료이다.

④ 네 번째 항목인 '자원봉사자 활동 현황'을 작성하기 위해 필요한 자료이다.

합격자의 SKILL

'직접적인 근거로 활용되지 않은 자료'를 찾는 유형은 반드시 선택지를 보고 그 선택지가 필요한 자료가 있는지를 역으로 찾아봐야 한다. 간혹 〈보고서〉에는 존재하지만 선택지에는 없는 자료들이 등장하기 때문이다. 이런 경우는 문제를 보고 선택지를 찾아갈 경우 불필요한 시간소모가 있을 수밖에 없다.

01	02	03	04	05	06	07	08	09	10
③	②	④	①	⑤	②	④	③	②	⑤
11	12	13	14	15	16	17	18	19	20
③	③	①	⑤	②	②	③	①	④	②
21	22	23	24						
①	①	①	②						

01 정답 ③

정답해설

먼저 첫 번째 조건을 살펴보면 해당 비용이 1998년부터 지속적으로 증가하여 2000년에는 총 제조원가 대비 보험료 구성비가 1998년의 2배 이상이 된 것은 D뿐이므로 D는 보험료와 연결된다. 따라서 정답은 선택지 ③과 ④로 압축할 수 있다.

다음으로 세 번째 조건을 살펴보면, A와 B중 2000년 해당비용이 1999년보다 증가했으나, 총 제조원가에서 차지하는 구성비가 1999년에 비해 하락한 것은 A이므로 A는 노무비와 연결된다. 이 단계에서 정답은 ③으로 확정되지만, 다른 조건들을 살펴보면, 두 번째 조건을 통해 재료비는 B와, 마지막 조건을 통해 외주가공비는 C와 연결됨을 알 수 있다.

02 정답 ②

정답해설

먼저 단일 항목을 언급하고 있는 세 번째 조건을 살펴보면, 명절인사를 할 때 B를 1차 선택한 사람이 461명이라고 하였으므로 x는 45.6이다.

다음으로 마지막 조건을 살펴보면 사과할 때 문자메시지의 사용비율이 모든 매체와 상황의 조합 중에서 가장 낮다(3.0)고 하였으므로 E는 사과, A는 문자메시지임을 알 수 있다.

이제 두 번째 조건을 살펴보면, D와 F중 2차 선택에서 문자메시지(A)를 가장 많이 이용하는 것은 F뿐이므로 F를 약속변경과 연결시킬 수 있으며, 약속변경을 할 때 1차 선택에서 전화를 가장 많이 이용한다고 하였으므로 B를 전화로 연결시킬 수 있다.

따라서 남은 D는 부탁, C는 면 대 면이 되게 되는데, 이는 첫 번째 조건을 통해서도 확인 가능하다.

03 정답 ④

정답해설

먼저 두 번째 조건을 살펴보면, 2000년에 비해 2001년에 국방비와 연구개발비가 모두 증가한 국가는 미국과 B이므로 B와 러시아를 연결시킬 수 있다.

다음으로, 세 번째 조건을 살펴보면, 연구개발비율이 다른 네 개 국가들보다 낮은 것은 A와 E이므로 A와 E가 각각 스위스 또는 독일과 연결됨을 알 수 있다. 이를 통해 C와 D는 각각 영국 또는 프랑스임을 알 수 있다.

다음으로 마지막 조건을 살펴보면, 2000년에 비해 2001년에 연구개발비가 감소했으나, 연구개발비율이 증가한 것은 C와 E인데, 세 번째 조건과 결합하면 E가 독일과 연결되어 A는 스위스가 됨을 알 수 있으며, 차례로 C는 영국, D는 프랑스와 연결 지을 수 있다. 여기까지 판단하면 정답은 ④로 확정지을 수 있으나 첫 번째 조건을 추가로 확인해보면 C와 D가 조건을 만족하고 있음을 알 수 있다.

04 정답 ①

정답해설

먼저 첫 번째 조건을 살펴보면 두 개의 국가의 제조업 생산액 비중을 더한 것이 다른 국가의 제조업 생산액 비중이 되는 것은 A와 (D, E)의 관계뿐이므로 A가 헝가리, D, E가 각각 루마니아 또는 세르비아임을 알 수 있다.

다음으로 두 번째 조건을 살펴보면, 세르비아(D 혹은 E)와 B, C 중 하나를 더해 남은 하나의 값이 되는 것은 B와 (C, E)의 관계뿐이므로 E는 세르비아, C는 불가리아, B는 체코가 된다.

05 정답 ⑤

정답해설

먼저 첫 번째 조건에 의하면 2005년 5월에 전년 동월에 비해 생산과 내수 모두 증가한 것은 A, B, D이므로 이들이 각각 냉장고 또는 세탁기 또는 TV와 연결됨을 알 수 있다.

남은 C와 E를 판단하기 위해 두 번째 조건을 살펴보면, 2005년 5월에 전년 동월에 비해 생산은 감소하였으나 내수는 증가한 것은 C이므로 C와 에어컨이 연결됨을 알 수 있다. 여기서 남은 E는 오디오인 것으로 확정된다.

그리고 한 가지 항목만 다루고 있는 마지막 조건을 살펴보면, 전년 동월 대비 생산 증가율이 가장 높은 제품은 A(14.4%)이므로, A와 TV를 연결시킬 수 있다.

마지막으로 B와 D를 판단하기 위해 세 번째 조건을 살펴보면 B의 비율은 $1 = \left(\frac{30}{30}\right)$인 반면, D의 비율은 1에 미치지 못하므로 D를 세탁기와 연결시킬 수 있으며, 남은 B는 냉장고가 됨을 알 수 있다.

06 정답 ②

정답해설

먼저, 단수의 항목을 언급하고 있는 마지막 조건을 살펴보면, 〈표 2〉에서 1인당 건강비용 지출비율이 5개국 중에서 가장 낮은 것은 E이므로 독일을 E와 연결시킬 수 있다.

다음으로 미국의 1인당 건강비용 지출액이 그리스의 2배 이상이라고 하였는데, 〈표 2〉의 A~D중 이 같은 조건을 만족하기 위해서는 A가 미국이 되어야 한다. 또한 미국의 1인당 건강비용 지출액이 그리스의 2배 이상이라고 하였으므로 C와 D중 하나가 그리스가 된다는 것을 알 수 있다(여기서 B는 그리스가 될 수 없다는 것을 체크해두자).

또한 세 번째 조건에서, 독일(E)과 룩셈부르크의 1인당 건강비용 지출액의 합이 미국보다 작으므로 C와 D중 하나가 룩셈부르크라는 것을 알 수 있다(여기서도 B는 룩셈부르크가 될 수 없으므로 B는 일본이 될 수밖에 없다).

이제 첫 번째 조건을 살펴보면 일본의 휴대전화 이용률이 그리스보다 낮다고 하였으므로 그리스는 D가 되며, 남은 C는 룩셈부르크가 됨을 알 수 있다.

07

정답해설

먼저, '대부분의 토지를 소수집단인 지주가 차지하였으며'라는 부분을 통해 구성비가 가장 낮은 B가 '지주'임을 알 수 있으며, '기한부계약의 소작농으로 전락하는 사례가 증가하였다'는 부분을 통해 비율이 지속적으로 증가하고 있는 D가 '소작농'임을 알 수 있다.

다음으로, '자작 농업만으로는 생계유지가 곤란하여 자·소작을 겸하는 경우가 더 많았다'는 부분을 통해 A가 '자작농', C가 '자·소작 겸작농'이라는 것을 알 수 있다.

08

정답해설

첫 번째 조건에서 강원도의 (가)종교인 비율과 충청도의 (다)종교인 비율을 합하면 경기도의 (나)종교인 비율과 같다고 하였으므로 이를 만족하는 조합은 C(강원)-D(경기)-B(충청)와 E(강원)-A(경기)-B(충청)이다. 따라서 B는 충청으로 확정된다.

다음으로 두 번째 조건을 살펴보면 (가)종교인 비율과 경기도의 (가)종교인 비율을 합하면, 전라도의 (다)종교인 비율과 같다고 하였으므로 이를 첫 번째 조건에서의 결과와 결합하면, E(강원)-A(경기)-B(충청)의 경우만이 이를 만족한다. 따라서 C는 전라도와 E는 강원도와 연결된다.

09

정답해설

〈보고서〉의 첫 번째 항목을 살펴보면, A국의 2006년 4분기 소매판매 증가율과 수출 증가율이 3분기보다 감소하였다고 하였는데 이를 만족하는 것은 '나'국뿐이다.

다음으로 두 번째 항목을 살펴보면, B국의 2006년 4분기 산업생산 증가율이 3분기보다 감소하였고, 수출 증가율은 2005년에는 2분기 이후 매분기 감소하였으나 2006년에는 매분기 증가하였다고 하였는데 이를 만족하는 것은 '다'국뿐이다.

마지막으로 세 번째 항목을 살펴보면, C국의 2006년 4분기 산업생산 증가율과 소매판매 증가율이 2006년 3분기에 비해 상승했다고 하였는데 이를 만족하는 것은 '가'국뿐이다.

10

정답해설

ㄱ. 1995년과 비교할 때, 2005년에 교원이직률이 가장 많이 증가한 것은 F(7.7%p)이므로 옳은 내용이다.

ㄴ. B의 모든 조사연도에 걸친 교원이직률의 증감추이는 감소-증가-감소-감소-감소인데 C와 D 역시 이와 같은 추이를 보이고 있으므로 옳은 내용이다.

ㄷ. E의 경우는 1990년에 5.6%로 1985년에 비해 교원이직률이 증가하였으므로 옳지 않은 내용이다.

ㄹ. 2010년에 교원이직률은 B(2.0%)에서 가장 낮았고, F(10.8%)에서 가장 높았으므로 옳은 내용이다.

11

정답해설

먼저 첫 번째 조건을 살펴보면, 2006년부터 2010년까지 연도별 취업자 수가 매년 증가한 것은 B뿐이므로, B와 서비스직을 연결 지을 수 있다.

다음으로 두 번째 조건을 살펴보면, 2009년 취업자 수가 가장 작은 직업군은 C이므로, C와 농림어업직을 연결 지을 수 있다.

이번에는 보다 간단한 마지막 조건을 살펴보면, A와 D중 2009년 취업자 수가 2006년에 비해 230천 명 이상 감소한 것은 D이므로, D와 기능직을 연결 지을 수 있으며, 남은 A가 사무직이 된다.

12

정답해설

가장 먼저 '가'와 '나'에 대해 언급된 부분을 보면 실업률이 같은 쌍이 2개나 존재하고 있어 경우의 수를 따져야 한다. 따라서 그 다음 조건을 먼저 살펴보도록 하자.

ⅰ) '마' 기관이 '나' 기관보다 민간소비증가율이 0.5%p 더 높다고 하였는데 제시된 자료에서 민간소비증가율의 차이가 0.5%p인 것은 'E'와 'A or B'이다. 따라서 'E'가 '나'임을 먼저 확정할 수 있다.

ⅱ) 다음으로, 첫 번째 조건으로 돌아가서 '가'와 '나'가 실업률이 동일하다고 하였으므로 'E(나)'의 실업률(3.5%)과 동일한 실업률을 전망한 기관은 'A'뿐임을 알 수 있으며 결국 'A'가 '가'임을 확정할 수 있다.

ⅲ) 이제 ⅰ)에서 미확정이었던 'A'가 '가'로 확정되었으므로 남은 'B'가 '마'임을 알 수 있다.

ⅳ) 다음으로 '다'기관이 경제 성장률을 가장 높게 전망하였다고 하였으므로 'F'를 '다'로 연결지을 수 있다.

ⅴ) 마지막 조건에서 설비투자증가율을 7% 이상으로 전망한 기관이 '다', '라', '마' 3개라고 하였는데 이미 '다'는 F와, '마'는 'B'와 연결된 상태이므로 남은 '라'는 'C'로 확정지을 수 있다.

ⅵ) 남은 것은 어느 조건에서도 언급하지 않았던 'D'인데 남아있는 기관이 '바'뿐이므로 D는 '바'로 연결지을 수 있다.

> **합격자의 SKILL**
>
> 매칭형 문제는 위의 풀이에서 보듯 실전에서는 제시된 순서에 구애받지 않고 접근하는 순서를 자유자재로 변경할 수 있어야 한다. 이것은 한 순간에 되는 것은 아니고 많은 기출문제를 접해보면서 체화시켜야 하는 부분이다. 꼭 위의 순서대로 풀이할 필요는 없지만 〈보고서〉에서 주어진 순서에 얽매이지 않아야 한다는 점은 확실히 기억해두기 바란다.

13 정답 ①

정답해설

ⅰ) 첫 번째 조건에서 전체 석유증가 규모가 동일한 국가는 B와 C이므로 이들이 인도와 중동임을 알 수 있다. 따라서 선택지 ③~⑤가 제외되며, 나머지 조건을 통해서는 인도 혹은 중동을 확정지을 수 있는 것만 찾아보면 된다.

ⅱ) 마지막 조건에서 교통부문의 증가규모가 전체 증가규모의 50%인 지역이 중동이라고 하였으며 이를 통해 C가 중동이라는 것을 알 수 있다. 따라서 답은 여기서 확정지을 수 있다.

ⅲ) 그래프상에서 양의 방향으로 가장 긴 길이를 가지고 있는 것이 A이므로 두 번째 조건을 통해 A가 중국임을 알 수 있다.

ⅳ) 세 번째 조건을 통해 전력생산부문의 석유수요 규모가 감소하는 지역은 D뿐이므로 D가 남미임을 확인할 수 있다.

14 정답 ⑤

정답해설

첫 번째 조건에서 위험물보관소와 임야가 각각 D, F 중 한 곳임을 알 수 있으며, 두 번째 조건을 통해 사무실과 주택이 각각 A, B 중 한 곳임을 알 수 있다.

세 번째 조건을 통해서는 위험물보관소와 선박이 각각 D, E 중 한 곳임을 알 수 있는데 이것과 위의 내용을 결합하면 D는 위험물보관소, F는 임야, E는 선박임을 확인할 수 있다.

이제 남은 것은 선택지 ②, ⑤인데 마지막 조건을 통해 B가 사무실, A가 주택인 것을 확인할 수 있으므로 정답은 ⑤가 된다.

> **합격자의 SKILL**
>
> 매칭형 문제는 무조건 선택지를 이용한 소거법을 이용해서 풀어야 한다. 소거법을 이용할 경우 단순히 백지상태에서 풀이하는 것에 비해 경우의 수가 줄어들 수밖에 없는데 굳이 이를 외면하는 우는 범하지 말자.

15 정답 ②

정답해설

ⅰ) 〈그림 1〉에서 2006년 대비 2010년 특허출원 건수 증가율이 가장 높은 것은 210천 건에서 391천 건으로 증가한 C임을 알 수 있으며, 따라서 C는 중국과 연결된다.

ⅱ) 선택지에서 C가 중국인 것은 ①과 ②뿐이므로 A와 D가 어느 나라인지를 판단하도록 하자.

ⅲ) 세 번째 조건에서 2007년 이후 한국의 상표출원 건수가 매년 감소하였다고 하였는데, 〈그림 2〉에서 이에 해당하는 것은 D 하나뿐이므로 정답은 ②로 확정할 수 있다.

ⅳ) 이제 나머지 조건들을 확인해보면 먼저 두 번째 조건에서 2007년 대비 2010년 특허출원 건수가 가장 큰 폭으로 감소한 국가는 일본이라고 하였는데 이는 〈그림 1〉에서 B는 2007년 396천 건에서 2010년 344천 건으로 약 50천 건 감소하였으며 이는 다른 감소한 국가(D국)의 감소폭에 비해 훨씬 크다. 따라서 B는 일본임을 확인할 수 있다.

ⅴ) 마지막으로 2010년 상표출원 건수는 미국이 일본보다 10만 건 이상 많다고 하였는데, 이는 〈그림 2〉에서 A와 B 간의 차이가 255천 건임을 통해 확인할 수 있다.

> **합격자의 SKILL**
>
> 세 번째 조건은 그래프를 꼼꼼하게 읽지 않았다면 틀리기 쉬우며 심지어 답이 없는 것으로 나타나 불필요한 시간낭비를 초래할 수 있었다. 해당 국가의 출원 건수는 그래프 전체의 높이가 아닌 해당 부분에 쓰여져 있는 숫자로 확인해야 한다. 특히나 D가 최상단에 위치하고 있어 마치 2008년부터의 수치가 증가하는 듯한 느낌을 주고 있지만 실제 D의 수치는 감소하고 있음을 확인할 수 있다.

16 정답 ②

정답해설

〈표 2〉에 의하면 1991년 이후 인구자연증가율이 매년 감소한 나라는 보스니아 헤르체고비나이다. 그리고 〈표 1〉에 의하면 1999년 출생률이 가장 높은 나라는 아프가니스탄(49.7명)이고 1991년 이후 출생률이 매년 감소한 나라는 아랍에미리트와 보스니아 헤르체고비나임을 쉽게 확인할 수 있다.

17 정답 ③

정답해설

먼저 첫 번째 조건을 살펴보면, 이미 주어진 브랜드샵과 인터넷을 제외하고 매년 판매액이 증가하는 유통채널은 A, B, E이므로 이들이 각각 백화점 또는 방문판매 또는 홈쇼핑임을 알 수 있다.

다음으로 두 번째 조건을 살펴보면, 매년 판매액이 1,000억 원 이상인 유통채널은 A, B이므로 이들이 각각 백화점 또는 방문판매임을 알 수 있다. 따라서 첫 번째 조건과 결합하면 E가 홈쇼핑임을 알 수 있다.

이제 세 번째 조건을 살펴보면, 2005~2009년 동안 매년 일반점과 브랜드샵의 판매액의 합이 백화점의 판매액보다 많다고 하였으므로 A가 백화점임을 알 수 있으며, 따라서 B가 방문판매와 연결되게 된다.

남은 C, D를 판단하기 위해 마지막 조건을 살펴보면, 2010년의 판매액이 가장 적은 것이 다단계이므로 D가 다단계, 남은 C가 직판으로 연결되게 된다.

18 정답 ①

정답해설

ⅰ) 2014년 독일 대상 해외직구 반입 전체 금액의 2배 이상인 나라는 미국과 A이므로 A가 중국임을 알 수 있다.

ⅱ) 2014년 영국과 호주 대상 EDI 수입 건수의 합이 뉴질랜드 대상 EDI 수입 건수(108,282건)의 2배보다 작은 나라는 C와 D뿐이다. 따라서 C와 D가 영국과 호주가 됨을 알 수 있다.

ⅲ) 두 번째 조건에서 C와 D가 영국과 호주라고 하였으므로 이를 이용하면, C와 D 중 2014년 해외직구 반입 전체 금액이 2013년 해외직구 반입 전체 금액의 10배 미만인 것은 D이다. 따라서 D는 호주이며 C는 영국으로 결정된다.

ⅳ) 남은 것은 B뿐이어서 B가 일본임을 알 수 있으나, 마지막 조건을 통해 이를 확인해보면 일본의 2013년 목록통관 금액은 2,755천 달러이고 B는 7,874천 달러이어서 B가 2배 이상이다. 따라서 B가 일본임을 확정할 수 있다.

19
정답 ④

정답해설

〈그림 1〉과 〈그림 2〉 및 주어진 공식을 이용하여 각국의 청년층 정부신뢰율을 구하면 A : 7.6%, B : 49.1%, C : 57.1%, D : 80%이다. 여기서 먼저 첫 번째 조건을 검토해보면 두 국가 간의 수치가 10배 이상이 될 수 있는 경우는 그리스와 스위스이므로 A는 그리스, D는 스위스임을 알 수 있다. 다음으로 마지막 조건을 확인해보면 D보다 30%p 이상 낮은 것은 B밖에 없으므로 B가 미국이 되며, 남은 C는 자동적으로 영국임을 알 수 있다. 여기서 두 번째 조건은 문제 풀이과정에서 직접 적용되지 않았지만 영국이 C에 해당하는지를 검토할 수는 있다.

합격자의 SKILL

매칭형 문제는 주어진 조건을 순서대로 살펴보는 것보다 위 해설처럼 순서를 바꿔가며 풀이하는 것이 효율적인 경우가 대부분이다. 특히 하나의 조건만을 언급하고 있다거나 이 문제와 같이 특정 수치가 주어지는 조건은 대개 후반부에 주어지는 편이다.

20
정답 ②

정답해설

ⅰ) 먼저 마지막 조건을 살펴보면, 업체 수가 2배의 관계를 가지는 것은 D와 (E, F)의 관계뿐이다. 따라서 D를 철강과 연결시킬 수 있으며 E 또는 F가 지식서비스임을 알 수 있다.

ⅱ) 다음으로 첫 번째 조건을 살펴보면, 종사자 수의 관계가 3배의 관계를 가지는 것은 A와 B, 그리고 E와 F인데 위 ⅰ)에서 E와 F 중 한 개는 지식서비스라고 하였으므로 결국 A가 IT, B가 의료임을 알 수 있다.

ⅲ) 이제 두 번째 조건을 살펴보면, 10대 미래산업 전체 부가가치액의 50%이상은 약 12,000억 원인데 B(의료)와 합해서 이 수치를 만들 수 있는 산업은 C뿐이다. 따라서 C가 석유화학임을 알 수 있다.

ⅳ) 마지막으로 아직 할당이 되지 않은 항공우주는 E와 F 중 하나가 되어야 하는데 이미 ⅰ)에서 E 또는 F가 지식서비스라고 하였다. 이제 여기에 세 번째 조건을 결합시켜 판단해보면, 매출액은 $\left(\dfrac{부가가치액}{부가가치율}\right) \times 100$으로 나타낼 수 있는데 이를 어림하면 E의 매출액은 300을 넘는데 반해, F는 200에도 미치지 못하고 있어 F가 더 작다는 것을 알 수 있다. 따라서 F가 항공우주이며 E가 지식서비스로 연결된다.

따라서 B, C, E는 각각 의료, 석유화학, 지식서비스임을 알 수 있다.

합격자의 SKILL

매칭형 문제의 조건을 확인할 때에는 맨 위부터 순차적으로 내려오지 말고 반드시 전체를 한번 스캔한 이후에 특정 변수 하나에만 국한된 조건이 있는지를 먼저 찾아본다. 이 문제의 경우 세 번째 조건이 바로 이에 해당한다.

21
정답 ①

정답해설

ⅰ) 첫 번째 조건과 〈표〉를 통해 2015년 독신 가구와 다자녀 가구의 실질세부담률 차이가 덴마크보다 큰 국가는 A, C, D이므로 이들이 캐나다, 벨기에, 포르투갈임을 알 수 있다.

ⅱ) 두 번째 조건과 〈표〉를 통해 2015년 독신 가구 실질세부담률이 전년 대비 감소한 국가는 A, B, E이므로 이들이 벨기에, 그리스, 스페인임을 알 수 있다. 따라서 위의 ⅰ)과 연결하면 A가 벨기에임을 확정할 수 있다.

ⅲ) 위 ⅱ)에서 B와 E가 그리스와 스페인이라고 하였고 이를 세 번째 조건과 결합하면 B가 그리스이고, E가 스페인임을 확정할 수 있다.

ⅳ) 위 ⅰ)과 ⅱ)를 통해 C와 D가 캐나다와 포르투갈임을 알 수 있는데, 이를 네 번째 조건과 결합하면 C가 포르투갈이 되며, 따라서 남은 D는 캐나다가 됨을 알 수 있다.

합격자의 SKILL

매칭형 문제를 해결하기 위해서 가장 먼저 할 일은 주어진 조건을 적절히 조합하여 최대한 빨리 확정되는 변수를 찾아야 한다는 것이다. 평이한 수준이라면 조건 한 개 혹은 두 개를 결합하면 확정되는 변수가 나오기 마련이지만, 난도가 올라간다면 조건들로는 변수가 확정되지 않고 경우의 수를 나누어야 하는 경우를 출제하게 된다. 후자의 경우라면 시간 내에 풀이하기에 버거운 수준이 될 것이므로 일단 패스하는 것이 옳다.

22
정답 ①

정답해설

단순히 자료를 읽기만 하는 것으로 해결되는 조건이 없으므로 덧셈으로 해결 가능한 조건을 찾고 그것도 없으면 뺄셈으로 해결 가능한 조건을 가장 먼저 적용해보자.

ⅰ) 먼저 두 번째 조건을 살펴보면 휨강도와 압축강도 차가 큰 상위 2개 수종은 A(40), B(54)이므로 A, B가 소나무와 참나무인 것을 확인할 수 있다.

ⅱ) 다음으로 네 번째 조건을 살펴보면 인장강도와 압축강도의 차가 두 번째로 큰 수종은 E(8)이므로 E는 전나무인 것으로 확정할 수 있다.

ⅲ) 소나무와 참나무가 확정되지 않은 상황이고 C와 D역시 고정되어 있지 않으므로 세 번째 조건을 곧바로 적용하기가 곤란하다. 따라서 첫 번째 조건을 살펴보면 전단강도 대비 압축강도 비가 큰 상위 2개 수종은 C와 E인데 ⅱ)에서 E가 전나무라는 것을 확인했으므로 C가 낙엽송이라는 것을 알 수 있다.

ⅳ) 일단 ⅰ)에서 A와 B가 소나무와 참나무라고 하였으므로 남아있는 D는 오동나무가 되어야 한다. 여기에 세 번째 조건을 적용하면 B가 참나무가 된다는 것을 알 수 있으며, 남아있는 A가 소나무인 것을 확정할 수 있다.

합격자의 SKILL

이와 같은 매칭형 문제에서는 가장 먼저 해야 할 것이 최대한 미지수를 줄여야 한다는 것이다. 그러기 위해서는 조건을 위에서부터 아래로 순차적으로 분석할 것이 아니라 전체를 스캐닝하는 과정을 통해 확정적인 조건을 빨리 찾아야 한다. 이 문제에서는 마지막 조건이 그것인데, 이렇게 하나의 변수를 확정지을 수 있는 것이라면 약간 계산이 번거로워지더라도 먼저 해결하는 것이 효율적이다.

정답해설

ⅰ) 먼저 세 번째 조건을 살펴보면, 세 개의 항목을 합한 것보다도 더 많은 영업이익을 기록한 것은 '가'일 수밖에 없다. 따라서 '가'를 D로 먼저 확정지어 놓도록 하자.

ⅱ) 이제 첫 번째 조건을 살펴보면, 직원 수는 '$\dfrac{영업이익}{직원\ 1인당\ 영업이익}$'으로 구할 수 있는데 나~마 중 이 수치가 가장 큰 것은 '라'이므로 이것이 A와 연결됨을 알 수 있다. 여기까지만 판단하면 선택지 소거법을 이용해 정답을 찾을 수 있다. 하지만 나머지 조건을 통해 보다 엄밀하게 분석해 보자.

ⅲ) 두 번째 조건을 살펴보면, '가(D)', '나', '다', '마' 중에서 평균연봉 대비 직원 1인당 영업이익이 가장 적은 것이 C라고 하였는데, 어림해서 이를 계산해보면 '다'가 C에 해당함을 알 수 있다.

ⅳ) 이제 남은 것은 (나, 마)와 (B, E)를 연결하는 것인데 마지막 조건을 통해 '나'를 B와, '마'를 E와 연결시킬 수 있게 된다.

> **합격자의 SKILL**
>
> 이 문제를 해설하는 과정에서는 구체적인 수치를 전혀 언급하지 않았다. 이는 어림으로 가능한 부분이기도 했지만 보기를 어떤 순서대로 체크하는 지를 부각시키기 위한 측면이 더 강하다. 매칭형 문제는 첫째도 둘째도 선택지이다. 선택지를 굳이 무시하고 전체를 모두 매칭시키는 것이 대체 무슨 소용이란 말인가?

정답해설

ⅰ) 먼저 첫 번째 조건을 살펴보면, A와 B는 감소폭이 비슷한 반면 B의 2010년의 배출량 기준이 훨씬 낮다. 따라서 A가 한국이 아님은 분명하다. 그리고 D 역시 그래프상으로도 감소율이 그리 크지 않음을 알 수 있으므로 D도 한국이 아니라는 것을 확인할 수 있다. 그렇다면 B와 C 중 감소율이 높은 것이 한국이라는 결론에 도달하게 되는데, 이를 구체적으로 계산해보면 B의 감소율은 38%, C의 감소율은 35%가 되어 결국 B를 한국으로 확정지을 수 있다.

ⅱ) 다음으로 두 번째 조건을 살펴보면 한국(B)과 2015년의 배출량 기준의 차이가 30g/km 이상인 것은 D뿐이므로 D가 일본임을 알 수 있다.

ⅲ) 이제 마지막 조건을 살펴보면, 2020년 배출량 기준이 높은 순서대로 나열하면 A-일본-한국-C가 되는데 미국이 한국과 벨기에보다 기준이 높다고 하였으므로 결국 A는 미국, C는 벨기에로 연결시킬 수 있다.

01	02	03	04	05	06	07	08	09	10
④	⑤	④	⑤	⑤	③	④	②	①	③
11	12	13	14	15	16	17	18	19	20
②	①	⑤	④	①	②	③	④	②	②
21	22	23	24	25	26	27	28	29	30
⑤	④	①	⑤	⑤	⑤	⑤	③	①	④
31	32	33	34	35	36	37	38	39	40
①	③	②	①	②	④	②	⑤	⑤	②
41	42	43	44	45	46	47	48	49	50
⑤	①	③	③	④	④	③	②	②	⑤
51	52	53	54	55	56	57	58	59	60
③	⑤	②	④	③	②	⑤	①	②	④
61	62	63	64	65	66	67	68	69	70
②	③	③	⑤	④	②	①	①	⑤	③
71	72	73	74	75	76	77	78	79	80
④	④	②	③	④	⑤	②	④	②	⑤
81	82	83	84	85	86	87	88	89	90
⑤	③	③	①	③	④	②	③	①	④
91	92	93	94	95	96	97	98	99	100
②	④	⑤	④	③	⑤	③	②	⑤	③
101	102	103	104	105	106	107	108	109	110
②	④	③	⑤	①	④	⑤	④	④	③
111	112	113	114	115	116	117	118	119	120
①	②	②	①	①	②	⑤	⑤	①	①
121	122	123	124	125	126	127	128			
⑤	②	⑤	①	⑤	①	③	③			

01

정답 ④

정답해설

ㄴ. 학생 1인당 교사시설 면적에서, 기준면적은 국립산업대학교($18.2m^2$)가 가장 크고, 보유면적은 사립대학원대학교($28.2m^2$)가 가장 크므로 옳은 내용이다.

ㄹ. 사립대학교의 전체 건물면적($18,815,086m^2$)은 다른 유형 대학들의 전체 건물면적을 모두 합한 것($8,431,638m^2$)보다 크다.

오답해설

ㄱ. 교사시설 전체면적에서, 기준면적과 보유면적 간의 차이를 유형별로 계산하면 국립대학교는 $1,016,512m^2$이고, 사립대학교는 $1,487,691m^2$이므로 옳지 않은 내용이다.

ㄷ. 공립대학교의 학교당 등록학생 수는 7,515명인데, 국립대학교는 약 12,635명이므로 옳지 않은 내용이다.

02

정답 ⑤

정답해설

ㄱ. 미생물 종류에 관계없이 평상시 미생물 밀도가 가장 낮은 지역은 B이고, 황사 발생 시 미생물 밀도가 가장 낮은 지역도 B이므로 옳은 내용이다.

ㄷ. 황사 발생 시 미생물Y의 밀도를 평상시와 비교해 볼 때, 증가율이 가장 큰 곳은 B지역(약 26.4배 증가)이므로 옳은 내용이다.

ㄹ. 황사 발생 시에는 지역과 미생물의 종류에 관계없이 평상시보다 미생물 밀도가 높으므로 옳은 내용이다.

오답해설

ㄴ. 지역에 관계없이 미생물X는 다른 미생물에 비해 평상시와 황사 발생 시 밀도 차이가 가장 작으므로 옳지 않은 내용이다.

03

정답 ④

정답해설

④ 투자규모가 100만 달러 이상인 투자 건수는 전체 외국인 직접 투자 건수의 16.4%이므로 옳지 않은 내용이다.

오답해설

① 투자규모가 100만 달러 이상인 투자 금액 비율은 88.8%(=19.4%+69.4%)이므로 옳은 내용이다.

② 투자규모가 100만 달러 이상인 투자 건수는 16.4%이고, 5만 달러 미만의 투자 건수는 28%이므로 옳은 내용이다.

③ 투자규모가 50만 달러 미만인 투자 건수 비율은 74.9%(=28.0%+20.9%+26.0%)이므로 옳은 내용이다.

⑤ 투자규모가 100만 달러 이상 500만 달러 미만인 투자 금액 비율은 19.4%로 50만 달러 미만의 투자금액 비율인 6.5%보다 크므로 옳은 내용이다.

04

정답 ⑤

정답해설

ㄷ. B국은 소선거구제를 채택한 국가이며 분권화지표는 0.19인데 반해, G국은 대선거구제를 채택한 국가이며 분권화지표는 0.18로서 오히려 G국의 분권화지표가 더 작다. 따라서 옳지 않은 내용이다.

ㄹ. J국은 단일정부형태이며 분권화지표는 0.28인데 반해, B국, E국, F국, I국은 연방정부형태임에도 분권화지표는 0.28보다 작다. 따라서 옳지 않은 내용이다.

ㅁ. 분권화지표로는 중앙과 지방정부의 지출액의 합에서 지방정부의 지출액이 차지하는 비중만을 알 수 있을 뿐, 실제 지출액의 수치는 알 수 없다. 따라서 옳지 않은 내용이다.

ㄱ. 소선거구제를 채택한 국가의 분권화지표는 0.09~0.19, 중선거구제는 0.13~0.21, 대선거구제는 0.18~0.26, 비례대표제는 0.28~0.45의 범위에서 분포되어 있어 소선거구제에서 비례대표제로 갈수록 분권화지표가 커지는 경향을 보이고 있다. 따라서 옳은 내용이다.

ㄴ. 비례대표제를 채택한 단일정부 국가의 분권화지표는 0.280이고, 대선거구제를 채택한 연방정부 국가는 0.26으로 전자가 더 크다. 따라서 옳은 내용이다.

05

⑤ 정책대상자의 적절성에 대한 만족비율은 52.7%이고, 전문가의 적절성에 대한 만족비율은 63.6%로 타 항목에 비해 높으므로 옳은 내용이다.

① 의견수렴도는 만족비율과 불만족비율이 동일하고 체감만족도는 불만족비율이 조금 높지만 적절성과 효과성은 모두 만족비율이 더 높으므로 옳지 않은 내용이다.

② 효과성 항목에서 '약간 불만족'으로 응답한 전문가 수는 약 12명(=33×0.364)이고 '매우 불만족'으로 응답한 정책대상자 수는 약 14명(=294×0.051)이므로 옳지 않은 내용이다.

③ 체감만족도 항목에서 만족비율은 정책대상자(31.0%)가 전문가(30.3%)보다 높으므로 옳지 않은 내용이다.

④ 의견수렴도 항목에서 만족비율은 전문가(27.2%)가 정책대상자(33.0%)보다 낮으므로 옳지 않은 내용이다.

06

ㄱ. 1998년 이후 전체 향기관련 내국인의 특허출원 건수(249건)는 외국인의 특허출원 건수(173건)보다 많으므로 옳은 내용이다.

ㄴ. 향기지속기술 특허출원에서 방향제코팅기술의 특허출원 건수(59건)는 전체 향기지속기술 특허출원 건수(163건)의 약 36%$\left(=\frac{59}{163}\right)$이므로 옳은 내용이다.

ㄷ. 1998년의 경우 전체 향기관련 특허출원 건수(59건)가 전년(26건) 대비 100% 이상 증가하였으므로 옳은 내용이다.

ㄹ. 1997년 이후 향기관련 응용제품의 전년 대비 특허출원 건수의 증가율은 1997년(4배)이 가장 높으므로 옳지 않은 내용이다.

07

ㄱ. 1998년과 비교하여 2001년에 시간당 임금이 감소한 국가는 독일, 프랑스, 스웨덴으로 모두 유럽에 위치하고 있으므로 옳은 내용이다.

ㄴ. 2000년에 생산직 노동자의 시간당 임금이 가장 높은 국가는 독일(22.99달러), 가장 낮은 국가는 한국(8.48달러)이므로 옳은 내용이다.

ㄹ. 1998년에 비해 2001년에 단위노동비용지수가 증가한 국가는 일본과 한국인데 1998년의 단위노동비용지수는 한국이 더 적은 상황에서 증가폭도 한국이 더 크므로 단위노동비용지수가 가장 많이 증가한 국가는 한국이다. 그리고 스웨덴의 경우 약 25% 감소하여 다른 국가들에 비해 감소율이 가장 크므로 옳은 내용이다.

ㄷ. 일본의 경우 2000년 시간당 임금은 전년 대비 상승하였으나 단위노동비용지수는 하락하였으므로 옳지 않은 내용이다.

08

ㄱ. 1999년에 비해 2003년에는 전체 범죄의 발생 건수와 검거 건수가 모두 증가하였으며, 증가폭은 발생 건수(약 271,000건)가 검거 건수(약 124,000건)보다 더 크므로 옳은 내용이다.

ㅁ. 직접 계산하기보다 전체 건수의 지수를 분모로, 해당 범죄의 지수를 분자로 판단하면 쉽다. 재산범죄 구성비의 경우 분모는 16% 증가하였으나 분자는 47% 증가하여 구성비가 증가한 반면, 강력범죄 구성비의 경우 분모는 16% 증가하였으나 분자는 5%만 증가하여 구성비가 감소하였다. 따라서 재산범죄 구성비의 증가폭이 크므로 옳은 내용이다.

ㄴ. 지수로 판단해보면 2003년의 전체 범죄의 발생 건수는 1999년 대비 16% 증가하였음을 알 수 있으나, 2002년 전체 범죄의 발생 건수는 전년에 비해 감소하였으므로 옳지 않은 내용이다.

ㄷ. 1999년부터 2003년까지 재산범죄의 발생 건수는 매년 증가하였으나, 2002년 강력범죄의 발생 건수는 전년에 비해 감소하였으므로 옳지 않은 내용이다.

ㄹ. 2003년 재산범죄의 검거 건수는 전년 대비 증가하였으나, 검거인원은 감소하였으므로 옳지 않은 내용이다.

09

ㄱ. 전국 실업률은 1995년이 약 2%$\left(=\frac{431}{20,845}\right)$이고 2004년이 약 3.4%$\left(=\frac{813}{23,370}\right)$이므로 옳은 내용이다.

ㄴ. 1995년의 농가 취업자 수는 2,702천 명×0.994이고 2004년은 2,150천 명×0.99인데, 2004년의 곱해지는 두 값이 모두 적으므로 옳은 내용이다.

ㄷ. 2004년의 농가 경제활동참가율은 약 75%$\left(=\frac{2,150}{2,872}\right)$이고, 전국 경제활동참가율은 약 62%$\left(=\frac{23,370}{37,717}\right)$이므로 옳지 않은 내용이다.

ㄹ. 1995년과 2004년 사이에 전국 취업자 수의 증가율은 약 10.5%이고, 만 15세 이상 인구의 증가율은 약 12%이므로 옳지 않은 내용이다.

10

정답해설

제시된 자료를 표로 정리하면 다음과 같다.

(단위 : %)

구분	성인병 있음	성인병 없음
비만	14	24
비만 아님	6	56

따라서 비만인 남성 가운데 성인병이 있는 남성의 비율은 약 37%$\left(=\dfrac{14}{38}\right)$이다.

11

정답해설

② 각주에 의해 A도의 호 수는 'A도의 리 수×A도의 리 평균 호 수'로 구할 수 있다. 이에 따르면 1759년 A도의 호 수는 55,510호(=910×61)이고, B도는 56,345호(=955×59)이므로 옳은 내용이다.

오답해설

① 1759년 대비 1789년에 각 도의 리 평균 호 수 감소율을 비교해보면 A의 감소율이 약 3.2%로 가장 작으므로 옳지 않은 내용이다.
③ 〈그림 1, 2〉에 따르면 1759년과 1789년 모두 군의 리 평균 호 수가 90호 이상인 군이 가장 많은 도는 D도이므로 옳지 않은 내용이다.
④ 1759년 D도의 호당 인구를 4명으로 가정하면, 전체 인구는 477,180명(= 1,205×99×4)이므로 옳지 않은 내용이다.
⑤ 〈그림 2〉에 따르면 1789년 C도에서 군의 리 평균 호 수가 50호 미만인 군은 11호(=3+4+4)이므로 옳지 않은 내용이다.

12

정답해설

ㄱ. 춘궁농가 비율이 가장 높은 도는 충청남도(69.7%)이고 가장 낮은 도는 함경북도(20.5%)이므로 옳은 내용이다.
ㄴ. 자료에 의하면 모든 도에서 소작농의 경작유형별 춘궁농가 비율이 가장 높았으므로 옳은 내용이다.
ㄷ. 각주에 의해 농가 호 수는 $\dfrac{춘궁농가\ 호\ 수}{춘궁농가\ 비율}$로 구할 수 있다. 이에 의해 경상북도의 농가 호 수를 구하면 약 344,169호$\left(=\dfrac{144,895}{0.421}\right)$이고, 전라남도는 약 302,015호$\left(=\dfrac{170,337}{0.564}\right)$이므로 옳은 내용이다.

오답해설

ㄹ. 직접 계산할 필요 없이 (전라북도, 경상남도)와 (전라남도, 경상북도)로 짝지어 비교해보면 각각 전라북도와 전라남도가 크므로 옳지 않은 내용이다.
ㅁ. 전국의 춘궁농가 비율이 48.5%이므로 옳지 않은 내용이다.

13

정답해설

ㄴ. 가구 수는 $\dfrac{총자산}{가구당\ 총자산}$으로 구할 수 있는데, 이촌동의 총자산은 14.4조 원을 넘을 수 없으므로 이촌동의 가구 수는 $\dfrac{14.4조\ 원}{7.4억\ 원}$ 즉, 2만을 넘을 수 없다. 따라서 옳지 않은 내용이다.
ㄹ. 여의도동의 부동산 자산액이 주어져 있지 않으나 12.3조 원을 넘을 수는 없으므로 여의도동의 증권 자산은 최소 3조 원(=24.9−12.3−9.6) 이상임을 알 수 있다. 따라서 옳지 않은 내용이다.
ㅁ. 총자산 대비 부동산 자산의 비율은 도곡동이 약 0.82$\left(=\dfrac{12.3}{15.0}\right)$이고, 목동이 약 0.88$\left(=\dfrac{13.7}{15.5}\right)$이므로 옳지 않은 내용이다.

오답해설

ㄱ. 가구 수는 $\dfrac{총자산}{가구당\ 총자산}$으로 구할 수 있으므로 단위를 생략하고 여의도동의 가구 수를 구하면 $\dfrac{24.9}{26.7}$이고, 압구정동의 가구 수는 $\dfrac{14.4}{12.8}$로 나타낼 수 있다. 이는 직접 계산할 필요 없이 압구정동의 가구 수가 1보다 큰 반면, 여의도동의 가구 수는 1보다 작으므로 압구정동의 가구 수가 더 크다는 것을 알 수 있다. 따라서 옳은 내용이다.
ㄷ. 대치동의 증권 자산은 2.2조 원(=23.0−17.7−3.1)이고, 서초동의 증권자산은 1.5조 원(=22.6−16.8−4.3)이므로 옳은 내용이다.

14

정답해설

ㄱ. 각주의 산식을 살펴보면, 분모인 환자 수가 10% 증가한 상태에서 투여율에 변화가 없게 하기 위해서는 분자인 줄기세포 치료제를 투여한 환자 수도 10% 증가해야 한다. 따라서 옳은 내용이다.
ㄴ. 모든 치료분야에서 줄기세포 치료제를 투여한 환자 1명당 투여비용이 동일하다고 하였으므로, 환자 5,000명의 투여율이 1%라면 투여한 환자 수는 50명이다. 따라서 $\left(\dfrac{125,000,000}{50}\right)$=2,500,000달러이므로 옳은 내용이다.
ㄹ. 유전자 분야와 신경 분야만 따로 살펴보면, 기존의 투여자 수는 600명{= (500×20%)+(5,000×10%)}이었고, 환자 수와 투여율의 변화한 후의 투여자 수 역시 600명{=(2,500×10%)+(7,000×5%)}이므로 전체 줄기세포 치료제 시장규모는 변화가 없다. 따라서 옳은 내용이다.

오답해설

ㄷ. 투여율에 변화가 없다고 할 때, 각 치료분야의 환자 수가 10% 증가하면 전체 줄기세포 치료제 시장규모도 10% 증가하게 된다. 따라서 기존의 4,975백만 달러에서 5,472.5백만 달러로 증가하여 55억 달러에 미치지 못하므로 옳지 않은 내용이다.

15 정답 ①

정답해설

ㄷ. 남녀 간 성인 문해율의 차이가 가장 큰 지역은 B지역(26%p)이므로 옳은 내용이다.

ㄹ. A지역의 문맹 청소년의 비율은 55%이고, C지역은 26%이므로 전자는 후자의 2배 이상이다. 따라서 옳은 내용이다.

오답해설

ㄱ. 성인 남자 문맹률이 가장 높은 지역은 〈그림 1〉에서 성인 남자 문해율이 가장 낮은 지역을 의미하며 이는 C임을 알 수 있다. 그런데 〈그림 2〉에서 문맹 청소년 수가 가장 많은 지역은 A이므로 옳지 않은 내용이다.

ㄴ. 〈그림 1〉에서 A지역의 전체 성인 문해율이 58%인데, 성인 남자 문해율(70%)과 성인 여자 문해율(46%)의 산술평균값이 58%이므로 둘의 비율은 같다는 것을 알 수 있다. 선택지는 문맹자 수를 묻고 있으나 문맹자 수는 전체 성인인구에서 문해자 수를 뺀 것에 불과하므로 둘은 서로 대체 가능하다. 따라서 옳지 않은 내용이다.

ㅁ. 성인 여자 문맹률이 두 번째로 높은 지역은 성인 여자 문해율이 두 번째로 낮은 지역과 동일하므로 B임을 알 수 있는데, 문맹 청소년 수가 전체 지역 중에서 두 번째로 많은 지역은 C이므로 옳지 않은 내용이다.

16 정답 ②

정답해설

ㄴ. 각주의 산식을 변형하면 총 인구 수$\left(=\dfrac{\text{인터넷 이용자 수}}{\text{인터넷 이용률}}\right)$이므로, 미국의 2005년 총 인구 수는 약 3억 3백만 명$\left(=\dfrac{191,000\text{천 명}}{0.63}\right)$으로 계산된다. 따라서 옳은 내용이다.

ㄷ. 호주의 2001년 대비 2002년 '백 명당 초고속인터넷 가입자 수' 증가율은 100%인데 반해, 아이슬란드는 100%를 넘으므로 옳은 내용이다.

오답해설

ㄱ. 대한민국의 인터넷 이용자 수는 프랑스보다 많은 반면, PC 보급 대수는 프랑스가 더 많으므로 두 국가의 순위는 일치하지 않음을 알 수 있다. 따라서 옳지 않은 내용이다.

ㄹ. 단지 백 명당 가입자 수가 일치할 뿐이지 총 인구 수가 제시되지 않았으므로 알 수 없는 내용이다.

ㅁ. 호주의 인터넷 이용률은 대한민국보다 높지만, PC 보급 대수는 대한민국이 더 많으므로 옳지 않은 내용이다.

17 정답 ③

정답해설

ㄱ. 조사대상 가정 중 86.1%(=56.5%+27.2%+2.4%)는 납김치 파동 전후의 김치 조달경로에 변화가 없으므로 옳은 내용이다.

ㄷ. 납김치 파동 전 담가먹던 가정은 58.6%이었고 파동 후에는 56.5%로 감소하였는데 감소율은 10%에 미치지 못하므로 옳은 내용이다.

ㄹ. 납김치 파동 전 사먹던 가정 중 파동 후 담가먹는 가정으로 변화한 비율은 $\dfrac{2.8}{6.1}$이고, 얻어먹는 가정으로 변화한 비율은 $\dfrac{0.9}{6.1}$이므로 옳은 내용이다.

오답해설

ㄴ. 납김치 파동 후 담가먹는 가정의 비율은 58.6%에서 66.7%로 증가하였으나, 얻어먹는 가정의 비율은 35.3%에서 29.5%로, 사먹는 가정의 비율은 6.1%에서 3.8%로 각각 감소하였으므로 옳지 않은 내용이다.

ㅁ. 납김치 파동 전 얻어먹던 가정 중 파동 후 담가먹는 가정으로 변화한 비율은 약 21%$\left(=\dfrac{7.4}{35.3}\right)$이고, 납김치 파동 전 사먹던 가정 중 파동 후 담가먹는 가정으로 변화한 비율은 약 46%$\left(=\dfrac{2.8}{6.1}\right)$이므로 옳지 않은 내용이다.

18 정답 ④

정답해설

각 부서별로 총 투입시간을 계산해보면 다음과 같다.

부서	인원	개인별 총 투입시간	총 투입시간
A	2	41+(3×1)=44	88
B	3	30+(2×2)=34	102
C	4	22+(1×4)=26	104
D	3	27+(2×1)=29	87
E	5	17+(3×2)=23	115

표준 업무시간은 80시간으로 동일하므로 업무효율이 가장 높은 부서는 총 투입시간이 가장 낮은 부서인 D가 된다.

19 정답 ②

정답해설

ㄱ. 1997~2002년 중 Y선수의 장타율이 높은 순서와 4사구 수가 많은 순서는 1997년, 1998년, 1999년, 2001년, 2000년, 2002년으로 동일하므로 옳은 내용이다.

ㄷ. Y선수가 C구단에 소속된 기간은 2000년과 2001년인데 이 기간 동안 기록한 평균 타점은 92점이다. 그런데, 나머지 기간 동안의 타점을 살펴보면 1997년(98점), 1999(105점), 2003(92점), 2004(103점)이고 나머지 기간은 모두 92점에 미치지 못하므로 직접 계산하지 않고도 92점보다는 작을 것이라는 것을 알 수 있다. 따라서 옳은 내용이다.

오답해설

ㄴ. 1997~2007년 중 Y선수의 타율이 0.310 이하인 해는 2002년, 2005년, 2006년의 3번이므로 옳지 않은 내용이다.

ㄹ. 1993~1999년 중 Y선수의 출전경기 수가 가장 많은 해는 1999년(131경기)이고 가장 많은 타점을 기록한 해도 1999년(105점)이다. 그러나 가장 많은 홈런 수를 기록한 해는 1997년(30개)이므로 옳지 않은 내용이다.

20 정답 ②

정답해설

② 2005년 41~60세의 여자 연구책임자의 수는 1,277명이고, 이학 또는 인문사회를 전공한 여자 연구책임자의 수는 1,245명이므로 이 두 그룹이 서로 중첩되지 않기 위해서는 전체 여자 연구책임자의 수가 2,522명 이상이 되어야 한다. 그런데 〈표 2〉에서 전체 여자 연구책임자의 수가 2,339명이라고 하였으므로 적어도 183명(=2,522-2,339)은 이학 또는 인문사회를 전공한 41~60세의 여자 연구책임자여야 한다. 따라서 옳지 않은 내용이다.

오답해설

① 31~40세의 연구책임자 수와 51~60세의 연구책임자 수의 차이는 2003년이 626명이고, 2005년이 417명이므로 옳은 내용이다.

③ 〈표 1〉에 의하면 2003년~2005년 사이 전체 연구책임자 수는 19,633명, 21,227명, 21,473명으로 지속적으로 증가하였으므로 옳은 내용이다.

④ 2004~2005년 사이 21~30세의 연구책임자 수의 증가폭을 계산해보면 여자가 161명으로 남자의 67명보다 더 많이 증가하였으므로 옳은 내용이다.

⑤ 2005년 41~50세 남자 연구책임자의 수는 9,813명이고, 공학 전공인 남자 연구책임자의 수는 11,680명이므로 두 그룹이 서로 중첩되지 않기 위해서는 전체 남자 연구책임자의 수가 21,493명 이상이 되어야 한다. 그런데 〈표 2〉에서 전체 남자 연구책임자의 수가 19,134명이라고 하였으므로 적어도 2,359명(=21,493-19,134)은 공학을 전공한 41~50세의 남자 연구책임자여야 한다. 따라서 옳은 내용이다.

21 정답 ⑤

정답해설

⑤ 논과 밭의 결수 차이가 가장 큰 지역은 전라도인데 전라도의 전답 결수의 비율은 25.2%로 가장 크고, 전답 결수의 비율과 전세의 비율 차이도 7.4%p로 가장 크므로 옳은 내용이다.

오답해설

① 황해도와 평안도를 비교해보면 논의 결수는 평안도가 더 큰 반면, 전세액은 황해도가 더 크므로 옳지 않은 내용이다.

② 논의 결수보다 밭의 결수가 큰 지역은 전라도를 제외한 8개이므로 옳지 않은 내용이다.

③ 황해도와 평안도를 비교해보면 전답 결수는 평안도가 더 큰 반면, 전세액은 황해도가 더 크므로 옳지 않은 내용이다.

④ 평균 전세가 1냥이 넘는다는 것은 전세액이 전답 결수보다 크다는 것을 의미하는데, 이에 해당하는 지역은 전라도와 강원도뿐이다. 그런데 전라도는 논 결수가 밭보다 크지만 강원도는 밭 결수가 더 크므로 옳지 않은 내용이다.

22 정답 ④

정답해설

ㄷ. 2006년 인도의 인구가 중국보다 더 적은 상황에서 2056년의 2006년 대비 인구증가폭도 인도가 더 크므로 옳지 않은 내용이다.

ㄹ. 2006년 대비 2056년 미국의 인구 증가율은 약 40%인데 반해 중국의 인구 증가율은 약 10%에 그치므로 옳지 않은 내용이다.

오답해설

ㄱ. 2006년 10위인 일본의 인구가 128백만 명이므로 콩고의 인구는 이를 넘을 수 없다. 그런데 만약 콩고의 인구가 128백만 명이라고 가정해보더라도 2056년 콩고의 인구인 196백만 명과 비교했을 때의 증가율은 50%를 넘으므로 옳은 내용이다.

ㄴ. 2006년 러시아의 인구는 146백만 명이고 2056년 10위인 이디오피아의 인구는 145만 명이다. 그런데 2056년 러시아의 순위는 11위 이하가 될 것으로 예측되고 있어 10위인 이디오피아의 인구보다 적을 것이므로 옳은 내용이다.

ㅁ. 나이지리아의 2006년 인구는 135백만 명이고 2056년의 인구는 299백만 명으로 2006년의 2배 이상이 될 것으로 예측되고 있으므로 옳은 내용이다.

23 정답 ①

정답해설

ㄱ. 무과의 초시 합격자 수 대비 복시 합격자 수 비율은 약 15%$\left(=\frac{28}{190}\right)$로 문과의 초시 합격자 수 대비 복시 합격자 수 비율인 13.75%$\left(=\frac{33}{240}\right)$보다 높으므로 옳은 내용이다.

ㄴ. 문과의 복시 합격자의 수는 33명이고, 전시 합격자의 수도 33명이므로 옳은 내용이다.

오답해설

ㄷ. 생원시의 초시 합격자 수 대비 복시 합격자 수 비율은 약 14%$\left(=\frac{100}{700}\right)$이고, 문과의 초시 합격자 수 대비 병과 배치 인원 수 비율은 약 9.5%$\left(=\frac{23}{240}\right)$이므로 옳지 않은 내용이다.

ㄹ. 잡과 중 한학을 제외한 나머지 항목의 초시 합격자 수 대비 복시 합격자 수 비율은 50%이나, 한학은 50%에 미치지 못하므로 잡과 전체의 비율은 50%를 밑돌게 된다. 따라서 옳지 않은 내용이다.

24 정답 ⑤

정답해설

⑤ 전체 유출량이 가장 적은 연도는 2002년인데, 2002년의 경우 기타를 제외하고 사고 건수에 대한 유출량 비율이 가장 낮은 선박종류는 어선(약 0.67)이므로 옳은 내용이다.

오답해설

① 2002년의 경우 전체 사고 건수는 증가한 반면 유출량은 감소하였으므로 옳지 않은 내용이다.

② 2004년의 경우 전체 사고 건수는 감소한 반면, 유조선 사고 건수는 증가하였으므로 옳지 않은 내용이다.

③ 풀이의 편의를 위해 선택지를 변형하여 '유출량에 대한 사고 건수의 비율이 가장 높은 선박종류'를 찾으면 되는데 2003년의 경우 유조선의 비율이 가장 크므로 옳지 않은 내용이다.

④ 2005년의 경우 유조선사고의 유출량이 가장 크므로 옳지 않은 내용이다.

25

정답해설

⑤ 재임기간이 1년 6개월 미만인 현감의 수는 109명인데, 무과와 음사 출신 현감을 다 더해도 87명에 그치므로 적어도 22명의 문과 출신자가 포함되어야 한다. 따라서 옳지 않은 내용이다.

오답해설

① 함평 현감 중 재임기간이 1년 미만인 현감의 인원은 79명이므로 전체 인원인 171명의 50% 이하이다. 따라서 옳은 내용이다.

② 재임기간이 6개월 미만인 현감의 수는 29명인데, 이 모두가 문과 출신자라고 해도 남은 문과 출신자는 55명이 되어, 무과(50명)와 음사(37명)보다 많게 된다. 따라서 옳은 내용이다.

③ 함평 현감 중 음사 출신자의 비율은 약 21.6%$\left(=\dfrac{37}{171}\right)$이므로 옳은 내용이다.

④ 재임기간이 3년 미만인 현감은 총 152명인데, 이 모두가 문과나 무과 출신이라고 하더라도 문과와 무과 출신 현감의 수가 134명밖에 되지 않으므로 반드시 음사 출신 현감이 포함되어야 한다. 따라서 옳은 내용이다.

26

정답 ⑤

정답해설

ㄷ. A당 지지자의 사형제 찬성 비율은 $\dfrac{150}{170}$, B당 지지자의 비율은 $\dfrac{75}{130}$이므로 옳은 내용이다.

ㄹ. 청년층의 지지 정당별 찬성비율은 A당의 경우는 $\dfrac{90}{100}$, B당의 경우는 $\dfrac{60}{100}$이므로 둘의 차이는 30%p이고, 장년층의 지지 정당별 찬성비율은 A당의 경우는 $\dfrac{60}{70}$, B당의 경우는 $\dfrac{15}{30}$이므로 둘의 차이는 약 35%p이다. 따라서 옳은 내용이다.

오답해설

ㄱ. 사형제에 반대하는 사람의 수는 청년층이 50명이고 장년층이 25명이므로 옳지 않은 내용이다.

ㄴ. B당 지지자의 사형제 반대비율은 청년층이 40%, 장년층이 50%이므로 옳지 않은 내용이다.

27

정답 ⑤

정답해설

ㄱ. '갑'회사의 3/4분기 매출액을 구하면 74억 원(=18억 원+12억 원+14억 원+30억 원)이며 연간 매출액은 222억 원이다. 따라서 '갑'회사의 3/4분기 매출액은 연간 매출액의 $\dfrac{74}{222}\left(=\dfrac{1}{3}\right)$이므로 옳은 내용이다.

ㄷ. 〈그림〉에 의하면 대리점 A의 매출액은 1/4분기 11억 원, 2/4분기 13억 원, 3/4분기 30억 원, 4/4분기 32억 원으로 모든 분기에서 가장 크다는 것을 알 수 있으므로 옳은 내용이다.

ㄹ. 대리점 A의 4/4분기 매출액은 32억 원으로 대리점 A의 연간 매출액(86억 원)의 약 37%를 차지하므로 옳은 내용이다.

오답해설

ㄴ. 대리점 C의 경우 3/4분기 12억 원에서 4/4분기 10억 원으로 감소하였으므로 옳지 않은 내용이다.

28

정답 ③

정답해설

ㄴ. 대형화재로 인한 사망자 수가 가장 적었던 해는 2008년인데 그 해에는 유류로 인한 대형화재가 73건으로 가장 많았으므로 옳은 내용이다.

ㄹ. 2007년의 경우 대형화재로 인한 사상자가 1,284명으로 가장 많았으므로 옳은 내용이다.

오답해설

ㄱ. 2008년 이후 대형화재 한 건당 부상자 수는 2008년 2.2명, 2009년 2.1명, 2010년 2.3명으로 2010년에 증가하였으므로 옳지 않은 내용이다.

ㄷ. 2008년의 경우 기타의 원인으로 인한 대형화재는 21건, 담뱃불로 인한 대형화재는 28건, 불티로 인한 대형화재는 30건이었으므로 옳지 않은 내용이다('기타' 항목은 하나의 원인으로 판단하여 풀이하였다).

29

정답 ①

정답해설

ㄱ. 징계유형 중 남자사원의 비중이 가장 큰 것은 중징계(약 81%)이므로 옳은 내용이다.

ㄴ. 전체 인원이 100명이므로 해당 징계자의 수를 더하면 되는데, 경징계자의 수가 30명, 중징계자의 수가 27명이므로 징계를 받은 사원 중 57명(57%)이 경징계 또는 중징계를 받았다. 따라서 옳은 내용이다.

오답해설

ㄷ. 징계를 받은 남자사원 중 경징계를 받은 사원의 비율은 $\dfrac{15}{55}$이나, 여자사원의 비율은 $\dfrac{15}{45}$이므로 후자가 더 크다. 따라서 옳지 않은 내용이다.

ㄹ. 같은 성별 내에서의 비교이므로 해당 징계자의 수로 판단하면 된다. 여자사원의 경우는 주의를 받은 사원의 수가 가장 많으나, 남자사원의 경우는 중징계를 받은 사원의 수가 가장 많으므로 옳지 않은 내용이다.

30

정답 ④

정답해설

④ 2003년과 비교할 때, 2010년 국외 입양아동 수는 약 1,100명 감소하였으나 국내 입양아동 수는 약 300명 감소하였으므로 옳은 내용이다.

오답해설

① 2010년의 경우 국내 입양아동 수(1,388명)가 국내 입양아동 수(1,264명)보다 많으므로 옳지 않은 내용이다.

② 2004년과 2007년의 경우 전체 입양아동 수는 전년 대비 증가하였으므로 옳지 않은 내용이다.

③ 2009년 국회 입양아동 수의 전년 대비 감소율은 약 10%인데 반해, 2010년의 감소율은 30%를 넘는다. 따라서 옳지 않은 내용이다.

Chapter 01 LEVEL 1, 파악 37

⑤ 2004년 전체 입양아동 수에 대한 국내 입양아동 수의 비율은 약 42% $\left(=\dfrac{1,770}{4,206}\right)$이므로 옳지 않은 내용이다.

31
정답 ①

정답해설

① 2001년의 경우, 아시아 애니메이션 시장규모(14십억 달러)는 세계 애니메이션 시장규모(60십억 달러)의 약 23%에 그치고 있으므로 옳지 않은 내용이다.

오답해설

② 2001년 대비 2005년 3D 애니메이션 산업의 시장규모 증가율은 4배를 넘는 반면, 세계 애니메이션 산업 전체 시장규모 증가율은 3배에도 미치지 못하므로 옳은 내용이다.

③ 2003년의 경우, 북미와 유럽의 애니메이션 시장규모의 합(70십억 달러)은 세계 애니메이션 시장규모(100십억 달러)의 70%이므로 옳은 내용이다.

④ 2002년 이후 세계 애니메이션 시장규모의 전년 대비 증가율을 구하면 2002년 약 28%, 2003년 약 30%, 2004년 27%, 2005년 약 31%이므로 매년 25% 이상 증가하였다. 따라서 옳은 내용이다.

⑤ 2001년부터 2005년까지 세계 애니메이션 시장에서 산업별 시장 규모의 순위를 판단해보면 매해 '2D 애니메이션 - 3D 애니메이션 - 웹 애니메이션 - 기타'의 순임을 알 수 있으므로 옳은 내용이다('기타'는 하나의 산업으로 판단하여 풀이하였다).

32
정답 ③

정답해설

ㄱ. 〈표 1〉에서 2005년의 경우 소비와 수출의 부가가치유발계수는 2004년에 비해 감소하였으므로 옳지 않은 내용이다.

ㄹ. 2006년 대비 2007년 소비 부가가치유발계수의 증가폭과 수출 부가가치유발계수의 증가폭은 동일하나, 2006년의 계수가 다르므로 증가율은 같을 수 없다. 따라서 옳지 않은 내용이다.

오답해설

ㄴ. 〈표 2〉에서 각 항목별 고용유발계수는 2006년 이후 2010년까지 감소하고 있음을 알 수 있으므로 옳은 내용이다.

ㄷ. 〈표 2〉에서 2008년과 비교해서 2010년 수출 고용유발계수의 감소폭(3.2)은 소비(2.4)나 투자(1.0)의 고용유발계수의 감소폭보다 크므로 옳은 내용이다.

33
정답 ②

정답해설

ㄴ. 20대와 30대 각각에서 TV 광고 평균 시청률이 높은 순서대로 나열하면 모두 A, B, C, D이므로 옳은 내용이다.

ㄷ. 각 회사별로 전체 광고비에서 신문과 잡지를 합한 광고비의 비율을 계산해보면 D가 약 44%로 가장 크므로 옳은 내용이다.

오답해설

ㄱ. 각 회사가 10월 한 달간 집행한 매체별 광고비를 살펴보면, 모든 회사에서 TV, 신문, 잡지의 순으로 지출하였으므로 이들은 별도의 계산이 필요 없다. 그러나 라디오와 인터넷은 회사에 따라 순서가 다르므로 직접 계산해보면 라디오의 광고비는 69백만 원이고, 인터넷의 광고비는 43백만 원이어서 라디오의 광고비가 더 많다. 따라서 옳지 않은 내용이다.

ㄹ. 회사별로 TV 광고 1회 집행에 든 광고비를 계산해보면 D가 5.14백만 원으로 가장 적으므로 옳지 않은 내용이다.

34
정답 ①

정답해설

ㄱ. 1970년 한국의 총수입액은 869백만 달러이고 일본으로부터의 수입액은 647백만 달러이므로 한국의 대일 수입의존도는 50%를 넘는 것을 확인할 수 있다. 따라서 옳은 내용이다.

ㄴ. 1970년 한국의 대일 수출액은 108백만 달러이고, 1980년은 2,191백만 달러이므로 후자는 전자의 10배를 넘는다. 따라서 옳은 내용이다.

오답해설

ㄷ. 한국의 대미 무역수지는 1970년이 '375백만 달러 - 201백만 달러', 1980년이 '4,477백만 달러 - 1,922백만 달러'로 계산할 수 있으므로 모두 흑자이다. 따라서 옳지 않은 내용이다.

ㄹ. 1980년의 한국의 대일 무역수지 적자는 2,677백만 달러(=2,191백만 달러 - 4,868백만 달러)이므로 약 26.8억 달러임을 알 수 있다. 따라서 옳지 않은 내용이다.

35
정답 ②

정답해설

ㄱ. 남자 응답자(60.6%)와 여자 응답자(56.2%) 모두 신뢰한다는 비율이 절반을 넘으므로 옳은 내용이다.

ㄹ. 만약 남자 응답자 수와 여자 응답자 수가 동일하다면 전체 응답자 중 '매우 부정확하다'라고 응답한 수는 1.0%가 될 것이다. 하지만 여자 응답자 수가 757명으로 남자에 비해 더 많으므로 응답자 수를 가중치로 한 가중평균은 1.0보다 작을 수밖에 없다. 따라서 옳은 내용이다.

오답해설

ㄴ. 중졸 이하 그룹의 '신뢰한다'에 해당하는 비율은 59.4%인데, 고졸은 58.4%이므로 옳지 않은 내용이다.

ㄷ. 200만 원 미만 그룹의 '신뢰한다'에 해당하는 비율은 60.3%인데, 200 - 400만 원 미만 그룹은 56.9%이므로 옳지 않은 내용이다.

ㅁ. 200 - 400만 원 미만 그룹의 '정확한 편이다'라고 응답한 비율(53.6%)은 200만 원 미만 그룹(55.6%)보다 작지만 응답자 수가 훨씬 크다. 따라서 옳지 않은 내용이다.

36

정답해설

④ 여자의 과거 흡연율은 소득수준이 낮을수록 높아지고 있으므로 옳지 않은 내용이다.

오답해설

① 평생 흡연량이 100개비 이상인 사람의 비율은 현재 흡연율과 과거 흡연율을 합한 값인데, 이를 교육수준별로 비교해보면 '중졸'에서 48.7%로 가장 높으므로 옳은 내용이다.

② 30대 이상의 남자는 연령대가 높아질수록 현재 흡연율이 낮아지고 있음을 확인할 수 있으므로 옳은 내용이다.

③ 50대 남자의 경우 평생 흡연량이 100개비 이상인 사람의 비율은 83.3%(= 41.5%+41.8%)인데, 이 중 과거 흡연율이 차지하는 비중이 절반을 넘으므로 옳은 내용이다.

⑤ 여자의 소득수준별 현재 흡연율은 '중하'(9.3%)에서 가장 높으므로 옳은 내용이다.

37

정답해설

ㄱ. 기존의 평균 주화 공급량이 2,500만 개를 조금 넘는 수준$\left(=\dfrac{10,023}{4}\right)$이므로 주화종류별로 주화 공급량이 각각 200만 개씩 증가한다면 A지역의 평균 주화 공급량은 2,700만 개를 조금 넘을 것임을 알 수 있다. 따라서 옳은 내용이다.

ㄷ. 10원과 500원 주화의 공급량은 5,294만 개, 50원과 100원은 4,729만 개이므로 두 그룹의 공급량의 가중평균치는 산술평균(15%)보다 10원과 500원의 증가율인 10% 쪽으로 치우치게 된다. 따라서 옳은 내용이다.

오답해설

ㄴ. 주화종류별 공급기관당 공급량을 직접 계산하지 않더라도 10원 주화는 2를 넘고, 500원은 2에 미치지 못한다는 것을 눈어림할 수 있으므로 옳지 않은 내용이다.

ㄹ. '주화 공급액=주화 공급량×액면가'이므로 총 주화 공급액 규모가 12% 증가했고 액면가의 변동이 없다면 주화종류별 주화 공급량의 비율은 얼마든지 변화할 수 있다. 변수가 4개인 방정식을 생각해보면 이해가 쉬울 것이다.

38

정답해설

ㄱ. 대당 일일 연료소모량은 $\dfrac{\text{대당 일일 통행거리}}{\text{연비}}$이므로 이를 구하면 휘발유 차량이 약 3.3ℓ로 가장 적다. 따라서 옳은 내용이다.

ㄴ. 대당 일일 연료비는 ㄱ의 대당 일일 연료소모량×연료가격이므로 이를 구하면 LPG가 약 6,300원으로 가장 낮다. 따라서 옳은 내용이다.

ㄷ. 등록된 전체 차량의 일일 총 연료비는 ㄴ의 대당 일일 연료비×차량 등록 대수이므로 약 210억 원(=8,740원×2,400천 대)이다. 따라서 옳은 내용이다.

ㄹ. 대당 일일 이산화탄소 발생량은 ㄱ의 대당 일일 연료소모량×이산화탄소 발생량이므로 휘발유 차량이 약 6.6g으로 가장 적다. 따라서 옳은 내용이다.

39

정답해설

ㄴ. 2009년 훈련지원금 총액은 1조 2백억을 넘어 최고치를 기록하였다. 이 문제는 단위수를 이용해 얼마나 빨리 큰 수를 읽어낼 수 있는지를 테스트하는 문제이다. 일반적인 경우는 백만, 십억으로 제시되는 경우가 많으나 이 문제의 경우는 단위수가 억이라는 점에 주목하자.

ㄹ. 〈표〉에 의하면 실업자 훈련인원은 재직자의 10%에도 미치지 못하는 수준으로 계속 유지되고 있으므로 옳은 내용이다.

ㅁ. 분자가 되는 훈련지원금은 실업자와 재직자가 큰 차이를 보이지 않고 있으나 분모가 되는 훈련인원은 실업자가 재직자보다 훨씬 적다. 따라서 1인당 훈련지원금은 매년 실업자가 재직자보다 많다.

오답해설

ㄱ. 2010년의 경우 실업자 훈련인원은 증가한 반면, 실업자 훈련지원금은 감소하였으므로 옳지 않다.

ㄷ. 실업자 훈련인원의 증가율은 3배인 200%에 가깝지만 실업자 훈련지원금의 증가율은 약 34%에 불과하다. 따라서 7배에 미치지 못한다.

40

정답해설

ㄱ. 〈표 1〉에 따르면 회원기금원금은 2007년과 2008년에 전년에 비해 각각 감소하였으므로 옳지 않은 내용이다.

ㄷ. 〈표 3〉에 따르면 2010년 회원급여저축총액은 37,952억 원인데 반해 회원급여저축원금은 26,081억 원으로 50%를 훨씬 넘는다. 따라서 회원급여저축총액의 또 다른 구성요소인 누적이자총액의 비중은 50%에 한참 미치지 못하므로 옳지 않다.

오답해설

ㄴ. 〈표 2〉에 따르면 공제회 회원 수가 가장 적은 해는 2008년(159,398명)이며, 〈표 1〉에 따르면 목돈수탁원금이 가장 적은 해는 역시 2008년(6,157억 원)이다. 따라서 옳은 내용이다.

ㄹ. 〈표 2〉에 의하면 1인당 평균 계좌 수가 가장 많은 해는 2010년(70.93개)이며 〈표 1〉에 의하면 회원기금원금이 가장 많은 해도 2010년(38,720억 원)이었다. 따라서 옳은 내용이다.

41

정답해설

ㄱ. 전체교통사고는 2008년 220천 건, 2009년 214천 건, 2010년 213천 건으로 매년 감소하고 있으므로 옳은 내용이다.

ㄷ. 선택지에서 구하고자 하는 것은 '$\dfrac{\text{음주교통사고}}{\text{전체교통사고}}$'이나 시각적으로 주어진 〈표〉와 반대로 되어있으므로 '$\dfrac{\text{전체교통사고}}{\text{음주교통사고}}$'가 가장 낮은 해가 2010년인지를 확인해보도록 하자. 2010년과 비교할 때 2006, 2008, 2009년은 분모가 더 작고 분자도 더 크므로 이 값이 2010년보다 더 크다는 것을 알 수 있다. 또한 2007년은 이 값이 8에 약간 미치지 못하나 2010년은 7을 조금 넘는 수준이다. 따라서 분수값이 가장 작은 값은 2010년이며 결국 전체교통사고 발생 건수 중 음주교통사고 발생 건수의 비중은 2010년이 가장 높았음을 알 수 있다.

ㄹ. 〈그림〉에서 3분기와 4분기의 비중이 1분기와 2분기에 비해 크다는 것을 확인할 수 있으며 7월과 11월은 10.1%로, 9월과 10월은 9.4%로 동일하다. 따라서 8월(8.5%)과 12월(7.9%)을 비교하면 3분기와 4분기의 대소비교가 가능하게 되므로 3사분기의 발생 건수가 가장 많았음을 알 수 있다.

오답해설

ㄴ. 2010년 음주교통사고는 30천 건이며 2006년은 25천 건이므로 둘의 차이는 5천 건이다. 하지만 2006년 음주교통사고 건수의 30%는 이보다 큰 7.5천 건이므로 증가율은 30%에 미치지 못한다.

---

42 정답 ①

정답해설

ㄱ. 분모가 되는 직원 수는 국민은행이 한국씨티은행보다 6배 많으나 분자가 되는 총자산은 약 3배 많다. 따라서 직원 1인당 총자산은 한국씨티은행이 국민은행보다 더 많다.

ㄴ. 총자산순이익률은 〈그림〉에서 원점과 해당 은행의 중심좌표를 연결한 직선의 기울기와 같다. 따라서 총자산순이익률이 가장 낮은 은행은 하나은행이고, 가장 높은 은행은 외환은행이다.

오답해설

ㄷ. 분모가 되는 직원 수는 신한은행이 외환은행보다 조금 더 많고 분자가 되는 당기순이익은 외환은행이 신한은행보다 더 많다. 따라서 직원 1인당 당기순이익은 외환은행이 신한은행보다 더 많다.

ㄹ. 〈표〉에서 확인할 수 있는 내용이다. 원의 중심 좌표가 가장 위쪽에 위치한 것이 우리은행이고, 가장 아래에 위치한 것이 하나은행이므로 옳지 않다.

합격자의 SKILL

쉽게 접근가능하면서도 그만큼 출제의 소재거리가 많은 유형이 이와 같은 물방울형 그래프이다. 단순히 원점과 연결한 직선의 기울기를 응용하는 데에 그치지 않고 원의 크기와 결합시켜 사고의 과정을 얼마든지 복잡하게 만들 수 있다. 하지만 기본은 결국 분수식이다. '분모가 크고 분자가 작은 분수의 분수값이 더 작다'라는 기본원리에 충실하자.

---

43 정답 ③

정답해설

ㄴ. 완치된 환자 수가 많은 약물부터 나열하면 B(26명), D(23명), A(21명), C(14명)이므로 옳은 내용이다.

ㄷ. 각 질병별로 완치된 환자 수를 나열하면 가(20명), 나(27명), 다(37명)이므로 옳은 내용이다.

오답해설

ㄱ. 직접 계산하지 않고 각 약물별로 남녀의 차이를 계산할 수 있다. 이에 따르면 약물 B는 여자가 2명 많은 반면, C는 남자가 2명 많으므로 B와 C의 총합은 동일해진다. 그리고 약물 A는 남자가 1명 많은 반면 D는 여자가 3명 많으므로 A~D의 완치된 환자 수를 모두 합한 수치는 여자가 2명 많은 것으로 계산할 수 있다.

ㄹ. 전체 환자 수가 120명이므로 이의 25%는 30명인데, 약물 D를 투여받고 완치된 환자 수는 23명에 불과하다. 따라서 옳지 않다.

합격자의 SKILL

선택지 ㄱ을 판단할 때 이 문제의 경우는 숫자가 그리 복잡하지 않아 직접 수치를 계산하는 방법도 괜찮을 수 있다. 하지만 숫자가 커질 경우에는 불필요한 시간이 허비될 수 있으므로 이와 같은 형식의 자료를 만났을 때에는 위의 해설과 같이 차이를 이용한 접근법을 이용하는 것이 바람직하다.

---

44 정답 ②

정답해설

ㄱ. A은행의 2008년 총자산 대비 이자수익 비율은 2.9%이며, B은행은 6.1%이므로 A은행이 B은행의 절반에 미치지 못한다.

ㄹ. A은행의 영업수익에서 이자수익이 차지하는 비중은 2004년에 51.1%이었으며 2008년에는 55.3%이므로 4.2%p 증가하였다. 따라서 옳은 내용이다.

오답해설

ㄴ. 각주에서 영업수익은 이자수익과 비이자수익으로 구성되어 있다고 하였으므로 '총자산 대비 비이자수익비율=총자산 대비 영업수익비율−총자산 대비 이자수익비율'로 나타낼 수 있다. 따라서 시중은행 평균은 2.0%이고 A은행은 2.3%이므로 A은행이 더 크다.

ㄷ. 2005년부터 2007년까지 A은행 영업수익의 전년 대비 증가율은 매년 10%를 상회하였으나 2008년의 경우는 그에 미치지 못하므로 옳지 않다.

합격자의 SKILL

선택지 ㄷ의 경우 증가율을 직접 계산하는 것은 매우 비효율적이며 전년 값의 10%를 전년 값에 더한 후 이것과 당해연도를 비교하는 것이 효율적이다. 10%는 별도의 계산이 필요없이 자릿수가 한 자리 줄어드는 것에 불과하다.

---

45 정답 ⑤

정답해설

ㄴ. 〈표〉에 의하면 2005년부터 2009년까지 두 항목의 증감방향은 감소−증가−감소−증가의 동일한 형태로 나타나고 있으므로 옳은 내용이다.

ㄷ. 〈표〉에 의하면 정부산하단체에 복무하는 공익근무요원의 수는 2004년 6,135명이며 2009년에는 이보다 2,000명 이상 감소한 4,194명이다. 그런데 2004년 인원 수인 6,135명의 30%는 1,800명을 조금 넘는 수준이므로 감소율은 30%보다 크다는 것을 알 수 있다.

ㄹ. 2005년 전체 공익근무요원 수는 2004년에 비해 감소하였는데 지방자치단체 항목을 제외한 나머지 항목들의 비중은 증가하는 모습을 보이고 있다. 이것은 이 항목들의 감소율은 최소한 전체 감소율보다는 적다는 것을 의미하며, 유일하게 비중이 감소한 지방자치단체 항목은 전체 감소율보다 더 큰 감소율을 보였다는 것을 알 수 있다. 따라서 이를 종합하면 지방자치단체 소속의 공익근무요원 수의 감소율이 가장 낮았다고 할 수 있다.

오답해설

ㄱ. 〈그림〉에 의하면 기타 기관에 복무하는 공익근무요원의 비중은 2004년부터 2008년까지 매년 증가하였지만 2009년은 전년 대비 0.6%p 감소하였다. 따라서 옳지 않다.

46
정답 ④

정답해설

ㄱ. 보육시설 공급률과 이용률의 차이는 '$\dfrac{(\text{보육시설 정원} - \text{보육시설 현원})}{\text{영유아 인구 수}}$'로 나타낼 수 있으므로 $\dfrac{35}{512}$로 계산된다. 이는 10%에 미치지 못하므로 옳은 내용이다.

ㄴ. 영유아 인구 수가 10만 명 이상인 지역은 A, B, E, G, I의 5개 지역이며 이 중 보육시설 공급률이 50% 미만인 지역은 A와 B지역뿐이다.

ㄹ. 이 지역의 보육시설 정원충족률이 80%가 되려면 보육시설 정원이 34.4명 이상이어야 하는데, 선택지에서 주어진 C지역의 보육시설 공급률이 50%라는 가정에 따라 C지역의 보육시설 정원은 43명이므로 옳은 내용임을 알 수 있다.

오답해설

ㄷ. 영유아 인구 수가 가장 많은 지역은 E지역이며, 가장 적은 지역은 J지역이다. 그리고 E지역의 보육시설 이용률은 약 39%이고, J지역의 이용률은 약 71%이므로 둘 사이의 차이는 40%p를 넘지 못한다.

47
정답 ③

정답해설

ㄱ. 전출한 직원보다 전입한 직원이 많은 팀은 A(16명), B(13명), C(13명), F(15명) 팀이며 이 팀들의 전입직원 수의 합은 57명이다. 이는 기업 내 전체 전출·입 직원 수(75명)의 70%인 52.5를 초과하므로 옳은 내용이다.

ㄹ. 식품 사업부 내에서 전출·입한 직원 수는 17명이고, 외식 사업부 내에서 전출·입한 직원 수는 15명이므로 동일한 사업부 내에서 전출·입한 직원 수는 32명이다. 그런데 기업 내 전출·입한 직원 수(75명)의 50%는 37.5명이므로 옳은 내용이다.

오답해설

ㄴ. 직원이 가장 많이 전출한 팀은 20명이 전출한 E이고, 가장 많이 전입한 팀은 16명이 전입한 A이다. 그런데 20명의 40%인 8명이 배치된 부서도 없을 뿐더러 A팀에는 6명만이 배치되었으므로 옳지 않은 내용이다.

ㄷ. 식품 사업부에서 외식 사업부로 전출한 직원 수는 18명이고, 외식 사업부에서 식품 사업부로 전출한 직원 수는 25명이므로 옳지 않다.

48
정답 ②

정답해설

㉠ 〈표 1〉에 의하면 의약품의 특허출원은 2008년부터 2010년까지 매년 감소하고 있으므로 옳은 내용이다.

㉢ 2010년 원료의약품 특허출원 건수가 500건이고 이의 20%가 100건인데 다국적 기업이 출원한 것은 103건으로 이보다 많다. 따라서 옳은 내용이다.

오답해설

㉡ 2010년 전체 의약품 특허출원의 30%는 약 1,400건인데 반해 기타 의약품 출원은 1,220건에 불과하므로 옳지 않은 내용이다.

㉣ 〈표 2〉를 통해서는 다국적기업이 출원한 원료의약품 특허출원이 몇 건인지를 알 수 있지만 이 중 다이어트제가 얼마나 되는지는 알 수 없다. 〈표 3〉은 다국적 기업에 국한된 것이 아닌 전체 기업을 대상으로 한 집계결과이다.

49
정답 ②

정답해설

② 2010년의 20대 여성취업자는 1,946천 명이며 2011년은 1,918천 명이므로 28천 명 감소했음을 알 수 있다. 그런데 2010년의 수치인 1,946천 명의 1%가 19.46천 명임에 반해 3%는 거의 60천 명에 육박하여 28천 명을 뛰어넘는다. 따라서 옳지 않은 내용이다.

오답해설

① 〈표〉에 의하면 20대 여성취업자는 2004~2011년의 기간 동안 매년 감소하고 있음을 알 수 있다.

③ 2011년의 경우 50대 여성취업자가 2,051천 명으로 20대 1,918천 명보다 더 많은 반면 다른 해의 경우는 모두 20대가 더 많다. 따라서 옳은 내용이다.

④ 2010년 전체 여성취업자의 전년 대비 증가폭은 100천 명을 넉넉하게 넘고 있으나 나머지 연도는 그렇지 않으므로 옳은 내용이다.

⑤ 분모가 되는 전체 여성취업자의 경우 2011년이 2005년에 비해 10%도 못되게 증가하였으나 분자가 되는 50대 여성취업자의 수는 40% 이상 증가하였으므로 전체 비율은 증가하였다는 것을 알 수 있다.

50
정답 ⑤

정답해설

결국은 괄호를 모두 채워야 풀 수 있는 문제인 만큼 하나씩 괄호를 채워보자.

ⅰ) A국의 승점이 1점이므로 1무를 기록했다.

ⅱ) 4팀 중에 3팀만 무승부를 기록할 수는 없으므로 C국도 1무를 기록했다. 따라서 C국의 승점은 4점이다.

ⅲ) 모든 팀의 득점의 합과 실점의 합은 동일해야 하므로 C국의 실점은 2점이다.

ⅳ) 각 팀별로 3경기를 치르게 되므로 D국은 2승을 기록했으며 따라서 D국의 승점은 7점이다.

v) 이제 남은 것은 B국뿐인데, B국을 제외한 나머지 국가들의 승수의 합과 패수의 합이 동일하므로 B국의 승수와 패수도 동일해야 함을 알 수 있다. 따라서 3경기 중 1무를 제외한 나머지 2경기는 각각 1승 1패를 기록했으며, B국의 승수는 4점임을 알 수 있다. 이에 따라 표의 빈칸을 채우면 다음과 같다.

구분	승	무	패	득점	실점	승점
A국	0	(1)	2	1	4	1
B국	(1)	1	(1)	3	5	(4)
C국	1	(1)	1	3	(2)	(4)
D국	(2)	1	0	4	0	(7)

51 정답 ③

정답해설

ㄱ. 55는 홀수이므로 이의 중앙값을 구하면 $\frac{(55+1)}{2}=28$이다. 따라서 〈표〉에서 낮은 학생부터 나열했을 때 28번째에 위치한 학생은 5점을 얻었음을 알 수 있다.

ㄹ. 〈표〉에서 학급에서 가장 많은 학생이 받은 체육점수는 5점(23명)임을 확인할 수 있으므로 옳은 내용이다.

오답해설

ㄴ. 전체 학생 수가 55명이고 4~6점을 받은 학생 수가 43명이므로 이를 계산하면 약 78%이다. 따라서 옳지 않은 내용이다.

ㄷ. 〈표〉에서 제시된 분포는 1~9점의 구간을 놓고 볼 때 5점을 기준으로 정확하게 좌우 대칭인 구조를 이루고 있다. 따라서 이 분포의 산술평균은 이 구간의 정확히 가운데 지점에서 형성되는데, 이 같은 대칭구조는 양극단의 수치인 1점과 9점의 데이터가 제외된다고 하여도 역시 같은 결과가 나오게 된다. 따라서 옳지 않은 내용이다.

52 정답 ⑤

정답해설

⑤ 실제수요가 3,000개 이하인 제품은 A, B, C, D이다. 그런데, 수요예측치가 실제수요보다 크다는 것은 그래프상에서 45° 아래에 위치하고 있다는 것과 동일한데, 4개의 점 모두 그러하므로 옳은 내용임을 알 수 있다.

오답해설

① 주어진 산식과 그래프의 관계를 살펴보면 수요예측 오차가 작을수록 45°선에 근접하며, 오차가 클수록 멀어짐을 알 수 있다. 따라서 G는 수요예측 오차가 가장 큰 제품이다.

② 실제수요가 크다고 하더라도 수요예측 오차는 일정하지 않다. 예를 들어 A~D의 경우 D로 갈수록 실제 수요는 커지고 있으나 45°선과의 거리인 수요예측 오차는 거의 비슷한 상황이며, E와 J를 비교해보더라도 실제수요는 J가 훨씬 더 크지만 수요예측 오차는 비슷한 상황이다.

③ J를 살펴보면, 제시된 10가지 제품 중 수요예측치가 가장 크지만 실제수요는 G, H, I보다 작다. 따라서 옳지 않은 내용이다.

④ 실제수요가 3,000개를 초과한 제품 유형은 E, F, G, H, I, J의 6개이므로 전체 제품유형 수의 60%를 차지한다. 따라서 옳지 않은 내용이다.

53 정답 ②

정답해설

입장료와 사우나 유무에 따른 피트니스 클럽의 이용객 선호도를 정리하면 다음과 같다.

입장료	사우나	선호도
5,000원	유	4.0+3.3=7.3
	무	4.0+1.7=5.7
10,000원	유	3.0+3.3=6.3
	무	3.0+1.7=4.7
20,000원	유	0.5+3.3=3.8
	무	0.5+1.7=2.2

따라서 이용객 선호도가 세 번째로 큰 조합은 '입장료가 5,000원'이고 '사우나가 없는' 조합임을 알 수 있다.

합격자의 SKILL

다행히 결과에는 차이가 없었으나 문제 구성에 정교함이 부족했던 문제라고 생각된다. 문제의 출제의도는 가능한 6개의 경우에서 세 번째로 선호도가 높은 것을 고르는 것이지만 이와 유사한 다른 문제들을 판단해 볼 때 주어진 선택지 중 세 번째를 고르는 것으로 오인할 가능성도 존재한다. 통상 순위를 판단해야 하는 문제는 甲, 乙, 丙, 丁 등과 같이 가능한 경우의 수가 문제에서 모두 주어진 상태로 출제된다.

54 정답 ④

정답해설

④ 양자를 구체적으로 계산해보지 않더라도 배구의 관중 수는 1,400천 명을(구체적으로 계산하면 1,472천 명) 넘는 데 반해 핸드볼은 그에는 한참 미치지 못하며 1,100천 명을 넘는 수준(구체적으로 계산하면 1,207천 명)이다. 따라서 2009년 연간 관중 수는 배구가 핸드볼보다 많다.

오답해설

① 직접 계산해보면 축구의 연간 관중 수는 2008년에는 11,644천 명, 2009년에는 10,980천 명, 2010년에는 10,864천 명으로 감소하고 있음을 알 수 있다.

② 2011년의 경우 야구(65.7%)의 관중수용률이 농구(59.5%)보다 높으므로 옳지 않은 내용이다.

③ 관중수용률이 매년 증가한 종목은 야구와 축구의 2개이므로 옳지 않은 내용이다.

⑤ 2007년을 보더라도 농구의 수용규모는 전년보다 증가하고 있는 반면, 핸드볼의 수용규모는 전년보다 감소하고 있음을 알 수 있으므로 옳지 않은 내용이다.

합격자의 SKILL

①은 수험생 입장에서는 가장 만나고 싶지 않은 선택지이다. 어림산을 하더라도 차이가 크지 않은 상황이기 때문에 이런 경우는 단순하게 계산하는 것이 오히려 더 시간소모가 적다. 따라서 이렇게 비슷한 크기의 숫자들이 등장하면 어설픈 어림산을 하기보다는 직접 계산하기 바란다. 이 정도의 차이라면 어림산을 하는 데 필요한 시간이 직접 계산하는 데 걸리는 시간보다 더 많을 수 있다.

55　　　　　　　　　　　　　　정답 ③

정답해설

먼저, 〈그림 1〉에서 변리사 A의 전체 특허출원 건수가 30건이라고 하였고 〈그림 3〉에서 A의 2010년의 구성비가 20%, 2011년이 80%라고 하였으므로, 변리사 A의 2010년 건수는 6건이고, 2011년은 24건임을 알 수 있다.

다음으로 〈그림 1〉에서 변리사 A와 B의 2년간의 특허출원 건수의 총합이 45건임을 알 수 있으며, 〈그림 2〉에서 이 중 2010년의 구성비가 20%, 2011년이 80%라고 하였으므로, 2010년 A와 B의 특허출원 건수는 9건, 2011년은 36건임을 알 수 있다.

마지막으로, 2010년 변리사 A의 특허출원 건수가 6건이라고 하였으므로 변리사 B의 건수는 3건임을 이끌어낼 수 있으며 변리사 B의 2년간 총 출원 건수가 15건이므로 2011년의 출원 건수는 12건임을 알 수 있다. 따라서 2011년 변리사 B의 특허출원 건수(12건)는 2010년 건수(3건)의 4배이다.

56　　　　　　　　　　　　　　정답 ②

정답해설

ㄱ. 2008년 화물차 1대당 월평균 에너지 사용량(A)는 일반화물이 4,541리터, 개별화물이 1,722리터, 용달화물이 761리터로서 용달화물이 가장 적다.

ㄷ. 2010년 화물차 1대당 월평균 에너지 효율성(C)은 일반화물이 27.2, 개별화물이 11.1, 용달화물이 4.1로서 월평균 에너지 효율성이 큰 분야별로 나열하면 일반화물, 개별화물, 용달화물의 순이다.

오답해설

ㄴ. 자료에서 주어진 B는 화물차 1대당 월평균 화물운송실적이므로 여기에 12를 곱하면 연간 화물차 1대당 화물운송실적을 구할 수 있다. 그러나 각 화물유형별 화물차의 댓수가 주어져 있지 않으므로 전체 화물운송실적은 구할 수 없다.

ㄹ. 화물차 1대당 월평균 에너지 효율성(C)은 일반화물은 감소-증가, 개별화물은 감소-감소, 용달화물은 증가-감소의 패턴을 보이고 있으므로 옳지 않은 내용이다.

57　　　　　　　　　　　　　　정답 ⑤

정답해설

괄호가 2개뿐이므로 결국은 이 괄호들을 모두 구해야만 정답을 고를 수 있을 것으로 추측된다. 따라서 괄호를 먼저 채워놓고 시작하자.

ⅰ) 7거래일 5일이동평균 : 단순히 3~7거래일의 주가를 5로 나누어도 되지만 6거래일의 5일이동평균값과의 차이를 통해 구할 수도 있다.

즉, 7거래일 5일이동평균은

$$\frac{(2{\sim}6거래일\ 주가의\ 합+7거래일\ 주가-2거래일\ 주가)}{5}$$ 로 나타낼 수 있는데

$\frac{(2{\sim}6거래일\ 주가의\ 합)}{5}$ 는 6거래일의 5일이동평균이므로 다시 정리하면 다음과 같다.

$$6거래일\ 5일이동평균+\left\{\frac{(7거래일\ 주가-2거래일\ 주가)}{5}\right\}$$ 로 나타낼 수 있다.

이를 이용하면 7거래일 5일이동평균은 $\frac{7,706+(7830-7590)}{5}=7,754$원이 된다.

ⅱ) 8거래일 주가 : 위의 논리를 적용하면 8거래일 5일이동평균과 7거래일 5일이동평균의 차이인 36에 5를 곱한 180원이 3거래일 주가인 7,620과 8거래일 주가와의 차이가 되어야 한다. 수식으로 정리하면 (8거래일 주가-7,620)=180원이므로 8거래일 주가는 7,800원이 된다.

ㄴ. 위에서 살펴본 것과 같이 7거래일의 5일이동평균이 7,754원이므로 5거래일 이후 5일이동평균은 거래일마다 상승하였다.

ㄷ. 4거래일의 주가는 3거래일에 비해 100원 상승하였으나 나머지 거래일의 상승폭은 이에 미치지 못하므로 옳은 내용이다.

58　　　　　　　　　　　　　　정답 ①

정답해설

① '$\frac{서비스업\ 투자\ 건수}{전체\ 투자\ 건수}$ = 서비스업 투자비율'이므로 전체 투자 건수는 '$\frac{서비스업\ 투자\ 건수}{서비스업\ 투자비율}$'임을 알 수 있다. 이에 따르면 2009년 외국기업 국내 투자 건수는 $\frac{680}{65.9}$이며, 2010년은 $\frac{687}{68.7}$임을 알 수 있는데 후자는 10인 반면 전자는 10보다 크다는 것을 확인할 수 있다. 따라서 외국기업 국내 투자 건수는 2010년이 2009년보다 적다.

오답해설

② 별다른 해결방법이 없는 선택지이므로 직접 계산하면 2008년 외국기업의 국내 투자 건수는 약 844건$\left(=\frac{572}{0.687}\right)$이며, 국내 농·축·수산·광업에 대한 투자 건수는 약 50건(=844×0.059)이므로 옳지 않다.

③ 〈그림 1〉에 따르면 2010년 제조업이 차지하는 비율은 2009년 17.1%에서 13.6%로 감소하였으므로 옳지 않은 내용이다.

④ 〈그림 1〉에 따르면 2008년에 농·축·수산·광업이 4위를 기록했으나 2009년에는 전기·가스·수도·건설업이 4위를 기록하였으므로 옳지 않은 내용이다.

⑤ 〈그림 2〉에 따르면 분모가 되는 투자 건수는 2010년 687건으로 2009년에 비해 증가하였으나 분자가 되는 투자금액은 1,264백만 달러로 2009년 대비 감소하였다. 따라서 2010년 투자 건당 투자금액은 감소하였으므로 옳지 않은 내용이다.

합격자의 SKILL

선택지 ③~⑤는 모두 특별한 계산 없이 판단 가능하였다. 결론적으로 그중에서 답이 나오지는 않았지만 5지선다에서 3개를 빠른 시간 내에 해결해놓았다는 것은 심리적으로 대단히 큰 여유를 갖게 한다. 설사 시간이 부족해서 정답을 찍게 되는 상황이 오더라도 20%의 확률과 50%의 확률은 비교 자체가 되지 않는다.

59　　　　　　　　　　　　　　정답 ②

정답해설

ㄱ. 〈그림〉에 의하면 2005년 이후 항공기사고 발생 건수는 2005년(2건), 2006년(4건), 2007년(7건), 2008년(9건)으로 매년 증가하고 있다.

ㄷ. 〈표〉에 의하면 총 항공기사고 발생 건수가 58건이므로 이의 60%는 34.8건인데, 순항단계(22건)와 착륙단계(17건)의 항공기사고 발생 건수의 합은 39건이므로 옳은 내용이다.

ㄴ. 〈표〉에 의하면 비행단계별 항공기사고 발생 건수가 많은 것부터 순서대로 나열하면 순항(22건), 착륙(17건), 상승(7건), 접근(6건)이므로 상승단계와 접근단계의 순위가 바뀌었다.

ㄹ. 〈그림〉에 따르면 2006년의 경우 2005년에 비해 100% 증가하였으나, 2007년과 2008년은 모두 전년에 비해 100% 미만으로 증가하였음을 확인할 수 있다.

합격자의 SKILL

선택지 ㄱ이 맞고 ㄴ이 틀리다는 것을 확인했다면 선택지 구성상 선택지 ㄷ은 굳이 판단할 필요가 없었다. 다른 과목들도 마찬가지이지만 ㄱ, ㄴ형 문제의 경우 정오가 판별되는 즉시 선택지를 확인하여 반드시 경우의 수를 최소화시켜야 한다.

60
정답 ④

정답해설

④ 3월 27일의 전체 순위의 합은 30이며 A차트와 E차트는 전일과 동일 순위이므로, 결국 B와 C차트의 순위의 합은 11이 된다. 그런데 B차트의 경우는 전일보다 순위가 상승하였다고 하였으므로 최소 5위임을 알 수 있다. 만약 B차트의 순위가 5위라면 C차트의 순위는 6위가 되고, 같은 논리로 (B-4위, C-7위), (B-3위, C-8위) 등의 조합을 찾을 수 있는데, 어떤 경우에 해당되더라도 27일 C차트의 순위는 전일보다 하락하게 됨을 알 수 있다.

오답해설

① 평균 순위가 가장 높았던 날은 2.6을 기록한 3월 25일이며, 해당일의 C음원차트 순위는 전일과 동일한 2위였다. 따라서 옳지 않다.

② 3월 24일의 전체 순위의 합은 21이며, 다음날인 25일의 순위가 전일과 동일한 2위라고 하였으므로 C음원차트의 순위는 2이다. 따라서 A음원차트의 순위는 7위이다.

③ 5개 차트의 순위가 전일 대비 모두 하락한 날은 3월 26일이지만 이날의 평균 순위는 5.8로서 3월 27일의 6.0보다 높다. 따라서 옳지 않다.

⑤ 평균 순위는 3월 25일에 4.2에서 2.6으로 올랐다가 이후 하락하고 있다.

61
정답 ②

정답해설

② 2015년 전체 에너지 효율화 시장규모의 30%는 23.55억 달러인데 '사무시설'의 2015년 시설규모는 21.7억 달러로 예상되므로 옳은 내용이다.

오답해설

① 2011년 대비 2012년의 '주거시설' 유형의 에너지 효율화 시장규모의 증가폭은 0.8억 달러인데, 2011년 시장규모의 15%는 0.96억 달러이어서 전자보다 크다. 따라서 매년 15% 이상 증가한 것은 아니므로 옳지 않다.

③ 〈표〉에서 나타난 것은 2015년과 2020년의 효율화 시장규모의 예상치일 뿐이어서 이 사이의 연도에 대한 자료는 알 수 없다. 따라서 매년 30% 증가할지의 여부는 알 수 없다.

④ 2011년 전체 에너지 효율화 시장규모는 46억 달러이며 이의 50%는 23억 달러인데 반해, '산업시설' 유형의 에너지 효율화 시장규모는 23.9억 달러여서 이보다 크다. 따라서 옳지 않다.

⑤ '공공시설'의 2010년 시장규모가 2.5억 달러이고 2020년 시장규모가 10억 달러로 예상되고 있으므로 '공공시설' 시장규모의 증가율은 300%, 즉 4배이다. 그러나 나머지 3개의 시설은 4배에 미치지 못하는 시장규모를 보이고 있다. 따라서 증가율이 가장 높을 것으로 전망되는 시설유형은 '공공시설'이다.

합격자의 SKILL

선택지 ①의 경우와 같이 15%값을 판단해야 하는 경우에는 직접 15%를 곱해서 계산하기보다는 자릿수를 한 자리 줄인 10%값에 그의 절반인 5%를 더해서 계산하는 것이 효율적이다. 또한 대부분의 경우 정확한 수치를 요구하는 것이 아니라 어떤 수치와 비교한 대소관계를 묻는 경우가 대부분이므로 5%값은 대략적인 어림값으로만 계산해도 충분하다.

62
정답 ③

정답해설

〈그림 1〉과 〈그림 2〉를 결합하여 분기별 영업팀별 매출액을 구하면 다음과 같다.

(단위 : 억 원)

영업팀＼분기	1분기	2분기	3분기	4분기	합계
A	5	10	30	30	75
B	10	20	20	80	130
C	15	20	25	30	90
D	20	50	25	60	155
합계	50	100	100	200	450

따라서 연매출액이 가장 많은 팀은 D팀(155억 원)이며 가장 적은 팀은 A팀(75억 원)이다.

63
정답 ③

정답해설

③ 각 월별 증가율을 직접 계산할 필요 없이 배수를 어림해보면 3월의 경우 2월에 비해 2배 이상 증가한 상태이지만 다른 월은 모두 2배 이하로 증가한 상태이다. 따라서 옳은 내용이다.

오답해설

① 1월의 학교폭력 신고 건수를 직접 계산할 필요 없이 〈그림 2〉의 비율 자체를 비교하면 학부모의 비율은 55%인데 반해 학생 본인은 28%로서 학부모의 절반을 넘는다. 따라서 학부모의 신고 건수는 학생 본인의 신고 건수의 2배 미만이다.

② 〈그림 2〉에 의하면 학부모의 신고 비율은 매월 감소하고 있으나, 〈그림 1〉의 전체 건수는 매월 증가하고 있다. 그런데 3월의 경우 전체 신고 건수는 2배 이상 증가한 반면, 동월 학부모의 신고 비율은 약 10% 정도의 감소율만을 보였다. 따라서 이 둘을 서로 곱한 학부모의 신고 건수는 증가하였음을 알 수 있다.

④ 1월의 학생 본인의 학교폭력 신고 건수는 600건×28%, 4월은 3,600건×59%인데, 1월이 4월의 10% 이상이라고 하였으므로 (600건×28%)>(360건×59%)가 성립하는지를 파악하면 될 것이다. 이를 곱셈비교의 원리를 이용해 살펴보면, 59는 28의 2배를 넘는 데 반해 600은 360의 2배에 미치지 못하고 있다. 따라서 우변이 더 크므로 옳지 않은 내용이다.

⑤ 〈그림 1〉의 자료는 신고된 학교폭력 건수를 보여주고 있을 뿐이지 학교폭력 건수 자체를 나타내는 것이 아니므로 옳지 않다.

과거에는 선택지 ②와 같은 유형은 무조건 틀린 선택지로 처리하곤 했으나, 최근에는 옳은 선택지로 출제되는 경우도 종종 있다. 시간이 매우 부족한 상황이라면 어쩔 수 없겠지만 그렇지 않은 상황이라면 간단한 어림산을 통해서라도 대소비교를 하는 것이 안전하다.

64

정답 ⑤

정답해설

⑤ 회주철 수도관의 총 파손 건수(334건)의 10%는 약 33건인데 보수과정 실수로 인한 파손 건수는 43건으로 이보다 더 크다. 따라서 보수과정 실수로 인한 파손 건수는 전체 회주철 수도관 파손 건수의 10% 이상이다.

오답해설

① 덕타일주철 수도관의 파손 건수가 50건 이상인 파손원인은 시설노후(71건), 수격압(98건)이므로 옳은 내용이다.
② 회주철 수도관의 총 파손 건수(334건)가 덕타일주철 수도관의 총 파손건수(232건)보다 많으므로 옳은 내용이다.
③ 주철 수도관의 파손원인별 파손 건수 중에서 '자연재해' 파손 건수(2건)가 가장 적으므로 옳은 내용이다.
④ 주철 수도관의 총 파손 건수(566건)의 30%는 약 170건임에 반해 시설노후로 인한 파손 건수는 이보다 더 큰 176건이다. 따라서 시설노후로 인한 파손 건수는 전체 파손 건수의 30% 이상이다.

65

정답 ④

정답해설

④ 이 선택지를 판단하기 위해서는 ②를 먼저 이해하는 것이 좋다. ②의 해설에서 수확 벌채로 얻은 원목에서 목재로 이용된 것이 200만m³를 조금 넘는 상황이라고 하였으므로 목재이용 원목의 50% 이상이 수확 벌채로 얻어진 것이라는 것을 알 수 있다. 그런데 보드용을 제외한 나머지 용도의 비율을 모두 합해도 45%에 그치고 있으므로 일부는 보드용으로 사용되었음을 알 수 있다.

오답해설

① 전체 원목 벌채량(846만m³) 중 목재로 이용된 양은 399만m³이고, 목재로 미이용된 양은 447만m³이므로 후자가 전자보다 크다. 따라서 옳지 않다.
② 수확 벌채로 얻은 원목에서 목재로 이용된 것이 200만m³를 조금 넘기 때문에 전체 목재 이용량의 절반을 넘는 상황이다. 따라서 목재로 이용된 원목에서 차지하는 비율이 가장 큰 것은 수확 벌채이다.
③ 목재로 이용된 원목이 399만m³이기 때문에 이의 50%는 200만m³에 육박하게 되며, 따라서 보드용으로 55%가 사용되었다면 사용된 원목의 양은 200만m³보다 크다. 따라서 옳지 않다.
⑤ 피해목 벌채를 통해 얻어진 원목이 51만m³이므로 이의 20%만 하더라도 10만m³을 넘어서는 상황이다. 따라서 피해목 벌채를 통해 얻어진 원목의 25%는 10만m³보다 클 수밖에 없다.

66

정답 ②

정답해설

ㄱ. 각주의 산식을 분석해보면, 가격 괴리율이 0% 이상인 점은 '해당 월 시장가격>해당 월 이론가격'의 관계를 갖는 점을 의미함을 알 수 있는데, 이는 그래프상에서 원점을 통과하는 45°선의 상단에 위치하는 점을 나타낸다. 따라서 가격 괴리율이 0% 이상인 달은 2월, 3월, 5월, 7월 총 4개임을 알 수 있다.

ㄷ. 가격 괴리율을 직접 구해야 하는 것이 아닌 대소비교만 하면 되는 상황이다. 따라서 주어진 산식을 변형해보면 괴리율은 $\left(\dfrac{\text{시장가격}}{\text{이론가격}}-1\right)$로 나타낼 수 있으며 이를 통해 괴리율의 대소는 $\left(\dfrac{\text{시장가격}}{\text{이론가격}}\right)$, 즉 원점에서 해당 월의 점을 연결한 직선의 기울기로 비교할 수 있다. 이에 따르면 전월 대비 가격 괴리율이 증가한 달은 2월, 5월, 7월의 세 달임을 알 수 있다.

오답해설

ㄴ. 전월 대비 이론가격이 증가한 달은 3월과 4월뿐이며 7월은 전월 대비 이론가격이 감소하였다.

ㄹ. 전월 대비 시장가격이 가장 큰 폭으로 증가한 달은 5월(약 1,400원 증가)이며 6월은 전월 대비 가장 큰 폭(약 1,600원 감소)으로 감소하였으므로 옳지 않은 내용이다.

67

정답 ①

정답해설

ㄱ. 2010년 대비 증감률이 5%에도 미치지 못하는 상황에서 2011년 의사 수가 30만 명을 넘고 있는 H가 2010년 의사 수가 가장 많은 국가임을 알 수 있으며, 2011년 H국의 인구 만 명당 의사 수는 60명으로 역시 가장 많으므로 옳은 내용이다.

ㄴ. 단순히 대소비교만을 하면 되므로 $\dfrac{\text{의사 수}}{\text{인구 만 명당 의사 수}}$를 구해 비교하면 되는데, 분모가 비슷한 상황에서 분자가 나머지 두 개에 비해 월등히 큰 E를 제외하고 C와 D를 비교하면, 분모가 더 크고 분자가 작은 D의 인구가 가장 적다는 것을 확인할 수 있다. 따라서 옳은 내용이다.

ㄷ. ㄴ에서 2011년의 인구는 $\dfrac{\text{의사 수}}{\text{인구 만 명당 의사 수}}$라고 하였는데, 2010년에 비해 이 값이 더 커지기 위해서는 분자의 전년 대비 증가율이 분모의 전년 대비 증가율보다 더 커야 한다. 따라서 이를 만족하는 D, E, F, G의 2011년 인구가 2010년보다 많다는 것을 알 수 있어 옳은 내용이다.

오답해설

ㄹ. 수리적 센스가 필요한 선택지이다. 먼저 2010년 의사 수를 판단해보면 H 다음으로 B가 크다는 것을 알 수 있다. 그런데 B의 2011년 인구 만 명당 의사 수는 18명에 불과한데다가 전년 대비 증감률을 감안하면 B의 2010년 인구 만 명당 의사 수가 두 번째로 크지는 않을 것이라는 것은 계산을 하지 않고도 알 수 있다. 따라서 옳지 않은 내용이다.

68
정답 ①

ㄱ. 2005년의 경우는 분모가 되는 극장 수가 감소하고 분자가 되는 스크린 수가 증가하였으므로 극장 1개당 스크린 수는 증가하였으며, 2006년의 경우는 극장 수는 전년 대비 약 6.7% 증가한 반면, 스크린 수는 전년 대비 약 14% 증가하였으므로 극장 1개당 스크린 수는 증가하였다. 따라서 옳은 내용이다.

ㄴ. 2012년 전년 대비 극장 수 증가율은 약 7.5%이고 스크린 수 증가율은 약 5.4%이므로 옳은 내용이다.

ㄷ. 2012년 한국영화를 시장점유율 순으로 나열했을 때 3위를 차지하는 것은 D 등급인 반면, 외국영화의 경우는 A등급이어서 옳지 않은 내용이다.

ㄹ. 2012년 외국영화 개봉 편수가 한국영화 개봉 편수의 3배 이상인 등급은 A 와 E의 2개이므로 옳지 않은 내용이다.

69
정답 ⑤

ㄱ. 국가 빈곤율 대비 65세 이상 독거가구의 빈곤율은 〈그림〉에서 해당 국가의 점과 원점을 연결하는 직선의 기울기를 의미한다. 따라서 기울기가 가장 큰 G가 해당 비율이 가장 크므로 옳은 내용이다.

ㄷ. 만약 L국가의 여성인구와 남성인구가 동일하다면 65세 이상 빈곤율은 22.65%가 되어야 할 것이다. 하지만 실제 빈곤율은 이보다 남성(18.5%) 쪽으로 조금 치우친 22.4%이므로 남성의 인구가 조금 더 많다는 것을 알 수 있다.

ㄴ. 65세 이상 빈곤율이 국가 빈곤율보다 낮은 국가는 B와 D의 2개이므로 옳지 않은 내용이다.

70
정답 ③

ㄱ. 2005년 세계 물 부문 매출액이 350억 달러라면, 세계 10대 물 기업이 세계 물 부문 매출액에서 차지하는 비중은 약 80.4%이므로 옳은 내용이다.

ㄹ. 2005년 아그바의 국내 서비스인구는 1,605만 명(=3,490만 명×0.46)이므로 옳은 내용이다.

ㄴ. 2005년 세계 10대 물 기업 중, 국외 서비스인구가 1,000만 명 이상인 회사는 수에즈, 베올리아, 알베에, 아그바, 유틸리티즈 5개이므로 옳지 않은 내용이다.

ㄷ. 2004년 대비 2005년 서비스인구 증가율이 10% 이상인 회사는 FCC, 아체아 2개이므로 옳지 않은 내용이다.

71
정답 ④

ㄴ. 각 대륙의 지역별 인구가 주어져 있어야 이를 가중치로 활용하여 가중평균을 구할 수 있으나 선택지의 상황에서는 알 수 없는 내용이다.

ㄷ. 유럽 대륙에서 2012년의 전년 대비 1인당 가용 수자원량의 감소율이 가장 큰 지역은 영국(25%)이므로 옳지 않은 내용이다.

ㄱ. 모든 지역에서 1인당 가용 수자원량은 2010년보다 2012년이 적으므로 옳은 내용이다.

72
정답 ④

ㄱ. '갑'이 이긴 횟수는 47회이고 '을'이 이긴 횟수는 20회이므로 옳은 내용이다.

ㄴ. '갑'이 바위로 이긴 횟수는 15회이고 '을'이 가위로 이긴 횟수는 5회이므로 옳은 내용이다.

ㄷ. '갑'과 '을'이 비긴 횟수는 33회이고 전체 게임 횟수는 100회이므로 전체에서 비긴 횟수의 비율은 33%이다. 따라서 옳은 내용이다.

ㄹ. '을'이 바위로 진 횟수는 12회이고 '갑'이 가위로 진 횟수는 5회이므로 둘의 합은 17회에 그친다. 따라서 옳지 않은 내용이다.

73
정답 ②

② 어림해보면, 쌀의 증가율은 약 8%, 보리의 증가율은 약 7%인데 반해, 밀의 증가율은 30%를 넘는 상황이므로 옳지 않은 내용이다.

① 구체적인 수치를 계산할 필요 없이 쌀, 밀, 귀리를 판단해보면 감소폭은 비슷하지만 2011년 귀리의 재배면적이 가장 작은 상태이므로 감소율도 가장 클 것이라는 것을 알 수 있다. 따라서 옳은 내용이다.

③ 재배면적이 큰 농작물부터 나열할 때, 쌀, 밀, 귀리, 보리 순서인 해는 2010년과 2011년의 두 번뿐이므로 옳은 내용이다.

④ 구체적인 수치를 계산할 필요 없이 시각적으로 판단이 가능하다. 〈그림〉에 의하면 2011년의 보리와 밀의 재배면적의 차이가 가장 크고, 2009년이 가장 작으므로 옳은 내용이다.

⑤ 2011년과 2012년을 비교할 때, 보리의 재배면적은 증가하고 밀의 재배면적이 감소한 지역은 C, E, F의 3개이므로 옳은 내용이다.

74
정답 ⑤

⑤ 유치원당 교지면적은 국립(255.0m²)이 사립(1478.4m²)보다 작지만 원아 1인당 교사면적은 국립(7.5m²)이 사립(7.2m²)보다 크므로 옳지 않은 내용이다.

① 사립의 원아 1인당 교지면적은 13.2m²이며 공립은 6.1m²이므로 사립이 공립의 2배 이상임을 알 수 있다.

② 유치원당 교사면적이 가장 큰 유형부터 순서대로 나열하면 사립(806.4m²), 국립(562.5m²), 공립(81.2m²) 순이므로 옳은 내용이다.

③ 유치원당 교지면적이 유치원당 교사면적보다 작은 유치원 유형은 국립 (255.0m²<562.5m²)뿐이므로 옳은 내용이다.

④ 유치원당 교지면적은 사립(1,478.4m²)이 국립(255.0m²)의 약 5.8배이므로 5.5배 이상이고, 유치원당 교사면적은 사립(806.4m²)이 국립(562.5m²)의 약 1.43배이므로 1.4배 이상이다. 따라서 옳은 내용이다.

75 정답 ④

정답해설

ㄱ. 전남의 논 가뭄 피해면적은 59,953ha로서 제일 크며, 밭 가뭄 피해면적도 33,787ha로 가장 크다.

ㄷ. 전체 논 재배면적이 1,145,095ha이므로 이의 10%는 114,509ha이며 이의 절반은 약 57,000ha이다. 따라서 전체 논 재배면적의 15%는 약 171,000ha 가 되는데 이는 전체 논 가뭄 피해면적인 147,890ha보다 크다. 따라서 전체 논 재배면적 대비 전체 논 가뭄 피해면적 비율은 15%에 미치지 못한다.

ㄹ. 직접 계산해볼 필요 없이 경남의 피해면적은 재배면적의 10%에 미치지 못하지만 경북은 10%를 넘는다. 따라서 경북의 비율이 경남보다 크다.

오답해설

ㄴ. 논 가뭄의 경우 전체 피해발생기간이 7.11부터 8.9까지인데 전남의 피해발생기간이 이와 동일하다. 따라서 다른 지역을 살펴볼 것도 없이 가장 피해기간이 길다(이 문제는 해당하지 않지만 전체 피해기간과 전남의 피해기간이 같으므로 전남은 최소한 공동 1위가 되는 것이다). 같은 논리로 밭 가뭄의 경우는 전체 피해발생기간과 경남의 피해발생기간이 같으므로 경남의 피해기간이 가장 길다.

합격자의 SKILL

선택지 ㄴ이 틀린 선택지임을 알았다면 선택지 ㄷ은 굳이 따로 판단할 필요가 없는 문제이다. 하지만 15%를 굳이 판단해야 하는 상황이라면 일단 자릿수를 하나 줄여서 10%의 값을 만들고 이의 절반을 어림으로 더해보면 15%와 대소비교가 가능해진다.

76 정답 ⑤

정답해설

ㄷ. 제조업 생산액 대비 식품산업 생산액 비중을 a라고 GDP 대비 식품산업 생산액 비중을 b라하면, GDP 대비 제조업 생산액 비중은 $\frac{b}{a}$로 나타낼 수 있다.

따라서 2007년의 비중은 $\frac{3.4}{13.89}$, 2012년의 비중은 $\frac{3.42}{12.22}$로 표현할 수 있는데, 분자는 변화가 거의 없는 반면 분모는 2012년이 적으므로 2012년의 비중이 더 크다는 것을 알 수 있다.

ㄹ. 정확한 수치, 더 나아가 단위수가 중요한 역할을 하므로 ㄱ과 같이 백분율을 무시한 계산이 아닌 제대로 된 수치를 계산해야 한다. 즉, GDP는 $\left(\frac{식품산업\ 생산액}{비중}\right)\times100$으로 구할 수 있으므로 수치를 대입하면 $\left(\frac{36,650}{3.57}\right)\times100=1,000,000$ 이상이 된다. 그런데 주어진 생산액의 단위가 십억 원이므로 최종적인 수치는 1,000조 원 이상임을 알 수 있다.

오답해설

ㄱ. 백분율을 무시하고 제조업 생산액을 구하면 2001년은 $\frac{27,685}{17.98}$로, 2012년은 $\frac{43,478}{12.22}$로 나타낼 수 있다. 이는 직접 구하는 것보다 어림산으로 계산하는 것이 훨씬 효율적이다. 즉, 2001년의 생산액을 $\frac{28}{20}(≒1.4)$로 2012년의 생산액을 $\frac{43}{12}(≒3.6)$로 자릿수를 줄여 판단하면 후자는 전자의 4배에 미치지 못함을 알 수 있다.

ㄴ. 2009년과 2011년을 비교해보면, 2009년의 식품산업 매출액은 39,299십억 원에서 44,441억 원으로 증가하였고, 2011년은 38,791십억 원에서 44,448 십억 원으로 증가하였다. 즉, 2011년이 2009년보다 더 적은 매출액에서 거의 비슷한 매출액으로 증가한 것이므로 매출액의 증가율은 2011년이 더 클 것이라는 것을 알 수 있다.

합격자의 SKILL

선택지 ㄹ은 수치를 구하는 것이 중요한 것이 아니라 단위를 정확하게 판단할 수 있느냐를 묻는 것이다. 이런 선택지를 만나면 당황하는 수험생들이 있는데 전혀 그럴 필요가 없다. 분수식을 변환하여 계산하면 '생산액/비중'이 대략 10,000 이상으로 계산되고 여기에 100을 곱하면 100 만보다 약간 더 큰 숫자가 계산된다. 이 수치를 십억부터 시작하여 단위를 판별하면 된다. 단위는 계산을 모두 끝내고 판단하는 것이다.

77 정답 ②

정답해설

ㄱ. 각주에서 제시된 전세가격 지수의 산식을 통해서 이 지수의 기준시점이 2012년 11월임을 알 수 있다. 그런데 〈표〉에서 제시된 모든 면적별 전세가격 지수가 100을 넘고 있으므로 7개 도시 모두에서 2012년 11월에 비해 2013년 11월에 아파트 평균 전세가격이 상승하였음을 알 수 있다.

ㄷ. 각주에서 제시된 전세수급 동향 지수의 산출방법을 살펴보면 '부족' 응답비율과 '충분' 응답비율이 동일할 경우는 100, '부족'이 '충분'보다 클 경우는 100 이상의 값이 계산되는 구조이다. 그런데 제시된 7개 도시의 전세수급 동향 지수가 모두 100을 넘고 있으므로 이는 각 도시에서 '부족'이라고 응답한 공인중개사가 '충분'이라고 응답한 공인중개사보다 많다는 것을 의미한다. 따라서 옳은 내용이다.

오답해설

ㄴ. 특별한 상황이 아닌 한 지수만 주어진 자료로는 실제 수치(이 문제에서는 가격)의 대소비교를 할 수 없다.

ㄹ. 광주의 전세수급동향 지수는 101.30이므로 부족응답비율과 충분응답비율 간의 격차가 1.3%p에 불과하다. 만약 60% 이상이 부족이라고 답하였다면 충분이라고 응답한 비율이 40% 이하라는 의미여서 둘의 차이가 20%p 이상 벌어지게 된다. 따라서 옳지 않다.

78

정답해설

주어진 정보를 토대로 자료를 정리하면 다음과 같다.

구분	상반기	하반기	합계
일반상담가	48	72	120
전문상담가	6	54	60
합계	54	126	180

따라서 2013년 하반기 전문상담가에 의한 가족상담 건수는 54건이다.

79

정답 ②

정답해설

② 20~30세 응답자 전체(51명)의 15%는 7.65명인데 4회 이상 방문한 응답자 수는 7명이므로 이에 미치지 못한다. 따라서 옳지 않다.

오답해설

① 20~25세의 인원이 총 53명인데 이를 2배로 계산하더라도 106에 불과하여 전체 인원 수인 113명에 미치지 못한다. 따라서 전체 응답자에서 차지하는 비율은 50% 미만이다.
③ 만약 방문 횟수가 2~3회인 여성이 모두 3회 방문했고, 4~5회인 여성도 모두 5회 방문했다고 가정하면 평균 방문 횟수는 2회를 훌쩍 넘는다. 따라서 옳지 않다.
④ 전체 응답자(113명)의 50%는 56.5명인데 학생 또는 공무원인 응답자 수는 51명이어서 이에 미치지 못한다. 따라서 옳지 않다.
⑤ 자료에서 특별한 제한이 없는 상황이다. 따라서 전문직 응답자의 수는 총 7명인데 이 인원이 모두 20~25세에 해당한다면 전체에서 차지하는 비율은 약 6%가 될 수 있으므로 옳지 않다.

80

정답 ①

정답해설

① 〈그림 2〉에서 그래프 상으로 증가율이 크게 나타나는 것은 3월과 5월인데 직전월의 개최 건수는 3월이 7건 정도 많은 반면, 해당월의 개최 건수는 3월이 18건이 많아 증가율도 3월이 가장 크다고 판단할 수 있다. 직접 증가율을 계산해도 되겠지만 이렇게 수치적 감각을 이용해 빠르게 판별하는 것이 효율적이다.

오답해설

② 직접 계산할 필요 없이 〈그림 2〉에서 각 분기별로 첫 번째로 개최 건수가 큰 달과 두 번째로 큰 달, 마지막으로 세 번째로 큰 달이 각각 9월과 8월, 7월보다 적다. 따라서 전체 합은 3/4분기가 가장 클 수밖에 없다.
③ 〈그림 1〉에서 영상회의 개최 건수가 가장 많은 지역은 전남(442건)임을 알 수 있다.
④ 〈그림 1〉에서 인천과 충남에서 개최한 영상회의 건수는 총 119건이며, 〈그림 2〉에서 9월의 전국 영상회의 개최 건수는 120건임을 알 수 있다. 그런데 인천과 충남이 모두 9월에 영상회의를 개최하였다고 하였으므로 남은 1건은 다른 지역이 되어야 한다. 따라서 9월에 영상회의를 개최한 지역은 모두 3개다.

⑤ 〈그림 1〉에서 시각적으로 판단하더라도 전남과 전북, 강원의 합은 전체의 50%를 넘는다는 것을 확인할 수 있다. 수치로 판단하더라도 전국의 영상회의 개최 건수가 1,082건으로 이의 절반은 541인데, 이미 전남의 개최 건수가 442건이어서 전북과 강원의 합이 99건만 넘으면 이 세 지역의 합이 전체의 절반을 넘게 된다. 전북(93건)과 강원(73건)의 합은 이를 월등히 초과하므로 옳은 내용이 된다.

81

정답 ⑤

정답해설

〈평가방법〉에 따라 각각의 묘목의 건강성 평가점수를 구하면 다음과 같다.

A	$(0.7\times30)+\left(\dfrac{15}{9}\times30\right)+(0\times40)=71$
B	$(0.7\times30)+\left(\dfrac{9}{12}\times30\right)+(1\times40)=83.5$
C	$(0.7\times30)+\left(\dfrac{17}{17}\times30\right)+(1\times40)=91$
D	$(0.9\times30)+\left(\dfrac{12}{18}\times30\right)+(0\times40)=47$
E	$(0.8\times30)+\left(\dfrac{10}{15}\times30\right)+(1\times40)=84$

따라서 평가점수가 두 번째로 높은 묘목은 E이고, 가장 낮은 묘목은 D이다.

> **합격자의 SKILL**
>
> 각 항목별로 직접 계산을 해야만 하는 유형이다. 이러한 문제는 다른 문제에 비해 시간소모가 많을 수밖에 없기에 후순위로 미루는 것이 좋고, 풀이를 하더라도 자료의 분석을 빠른 시간 내에 할 수 있어야 한다. 항목별 계산 시에는 공통된 수치가 있는 것들끼리 그룹을 지어 계산하는 것이 좋다. 이 문제의 경우는 A~C까지의 활착률이 0.7이며, A와 D가 감염, 나머지가 비감염이므로 A, D를 먼저 계산하고 나머지를 이후에 계산하면 좋을 것이다.

82

정답 ③

정답해설

③ 비중이 같은 육군과 공군, 해군과 해병대의 평균을 각각 구한 후 이들의 가중평균을 구하면 된다. 먼저 육군과 공군의 평균은 115,000원이고 해군과 해병대의 평균은 110,000원이다. 그런데 이들 각각의 가중치가 60:40, 즉 3:2이므로 전체 평균은 115,000원과 110,000원의 중간보다 115,000원에 치우친 값으로 결정되게 된다. 따라서 옳지 않은 내용이다.

오답해설

① 1인당 월지급액이 모두 동일한 액수만큼 증가하는 경우라면 11월의 1인당 월지급액이 가장 작은 것의 증가율이 가장 크게 된다. 따라서 옳은 내용이다.
② 해군과 해병대의 비중이 동일하다는 것은 결국 양군의 전체 인원 수가 동일하다는 의미이기에 각군의 전체 월지급액의 대소비교는 1인당 월지급액만으로도 가능하다(전체 월지급액=해당 군의 인원 수×1인당 월지급액).
따라서 해군의 1인당 월지급액이 10% 늘어난다면 1인당 월지급액은 12,000원 늘어나는 것이고 해병대는 12% 늘어난다고 했으므로 역시 같은 12,000원이 늘어나게 된다. 그런데 11월과 12월의 군인 수가 동일하다고 하였으므로 해군과 해병대의 월지급액은 동일하게 증가하게 된다.

④ 군인 수만을 놓고 본다면 해병대의 인원보다 나머지 군의 군인 수 합계가 4배 많다. 만약 1인당 월지급액이 4군 모두 동일하다면 해병대를 제외한 나머지 군의 총지급액이 해병대보다 4배 많을 것이다. 하지만 육해공 3군의 1인당 월지급액이 모두 100,000원보다 크기 때문에 적어도 이들의 월지급액의 총합은 해병대의 4배보다 클 수밖에 없다.

⑤ 계산을 간단하게 하기 위해 1인당 월지급액에 곱해지는 비중을 10으로 나눈 값으로 처리하고 1인당 월지급액을 1000으로 나누면, 육군(315), 해군(240), 공군(375), 해병대(200)로 계산된다. 따라서 공군과 해병대의 차이는 175이며, 육군과 해군의 차이는 75이므로 차이는 2배 이상이다.

83
정답 ③

정답해설

③ 전세계 승인 품목이 총 200개이고 이 중 국내 승인 품목이 92개이므로 국내에서 승인되지 않은 품목의 비율은 50%를 넘는다. 따라서 옳은 내용이다.

오답해설

① 만약 모든 국가가 하나의 품목만 승인했다면 승인한 국가의 수는 120개국이 될 것이다. 하지만 이와 같은 전제가 주어져 있지 않은 상황에서는 승인 국가의 수를 확정할 수 없다. 옥수수를 승인한 22개 국가가 나머지 농산물을 중복해서 승인했을 수도 있기 때문이다.

② 국내에서 승인된 품목이 국외에는 승인되지 않은 것이 아니기 때문에 국외 승인품목은 최소 108개부터 최대 200개까지 가능하다.

④ 옥수수의 국내 승인 품목은 B유형이 A유형보다 많지만, 면화의 경우는 두 유형의 품목 수가 동일하므로 옳지 않다.

⑤ 옥수수의 전세계 승인품목은 B유형이 40개이지만, 면화와 감자는 각각 10개와 0개에 그쳐 20개에 미치지 못한다. 따라서 옳지 않다.

84
정답 ①

정답해설

ㄱ. 2012년에 비해 2013년 평균연봉 순위가 상승했다는 것은 〈그림〉에서 45°선의 아랫 영역에 위치한 기업임을 의미한다. 따라서 이를 세어보면 총 7개(B, C, G, H, I, K, N)이므로 옳은 내용이다.

ㄴ. 2012년 대비 2013년 평균연봉 순위 하락폭이 가장 큰 기업은 M기업(4위 → 13위)이며, 평균연봉 감소율(1-평균연봉비)가 가장 큰 기업도 M기업(0.21)이다.

오답해설

ㄷ. 2012년 대비 2013년 평균연봉 순위 상승폭이 가장 큰 기업은 45°선의 아래 영역에 위치한 기업 중 45°선과의 수직거리가 가장 먼 기업을 의미한다. 따라서 이에 해당하는 것을 찾으면 B기업임을 알 수 있다. 그런데 평균연봉 증가율이 가장 큰 기업은 N기업(1.33)이므로 둘은 일치하지 않는다.

ㄹ. 2012년에 비해 2013년 평균연봉이 감소했다는 것은 〈 〉안의 평균연봉비의 수치가 1미만임을 의미하는데 이에 해당하는 기업은 A, J, M기업임을 확인할 수 있다. 그런데 A기업과 J기업은 2012년과 2013년의 평균연봉 순위가 동일하므로 옳지 않은 내용임을 알 수 있다.

ㅁ. 2012년 평균연봉 순위가 10위 이내인 기업 중 M기업은 2013년에 13위로 하락했다.

합격자의 SKILL

격자형 그래프가 등장하면 45°선이 의미하는 것이 무엇인지를 먼저 파악해 보는 것이 필요하다. 거의 대부분 45°선을 기준으로 무언가를 판별하게끔 선택지가 구성됨을 유념하자.

85
정답 ②

정답해설

구분	접수	심리 · 의결				취하 · 이송	인용률
		인용	기각	각하	소계		
2010	31,473	4,990	24,320	1,162	30,472	1,001	16.4
2011	29,986	4,640	23,284	(999)	28,923	1,063	16
2012	26,002	3,983	19,974	1,030	24,987	1,015	16
2013	26,255	4,713	18,334	1,358	24,405	1,850	19.3
2014	26,014	4,131	19,164	(1,975)	25,270	744	16.3

ㄱ. 주어진 공식을 이용하여 계산한 위의 표를 보면 인용률이 가장 높은 해는 2013년이다. 하지만 실전에서 위의 표처럼 모두 계산할 수는 없으므로 2013년과 비교했을 때 분모가 크고 분자가 작은 것은 제외하고 살펴보는 것이 좋은데, 2011, 2012, 2014년이 이에 해당함을 알 수 있다. 결국 2013년과 2010년을 비교해보면 분모는 20%가 훨씬 넘게 증가한 반면, 분자는 그에는 미치지 못하게 증가했음을 알 수 있다. 따라서 2013년의 인용률이 가장 높다.

ㄷ. 표의 빈칸을 채우면 2011년의 각하 건수는 999건이고, 2014년은 1,975건이므로 각하 건수가 가장 적은 해는 2011년임을 알 수 있다.

오답해설

ㄴ. 취하 · 이송 건수는 2011년과 2013년에 전년 대비 증가하였으므로 옳지 않은 내용이다.

ㄹ. 2013년의 경우 접수 건수는 전년 대비 증가하였으나 심리 · 의결 건수는 전년 대비 감소하였으므로 둘의 연도별 증감방향은 동일하지 않다.

합격자의 SKILL

이 문제는 선택지를 ㄱ부터 순차적으로 해석해서는 안 되는 이유를 정확히 알려주고 있다. 선택지를 분석해보면 ㄱ과 ㄷ은 계산이 필요한 반면, ㄴ과 ㄹ은 계산 없이 곧바로 정오판별이 가능했다. 결과적으로 선택지를 미리 스캔한 후 ㄴ과 ㄹ을 먼저 판단했다면 아무런 계산 없이 정답을 고를 수 있는 문제였다.

86
정답 ④

정답해설

문제에서 주어진 인구와 분포를 토대로 각 거주구역별 인구 수를 계산하면 다음과 같다.

거주구역 성별	A	B	C
남성(200명)	30	110	60
여성(300명)	126	90	84
총합	156	200	144

ㄴ. C구역 인구는 144명이며 A구역 인구는 156명이므로 옳은 내용이다.

ㄹ. 변화된 조건에 의해 각 거주구역별 인구 수를 계산하면 다음과 같다.

거주구역 성별	A	B	C
남성(200명)	30	55	115
여성(300명)	126	90	84
총합	156	145	199

'갑'시 전체 인구는 500명이고 이의 40%는 200명이다. 그런데 C구역의 전체 인구는 199명이어서 이에 미치지 못하므로 옳은 내용이다.

ㄱ. A구역 남성 인구는 30명이며 B구역 여성 인구는 90명이므로 옳지 않은 내용이다.

ㄷ. C구역의 남성 인구는 60명이고 여성 인구는 84명이므로 옳지 않은 내용이다.

87
정답 ②

정답해설

ㄱ. 비중이 25% 이상이라는 것은 결국 해당 항목의 수치에 4를 곱한 것이 전체 합계보다 크다는 것을 의미한다. 이에 따르면 노인복지관과 자원봉사자의 수치에 4를 곱한 것이 전체 합계보다 크므로 각각의 비중은 25% 이상이다.

ㄷ. A~I지역 중 복지종합지원센터 1개소당 자원봉사자 수가 가장 많은 지역은 E(1,188명)이며 복지종합지원센터 1개소당 등록노인 수가 가장 많은 지역은 E(59,050명)이므로 옳은 내용이다.

오답해설

ㄴ. $\left(\dfrac{\text{노인복지관 수}}{\text{복지종합지원센터 수}}\right) \leq 100$를 변형하면, 노인복지관 수≤(복지종합지원센터×100)으로 나타낼 수 있다. 이를 이용하면 A, B, I가 이에 해당하며 D는 노인복지관 수가 더 크기 때문에 해당되지 않는다.

ㄹ. 분수의 대소비교를 이용하면, 분모가 되는 노인복지관의 수는 H가 C의 3배임에 반해 분자가 되는 자원봉사자의 수는 3배에 미치지 못한다. 따라서 H가 C보다 더 적다.

88
정답 ③

정답해설

ㄴ. 〈표 1〉에 의하면 2013년 제조용 로봇의 평균단가는 개당 54.6천 달러이고 이의 3배는 160을 넘는다. 그런데 전문 서비스용 로봇의 평균단가는 개당 159.0천 달러이므로 이에 미치지 못한다. 따라서 옳은 내용이다.

ㄷ. 〈표 2〉에 의하면 전문 서비스 분야는 건설, 물류, 의료, 국방의 4개 분야이며 〈표 3〉에 의하면 이 4개 분야의 구성비의 합은 50%이므로 옳은 내용이다.

오답해설

ㄱ. 〈표 1〉에 의하면 2013년 전체 로봇 시장규모는 15,000백만 달러이며 이의 70%는 10,500백만 달러이다. 그런데 제조용 로봇 시장규모는 9,719백만 달러로서 이에 미치지 못한다. 따라서 옳지 않은 내용이다.

ㄹ. 〈표 2〉에 의하면 가사분야와 여가분야의 로봇 시장규모는 매년 증가하였으나, 교육분야는 매년 감소하고 있으므로 옳지 않은 내용이다.

89
정답 ①

정답해설

ㄱ. 대소비교만 하면 되므로 백분율값을 무시하고 각주에서 주어진 산식을 변형하면 '공급의무량=공급의무율(%)×발전량'으로 나타낼 수 있다. 그런데 2014년은 2013년에 비해 발전량과 공급의무율이 모두 증가하였으므로 계산하지 않고도 공급의무량 또한 증가하였음을 알 수 있다. 그리고 2013년은 2012년에 비해 공급의무율의 증가율이 50%에 육박하고 있어 발전량의 감소분을 상쇄하고도 남는다. 따라서 2013년 역시 2012년에 비해 공급의무량이 증가하였다.

ㄴ. 2014년의 인증서 구입량은 2012년의 10배가 넘는데 반해, 자체공급량은 10배에는 미치지 못한다. 따라서 자체공급량의 증가율이 더 작다.

오답해설

ㄷ. 직접 계산해보면 둘의 차이는 2012년에 680(GWh), 2013년에 570(GWh), 2014년에 710(GWh)으로 2013년에 감소한다. 다만, 이 선택지는 실전에서 직접 계산하게끔 출제된 것이 아니라 시간소모를 유도하기 위해서 출제된 것이다. 과도한 계산이 요구되는 선택지는 일단 뒤로 미뤄놓고 정오 판별을 하는 습관을 들이도록 하자.

ㄹ. 먼저 각 연도별 이행량은 2012년 90(GWh), 2013년 450(GWh), 2014년 850(GWh)임을 구할 수 있다. 이를 통해 이행량에서 자체공급량이 차지하는 비중을 구하면 2012년 $\left(\dfrac{75}{90}\right) \times 100 = 83\%$, 2013년 $\left(\dfrac{380}{450}\right) \times 100 = 84\%$, $\left(\dfrac{690}{850}\right) \times 100 = 81\%$이므로 이행량에서 자체공급량이 차지하는 비중이 매년 감소하는 것은 아님을 알 수 있다.

합격자의 SKILL

선택지 ㄹ의 경우 해설과 같이 직접 구하는 방법도 있지만 자체공급량을 A 인증서구입량을 B로 놓고 문제에서 제시된 구조인 A/(A+B)를 변형하여 풀이하는 방법도 있다. A/(A+B)의 비중이 감소한다는 것은 이것의 역수인 (A+B)/A의 비중이 증가한다는 것을 의미한다. 여기서 (A+B)/A는 1+B/A로 약분 가능하고 1은 대소비교 시 영향이 없으므로 결국 선택지의 내용은 B/A가 증가하고 있느냐로 변환할 수 있다. 다만 주어진 〈표〉에서는 A가 위쪽에 B가 아래쪽에 있어 직관적인 판단이 어려우므로 이를 다시 'A/B가 감소하고 있는가'로 뒤집어서 판단할 수 있다. 결론적으로 A/(A+B)의 증가(감소)는 A/B의 증가(감소)와 방향이 동일하다. 이 결론은 매우 유용하게 사용되므로 확실하게 기억해두도록 하자.

정답해설

〈표〉의 빈칸을 각주의 산식을 이용하여 채워 넣으면 다음과 같다.

구분 \ 국가	A	B	C	D	E
국민부담률	38.9	34.7	49.3	(52.0)	62.4
사회보장부담률	(15.9)	8.6	10.8	22.9	24.6
조세부담률	23.0	26.1	(38.5)	29.1	37.8
재정적자 비율	8.8	9.9	6.7	1.1	5.1
잠재적부담률	47.7	(44.6)	56.0	53.1	(67.5)

ㄴ. 공채의존도가 가장 낮은 국가는 D(15.8%)이며 국민부담률이 두 번째로 높은 국가 역시 D(52.0%)이므로 둘은 일치한다.

ㄹ. 잠재적 부담률이 가장 낮은 국가는 B(44.6%)이므로 옳은 내용이다.

오답해설

ㄱ. 잠재적부담률이 가장 높은 국가는 E(67.5%)이며 조세부담률이 가장 높은 국가는 C(38.5%)이므로 둘은 일치하지 않는다.

ㄷ. 사회보장부담률이 가장 높은 국가는 E(24.6%)이며 공채의존도가 가장 높은 국가는 A(47.8%)이므로 둘은 일치하지 않는다.

합격자의 SKILL

빈칸이 등장하는 문제를 해결하는 하나의 팁은 이 문제와 같이 선택지에서 '순위'를 묻는 경우라면 빈칸을 먼저 채우는 것이다. 왜냐하면 이런 류의 선택지는 결국 그 빈칸이 어떤 수치인지가 정오를 판별하는 데에 결정적인 역할을 할 수밖에 없기 때문이다. 이 문제는 단순히 덧셈과 뺄셈으로만 이루어졌기에 정확한 수치를 구할 수 있지만, 설사 그렇지 않더라도 대략적으로라도 수치를 미리 채워놓는 것이 좋다.

정답해설

ㄱ. 먼저 A, D, E는 에탄올 주입량이 0.0g일 때의 렘수면시간이 4.0g일 때와 비교할 때 2배를 훨씬 뛰어넘는 차이를 보인다. 그리고 C는 2배에는 미치지 못하지만 1이 부족할 뿐이고 B 역시 7이 부족할 뿐이다. 따라서 B와 C는 나머지 쥐들이 벌려놓은 대세에 영향을 주지 못하므로 이 둘의 평균은 2배 이상의 차이를 보인다고 판단할 수 있다.

ㄷ. 에탄올 주입량이 0.0g일 때와 1.0g일 때의 렘수면시간 차이를 계산하면 A(24분), B(19분), C(21분), D(18분), E(3분)으로 A의 차이가 가장 크다.

오답해설

ㄴ. 에탄올 주입량이 2.0g일 때 쥐 B(60분)와 쥐 E(39분)의 렘수면시간 차이는 21분이므로 옳지 않은 내용이다.

ㄹ. A, C, E는 에탄올 주입량이 많을 수록 렘수면시간이 감소하였다. 그러나 B와 D는 에탄올 주입량이 1.0g에서 2.0g으로 늘어날 때에 렘수면시간이 증가하였으므로 옳지 않은 내용이다.

정답해설

ㄱ. 〈표 1〉에서 2010년 한국의 섬유수출액(126억 달러)과 인도의 섬유수출액(241억 달러)의 차이는 100억 달러를 넘으므로 옳은 내용이다.

ㄴ. 세계 전체의 섬유수출액은 '한국의 섬유수출액÷한국의 수출액 비중'으로 구할 수 있다. 따라서 〈표 2〉에서 2006년 세계 전체의 섬유수출액은 177억 달러÷0.05=3,540억 달러이며, 2010년은 〈표 1〉에서 6,085억 달러로 주어져 있으므로 후자가 전자의 2배 이하임을 알 수 있다.

ㄹ. 〈표 1〉에서 2010년 세계 전체 의류수출액은 3,515억 달러로서 이의 50%는 약 1,800억 달러이다. 그런데 중국의 의류수출액은 1,542억 달러이어서 이에 미치지 못하므로 옳은 내용이다.

오답해설

ㄷ. 〈표 2〉에서 2010년 한국 원단수출액의 전년 대비 증가율을 구하면 약 22%이고, 의류수출액의 전년 대비 증가율은 약 14%이므로 둘의 차이는 10%p에 미치지 못한다. 따라서 옳지 않다.

합격자의 SKILL

선택지 ㄴ의 경우, 급하게 문제를 풀다보면 2006년과 2010년의 섬유수출액을 모두 구하는 실수를 하게 된다. 하지만 〈표 1〉에는 이미 2010년 세계 전체 섬유수출액이 주어져 있다.

정답해설

ㄷ. D지방법원의 출석률이 25% 이상이라면 소환인원인 191명의 $\frac{1}{4}$ 이상인 약 47명 이상이 출석했어야 하는데 실제는 그보다 더 많은 57명이 출석하였으므로 옳은 내용이다.

ㄹ. 이런 선택지는 약식으로 판단이 어려우므로 전체 소환인원을 직접 구하면 4,947명으로 계산된다. 따라서 $\frac{1,880}{4,947}$과 $\frac{35}{100}$을 비교하면 되는데 분수비교를 위해 $\frac{35}{100}$의 분모와 분자에 50을 곱하면 $\frac{1,750}{5,000}$이므로, $\frac{1,880}{4,947}$은 35% 이상임을 알 수 있다.

오답해설

ㄱ. 출석의무자의 수를 계산해보면 B지방법원(737명)이 A지방법원(774명)보다 적다.

ㄴ. E지방법원의 실질출석률을 계산하면 $\frac{115}{174}$이고, C지방법원의 $\frac{189}{343}$이다. 그런데 분모는 C지방법원이 거의 2배가량 큰 반면, 분자의 증가율은 그에는 미치지 못한다. 따라서 C지방법원 실질출석률이 더 낮다.

합격자의 SKILL

시험에서는 선택지 ㄷ, ㄹ과 같이 특정한 %가 주어지고 ~이상(이하)을 묻는 경우가 상당히 많다. 가장 기본적인 방법으로는 위의 해설처럼 직접 계산하여 비율을 구하는 것이지만 시간을 조금이라도 더 절약하는 방법을 활용하는 것이 좋다. 예를 들어 선택지 ㄷ의 경우 25%를 묻는 것이라면 직접 계산을 해서 비율을 구할 것이 아니라 곧바로 4로 나누어 대소를 비교하는 것이 몇 초라도 시간을 절약하는 방법이다. 또 선택지 ㄹ과 같이 35%를 묻는 경우도 직접 계산하기보다는 주어진 수치와 35/100과의 대소비교를 이용하면 보다 간단히 정오를 판별할 수 있다.

94

정답해설

ㄱ. 대소비교만 하면 되는 것이므로 백분율을 무시하고 각주의 첫 번째 산식을 변형하면 주택수는 '주택보급률(%)×가구 수'로 나타낼 수 있다. 그런데 주택보급률과 가구 수 모두 주어진 기간 동안에는 매년 증가하는 모습을 보이고 있으므로 이의 곱인 주택 수 역시 매년 증가하였을 것이다. 따라서 옳은 내용이다.

ㄷ. 2001년의 1인당 주거공간의 전년 대비 증가율을 살펴보면, 분모가 되는 전년도의 1인당 주거공간의 면적은 가장 작은 반면, 분자가 되는 면적의 증가분은 가장 크다. 따라서 직접 계산할 필요 없이 2001년이 가장 크다는 것을 확인할 수 있다.

ㄹ. 이는 직접 구하기보다 곱셈비교를 통해 비교하는 방법이 보다 간편하다. 즉, 10,167×117<12,995×94.2의 관계가 성립하는지를 확인하면 된다. 여기서 12,995는 10,167보다 약 30%가량 증가한 수치인 반면 94.2는 117에 비해 20% 정도만 감소한 상태이다. 따라서 위의 관계가 성립함을 알 수 있다.

오답해설

ㄴ. 단순히 주택보급률과 가구 수만으로는 주택을 두 채 이상 소유한 가구 수를 계산할 수 없다. 극단적인 예로 한 가구가 모든 주택을 소유하고 있는 경우, 실제 소유한 가구는 한 가구에 불과하지만 전체 주택 수에 따라 주택보급률이 변화하게 된다.

95

정답해설

ㄴ. 같은 항목 내에서는 지수의 감소율과 실수치의 감소율이 동일하다. 따라서 1789년 대비 1837년의 인구지수가 증가한 한성과 경기를 제외한 나머지 지역을 보면, 평안 지역의 감소율이 30%를 넘어 나머지 지역의 감소율을 압도한다. 따라서 옳은 내용이다.

ㄷ. 까다로운 선택지이다. 곱셈비교를 통해 1864년의 인구를 비교하면 경상 지역(=425천 명×358)의 인구가 가장 많다는 것을 알 수 있다.

오답해설

ㄱ. 1753년 강원 지역 인구를 계산하기 위해 각주의 첫 번째 산식을 변형하여 구하면 $\dfrac{(724×54,000)}{100}$=390,960명이므로 〈표 1〉에서 주어진 1648년 전라 지역 인구(432,000명)보다 적다. 따라서 옳지 않다.

ㄹ. 1904년이라는 동일한 연도 내에서의 비교이므로 굳이 1904년의 전체 인구를 계산할 필요는 없고 경기 지역의 인구와 함경 지역의 인구를 비교하면 된다. 이에 따르면 경기 지역 인구는 81천 명×$\dfrac{831}{100}$(=약 67만 명)이고, 함경 지역 인구는 69천 명×$\dfrac{1,087}{100}$(=약 75만 명)이므로 전자가 후자보다 작다. 따라서 옳지 않다.

> **합격자의 SKILL**
>
> 이 문제와 같이 복잡한 숫자들 간의 곱셈을 통해 대소를 비교해야 하는 선택지는 자료해석에서 가장 많이 출제되는 유형이다. 이런 유형은 가급적 직접 계산을 통하지 않고 이른바 숫자감각을 통해 풀이하는 것이 좋은데, 예를 들어 선택지 ㄷ과 같은 경우 무턱대고 한성부터 계산해보는 것은 불필요하다. 일단 기본값인 인구 수에서 전라와 경상이 다른 지역을 압도하고 있는 상황이므로 이 둘을 어림으로 비교해본다. 그리고 나머지를 비교해본다면 곱해지는 인구지수는 경상 지역과 크게 잡아도 3배 이상 차이가 나지 않는 반면 타 지역의 인구 수는 그 차이가 대략 그보다는 크다는 것을 알 수 있다. 이런 감각을 계속 숙달시켜 기계적으로 풀이가 가능하도록 해야 한다.

96

정답해설

⑤ 편의를 위해 선택지를 바꾸면, 'GDP 대비 에너지사용량은 B국이 A국보다 낮다'로 나타낼 수 있다. 이때 GDP 대비 에너지 사용량은 원점에서 해당 국가를 연결한 직선의 기울기이므로 그래프에서 이를 살펴보면 B국이 A국보다 더 크다는 것을 알 수 있다. 따라서 옳지 않은 내용이다.

오답해설

① 에너지 사용량이 가장 많은 국가는 최상단에 위치한 A국이고, 가장 적은 국가는 최하단에 위치한 D국이므로 옳은 내용이다.

② 원의 면적이 각 국가의 인구 수에 정비례한다고 하였으므로 C국과 D국의 인구 수는 거의 비슷하다는 것을 알 수 있다. 그런데 총 에너지 사용량은 C국이 D국에 비해 많으므로 1인당 에너지사용량은 C국이 D국보다 많음을 알 수 있다.

③ GDP가 가장 낮은 국가는 가장 왼쪽에 위치한 D국이고, 가장 높은 국가는 가장 오른쪽에 위치한 A국이므로 옳은 내용이다.

④ 분모가 되는 인구수는 B국이 더 크고, 분자가 되는 GDP는 B국이 더 작으므로 1인당 GDP는 H국이 B국보다 높다는 것을 알 수 있다.

97

정답해설

ㄱ. 먼저 〈그림〉의 구성비를 살펴보면, 잣나무 생산량은 전나무 생산량의 약 $\dfrac{1}{4}$이므로 2011년의 잣나무의 생산량은 대략 14만m³임을 알 수 있다. 이를 토대로 2006년 대비 2011년 원목생산량 증가율을 판단해보면 소나무는 약 3배가량 증가하였으나 나머지 수종은 이에는 미치지 못하고 있음을 확인할 수 있다. 따라서 옳은 내용이다.

ㄹ. 전체 생산량을 직접 구하기보다는 이미 주어진 2011년 소나무의 구성비를 역으로 활용하면 보다 간편하게 구할 수 있다. 만약 2009년의 소나무 비중이 2011년과 같은 23.1%라면 소나무 생산량에 4배가 약간 넘는 수치를 곱했을 때 전체 원목의 생산량이 구해져야 한다. 〈표〉에서 이를 활용해보면 소나무의 생산량은 약 40만이고 여기에 4배가 약간 넘는 수치를 곱한다면 전체 합은 대략 160만 정도가 된다. 그러나 2009년 각 수종의 생산량을 어림해서 보아도 160만은 훨씬 넘는다는 것을 알 수 있다. 따라서 2009년 소나무의 구성비는 23.1%보다 작다는 것을 이끌어낼 수 있으며 2011년의 비중이 2009년보다 크다는 것을 알 수 있다.

ㄴ. '기타'를 제외하고 2006~2011년 동안 원목생산량이 매년 증가한 수종은 낙엽송과 참나무 2개이므로 옳지 않은 내용이다.

ㄷ. 2010년 잣나무 원목생산량(12.8m³)의 6배는 76.8m³으로 참나무 원목생산량(76.0m³)보다 크다. 따라서 옳지 않은 내용이다.

98
정답 ②

ㄱ. 1949~2010년 동안 직전 조사연도에 비해 도시 수가 증가한 조사연도는 1955, 1960, 1966, 1970, 1975, 1985, 2000, 2005, 2010년이며 이 해에는 모두 직전 조사연도에 비해 도시화율이 증가하였다. 따라서 옳은 내용이다.

ㄷ. 1970년의 도시인구는 2천백만 명에 육박하는 상황에서 도시화율은 50%에 약간 미치지 못하고 있다. 만약 1970년의 전체인구가 4천만 명이 되지 않는다면 주어진 도시화율을 대입했을 때 도시인구는 2천만 명에도 미치지 못할 것이다. 따라서 1970년의 전체인구는 4천만 명을 넘었다는 것을 알 수 있으며 그 이전의 조사연도에는 구체적으로 계산할 필요 없이 이에 한참 미치지 못했다는 것을 알 수 있다.

ㄴ. 1949~2010년 동안 직전 조사연도 대비 도시인구 증가폭이 가장 큰 조사연도는 약 590만 명 증가한 1960년이고, 직전 조사연도 대비 도시화율 증가폭이 가장 큰 조사연도는 8.5%p 증가한 1975년이다. 따라서 옳지 않은 내용이다.

ㄹ. 만약 1955년의 도시수가 63,20823개였다면 평균 도시인구 수는 정확히 10만 명이었을 것이다. 하지만 1955년의 도시 수는 이보다 많은 65개이므로 평균 도시인구 수는 10만 명보다 적을 것이다. 따라서 옳지 않은 지문이다.

위 ㄷ과 ㄹ의 풀이에서 볼 수 있듯이 직접 계산을 하지 않고도 문제를 풀이할 수 있는 경우가 상당히 많다. 평소 문제를 리뷰할 때 계산을 보다 간단히 할 수 있는 방법이 없는지를 숫자들의 관계 속에서 찾는 습관을 들이도록 하자.

99
정답 ⑤

ㄴ. 5등급 요양기관 중 서울지역 요양기관의 비중은 $\frac{4}{8}$=0.50이고, 2등급 요양기관 중 강원지역 요양기관의 비중은 $\frac{4}{8}$=0.20이므로 전자가 더 크다. 따라서 옳은 내용이다.

ㄷ. 1등급 '상급종합병원' 요양기관 수는 37개소이고, 5등급을 제외한 '종합병원' 요양기관 수의 합은 38개소이므로 전자가 후자보다 적다. 따라서 옳은 내용이다.

ㄹ. '상급종합병원' 요양기관 중 1등급 요양기관의 비중은 $\frac{37}{42}$이고, 1등급 요양기관 중 '종합병원' 요양기관의 비중은 $\frac{30}{67}$인데 전자는 분자가 분모 의 절반을 넘는 반면, 후자는 분자가 분모의 절반이 되지 않으므로 전자가 더 크다. 따라서 옳은 내용이다.

ㄱ. 경상지역 요양기관 중 1등급 요양기관의 비중은 $\frac{16}{17}$이며, 서울지역 요양기관 중 1등급 요양기관의 비중은 $\frac{22}{29}$이다. 전자는 계산을 하지 않아도 90%를 넘는다는 것을 알 수 있으며 후자는 그에 한참 미치지 못하므로 경상지역 요양기관 중 1등급 요양기관의 비중이 더 크다. 따라서 옳지 않은 내용이다.

이러한 형태의 자료가 주어졌을 때 가장 먼저 확인해야 할 것은 〈표 2〉의 수치가 〈표 1〉과 동일한 대상인지의 여부를 확인하는 것이다. 만약 〈표 2〉에서 1등급 병원의 합이 67개소가 아니라 더 적다고 하더라도(예 50개소) 전체 기관의 수는 〈표 1〉에서 명시된 것처럼 67개로 놓고 계산해야 한다.

100
정답 ③

빈칸의 수가 3개에 불과하고 그를 구할 수 있는 산식이 주어져 있는 유형이므로 결국에는 이 빈칸을 채워야만 선택지의 판단이 가능하다. 따라서 빈칸을 먼저 채워 넣어보자.

먼저 〈산정식〉에서 B는 0이고, C는 16이므로 극한기후 발생지수 산정식은 $\left(\frac{A}{4}\right)$+1로 단순화시킬 수 있다. 이를 이용하여 빈칸을 채워넣으면 다음과 같다.

유형	폭염	한파	호우	대설	강풍
발생일수(일)	16	5	3	0	1
발생지수	5.00	$\frac{9}{4}$	$\frac{7}{4}$	1.00	$\frac{5}{4}$

③ 대설(1.00)과 강풍$\left(\frac{5}{4}\right)$의 발생지수의 합은 $\left(\frac{9}{4}\right)$이므로 호우의 발생지수$\left(\frac{7}{4}\right)$보다 크다. 따라서 옳은 내용이다.

① 발생지수가 가장 높은 것은 폭염(5.00)이므로 옳지 않은 내용이다.

② 호우의 발생지수는 $\left(\frac{7}{4}\right)$이므로 2.00에 미치지 못한다. 따라서 옳지 않은 내용이다.

④ 제시된 극한기후 유형별 발생지수를 모두 더하면 $\frac{(20+9+7+4+5)}{4}=\frac{45}{4}$ 이므로 이의 평균은 $\frac{45}{20}=\frac{9}{4}$임을 알 수 있다. 이는 3에 미치지 못하는 수치이므로 옳지 않은 내용이다.

⑤ 폭염의 발생지수는 $\frac{20}{4}$이고 강풍의 발생지수는 $\frac{5}{4}$이므로 전자는 후자의 4배이다. 따라서 옳지 않은 내용이다.

101
정답 ②

정답해설

ㄱ. 부정적 키워드와 긍정적 키워드를 직접 비교하는 것보다는 긍정적 키워드의 건수가 전체 건수의 절반이 넘는지를 대략적으로 어림해보는 것이 효율적이다. 이에 따라 판단해보면 2001년, 2002년, 2007년~2013년의 9개연도에서 긍정적 키워드의 건수가 부정적 키워드의 건수보다 더 많으므로 옳은 내용이다.

ㄷ. 모든 연도를 계산해볼 필요없이 전체를 스캔해보면 2002년의 경우 2001년에 비해 검색 건수가 2배 이상 증가했다는 것을 확인할 수 있는데 다른 연도의 경우 이처럼 큰 증가율을 보이고 있지 않다. 따라서 옳은 내용이다.

오답해설

ㄴ. '세대소통' 키워드의 검색 건수는 2013년 전년에 비해 감소하였다. 따라서 2005년 이후 매년 증가하였다는 진술은 옳지 않다.

ㄹ. 2002년 '세대소통'의 2001년 대비 검색 건수는 정확히 2배 증가하였는데, '세대갈등'의 경우는 2배에 미치지 못하고 있다. 따라서 전년 대비 검색 건수 증가율이 가장 낮은 것은 '세대소통'이 아니다.

> **합격자의 SKILL**
>
> 선택지 ㄱ은 절대로 처음 풀이 시에 건드려서는 안 된다. 물론 문제의 구성이 ㄱ과 같이 전체를 모두 판단해야 하는 선택지를 풀어야 하는 경우도 있지만 그렇다고 하더라도 이와 같은 과다한 시간이 소요되는 선택지는 일단 뒤로 미루는 것이 요령이다. 사후적으로 판단해보면 선택지 ㄴ의 정오만 판별하더라도 선택지 ①, ③, ⑤가 제외되며 결국 ㄹ의 정오여부로 정답이 결정됨을 알 수 있다.

102
정답 ④

정답해설

ㄱ. A+B에서 B가 전체합의 50% 이하라면 A는 B보다 커야 한다. 이 논리를 주어진 표에 대입하면, 관내와 관외 모두 2009~2011년의 신규 안치 건수가 2012년보다 크므로 2012년 안치 건수가 50% 이하임을 알 수 있다. 따라서 옳은 지문이다.

ㄴ. 개인단과 부부단 모두 2009~2012년의 관내 신규 안치 건수가 관외 신규 안치 건수보다 크다. 따라서 개인단과 부부단을 합한 전체 안치 건수 역시 관내가 관외보다 크다.

ㄷ. 먼저 어떤 항목의 X년의 값이 X−1년에 비해 50% 증가한 것이라면 X−1년의 값은 X년의 값을 1.5로 나눈 값이라는 것을 정리해두자. 이를 통해 2011년 부부단의 매출액을 계산해보면 관내는 22만 원이며 관외는 약 11만 원임을 알 수 있다. 그렇다면 2009~2010년의 매출액은 관내가 약 10만 원, 관외가 약 18만 원으로 계산되므로 2009~2010년 매출액의 합은 부부단 관내가 부부단 관외보다 작다.

오답해설

ㄹ. 2009~2011년과 2012년 모두 개인단−관내 유형의 신규 안치 건수가 가장 크므로 두 기간을 합한 것 역시 개인단−관내 유형이 제일 크다.

103
정답 ③

정답해설

③ 국내사업비 지출액 중 아동복지 지출액은 0.4×0.45=0.18(18%)이고 해외사업비 지출액 중 교육보호 지출액은 0.5×0.54=0.27(27%)이므로 둘의 합은 45%이다.

오답해설

① 먼저 각주에서 수입액과 지출액이 같다고 하였으므로 구성비를 통해 직접 대소비교가 가능하다는 점을 알아두자. 이에 따르면 전체 수입액 중 후원금 수입액은 10%이고, 국내 사업비 지출 중 아동복지 지출액은 0.4×0.45=0.18(18%)이므로 전자가 후자보다 작다.

② 국내사업비 지출액 중 아동권리지원 지출액은 0.4×0.27=0.108(10.8%)이고 해외사업비 지출액 중 소득증대 지출액은 0.5×0.2=0.1(10%)이므로 전자가 후자보다 크다.

④ 해외사업비 지출액 중 식수위생 지출액은 0.5×0.05=0.025(2.5%)이므로 A 자선단체 전체 지출액의 2%를 넘는다.

⑤ 전체 수입액(=지출액)을 100이라 가정하면, 전체 수입액이 증가하기 전의 지역사회복지 지출액은 6.4이다. 그런데 전체 수입액이 6만큼 증가하였고 지역사회복지 지출액을 제외한 나머지 지출액은 동일하게 유지되었다고 하였으므로, 증가액 전체가 지역사회복지 지출액과 같다고 판단할 수 있다. 여기서 현재 지출액의 2배 이상이 되려면 전체 수입액이 6.4만큼 증가하여야 하는데 그에 미치지 못하는 6만큼만 증가하고 있다. 따라서 2배 미만 증가한다.

104
정답 ⑤

정답해설

ㄴ. 전체 저수지 수인 3,226개소의 80%는 2,580.8인데 저수 용량이 10만m³ 미만인 저수지 수는 2,668개소로 이보다 크다. 따라서 옳은 진술이다.

ㄷ. 관리기관이 농어촌공사인 저수지의 개소당 수혜면적은 $\frac{69,912}{996}$이며, 관리기관이 자치단체인 저수지의 개소당 수혜면적은 $\frac{29,371}{2,230}$으로 나타낼 수 있는데, 이를 어림해서 구하면 전자는 약 700이고 후자는 약 130이다. 따라서 전자는 후자의 5배 이상이므로 옳은 내용이다.

ㄹ. 전체 저수지 총 저수용량의 5%는 약 3,500만m³인데 저수용량이 50만 이상 100만 미만인 저수지가 100개소라고 하였다. 따라서 이들의 저수용량은 최소 5,000만m³이므로 전체 저수용량의 5%보다는 클 수밖에 없다. 따라서 옳은 내용이다.

오답해설

ㄱ. 관리기관이 자치단체인 저수지는 2,230개소이고 제방높이가 10m 미만인 저수지는 2,566개소이다. 만약 이 둘이 서로 겹치지 않는다면 이 둘의 합이 전체 저수지 수보다 작아야 한다. 하지만 둘의 합은 4,796개소로 전체 저수지 수인 3,226개소보다 크다. 따라서 적어도 1,570개소 이상은 관리기관이 자치단체이면서 제방높이가 10m 미만인 저수지이다.

> **합격자의 SKILL**
>
> 〈표 1〉은 저수용량이 천단위로 주어진 반면 〈표 2〉는 일단위로 주어져있는데 이럴 경우에는 일반적으로 천단위로 주어진 부분을 일단위로 표시해서 풀이하는 것이 헷갈림을 방지하는 길이다. 특히 대부분의 경우 천단위로 주어진 부분에 일정한 비율을 곱하게끔 출제되는데 단위수 변환에 자신이 없는 경우에 이를 그대로 곱하면 그 과정에서 단위가 꼬일 가능성이 높다.

정답해설

① '갑'국 전체의 국제선 운항 횟수가 353,272회이며 〈표 1〉에서 언급된 1~5위의 운항 횟수를 모두 더하면 348,622회이므로 6위 이하 공항의 운항 횟수가 4,650회임을 알 수 있다. 그런데 현재 5위인 CJ공항의 운항 횟수가 약 3,500회에 불과하여 6위 이하에는 최소 2개의 공항이 존재함을 알 수 있다. 따라서 2015년 국제선 운항 공항 수는 7개 이상이다.

오답해설

② 2015년 KP공항 국제선의 운항 횟수는 18,643회이며 국내선의 운항 횟수는 56,309회이고 국내선 운항 횟수의 $\frac{1}{3}$은 약 18,770회로 계산된다.

따라서 2015년 KP공항의 국제선 운항 횟수는 국내선의 $\frac{1}{3}$에 미치지 못한다.

③ 〈표 2〉에서 MA공항의 전년 대비 운항 횟수의 증가율이 1위라는 것은 알 수 있으나 MA공항의 전년과 금년의 운항 횟수가 얼마인지는 알 수 없으므로 옳지 않은 내용이다.

④ 국내선 운항 횟수 상위 5개 공항의 국내선 운항 횟수 합은 약 153,000회인데 '갑'국 전체 국내선 운항 횟수의 90%는 약 150,000회이므로 옳지 않은 내용이다.

⑤ 국내선 운항 횟수와 전년 대비 국내선 운항 횟수 증가율 모두 상위 5개 이내에 포함된 공항은 KP, TG, AJ 총 3개의 공항이므로 옳지 않은 내용이다.

106
정답 ④

정답해설

④ 국세 징수액과 지방세 징수액의 차이가 가장 큰 해는 2016년(154조 원)이나 2016년 국세 감면율과 지방세 감면율의 차이는 〈그림〉에서 보듯이 가장 작다. 따라서 옳지 않은 내용이다.

오답해설

① 〈표〉에 의하면 감면액은 국세가 지방세보다 매년 많은 것을 알 수 있으므로 옳은 내용이다.

② 〈그림〉에 의하면 감면율은 지방세가 국세보다 매년 높은 것을 알 수 있으므로 옳은 내용이다.

③ 직접 계산하지 않고 눈어림으로 판단해보면 둘의 차이가 그리 크지 않을 것으로 판단되므로 부득이하게 직접 계산해야 하는 문제이다(%는 생략하고 풀이한다).

- 국세 징수액 증가율 : $\frac{(216조 원 - 138조 원)}{138조 원} = 0.56$

- 지방세 징수액 증가율 : $\frac{(62조 원 - 41조 원)}{41조 원} = 0.51$

따라서 2008년 대비 2016년 징수액 증가율은 국세가 지방세보다 높다.

⑤ 국세 감면액과 지방세 감면액의 차이는 2014년 18조 원, 2015년 20조 원, 2016년 22조 원으로 매년 증가하고 있으므로 옳은 내용이다.

107
정답 ⑤

정답해설

⑤ 가격지수의 기준연도가 2002년이고 2002년의 가격지수가 100이므로, 2002년 가격지수 대비 2015년 3월의 가격지수의 상승률을 판단하는 것은 결국 2015년 3월 가격지수의 크기를 비교하는 것과 같은 의미이다. 따라서 가격지수가 가장 낮은 유지류(151.7)의 상승률이 가장 낮음을 알 수 있다.

오답해설

① 〈그림〉에서 2014년 3월의 식량 가격지수가 213.80이므로 이의 10%는 21.4, 5%는 약 10.7이므로 15%는 대략 32.1%임을 알 수 있다. 따라서 213.80에서 15% 감소한 값은 약 181.7로 계산되는데 이는 2015년 3월의 식량가격지수 173.8보다 더 크다. 따라서 옳은 내용임을 알 수 있다.

② 〈그림〉에서 2014년 4월부터 9월까지 식량가격지수가 매월 하락하였음을 알 수 있으므로 옳은 내용이다.

③ 〈표〉에서 2014년 3월에 비해 2015년 3월 가격지수가 가장 큰 폭으로 하락한 품목은 낙농품(83.6)이므로 옳은 내용이다.

④ 〈표〉에서 육류 가격지수는 2014년 8월까지 매월 상승하다가 그 이후에는 매월 하락하고 있음을 알 수 있으므로 옳은 내용이다.

108
정답 ④

정답해설

ㄱ. 지분율 상위 4개 회원국의 특표권 비율은 중국(26.06%), 인도(7.51%), 러시아(5.93%), 독일(4.15%)이므로 이들의 합은 약 43%이다. 따라서 옳은 내용이다.

ㄴ. 중국을 제외한 지분율 상위 9개 회원국들에 대해 지분율과 투표권 비율의 차이를 어림해보면 인도는 1%p를 넘는 반면 나머지 8개 회원국들은 1%p에 미치지 못한다. 따라서 옳은 내용이다.

ㄹ. 독일(4.37%)과 프랑스(3.44%)의 지분율 합은 8.01%이므로 AIIB의 자본금 총액이 2,000억 달러라면 이들이 출자한 자본금의 합은 160억 달러를 넘는다. 따라서 옳은 내용이다.

오답해설

ㄷ. 직접 계산하는 것 이외에는 특별한 방법이 없다. A지역 회원국의 지분율 합은 약 50%인데 반해, B지역 회원국의 지분율 합은 약 20%이므로 전자가 후자의 3배에 미치지 못한다. 따라서 옳지 않은 내용이다.

109
정답 ④

정답해설

주어진 평균을 이용하여 빈칸을 채우면 심사위원 A의 '라'와 '차' 정책에 대한 점수는 모두 0점이고, 심사위원 B의 '마'정책에 대한 점수는 1점, 심사위원 C의 '자'정책에 대한 점수는 1점, 마지막으로 심사위원 D의 '라', '아' 정책에 대한 점수는 모두 0점으로 계산할 수 있다. 이에 따라 각 정책별 평가점수를 정리하면 다음과 같다.

가	나	다	라	마	바	사	아	자	차
2.5	3.5	2	1.5	3.5	2.5	2.5	2	3	1.5

총점이 낮은 순서대로 4개 정책을 폐기한다고 하였으므로 라(1.5), 차(1.5), 다(2), 아(2) 정책이 폐기된다.

이런 유형의 문제를 접하고 체크해야 할 것은 두 가지이다. 하나는 빈칸을 직접 계산해서 채울 것인가이다. 간혹 빈칸을 채워 넣지 않고 점수가 낮아 보이는 것부터 역으로 찾아가는 방법을 제시하는 경우가 있는데 그 방법은 추천하지 않으며 오히려 더 위험하다. 따라서 별다른 단서가 주어져 있지 않은 상황에서는 일단 빈칸을 직접 채운다는 생각을 하고 접근하기 바란다. 다음으로는 전체 항목의 개수가 문제에 주어져 있다는 것이다. 정말 어처구니 없다고 생각할지 모르지만 주어진 평균을 총점으로 바꾸는 과정에서 전체 정책의 수를 직접 세면서 풀이한 수험생이 상당히 많이 존재한다. 시험장에서는 정신없이 문제를 읽어나가기 바쁘다. 따라서 평소 연습을 할 때 문제의 키워드에는 자신만의 표시를 해두는 등의 전략을 체화시키도록 하자.

110

정답해설

대칭형 도표는 대각선을 기준으로 좌우의 수치가 서로 반대로 표시된다는 것만 알면 간단하게 접근할 수 있다. 이에 따라 빈칸을 채우면 다음과 같다.

팀＼상대팀	A	B	C	D	E
A	–	(10-6-0)	(9-7-0)	(9-6-1)	(12-4-0)
B	6-10-0	–	(8-8-0)	(8-8-0)	(8-8-0)
C	7-9-0	8-8-0	–	8-8-0	(10-6-0)
D	6-9-1	8-8-0	8-8-0	–	(6-10-0)
E	4-12-0	8-8-0	6-10-0	10-6-0	–

③ 각 팀별 경기수가 64경기이므로 32승 이상을 기록한 팀을 찾으면 되는데, 위의 표를 통해 찾아보면 A(40승)와 C(33승) 2팀이 이에 해당함을 알 수 있다. 따라서 옳지 않은 내용이다.

오답해설

① B팀이 A팀을 상대로 6승 10패를 기록한 것이므로 이를 뒤집어서 판단하면 A팀은 B팀을 상대로 10승 6패를 기록한 것이므로 옳은 내용이다.
② B팀은 A팀을 제외한 나머지와의 경기에서 모두 8승 8패를 기록하여 50%의 승률을 기록하였으며 A팀과의 경기에서는 6승 10패로 50%에 미치지 못하고 있다. 따라서 B팀의 전체 승률은 50% 이하이다.
④ 위 표에 의하면 C팀은 E팀을 상대로 10승 6패를 기록하였으므로 옳은 내용이다.
⑤ 위 표에 의하면 무승부는 D팀과 A팀 간의 경기에서 한 번 나온 것을 확인할 수 있으므로 옳은 내용이다.

111

정답해설

ㄱ. 동일한 연도라면 분모가 되는 해당연도 한국의 도시폐기물량이 동일하므로 도시폐기물량지수의 비교만으로도 실제 해당 국가의 도시폐기물량의 비교가 가능하다. 이에 따르면 2012년 미국의 도시폐기물량지수는 12.730이고 일본은 2.530이어서 미국의 수치가 일본의 4배 이상이다. 따라서 옳은 내용이다.

ㄷ. 이 선택지를 판단하기 위해서는 먼저 아래의 ㄴ에서 사용된 원리를 파악해야 한다. 이에 따라 계산하면 2009년 스페인의 폐기물량은 1.33×1,901만 톤임을 알 수 있다. 그런데 2012년의 경우는 상위 10개국에 스페인이 포함되지 않아 구체적인 지수값은 알 수 없다. 그러나 10위인 이탈리아(1.40×1,788)보다는 작을 것임은 확실하므로 이 둘을 곱셈비교를 통해 비교하여 판단하면 2009년 스페인의 폐기물량이 더 크다는 것을 알 수 있다. 따라서 2012년 스페인의 도시폐기물량은 2009년에 비해 감소하였다.

오답해설

ㄴ. 주어진 산식을 변형하면, 2011년 러시아의 도시폐기물량은 도시폐기물량지수(3.87)에 한국의 도시폐기물량(1,786만 톤)을 곱한 값이 되는데 어림산으로 계산해보면 7,000만 톤에도 미치지 못하므로 옳지 않은 내용이다.

ㄹ. ㄱ에서 살펴본 것과 같이 동일한 연도 내의 폐기물량을 비교하기 위해서는 도시폐기물량지수를 직접 비교하면 된다. 그런데 2012년의 경우는 터키의 지수(1.72)가 영국(1.70)보다 큰 것으로 나타나고 있으므로 옳지 않은 내용임을 알 수 있다.

112

정답해설

ㄱ. 먼저 2013년의 빈칸을 채우면, 산식에 의해 2013년의 전년 이월 건수는 2012년 처리대상 건수(8,278)−2012년 처리 건수(6,444)=1,834건이며, 이에 따라 2013년의 처리대상 건수 소계는 9,717건으로 계산할 수 있다. 따라서 처리대상 건수가 가장 적은 연도는 2016년임을 알 수 있으며 이 해의 처리율은 $\frac{6,628}{8,226}≒0.80$이어서 75% 이상이 된다. 따라서 옳은 내용이다.

ㄹ. 직접 인용률을 계산하기보다는 분모와 분자의 크기비교로 대소를 비교할 수 있다. 2014년의 경우 분모는 인용 건수가 줄어들기는 했지만 기각 건수의 증가폭이 그것을 상쇄하고도 남을 만큼 크기 때문에 2012년보다 크다. 또한 분자인 인용 건수의 경우도 2014년이 2012년보다 작기 때문에 결과적으로 2012년의 인용률이 더 크다는 것을 알 수 있다.

오답해설

ㄴ. 2015년의 경우 취하 건수는 2014년에 비해 증가했으나 기각 건수는 반대로 감소하는 모습을 보이고 있으므로 옳지 않은 내용이다.

ㄷ. ㄱ에서 구한 수치를 이용하여 살펴보면, 만약 2013년의 처리율이 80%라면 처리 건수는 9,717×0.8로 계산되는데 이 수치는 구체적으로 계산하지 않아도 실제 처리 건수인 7,314건보다 크다는 것은 판단이 가능하다. 따라서 2013년 처리율은 80% 미만이므로 옳지 않은 내용이다.

113

정답해설

ㄱ. 2010년과 2014년의 전국 의석 수는 크게 변화하지 않은 반면 정당 D의 의석 수는 2배 가까이 증가하였다. 따라서 2014년의 의석점유율이 더 높다.

ㄹ. 두 연도의 점유율을 직접 계산할 필요 없이 〈그림〉에서 정당 A의 의석 수가 큰 폭으로 상승했다는 것으로도 대소를 비교할 수 있다. 즉, 분모가 되는 전체 수도권 의석 수가 2010년에 비해 2014년에 큰 폭으로 상승했지만 분자가 되는 정당 B의 의석 수는 큰 변화가 없다. 따라서 정당 B의 의석점유율은 2014년이 2010년보다 낮다.

오답해설

ㄴ. 〈표〉에 의하면 정당 A, B, D의 지방의회 의석 수는 2010년에 비해 2014년에 증가하였지만, 정당 C는 82석에서 38석으로 감소하였다. 따라서 옳지 않은 내용이다.

ㄷ. 각주의 식을 변형하면 '비수도권 지방의회 의석 수=전국 지방의회 의석 수
－수도권 지방의회 의석 수'이므로 2014년 정당 B의 비수도권 지방의회 의
석 수는 318－166＝152석이며, 정당 A의 의석 수는 252－63＝189석으로
계산할 수 있다. 따라서 옳지 않은 내용이다.

114
정답 ①

정답해설

ㄱ. 지연율을 직접 계산하기보다는 분자와 분모의 관계를 바꿔 총 운항 대수가
총 지연 대수의 몇 배인가를 따져 가장 배수값이 큰 것을 고르는 것이 더 편
하다. 이 기준으로 판단할 경우 BK항공사는 나머지 항공사에 비해 월등히 큰
20배가 넘는 값으로 계산되므로 지연율이 가장 낮았다는 것을 알 수 있다.

ㄴ. 여사건의 개념을 활용하여 항공사별 총 지연 대수 중 연결편 접속사유가 차
지하는 비중이 가장 낮은 항공사를 찾으면 된다. 다른 항공사의 경우는 두
값이 큰 차이를 보이지 않아 이 비중이 크다는 것을 알 수 있는데, ZH항공사
의 경우는 구체적인 수치를 계산해보지 않아도 이 값이 작다는 것을 눈어림
으로 확인할 수 있다. 따라서 옳은 내용이다.

오답해설

ㄷ. 기상악화로 인한 총 지연 대수는 605건이어서 이의 50%는 약 302건으로
계산할 수 있는데, EK항공과 JL항공의 기상 악화로 인한 지연 대수의 합은
361건으로 이보다 크다. 따라서 옳지 않은 내용이다.

ㄹ. EZ항공의 경우 항공기 정비로 인한 지연 대수 대비 기상악화로 인한 지연
대수 비율이 3과 4 사이값으로 계산되나, 8L의 경우는 이 비율이 9로 나타
나 EZ항공보다 더 크다. 따라서 옳지 않은 내용이다.

115
정답 ①

정답해설

① 2015년의 투자액은 2014년에 비해 3배 이상 증가하였는데 다른 연도에서
는 이 정도의 증가율을 보이는 것이 없다. 따라서 전년 대비 증가율이 가장
높은 해는 2015년이다.

오답해설

② 투자 건수의 전년 대비 증가율이 가장 낮은 연도는 비교연도의 수치(60건)가
가장 크고 증가폭(3건)이 가장 작은 2017년이다.

③ 2012년의 투자 건수 8건과 2015년의 투자 건수 25건의 합은 33건으로
2017년의 투자 건수는 63건보다 작다. 따라서 옳은 내용이다.

④ 투자액이 가장 큰 연도는 390억 원을 기록한 2016년이므로 옳은 내용이다.

⑤ 〈그림〉에서 꺾은선 그래프가 계속 증가하는 방향으로 나타나고 있으므로 옳
은 내용이다.

116
정답 ②

정답해설

ㄴ. B국부터 F국까지의 5개국의 GDP를 모두 백의 자리에서 올림하여 계산하더
라도 15,500십억 달러에 불과하여 A국의 18,562십억 달러에 미치지 못한
다. 따라서 옳은 내용이다.

오답해설

ㄱ. B국과 C국을 비교하면 GDP와 'GDP 대비 국가자산총액'의 변화 방향이 동
일함을 알 수 있으나 선택지의 진술은 이와 반대로 서술되어 있으므로 옳지
않은 내용이다.

ㄷ. 각주에서 주어진 산식을 통해 국가자산총액은 'GDP 대비 국가자산총액×
GDP'로 계산됨을 알 수 있다. 즉 단위수를 무시하면 D국의 국가자산총액은
2,650×522, F국은 1,404×828로 나타낼 수 있는데 이를 대략적으로 어림
산을 해보더라도 전자가 훨씬 큼을 알 수 있으므로 옳지 않은 내용이다.

합격자의 SKILL

이 문제에서는 ㄴ과 ㄷ선택지를 판단하기 위해 어림산을 사용하였다. 특히
ㄴ의 경우는 반올림이 아닌 올림을 사용하였는데 이 방법은 어느 특정 항목
과 복수의 항목들의 합을 비교할 때 매우 유용하다. 올림을 사용하여 계산한
결과는 실제 수치보다 크기 마련인데 이 수치보다 더 큰 값을 가지는 항목이
있다면 당연히 실제 결과도 크기 때문이다. 구체적으로 수치화하기는 어렵지
만 80% 이상은 올림으로 대소비교가 가능했다.

117
정답 ⑤

정답해설

⑤ 1993년 미곡과 맥류 재배면적의 합은 2,000천 정보가 넘는 반면. 곡물 재배
면적 전체의 70%는 약 1,900천 정보이므로 옳은 내용이다.

오답해설

① 1932년의 경우 미곡 재배면적은 전년 대비 감소하였으나 두류는 증가하였
으므로 1931~1934년의 기간 동안 미곡과 두류의 전년 대비 증감방향이 일
치하는 것은 아니다.

② 1932년부터는 서류의 생산량이 두류보다 더 많으므로 옳지 않은 내용이다.

③ 1934년의 경우 잡곡의 재배면적이 서류의 2배에 미치지 못하므로 옳지 않은
내용이다.

④ 재배면적당 생산량이 가장 크다는 것은 생산량당 재배면적이 가장 작다는
것을 의미한다. 직관적으로 보아도 서류의 분모가 분자의 대략 20배의 값을
지니므로 가장 작은 것을 알 수 있다.

합격자의 SKILL

선택지 ④와 같이 '～당'을 판단해야 하는 선택지는 자료해석 문제의 단골메
뉴이다. 여기서 한 가지 첨가할 것은 최대한 주어진 자료를 그대로 사용하는
것이 시간을 절약하는 방법이라는 것이다. 즉, 선택지에서는 '재배면적당 생
산량'을 구하라고 되어 있더라도 이를 '생산량당 재배면적'으로 바꾸어 판단
해도 무방하다는 것이다. 주어진 자료가 분수의 형태일 때 이를 굳이 분모와
분자를 뒤집어 판단할 경우 불필요한 시간이 소모되기 마련이다.

정답해설

ㄴ. 각주에서 주어진 공식을 변형하면 '에너지소비량=에너지원단위×매출액'으로 나타낼 수 있다. 이에 의하면 2015년은 2014년에 비해 매출액과 에너지원단위가 모두 증가하였으므로 둘의 곱인 에너지소비량 역시 증가하였으며, 2016년과 2017년의 경우 매출액은 증가하고 에너지원단위는 감소하였으나 매출액의 증가율이 에너지원단위의 감소율을 상쇄하고도 남을 정도로 크므로 에너지소비량 역시 증가하였음을 알 수 있다. 따라서 옳은 내용이다.

ㄷ. 단위수를 배제하고 2016년 기업 A의 에너지소비량을 구하면 0.25×400=1000이고, 기업 B는 0.15×800=1200이므로 후자가 더 크다는 것을 알 수 있다. 따라서 옳은 내용이다.

오답해설

ㄱ. 2015년의 경우 기업 A의 에너지원단위는 2014년 0.25에서 0.30으로 증가하였다. 따라서 두 기업의 에너지원단위가 매년 감소한 것은 아니므로 옳지 않은 내용이다.

합격자의 SKILL

ㄴ과 ㄷ에서 에너지소비량을 일일이 계산하여 수치가 증가하였는지 확인할 수도 있지만, 에너지소비량의 크기가 주어진 점과 원점을 잇는 직선을 대각선으로 하는 직사각형 면적임을 이해한다면 그 크기를 통해 보다 직관적으로 비교할 수 있다.

정답해설

ㄱ. 〈표〉에서 2016년 매분기 '느타리' 1kg의 도매가는 '팽이' 3kg의 도매가보다 높다는 것을 알 수 있으므로 옳은 내용이다.

ㄴ. 〈표〉와 〈그림〉을 통해 2015년 분기별 '팽이'의 소매가를 계산하면 1분기는 3,136+373, 2분기는 3,080−42, 3분기는 3,080−60, 4분기는 3,516−389로 계산할 수 있으므로 매 분기 3,000원/kg을 넘는다는 것을 알 수 있다.

오답해설

ㄷ. 〈표〉와 〈그림〉을 통해 2016년 1분기 '새송이'의 소매가는 5,233원/kg이고, 2015년 4분기는 5,363−45=5,318원/kg임을 알 수 있으므로 옳지 않은 내용이다.

ㄹ. 2016년 1분기 '느타리' 도매가의 1.5배는 약 8,600원/kg이므로 소매가에 미치지 못한다. 따라서 1분기의 경우 소매가가 도매가의 1.5배를 넘으므로 옳지 않은 내용이다. 6,000의 1.5배가 9,000이라는 사실을 활용하여 어림해보는 것도 하나의 방법이다.

정답해설

ㄱ. 2013년 한국, 중국, 일본 모두에서 원자재 수입액이 수출액보다 크므로 원자재 무역수지는 모두 적자임을 알 수 있다.

오답해설

ㄴ. 2000년과 2013년을 비교할 때 한국의 원자재 수출액과 자본재 수출액은 2013년에 50% 이상 증가했음을 알 수 있으나 소비재 수출액의 경우는 그렇지 않다는 것을 직관적으로 알 수 있다. 따라서 옳지 않은 내용이다.

ㄷ. 무역특화지수의 값이 클수록 수출경쟁력이 높다고 하였으므로 일본과 한국의 무역특화지수를 구하면 다음과 같다.

- 일본 : $\dfrac{(4,541-2,209)}{(4,541+2,209)} = \dfrac{23}{68}$

- 한국 : $\dfrac{(3,444-1,549)}{(3,444+1,549)} = \dfrac{19}{50}$

둘을 분수비교하면 한국이 더 큼을 알 수 있으므로 옳지 않은 내용이다.

정답해설

⑤ 2017년 대비 2018년의 총 연봉 증가율이 A팀과 E팀 모두 50%이지만, 2018년 총 연봉의 크기가 E팀이 더 크므로 2017년의 총 연봉 역시 E팀이 더 크다는 것을 알 수 있다. 따라서 옳지 않은 내용이다.

오답해설

① 〈표〉를 이용하여 2018년 '팀 선수 평균 연봉'을 구하면, A팀 3억 원, B팀 2.5억 원, C팀 3억 원, D팀 5억 원, E팀 4억 원으로 계산되므로 D팀이 가장 많음을 알 수 있다.

② C팀의 2018년 선수 인원 수인 8명은 전년 대비 33.3% 증가한 수치이므로 2017년의 선수 인원 수는 6명임을 알 수 있는데 이를 통해 전년 대비 2명이 증가했음을 알 수 있다. 또한 D팀의 2018년 선수 인원 수 6명은 전년 대비 50% 증가한 수치이므로 2017년의 선수 인원 수는 4명임을 알 수 있으며 이 역시 전년 대비 2명이 증가한 것이므로 옳은 내용이다.

③ A팀의 2018년 선수 인원 수 5명은 전년 대비 25% 증가한 수치이므로 2017년의 선수 인원 수는 4명임을 알 수 있다. 또한, 2018년 총 연봉 15억 원은 전년 대비 50% 증가한 수치이므로 2017년의 총 연봉은 10억 원임을 알 수 있다. 따라서 2017년 A팀의 '팀 선수 평균 연봉'은 $\dfrac{10}{4}$=2.5억 원으로 계산되며 2018년은 3억 원으로 주어져 있으므로 옳은 내용임을 알 수 있다.

④ 2018년 선수 인원 수의 증가율이 가장 높은 팀은 B팀인데, 전년 대비 100% 증가하여 10명이 된 것이므로 2017년의 선수 인원 수는 5명이었고 여기에 5명이 증가된 것이 2018년의 선수 인원 수임을 알 수 있다. 그러나 나머지 팀들은 눈으로 어림해보아도 5명 이상 증가할 수 없으므로 B팀의 선수 인원 수가 가장 많이 증가했음을 알 수 있다. 또한 2018년 연봉의 증가율이 가장 높은 팀도 B팀인데, 전년 대비 150% 증가하여 25억 원이 된 것이므로 이의 증가액을 직접 계산하지 않더라도 다른 팀들에 비해 증가폭이 가장 크다는 것을 알 수 있다. 따라서 옳은 내용이다.

122

정답해설

ㄴ. 2012년 비수도권의 지가변동률은 1.47%로 수도권의 0.37%에 비해 높으며, 2013년 비수도권은 1.30%로 수도권의 1.20%에 비해 높다. 마지막으로 2015년 비수도권은 2.77%로 수도권의 1.90%에 비해 높으므로 총 3개 연도에서 비수도권의 지가변동률이 수도권의 지가변동률보다 높다.

오답해설

ㄱ. 2013년 비수도권의 지가변동률은 1.30%로 2012년 1.47%에 비해 하락하였으므로 옳지 않은 내용이다.

ㄷ. 수도권의 경우는 2018년이 전년에 비해 1.80%p 높아 전년 대비 지가변동률 차이가 가장 크지만, 비수도권은 2017년이 전년에 비해 1.00%p 높아 차이가 가장 크다. 따라서 옳지 않은 내용이다.

123

정답 ⑤

정답해설

⑤ '우수수준'의 학생비율은 〈표〉에서 '550점 이상'의 누적비율에서 '625점 이상'의 누적비율을 차감하여 구할 수 있다. 이에 의하면 B국은 30%인 반면, D국은 33%이므로 D국이 B국보다 높음을 알 수 있다.

오답해설

① 〈그림〉에서 2018년의 차이는 1점에 불과한 반면 1998년의 차이는 17점이나 되어 1998년이 훨씬 크다는 것을 알 수 있다. 따라서 옳지 않은 내용이다.

② '갑'국의 전체 평균점수는 남학생의 평균점수와 여학생의 평균점수를 가중평균한 값이므로 두 값의 사이에 존재할 수밖에 없다. 그런데 2014년의 전체 평균점수는 610~616점의 범위 안에 위치하나 2018년은 605~606점의 범위에 있으므로 당연히 2014년의 전체 평균점수가 더 크다.

③ 〈표〉에서 G국과 H국은 '수월수준'의 학생비율이 7%로 동일하지만 평균점수는 G가 더 높으므로 옳지 않은 내용임을 알 수 있다.

④ '기초수준 미달'의 학생비율이 가장 높다는 것은 〈표〉의 '400점 이상' 누적비율이 가장 낮음을 의미하므로 91%를 기록한 F국이 이에 해당한다. 따라서 옳지 않다.

> **합격자의 SKILL**
>
> 이른바 '여사건'을 이용한 문제이다. 이 문제는 주어진 자료의 구성이 여사건을 한 눈에 알 수 있도록 제시되었지만 그렇지 않은 경우가 훨씬 많은 편이다. 여사건 개념을 이해하고 있더라도 문제를 풀 때 이를 적용하지 못하는 경우가 있다. 선택지 ④의 경우 이를 풀이하기 위해 100에서 차감한 숫자들을 직접 비교하는 경우가 바로 그것이다. 여사건은 100에서 해당 숫자를 뺄 수 있느냐가 중요한 것이 아니다. 선택지 ④와 같이 400점 이상의 비율이 가장 낮은 항목이 무엇인지를 곧바로 잡아낼 수 있어야 한다.

124

정답 ①

정답해설

먼저 확인해보아야 할 것은, A 프랜차이즈가 서울과 6대 광역시에만 위치하고 있느냐이다. 정석대로 하려면 주어진 숫자들을 정확하게 더한 값이 전체의 총합과 일치하는지를 판단해보아야 하나, 실전에서는 일의 자리 숫자만 더해보고 일치하는지의 여부로 판단해도 충분하다. 이 문제의 경우는 서울과 6대 광역시를 제외한 나머지 지역에는 프랜차이즈가 위치하고 있지 않은 상황이다.

① 만약 중규모 가맹점과 대규모 가맹점이 모두 서울 지역에 위치하고 있다면 이 둘의 결제 건수인 4,758건이 모두 서울지역에서 발생한 것이 된다. 그렇다면 서울 지역의 결제 건수인 142,248건에서 4,758건을 차감한 137,490건이 최소로 가능한 건수이다. 따라서 옳지 않은 내용이다.

오답해설

② 서울 지역의 결제 건수인 142,248건에 6,000건을 더하더라도 전체 결제 건수인 148,323건에 미치지 못한다. 따라서 6대 광역시 가맹점의 결제 건수 합은 6,000건 이상이다.

③ 〈표 2〉에서 결제 건수 대비 결제금액을 어림해보면 소규모와 대규모 가맹점은 건당 2만 원에 근접한 수치로 계산되는데, 중규모 가맹점의 경우는 건당 2만 원에 한참 미치지 못한다. 따라서 옳은 내용이다.

④ 대구 지역의 가맹점 수 대비 결제금액은 약 300만 원인데 반해 나머지 지역들은 이에 한참 미치지 못한다. 따라서 옳은 내용이다.

⑤ 전체 가맹점 수인 1,363개에서 이의 10%를 차감한 값이 90% 값이다. 이를 계산하면 1,363−136=1,227이므로 서울의 가맹점 수인 1,269개는 이보다 크다. 따라서 옳은 내용이다.

> **합격자의 SKILL**
>
> 90%와 10%를 이용하는 문제는 매년 출제될 만큼 중요한 유형이다. 이 수치는 선택지에서 직접 묻고 있지 않더라도 대소비교 및 어림산 시에 유용하게 활용되므로 기계적으로 풀이가 가능해야 한다. 또한 선택지 ①은 흔히 말하는 '적어도~' 유형의 문제이다. 의외로 이 유형의 문제를 빨리 풀어내지 못하는 수험생이 많다. 이것은 알기는 알지만 연습이 부족해서 생기는 일이다. 표의 구조와 수치를 제시하는 방식은 늘 변하기 마련이다. 따라서 기출문제에서 등장하는 '적어도~' 유형의 문제를 한 곳에 몰아두고 풀어보는 것도 좋은 방법이다. 다른 유형도 마찬가지로 이렇게 몰아서 푸는 연습이 되어 있다면 다시는 틀리지 않는다.

125

정답 ⑤

정답해설

ㄴ. 선택지의 상황을 따른다면 결국 진로상담은 교수와 진로컨설턴트에게만 해당되게 된다. 〈그림 2〉와 〈표〉를 통해 진로상담 건수가 2,403건임을 알 수 있고 이 중 641건이 진로컨설턴트에 의해 진행되었으므로 결국 교수가 진행한 진로상담은 1,762건임을 알 수 있다. 이는 교수가 진행한 전체 건수의 30%(약 1,300건)을 훨씬 초과하므로 옳은 내용임을 알 수 있다.

ㄷ. 〈표〉의 전체 항목을 비교하는 것으로 4학년, 1학년, 2학년, 3학년의 순으로 상담 건수가 많았으므로 옳은 내용이다.

ㄹ. 〈그림 1〉의 횟수별 학생 수를 모두 더하면 된다. 이를 계산하면 4,496명이어서 4,600명에 미치지 못하므로 옳은 내용이다.

ㄱ. 〈표〉에서 2학년과 3학년을 비교해보면 분모가 되는 전체 상담 건수는 3학년이 적은 반면, 분자가 되는 상담직원 수는 3학년이 더 크다. 따라서 전체 상담 건수 중 상담직원의 상담 건수가 차지하는 비중은 3학년이 2학년보다 더 크므로 옳지 않은 내용이다.

전체 스캔을 통해 간단한 선택지부터 판단하는 것이 얼마나 중요한 지를 정확히 보여준 문제이다. 위의 해설에서 보듯 ㄷ과 ㄹ은 정말 간단한 덧셈뿐이었지만 ㄱ과 ㄴ은 그보다는 까다로운 지문들이었다. 만약 스캔을 통해 ㄷ과 ㄹ을 먼저 판단했더라면 ㄱ 혹은 ㄴ 둘 중 하나만 확인하면 정답을 찾을 수 있었다.

126
정답 ①

ㄱ. 〈표〉에서 살펴보면 매년 불법체류외국인 수보다 체류외국인 수가 10% 적다는 것을 알 수 있다. 따라서 옳은 내용이다.

ㄹ. 80%를 구하기 보다는 20%를 이용해서 판단하는 것이 효율적이다. 즉, 선택지의 내용이 옳게 되기 위해서는 체류외국인 범죄 건수에서 불법체류외국인 범죄 건수가 차지하는 비중이 20% 이하가 되어야 하는데 제시된 자료를 어림해보면 모두 성립하고 있음을 알 수 있다. 따라서 옳은 내용이다.

ㄴ. 불법체류외국인 범죄 건수가 전년 대비 증가한 것은 2017년과 2018년인데 굳이 어림산을 하지 않아도 2018년의 증가율이 훨씬 크다는 것을 알 수 있다. 반면, 합법체류외국인의 범죄 건수가 증가한 해는 2016년과 2018년인데 단순히 눈대중으로 보아도 2016년의 증가율이 훨씬 크다는 것을 알 수 있다. 따라서 옳지 않은 내용이다.

ㄷ. 체류외국인 범죄 건수가 전년에 비해 감소한 해는 2015년과 2017년이며, 2015년의 경우는 합법체류외국인 범죄 건수와 불법체류외국인 범죄 건수도 전년에 비해 감소하였다. 그러나 2017년의 경우 불법체류외국인 범죄 건수는 전년에 비해 증가하였다. 따라서 옳지 않은 내용이다.

90%와 10%, 80%와 20%는 문제의 상황에 따라 얼마든지 자유자재로 변환하여 판단할 수 있어야 한다. 흔히 '여사건'이라고 하는 개념이 이것인데, 이는 많은 연습을 통해 숙달되지 않으면 오히려 시간을 더 소모할 수도 있는 방법이다. 물론, 있는 그대로 풀이했을 때의 복잡함에 거부감이 없는 수험생이라면 그렇게 풀이해도 무방하겠지만 권하지 않는다.

127
정답 ③

〈그림〉에서 제시된 수치들이 모두 비율로 나타나 있으므로 굳이 해당되는 수치를 직접 계산할 필요 없이 비율을 이용하여 대소비교를 해도 무방하다.

ㄴ. 비율수치를 이용해 계산하면 D 사업 예산은 (19%×51%)이고, C 사업 예산은 (19%×42%)이므로 C 사업 예산이 더 적다는 것을 알 수 있다. 따라서 옳은 내용이다.

ㄷ. B사업과 C사업 예산의 합은 42%×(34%+19%) 즉, (42%×53%)로 나타낼 수 있는데 이는 어림해서 판단하면 20%대 초반임을 알 수 있다. 그런데 경제복지 예산의 비중은 30%이어서 이보다 크므로 옳은 내용이다.

ㄱ. 총 예산이 135억 원이고 교육 예산은 이의 9%이므로 직접 계산하면 교육 예산은 12.15억 원이다. 따라서 옳지 않은 내용이다.

ㄹ. A-2사업 예산은 (42%×47%×48%)로 나타낼 수 있는데 뒤의 47%와 48%가 모두 50%라고 하더라도 약 10%로 계산된다. 따라서 실제 수치는 이보다 적은 9%정도라고 어림할 수 있어서 이의 3배는 약 27%정도로 추산할 수 있다. 그런데 도시안전 분야의 예산은 19%에 불과하여 이보다 적으므로 옳지 않은 내용임을 알 수 있다.

만약 단순한 대소비교가 아니라 선택지 ㄱ과 같이 실제 수치를 묻는 것이더라도 위와 같은 풀이법은 유효하다. 일단 비율로 구해놓은 후에 전체 수치에 곱하면 그만이기 때문이다.

128
정답 ③

여러 개의 자료로 분산된 수치들을 하나로 정리하면 다음과 같다.

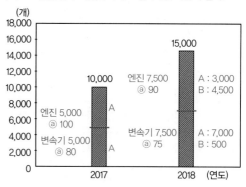

③ 2018년에 '갑' 자동차회사가 납품받은 엔진과 변속기 납품액 합은 (7,500개×90만 원)+(7,500개×75만 원)=1,237,500만 원이며, 2017년은 (5,000개×100만 원)+(5,000개×80만 원)=900,000만 원이므로 2018년이 2017년에 비해 30% 이상 증가하였다. 따라서 옳은 내용이다.

① A기업의 엔진 납품 개수는 2018년이 3,000개이고 2017년이 5,000개이므로 2018년이 2017년의 60% 수준에 불과하다. 따라서 옳지 않은 내용이다.

② 2018년 B기업의 변속기 납품 개수는 500개이며 엔진 납품 개수는 4,500개이므로 비율은 약 11.1%이다. 따라서 옳지 않은 내용이다.

④ 2018년에 '갑' 자동차회사가 납품받은 변속기 납품 개수는 7,500개이며 2017년은 5,000개이므로 2018년이 2017년의 2배에 미치지 못한다. 따라서 옳지 않은 내용이다.

⑤ 2018년 A, B 기업의 엔진 납품액의 합은 (7,500개×90만 원)이며, 변속기 납품액의 합은 (7,500개×75만 원)이다. 두 산식에서 7,500개가 공통으로 들어 있으므로 이들은 굳이 직접 계산하지 않아도 엔진 납품액이 더 크다는 것을 알 수 있다. 따라서 옳지 않은 내용이다.

합격자의 SKILL

이 문제는 전형적인 5급 공채의 스타일이며 앞으로는 7급 공채 시험에서도 얼마든지 출제될 수 있다는 것을 암시하는 대목이다. 이와 같이 3개 이상의 자료가 서로 연결되어 제시되는 경우는 이를 따로따로 판단할 것이 아니라 위의 그림처럼 한곳에 일목요연하게 정리하는 것이 필요하다. 일부 수험생들은 그 시간이 아깝다고 하곤 하는데, 오히려 정리만 되고나면 선택지를 판단하는 데에 걸리는 시간이 얼마 걸리지 않아 전체 풀이시간이 단축된다. 또한 이런 문제들이 난도는 낮은 경우가 대부분이므로 놓치지 말자.

01	02	03	04	05	06	07	08	09	10
④	③	①	⑤	⑤	⑤	②	③	⑤	③
11	12								
①	③								

01   정답 ④

정답해설

먼저, 제시된 표의 빈칸을 채우면 다음과 같다.

응답자의 종교 / 후보	불교	개신교	가톨릭	기타	합
A	130	(130)	60	300	(620)
B	260	(100)	30	350	740
C	(195)	(130)	45	300	(670)
D	65	40	15	(50)	(170)
계	650	400	150	1,000	2,200

ㄴ. C후보 지지자의 수는 670명이고, D후보 지지자의 수는 170명이므로 둘의 합은 B후보 지지자의 수인 740명을 넘는다. 따라서 옳은 내용이다.

ㄹ. 개신교 신자의 A후보 지지율은 32.5%$\left(=\dfrac{130}{400}\right)$이고, 가톨릭 신자의 C후보 지지율은 30%$\left(=\dfrac{45}{150}\right)$이므로 옳은 내용이다.

오답해설

ㄱ. 각 후보의 지지율을 직접 계산할 필요 없이 지지자 수를 비교하면 된다. A후보 지지자 수는 620명이고, C후보 지지자 수는 670명이므로 C후보 지지자의 수가 더 많다. 따라서 옳지 않은 내용이다.

ㄷ. A후보 지지자 중 개신교 신자는 130명이고 불교 신자 역시 130명이므로 둘은 동일하다. 따라서 옳지 않은 내용이다.

02   정답 ③

정답해설

주어진 〈표〉의 빈칸을 채우면 다음과 같다.

목적지 / 출발지	A	B	C	D	E	F	G	합
A	5	(65)	5	58	2	1	0	136
B	(27)	65	22	16	2	0	1	(133)
C	22	30	(93)	1	13	9	1	(169)
D	6	24	0	7	2	0	0	39
E	11	6	11	2	7	2	3	42
F	0	0	4	0	2	0	7	13
G	0	2	1	1	9	4	1	18
계	71	192	136	(85)	37	16	13	(550)

ㄱ. 출발지를 기준으로 할 때, 출발지가 F인 선박이 일본으로 표류한 횟수의 합이 13이므로 가장 적다. 따라서 옳은 내용이다.

ㄹ. 출발지를 기준으로 할 때, 일본으로 표류한 횟수의 합이 가장 많은 곳은 C(169)이므로 옳은 내용이다.

ㅁ. 출발지와 목적지가 같은 선박이 일본으로 표류한 횟수를 모두 합하면 178이고, 출발지가 B인 선박이 일본으로 표류한 횟수의 합은 133이므로 옳은 내용이다.

오답해설

ㄴ. 출발지를 기준으로 할 때, A는 B보다 일본과의 지리적 거리가 가깝지만 표류한 횟수의 합은 136으로 C의 169보다 적다. 따라서 옳지 않은 내용이다.

ㄷ. 목적지를 기준으로 할 때, 일본으로 표류한 횟수의 합이 5번째로 많은 곳은 E이므로 옳지 않은 내용이다.

03   정답 ①

정답해설

① 3차년도의 이자비용(A)은 2차년도의 사채장부가액(E)의 10%이므로 930백만 원이 되며 이자비용과 액면이자(600백만 원)의 차이가 상각액이 되므로 상각액은 330백만 원이 된다. 이 상각액을 2차년도의 사채장부가액에 더해주면 3차년도의 사채장부가액이 되며 그 값은 96억 3천만 원이 되어 96억 원을 넘어선다. 따라서 옳지 않은 지문이다.

오답해설

②, ③ 표의 구조에 의하면 사채장부가액은 매년 증가할 수밖에 없는 구조이므로 전년도의 사채장부가액의 10%인 이자비용 역시 매년 증가하게 된다. 반면 이자비용에서 차감되는 액면이자는 6억 원으로 매년 일정하므로 이 둘의 차이인 사채발행차금 상각액은 매년 증가하게 된다.

④ 산식의 구조상 1차년도에 3,000백만 원으로 주어진 미상각잔액은 매년 상각을 거치면서 감소하게 되므로 옳은 내용이다.

⑤ '해당연도 사채장부가액＝전년도 사채장부가액＋당해연도 상각액'이므로 이를 변형하면 '해당연도 사채장부가액－전년도 사채장부가액＝당해연도의 상각액'이 된다. 따라서 옳은 내용이다.

04   정답 ⑤

정답해설

⑤ 〈표〉에 의하면 2010년 동남권의 단위 재배면적당 마늘 생산량은 15톤/ha(＝60,000톤÷4,000ha)이므로 이를 2011년 동남권의 마늘 재배면적인 5,000ha에 적용하면 2011년 동남권의 마늘 생산량은 75,000톤임을 알 수 있다.

오답해설

① 〈그림〉에 의하면 2006~2009년 동안 동남권의 마늘 생산량은 매년 증가하였지만 2010년에는 2009년에 비해 감소하였으므로 옳지 않은 내용이다.

② 〈그림〉에 의하면 2010년의 경우 분모인 양파 재배면적은 거의 40%에 육박할 만큼 큰 폭으로 증가하였으나 분자인 양파 생산량은 약 10% 정도 증가하는 데 그치고 있어 단위 재배면적당 양파 생산량은 감소하였다. 따라서 옳지 않은 내용이다.

③ 〈그림〉에 의하면 2010년 동남권의 양파 재배면적이 4,500ha임을 알 수 있으므로 이를 〈표〉에 대입하면 2010년 울산의 양파 재배면적은 344ha로 계산할 수 있다. 그리고 2011년 울산의 양파 재배면적은 160ha로 계산되므로 2010년의 재배면적보다 감소하였음을 알 수 있다.

④ 〈그림〉에 의하면 2006~2009년 동안은 매년 마늘 재배면적이 양파 재배면적보다 크지만 2010년과 2011년은 그 반대이므로 옳지 않은 내용이다.

05
정답 ⑤

[정답해설]

먼저 제시된 〈표〉의 빈칸을 채우면 다음과 같다.

구분		2008	2009	2010	2011	2012	2013
서류 검증	건수	755	691	(765)	767	725	812
	비용	54	(60)	57	41	102	68
현장 검증	건수	576	650	630	691	(852)	760
	비용	824	1,074	1,091	(1,704)	2,546	1,609
전체	건수	1,331	1,341	13,958	1,458	1,577	1,572
	비용	878	1,134	1,148	1,745	2,648	(1,677)

⑤ 전년에 비해 현장검증 건수가 감소한 연도는 2010년과 2013년인데, 두 해 모두 전년에 비해 서류검증 건수가 증가하였으므로 옳은 내용이다.

[오답해설]

① 2013년의 경우 산업 신기술검증 전체비용이 전년에 비해 감소하였으므로 옳지 않은 내용이다.

② 2012년의 경우 서류검증 건수(725)보다 현장검증 건수(852)가 더 작으므로 옳지 않은 내용이다.

③ 판단의 편의를 위해 선택지의 분모와 분자를 바꾸면 '서류검증 비용당 건수는 2008년에 가장 작다'로 선택지를 변환할 수 있다. 그런데 이는 직접 계산을 하지 않더라도 2008년은 이 값이 10이 넘는데 반해 2012년은 약 7에 그치고 있다는 것을 확인할 수 있으므로 옳지 않은 내용이다.

④ 전년에 비해 현장검증 비용이 감소한 연도는 2013년(2012년 2,546천만 원에서 1,609천만 원으로 감소)뿐이므로 옳지 않은 내용이다.

06
정답 ⑤

[정답해설]

〈표〉에서 주어진 빈칸을 채우면 다음과 같다. 단, 전체 합계는 숫자가 커지므로 처음에는 계산하지 말고 선택지를 보면서 필요한 경우에만 채워 넣도록 하자.

발의 주체 / 연도	단체장	의원	주민	합
2010	527	(374)	23	924
2011	(628)	486	35	1,149
2012	751	626	39	(1,416)
2013	828	804	51	1,683
2014	905	865	(54)	1,824
전체	3,639	3,155	202	(6,996)

⑤ 2014년 조례발의 건수(1,824건)는 2012년 조례발의 건수(1,416건)의 1.5배(약 2,100건)에 미치지 못하므로 옳지 않은 내용이다.

[오답해설]

① 2012년 조례발의 건수(1,416건)의 50%는 708건인데 단체장발의 건수(751건)는 이보다 크므로 옳은 내용이다.

② 2011년 단체장발의 건수(628건)는 2013년 의원발의 건수(804건)보다 적으므로 옳은 내용이다.

③ 위 〈표〉에서 주민발의 건수는 매년 증가하고 있으므로 옳은 내용이다.

④ 2014년 의원발의 건수(865건)는 2010년(374건)과 2011년(486건)의 합(860건)보다 크므로 옳은 내용이다.

07
정답 ②

[정답해설]

ㄱ. 오프라인 도박과 상관없이 온라인 도박 경험이 있기만 하면 되므로 59+16+8=83명임을 알 수 있다.

ㄷ. 온라인 도박 경험이 있다고 응답한 사람 중 오프라인 도박 경험이 있다고 응답한 사람의 비중은 $\frac{8}{83}$이고, 전체 응답자 중 오프라인 도박 경험이 있다고 응답한 사람의 비중은 $\frac{16}{500}$이다. 이를 어림하면 전자는 10%에 육박하고 있는 반면 후자는 5%에도 미치지 못하고 있다. 따라서 전자가 후자보다 크므로 옳은 내용이다.

[오답해설]

ㄴ. 오프라인 도박에 대해 '경험은 없으나 충동을 느낀 적이 있음'으로 응답한 사람은 21+25+16=62명이므로 전체 응답자 500명의 10%인 50명을 초과한다. 따라서 옳지 않은 내용이다.

ㄹ. 직접 계산할 필요 없이 이미 온라인 도박과 오프라인 도박 모두에 대해 '경험이 없고 충동을 느낀 적도 없음'으로 응답한 사람이 250명, 즉 50%를 나타내고 있다. 그런데 온라인 도박에 대해 이같이 응답한 사람은 이보다 23명이 많으므로 당연히 전체 응답자에서 차지하는 비중은 50%를 넘게 된다. 따라서 옳지 않은 내용이다.

▶ 합격자의 SKILL

'빈칸 미리 채우기'의 원칙은 이 문제에서도 적용된다. 즉 빈칸이 4개 이하이면서 덧셈, 뺄셈과 같이 간단한 사칙연산으로만 이루어진 경우에는 미리 채워놓고 시작하는 것이 현명하다. 표의 크기가 작고, 빈칸의 개수가 작을수록 그것이 선택지에 활용될 가능성은 높아지며 이 문제와 같이 빈칸이 4개 이하라면 확실하다고 봐도 무방하다. 하지만 반대로 빈칸의 수가 적더라도 항목의 수가 많은 경우(예를 들어 주요 20개국의 특정항목에 대한 자료)라면 기계적으로 먼저 채워넣기보다 일단 선택지를 보고 판단하는 것이 좋다. 자료의 크기가 커진다면 꼭 그 빈칸이 아니더라도 선택지로 활용될 수 있는 것들이 많아지기 때문이다.

정답해설

③ 2010년 A 성씨의 동 지역 인구는 556명이고 2010년 A 성씨의 면 지역 인구는 53명이다. 따라서 2010년 A 성씨의 동 지역 인구는 2010년 A 성씨의 면 지역 인구의 10배 이상이므로 옳은 내용이다.

오답해설

① 2010년 A 성씨의 전체 가구는 228가구이며 1980년 A 성씨의 전체 가구는 80가구이다. 따라서 2010년 A 성씨의 전체 가구는 1980년의 3배 이하이므로 옳지 않다.

② 빈칸을 채우면 1980년 경기의 A 성씨 가구는 31가구이며 2010년 경기의 A 성씨 가구는 64가구이다. 따라서 2010년 경기의 A 성씨 가구는 1980년의 3배 이하이므로 옳지 않다.

④ 굳이 1980년 전북, 경북, 경남, 제주의 인구 수를 직접 구하지 않더라도 최댓값은 11(=140-129)이라는 것을 알 수 있으므로 부산보다는 적다는 것을 확인할 수 있다. 따라서 1980년 A 성씨의 인구가 부산보다 많은 광역자치단체는 서울(122명), 인천(40명), 경기(124명)의 3곳임을 알 수 있다.

⑤ 서울의 1980년 대비 2010년의 A 성씨 인구 증가폭은 61명(=183-122)인데, 경기의 인구 증가폭은 92명(=216-124)이다. 따라서 A 성씨 인구 증가폭이 서울보다 큰 광역자치단체가 없는 것이 아니므로 옳지 않은 내용이다.

합격자의 SKILL

이 문제의 경우 '광역시'와 '광역자치단체'를 혼동하여 풀이했을 가능성이 다소 있다. 선택지 ⑤의 경우 '광역시'만을 놓고 판단했다면 옳다고 판단했을 수 있다. 자료해석 문제에서는 이와 같이 비슷한 용어들을 하나의 자료에 몰아넣고 혼동을 유발하는 경우가 종종 있으니 주의하도록 하자.

정답해설

먼저 각각의 스마트폰의 종합품질점수를 계산하면 다음과 같다.

구분	A	B	C	D	E	F	G	H	I
점수	13	10	11	12	11	9	13	11	12

ㄷ. 항목의 수가 같은 상황에서 평가점수 평균의 대소를 구하는 것이므로 굳이 평균을 구할 필요 없이 총점을 비교하면 된다. 이를 계산하면 통신사 갑의 '통화성능' 총점은 4점, 을은 3점, 병은 5점이므로 병이 가장 높다.

ㄹ. 직접 계산할 필요 없이 '멀티미디어' 항목은 스마트폰 I에서 2점을 얻은 것을 제외하고는 모두 3점으로 최소한 공동으로 1위는 차지하고 있다. 따라서 옳은 내용이다.

오답해설

ㄱ. 소매가격이 200달러인 스마트폰은 B, C, G이며 이 중 '종합품질점수'가 가장 높은 스마트폰은 G(13점)이므로 옳지 않은 내용이다.

ㄴ. 소매가격이 가장 낮은 스마트폰은 H(50달러)이며 '종합품질점수'가 가장 낮은 스마트폰은 F(9점)이므로 옳지 않은 내용이다.

정답해설

이와 같이 괄호의 수가 많지 않고 보기도 적은 경우는 거의 대부분 괄호를 채워 놓고 시작하는 것이 편한 경우가 많으며, 꼭 편리성의 측면을 떠나 결국에는 다 채워야 정답을 판단할 수 있게 구성되는 경우가 많다. 표의 빈칸을 채우면 다음과 같다.

구분	갑	을	병	정	범위
A	7	8	8	6	2
B	4	6	8	10	(6)
C	5	9	8	8	(4)
D	6	10	9	7	4
E	9	7	6	5	4
중앙값	(6)	(8)	8	(7)	–
교정점수	(6)	8	(8)	7	–

ㄱ. 위 표에 의하면 면접관 중 범위가 가장 큰 면접관은 B(6)이므로 옳은 내용이다.
ㄷ. '병'의 교정점수는 8점이며 '갑'은 6점이므로 옳은 내용이다.

오답해설

ㄴ. 응시자 중 중앙값이 가장 작은 응시자는 갑(6)이므로 옳지 않은 내용이다.

정답해설

단순한 덧셈과 뺄셈으로만 이루어진 빈칸 채우기 문제는 일단 빈칸을 채워놓고 시작하는 것이 편하다. 곱셈 혹은 나눗셈이라면 상황에 맞춰서 판단해야 하겠지만 덧셈, 뺄셈의 자료는 거의 대부분 선택지의 구성 자체가 그 빈칸을 채우지 않고는 풀 수 없게끔 출제된다. 시청자평가지수는 만족도지수와 질평가지수의 평균이므로 이를 이용하여 주시청 시간대의 빈칸을 채워 넣으면 다음과 같다.

구분		주시청 시간대	
유형	방송사	만족도지수	질평가지수
지상파	A	(7.26)	7.20
	B	7.23	(7.01)
	C	7.11	6.93
	D	(7.41)	7.23
종합편성	E	7.10	7.02
	F	(7.94)	7.88
	G	7.20	(7.06)
	H	7.08	7.00

ㄱ. 〈표〉에 의하면 각 지상파 방송사는 전체 시간대와 주시청 시간대 모두 만족도지수가 질평가지수보다 높으므로 옳은 내용이다.
ㄴ. 〈표〉에 의하면 각 종합편성 방송사의 질평가지수는 주시청 시간대가 전체 시간대보다 높다.

ㄷ. 시청자평가지수는 주어진 산식에 의해 직접 계산해볼 수도 있지만 한 가지 요령을 활용하는 것도 방법이다. 방송사 D의 경우 주시청 시간대의 모든 수치가 전체 시간대의 수치들보다 큰 상태이다. 이는 결국 평균을 구하더라도 주시청 시간대의 평균이 더 크다는 것을 의미하므로 옳지 않은 내용이다.

ㄹ. 〈표〉에서 만족도지수의 경우 주시청 시간대가 전체 시간대보다 높은 것은 B, D, E, F, G, H이고 시청자평가지수의 경우 주시청 시간대가 전체 시간대보다 낮은 것은 A, B, C이다. 따라서 둘에 모두 해당하는 것은 B뿐이므로 옳지 않은 내용이다.

합격자의 SKILL

수험생의 입장에서는 가장 피하고 싶은 문제 유형이다. 물론 풀이 자체는 어렵지 않으며 풀이만 제대로 했다면 정답을 찾는 데에는 문제가 없었을 것이다. 하지만 문제를 풀고 난 이후에 걸린 시간을 체크해 보았는가? 바로 이런 문제가 무서운 문제이다. 풀 때에는 쭉쭉 풀려나가기에 시간 가는 줄 모르는 문제가 바로 이런 유형이다. 만약 선택지에 ㄱ, ㄴ, ㄹ과 같이 ㄱ, ㄴ 이외의 다른 것이 들어 있었다고 생각해보자. 웬만하면 이런 유형의 문제는 패스하는 것이 좋다고 생각된다.

12
정답 ③

정답해설

제시된 〈표〉에는 괄호가 3개가 주어져 있다. 그중 간단한 계산만으로 채울 수 있는 '경종의 족내혼 후비 수'와 '충숙왕의 몽골출신 후비 수'를 먼저 채워 넣으면 각각 4명과 3명임을 알 수 있다.

③ 태조부터 경종까지의 족내혼 후비 수의 합은 6명이며, 문종부터 희종까지의 족내혼 후비 수의 합은 8명이므로 옳지 않은 내용이다.

오답해설

① 실제로 계산해보는 방법 이외에는 뾰족한 수가 없는 선택지이다. 계산해보면 전체 족외혼 후비 수는 92명이며 족내혼 후비 수는 28명이므로 전자가 후자의 3배 이상임을 알 수 있다.

② 위에서 계산한 것과 같이 몽골출신 후비 수가 가장 많은 왕은 충숙왕(3명)이다.

④ 태조의 후비 수(29명)는 광종과 경종의 모든 후비 수의 합(7명)의 4배 이상이므로 옳은 내용이다.

⑤ 경종의 족내혼 후비 수(4명)가 충숙왕의 몽골출신 후비 수(3명)보다 많으므로 옳은 내용이다.

합격자의 SKILL

괄호가 주어지는 자료는 모든 수험생들을 시험에 들게한다. 괄호들을 모두 채울 것인지 아니면 일단 선택지를 통해 판단할 것인지를 미리 결정하기가 어렵기 때문이다. 한가지 확실한 것은 단순한 덧셈이나 뺄셈으로 빠르게 채울 수 있는 것이라면 일단 채워놓고 시작하는 것이 편하다는 것이다. 그런 것들은 결국 선택지를 판단하는 과정에서 채워야 하기 때문이기도 하다. 다만 괄호의 개수가 5개 이상인 경우는 선택지를 통해 채워야 하는 경우가 많은 만큼 미리 채우지 않는 것이 효율적이다. 대부분 선택지에서 특정한 조건을 주고 채우게끔 하는 경우가 많다.

01	02	03	04	05	06	07	08	09	10
②	④	③	⑤	④	③	①	④	①	②
11	12	13	14	15	16	17	18	19	20
②	④	②	②	①	⑤	④	②	①	③
21	22	23	24	25	26	27	28	29	30
④	③	⑤	②	②	④	①	②	②	④
31	32	33
----	----	----
③	②	⑤

01
정답 ②

정답해설

기본료를 Z, 면당 추가료를 X, 청구항당 심사청구료를 Y로 놓고 각 사례에 대한 식을 세우면 다음과 같다.

- A : Z+20X+2Y=70,000
- B : Z+20X+3Y=90,000
- C : Z+40X+2Y=90,000

먼저, 식A에서 식B를 차감하면 Y(청구항당 심사청구료)가 20,000원임을 알 수 있으며, 다음으로 식B에서 식C를 차감하면 X(면당 추가료)가 1,000원임을 알 수 있다.

02
정답 ④

정답해설

주어진 자료를 토대로 각 토지의 자료를 구하면 다음과 같다.

A : 10만 원×10m²×1.0(도로접면상태 가중치)×1.0(토지용도 가중치)=100만 원
B : 10만 원×10m²×1.0×1.3=130만 원
C : 10만 원×10m²×0.9×1.3=117만 원
D : 10만 원×20m²×0.9×1.0=180만 원
E : 10만 원×20m²×0.7×1.0=140만 원

따라서 토지가격이 가장 높은 토지는 180만 원, 가장 낮은 토지는 100만 원이므로 둘의 가격 차이는 80만 원이다.

03
정답 ③

정답해설

③ A8은 현재 A2, A13, A21, A7 4명의 친구를 가지고 있으나 여기에 추가로 A14와 A16까지 친구가 되면 총 6명의 친구를 가지게 되어 A7과 함께 가장 많은 친구를 가진 학생 중의 한 명이 된다. 따라서 옳은 내용이다.

오답해설

① A14와 A16은 친구가 한 명도 없는 학생이므로 옳지 않은 내용이다.
② A7은 A5, A8, A10, A15, A1, A3 6명의 친구를 가지고 있으므로 옳지 않은 내용이다.
④ A10이 전학을 가게 되더라도 여전히 A1과 A3는 A7과 A15 모두를 친구로 두고 있으므로 옳지 않은 내용이다.

⑤ A8과 A11이 전학을 가게 되면 A6, A13, A21도 친구가 한 명도 없는 학생이 되므로 현재의 2명에서 5명으로 두 배 이상 증가하게 된다. 따라서 옳지 않은 내용이다.

04
정답 ⑤

정답해설

각 첨가물별로 섭취량과 섭취 허용량을 구하면 다음과 같다.

(단위 : mg)

바닐린	섭취량	300(사탕)
	허용량	10×50=500, 따라서 허용량을 초과하지 않는다.
푸마르산	섭취량	15(사탕)+200(햄버거)=215
	허용량	4×50=200, 따라서 허용량을 초과한다.
글리세린	섭취량	600(음료)+800(스낵)=1,400
	허용량	30×50=1,500, 따라서 허용량을 초과하지 않는다.
식용색소 적색3호	섭취량	12(사탕)+8(스낵)=20
	허용량	0.1×50=5, 따라서 허용량을 초과한다.
식용색소 황색4호	섭취량	300(음료)+160(스낵)=460
	허용량	10×50=500, 따라서 허용량을 초과하지 않는다.

05
정답 ④

정답해설

ㄱ. 〈표〉에 의하면 '갑'의 소득은 2000년 8,000천 원부터 2004년 24,000천 원까지 매년 증가하였으며, X재화 구매량도 5개부터 20개까지 매년 증가하였으므로 옳은 내용이다.
ㄴ. 2001년 '갑'의 X재화의 전년 대비 구매량 증가율은 100%이며, 전년 대비 소득증가율은 50%이므로 옳은 내용이다.
ㄹ. 2006년의 경우 X재화의 전년 대비 구매량변화율이 음수이므로 소득탄력성이 음의 값을 갖기 때문에 열등재에 속한다. 따라서 옳은 내용이다.

오답해설

ㄷ. 2004년의 경우 X재화의 전년 대비 구매량 변화율이 11.1%이므로 소득탄력성은 $\frac{11.1}{20}$≒0.5로 계산된다. 그런데 사치재는 소득탄력성이 1보다 큰 정상재이므로 옳지 않은 내용이다.

06
정답 ③

정답해설

제시된 〈평가점수와 평가등급의 결정방식〉에 따라 〈표〉의 빈칸을 채우면 다음과 같다.

구분 지원자	창의성	성실성	체력	학위	평가점수
가	80	90	95	박사	(400)
나	90	60	80	학사	310
다	70	60	75	석사	300
라	85	(70)	50	학사	255

마	95	80	60	학사	295
바	55	95	65	학사	280
사	60	95	90	석사	355
아	80	(85)	85	박사	375
자	75	90	95	석사	(375)
차	60	70	(80)	학사	290

③ '아'의 성실성 점수(85점)는 '라'의 성실성 점수(70점)와 같지 않으므로 옳지 않다.

오답해설

① 위 표에 따르면 '가'의 평가점수는 400점이고 전체 지원자 중 가장 높으므로 옳은 내용이다.

② 위 표에 따르면 '라'의 성실성 점수(70점)는 '다'(60점)보다 높지만 '마'(80점)보다 낮으므로 옳은 내용이다.

④ 평가점수가 350점 이상인 지원자에게 S등급이 부여되므로 이를 충족하는 지원자는 가, 사, 아, 자의 4명이다.

⑤ '차'가 체력점수에서 5점을 더 얻는다면 2배 가중한 값인 10점만큼 전체 평가점수가 상승하게 되어 300점을 얻게 된다. 그런데 기준에 따르면 300점 이상 350점 미만인 경우 A등급이 부여된다고 하였으므로 옳은 내용이다.

합격자의 SKILL

선택지 ⑤의 경우는 굳이 원래의 체력점수를 구할 필요없이 체력점수가 5점 늘어나면 평가점수가 10점 늘어나게 된다는 것만 파악하면 된다. 그리고 종종 이 문제의 최종 학위와 같이 수치가 아닌 말로 된 항목이 제시되는 경우가 있다. 이런 경우는 처음부터 문제에서 제시하고 있는 〈표〉에 해당 수치를 직접 적어두면 시간을 조금이나마 절약할 수 있다.

07

정답 ①

정답해설

제시된 〈2012년 양육수당 지급조건〉과 〈표 1〉, 〈표 2〉의 내용을 토대로 각 신청 가구별 양육수당을 계산하면 다음과 같다.

ⅰ) 가 : A(22개월, 일반) : 15만 원

ⅱ) 나 : B(16개월, 농어촌) : 17.7만 원

C(2개월, 농어촌) : 20만 원

ⅲ) 다 : D(23개월, 장애아동) : 20.5만 원

ⅳ) 라 : E(40개월, 일반) : 10만 원

F(26개월, 일반) : 10만 원

ⅴ) 마 : G(58개월, 일반) : 제외

H(35개월, 일반) : 10만 원

I(5개월, 일반) : 20만 원

이를 가구별로 정리하면 가) 15만 원, 나) 37.7만 원, 다) 20.5만 원, 라) 20만 원, 마) 30만 원이다. 따라서 2012년 5월분의 양육수당이 많은 가구부터 순서대로 나열하면 나-마-다-라-가이다.

08

정답 ④

정답해설

4명 모두의 과세표준이 최소 15,000만 원 이상(D의 과세표준은 25,000만 원임)이므로 공통적으로 해당되는 1억 원 이하분의 근로소득세(구체적으로 계산하면 1,200만 원)는 제외하고 나머지 부분에 대해서만 판단한다.

구분	근로소득세	금융소득세	소득세 산출액
A	1,000만 원	750만 원	1,750만 원
B	3,250만 원	–	3,250만 원
C	2,000만 원	–	2,000만 원
D	3,250만 원*	750만 원	4,000만 원

*D의 근로소득세는 금융소득 중 5천만 원을 초과하는 부분에 대한 세액임

따라서 소득세 산출액이 가장 많은 사람은 D이고, 가장 적은 사람은 A이다.

합격자의 SKILL

대소비교 시 공통되는 수치가 있을 경우 굳이 그 부분을 계산하지 말고 차이가 발생하는 부분만 계산하여 비교하는 것이 효율적이다. 이는 1,001과 1,002의 대소를 비교할 때 공통적인 부분인 1,000을 제외하고 1과 2의 대소비교를 하는 것과 같은 논리이다.

09

정답 ①

정답해설

각각의 구매방식별 비용을 구하면 다음과 같다.

- 스마트폰앱 : 12,500원×0.75=9,375원
- 전화 : (12,500원-1,000원)×0.9=10,350원
- 회원카드와 쿠폰 : (12,500원×0.9)×0.85 ≒ 9,563원
- 직접방문 : (12,500원×0.7)+1,000원=9,750원
- 교환권 : 10,000원

따라서 피자 1판을 가장 싸게 살 수 있는 구매방식은 스마트폰앱이다.

10

정답 ②

정답해설

주어진 자료를 토대로 연립방정식을 세우면 다음과 같다.

ⅰ) A+D=750

ⅱ) A+B=500

ⅲ) C+D=500

ⅳ) A+C=450

ⅴ) B+D=550

여기서 ⅳ)에서 ⅰ)을 차감하면 C-D=-300을 도출할 수 있으며 이 식과 ⅲ)을 결합하면 C=100, D=400을 구할 수 있다. 여기서 구해진 D를 식 ⅴ)에 대입하면 B는 150임을 알 수 있다.

11

정답해설

ⅰ) 먼저 네 번째 조건을 살펴보면 인천 공장의 가능 가동시간이 가장 길다고 하였으므로 D공장이 인천임을 알 수 있다.

ⅱ) 세 번째 조건에서 서울과 부산 공장의 실가동률이 같다고 하였는데 A~C 중 실가동률이 같은 것은 A와 B$\left(\dfrac{3}{4}\right)$뿐이다. 따라서 A와 B는 순서에 관계없이 서울과 부산임을 알 수 있으며, 이로 인해 남은 C는 광주임을 알 수 있다.

ⅲ) 마지막으로 두 번째 조건을 살펴보면, A가 서울이고 B가 부산인 경우에만 부산과 광주 공장의 실제 가동시간 합(400시간)이 서울과 인천 공장의 실제 가동시간 합(600시간)보다 작다는 것을 알 수 있다.

ⅳ) 따라서, A가 위치한 도시는 서울이고 D가 위치한 도시는 인천이다.

합격자의 SKILL

실전에서는 A의 수치가 B의 2배라는 점만 파악하면 실가동률을 해설처럼 직접 계산할 필요가 없다. 또한 매칭형 문제에서 항목 간의 합을 비교하는 조건은 최대한 뒤에 검토하는 것이 효율적이다.

12

정답해설

ㄱ. A안건과 C안건이 상정되면 A안건은 '을'이, C안건은 '갑'과 '병'이 투표하게 되므로 C안건이 채택된다.

ㄴ. 먼저 A와 B안건이 상정되면 A안건은 '을'이, B안건은 '갑'과 '병'이 투표하므로 B안건이 채택되며, B와 C안건이 상정되면 B안건은 '을'과 '병'이, C안건은 '갑'이 투표하여 역시 B안건이 채택된다. 마지막으로 B와 D안건이 상정되는 경우는 '갑', '을', '병' 모두가 B안건에 투표하여 B안건이 채택된다. 따라서 B 안건은 어떠한 다른 안건과 함께 상정되어도 항상 채택된다.

ㄹ. 이미 을과 병이 D안건을 4순위로 평가하고 있는 상태이기 때문에 어떠한 조합으로 상정하더라도 최소 2명은 D가 아닌 다른 안건에 투표하게 된다. 따라서 D안건은 어떠한 다른 안건과 함께 상정되어도 항상 채택되지 못한다.

오답해설

ㄷ. C안건이 상정되는 경우를 살펴보면 A와 C안건이 상정된 경우 ㄱ에서 본 것처럼 C안건이 채택되며 B와 C안건이 상정된 경우 ㄴ에서 본 것처럼 B안건이 채택된다. 마지막으로 C와 D안건이 상정되면 갑, 을, 병 모두가 C안건에 투표하므로 C안건이 채택된다. 따라서 C안건이 상정되어 채택되는 경우는 모두 2가지이다.

13

정답해설

주어진 〈조건〉에 맞추어 단계별로 진행한 결과를 표시하면 다음과 같다.

구분	15L 항아리	10L 항아리	4L 항아리
1	11	5	4
2	6	10	4
3	10	10	0
4	10	6	4
5	14	6	0
6	15	5	0

따라서 모든 단계를 완료한 후 10L 항아리에 남아 있는 물의 양은 5L이다.

14

정답해설

먼저 주어진 조건을 통해 A에서 ☆△□<☆○△이므로 △<○이고, B에서 □☆○>□☆△이므로 ☆>○이며, C에서 □□☆<○△☆ 이므로 □<△임을 알 수 있다. 이를 정리하면 결국 각 변수들의 관계를 □<△<○와 □<△<☆로 정리할 수 있는데, 이를 통해 □이 백의 자리에 위치한 □☆○은 가장 높은 수익률인 532가 될 수 없음을 알 수 있다. 따라서 ○△☆과 ☆○△ 둘 중 하나가 532가 된다. 그런데 만약 ○△☆이 532라면 △<☆이라는 조건에 모순되므로 결국 가장 높은 수익률은 ☆○△가 되며 이의 값은 532가 된다. 마지막으로 △이 2이고 △보다 □이 작다고 하였으므로 □은 1임을 알 수 있다(첫 번째 조건에서 각 기호가 모두 자연수라고 하였다).

15

정답해설

〈지급방식〉에 따라 가입자 A~D의 탄소포인트를 계산하면 다음과 같다.

구분	A	B	C	D
전기	0	10,000	10,000	5,000
수도	2,500	2,500	1,250	2,500
가스	5,000	5,000	5,000	2,500
총합	7,500	17,500	16,250	10,000

이에 따라 탄소포인트를 가장 많이 지급받는 가입자는 B, 가장 적게 지급받는 가입자는 A임을 알 수 있다.

합격자의 SKILL

위의 표에서는 해설을 위해 D의 포인트도 계산해놓았지만 실전에서는 D를 계산해서는 안 된다. D의 포인트는 이미 문제에서 제시하고 있다.

16

정답해설

각 기업 A~E의 기본 생산능력을 각각 a~e라 하고, 주어진 정보와 공식을 이용하여 1월~3월에 해당하는 식을 세워보면 다음과 같다.

1월 : b+c=23,000
2월 : (b+d)×0.5=17,000
3월 : c+1.2e=22,000(단, c=e이므로, c+1.2c=22,000)

위의 식을 연립해서 풀면 a=15,000, b=13,000, c=10,000, d=21,000, e=10,000으로 계산되므로 기본 생산량이 가장 큰 기업은 D이고, 세 번째로 큰 기업은 B이다.

17

[정답해설]

ㄴ. 〈표 1〉에 따라 A와 B의 2015년 대비 2016년의 연봉인상률을 구하면 둘 모두 10%로 계산되므로 2015년 A와 B의 성과평가등급은 모두 Ⅱ등급으로 동일하다.

ㄷ. 성과평가에서 Ⅰ등급을 받았다면 연봉인상률이 20%가 되는 해가 있어야 하는데 C의 경우 2015년 대비 2016년의 연봉인상률이 20%이다. 따라서 옳은 내용이다.

[오답해설]

ㄱ. 〈표 1〉에 따라 2013년 대비 2014년의 연봉인상률을 구하면 A는 20%, B는 0%, C는 5%, D는 10%이다. 따라서 이를 이용해 이들의 2013년 성과평가등급을 살펴보면 A는 Ⅰ등급, B는 Ⅳ등급, C는 Ⅲ등급, D는 Ⅱ등급임을 알 수 있다. 이를 성과평가등급이 높은 사원부터 순서대로 나열하면 A-D-C-B이므로 옳지 않은 내용이다.

ㄹ. 성과평가에서 Ⅲ등급을 받았다면 연봉인상률이 5%가 되는 해가 있어야 하는데 D의 경우 제시된 연도에서는 5%의 인상률을 기록한 적이 없다. 따라서 옳지 않은 내용이다.

18

[정답해설]

② '갑'이 B지점에서 1시간 이상 머물렀다면 전체 구간인 600km를 최소 5시간 이내에 이동해야 하는데 그렇다면 이때의 평균속력은 120km/h가 되어야 한다. 따라서 A → B 또는 B → C 구간에서 속력이 120km/h 이상인 적이 있다.

[오답해설]

① B지점에서 C지점까지의 거리가 400km이고 자동차의 최고속력이 200km/h이므로 소요시간은 최소 2시간이다. 최고속력을 고려할 때 A지점에서 B지점까지의 이동시간은 충분하므로 B지점에서 최소 14시 이전에만 출발하면 된다.

③ '을'은 B지점에서 C지점까지의 400km를 4시간 동안 주행하였으며 C지점에서 E지점까지의 200km를 2시간 동안 주행하였으므로 두 구간의 평균속력은 모두 시속 100km로 동일하다.

④ B지점에서 C지점까지의 거리가 400km이고 4시간이 소요되었으므로 '을'의 평균속력은 시속 100km이다. 그러나 '갑'의 경우는 B지점에서의 출발시간이 12시 이전인지 이후인지에 따라 평균속력이 100km/h에서 높아질 수도 낮아질 수도 있다. 따라서 둘 간의 평균속력은 비교가 불가능하다.

⑤ B → C의 거리는 200km이고 C → E의 거리는 400km이므로, B → C → E의 거리는 600km이다. 또 B → D의 거리는 200km이고 D → E의 거리는 400km이므로 B → D → E의 거리 역시 600km이다. 따라서 두 구간의 거리는 동일하므로 옳지 않다.

19

[정답해설]

계산의 편의를 위해 각국의 환율을 200으로 나누면 A : 6, B : 10, C : 1, D : 5로 간략화시킬 수 있다. 그리고 이를 〈표 2〉에 대입하면 다음과 같은 표를 얻을 수 있다. 아래는 모두 이 수치에 근거하여 풀이하였다.

구분	햄버거	피자	치킨	삼겹살
A	30	12	90	48
B	60	10	90	30
C	40	30	120	30
D	50	25	100	45
D(ㄹ)	60	18	120	54

ㄱ. 각 나라별 구매 가능한 햄버거의 개수를 직접 구할 필요 없이 원화로 환산한 햄버거의 가격이 제일 싼 국가를 선택하면 된다. A~D 중 A의 가격이 30원으로 제일 싸므로 A국에서 가장 많은 개수의 햄버거를 살 수 있다.

ㄴ. B국의 치킨 한 마리 가격은 90원이며, 삼겹살 3인분의 가격 역시 90원이므로 옳은 내용이다.

[오답해설]

ㄷ. C국의 삼겹살 4인분의 가격은 120원이며, A국의 햄버거 5개는 150원이므로 서로 동일하지 않다. 따라서 옳지 않다.

ㄹ. D국의 원화 환율이 $\frac{1,200원}{d}$로 상승한 경우를 위의 표에 정리하면 'D(ㄹ)'과 같다. 먼저 D국의 환율이 $\frac{1,000원}{d}$인 경우에는 치킨 한 마리의 가격이 100원이므로 600,000원으로 구매할 수 있는 치킨의 마리 수는 6,000마리이다. 한편, 환율이 $\frac{1,200원}{d}$로 상승하였다면 치킨 1마리의 가격이 120원으로 상승하게 되어 구매할 수 있는 치킨의 마리수가 5,000마리로 1,000마리 감소한다. 이를 감소율로 나타내면 약 16.7%로 계산되므로 옳지 않은 내용임을 알 수 있다.

합격자의 SKILL

표에서 주어진 것과 같이 절대적인 가격이 큰 의미를 가지지 않는 경우(단순히 대소비교만이 필요한 상황 등이 이에 해당한다) 수치를 바로 이용하기보다는 간단한 수로 약분하여 사용하는 것이 효율적이다. 이 문제의 경우 A : 6, B : 10, C : 1, D : 5로 변환하여 풀이하였다.

20

[정답해설]

이와 같이 선택지에서 가능한 경우를 제시하였다면 따질 것 없이 선택지 소거법을 활용해야 한다.

먼저, 두 번째 조건에서 시험점수가 같은 학생이 A, E, F라고 하였으므로 A의 시험점수 역시 9점임을 알 수 있다. 따라서 선택지 ①과 ②는 제외된다. 그리고 세 번째 조건에서 산술평균이 8.5점이라고 하였으므로 전체 학생들의 점수총점은 51점임을 알 수 있으며, 이미 A, E, F가 각각 9점이라고 하였으므로 B, C, D의 점수의 총합이 24점인 것을 확인할 수 있다.

이제 D의 점수가 C보다 4점 높다는 마지막 조건을 통해 선택지 ③~⑤를 판단해보자.

구분	A	B	C	D
③	9	8	6	10
④	9	10	5	9
⑤	9	10	6	10

두 번째 조건에서 시험점수가 같은 학생은 A, E, F뿐이라고 하였는데 ④는 여기에 D가 추가되고, ⑤는 B와 D의 점수가 같아 조건에 위배된다. 따라서 가능한 것은 ③이다.

21 정답 ④

정답해설

A구, B구, E구의 평균을 각각 A, B, E로 놓고 〈조건〉에 맞추어 연립방정식을 세우면 다음과 같다.

> i) A+B=30
> ii) A+12=2E → A-2E=-12
> iii) B+6=E → B-E=-6

이제 i)식에서 iii)식을 차감하면 A+E=36을 얻을 수 있으며, 이를 ii)와 연립하면 E의 평균이 16kg임을 알 수 있다. 이를 ii)식에 대입하면 A의 평균은 20kg임을, 다시 이를 i)식에 대입하면 B의 평균은 10kg임을 알 수 있다. 이를 토대로 변동계수를 구하면 다음과 같다.

구분	평균	표준편차	변동계수
A	(20)	5.0	25%
B	(10)	4.0	40%
C	30	6.0	20%
D	12	4.0	33%
E	(16)	8.0	50%

합격자의 SKILL

이 문제에서 변동계수를 산식 그대로 구하면 위의 풀이와 같은 수치를 얻을 수 있으나 산식의 분자와 분모를 바꾸어 계산하면 매우 간단한 정수로 계산됨을 알 수 있다. 이 수치를 이용해 풀이하면 보다 빠르게 정답을 찾을 수 있다. 물론, 이렇게 할 경우 변동계수가 3번째로 큰 구가 아니라 3번째로 작은 구로 바꿔서 판단해야 함은 물론이다.

22 정답 ③

정답해설

③ 시급 차이라는 것은 결국 시급 인상분을 구하는 것과 같은 의미이므로 2016년의 시급과 2017년의 시급 인상률이 얼마인지만 알면 대소비교가 가능하다. 일단 C와 D는 선택지 ②에서 2017년의 시급이 60,000원이라는 것을 확인할 수 있으므로 C의 인상폭은 5,400원임을 알 수 있다. 그런데 나머지 강사들의 시급 인상률은 동결 혹은 5% 인상에 그치므로 결국 두 기간 간 시급 차이가 가장 큰 강사는 C임을 알 수 있다.

오답해설

① 강사 E의 수강생 만족도가 3.2이므로 2016년의 시급은 2015년과 같게 책정된 48,000원이 되므로 옳지 않은 내용이다.

② 강사의 시급은 60,000원을 넘지 못한다는 것에서 2017년 강사 D의 시급은 60,000원임을 알 수 있다. 따라서 강사 C의 시급이 얼마인지만 알면 대소비교가 가능한데, 강사 C 역시 10% 인상 시 시급 60,000원을 넘게 되어 결국 둘 다 2017년에는 60,000원의 시급을 받게 된다.

④ 강사 C의 2015년 대비 2016년 시급 인상률을 계산하면 5%이므로 2015년 수강생 만족도는 4.0점 이상 4.5점 미만임을 알 수 있다. 따라서 옳지 않은 내용이다.

⑤ 강사 A와 B 모두 2016년의 수강생 만족도가 4.0점 이상 4.5점 미만의 범위 내에 있으므로 2017년의 시급 인상률은 5%가 됨을 알 수 있다. 따라서 강사 A의 2017년 시급은 55,000원에서 5% 인상된 57,750원이고, 강사 B는 45,000원에서 5% 인상된 47,250원으로 계산되므로 둘의 차이는 10,000원이 아닌 10,500원이다. 따라서 옳지 않은 내용이다.

23 정답 ⑤

정답해설

'가능한 것은?'을 묻는 문제라면 무조건 선택지를 이용하여 풀이해야 한다. 먼저, 주어진 조건 중 확정된 값이 제시된 '병'을 살펴보면, (가)+(다)+16,000=44,000이므로 (가)+(다)=28,000임을 알 수 있다. 여기서 선택지 ①을 제외시킬 수 있다.

다음으로, 주어진 조건들을 종합하면 다음의 부등식을 이끌어낼 수 있다.

> (가)+(나)+(다)>24,000+(나)>44,000
> → 28,000+(나)>24,000+(나)>44,000

따라서 (나)>20,000임을 알 수 있다. 그런데 이를 만족하는 선택지는 ⑤뿐이므로 정답을 확정할 수 있다.

24 정답 ②

정답해설

해설의 편의를 위해 아래와 같이 빈 동그라미들을 각각 A~D라 하자.

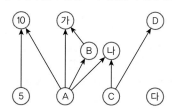

먼저 2부터 10까지의 숫자 중에서 배수관계가 없는 숫자는 7이 유일하므로 '다'는 7임을 알 수 있다. 다음으로 10의 약수는 2와 5이므로 'A'에는 2가 들어가야 하며, 'B'에는 2(A)의 배수가, '가'에는 2(A)의 '배수의 배수'가 들어가야 한다. 그런데 2부터 10까지의 숫자 중에서 2와 이러한 관계를 가질 수 있는 조합은 2, 4, 8뿐이다. 따라서 'B'는 4가 되고 '가'는 8이 되어야 한다. '나'에는 2의 배수 중 아직 할당이 되지 않은 유일한 숫자인 6이 들어가야 하며, 'C'에는 6의 약수인 2와 3 중에서 3이 들어가야 한다. 마지막으로 'D'에는 아직까지 배정되지 않은 유일한 숫자인 9(3의 배수)가 들어가게 된다. 따라서 '가', '나', '다'에 해당하는 수의 합은 21이다.

25

정답해설

주어진 〈지침〉을 통해 별관으로 40명이 넘는 인원이 이동할 수 없으므로 영업1팀(27명), 영업2팀(30명)은 이동할 수 없다는 사실을 알 수 있다. 이들이 이동하기 위해서는 13명 혹은 10명 이하인 팀이 있어야 하는데 인사팀은 이동할 수 없다고 하였기 때문이다. 따라서 이동 가능한 팀은 ⅰ) 지원팀(16명), 기획1팀(16명), ⅱ) 기획2팀(21명), ⅲ) 영업3팀(23명)인데 이 중 ⅱ와 ⅲ에 해당하는 기획2팀과 영업3팀은 두 팀 인원의 합이 40명을 초과하므로 동시에 이동할 수 없다. 따라서 이동 후 별관의 인원 수는 37명 혹은 39명이 되어야 하며(②, ③), 본관 1층의 인원 수는 26명이 되어야 한다. 따라서 가능한 경우는 ②뿐이다.

> **합격자의 SKILL**
>
> '가능한 경우'를 찾는 문제는 매년 1문제씩은 출제되는 유형이다. 물론, 조건을 통해 가능한 경우를 찾아내고 이에 부합하는 선택지를 고르는 것이 가장 정확한 방법이다. 하지만, 이러한 유형은 <u>선택지들을 직접 조건에 대입하는 것이 오히려 더 시간소모가 적은 경우</u>가 많다. 만약 정답이 ① 혹은 ②라면 절약되는 시간은 엄청날 것이다.

26

정답해설

해설의 편의를 위해 왼쪽으로의 이동을 (−), 오른쪽으로의 이동을 (+)로 표시하자.
ⅰ) 먼저 A를 살펴보면, 3회차까지의 결과값이 +3인데 5회차까지의 결과값도 역시 +3이므로 4회차와 5회차에 비기거나 졌음을 알 수 있다. 그런데 4회차를 보면 A는 바위를 낸 상태이고 B와 D가 가위를 냈으므로 질 수는 없는 상황이다. 따라서 4회차에서 A는 비겼음을 추론할 수 있으며 이를 통해 <u>(나)</u>에는 '보'가 들어가야 함을 알 수 있다. 그리고 이는 4회차에서는 4명의 참가자가 모두 무승부를 기록한 것까지 알 수 있게 한다.
ⅱ) 이제 D를 살펴보면, D는 4회차까지는 3패 후 1무를 기록한 상황이므로 결과값이 0인데 5회차의 결과값은 −30이므로 <u>D는 5회차에서 '가위'로 승리</u>했음을 알 수 있다. 결과적으로 5회차에서 A~C는 모두 패한 것이 된다.
ⅲ) 이제 B를 살펴보면, 2회차를 제외한 나머지의 결과값이 −3인데, 2회차를 반영한 결과값은 −20이다. 따라서 <u>B는 2회차에서 '바위'로 승리</u>했음을 알 수 있다.

> **합격자의 SKILL**
>
> 보기에 따라서는 혼동을 야기할 수도 있는 문제이다. 이 문제는 기본적으로 <u>A~D 4명이 동시에 가위바위보를 하는 것을 전제</u>로 하고 있다. 물론 전체의 흐름을 통해 그러한 방식임을 알아차릴 수도 있겠지만 일부 수험생들이 둘씩 짝을 지어 가위바위보 게임을 하는 것을 가정하고 풀이하다 결국 포기하였었다. 3회차의 판정 결과를 토대로 2×2 방식이 아니라는 점을 알아차리는 것까지를 테스트하려고 했던 것인지는 알 수 없으나 게임의 방식은 문제에서 제시해주는 보다 정교한 출제의 묘가 아쉬웠던 문제였다고 생각된다.

27

정답해설

주어진 조건에 따라 각 선거구별로 선출되는 국회의원을 표시하면 아래 그림과 같다.

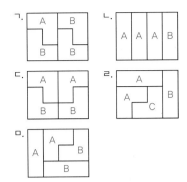

따라서 B정당의 국회의원이 가장 많이 선출되는 선거구 획정방법은 ㄱ임을 알 수 있다.

28

정답해설

제시된 자료를 통해 법정 필요 교원 수와 충원해야 할 교원 수를 계산하면 다음과 같다. 재학생 수별로 법정 필요 교원 수 산정기준이 다르다는 점에 주의하도록 하자.

구분	A	B	C	D	E
재학생 수	900	30,000	13,300	4,200	18,000
재직 교원 수	44	1,260	450	130	860
필요 교원 수	41	1,579	665	200	900
충원 교원 수	0	319	215	70	40

각 대학을 충원 교원 수가 많은 순서대로 나열하면 B−C−D−E−A이다.

29

정답해설

(가) A유형의 시험체 강도 평균은 24.2MPa이며, 기준강도는 24MPa이므로 각 시험체 강도가 모두 기준강도에서 3.5MPa을 뺀 값(20.5MPa) 이상이어야 한다. A유형의 3개의 시험체는 모두 이 조건을 충족하므로 판정결과는 합격이다.
(나) C유형의 시험체 강도 평균은 35.1MPa이며, 기준강도는 35MPa이므로 각 시험체 강도가 모두 기준강도에서 3.5MPa을 뺀 값(31.5MPa) 이상이어야 한다. C유형의 3개의 시험체는 모두 이 조건을 충족하므로 판정결과는 합격이다.
(다) E유형의 시험체 강도 평균은 45.5MPa이며, 기준강도는 45MPa이므로 각 시험체 강도가 모두 기준강도의 90%(40.5MPa) 이상이어야 한다. 그런데 E유형의 시험체 1은 이 조건을 충족하지 못하므로 판정결과는 불합격이 된다.

30

정답해설

선택지를 분석하다보면 결국은 2018년과 2019년의 제공 횟수를 모두 구할 수 밖에 없는 문제이다. 수험생의 입장에서는 가장 피하고 싶은 문제이며, 실제로도 이런 문제는 일단 넘기는 것이 상책이다.

구분	제공 횟수			만족도	
메뉴	2017	2018	2019	2017	2018
A	40	44	44	87	75
B	34	34	34	71	72
C	45	36	0	53	35
D	31	31	31	79	79
E	40	36	36	62	77
F	60	60	54	74	68
G	–	9	9	–	73
H	–	–	42	–	–
전체	250	250	250	–	–

④ 위 표에 의하면 2019년 메뉴 E의 제공 횟수는 36회인데, A는 44회이므로 옳지 않은 내용이다.

오답해설

① 메뉴 중 2017년 대비 2019년 제공 횟수가 증가한 메뉴는 A 한 개뿐이므로 옳은 내용이다.

②, ③ 2018년 G와 2019년 H는 모두 전체 제공 횟수인 250회에서 나머지 메뉴들의 제공 횟수를 차감하여 구할 수 있다. 이에 따르면 2018년 G의 제공 횟수는 9회이며, 2019년 H의 제공 횟수는 42회이다.

⑤ A~G 중 2018년과 2019년 제공 횟수의 차이가 가장 큰 것은 C이고 그 다음이 F이므로 옳은 내용이다.

> **합격자의 SKILL**
>
> 깜빡하고 어이없는 실수를 하기 좋은 것이 선택지 ⑤이다. 분명히 선택지에서는 판단의 범위를 A~G로 주었는데 급하게 풀다보면 이것을 무시하고 전체 범위(A~H)에서 판단하기 쉽다. 평소에는 절대 하지 않을 것 같은 실수한 두 개쯤은 실전에서는 하기 마련이다. 그것을 최소화시키기 위해서는 부단히 많은 연습이 필요하다.

31

정답해설

주어진 조건을 통해 〈표 1〉의 괄호를 채우는 것이 관건이므로 개편 전 자치구부터 살펴보기로 하자.

한 곳만 인접하고 있는 행정동이 존재한다면 그것을 가장 먼저 확정지을 수 있으나 그렇지 않은 상황이므로 이미 확정되어 주어져 있는 것들을 통해 역으로 찾아가는 방법을 택해야 한다. 일단 A, C, F는 각각 '가', '나', '다' 자치구임이 알려져 있으므로 이들은 인접해 있더라도 같은 자치구가 아니다. 따라서 F의 경우 인접한 행정동이 C와 E의 2곳이지만 C는 '나' 자치구이므로 F는 E와만 연결되어 '다' 자치구임을 알 수 있다. 다음으로 C는 B, E, F와 인접하고 있으나 이미 E와 F는 '다' 자치구임이 확인되었으므로 C와 B는 '나' 자치구가 되며, 마지막으로 남은 A와 D가 '가' 자치구가 됨을 알 수 있다.

개편 후의 자치구 역시 같은 논리로 접근하면 된다. D와 E 행정동이 각각 '라', '마' 자치구임이 알려져 있으므로 이들은 인접해 있더라도 같은 자치구가 아니다. 따라서 D는 A, B, E와 인접해 있지만 E는 '마' 자치구이므로 D, A, B는 '라' 자치구임을 알 수 있다. 그리고 같은 논리로 남은 C, E, F는 '마' 자치구가 됨을 알 수 있다.

이제 위의 내용을 표로 정리하면 다음과 같다.

구분 / 행정동	인구(명)	개편 전	개편 후
A	1,500	가	(라)
B	2,000	(나)	(라)
C	1,500	나	(마)
D	1,500	(가)	라
E	1,000	(다)	마
F	1,500	다	(마)

③ 위의 표에 의하면, 자치구 개편 전, 자치구 '가'의 인구는 3,000명인데 반해 자치구 '나'의 인구는 3,500명이므로 옳지 않은 내용이다.

오답해설

① 위의 표에 의하면, 자치구 개편 전, 행정동 E는 자치구 '다'에 속하므로 옳은 내용이다.

② 위의 표에 의하면, 자치구 개편 후, 행정동 C와 행정동 E는 같은 자치구에 속하므로 옳은 내용이다.

④ 위의 표에 의하면, 자치구 개편 후, 자치구 '라'의 인구는 5,000명이며 자치구 '마'의 인구는 4,000명이므로 옳은 내용이다.

⑤ 위의 표에 의하면, 행정동 B는 개편 전 자치구 '나'에 속하고, 개편 후 자치구 '라'에 속하므로 옳은 내용이다.

32

정답해설

② 재무팀이 2종목에서 이긴 상황에서 기획팀이 최대의 승점을 얻을 수 있는 경우는 다음과 같다.

> i) 재무팀과의 맞대결을 펼친 단체줄넘기에서 승리
> ii) 족구에서는 기획팀이 재무팀에 패배
> iii) 피구에서는 재무팀이 인사팀에 승리
> iv) 제기차기에서는 기획팀이 인사팀에 승리

그런데 이 경우 재무팀이 얻은 승점은 280점인데 반해 기획팀은 270점에 그치므로 기획팀이 종합우승을 할 수는 없게 된다.

오답해설

① 법무팀은 모든 종목에서 결승에 진출하지 못했으므로 현재까지 얻은 120점이 최종 획득점수이다. 그런데 기획팀의 경우 진출한 3종목의 결승전에서 모두 패하더라도 210점을 획득하므로 법무팀보다 승점이 높게 된다. 따라서 법무팀은 남은 경기결과에 상관없이 종합 우승을 할 수 없다.

③ 기획팀이 남은 경기에서 모두 지면 얻게 되는 승점은 210점이며, 피구에서 인사팀이 재무팀을 이겼다고 가정하더라도 재무팀의 승점은 290점이 된다. 한편 이 경우 인사팀이 얻게 되는 승점은 220점에 불과하므로 결국 재무팀이 종합우승을 차지하게 된다.

④ 재무팀이 남은 경기에서 모두 패하면 얻게 되는 승점은 220점이며, 기획팀과 인사팀의 승점은 마지막 제기차기의 결승결과에 따라 달라지게 된다. 만약 인사팀이 승리하게 되면 인사팀은 220점, 기획팀은 280점을 얻게 되고, 기획팀이 승리하게 되면 인사팀은 200점, 기획팀은 300점을 얻게 된다. 이를 정리하면 다음과 같다.

> i) 인사팀 승리 : 기획팀(280점), 재무팀(220점), 인사팀(220점)
> ii) 기획팀 승리 : 기획팀(300점), 재무팀(220점), 인사팀(200점)

따라서 인사팀이 승리하는 경우도 각주 2)에 따라 재무팀이 종합 준우승을 차지하게 되며, 기획팀이 승리하는 경우는 재무팀이 종합 준우승을 차지하게 되므로 옳은 내용임을 알 수 있다.

⑤ 인사팀이 남은 경기인 피구와 제기차기에서 모두 이긴다면 인사팀이 얻을
수 있는 승점 합계는 220점이며 이 두 종목에서 재무팀은 80점, 기획팀은
70점을 확보하게 된다. 그런데 단체줄넘기와 족구는 모두 기획팀과 재무팀
이 결승에 진출한 상태이므로 어느 조합의 결과가 나오더라도 두 팀의 종합
승점은 220점을 넘게 된다. 따라서 인사팀은 종합 우승을 할 수 없다.

33 정답 ⑤

정답해설

⑤ ②에서 언급한 것처럼 총 수송비용의 최소 금액은 구미 공장에서의 공급량
이 550인 상태, 즉 구미 공장에서 대구 물류센터까지의 수송량이 200, 광주
물류센터까지의 수송량이 150인 경우에 성립한다. 따라서 최대공급량이
600개에서 550개로 줄어든다고 하여도 총 수송비용의 최소 금액은 감소하
지 않는다.

오답해설

① 청주 공장에서 부산 물류센터까지의 수송량을 X라 할 때, 주어진 〈정보〉를 토
대로 부등식을 작성하면 다음과 같다.

> i) $500 \geq 300+X$, $200 \geq X$
> ii) $400 \leq 200+X$, $200 \leq X$

이를 연립하여 풀면 X는 200임을 알 수 있다.

② 전체 수송량이 고정되어있지 않은 상황에서 총 수송비용을 최소화하기 위해
서는 결국 전체 수송량을 최소화해야 한다. 이는 결국 구미 공장에서 대구 물
류센터와 광주 물류센터로 수송하는 물량을 최소요구량만큼만 배정해야 함
을 의미한다. 따라서 구미 공장에서 광주 물류센터까지의 수송량은 150개가
되어야 한다.

③ 총 수송비용은 청주에서 부산까지의 수송량이 200개로 고정된 상태에서 위
②에서 언급한 것처럼 구미 공장에서 대구 물류센터와 광주 물류센터로 수
송하는 물량을 최소요구량만큼만 배정한 상태에서 가능하다. 따라서 이를 계
산하면 다음과 같다.
{(5×200개)+(2×200개)+(3×150개)}+{(4×300개)+(2×200개)}+(2×
300개)=405만 원이 된다.

④ 구미 공장에서 서울 물류센터까지의 수송량이 0이므로 이의 수송비용이 증
가한다고 해도 총 수송비용의 최소 금액은 변하지 않는다. 따라서 옳은 내용
이다.

CHAPTER

02 LEVEL 2, 집중

01	02	03	04	05	06	07	08	09	10
③	②	③	⑤	③	⑤	①	⑤	②	④
11	12	13	14	15	16	17	18	19	20
③	①	③	⑤	①	③	⑤	②	③	①
21	22	23	24	25	26	27	28	29	30
②	③	③	①	②	③	①	②	③	①
31	32	33	34	35	36	37	38	39	40
③	④	②	④	④	①	②	⑤	②	④
41	42	43	44	45	46	47	48	49	50
①	①	④	④	⑤	④	③	①	④	①
51	52	53	54	55	56	57	58	59	60
③	①	①	④	①	②	③	⑤	③	⑤
61	62	63	64	65	66	67	68	69	70
③	③	④	②	②	⑤	⑤	④	①	⑤
71	72	73	74	75	76	77	78	79	80
①	②	②	①	③	④	①	②	③	③
81	82	83	84	85	86	87	88	89	90
④	①	③	①	③	②	④	④	②	①
91	92								
⑤	②								

01 정답 ③

정답해설

ㄱ. 3억 원의 납입자금을 내는 경우는 2009년 매출액이 5천억 원 이상 1조 원 미만인 경우이므로, D, F, G의 3개가 이에 해당한다. 따라서 옳은 내용이다.

ㄴ. 2010년의 각 회원사별 납입자금은 A(2억 원), B(4억 원), C(5억 원), D(3억 원), E(4억 원), F(3억 원), G(3억 원), H(2억 원)이므로 총 납입자금은 26억 원이다. 따라서 옳은 내용이다.

ㄷ. 2010년 매출이 전년 대비 10% 증가하는 경우 〈표 1〉에서의 단계가 상승해 2011년에 납입자금이 늘어나는 회원사는 B, G, H의 3개이므로 옳은 내용이다.

오답해설

ㄹ. 2010년에 3억 원의 납입자금을 내는 회원사(D, F, G)들의 전년도 매출액 합은 23.5억 원이고, 4억 원의 납입자금을 내는 회원사(B, E)들의 전년도 매출액 합은 34.5억 원이므로 옳지 않은 내용이다.

02 정답 ②

정답해설

ㄱ. 초고속 인터넷의 속도 1Mbps당 월평균 요금이 10달러 이상인 국가가 미국 1개국뿐이므로 10달러 이하인 국가는 14개국이다. 따라서 옳은 내용이다.

ㄷ. 인터넷 부문에서는 네덜란드가 3위, 캐나다가 12위이며, 초고속 인터넷 부문에서는 네덜란드가 2위, 캐나다가 10위이다. 그리고 초고속 인터넷 요금은 네덜란드가 13위이고 캐나다는 16위 이하이므로 옳은 내용이다.

오답해설

ㄴ. 인구 100명당 초고속 인터넷 가입자 수 상위 5개국 중 인구 100명당 인터넷 이용자 수가 가장 적은 국가는 아이슬란드이다. 아이슬란드는 인구 100명당 이용자 수가 16위 이하로 가장 적다. 따라서 옳지 않은 내용이다.

ㄹ. 세 가지 지표 각각에서 모두 15위 이내에 속한 국가는 노르웨이, 네덜란드, 덴마크, 핀란드, 룩셈부르크, 한국, 미국의 7개국이므로 옳지 않은 내용이다.

03 정답 ③

정답해설

㉠ 〈표 1〉에 따르면 한국은 2010년 1위로 2001년(15위)에 비해 14순위 상승하였고, 해당기간에 스페인의 경우도 16위에서 9위로 7순위 상승하였으므로 옳은 내용이다.

㉢ 2010년 상위권 10개 국가 중에서 2008년에 비하여 순위가 상승한 국가는 한국, 미국, 캐나다, 영국, 스페인 등 5개국이므로 옳은 내용이다.

㉺ 2010년 우리나라의 웹 측정지수를 2008년과 비교해보면 1단계와 2단계의 지수는 각각 0.03, 0.02 작아졌지만, 3단계와 4단계의 지수는 각각 0.16, 0.03 커졌으므로 옳은 내용이다.

오답해설

㉡ 〈표 1〉에 따르면 싱가포르의 경우 2010년(11위), 2008년(23위), 2003년(12위)에 10위 밖으로 밀려났으므로 옳지 않은 내용이다.

㉣ 우리나라는 2008년에 비해 2010년에 정보통신 인프라지수 순위가 10위에서 13위로 3순위 하락하였으나 웹 측정지수 순위는 6위에서 1위로 5순위 상승하였으므로 옳지 않은 내용이다.

04

정답해설

ㄴ. 2010년에 신청금액이 전년 대비 30% 이상 증가한 기술분야는 네트워크(약 38.8%), 차세대컴퓨팅(약 43.2%), 시스템반도체(약 45.1%)의 3개이므로 옳지 않은 내용이다.

ㄷ. 2009년 확정금액 상위 3개 기술분야의 확정금액의 합은 3,049억 원(= 1,082억 원+1,227억 원+740억 원)이므로 전체 확정금액의 약 65%를 차지한다. 따라서 옳지 않은 내용이다.

ㄹ. 3D 장비의 경우 2009년에 신청금액이 감소하였으나 확정금액은 증가하였으므로 옳지 않은 내용이다.

오답해설

ㄱ. 2009년과 2010년에 신청금액이 전년 대비 매년 증가한 기술분야는 메모리반도체, 디스플레이, 시스템반도체, RFID의 4개이므로 옳은 내용이다.

05
정답 ③

정답해설

ⓒ 여름방학 때 봉사활동을 하고자 하는 학생의 50% 이상이 1학년인 것은 맞으나, 아르바이트를 하고자 하는 학생의 37.5%만이 1학년이다. 따라서 옳지 않은 내용이다.

ⓒ 1학년과 2학년은 각각 봉사−외국어 학습−음악·미술−기타−주식투자의 순서로 관심을 보였으나, 3학년은 외국어학습−봉사−음악·미술−주식투자−기타, 4학년은 외국어 학습−주식투자−음악·미술−봉사−기타의 순이므로 옳지 않은 내용이다.

오답해설

㉠ 〈표 1〉에서 여름방학에 자격증 취득을 계획하고 있는 학생 수가 각 학년의 학생 수에서 차지하는 비율은 1학년(31.6%), 2학년(42.4%), 3학년(51.5%), 4학년(56.7%)으로 학년이 높을수록 증가하였다. 그리고 기타를 제외할 경우, 여름방학에 봉사활동을 계획하고 있는 학생 수가 각 학년의 학생 수에서 차지하는 비율은 1학년 8.8%, 2학년 2.9%, 3학년 4.6%, 4학년 4.0%로 모든 학년에서 가장 낮으므로 옳은 내용이다.

㉣ 주식투자 동아리에 관심 있는 학생 중 3학년이 차지하는 비중은 $24\%\left(=\dfrac{12}{50}\right)$, 외국어학습 동아리에 관심 있는 학생 중 1학년이 차지하는 비중은 약 23.9% $\left(=\dfrac{72}{301}\right)$이므로 옳은 내용이다.

06
정답 ⑤

정답해설

ㄱ. 〈그림〉에 의하면 OECD 주요 국가들 모두의 2005년 어린이 사고 사망률이 1995년보다 감소하였으므로 옳은 내용이다.

ㄴ. Y국의 2005년 어린이 사고 사망률이 1995년의 3분의 1 이하라면 1995년의 사망률이 24.9명을 넘어서야 한다. 그런데 〈그림〉에서 Y국의 1995년 사망률이 25명을 넘은 것을 확인할 수 있으므로 옳은 내용이다.

ㄹ. 어린이 사고 사망률이 당해 연도 OECD 평균보다 높은 국가의 수는 1995년(8개)보다 2005년(10개)에 더 많으므로 옳은 내용이다.

오답해설

ㄷ. 1995년 대비 2005년 어린이 사고 사망률의 감소율이 P국(50%)보다 더 큰 국가는 E, J, K, M, R, S, W, Y의 8개국이므로 옳지 않은 내용이다.

07
정답 ①

정답해설

ㄱ. 〈그림〉에 의하면 2007년 남성에게서 발생률이 가장 높은 암은 위암(70.4명)이고, 그 다음으로 폐암, 대장암, 간암의 순이며, 이들 네 개 암 발생률의 합은 217.4명이다. 이는 2007년 남성 암 발생률(346.2명)의 50%이므로 옳은 내용이다.

ㄷ. 2007년 여성의 갑상샘암 발생률은 73.5명으로 남성의 발생률 12.8명의 5배 이상이므로 옳은 내용이다.

오답해설

ㄴ. 각각을 비교해보면 2007년 남성의 위암(70.4명), 폐암(52.1명), 간암(45.2명)의 발생률은 여성의 위암 35.0명, 폐암 20.4명, 간암 15.4명의 두 배 이상이지만, 대장암은 남성 49.7명, 여성 33.9명으로 그렇지 않다. 따라서 옳지 않은 내용이다.

ㄹ. 제시된 자료는 2007년 새롭게 발생한 암 환자 수를 나타내는 것이다. 따라서 전체 여성 암 환자 중 갑상샘암 환자의 비율은 알 수 없다.

08
정답 ⑤

정답해설

⑤ 조선의 대일 수입액과 조선의 대청 수입액의 차이를 계산하면 1890년이 1,426,822달러이고, 1886년이 1,609,338달러이므로 1886년이 더 크다. 따라서 옳지 않은 내용이다.

오답해설

① 1891년 조선의 대일 수출액(3,219,887달러)이 대일 수입액(3,226,468달러)보다 적으므로 대일 무역수지는 적자이다. 따라서 옳은 내용이다.

② 1885∼1892년 동안 매년 조선의 대일 수출액은 대청 수출액의 10배 이상이므로 옳은 내용이다.

③ 1885∼1892년 동안 매년 조선의 대일 수입액은 대청 수입액보다 크므로 옳은 내용이다.

④ 1886∼1892년 동안 조선의 대청·대일 수입액 전체에서 대일 수입액이 차지하는 비중은 1886년 82%에서 1892년 55%로 지속적으로 감소하고 있으므로 옳은 내용이다.

09
정답 ②

정답해설

② '갑'팀 구성원 중 A작업을 수행할 수 있는 사람은 수리활용, 대인관계, 변화관리 역량을 모두 보유하고 있는 '라'이며, F작업을 수행하기 위해 추가로 필요한 역량인 의사소통역량을 '라'가 이미 보유하고 있으므로 옳지 않은 내용이다.

오답해설

① '갑'팀 구성원 중 D작업을 수행할 수 있는 사람은 의사소통, 정보활용, 자원관리, 변화관리 역량을 모두 보유하고 있는 '가'이며 '가'는 기술활용 역량도 보유하고 있으므로 G작업도 수행할 수 있다. 따라서 옳은 내용이다.

③ '갑'팀 구성원 중 E작업을 수행할 수 있는 사람은 자기개발, 문제해결, 변화관리 역량을 모두 보유하고 있는 '나'인데, '나'의 보유역량을 〈표 2〉와 연결 지어 보면 E작업 이외의 다른 작업을 수행할 수 없음을 알 수 있다. 따라서 옳은 내용이다.

④ '갑'팀 구성원 중 B작업을 수행할 수 있는 사람은 문제해결, 대인관계, 문화이해 역량을 모두 보유하고 있는 '다'인데, '다'가 기술활용 역량을 추가로 보유하면 G작업을 수행할 수 있으므로 옳은 내용이다.

⑤ C작업을 수행하기 위해서는 문제해결, 자원관리 역량을 모두 보유하고 있어야 하는데 '갑'팀 구성원 중 이 둘을 모두 보유하고 있는 구성원이 없으므로 옳은 내용이다.

10   정답 ④

정답해설

ㄱ. 풍력의 경우 2009~2011년 동안 출원 건수와 등록 건수가 매년 증가하였으므로 옳지 않은 내용이다.

ㄷ. 2011년 등록 건수가 많은 상위 3개 기술분야의 등록 건수 합은 2,126건(= 950+805+371)이어서 2011년 전체 등록 건수(3,166건)의 약 67%를 차지한다. 따라서 옳지 않은 내용이다.

ㄹ. 2011년 출원 건수가 전년 대비 50% 이상 증가한 기술분야는 '태양광/열/전지', '석탄가스화', '풍력', '지열'의 4개이므로 옳지 않은 내용이다.

오답해설

ㄴ. 2010년에 전년 대비 출원 건수가 감소한 기술분야는 '태양광/열/전지', '수소 바이오/연료전지', '석탄가스화'이며 이들은 모두 2011년 전년 대비 등록 건수도 감소하였으므로 옳은 내용이다.

11   정답 ③

정답해설

③ 쌍계사와 천은사는 증가율이 0%이고, 화엄사는 약 36%$\left(=\dfrac{800}{2,200}\right)$, 연곡사는 25%$\left(=\dfrac{400}{1,600}\right)$이므로 옳은 내용이다.

오답해설

① 관람료가 한 번도 변경되지 않은 사찰은 쌍계사(1,800원), 천은사(1,600원), 보리암(1,000원)의 3곳이므로 옳지 않은 내용이다.

② 2006년에 문화재 관람료가 가장 높은 사찰은 화엄사와 법주사(2,200원)이고, 2008년은 불국사와 석굴암(4,000원)이므로 둘은 같지 않다. 따라서 옳지 않은 내용이다.

④ 신흥사가 2,500원의 문화재 관람료를 받고 있으므로 옳지 않은 내용이다.

⑤ 제시된 자료에서 문화재 관람료가 매년 상승한 사찰은 한 곳도 없으므로 옳지 않은 내용이다.

12   정답 ①

정답해설

ㄱ. 2006년 원자로 안전도 평가의 모든 분야에서 '보통' 이상의 평가점수를 받은 원자로는 2, 3, 6호기이지만 이 중 2011년 모든 분야에서 '보통' 이상의 평가점수를 받은 원자로는 3호기뿐이므로 옳은 내용이다.

ㄴ. 2006년 전체 '주의' 평가 건수는 11건이고, 2011년은 10건이므로 이 중 7호기가 차지하는 비중은 2006년 약 18%$\left(=\dfrac{2}{11}\right)$, 2011년 20%로 모두 15% 이상이다. 따라서 옳은 내용이다.

오답해설

ㄷ. 2006년 '안전설비 신뢰도' 부분의 안전도 점수를 구하면 '안전 주입'(25점), '비상 발전기'(20점), '보조 급수'(22점)이며, 2011년은 '안전 주입'(19점), '비상 발전기'(21점), '보조 급수'(24점)이다. 따라서 2006년 안전도 점수가 가장 높은 분야는 '안전 주입'이고 2011년은 '보조 급수'이므로 옳지 않은 내용이다.

ㄹ. 2006년 대비 2011년 '양호' 평가 건수의 증가율은 약 83%$\left\{=\dfrac{(22-12)}{12}\right\}$, '보통' 평가 건수의 증가율은 약 45%$\left\{=\dfrac{(16-11)}{11}\right\}$이므로 옳지 않은 내용이다.

13   정답 ③

정답해설

ㄴ. 〈표 2〉에서 2010년 산업부분의 최종에너지 소비량은 115,155천 TOE이고 전체 최종에너지 소비량은 193,832천TOE이므로 전자는 후자의 절반을 넘는다. 따라서 옳은 내용이다.

ㄷ. 〈표 1〉에서 석유제품 소비량 대비 전력 소비량의 비율을 구하면 2008년 약 34.1%$\left(=\dfrac{18.2}{53.3}\right)$, 2009년 약 34.4%$\left(=\dfrac{18.6}{54.0}\right)$이므로 2008년 대비 2009년에 증가하였으며 2010년은 2009년에 비해 분모는 감소하고 분자는 증가하였으므로 계산할 필요 없이 증가하였음을 확인할 수 있다. 따라서 옳은 내용이다.

오답해설

ㄱ. 〈표 1〉에서 주어진 것은 전체 에너지 소비량에서 차지하는 비중이다. 따라서 2008년과 2009년의 전체 최종에너지 소비량을 알지 못하면 해당 기간의 전력 소비량은 구할 수 없다. 따라서 옳지 않은 내용이다.

ㄹ. 유연탄 소비량 대비 무연탄 소비량의 비율이 25% 이하라는 것은 무연탄 소비량의 4배보다 유연탄 소비량이 더 커야 한다는 의미이다. 이에 따르면 가정·상업부분은 25% 이하이지만 산업부분은 25% 이상이므로 옳지 않은 내용이다.

14   정답 ⑤

정답해설

⑤ 2011년 12월 칠레지사 수출 상담실적이 256건이라면, 2011년 연간 칠레지사 수출 상담실적 건수는 900건이 되는데, 이는 2010년 연간 칠레지사 수출 상담실적 건수(472건)의 2배에 미치지 못한다. 따라서 옳지 않은 내용이다.

① 태국지사의 2011년 1~11월 상담실적이 2,520건이고 전년 동기 대비 증감률

이 80%라고 하였으므로 2010년 1~11월 상담실적은 1,400건$\left(=\dfrac{2,520}{1.8}\right)$임

을 알 수 있다. 그런데 2010년 태국지사의 연간 상담실적이 1,526건이므로
2010년 12월의 상담실적은 126건이다. 따라서 옳은 내용이다.

② 전년 대비 2010년 수출 상담실적 건수가 가장 많이 늘어난 해외지사는 인도
지사(1,197건 증가)이므로 옳은 내용이다.

③ A회사 해외지사의 수출 상담실적은 2009년 5,623건, 2010년 7,630건이고
2011년은 11월까지의 합계가 20,227건이어서 이미 2010년의 실적을 넘어
선다. 따라서 옳은 내용이다.

④ 싱가포르지사와 미국지사의 수출 상담실적 건수의 합을 연도별로 구하면
2008년 443건, 2009년 316건, 2010년 592건으로 모두 독일지사의 수출
상담실적 건수보다 적다. 따라서 옳은 내용이다.

15 정답 ①

ㄱ. 집단A의 유권자와 집단B의 유권자를 1:1로 짝을 지어 판단해보면 5쌍 모두
집단B의 유권자의 소득이 더 크다는 것을 알 수 있으므로 집단의 평균소득
역시 집단B가 집단A보다 더 크다. 따라서 옳은 내용이다.

ㄴ. ㄱ과 같은 논리로 판단해보면 집단B의 '가' 정당 지지도의 평균이 집단C보
다 높으므로 옳은 내용이다.

ㄷ. 동일한 집단 내에 있는 임의의 두 유권자를 선택해 비교해보면 소득이 많을
수록 '가' 정당 지지도도 높으므로 옳지 않은 내용이다.

ㄹ. 평균소득이 많은 순서대로 각 집단을 나열하면 C, B, A임을 알 수 있는데,
'가' 정당 지지도의 평균이 높은 순서대로 나열하면 A, B, C이다. 따라서 옳
지 않은 내용이다.

16 정답 ③

③ 7월 마지막 주에 시청률이 20% 미만인 코너는 '예술성'(19.2%), '어색한 친
구'(17.7%), '좋지 아니한가'(16.7%), '합기도'(14.6%)인데 이 중 10월 첫째 주
에도 시청률이 20% 미만인 코너는 '합기도'(15.1%)이므로 옳은 내용이다.

① 제시된 자료로는 7월 마지막 주와 10월 첫째 주에 신설된 코너만을 알 수 있
을 뿐, 그 중간 기간에 신설된 코너는 알 수 없다. 따라서 옳지 않은 내용이다.

② '세가지'의 경우 10월 첫째 주(19.8%)에 전 주(19.9%)보다 시청률이 낮으므
로 옳지 않은 내용이다.

④ 신설된 코너와 폐지된 코너를 제외하고, 7월 마지막 주에 전 주 대비 시청률
상승폭이 가장 큰 코너는 '세가지'(+5.3%p)이고, 10월 첫째 주는 '생활의 문
제'(+7.4%p)이므로 옳지 않은 내용이다.

⑤ 시청률 순위 상위 5개 코너의 시청률 산술평균을 구하면 7월 마지막 주는
27.14%, 10월 첫째 주는 25.44%이므로 옳지 않은 내용이다.

17 정답 ⑤

ㄴ. 2009년 이산화탄소 배출량이 가장 많은 국가는 중국(6,877.2백만 TC)이며,

이는 전 세계 이산화탄소 배출량의 약 23.7%$\left(=\dfrac{6,877.2}{28,999.4}\right)$이므로 옳은 내용

이다.

ㄷ. 러시아의 2003년과 2009년 이산화탄소 배출량 차이는 646.2백만 TC(=
2,178.8백만 TC-1,532.6백만 TC)이고 이란은 353.6백만 TC(=533.2백만
TC-179.6백만 TC)이므로 옳은 내용이다.

ㄹ. 한국의 2003년 이산화탄소 배출량은 229.3백만 TC이고, 2009년은 515.5백만
TC이므로 후자는 전자의 2배 이상이다. 따라서 옳은 내용이다.

ㄱ. 전 세계 이산화탄소 배출량을 살펴보면 2009년(28,999.4백만 TC)은 2008
년(29,454.0백만 TC)에 비해 감소하였으므로 옳지 않은 내용이다.

18 정답 ②

ㄱ. 〈표 1〉에서 2010년 3월(147건), 9월(326건), 10월(359건)에 발생한 등산사
고 건수의 합은 총 832건으로 전체 등산사고 건수(3,114건)의 약 26.7%이
므로 30%에 미치지 못한다. 따라서 옳지 않은 내용이다.

ㄴ. 〈표 1〉에서 2010년 서울에서 발생한 등산사고 건수는 2월(135건)이 가장 많
고, 3월(72건)이 가장 적으므로 옳지 않은 내용이다.

ㅁ. 〈표 1〉에서 2010년 매월 등산사고가 발생한 지역의 수는 전체 16개 지역 중
부산, 충남, 경북, 제주의 4개를 제외한 12개 지역이므로 옳지 않은 내용이다.

ㄷ. 〈표 2〉에서 2010년 등산사고 발생원인 중 조난이 등산사고 건수의 25% 이상인

지역은 대구(약 $33.9\%=\dfrac{18}{53}$), 강원(약 $25.4\%=\dfrac{91}{358}$), 경북(약 $28.5\%=\dfrac{2}{7}$)

의 3개이므로 옳은 내용이다.

ㄹ. 〈표 2〉에서 기타를 제외하고 2010년 발생원인별 전체 등산사고 건수는 실
족 · 추락이 1,121건으로 가장 많고, 안전수칙 불이행이 160건으로 가장 적
으므로 옳은 내용이다.

19 정답 ③

ㄱ. 〈그림 1〉에서 청소년의 반사회적 인격장애 발생 비율은 A유전자 '보유'집단
(5%-30%-50%)과 '미보유' 집단(9%-15%-20%) 모두 아동기 가정폭력
경험 수준이 높아질수록 증가하고 있으므로 옳은 내용이다.

ㄹ. 〈그림 2〉에서 청소년의 품행장애 발생 비율은 A유전자 '보유' 집단 중 아동기
가정폭력 경험 수준이 '높음'(30%)인 집단이 가장 높으므로 옳은 내용이다.

ㅁ. 〈그림 1〉에서 A유전자 '보유' 집단과 '미보유' 집단 간 청소년의 반사회적 인
격장애 발생 비율의 차이는 아동기 가정폭력 경험 수준이 낮음인 경우 4%p,
중간인 경우 15%p, 높음인 경우 30%p이다. 따라서 옳은 내용이다.

ㄴ. 〈그림 1〉에서 청소년의 반사회적 인격장애 발생 비율은 아동기 가정폭력 경험 수준이 '낮음'인 경우 A유전자 '미보유' 집단(9%)이 A유전자 '보유' 집단(5%)보다 높으므로 옳지 않은 내용이다.

ㄷ. 〈그림 2〉에서 아동기 가정폭력 경험수준이 낮은 경우에는 A유전자 '미보유' 집단과 '보유' 집단의 비율이 10%로 동일하므로 옳지 않은 내용이다.

20 정답 ①

ㄱ. 1937년 도별 산업용재 생산량은 충남뿐만이 아니라, 전북, 경기도 1934년보다 작다. 따라서 옳지 않은 내용이다.

ㄷ. 전체 산업용재 생산량 대비 남부지방 생산량 비중은 1934년 14.6%에서 1937년 12.9%로 감소하였으나 남부지방의 생산량은 1934년 444,631톤에서 1937년 538,467톤으로 증가하였으므로 옳지 않은 내용이다.

ㄴ. 전체 산업용재 생산량 대비 북부지방 생산량 비중은 1934년 74.6%에서 1937년 76.3%로 증가하였으므로 옳은 내용이다.

ㄹ. 연도별로 산업용재 생산량 비중이 높은 지방부터 나열하면 1934년은 북부(74.6%)-남부(14.6%)-중부(10.8%)이고 1935년은 북부(73.4%)-남부(16.0%)-중부(10.7%), 1936년은 북부(79.1%)-남부(12.0%)-중부(8.9%), 1937년은 북부(76.3%)-남부(12.9%)-중부(10.8%)로 매년 북부, 남부, 중부 순이다. 따라서 옳은 내용이다.

ㅁ. 산업용재의 도별 생산량에서, 1934년에 비해 1937년 생산량이 가장 크게 증가한 도는 함북(+601,834톤)이므로 옳은 내용이다.

21 정답 ②

각 보안요원별 알파벳 문자의 사용 횟수를 정리하면 다음과 같다.

구분	a	c	e	f	s
김○태	166 (=2×83)	166 (=2×83)	83 (=1×83)	–	–
전○훈	–	–	363 (=1×363)	–	363 (=1×363)
박○영	–	–	–	503 (=1×503)	–
윤○희	–	430 (=1×430)	–	430 (=1×430)	–
성○진	–	–	–	–	165 (=1×165)
합계	166	596	446	933	528

따라서, 두 번째로 많이 입력한 알파벳 문자는 c(596회)이다.

22 정답 ③

③ 〈표 1〉에서 30년 경과 비공개기록물 중 공개로 재분류된 기록물의 비율은 약 90%$\left(=\frac{1,079,690}{1,199,421}\right)$이고, 30년 미경과 비공개기록물 중 비공개로 재분류된 기록물의 비율은 약 85.4%$\left(=\frac{1,284,352}{1,503,232}\right)$이므로 옳지 않은 내용이다.

① 〈표 1〉에서 비공개기록물 공개 재분류 사업 대상 전체 기록물은 2,702,653건이고, 비공개로 재분류된 문건은 1,404,083건이므로 비공개로 재분류된 문건의 비율은 50%를 넘는다. 따라서 옳은 내용이다.

② 〈표 1〉에서 30년 경과 비공개기록물 중 전부공개로 재분류된 기록물 건수는 33,012건이고, 〈표 2〉에서 30년 경과 비공개기록물 중 개인사생활 침해 사유에 해당하여 비공개로 재분류된 기록물의 건수는 46,298건이다. 따라서 옳은 내용이다.

④ 〈표 1〉에서 30년 경과 비공개기록물 중 재분류 건수가 많은 분류를 순서대로 나열하면 부분공개(1,046,678건), 비공개(119,731건), 전부공개(33,012건)의 순이고, 30년 미경과 비공개기록물 중 재분류 건수가 많은 분류를 순서대로 나열하면 비공개(1,284,352건), 전부공개(136,634건), 부분공개(82,246건)의 순이다. 따라서 옳은 내용이다.

⑤ 〈표 2〉에서 국민의 생명 등 공익침해와 개인사생활침해로 비공개 재분류된 기록물 건수의 합은 100,627건(=54,329건+46,298건)이어서 전체 기록물 2,702,653건의 5%인 135,132건보다 적다. 따라서 옳은 내용이다.

23 정답 ③

ㄱ. 〈표 1〉을 살펴보면 교수와 대학생의 경우 3배를 초과하여 증가한 반면, 나머지 직업군은 그 이하로 증가하였음을 알 수 있다. 따라서 교수의 전년 대비 증가율(여기서는 배수를 구하도록 한다)을 구하면 약 4.4배$\left(=\frac{183-34}{34}\right)$이며, 대학생은 약 3.4배$\left(=\frac{74-17}{17}\right)$이므로 옳은 내용이다.

ㄴ. 〈표 2〉에서 기술개발단계에 있는 신청자 수 비중의 연도별 차이는 9.5%p(=45.8%-36.3%)이고, 시장진입단계에 있는 신청자 수 비중의 연도별 차이는 7.3%p(=36.4%-29.1%)이므로 옳은 내용이다.

ㄷ. 2010년 조사에서 전년보다 신청자 수는 증가하고 신청자 수 비중은 감소한 창업단계는 시장진입단계와 시제품제작단계의 2개이므로 옳지 않은 내용이다.

24

정답해설

ㄱ. A(A+, A0)를 받은 학생 수가 가장 많은 강좌는 이민부 교수의 유비쿼터스 컴퓨팅이며 이는 전공심화분야에 해당하므로 옳은 내용이다.

ㄴ. 전공기초분야의 강좌당 수강인원은 51명$\left(=\dfrac{204}{4}\right)$명이고, 전공심화분야의 강좌당 수강인원은 약 36명$\left(=\dfrac{321}{9}\right)$이므로 옳은 내용이다.

오답해설

ㄷ. 각 강좌별 수강인원 중 A+를 받은 학생의 비율을 어림해보면 이성재 교수의 '경영정보론', 정상훈 교수의 '경영정보론', 황욱태 교수의 'IT거버넌스'의 비율이 낮은 편이다. 따라서 이를 계산해보면, 이성재 교수의 '경영정보론'은 약 11%$\left(=\dfrac{3}{27}\right)$, 정상훈 교수의 '경영정보론'은 약 14%$\left(=\dfrac{9}{66}\right)$, 황욱태 교수의 'IT거버넌스'는 약 14%$\left(=\dfrac{4}{29}\right)$로 계산된다. 따라서 이성재 교수의 '경영정보론'의 비율이 가장 낮으므로 옳지 않은 내용이다.

ㄹ. 정상훈 교수의 '경영정보론'은 A를 받은 학생 수와 C를 받은 학생 수가 18명으로 동일하며, 황욱태 교수의 '회계학원론'은 A를 받은 학생 수는 14명인데 반해, C를 받은 학생 수는 15명으로 오히려 더 많으므로 옳지 않은 내용이다.

25

정답해설

② 2012년 친환경인증 농산물의 종류별 생산량에서 무농약 농산물 생산량이 차지하는 비중을 구하면 서류는 약 72.2%$\left(=\dfrac{30,157}{41,782}\right)$, 곡류는 약 78.4%$\left(=\dfrac{269,280}{343,380}\right)$이므로 옳지 않은 내용이다

오답해설

① 2012년 친환경인증 농산물 종류 중 전년 대비 생산 감소량이 큰 순서대로 나열하면 채소류(약 17만 톤), 과실류(약 12만 톤), 곡류(약 2.7만 톤)으로 곡류가 세 번째로 크다. 따라서 옳은 내용이다.

③ 2012년 전라도와 경상도에서 생산된 친환경인증 농산물의 합은 1,078,727톤이며 친환경인증 채소류의 생산량은 585,004톤이다. 만약 전라도와 경상도가 채소류는 전혀 생산하지 않는다고 하면 친환경인증 농산물의 전체 생산량이 최소한 1,663,731톤이 되어야 하지만 실제 전체 생산량은 1,498,235톤이므로 최소한 165,496톤만큼은 서로 중복될 수밖에 없다. 따라서 옳은 내용이다.

④ 2012년 서울의 인증형태별 생산량 순위를 살펴보면 1위가 무농약 농산물, 2위가 유기 농산물, 3위가 저농약 농산물이다. 나머지 지역 중에서 이와 같은 순위 분포를 보이는 지역은 인천과 강원도뿐이므로 옳은 내용이다.

⑤ 2012년 친환경인증 농산물의 생산량의 2011년 대비 감소율을 구하면 부산은 약 41.6%$\left(=\dfrac{6,913-4,040}{4,040}\right)$, 전라도는 약 33.7%$\left(=\dfrac{922,641-611,468}{922,641}\right)$이고 나머지 지역은 30%에 미치지 못하므로 옳은 내용이다.

26

정답해설

③ 함흥부에 거주하는 외국인들의 국적은 일본, 중국, 영국, 독일, 기타의 총 5개국이다. 만약 기타의 인원이 2명 이상이었다면 국적 종류의 개수를 확정할 수 없지만 1명뿐이므로 기타에 해당하는 국적은 1개로 확정할 수 있다. 그리고 청진부에 거주하는 외국인들의 국적은 일본, 중국, 소련, 프랑스, 독일의 총 5개국이므로 둘은 서로 같다. 따라서 옳은 내용이다.

오답해설

① 신의주부의 경우 조선인과 일본인을 합한 인구는 부 전체 인구의 81.1%에 그치고 있으므로 옳지 않은 내용이다.

② 각 부의 외국인 수를 직접 계산하기보다는 전체 인구에서 조선인 인구를 빼서 판단하는 것이 효율적이다. 이에 따르면 경성부, 부산부, 평양부의 순으로 외국인의 수가 많다는 것을 확인할 수 있다. 따라서 외국인 수가 세 번째로 많은 부는 평양부이므로, 옳지 않은 내용이다.

④ 일본인을 제외한 외국인이 차지하는 비중은 100%에서 조선인 비중과 일본인 비중을 차감하여 구할 수 있다. 이것은 결국 조선인 비중과 일본인 비중을 합한 값이 가장 작은 부를 찾는 것이므로 신의주부(81.1%)가 이에 해당함을 알 수 있다. 그런데 일본인 수가 가장 적은 부는 개성부이다. 따라서 전체 인구에서 일본인을 제외한 외국인이 차지하는 비중이 가장 큰 부는 신의주부, 일본인 수가 가장 적은 부는 개성부로 서로 다르므로 옳지 않은 내용이다.

⑤ 중국인이 가장 많이 거주하는 지역은 신의주부(9,071명)와 평양부(3,534명)가 포함된 북부지역이고, 일본인이 가장 많이 거주하는 지역은 경성부(105,639명)가 포함된 중부지역이므로 옳지 않은 내용이다.

27

정답해설

ㄱ. '1시간 미만' 운동하는 3학년 남학생 수는 87명이고, '4시간 이상' 운동하는 1학년 여학생 수는 46명이므로 옳은 내용이다.

ㄴ. 남학생 중 1시간 미만 운동하는 남학생의 비율과 여학생 중 1시간 미만 운동하는 남학생의 비율을 학년별로 비교해보면, 1학년의 경우는 남 10.0%, 여 18.8%, 2학년의 경우는 남 5.7%, 여 19.2%, 3학년의 경우는 남 7.6%, 여 25.1%이다. 이에 따르면 모든 학년에서 남학생의 비율이 여학생의 비율보다 낮으므로 옳은 내용이다.

오답해설

ㄷ. 1학년 남학생 중 3시간 이상 운동하는 학생의 비율은 46.0%(=34.8%+11.2%), 2학년 남학생 중 3시간 이상 운동하는 학생의 비율은 53.0%(=34.0%+19.0%)이므로 학년이 높아진다고 해서 3시간 이상 운동하는 학생의 비율이 낮아지는 것은 아니다. 따라서 옳지 않은 내용이다.

ㄹ. 3학년 남학생 중 3시간 이상 4시간 미만 운동하는 학생의 비율은 23.4%이고, 4시간 이상 운동하는 학생의 비율은 25.2%이므로 옳지 않은 내용이다.

28

정답해설

② 2007년 이후 연도별 전시 건수 중 미국 전시 건수 비중이 가장 작은 해는 2010년$\left(\text{약 } 20.8\% = \frac{5}{24}\right)$인데 이 해에 프랑스에서 1건의 전시회가 있었으므로 옳은 내용이다.

오답해설

① 2011년의 국외반출 허가 문화재 수량 중 지정문화재 수량의 비중은 약 2.1%$\left(=\frac{16}{749}\right)$인데 반해, 2008년의 비중은 약 4.5%$\left(=\frac{15}{330}\right)$이므로 2011년이 가장 큰 것은 아니다. 따라서 옳지 않은 내용이다.

③ 국가별 전시 건수의 합은 일본이 44건, 미국이 30건인데 반해, 영국은 8건에 그치고 있어 옳지 않은 내용이다.

④ 보물인 국외반출 허가 지정문화재의 수량이 가장 많은 해는 2009년(13개)인데, 전시 건당 국외반출 허가 문화재 수량이 가장 많은 해는 2011년$\left(\text{약 }83\text{개} = \frac{749}{9}\right)$이므로 둘은 서로 같지 않다. 따라서 옳지 않은 내용이다.

⑤ 2009년 이후 연도별 전시 건수가 많은 순서대로 나열하면 2009년, 2010년, 2012년, 2011년인데 반해, 국외반출 허가 문화재 수량이 많은 순서대로 나열하면 2012년, 2009년, 2010년, 2011년으로 둘은 순서가 전혀 다르다. 따라서 옳지 않은 내용이다.

29

정답해설

③ 2015년의 경우 시행기업당 참여직원 수가 거의 3.0에 육박하는 수준이지만 다른 해는 2에도 미치지 못하는 상황이다. 따라서 옳은 내용이다.

오답해설

① 직접 계산을 하지 않고 눈으로도 판단이 가능한 선택지이다. 2013년 이후 전년보다 참여직원 수가 가장 많이 증가한 해는 2015년인 반면, 시행기업 수가 가장 많이 증가한 해는 2014년이므로 둘은 동일하지 않다. 따라서 옳지 않은 내용이다.

② 2015년 남성육아휴직제 참여직원 수는 21,530명이며, 2012년은 3,197명이므로 2015년의 참여직원 수는 2012년의 약 6.7배에 그친다. 따라서 옳지 않은 내용이다.

④ 2013년 대비 2015년 시행기업 수의 증가율은 약 174%$\left(=\frac{7,686-2,802}{2,802}\right)$이고 참여직원 수의 증가율은 약 290%$\left(=\frac{21,530-5,517}{5,517}\right)$이므로 옳지 않은 내용이다.

⑤ 2012년 대비 2015년 참여직원 수는 18,333명 증가하였으므로 3년간 증가 인원의 평균은 6,111명으로 6,000명을 넘는다. 따라서 옳지 않은 내용이다.

30

정답해설

ㄱ. 할인점의 전체 구매액 중 50대 이상 연령대의 구매액 비중은 약 40%인데 반해 나머지 연령대의 구매액 비중은 이에 미치지 못한다. 따라서 옳은 내용이다.

ㄴ. 여성의 구매액 비중이 남성보다 큰 유통업태는 오픈마켓과 할인점인데, 이 모두에서 40세 이상의 구매액 비중은 60%가 넘으므로 옳은 내용이다.

오답해설

ㄷ. 일반유통에서는 50대 이상의 구매액 비중이 20대 이하의 구매액 비중보다 작으므로 옳지 않은 내용이다.

ㄹ. 40세 미만의 구매액 비중이 50% 미만인 유통업태는 소셜커머스, 오픈마켓, 할인점인데, 소셜커머스에서는 여성의 구매액 비중이 50%에 미치지 못해 남성보다 작다. 따라서 옳지 않은 내용이다.

31

정답해설

③ 파주시 문화유산 보유 건수 합은 63건인데, 전체 문화유산 보유 건수 합은 652건(=224+293+100+35)이므로 전체의 10%에 미치지 못한다. 따라서 옳은 내용이다.

오답해설

① '등록 문화재'를 보유한 시는 용인, 여주, 고양, 남양주, 파주, 성남, 수원의 7개이므로 옳지 않은 내용이다.

② 유형별 전체 보유 건수가 가장 많은 문화유산은 '지방 지정문화재'(293건)이므로 옳지 않은 내용이다.

④ '문화재 자료' 보유 건수가 가장 많은 시는 용인시(16건)이므로 옳지 않은 내용이다.

⑤ '국가 지정 문화재'의 시별 보유 건수 순위는 1위 용인시, 2위 성남시인데 반해 '문화재 자료'의 순위는 1위 용인시, 2위 안성시이므로 둘은 서로 다르다. 따라서 옳지 않은 내용이다.

32

정답해설

ㄱ. 무더위 쉼터가 100개 이상인 도시는 C(120개), D(100개), E(110개)이고, 그 중 인구 수가 가장 많은 도시는 C(89만 명)이므로 옳은 내용이다.

ㄷ. 온열질환자 수가 가장 적은 도시는 F(10명)이고, 인구 수 대비 무더위 쉼터 수가 가장 많은 도시도 F$\left(3.4 = \frac{85}{25}\right)$이므로 옳은 내용이다.

ㄹ. 전체 도시의 폭염주의보 발령일수 평균은 53일$\left(=\frac{318}{6}\right)$인데, 이보다 폭염주의보 발령일수가 많은 도시는 A(90일), E(75일)의 2개이므로 옳은 내용이다.

오답해설

ㄴ. 인구 수에 따른 순위는 1위 A(100만 명), 2위 C(89만 명)인데 반해 온열질환자 수에 따른 순위는 1위 A(55명), 2위 E(52명)이므로 둘은 서로 다르다. 따라서 옳지 않은 내용이다.

33 정답 ②

정답해설

ㄱ. 〈그림〉에 의하면 2012~2018년 재생에너지 생산량은 매년 전년 대비 10% 이상 증가하였음을 어림산으로도 확인할 수 있다. 만약을 위해 증가폭이 좁은 2014년(31.7TWh)의 경우를 살펴보더라도 2013년의 28.5TWh에서 10% 증가한 수치인 31.35TWh보다 더 많이 증가하였으므로 옳은 내용이다.

ㄷ. 2016년 태양광을 에너지원으로 하는 재생에너지 생산량은 4.905TWh(= 45.0TWh×10.9%)이고, 2017년은 5.488TWh(=56.0TWh×9.8%), 2018년은 5.984TWh(=68.0TWh×8.8%)로 매년 증가하였으므로 옳은 내용이다.

오답해설

ㄴ. 2016년 에너지원별 재생에너지 생산량 비율의 순위는 1위 폐기물, 2위 바이오, 3위 태양광인데 반해 2017년은 1위 폐기물, 2위 바이오, 3위 수력으로 둘은 서로 다르다. 따라서 옳지 않은 내용이다.

ㄹ. 2016년 수력을 에너지원으로 하는 재생에너지 생산량은 4.635TWh(= 45.0TWh×10.3%)이고, 2018년은 10.268TWh(=68.0TWh×15.1%)이다. 따라서 2018년의 생산량은 2016년의 3배인 13.905TWh(=4.635TWh×3)에 미치지 못하므로 옳지 않은 내용이다.

34 정답 ④

정답해설

④ 'G인터넷'과 'HS쇼핑'의 5월 데이터 사용량의 합은 7.1GB(=5.3GB+1.8GB)이나 나머지 앱들의 데이터 사용량은 '톡톡'(2.4GB)과 '앱가게'(2.0GB), '위튜브'(836.0MB), '쉬운지도'(321.0MB), 'NEC뱅크'(254.0MB)를 제외하고는 모두 데이터의 사용량이 미미한 수준이어서 이들을 모두 합하더라도 7.1GB를 넘어설 수 없다. 따라서 옳은 내용이다.

오답해설

① 1GB가 1MB의 1,024배라는 것만 놓치지 않았다면 굳이 계산을 할 필요가 없는 선택지이다. '뮤직플레이'의 경우는 데이터 사용량의 증가량이 500MB에도 미치지 못하고 있으나 'G인터넷'은 1.4GB만큼 사용량이 증가하여 '뮤직플레이'에 비해 증가량이 훨씬 크다. 따라서 옳지 않은 내용이다.

② 5월과 6월에 모두 데이터 사용량이 있는 앱 중 5월 대비 6월 데이터 사용량이 감소한 앱은 10개(톡톡, 앱가게, 위튜브, 영화예매, NEC뱅크, 알람, 어제뉴스, S메일, 카메라, 일정관리)이며 증가한 앱은 7개이므로 옳지 않은 내용이다.

③ 6월에만 데이터 사용량이 있는 앱은 '가계부'(27.7MB), '17분운동'(14.8MB), 'JC카드'(0.7MB)의 3개로 이들의 데이터 사용량의 합은 43.2MB이다. 그런데 '날씨정보'의 6월 데이터 사용량은 45.3MB로서 43.2MB보다 크다. 따라서 옳지 않은 내용이다.

⑤ 'S메일'의 5월 대비 6월 데이터 사용량 변화율은 약 −97%이지만, 'JJ멤버십'은 약 430%로 'S메일'의 변화율보다 훨씬 크다. 따라서 옳지 않은 내용이다.

35 정답 ④

정답해설

④ '2008년 국제결혼 이주자 수의 경우에는 아시아 지역이 90% 이상을 차지하고 있으며'라는 부분은 부합하지만 '동북아시아 지역이 아시아 지역의 80% 이상을 차지하고 있다'는 부분은 실제로 계산해보면 약 76%에 그치므로 부합하지 않는 자료이다.

오답해설

① '2008년 국제결혼가정자녀의 연령층별 구성을 보면, 연령층이 높아질수록 그 수가 감소하였다'는 부분과 부합하는 자료이다.

② '한국국적을 신규로 취득한 전체 외국인 수 역시 2007년에 비하여 2008년에 증가하였으며, 그 중에서 동북아시아 출신 외국인 수는 900명 이상 증가하였다'는 부분과 부합하는 자료이다.

③ '국제결혼이 증가함에 따라 국제결혼가정의 자녀 수 역시 2007년에 비해 2008년에 두 배 이상이 되었다'는 부분과 부합하는 자료이다.

⑤ '2005년부터 2008년까지의 지역별 외국인 등록 인구를 보면, 경기도를 제외하고는 매년 전년 대비 증가하고 있으며, 경기도 역시 2006년부터 2008까지 전년 대비 증가하는 추세를 보이고 있다'는 부분과 부합하는 자료이다.

36 정답 ①

정답해설

ㄱ. 선택지의 자료에 의하면 1910년 경기도 인구가 전국 인구에서 차지하는 비중은 약 10.7%로 옳게 인용되었지만, 1942년의 비중은 약 12.2%이므로 잘못 인용된 자료이다.

오답해설

ㄴ. 〈보고서〉의 두 번째 항목인 '일제강점기 전국 인구 및 성별인구 변화'에 대한 내용을 작성하기 위해 적절하게 인용된 자료이다.

ㄷ. 〈보고서〉의 세 번째 항목인 '일제강점기 경기도 내 일본인과 중국인 인구 변화'에 대한 내용을 작성하기 위해 적절하게 인용된 자료이다.

ㄹ. 〈보고서〉의 네 번째 항목인 '일제강점기 경기도 내 업종별 조선인 종사자 수'에 대한 내용을 작성하기 위해 적절하게 인용된 자료이다.

37 정답 ②

정답해설

ㄱ. 주어진 자료를 토대로 올바르게 작성된 그래프이다. 각주에서 블로그 이용자는 1,000명, 트위터 이용자는 2,000명이라고 명시한 것에 주의하자.

ㄷ. 주어진 자료를 토대로 올바르게 작성된 그래프이다.

오답해설

ㄴ. 블로그 이용자의 수와 트위터 이용자의 수가 같은 경우에 성립하는 수치이다. ㄱ에서 언급한 것처럼 블로그 이용자는 1,000명이고 트위터 이용자는 2,000명임에 주의하자.

ㄹ. 역시 블로그 이용자의 수와 트위터 이용자의 수가 같은 경우에 성립하는 수치이다. 선택지의 그래프는 각각의 비율을 단순평균하여 작성되었으나, 올바르게 작성하기 위해서는 블로그 이용자와 트위터 이용자를 1:2로 가중평균하여야 한다.

38 정답 ⑤

[정답해설]

⑤ 〈보고서〉의 두 번째 문단의 마지막 부분에서 '대도시의 14개 지역은 기초노령연금 수급률이 80%를 넘었다'고 하였으나 선택지의 그래프에서는 중소도시의 14개 지역이 80%를 넘는 것으로 나타나 있다. 따라서 옳지 않은 그래프이다.

[오답해설]

① 〈보고서〉의 두 번째 문단의 '2010년 시도별 기초노령연금 수급률'에 대한 내용을 적절하게 반영한 그래프이다.

② 〈보고서〉의 세 번째 문단의 '2010년 기초노령연금 수급자의 연령대별 구성비'에 대한 내용을 적절하게 반영한 그래프이다.

③ 〈보고서〉의 두 번째 문단의 '2010년 시군구별 기초노령연금 수급률'에 대한 내용을 적절하게 반영한 그래프이다.

④ 〈보고서〉의 세 번째 문단의 '2010년 연령대별 기초노령연금 수급자 비율'에 대한 내용을 적절하게 반영한 그래프이다.

39 정답 ②

[정답해설]

② 남자 국회의원의 여야별 비중은 $\frac{123}{192} : \frac{69}{192} ≒ 64.1 : 35.9$이나, 여자 국회의원의 여야별 비중은 $\frac{22}{38} : \frac{16}{38} ≒ 57.9 : 42.1$이므로 올바르게 작성된 그래프가 아니다.

[오답해설]

① 제시된 〈표〉에 따라 '국회의원의 여야별 SNS 이용자 수'를 올바르게 나타낸 그래프이다.

③ 제시된 〈표〉에 따라 '여당 국회의원의 당선 유형별 SNS 이용자 구성비'를 올바르게 나타낸 그래프이다.

④ 제시된 〈표〉에 따라 '야당 국회의원의 당선 횟수별 SNS 이용자 구성비'를 올바르게 나타낸 그래프이다.

⑤ 제시된 〈표〉에 따라 '2선 이상 국회의원의 정당별 SNS 이용자 수'를 올바르게 나타낸 그래프이다.

40 정답 ④

[정답해설]

④ 다섯 번째 단락에서 일용근로자 수급가구가 전체 수급가구에서 차지하는 비율이 2009년부터 매년 65% 이상을 차지했다고 하였으나 선택지의 그래프에서는 2009년(약 60.2%), 2010년(약 59.7%), 2011년(약 59%), 2012년(약 64.8%) 등 매년 65%에 미치지 못하므로 〈보고서〉의 내용과 부합하지 않는 자료이다.

[오답해설]

① 두 번째 단락의 '2009년 이후 근로장려금 신청가구 중에서 수급가구가 차지하는 비율은 매년 80% 이상을 기록하였다'는 부분과 부합하는 자료이다.

② 세 번째 단락의 '수급가구 중 부부가구가 차지하는 비중은 2009년 이후 계속 70%대를 유지하다가 2012년 80%를 돌파하였다'는 부분과 부합하는 자료이다.

③ 네 번째 단락의 '2012년 60대 이상 수급가구는 전년의 25배 이상이 되었다'는 부분과 부합하는 자료이다.

⑤ 마지막 단락의 '2009년에는 수급가구 중 자녀 2인 가구의 비율이 가장 높았으나 2010년과 2011년에는 자녀 1인 가구의 비율이 가장 높았다'는 부분과 부합하는 자료이다.

41 정답 ①

[정답해설]

① 2014년 전체 커피전문점의 전년 대비 점포 수 증가폭은 275개(=544개-269개)이므로 올바르게 작성된 그래프가 아니다.

[오답해설]

② 2018년 커피전문점 브랜드별 점포당 매출액을 정확하게 나타낸 그래프이다.

③ 2017년 매출액 기준 커피전문점 브랜드별 점유율을 정확하게 나타낸 그래프이다.

④ 2017년 대비 2018년 커피전문점 브랜드별 매출액의 증가량을 정확하게 나타낸 그래프이다.

⑤ 전체 커피전문점의 연도별 점포당 매출액을 정확하게 나타낸 그래프이다.

42 정답 ①

[정답해설]

ㄴ. 2018년 청소년활동을 가장 희망하는 시간대는 '학교 수업시간 중'(43.7%)으로 조사되었고, '기타'를 제외하고는 '방과 후'가 가장 낮은 비율로 조사되었다는 부분과 부합하는 자료이다.

ㄷ. 2018년 청소년활동 참여형태에 대한 9개 항목 중 '학교에서 단체로 참여'라는 응답(46.0%)이 가장 높게 나타났으며, 다음으로 '교내 동아리활동으로 참여', '개인적으로 참여'의 순으로 높게 나타났다는 부분과 부합하는 자료이다.

[오답해설]

ㄱ. 〈보기〉에서 2018년 청소년활동 9개 영역 중 참여경험 비율이 세 번째로 높은 것은 진로탐색 · 직업체험활동(72.5%)이고 〈보고서〉에는 모험개척활동이므로 〈보고서〉와 부합하지 않는 자료이다.

ㄹ. 〈보기〉에서 2018년 청소년활동 정책 인지도 점수의 최댓값은 청소년운영위원회의 1.44점이고 〈보고서〉는 1.42점이므로, 〈보고서〉와 부합하지 않는 자료이다.

43 정답 ④

[정답해설]

〈보고서〉 첫 번째 항목의 '쌀 수출량 상위 3개국도 모두 아시아 국가'라는 부분을 위해 ㄴ의 자료가 추가로 필요하다. 그리고 두 번째 항목의 '밀 생산량 상위 5개국의 밀 평균 가격은 해당 국가들의 쌀 평균 가격보다 낮다'는 부분을 위해 ㄷ의 자료가 필요하며, 마지막으로 세 번째 항목의 '바이오연료용 옥수수 수요량은 지속적으로 증가하고 있다'는 부분을 위해 ㄹ의 자료가 추가로 필요하다.

44 정답 ④

정답해설

〈보고서〉의 '1992년 이래 역대 최고치를 기록하였다'는 부분을 위해서는 ㄱ의 자료가 필요하며, '2016년 상반기도 역대 동기간 대비 최고치를 기록하고 있다'는 부분을 위해서는 ㄴ의 자료가 추가로 필요하다. 그리고 '2013년 대비 2015년 '갑'국의 전체 수출액이 5.9% 감소하였다'는 부분을 위해서는 ㄹ의 자료가 추가로 필요하다는 것을 알 수 있다.

45 정답 ⑤

정답해설

〈보고서〉를 단락별로 살펴보면 첫 번째 단락의 '2017년 3월부터 7월까지 5개월간 전년 동기간 대비 방한 중국인 관광객 수는 300만 명 이상 감소한 것으로 추정된다'는 부분은 〈표 1〉을 통해 알 수 있는 내용이며, '2016년 기준 전체 방한 중국인 관광객 1인당 관광 지출액이 1,956달러'라는 부분은 〈표 2〉를 통해 알 수 있는 내용이다.

다음으로 두 번째 단락의 '2017년 전년 대비 연간 추정 방한 중국인 관광객 감소 규모는 약 756만 명이며, 추정 지출 감소액은 약 147.9억 달러'라는 부분은 〈표 1〉과 〈표 2〉를 통해 알 수 있는 내용인데 반해 '2016년 중국인 관광객을 제외한 연간 전체 방한 외국인 관광객 수 및 이들의 지출액'에 대한 내용은 추가적인 자료(ㄴ)가 필요하다.

마지막으로 세 번째 단락의 '2017년 산업부문별 추정 매출 감소액'은 추가적인 자료(ㄷ, ㄹ)가 필요한 자료이므로 〈보고서〉를 작성하기 위해 〈표〉 이외에 추가로 필요한 자료는 ㄴ, ㄷ, ㄹ이다.

46 정답 ③

정답해설

③ 〈보고서〉를 단락별로 나누어 분석해보면 다음과 같다. 첫 번째 문단에서는 2012~2018년 연평균 미세먼지 농도를 서술하고 있는데 이는 〈표 1〉을 이용하여 확인 가능한 내용이다. 두 번째 문단에서는 연령집단을 전체, 65세 미만, 65세 이상으로 나누어 각각의 일일 사망자 수를 서술하고 있는데 이는 〈표 1〉과 〈표 2〉로는 알 수 없는 내용이며 선택지 ㄱ과 ㄹ을 통해서 알 수 있는 내용이다. 마지막으로 세 번째 문단에서는 2012~2018년 연평균 기온과 상대습도를 서술하고 있는데 이는 〈표 2〉를 통해 확인 가능한 내용이다.

47 정답 ③

정답해설

첫 번째와 두 번째 조건에서 미국, 일본, 인도, 중국의 순으로 수출액이 큰 산업은 A와 D이므로 A와 D가 각각 출판 또는 영화임을 알 수 있다.

세 번째 조건에서 중국, 인도, 미국을 모두 합친 것보다 일본이 큰 산업은 B와 E이므로, B와 E가 각각 음악 또는 방송임을 알 수 있다. 따라서 C는 이 문제에서는 고려하지 않는 산업으로 확정된다.

마지막으로 출판산업과 음악산업을 판단하기 위해 경우의 수를 나누어보면, A-B, A-E, D-B, D-E의 네 가지로 나누어 볼 수 있는데, 이 중 출판산업과 음악산업 수출의 합이 가장 큰 국가가 미국인 것은 A-B뿐이다. 따라서 출판산업은 A, 음악산업은 B가 되며, 방송산업은 E로 확정된다.

48 정답 ①

정답해설

먼저 첫 번째 조건에서 2005년에 등록 건수가 가장 많은 것이 특허라고 하였으므로 A 혹은 C가 특허임을 알 수 있다.

다음으로, 두 번째 조건에서 2004년부터 2006년까지 디자인 출원 건수는 전년 대비 매년 증가한다고 하였으므로 C 혹은 D가 디자인임을 알 수 있다.

다음으로, 세 번째 조건에서 2004년에 비해 2005년의 등록 건수가 감소한 항목이 실용신안이라고 하였으므로 B가 실용신안임을 알 수 있다.

마지막으로 네 번째 조건에서 2004년부터 2006년까지 상표는 출원 및 등록 건수가 각각 전년 대비 매년 증가하였다고 하였으므로 D가 상표임을 알 수 있다. 이제 이를 두 번째 조건과 결부시키면 C를 디자인과 연결시킬 수 있으며, 이 결과를 첫 번째 조건과 결부시키면 A가 특허임을 알 수 있다.

49 정답 ④

정답해설

먼저 '가'지진과 '나'지진의 규모는 동일하나 '가'지진에 의한 사망자 수가 '나'지진에 의한 사망자 수의 4배 이상이라고 하였으므로 '가'-D, '나'-C 혹은 '가'-E, '나'-B임을 알 수 있다. 그런데 '가'-D이고, '나'-C인 경우 '다'지진은 '가'지진보다 지진의 규모가 크지만 사망자 수와 부상자 수가 각각 적게 발생하여야 하는데 주어진 〈표〉에서 그러한 조건의 지진을 찾을 수 없다. 따라서 '가'는 지진 E이고 '나'는 지진 B임을 알 수 있다.

이에 따르면 '가'지진보다 지진의 규모가 크지만 사망자 수와 부상자 수가 각각 적게 발생한 C지진이 '다'지진이 되며, '다'지진과 규모는 같고 '다'지진에 의한 사망자 수의 8배 이상 많은 사망자를 기록한 지진이 '바'지진이라고 하였으므로 D지진이 '바'지진이 된다.

마지막으로 남은 A와 F가 각각 '라' 또는 '마'가 되어야 하는데 지진의 규모는 '마'지진이 크지만 '마'지진에 의한 사망자 수는 '라'지진에 의한 사망자 수의 30% 이하라고 하였으므로 A지진이 '라'지진이고, F지진이 '마'지진이 된다.

50 정답 ①

정답해설

첫 번째 조건을 살펴보면, 2009년과 2010년 사이에 순위의 변동이 없다가 2011년에 순위가 하락한 것은 A와 B이므로 선택지 ④를 소거할 수 있다.

두 번째 조건을 살펴보면, 매년 순위가 상승하는 것은 D와 E뿐이므로 오렌지주스와 참치맛밥을 이와 연결시킬 수 있다. 이를 통해 선택지 ②와 ⑤를 소거할 수 있다.

다음으로 세 번째 조건을 살펴보면, A~E중 2010년과 2011년의 순위가 서로 엇갈리는 방향으로 변화한 것은 B와 D뿐이므로 B가 주먹밥, D가 오렌지주스임을 알 수 있다.

그리고 마지막 조건을 통해 이를 확인해보면 생수(C)가 캔커피(A)보다 매년 순위가 낮음을 알 수 있다. 따라서 B, C, D를 바르게 나열한 것은 선택지 ①이 된다.

51
정답 ③

정답해설

첫 번째 조건에서 등록률이 30% 이상인 의료기관은 '종합병원'과 '치과'라고 하였는데 A의 등록률은 약 31.3%이고, C의 등록률은 약 29.6%이므로 A는 '종합병원' 혹은 '치과'임을 알 수 있다. 따라서 선택지 ①, ②를 소거한다.

두 번째 조건에서 '종합병원' 등록 의료기관 수는 '안과' 등록 의료기관 수의 2.5배 이상이라고 하였으므로 D는 '안과'일 수 없다. 따라서 후보군을 ③과 ⑤로 좁힐 수 있다.

그리고 마지막 조건을 살펴보면 B와 D 중 등록 의료기관 수가 작은 것이 '치과'라고 하였으므로 B가 '치과'이고 D가 '한방병원'이 되어 ③이 정답이 된다.

52
정답 ①

정답해설

먼저 첫 번째 조건을 살펴보면 이미 주어진 멕시코와 한국을 제외하고 1인당 이산화탄소 배출량이 매년 증가한 B와 D가 브라질 또는 사우디임을 알 수 있다. 따라서 선택지 ⑤를 소거할 수 있다.

다음으로 두 번째 조건을 살펴보면, 각주에 의해 '인구 $= \dfrac{\text{총 배출량}}{\text{1인당 배출량}}$'임을 알 수 있으므로 2010년~2012년 동안 2억 명대를 기록 중인 D국가가 브라질이라는 것을 알 수 있다. 따라서 후보군을 선택지 ①과 ③으로 압축할 수 있다.

이제 마지막 조건을 살펴보면 2012년 A국(약 5.2천만 명)과 C국(약 3.5천만 명) 중 한국(약 5천만 명)보다 인구가 많은 국가는 A국이므로 정답은 ①임을 알 수 있다.

53
정답 ①

정답해설

두 번째 조건을 살펴보면 졸업률은 야누스가 플로라보다 높다고 하였으므로 둘의 졸업이 동일한 A-B는 연결될 수 없다. 따라서 선택지 ⑤를 소거한다.

다음으로, 세 번째 조건을 살펴보면, 로키와 토르의 학생 수 차이가 18,000명 이상이라고 하였으므로 이를 만족하는 조합은 E-F뿐임을 알 수 있다. 따라서 선택지 ①과 ② 중 하나로 후보군을 좁힐 수 있다.

이제 마지막 조건을 살펴보면, 입학 허가율은 토르가 로키보다 높다고 하였으므로 이를 만족하는 것은 E가 토르이고, F가 로키인 ①이 정답임을 알 수 있다. 결과적으로 네 번째 조건은 정답을 판단하는 데에 영향을 주지 못했음에 주목할 필요가 있다.

54
정답 ④

정답해설

ㄱ. 2007년 대구지역의 볼거리 발병 환자 수는 2006년 205명, 2007년 2,128명으로 10배 이상이므로 옳은 내용이다.

ㄴ. 2007년에 볼거리 발병 환자 수가 전년 대비 3배 이상인 지역은 대구(약 10.4배), 광주(약 3.7배), 대전(약 7.2배)이므로 옳은 내용이다.

ㄷ. 〈그림〉에서 2007년 1~2월의 비중이 5%임과, 〈표〉에서 이에 해당하는 수치가 119명임을 알 수 있다. 따라서 이를 비례식으로 풀면 2008년 대구지역 볼거리 발병 환자 수는 2,380명(=119명×20)으로 계산되므로 2007년의 2,128명보다 더 많게 된다. 따라서 옳은 내용이다.

오답해설

ㄹ. 제시된 자료로는 각 지역별 인구를 알 수 없으므로 옳지 않은 내용이다.

55
정답 ①

정답해설

ㄴ. 2006년과 2010년 모두 출마한 후보자는 병과 무인데, 이 두 후보의 경우 부재자 득표 수를 제외할 때, A~E 5개 읍면에서의 득표 수는 2006년에 비해 2010년에 모두 증가하였으므로 옳은 내용이다.

오답해설

ㄱ. 2010년의 경우에는 부재자 투표에서 1위를 차지한 후보(무, 619표)가 전체 득표 수에서도 1위를 차지했지만 2006년의 경우는 부재자 투표에서 1위를 차지한 후보(병, 168표)와 전체 득표 수에서 1위를 차지한 후보(무, 4,597표)가 다르므로 옳지 않은 내용이다.

ㄷ. 2006년 선거에서 정은 A읍 출신이지만 E면에서 가장 많은 표를 얻었고, 2010년 선거에서 무는 A읍 출신이지만 E면에서 가장 많은 표를 얻었다. 따라서 옳지 않은 내용이다.

ㄹ. 두 기간의 총 유권자 수가 25,000명으로 동일하고 투표율이 20%p 이상 증가하였다는 것은 투표 수의 차이가 5,000표 이상이었다는 것과 같은 의미이다. 그런데 두 기간의 투표 수의 차이를 계산해보면 3,961표이므로 옳지 않은 내용이다.

56
정답 ②

정답해설

ㄴ. 2006년의 이익수준의 전체 평균 대비 하위 평균의 비율은 약 36% $\left(=\dfrac{119}{329}\right)$인데, 이보다 분모가 크고 분자가 작은 2002~2004년을 제외하고 2005년은 약 33% $\left(=\dfrac{140}{420}\right)$, 2007년은 약 32% $\left(=\dfrac{123}{387}\right)$이므로 2006년이 가장 크다. 그리고 2006년은 전체 표준편차도 0.1056으로 가장 크므로 옳은 내용이다.

ㄹ. 2003년부터 2007년까지 적자보고율과 이익수준 상위 평균의 전년 대비 증감 방향은 감소-증가-감소-증가-감소로 동일하므로 옳은 내용이다.

오답해설

ㄱ. 각주에 의하면 적자로 보고한 기업 수는 '조사대상 기업 수×적자보고율'로 계산할 수 있다. 따라서 각 연도별로 이를 계산하면 2002년 88.4개, 2003년 81개, 2004년 98.6개, 2005년 93개, 2006년 95.4개, 2007년 96.9개이므로 최대는 2004년이고, 최소는 2003년이다. 따라서 옳지 않은 내용이다.

ㄷ. 이익수준의 상위 평균이 가장 높은 해는 2004년(0.0818)이고, 전체 평균이 가장 높은 해는 2005년(0.0420)이므로 옳지 않은 내용이다.

57

정답해설

③ 전체 47개 기업 중 존속성 기술을 개발하는 기업은 24개이고, 와해성 기술을 개발하는 기업은 23개이므로 옳은 내용이다.

오답해설

① 와해성 기술을 개발하는 기업은 총 23개인데, 이 중 벤처기업은 12개이고, 대기업은 11개이므로 벤처기업의 비율이 더 높다. 따라서 옳지 않은 내용이다.

② 기술추동전략을 취하는 기업은 총 20개인데, 이 중 존속성 기술을 개발하는 기업은 12개이고, 와해성 기술을 개발하는 기업은 8개이므로 존속성 기술을 개발하는 기업의 비율이 더 높다. 따라서 옳지 않은 내용이다.

④ 벤처기업은 총 20개인데 이 중 기술추동전략을 취하는 기업이 10개이고, 시장견인전략을 취하는 기업이 10개로 동일하므로 옳지 않은 내용이다.

⑤ 대기업은 총 27개인데 이 중 시장견인전략을 취하는 기업이 17개이고, 기술추동전략을 취하는 기업은 10개이므로 옳지 않은 내용이다.

58

정답해설

⑤ 현재 3위인 C팀의 홈 경기 승률은 약 $0.77\left(=\dfrac{30}{39}\right)$이므로 옳지 않은 내용이다.

오답해설

① A팀의 최근 10경기 전적이 9승 1패이고, 최근 연승연패 기록이 1패이므로 그 이전에 치른 9경기를 모두 이겼다는 것을 알 수 있다. 따라서 옳은 내용이다.

② H팀이 남은 6경기를 모두 패하고 I팀이 남은 6경기를 모두 승리하면 H팀과 I팀의 전적은 46승 38패가 되나 홈경기 전적에서 H팀은 23승 19패, I팀은 25승 17패가 되어 I팀이 8위가 되므로 옳은 내용이다.

③ 문제의 조건에 무승부는 없다고 했으므로, L팀과 M팀이 최근 5경기에서 서로 경기를 치렀다면 둘 다 6연패 이상을 기록하는 일은 일어날 수 없다. 그런데 현재 L팀과 M팀은 각각 6연패, 8연패를 기록하고 있으므로, 두 팀은 최근 5경기에서 서로 경기를 치르지 않았다.

④ 만약 A팀이 남은 6경기를 모두 패하고 B팀이 남은 6경기를 모두 승리한다면 B팀이 1위가 될 수 있다. 따라서 옳은 내용이다.

59

정답해설

각 업무단계별 총 처리비용을 계산하면 다음과 같다.
- 접수확인 : 500원×54건=27,000원
- 서류심사 : 2,000원×20건=40,000원
- 직무능력심사 : 1,000원×38건=38,000원
- 학업성적심사 : 1,500원×16건=24,000원
- 합격여부통지 : 400원×54건=21,600원

따라서 총 처리비용이 두 번째로 큰 업무단계는 직무능력심사(38,000원)이다.

60

정답해설

⑤ 사고 전·후의 이용 가구 수의 차이를 구하면 수돗물(40가구), 정수(0가구), 약수(30가구), 생수(70가구)이므로 차이가 가장 큰 것은 생수이다. 따라서 옳은 내용이다.

오답해설

① 사고 전에 각 가구가 이용하는 식수 조달원을 정리하면 수돗물(120명), 정수(100명), 약수(80명), 생수(70명)이므로 수돗물을 이용하는 가구 수가 가장 많다. 따라서 옳지 않은 내용이다.

② 사고 전에 비해 사고 후에 이용 가구 수가 감소한 식수 조달원은 수돗물(40가구 감소), 약수(30가구 감소)의 2개이므로 옳지 않은 내용이다.

③ 전체 가구 수가 370가구이고 사고 전과 사고 후의 조달원이 동일한 가구 수는 140가구 이므로 사고 전·후 식수 조달원이 변경된 가구 수는 230가구(=370가구−140가구)이다. 따라서 전체 가구 수 중 변경된 가구 수의 비율은 약 62%이므로 옳지 않은 내용이다.

④ 사고 전에 식수 조달원으로 정수를 이용하던 가구 중 사고 후에도 정수를 이용하는 가구 수는 50가구이므로 옳지 않은 내용이다.

61

정답해설

ㄱ. 전체 학생들의 독서량의 합은 30권이고, 학생의 수가 6명이므로, 학생들의 평균 독서량은 5권이다. 따라서 옳은 내용이다.

ㄹ. 여학생이거나 독서량이 7권 이상인 학생 수는 3명이므로 전체 학생 수의 50%이다. 따라서 옳은 내용이다.

오답해설

ㄴ. 남학생이면서 독서량이 5권 이상인 학생은 관호뿐이고, 전체 남학생 수는 4명이므로, 선택지의 비율은 25%이다. 따라서 옳지 않은 내용이다.

ㄷ. 독서량이 2권 이상인 학생(5명) 중 남학생(3명) 비율은 60%이며, 전체 학생(6명) 중 여학생(2명) 비율은 33%이므로 옳지 않은 내용이다.

62

정답해설

ㄱ. 〈표〉의 성별 등록 장애인 수를 가중치(여성 1, 남성 1.4)로 삼아 가중평균을 구하면 약 $3.4\%\left(=\dfrac{(0.5\times1)+(5.5\times1.4)}{2.4}\right)$이므로 옳은 내용이다.

ㄹ. 등록 장애인 수가 가장 많은 장애등급은 6급이며 6급의 남성 장애인 수는 389,601명이고, 등록 장애인 수가 가장 적은 장애등급은 1급이며 1급의 남성 장애인 수는 124,623명이어서 전자는 후자의 3배 이상이다. 따라서 옳은 내용이다.

ㅁ. 성별 등록 장애인 수 차이가 가장 작은 장애등급은 4급이며, 가장 큰 장애등급은 6급이므로 4급과 6급의 여성 장애인 수의 합은 394,582명(=190,772+203,810)이다. 이는 여성 전체 등록 장애인 수의 40%(419,592명)보다 적으므로 옳은 내용이다.

ㄴ. 2009년 장애등급별 등록 장애인 수는 알 수 없으므로 옳지 않은 내용이다.

ㄷ. 장애등급 5급과 6급의 등록 장애인 수의 합은 1,120,056명이므로 전체 등록 장애인 수(2,517,312명)의 절반에 미치지 못한다. 따라서 옳지 않은 내용이다.

63

정답 ④

④ ①과 같은 논리로 실험오차의 비교를 통해 판단해보면, 기관1의 실험오차는 14.5이고 기관2(4.5), 기관3(4.5), 기관4(5.5)의 실험오차의 합 역시 14.5이므로 둘의 실험오차율은 같다. 따라서 옳지 않은 내용이다.

① 동일한 물질에 대해서는 유효농도(평균값)가 동일하므로 실험오차의 비교를 통해 판단하면 되는데, 기관2와 기관4의 실험오차는 모두 2.5로 동일하므로 실험오차율도 동일함을 알 수 있다. 따라서 옳은 내용이다.

② ①과 같은 논리로 실험오차의 비교를 통해 판단하면 되는데, 시각적으로 보아도 기관1의 실험오차가 다른 기관에 비해 압도적으로 크다는 것을 알 수 있다. 따라서 옳은 내용이다.

③ 물질A에 대한 기관2의 실험오차율은 $\frac{2.5}{4.5}$이고, 물질B에 대한 기관1의 실험오차율은 $\frac{14.5}{11.5}$이므로 물질A의 실험오차율이 작다. 따라서 옳은 내용이다.

⑤ 기관1의 실험 결과는 모두 각 물질의 유효농도보다 크므로, 기관1의 실험 결과가 제외된다면 4개 물질의 유효농도 값은 제외하기 이전보다 작아지게 된다. 따라서 옳은 내용이다.

64

정답 ②

ㄷ. 2007년 1분기의 노동시간당 산출 비율은 177.0%이고 2016년 1분기는 172.4%이며, 나머지 분기도 모두 2007년의 노동시간당 산출 비율이 더 크다는 것을 확인할 수 있다. 이는 노동시간당 산출이 매 분기마다 전년 동기에 비해 증가하고 있는 것과 같은 의미이므로 옳은 내용이다.

ㄱ. 2006년이나 2007년의 분기별 노동시간당 산출이 주어져 있지 않으므로 1992년의 노동시간당 산출을 구할 수는 없다. 따라서 옳지 않은 내용이다.

ㄴ. 2007년 1분기와 2분기의 1인당 인건비 비율은 주어져 있지만 1992년 1분기와 2분기의 1인당 인건비는 알 수 없다. 따라서 옳지 않은 내용이다.

ㄹ. 2007년 3분기의 노동시간당 인건비 비율은 2006년 동기에 비해 6.1%p 증가하였다. %와 %p를 혼동하지 말기 바란다.

65

정답 ②

② 황자총통의 총통무게는 '근'의 단위로만 주어져 있으므로 다른 총통의 무게를 이용해 비례식을 세우면 '155근 : 93kg=36근 : x'이다. 이를 계산하면 $x=21.6$kg이므로 옳지 않은 내용이다.

① 전체길이가 짧은 순서대로, 화약무게가 가벼운 순서대로 나열하면 황자총통, 현자총통, 지자총통, 천자총통으로 모두 동일하므로 옳은 내용이다.

③ 제조년도가 가장 늦은 총통은 현자총통(1596년)인데 이의 내경과 외경의 차이는 5.7cm로서 다른 총통에 비해 가장 크다. 따라서 옳은 내용이다.

④ 전체길이 대비 약통길이의 비율을 구해보면 지자총통이 약 28%$\left(=\frac{25.1}{89.5}\right)$로 가장 크므로 옳은 내용이다.

⑤ ②와 마찬가지로 비례식을 이용하여 풀이하면, 'x : 900보=1.01km : 800보'이다. 이를 계산하면 는 약 1.14km이므로 옳은 내용이다.

66

정답 ⑤

ㄴ. 서귀포시의 논 면적은 서귀포시의 경지 면적에서 밭 면적을 차감한 것이므로 25ha(=31,271ha−31,246ha)이며, 같은 논리로 제주시의 논 면적은 8ha(=31,585ha−31,577ha)이므로 서귀포시의 논 면적이 더 크다. 따라서 옳은 내용이다.

ㄷ. 서산시의 밭 면적은 5,555ha(=27,285ha−21,730ha)이며, 김제시의 밭 면적은 5,086ha(=28,501ha−23,415ha)이므로 서산시의 밭 면적이 더 크다. 따라서 옳은 내용이다.

ㄹ. 상주시의 경지 면적은 5위인 서산시보다 작아야 하기 때문에 27,285ha보다 작다. 따라서 상주시의 논 면적은 서산시의 경지 면적(27,285ha)에서 상주시의 밭 면적(11,047ha)을 차감한 16,238ha보다 작을 수밖에 없다. 이는 익산시 논 면적의 약 85%이므로 옳은 내용이다.

ㄱ. 해남군의 밭 면적은 12,327ha이므로 이의 2배는 24,654ha이다. 그런데 해남군의 논 면적은 23,042ha로서 밭 면적의 2배에 미치지 못한다. 따라서 옳지 않은 내용이다.

67

정답 ⑤

⑤ 〈표 3〉에서 2011년의 장기 금연계획률은 36.1%(=56.3%−20.2%)이고, 2008년의 단기 금연계획률은 17.7%(=56.9%−39.2%)이므로, 2011년의 장기 금연계획률이 2008년의 단기 금연계획률의 두 배 이상임을 알 수 있다. 따라서 옳은 내용이다.

① 〈표 1〉에서 2012년 여성 흡연율은 7.9%임을 알 수 있는데, 이의 6배는 47.4%로 남성 흡연율인 43.7%보다 크다. 따라서 옳지 않은 내용이다.

② 〈표 2〉에서 2012년의 경우 소득수준이 '상'일 때의 남성 흡연율은 38.6%이며, 최상일 때는 40.8%이므로 소득수준과 남성 흡연율의 변화방향이 일치한다. 따라서 옳지 않은 내용이다.

③ 소득수준에 따른 여성 흡연율이 제시되어 있지 않기 때문에 알 수 없는 내용이다. 따라서 옳지 않은 내용이다.

④ 〈표 3〉에서 2009년의 금연계획률은 57.4%이므로 2008년의 56.9%에 비해 증가하였다. 따라서 옳지 않은 내용이다.

오답해설
ㄷ. 2012년의 '현금 및 현금성자산'의 금액은 228억 원(=2,850억 원×0.08)이고 2011년은 238억 원(=3,400억 원×0.07)이므로 옳지 않은 내용이다.

ㄹ. 2011년 대비 2012년 '무형자산'의 구성비가 4.3%p만큼 감소하였다고 해서 금액이 그만큼 감소하였다고 볼 수는 없다. 그 같은 관계가 성립하기 위해서는 2011년과 2012년 자산총액이 동일하다는 전제가 있어야만 하므로 옳지 않은 내용이다. 또한 이 선택지는 %p가 아닌 %를 사용한 함정 선택지이기도 하다.

68
정답 ④

정답해설
ㄴ. 6월의 주가지수가 1월과 같은 1000이므로 6월과 1월의 A사와 B사의 주가의 합이 동일하다는 것을 알 수 있다. 따라서 6월 A사의 주가는 5,600원으로 1월의 주가(5,000원)보다 높으므로 옳은 내용이다.

ㄹ. 4~6월 중 A사의 주가 수익률이 가장 낮은 달은 4월(약 −21%)이므로 이때 B사의 주가는 전월 대비 하락하였다. 따라서 옳은 내용이다.

오답해설
ㄱ. 먼저 4월의 주가지수를 구하면 약 95$\left(=\dfrac{10,400}{11,000}\right)$이므로 3~6월 중 주가지수가 가장 낮은 달은 5월임을 알 수 있다. 그런데 5월의 경우 B사의 주가는 전월 대비 증가하였으므로 옳지 않은 내용이다.

ㄷ. 2월 A사의 주가가 4,000원이고 B사의 주가가 6,000원이라면 2월의 주가지수는 약 91$\left(=\dfrac{10,000}{11,000}\right)$이므로 전월 대비 10% 이상 하락한 것은 아니다.
따라서 옳지 않은 내용이다.

69
정답 ①

정답해설
ㄱ. 2011년과 2012년의 항목별 금액 순위와 구성비 순위를 정리하면 다음과 같다.

구분	2011년	2012년
1	유형자산	유형자산
2	무형자산	이연법인세자산
3	단기금융상품	단기금융상품
4	이연법인세자산	무형자산
5	기타 비유동자산	기타 비유동자산
6	매출채권	현금 및 현금성자산
7	현금 및 현금성자산	매출채권
8	재고자산	재고자산

이에 따르면 2011년 항목별 금액의 순위가 2012년과 동일한 항목은 '유형자산', '단기금융상품', '기타비유동자산', '재고자산'의 4개이므로 옳은 내용이다.

ㄴ. 2011년 유동자산의 구성비의 합은 34.3%(=7.0%+15.0%+7.2%+5.1%)이므로 유동자산 중 '단기금융상품'의 구성비는 약 44%$\left(=\dfrac{15}{34.3}\right)$이다.
따라서 옳은 내용이다.

70
정답 ⑤

정답해설
ㄴ. 평균을 이용하여 '갑'의 드림카페 점포 수와 '병'의 드림카페 점포 수의 합을 구하면, $\dfrac{|갑+병|+12}{5}=4$, $|갑+병|=20-12=80$이다. 그런데 '갑'과 '병'의 점포의 편차가 모두 2인 관계를 만족하면서 둘의 합이 80이 되는 경우는 하나는 6(=4+2)이고, 나머지는 2(=4−2)인 경우뿐이므로 옳은 내용이다.

ㄷ. 평균을 이용하여 '정'의 해피카페 점포 수를 구하면, $\dfrac{정+17}{5}=4$, 정=20−17=30이다. 따라서 '정'의 드림카페 점포 수(5개)보다 적으므로 옳은 내용이다.

ㄹ. 편차의 평균이 달라지기 위해서는 편차의 합이나 도시 수가 달라져야 한다. 그런데, '무'에서 브랜드의 변경 없이 '병'으로 이전하는 경우에는 편차의 합도, 도시 수도 달라지지 않으므로 평균은 변하지 않는다. 따라서 옳은 내용이다.

오답해설
ㄱ. '해피카페'의 편차의 합을 구하면 6이므로 평균은 1.2이고, '드림카페' 편차의 평균은 1.6으로 제시되어 있다. 따라서 '해피카페' 편차의 평균은 '드림카페' 편차의 평균보다 작으므로 옳지 않은 내용이다.

71
정답 ①

정답해설
ㄱ. '출신 성분이 낮은 급제자' 중 '본관이 없는 자'의 비율은 태조·정종 대는 $\dfrac{28}{40}=0.7$이고, 선조 대는 $\dfrac{11}{186}≒0.060$이므로 옳은 내용이다.

ㄴ. '본관이 없는 자'와 '3품 이상 오른 자'에 해당하는 사람들이 서로 중복되지 않기 위해서는 두 그룹의 합이 '출신신분이 낮은 급제자'의 수인 40명 이하이어야 한다. 하지만 '본관이 없는 자'는 28명, '3품 이상 오른 자'는 13명으로 두 그룹의 합은 41명이 되어 최소 1명은 중복되어야 함을 알 수 있으므로 옳은 내용이다.

오답해설
ㄷ. 전체 급제자가 가장 많은 왕은 선조(1,112명)이지만 출신 신분이 낮은 급제자가 가장 많은 왕은 중종(188명)이므로 옳지 않은 내용이다.

ㄹ. 중종 대의 '전체 급제자' 중에서 '출신신분이 낮은 급제자'가 차지하는 비율은 약 21%$\left(=\dfrac{188}{900}\right)$이므로 옳지 않은 내용이다.

72 정답 ②

정답해설

ㄱ. 〈표 2〉에서 '갑'이 필요로 하는 기능은 3, 5, 7, 8임을 알 수 있는데 〈표 1〉에 따르면 해당 기능을 모두 제공하는 소프트웨어는 A와 E이다. 그 중 가격이 낮은 것은 E(68,000원)이므로 옳은 내용이다.

ㄴ. 〈표 1〉에서 B와 C를 비교하면, C는 B에 비해 기능 1, 5, 8을 더 가지고 있고, B는 C에 비해 기능 10을 더 가지고 있다. 따라서 B와 C의 가격 차이가 기능 1, 5, 8과 기능 10의 가격 차이이어서 둘의 가격 차이는 4,000원(=68,000원-62,000원)이므로 옳은 내용이다.

오답해설

ㄷ. 〈표 2〉에서 을이 가진 소프트웨어와 병이 가진 소프트웨어로 기능 1∼10을 모두 제공하려면, 을이 보유한 소프트웨어 B로 제공하지 않는 기능(1, 5, 7, 8)을 병이 제공할 수 있어야 한다. 그런데 병이 필요로 하는 기능인 1, 3, 8을 모두 가지면서 기능 5, 7을 가지는 소프트웨어는 A와 E의 두 개가 존재한다. 따라서 옳지 않은 내용이다.

73 정답 ②

정답해설

먼저, 2017년 9월의 순위를 추가하여 정리하면 다음과 같다.

순위	2016년 10월	2017년 9월	2017년 10월
1위	아르헨티나	브라질	독일
2위	독일	독일	브라질
3위	브라질	아르헨티나	포르투갈
4위	벨기에	스위스	아르헨티나
5위	콜롬비아	폴란드	벨기에
6위	칠레	포르투갈	폴란드
7위	프랑스	칠레	스위스
8위	포르투갈	콜롬비아	프랑스
9위	우루과이	벨기에	칠레
10위	스페인	프랑스	콜롬비아
11위	웨일스	스페인	스페인

② 2017년 9월의 순위가 2016년 10월의 순위보다 낮은 국가는 아르헨티나, 벨기에, 프랑스, 칠레, 콜롬비아 등 총 5개국이며, 높은 국가는 4개국이므로 옳은 내용이다. 독일은 두 시점에서의 순위가 동일하다는 점과 2017년 10월 상위 10개 국가 중에서 선택해야 한다는 점에 주의하자.

오답해설

① 2016년 10월과 2017년 10월 모두 10위 이내인 국가는 아르헨티나, 독일, 브라질, 벨기에, 콜롬비아, 칠레, 프랑스, 포르투갈 등 8개국이므로 옳지 않은 내용이다.

③ 2017년 10월 상위 5개 국가의 점수 평균은 약 1,435점이고, 2016년 10월 상위 5개 국가의 점수 평균은 약 1,448점이므로 후자가 더 크다. 따라서 옳지 않은 내용이다.

④ 2017년 10월 상위 11개 국가 중 전년 동월 대비 점수가 상승한 국가는 독일, 브라질, 포르투갈, 폴란드, 스위스, 스페인인데, 스페인의 경우 점수는 상승했지만 순위는 하락했으므로 옳지 않은 내용이다.

⑤ 2017년 10월 상위 11개 국가 중 2017년 10월 순위가 전월 대비 상승한 국가는 독일, 포르투갈, 벨기에, 프랑스 등 4개국이고, 전년 동월 대비 상승한 국가는 독일, 브라질, 포르투갈, 폴란드, 스위스 등 5개국이므로 후자가 더 많다. 따라서 옳지 않은 내용이다.

74 정답 ①

정답해설

① 전체 전투 대비 일본측 공격 비율은 임진왜란 전기가 약 33%$\left(=\frac{29}{87}\right)$이고 임진왜란 후기가 약 44%$\left(=\frac{8}{18}\right)$이므로 옳지 않은 내용이다.

오답해설

② 조선측 공격이 일본측 공격보다 많았던 해는 1592년, 1593년, 1598년이며 이 해에는 항상 조선측 승리가 일본측 승리보다 많았으므로 옳은 내용이다.

③ 전체 전투 대비 관군 단독전 비율은 1598년이 75%$\left(=\frac{6}{8}\right)$이고, 1592년이 약 27%$\left(=\frac{19}{70}\right)$이므로 1598년이 1592년의 2배 이상이다. 따라서 옳은 내용이다.

④ 1592년 조선측이 승리한 횟수가 40회이고, 관군·의병 연합전의 횟수가 42회이므로 둘이 서로 중복되지 않기 위해서는 전체 전투 횟수가 최소 82회가 되어야 하지만 실제 전체 전투 횟수는 70회에 불과하므로 최소 12회는 관군·의병 연합전이면서 조선측이 승리한 것이라는 것을 알 수 있다. 이는 그 해 조선측 승리 횟수(40회)의 30%에 해당하는 수치이므로 옳은 내용이다.

⑤ 1598년 조선측이 승리한 횟수는 6회, 관군 단독전의 횟수는 6회이므로 둘이 서로 중복되지 않기 위해서는 전체 전투 횟수가 최소 12회가 되어야 하지만 실제 전체 전투 횟수는 8회에 불과하므로 최소 4회는 관군 단독전이면서 조선측이 승리한 것이라는 것을 알 수 있다. 따라서 옳은 내용이다.

75 정답 ③

정답해설

③ 모든 메인 메뉴들의 단백질 함량이 포화지방의 2배 이상이므로 서로 다른 두 메인 메뉴를 한 단위씩 주문할 때, 총 단백질 함량은 항상 총 포화지방 함량의 2배 이상이 될 수밖에 없다. 따라서 옳은 내용이다.

오답해설

① 새우버거의 중량 대비 열량의 비율은 약 2$\left(=\frac{395}{197}\right)$이지만, 칠리버거는 2에 미치지 못하므로 새우버거의 비율이 가장 낮은 것은 아니다. 따라서 옳지 않은 내용이다.

② 당은 g단위로, 나트륨은 mg단위로 표시되어 있음에 주의해야 한다. 1g은 1,000mg이므로 〈표 1〉에서 주어진 당수치에 1,000을 곱한 수치와 나트륨의 수치를 비교하면 나트륨 함량이 당 함량의 50배 이상인 메뉴는 없음을 알 수 있다. 따라서 옳지 않은 내용이다.

④ 모든 스낵 메뉴의 단위당 중량 합은 229g(=114g+68g+47g)인데, 메인 메뉴 중 베이컨버거의 단위당 중량은 242g으로 이보다 더 크다. 따라서 옳지 않은 내용이다.

⑤ 메인 메뉴 중 가장 열량이 낮은 햄버거(248kcal)와 스낵 메뉴 중 가장 열량이 낮은 조각치킨(165kcal)를 선택한다면 이 둘의 열량의 합은 413kcal가 된다. 여기에 오렌지주스(84kcal)를 추가하더라도 총 열량은 497kcal에 그치므로 여전히 500kcal 이하이다. 따라서 옳지 않은 내용이다.

76

정답해설

ㄴ. 최종학력이 석사 또는 박사인 B기업 지원자는 63명(=21명+42명)이고, 관련 업무경력이 20년 이상인 지원자는 25명이다. 만약 이들이 모두 독립적인 집단이라면 B기업 전체 지원자 수는 최소 88명이 되어야 하나 실제 지원자 수는 81명에 불과하므로 적어도 7명은 두 집단 모두에 속할 것이라는 것을 알 수 있으므로 옳은 내용이다.

ㄹ. A, B기업 전체 지원자 수는 155명이고, 40대 지원자는 51명이므로 전체 지원자 중 40대 지원자의 비율은 약 33%$\left(=\dfrac{51}{155}\right)$이다. 따라서 옳은 내용이다.

오답해설

ㄱ. 동일한 집단 내에서의 비교이므로 실수치의 비교를 통해 판단가능하다. A기업 지원자 중 남성 지원자는 53명이고, 관련 업무경력이 10년 이상인 지원자 역시 53명(=18명+16명+19명)이므로 둘은 같다는 것을 알 수 있으므로 옳지 않은 내용이다.

ㄷ. A기업 지원자 중 여성 지원자의 비율은 약 28.4%$\left(=\dfrac{21}{74}\right)$이고, B기업 지원자 중 여성 지원자의 비율은 약 29.6%$\left(=\dfrac{24}{81}\right)$이므로 후자가 전자보다 크다. 따라서 옳지 않은 내용이다.

77

정답해설

ㄱ. 샘플 A의 총질소 농도는 46.24mg/ℓ이고, 샘플 I의 총질소 농도는 41.58mg/ℓ(=5.27+1.12+35.19)이므로 전자가 후자보다 높다. 따라서 옳은 내용이다.

ㄴ. 샘플 B의 TKN 농도는 31.47mg/ℓ(=6.46+25.01)이므로 옳은 내용이다.

오답해설

ㄷ. 샘플 B의 질산성 질소 농도는 5.91mg/ℓ(=37.38-6.46-25.01)이다. 그리고 샘플 D의 질산성 질소 농도를 구하기 위해 먼저 암모니아성 질소 농도를 먼저 구하면 12.48mg/ℓ(49.39-36.91)이고, 이를 이용하여 질산성 질소 농도를 구하면 4.99mg/ℓ(=54.38-12.48-36.91)이므로 샘플 B의 질산성 질소 농도가 샘플 D보다 높다. 따라서 옳지 않은 내용이다.

ㄹ. 각주에서 주어진 식으로는 샘플 F의 암모니아성 질소 농도와 유기성 질소 농도를 구할 수 없고 둘의 합만 알 수 있을 뿐이다. 평균을 이용하여 구하려고 해도 암모니아성 질소 농도와 유기성 질소 농도의 평균이 주어져 있지 않아 구할 수 없는 것은 마찬가지이다.

78

정답해설

ㄱ. 수면제 D의 평균 숙면시간을 구하면 5.2시간이므로 평균 숙면시간이 긴 수면제부터 순서대로 나열하면 C(5.6시간), D(5.2시간), A(5.0시간), B(4.8시간)의 순이다. 따라서 옳은 내용이다.

ㄷ. '갑'의 수면제 B와 D의 숙면시간 차이는 2시간이며 나머지 환자는 숙면시간의 차이가 없으므로 옳은 내용이다.

오답해설

ㄴ. '무'의 수면제 C에 대한 숙면시간을 구하면 6시간이므로 수면제 C에 대한 '을'과 '무'의 숙면시간 차이는 1시간이고, 수면제 B는 2시간이다. 따라서 수면제 B에 대한 숙면시간이 더 크므로 옳지 않은 내용이다.

ㄹ. 수면제 C의 평균 숙면시간(5.6시간)보다 수면제 C의 숙면시간이 긴 환자는 '갑'(6.0시간), '정'(7.0시간), '무'(6.0시간)의 3명이므로 옳지 않은 내용이다.

79

정답해설

ㄱ. 2016년에 출생한 인구는 2018년 현재 나이가 2세인 인구를 가리키므로 A, B 지역 인구의 합은 194,646명(=119,772명+74,874명)이다. 그리고 2015년에 출생한 인구는 2018년 현재 나이가 3세인 인구를 가리키므로 A, B지역 인구의 합은 193,744명(=120,371명+73,373명)이므로 2016년에 출생한 인구의 합이 더 크다. 따라서 옳은 내용이다.

ㄹ. 2019년의 C지역 6~11세 인구의 합은 2018년의 5~10세의 합과 같다. 따라서 선택지는 2018년의 C지역 5~10세의 합과 6~11세의 합을 비교하는 것과 같다. 이를 살펴보면 6~10세는 공통적으로 포함되는 부분이므로 결과적으로 5세의 인구와 11세의 인구 중 어느 것이 더 큰가를 비교하면 되는데 5세의 인구는 3,627명이고 11세의 인구는 2,905명이므로 전자가 더 크다. 따라서 2018년 5~10세의 합, 즉 2019년 6~11세의 합이 더 크다는 것을 알 수 있으며 이는 해당 범위의 인구의 합이 2018년 대비 2019년에 증가했다는 것을 의미한다. 따라서 옳은 내용이다.

오답해설

ㄴ. 2017년의 0~11세 인구는 2018년의 1~12세 인구를 가리키지만 주어진 자료에서는 2018년 12세의 인구를 알 수 없다. 따라서 옳지 않은 내용이다.

ㄷ. 2018년 5세 인구가 가장 많은 지역은 A(131,257명)이지만, 5세 인구 대비 0세 인구의 비율이 가장 높은 지역은 B(92.1%)이므로 둘은 같지 않다. 따라서 옳지 않은 내용이다.

80

정답해설

ⓒ 대업에 급제한 인원은 문신귀족정치 전성기에 352명, 476명, 420명으로 증감을 반복하고 있으며, 무신정권시기에도 증감을 반복하고 있다. 따라서 옳지 않은 내용이다.

ⓔ 명종 대의 연평균 시행 횟수는 $\dfrac{17}{27}$인데 반해, 인종 대는 $\dfrac{17}{24}$이므로 인종 대의 연평균 시행 횟수가 더 크다. 따라서 옳지 않은 내용이다.

ⓐ 강종 대의 급제 인원은 71명으로 전체 무신정권시기 중 가장 적다. 따라서 옳지 않은 내용이다.

오답해설

㉠ 대업의 시행 횟수와 급제인원은 문신귀족정치 전성기에 각각 44회와 1,248명이고, 무신정권시기에 각각 57회와 1,974명이므로 모두 문신귀족정치기간이 더 많으므로 옳은 내용이다.

㉡ 직접 계산할 필요 없이 문신귀족정치 전성기의 재위기간별 연평균 급제인원은 최대 20.71명(예종)인데 반해 무신정권시기는 최소 21.07명(고종)이어서 각각의 기간의 평균은 당연히 무신정권시기가 더 많을 수밖에 없다. 따라서 옳은 내용이다.

81

[정답해설]

먼저, 〈표〉의 빈칸을 채우면 다음과 같다.

연령집단	연도							
	1960	1970	1980	1985	1990	1995	2000	2005
15세 미만	42.9	42.1	(33.8)	(29.9)	25.7	23.0	21.0	19.1
15~65세 미만	53.8	54.6	62.3	65.8	(69.3)	(71.1)	(71.7)	(71.6)
65세 이상	(3.3)	(3.3)	3.9	4.3	5.0	5.9	7.3	9.3
계	100.0	100.0	100.0	100.0	100.0	100.0	100.0	100.0

ㄴ. 2000년 15세 미만 인구 100명당 65세 이상 인구는 약 34.8%$\left(=\frac{7.3}{21.0}\right)$ 이므로 옳은 내용이다.

ㄹ. 위 표에 의하면 1980년 이후 조사년도마다 전체 인구에서 15세 미만인구의 비율은 감소하고 전체 인구에서 65세 이상 인구의 비율은 증가하므로 옳은 내용이다.

[오답해설]

ㄱ. 위 표에 의하면 1990년의 15~65세 미만 인구 비율은 69.3%이므로 옳지 않은 내용이다.

ㄷ. 주어진 표에서는 같은 연도 내에서의 비교는 가능하지만 다른 연도의 경우는 각각의 연도에 해당하는 전체 인구 수가 주어져 있지 않아 비교가 불가능하다. 따라서 옳지 않은 내용이다.

82

[정답해설]

비율점수법의 결과와 순위점수법의 결과를 정리하면 다음과 같다.

구분	비율점수법		순위점수법
	전체합	중앙 3합	순위점수합
종현	28	19	11
유호	33	21	10
은진	28	18	9

① 위 표에 의하면 순위점수합이 가장 큰 지원자는 종현(11점)이므로 옳은 내용이다.

[오답해설]

② 비율점수법 중 중앙 3합이 가장 큰 지원자는 유호(21점)이나 순위점수합이 가장 큰 지원자는 종현(11점)이므로 옳지 않은 내용이다.

③ 비율점수법 적용 결과에서 평가점수의 전체합이 큰 값부터 등수를 정하면 1등 유호, 2등 종현, 은진이나 중앙 3합이 큰 값부터 등수를 정하면 1등 유호, 2등 종현, 3등 은진이므로 옳지 않은 내용이다.

④ 비율점수법 적용 결과에서 평가점수의 전체합이 가장 큰 지원자는 유호(33점)이므로 옳지 않은 내용이다.

⑤ 비율점수법 적용 결과에서 중앙 3합이 높은 값부터 등수를 정하면 1등 유호(21점), 2등 종현(19점)이므로 옳지 않은 내용이다.

83

[정답해설]

ㄱ. I가 얻은 점수는 71점이고, 정답 문항 수가 15개이므로 이를 식으로 나타내면 $(15 \times 5) - (2 \times 2) = 71$임을 알 수 있다. 따라서 오답은 2개이고, 풀지 않은 문항은 3개이므로 옳은 내용이다.

ㄹ. J가 맞은 문항 수를 a라고 오답 문항 수를 b라 하면 '$5a - 2b = 64$'로 나타낼 수 있는데 이를 만족하는 경우는 a가 14이고 b가 3인 경우뿐이다. 그런데 이 경우 풀지 않은 문항 수도 3개가 되므로 옳은 내용이다.

[오답해설]

ㄴ. 빈칸으로 남아있는 각 응시생별로 풀지 않은 문항 수를 계산하면 G가 2개, H가 5개, I가 3개, J가 3개임을 알 수 있으므로 A~J가 풀지 않은 문항 수의 합은 19이다. 따라서 옳지 않은 내용이다.

ㄷ. E는 정답 문항 수가 17개, 오답 문항 수가 3개이므로 E가 얻은 점수는 79점$\{=(17 \times 5) - (3 \times 2)\}$이고 같은 논리로 D가 얻은 점수는 81점이다. 따라서 80점 이상인 응시생은 A, B, C, D 4명이므로 옳지 않은 내용이다.

84

[정답해설]

먼저, 황해지역의 흉년 빈도가 5이므로 세조 4년과 5년은 흉년이라는 것을 알 수 있으며, 같은 논리로 함경지역은 흉년 빈도가 2이므로 세조 4년과 9년은 흉년이 아님을 알 수 있다. 이와 같은 식으로 나머지 빈칸을 채우면 다음과 같다.

구분	경기	황해	평안	함경	강원	충청	경상	전라	흉년 지역 수
세조 1	×	×	×	×	×	O	×	×	1
세조 2	O	×	×	×	×	O	O	×	3
세조 3	O	×	×	×	×	O	O	O	4
세조 4	O	(O)	(O)	(×)	×	(O)	×	(×)	4
세조 5	O	(O)	O	O	O	×	O	O	(5)
세조 8	×	×	×	×	×	O	×	×	1
세조 9	×	O	×	(×)	O	×	×	×	2
세조 10	O	×	×	O	O	O	×	×	4
세조 12	O	O	×	O	O	O	O	×	5
세조 13	O	×	(O)	×	O	×	×	(×)	3
세조 14	O	O	×	×	O	(×)	(O)	×	4
흉년 빈도	8	5	(4)	2	7	6	(3)	1	

① 흉년 빈도는 경기(8), 강원(7), 충청(6), 황해(5)의 순이므로 옳지 않은 내용이다.

[오답해설]

② 세조 5년의 흉년 지역 수는 5곳이고, 세조 4년은 4곳이므로 옳은 내용이다.

③ 전체 흉년 빈도 수의 합은 36이며, 경기, 황해, 강원의 흉년 빈도 합은 20이므로 전체의 약 55.6%이다. 따라서 옳은 내용이다.

④ 충청 지역의 흉년 빈도는 6이며 경상의 흉년 빈도는 3이므로 옳은 내용이다.

⑤ 흉년 지역 수가 5인 재위년은 세조 5년과 세조 12년 등 총 2번이므로 옳은 내용이다.

정답해설

③ C국의 2013년 무선통신 가입자가 7,700만 명이고 인구 100명당 무선 통신 가입자가 77명이라고 하였으므로 C국의 전체 인구는 10,000만 명임을 알 수 있다. 따라서 2013년 C국의 유·무선 통신동시 가입자를 C라 놓고 이를 정리하면 10,000만 명=3,200만 명+7,700만 명−C+700만 명으로 나타낼 수 있으며, 이를 풀면 C는 1,600만 명임을 알 수 있으므로 옳은 내용이다.

오답해설

① 2013년 A국의 유선통신가입자를 A라 하면 A국의 전체 인구는 A+4,100만 명−700만 명+200만 명이 되며 이를 정리하면 A+3,600만 명으로 나타낼 수 있다. 그런데 A국의 인구 100명당 유선 통신 가입자가 40명이라고 하였으므로 이를 방정식으로 나타내면 $\left(\dfrac{A}{A+3,600만 명}=\dfrac{40}{100}\right)$이 되어 A는 2,400만 명으로 계산되므로 옳지 않은 내용이다.

② B국의 2013년 대비 2016년 무선 통신 가입자 수의 비율이 1.5라면, 2016년 무선 통신 가입자 수는 4,500만 명(=3,000만 명×1.5)이므로 옳지 않은 내용이다.

④ 2013년 D국의 전체 인구는 2,000만 명(=1,100만 명+1,300만 명−500만 명+100만 명)이고 2013년 대비 2016의 인구 비율이 1.5라고 하였으므로 2016년 D국의 전체 인구는 3,000만 명이 될 것이다. 여기서 2016년 D국의 미가입자를 D라 놓고 방정식으로 나타내면 3,000만 명=1,100만명+2,500만 명−800만 명+D가 되어 D는 200만 명으로 계산되므로 옳지 않은 내용이다.

⑤ 2013년 B국에서 유선통신만 가입한 사람은 1,600만 명(=1,900만 명−300만 명)이고 D국은 600만 명(=1,100만 명−500만 명)이므로 전자는 후자의 3배에 미치지 못한다. 따라서 옳지 않은 내용이다.

정답해설

주어진 자료를 정리하면 다음과 같다.

(단위: 만 원)

구분	가 (6,000)	나 (14,000)	다 (35,000)	라 (117,000)	마 (59,000)	총 지출	사전 지출	환급(−) /지급(+)
A	○	○	○	○	○	34,000	10,000	24,000
B	○	○	○	○	○	34,000	26,000	8,000
C	○	○	○	○	○	34,000	10,000	24,000
D	○	○	○	○	○	34,000	10,000	24,000
E	×	×	○	○	○	29,000	175,000	−146,000
F	×	×	×	○	○	22,000	0	22,000
G	×	×	×	○	○	22,000	0	22,000
H	×	×	×	○	○	22,000	0	22,000
부담 비용	1,500	3,500	7,000	14,625	7,375	−	−	−

② B부서는 8,000만 원을 지급해야 하므로 옳지 않은 내용이다.

오답해설

① G부서는 22,000만 원을 지급해야 하므로 옳은 내용이다.

③ E부서는 146,000만 원을 환급받으므로 옳은 내용이다.

④ A, C, D 부서는 24,000만 원씩 지급해야 하므로 옳은 내용이다.

⑤ '다'행사의 총비용은 35,000만 원이고 참여하는 부서가 총 5개인데 이들은 7,000만 원씩 부담하므로 옳은 내용이다.

정답해설

④ 소송을 제기하기만 하고 소송을 제기 받지 않은 기업은 B, F, H, K, M의 5개 기업이므로 옳지 않은 내용이다.

오답해설

① 소송을 제기하지 않은 기업은 C, D, E, G, N, O, P, Q의 8개이므로 옳은 내용이다.

② A기업은 B, F, I, J의 4개 기업으로부터 소송을 제기 받아 가장 많은 수의 기업으로부터 소송을 제기 받았다. 따라서 옳은 내용이다.

③ J기업은 A, D, G, I, L, N, O, Q의 8개 기업에 소송을 제기하였으므로 옳은 내용이다.

⑤ 서로가 소송을 제기한 경우는 A기업과 J기업, L기업과 J기업의 경우뿐이므로 옳은 내용이다.

정답해설

〈조건〉에서 주어진 산식을 정리하면 다음과 같다.

총 광고효과=(1회당 수익 증대효과+1회당 브랜드 가치 증대효과)×$\dfrac{(3,000만 원-1년 계약금)}{20}$

따라서 위 산식을 이용해 각 광고모델의 총 광고효과를 계산하면 다음과 같다.

① 지후 : $(100만 원+100만 원)×\dfrac{(3,000만 원-1,000만 원)}{20}=20,000만 원$

② 문희 : $(60만 원+100만 원)×\dfrac{(3,000만 원-600만 원)}{20}=19,200만 원$

③ 석이 : $(60만 원+110만 원)×\dfrac{(3,000만 원-700만 원)}{20}=19,550만 원$

④ 서현 : $(50만 원+140만 원)×\dfrac{(3,000만 원-800만 원)}{20}=20,900만 원$

⑤ 슬이 : $(110만 원+110만 원)×\dfrac{(3,000만 원-1,200만 원)}{20}=19,800만 원$

따라서 총 광고효과가 가장 큰 모델은 ④ 서현이다.

정답해설

ㄱ. 직원들 각각의 총점을 판단해보면 다음과 같다.
- 하선행 : 268점(94+90+84)
- 성혜지, 김성일 : 3과목 모두에서 하선행보다 순위가 낮으므로 총점 역시 하선행보다 낮다.
- 양선아 : 윤리영역에서 하선행보다 13점이 높으나 논리(6점), 추리(14점)에서 하선행보다 20점이 낮으므로 총점은 하선행보다 낮다.
- 황성필 : 윤리에서 하선행보다 6점이 높으나 논리(9점), 추리(8점)에서 하선행보다 17점이 낮으므로 총점은 하선행보다 낮다.
- 신경은 : 추리(1점), 윤리(4점)에서 하선행보다 5점이 높으나 논리 점수는 85점을 넘을 수 없어 최소 9점차 이상 하선행의 점수가 높다.
- 박기호 : 윤리에서 하선행보다 11점이 높으나 나머지 영역에서 5위안에 들지 못해 총점은 하선행보다 낮을 수밖에 없다.

따라서 하선행의 점수가 가장 높으므로 옳은 내용이다.

ㄹ. 김성일의 논리점수가 90점이고, 추리점수는 76점을 넘을 수 없고, 윤리점수는 84점을 넘을 수 없으므로 추리와 윤리에서 공동 5위를 차지하였다고 하더라도 총점은 250점에 머무른다. 따라서 옳은 내용이다.

오답해설

ㄴ. 양선아의 총점은 261점이나, 성혜지가 윤리 영역에서 81점 이상을 얻으면 양선아의 점수를 넘어선다. 하선행이 전체 1위인 것은 ㄱ에서 살펴 보았고 성혜지가 양선아보다 총점이 높아지는 경우가 가능하므로 옳지 않은 내용이다.

ㄷ. 신경은이 논리영역에서 82점 이상을 얻으면 총점이 260점을 초과하므로 옳지 않은 내용이다.

90
정답 ①

정답해설

ㄱ. 〈그림 1〉과 〈그림 2〉에서 2010년에 비해 2011년에 직접거래관계의 수가 가장 많이 증가한 기업은 C7(3개 → 5개)이고, 가장 많이 감소한 기업은 C4(6개 → 3개)이므로 옳은 내용이다.

ㄴ. 〈표 1〉과 〈표 2〉에서 2010년에 비해 2011년 직접거래액의 합이 가장 많이 증가한 기업은 C2(22억 원 → 28억 원)이고, 가장 많이 감소한 기업은 C4(32억 원 → 20억 원)이므로 옳은 내용이다.

오답해설

ㄷ. 〈그림 1〉과 〈그림 2〉에서 직접거래관계의 수가 동일한 기업은 C1(3개), C3(2개), C5(4개), C6(3개), C8(3개)의 5개이므로 옳지 않은 내용이다.

ㄹ. 2010년에 비해 2011년 총 직접거래관계의 수는 28개로 동일하나, 총 직접거래액은 148억 원에서 154억 원으로 증가하였으므로 옳지 않은 내용이다.

91
정답 ⑤

정답해설

ㄴ. '나'국은 A요건(742억 달러), B요건(8.5%)을 모두 충족하므로 옳은 내용이다.

ㄷ. 관찰대상국으로 지정되는 국가는 '가', '나', '마', '차'국 등 4개국이므로 옳은 내용이다.

ㄹ. A요건이 변동되면 영향을 받는 것은 '아'국뿐인데, '아'국은 나머지 요건을 충족하지 못하기 때문에 관찰대상국 및 환율조작국으로 지정되는 국가들은 동일하다. 따라서 옳은 내용이다.

오답해설

ㄱ. '다'국의 경우 요건 A(686억 달러), B(3.3%), C(2.1%)를 모두 충족하여 환율조작국으로 지정되므로 옳지 않은 내용이다.

92
정답 ②

정답해설

주어진 실험결과를 정리하면 다음과 같다.

구분	A	B	C	D
민감도	$\frac{100}{120}$	$\frac{80}{120}$	$\frac{80}{110}$	$\frac{80}{100}$
특이도	$\frac{100}{120}$	$\frac{80}{120}$	$\frac{100}{130}$	$\frac{120}{140}$
양성 예측도	$\frac{100}{120}$	$\frac{80}{120}$	$\frac{80}{110}$	$\frac{80}{100}$
음성 예측도	$\frac{100}{120}$	$\frac{80}{120}$	$\frac{100}{130}$	$\frac{120}{140}$

ㄱ. 위 표에 의하면 민감도가 가장 높은 질병진단키트는 A이므로 옳은 내용이다.

ㄷ. 위 표에 의하면 질병진단키트 C의 민감도와 양성 예측도가 모두 $\frac{80}{110}$으로 동일하므로 옳은 내용이다.

오답해설

ㄴ. 위 표에 의하면 특이도가 가장 높은 질병진단키트는 D이므로 옳지 않은 내용이다.

ㄹ. 위 표에 의하면 질병진단키트 D의 양성 예측도는 $\frac{80}{100}$이고, 음성 예측도는 $\frac{120}{140}$이므로 옳지 않은 내용이다.

CHAPTER

03 LEVEL 3, 단련

01	02	03	04	05	06	07	08	09	10
④	⑤	①	④	④	②	⑤	②	①	④
11	12	13	14	15	16	17	18	19	20
③	②	①	②	③	⑤	①	⑤	①	⑤
21	22	23	24	25	26	27	28	29	30
③	②	③	②	⑤	①	①	④	③	⑤
31	32	33	34	35	36	37	38	39	40
③	⑤	②	①	③	④	④	④	①	⑤
41	42	43	44	45	46	47	48	49	50
①	⑤	③	③	③	②	②	⑤	④	②
51	52								
④	①								

01

정답 ④

[정답해설]

④ 2010년 이후 부서별 직종별 인원 수의 변동이 없다고 하였으므로, 2010년의 직종별 현원과 2011년은 같다. 따라서, 2011년 현원 대비 일반직 비중을 계산해보면 A는 약 75%$\left(=\frac{35}{47}\right)$, B는 약 74%$\left(=\frac{25}{34}\right)$, C는 약 78%$\left(=\frac{14}{18}\right)$, D는 약 79%$\left(=\frac{23}{29}\right)$, E는 87.5%$\left(=\frac{14}{16}\right)$, F는 약 53%$\left(=\frac{38}{72}\right)$이므로 E의 비중이 가장 크다. E의 기본경비 예산은 24,284만 원으로 2011년 모든 부서 중 가장 적다. 따라서 옳은 내용이다.

[오답해설]

① 2011년 정원이 가장 많은 부서는 F(75명), 가장 적은 부서는 E(15명)인데 두 부서의 2011년 예산을 합하면 24,023,883만 원(=4,244,804만 원+19,779,079만 원)이므로 2011년 전체 예산의 약 24.7%이다. 따라서 옳지 않은 내용이다.

② 2011년 부서별 인건비 예산을 모두 더하면 3,931,126만 원인데, 이는 전체 예산의 약 4%를 차지하므로 옳지 않은 내용이다.

③ 2010년 현원 1인당 기본경비 예산을 계산하면, A는 약 6,588만 원$\left(=\frac{309,617}{47}\right)$, B는 약 1,027만 원$\left(=\frac{34,930}{34}\right)$, C는 약 1,767만 원$\left(=\frac{31,804}{18}\right)$, D는 약 829만 원$\left(=\frac{24,050}{29}\right)$, E는 약 1,437만 원$\left(=\frac{22,992}{16}\right)$, F는 12,027만 원$\left(=\frac{865,957}{72}\right)$이므로 가장 적은 부서는 D이다. 따라서 옳지 않은 내용이다.

⑤ 2011년 사업비는 모든 부서에서 전년에 비해 증가하였고, 전년 대비 사업비는 D와 E가 2배 이상 증가하였고 A는 2배에 미치지 못하고 있다. 따라서 옳지 않은 내용이다.

02

정답 ⑤

[정답해설]

⑤ 2011년 11월 일본어선과 중국어선의 한국 EEZ 내 어획량 합은 11,621톤(=2,176톤+9,445톤)이고, 중국 EEZ와 일본 EEZ 내 한국어선 어획량 합은 564톤(=64톤+500톤)이므로 전자는 후자의 20배 이상이다. 따라서 옳은 내용이다.

[오답해설]

① 2011년 12월 중국 EEZ 내 한국어선 조업 일수는 11월의 789일에서 1,122일로 증가하였으므로 옳지 않은 내용이다.

② 2010년 11월 한국어선의 일본 EEZ 입어 척수는 알 수 없으므로 옳지 않은 내용이다.

③ 2011년 12월 일본 EEZ 내 한국어선의 조업 일수(3,236일)는 같은 기간 중국 EEZ 내 한국어선의 조업 일수(1,122일)의 3배에 미치지 못하므로 옳지 않은 내용이다.

④ 2011년 12월 일본어선의 한국 EEZ 내 입어 척수당 조업 일수는 약 4.86일$\left(=\frac{277}{57}\right)$이고 2010년 12월은 약 5.53일$\left(=\frac{166}{30}\right)$이므로 옳지 않은 내용이다.

03

정답 ①

[정답해설]

ㄱ. 〈표 1〉에서 전체 신고상담 건수는 2,558건이고, 전체 신고접수 건수는 729건이다. 그런데 전체 신고접수 건수의 3배는 2,187건(=729건×3)이므로 전체 신고상담 건수에 비해 크지 않다. 따라서 옳은 내용이다.

ㄴ. 〈표 2〉에서 전체 신고접수 건수 대비 분야별 신고접수 건수의 비율이 가장 높은 분야는 보건복지 분야[약 32.8%$\left(=\frac{239}{729}\right)$]이므로 옳은 내용이다.

[오답해설]

ㄷ. 〈표 2〉에서 분야별 전체 신고접수 건수 중 '이첩' 건수의 비중이 가장 큰 분야는 교육과 산업 분야(50%)이며 여성가족 분야의 비중은 약 28.6%$\left(=\frac{2}{7}\right)$에 그치고 있으므로 옳지 않은 내용이다.

ㄹ. 〈표 2〉에서 '내부처리' 건수는 전체 신고상담 건수의 약 14%$\left(=\frac{357}{2,558}\right)$이므로 15%에 미치지 못한다. 따라서 옳지 않은 내용이다.

04 정답 ④

정답해설

㉠ 〈표 1〉에서 해수의 비율이 97% 이상이라는 것과 나머지가 모두 담수라는 것을 확인할 수 있으므로 옳은 내용이다.

㉢ 〈표 1〉에서 담수가 차지하는 비율 2.532%의 3분의 2는 1.688%이므로 빙설(빙하, 만년설)이 차지하는 비율(1.731%)은 그 이상이다.

㉣ 〈표 3〉에서 독일의 1인당 물 사용량의 2.5배는 132ℓ×2.5=330ℓ이므로 한국이 독일의 2.5배 이상임을 알 수 있고, 프랑스의 1인당 물 사용량의 1.4배는 281ℓ×1.4=393.4ℓ이므로 한국이 독일의 1.4배 이상임을 알 수 있다. 따라서 옳은 내용이다.

오답해설

㉡ 〈표 2〉에서 세계 연평균 강수량의 1.4배는 1,232mm(=880mm×1.4)이므로 한국의 연평균 강수량(1,245mm)보다 작고, 세계 1인당 강수량 평균의 12%는 2,356m3/년(=19,635m3/년×12%)이므로 한국의 1인당 강수량(2,591m3/년)보다 작다. 따라서 한국의 경우, 연평균 강수량은 세계평균의 1.4배 이상이지만, 1인당 강수량은 세계평균의 12% 미만이 아니므로 옳지 않은 내용이다.

05 정답 ④

정답해설

④ 직접 계산해보지 않더라도 2008년 '학원교육비'의 전년 대비 증가율은 15%를 넘는다는 것을 알 수 있지만 2009년은 5%에도 미치지 못하고 있다. 따라서 옳은 내용이다.

오답해설

① 2007~2010년 '전체 교육비'의 전년 대비 증가율을 연도별로 계산하면 2007년 약 8.2%, 2008년 약 12.7%, 2009년 약 6.9%, 2010년 약 2.4%로 2009년 이후 매년 감소하고 있다. 따라서 옳지 않은 내용이다.

② '전체 교육비'에서 '기타 교육비'가 차지하는 비중을 계산해보면 2010년이 약 4.6%로 가장 큰 데 반해 2009년은 약 3.7%에 그치고 있다. 따라서 옳지 않은 내용이다.

③ '중등교육비'의 경우 2009년(22,880원)에 비해 2010년(22,627원)에 감소하였으므로 옳지 않은 내용이다.

⑤ 2008년의 경우 고등교육비의 정규교육비 대비 비중은 약 57%$\left(=\dfrac{52,003원}{91,068원}\right)$이므로 옳지 않은 내용이다.

06 정답 ②

정답해설

ㄱ. 〈표 2〉에서 전체 수입액이 가장 큰 해는 1907년이며, 1907년의 러시아 상대 수출액은 전년 대비 약 20.9%$\left(=\dfrac{136}{651}\right)$ 증가하였으므로 옳은 내용이다.

ㄷ. 〈표 2〉에서 1898~1910년 동안 청으로부터의 수입액이 전년보다 큰 해는 1889년, 1901년, 1903년, 1905년, 1907년이며, 이 해들에는 모두 전체 수입액이 전년보다 증가하였다. 따라서 옳은 내용이다.

오답해설

ㄴ. 〈표 1〉에서 1905년 기타가 전체 수입액에서 차지하는 비중은 약 0.9% $\left(=\dfrac{72}{7,917}\right)$이고, 1906년은 약 0.7%$\left(=\dfrac{60}{8,903}\right)$이므로 전체 수출액에서 기타가 차지하는 비중이 1901년 이후 매년 높아지는 것은 아니다. 따라서 옳지 않은 내용이다.

ㄹ. 1908년 전체 수출액에서 일본이 차지하는 비중은 약 77%$\left(=\dfrac{10,916}{14,113}\right)$이지만 전체 수입액에서 차지하는 비중은 약 58.5%$\left(=\dfrac{23,982}{41,025}\right)$이므로 옳지 않은 내용이다.

07 정답 ⑤

정답해설

⑤ 건수를 이용해 직접 계산하기보다 점유율을 이용해 판단하면 간단하다. 즉, 수입 건수 상위 10개국의 비율은 78.67%(=100%−21.33%)이므로 선택지의 비율은 약 41%$\left(=\dfrac{32.06\%}{78.67\%}\right)$이다. 따라서 옳은 내용이다.

오답해설

① 기타국가의 점유율이 33.53%이고 이 국가들의 수입액이 5.40조 원이므로 두 수치에 3을 곱하면 각각 100.59%, 16.2조 원을 구할 수 있다. 즉, 100%를 넘는 금액이 16.2조 원에 불과하므로 식품의 총 수입액, 즉 100%값은 이보다 적을 수밖에 없을 것이다. 따라서 옳지 않은 내용이다.

② 전체 식품 수입액에서 상위 10개 수입상대국의 식품 수입액이 차지하는 비중은 전체 비중(100%)에서 기타 국가의 비중(33.53%)을 차감한 값이며, 이를 계산하면 66.47%이다. 따라서 옳지 않은 내용이다.

③ 수입액 상위 10개 수입상대국과 수입 건수 상위 10개 수입상대국 모두에 속하는 국가는 중국, 미국, 일본, 태국, 베트남, 영국, 필리핀 등 7개국이므로 옳지 않은 내용이다.

④ 중국의 식품 수입 건수당 식품 수입액은 $\dfrac{3.39조 원}{104,487건}$이며, 미국은 $\dfrac{3.14조 원}{55,980건}$이므로 이를 분수비교하면 미국이 더 크다는 것을 알 수 있다.
따라서 옳지 않은 내용이다.

08 정답 ②

정답해설

ㄴ. 〈표 1〉의 보건 분야 GDP 공공복지예산 비율을 〈표 2〉의 GDP대비 공공복지 예산비율로 나누어 계산해보면 다음과 같다. 2010년은 약 45%$\left(=\dfrac{3.74}{8.32}\right)$이고, 2011년은 약 44.7%$\left(=\dfrac{3.73}{8.34}\right)$, 2012년은 약 41.5%$\left(=\dfrac{3.76}{9.06}\right)$이므로 매년 감소한다. 따라서 옳은 내용이다.

ㄷ. 〈표 1〉의 분야별 GDP 대비 공공복지 예산 비율로 비교할 수 있다. 이에 따르면 2008년의 노령분야의 비율은 1.79%, 가족분야의 비율은 0.68%이므로 노령분야가 2배 이상이며 다른 연도 역시 마찬가지이다. 따라서 옳은 내용이다.

ㄱ. 〈표 1〉과 〈표 2〉의 관계를 토대로 실업분야 공공복지예산은 '공공복지예산×

$\dfrac{\text{실업분야의 GDP대비 공공복지 예산비율}}{\text{한국의 GDP대비 공공복지 예산비율}}$'으로 나타낼 수 있다.

이에 따르면 2011년 한국의 실업분야 공공복지예산은 약 3.59조 원

$\left(=111{,}090\text{십억 원}\times\dfrac{0.27}{8.34}\right)$으로 계산되므로 옳지 않은 내용이다.

ㄹ. 〈표 2〉에서 매년 GDP대비 공공복지예산비율이 가장 높은 국가는 프랑스이고, 가장 낮은 국가는 한국이다. 따라서 2009~2012년 동안 두 국가 간의 차이를 구하면 2009년 23.43%p, 2010년 24.08%p, 2011년 23.66%p, 2012년 23.44%p이므로 2011년과 2012년에는 전년 대비 감소하고 있다. 따라서 옳지 않은 내용이다.

09
정답 ①

ㄱ. 〈표 2〉에서 A국 비례대표 의원 중 여성 의원은 약 78명(=185명×42.2%), 지역구 의원 중 여성 의원은 약 74명(=926명×8%)이므로 전체 여성 의원은 약 152명이다. 이는 전체 의원 수 1,111명 중 약 13.7%에 해당하는 수치이므로 옳은 내용이다.

ㄴ. 〈표 1〉에서 각 정당의 여성 의원의 비율을 구해보면 '가' 정당은 약 7%, '나' 정당은 약 10%, '다' 정당은 4%, '라' 정당은 약 14%이므로 '라' 정당이 가장 높다. 따라서 옳은 내용이다.

ㄷ. 〈표 1〉과 〈표 2〉에 따르면 '가' 정당의 비례대표 여성 의원 비율은 2008년

약 48%$\left(=\dfrac{21}{44}\right)$에서 2012년 41.2%로 감소하였다. 그러나 지역구 의원 비율

은 2008년 약 7%$\left(=\dfrac{16}{230}\right)$에서 2012년 7.2%로 증가하였으므로 옳지 않은

내용이다.

ㄹ. 〈표 1〉에서 '가' 정당의 2008년 여성 지역구 의원 수는 16명이고, 〈표 2〉에서 '가' 정당의 2012년 여성 지역구 의원 수는 16명(=222명×7.2%)이므로 두 기간 동안 여성 지역구 의원 수의 변동이 없다. 의원 수는 소수가 될 수 없으므로 각주에 의해 소수점 둘째 자리에서 반올림 후에 7.2%가 되기 위해서는 16명만이 가능하다. 따라서 옳지 않은 내용이다.

10
정답 ④

ㄴ. 화훼 생산액은 〈표 1〉의 농·임업 생산액×화훼생산비중으로 계산할 수 있는데 곱해지는 두 값이 모두 증가한 2013년을 제외하고 구해보면 2008년 약 11,105(십억 원, 이하 단위 생략), 2009년 약 11,909, 2010년 약 12,795, 2011년 약 13,007, 2012년 약 14,695로 매년 증가하고 있음을 알 수 있다. 따라서 옳은 내용이다.

ㄹ. 〈표 2〉에서 농업의 부가가치와 임업의 부가가치는 GDP 대비 비중으로 대체하여 구할 수 있으므로 이를 구해보면, 2008년 약 95.4%, 2009년 약 95.4%, 2010년 약 90.0%, 2011년 약 95.4%, 2012년 약 90.9%, 2013년 약 90.9%로 매년 85% 이상임을 알 수 있다. 따라서 옳은 내용이다.

ㄱ. 〈표 1〉에서 농·임업 생산액이 전년보다 작은 해는 2011년임을 알 수 있으며 〈표 2〉에서 농·임업 부가가치는 전년에 비해 증가하였으므로 옳지 않은 내용이다.

ㄷ. 〈표 1〉의 분야별 비중은 공통적으로 전체 농·임업 생산액에서 차지하는 비율이므로 주어진 비중으로 대체하여 판단할 수 있다. 이에 따르면 2010년의 경우 곡물의 비중(15.6%)은 과수의 비중(40.2%)의 절반에 미치지 못하므로 옳지 않은 내용이다.

11
정답 ③

ㄱ. 〈표 2〉에서 추석연휴 전날의 하루평균 사고 건수는 822건, 부상자는 1,178명, 사망자는 17.3명임을 알 수 있고, 〈표 1〉에서 평소 주말 하루평균 사고 건수는 581.7건, 부상자는 957.3명, 사망자는 12.9명임을 알 수 있다. 따라서 사고 건수의 차이는 240.3건(=822건-581.7건), 부상자 수의 차이는

220.7명(=1,178명-957.3명), 사망자 수의 변화율은 약 34%$\left(=\dfrac{44}{129}\right)$로

계산할 수 있으므로 옳은 내용이다.

ㄷ. 〈표 1〉에서 졸음운전사고의 추석연휴 하루평균 사고 건수는 7.8건이고 평소 주말 하루평균 사고 건수는 8.2건으로 추석연휴 하루평균 사고 건수가 더 적지만, 추석연휴 하루평균 부상자 수는 21.1명, 사망자 수는 0.6명으로, 평소 주말 하루평균 부상자 수 17.1명, 사망자 수 0.3명으로 추석연휴 하루평균의 부상자 수와 사망자 수가 더 크다. 따라서 옳은 내용이다.

ㅁ. 〈표 1〉의 어린이사고 부분을 살펴보면, 사고 건수와 부상자 수, 사망자 수가 각각 6.0건, 8.1명, 0.1명 많은 것을 확인할 수 있으므로 옳은 내용이다.

ㄴ. 〈표 2〉에서 교통사고 건당 부상자 수는 추석당일이 약 2.26명$\left(=\dfrac{1{,}013.3}{448}\right)$,

추석전날이 약 1.71명$\left(=\dfrac{865}{505.3}\right)$으로 추석 당일이 더 크다. 하지만 교통사고

건당 사망자 수는 추석당일이 약 0.022명$\left(=\dfrac{10}{448}\right)$, 추석전날이 약 0.03명

$\left(=\dfrac{15.3}{505.3}\right)$으로 추석전날이 더 크므로 옳지 않은 내용이다.

ㄹ. 〈표 1〉에서 추석연휴 하루 평균 사망자의 증가율은 100%$\left(=\dfrac{0.6-0.3}{0.3}\right)$이며,

부상자의 증가율은 약 23.4%$\left(=\dfrac{21.1-17.1}{17.1}\right)$이므로 사망자의 증가율이 부상자

의 증가율의 10배를 넘지 못한다. 따라서 옳지 않은 내용이다.

12
정답 ②

ㄱ. 2017년 고속도로 이동인원의 전년 대비 증가율은

$\dfrac{6{,}160\text{만 명}-3{,}540\text{만 명}}{3{,}540\text{만 명}}$≒74%이므로 옳은 내용이다.

ㄷ. $\dfrac{588\text{만 대}-535\text{만 대}}{535\text{만 대}}$≒9.9%이므로 옳은 내용이다.

ㄴ. 2017년 1일 평균 이동인원은 $\dfrac{6{,}160만\ 명}{11}$=560만 명이고, 2016년 1일 평균이동인원은 $\dfrac{3{,}540만\ 명}{6}$=590만 명으로 전년 대비 약 5% 감소하였다. 따라서 옳지 않은 내용이다.

ㄹ. 서울-부산의 경우 2016년에 비해 2017년에 7시간 15분에서 7시간 50분으로 증가했으므로 옳지 않은 내용이다.

13
정답 ①

ㄱ. 사업체당 종사자 수가 100명 미만이라는 것은 뒤집어 생각하면 종사자 수가 사업체 수의 100배에 미치지 못한다는 것을 의미한다. 〈표〉에 의하면 H와 J의 2개 지역이 이에 해당하므로 옳은 내용이다.

ㄷ. I 지역의 종사자당 매출액은 약 $626\left(=\dfrac{1{,}305{,}468}{2{,}086}\right)$백만 원이고, E 지역의 종사자당 매출액은 약 $572\left(=\dfrac{1{,}804{,}262}{3{,}152}\right)$백만 원이므로 전자가 더 크다. 따라서 옳은 내용이다.

ㄴ. G 지역의 사업체당 매출액은 약 $79{,}084\left(=\dfrac{11{,}625{,}278}{147}\right)$백만 원이지만, A 지역의 사업체당 매출액은 약 $103{,}797\left(=\dfrac{4{,}878{,}472}{47}\right)$백만 원이므로 후자가 더 크다. 따라서 옳지 않은 내용이다.

ㄹ. 건물 연면적이 가장 작은 지역은 J(326,373m²)이지만, 매출액이 가장 작은 지역은 H(861,094백만 원)이므로 옳지 않은 내용이다.

14
정답 ②

② 2018년 사용자별 지출액의 전년 대비 증가율을 구하면 공공사업자가 약 6%, 민간사업자가 약 52%, 개인이 약 31%로 민간사업자가 가장 크다. 따라서 옳지 않은 내용이다.

① 공공사업자의 지출액 증가폭은 2016년 49억 원, 2017년 53억 원, 2018년 47억 원으로 2017년이 가장 크므로 옳은 내용이다.

③ 2016년의 전년 대비 증가율은 공공사업자가 약 7.7%로 가장 작고, 2017년의 전년 대비 증가율도 7.8%로 가장 작다. 마지막으로 2018년은 위의 ②에서 살펴본 것처럼 약 6%로 가장 작으므로 2016~2018년 동안 '공공사업자'가 가장 낮다. 따라서 옳은 내용이다.

④ 공공사업자와 민간사업자 지출액의 합은 2015년 846억 원, 2016년 963억 원, 2017년 1,108억 원, 2018년 1,350억 원으로 매년 개인의 지출액보다 크다. 따라서 옳은 내용이다.

⑤ 2015년 모든 사용자의 지출액 합은 1,378억 원이며, 2018년은 2,644억 원으로 2015년 대비 약 92% 증가하였다. 따라서 옳은 내용이다.

15
정답 ③

③ 공군이 참전한 국가는 미국, 캐나다, 호주, 태국, 그리스, 남아공의 6개국인데 이들 중 태국의 전체 피해인원 대비 부상인원의 비율은 90%에 육박하고 있는데 반해 나머지 국가들은 이에 미치지 못하고 있음을 확인할 수 있다. 따라서 옳은 내용이다.

① 미국의 참전인원은 1,789,000명이고, 전체 참전인원은 1,938,330명이므로 미국을 제외한 나머지 국가의 참전인원의 합은 149,330명이다. 그런데 149,330명의 15배는 2백만 명을 훨씬 넘어서 미국의 참전인원보다 크다. 따라서 미국의 참전인원은 나머지 국가의 참전인원의 합의 15배에 미치지 못하므로 옳지 않은 내용이다.

② 프랑스의 참전인원 대비 전체 피해인원 비율은 약 $38\%\left(=\dfrac{1{,}289}{3{,}421}\right)$이고 터키는 약 $22\%\left(=\dfrac{3{,}216}{14{,}936}\right)$이므로 터키의 비율이 가장 큰 것은 아니다. 따라서 옳지 않은 내용이다.

④ 육군만 참전한 국가는 터키, 필리핀, 에티오피아, 벨기에, 룩셈부르크의 5개국이고, 이들의 '전사·사망' 인원의 합은 1,075명이다. 반면 공군만 참전한 국가는 남아공뿐이며 남아공의 '전사·사망' 인원은 34명이다. 그런데 34명의 30배는 1,020명에 그쳐 1,075명보다 작으므로 옳지 않은 내용이다.

⑤ '실종' 인원이 '포로' 인원보다 많은 국가는 태국, 뉴질랜드, 벨기에의 3개국이므로 옳지 않은 내용이다.

16
정답 ⑤

ㄷ. 선택지의 표에 의하면 강원도에 매장된 3개 광물의 비중이 79.5%이며, 전국의 석회석 매장량 중 강원도가 차지하는 비중은 약 $81\%\left(=\dfrac{7{,}689{,}854}{9{,}456{,}978}\right)$이다. 따라서 〈보고서〉의 내용과 부합하지 않는다.

ㄹ. 강원도의 석회석 광산 수는 전체의 약 $51.6\%\left(=\dfrac{95}{184}\right)$를 차지하고, 저품위 광산 수도 전체의 약 $55\%\left(=\dfrac{47}{86}\right)$를 차지하고 있으나, 고품위 광산 수는 전체의 약 $49\%\left(=\dfrac{48}{98}\right)$를 차지하고 있다. 따라서 〈보고서〉의 내용과 부합하지 않는다.

ㄱ. 비금속광이 국내 광물자원 매장량의 88.7%를 차지하고 있으며, 비금속 광중에서 5대광종의 매장량이 차지하는 비중은 약 $99\%\left(=\dfrac{87.7}{88.7}\right)$이므로 〈보고서〉의 내용과 부합한다.

ㄴ. 석회석, 백운석, 대리석의 매장량 가운데 가채매장량이 차지하는 비중은 각각 약 $76\%\left(=\dfrac{7{,}146{,}062}{9{,}456{,}978}\right)$, 약 $75\%\left(=\dfrac{340{,}136}{450{,}927}\right)$, 약 $72\%\left(=\dfrac{47{,}566}{65{,}709}\right)$이며, 백운석의 가채매장량은 석회석 가채매장량의 약 $4.8\%\left(=\dfrac{340{,}136}{7{,}146{,}062}\right)$이므로 〈보고서〉의 내용과 부합한다.

17 정답 ①

정답해설

① 〈보고서〉의 '개인이 전체 외국인 소유 토지의 60% 이상(61%)을 차지하고 있다'는 부분은 부합한다. 그러나, '개인 소유 토지 중 외국국적교포의 토지 소유면적이 57.1%를 차지하고 있다'는 부분이 선택지의 표에서는 전체 외국인 소유 토지 중 외국국적교포의 토지 소유면적이 57.1%를 차지하고 있는 것으로 나타나고 있으므로 부합하지 않는다.

오답해설

② 〈보고서〉의 첫 번째 단락의 내용과 부합하는 자료이다.

③ 〈보고서〉 두 번째 단락의 '국적별로는 기타 지역을 제외하고 토지 소유면적이 넓은 것부터 나열하면 미국, 유럽, 일본, 중국 순이며, 미국국적 외국인은 외국인 국내토지 소유면적의 50% 이상을 소유하였다'라는 부분과 부합하는 자료이다.

④ 〈보고서〉 두 번째 단락의 '용도별로 외국인 국내토지 소유면적을 넓은 것부터 나열하면 임야·농지, 공장용지, 주거용지, 상업용지, 레저용지 순이며, 이 중 주거용지, 상업용지, 레저용지 토지 면적의 합(24,486천m²)이 외국인 국내토지 소유면적의 10% 이상인 것으로 나타났다'라는 부분과 부합하는 자료이다.

⑤ 〈보고서〉 세 번째 단락의 '외국인이 소유하고 있는 지역별 토지 면적을 넓은 것부터 나열하면 전남, 경기, 경북 순이고 이들 지역에서의 보유 면적의 합(110,688천m²)은 전체 외국인 국내토지 소유면적의 40%를 상회하고 있다'라는 부분과 부합하는 자료이다.

18 정답 ⑤

정답해설

⑤ 〈표 2〉를 이용하여 '2008년 화장실 1개당 해수욕객 수'를 정리한 것이므로 옳지 않다.

오답해설

① 〈표 1〉을 이용하여 '샤워장 및 망루대 1개당 해수욕객 수'를 옳게 정리한 것이다.

② 〈표 2〉를 이용하여 '2008년 해수욕객 수 구성비'를 옳게 정리한 것이다.

③ 〈표 1〉을 이용하여 '해수욕객 수 추이'를 옳게 정리한 것이다.

④ 〈표 2〉를 이용하여 '2008년 해수욕객 천 명당 해수욕장 면적'을 옳게 정리한 것이다.

19 정답 ①

정답해설

① 〈보고서〉의 첫 번째 항목에서 한국의 국세결손처분 비율이 프랑스의 4배 이상이라고 하였으나 선택지의 자료에서는 한국(4.6%), 프랑스(1.2%)로 4배에 미치지 못한다. 따라서 부합하지 않는 자료이다.

오답해설

② 〈보고서〉의 두 번째 항목에서 언급한 내용과 부합하는 자료이다.

③ 〈보고서〉의 세 번째 항목에서 언급한 내용과 부합하는 자료이다.

④ 〈보고서〉의 네 번째 항목에서 언급한 내용과 부합하는 자료이다.

⑤ 〈보고서〉의 다섯 번째 항목에서 언급한 내용과 부합하는 자료이다.

20 정답 ⑤

정답해설

⑤ 〈보고서〉에서는 2013년 전체 국제협력기금 수입계획의 합계에서 전기이월금이 차지하는 비중이 45% 이상이라고 하였으나 선택지의 자료에서는 약 39%$\left(=\dfrac{7,172}{18,251}\right)$이므로 부합하지 않는 자료이다.

오답해설

① '연도별 국제협력기금 조성액'에 대한 보고서의 내용과 부합하는 자료이다.

② '2012년 1~9월 국제협력기금 조성액'에 대한 보고서의 내용과 부합하는 자료이다.

③ '2012년 국제협력기금 여유자금의 자산구성 및 운용 실적'에 대한 보고서의 내용과 부합하는 자료이다.

④ '2012년 국제협력기금 분기별, 자산별 운용수익률'에 대한 보고서의 내용과 부합하는 자료이다.

21 정답 ③

정답해설

③ 2016년 건설업 신설법인 수의 전년 대비 증가율은 1%에도 미치지 못하므로 올바르지 않게 작성된 그래프이다.

오답해설

① 2016년 신설법인의 업종별 구성비를 올바르게 나타낸 그래프이다.

② 2011~2016년 제조업 및 서비스업 신설법인 수를 올바르게 나타낸 그래프이다.

④ 2011~2016년 신설법인 중 서비스업 신설법인 비율을 올바르게 나타낸 그래프이다.

⑤ 2011~2016년 전체 신설법인 수의 전년 대비 증가율을 올바르게 나타낸 그래프이다.

22 정답 ③

정답해설

ㄷ. 첫 번째 단락에서 '중학교의 학교폭력 심의 건수는 전년 대비 40.5% 증가하였다'는 부분을 위해 ㄷ의 자료가 추가로 필요하다.

ㅁ. 두 번째 단락에서 '기타조치 중 퇴학조치보다는 전학조치가 많았다'는 부분을 위해 ㅁ의 자료가 추가로 필요하다.

나머지 ㄱ, ㄴ, ㄹ에 대해서는 〈보고서〉에서 언급하고 있지 않으므로 추가로 필요한 자료가 아니다.

정답해설

〈보고서〉를 문단별로 살펴보면 다음과 같다.

먼저 첫 번째 단락을 살펴보면, '2011년 기준 전국 도서 수는 총 3,502개로, 이 중 유인 도서는 14%인 490개, 무인도서는 86.0%인 3,012개이다'는 부분은 〈표 1〉을 통해 알 수 있는 내용이지만 '유인도서의 면적'에 대한 부분을 위해서는 ㄱ의 자료가 필요하다.

다음으로 두 번째 단락의 내용은 모두 〈표 1〉을 통해 알 수 있는 내용이며, 세 번째 단락에서 전국과 각 지역별 도서인구는 〈표 1〉을 통해서 알 수 있는 내용이지만, 지역별 인구대비 도서인구 비율은 '지역별 인구'에 대한 부분을 위해서는 ㄷ의 자료가 필요하다.

마지막 단락의 여객선을 이용한 도서 지역 총 수송인원의 추이에 대한 자료는 〈표 2〉를 통해서 알 수 있지만 '도서 지역 거주민이 아닌 수송인원'에 대한 부분을 위해서는 ㄹ의 자료가 필요하다.

정답해설

먼저 〈표 1〉과 〈조건〉을 통해 A~D가 어느 지점인지를 판단해보자.

첫 번째 조건에서 관리분야의 사원 수가 각 지점 전체에서 차지하는 비율을 지점별로 비교했을 때 C(약 6.9%)가 세 번째로 크므로 남부지점은 C임을 알 수 있다.

다음으로 두 번째 조건을 통해 전체 사원 중 영업분야 사원이 차지하는 비율이 60% 이상인 지점이 중부지점이라고 하였으므로 A(약 65%)를 중부지점과 연결 지을 수 있다.

이제 B와 D를 판단하기 위해 마지막 조건을 확인해보면, 정보, 텔레마케팅, 편집 분야의 사원 수의 합이 지점 전체의 30% 미만인 것은 B(약 28%)이므로 북부지점은 B와, 서부지점은 D와 연결 지을 수 있다.

② 영업사원의 평균 재직기간은 남부지점(9.78개월)이 중부지점(6.20개월)보다 길다는 것을 확인할 수 있으므로 옳은 내용이다.

오답해설

① 영업사원의 평균 이직 횟수는 북부지점(3.06회)이 서부지점(2.95회)보다 크므로 옳지 않은 내용이다.

③ 평균 연결망 크기는 북부지점(4.06명)이 가장 크고 중부지점(2.93명)이 가장 작으므로 옳지 않은 내용이다.

④ 평균 연결망 지속성은 남부지점(10.74개월)이 북부지점(28.68개월)보다 짧으므로 옳지 않은 내용이다.

⑤ 평균 영업실적은 서부지점(10,237천 원)이 중부지점(16,247천 원)보다 적으므로 옳지 않은 내용이다.

정답해설

ㄴ. 단위를 생략하고 2005년 진료 건당 진료비를 항목별로 계산하면 분만은 약 6.5$\left(=\dfrac{2,909}{451}\right)$, 검사는 약 0.2$\left(=\dfrac{909}{3,991}\right)$, 임신장애는 약 0.9$\left(=\dfrac{619}{686}\right)$, 불임은 약 0.3$\left(=\dfrac{148}{466}\right)$, 기타는 약 0.2$\left(=\dfrac{49}{222}\right)$이므로 분만과 임신장애가 가장 큰 두 항목이다. 따라서 옳지 않은 내용이다.

ㄷ. 단위를 생략하고 2004년 대비 2005년의 진료 건수의 증가율을 구하면 약 4%인 반면, 진료비의 증가율은 약 11%이므로 전체 진료 건당 진료비는 증가하였음을 알 수 있다. 따라서 옳지 않은 내용이다.

ㄹ. 2004년 '분만' 항목을 제외한 나머지 항목들의 진료비의 합은 1,442억 원인데 '분만' 항목의 진료비는 2,723억 원으로 전자의 2배에 미치지 못한다. 따라서 옳지 않은 내용이다.

오답해설

ㄱ. 〈표 1〉에서 '검사' 항목의 2000년 대비 2005년 진료 건수는 약 7배 증가하여 가장 높은 증가율을 보였고, 〈표 2〉에서도 '검사' 항목의 2000년 대비 2005년 진료비가 약 9배 증가하여 가장 높은 증가율을 보였으므로 옳은 내용이다.

정답해설

① 일본수역에서 검거된 한국어선의 1척당 벌금은 2004년 약 9.7백만 원$\left(=\dfrac{185.2}{19}\right)$이고 2006년 약 10.5백만 원$\left(=\dfrac{104.6}{10}\right)$이므로 옳지 않은 내용이다.

오답해설

② 한국수역에서 검거된 중국어선의 검거인원 1명당 벌금은 2005년은 $\dfrac{5.0}{687}$ 백만 원이고, 2006년은 $\dfrac{5.4}{656}$백만 원이나 이를 <u>직접 계산할 필요 없이 후자가 분모가 작고 분자가 더 크므로 후자의 값이 더 크다는 것을 알 수 있다.</u> 따라서 옳은 내용이다.

③ 2008년 한국수역에서 검거된 중국어선은 432척인데, 2001년부터 2008년까지 외국수역에서 검거된 한국어선은 어림으로 더해보아도 200척에도 미치지 못한다. 따라서 옳은 내용이다.

④ 2007년 한국수역에서 검거된 중국어선 1척당 검거인원은 $\dfrac{4,795}{494}$이고 일본수역에서 검거된 한국어선의 1척당 검거인원은 $\dfrac{117}{15}$이다. 그런데 전자는 10에 육박하는 반면 후자는 그에 한참 미치지 못하므로 옳은 내용이다.

⑤ 2001년부터 2008년까지 일본수역에서 검거된 한국어선의 검거인원은 1,279명인데, 2004년부터 2005년까지 한국수역에서 검거된 중국어선의 검거인원은 1,245명이므로 옳은 내용이다.

27

[정답해설]

ㄱ. 각주에 의하면 용적률은 대지면적 대비 연면적의 비율이고 A시 모든 건축물의 용적률은 최대 1,000%이다. 따라서 '다'의 대지면적을 A라고 하면, $\frac{101,421}{A} \times 100 \le 1000(\%)$로 나타낼 수 있으므로 $A \ge \frac{101,421}{10}$로 변환할 수 있다. 따라서 A는 10,142.1m²보다 작기만 하면 되므로 10,000m²보다 클 수도 있다. 따라서 옳지 않은 내용이다.

ㄹ. 2010년 말 현재 사용중인 초고층 건축물은 '가'~'사'이며, 지상층의 평균 바닥면적은 연면적을 지상층수로 나눈 값이므로 각 건축물 별로 이를 비교하면 된다. 그런데 '라'의 평균 바닥면적은 $\frac{385,944}{69}$인데 반해 '바'는 $\frac{419,027}{58}$이므로 후자가 더 크다. 따라서 옳지 않은 내용이다.

[오답해설]

ㄴ. 1990년대에 착공한 초고층 건축물은 '다', '라', '마'인데 이들을 지상층수가 높은 순서와 연면적이 넓은 순서로 나열하면 모두 '라' – '마' – '다'의 순이므로 옳은 내용이다.

ㄷ. 1980년대에 착공한 초고층 건축물은 '가'와 '나'인데 지상 층수가 낮은 '나'(54층)가 공사기간(6년 10개월)이 더 길다는 것을 확인할 수 있으므로 옳은 내용이다.

ㅁ. 2000년 이후 착공한 초고층 건축물의 평균 지상 층수는 60.6층인데 반해, 그 전에 착공한 초고층 건축물의 평균 지상 층수는 60층이므로 전자가 더 크다. 따라서 옳은 내용이다.

28

[정답해설]

해설의 편의를 위해 제시된 초임결정공식을 A남, A여, B남, B여로, 교육 년수를 X로 칭하기로 한다.

④ A남에서 B남을 차감하면 250 – 4X를 얻을 수 있는데, A남이 크기 위해서는 250 – 40X>0의 관계가 성립해야 한다. 이를 통해 X<625의 관계를 얻을 수 있으며, 〈표〉에서 이를 만족하는 교육 년수는 존재하지 않으므로 16년 이상인 그룹뿐만 아니라 모든 그룹에서 B사 남자신입사원의 초임연봉이 더 크다는 것을 알 수 있다. 따라서 옳지 않은 내용이다.

[오답해설]

① B여에서 A남을 차감하면 1,200 – 60X를 얻을 수 있는데, B여가 크기 위해서는 X<20의 관계가 성립해야 한다. 그런데 〈표〉에서 각 회사 신입사원의 최대 교육 년수는 18년으로 주어져 있으므로 이 관계가 성립함을 알 수 있다. 따라서 옳은 내용이다.

② B여에서 B남을 차감하면 1,450 – 100X를 얻을 수 있는데, B여가 크기 위해서는 X<14.5의 관계가 성립해야 한다. 그런데 선택지에서 교육 년수가 14년으로 동일하다고 하였으므로 이 관계가 성립함을 알 수 있다. 따라서 옳은 내용이다.

③ A여에서 A남을 차감하면 840 – 60X를 얻을 수 있는데, A여가 작기 위해서는 X>14의 관계가 성립해야 한다. 그런데 〈표〉에서 14를 초과하는 교육 년수는 대졸(16년)과 대학원졸(18년)이고 A사 여자 신입사원 중 대졸과 대학원졸의 학력을 가진 사람의 비율은 40%이므로 옳은 내용이다.

⑤ B여에서 B남을 차감하면 1,450 – 100X를 얻을 수 있는데, B남이 크기 위해서는 X>14.5의 관계가 성립해야 한다. 그런데 〈표〉에서 14.5를 초과하는 교육 년수는 대졸(16년)과 대학원졸(18년)이고 B사 남자신입사원 중 대졸과 대학원졸의 학력을 가진 사람의 비율은 50%이므로 옳은 내용이다.

29

[정답해설]

ㄷ. 2006년 생활폐기물의 매립률은 약 25.8%$\left(=\frac{12,601}{48,844}\right)$이고, 사업장폐기물의 매립률 역시 약 25.6%$\left(=\frac{24,646}{96,372}\right)$이므로 모두 25% 이상이다. 따라서 옳은 내용이다.

ㅁ. 2006년 생활폐기물과 사업장폐기물의 양은 각각 48,844톤, 50,346톤이며, 2007년은 각각 96,372톤, 110,399톤이므로 모두 전년 대비 증가하였다. 따라서 옳은 내용이다.

[오답해설]

ㄱ. 생활폐기물의 재활용량은 매년 증가하고 있으나, 사업장폐기물의 재활용량은 2005년에 감소하였다. 또 사업장폐기물의 매립량은 2001년, 2002년, 2007년에 증가하였으므로 옳지 않은 내용이다.

ㄴ. 전체 처리량을 모두 더할 필요없이 2005년의 경우 매립량의 감소분이 소각량과 재활용량의 증가분을 상쇄하고도 남는 상황이어서 전체 처리량은 감소했음을 알 수 있다. 따라서 옳지 않은 내용이다.

ㄹ. 1998년 사업장폐기물의 재활용률은 약 30.8%$\left(=\frac{24,088}{78,182}\right)$이므로 40% 미만이나, 2007년 사업장폐기물의 재활용률은 약 56.5%$\left(=\frac{62,394}{110,399}\right)$이므로 60%에 미치지 못한다. 따라서 옳지 않은 내용이다.

30

[정답해설]

먼저 〈표〉의 빈칸을 채우면 다음과 같다.

구분	민원접수	처리 상황		완료된 민원의 결과	
		미완료	완료	수용	기각
A시	19,699	(1,564)	18,135	(14,362)	3,773
B시	40,830	(8,781)	32,049	23,637	(8,412)

⑤ A시의 '민원접수' 건수 대비 '미완료' 건수의 비율은 약 8%$\left(=\frac{1,564}{19,699}\right)$이고, B시는 약 21.5%$\left(=\frac{8,781}{40,830}\right)$이다. 따라서 옳은 내용이다.

[오답해설]

① A시의 '민원접수' 건수는 B시에 비해 적지만 두 도시의 인구 수를 알 수 없으므로 시민 1인당 '민원접수' 건수는 구할 수 없다. 따라서 옳지 않은 내용이다.

② '수용' 건수는 B시가 A시에 비해 많지만, A시의 수용비율은 약 79.2%$\left(=\frac{14,362}{18,135}\right)$이고, B시는 약 73.8%$\left(=\frac{23,637}{32,049}\right)$이므로 A시가 더 높다. 따라서 옳지 않은 내용이다.

③ A시의 '미완료' 건수는 1,564건이고, B시는 8,781건이므로 B시가 A시의 5배를 넘는다. 따라서 옳지 않은 내용이다.

④ B시의 '수용' 건수는 23,637건이고 '민원접수' 건수는 40,830건이므로 전자가 후자의 절반을 넘는다. 따라서 옳지 않은 내용이다.

31   정답 ③

정답해설

ㄴ. 〈표 2〉에서 2005년 '군수시설'의 감사실적 건수가 194건이고, 〈표 3〉에서 2005년 감사결과 '운영불합리'가 원인으로 나타난 것이 452건이다. 따라서 두 범주가 서로 중복되지 않는다면 전체 감사실적 건수는 646건 이상이 되어야 하는데, 실제 감사실적은 520건이므로 2005년 '군수시설' 업무 감사에서 결함 원인이 '운영불합리'인 경우는 최소 126건(=646−520)임을 알 수 있다. 따라서 옳은 내용이다.

ㄷ. 〈표 1〉에서 2002~2005년 동안 매년 '감사실적'은 전년 대비 감소하고 있으며, 이와 동일한 패턴을 보이는 처분은 '시정', '개선', '권고'의 3가지이므로 옳은 내용이다.

오답해설

ㄱ. 〈표 1〉에서 감사 횟수당 '감사실적' 건수를 구하면 2004년은 약 14.7건$\left(=\dfrac{560}{38}\right)$인데 반해, 2005년은 약 14.9건$\left(=\dfrac{520}{35}\right)$으로 증가하였으므로 옳지 않은 내용이다.

ㄹ. 2005년 결함원인이 '운영불합리'인 건수의 당해연도 '감사실적' 건수 대비 비중은 약 0.87$\left(=\dfrac{452}{520}\right)$인 반면, 2001년 처분 종류가 '시정'인 건수의 당해연도 '감사실적' 건수 대비 비중은 약 0.22$\left(=\dfrac{231}{1,039}\right)$이므로 옳지 않은 내용이다.

32   정답 ⑤

정답해설

ㄱ. 화물지수가 1인 항공사의 수는 4개(D, G, H, I)이고, 여객지수가 1인 항공사는 E뿐이므로 옳은 내용이다.

ㄴ. B항공사의 여객지수는 약 0.9인데, 이를 넘어서는 항공사를 여사건의 개념(10% 값)을 활용하여 어림해보면 E, J, K, L의 4개이므로 옳은 내용이다.

ㄹ. '국내항공사 전체'의 여객지수는 약 0.87$\left(=\dfrac{1,158}{1,335}\right)$이고, '외국항공사 전체'의 여객지수는 약 0.74$\left(=\dfrac{293}{395}\right)$이므로 옳은 내용이다.

오답해설

ㄷ. 국내항공사가 취항하는 전체 노선 수 중 A항공사가 취항하는 노선 수의 비중은 약 61%$\left(=\dfrac{137}{225}\right)$이므로 옳지 않은 내용이다.

33   정답 ②

정답해설

ㄱ. 세계 인구 중 OECD 국가의 인구가 차지하는 비율은 16.7%이고, OECD 국가의 총 인구 중 미국 인구가 차지하는 비율이 25%라고 하였으므로 세계 인구에서 미국 인구가 차지하는 비율은 약 4%이다. 이를 이용하여 2010년 세계 인구를 구하면 약 7,500백만 명$\left(=\dfrac{300백만 명}{0.04}\right)$이므로 옳은 내용이다.

ㄷ. 2010년 OECD 인구가 1,200백만 명이고, 터키의 인구는 74백만 명이라고 하였으므로 OECD 국가의 총 인구 중 터키 인구가 차지하는 비율은 약 6%이다. 따라서 옳은 내용이다.

오답해설

ㄴ. 2010년 기준 독일 인구가 매년 전년 대비 10% 증가한다면, 2011년 90.2백만 명, 2012년 99.22백만 명, 2013년 109.14백만 명이 되어 독일 인구가 최초로 1억 명 이상이 되는 해는 2013년이므로 옳지 않은 내용이다.

ㄹ. 2010년 남아프리카공화국 인구를 x로 두면 16.7:12=0.7:x의 관계가 성립하므로 2010년 남아프리카공화국 인구는 약 50.3백만 명으로 계산된다. 그런데 이는 스페인 인구 45백만 명보다 많으므로 옳지 않은 내용이다.

34   정답 ①

정답해설

ㄱ. 〈그림 1〉과 〈그림 2〉를 통해 2010년보다 2011년 매출액이 큰 품목은 B와 E이고, 이 중 이익률도 큰 품목은 E임을 알 수 있다. 하지만 E의 시장점유율은 2010년에 비해 2011년이 더 낮으므로 결과적으로 매출액, 이익률, 시장점유율 모두가 큰 품목은 없다. 따라서 옳은 내용이다.

ㄴ. 각주 2)에 의해 이익은 매출액과 이익률(%)의 곱으로 계산되는데 이를 정리하면 다음과 같다.

구분	A	B	C	D	E
2010년	5	2	4.5	3.2	7
2011년	3.6	2	5.1	3.5	12

이에 따르면 2010년보다 2011년 이익이 큰 품목은 C, D, E의 3개이므로 옳은 내용이다.

오답해설

ㄷ. 2010년 A품목의 시장규모는 약 333$\left(=\dfrac{100}{0.3}\right)$이고 2011년은 225$\left(=\dfrac{90}{0.4}\right)$이므로 옳지 않은 내용이다.

ㄹ. 2011년 시장규모를 구하면 A는 225, B는 약 167$\left(=\dfrac{25}{0.15}\right)$, C는 75$\left(=\dfrac{30}{0.4}\right)$, D는 350$\left(=\dfrac{35}{0.1}\right)$, E는 200$\left(=\dfrac{60}{0.3}\right)$이므로 가장 큰 품목은 D이다. 그런데 위의 ㄴ의 해설에서 본 것처럼 D의 경우는 2011년에 이익이 증가하므로 옳지 않은 내용이다.

35 정답 ③

정답해설

각 단계별 산식값과 배분 후 의석상황을 정리하면 다음과 같다.

구분	A	B	C	D
첫 번째 의석 배분 후	1	0	0	0
두 번째 의석 배분 후	1	1	0	0
산식값	5,000	3,000	2,000	1,300
세 번째 의석 배분 후	2	1	0	0
산식값	3,333	3,000	2,000	1,300
네 번째 의석 배분 후	3	1	0	0
산식값	2,500	3,000	2,000	1,300
다섯 번째 의석 배분 후	3	2	0	0
산식값	2,500	2,000	2,000	1,300
여섯 번째 의석 배분 후	4	2	0	0

따라서 B 정당과 C 정당에 배분되는 의석 수는 각각 2석과 0석이다.

36 정답 ④

정답해설

ㄴ. '나', '다', '마' 지역의 대체에너지 설비투자 비율을 구하면, '나' 지역은 약 $5.28\%\left(=\dfrac{678}{12,851}\right)$, '다' 지역은 약 $5.18\%\left(=\dfrac{525}{10,127}\right)$, '마' 지역은 약 $5.37\%\left(=\dfrac{1,080}{20,100}\right)$이므로 모든 지역에서 5% 이상임을 알 수 있다. 따라서 옳은 내용이다.

ㄹ. 대체에너지 설비투자액 중 태양광 설비투자액의 비율이 가장 높은 지역은 '다' 지역(약 57%)인데, 이 지역은 대체 에너지 설비투자 비율이 약 5.18%로 가장 낮으므로 옳은 내용이다.

오답해설

ㄱ. 건축 건수 1건당 건축공사비를 지역별로 계산해보면, '가' 지역은 약 700억 원 $\left(=\dfrac{8,409억\ 원}{12}\right)$, '나' 지역은 약 918억 원$\left(=\dfrac{12,851억\ 원}{14}\right)$, '다' 지역은 약 675억 원$\left(=\dfrac{10,127억\ 원}{15}\right)$, '라' 지역은 약 647억 원$\left(=\dfrac{11,000억\ 원}{17}\right)$, '마' 지역은 약 957억 원$\left(=\dfrac{20,100억\ 원}{21}\right)$이므로 '마' 지역이 가장 많다. 따라서 옳지 않은 내용이다.

ㄷ. '라' 지역에서 태양광 설비투자액이 210억 원으로 준다면 대체에너지 설비투자액의 합은 510억 원이 되므로 대체에너지 설비투자 비율은 약 4.6%가 된다. 따라서 옳지 않은 내용이다.

37 정답 ④

정답해설

ㄴ. 2010년 창업보육센터의 전체 입주업체 수는 '창업보육센터 수×창업보육센터당 입주업체 수'로 구할 수 있다. 따라서 2010년의 전체 입주업체 수는 약 4,805개(=16.8×286)이고 2009년은 약 4,771개(=17.1×279)이므로 전자가 더 크다. 따라서 옳지 않은 내용이다.

ㄹ. 창업보육센터 입주업체의 전체 매출액은 '창업보유센터당 입주업체 매출액×창업보육센터 수'로 구할 수 있는데, 2009년의 경우 25,389억 원(=91억 원×279개)인데 반해 2010년은 24,796.2억 원(=86.7억 원×286개)이므로 전년 대비 감소하였다. 따라서 옳지 않은 내용이다.

오답해설

ㄱ. 2010년 전년 대비 창업보육센터 지원금액 증가율은 약 $15.4\%\left(=\dfrac{353억\ 원-306억\ 원}{306억\ 원}\right)$이고,

창업보육센터 수의 증가율은 약 $2.5\%\left(=\dfrac{286억\ 원-279억\ 원}{279억\ 원}\right)$이므로 전자는 후자의 5배 이상이다. 따라서 옳은 내용이다.

ㄷ. 〈그림〉에서 창업보육센터당 지원금액을 구하면 가장 적은 해는 2005년$\left(약\ 0.53억\ 원=\dfrac{163억\ 원}{309}\right)$이고, 가장 많은 해는 2010년$\left(약\ 1.23억\ 원=\dfrac{353억\ 원}{286}\right)$이므로 옳은 내용이다.

38 정답 ④

정답해설

ㄴ. 〈표 2〉에서 브라질의 콩 재배면적은 약 2,146만ha $\left(=\dfrac{4,916.6}{2.29}\right)$이며 아르헨티나(1,395ha)와 중국(1,058ha)의 합인 2,453ha보다 좁다. 따라서 옳지 않은 내용이다.

ㄹ. 〈표 2〉에서 세계전체의 단위재배면적당 콩 생산량은 약 $2.25\left(=\dfrac{20,612.3}{9,161}\right)$인데, 이보다 적은 국가는 중국(1.68), 인도(0.93), 인도네시아(1.29)의 3개이다. 따라서 옳지 않은 내용이다.

오답해설

ㄱ. 〈표 1〉에서 중국의 콩 수입량은 1,819만 톤으로 세계에서 가장 많음을 알 수 있으며, 〈표 2〉에서 중국의 콩 생산량은 1,777.4만 톤(=1.68×1,058)으로 계산할 수 있다. 따라서 옳은 내용이다.

ㄷ. 〈표 2〉에서 미국(8562.8만 톤), 브라질(4,916.6만 톤), 아르헨티나(3,194.6만 톤)의 콩 생산량의 합은 16,674만 톤이며 이는 세계 콩 생산량의 약 80.9% $\left(=\dfrac{16,674}{20,612.3}\right)$이므로 옳은 내용이다.

39 정답 ①

정답해설

ㄱ. 2009년의 총 사용량은 289,740㎥로 2008년의 243,262㎥보다 약 19% 증가하였고, 2010년의 총 사용량은 325,020㎥로 2009년보다 약 12.2% 증가하였다. 따라서 옳지 않은 내용이다.

ㄴ. 1명당 생활용수 사용량을 연도별로 계산해보면 2008년 약 0.36㎥/명 $\left(=\dfrac{136,762}{379,300}\right)$, 2009년 약 0.38㎥/명$\left(=\dfrac{162,790}{430,400}\right)$, 2010년 약 0.34㎥/명 $\left(=\dfrac{182,490}{531,250}\right)$으로 2010년에는 증가하지 않았다. 따라서 옳지 않은 내용이다.

ㄷ. 농업용수 사용량은 2008년 45,000m³, 2009년 49,050m³, 2010년 52,230m³으로 매년 증가하고 있다. 따라서 옳은 내용이다.

ㄹ. 사용량을 직접 더하기 보다는 비율을 이용하여 계산하면 간편하다. 이에 따르면 2008년은 31.3:24.9, 2009년은 31.9:24.3, 2010년은 33.1:23.0으로 매년 가정용수와 영업용수 사용량의 합이 업무용수와 욕탕용수 사용량의 합보다 매년 크다는 것을 알 수 있다. 따라서 옳은 내용이다.

40

정답 ⑤

정답해설

ㄴ. 직접 계산해보지 않아도 모든 학교급에서 국공립학교의 특수학급 설치율이 50%를 넘는다는 것을 눈으로도 확인할 수 있으므로 옳은 내용이다.

ㄷ. 전체 사립학교의 특수학급 설치율은 약 13.7%$\left(=\frac{112}{819}\right)$이고, 국공립학교의 특수학급 설치율은 약 76.1%$\left(=\frac{5,719}{7,512}\right)$이므로 둘의 차이는 50%p를 넘는다. 따라서 옳은 내용이다.

ㄹ. 사립초등학교 수에서 장애학교 배치학교 수가 차지하는 비율은 약 21.1%$\left(=\frac{16}{76}\right)$이고, 사립고등학교는 약 52.1%$\left(=\frac{494}{948}\right)$이므로 옳은 내용이다.

오답해설

ㄱ. 국공립초등학교의 특수학급 설치율은 약 80%$\left(=\frac{3,668}{4,596}\right)$이고, 사립초등학교의 특수학급 설치율은 25%$\left(=\frac{4}{16}\right)$이다. 따라서 국공립초등학교의 특수학급 설치율은 사립초등학교의 4배에 미치지 못하므로 옳지 않은 내용이다.

41

정답 ①

정답해설

ㄱ. 기존의 연평균 신규 배치량은 2,500정$\left(=\frac{10,000}{4}\right)$이므로 육군의 A소총 신규 배치량이 매년 600정 더 많아진다면, 해당기간 육·해·공군 전체의 A소총 연평균 신규 배치량은 3,100정(=2,500정+600정)이 된다. 따라서 옳은 내용이다.

오답해설

ㄴ. 전체 A소총 신규 배치량 중 해군의 A소총 신규 배치량이 차지하는 비중을 연도별로 계산하면 2011년 약 16.7%$\left(=\frac{600}{3,600}\right)$, 2012년 약 17.3%$\left(=\frac{520}{3,000}\right)$, 2013년 약 16.1%$\left(=\frac{450}{2,800}\right)$, 2014년 75%$\left(=\frac{450}{600}\right)$이므로 비중이 가장 작은 해는 2013년이다. 따라서 옳지 않은 내용이다.

ㄷ. 2011년의 A소총 1정당 매입가격은

585만 원$\left(=\frac{(3,000×590만 원)+(600×560만 원)}{3,600}\right)$이고,

2014년은 580만 원$\left(=\frac{(450×560만 원)+(150×640만 원)}{600}\right)$이므로 옳지 않은 내용이다.

42

정답 ⑤

정답해설

㉠ 각 지역의 전출자 수를 계산해보면 A지역은 725명, B지역은 685명, C지역은 460명, D지역은 660명이므로 A지역의 전출자 수가 가장 크다. 따라서 옳은 내용이다.

㉢ 2016년의 해당 지역 인구는 '2015년 해당 지역 인구+해당 지역 전입자-해당 지역 전출자'로 구할 수 있다. 이에 의하면 C지역의 인구는 3,048명(=2,931명+577명-460명)이고, D지역의 인구는 3,180명(=3,080명+760명-660명)이므로 2016년 인구가 가장 많은 지역은 D지역이다. 따라서 옳은 내용이다.

㉣ 각 지역의 2015년과 2016년의 인구 차이를 계산하면 A지역은 127명, B지역은 90명, C지역은 117명, D지역은 100명으로 A지역의 인구차이가 가장 크다. 따라서 옳은 내용이다.

오답해설

㉡ 각 지역의 전입자 수를 계산하면 A지역은 598명, B지역은 595명, C지역은 577명, D지역은 760명으로 D지역의 전입자 수가 가장 많다. 따라서 옳지 않은 내용이다.

43

정답 ③

정답해설

③ 엥겔계수와 엔젤계수는 분모가 서로 같기 때문에 18세 미만 자녀에 대한 보육 교육비는 엔젤계수를, 식료품비는 엥겔계수를 기준으로 비교하면 된다. 따라서 2006년 이후 엔젤계수가 매년 엥겔계수보다 크기 때문에 보육·교육비가 식료품비보다 크다는 것을 알 수 있으므로 옳은 내용이다.

오답해설

① 엔젤계수의 2009년 대비 2010년의 상승폭은 1.6%p(=17.7%-16.1%)이고, 2010년 대비 2011년의 상승폭은 0.6%p(=18.3%-17.7%)이다. 따라서 상승폭이 매년 증가하는 것은 아니므로 옳지 않은 내용이다.

② 엥겔계수 하락폭은 4.4%p(=16.6%-12.2%)이고, 엔젤계수 상승폭은 5.7%p(=20.1%-14.4%)이다. 따라서 엔젤계수 상승폭이 더 크므로 옳지 않은 내용이다.

④ $\frac{엥겔계수}{엔젤계수}=\frac{식료품비}{가계지출액}×\frac{가계지출액}{보육·교육비}=\frac{식료품비}{보육·교육비}$이다. 따라서 이 분수값이 2008~2012년 동안 매년 증가하는지 확인하면 된다. 그런데 2009년만 보더라도 분모인 엔젤계수가 증가하고, 분자인 엥겔계수가 감소해 해당 분수는 감소함을 확인할 수 있다. 따라서 보육·교육비 대비 식료품비의 비율이 매년 증가하는 것은 아니므로 옳지 않은 내용이다.

⑤ 엔젤계수가 가장 높은 해는 2013년으로 20.5%이고, 가장 낮은 해는 2004년으로 14.4%이다. 따라서 둘의 차이는 7.0%p에 미치지 못하므로 옳지 않은 내용이다.

44

정답해설

③ 산업기사 전체 응시율은 $\frac{151}{186}$(≒0.81)이고, 기능사 전체 응시율은 $\frac{252}{294}$ (≒0.86)이므로 산업기사 전체 응시율이 기능사 전체 응시율보다 낮다. 따라서 옳은 내용이다.

오답해설

① 산업기사 전체 합격률은 $\frac{61}{150}$(≒0.41)이고, 기능사 전체 합격률은 $\frac{146}{252}$ (≒0.58)이므로 산업기사 전체 합격률이 기능사 전체 합격률보다 낮다. 따라서 옳지 않은 내용이다.

② 각 종목별로 합격률을 구하면 치공구 설계는 $\frac{14}{22}$(≒0.64), 컴퓨터응용가공 $\frac{14}{42}$(≒0.33), 기계설계 $\frac{31}{76}$(≒0.41), 용접 $\frac{2}{11}$(≒0.18)로, 합격률이 높은 순서대로 나열하면 치공구설계, 기계설계, 컴퓨터응용가공, 용접 순이다. 따라서 옳지 않은 내용이다.

④ 컴퓨터응용가공의 응시율은 $\frac{42}{48}$(≒0.88)이지만 용접의 응시율은 $\frac{11}{24}$(≒0.46)이므로 옳지 않은 내용이다.

⑤ 기계가공조립과 귀금속가공의 응시율은 모두 100%이지만 둘의 합격률은 다르다. 따라서 옳지 않은 내용이다.

45

정답해설

③ 신용카드 결제금액 비율이 가장 낮은 상품은 뒤집어 생각하면 포인트 결제 비율이 가장 높은 상품을 의미한다. 따라서 이 논리로 풀이하면 '요가용품세트'의 포인트 비중은 약 9%$\left(=\frac{33}{360}\right)$, '가을스웨터' 약 0.5%$\left(=\frac{26}{48.63}\right)$, '샴푸' 약 4%$\left(=\frac{15}{358}\right)$, '보온병' 약 1%$\left(=\frac{7}{736}\right)$이므로 '요가용품세트'의 포인트 비중이 가장 크다. 따라서 신용카드 결제 금액 비중은 '요가용품세트'가 가장 낮으므로 옳은 내용이다.

오답해설

① 전체 할인율은 약 15.2%$\left(=\frac{22,810}{150,600}\right)$이므로 15%를 넘어선다. 따라서 옳지 않은 내용이다.

② 만약 '요가용품세트'의 할인율이 20%라면 쿠폰할인 금액도 4,540원이 되어야 한다(즉시할인액 4,540원이 10%이므로). 하지만 실제 쿠폰할인액은 그보다 크므로 전체 할인율은 20%를 넘는다는 것을 추론할 수 있다. 하지만 '보온병'의 할인율은 20%이므로 할인이 가장 큰 상품은 보온병이 아니다. 따라서 옳지 않은 내용이다.

④ 10월 구매로 적립된 11월 포인트는 4,518원(=150,600원×3%)인데 10월에 사용한 포인트는 5,130원(=3,300원+260원+1,500원+70원)으로 후자가 더 크므로 옳지 않은 내용이다.

⑤ 위 ③에 의하면 결제금액 중 포인트로 결제한 금액이 차지하는 비율이 두 번째로 낮은 상품은 '보온병'이므로 옳지 않은 내용이다.

46

정답해설

② 인구 수 대비 정보탐색 성공자 수의 비율은 〈각주〉를 통해 〈그림〉의 X값과 Y값을 곱한 것임을 알 수 있다. 이에 의하면 H와 F, 그리고 E가 후보가 될 수 있는데 이를 구해보면 H는 0.135(=90%×15%), F는 0.222(=89%×25%), E는 0.370(=86%×43%)로 계산되므로 H가 가장 낮은 지역임을 알 수 있다.

오답해설

① 인구 수 대비 정보탐색 성공자 수의 비율은 〈그림〉의 X값과 Y값을 곱한 것이다. 따라서 B지역의 비율은 27%×94%이고, D지역의 비율은 37%×92%임을 알 수 있다. 이를 곱셈비교를 통해 판단해보면 27에서 37로의 증가율은 약 40%인데 반해 92에서 94로의 증가율은 약 2%에 그치고 있으므로 D지역의 비율이 더 크다는 것을 알 수 있다. 따라서 옳지 않은 내용이다.

③ F지역은 C지역에 비해 정보탐색 시도율이 높지만 정보탐색 성공률은 낮으므로 옳지 않은 내용이다.

④ 남성 정보탐색 성공자 수는 '남성 인구 수×남성 정보탐색 시도율×남성 정보탐색 성공률'로 구할 수 있는데 B지역을 계산해보면 약 260명(=1,000명 ×28%×92.9%)이고 H지역은 약 200명(=1,400명×16%×89.3%)이므로 H지역의 남성 정보탐색 성공자 수가 더 작다. 그런데 인구 수가 가장 적은 지역은 B지역(1,800명)이므로 두 지역은 일치하지 않는다는 것을 알 수 있다. 따라서 옳지 않은 내용이다.

⑤ 여성 정보탐색 성공자 수는 '여성 인구 수×여성 정보탐색 시도율×여성 정보탐색 성공률'로 구할 수 있는데 D지역을 계산해보면 약 1,300명(=3,500명 ×40%×92.9%)이고 C지역은 약 690명(=3,000명×25%×92%)이므로 D지역의 성공자 수는 C지역의 2배에 미치지 못한다. 따라서 옳지 않은 내용이다.

47

정답해설

② 직접 계산하기보다는 2012년 원자력의 생산량이 다른 유형에 비해 월등히 많다는 점과 신재생, 수력에서도 경북이 상위권을 차지하고 있다는 점을 근거로 하여 경북이 1차에너지를 가장 많이 생산했다는 것을 추론할 수 있다. 그런데 〈표 2〉에서 경북이 가장 많이 소비한 에너지는 석유(3,476천 TOE)가 아니라 석탄(9,646천 TOE)이므로 옳지 않은 내용이다.

오답해설

① 〈표 1〉에서 2008년 대비 2012년의 생산량이 감소한 석탄과 원자력을 제외한 나머지를 살펴보면, 수력의 증가율은 약 35%, 신재생은 약 55%, 천연가스는 약 85%이다. 천연가스의 증가율이 가장 크므로 옳은 내용이다.

③ 〈표 1〉에서 2012년 석탄 생산량은 942천 TOE이고, 〈그림〉에서 2012년 경기의 신재생 에너지 생산량은 약 1,077천(=8,036×13.4%)천 TOE이므로 후자가 더 크다. 따라서 옳은 내용이다.

④ 부산의 경우 최종에너지 소비량이 6,469천 TOE인데, 부산 지역의 원자력 에너지 생산량이 약 7,834(31,719×24.7%)천 TOE이다. 부산 지역의 수력, 신재생 에너지 생산량이 존재하지 않는다고 하더라도 원자력 에너지 생산량만으로도 최종에너지 소비량을 넘어서고 있는 상황이므로 옳은 내용이다.

⑤ 〈표 2〉에서 석탄의 소비량 증가율은 약 22%, 석유제품은 약 4.6%, 천연 및 도시가스는 약 29%, 전력은 약 21%, 열은 약 16%, 신재생은 약 50%이므로 신재생의 소비량 증가율이 가장 크다. 따라서 옳은 내용이다.

정답해설

⑤ 이메일을 선택한 20대 모두가 아이핀을 선택하고, 신용카드를 선택한 20대 모두가 아이핀을 선택했다고 가정할 때 (이메일+아이핀), (신용카드+아이핀) 그룹이 서로 중복되지 않기 위해서는 아이핀을 선택한 비율이 41.0%(= 24.1%+16.9%) 이상이어야 한다. 그런데 20대 중 아이핀을 선택한 비율은 이보다 낮은 36.0%이므로 최소한 5%만큼은 이메일과 아이핀, 신용카드를 모두 선택했다는 결론을 얻게 된다. 그런데, 전제에서 이메일을 선택한 20대 모두가 아이핀과 공인인증서를 동시에 선택했다고 하였으므로 이를 결합하면 20대의 일정비율은 이메일, 아이핀, 공인인증서, 신용카드 등 4개의 선호 인증수단을 선택할 수밖에 없다. 그런데 이는 응답자 1인당 최대 3개까지 선호하는 인증수단을 선택했다는 각주 1)의 내용과 배치되므로 옳지 않은 내용이다.

오답해설

① 연령대별 인증수단 선호도를 살펴보면 30대와 40대 모두 공인인증서-휴대폰 문자인증-아이핀의 순으로 선호하고 있음을 알 수 있다. 따라서 옳은 내용이다.

② 먼저 전체 선호도의 합을 구해보면 252.9%임을 알 수 있는데, 만약 선호 인증수단을 3개 선택한 응답자의 수가 40%라면 이들의 선호도의 합은 120%가 되게 된다. 그렇다면 선호 인증수단을 1개 혹은 2개 선택한 응답자들(60%)의 선호도의 합은 132.9%가 되어야 한다. 그런데 나머지 응답자들이 모두 선호 인증수단을 2개씩 선택했다고 가정하면 이들의 선호도의 합은 120%(=60%×2)에 그치게 되어 132.9%에 미치지 못한다. 만약 이들중 일부가 1개만 선택했다고 하면 이 수치는 더 떨어지게 됨은 물론이다. 따라서 선호 인증수단을 3개 선택한 응답자의 수는 40%보다 커야 함을 알 수 있으므로 옳은 내용이다.

③ 선호하는 인증수단으로 신용카드를 선택한 남성의 비율은 21.1%이며 바이오 인증을 선택한 남성의 비율은 9.9%이므로 전자는 후자의 3배에 미치지 못한다. 따라서 옳은 내용이다.

④ 20대와 50대의 인증수단별 선호도 차이는 공인인증서가 12.0%p(=79.4%-67.4%)로 가장 크므로 옳은 내용이다.

정답해설

④ 1600년에 나무 1단이 면포 0.5필과 동일한 가치를 갖는다면, 왕릉 축조의 1인당 노동임금은 '면포 4필'로 변환할 수 있으며, 이의 1.5배인 '면포 6필'과 궁궐 수리의 임금인 '면포 2필, 쌀 12두'의 가치가 같다는 것을 의미한다. 이는 면포 4필과 쌀 12두가 동일한 가치를 가진다는 것이므로 이를 정리하면 면포 1필은 쌀 3두의 가치에 해당한다고 볼 수 있다. 따라서 옳지 않은 내용이다.

오답해설

① 궁궐 수리의 1인당 노동임금이 왕릉 축조의 1인당 노동임금의 1.5배라고 하였으므로 왕릉 축조의 임금인 '나무 1단, 쌀 6두'에 1.5배를 한 '나무 1.5단, 쌀 9두'와 궁궐 수리의 임금인 '나무 3단, 쌀 6두'가 같아야 한다. 이는 결국 나무 1.5단과 쌀 3두의 가치가 같다는 것이므로 정리하면 1750년의 나무 1단과 쌀 2두가 동일한 가치를 가진다는 의미이다. 따라서 옳은 내용이다.

② 1650년에 나무 1단이 면포 1필과 동일한 가치를 갖는다면, 왕릉 축조의 1인당 노동임금은 '면포 2필, 쌀 8두'로 변환할 수 있고, 이에 1.5배를 한 '면포 3필, 쌀 12두'와 궁궐 수리의 임금인 '면포 4필, 쌀 10두'가 같아야 한다. 이는 결국 면포 1필과 쌀 2두의 가치가 같다는 것이므로 옳은 내용이다.

③ ①에서 1750년의 나무 1단과 쌀 2두가 동일한 가치를 가진다고 하였고, 이 관계가 1700년에도 동일하다고 하였으므로 1700년의 왕릉 축조의 1인당 노동비용은 '엽전 6냥, 쌀 8두'로 변환할 수 있다. 그리고 이의 1.5배인 '엽전 9냥, 쌀 12두'와 궁궐 수리의 임금인 '엽전 12냥, 쌀 6두'와 동일하므로 결국 엽전 3냥과 쌀 6두가 동일한 가치를 가진다는 것을 의미한다. 이는 정리하면 엽전 1냥과 쌀 2두가 동일한 가치를 가지는 것으로 나타낼 수 있으므로 옳은 내용이다.

⑤ 1850년에 쌀 20두가 왕릉 축조의 1인당 노동임금이므로 이의 1.5배인 쌀 30두가 궁궐 수리의 임금인 엽전 15냥과 같아야 한다. 이는 결국 쌀 30두와 엽전 15냥의 가치가 같다는 것이므로 이를 정리하면 쌀 1두와 엽전 0.5냥은 동일한 가치를 가진다는 것을 의미한다. 따라서 옳은 내용이다.

정답해설

먼저, 주어진 〈조건〉에 의해 각 부처별 최종심사점수를 정리하면 다음과 같다.

구분	A	B	C	D	E
서면심사 최종반영점수	40	45	50	30	35
현장평가단 최종반영점수	40	50	40	30	20
최종심사점수	80	95	90	60	55

② E의 현장평가단 최종반영점수가 30점이 되면, 최종심사점수가 10점 상승하여 65점이 되므로 5위에서 4위로 올라서게 된다. 따라서 옳은 내용이다.

오답해설

① 위 표에서 현장평가단 최종반영점수가 30점인 부처는 D임을 알 수 있으므로 옳지 않은 내용이다.

③ A의 서면심사점수가 5점 올라간다면 최종심사점수가 85점이 되지만 순위는 변하지 않으므로 옳지 않은 내용이다.

④ 위 표에 의하면 서면심사점수가 가장 낮은 부처는 D(30점)이고, 최종심사점수가 가장 낮은 부처는 E(55점)이므로 옳지 않은 내용이다.

⑤ 서면심사 최종반영점수와 현장평가단 최종반영점수 간의 차이가 가장 큰 부처는 E(15점)이므로 옳지 않은 내용이다.

51

정답해설

주어진 〈조건〉에 의해 갑~무의 출장 여비를 계산하면 다음과 같다(단위 생략).

- 갑 : $(145 \times 3) + (72 \times 4) = 723$
- 을 : $(170 \times 3 \times 0.8) + (72 \times 4 \times 1.2) = 753.6$
- 병 : $(110 \times 3) + (60 \times 5 \times 1.2) = 690$
- 정 : $(100 \times 4 \times 0.8) + (45 \times 6) = 590$
- 무 : $(75 \times 5) + (35 \times 6 \times 1.2) = 627$

따라서 출장 여비를 가장 많이 지급받는 출장자부터 순서대로 나열하면 을, 갑, 병, 무, 정이다.

52

정답해설

ㄱ. '주시광종'은 위험도와 경제성 중 하나가 3.0점 초과, 다른 하나는 2.5점 초과, 3.0점 이하인 경우를 가리킨다. 여기에 해당되는 광종은 '아연광' 1개이므로 옳은 내용이다.

ㄷ. 모든 광종의 위험도와 경제성 점수가 현재보다 각각 20% 증가한 경우 각 항목의 점수를 정리하면 다음과 같다.

구분	금광	은광	동광	연광	아연광	철광
위험도	3.0	4.8	3.0	3.24	3.6	4.2
경제성	3.6	4.2	3.0	3.24	4.2	4.8

따라서 '비축필요광종'으로 분류되는 광종은 '은광', '연광', '아연광', '철광'의 4종류가 되므로 옳은 내용이다.

오답해설

ㄴ. '비축필요광종'은 위험도와 경제성 모두 3.0점을 초과하는 광종인데, 여기에 해당되는 광종은 '은광'과 '철광'이다. '아연광'은 위험도가 3.0점이기 때문에 '주시광종'에 해당한다. 따라서 옳지 않은 내용이다.

ㄹ. '주시광종' 분류기준이 변경되어도 금광은 3.0점을 초과하는 점수가 없기 때문에 '주시광종'으로 분류되지 않는다. 따라서 옳지 않은 내용이다.

자료해석

PART 2

STEP UP!

CHAPTER

01 기출동형모의고사 1회

01	02	03	04	05	06	07	08	09	10
①	②	③	④	⑤	⑤	①	②	④	①
11	12	13	14	15	16	17	18	19	20
④	③	①	⑤	①	①	⑤	④	①	⑤
21	22	23	24	25					
③	③	②	④	①					

01 　　　　　　　　　　　　　　　　　정답 ①

[정답해설]

ㄱ. 1인당 GDP가 2만 달러 이상인 국가는 A, B, C, E, F인데 이들의 1인당 의료비 지출액은 모두 1,000달러를 넘고 있는 것을 〈그림〉을 통해 알 수 있으므로 옳은 내용이다.

ㄴ. 1인당 의료비지출액이 가장 많은 국가는 A(3,500달러)이며 가장 적은 국가는 J(약 300달러)이므로 둘의 차이는 3,000달러 이상이다.

[오답해설]

ㄷ. 1인당 GDP가 가장 높은 국가(E)의 1인당 의료비지출액은 약 1,700달러이며, 가장 낮은 국가(J)의 1인당 의료비지출액은 약 300달러이므로 둘의 차이는 2,000달러에 미치지 못한다.

ㄹ. 이러한 유형의 선택지는 직접 계산하는 것이 정석이지만 선택지를 조금 더 뜯어 보면 보다 간단하게 풀이할 수 있다. 선택지를 식으로 정리해보면, 상위 5개 국가의 1인당 의료비지출액 합＞5×(하위 5개 국가의 1인당 의료비지출액 합)으로 나타낼 수 있다. 여기서 양변을 5로 나누면, 상위 5개 국가의 1인당 의료비지출액 평균＞하위 5개 국가의 1인당 의료비지출액 합으로 변환할 수 있다.

이제 상위 5개 국가의 평균을 그림에서 살펴보기 위해 A, B, C, E, F의 5개 국가를 서로 대칭된 구조를 가지고 있는 B, C, E, F와 그렇지 않은 A로 나누어보자. 먼저 B, C, E, F는 세로축을 기준으로 (B, C)와 (E, F)의 대칭된 구조를 가지고 있으므로 이들의 평균은 중간지점인 약 2,250에서 형성될 것임을 알 수 있다. 그리고 가중평균의 원리를 이용해 2,250과 A의 평균을 구하면 상위 5개 국가의 평균은 약 2,500이 됨을 확인할 수 있다. 여기서 중요한 것은 4개 국가의 평균값인 2,250과 3,000(A국)의 평균을 구할 때에는 산술평균값이 아닌 가중평균값을 구해야 한다는 사실이다. 2,250은 4개 국가의 평균치이므로 1개 국가의 값인 3,000에 비해 4배의 가중치를 가지기 때문이다. 반면 하위 5개 국가의 합은 D와 G만으로도 2,500에 육박하며 거기에 H~J까지 더해지면 3,000을 훌쩍 넘게 된다. 따라서 선택지는 옳지 않다.

합격자의 SKILL

위의 해설을 통해 5배라는 수치가 아무 의미 없이 주어진 것은 아니라는 것을 알 수 있었을 것이다. 문제를 풀 때 단순히 계산을 해서 답을 맞히고 끝낼 것이 아니라 어떻게 하면 보다 간단하게 풀이할 수 있는지 분석하는 습관을 들이도록 하자.

02 　　　　　　　　　　　　　　　　　정답 ②

[정답해설]

주어진 자료를 정리하면 다음과 같다(이수인원은 300명으로 모두 동일함).

구분	석차(등)	백분율(%)	등급	단위	등급×단위
국어	270	90	8	3	24
영어	44	약 14	3	3	9
수학	27	9	2	2	4
과학	165	55	5	3	15

이수단위의 합은 11이므로 전체 평균등급은 $\frac{(24+9+4+15)}{11} = 4.x$이다. 따라서 평균등급 M은 4와 5 사이에 위치하게 되므로 ②가 정답이 된다.

03 　　　　　　　　　　　　　　　　　정답 ③

[정답해설]

ㄴ. 〈표 3〉에 의하면 한국의 2001년도 국방비와 경상운영비는 2000년에 비해 증가하였으나 전략투자비는 감소하였으므로 옳은 내용이다.

ㄷ. 1998~2001년 사이에 한국의 국방비 증가율이 전년보다 높은 연도는 2000년, 2001년인데 이 해에는 경상운영비의 증가율도 전년보다 높으므로 옳은 내용이다.

ㄹ. 〈표 2〉에 의하면 한국의 GDP 대비 국방비 구성비와 재정 대비 국방비 구성비가 모두 지속적으로 감소하였으므로 옳은 내용이다.

[오답해설]

ㄱ. 〈표 1〉에 의하면 G와 H만 보더라도 국방비는 H가 더 많은 반면, 1인당 군사비는 G가 더 많으므로 옳지 않은 내용이다.

ㅁ. D와 E국을 보면 GDP 대비 국방비의 비율은 E가 더 큰 반면, 1인당 군사비는 D가 더 많으므로 옳지 않은 내용이다.

04 　　　　　　　　　　　　　　　　　정답 ④

[정답해설]

A. 〈그림 1〉에 따르면 매우 불만족은 0.2%, 약간 불만족은 0.7%로 나타나고 있어 이 둘의 합은 0.9%임을 알 수 있다.

B. 〈그림 2〉에 따르면 '안내정보서비스' 부문의 경우 남성은 4.34점, 여성은 4.38점으로 유일하게 여성의 만족도가 더 높게 나타나고 있다.

C. 〈표〉에 따르면 '음식', '쇼핑', '안내정보서비스' 부문은 모두 50대 이상 연령대가 가장 높은 만족도를 보였다.

D. 〈그림 3〉에 따르면 여성의 경우 독특하다는 의견이 5에 육박하고 있으며 다른 항목별 이미지보다 훨씬 강하게 인식하고 있다.

05 정답 ⑤

정답해설

⑤ 2009년은 게임 매출액이 음원 매출액의 2배 이상이지만 2010~2012년은 모두 2배에 미치지 못하므로 옳지 않다.

오답해설

① 〈표〉에서 2007년 이후 매출액이 매년 증가한 콘텐츠 유형은 영화뿐임을 확인할 수 있다.

② SNS의 경우 2011년에 비해 2012년에 매출액의 3배 이상 증가한 반면, 나머지 유형들은 2배에도 미치지 못하고 있다. 따라서 옳은 내용이다.

③ 〈표〉의 전체 매출액에 40%를 직접 곱하여 정확한 수치를 계산하지 않고 어림해보더라도 영화의 매출액은 매년 전체 매출액의 40% 이상임을 알 수 있다.

④ 〈표〉에서 2006~2012년 동안 콘텐츠 유형별 매출액이 각각 전년보다 모두 증가한 해는 2012년뿐임을 알 수 있다.

06 정답 ⑤

정답해설

⑤ 사망자가 30명 미만인 사고는 A, C, D, F인데 이들을 화재규모와 복구비용이 큰 순서대로 나열하면 모두 A>D>C>F로 동일함을 알 수 있다. 따라서 옳은 내용이다.

오답해설

① 사고 A와 사고 B의 경우 터널길이는 A가 길지만 사망자 수는 A가 적다. 따라서 터널길이가 길수록 사망자가 많은 것이 아니므로 옳지 않은 내용이다.

② 사고 A와 사고 B의 경우 화재규모는 A가 크지만 복구기간은 A가 짧다. 따라서 화재규모가 클수록 복구기간이 긴 것이 아니므로 옳지 않은 내용이다.

③ 사고 C와 사고 D의 경우 사고 C의 복구기간이 길지만 복구비용은 C가 적다. 따라서 A를 제외했다고 해서 복구기간이 길수록 복구비용이 큰 것이 아니므로 옳지 않은 내용이다.

④ 사고 E와 복구비용이 가장 큰 A의 사고비용을 계산하면 다음과 같다.

- E : 570억 원+(192×5억 원)≒1,500억 원
- A : 4,200억 원+(1×5억 원)=4,205억 원

전체를 모두 판단하지는 않았지만 사고 A의 사고비용이 사고 E보다 큰 것이 확인되었으므로 옳지 않은 내용이다.

07 정답 ①

정답해설

ⅰ) 먼저 항목의 수가 가장 적은 두 번째 조건을 살펴보면, 1989년에 비해 1999년에 징수세액이 10배 이상 증가한 세목은 A와 B임을 확인할 수 있다. 따라서 A, B는 각각 상속세, 자산재평가세 중 하나임을 알 수 있다.

ⅱ) 다음으로 첫 번째 조건을 살펴보면, 1989년 징수세액이 5,000억 원보다 적은 세목은 A, B, D, 증여세, 전화세이므로 이것과 위의 ⅰ)을 결합하면 D가 증권거래세가 됨을 알 수 있다.

ⅲ) 이제 마지막 조건을 살펴보면, 1999년에 비해 2009년에 징수세액이 증가한 세목은 소득세, 법인세, A, 증여세, C, 증권거래세임을 확인할 수 있다. 따라서 A, C는 각각 상속세, 부가가치세 중 하나임을 알 수 있다. 이는 ⅰ)과 결합하면 A는 상속세와 연결되며 B는 자산재평가세, C는 부가가치세가 됨을 알 수 있다.

합격자의 SKILL

주어진 조건을 순차적으로 판단했다면 마지막 조건은 모든 항목을 체크할 것이 아니라 A와 B 중 어느 것이 상속세인지만 파악하면 된다. 매칭형 문제는 시작도 끝도 소거법임을 명심하자.

08 정답 ②

정답해설

ㄱ. 〈표 1〉의 빈칸을 채우면 홍수재해 발생 건수는 총 72건이며, 분류기간별로는 1501~1550년에 37건으로 가장 많이 발생했음을 알 수 있으므로 옳은 내용이다.

ㄷ. 여사건 개념을 활용하여 8~1월의 가뭄재해 발생 건수가 전체의 10% 미만임을 살펴보는 것이 더 빠르다. 자료에 의하면 8~1월의 건수는 6건으로 전체 79건의 10%에 미치지 못한다. 따라서 옳은 지문이다.

오답해설

ㄴ. 1501~1550년 9월에도 홍수재해가 발생하였으므로 잘못된 진술이다.

ㄹ. 〈표 2〉의 빈칸을 채우면 1501~1550년에는 가뭄재해 발생 건수가 25건이고 홍수재해 발생 건수가 37건이므로 매 분류기간마다 가뭄재해 발생 건수가 홍수재해 발생 건수보다 많다고 할 수 없다. 따라서 옳지 않은 내용이다.

합격자의 SKILL

ㄱ, ㄴ, ㄷ, ㄹ형 문제는 ㄱ부터 순차적으로 판단하는 것이 아니라 철저하게 전략적으로 판단해야 한다. 일단 본격적인 풀이에 들어가기에 앞서 각 선택지들을 훑으며 계산 없이 곧바로 판단이 가능한 것들이 있는 지를 살피고, 그것이 있다면 정오를 판별한 후 바로 선택지로 넘어가 소거법을 적용해야 한다. 경우에 따라서는 2개만 확인하고도 정답을 찾을 수 있는 경우도 있으니 반드시 선택지를 활용하기 바란다.

09 정답 ④

정답해설

ㄹ. 수도권 1인당 금융대출액은 수도권 전체의 금융대출액을 수도권의 인구로 나눈 값인데 〈표〉의 자료에 의해 $\frac{469,374십억\ 원}{24,472천\ 명} ≒ 19.2$임을 알 수 있다.

또 전국 1인당 금융대출액은 $\frac{699,430십억\ 원}{50,034천\ 명} ≒ 14$이므로 옳은 내용이다.

오답해설

ㄱ. 인구밀도는 인구 수를 면적으로 나눈 값인데 〈표〉에서는 인구 수는 주어져 있지만 면적에 대한 자료는 주어져 있지 않으므로 알 수 없는 내용이다.

ㄴ. 1인당 주택면적은 주택면적을 인구 수로 나눈 값인데 〈표〉에서는 인구 수는 주어져 있지만 주택면적에 대한 자료는 주어져 있지 않으므로 알 수 없는 내용이다.

ㄷ. 전국과 수도권의 지역 총 생산액은 주어져 있지만 이를 제조업체와 서비스업체로 분류한 자료는 주어져 있지 않으므로 알 수 없는 내용이다.

ㅁ. 4년제 대학 재학생에 대한 자료는 〈표〉에서 찾을 수 없다.

10 정답 ①

정답해설

ㄱ. 공공연구기관의 연구개발비는 BT분야(11.2%)가 NT분야(5.4%)의 2배 이상이므로 옳은 내용이다.

ㄴ. 기업체의 IT(41.0%), NT(13.4%)분야 연구개발비 합은 기업체 전체 연구개발비의 50% 이상이므로 옳은 내용이다.

오답해설

ㄷ. ㄹ. 각 기관 유형의 연구개발비가 주어져 있지 않으므로 옳지 않은 내용이다.

ㅁ. 기타를 제외하고 연구개발비 비중이 가장 작은 분야는 기업체와 대학은 ST분야인데 반해, 공공연구기관은 NT분야이므로 옳지 않은 내용이다.

11 정답 ④

정답해설

ㄱ. 선택지에서는 '학과당 교원 수'로 제시되었으나 주어진 자료를 그대로 활용하기 위해 '교원당 학과 수'로 바꿔 판단해보자. 물론 그럴 경우 대소관계는 반대로 판단해야 할 것이다. 이 같은 논리로 판단하면 공립대학은 10%를 조금 넘는 수준인데 반해, 사립대학은 20%에는 미치지 못하지만 공립대학보다는 크다는 것을 어림으로도 확인할 수 있다. 따라서 옳은 내용이다.

ㄴ. 전체 대학 입학생 수가 355,772명이어서 이의 20%는 7만 명을 조금 넘는다는 것을 알 수 있다. 하지만 국립대학의 입학생 수는 7만 8천 명을 넘고 있기 때문에 국립대학 입학생 수가 차지하는 비율은 20% 이상임을 알 수 있다.

ㄷ. ㄱ과 같은 논리로 졸업생 수 대비 입학생 수의 비율로 판단해보면, 국립대학은 100%를 넘는 반면 공립대학은 100%에 미치지 못한다. 따라서 졸업생 수 대비 입학생 수는 국립대학이 공립대학보다 더 크므로 옳은 내용임을 알 수 있다.

오답해설

ㄹ. 남성 직원 수가 여성 직원 수보다 많다면 여성 직원 수가 전체 직원 수의 절반에 미치지 못해야 한다는 것을 의미한다. 그런데 공립대학의 경우는 여성 직원 수가 전체의 절반을 넘고 있는 상황이므로 옳지 않은 내용임을 알 수 있다.

합격자의 SKILL

이 문제와 같이 최대한 제시된 자료를 그대로 이용할 수 있게끔 선택지를 변형하는 것에 익숙해지는 것을 추천한다. 물론, 이렇게 접근할 경우 선택지를 반대로 해석해야 하기에 실수할 가능성이 있는 것은 사실이다. 그러나 분수식을 거꾸로 해석하는 과정에서 생길 수 있는 계산 실수 및 시간 소모를 생각한다면 이 방법이 더 효율적이다. 이 교재에서는 특별한 언급이 없는 한 이와 같은 풀이법으로 해설하였음을 밝혀둔다.

12 정답 ③

정답해설

③ 외부환경부문에서 가장 높은 점수를 받은 단지는 A(9점)이고 A단지의 주택성능점수는 22점으로 역시 가장 높으므로 옳은 내용이다.

오답해설

① 'H'의 경우 'G'에 비해 중량충격 항목에서 1점을 더 얻고 있으므로 옳지 않은 내용이다.

② 'E'의 경우 'B'에 비해 화장실 항목에서 1점을 더 얻었지만, 세대 간 항목에서 2점을 덜 얻었으므로 전체적으로 'E'의 점수가 더 낮다. 따라서 옳지 않은 내용이다.

④ 주택성능점수가 가장 낮은 단지는 F(14점)이고 '세대 간' 소음을 제외한 소음부문점수가 가장 낮은 것은 B(4점)이므로 옳지 않은 내용이다.

⑤ 주택성능점수가 19점인 단지는 I와 J의 2곳이지만, 16점인 단지는 B, C, D의 3곳이므로 옳지 않은 내용이다.

13 정답 ①

정답해설

① '지지정당 없음'의 비율이 낮아졌다는 것은 역으로 A정당과 B정당의 지지율의 합이 높아졌다는 것을 의미한다. 그런데 2007년의 경우 두 정당의 지지율의 합이 43.1%이고 2008년은 59.5%로 지지율의 합이 높아졌으므로 옳은 내용이다.

오답해설

② 60대 이상의 경우 2006년에 비해 2007년에 A당에 대한 지지도가 36.4%에서 34.2%로 낮아졌으므로 옳지 않은 내용이다.

③ 20대의 정당지지도 차이는 2006년 18.8%p에서 2007년 1.2%p로 축소되었으므로 옳지 않은 내용이다.

④ A당이 B당의 지지도를 처음으로 추월한 해는 2007년이고 그 해에 A당 지지도가 가장 높은 연령대는 50대이므로 옳지 않은 내용이다.

⑤ 정당지지도의 차이가 가장 큰 해는 2009년(24.2%p)이고 그 차이보다 더 큰 정당지지도 차이를 보이는 연령대는 50대(30.2%p), 60대 이상(33.2%p)의 2개이므로 옳지 않은 내용이다.

14 정답 ⑤

정답해설

ⅰ) '갑'회사

모든 부서가 a부서와만 정보교환을 하고 있고 다른 부서들은 서로 간에 정보교환을 하지 않으므로 하나의 점을 중심으로 방사형으로 그려진 (B)가 가장 적절하다.

ⅱ) '을'회사

a부서는 2개의 부서와, b. c부서는 3개의 부서와, 그리고 나머지 d~g의 4개 부서는 모두 1개의 부서와 정보교환을 하고 있다. (C)의 경우 좌우 양끝단에 위치한 4개의 점은 모두 1개의 부서와만 연결되어 있으므로 d~g와 매칭되며, 정가운데에 위치한 점은 2개의 부서와 연결되어 있으므로 a와, 그리고 남은 2개의 점은 3개의 부서와 연결되어 있으므로 b, c와 매칭시킬 수 있으므로 옳다. 물론 실전에서는 이렇게 하나하나 찾기 보다는 별다른 패턴이 보이지 않는 (C)를 답으로 선택하면 될 것이다.

ⅲ) '병'회사

각 부서는 2개의 부서와만 정보교환을 하고 있으며 서로 꼬리에 꼬리를 무는 구조로 정보교환을 하는 것을 확인할 수 있다. 따라서 이를 잘 나타낸 그림은 (A)이다.

15

정답해설

① 제시된 수치들은 수도권 출발, 경기 도착의 화물 유동량이 아니라 수도권 출발, 수도권 도착의 수치들이므로 옳지 않다.

오답해설

②~⑤ 모두 주어진 자료를 옳게 표현하였다.

> **합격자의 SKILL**
>
> 선택지 ⑤와 같은 경우는 서울 출발, 인천 도착의 유동량은 전체의 10%에 약간 미치지 못한다는 식으로 접근하고 경기 출발, 인천 도착은 이 수치의 3배에 약간 미치지 못한다는 감각으로 판단하면 비중을 직접 계산하지 않고도 정오를 판별할 수 있다. 3가지 항목 중 2가지 항목이 맞다면 나머지 하나는 굳이 확인해보지 않아도 되기 때문이다.

16
정답 ①

정답해설

ㄱ. 운수사고 이외의 사고로 인한 사망률을 직접 구할 필요없이 선택지를 '운수사고로 인한 사망자의 비율은 A지역이 가장 낮고, E지역이 가장 높다'로 변형하여 판단하면 된다. 이에 따르면 A지역은 이 비율이 절반에 미치지 못하므로 가장 낮고, E지역은 약 67%이므로 가장 높다. 따라서 옳은 내용이다.

ㄴ. 가중평균을 응용한 선택지이다. A-B 지역을 하나로 묶고, C-D-E를 다른 하나로 묶어 가중평균을 구한 것이 전체 사고 사망률인데, 〈표 1〉에서 전체 사고 사망률이 6.7명이라고 하였으므로 A-B쪽에 상당히 치우쳐 있다는 것을 알 수 있다. 따라서 A-B지역의 인구가 더 많다는 것을 알 수 있으므로 옳은 내용이다.

오답해설

ㄷ, ㄹ. 전체 인구가 주어져 있지 않은 상황에서는 알 수 없으므로 옳지 않은 내용이다.

17
정답 ⑤

정답해설

⑤ 2010년 서울(109개소)과 경기 지역(95개소)의 직장어린이집 수의 합은 204개소이므로 2010년 전국 직장어린이집 수(401개소)의 절반을 넘는다. 따라서 옳은 내용이다.

오답해설

① 2000~2010년 동안 2001년을 제외하고 매년 전국 직장어린이집의 수가 증가하였으므로 옳지 않은 내용이다.

② 2006년 전국 직장어린이집 수의 20%는 60개소에 약간 미치지 못하는 상황인데 2006년 대비 2008년의 어린이집 수의 증가분은 52개소에 불과한 상황이다. 따라서 2006년 대비 2008년 전국 직장어린이집 수는 20% 이하 증가하였다.

③ 2010년 전국 직장어린이집 수가 401개소이며 이의 5%는 20.05개소이다. 그런데 인천의 직장어린이집 수는 26개소로 이보다 크므로 2010년 인천지역 직장어린이집 수는 전국 직장어린이집 수의 5% 이상이다.

④ 2003년과 함께 2006년에도 전국 직장어린이집 수의 전년 대비 증가율이 10%를 넘으므로 옳지 않은 내용이다.

> **합격자의 SKILL**
>
> ④와 같이 어느 항목의 증가율과 특정 수치(예 이 문제의 경우 10%)를 비교하는 경우에는 증가율을 직접 구할 것이 아니라 10%값이 얼마인지를 구하고 그 수치와 비교하는 것이 훨씬 간편하다. 이러한 문제에서 중요한 것은 실제 증가율이 얼마인지가 아니라 증가율이 ××%보다 큰지 작은지를 묻는 것이기 때문이다.

18
정답 ④

정답해설

주어진 산식을 변형하면 다음과 같다.

해당 사분기 매출액
=(해당 사분기 매출액 증감계수×직전 사분기 매출액)+직전 사분기 매출액
=직전 사분기 매출액×(해당 사분기 매출액 증감계수+1)로 나타낼 수 있다.

이 변형된 산식에 자료의 수치들을 대입하면 각 사분기별 매출액을 구할 수 있다.

사원 분기	사원 A	사원 B	사원 C
1사분기	4	6	2
2사분기	8	9	1
3사분기	12	4.5	4
4사분기	6	9	8

따라서, 2011년 4사분기의 매출액이 큰 순서대로 나열하면 B, C, A가 된다.

19
정답 ①

정답해설

ㄱ. 1990~1997년의 (1 - 지니계수)가 모두 0.700 이상이므로 지니계수는 모두 0.300 이하가 된다. 따라서 지니계수의 평균값도 0.300 이하이므로 옳은 내용이다.

ㄹ. 〈그림〉에서 1999년은 1998년에 비해 좌상방으로 이동한 점이므로 옳은 내용이다.

오답해설

ㄴ. 1992년의 경우 전년 대비 경제성장률은 감소하였으나 소득분배는 개선되었으므로 옳지 않은 내용이다.

ㄷ. 조사기간 동안 전년 대비 경제성장률이 가장 높은 연도는 1987년이므로 옳지 않은 내용이다.

ㅁ. 전년 대비 경제성장률을 살펴보면 1985년, 1989년, 1992년, 1993년의 경우 전년 대비 경제성장률이 평균 아래로 하락하였고, 소득분배는 1984년, 1989년, 1994년, 1996년의 경우 전년에 비해 악화되었으므로 옳지 않은 내용이다.

20
정답 ⑤

정답해설

ㄴ. 직접 계산하기 보다는 자연·공학계열 신입생 정원이 전체 신입생 정원의 절반을 넘는지를 어림해보면 A, D, F 대학이 이에 해당함을 알 수 있다. 따라서 옳은 내용이다.

ㄹ. A대학의 수시전형 신입생 정원과 정시전형 신입생 정원의 차이는 63명인데 나머지 대학들의 차이는 눈어림만 해보아도 이보다 크다는 것을 알 수 있다. 따라서 옳은 내용이다.

오답해설

ㄱ. 전체 신입생 정원에서 인문·사회 계열 정원이 차지하는 비율을 보면, B대학은 약 55%$\left(=\frac{2,290}{4,123}\right)$인데 반해 E대학은 약 62%$\left(=\frac{823}{1,331}\right)$이므로 옳지 않은 내용이다.

ㄷ. A대학교도 이에 해당한다. A대학 인문·사회계열의 신입생 정원을 살펴보면 수시전형과 정시전형의 정원이 1,200명으로 동일한 반면, 자연·공학계열의 신입생 정원은 수시전형이 더 크다. 따라서 전체 신입생 정원 중 수시전형으로 선발하는 신입생 정원이 더 크므로 옳지 않은 내용이다.

---

21 정답 ③

정답해설

ㄴ. 눈어림으로 판단해보아도 서울의 외국인 소유 토지면적의 2010년 전년 대비 증가율은 10%에 조금 미치지 못하는 상황(약 9%)인데 나머지 지역은 이에 한참 미치지 못한다. 따라서 옳은 내용이다.

ㄹ. 2010년의 면적을 살펴보면 경기, 전남은 40,000천㎡에 육박하는 면적을 기록 중이고 그 뒤를 29,000천㎡대를 기록하고 있는 경북이 차지하고 있다. 경북 이하의 다른 지역들 중에는 강원이 21,000천㎡대를 기록하고는 있으나 경북과의 차이가 매우 큰 상태이다. 또한, 전년 대비 증감면적 역시 그 크기가 크지 않은 상황이어서 증감면적을 감안하더라도 2009년 역시 경북이 세 번째를 차지하게 됨을 알 수 있다.

오답해설

ㄱ. 2010년 외국인 소유 토지면적은 경기가 가장 크지만 전년 대비 증감면적을 반영하여 계산한 2009년의 면적은 전남이 37,916천㎡로 더 크다. 따라서 옳지 않다.

ㄷ. 2010년에 외국인 소유 토지면적이 가장 작은 지역은 대구인 반면, 2009년은 대전의 면적이 가장 작으므로 옳지 않은 내용이다.

---

22 정답 ③

정답해설

ㄴ. 〈보고서〉의 내용 중 '특히, 2016년에 A국은 정부연구개발비 대비 민간연구개발비 비율이 가장 작다'는 내용을 작성하기 위해 추가로 필요한 자료임을 알 수 있다.

ㄷ. 〈보고서〉의 내용 중 '이는 2014~2016년 동안, A국 민간연구개발에 대한 정부의 지원금액이 매년 감소한 데 따른 것으로 분석된다'는 내용을 작성하기 위해 추가로 필요한 자료임을 알 수 있다.

합격자의 SKILL

추가로 필요한 자료 찾기 유형의 문제에서 특히 주의할 점은 보고서의 모든 내용을 〈보기〉에서 전부 커버하는 것은 아니라는 데에 있다. 이 문제의 경우 보고서의 첫 문장인 2015년 대비 2016년 연구개발비 증가율에 대한 자료는 보기에 제시되어 있지 않다. 만약, 이 자료를 찾기 위해 보기를 여러 번 읽었던 수험생이라면 분명 불필요한 시간소모가 있었을 것이며 페이스도 엉켰을 가능성이 매우 높다.

---

23 정답 ②

정답해설

ㄷ. 2003년의 1일 1인당 급수량의 전년 대비 증가분은 87리터로 가장 크므로 옳은 내용이다.

ㅁ. 2003년의 주택건설 호 수의 전년 대비 증가분은 523천 호로 가장 크므로 옳은 내용이다.

오답해설

ㄱ. 총 투자금액이 제시되지 않았으므로 알 수 없는 내용이다.

ㄴ. 주택투자율이 가장 높은 해는 2003년(8.8%)이지만 상수도보급률이 가장 높은 해는 2005년(87.1%)이므로 옳지 않은 내용이다.

ㄹ. 2002년 주택투자율(4.6%)은 2001년(5.5%)보다 감소하였으므로 옳지 않은 내용이다.

---

24 정답 ④

정답해설

A, B, C팀의 인원 수를 각각 a, b, c라 하면 〈표 1〉과 〈표 2〉를 이용하여 아래의 연립방정식을 도출할 수 있다.

$$a+b=80$$
$$40a+60b=4,200$$
$$\therefore a=30, b=50$$

다음으로 b+c가 120이라는 점을 이용하여 c가 70임을 알 수 있으며, 따라서 (가)는 100이 된다. 마지막으로 팀 연합 C+A의 총점은 (30×40)+(70×90)=7,500이므로 (나)는 75가 된다.

---

25 정답 ①

정답해설

ㄱ. 구입 후 1년 동안 대출되지 않은 도서의 수가 5,302권이므로 절반 이하만 대출되었음을 알 수 있다. 따라서 옳지 않은 내용이다.

ㄷ. 구입 후 1년 동안 1회 이상 대출된 도서(4,698권) 중 단 1회 대출된 도서는 2,912권이어서 약 62%에 그치므로 옳지 않은 내용이다.

오답해설

ㄴ. 구입 후 3년 동안 대출되지 않은 책은 4,021권이므로 약 40%이고, 구입 후 5년 동안 대출되지 않은 책은 3,041권으로 약 30%이므로 옳은 내용이다.

ㄹ. 구입 후 1년 동안 대출된 도서를 구입 권수를 가중치로 하여 가중평균을 구하면 약 0.76{=(1×0.29)+(2×0.09)+(3×0.04)+(4×0.03)+(5×0.01)}이므로 옳은 내용이다. 반올림과정에서의 오차로 인해 0.02의 차이가 발생하였다.

ㅁ. 구입 후 5년 동안 대출 횟수가 1회 이하인 도서가 약 7,000권(70%)이므로 나머지 2회 이상 대출한 도서는 약 3,000권(30%)임을 알 수 있다. 따라서 옳은 내용이다.

02

CHAPTER

기출동형모의고사 2회

01	02	03	04	05	06	07	08	09	10
④	③	④	④	②	④	①	⑤	⑤	②
11	12	13	14	15	16	17	18	19	20
①	③	③	⑤	③	④	②	④	③	①
21	22	23	24	25					
①	⑤	③	①	①					

01

정답 ④

정답해설

ㄴ. 만족도가 가장 높은 속성은 B 음식점의 분위기(3.5)이므로 옳은 내용이다.

ㄹ. 중요도가 가장 높은 속성은 맛이며 맛 속성의 A 음식점의 성과도는 4, B 음식점은 3이므로 옳은 내용이다.

오답해설

ㄱ. A 음식점이 B 음식점보다 성과도가 높은 것은 맛과 가격의 2개 속성이므로 옳지 않은 내용이다.

ㄷ. A 음식점과 B 음식점 사이의 성과도 차이가 가장 큰 속성은 분위기(2.5)이므로 옳지 않은 내용이다.

02

정답 ③

정답해설

③ 전북의 경우 2005년 0.379, 2006년 0.391, 2007년 0.408로 재정력지수가 매년 상승하였으므로 옳은 내용이다.

오답해설

① 지방교부세를 지원받은 적이 없다는 것은 재정력지수가 1을 넘는다는 의미이다. 그런데, 인천의 2006년 재정력지수는 0.984로 1에 미치지 못해 중앙정부로부터 지방교부세를 지급받았으므로 옳지 않은 내용이다.

② 제시된 자료는 기준재정수입액과 수요액의 비율을 나타내고 있을 뿐이며, 이 자료로는 지역 간의 기준 재정수입액을 직접 비교할 수 없다. 따라서 옳지 않은 내용이다.

④ 제시된 자료로는 기준 재정수요액 대비 지방교부세 지원액의 비율만을 알 수 있을 뿐이다. 따라서 옳지 않은 내용이다.

⑤ 2005~2007년의 기간 동안 대전의 재정력지수는 울산보다 항상 크다. 그런데 분자가 되는 두 지역의 기준재정수입액이 매년 서로 동일하다고 하였으므로 분모가 되는 기준 재정수요액은 대전이 울산보다 항상 작아야 한다. 따라서 옳지 않은 내용이다.

03

정답 ④

정답해설

④ 2030년의 전국 인구부양비는 약 $0.55\left(=\dfrac{11.2+24.1}{64.7}\right)$인데, 1970년만 보더라도 인구부양비가 0.8을 넘는다. 따라서 옳지 않은 내용이다.

오답해설

① 2010년에 전남의 경우 노인인구가 21.3%를 기록하면서 처음으로 초고령사회로 분류되므로 옳은 내용이다.

② 2030년의 전국 노년부양비는 약 $0.37\left(=\dfrac{24.1}{64.7}\right)$이므로 옳은 내용이다.

③ 2005년의 전국 유년인구비(19.1%)는 1970년 전국 유년인구비(42.5%)의 절반 이하이므로 옳은 내용이다.

⑤ 2005년의 노년부양비를 지역별로 구해보면 울산이 약 $0.07\left(=\dfrac{5.2}{72.9}\right)$로 가장 낮다. 따라서 옳은 내용이다.

04

정답 ④

정답해설

〈표〉에 제시된 자료들의 총합이 모두 100으로 주어져 있으므로 이 수치들을 비율로 보고 판단하면 될 것이다.

ㄱ. 30세 미만 여성이 찬성하는 비율은 90%이며, 30세 이상 여성이 찬성하는 비율은 60%이므로 옳은 내용이다.

ㄴ. 30세 이상 여성이 찬성하는 비율은 60%이며, 30세 이상 남성이 찬성하는 비율은 48%이므로 옳은 내용이다.

ㄹ. 이 선택지는 아래 ㄷ과 연관지어 판단하는 것이 좋다. ㄷ의 논리를 따른다면 각 연령별 남성의 인원을 더해서 판단하면 되는데 30세 미만의 경우 찬성이 반대보다 56명 이상 많은 반면, 30세 이상의 경우는 반대가 겨우 4명 더 많은 상황이다. 따라서 둘을 합하면 여전히 찬성이 많게 되어 옳은 지문이 된다.

오답해설

ㄷ. 총 인원이 100명으로 그룹지어져 있으므로 각각의 인원을 더해서 판단하면 된다. 먼저, 성별에 따른 차이는 여성 : 남성=150 : 126이므로 둘의 차이는 24이고, 연령에 따른 차이는 30세 미만 : 30세 이상=168 : 108이므로 둘의 차이는 60이다. 따라서 연령에 따른 차이가 더 크다.

05

정답해설

ㄱ. 각주의 산식을 변형하여 C지역의 전체 도로 길이를 구하면 712km$\left(=\dfrac{534}{0.75}\right)$ 이므로 옳은 내용이다.

ㄷ. 포장도로에서 고속도로가 차지하는 비율을 계산해보면 F지역의 비율이 약 10%$\left(=\dfrac{51}{501}\right)$로 가장 크므로 옳은 내용이다.

오답해설

ㄴ. I지역의 전체 도로 길이는 $\dfrac{278}{0.75}$인데 G지역은 $\dfrac{125}{0.96}$이어서 계산을 따로 해보지 않아도 G지역의 길이가 더 짧다는 것을 알 수 있다. 따라서 옳지 않은 내용이다.

ㄹ. D지역의 비포장도로의 길이를 계산해보면 약 360km(=780×0.46)인 반면, G지역은 5km(=125×0.04)에 불과하므로 옳지 않은 내용이다.

06

정답해설

④ 2015년의 경우 SOC 투자규모는 전년 대비 감소한 반면, 총 지출 대비 SOC 투자규모 비중은 증가하였으므로 둘의 증감방향은 동일하지 않다. 따라서 옳지 않다.

오답해설

① 2017년 총 지출 대비 SOC 투자규모 비중이 6.9%이므로 조단위를 생략한 총 지출은 (23.1/6.9)×100으로 계산할 수 있다. 이는 어림하더라도 300이 넘으므로 옳은 내용임을 알 수 있다.

② 2014년 'SOC 투자규모'의 전년 대비 증가율이 30%라면 2014년의 SOC 투자규모가 26조 원을 넘어야 하는데 실제 2014년의 SOC 투자규모는 25.4조 원에 그치고 있으므로 증가율은 30% 이하임을 알 수 있다.

③ 2014~2017년 동안 'SOC 투자규모'가 전년에 비해 가장 큰 비율로 감소한 해는 SOC 투자규모의 변화가 크지 않은 상황에서 전년 대비 감소폭이 1.3조 원으로 가장 큰 2017년임을 직관적으로 판단할 수 있다.

⑤ 직접 계산할 필요 없이 수치적 감각으로 풀이가 가능한 선택지이다. 2017년의 SOC 투자규모가 2016년에 비해 감소한 상황에서 만약 2018년의 전년 대비 감소율이 2017년과 동일하다면 감소폭은 2017년의 1.3조 원에 비해 덜 감소할 수밖에 없다. 즉, 2018년 SOC 투자규모가 3.1조 원 이상 감소하여 2018년에 20조 원 이하로 내려가는 것은 불가능하므로 2018년 SOC투자규모는 20조 원 이상이 될 수밖에 없다.

07

정답해설

ㄱ. 〈표〉에 의하면 품목별 총 항만 수출액과 A항만 수출액이 1991년 대비 2010년에 각각 증가하였음을 알 수 있으므로 옳은 내용이다.

ㄴ. 〈그림 1〉과 〈그림 2〉에 의하면 A항만 처리 분담률이 1991년 대비 2010년에 감소한 품목은 전기·전자, 기계류, 광학·정밀기기, 플라스틱제품의 4개이므로 옳은 내용이다.

오답해설

ㄷ. 1991년 대비 2010년의 광학·정밀기기의 A항만 수출액은 약 28배 증가, 자동차의 A항만 수출액은 약 34배 증가하였다. 이것은 증가율도 광학·정밀기기가 더 크다는 것을 의미하므로 옳지 않은 내용이다.

ㄹ. 1991년 플라스틱제품의 A항만 처리 분담률은 93.8%인데 2010년은 49.6%로 절반에 조금 미치지 못한다. 즉 1991년 대비 2010년의 감소율은 50%에 미치지 못하고 있는 것이므로 옳지 않은 내용이다.

> **합격자의 SKILL**
>
> 선택지 ㄷ의 경우 직접 계산하기보다 위의 해설과 같이 곱셈비교를 이용하여 풀이하는 것이 효율적이다. 이것은 어림산이라기보다는 일종의 수치적인 감각을 이용하는 것인데 이는 한순간에 이루어지지 않으며 많은 연습을 통해 체화된다. 그렇다고 해서 단순한 산수연습지를 이용해서 연습하는 것은 문제풀이에 크게 도움이 되지 않으며 이와 같이 문제에서 주어진 자료 자체를 이용해 익숙해져야 한다.

08

정답해설

⑤ 창업교육을 미이수한 폐업 자영업자 중 생존기간이 10개월인 자영업자의 비율이 약 68%이어서 생존기간이 10개월 미만인 자영업자의 비율은 약 32%이다. 따라서 옳은 내용임을 알 수 있다.

오답해설

① 주어진 그래프를 통해서는 기간별 생존비율만을 알 수 있을 뿐 창업교육을 이수 또는 미이수한 폐업 자영업자 수는 알 수 없다.

② 0~5개월 구간과 48~50개월 구간에서는 두 그룹의 생존비율이 같으나 나머지 구간에서는 모두 창업교육 미이수 그룹의 생존비율이 이수 그룹에 비해 낮다. 따라서 평균 생존기간은 이수 그룹이 더 길다.

③ 창업교육을 이수한 폐업 자영업자의 생존비율과 창업교육을 미이수한 폐업 자영업자의 생존비율의 차이는 창업 후 45~48개월의 구간에서 약 30%p로 가장 크다는 것을 알 수 있으므로 옳지 않은 내용이다.

④ 창업교육을 이수한 폐업 자영업자 중 생존기간이 32개월 이상인 자영업자의 비율은 45%에 미치지 못하므로 옳지 않은 내용이다.

> **합격자의 SKILL**
>
> 선택지 ②와 같이 실제 수치는 주어져 있지 않더라도 평균의 대소비교가 가능한 경우가 종종 있다. 단순히 비율만 주어져 있다고 해서 평균에 대한 것을 구할 수 없다고 섣불리 단정하는 실수는 하지 않기 바란다.

09

정답해설

⑤ E : ④에서 D가 200,000임을 확인했으므로 200,000×14.18=28,360이다. 따라서 옳지 않다.

오답해설

① A : 2008년도의 엥겔계수가 14.11이므로 100,000×14.11(%)=14,110

② B : 2009년도의 슈바베계수가 9.81이므로 120,000×9.81(%)=11,772

③ C : 2010년도의 엥겔계수가 13.86, 슈바베계수가 10.07이므로 둘의 차이는 3.79이다.

114 PART 2 STEP UP!

④ D : 2011년도의 주거·수도·광열 소비지출이 주어져 있으므로 역으로 판단해보면 된다. 산식에 의해 총소비지출액에 슈바베계수를 곱한 것이 주거·수도·광열 소비지출액이므로 200,000×10.15=20,300으로 계산되는데 이미 주어진 수치와 동일하므로 결국 D는 200,000이 맞다.

합격자의 SKILL

비중이 크지는 않지만 이 문제와 같이 직접 계산하는 것 이외에는 별다른 방법이 없는 단순계산형 문제가 출제되곤 한다. 이런 문제는 선택지 ④와 같이 역으로 확인하는 방법도 있으니 두 방법을 상황에 맞추어 자유자재로 선택할 수 있어야 한다. 어떤 문제든 선택지 전체가 단순한 계산만으로 구성되어 출제되지는 않는다는 점을 명심하자.

10
정답 ②

정답해설

ㄴ. 그래프 상에서 중소기업의 검색 건수는 2007년을 시작으로 매년 바깥쪽으로 이동하고 있으므로 옳은 내용이다.

ㄷ. 시각적으로 판단해야 하는 선택지이다. 2008년을 제외한 나머지 연도에서는 대기업의 검색 건수가 가장 큰데다가 80~100구간에 몰려있는 상태이다. 또한 2008년의 경우도 중소기업과 개인과는 거의 차이가 없으며 단지 외국인의 경우만 차이가 큰 상태이다. 그러나 이 차이라는 것도 2008년을 제외한 나머지 연도에서 쌓아놓은 격차보다는 작으므로 결국 2007년부터 2010년까지의 검색 건수 총합은 대기업이 가장 많았음을 알 수 있다. 따라서 옳은 내용이다.

오답해설

ㄱ. 2007년과 2008년의 검색 건수를 비교해보면 외국인, 개인, 중소기업에서는 모두 2007년의 검색 건수가 적고, 대기업의 경우만 2008년이 큰 상황이다. 그런데, 대기업의 검색 건수의 차이보다 외국인, 개인, 중소기업의 검색 건수 합의 차이가 더 크므로 전체 검색 건수는 2007년이 더 작다. 따라서 옳지 않은 내용이다.

ㄹ. 2009년에는 외국인과 개인의 검색 건수가 가장 적었고, 대기업의 검색 건수가 가장 많았으므로 옳지 않은 내용이다.

11
정답 ①

정답해설

① 국내 지식산업센터의 총합은 324개이며 이의 60%는 200에 약간 미치지 못하는 수치이므로 옳지 않은 내용이다.

오답해설

② 국내 지식산업센터 수의 80%는 약 259개인데 수도권의 지식산업센터 수는 278개이므로 80%를 훨씬 뛰어넘는다.

③ 경기지역의 경우 계획입지에 조성된 지식산업센터 수는 33개인데 반해 개별입지에 조성된 것은 100개이므로 옳은 내용이다.

④ 동남권의 지식산업센터의 수는 27개이며 대경권은 6개이므로 옳은 내용이다.

⑤ 〈표〉에 의하면 6대 광역시 중 계획입지에 조성된 지식센터수(0개)가 개별입지(1개)에 조성된 것보다 적은 지역은 울산광역시뿐이다.

12
정답 ③

정답해설

③ 동일 지역에서는 '1월 아파트 실거래 가격'이 동일하므로 지수의 비교만으로 대소비교가 가능하다. 그런데 '다' 지역의 1월과 3월의 아파트실거래가격지수가 모두 100으로 같으므로 두 기간의 실거래 가격 역시 동일하다는 것을 알 수 있다.

오답해설

①, ② 다른 지역의 실거래 가격을 비교하기 위해서는 해당 지역의 1월 아파트 실거래 가격을 알아야 한다. 그런데 '가', '다' 지역의 1월 실거래 가격을 알지 못하므로 비교가 불가능하다.

④ ③과 같은 논리를 적용하면 같은 지역의 지수의 증가율과 실거래 가격의 증가율도 동일하다는 것을 알 수 있다. 따라서 '가' 지역 지수의 1월 대비 7월의 증가율이 4%이므로 7월의 실거래 가격 역시 1월의 1억 원에서 4% 증가한 1억 4백만 원임을 알 수 있다.

⑤ 동일 지역 간의 비교이므로 지수의 비교만으로도 파악 가능하다. '가'와 '나' 지역의 아파트 실거래 가격지수는 7~12월 동안 상승하였지만 '다' 지역의 경우는 11월(103.0)보다 12월(102.6)에 지수가 하락하였다. 따라서 옳지 않은 내용이다.

13
정답 ③

정답해설

③ 전산장비 가격 대비 연간유지비 비율의 산식을 변형하면 '전산장비 가격 $=\dfrac{\text{연간유지비}}{\text{유지비 비율}}\times100$'로 나타낼 수 있다. 이에 따라 계산해보면 A=4,025만 원, B=6,000만 원, C=4,014만 원, D=5,100만 원, E=5,200만 원, F=3,333만 원으로 구할 수 있다. 따라서 가격이 가장 높은 것은 B이고, 가장 낮은 것은 F이다.

오답해설

① 〈그림〉에서 D의 연간유지비 255만 원의 2배는 500만 원이 넘는 반면 B는 450만 원에 그치고 있다. 따라서 옳지 않은 내용이다.

②, ④ 위 ③의 해설에 따라 가격이 가장 높은 것은 B이고, E의 가격이 C의 가격보다 높다는 사실을 알 수 있으므로 옳지 않은 내용이다.

⑤ 선택지의 관계가 성립하려면 C가 E보다 가격이 높아야 하는데 위의 ④에서 C가 E보다 가격이 낮음을 확인하였다. 따라서 옳지 않다.

14
정답 ⑤

정답해설

⑤ ④의 산식에 의해 A씨의 표준체중법에 의한 비만도를 계산하면 약 138이며 '병적비만'으로 판정된다. 따라서 옳지 않은 내용이다.

오답해설

① A씨의 신체질량지수에 의한 비만도를 구하면 $30\left(=\dfrac{86.7}{1.7^2}\right)$이므로 '비만' 판정이 내려지며 이 집단의 대장암 발생률은 27.6%로 위암 발생률 23.9%보다 높으므로 옳은 내용이다.

② A씨가 신장의 변화 없이 16.7kg을 감량했다면 A씨의 체중은 70kg이 되어서 신체질량지수에 의한 비만도는 약 $24\left(=\dfrac{70}{2.89}\right)$로 계산되므로 '과체중' 판정이 내려진다. 그리고 이 집단의 식도암 발생률은 12.7%이므로 옳은 내용이다.

③ 신체질량지수에 의한 비만도 판정에 따르면, '비만'으로 판정된 사람이 속한 집단의 대장암 발생률은 27.6%로 '저체중'으로 판정된 사람이 속한 집단의 대장암 발생률인 13.5%의 2배 이상이므로 옳은 내용이다.

④ A씨의 신장이 170cm이므로 A씨의 표준체중은 $(170-100)\times0.90$이며, 표준체중법에 의한 비만도는 $[86.7\div[(170-100)\times0.9]\times100$이므로 옳은 내용이다.

15
정답 ③

정답해설

ㄱ. 주어진 산식에 해당되는 수치를 대입하면, $6=\left\{\dfrac{(50\times12)}{(전세금-25,000)}\right\}\times100$ 이며 이 방정식을 통해 전세금을 구하면 3억 5천만 원임을 알 수 있다.

ㄹ. 주어진 산식에 해당되는 수치를 대입하면 $12=\left\{\dfrac{(월세\times12)}{(58,000-53,000)}\right\}\times100$ 이며 이를 통해 월세를 구하면 50만 원임을 알 수 있다.

오답해설

ㄴ. 주어진 산식에 해당되는 수치를 대입하면 $\left\{\dfrac{(60\times12)}{(42,000-30,000)}\right\}\times100$이므로 B의 전·월세 전환율은 6%임을 알 수 있다.

ㄷ. 주어진 산식에 해당되는 수치를 대입하면 $3=\left\{\dfrac{(70\times12)}{(60,000-월세보증금)}\right\}\times100$ 이며 이를 통해 월세보증금을 구하면 3억 2천만 원임을 알 수 있다.

16
정답 ④

정답해설

ㄱ. 2016년에 공개경쟁채용을 통해 채용이 이루어진 공무원 구분은 5급, 7급, 9급, 연구직의 4개이므로 옳은 내용이다.

ㄴ. 2016년 우정직 채용 인원은 599명으로 이의 2배는 1,200명에 2명 부족한 1,198명이다. 그런데 7급 채용 인원은 1,148명에 불과해 이에 미치지 못하므로 옳은 내용임을 알 수 있다.

ㄹ. 2017년부터 9급 공개경쟁채용 인원을 해마다 전년 대비 10%씩 늘린다면 2018년의 9급 공개경쟁채용 인원은 3,000명×1.21=3,630명이 되며, 2018년 전체 공무원 채용 인원은 2016년 9,042명에서 630명이 늘어난 9,672명이 된다. 그런데 9,672명의 40%는 대략 3,870명이어서 9급 공개채용 인원보다 크므로 옳은 내용임을 알 수 있다.

오답해설

ㄷ. 5급과 7급, 9급에서는 공개경쟁채용 인원이 경력경쟁채용 인원보다 많지만 연구직의 경우는 그 반대로 경력경쟁채용 인원이 더 많다는 것을 알 수 있다. 따라서 옳지 않은 내용이다.

17
정답 ②

정답해설

㉠ 11개 전통 건축물을 공포양식별로 구분하면 다포양식 6개(숭례문, 문묘 대성전, 창덕궁 인정전, 화엄사 각황전, 무량사 극락전, 덕수궁 중화전), 주심포양식 2개(봉정사 화엄강당, 장곡사 상대웅전), 익공양식 3개(관덕정, 남원 광한루, 창의문)이므로 옳은 내용이다.

㉣ 이 선택지의 정오를 정확히 확인하기 위해서는 대략적이나마 최솟값을 가지는 항목과 최댓값을 가지는 항목을 판별해야 한다. 그런데 직접 계산하지 않더라도 최솟값을 가지는 항목은 무량사 극락전이고 최댓값을 가지는 항목은 남원 광한루가 될 것임은 알 수 있다. 따라서 이 둘을 직접 계산하면 무량사 극락전은 약 0.16, 남원 광한루가 약 0.39임을 알 수 있으므로 제시된 모든 건축물의 기둥 지름 대비 부연 폭의 비율은 0.15보다 크고 0.40보다 작다는 것을 확인할 수 있다.

오답해설

㉡ 기둥 지름은 최소 1.40척이고, 처마서까래 지름은 최소 0.50척, 최대 0.80척이나 기둥 지름의 최댓값은 무량사 극락전의 2.200이므로 옳지 않다.

㉢ 11개 전통 건축물의 부연은 폭이 최소 0.25척, 최대 0.55척이고 높이는 최소 0.30척, 최대 0.60척인 것은 맞다. 그러나 남원 광한루의 부연은 폭과 높이가 모두 0.55척으로 동일하므로 모든 건축물의 부연의 높이가 폭보다 큰 것은 아니다.

18
정답 ④

정답해설

ㄱ. '이 기간 동안 국제 유가와 천연가스 가격 상승이 예측되어'의 부분을 위해 이용한 자료이다.

ㄴ, ㄷ. '비OECD 국가들의 높은 경제성장률과 인구증가율로 인해'의 부분을 위해 이용한 자료이다.

오답해설

ㄹ. 〈보고서〉는 에너지 수요에 대한 내용만을 다루고 있을 뿐 에너지 생산에 대해서는 언급하고 있지 않다. 따라서 이 자료는 이용되지 않았다.

19 정답 ③

ㄷ. D국의 여성 대학진학률이 4%p 상승하면 여성 대학진학률이 15%가 되며 이는 남성 대학진학률과 같은 값이 되어 대학진학률 격차지수는 1.00으로 계산된다. 이를 이용하여 D국의 간이 성평등지수를 구하면 $\frac{(0.70+1.00)}{2}=0.85$로 계산되므로 옳은 내용이다.

ㄱ. A국의 여성 평균소득과 남성 평균소득이 각각 1,000달러씩 증가하면 평균소득 격차지수는 $\frac{9,000}{17,000}$이 되어서 간이 성평등지수는 $\frac{\{(9/17)+1\}}{2}=\frac{13}{17}$로 계산된다. 그런데 이는 0.8에 미치지 못하므로 옳지 않은 내용이다.

ㄴ. B국의 여성 대학진학률이 85%라면 대학진학률 격차지수는 $\frac{85}{80}$로 계산되는데, 이 값이 1을 넘으면 1로 한다고 하였으므로 이를 이용하여 B국의 간이 성평등지수를 구하면 $\frac{(0.6+1)}{2}=0.8$로 계산된다. 따라서 C국의 간이 성평등지수(0.82)보다 낮으므로 옳지 않다.

20 정답 ①

ㄱ. 비대면거래 건수 비중이 증가하였다는 것은 뒤집어 말하면 그만큼 대면거래 건수 비중이 감소하였다는 것을 의미한다. 대면거래 건수 비중은 2009년 13.7%에서 2011년 12.2%로 1.5%p 감소하였으므로 비대면거래 건수 비중은 1.5%p 증가하였다고 볼 수 있다.

ㄷ. 같은 기간 내에서는 비중만으로도 실수치의 대소비교가 가능하다. 2007~2011년 동안 매년 비대면거래에서 가장 낮은 비중을 차지하는 것이 텔레뱅킹이므로 실제 건수 역시 텔레뱅킹이 가장 적다는 것을 알 수 있다.

ㄴ. 제시된 자료로는 단지 건수의 비중이 감소하고 있다는 것만 알 수 있을 뿐이다. 실제 전체 건수에 대한 자료가 주어져 있지 않으므로 대면거래 건수가 매년 감소하였는지는 알 수 없다.

ㄹ. 제시된 자료는 건수의 비중일 뿐 금액에 대한 자료는 전혀 주어져 있지 않으므로 대면거래 금액의 대소비교는 불가능하다.

%와 %p의 차이를 묻거나, 건수자료가 주어지고 전체 금액의 대소를 비교하는 것은 가장 기본적이고 전통적인 출제포인트이다. 특히 선택지 ㄷ의 경우는 비율자료만 주어져 있지만 다른 연도의 수치들과 비교가 가능한 예외적인 경우에 해당하므로 정리해두도록 하자. 기본적으로 비율자료만 주어지면 다른 연도와의 비교는 불가능한 것이 원칙이다.

21 정답 ①

이와 같이 그래프가 옳게 표시된 것을 찾는 유형은 처음부터 직접 수치들을 계산할 것이 아니라 방향성을 먼저 찾아 경우의 수를 최소화 시키는 것이 필요하다. 일단 8월의 이동평균은 7월의 이동평균에서 1월의 판매고(330백만 원)가 빠지고 대신 7월의 판매고(438백만 원)가 포함된 것이기 때문에 7월보다는 증가할 수밖에 없다. 이 같은 논리로 나머지 달들을 판단해보면 '증가(8월)-증가-감소-감소-증가(12월)'의 흐름으로 진행된다는 것을 알 수 있다. 구체적인 수치는 계산하지 않았지만 이와 같은 흐름을 가지는 그래프는 ①번뿐이다.

자료해석을 단순하게 계산만으로 해결하려는 것, 또한 계산법을 중심에 두고 풀이하는 것은 과목의 본질을 파악하지 못하는 것이다. 물론, 계산으로만 해결이 가능한 문제가 출제되고 있으며 그 수가 무시할 수준은 아니다. 하지만 그보다 더 많은 문제들은 추리과정을 통해 계산을 최소화시킬 수 있거나 계산을 아예 하지 않고도 풀이가 가능하게끔 출제되고 있다. 시험장에서는 그런 것을 판단할 시간이 없으니 평소 복습을 할 때 계산 없이 가능한 방법은 없는지, 계산을 보다 간단하게 만들 수 있는 방법은 없는지 꼼꼼히 분석해보기 바란다.

22 정답 ⑤

ㄱ. 사우디아라비아의 성공률은 $0.4\left(=\frac{44}{110}\right)$이고 사우디아라비아와 이라크를 합한 전체 성공률은 약 $0.37\left(=\frac{59}{160}\right)$이므로 옳지 않은 내용이다.

ㄷ. 석유 시추 횟수는 사우디아라비아가 이라크의 2.2배지만, 상업화 성공 횟수는 약 2.9배이므로 옳지 않은 내용이다.

ㄴ. 2005년 이라크의 성공률은 $0.6\left(=\frac{6}{10}\right)$이고 1905~2004년의 성공률은 $0.3\left(=\frac{15}{50}\right)$이므로 옳은 내용이다.

23 정답 ③

먼저 첫 번째 조건을 살펴보면 전체 직원이 가장 많은 부처는 특허청(A)이고, 가장 적은 부처는 여성가족부(B)임을 알 수 있다.

다음으로 두 번째 조건을 살펴보면 예산규모가 가장 큰 부처는 기획예산처(C)이고, 가장 작은 부처는 법제처(D)임을 알 수 있다.

마지막으로 세 번째 조건을 살펴보면 전체 직원 수 대비 간부직원 수의 비율이 가장 높은 부처는 법제처(E)이고, 가장 낮은 부처는 조달청(F)임을 알 수 있으므로, 두 번 이상 해당되는 부처는 법제처(D, E)이다.

24

정답해설

㉠ 이동전화 월평균 지출비용이 '3만 원 이상~5만 원 미만'인 사용자의 비율을 학력별로 비교해보면 초졸 이하(26.6%), 중졸(27.7%), 고졸(28.6%) 등 대졸 이상을 제외한 모든 학력에서 가장 높으므로 옳은 내용이다.

㉡ 중졸 학력자의 이동전화 월평균 지출비용이 높은 순서대로 정리하면 '3만 원 이상~5만 원 미만'(27.7%), '5만 원 이상~10만 원 미만'(25.3%), '2만 원 이상~3만 원 미만'(23.2%), '10만 원 이상'(15.2%), '2만 원 미만'(8.6%)이므로 옳은 내용이다.

오답해설

㉢, ㉣. 비율만 제시된 자료를 통해서는 알 수 없으므로 옳지 않은 내용이다.

25

정답해설

① 1998년에 비해 1999년에 가장 높은 증가율을 보인 해양사고는 전복(107%)이므로 옳지 않은 내용이다.

오답해설

② 사고율이 가장 높은 선박의 종류는 화물선(13.9%)이고, 어선(0.8%)의 경우에는 사고율이 전체 사고율(1.0%)보다 낮았으므로 옳은 내용이다.

③ 1999년에 가장 많이 일어난 해양사고는 충돌사고(34.2%)이고, 그 다음이 기관손상사고(25.8%)이므로 옳은 내용이다.

④ 1999년 해양사고는 전년 대비 약 11% 증가한 1,041척이 발생했으며, 이 중 어선의 해양사고가 781척으로 전체사고의 약 75%를 차지하였다. 따라서 옳은 내용이다.

⑤ 해당 선박종류의 해양사고 중 충돌사고의 비율을 선박 종류에 따라 계산하면 화물선은 약 65%$\left(=\frac{63}{97}\right)$, 유조선은 약 71%$\left(=\frac{17}{24}\right)$이므로 옳은 내용이다.

좋은 책을 만드는 길
독자님과 함께하겠습니다.

도서나 동영상에 궁금한 점, 아쉬운 점, 만족스러운 점이
있으시다면 어떤 의견이라도 말씀해 주세요.
SD에듀는 독자님의 의견을 모아 더 좋은 책으로 보답하겠습니다.

www.sdedu.co.kr

2023 7급 PSAT 자료해석 필수기출 500제＋최신기출

개정3판1쇄 발행	2023년 01월 05일 (인쇄 2022년 09월 23일)
초 판 발 행	2020년 06월 05일 (인쇄 2020년 04월 10일)
발 행 인	박영일
책 임 편 집	이해욱
편 저	SD PSAT연구소
편 집 진 행	김서연 · 한성윤
표지디자인	박종우
편집디자인	김예슬 · 박서희
발 행 처	(주)시대고시기획
출 판 등 록	제 10-1521호
주 소	서울시 마포구 큰우물로 75 [도화동 538 성지 B/D] 9F
전 화	1600-3600
팩 스	02-701-8823
홈 페 이 지	www.sdedu.co.kr
I S B N	979-11-383-3358-0 (13350)
정 가	26,000원

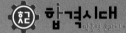

7급 PSAT

자료해석

필수기출 500제
+ 최신기출

[해설편]